ISBN 978-0-483-16646-2
PIBN 10475879

Deutsches Wörterbuch

von

Friedrich Ludwig Karl Weigand.

———

Dritte, völlig umgearbeitete Auflage von *Friedrich Schmitthenners*
kurzem deutschen Wörterbuche.

———

Erster Band.
A — K.

[1853-]
Gießen 1857.
J. Ricker'sche Buchhandlung.

Den Brüdern

Jacob Grimm und Wilhelm Grimm

in Liebe und Treue.

Wie sehr Friedrich Schmitthenner, mein Lehrer und vieljähriger Freund, schon selbst bemüht gewesen ist, sein zuerst im Jahre 1834
bei Metz in Darmstadt erschienenes „Kurzes Deutsches Wörterbuch für
Etymologie, Synonymik und Orthographie" der Vollendung näher zu
bringen, kann die „zweite, bedeutend vermehrte Auflage" von 1837 (Darmstadt, bei G. Jonghaus) nicht undeutlich zeigen. Wesentliche Verbesserungen und größere Zusätze sollten der dritten vorbehalten bleiben. Aber
unter den begonnenen Vorbereitungen zu dieser, am 19. Juni 1850, entriß der Tod den eifrigen Forscher der Wissenschaft. Über ein Jahr
nachher erkaufte dann von den Erben die jetzige Verlagshandlung des
Verstorbenen durchschossenes Handexemplar und damit zugleich das Eigenthumsrecht an das Buch unter der Voraussetzung, daß ich, der ich mit
Schmitthenners Plan und Absicht vertraut sei, die Besorgung der
neuen Auflage übernehmen würde. Obgleich ich nun seit Jahren selbst
zu einem kurzgefaßten Wörterbuche vorbereitet hatte und dieß nicht gerne
aufgeben wollte, so konnte ich doch, wenn ich einerseits mein Verhältniß
zu dem Verstorbenen und andrerseits auch das freundschaftliche zu dem
Verleger erwog, mit der Zusage nicht lange zögern. Aber ich hatte mir
die Herausgabe leichter gedacht, als sie werden sollte, und was mir anfangs an Verbesserungen und Zusätzen ausreichend schien, konnte mir bei
genauerer Einsicht, die ich durch die Arbeit selbst gewann, nicht mehr
genügen, zumal nach dem gegenwärtigen Stande der deutschen Philologie.
Dazu kam, daß Schmitthenner in jenes Handexemplar vorzugsweise
aus seiner Lieblingssprache, der angelsächsischen, und dann mit Vorliebe
für die überdieß zu reichlich aufgenommenen Eigennamen eingetragen hatte,
was alles für das Wörterbuch, dessen Schranken schon der Handlichkeit
wegen enger zu stecken waren, bei strengem Einhalten des Planes nur
wenig zur Aufnahme darbot. · Ich sah mich sonach auf meine Forschungen
und Aufzeichnungen hingewiesen und die Bearbeitung gestaltete sich
fast wider meinen Willen zu einer so völligen Umarbeitung, daß ich dem

Wie sehr Friedrich Schmitthenner, mein Lehrer und vieljähriger Freund, schon selbst bemüht gewesen ist, sein zuerst im Jahre 1834 bei Metz in Darmstadt erschienenes „Kurzes Deutsches Wörterbuch für Etymologie, Synonymik und Orthographie" der Vollendung näher zu bringen, kann die „zweite, bedeutend vermehrte Auflage" von 1837 (Darmstadt, bei G. Jonghaus) nicht undeutlich zeigen. Wesentliche Verbesserungen und größere Zusätze sollten der dritten vorbehalten bleiben. Aber unter den begonnenen Vorbereitungen zu dieser, am 19. Juni 1850, entriß der Tod den eifrigen Forscher der Wissenschaft. Über ein Jahr nachher erkaufte dann von den Erben die jetzige Verlagshandlung des Verstorbenen durchschossenes Handexemplar und damit zugleich das Eigenthumsrecht an das Buch unter der Voraussetzung, daß ich, der ich mit Schmitthenners Plan und Absicht vertraut sei, die Besorgung der neuen Auflage übernehmen würde. Obgleich ich nun seit Jahren selbst zu einem kurzgefaßten Wörterbuche vorbereitet hatte und dieß nicht gerne aufgeben wollte, so konnte ich doch, wenn ich einerseits mein Verhältniß zu dem Verstorbenen und andrerseits auch das freundschaftliche zu dem Verleger erwog, mit der Zusage nicht lange zögern. Aber ich hatte mir die Herausgabe leichter gedacht, als sie werden sollte, und was mir anfangs an Verbesserungen und Zusätzen ausreichend schien, konnte mir bei genauerer Einsicht, die ich durch die Arbeit selbst gewann, nicht mehr genügen, zumal nach dem gegenwärtigen Stande der deutschen Philologie. Dazu kam, daß Schmitthenner in jenes Handexemplar vorzugsweise aus seiner Lieblingssprache, der angelsächsischen, und dann mit Vorliebe für die überdieß zu reichlich aufgenommenen Eigennamen eingetragen hatte, was alles für das Wörterbuch, dessen Schranken schon der Handlichkeit wegen enger zu stecken waren, bei strengem Einhalten des Planes nur wenig zur Aufnahme darbot. Ich sah mich sonach auf meine Forschungen und Aufzeichnungen hingewiesen und die Bearbeitung gestaltete sich fast wider meinen Willen zu einer so völligen Umarbeitung, daß ich dem

Buche, wenn ich nicht unwahr sein wollte, zunächst meinen Namen vor-
setzen muste. Hatten es doch Kenner unter diesem bereits angezogen und
so, wie es jetzt vorliegt, als meine Arbeit anerkannt und bezeichnet.
Sehr selten auch sind Schmitthenners Worte stehen geblieben, und
wo dieß geschehen ist, wie z. B. Bd. 1 S. 12 bei Accise, wird man
seinen Namen beigesetzt finden.

Nur die Anlage, ist in ihren Grundzügen die Schmitthenners,
welchem bei derselben das Vorbild vorschwebte, das Abelung durch sein
„Kleines Wörterbuch für die Aussprache, Orthographie, Biegung und Ableitung" gegeben. Darnach enthält das vorliegende Wörterbuch

1) die gegenwärtig gangbaren Wörter des neuhochdeutschen Sprachschatzes mit der durch den Umfang des Buches gebotenen
Beschränkung, besonders in Hinsicht der Ableitungen und Zusammensetzungen. Neben diesen gangbaren Wörtern aber habe ich eine große
Zahl von weniger üblichen und seltneren, die in Luthers Bibelübersetzung
und bei den mustergültigen Schriftstellern aus der Blütezeit der neuhochdeutschen Literatur, namentlich bei Göthe und Schiller, sich finden,
aufgenommen, auch nach Schmitthenners Vorgange bezeichnende mundartliche Wörter, deren richtige Schreibung dem hochdeutsch Redenden
manchmal ein wahres Kreuz ist. Angemessen, weil sicherstellend, schien
mir, bei den letzten die Namen der Gegenden, in welchen sie im Munde
des Volkes umlaufen, anzugeben, wie auch oft das Wörterbuch, aus welchem ich schöpfte. Hätten wir nur mehr solcher Wörterbücher, wie
Schmellers, des Unvergeßlichen, unübertreffliches bayerisches und neuerdings Weinholds schlesisches! Was ich aus meiner und Erasmus
Alberus (vgl. S. XI) Heimat, der Wetterau [selbst in demselben Orte,
dem Städtchen Staden, wo er erzogen wurde, habe auch ich meine Ju-
gendjahre verlebt], bringe, ist aus meinen vorbereitenden Sammlungen und
begonnenen Ausarbeitungen zu einem wetterauischen. Um nun für jene,
wie ich glaube, nützlichen Vermehrungen an Raum zu gewinnen, muste
die bereits oben angedeutete Überfülle der Eigennamen wegfallen, so daß
von diesen fast nur die gebräuchlichen deutschen Vornamen blieben, zu welchen
theils der Bildung und Schreibung, theils mancher Zusammensetzungen
wegen einige fremde gefügt wurden. Die Meinung Schmitthenners,
daß die von ihm versuchte „mehr kritische und umfassende Erklärung"
der „echtdeutschen Eigennamen" ein „Vorzug des Buches vor ähnlichen"
sei, kann ich schon darum nicht theilen, weil man damit, ohne völlig zu
genügen, in ein dem deutschen Wörterbuche ferne liegendes Gebiet über-
schweift, das füglich für sich abgeschlossen angebaut wird. Dagegen wollte
ich die Aufnahme und Berücksichtigung geläufiger Fremdwörter trotz meiner
Abneigung gegen dieselben nicht schmälern, sei es auch nur, damit das

Wörterbuch nicht im Stiche läßt und um bei manchen einen passenden deutschen Ausdruck zu geben. Doch sind nicht ganz eingebürgerte durch ein vorgesetztes Kreuz (†) unterschieden. Übrigens herscht bei allen verzeichneten Wörtern durch das Buch hindurch alphabetische Ordnung, und dieselbe wird selbst in den den Wurzel- und Stammwörtern gleich beigefügten abgeleiteten und zusammengesetzten Wörtern nicht gestört, ausgenommen daß die abgeleiteten zuerst stehen und dann die zusammengesetzten. Unterbricht in der strengalphabetischen Reihenfolge ein anderes Wort oder der Umstand, daß eins dieser abgeleiteten oder zusammengesetzten Wörter seiner Erklärung, seiner Ableitung oder Zusammensetzung wegen einen besonderen Artikel bildet, so ist an der Stelle, an welcher eben jenes abgeleitete oder zusammengesetzte Wort in der strengalphabetischen Reihenfolge stehen müste, auf das Wurzel- oder Stammwort hingewiesen, unter dem es aufgeführt oder besprochen wurde. In dieser Weise, namentlich auch dadurch, daß ich, wie Frisch (s. S. XI f.), zusammengesetzte Wörter unter das erste Wort der Zusammensetzung ordne, glaube ich das Buch bequemer für den Gebrauch eingerichtet zu haben, als es früher gewesen ist.

2) die Bezeichnung der Betonung durch den Accent ('), dann, wo es nöthig schien, der Länge des Vocales durch das Dehnungszeichen ˆ, endlich des tiefen e durch zwei darüber gesetzte Puncte (¨), wie man es nach Jacob Grimms Vorgange im Altdeutschen kennt. Angabe der betonten Sylbe ist nicht allein dem Fremden wünschenswerth, sondern selbst dem Deutschen in manchen Fällen willkommen, und es schien mir deshalb gerathen, Schmitthenners Plan hier streng durchzuführen. Auch in altdeutschen Wortformen sowie in lateinischen, italienischen, spanischen, portugiesischen Wörtern habe ich für den Unkundigeren den Accent zur Andeutung der Sylbe gebraucht, auf welcher der Ton ruht. Ebenso findet sich das Dehnungszeichen ˆ zur Bezeichnung des langen Vocales außer den altdeutschen Wortformen noch, wo es nöthig schien, in den neudeutschen und in den Fremdwörtern, ferner in den lateinischen Wörtern und denen aus den semitischen Sprachen wie aus dem Sanskrit gesetzt. Bei ä, ö, ü im Neuhochdeutschen aber muste, wo diese lang sind, in Klammern bemerkt werden, da hier besondere Zeichen für die Länge fehlen. Anders ist es wenigstens bei ä und ö im Altdeutschen, wo in lateinischer Schrift bekanntlich æ und œ für die langen Vocale verwandt werden, während ä und ö für die kurzen gelten. In den Fällen, in welchen der Vocal als ein langer angesehen werden kann, aber kurz ist, steht dieß in Klammern beigefügt. Weitere Bemerkungen in Klammern betreffen das tiefe e (E, ë) und das hohe e (E, e), zumal da ich in echtdeutschen Wörtern bei jenem zugleich die Andeutung seines

Urſprunges aus i, bei dem leßten ſeine Geltung als Umlaut des a feſt=
zuhalten verſucht habe. Wird das ë ausnahmsweiſe hoch geſprochen oder
das e tief, ſo iſt dieß angegeben und bei e entweder bemerkt „e tief“ oder
„e wie ä“, da ä, obgleich in ſeiner Entſtehung mit e ein und derſelbe Laut,
nur zu pedantiſch mit tiefem Tone geleſen und geſprochen zu werden
pflegt. Was endlich die Fremdwörter anlangt, welchen eine beſondere
Ausſprache zukommt, ſo iſt auch dieſe, wo es geboten oder doch gerathen
war, angegeben.

3) die Biegung der Wörter, bei den männlichen und ſächlichen
Subſtantiven mit Angabe der Endung des Genitivs im Singular und
des Nominativs im Plural, bei den weiblichen bloß des leßten, bei dem
Pronomen, wo es nöthig ſchien, durch alle Caſus des Singulars oder
des Plurals, bei den ſtark biegenden Verben mit Anführung der Haupt=
formen und bei den ſchwach biegenden nur dann, wann ihre Unterſchei=
dung von gleichlautenden ſtark biegenden hervorzuheben war. Die S t e i =
g e r u n g (C o m p a r a t i o n) der Adjective und Adverbien iſt nur da
angegeben, wo ſie den Umlaut bekommen.

4) die Rechtſchreibung. Die Schreibung im Buche weicht von
der bisher üblichen nur ſehr ſelten ab und in ſchwankenden Fällen habe
ich entweder die gebräuchlichſte vorgezogen oder, wo keine vorwog, die hiſto=
riſche als die einzig wahre. Dieſe findet ſich aber auch ſonſt, um jene
übliche beurtheilen zu können, in den Anmerkungen angegeben.

5) im allgemeinen die Hauptbegriffe, wenigſtens die Begriffe,
welche nach der Wurzel, der Herleitung und dem Gebrauche beſonders
hervortreten. Es galt, ſie möglichſt kurz und treffend zu geben, und nur
in den wenigen Fällen, wo ſie nicht ohne Weitläufigkeit zu beſtimmen
geweſen wären, ſind ſie, um das Buch nicht zu ſehr anwachſen zu laſſen,
weggeblieben.

6) die Wortforſchung und mit ihr gleichſam die Naturge=
ſchichte der Wörter. Was hierher gehört, iſt meiſt in kleinerem Drucke
unter dem Worte, alſo in Anmerkungen gegeben. Daß ich dabei nur
die Ergebniſſe ins Auge faſſe, wird man nach der Kürze des Buches nicht
anders erwarten; doch blickt für den Forſcher der von mir eingeſchlagene
Weg, auf welchem ich zu denſelben gelangte, durch. Um ſtufenweiſe zu
der Quelle zu leiten, ſeße ich zunächſt die ältere neuhochdeutſche, dann
die mittelhochdeutſche, die althochdeutſche und zuleßt die gothiſche Form,
an welche als die älteſte bekannte ſich ſofort die Darlegung der Wurzel
und die Vergleichung mit den urverwandten Sprachen (ſ. Bd. 1 S. 88)
knüpfen, bei welcher leßten wieder, wie überhaupt im Buche, Maß ge=
halten werden muſte. Fehlt das Wort im Gothiſchen, ſo iſt es entweder
erſchloſſen d. h. mit einem Fragezeichen, einem „(?)“, ſo hingeſeßt, wie

es in Wirklichkeit bei den Gothen gelautet haben wird, oder in seinen altsächsischen, angelsächsischen, altfriesischen und altnordischen Formen angeführt,
welche übrigens auch sonst, wo es erforderlich schien, beigefügt wurden.
Neben der mittelhochdeutschen Form aber ist häufig genug noch die mitteldeutsche d. h. die vom Anfange des 12. Jahrhunderts bis ins 15.
Jahrhundert Mitteldeutschland eigne angezogen, auf welche bekanntlich
die neuhochdeutsche in der Regel sich gründet. Formen, welche in den
Denkmälern nicht wirklich sich vorfinden, habe ich durch ein dahinter ge-
setztes „(?)" bezeichnet. Belegstellen und Nachweisungen aus früherer
Zeit sind nur da gegeben, wo es auf Sicherheit ankam, im Mittel- und
Althochdeutschen auch, wenn die Wörterbücher, wie das mittelhochdeutsche
von Benecke, Wilhelm Müller und Zarncke und der althochdeutsche
Sprachschatz von Graff keine Auskunft darboten. Manche hierher ge-
hörige Aufzeichnungen, insbesondere aus der Straßburger Handschrift des
Trojanerkrieges von Konrad von Würzburg, verdanke ich Dr. Franz
Roth zu Frankfurt am Main, welchen eben die Herausgabe der Dich-
tung beschäftigt; andere Belege habe ich aus hiesigen, Frankfurter,
Darmstädter ꝛc. Handschriften eingetragen. Dazu kommen noch dan-
kenswerthe Beiträge aus dem 15., 16. und 17. Jahrhundert von Dr.
Wilhelm Crecelius, welcher während eines mehrjährigen Aufenthal-
tes zu Büdingen in der Wetterau aus dem dortigen fürstlich ysenburgischen
alten Archive fleißig aufgesammelt hatte. Dieß alles sowie die sorgfältige
Benutzung alter seltnerer Vocabulare kann dem Wörterbuche nur zum
Vortheile gereichen, daneben aber auch, wenn selbst bei den Fremdwörtern
der Ursprung nachgewiesen wird. Hier schulde ich dem hiesigen Professor
Dr. Knobel Dank für freundliche Auskunft bei Wörtern aus dem Per-
sischen und den semitischen Sprachen, namentlich dem Arabischen, und bei
den aus den romanischen Sprachen aufgenommenen gab Friedrich Diez
in seinem trefflichen etymologischen Wörterbuche und in seiner Grammatik der romanischen Sprachen die sichersten Aufschlüsse. Gut heißen dürfte
man es auch, daß ich Schmitthenners die „Grundsätze der Wortdeu-
tung" im Deutschen darlegende Einleitung, welche in drei Abschnitten
„von den Lauten", „von der Wurzel" und über „die Vergleichung stamm-
verwandter Sprachen" handelte und manches Unhaltbare lehrte, wegließ,
dafür aber zu Anfange jedes Buchstabens kurze einleitende Andeutungen
gebe, die zu Anfange des B, des D und des G (Bb. 1 S. 87 ff. 227 f.
und 380 ff.) das höchst wichtige Gesetz der Lautverschiebung umfassen,
und den Diphthongen, einigen Verbindungen der Consonanten, den Ableitungssylben und den untrennbaren d. h. nur in Zusammensetzungen
vorkommenden Partikeln (ant-, be-, ent-, er-, ge- ꝛc.) besondere, der alphabetischen Reihenfolge der Wörter an gehöriger Stelle eingefügte kurze

Artikel widme. Ist die Herleitung eines Wortes zu unsicher oder nicht zu ermitteln, so habe ich dieß angedeutet oder ganz darüber geschwiegen; denn wozu nützte es, mit mannigfachen, vielleicht leeren Vermuthungen und Meinungen den Raum zu verengen. Wie viel Neues ich bringe und wie sehr das Buch gegen die früheren Auflagen gerade in der Wortforschung gewonnen haben dürfte, werden Kenner auf den ersten Blick wahrnehmen, auch was durch das Ganze hindurch aus der deutschen Grammatik und den andern Werken Jacob Grimms geschöpft ist, ohne daß der große Name immer dabei steht. Aber wie viel mehr noch gegeben werden könnte, sehe ich selbst nur zu wol ein und werde einiges in Nachträgen berichtigen und ergänzen.

Nicht vorübergehen will ich, daß das Wörterbuch auf dem Titel der früheren Auflagen auch die Bezeichnung „für Synonymik" trägt (vgl. S. V), welche Schmitthenner damit begründet, daß, indem aus der Wurzel die Urbedeutung des Wortes erklärt werde, das Princip für die Beurtheilung der Synonymen gegeben sei. Dieß aber reicht, wie nur einige Blicke in mein Wörterbuch der deutschen Synonymen lehren werden, für Synonymik nicht aus und es bleibt diese Bezeichnung bei einem Buche, in welchem der Raum wirkliche Angabe synonymischer Unterscheidungen nicht zuläßt, füglich weg.

Nachdem ich nun so in dem Vorhergehenden die Grundlinien des Wörterbuches gezogen habe, scheint es mir nicht überflüssig, eine kurz andeutende geschichtliche Übersicht unsrer deutschen Wörterbücher hinzuzufügen. Die Stellung des vorliegenden zu andern ähnlichen Umfanges wird dann vielleicht mehr vor Augen treten, als dieß in längerer Ausführung geschähe.

Den ersten Ansatz zu einem deutschen Wörterbuche bildeten die lateinisch-deutschen Vocabularen beigegebenen und mit ihnen vereinigten deutsch-lateinischen, in welchen statt der lateinischen Wörter die deutschen nach alphabetischer Ordnung vorangesetzt werden und das bezeichnende lateinische jedesmal dahinter steht. Der älteste dieser beigefügten deutsch-lateinischen Vocabulare ist der in dem 1475 zu Köln gedruckten vocabularius Teuthonista des *Gherardus de Schueren* dem lateinisch-deutschen vorangestellte, dessen Deutsch aber der von mir in dem vorliegenden Wörterbuche als altclevisch bezeichneten früheren niederrheinisch-clevischen Mundart angehört. Ein bedeutender Fortschritt zu einem selbstständigen deutschen Wörterbuche zeigte sich dann, indem man den deutsch-lateinischen Vocabular von seinem lateinisch-deutschen trennte und für sich erscheinen ließ. Dieß geschah zuerst in dem 1482 zu Nürnberg durch Konrad Zeninger gedruckten sehr umfangreichen vocabularius theutonicus, auf welchen bald ohne Angabe des Jahres [gegen 1500?] und des Druckortes der vocabularius incipiens teutonicum ante latinum, ferner ein vocabularius primo ponens dictiones theutonicas (Straßburg 1515), endlich 1561 zu Zürich, aus des *Joannes Frisius* dictionarium latino-germanicum hervorgegangen, unter dem Titel „die Teutsch spraach" ein die Schweizer Mundart darlegendes deutsch-lateinisches Wörterbuch von Josua Maaler folgte. Dagegen war das dictionarium germanico-latinum von *Petrus Dasypodius* nicht für sich erschienen, sondern dem 1535 und öfter zu Straßburg gedruckten und viel gebrauchten dictionarium latino-germanicum dieses Gelehrten angehangen. Alle diese Arbeiten können indessen nur als deutsch-lateinische Wörterbücher, nicht als selbstständige deutsche gelten. Das erste eigentlich deutsche ist, recht wie zum Zeichen, daß das deutsche Volk von Natur ein poetisches sei, ein Reimwörterbuch, des oben S. VI genannten Erasmus Alberus vor 1529 begonnenes, aber erst 1540 zu Frankfurt am Main erschienenes novum dictionarii genus, in welchem übrigens ohne Kenntniß der Wetterauer Mundart die Wortformen nicht immer zu verstehen sind und sogar manche Wörter dunkel bleiben müssen. Noch aber hatte man den vollständigen deutschen Sprachschatz nicht aufzustellen versucht; dieß unternahm erst Georg Henisch in seinem in seltner Fülle und darum weitschichtig angelegten Werke „Teutsche Sprach und Weißheit", von welchem aber nichts weiter als der erste mit G abschließende Band 1616 zu Augsburg ans Licht getreten ist. Ein Verzeichniß der „Stammwörter der Teutschen Sprache" legte Justus Georgius Schottelius in seine 1663 zu Braunschweig herausgekommene „ausführliche Arbeit von der Teutschen Haubt-Sprache" nieder, und gegen den Schluß des Jahrhunderts, 1691, folgte dann im Rückblicke auf Henisch des Spaten (*Serótinus*) oder, wie er mit seinem rechten Namen hieß, Caspar von Stieler alphabetisch nach Wurzeln und Stämmen und zwar nur zu oft wunderlich geordneter, überaus reichhaltiger, zu Nürnberg verlegter „Teutscher Sprachschatz", in welchem nicht wenig der thüringischen Mundart angehört.

Größere Thätigkeit zu neuen deutschen Wörterbüchern entwickelte sich im 18. Jahrhundert. In diesem gab zuerst Christoph Ernst Steinbach 1725 zu Breslau ein kleines, und dann 1734 in zwei Großoctavbänden ein ebenfalls nach Wurzeln und Stämmen geordnetes, schätzbares „Vollständiges Deutsches Wörter-Buch" heraus, welches aber durch das lange Jahre vorbereitete, 1741 zu Berlin in 2 Quartbänden erschienene, dem Forscher noch immer höchst nützliche deutsche oder, wie der Titel lautet, Teusch-Lateinisches Wörter-Buch von Johann Leonhard Frisch, einem der gelehrtesten Sprachkenner, verdunkelt wurde. Suchte Frisch schon dadurch, daß er die zusammengesetzten Wörter unter das erste Wort der Zusammensetzung in ihrer

Reihenfolge stellte (vgl. S. VII), mehr, als Steinbach, sich der strengalphabetischen Ordnung zu nähern, so sehen wir diese zuerst und entschieden durchgeführt von Johann Christoph Adelung in seinem laut
von deutschem Fleiße, deutscher Ausdauer und, so viel es bei der damals
sehr geringen Kenntniß des Altdeutschen möglich war, Gründlichkeit zeu-
genden „Versuch eines vollständigen grammatisch-kritischen Wörterbuches
Der Hochdeutschen Mundart" (5 Thle in 4, Leipzig 1775—1786), welcher Titel jedoch bei der zweiten Ausgabe (4 Thle in 4, Leipzig 1793—1801.
Supplement-Bandes erstes Heft, Berlin 1818) in „Grammatisch-kriti-
sches Wörterbuch der Hochdeutschen Mundart" gekürzt wurde. Aus diesem lieferte er dann noch in einem mäßigen Octavbande das oben S.
VI erwähnte kleine Wörterbuch (Leipzig 1788, 2te Ausg. 1790), in
welchem er um der Aussprache und Orthographie willen die gewöhnlichsten Ableitungen, auch die mit den untrennbaren Partikeln zusammengesetzten Wörter gleich unter die in alphabetischer Ordnung aufgeführten
gangbarsten Stamm- und Wurzelwörter stellte, und endlich in 4 Großoctavbänden einen Auszug (Leipzig 1793—1802) *). Tief unter diesem
steht an Gehalt der unter dem Titel „Versuch eines hochdeutschen Hand-
wörterbuches" (3 Thle in 8, Halle 1793—1795) erschienene Auszug von
Traugott Gotthilf Voigtel, sowie dessen „Handwörterbuch der
Deutschen Sprache" (Halle 1804), fast noch tiefer unter Adelungs
großem Werke das, wenn auch in seinen 5 Quartbänden bei weitem
stärkere und reichhaltigere „Wörterbuch der Deutschen Sprache" von
Joachim Heinrich Campe (Braunschweig 1807—1811), welches
wieder dem 4 Großoctavbände umfassenden, aber ziemlich ungenießbaren
volksthümlichen Wörterbuch der deutschen Sprache von Otto Friedrich Theodor Heinsius (Hannover 1818—1820) zu Grunde liegt.

Auch das „Handwörterbuch der deutschen Sprache" von Johann
Christian August Heyse und dessen Sohne Karl Wilhelm Ludwig
Heyse (2 Thle, Magdeburg 1833—1849) förderte nicht, trotzdem daß
bereits seit 1822 durch Jacob Grimm eine deutsche Philologie sich
entfaltet hatte und blühte, noch viel weniger das grammatische Wörter-

---

*) Auch Karl Philipp Moritz begann ein „Grammatisches Wörterbuch der
deutschen Sprache", welches, ohne Moritzens Geist zu besitzen, Johann Ernst
Stutz, Balthasar Stenzel und Johann Christoph Vollbeding fortsetzten
(4 Bde in 8, Berlin 1793—1800). Es ist aber kein deutsches Wörterbuch, sondern
ein zur Reinigung der deutschen Sprache angelegtes Fremdwörterbuch und zugleich
eine nach der alphabetischen Reihenfolge der Kunstausdrücke geordnete deutsche
Grammatik.

buch der deutschen Sprache von **Eucharius Ferdinand Christian
Örtel** (2 Bde., München 1829 f.) sowie das „Gesammtwörterbuch der
deutschen Sprache" von **Jacob Heinrich Kaltschmidt** (Leipzig 1834),
mit deren Erwähnung schon mehr als genug geschieht, und das „Wörterbuch der deutschen Sprache" von **Konrad Schwenck** (Frankfurt a. M.
1834), welches sich bei großer Dürftigkeit der Begriffe auf Etymologien
beschränkt, ist ohne eigentliche Forschung zusammengeschrieben und wim-
melt, selbst in der jüngsten „durchaus umgearbeiteten" Auflage (1856),
von unzähligen, größtentheils aus grober Unkenntniß hervorgehenden Fehlern,
die nur zu oft irreleiten. Nicht das Mindeste besserte dann einige Jahre
später, 1837 f., **F. A. Weber** durch sein „Kritisch-erklärendes Handwörterbuch der deutschen Sprache" (6. Aufl., Leipzig 1854), welches, auf
den gewöhnlichsten Hausbedarf berechnet, ebenso unkritisch wie bei dem
Mangel aller tieferen Einsicht oberflächlich ist. Ihm gleichstellen läßt sich
im ganzen das „Handwörterbuch der deutschen Sprache" von **Christian
Wenig**, obgleich die dritte Auflage (Köln 1854, zuerst Erfurt 1821)
als eine neu bearbeitete und vielfach erweiterte bezeichnet wird. Endlich
arbeitet noch Dr. **Wilhelm Hoffmann** ein „Vollständigstes Wörterbuch der deutschen Sprache" (Leipzig 1852 ff.) aus, nicht ohne Fleiß,
aber mit einer solchen Menge der schülerhaftesten Verstöße im Altdeutschen, daß auch jeder Gedanke an eignen klaren Blick des Verfassers
und damit an Gründlichkeit schwindet. Solchen trostlosen Erscheinungen
gegenüber steigert sich die Freude, daß seit 1852 das lang erwartete
große deutsche Wörterbuch von **Jacob Grimm** und **Wilhelm
Grimm** begonnen ist und mit stolzer Sicherheit und Festigkeit fort-
schreitet, ein den gesammten neuhochdeutschen Sprachschatz von etwa 1470
an bis auf die Gegenwart in sich aufnehmendes wahrhaft vaterländisches
Werk, das, über den besten früheren hoch erhaben, auf lange lange Zeit
hin unerreichbar bleiben und um welches unser Volk von dem Auslande
beneidet werden wird. Im Angesichte dieses emporsteigenden Domes aber
an dem von Grund auf neu erstehenden kleineren Gebäude aufzuschlagen,
gebricht mir weder Muth noch Lust, wenn jene größten Meister freundlich
auf dasselbe blicken und beifällig zuwinken.

Gießen am heiligen Osterfeste 1857.

Karl Weigand.

Angeführte Quellen.

Der Raumersparniß wegen bleiben in den Artikeln des Buches die meisten Quellen, neue wie alte, aus welchen geschöpft worden ist, unangeführt. Die aber, auf welche hingewiesen wird, sind bis auf wenige unten angegebene so deutlich bezeichnet, daß ihre Aufstellung in einem Verzeichnisse unnöthig wäre. Über die Namen der Verfasser von Wörterbüchern wie über diese selbst gibt die Vorrede S. X —XIII Auskunft. Mit Berücksichtigung der Abkürzungen mögen aus verschiedenen Gründen hier verzeichnet stehen:

Adelung, s. S. XII.

Agricola oder Georg Agricola. 1546 geschriebene Glossen zu *Georgii Agricolæ de re metallica libri XII*, Basileæ 1657.

Alberus, dictionarium, s. S. XI. Andere Schriften dieses aus der Wetterau (nicht aus Sprendlingen in Starkenburg) gebürtigen Mannes sind entweder mit Bezeichnung der Titel oder doch der Druckjahre angezogen.

Altenstaig, vocabularius, Basileæ 1514.

Annolied, Ausg. v. Bezzenberger.

Arnsb. Urk. (oder Urkk.). Urkundenbuch des Klosters Arnsburg in der Wetterau, herausg. v. Baur.

Barlaam, Ausg. v. Pfeiffer.

Benecke-Müller, mittelhochdeutsches Wörterbuch mit Benutzung des Nachlasses von G. Fr. Benecke ausgearbeitet von W. Müller u. Friedr. Zarncke, s. S. IX.

Dasypodius, s. S. XI.

Diut. Diutiska v. Graff.

Boethius, s. Notkers Boethius.

Boner, Ausg. v. Pfeiffer.

Campe, s. S. XII.

Diez. Der bloße Name deutet auf die Grammatik, 1. Ausg., dagegen „Diez Wtbch" auf das etymologische Wörterbuch, s. S. IX.

Exodus, in Hoffmanns Fundgruben Thl. 2 S. 85—101.

Frisch, s. S. XI f.

Genesis, in Hoffmanns Fundgruben Thl. 2 S. 9—84.

gl. oder *gloss.* glossæ.

gl. florent. glossæ florentinæ.

gl. fuld. glossæ fuldenses, herausgegeben von Dronke in dem Osterprogramm des Gymnasiums zu Fulda 1842.

gl. herrad. glossæ herradinæ.

gl. Hrab. glossæ Hrabani Mauri.

gl. jun. glossæ junianæ.

gl. mons. glossæ monseenses.

gl. san-blas. glossæ san-blasianæ.

gl. trevir. glossæ trevirenses, herausg. v. Hoffmann von Fallersleben.

glossar. belg. glossarium belgicum, v. Hoffmann von Fallersleben.

Göthe. Angeführt ist nach der Sedezausgabe, Stuttgart 1828 ff.

Graff, s. S. IX.

Grimm. Die Ausgabe des ersten Bandes der deutschen Grammatik ist durch eine neben I gesetzte erhöhte kleinere Zahl angedeutet und die Geschichte der deutschen Sprache in der ersten Ausgabe citiert.

Gudrun, Ausgabe v. Vollmer.

Helber. Sebastian Helbers Sylbenbüechlein, Freiburg im Schlandt 1593.

Hildebrandslied, Ausg. v. Lachmann.

Höfer, etymologisches Wörterbuch, der in Oberdeutschland, vorzüglich in Österreich üblichen Mundart.

hor. belg. horæ belgicæ.

hymn. hymnorum veteris ecclesiæ XXVI interpretatio theotisca.

Ickelsamer. „Ein Teütsche Grammatica" von Valentinus Ickelsamer. Citiert nach der ältesten zu Augsburg verfaßten Ausgabe (4 Bogen in Kleinoctav).

Jeroschin. Die Deutschordenschronik des Nicolaus von Jeroschin, von Pfeiffer. Nach den Seitenzahlen citiert.

Josua Maaler, s. S. XI.

Kloster-Altenberger Pf., s. Haupts Zeitschrift Bd. 6 S. 582.

Köpke's Passionäl. Das Passional (drittes Buch) herausg. v. Köpke.
Lamprechts Alexander, Ausg. von Weismann.
Lamprechts Tochter von Syon, Gießener Handschrift. Ich werde das Gedicht nach drei Handschriften herausgeben.
lib. ord. rer. liber ordinis rerum, Handschrift von 1429, s. Haupts Zeitschrift Bd. 6 S. 393.
Livländ. Reimchron. Livländische Reimchronik, Ausg. v. Pfeiffer.
Luther. Luthers Bibelübersetzung, im ursprünglichen Texte, bis zu den Propheten in der Ausg. v. 1541 (6. Originalausg.), weiter in der von 1545 nach Bindseils Abdruck.
Maaler, s. S. XI.
Minnes. Minnesinger, herausg. v. von der Hagen.
Mone's Anz. Anzeiger für Kunde der teutschen Vorzeit, herausg. v. Mone.
Müller u. Weitz, die Aachener Mundart, Idiotikon.
Myst. Mystiker, herausg. v. Pfeiffer.
Nib. oder Nibel. Nibelungenlied, Ausg. v. Lachmann.
Notker oder Notker, Ps. Notker, Psalmen.
Notkers Boethius, Martianus Capella, aristotelische Abhandlungen, die Ausgaben v. Graff.
Otfr. Otfried, Evangelienharmonie(Krist.), Ausg. v. Graff.
Passional, herausg. v. Hahn.
Reinwald, hennebergisches Idiotikon.
Rickey, idioticon hamburgense.
Sæmundar-Edda, Ausg. v. Rask.
Salomónis hás, in Abrians Mittheilungen aus Handschriften zc. S. 417—455.
Schlettst. Glossen. Schlettstädter Glossen in Haupts Zeitschrift Bd. 5 S. 318 ff.

Schmeller, s. S. VI.
v. Schmid, schwäbisches Wörterbuch.
Schmidt, westerwäldisches Idiotikon.
Schütz, Siegerländer Idiotismen, in dem Jahresbericht der höhern Bürger- u. Realschule zu Siegen 1848.
Serranus, dictionarium latinogermanicum, Norimbergæ 1539.
Serranus, synon. Johan. Serranus, synonymorum libellus, Norimbergæ 1552.
Snorra-Edda, Ausg. v. Rask.
Stalder, schweizerisches Idiotikon.
Steinbach, s. S. XI.
Stieler, s. S. XI.
Sumerl. Sumerlaten, herausg. v. Hoffmann von Fallersleben.
dër sunden widerstrit, Gießener Handschrift v. 1278. Nach der Seitenzahl derselben und auch zuweilen nach der Verszahl meiner Abschrift citiert.
Tatian, Ausg. v. Schmeller.
Teuthonista, s. S. X.
Tristan, Ausg. v. Maßmann.
voc. oder vocab. vocabularius.
voc. ex quo, Eltuil 1469.
voc. incip. teut. ante lat., s. S. XI.
voc. pred. Eychmans vocabularius predicantium, Nürnberg 1483.
voc. theut. vocabularius theutonicus, s. S. X.
Wackernagels Wtbch. Wörterbuch zum altdeutschen Lesebuch von Wilhelm Wackernagel.
Walther. Walther von der Vogelweide, herausg. v. Lachmann.
Wigalois, Ausg. v. Pfeiffer.
Williram, Ausg. v. Hoffmann.
Wtbch. d. d. Syn. Mein Wörterbuch der deutschen Synonymen.
Bei Anführung von Schauspielen deuten die beigesetzten Zahlen Aufzug und Auftritt an.

Buchstaben und Zeichen.

Über C, ë und C, e s. S. VII f. d ist = bh (s. Bd. 1 S. 89), d = dh (s. Bd. 1 S. 328), þ = th (s. Bd. 1 S. 327 f.), z = [neuhochdeutsch] ß (s. Bd. 1 S. 328), s = [neuhochdeutsch] z. Über † s. S. VII. und über (?) s. S. VIII u. IX.

Abkürzungen.

A.

A, a ist der erste und ursprünglichste aller Vocale. Redensart : das A
und O = "das Erste und das Letzte", denn A ist der erste und das
lange O (ómega genannt) der letzte Buchstab des griechischen Alpha=
betes. — Ä, ä, der Umlaut des A, a.

Aus dem ursprünglich kurzen a entstehen, wenn im Altd. i oder j oder i hinter die Wurzel= oder Stammsylbe tritt, zwei Umlaute : e und ä. Jener, der
älteste, hat ungefähr im 6. oder 7. Jahrhundert begonnen und sich in vielen Wörtern, bei welchen wir an das ursprüngliche a nicht mehr denken, noch erhalten,
z. B. in Bett, edel, Eltern, Engel, senden, setzen, wenden, Menge ꝛc. aus goth.
badi, ahd. edili (urspr. adali), eldirôn (altirôm), engil (angil), goth. sandjan,
satjan, vandjan, ahd. menikî (urspr. manakî) ꝛc. Neben dem e kommt erst im
12. Jahrh. ä vor, welches jetzt der regelmäßige Umlaut des a ist. Noch Luther
setzt immer e. Ursprünglich langes â (mhd. æ), der Umlaut des ursprünglich
langen a (mhd. u. ahd. â), mag frühestens ganz zu Ende des 11. Jahrh. begonnen haben, ebenfalls wo altes i oder î der Sylbe folgte; nur in leer, Scheere,
schwer steht e. Falsch aber wird ä statt des tiefen mhd. ë (des aus i entstandenen e) geschrieben in gebären, Bär, dämmern, gähren, Käfer, rächen,
schwären, wägen (z. B. in abwägen), Gewähr, =wärts (s. diese Wörter). In
manchen Wörtern und Wortformen endlich haben sich mhd. und ahd. a und â zu
o verdunkelt, z. B. in holen, focht, schmolz, klomm ꝛc., Brombeerstaude, Mohn,
Mond, ohne, Thon, wo, Argwohn ꝛc. aus ahd. halôn (aber bei Otfried schon
holôn), mhd. vaht, smalz, klam ꝛc., brâme, mâhen, mâne, âne, dâhe, wâ, arcwân ꝛc. In andern dagegen, z. B. in von und Gewohnheit, steht schon im Ahd.
(fona, kiwonaheit) o statt des ursprünglichen kurzen a. S. Grimm's Gramm. I³,
75 f. 131. 173. 219 f. 78. 152. 218. 220.

die = a oder = ach, mhd. die -â und ahe, ahd. -â und aha : fließendes
Quellwasser, Fluß, kommt noch in zusammengesetzten Fluß= und somit
auch Ortsnamen vor, z. B. die Fulda, ahd. Fuldâ und Fuldaha;
die Ribba, ahd. Nidâ und Nidaha ꝛc.; die Salzach, ahd. Salzaha
(d. i. Salzfluß) ꝛc. Aachen, ahd. Ahôm (= Aquis), ist Dat. Pl. v. aha.
=ich st. =ach z. B. in die Kinzich, ahd. Chinzaha; =ec z. B. in die Wiesec
(ein Flüßchen bei Gießen), ahd. Wisaha (d. i. Wiesenfluß). An andern Flußnamen hat sich im Laufe der Zeit das Wort ganz verwischt, z. B. in (die) Lahn,
ahd. Loganaha ꝛc. — -â in Flußnamen ist Zusammenziehung aus aha (Grimm's
Gramm. I³, 91) und dieß ahd. die aha, goth. ahva (Fluß), entspricht der Lautverschiebung gemäß dem lat. aqua Wasser. Ist jenes lat. aqua aber in seinem

Accuf. Plur. wirklich eins mit dem in seiner Bedeutung unsichern ostischen aapas (f. *Mommsen*, die unterital. Dialecte S. 244), so stimmte es auch mit sanstr. die ap [auch ápa-] Wasser, welchem der Lautverschiebung gemäß ahd. die -affa z. B. in den Flußnamen Asc*affa* (= Eschenfluß) die Aschaff (woher Aschaffenburg), Hurn*affa* (= Fluß aus einem Landwinkel) die Horloff i. d. Wetterau 2c., entspricht.

Ä, ä, f. A, a.

der Aal, —es, Pl. —e (auch zuweilen Äle): schlangenleibiger Fisch.

     Der Aal ist mhd. u. ahd. der al, bei *Frauenlob* S. 20, 13, 4 auch s. v. a. Schlange. Der Pl. lautet im Mhd. æle (*Reinhart* 647. 757).

der Aalbaum, —es, Pl. —bäume: der Heckenkirsch-Baum, Lonicera, xylósteum b. *Linné*).

     Aal hier gekürzt aus alant (f. d.) und so benannt wegen der Ähnlichkeit der Beere mit der Aal- oder Alantbeere (f. d.).

die Aalbeere, Pl. —n, f. Alantbeere.

die Aalquappe oder **Aalraupe,** Pl. —n: breitmäuliger und breit-köpfiger schlangenleibiger Fisch.

     Aalquappe ist niederd., f. Quappe. Aalraupe ist durch Anlehnung an Raupe entstellt aus Aalruppe, wie man noch in Franken 2c. sagt. Die Ruppe, auch Rutte, aber ist mhd. ruppe, rutte, eigentlich (d. h. ohne Affimilation des pt zu pp oder tt) rupte, ahd. rupha, welche Benennungen ent-lehnt sind aus dem mittellat. Fischnamen rubêta d. i. Froschfisch, wohl wegen Ähnlichkeit in der Kopfgestalt mit der Froschbrut; denn lat. rubêta = Frosch, Kröte.

der Aar, —en (seltener —es), Pl. —en (auch —e), dichterisch (aber bei Schiller und Göthe sehr selten) und in Namen mancher Raub-vögel: der Adler.

     Mhd. der ar, ahd. aro (Gen. arin, Nom. Pl. arun): der Adler.

das Aas, —es, Pl. Äser [b. Luther die afs d. i. Aase], mhd. (12. Jahrh.) das âs: verwesendes Fleisch und Schimpfwort. Daher aafen: das Fleisch von den Fellen schaben beim Gerben.

das Aaß, —es, ohne Pl.: Viehfutter. aaßen, intrans.: fressen (vom Wilde).

     Mhd. und ahd. das az, v, âz in ahd. azumes mir aßen, dem Prät. v. essen.

ab (mit kurzem a): weg. von —; nieder von —. Präp. mit Dat., aber nur noch oberd., z. B. "ab den Bergen" = nieder von den Bergen. In Zusammenf. eigentlich Raumadverb, z. B. Abfluß, abhanden, ab-seits, abwärts, abgehen, abweichen 2c.; das Verhältniß "von etwas Anderem" bezeichnend, z. B. Abbild, abbilden, abbrucken 2c.

     Bei Luther noch abe. Mhd. abe, ab, ahd. aba, apa, goth. af, stimmt der Lautverschiebung und der Bedeutung nach mit griech. apó (ἀπό), fanstr. apa, lat. ab.

der Abbiß oder **Teufelsabbiß,** —bisses, Pl. —bisse: die Pflanze scabiôsa succisa.

     Der Name daher, daß die unten wie abgebissen aussehende stumpfe Wurzel nach dem Aberglauben vom Teufel abgebissen sei, aus Zorn, weil ihm die Mutter Gottes, aus Erbarmen mit der Menschheit, die Macht benahm, als er mit der Wurzel großen Unfug trieb. S. Grimm's Myth. 1143, 1168.

† abbrevieren, mittellat. abbreviâre : Wörter in der Schrift ab-
kürzen. Daher die Abbreviatûr, mittellat. abbreviatûra : die Ab-
kürzung von Wörtern in der Schrift.

das Abc (sprich : âbêcê), —es, Pl. Abc-e, mhd. âbc : die [nach
den 3 ersten Buchstaben benannten] Buchstaben in ihrer Reihenfolge.
Daher das Abcbuch. der Abcschütz, —en, Pl. Abcschützen :
Anfänger im Lesenlernen.

    Abcschütz rührt aus der Zeit der fahrenden Schüler her, von welchen die
jüngern, die von den ältern unterrichtet wurden, Schützen hießen. S. Schmeller III, 422.

abbrucken = durch Farbendruck nachahmen; abbrücken = durch
Gegengewalt losmachen.

der Abend, —es, Pl. —e : Zeit wann die Sonne untergeht
und kurz darnach; Gegend des Sonnenunterganges. abends, genitivisches Adv. Zusammens. : das (heilige) Abendmahl = das Sa-
crament des Altares, wegen der Einsetzung am Abende (Matth. 26, 20),
bei den Reformierten üblicher das Nachtmahl.

    Mhd. der âbent, ahd. âbant, âbunt, goth. êbanþs(?), worin —ant, —unt bloße
Endung ist, keine Participialform. Von ab? und also Ab-, Niedergang des
Tages?

das Abenteuer, —s, Pl. wie Sing. : wunderbares Erlebniß; ritter-
liches Wagniß; Erzählung eines wunderbaren Erlebnisses oder einer
Folge solcher Erlebnisse. Daher abenteuerlich. der Abenteurer.

    Auch, aber veraltet, das Ebenteuer. — Älter-nhd. die und das âbentuer,
âbenthewr, mhd. die âventiure, deutsch geformt (schon um 1500 in der Schreibung abendteur an Abend und theuer angeschmiegt) und entlehnt aus franz.
aventure, mittellat. die aventûra (urspr. adventura), v. mittellat. advenîre zukommen, sich ereignen, neben eventûra v. evenîre sich ereignen.

aber, 1) Zeitadv. : wiederholt, z. B. »Nach hundert und aber hundert
Jahren« (Schiller). Daher in Zusammens. : durch Uebermäßiges
verkehrt [altn. afar = allzu viel], z. B. in Aberglaube, Aberwitz,
2) stärkern oder gelindern Gegensatz bezeichnende Conjunction.

    Mhd. aber (mit b aus v statt des ältern) aver, ahd. aver, avur, avar, selbst
afar, aber auch schon im 9. Jahrh. abur, abir. Nach Grimm's Gramm. IV,
787 eins mit goth. afar = nach, hinter, v. goth. af von (unserm ab). Die
Grundbezeichnung im Ahd. ist also die Bezeichnung der Wiederholung.

die Aberacht, spät-mhd. die aberâhte mit mitteldeutschem aber st.
ober, die Oberacht (s. b.).

der Aberglaube, —ns, Pl. —n, 1483 aberglaub : durch über-
mäßiges Glauben verkehrter Glaube, Ueberglaube, lat. superstitio.

die Aberklaue, worin aber = goth. afar hinter, was Afterklaue (s. b.).

abermal (mit dem Acc. -Mal, jetzt gewöhnlich mit dem Gen. -Mals)
abermals, Zeitadv. : wiederholt wie vorher. Von abermal das
Adj. abermalig.

die **Aberraute**, Pl. —n : die Stabwurz (artemisia abrótanum).

> Mit falschem aber= statt abe= und mittelst Anlehnung an Raute nach alt=
> niederd. (11. Jahrh.) averûthe (*gloss. jun.* 406), aus lat. = gr. *abrótanum.*
> Ahd. (mit Uebergang des t in z) avaruza [avarûza?], woraus landwirthschaftl.
> der Afrusch.

der (das) **Abersel** (mit tiefem e), —s, Pl. wie Sg. : Knecht zu niebri=
gen, schmutzigen Verrichtungen im Hause, wozu kein andrer sich hergibt.

> Schuppius S. 838. Veraltet und gemein [im *vocab. incip. teut. ante lat.*: „*Aus=
> wurfling,* Arula, volgariter *abersel* oder *orpits*"]. Von ahd. mhd. dër ars der Hintere.

der **Aberwitz**, —es, ohne Pl. : Kraftlosigkeit und Verkehrtheit des
Geistes; sich überspringender und dadurch verkehrter Witz. Daher
áberwitzig.

> Zusammenges. aus aber= (s. d.) und Witz (s. d.), ahd. die wizzî, mhd. die
> witze, weshalb im 16. u. 15. Jahrh. (zuerst 1483) die aberwitz = „kindische
> Aeußerung bei reifem Verstande", dann (doch jetzt veraltet) „Verrücktheit" [z. B.
> „der Graf von Lenningen geriethe in Aberwitz". Schuppius S. 386].

sich **ábeschern** (d. i. ab = eschern) : sich abmüden.

> Mit altem e aus a und angetretenem r. Urspr. wohl : sich beim Äschern
> d. i. beim Beizen mit Asche müde machen.

der **Abfall**, —es : das Nieder= und Wegfallen wovon, z. B. Abfall
des Laubes, Wassers ꝛc.; [Pl. Abfälle] gering geachtetes Abgefallenes
wovon; Sich=Lossagen und Trennung von einer Verbindung womit;
Uebergang aus gutem in schlechten Zustand; Geringersein in Verglei=
chung zum rechten Maße; überraschende Verschiedenheit, z. B. „Wenn
man aus dem glühenden Ofen in's Eiswasser springt, kann man den
Abfall nicht so stark fühlen" ꝛc. (Schiller's Räuber 2, 3).

ábfeimen : wovon den Feim (Schaum) abnehmen; klären (Göthe),
wie (a. d. Franz.) raffinieren. Das Part. Prät. **ábgefeimt,**
wie (a. d. Franz.) raffiniert : abgeschäumt; geklärt; fein gewandt in
schlimmen Streichen.

> Früher auch abgefeumbt, abgefäumt.

ábgeschmackt, Adj. : reizlos widrig in Beziehung auf den Ge=
schmacksfinn.

> Mit angetretenem t zuerst im 17. Jahrh. statt des älteren abgeschmack, ab=
> geschmach, und so in das Part. Prät. eines Verbums abschmecken = „den
> Geschmack verlieren" umgebildet.

der **Abglanz**, — es, ohne Pl. : der wovon zurückstrahlende Glanz;
Ebenbild in Beziehung auf ein Urbild.

der **Abgott**, —es, Pl. —götter : (Ab=)Bild eines Gottes, nach=
gemachter Gott (Richt. 17, 3. 4. 18, 14); falscher Gott im Gegen=
satze des wahren. Vom Sing. **ábgöttisch**; vom Pl. die **Abgötterei.**

> Mhd. das (aber auch, z. B. in *sunden widerstrit* 784, schon der) ab-, ap-
> hu (mit angetretenem t) apt-, appitgot, ahd. das apcot, nach goth. afgups
> von Gott (ab=)gewichen, gottlos.

der **Abgrund**, — es, Pl. — grünbe, mhd. der abgrunt, ahd. apcrunt : zum Erschrecken tief abgehender Grund; endlose Tiefe.

die **Abgunst**, ohne Pl. : die von jemand abgewandte freundliche Gesinnung. Daher ábgünstig.

> Erst im 15. Jahrh. und zwar zuerst (†482) abgunstig. Mhd. lautet das Subst. die abgünste. Ahd. sagte man (weil noch ohne g' der unst = Gunst) der ap-unst.

ábhangen (s. hangen) : niederwärts hangen; (bildl.) woburch bestimmt werben, etwas zur Voraussetzung haben. der **Abhang**, — es, Pl. — hänge : niederwärts gehenbe Seite einer Fläche. ábhängig, Adj., nach beiden Bebb. von abhangen. ábhängeu : etwas, das hängt, abnehmen.

ábholzen : holzbewachsenen Grund von seinem Holze befreien.

der **Abhub**, — es, Pl. — hübe, aus ábhub v. abheben : was wovon aufgenommen und weggethan wird.

äbicht (landwirthschaftl.), mit angetretenem t aus mhd. ebich, ahd. abuh, apuh, Adj. : verkehrt.

> Mittelrhein. äbsch [mittelniederl. aefsch]. Auch s. v. a. link. Das goth. Adj. ibuks rückwärts gehört zu derselben Wurzel.

† der **Abituriént**, — en, Pl. — en : der nach vollenbeter Schulzeit von ber Schule Abgehenbe.

> A. b. Part. Präf. abitúriens (Gen. — iéntis) v. neulat. abiturire = abzugehen verlangen.

ábkarten : (bildl.) heimlich verabreben [eig. : die Karten nach heimlicher Verabredung mischen ober geben].

der **Ablaß**, — lasses, Pl. — lässe, mhd. u. ahd. der ablâz [schon goth. aflêtan (ablassen) = erlassen, vergeben] : Erlassung der Sünden; Lossprechung von Kirchenstrafe. Daneben das Verbum

áblassen (s. lassen), mhd. abe lâzen, zusammengez. abelân, 1) intrans. : von der Fortsetzung einer Thätigkeit sich abwenden; — 2) trans. und in neuerer Beb. : zurückgehaltene Flüssigkeit weiter laufen machen.

† der **Ablativ**, — es, Pl. — e, aus lat. ablativus (wegnehmenber, näml. casus) : der im Deutschen burch ben Dativ mit vorangehenber Präposition ersetzte Fall der lat. Declination.

der **Ablauf**, — es, v. ab u. Lauf: geschwindes Fortbewegen der Flüssigkeit wovon; zeitliches Zu-Enbe-gehen, z. B. »bes Waffenstillstanbes Ablauf« (Lessing's Nathan 1, 1).

> Mhd. dër abelouf = Ort, wo die Jagbthiere von der Höhe niederzulaufen pflegen.

ablaufen (veraltet): Einem etwas mit Zuthulichkeit liftig weg= und sich zuwenden. Reunieberl. afluizen, eig. die Läufe ablesen. Also nicht von mhd. lûzen heimlich lauern.

der Ablaut, —es, Pl. —e: gesetzmäßiger Uebergang des Wurzel= vocales in einen andern, wie z. B. in binde, band, gebunden. Ein von Jac. Grimm eingeführter grammatischer Kunstausdruck.

ablehnen, noch im 17. Jahrh. ableinen (f. lehnen): etwas von der senkrechten Richtung auf ein Anderes hin sich abgeben machen; etwas von sich wegwenden.

ablehnen: etwas von einem Andern gegen Wiedergabe nehmen.

abluchsen: Einem etwas liftig (mit Luchsaugen) abspähen; (bildl.) Einem etwas liftig (scharffichtig) ab= und sich zuwenden.

B. der Luchs (f. b.), nicht v. lugen (f. b.) und also nicht, wie gewöhnlich geschrieben wird, ablugsen. Aehnlich bayerisch fuchsen = im Spiel betriegen, stehlen. Vgl. Schmeller II, 428. I, 508.

abmergeln (mit tiefem e), tranf. u. refl.: (bildl.) kraftlos machen [eig.: Bauland den Mergel (f. b.) so entziehen, daß es nicht trägt].

abmüßigen, tranf. u. refl.: zum Müßigsein d. i. Losfein von pflicht= mäßiger Beschäftigung dieser entziehen.

abnehmen (mit hohem e, f. nehmen), mhd. abe nëmen, ahd. apa= nëman, 1) tranf.: wovon thun; wovon herunter thun; von jemand sich dargeben lassen, z. B. eine Rechnung ꝛc.; (bildl.) wovon als Er= kenntniß ziehen, z. B. aus jemandes Worten abnehmen; — 2) in= tranf.: mehr und mehr schwinden.

† abnorm, aus lat. abnórmis (f. Norm): von der Regel abweichend. die Abnormität, aus neulat. abnórmitas (Gen. —tátis): Regel= widrigkeit.

der Abnutzen, —s, ohne Pl., älter=nhd. abnutze: Ertrag wovon als Nutznahme.

abnutzen und (wie man richtiger sagen sollte) abnützen, tranf. u. refl.: durch Gebrauch an Brauchbarkeit oder Gehalt vermindern.

† abonnieren, aus franz. abonner: worauf vorausbezahlend unter= zeichnen [eig.: im Voraus vergüten. Ital. abbonáre = vergüten, zusammengef. aus ad zu und. bonáre v. lat. bônus gut]. Aus dem Part. Präf. mit =ent ft. =ant der Abonnént, —en, Pl. —en: der mit Vorausbezahlung Unterzeichnende.

abreißen (f. reißen): ein Bild wovon nur in den Hauptlinien machen;— gewaltsam ziehend wovon trennen; sich gewaltsam wovon los geben, z. B. der Ast reißt ab. Vom Plur. des Prät. der Abriß, —risses, Pl. —risse: nur in den Hauptlinien gemachtes Bild wovon.

abrichten: (bildl.) eine mechanische Fertigkeit wozu beibringen.

der Abfaß, — es, Pl. unübl., zuſammengeſ. aus ab u. Saß und den Bedeut. v. abſeßen gemäß : Aufhören und Wiederanfang wovon, dann das ſo Wiederanfangende ſelbſt; Zuſernſein des Einen vom Andern bei Vergleichung (b. Schiller, gelinder als Gegenſaß); Abgeben von Waare gegen Dafürgabe.

äbſch (mittelrhein., weſterwälb.) ſt. äbiſch, ſ. äbicht.

das Abſchach, — es, Pl. — e : boppeltes Schach, zunächſt dem Könige und daneben der Königin (Leſſing's Nathan 2, 1).

Der Abſchaum, — es, ohne Pl. : von wallender Flüſſigkeit ausge-ſtoßene, oben wegzuräumende Unreinigkeit; (bildl.) als zu ſchlecht und verächtlich ausgeſtoßener Menſch.
Von abſchäumen das Part. abgeſchäumt ehedem auch bildl. wie abgefeimt (ſ. abfeimen), z. B. „der ein abgeſchäumter Erz-Vögel war" (Simpliciſſ.)

der Abſcheu, — es, ohne Pl. : Abneigung gegen etwas, baß man davor zurückfährt. Daher abſcheulich : Abneigung erregend, baß man zu-rückgeſchreckt wird.

der Abſchied, — es, Pl. — e, im ältern Nhd. zuerſt Abſcheid und daneben Abſchib, v. abſcheiden : das Sich-fortbegeben wovon; Dienſtentlaſſung; richterlicher Ausſpruch als Endurtheil in einer Rechts-angelegenheit; Willenserklärung des Staatsoberhauptes zum Schluſſe einer in öffentlichen Landesangelegenheiten gehaltenen Verſammlung.

der Abſchlag, — es, Pl. — ſchläge : beim Fällen eines Stammes abgehauenes Gipfel- und Aſtholz ꝛc.; Zurückweiſung eines Angriffes; — Geringerwerden des Preiſes wovon; vorläufige Minderung der Schuld, z. B. auf Abſchlag zahlen. Daher abſchlägig = mit Entſchiedenheit von ſich weiſend; abſchläglich = baſſ. und zu vor-läufiger Minderung der Schuld. Jenes Abſchlag v. abſchlagen, welches 1) tranſ. [mhb. abe-slân, ahb. apa-slahan]: durch Schlagen (ſ. b.) wovon trennen; zum Entfernen nöthigen; entſchieden von ſich weiſen; — 2) intranſ. : im Preiſe geringer werden.

der Abſchuß, — ſchuſſes, Pl. — ſchüſſe, v. abſchießen : das Fort-ſchnellen von oder aus einer Schußwaffe, z. B. Abſchuß eines Pfeiles ꝛc.; Entlebigung einer Schußwaffe durch Fortſchnellen von oder aus berſelben, z. B. Abſchuß einer Flinte ꝛc.; ſchnelle Fort-bewegung einer Flüſſigkeit; jähe Neigung einer Erbfläche (baß ſich darauf ein Körper ſchnell und heftig niederbewegt). Nach bieſer leßten Beb. abſchüſſig : ſtark abhängig.

die Abſeite, Pl. — n : überwölbter Nebenraum des Schiffes der Kirche; Nebengebäude (Flügel) am Hauptgebäude.
Indem man an ab u. Seite bachte, fälſchlich ſt. Abſeite, mhb. die abſite, ahb. âbſida, abſîtâ, entlehnt v. mittellat. absida aus gr. hapſís (Gen. hapſidos), apſís Rundung, Gewölbe.

ábſeits, Adv. : weg zur Seite. Auch, nach der Aehnlichkeit von dies⸗, jenſeits, wie eine Präp., z. B. "abſeits der Heerſtraße" (Schiller).
Nach Aehnlichkeit von dies⸗, jenſeits ſt. dies⸗, jenſeit mit angetretenem unpaſſenden genit. ⸗s ſt. des richtigern, aber unüblichen dat. abſeit.

abſeitwärts, Adv. : weg zur Seite und ſofort in dieſer Richtung (Göthe's Werther).

ábſetzen (mit tiefem e) : [goth. af⸗satjan] von einer Stelle völlig ent⸗ fernen; wovon niederſetzen; wovon aufhören und wiederanfangen; an Waare gegen Dafürgabe Abnehmer haben. Imperf. es ſetzt ab : kommt wovon als etwas Empfindliches zu, z. B. es ſetzt ein Unglück ab.

die Abſicht, Pl. — en, v. abſehen : abreichende Richtung der Augen und dann des Geiſtes worauf, z. B. in "in Abſicht", welches mit nachfolgendem Genitiv oder "auf" ſteht; die als ein zu Erſtre⸗ bendes geſetzte [eig. mit den Augen, der Sehkraft abgereichte] Vor⸗ ſtellung. Daher ábſichtlich.
Für das frühere Infinitiv⸗Subſt. das Abſehen in der zweiten Hälfte des 17. Jahrh. aufgekommen.

ábſitzen (ſ. ſitzen), 1) intranſ. : von ſeinem Sitze ſich niederbewegen; wovon fern ſitzen; — 2) tranſ. : bis zu Ende ſitzen, z. B. eine Strafe, Miethzeit ꝛc.; durch Sitzen abnützen, z. B. Kleider ꝛc.; durch Sitzen erlangen, z. B. "die Reichsfürſten haben es dem Kayſer wohl abge⸗ ſeſſen, — daß" ꝛc. (Möſer, patr. Phant.); — 3) ſich abſitzen : allzuviel ſitzen.

† abſolût, v. lat. Part. absolûtus : unbedingt; unbeſchränkt. Mit die Abſolutiôn, Pl. — en, lat. absolútio (Gen. — ônis), = Losſpre⸗ chung (von Sünden), v. abſolvieren, lat. absólvere, = losſprechen (von Sünden), beendigen.

abſónderlich (vgl. ſonder), Adj. : für ſich und von allem Andern ſeiner Art getrennt; — Adv. : von und vor Allem.

ábſpannen (ſ. ſpannen, ahd. spannan) : der Spannung benehmen, und daher (bildl.) ſchlaff machen; von Fortzuziehendem losmachen; mit einer Spanne abreichen.

ábſpannen, unverwandt mit dem vorhergehenden Worte und fälſchlich durch Verdoppelung des n mit demſelben vermiſcht, v. ahd. spanan locken, überreden (ſ. ſpänen) : durch Ueberredung (Verlocken) von jemand abziehen. Von jenem spanan iſt abgeleitet im Ahd. die spanst Verlockung und davon wieder spenſtig verlockend, womit zuſammen⸗ geſ. ábſpänſtig, nach älterer Schreibung abſpenſtig : durch Ver⸗ lockung eine Verbindung verlaſſend.

ábſprechen (ſ. ſprechen) : worüber ſich entſchieden erklären, daß es nicht ſo ſei; jemand etwas durch entſchiedene Erklärung entziehen;

worüber bis zu Ende und zu gegenseitiger Zustimmung sprechen, z. B. einen Vertrag absprechen. Von dieser letzten jüngeren Bed. die **Absprache**.

der **Abstamm**, — es, ohne Pl. : Blutsverwandtschaft, der jemand angehört, in Beziehung auf die Person, von welcher sie ausgeht. „Eure Vorfahrn, Euren Abstamm" (Herder's Cid 33).

ábstéchen (f. stechen), 1) tranf. : einen Gegenstand durch Stechen wovon trennen, wovon hinwegstechen, z. B. Rasen abstechen, einen Feind im Kriege vom Pferde, Garben vom Wagen abstechen 2c.; einen Gegenstand stechen, daß er aufhört sofort zu sein wie bisher; durch Einstechen anderswohin fließen machen, z. B. Wein abstechen; [im Turniere beim Gegenrennen vom Pferde stechen, und daher bildl.] übertreffen, (im Kartenspiele) durch eine höhere Karte zum Unteren machen; durch Stechen nachbilden; — 2) intranf. : [durch Einstechen der Schifferstange und Drücken auf dieselbe vom Fahrzeuge aus] sich zu Wasser vom Ufer fortbegeben, dann überhaupt sich fortbegeben, z. B. das Schiff, der Schiffshauptmann ist abgestochen; [aus sich abstechen = „sich hervorthun vor Anderm, es übertreffen", um die Mitte des 18. Jahrh.] sich hervorheben vor Anderm als diesem widerstreitend.

· der **Abstecher**, — s, Pl. wie Sg., v. abstechen (= sich fortbegeben, hier zur Seite) : kurze Nebenreise.

ábstehen (f. stehen) : [veraltet] wovon niederstehen, z. B. vom Pferde abstehen d. i. niedersteigen; wovon entfernt stehen; Einem abstehen = statt für gegen ihn sein; wovon seine Thätigkeit wegwenden, z. B. von der Forderung abstehen; etwas Einem oder an Einen abstehen = sich davon wegwendend diesem überlassen; allzu lange stehen und auch dadurch schwächer werden; alle innere Kraft, die Lebenskraft verlieren, sterben, z. B. der Essig, Baum, Fisch ist abgestanden.

der **Abstich**, — es, Pl. — e, v. ábstéchen : Abgestochenes, z. B. Abstich von Torf, des Erzes, eines Bildes; Sich-Hervorheben gegen Anderes im Widerstreit mit diesem, Contrast.

† **abstráct**, v. d. lat. Part. abstráctus : abgezogen in Gedanken, für sich allein betrachtet; nicht wirklich, bloß gedacht. Mit die **Abstraction**, Pl. — en, neulat. abstráctio, = Bildung eines übersinnlichen Begriffes, Verallgemeinerung eines Begriffes, von **abstrahieren**, lat. abs-tráhere, = in Gedanken abziehen, wovon absehen.

der **Abstrahl**, — es, Pl. — en : zurückgeworfener Strahl wovon.

der **Abstreich**, — es, Pl. — e : öffentlicher Zuschlag auf Mindergebot (Schiller's Räuber 1, 2). Gegensatz der **Aufstreich**.

der **Abfud**, — es, Pl. — e : Handlung des Absiedens; die durch Absieden gewonnene Flüssigkeit.

† abſúrb, v: lat. absúrdus : lächerlich-widerſinnig.

der Abt, — es, Pl. Äbte : Vorſteher einer Abtei. die Abtei, Pl.
— en : höheres klöſterliches Stift; Gebiet deſſelben; Wohnung und
Pfründe eines Abtes. die Äbtiſſin, Pl. — nen : Vorſteherin einer
(weiblichen) Abtei.

Mhd. der abt, apt, abet, abbet, abbat (Pl. ebbete), ahd. abbat, v. dem aus
ſyriſch abba Vater (Mark. 14, 36) in die kirchliche latein. Sprache aufgenommenen
abbas (Gen. abbátis), ital. u. ſpan. abáte. Die Abtei, mhd. die abtei, aptei,
abbeteie, ahd. abbateia, v. mittellat. abbátia. Die Äbtiſſin (Äbtin iſt falſch),
mhd. die eptischin, abbtissinne, eppetisse, ahd. abatissa, v. mittellat. abbatíssa.

ábtakeln (ſ. Takel), nach neuniederl. aftakelen : die gehörigen Taue,
Segel, Blöcke, Rahen ꝛc. vom Schiffe abnehmen.

ábthun (ſ. thun), 1) tranſ. : wovon hinwegthun; [mhd. abe tuon]
aufhören machen, zu Ende bringen; am Leben aufhören machen; —
2) ſich weſſen oder wovon abthun [mhd. abe tuon] : entäußern,
gänzlich losſagen und trennen.

der Abtrag, —es, Pl. — träge : was als übrig geblieben wovon hin=
weggetragen wird; Schmälerung worin durch Entziehen; Dargabe
deſſen, was obliegt. Von ábtragen (ſ. tragen) : [mhd. abe tragen]
wovon hinwegtragen; durch Anſichtragen abnutzen; etwas durch Weg=
tragen davon gleichmachen; dargeben was obliegt; durch Leiſtung einer
Obliegenheit genugthun.

ábtreiben (ſ. treiben) : wovon wegtreiben; Holzwuchs [urſprüngl. jun=
gen durch Darauftreiben des Viehes] austilgen, daß der Boden davon
leer iſt; bis zur Erſchöpfung treiben, z. B. Pferde abtreiben.

der Abtritt, —es, Pl.—e : das Sich=wegbegeben wovon nach ausdrück=
licher Erklärung; einſtweiliges Sich=wegbegeben wovon zur Seite; be=
ſtimmter geheimer Ort zur Verrichtung natürlicher Bedürfniſſe; —
das Sich=niederbegeben vom Pferde zur Einkehr; Vorrichtung, daß
etwas tiefer aufgetreten werden muß; — (bibl.) Getrenntſein, bedeut=
ſamer Unterſchied [„Wenn zwiſchen Haß und Gunſt bey ihm ein
Abtritt iſt.“ Haller's Mann u. d. W.].

ábtröſeln, tranſ. u. refl. : faſerartig abwinden und abfallen. „Daß
nicht ein Mädchen dann und wann — Ein abgetröſelt Fädchen
finde“ (Thümmel, Reiſe ꝛc.).

Beſſer abbrieſeln, mit niederd. drysen, altclev. tryssen winden, v. altclev.
tryss Winde. Im mittelrhein. vocab. ex quo iſt drisûlchie tornábilis, schibelicht.

ábtrünnig, Adj. : ſich von einer Verbindung losſagend (trennend).

Mhd. abtrünnig, abetrünnec, ahd. abtrunnig, abtrunnic, mit mhd. die trünne,
abgeſonderter Haufe, Schar, Trupp, v. d. Präteritalform des verlorenen ahd.
Verbums trinnan (Prät. Sing. tran, Pl. 1. trunnumês), wovon auch trennen,
ahd. trennan (urſprüngl. tran-j-an).

ábwägen : nach Erhebung und Senkung prüfen; wogegen nach Schwere oder (bildl.) Gehalt prüfen.

Präf. Sing. 1. wäge, 2. wiegst u. (schwachbieg.) wägst, 3. wiegt u. wägt ab, Pl. 1. wir wägen ab ꝛc.; Prät. wog u. selten wägte ab; Part. nur ábgewogen. Jene starke Bieg. wiegst, wiegt, wog ab ist vorzuziehen; denn wägen (f. b.) ist nicht von Wage, sondern mit falschem ä statt ë das starkbieg. mhd. wëgen, ahd. wëgan (wëkan).

ábwamsen (f. Wams) : eine völlige Tracht Schläge geben.

der Ábwëg, —es, Pl. —e : vom rechten Wege abführender Weg. Nhd. Zusammenf. aus ab u. Weg. Im Mhd. sagte man dafür das twïke, ahd. twicki, twiggi, dessen den Begriff verneinendes t von ab ganz verschieden ist.

das Ábwëſen, —s, ohne Pl.; der substantivisch gebrauchte alte Inf. ábwëſen (ahd. aba-wësan), ist schon im 18. Jahrh. durch das jüngere gleichbedeutende die Abweſenheit (st. Abwëſenbheit, neunic-derl. afwezendheid) verdrängt.

ábwiegen (f. wiegen) : die Schwere eines Theiles wovon prüfen und bestimmen, eig. u. bildl.

Jünger als das ursprüngl. bessere abwägen und in dem Inf. dem mhd. Präf. von wägen : ich wige, nachgebildet.

ábzahlen : völlig bezahlen, daß alle Verbindlichkeit aufhört; von dem Ganzen zahlen.

ábziehen (f. ziehen), 1) tranf. : [mhd. abe ziehen, ahd. aba-ziohan] was woran ist davon wegziehen; wovon thun, um den Unterschied zu finden; machen, daß flüchtige und flüssige Theile eines Körpers aus diesem durch Wärme in verschlossenem Gefäße träufeln und so sich ausscheiden (beſtillieren); durch Einwirkung von einer Verbindung los machen; in Gedanken wovon hernehmen und für sich betrachten (abſtrahieren); — 2) intranf. : mit dem, was man hat, davongehen; sich fortbewegen zum Leerwerden, z. B. das Waſſer zieht ab. Daher der Ábzug, —es, Pl. —züge.

ábzielen, bildl. mit dem Acc. oder den Präpoff. auf, zu : als erreich-bares Ziel (f. b.) haben, worauf hin als das Ziel sich richten.

ábzwacken, faſt nur bildl. : (in empfindlicher Weise) kleinlich entziehen. Dagegen ábzwicken ſinnlich : mittelſt zuſammengehender eingreifenden Spitzen oder Schärfen wovon reißen.

ábzwecken, wie abzielen mit Acc. oder auf, zu : zum Zwecke (f. b.) haben.

† die Acabemie ſ. Akademie.

† der Accént, —es, Pl. —e, das lat. accéntus. (d. i. ad-centus) v. accínere = wozu ſingen : hervorhebender Sylben- oder Wortton; Redeton; Tonzeichen z. B. á à â.

† acceptieren, das franz. accepter, lat. acceptäre (d. i. ad-ceptare) : anerkennend annehmen.

† der Accéß (eig. Acceß), — es, Pl. — e, das lat. accéssus (d. i. ad-cessus) v. accédere : Zutritt zu einem Amte, um sich in Aus=übung desselben vorzubereiten. Daher der Accessíst, — en, Pl. — en, eine neulat. Bildung (accessísta) : wer sich einem Accesse unterzieht. Das Accéffit, aus franz. accessit (d. i. eig. "es ist hinzugekommen", weil 3. Sg. Perf. Ind. v. lat. accedere) : dem Hauptpreise für eine Leistung fast gleichgeltender Nebenpreis.

† das Accibénz, — es, Pl. Accibénzien, das lat. áccidens (Gen. accidéntis) v. accídere (d. i. ad-cidere) zu=, vorfallen : zufällige und sofort Nebeneinnahme in einem Amte. Die ursprüngl. Form das Accibéns gilt jetzt mehr im Gegensatze der Substanz (f. b.) : das zufällig Hinzukommende.

† die Accíse, Pl. — n, v. franz. accise, welches aus mittellat. accisia v. lat. accídere an=, einschneiden (hier auf's Kerbholz) : Zehr= und Waarensteuer (ehedem das Ungeld); Stelle, wo sie in Empfang genommen wird.

„Von den Steuerhebern wurden, bevor Papierschrift gewöhnlich war, Kerbstöcke gebraucht, auf denen der Steuerbetrag des Pflichtigen eingeschnitten war. Diese Stöcke wurden gespalten und dienten, indem die eine Hälfte in der Hand des Steuerpflichtigen, die andere in derjenigen des Erhebers blieb, auch zur Quittung und Controle. Daher hieß denn auch die Abgabe, besonders die Grundabgabe Kerb (Incisio, Tallia), die noch zur Grundabgabe hinzukommende Abgabe von Früchten aber Accisia, Accise." Schmitthenner.

† Accompagnieren, v. franz. accompagner (f. Compagnie), in der Musik mitspielend begleiten.

† der Accórb, v. franz. accord, ital. accordo, aus dem mittellat. neben accórdium vorkommenden accórdum (d. i. adcórdum), welches urspr. auf lat. cor (Gen. cordis) Herz zurückgeht : der stimmende Zusammenklang in der Musik; (bildl.) Übereinkunft, abgeredeter Vertrag, im Besondern der Lohnvertrag. Daher accorbieren, v. franz. accorder, ital. u. mittellat. accordâre : vertragsweise übereinkommen; auf den Preis unterhandeln; in Lohnvertrag übernehmen.

† accurât, das lat. accurâte, accurâtus, v. accurâre (d. i. ad-curare) wozu sorgen : sorgfältig, ganz genau. Daher die Accuratéffe, französiert aus ital. accuratèzza : Sorgfalt, völlige Genauigkeit im Thun, Pünctlichkeit.

† der Accusatív, — es, Pl. — e, v. lat. accusatîvus (anklägerischer, nämlich casus) : der auf die Frage wen? oder was? stehende Fall. Gewöhnlich Zielfall verdeutscht.

ach! mhd. ach, ahd. (erst im 9. Jahrh.) ah, auch ital., span., portug. ah, lat. ah! Äußerung der Schmerzempfindung, Anstrengung, Rührung, seltener der Freude. Auch, aber selten mit d. Gen., z. B. "Ach der

Wonne!" (Klopstock's Oden). Substantivisch: das Ach, —es, ohne Pl. Dieß auch in der Reimform "Ach und Krach" = Stöhnen aus allzugroßer Anstrengung. So heißt es z. B. von einem Ritterkampf bei Bürger : "Von Kling und Klang, von Ach und Krach — Ward rund umher das Echo wach." Noch· "mit Ach und Krach" malerisch statt mit genauer Noth, kaum. — Vgl. ah!

die =ach s. die =a.

† der Achât, —es, Pl. —e, v. d. lat.=griech. achâtes : ein gewisser gemischter Halbedelstein.

> Von dem Flusse Achâtes in Sicilien benannt, an dessen Ufern dieser Stein nach Plin. 37, 54 zuerst gefunden wurde.

die Achel, Pl. —n : der Ährenstachel (bei J. H. Voß); abgefallener Ährenstachelsplitter; Stengelsplitter bearbeiteten Flachses oder Hanfes.

> Aus ahd. das abil Ähre, welches mit das ahir Ähre eins ist; dann aber vermischt mit dem bei die Ahne (s. d.) zu Grunde liegenden ahd. die agana, mhd. agene, = Ährenstachel= und Flachsstengel= oder Hanfstengelsplitter.

acheln, niedriger Ausdruck aus der Juden= und Gaunersprache, v. hebr. achâl : essen.

die Achse (b. Göthe 30, 149 Axe), Pl. —n : Stange, dann Linie, um die sich etwas im Kreise bewegt. Auf der Achse verführen, b. i. zu Wagen.

> Wie die Büchse ahd. puhsa (puhsâ) v. gr.=lat. pyxis, so auch wol die Achse, mhd. ahse, ahd. ahsa, mit verändertem Geschlechte v. lat. áxis, gr. áxôn, welche auf die Wurzel ag in lat. ágere, gr. ágein bewegen, altnorb. aka fahren, zurückzuführen sind.

die Achsel, Pl. —n : der Körpertheil, welcher die bewegliche Verbindung des Armes mit dem Rumpfe ausmacht. Ueber die Achsel ansehen, b. i. geringschätzig, stolz oder mit Hohn (schon im Nibelungel.); auf beiden Achseln tragen = sich zweideutig benehmen, um es mit keinem zu verderben; die Achseln zucken = (bildl.) sich worin nicht entscheiden. das Achselbein, —es, Pl. —e, mhd. ahselbein, ahd. ahsalpein : der Schulterknochen. der Achselträger, —s, Pl. wie Sing. : wer sich zweideutig benimmt, um es mit keinem zu verderben.

> Mhd. die ahsel (st. ahsele), ahd. ahsala, wol gebildet nach lat. axilla, welches v. axis Achse (ahd. ahsa) abgeleitet ist.

acht, mit abgeworfenem auslautenden e aus mhd. ahte, ahd. ahtô, goth. ahtáu (wahrscheinlich Dualis, also 2mal 4), lat. octo, griech. oktô : 8. (der, die, das) achte st. acht'te, achtete, mhd. ahte, ahtode, ahd. ahtodo, goth. ahtuda : worauf die Zahl 8 nach der Ordnung kommt. das Achtel, —s, Pl. wie Sing. : der 8te Theil (=tel ist verschwächtes Theil); aus 8 Theilen (8 Mesten) bestehendes Trockenmaß. achthundert, 8×100; achttausend, 8×1000; achtzehn, $8 + 10$; achtzig (der Aussprache nach bei J. H. Voß achzig, wie) mhd. ahzéc, ahd. ahtozuc (s. =zig) u. früher ahtozô : 8×10.

die Acht, ohne Pl., mhd. die aht, ahte, ahd. ahta, aus Einer Wurzel mit
goth. der aha Verstand u. ahjan meinen: Richtung des Geistes worauf;
aus dieser Richtung hervorgehende Meinung wovon; Aufmerksamkeit
worauf mit Sorge dafür. Mit Acht zusammengef.: achtbar, mhd.
aht-, ahtebære, höhere Meinung verdienend; achtsam, Aufmerksamkeit
worauf und Sorge dafür zeigend. V. Acht abgeleitet ist achten,
mhd. ahten, ahd. ahtôn, mit Gen., Accus. u. den Präpp. auf, für:
den Geist worauf richten; eine daraus hervorgehende Meinung wovon
haben; in seiner Meinung höher oder tiefer stellen; Aufmerksamkeit
worauf und Sorge dafür haben. Daher die Achtung, ahd. ahtunga
(= eig. Meinung wovon, dann): anerkennende Meinung wofür;
Wendung der Aufmerksamkeit wohin und Sorgfalt worauf.

die Acht, Pl. —en, mhd. die ähte, æhte, ahd. ähta (= feindliche
Verfolgung), verschieden v. b. vorigen Subst. Acht, aber wol mit
ihm aus derselben Wurzel [ah, äh, ganz so neben einander wie z. B.
rah rächte, râhumês wir rächten v. rëhhan rächen]: Ausschließung
zu öffentlicher Verfolgung und Tödtung. Daher ächten, mhd. æhten,
ähten, ahd. âhtjan (=feindlich verfolgen), ursprüngl. mit Gen., dann
Acc.: ausschließen zu öffentlicher Verfolgung und Tödtung; außer
Recht und Heimat setzen.

ächt, s. echt.

die Achtwort in niederd. u. westfäl. Urkunden, auch echtwort: Weiberecht.
   Von Jac. Grimm (deutsch. Wtbch. I, 172) schön u. scharfsinnig als wahr-
scheinliche Zusammensetz. v. ahd. die ahta liegendes Gut, u. altnord. urd Steinicht,
niederd. wurt Grasland, Hofstelle [dann wohl auf unangebautem Boden durch
Umhegung errichtete Hofstätte, von der das Weiberecht ausgieng], gedeutet.

ächzen, im 15. Jahrh. echtzen (altb. Blätt. I, 30, 9; ahd., aber nicht
vorkommend, ahhizan?), v. ach! (s. b.): ach schreien; tief aus der
Brust gepreßte Schmerzenslaute ausstoßen, auch verlangend wonach.

der Acker, —s, Pl. Äcker, mhd. der acker, ahd. acchar, goth. akrs,
stimmend mit lat. ager u. griech. agrós, wol aus der Wurzel, die
sich in lat. agere (griech. ágein) treiben, thun, altnord. aka fahren,
zeigt [daher wahrscheinlich zunächst „zu Viehtrieb nutzbares Land",
dann]: Pflugland; einem Eigenthümer angehöriges, abgegrenztes Stück
Pflugland; ein gewisses Landmaß. Zusammenf.: der Ackermann,
—es, Pl. Ackerleute, mhd. ackerman, ahd. accharman, wessen
Gewerbe ist, Pflugland zu bebauen. Das Diminut. das Ackermänn-
chen Benennung der Bachstelze, wohl weil mit ihrer Rückkehr zu uns
der Pflug wieder zu Acker geht. Von Acker: ackern = mittelst des
Pfluges Land bauen; (bildl. in Vergleichung des Federkieles mit dem
Pfluge) schwer schreibend arbeiten.

Dieß ackern kam erst mit 1400 auf [im *liber ordinis rerum* v. J. 1429 Bl. 26ᵃ: „akcherep“ = lat. aráre u. cólere] und verdrängte nach und nach aus dem Hochd. das früher dafür gebrauchte, dem lat. aráre gleichkommende mhd. eren, ahd. erran d. i. goth. arjan, besonders da dieß eren auch die Bedeutung von ernten angenommen hatte [in jenem *liber ord. rer.* Bl. 26ᶜ: „choren *eren*“ = lat. frugidemiáre u. „weingarten *dren*“ = vindemiáre.

die Ackerwurz : der Kalmus, dessen Wurzel als Gewürz und Heil=
mittel bient.

Acker hier aus dem lat.=griech. Namen dieser Pflanze : ácorus, ital. u. span. acoro.

† der Akt, —es, Pl. —e, entlehnt aus franz. acte, welches aus lat. actus : die Handlung; Verhandlung; der Aufzug im Bühnenspiel.

† die Acten, bloß Pl., aus dem lat. Pl. acta des Sing. actum Ver=
handeltes (v. ágere handeln) : Verhandluugsschriften; Gerichtsschriften. Im Sing. sagt man das Actenstück.

†† die Actie (spr. Aktſ=e) Pl. —n, entlehnt v. holländ. actie aus lat. actio Handlung (woher franz. action) : Antheilschein als Ver=
sicherungsurkunde bei einem auf Gewinn gegründeten gesellschaftlichen Unternehmen. Der Actionär, —es, Pl. —e, aus franz. action-
naire : Inhaber eines solchen Antheilscheines.

† activ, das lat. actívus v. ágere thun : thätig, wirkend. Das Acti=
vum, das lat. activum : die Form des Verbums, in der es eine Thätigkeit ausdrückt.

† der Actuâr, aus lat. actuárius Geschwindschreiber, Rechnungsführer : der zum Aufschreiben amtlicher Verhandlungen oder Aussagen Angestellte.

† abbieren, v. dem aus lat. ad zu und dáre geben gebildeten lat. áddere hinzu thun : zusammenzählen.

abê, mhd. adê, verkürzt aus franz. adieu (d. i. ursprüngl. à dieu zu Gott! Gott befohlen!) : leb' wohl! Substantivisch : das Abê.
Nur noch in Gedichten; im gewöhnlichen Leben durch Wiederherstellung des vollen franz. adieu (spr. adjœ) verdrängt.

der Abebär (b. Claudius), —n, Pl. —n, im Niederd. der Storch als Kinderträger und =bringer.
Früher auch hochd., wie mhd. der adebar, ahd. odeboro, odebëro zeigen. -boro, -bëro ist Träger (v. bëran tragen), ode- vielleicht v. altf. der ôd Gut (Grimm, b. Mythol. 638), also Glückbringer?

der Abel, —s, ohne Pl., mhd. das (sehr selten der) adel, ahd. das adal [= Geschlecht, von dem man herstammt, besonders ausgezeich=
netes, aus einem Wurzelverbum adan, wovon das altsächs. Part. ôdan geboren und ahd. das uodal Vaterland, Erbgut] : durch „von“ vor dem Geschlechtsnamen bezeichneter Geschlechts= und Standesvorzug; Gesammtheit der so Bevorzugten; (bibl.) Erhabenheit über das Ge-

meine als sittlicher Vorzug. Zusammenf. mit =lich : ábelich (in jüngerer Zeit gewöhnlich, aber ungut, als wenn es Ableitung mittelst =ig, ahd. -ac wäre, ábelig) st. ábellich, mhd. adellich, ahd. adallîh : durch "von" vor dem Geschlechtsnamen ausgezeichnet; solchem ausgezeichneten Geschlechte gehörig oder gemäß; (bildl.) weit über das Gemeine erhaben. B. Abel ist abgel. abeln : in den Abelstand erheben; weit über das Gemeine erheben und auszeichnen.

B. Abel der Geschlechtsname Abelung, ahd. Adalunc, = Abkömmling von Abel; der Frauennamen Abêle, aus franz. Adèle u. dieß aus ahd. Adala = die ausgezeichneten Geschlechtes ist. Mit Abel sind zusammengef. die Mannsnamen : Abelbert, gekürzt Albert, Albrecht, ahd. Adalbèrt, ursprünglich Adalpëraht [ahd. përaht glänzend] = an Geschlecht glänzend; Abelhart, ahd. Adalhart, = stark (hart) ausgezeichneten Geschlechtes; Alfons, ahd. ursprüngl. Adalfuns = bereit, geneigt an Geschlecht ausgezeichnet zu werden; — die Frauennamen : Abelgunde, ahd. Adalgund, = Kampf für ausgezeichnetes Geschlecht; Abelheid (st. Abelheit), französiert Adélaïde, aus ahd. Adalheit [heit ist Stammsylbe v. ahd. heitar = strahlend, schimmernd, unserm „heiter"], = strahlend an Geschlecht.

der Abeler s. Abler.

† der Abépt, —en, Pl. —en, v. b. lat. adéptus = wer etwas erlangt hat : der in die geheime Kunst des Goldmachens, der Bereitung des Lebenswassers u. dgl. Eingeweihte.

die Ader, Pl. —n : Röhre (Gang) des Lebenssaftes oder gehaltiger Masse. So die Adern des thierischen Körpers, im Holze, die Brunnen=, Erzadern 2c. äderig : von Adern oder adernartig durchzogen. der Aderlaß oder selten (wie b. Schiller) die Aderlässe : ärztliches Ablassen von Blut durch Einschnitt in eine Ader. ädern : [nhd. statt des alten adern, ahd. âdrôn] der Adern durch Herauslösen benehmen; mit Adern künstlich versehen.

Mhd. die âder, ahd. âdara, goth. (wenn das Wort vorkäme) êþra, woneben gleichbed. ahd. die idâ. Nach diesen beiden Formen würde ein goth. Wurzelverbum îþan (Prät. Sing. aþ, Pl. êþum) zu Grunde liegen, das vielleicht „gehen" bedeuten könnte.

† das Abjectiv, —es, Pl. —e, das neulat. adjectívum = was sich wozu setzen (lat. adjícere hinzuthun) läßt : das Wort, welches von einem Gegenstande anzeigt, wie er ist. Man hat es Beiwort verdeutscht; aber in neuerer Zeit ist Eigenschaftswort beliebter.

† der Abjúnct, —en, Pl. —en, v. b. lat. Particip adjúnctus beigefügt (adjúngere = zu=, beifügen) : der beigegebene Amtsgehilfe.

† der Abjutánt, —en, Pl. —en, v. b. lat. Part. Präs. adjútans (Gen. adjutántis) beihelfend (adjutâre = beihelfen) : Hilfsoffizier zur Beförderung der Befehle.

der Adler, —s, Pl. wie Sing. : der größte Falke. Dichterisch auch gern nach alter Benennung der Aar (s. b.). Zusammens. : der Adler=

blid, ausgezeichnet ſcharfer Blid; bie Ablernaſe, ſtarl gebogene
Naſe; ber Ablersjüngling (b. Göthe), laum erwachſener Abler;
bie Ablersſchwinge, in Wielanb's Oberon I, 7 bilblich.
Bei Luther, Alberus ꝛc., auch bichteriſch b. J. H. Boß : Abeler. Mhb. mit
-n im Gen. Sing. u. Nom. Pl. ber adlar, adelar, im 12. Jahrh. adelare, zuſammengeſ. aus ahb. adal ebel unb aro Aar (ſ. b.), alſo ſ. v. a. ebler Aar, Ebelaar.

† ber Abmirál, —es, Pl. —e : ber Flottenführer. Daher bie Ab=
miralität, ohne Pl. : bie Geſammtheit berer, welche bie Oberaufſicht
über bas Seeweſen haben.

Mhb. ber amiral, verberbt admirát, als Titel bes morgenländiſchen Chalifen,
nach franz. amiral aus arab. amir-ul-ma = Befehlshaber bes Waſſers.

A'bolf, Mannsname, nicht aus ahb. Adalolf b. i. Ebelwolf, ſonbern
aus einem goth. Namen, ber latiniſiert Ata-ulfus lautet unb beſſen
-ulfus goth. vulfs Wolf (ſ. b.) iſt.

† bie Abréſſe, Pl. —n, bas franz. adresse : Aufſchrift auf Briefen.
Von abbreſſieren, franz. adresser eig. = wohin richten.

Adresser iſt zuſammengeſ. aus à b. i. lat. ad zu, unb bem aus mittellat. direc-
tiàre wohin richten [v. lat. diréctus] entwidelten gleichbeb. dresser. Das Wort
bat hier bie engere Beb. : an jemand zum Empfange überſchreiben.

† ber Abvént, —es, ohne Pl., v. lat. advéntus Anlunft : bie Zeit
vom 4ten Sonntage vor Weihnachten bis zu bieſen als bem Feſte ber
An= ober Zulunft Chriſti im Fleiſche b. h. ſeiner Geburt.

† bas Abvérbium, —s, Pl. Abverbien, ber lat. grammaticaliſche
Ausbrud advérbium (= ad verbum zum Zeitwort gehörig) : bas
Beſtimmungswort bes Verbums unb bes Abjectivs. Mau hat es
Nebenwort verbeutſcht, in neuerer Zeit lieber Umſtanbswort.

† ber Abvocát, —en, Pl. —en, v. lat. advocátus Rechtsbeiſtanb,
eig. ber zur Rechtshilfe Herzugerufene (ad-vocáre = herzu rufen,
insbeſ. zur Rechtshilfe) : wer als Rechtsgelehrter jemanbes Sache vor
Gericht zu führen hat. Deutſch : ber Sachwalter, Anwalt, i. b.
Schweiz Fürſprech (ſ. b.). bie Abvocatúr, Pl. —en, aus neu=
lat. advocatúra : bas Abvocatenamt.

bie =aff, ahb. -aſſa : fließenbes Quellwaſſer, Fluß. In Flußnamen, ſ.
bie Anmerk. zu =a.

ber Affe (auch wol Aff), —n, Pl. —n : bas Thier, welches an Ge=
ſtalt unb Gang bem Menſchen am nächſten kommt; (bibl.) wer etwas
lächerlicher Weiſe nachmacht; (ehebem auch, weil ber Affe als bummes
Thier galt) zum Geſpötte bienenber Menſch, Thor — ſ. äffen —.
bie Affenliebe : blinbe, verzärtelnbe Elternliebe.

Mhb. ber affe, ahb. affo, wie es ſcheint mit verlornem Kehllaute zu Anfange
bes Wortes bas gleichbeb. griech. kepos, keipos, ſanſkr. kapi.

† ber Afféct, —es, Pl. —e, bas lat. afféctus v. afficere (afficie=
ren) b. i. ad-ficere hinzuthun, Einbrud machen, in eine gewiſſe

Stimmung verſetzen : Gemüthserregung, in welcher der Menſch ſich nicht bezwingen kann. Daher affectieren, nach franz. affecter, lat. affectâre : zum Scheine annehmen, insbeſ. auf gezierte Weiſe.

ä'ffen, mhd. effen [b. i. ahb. af-j-an] zum Thoren machen, v. Affe (ſ. b.) : zum Beſten haben. Daher die Afferei ſt. bes ältern Ä'fferei, Pl. — en : Vorſpiegelung und was Närriſches und zugleich Neckiſches gethan wird.

ber Affobill, — es, Pl. — e, mittelſt Anlehnung an Affe und Dill (ſ. b.) aus lat.-griech. asphódelus : lilienartiges Gartengewächs mit vielen kleinen Wurzelknollen.

ber Affólber (auch Afhólber geſchrieben), — s, Pl. wie Sing., der alte deutſche Name bes Apfelbaumes. Faſt nur noch in Ortsnamen, wie Affolterbach ꝛc.

> Mhd. die áffalter, ahb. affaltrâ, aphultrâ, zuſammengeſ. aus ahb. aphul Apfel u. -tra, -tera Baum (ſ. ꞏ ber).

ber A'fruſch, — es, Pl. — e, landſchaftl. ſt. Aberraute (ſ. b.).

áfter, mhd. after, ahb. aftar, zunächſt (aber nur ſpärlich noch im 16. Jahrh.) Präpoſ. mit Dat. [u. nhb. auch mit Acc.], bann in Zuſammenſſ. abverbial : hinter, nach. Davon der A'fter, — s (ſt. — n), Pl. wie Sing. (ſt. — n), ahb. ber aftaro, eine alte Comparativ-Bildung : ber Ausgang bes Maſtbarmes. Zuſammenſſ., in welchen after- figürl. gern ben Begriff bes Scheinrechten und Schlechten annimmt : die A'fterbürde (b. Luther 5 Moſ. 28, 57 bie Affterbürt), bie Nachgeburt; bie A'ftergröße (b. Schiller), Scheingröße, falſche Größe; bie A'fterklaue (Aberklaue, ſ. b.), bie kleine Hornſpitze über bem Ballen an ben Läuſen bes Wildes; bie A'fterkönigin (b. Schiller), unrechtmäßige u. Scheinkönigin; bie A'ftermiethe, Vermiethung burch ben zur Miethe Wohnenden an einen Dritten; bie A'ftermuſe (b. Schiller), Muſe bie nicht bie wahre iſt; áfterreben, nachreben wie es nicht recht und nachtheilig iſt; ber A'fterſabbath (b. Luther Luc. 6, 1); ber A'fterweiſe (b. Göthe), Scheinweiſer, beſſen Weisheit eine falſche iſt; bie A'fterwelt, bie Nachwelt (z. B. „ber Vorwelt und der Afterwelt Helden.“ Schubart), u. a. m.

> Ahb. aftar in ſeiner Ableitung zu zerlegen af-t-ar, kommt von af ab, und das urbeutſche (goth.) f erhielt ſich auch im Hochb. burch Verbindung mit bem nachfolgenden t. Die eig. Beb. iſt bie bes räumlichen Getrenntſeins wovon nach hinten hin.

bie A'gen ſ. Ahne.

† bie Agénbe, Pl. — n, ber lat. Plur. agénda eig. = bie vorzunehmenden Handlungen, hier insbeſ. bie kirchlichen, v. ágere thun: Formularbuch für bas, was ber Geiſtliche bei ſeinen Amtshandlungen vorſchriftmäßig zu reden hat.

† der Agént, —en, Pl. —en, aus lat. ágens (Gen. agéntis) thuend, ausführend, v. ágere thun, verrichten: Geschäftsbesorger. Daher nach einer neulat. Bildung auf -ura die Agentúr, Pl. —en: die Ge=schäftsbesorgung als Gewerbe.

† die Ägíde, aus lat. ægis (Gen. ægídis) d. i. gr. aigís (Gen. aigí-dos), — v. gr. aíx (Gen. aigós) Ziege? — : eig. der [urspr. mit einem Ziegenfell überzogene?] schreckende Schild Jupiters (sowie Mi=nerva's und Apollo's); (bildl. u. gewöhnl.) kräftiger Schutz.

† agíeren, das lat. ágere: handeln, wirken; mit Absicht sich benehmen als —.

† das A'gio (spr. áschjo), aus ital. (und dann franz.) agio: das Auf=geld beim Umtausch von Münzsorten oder von Wechselbriefen gegen baares Geld.

Agio ist eig. die Erkenntlichkeit, die man dem Wechsler für den Umtausch gibt; ursprünglich aber Gemächlichkeit, gute Gelegenheit, aus az- in goth. das azéti (z ist aus s) Annehmlichkeit (1 Tim. 5, 6)? Vgl. Diez I, 325.

die (b. Göthe der) A'glei, Pl. —en: eine glockenblumenartig blühende Gartenzierpflanze.

Mhd. die agleie, ageleie, ahd. agaleia (eine Art stacheligen Strauches), aus mittellat. aquilégia d. i. die wasserziehende (?).

† der Agnát, —en, Pl. —en, das lat. agnátus (d. i. ad-gnatus): Blutsverwandter von väterlicher Seite, mhd. dër swërtmâc (Schwert=mage).

† die Agráffe, Pl. —n, das franz. agraffe: die Hakenspange z. B. am Halstuche der Frauenzimmer; die Hutschleife der Offiziere.

Agraffe ist Subst. v. franz. agraffer zuhäkeln, ital. aggraffáre packen (neben agrappàre anhaken), dessen ag aus ad und graffáre aus ahd. craphôn krapfen (ahd. crapho, craffo, crapfo der Krapfen).

der A'gtstein, —es, Pl. —e: Bernstein.

Mhd. der age-stein, aget-stein, ahd. agi-stein Magnet, agátstein ein schwärz-licher Stein, in welchen das erste Wort der Zusammensetzung wol aus roman. (ital. span.) agata Achat st. roman. (ital. span.) gagate d. i. lat.-gr. gagátes stark erdharzhaltige Steinkohle (Plin. 36, 34), wie denn im Mittelalter Achat, Gagat, ingleichen Bernstein und Magnet hinsichtlich der größern oder geringern An-ziehungskraft verwechselt wurden.

ah! mhd. â (Benecke I, 2b), Ausruf des Staunens und des Wol-gefallens.

Ursprüngl. wie ach! So noch in neuerer Zeit, z. B. „Jene Tochter heiliger Natur [Molly], — Ah! zu kurzer Wonne mir geboren" (Bürger). Doch scheint uns ach! jetzt größere Rührung auszudrücken. — Das dehnende h in ah! viel-leicht im Gedanken an franz. ah!

ahá! mhd. ahâ (Benecke I, 594b), Ausruf der Überraschung.

Zunächst freudiger Überraschung, denn hâ in mhd. ahâ [d. i. ah-hâ? ah = ach!] ist eigentlich Ausdruck des Lachens.

2*

das (die?) Äher f. Ähre.

ahi! mhd. ahî (*Benecke* 1, 674ᵇ), Ausruf der lebhaften Freude [„Ahi,
Herr May, ahi!“ Hölty] und freudevollen Verwunderung.

Entlehnt mit Verwendung auf den Ausbruch der Freude aus franz., ital. ahi! einem
Ausrufe des Schmerzes. Vgl. Wilh. Wackernagel's altfranz. Lieder S. 196.

der Ahl, —es, Pl. —e, auch der Ahln, Pl. wie Sing., im westl.
Mitteldeutschland : der Zwinger zwischen Gebäuden.

Bei Alberus (1540) der al u. der aln [dieß auch i. b. Fabeln v. J. 1550
S. 44 : „Biß er (der Wolf) gieng auß dem aln herfür — Und macht sich vor
der Geyssen thür“]. Zusammengez. aus älter-nhd. u. landschaftl. der adel =
unreine Flüssigkeit aus den Ställen, dem Miste, der Küche ꝛc. (*voc. incipiens teu-*
ton. ante latin. Bl. 64ᵇ. *Teuthonista*), ags. adele; und schon niederf. al Pfuhl-
pfütze. Der Ahl dient gewöhnlich zu Aufnahme und Abfluß von Unreinigkeit.
Der Stamm ad auch in spät-mhd. adich = Pfütze, Grube worin Wasser zurück-
bleibt (*liber ord. rer. v.* 1429 Bl. 3ᵃ).

der Ahlbaum, gewöhnlicher Aalbaum (f. b.).

die Ahle, Pl. —n : an ein Heft befestigter stählerner Stachel zum
Vorstechen bei Lederarbeit.

Bei Wieland der Ahl. — Mit dehnendem h; denn 1469 mittelrhein. ael
(*voc. ex quo*), mhd. die al, ahd. ala, wovon mittelst der ahd. Ableitungssylben
-ansa [die auch in ahd. sëgansa Sense] ahd. noch die alansa und hieraus schweiz.
die Alfe. Die Wurzel ist dunkel.

die Ahm, gewöhnlich die Ohm (f. b.).

ähmen, transf. : [nur noch landschaftl. — bayer. —] mit dem Maße
(Visierstabe) den körperlichen Raum eines Fasses untersuchen (visieren);
[dann abstract im Hochd.] nach Maßgabe darstellen, f. nachahmen.

Mhd. âmen ein Faß durchmessen, dann bildl. überhaupt ermessen (f. *Benecke*
I, 29ᵃ); erst bei Alberus (1540) „ich ôm“ = ich unternehme Andrer Handlung
und Sitten auszudrücken, wofür ahd. antarôn und noch bayer. äntern gesagt
wird. Von mhd. die âme (unser die Ohm, f. b.) als Benennung eines Maßes.

ähmen, transf., von Vögeln : ätzen, aufnähren.

Nur noch landschaftlich, z. B. oberhessisch. Eben so richtig ehmen, z. B. [die
Vögel] „paren sich, vnd zeugen jungen, vnd ehmen die selbigen“ (Erasmus
Alberus Ehebuechlin Bl. D 1ᵃ). Mhd. (ohne Umlaut) ammen (*Willehalm*
62, 27), von Amme (f. b.); aber in ähmen ist Dehnung eingetreten, während
in Amme das A kurz blieb.

der Ahn, —en (b. Göthe im Dat. Ahn u. Ahnen), Pl. —en : Großvater; überhaupt (als alterthümlicher edler Ausdruck) „Vorvater“ eines
Geschlechtes. die Ahne : Großmutter; überhaupt Vormutter eines
Geschlechtes. Der Pl. von der Ahn : die Ahnen (ahd. anon), edler
Ausdruck für „Voreltern.“ Bestimmter als Ahn u. Ahne in der
allgemeinern Bedeut. sind die Zusammensetzungen der Ahnherr und
die Ahnfrau.

Mhd. der an, ane, ahd. ano [goth. ana? anja?], = Großvater, und daneben
mhd. die ane, ahd. anâ, = Großmutter, also im Nhd. der Begriff über die von

ben Großeltern aufſteigende Linie der Voreltern erweitert. Nach J. Grimm in
Haupt's Zeitſchr. I, 22 v. goth. anan hauchen, athmen; alſo ahb. ano etwa ſ. v. a.
der nur noch athmet, dem Tode nahe iſt, und ſofort ahb. der urano [goth. uzana?
unſer Urahn, ſ. b.] = der ausathmet, ſtirbt, nach goth. uz-anan aushauchen, ſterben.
Die Zuſammenſetzungen Ahnherr, mhd. der anherre, anhër (voc. ex quo), und
Ahnfrau, ſpät=mhd. anfraw (ebenda), ebenfalls nur von Großvater und Großmutter.

ahnden, tranſ. : durch Empfindenlaſſen eines Übels für Übles dieſes
als Schuld vergeſſen machen.

Mhd. anden = ſtrafen, ahb. andôn, anadôn = ſtrafen, aber eig. in Eifer (heftiger
Aufwallung wogegen) ſein, v. mhd. der ande = erbitternde Kränkung, ahb. ando,
anado, = heftige Erbitterung, Aufwallung über Kränkung, aus dem goth. Wurzelverb anan hauchen, athmen, wie denn heftige Erbitterung (Wut) ſchnaubt.
Jenes mhd. der ande noch adverbialiſch u. adjectiviſch in bayer., thüring., ſächſ. :
Einem Ahnd thun, Ahnd ſein = leid thun u. ſein, verurſachen daß Einem übel
zu Muthe iſt, übel zu Muthe ſein.

ahnden, tranſ. : dunkel vorempfinden. Richtiger, weil urſprünglicher,
ahnen (ſ. b.).

ahndevoll, Adj. u. Adv., b. Göthe neben ahndungs= u. ahnungs=
voll : voll einer dunkeln Vorempfindung wovon, voll Vorgefühl.

Zuſammengeſ. aus 1) einem mhd. die ande [neben der ande, ſ. das erſte ahn-
den] = erbitternde, höchſt ſchmerzende Kränkung, dann Schmerzgefühl wonach,
und 2) voll.

die Ahne, Pl. —n : Stengelſplitter von Flachs oder Hanf; ſeltener
auch noch Stachelſplitter vom Barte des Getraides.

Schon im 16. Jahrh. die ahne und (bei Alberus unrichtig aus der wetterauiſchen Mundart verhochdeutſcht) aun ſt. an = Flachs= u. Gerſtenähren-Splitter,
neben der damals noch ſehr üblichen unzuſammengezogenen Form die Agen,
mhd. die agen, agene, ahb. agana, goth. ahana, = Spreu, Abfall von Ähren
und Flachsſtengeln. In Begriff und Form oder doch Wurzelſylbe [lat. ac in
acus Nadel, ácies Schärfe, acúere ſchärfen, ſpitzen, acúleus Stachel] ſtimmen
gr. die áchna, das áchyron, lat. acus Spreu, und Ahne u. Agen haben mit
Ähre eine und dieſelbe Wurzel, die den Begriff des Spitzen, Stachelichten in ſich
trägt. Gleiche Zuſammenziehung, wie Ahne aus Agen, in Hambutte neben
Hahnbutte aus Hagenbutte, wetterauiſch wân, klân, sân, hâlgans ꝛc. ſt. Wagen,
klagen, ſagen, Hagelgans ꝛc.

ähneln : nur etwas ähnlich ſein. Ungewöhnlich b. Göthe (Fauſt II,
1 : „Sie [die Kappe] ähnelt ihn verrückten Thoren") : einigermaßen
ähnlich machen.

Bloß nhb. — Von an im Gedanken an ähnlich (ſ. b.).

ahnen : dunkel vorempfinden. Daneben (wol durch Vermiſchung mit
jenem erſten ahnden oben) eben ſo oft die Form ahnden, aber
nicht ſo richtig, weil ahnen urſprünglicher iſt. Man ſagt : ich ahne
(ahnde), du ahneſt (ahndeſt) ꝛc. und mir ahnet (ahndet), dir
ahnet ꝛc. die Ahnung, Pl. —en.

Ahd. fehlt das Wort, das anôn lauten würde; mhd. mich anet [und noch im Philander v. Sittewald (1650) II, 32 : mich andet; im 18. Jahrh. hat Klopstock mich ahndet], aber daneben, wie es scheint, durch niederd. Einwirkung b. Herbort von Fritslâr : mir, im [ihm] anet; bei Alberus es ahnet mir. Doch bricht schon im 13. Jahrh. einmal auch mich andet, also die Form ahnden durch. In neuester Zeit zieht man ahnen vor, um von dem mit „strafen" sinnverwandten ahnden zu unterscheiden. Es ist mit diesem zurückzuführen auf das goth. Wurzelverb anan hauchen, athmen, welches in seinem ersten an mit an in lat. ánima (Athem und Seele) u. ánimus (Seele und Geist) übereinstimmt, und ahnen deutet sonach schon in seinem Ursprunge auf das Bewegtsein der Seele als Vorempfindung wovon.

ä́hnlich, Adj. und dann auch adverbial : der Uebereinstimmung annähernd. die Ähnlichkeit, Pl. —en. ähnlichen (b. Klopstock; lieber ähneln, s. b.) : ähnlich werden.

> Statt änlich; denn ähnlich ist zusammengesetzt aus an (ahd. u. goth. ana) u. ‑lich (ahd. ‑lih), dessen i den Umlaut ä bewirkt. Bei Luther ehnlich, mhd. anelich, ahd. aber anagalih (b. i. an‑gleich), dagegen goth. wieder analeiks.

der Áhorn, —es, Pl. —e : den harten Laubhölzern angehöriger Baum mit den Weinblättern ähnlichem Laube und Flügelfrüchten (ácer b. Linné). S. auch Plátáne. der Áhornbaum, schon in *voc. ex quo* ein ahornbaume. áhornen, mhd. ahörnen [ahd. ahurnín?] : von Ahornholz.

> Mhd. der ahorn, ahd. ahorn, ahurn, scheint mit üblicher Lautentwicklung des c in h entlehnt aus dem lat. Adj. acérnus ahornen. Der Baum selbst heißt lat. acer.

die Áhre, Pl. —n, dasselbe was der Ähren (s. b.).

die Áhre, —n : der oberste, die Blüte und Frucht enthaltende Theil des Halmes der Gras=, insbesondere der Getraidearten.

> In der bayer. Mundart echer, im Hochd. des 16. Jahrh. noch sächl. das áher, eher, mhd. das äher, eher, ahd. ahir, dann ehir (deren r aus s, denn) goth. das ahs (Gen. aksis), aus der Wurzel ah, lat. ac, zu welcher goth. die ahana Spreu, lat. acus, acies ꝛc. gehören (s. die Anm. zu Ahne). Aber [wahrscheinlich aus dem Plur. der sächl. hochd. Formen : mhd. eher, ahd. ahir, ehir] schon im 16. Jahrh. auch der falsche weibl. Sing. die äher (z. B. bei Adam Lonicerus, † 1586), eher, welcher dann, das sächliche Geschlecht ganz verdrängend, zu unserm Ähre wurde.

der Áhren, Áhrn, Pl. wie Sing. : der Hausraum zwischen der Hausthür und den Zimmern desselben Stockes. Bestimmter der Hausähren (so z. B. im Simplicissimus); aber edler im Hochd. die Hausflur.

> In der Volkssprache Süd= und Mitteldeutschlands; niederd. die Diele. Nach landschaftl. Ausspr. in Schiller's Räubern 4, 4 Öhrn. Mhd. der eren, ahd. (das?) erin, airin, entlehnt aus lat. área offner Platz, Tenne, innerer freier Hofraum, welches im Franz. zu aire (gleichsam mittellat. aira) = Tenne ward. Wol im Gedanken an diese Entlehnung b. Klopstock die Ähre : „der himmlischen Ähre Bewohner."

die Ährenlöſe, Pl. —n : das Auflefen der bei der Ernte in den Stoppeln zurückgebliebenen Getraideähren; Sammlung zerſtreuter ſchriftlicher Erzeugniſſe in ein Buch, lat. Spicilégium.

> Der aufgeleſene Ährenbüſchel heißt noch auf der Rabenau bei Gießen die Sange (ſ. d.).

ai, der Diphthong, ſteht im Hinblick auf urſprüngliche Herkunft des Wortes in Baier (Baher, mittellat. Bajoárius, woraus Bavârus), Getraide, Hain, Kaiſer, Laie, Mai, Main (ahd. Moin, lat. Mœnus und ſpäter Mogus), Mainz (ahd. Maginza); zur Unterſcheibung von Wörtern mit ei in aichen, Laib, Rain, Saite, Waid, Waiſe; der Ausſprache zu Liebe, indem wir im Hochd. ei wie ai ſprechen, in Waizen, das indeſſen jetzt meiſt Weizen geſchrieben wird.

> Mhd. kein ai, ſondern überall ei, ahd. ei; aber urſprünglich im Ahd., wie im Goth., ai, woraus ei Umlautung iſt. S. ei.

ai! bei Göthe Weheruf, nach gr. aî (αἴ)! kommt ſonſt nicht vor.

das Aï (ſprich A=i), —'s, Pl. wie Sing., das Faulthier (ſ. d.).

aichen, auch eichen : Maßgeſchirre von Obrigkeits wegen abmeſſen und dem geſetzlichen Maße gleich machen. die Aiche, die Handlung, wodurch dieß geſchieht. der Aichmeiſter, der von der Obrigkeit zum Aichen Beſtellte.

> Spät-mhd. (und auch hier ſelten) eichen; man ſagte lieber pfehten. Gleichſam : dem Geſetze gemäß abmeſſen und ſo als obrigkeitliches Maß erklären; denn jenes eichen, ahd. eichön, eihhön, eig. = zueignen, widmen, jemanden beſtimmen, urſprüngl. wol zuſprechen, von dem goth. Wurzelverb áikan [ahd. eihhan?] = lat. áiere, ſagen (vgl. Grimm III, 764).

† die Akademie, Pl. —n : Hochſchule; höchſter Gelehrtenverein. akademiſch, Adj.

> Wie franz. académie, das lat. Académia, gr. Akademía (Ἀκαδημία), = der angeblich nach einem Heros Akademos benannte, zu Leibesübungen beſtimmte Platz zu Athen, auf dem Plato lehrte; dann die von Plato geſtiftete Schule.

die Akelei, weniger gute hochd. Schreibweiſe ſt. Aglei (ſ. d.).

> Nach altkleviſch akeley, neuniederl. akeleij, mittelniederl. acoleie (kor. belg. III, 125ª), altweſtphäl. acaleye, aus ſpät-lat. aculegia ſt. aquilégia.

† die Akuſtik : Wiſſenſchaft von Schall und Ton, Klang=, Gehörlehre. akuſtiſch, Adj.

> Aus dem v. gr. akúein (ἀκούειν) hören abgeleiteten gr. akustiké (ἀκουστική) = zum Hören gehörig [nämlich téchnē (τέχνη) = Wiſſenſchaft].

der Al u. Aln, ſ. (mit Bezeichnung der Dehnung durch h) Ahl.

der Alabáſter, —s, Pl. wie Sing. : feinkörniger, harter, polierbarer Gypsſtein. alabáſtern, Adj. : aus Alabaſter; (bibl.) blendend weiß.

> Mhd. das alabaster (Rolandslied 260, 29), ahd. noch nicht aufgefunden, goth. alabalstraún (Luc. 7, 37; nach J. Grimm Acc. v. alabalstraú); jenes aufgenom-

men aus lat. alabástrum, dieses aus dem ältern, gr. alábastros (ἀλάβαστρος) == sintriger fasriger Kalkstein.

der **Alant**, —es, Pl. —e : in schnellfließendem Wasser lebender, dickköpfiger, wohlschmeckender Fisch vom Karpfengeschlechte (cyprínus céphalus b. *Linné*).

> Mhd. der alant, ahd. alunt, altsächs. alund, v. dunkler Herkunft. Schwerlich Alant v. al Aal mit ableitendem -ant, -unt.

der **Alant**, —es, ohne Pl. : bei uns wildwachsende Pflanze mit gewürzhafter, bitter schmeckender Wurzel, die als magenstärkendes Arzneimittel dient (ínula helénium b. *Linné*). die **Alantbeere**, auch **Aalbeere**, die schwarze [der Alantwurzel ähnlich schmeckende] Johannisbeere. der **Alantwein**, mit Alantwurzel gegohrner Wein.

> Mhd. u. ahd. der alant, aus mittellat. elna (*Sumerlaten* 22, 13), ellenius (ebendas. 61, 60), welche v. d. Benennungen lat.-gr. helénium (ἑλένιον) u. lat. énula, ínula gebildet sind. Zu ala in alant leitete der bäurisch-lat. und noch span., portug. Name ala (*Isidor.* origg. 17, 11, 9) st. ínula an, welcher in unserm Aalbeere st. Alantbeere durchzublicken scheint.

† der **Alárm**, —es, ohne Pl. : aufregendes Geschrei und Getöse. daher **alarmieren**, dadurch beunruhigen oder aufschrecken.

> Ursprüngl. Waffengeschrei, v. franz. alarme, welches aus ital. all arme [d. i. lat. ad arma] == zun Waffen! Franz. alarmer, unser alarmieren, eig. == zu den Waffen rufen.

der **Alaún**, —es, ohne Pl., mhd. u. spät-ahd. das alûn, v. franz. alun aus lat. alúmen : weißliches, halbdurchsichtiges, zusammenziehendes Erdsalz. Ahd. sagte man der peizstein Beißstein. die **Alaún-blume**, fast nur in dem Pl. : an Alaunerzen ausschlagendes weißliches Salz. **alaúnen**, mhd. alûnen [auch franz. aluner, lat. alumináre? doch ist das mhd. Verb von alûn] : mittelst Alaun bearbeiten. die **Alaúnhütte** oder das **Alaúnwerk** : Gebäude zum Alaunsieden. der **Alaúnzucker** : Alaun mit Eiweiß und Rosenwasser gemischt in kleiner Zuckerhutform.

die **Albe**, Pl. —n, mhd. die albe, ahd. alba u. albâ, ist das kirchlich-lat. alba, == das weiße Chorhemd der Geistlichen.

die **Albe**, Pl. —n, ursprünglicher die **Albel**, Pl. —n : der kleine Weißfisch (cyprínus albúrnus b. *Linné*).

> Mhd. der albel, a. d. lat. Namen álbula v. d. lat. Adj. álbulus weißlich, dem Diminutiv v. albus weiß.

álbeln, intranf., in Obersachf. von den Bienen : matt u. kraftlos werden; aus der Art schlagen.

> Wol eins mit oberd. alpern == irre gehn, einfältig sich benehmen (Schmeller I, 48), eig. so sein, wie wenn Einem der Alp (s. d.) etwas angethan hat.

die **Alber**, Pl. —n : die Weißpappel (pópulus álba b. *Linné*).

Mhd. der alber, ahd. álbari, álpari, = Pappel überhaupt, wahrscheinlich aus einem nicht dem lat. albus weiß, sondern dem lat. arbor entsprungenen romanischen Worte. Denn schon mittellat. (mit Uebergang des r in l) álbares st. árbores Bäume, und ital. albero Baum mit alberaccio Schwarzpappel.

álber, jetzt nur álbern, Adj. u. Abv.: natürlich-einfach und ohne verfeinernde Ausbildung; [jetzt nur:] geistig unfähig oder doch geistig ungewandt, sich in Vorkommendes zu finden und sich angemessen zu verhalten. die Alberei (b. Lessing): alberne Handlung. die Alberteit, jetzt (wegen albern) nur die Albernheit: albernes Thun, alberne Handlung.

Die ursprünglich richtige Form ist álber; erst seit der 2ten Hälfte des 17. Jahrh. daneben mit unechtem n albern, z. B. bei Stieler (1691), Liskow (1736)꜄c. Lessing schrieb noch mitunter alber; aber sonst war alber schon durch albern verdrängt. Aus mhd. alwære, deffen w sich zu b verstärkte (s. B) und das beide Bedeutungen hatte; ahd. alawâri = gütig, freundlich zugeneigt, zusammenges. aus dem ahd. den Begriff verstärkenden ala- (unserm „all"), und -wâri = freundlich [? welche Bedeutung altnord. værr fröhlich, goth. vêrjan in unvêrjan = unfreundlich werden, unwillig sein, erschließen lassen]. Nicht aus ahd. alawâr (völlig wahr) = ganz gewiß, ohne allen Zweifel.

Albert, s. die Anm. zu Abel.

† das Album, lat. album (= das Weiße, hier das Zu-Beschreibende): das Stamm-, Gedenkbuch.

† der Albus, Pl. wie Sing., das mittellat. albus (b. i. albus nummus = weiße Münze, Silberscheidemünze), bei dem Volke der Weißpfennig.

Seit 1360 geschlagen, jetzt außer Umlauf. Zuletzt im Kurfürstenthum Hessen gangbar im Werthe von 9 Pfennigen kurhess. (= 3 Kreuzer 1½ Heller rhein.), während in der Wetterau und Mainz nur noch gedachte Münze zu 2 Kreuzern.

† das Alcali s. Alkali.

† die Alchemille, Pl. —n, das neulat. alchimilla: die Pflanze Löwenfuß (s. Löwe).

† die Alchymie, ohne Pl.: die (vorgebliche) Goldmacherkunst. der Alchymist, —en, Pl. —en: der die Goldmacherkunst treibt.

Mittellat. alchimia (alchymia), aus griech. chêmeía (χημεία, — mit Aussprache des η = i) die Chemie [v. chymós (χυμός) Saft, Flüssigkeit, aus chéein (χέειν) gießen] durch Vermittelung der Araber und daher mit dem arab. Artikel al arab. alkimsja (alchimsja), weshalb span. alquimia. „Alchimista, goltmeker, siluermeker" im Teuthonista.

† der Alcohol s. Alkohol.

† der Alcorân s. Alkoran.

der Albermann, —es, Pl. Albermänner, nach engl. álderman (spr. áldermänn): Aeltester in seiner Würde als Rathsherr (Senator) oder überhaupt als Vorstand.

Das engl. Wort ist Zusammens. aus angelsächs. aldor [b. i. ald alt mit der Ableitungssilbe -or, ahd. -ur, tein Comparativ] = Aeltester, Senior, und man Mann.

† das **Ale** (ſpr. êl) : das engliſche ungehopfte, ſüße Weizenbier.

Das engl. ale d. i. angelſächſ. das ŏalo, altnord. das öl (ſchweb., dän. öl), = (berauſchendes) Bier; litthauiſch u. lettiſch der allus Bier. Die Wurzel iſt wol eins mit al in lat. *álere* = nähren, ſtärken.

der **Alemánn** (beſſer, weil deutſcher, **Alamann**), —en, Pl. —en : einer aus der berühmten, am Oberrhein wohnenden Völkerſchaft, die zuerſt im Anfange des 3. Jahrh. n. Chr. Geb. genannt wird.

Lat. Alemánnus [nur der Pl. Alemanni kommt vor, weßhalb die ſchwache Bie-gung „Alemannen"], aus ahd. Alaman, einer Zuſammenſ. von dem ahd. den Begriff verſtärkenden ala- (unſerm „all" = ganz), u. man Mann, und alſo urſprüngl. ſ. v. a. ganzer, ausgezeichneter Mann, Held. Von Alemannus auch franz. Allemand, ſpan. aleman, = Deutſcher.

† der **Alexandríner**, —s, Pl. wie Sing. : aus 6 Jamben beſteh-ender Vers mit einem Abſchnitte in der Mitte [◡ – | ◡ – | ◡ –‖ ◡ – | ◡ – | ◡ – (◡)], z. B. „Tret' einer mir zu nah', ich ſchlag' ihn lederweich!" (Göthe). „Mich, einen guten Freund, ſo ſchändlich an-zuführen!" (Derſ.).

Nach franz. (vers) alexandrin = alexandriniſcher (Vers), einer Versart des altfranz. Heldengedichtes, wahrſcheinlich benannt nach dem franz. Heldengedichte Alexander der Große (rouman d'*Alixandre*) oder auch nach deſſen Umdichter *Alexandre* von Bernay in der Normandie, der auch Alexandre von Paris heißt und wol zuerſt jene Versart in dieſes von ihm kurz vor 1184 vollendete Gedicht einführte.

der **Alfanz**, —es, ohne Pl. : Poſſenreißerei, zu welcher ſich Einer hergibt; Vorſpiegelung, um glauben zu machen, was nicht iſt; betrüg-liche, liſtige Uebervortheilung des Andern. **alfánzen**, Alfanz trei-ben. die **Alfanzerei**, Pl. —en : was Einer, der alfanzt (der **Alfanzer**), vorbringt.

Älter- nhd. und ſpäter- mhd. der alefanz, alifanz, urſprünglicher alafanz, = falſche Vorſpiegelung, Poſſenreißerei, Geldſchneiderei. Dieß alafanz iſt nach J. Grimm nicht von ital. all avanzo zum Vortheil, ſondern -fanz ein bei ahd. fenzôn (d. i. fanzjôn) in ahd. ganavenzôn (d. i. g'ana-fenzôn ge-an-fenzen) = ſpotten, Geſpött treiben, u. ganavenzôd Spötterei, ſo wie bayer. fenzeln zum Beſten haben, Ge*fenz* Spott, zu Grunde liegendes vorauszuſetzendes ahd. fanz = (da ahd. z dem altnord. t entſpricht) altnord. fantr Schalk, urſprüngl. wol, wie ſchweb. fant, Diener. Demnach hier dieſelbe Entwickelung des Begriffes, wie bei Schalk (ſ. d.) = Knecht; ungetreuer, boshafter Menſch; in Liſt und Verſchmiztheit geübter Menſch. alafanz mit dem den Begriff verſtärkenden ala- (unſerm all) wol, zuerſt Erzſchalk, Erzpoſſenreißer, dann vollendete Schalkheit und Poſſenreißerei Hinterliſt.

Alfons, mittellat. Ade-, Alfonsus, ſ. die Anm. zu Abel.

Alfred, nach angelſächſ. Älfrêd d. i. Älf-rêd, = an Rath (rêd, ræd) wie ein Licht- und Berggeiſt (Elf oder Alp, angelſächſ. älf, ahd. alp), d. i. gut und freundlich an Rath. Vgl. Alp.

† die **Algebra**, ohne Pl. : die Buchſtabenrechnung.

Nach span., ital. álgebra, franz. algébre (weßhalb auch bei uns die Algéber), aus arab. (mit dem Artikel al) al-djebra = (bei den arab. Mathematikern) Zurückführung gebrochener Zahlen auf's Ganze, eig. Verbindung getrennter Theile zu Einem, v. arab. djabara Getrenntes an einander befestigen, verbinden.

† das Alkali (Alcali), —'s, ohne Pl. : das (aus der Pflanzenasche gezogene) Laugensalz.

Nach franz. alkali, span. alcali, aus arab. (mit dem Artikel al) alkilju = die salzhaltige Asche aus der besonders in Südspanien wachsenden Pflanze Glasschmalz (Salicornia), v. arab. kalaj = im Tiegel kochen, rösten.

† der Alkohol (Alcohol), — s, ohne Pl. : der reinste (entwässerte) Weingeist, eine aus 52,^{688} Kohlenstoff, 12,^{806} Wasserstoff und 34,^{446} Sauerstoff zusammengesetzte, durch Gährung aus Zucker entstehende Flüssigkeit.

Aus span. der alcohol, v. arab. al-kohhln d. i. dem arab. Artikel al u. arab. kohhl oder kuhhl Augenschminke.

† der Alkorán (weniger üblich Alcoran), —es, Pl. —e, auch bloß der Korân (s. b.): die Bibel der Muhamedaner.

Nach franz., span. der alcoran, ital. alcoráno, aus arab. (mit dem Artikel al der) al-korânu die Lesung, v. arab. karaa lesen.

der Alkoven, —s, Pl. wie Sing. : zum Schlafgemach bestimmte Seitenvertiefung eines Zimmers.

Erst (wie es J. Grimm scheint) im 18. Jahrh. aus franz., engl. die alcove, ital. alcova, span. alcoba, = Schlafgemach, welche entlehnt sind aus arab. (mit dem Artikel al) al-kubbatu Wölbung, gewölbtes Gemach, Zelt [daher altfranz. aucube d. i. alcube u. daraus dann b. Wolfram von Eschenbach mhd. ekub = Zelt], Schlafzimmer, v. arab. kabba abschneiden, aushölen. Angelsächf. der côfa Schlafgemach ist v. • koven in Alkoven ganz verschieden und gehört nicht hierher.

all, mhd. u. ahd. al, goth. alls, Adj. : ohne daß etwas fehlt [„alle Gegend„ = die ganze Gegend, b. Göthe]; die einzelnen zusammengenommen, so daß nichts fehlt; der, die, das einzelne ohne Ausnahme [„Und so schläft nun aller Vogel — In dem groß= und kleinen Neste." Göthe's west=östl. Divan]. all sein, werden = so verringert, daß nichts mehr da ist (gleichsam nichts mehr fehlt, das noch zurück wäre). Das Wort ist stets Adj., niemals Adv. [also kein mhd. alle, ahd. allo]; aber das Neutr. all kann adverbialisch aufgefaßt werden, z. B. „es ist all eins" (Göthe). das All, — s (u. des All), ohne Pl. : was die Schöpfung ausmacht. In Zusammensetzungen steht all= [ahd. ala- (u. al-) Grimm's Gramm. II, 627] höchst verstärkend.

Die Form mit den Geschlechtsendungen ist im Masc. aller, Fem. alle, Neutr. alles, mhd. aller, alliu (elliu), allez, ahd. allêr, allia (elliu, ellu), allaz. Diese Formen dulden keinen Artikel und kein Demonstrativ vor sich, daß sie von ihm abhängig wären, biegen also auch nie schwach; wol aber können sie denselben nachfolgen wie vorgehen, z. B. „alle die Zimmer" und „die Zimmer alle", „mit allem diesem" und „mit diesem allem" (aber nicht schwach „mit diesem allen", was unrichtig ist). Ebensowol nach wie vor steht die biegungslose Form all

[all die Zimmer, die Zimmer all; mit all diesem], wofür nur im Gen. und Dat. lieber die gebogene gesetzt wird. Immer aber muß das Wort gebogen werden, wenn es unmittelbar vor dem Substantiv, überhaupt ohne Artikel steht, z. B. allem Volke, allem gut sein was ꝛc. Kommt für das biegungslose all auch alle vor, z. B. in „alle das Volk" (Göthe) „mit alle dem Heere" (1. Mos. 33, 8) ꝛc., so ist alle hier aus dem ursprünglich nur nach Präpositionen, wie aus, in, mit, sammt, von ꝛc., gesetzten alten männl. ober sächl. mhb. Instrumentalis alle, ahd. allû, hervorgegangen. — Das nach aller, alle, alles folgende Adj. biegt man jetzt lieber schwach, als stark, während es im Altd. umgekehrt war.

† der Allärm, zunächst aus dem Franz., daher besser Alarm (s. b.).

allbereits, s. bereits u. b. W. bereit.

allbieweil, veraltet und steif kanzleisthlmäßig, s. bieweil.

† die Allée, Pl. —n : der Baumgang.

    Im vorigen Jahrh. aufgenommen. Es ist das franz. die allée = Gang, Luft-, Baumgang (Luftgang zwischen zwei dazu angelegten Baumreihen), d.i. ursprünglich allata, von franz. aller gehen mit weibl. Participialendung (-ta), aber mit Präsentialbedeutung.

† die Allegorie, Pl. —n, mit franz. die allégorie aus gr. allêgoría (ἀλληγορία) eig. = was anders gesagt ist, als es verstanden werden soll : sinnbildliche Darstellung.

allein, selten noch in der früher gewöhnlichen schwachen Form alleine, Adj. : ohne ein Anderes [„ich bin allein, verloren auf dem stürmischen Hügel." Göthe's Werther]; ohne ein Dazugehöriges. Doch steht dieß Adj. nie vor einem Subst. und mit diesem gebogen.

    Mhb. fast nur in der schwachen Form al eine, alleine, doch auch al ein. Es ist das durch vorgesetztes al (unser all-) = ganz, völlig, verstärkte, aus dem Begriffe der Einzahl in den eben unsers „allein" übergegangene mhb. schwache eine (ahb. eino, eina) und starke ein (ahb. einêr, einu, einaȥ), z. B. ahb. thër eino fater der Vater allein (*Tatian* 146, 6).

allein (nie alleine), Adv. im Sinne von „ausschließlich" und „nur", weshalb die veraltete Verbindung allein daß = „nur daß" und dann das bald als Conjunction gebrauchte, „sondern auch" voraufgehende nicht allein = „nicht nur". Aus der Bed. „nur", wenn allein ganz als Conjunction an einer Spitze eines Satzes den vorhergehenden mit Entgegensetzung beschränkt.

    Mhb. aleine, alein, = ausschließlich ist mhb. eine = ohne Anderes, ausschließlich, nur, mit vorgesetztem verstärkenden al = ganz, völlig (s. b. Adj. allein), und bloß Adverb. Doch auch schon ahb. (bei Notker) nieht ein — sunder joh = nicht allein (nur) — sondern auch.

alleinig, Adj. : nur einig, d. i. ganz und gar einzig.

    Nicht v. b. Adj. allein, sondern aus all und einig.

† allelúja, in alten Kirchenliedern st. halleluja (s. b.).

allemál (u. állemal), Adv., die aneinandergefügten Accusative Plur.

    „alle Mal" (wo „Mal" nach dem mhb. Acc. Plur. mâl, nicht Male):

jedesmal ohne Ausnahme; (mehr landschaftlich:) so und nicht anders! gewiß! (dann auch:) doch wol, gleichwol, z. B. bei Gellert ꝛc.

der Allemánn = Alemann, welche Schreibart vorzuziehen ist.

allenfálls (u. állenfalls), Adv., die erst im 17. Jahrh. aneinander= gefügten Acc. Sing. "allen Fall" mit angehängtem, mehr adverbiales Aussehen gebendem genitivischen s: [ursprünglich "auf jeden Fall ohne Ausnahme", jetzt nur f. v. a.] eintretenden Falles, möglicher Weise. Davon das kanzleimäßig gebildete, tadelnswerthe Adj. allenfálsig.

allenthálben, Adv.: auf allen Seiten.

<small>Mhd. allenthalben, aneinandergerückte Dative Plur. mit unorganischem einge= schobenen, aber mehr adverbialisches Ansehen gebenden t (Grimm's Gramm. III, 217 f.); ahd. allēn halbōn. Mhd. die halbe, ahd. halbâ, = Seite, Richtung (f. halben).</small>

aller=, der schon in mhd. aller [ahd. allêrô] zur Verstärkung vor den Superlativ eines Adj. oder Adv. tretende, aber im Nhd. stets mit demselben verbundene Gen. Plur. v. all, z. B. allerbést, allerérst (mhd. aller êrest, allerêrst), allerliebst ꝛc.

allerdíngs, Adv.: vor allen Dingen, gewiß und wahrhaftig.

<small>Im 17. und 16. Jahrh. allerding, aller dinge, mhd. aller dinge, Gen. Plur. als Adverb. Aber trotz dem Plural mit Anfügung des mehr adverbiales Aussehen gebenden s des Gen. Sing. schon zu Anfang des 17. Jahrh. unser allerdings, das nach und nach jene reine und richtige Pluralform völlig ver= drängte.</small>

állerhand, Adv., aber auch vor das Subst. gesetzt (z. B. allerhand Bäume ꝛc.): jeder Art; viel und zugleich verschieden. Vgl. állerlei.

<small>Aneinandergerückte Genitive Plur., mhd. aller hande, aller hende, worin hande, hende (unser Hände) f. v. a. "Art", in welchem Begriffe Verschiedenheit, Sonderung hervorsticht, wie nach der beliebten Sonderung der verschiedenen Richtung beider Hände gemäß nahe liegt. — Adelung betont allerhánd.</small>

Allerheíligen, ohne Artikel und unverändert, weil Gen. Plur.: das allen Heiligen gewidmete, d. 1. Nov. gefeierte hohe Fest der römisch= katholischen Kirche (mhd. *aller heiligen* tac); — allen Heiligen gewid= met, z. B. die Allerheiligen=Kirche ꝛc.

állerlei, Adv., edler als allerhand, aber wie dieses auch vor das Subst. gesetzt (z. B. allerlei Bäume ꝛc.): in Vielheit verschiedenartig. das Állerlei, Gen. Sing. u. Nom. Plur. unverändert: Verschieden= artigkeit in Vielheit.

<small>Aneinandergerückte Genitive Plur., mhd. aller leige, aller lei. S. =lei.</small>

der Allermannshárnisch; —es, ohne Plur.: die Pflanzen állium victoriális und andrósaces.

<small>Die erste Pflanze heißt so, weil sie nach dem Aberglauben den, der sie bei sich trägt, unverwundbar macht, die zweite, weil ihr Saft dem Manne größere Kraft als Mann gibt. S. Adam Lonicerus Kräuterbuch Bl. 252b. 277a.</small>

Allerféelen, wie Allerheiligen ohne Artikel, weil Gen. Plur. : der b. 2. Nov. in der römisch = katholischen Kirche gefeierte Gedächtnißtag der Verstorbenen.

allerfeits (u. állerfeits), Abv. : auf, nach, von allen Seiten oder Richtungen.

> Trotzdem daß Seite weiblich ist, mit dem mehr adverbialen =s des männl. u. sächl. Gen. Sing., statt des veralteten (Gen. Plur.) allerfeiten.

allerwärts (u. állerwärts), Abv. : nach, in allen Richtungen.

> Regelwidrige Verbindung des Gen. Plur. aller mit dem Gen. Sing. der männl. oder sächl. Form des abh. Adj. wërt = gerichtet, wohin gekehrt.

allerwêgen, Abv. : an allen Orten, wo es nur sein kann.

> Mhd. allir wëgine, allër wëgene, Gen. Plur. mit schwacher Biegungsendung am Subst. Weg, st. des richtigen starken aller wëge.

álleweile (u. alleweile), auch gekürzt álleweil, Abv. : zu jedem Zeitpuncte (jeder Weile, s. b.); eben.

> Aneinandergerückte Accusative Sing., mhd. alle wile.

állezeit, gekürzt állzeit, Abv. : zu jeder Zeit.

> Aneinandergerückte Accusative Plur., mhd. alle zit, ahd. allô zitî.

† die Alliánz, Pl. —en, das franz. die alliance [nach einem mittellat. alligántia st. adligantia] : das Bündniß. Von sich alliieren, aus franz. allier d. i. lat. alligâre (ad-ligâre) : sich vereinigen.

allmä'hlich, weniger gut allmä'lich, aber unrichtig, wenn auch oft, allmä'lig, Abv. und dann auch wol Adj. : höchst bequemlich, ohne alle Geschwindigkeit.

> Mählich ist eig. mäh=lich st. mächlich (b. Schmeller II, 543 mächleich aus einem vocab. v. J. 1445) v. mach in gemach, wie denn auch gemählich st. gemächlich steht, z. B. „Gemach! Gemählig! verziehe noch ein wenig!" (Philander v. Sittewald I, 225), und so allgemählich = allgemächlich.

die Allménde, Pl. —n : gemeinheitlicher Grund und Boden zu Nutzung, besonders Gemeinweide.

> Nach niederd. mênte = „Gemeinweide als Gemeinheit" unfer allmende = mhd. almeinde allgemeinheitliche Trift. Vgl. Grimm's Rechtsalterth. 498.

das Allôd, zunächst nach mittellat. allôdium : das Ganzeigen, echte (ver= erbliche) Eigenthum, im Gegensatze zu Lehngut.

> Ahd. alôt(?), altfränk. alôdis, zusammengef. aus ahd. al = ganz und das ôt Eigenthum, Besitz, latinisiert allôdium, woher auch das Adj. allodiâlis, unfer allodiâl = frei erb= und eigenthümlich.

alls, Abv. : in Einem fort, immer; wiederholt.

> Sonst schriftdeutsch, jetzt nur noch landschaftlich. Nicht als zu schreiben; denn mhd. alleʒ, adverbial gebrauchter Acc. des Neutrums von al.

der Allvater, -s, ohne Pl. : Vater des Weltalls, Gott.

> Ahd. alafatar (?), denn altnord. alfadir.

† ber **Almanach**, —es, Pl. —e : Jahrbuch zu Vergnügen ober Be=
lehrung.

> Durch's Romanische (port. almanach, span. almanak) aus arab. almanha (al
> ist ber Artikel) Geschenk, Neujahrsgeschenk.

bie **Almenbe**, besser **Allmenbe** (s. b.).

bie **Almer**, Pl. —n : Kasten zu verschiebenem Gebrauche.

> Aus mittellat. almária v. armárium Schrank zu Geräthe (arma).

bas **Almosen**, —s, Pl. wie Sing. : Armengabe.

> Mhd. bas almuosen, ahd. alamuosan, mit uo aus o nach roman. (span.) al-
> mosna v. bem burch bie Kirchensprache überkommenen lat. eleemósyna, aus
> ἐλεημοσύνη eig. = Erbarmen. Statt mhd. ber almuosenære b. i. Almosener
> (Almosengeber u. =nehmer) ist bas nach franz aumônier (mittellat. eleemosyná-
> rius) gebilbete ber **Almoseuier** = „Almosenpfleger" eingetreten. — S. auch arm.

† bie **Aloê**, Pl. —n, Name mehrerer ausländischen Pflanzen.

> Mhd. u. ahd. alôê b. i. lat. áloe v. gr. alóê (ἀλόη), aus inbisch haloha = bas
> wohlriechenbe (ostinbische) Aloeholz, Parabiesholz.

† bie **Alôse**, Pl. —n, gekürzt **Alse**, ber Mai=, Gangfisch.

> Nach franz. alose v. altkeltisch-lat. alaúsa (*Auson.* Mosella 127). S. Diez I, 80.

ber **Alp**, —es, Pl. —e: lastenb aufliegenbe, brustbeklemmenbe Traum=
gestalt. S. auch **Elf**.

> Mhd. u. ahd. ber alp (mhb. Pl. elbe) zunächst „böser Neckegeist" unb so im
> Nhb. „Nachtgeist"; ursprüngl. (nicht ahd., aber in angels. älf, altnorb. âlfr)
> Lichtgeist, goth. albs (?). S. Grimm's Myth. 413. Daher ahb. Alpwin (Al-
> boin) = Geliebter (win) bes Lichtgeistes.

bie **Alpe**, Pl. —n : Bergweibe auf ben Alpen.

> Mhd. bie albe, ahb. alpâ (Pl. alpûn Alpen), = hoher Berg, aus lat.=keltisch
> Alpis (Pl. Alpes), kelt. alp = Hochgebirg (Diefenbach's Celtica I, 18 f.),
> welches, auf bie Weiße bes hohen Schneegebirges beutenb, verwanbt scheint mit
> sabinisch alpus (lat. albus) = weiß.

† bas **Alphabêt**, —es, Pl. —e : bas Abc; 23 Bogen einer Druck=
schrift (B unb W fehlen). **alphabêtisch**, Abj.

> Das lat. alphabêtum, nach ben Namen ber ersten beiben griech. Buchstaben
> alpha (a) unb bêta (b).

bie **Alpranke**, Pl. —n : ber strauchartig kletternbe Nachtschatten.

> = Ranke, bie ber Alp liebt.

bie **Alraun**, Pl. —en : Pflanze mit rettigartiger, in Form ver=
schränkter Beine gespaltener Wurzel, mandrágora.

> Mhd. bie alrûne, ahb. alrûna, alrûn, ursprüngl. weißagenber teuflischer Geist,
> ist Name ber genannten Pflanze, weil nach bem Aberglauben jenes kleine weißa-
> genbe Wesen aus ihr geschnitten wirb. Grimm's Myth. 376. Von ahb. bie
> rûna Geheimniß, geheimnißvolles Zuflistern, Raunen.

als = in Einem fort, unrichtig st. alls (s. b.).

als, Conj., 1) vergleichenb, z. B. bie Gegenb lag ba als ein blanker
See ꝛc.; weißer als Schnee ; so unschulbig als ein Lamm ; niemanb
anbers als bu; nichts als Kleinigkeiten. Doch in Sätzen, wie jener

erſte, wo als in engerer Verbindung mit dem Verbum ſteht, ſagt man jetzt wie, nicht mehr als [alſo beſſer oben : wie ein blanker See], oder auch manchmal in Schriften verſtärkt als wie (b. Göthe, Schiller, Wieland ꝛc.). 2) demonſtrativ, z. B. er kam als ein Bote; ich achte dich als einen Freund; ich meine die edelen Metalle, als Gold, Silber ꝛc. 3) eine Folge anzeigend (conſecutiv) und hiermit zeitbeſtimmend (vergleichend in der Zeit), z. B. als er kam, war es zwölf Uhr.

Mhd. als, alse, abgeſchwächt (und zwar urſprünglich nur vor Vocalen) aus gleichbed. ahd. also (unſerm alſo, ſ. b.) d. i. sô (unſerm ſo) mit verſtärkendem al (ſ. all). Das Demonſtrative liegt in sô, und also kann ebenſowol relativ ſtehn und zwar hier zunächſt meſſend und dann ſofort vergleichend; mhd. alse auch bereits vergleichend in der Zeit (conſecutiv). Wo für früheres als jetzt wie geſetzt wird, hat ſich dieſes ſpäter eingedrängt.

alsbáld, Adv., aus „alſobald“ : gleich nach dem Augenblicke. Vgl. bald.

Früher Conj., mhd. also balde also = gleich nach dem Augenblicke als —.

alsdánn, Adv., gekürzt aus „alſobann“, iſt verſtärktes dann.

die Alſe, Pl. —n, gekürzt aus Alôſe (ſ. b.).

álſo, (durch al= d. i. all) nachdrückliches ſo : 1) Adv., z. B. ſprich zu ihm alſo. 2) folgernde Conj., z. B. alſo iſt er tobt?

Mhd. u. ahd. also d. i. al-sô, hier bloß demonſtrativ und darum in voller Form erhalten, während es relativ und ſofort vergleichend nur abgeſchwächt zu als (ſ. b.) ſich zeigt. Die Bezeichnung der Folgerung daher, daß also auch erklärend und ausführend, ähnlich wie „das heißt“ ſteht. Ueber ſo ſ. d. W.

die Älſter ſ. Elſter.

alt, Adj., Comp. älter, Superl. älteſt : hoch in Jahren; länger der Zeit nach da als Anderes ; — vor langen Jahren [ſonſt firn]; vorher geweſen. Dieß Letzte z. B. auch, wenn in der Schweiz Altammann = geweſener Ammann ꝛc.

Mhd. und ahd. alt (ſt. ald, wie auch ſchon altſächſ. ald ſt. alþ, denn) goth. alþeis, urſprüngl. gewiß ſ. v. a. durch Nahrung groß geworden, aufgewachſen, v. d. ſtarkbieg. goth. alan, altnord. ala (Prät. ôl), = aufgenährt werden, welche in den Lauten ganz mit lat. álere = „Nahrung geben“ ſtimmen, deſſen uraltes Particip altus = hoch (d. i. aufgenährt) nach der Lautverſchiebung ganz goth. alþeis entſpricht. Der Comparativ v. ahd. alt lautet altiro, der Superl. altist, und demgemäß nhd. älter, älteſt.

† der Alt, —es, ohne Pl., nach (aus lat. altus = „hoch“ gewordenem, eig. gleichbedeutendem) ital. alto : die hohe Mittelſtimme.

† der Altán, —es, Pl. —e : der Austritt hoch an einem Gebäude, um im Freien zu ſein.

Urſprüngl. die Altane, aus dem gleichbed. ital. die altàna, v. lat. altus hoch.

† der (ſehr ſelten das) Altár, —es, Pl. Altäre : der Kirchentiſch.

Zum Altare gehn = ſich kirchlich trauen laſſen.

Mhb. (beutfcher, als jetzt Altar) ber alter, ahb. altari (nicht altári, benn auch) alteri, v. lat. bas altāre = Opfertifch. Der Gothe verdeutfchte Altar burch ber hunsla-staþs Opferftatt, ber Angelfachfe burch bas vihbedd (zufammengej. vëofed) Tempelbett.

ältbacken, nach mhb. bachen gebacken (Schmeller I, 143), ft. ältgebacken : trocken als Backwerk.

bie Älte (veraltet), ohne Pl., mhb. bie elte, ahb. eltî, altî : bie Zeit bes Dafeins, befonbers bie lange unb bann bie höhere. Hochb. üblich ift bas Alter, —s, Pl. wie Sing., mhb. bas alter, ahb. altar, auch f. v. a. Zeitalter. Davon altern = alt werben, älter=nhb. aber unb noch feierlich alten, mhb. alten, ahb. altên.

bie Ältern f. Eltern.

bas Alterthum, —es, nhb. Zufammenf. aus Alter u. =thum, zunächft bas Hochfein in Jahren, bann bas längft vergangene, ferne Zeitalter. Der Pl. Alterthümer = Werke, Denkmäler bes fernen Zeitalters.

ber Alteweiberfommer, —s, ohne Pl.: bie zur Herbftzeit im Freien fliegenden Spinnenfäben; fchöne fpäte Herbfttage.

Gleichfam Schleppe für alte Weiber? Denn englifch heißen biefe Fäben samar Schleppe, Schleppkleib, gossamer Gottes Schleppkleib.

ber Altflicker, —s, Pl. wie Sing. : ber Schuhflicker.

ältfränkifch, Abj. : veraltet unb barum nicht ber Gegenwart angemeffen.

Schon mhb. altfrensch = veraltet (LiederSaal III, 89), unb mhb. frenkisch = aus Franken, Frankenland.

† bie Althée (zweifilbig), ohne Pl. : bas Eibifchkraut, eine Malvenart.
Lat. althæa, b. i. gr. althaía Heilkraut v. althein heilen.

ber Altreiß, —en, Pl. —en, wie Altflicker.
Statt Altreuße, wie Steiß ft. Steuß. Im vocab. incip. teuton. »Altreufs, Pictarius« b. i. ber alte Schuhe flickt; im vocab. theut. v. 1482 Bl. bb8ᵃ »Rewfse oder altenschumacher, sutor.« Die Herkunft ift bunkel.

bie Altvorbern, nur Pl., mhb. altvordern, ahb. altfordoron, Abjectiv mit fubftantivifcher Bebeutung : bie Urväter.

am, mhb. ame, anme, burch Verfchmelzung aus an bem (ber Präp. an unb bem Dat. Sing. ber Artikel ber u. bas), mhb. an dëme, unb wie biefes gebraucht; nur in ber Verbinbung bes an mit einem Superlativ zu abverbialer Stellung bloß am, z. B. am beften, am erften, am fchönften 2c., wobei urfprünglich ein Subftantiv, wie Mal, Theil, Punct u. bgl. ausgelaffen fein mag. Schon im Mhb. ähnliche Verbinbung. Wo bem eigentliches Pronomen ift, wie z. B. in »es ift an bém, baß« 2c., kann nicht am gefetzt werben.

-am, Ableitungsenbung an Subftantiven, in bie Brofam u. ber Eibam, in bem letzten Worte aus ahb. -um. Balfam ift Frembwort.

† Amália = die Geſchäftige, Frauenname. Dimin. Mâlchen.

Aus roman. (ital.) Amália, v. altnord. das aml, ahd. (nur in Zuſammenſ.) amal-, = Geſchäftigkeit. Weinhold (b. deutſchen Frauen i. d. Mittelalter S. 24) hat den Namen bei Deutſchen erſt aus dem 15. Jh. angemerkt.

† das Amálgama, —'s, Pl. wie Sing., gekürzt Amalgám, —es, Pl. —e : die chemiſche Verbindung von Metall mit Queckſilber zu einer weicheren Metallmaſſe; (bildl.) Gemenge durch Verbindung. Daher amalgamíeren : Metall mit Queckſilber innig verbinden; (bildl.) durch Verbindung mengen.

A. d. gleichbed. roman. (ſpan., ital.) die amálgama, mit vorgeſeztem, wol den arab. Artikel bergenden Anlaute a (ſ. Diez I, 262) und mittelſt Verſetzung des g von gr. das málagma = was erweicht u. weicher Körper. Von amálgama dann neulat. u. ital. amalgamàre, ſpan. amalgamar, unſer amalgamíeren.

† der Amaránt, —es, Pl. —e : der Gartenfuchsſchwanz.

B. lat. amarántus d. i. gr. amárantos (= unverwelklich, und ſofort) nicht welkende Blume, Papierblume. Dann wegen der Dauer der Blüten auf den Gartenfuchsſchwanz übergetragen.

† die Amarélle, Pl. —n : die Weinkirſche.

Schon im 15. Jahrh. amarelle, v. d. gleichbed. mittellat. amaréllum, das aber, v. lat. amárus = bitter abgeleitet, zuerſt „bitter" (vocab. ex quo) und damit etwa „weinſäuerlich" bedeutet.

† die Amazóne, Pl. —n : Heldenweib eines fabelhaften Weiberſtaates in Scythien ; überhaupt kriegeriſches Heldenweib.

Nach dem Romaniſchen (franz. amazone) v. lat.-gr. die Amázon, welcher dunkle Name wol urſprünglich aus dem Scythiſchen iſt.

† die Ambaſſáde, Pl. —n : die Geſandtſchaft.

Das franz. die ambassade d. i. ital. ambasciàta, v. ſpäter-lat. (vor 700) ambáscia, ambáxia (ſt. ambactia) = Dienſt, Auftrag, welches v. ahd. ampahti, goth. andbahti, = Dienſt (ſ. Amt), abgeleitet iſt, zumal da den Römern keltiſch-germaniſch ambáctus = Diener längſt bekannt war. S. Diez I, 24 f.

der Amboß, —es, Pl. —e : der eiſerne Hämmerblock einer Schmiede.

Im 15. Jahrh. anbós, anbóſs, auch anvɑͤſe (vocab. ex quo, u. vgl. Beifuß), mhd. der anebóz, ahd. anapóz, zuſammengeſ. aus an u. -bóz, -póz v. mhd. bózen, ahd. pózan = ſchlagen, ſtoßen. n vor b gieng in m über. — Gleicherweiſe lat. incus Amboß v. incúdere.

† der Ámbra, —'s, und der Amber, —s, ohne Pl. : ein wolriechendes Erdharz.

Mhd. der amber u. ámer (Willehalm 62, 16), aus roman., ital. u. mittellat. die ambra u. mittellat. ámbarum, das ambar, bei den Griechen ámbar, v. dem gleichbed. arab. anbar.

† die Ambróſia, ohne Pl. : Götterkoſt. ambróſiſch, Abj. : himmliſchſüß.

Lat. die ambrósia, gr. ambrosía, eig. die unſterblich machende Götterſpeiſe, v. gr. ambrósios (Fem. ambrosía) = unſterblich, dann göttlich.

die A'meiſe, Pl. —n : das als Muſter des Fleißes bekannte Inſect.

> Bei Keiſersberg omeis, b. Luther emmeis, b. Alberus emes, mit s ſtatt
> ß, denn mhd. die ameize (nicht ámeize), ahd. ameiʒâ [goth. amáitô?], v. d.
> Wurzel am, von der auch altnord. der ami Anſtrengung, Mühe, ahd.
> emazic unſer emſig, abgeleitet ſind; alſo Ameiſe urſprünglich das geſchäftige, arbeitſame
> Thier.

das A'melmëhl, —es, ohne Pl. : das Kraftmehl.

> Amel mit Wandlung des r zu l aus mhd. das amer, ahd. amar, = Sommer-
> dinkel (ſ. Amer), nicht v. gr. ámylon feinſtes Weizenmehl.

âmen, als gewöhnlicher Gebetsſchluß : wahrhaftig! ſo ſoll es ſein!
das Amen, —s, Pl. wie Sing.

> Mhd. âmen u. amen, nach lat. amen, welches durch gr. amên (woraus goth.
> amên) aus dem gleichbed. hebr. Adverb amên (אמן).

der A'mer, —s, ohne Pl. : Sommerdinkel, engl. (mit Erweichung des
r in l) amel-corn. S. Amelmehl.

† der Amethy'ſt, —es, Pl. —e, ein violettfarbener Edelſtein.

> Mhd. der ametiſte, amatiſt, nach franz. améthiſte aus lat. amethy'ſtus, gr.
> améthyſtos, was urſprüngl. ſ. v. a. nicht trunken [gr. a = nicht, un-], den Rauſch
> ſtillend, welche Eigenſchaft die Griechen jenem violblauen Edelſteine beilegten.

† der Amiánt, —es, Pl. —e, der feinfaſerige, biegſame, weiße As-
beſt (ſ. b.).

> Aus lat. amiántus, gr. amíantos, welches eig. „unbefleckt" [gr. a = un-], rein,
> bedeutet, und dann jenen talkartigen Stein wegen ſeiner ſchimmernden Weiße.

der A'mmann, —es, Pl. Ammänner, i. d. Schweiz : höchſte obrig-
keitliche Perſon einer Gemeinde oder eines Landes. Daher Gemeinde-,
Städt-, Landammann. „Er ſei der Ammann und des Tages
Haupt!" (Schiller, Tell 2, 2).

> Mhd. der amman = Diener; niederer Beamter; urtheilſprechende Gerichts-
> perſon. Im 11. Jahrh. amman = Diener, Beamter (gl. jun. 299). Kürzung
> aus Amtmann (ſ. b.).

die A'mme, Pl. —n : Aufnährerin und Mutterſtelle einnehmende Pfle-
gerin eines Kindes.

> Ein weit verbreitetes Wort. Mhd. die amme, ahd. ammâ, in gleicher Bed.
> altromaniſch (600) amma, ſpan. u. port. ama = ſäugende Aufnährerin. Der
> Grundbegriff zeigt ſich in altnord. amma = Großmutter; noch mehr in baſkiſch
> ama u. albaneſiſch émme = Mutter. Auch das verwandte hebr. êm (אם) bed.
> Mutter; dagegen ſind in gr. ámmas u. ámmia (b. Hesychius), ammê (im etymo-
> logicum magnum) ſchon beide Begriffe, „Mutter" und dann „(ſäugende) Auf-
> nährerin" verbunden. Das Wort ward im Hochd. durch Einwirkung des Ro-
> maniſchen allgemein üblich. Ahd. ſagte man gerne diu fuotareidi d. i. Fütter-
> mutter (eidi vgl. Eidam).

der A'mmeiſter, —s, Pl. wie Sing., ehedem in Straßburg : der
Bürgermeiſter. Friſch I, 25ᵇ.

> Gekürzt aus Amtmeiſter, wie Ammann (ſ. b.) aus Amtmann.

die **A'mmer**, Pl. —n : der bekannte Singvogel, besonders der mit
goldgelber Brust, weshalb auch Goldammer.

Ahd. der amero, daneben mit der Ableitungsſylbe -inc (nhd. =ing, =ling) mhd.
der amerinch d. i. amerinc, nhd. der **A'mmerling**, **Emmerling**, v. ahd.
amar Sommerdinkel (ſ. Amer, Amelmehl), alſo „Vogel der gerne Sommerdinkel
frißt", wie Hänfling = Hanfſamenfreſſer v. Hanf. Der mittellat. Name ama-
réllus, amerèllus entweder aus dem Deutſchen, oder zuſammengehörig mit ſpan.
amarillo, pprt. amarello gelb.

die **A'mmer**, Pl. —n : die große ſäuerliche Kirſche, die ſchwärzliche
wie die hellrothe oder **Amarélle** (ſ. b.).

Scheint gekürzt aus ital. die amarasca Weichſelkirſche, v. amàro (lat. amàrus)
= bitter, herb, hier ſäuerlich. Schon im 14. Jahrh. amer-boum = lat. ama-
rillus Amarellenbaum (voc. opt. 47b).

die **A'mmer** (auch weniger gut **Ahmer**), Pl. —n : Funkenaſche (vgl.
Üſſel); in der Aſche erhaltener Funke. Veraltet.

Hier a nach mundartlicher Ausſprache aus ei, denn im voc. theut. Bl. f 7a „eymerung
heyſse asche," ahd. die eimuriâ.

der **A'mmerling**, gewöhnlich **Emmerling**, ſ. die Ammer 1.

† das **A'mmônshorn**, —es, Pl. —hörner : das gleich einem
(dem Jupiter Ammon beigelegten) Widderhorne gewundene, verſtei-
nerte, vorweltliche Schneckengehäuſe.

† die **Amneſtie**, Pl. —n : (öffentlich erklärtes) Vergeben und Vergeſſen eines Vergehens.

Aus mittellat. amnestia v. gr. amnesteía = das Richteingedenkſein, beſonders
erlittenen Unrechts [a = un=, nicht].

die **A'mpel**, Pl. —n : die (Hänge=) Lampe. Mehr oberd.

Mhd. die ampel, ahd. amplâ, ampullâ, welches eig. Oelfläſchchen bedeutet, aus
lat. ampúlla = Oelflaſche.

der **A'mpfer**, —s, Pl. wie Sing. : eine bekannte ſauer ſchmeckende
Pflanze, lat. rumex.

Mhd. der ampfer, ahd. amphere, amphero.

† die **Amphíbie** oder das **Amphíbium**, —s, Pl. Amphíbien : beid-
lebiges (im Waſſer wie auf dem Lande lebendes) Thier.

Aus lat. amphíbium v. gr. amphíbion beidlebig [gr. amphí- rundherum, von
beiden Seiten; bios das Leben].

† der **Amphibrách** (**Amphíbrachys**), —es, Pl. —e : der Versfuß ◡ – ◡.

Das gr. amphíbrachys eig. = an beiden Seiten [amphí] kurz [brachys].

† der **Amphímacer**, —s, Pl. wie Sing. : der Versfuß – ◡ –.

Das lat. amphímacer aus gr. amphímakros eig. = an beiden Seiten [amphí]
lang [makrós]. Er heißt auch **Créticus**.

† das **Amphithéâter**, —s, Pl. wie Sing. : halbrunde Schaubühne.

Aus lat. amphitheátrum v. gr. amphithéatron [amphi- rundherum; théatron
Schauſpielhaus].

die **A'mſe**, Pl. —n, b. Wieland, gekürzt aus Ameiſe.

die Amfel, Pl. —n : die Schwarzdroffel, lat. mérula.
Mhd. die amsel, ahd. ámisala (is-al-a ſind Endungen).

ámfig, beſſer emfig (ſ. d.).

das Amt, —es, Pl. Ämter : der Inbegriff der Obliegenheiten, die
eine Stellung mit ſich führt; Gebäude zur Ausübung dieser Obliegenheiten. Daher das Dim. das Ämtchen und das für das frühere rein
deutſche amten mit der unbeutſchen Endung =ieren gebildete Verbum
amtieren = das Amt verwalten, seine Amtsbefugnisse ausüben.
Zuſammenſ. : ámtlich, Adj. und Adv., zum Amte gehörend;
von Amts wegen. der Amtmann, —es, Pl. Amtleute, ernannter
Vorsteher eines landesherrlichen Amtes. der Amtmeister, —s, Pl.
wie Sing., ehedem am Niederrhein der Zunftobermeister (Friſch I,
25ᵇ). die Amtswohnung, Pl. —en : Wohnung die einem Beamten als solchem zukommt.

Bei Luther das Ampt, mhd. ambet (durch Angleichung des b auch ſchon am-
met), ahd. ampaht, gekürzt aus dem älteren das ampahti (am- wegen p aus
ant), goth. andbahti = Dienſt, Inbegriff übertragener oder übernommener Obliegenheiten, v. d. alten persönlichen ahd. der ampaht, goth. andbahts (woher
keltiſch = lat. ambáctus), = „in einem Dienſtverhältnisse Stehender," einer Zuſammenſ. aus goth. and (ſ. ant=) = gegen und einem im Goth. verlornen bak
(altſäch. bac, angelſächſ. bâc, altnord. bak) = Rücken, wonach das Wort urſprünglich ſ. v. a. im Rücken Stehender, hinter Einem Stehender, und das iſt
der Diener. Wegen des antretenden ableitenden t wird k zu h. Vgl. J. Grimm's
Geſch. d. d. Spr. 132 f. — Von ahd. ampahti das ahd. Verb. ampahtjan =
ein Amt verwalten (amten), gewöhnlich dienen, goth. andbahtjan jemand dienen; und zuſammengeſ. mit jenem Subſt. mhd. der ambetman (unſer Amtmann), ahd. ampahtman, = Beamter, Gerichtsvorſtand, Gerichtsdiener. Mit
Ausſtoßung des Reſtes des Grundwortes weiter gekürzt in Ammann (ſ. d.).

† das Amulêt, —es, Pl. —e : angehangener Schutzgegenſtand gegen
Zauberei oder zukommendes Uebel.

A. b. gleichbeb. lat. amulêtum, v. arab. hhamâlat = was getragen wird,
einem von arab. hhamala = tragen abgeleiteten Subſt.

an (mit langem a, doch sprechen es viele auch, was richtiger iſt, kurz),
Präp. mit Dat. (auf die Frage wo?) und mit Acc. (auf die Frage
wohin?) : nahe zu und in oder bis zur Berührung mit —; (abſtract)
was — betrifft. In Zuſammenſ. mit Subſt., Adj., Verben iſt es
(Raum=) Adverb und hier als erſtes Wort betont, z. B. Anbacht,
ángenehm, ánbeten ꝛc.

Mhd. ane, ahd. ana (b. Notker als Präp. an), goth. ana, zuerſt räumlich,
dann zeitlich, endlich abſtract gebraucht, ſtimmt mit gr. aná und gehört zu
gleicher Wurzel mit in, daher auch z. B. „an Einem fort" u. „in Einem fort"
gleichviel ſind.

† das Anagrámm, —es, Pl. —e, aus gr. anágramma [aná- =

um=, rückwärts; grámma = Buchſtab] : Buchſtabenverſetzung als Wortſpiel, z. B. Regen in Neger, Dame in Made ꝛc.

† die Analékten, nur Pl., aus gr. análekta [= aufgeleſene Brocken, v. analégein auflesen; aná = auf, zuſammen] : Schriftſtellen=Sammlung; Sammelſchrift.

† analóg, Adj., v. gr. análogos [eig. der Vernunft (dem lógos) entſprechend, daher] : gleichförmig, wie ein Anderes ſich verhaltend. Davon die Analogíe, Pl. —n, v. gr. die analogía : die Uebereinſtimmung, Gleichförmigkeit.

† die Analýſe, Pl. —n, v. gr. die análysis [v. analy'ein wieder löſen, auflöſen (ly'ein = löſen)] : die Auflöſung, chemiſche Zerlegung, Zergliederung. Daher analyſieren, nach franz. analyser : auflöſend zergliedern. die Analy'tlk, ohne Pl., v. gr. analytikê auflöſende (nämlich téchnê Wiſſenſchaft) : die Auflöſungs=, Zergliederungslehre. Aus jenem Adj. analytikós, -ê, -ón dann noch unſer analy'tiſch : durch Auflöſung zergliedernd.

† die Ananas, Pl. —e : das aus dem tropiſchen America ſtammende Diſtelgewächs mit gelber fleiſchiger Frucht vom angenehmſten Feingeruche und Geſchmacke; dieſe Frucht ſelbſt.

    Zu uns gekommen aus ſpan. u. port. der ananas. Woher dieß Wort, iſt unbekannt. In Hindoſtan heißt jene Frucht a'n-annás und in Guiana ſoll man nanas ſagen (ſ. *Pougens* trésors des origines etc. de la langue française S. 87).

† der Anapäſt, —es, Pl. —e : der Versfuß ⌣ ⌣ –.

    Aus lat. der anapæstus, welches gr. anápaistos = zurückgeſchlagener d. i. umgekehrter (nämlich Dactylus), v. gr. anapaíein zurückſchlagen [aná- zurück, paíe'n ſchlagen].

† die Anarchíe, Pl. —n, v. gr. die anarchía [an- = un=, ohne; archós Anführer, Oberhaupt] : Regierungsloſigkeit. Daher anárchiſch, nach franz. anarchique, ital. anàrchico : herrſchafts=, geſetzlos.

† das Anathêm, —es, Pl. —e, oder Anáthema, —'s, Pl. wie Sing., aus kirchlich=gr. das anáthema [eig. das Aufſtellen, v. anatithénai (ἀνατιθέναι) auffſtellen (aná- = auf)] : der Bannfluch.

† die Anatomíe, Pl. —n, v. lat.=gr. die anatómia [gr. aná- auf, tomê das Schneiden] : die Kunſt, Leichen zu zergliedern; das zur Leichenzergliederung beſtimmte Gebäude. anatômiſch, nach dem gr. Adj. anatomikós : zur Zergliederungskunde gehörig; zergliederungsmäßig.

der Anbeginn, —es, ohne Pl. : der erſte Beginn.

    Erſt im 16. Jahrh. vorkommende Zuſammenſ., die nahe lag, da man mhd. der anegin (d. i. Anginn = Anfang) u. begin (Beginn), ahd. anakin u. pikin, ſagte.

ánberaumen : von etwas feſtſetzen, wann es ſein ſolle.

Aus der Kanzleisprache, die der Volkssprache in Franken ꝛc. gemäß an statt *
schrieb (f. Schmeller, b. Munbarten Bayerns S. 33), schon im 17. Jahrh.
für anberâmen, wofür im Mhd. einfacher berâmen, beffen râmen, ahd.
râmên, = auf8 Korn, zum Ziele nehmen, worauf hin sich richten [so mhb. râmen
= zielen neben trëffen in *Lamprecht's* tochter Syon, Gieß. Hf. Bl. 87* b];
als Ziel setzen.

ánbëten (f. beten), mhb. anebëten, ahd. anapëtôn : auf's höchste verehren, besonbers Gott und was man heilig hält.

ánbetrëffen, wie betreffen (f. b.), aber mit stärker auf das Object
leitenbem an.

ánbrëchen (f. brechen), 1) tranf.: etwas wovon abzubrechen anfangen,
z. B. einen Kuchen, eine Flasche ꝛc. anbrechen; 2) intranf. : als Zeit
ober Zeittheil, selbst als zeitliche Erscheinung (mit Geschwindigkeit,
mit Macht) anfangen zu sein, z. B. ber Morgen, · Abenb, das Jahr ꝛc.,
die Schlacht ꝛc. bricht an. Daneben ber A'nbruch, —es, ohne Pl.,
zusammengef. aus an und Bruch : ber Anfang etwas wovon
abzubrechen, so wie bieses Abgebrochene selbst; ber Anfang des Ueber-
gangs zur Verberbniß an sonst Gesundem, z. B. Anbruch des Obstes,
Weines ꝛc.; ber Anfang geschwinden Seins als Zeit, Zeittheil, zeitliche Erscheinung. Bloß nach der 2. Beb. von Anbruch das Adj.
anbrüchig.

Auch in ber 2. (intranf.) Beb. zusammengef. mit brechen (f. b.), wie zeigt mhb. dô
dër tac *uf brach* = mit unwiderstehlicher Gewalt hervordrang (*Servatius* 2082)
neben dër morgenstërne *brast uf* = gieng [barst] auf, brang hervor (*Minnes.*
II, 8*, 22); nicht mit mhb. brëhen = leuchten, strahlen.

die A'nbacht, Pl. —en : bie feste betrachtenbe Richtung ber Gebanken
worauf, bann insbesonbere auf Gott und Göttliches, Heiliges; (inniges) Gebet. Daher das Abj. a'nbächtig.

Im '16' Jahrh. andacht auch f. v. a. das Gebenken woran, Plan wozu. Das
jetzt kurze a vor ch war urfpr. lang, benn mhb. die andâht, ahd. anadâht, zusammengef. aus ana an und -dâht Denken v. benken. Mittelft ahd. -îc bas
ahd. Abj. anadâhtîc, mhb. andæhtic, unfer anbächtig.

ánbenken, ahd. anadenchan : bie Gebanken worauf richten; in Gebanken bewahren. Der Infinitiv im Mhb. als Subft. das A'nbenken,
—s : [ohne Pl. u. mit ber Präp. "an" ober dem Gen.] bie Richtung (das Wenden) ber Gebanken auf jemanb ober auf überhaupt
einen Gegenftanb, um ihn sich wieder vorzustellen; [Pl. wie Sing.]
was zum Anbenken gegeben wird.

ánber, mhb. ander, ahd. andar, goth. anþar, Abj., ist zunächst bas
Orbnungszahlwort ber Zweizahl und beb. bann : über bereits Be-
zeichnetes vorhanben; außer bem Bezeichneten vorhanben und bavon
verschieben. Starkbieg. : ánberer, ánbere, ánbere8 (ahd. andarêr,
andaru, andaraz) ober gekürzt ánbrer, ánbre, ánbre8 u. ánber8

(z. B. in "was anbers"). Schwachbieg. : der, die, das ánbere ober
ánbre. Daher: ánbern, tranf. u. intranf.; ánbers, mhb. anders,
ahb. anderes, abverbialer Gen. v. anber, = auf anbre Weife, fonft.
Zufammenf.: ánberntheils, Abv.; ánberfeits (mit unorganifchem
genitivifchem =s), mhb. andersît, Abv.; ánberswo (aus bem abverb.
Gen. anbers u. wo) mhb. anderswâ, Abv.; ánberthalb (anbert
nach Aehnlichkeit von viert, fünft 2c.), mhb. anderhalp, im 14. Jahrh.
auch anderthalp, Zahlw., = 1½; ánberwärts (vgl. =wärts), Abv.

-der, -dar, -þar ift comparatvifche Bildungsenbung, wie auch in bem unferm
anber entfprechenben fanftr. anjatara. Der Pofitiv zeigt fich in fanftr. anja =
nicht berfelbe, v. ana jener. — Gleicherweife lat. alter v. alius.

ber Anborn, —es, ohne Pl., mhb. u. ahb. andorn, mit ableitenbem
-orn wie bei Ahorn : bie Pflanze marrúbium.

† bie Anecbôte, Pl. —n, bas aus gr. anékdoton = nicht ausgege-
benes (an = nicht), nicht bekaunt gemachtes, abgeleitete franz. anec-
dote : unterhaltenbes (neues) Gefchichtchen aus jemanbes Leben.

† bie Anemône, Pl. —n, bas gr. v. ánemos Wind abgeleitete bie
anemônê, ift wörtlich bie (leicht vom Winb entblätterte) Winbrofe.

ánfachen, tranf. : zum volleren Dafein aufregen.

Erft nhb.; mhb. vachen = vermehren (Hätzlerin 253, 63, 26), v. mhb. bas
vach = Wafferfchwelle in Flüffen, Wehr (Hätzlerin 199, 39, 12. Schmeller I,
507. Schmib 173). Bgl. fächeln.

ánfahen, alterthümlich unb feierlich für anfangen (f. b.).

ber Anfang, —es, Pl. Anfänge, mhb. ber anevanc, ahb. anafanc,
aus an u. Fang neben anfangen : bas Erfte wovon. Der Gen.
ánfangs fteht abverbtal. Die Zufammenf. ánfänglich = " von
Anfang an" ift Abj. u. Abv.

ánfangen (f. fangen), urfprünglicher anfahen, mhb. ane vân, ahb.
anafâhan, tranf. u. intranf. : an bem Erften wovon fein; ber, bie,
bas Erfte worin, wozu 2c. fein.

Urfpr.: Hand woran legen zum Halten, bann woran thätig werben, baran
fein thätig zu werben.

ánfechten (f. fechten), mhb. ane vëhten, ahb. anafëhtan : mit Waffen
worauf einbringen; wogegen, worauf empfinblich, unangenehm wirken.
Daher bie Anfechtung, Pl. —en.

bie (früher auch ber) Anfurt, Pl. —en (männlich : —e) : ber
Lanbeplatz.

Erft im 16. Jahrh., indem man Furt (f. b.), mhb. bie (u. ber) vurt, auch
fälfchlich für Fahrt nahm. Mhb. richtiger bas anevar = Anlänbe, Ufer.

bas Angebinbe, —s, Pl. wie Sing. : Feftgefcheuk.

Eig. Geburtsgefchenk, bas bem Feiernben an ben Hals ober Arm-gebun-
ben wurbe.

das A'ngedenken, —s, Pl. wie Sing., wie das A'nbenken (s. b.)
und nur von dem Dichter vorgezogen.

der (nicht so gut die) Angel, —s, Pl. —n : [nur noch landschaftl.]
Bienen=, Wespen= 2c. Stachel; spitzer Haken zum Fischfang; Einhänge-
haken für Thüre, Fenster 2c. der A'ngelstern : der Polarstern
(Nordstern). a'ngelweit, Abj. u. Abv. : so weit offen, als die
(Thür=) Angeln zulassen.

> Mhd. der angel, ahd. angul, v. b. gleichbeb., vielleicht mit lat. uncus Haken
> wurzelverwandten mhd. der ange, ahd. ango.

a'ngelegen, die A'ngelegenheit, s. a'nliegen.

a'ngenehm, Abj. : gern angenommen; Wohlgefallen erweckend.

> Bei Luther angeneme, aus dem Niederb., wo z. B. altclevisch (im *Teutho-*
> *nista*) angeneeme. Mhd. sagte man ohne an bloß genæme, ahd. ginâmi, welche
> unser genehm (s. b.) sind, und im Goth. kommt vor andanêms d. i. anda- =
> ant-, ent-, entgegen, u. nêms = genehm.

der A'nger, —s, Pl. wie Sing. : wildgrünes Grasland, Grasfleck.

> Mhd. der anger, ahd. angar, = ungepflügtes, wildgrünes Bauland, Grasland,
> „Wiesenfleck" (voc. incip. teuton.). Das Wort ist dunkler Herkunft.

das A'ngesicht, —es, Pl. —er : worauf fallender (woran reichender)
Blick; (dem Blicke zugekehrte oder) Vorderseite des menschlichen Kopfes.
Der Gen. a'ngesichts als Abv. : im Anblicke; im Augenblicke, sofort.

> Mhd. die angesiht, aber auch schon in Mitteldeutschland das anegesiht (*Sa-*
> *lomônis hûs* 433, 67), vorzugsweise das Anschauen, ahd. ohne ge- bloß die ana-
> siht. S. Gesicht.

a'ngewöhnen, transf. u. (jetzt meist) refl. : durch Thun und Wieder-
thun zu eigen machen.

> Statt angewehnen (so noch b. Opitz u. A.) mit eh = äh, s. gewöhnen.

die A'ngewohnheit, Pl. —en, s. Gewohnheit.

die A'ngst, Pl. Ängste (fehlerhaft : Ängsten) : das Engewerden in der
Brust, beengendes Gefühl worüber. In unpersönlichen Redensarten,
wie : mir ist angst [eben so gebildet wie mhd. mir ist *zorn* ich werde
zornig, mir ist *nôt* ich bedarf], mir wird angst, mir macht angst,
erscheint das Subst. Angst abjectivisch und so entstand das nhd.,
aber nie vor einem Substantiv (attributiv) stehende Abj. angst mit dem
Comp. ängster. der A'ngstesprung (in Göthe's Faust)=Angstsprung.

> Mhd. die (seltener der) angest, ahd. die angust (Pl. angusti Ängste), mittelst
> der Ableitungssylbe -ust v. ahd. angi (engi) unserm enge (s. b.). Entsprechend
> sind lat. angustia die Enge und angústus enge v. lat. ángere (ganz das ahd.
> angan) = zusammendrücken, beklommen machen. — Von angust : ahd. angustan
> unser nur noch dichterisches ängsten, wofür üblich das a. b. ahd. Abj. angustîc
> ängstig (b. Herder, früher daneben auch angstig) = ängstlich (ahd. an-
> gustlîh) abgeleitete ängstigen, mhd. ängstigen.

der A'ngster, —s, Pl. wie Sing., sübb. : hohe enghalsige Trinkflasche
oder auch ein solcher Krug.

Mhd. der angster, a. d. florentinischen gleichbed. angustara, sonst auch inguistara, Mittellat. (1477) angustrum, v. ital. angusto, lat. angustus eng. Schmeller I, 79.

der **Angster**, —s, Pl. wie Sing., alte kleinste Schweizer Scheidemünze, ¼ Sou.

Mhd. der angster. Ob aus mittellat. angustus (ergänze nummus) = Hohlmünze von Blech, d. i. lat. angústus (enge, schmal) in der Bed. knapp, zu sehr beschnitten?

der **Anhang**, —es, Pl. —hänge, mhd. anehanc (gerne von sich ansetzendem Reif, Schnee), und hiervon das Adj. u. Adv. ánhänglich. Neben Anhang das Verbum

ánhangen (f. hangen), ahd. anahâhan, eig. intranf., dann aber auch tranf. : woran hangen; (bildl.) fest zugethan sein. Dagegen ánhängen (f. hängen), ahd. an[agi]henkan, eig. tranf., dann aber auch intranf., und daher im Gebrauch Vermischung mit anhangen.

ánheben, wörtlich das lat. incípere (f. heben), tranf. u. intranf. : (eig.) angreifen zum Bewegen; f. v. a. anfangen, aber kräftiger und feierlicher.

anheim, accusativisches Adv. : (eig.) an das Haus (mhd. u. ahd. das heim = Haus); zu — hin als eigen oder zu freier Verfügung. anheim fallen (anheimfallen), anheim geben, anheim stellen.

ánheischig, Adv. : durch Versprechen schuldig, d. i. durch Versprechen zu übernommener Erfüllung verbindlich.

Statt anheißig, wie auch Hirsch st. Hirß (mhd. hirz), und dieß anheißig wahrscheinlich durch Ausstoßen des t aus aniheißig mhd. antheizec = durch Versprechen (mhd. u. ahd. der antheiz) schuldig. Dieß antheiz neben ahd. antheizan (ant-, ant-, ent- = gegen, u. heizan heißen) = versprechen, geloben.

ánhenken (f. henken), wie anhängen, aber nur tranf. und jetzt mehr im Gedanken an ein festeres Ein- und Anfügen.

anhếr, ein im Gegensatz zu älter-nhd. abher, mhd. abhếr, = "von — her" entstandenes, erst nhd., aber wenig mehr übliches Adv. : hierher, bis hierher. Ganz veraltet anhếro, mit o aus altem a, denn hếr lautet ahd. hếra.

† der **Anis**, —es, ohne Pl., eine bekannte Gewürzpflanze und ihr Same.

Mhd. das anĩz, aneis (lib. ord. rer. v. 1429 Bl. 17ᵈ), auch schon anis, selbst enis, aus lat. anĩsum u. dieß aus gr. ánison, einer Nebenform v. gr. ánēson, ánēton, ánēthon Dill.

anitzt, wofür gegenwärtig anjetzt, vgl. itzt u. jetzt.

der (auch die) **Anke**, —n, Pl. —n, i. d. Schweiz, dem Elsaß, am Oberrhein : die Butter. Bei Hebel.

Mhd. der anke (voc. opt. 22ᵃ), ahd. ancho u. die ancá, aus der Wurzel, welcher lat. úngere schmieren (sanskr. andsch) angehört. Grimm's Gesch. d. d. Spr. 1003.

die A'uke, Pl. —n, i. d. Pfalz, Wetterau, Franken, Schwaben: der Nacken; [wetterauisch auch:] das aufgeschlagene Nackenhaar weibl. Personen.

Mhd. die anke, ahd. ancha, goth. der (hals-) agga, ursprünglich f. w. a. Gelent, Gliedkrümmung zur Bewegung. Derselben Wurzel angehörig sind gr. ágkē u. ágkos = Ellenbogen, mittellat. anca = Hüfte.

der A'nkel, der Knöchel am Fuß, f. Enkel.

der A'uker, —s, Pl. wie Sing.: Eisen mit Widerhaken zum Aus= werfen ins Wasser, wann das Schiff stehen soll.

Mhd. der anker, ahd. anchar, entlehnt v. roman. (ital. span.) u. lat. áncora, dieß aus gr. ágkyra, dessen Grundbegriff das Gekrümmte [agky'los, gekrümmt] ist. Ursprünglich hieß im Ahd. der Anker der senchil Senkel (f. d.) und die sinchilâ.

der A'nker, —s, Pl. wie Sing.: ein etwa ¼ Eimer haltendes Maß.

Das aufgenommene niederl. anker v. mittellat. (1318) anchéria, (1320) anceria.

a'nklingen, Prät. klang an, Part. angeklungen, intranf.: mit dem Klange woran rühren. Dagegen a'nklingen (statt anklengen oder anklängen), Prät. klingte an, Part. angeklingt, transf.: Glas wider Glas anstoßen, daß es einen Klang gibt.

a'nkommen (f. kommen): wohin kommen, um da zu sein. Daher die A'nkunft.

Nach ahd. anaquëman mit Acc. der Person in der Bed. „über jemand kommen" unser unpersönliches: es [wofür ebensowol ein Subst. stehn kann] kommt mich an, = ich werde davon ergriffen. Der Acc. ist nach der alten Sprache (dem Ahd.) richtig und noch z. B. bei Wieland; aber üblicher schon im vorigen Jahrh. der Dativ: es kommt mir an.

a'nlanden: ans Land fahren. Früher und richtiger a'nländen, mhd. bloß lenden.

der A'nlaß, —lasses, Pl. Anlässe: das Bewegende zu einer Handlung. Mhd. der anlâz, = Unternehmung. Neben a'nlassen (f. lassen), mhd. anlân, ahd. analâzan.

der A'nlauf, —es, Pl. Anläufe, ahd. der anahlouf: ausholende ge= schwinde Bewegung worauf hin. Neben a'nlaufen·(f. laufen): laufend wider etwas kommen; (bibl.) widerrennen, in seinem Thun durch Verkehrtheit abgeschreckt werden; anschwellen. Mhd. ane loufen (*Genesis* 48, 30. 72, 20) = zu — hin laufen, ahd. anahloufan.

der A'nlaut, —es, Pl. —e: der Anfangslaut eines Wortes. Ein von Jac. Grimm eingeführter grammatischer Kunstausdruck.

das A'nlehen, —s, Pl. wie Sing., mhd. das anelêhen, ahd. analêhan: Dargabe von Geld gegen Zinsen. Die A'nleihe, Pl. —n, erst im Nhd. gebildet, wird mehr von sehr hohen Geldsummen gesagt.

a'nliegen (f. liegen), mhd. ane ligen, ahd. analikkan: sich dicht woran fügen; jemand durch anbauerndes An=ihm=sein bedrängen; jemand Nach= denken und Sorge verursachen. Das Part. Prät. a'ngelëgen steht oft

Mhd. der angur, a. d. florentinischen gleichbed. anguistara, sonst auch inguistara, mittellat. (1477) anguistrum, v. ital. angusto, lat. angústus eng. Schmeller I, 79.

der Angster, —s, Pl. wie Sing., alte kleinste Schweizer Scheidemünze, ¼ Sou.

Mhd. der angster. Ob aus mittellat. angustus (ergänze nummus) = Hohlmünze von Blech, d. i. lat. angústus (enge, schmal) in der Bed. knapp, zu sehr beschnitten?

der Anhang, —es, Pl. —hänge, mhd. anehanc (gerne von sich ansetzendem Reif, Schnee), und hiervon das Adj. u. Adv. anhänglich. Neben Anhang das Verbum

anhangen (f. hangen), ahd. anahâhan, eig. intranf., dann aber auch tranf. : woran hangen; (bildl.) fest zugethan fein. Dagegen anhängen (f. hängen), ahd. an[agi]henkan, eig. tranf., dann aber auch intranf., und daher im Gebrauch Vermischung mit anhangen.

anheben, wörtlich das lat. incípere (f. heben), tranf. u. intranf. : (eig.) angreifen zum Bewegen; f. v. a. anfangen, aber kräftiger und feierlicher.

anheim, accufativisches Adv. : (eig.) an das Haus (mhd. u. ahd. das heim = Haus); zu — hin als eigen oder zu freier Verfügung. anheim fallen (anheimfallen), anheim geben, anheim stellen.

anheischig, Adv. : durch Versprechen schuldig, d. i. durch Versprechen zu übernommener Erfüllung verbindlich.

Statt anheißig, wie auch Hirsch ft. Hirß (mhd. hirz), und dieß anheißig wahrscheinlich durch Ausstoßen des t aus antheißig mhd. antheizec = durch Versprechen (mhd. u. ahd. der antheiz) schuldig. Dieß antheiz neben ahd. antheizan (ant-, ant-, ent- = gegen, u. heizan heißen) = versprechen, geloben.

anhenken (f. henken), wie anhängen, aber nur tranf. und jetzt mehr im Gedanken an ein festeres Ein- und Anfügen.

anher, ein im Gegensatz zu älter-nhd. abher, mhd. abhër, = "von — her" entstandenes, erst nhd., aber wenig mehr übliches Adv.: hierher, bis hierher. Ganz veraltet anhëro, mit o aus altem a, denn hër lautet ahd. hëra.

† der Anis, —es, ohne Pl., eine bekannte Gewürzpflanze und ihr Same.

Mhd. das aniz, aneis (lib. ord. rer. v. 1429 Bl. 174ᵃ), auch schon anis, felbst enis, aus lat. anisum u. dieß aus gr. ánison, einer Nebenform v. gr. áneson, áneton, ánethon Dill.

anitzt, wofür gegenwärtig anjetzt, vgl. itzt u. jetzt.

der (auch die) Anke, —n, Pl. —n, i. d. Schweiz, dem Elfaß, am Oberrhein : die Butter. Bei Hebel.

Mhd. der anke (voc. opt. 22ᵃ), ahd. anco n. die ancá, aus der Wurzel, welcher lat. úngere schmieren (fanftr. andsch) angehört. Grimm's Gesch. d. d. Spr. 1003.

die A'nke, Pl. —n, i. d. Pfalz, Wetterau, Franken, Schwaben: der Nacken; [wetterauiſch auch :] das aufgeſchlagene Nackenhaar weibl. Perſonen.

Mhd. die anke, ahd. ancha, goth. der (hals-) agga, urſprünglich ſ. v. a. Gelenk, Gliedkrümmung zur Bewegung. Derſelben Wurzel angehörig ſind gr. ágkē u. ágkos = Ellenbogen, mittellat. anca = Hüfte.

der A'nkel, der Knöchel am Fuß, ſ. Enkel.

der A'nker, —s, Pl. wie Sing. : Eiſen mit Widerhaken zum Auswerfen ins Waſſer, wann das Schiff ſtehen ſoll.

Mhd. der anker, ahd. anchar, entlehnt v. roman. (ital. ſpan.) u. lat. áncora, dieß aus gr. ágkyra, deſſen Grundbegriff das Gekrümmte [agky'los, gekrümmt] iſt. Urſprünglich hieß im Ahd. der Anker der senchil Senkel (ſ. d.) und die sinchilâ.

der A'nker, —s, Pl. wie Sing. : ein etwa ½ Eimer haltendes Maß.

Das aufgenommene niederl. anker v. mittellat. (1318) anchéria, (1320) anceria.

ánklingen, Prät. klang an, Part. angeklungen, intranſ. : mit dem Klange woran rühren. Dagegen ánklingen (ſtatt anklengen oder anklängen), Prät. klingte an, Part. angeklingt, tranſ. : Glas wider Glas anſtoßen, daß es einen Klang gibt.

ánkommen (ſ. kommen) : wohin kommen, um da zu ſein. Daher die A'nkunft.

Nach ahd. anaquëman mit Acc. der Perſon in der Bed. „über jemand kommen" unſer unperſönliches : es [wofür ebenſowol ein Subſt. ſtehn kann] kommt mich an, = ich werde davon ergriffen. Der Acc. iſt nach der alten Sprache (dem Ahd.) richtig und noch z. B. bei Wieland; aber üblicher ſchon im vorigen Jahrh. der Dativ : es kommt mir an.

ánlanden : ans Land fahren. Früher und richtiger ánländen, mhd. bloß lenden.

der A'nlaß, —laſſes, Pl. Anläſſe : das Bewegende zu einer Handlung. Mhd. der anlâz, = Unternehmung. Neben ánlaſſen (ſ. laſſen), mhd. anlân, ahd. analâzan.

der A'nlauf, —es, Pl. Anläufe, ahd. der anahlouf : ausholende geſchwinde Bewegung worauf hin. Neben ánlaufen (ſ. laufen) : laufend wider etwas kommen; (bibl.) widerrennen, in ſeinem Thun durch Verkehrtheit abgeſchreckt werden; anſchwellen. Mhd. ane loufen (Genesis 48, 30. 72, 20) = zu — hin laufen, ahd. anahloufan.

der A'nlaut, —es, Pl. —e : der Anfangslaut eines Wortes. Ein von Jac. Grimm eingeführter grammatiſcher Kunſtausdruck.

das A'nlehen, —s, Pl. wie Sing., mhd. das anelêhen, ahd. analêhan : Dargabe von Geld gegen Zinſen. Die A'nleihe, Pl. —n, erſt im Nhd. gebildet, wird mehr von ſehr hohen Geldſummen geſagt.

ánliegen (ſ. liegen), mhd. ane ligen, ahd. analikkan : ſich dicht woran fügen; jemand durch andauerndes An-ihm-ſein bedrängen; jemand Nachdenken und Sorge verurſachen. Das Part. Prät. ángelëgen ſteht oft

abjectivisch : Nachbenken und Sorge mit Eifer zur Thätigkeit verursachend. Davon die Angelegenheit, Pl. —en : was mit Nachbenken und Sorge beschäftigt.

ánmáßen, erst nhd., refl., früher : nach Maßgabe des Zustehenden in
Anspruch nehmen. Jüngere Beb. : über das Maß des Zustehenden
in Anspruch nehmen. Daher : die Anmaßung, Pl. —en.
> Mit Acc. ber Perf. und Gen. ber Sache, z. B. sich eines Rechtes anmaßen.
> So auch : „Willst du dich anmaßen, einen Mann mit Schmeicheleien zu
> fangen?" (Schiller's Räub. 3, 2). Daneben mit Dat. der Person und Acc.
> ber Sache, z. B. du maßest bir ein Recht an.

die Anmuth, ohne Pl. : (veraltet) die Seelenstimmung zu etwas, das
Vergnügen macht; sanftes, anziehendes Wesen in Erregung von Wol-
gefallen. Daher das Abj. ánmuthig.
> Erst nhd. (16. Jahrh.) und nach ber Aehnlichkeit von Demuth, Langmuth 2c.
> gebildet. Verschieden von mhd. ber anmuot = Verlangen, Lust.

† die Annâlen, ein Pl., nach lat. annâles (nämlich libri) v. annus Jahr :
die geschichtliche Ereignisse verzeichnenden Jahrbücher.

† die Annâten, ein Pl., nach mittellat. annâtæ v. annus Jahr : die
im ersten Jahre an die päbstliche Schatzkammer fallende Hälfte des
Zinses von einer geistlichen Pfründe.

ánnehmlich, nhd. Abj. : gerne angenommen und gefallend. Daher : die
Annehmlichkeit, Pl. —en.
> Aus einem mhd. annæme (annéme in Leyser's Predigt. 66, 43) = angenehm,
> lieblich, u. -lich. Statt Annehmlichkeit im Mhd. annâmekeit, welches in Salom.
> Hds 427, 39 s. v. a. göttliche Gnade; -næme, ahd. nâmi ist aus nâm- in
> nâmumês wir nahmen.

† die Anomalie, Pl. —n, nach gr. anômalía (eig. Ungleichheit, an- =
un- und homalós = gleich) : Abweichung von der gemeinen Regel.

† anoným und anoný'misch, Abj. : ungenannt (ohne Angabe des
Namens).
> Nach lat.-gr. anónymus namenlos (gr. an- = un-, ohne, u. äolisch ónyma
> b. t. ónoma Name).

das Anrecht, —es, ohne Pl. : das Recht woran.

die Anrichte, Pl. —n, mhd. die anrihte (ahd. anarihta?) : der
Küchentisch, die fertigen Speisen zum Auftragen zu bereiten. Daneben
ánrichten, mhd. anrihten : fertige Speisen zum Auftragen zurecht
machen; entstehen machen.

ánrüchig, Abj. : wovon nicht zum Besten gesprochen wird.
> Gleichsam anriechend b. h. anfangend übel zu riechen, hier in ber öffent-
> lichen Meinung. Vgl. Geruch u. stinken 2 Mos. 5, 21.

ánschlagen (s. schlagen), mhd. ane slân, ahd. anaslahan : ben ersten
hellen Laut hören lassen; woran schlagen; gedeihlich sich zeigen. Nach

diesen Bedeutungen der **A'nschlag**, —es, Pl. Anschläge [ahd. anaslag nur Schlag woran], aber auch : worauf zielender Gedanke (gleichsam das Fassen ins Auge, um zu erreichen, wie bei dem Zielen und Anschlagen mit dem Gewehre). Davon das Adj. **anschlägig** : gewandt zur Ausführung.

ánschnauzen : an jemand harte Worte heftig richten.

> **Schnauzen**, mhd. snouwezen? ist Frequentativ v. bayer. schnauen, mhd. snouwen, = heftig athmen (**Schmeller** III, 480), schnauben. Bei **Keiserberg** anschnawen, bayer. anschnauen, wie unser **anschnauzen**. Nicht von **Schnauze**.

ánschuldigen, mit Acc. der Person und Gen. der Sache : von jemand sagen, daß er wessen schuldig sei [ahd. (ihn) sculdigôn].

ánschwëllen, Prät. schwoll an, Part. angeschwollen, intranf. : an Ausdehnung in Höhe und Breite zusehends zunehmen. Daher das schwache, transitive **ánschwellen** (ebenfalls tiefes e der Wurzel, aber Umlaut) : anschwellen machen.

ánsëhnlich (st. ánsehenlich), Adj. : von Ansehen.

A'nsëlm, Mannsname, ahd. Anshëlm d. i. Gotteshelm (ahd. und goth. ans, altnord. âs = Gott), Gottesstreiter.

die **A'nsicht**, Pl. —en, ahd. die anasiht : das Heften des Augenlichtes worauf; das Wie der Auffassung wovon durch die Sehkraft oder (bildlich) den Geist. Daher **ánsichtig**, mhd. ansihtic, ahd. anasihtîg, Adj. : »was vor Anderm sich hervorhebend in die Augen fällt«, aber jetzt nur noch in : ansichtig werden = »im Bereiche der Augen haben, daß diese darauf fallen«, mit Acc. (wie ansehen) oder Gen. (**Grimm's** Gramm. IV, 756 f.)

ánsinnen (s. sinnen), mit Dat. der Person und Acc. der Sache : an jemand die Forderung einer Thätigkeit richten.

> Mhd. an einen sinnen = jemand angehen um etwas; denn ahd. sinnan ursprünglich = gehend wohin streben.

ánspielen : zuerst spielen und so das Spiel anfangen; etwas in leiser Beziehung worauf sagen oder thun.

ánsprëchen (s. sprechen) : freundliche Worte an jemand richten, besonders um etwas; ausdrücklich als sein erklären und sonach verlangen; (bei Göthe häufig) ausdrücklich wofür erklären; freundlichen Eindruck auf jemand machen.

der **A'nspruch**, —es, Pl. Ansprüche, v. ansprechen : (früher) die an jemand gerichteten Worte; das Wenden mit einem Verlangen an jemand (in „in Anspruch nehmen"); das auf etwas gerichtete Verlangen mit ausdrücklicher Erklärung, daß man den Gegenstand als Eigenthum verlange; das Streben nach Aufmerksamkeit und Achtung in Beziehung Anderer.

die Anstalt, Pl. —en : die Anordnung und Vorbereitung, etwas aus=
zuführen [z. B. "Machst immer Anstalt, und bist niemals fertig".
Schiller, Wall. Tod 2, 1]; das in umfassenderer Weise hinsichtlich
körperlicher oder geistiger Pflege Eingerichtete.

Mhd. die anstalt = Begründung (*Lamprecht's* tochter Syon Bl. 17ᵃ i. d. Gieß.
Pf.J. =stalt v. stellen.

der Anstand, —es, Pl. Anstände, zusammenges. aus an u. Stand :
das vorläufige Aufhören wovon; der Aufenthalt in einer Sache mit
Bedenklichkeit in dieser fortzufahren; sowol das Verweilen des Jägers
auf einem Standorte, daß Wild zum Schusse komme, als auch dieser.
Standort selbst; äußerliches schickliches Verhalten. Daher das Adj.
anständig.

anstatt, mit Unrecht, weil man hier die Präp. an dem adverbialen an
in annoch, anjetzt 2c. gleich glaubte, gekürzt in bloßes statt, Präp.
mit Gen. : an der Stelle von —, lat. loco (in loco), franz. au lieu.
Anstatt daß, statt daß, Conj. : an der Stelle daß, franz. au
lieu que.

Zusammengerückt an und Statt, und wegen des Subst. Statt Rection des
Genitivs, der früher gern, jetzt nur alterthümlich zwischen an und Statt steht,
z. B. an meines Vaters Statt. In diesem Falle an Statt geschrieben, sonst
besser und üblicher anstatt. Die Präp. ist hervorgegangen aus der Verbindung
mit dem, zum Subst. stat in gleichem Casus gefügten Possessiv : mhd. an mine
statt anstatt meiner (*Minnes.* I, 183ᵃ), an ir stat anstatt ihrer (*Iwein* 5774.
6047).

anstechen (s. stechen) : woran stechen; mit dem Stachel (Sporn) an=
treiben, und daher bildl. reizen, mit empfindlichen Worten auf jemand
zielen; (durch Einstechen einer Röhre ein Faß) zum Zapfen öffnen. —
anstecken (s. stecken) : durch Einstechen woran haften machen; [in
Mitteldeutschland und darum bei Göthe] wie anstechen, vom Fasse;
(dadurch, daß Brand Hervorbringendes an etwas stechend befestigt
wird) in Brand setzen; zündstoffartig sich mittheilen.

Mhd. (mitteld.) anstecken = in Brand setzen (*Myst.* 148, 7), gewöhnlich anstechen anstechen (*Herbort* 15812).

anstehen (s. stehen), auch nicht eben selten anstehn geschrieben, weil
ahd. anastên (anastandan). Die Grundbed. ist : nahe zu etwas hin
sein.

anstinken (s. stinken), richtiger mit Acc. als mit Dat., wie z. B. bei
Bürger in Lenardo u. Bl. : "Pfui, stinkest mir an!"

Mhd. (11—12 Jh.) anstinchen = anduften, aber schon von übelm Geruche im
Exodus 99, 45, und mit Acc.

der Anstoß, —es, Pl. —stöße : heftiges Wirken auf etwas, daß dieses
vorwärts komme; hinderndes Wider=etwas=kommen in der Bewegung,
sowie das unangenehm Hindernde und damit Ärgerniß Gebende selbst

[baher bas Abj. ánſtößig]; ſchnell zukommenbes Übelbefinben an Leib ober Gemüth.

Abh. ber anastôz in erſter Beb., aus ana an u. stôz Stoß. Neben

ánſſoßen (ſ. ſtoßen), mhb. anstôzen, ahb. ánastôzan.

ber A'nſtrich, —es, Pl. —e : 1) ber Strich worán, auch ber Strich mit bem Fiebelbogen zum Spiele (mhb. ber anstrich *Nibel.* 1941, 4), — aus an unb Strich (ſ. b.); 2) bas An= unb Überſtreichen womit, wie bas woran Geſtrichene, um ein Ausſehen zu geben, — b. ˇ án= ſtreichen, mhb. anstrîchen.

ant= nur in Antlaß, Antliß, Antwort (ſ. b.).

MHb. unb ahb. ant = zu —hin, gegen; goth. anda-, außerbem and-, unb bieß and als Präp. ſ. b. a. an, worauf hin, längs, woraus bie Beb. „zu —hin"; lat. ante vor [wovon anticus vorber], gr. anti gegen, gegenüber, vor. Unſer altes ant- iſt bis auf obige Wörter zu ent- (ſ. b.) geworben unb einigemal vor f zu em- (ſ. b.) mit Wanblung bes f in pf.

† ber Antagoníſt, —en, Pl. —en : Entgegenwirkenber, aus lat. anta-gonísta, v. gr. ant-agônistês (ἀνταγωνιστής) Gegen=kämpfer.

ántaſten, insbeſ. roh ober gewaltſam Hanb anlegen. S. taſten.

bie A'nte u. ber A'nterich ſ. Ente.

ber u. bas A'ntheil, —es, Pl. —e : jemanb zukommenber Theil; (nur männl. u. ohne Pl.) zugeneigte Geſinnung mit Mitgefühl.

MHb. (äußerſt ſelten) anteil; ahb. würbe anateil ſtehn. Das Zukommen brückt an aus.

† bie Anthologíe, Pl. —n : Blumenleſe b. i. Sammlung kleiner Ge= bichte unb bann auch anbrer Schriftſtücke.

Das gr. anthología v. bas ánthos Blume unb bie logía Sammlung.

† bie Anthropologíe, Pl. —n : Menſchenkunbe, Wiſſenſchaft vom Menſchen.

Das lat.=gr. anthropólogia eig. über ben Menſchen (gr. ánthrôpos) rebenbe (logía), menſchenkunbige, nämlich téchnê Wiſſenſchaft.

† antík, nach franz. antique (ital. antico) v. lat. antíquus alt: alter-thümlich, in Geiſt unb Geſchmack bes Alterthums. Die Antíke, Pl. —n, ebenfalls nach franz. antique (lat. opus *antiquum* u. ſelbſt *anticum*) : Kunſtarbeit bes claſſiſchen Alterthums.

† bie A'ntikritík, Pl. —en : Gegenbeurtheilung zur Wiberlegung.

B. gr. anti gegen, wiber, u. bie kritikê (κριτική, nämlich téchnê) Beurtheilungs-kunſt unb bann Beurtheilung eines Schriftwerkes.

† bie Antipathíe, Pl. —n : natürliche Abneigung wogegen.

Aus lat. bie antipathia v. gr. anti-pátheia Gegen(Ab)=neigung.

† ber Antipóde, —n, Pl. —n : Gegenfüßler.

Aus (lat.=) gr. antípodes Gegenfüßler, bem Plur. bes gr. Abj. antí pûs gegen-füßig, mit entgegengekehrten Füßen.

der Antlaß, —ffes, Pl. —ffe, oberd. (Schmeller II, 494 f.) ‡ Sün-
benerlaffung, Ablaß; Lossprechung (Entlaffung) von Kirchenstrafen und
Wiederaufnahme in die Kirchengemeinde (vgl. Grünbonnerstag).

> Verbliebene alte Form (mhd. und ahd. der antlâg) ft. nhd. Entlaß neben ent-
> laffen (ahd. ant-, intlâzan).

das Antlitz, —es, Pl. —e, feierlich : das Angesicht.

> Bei Luther Anblitz ft. Antlitz, mhd. das antlitze, angelsächf. andvlite, altnord.
> andlit, welche goth. andavlits lauten würden, wofür aber ohne anda- (ahd. ant-)
> = gegen (f. ant-) bloß der vlits und mit anda- der andavleizns, alle v. der
> goth. Wurzel vleitan (im Pl. des Prät. vlitum) blicken, anblicken. Aber nhd.
> auch gegen das i der Wurzel das antlütze und ahd. nur mit u antluzi, mittelft
> .Affimilation annuzi, Formen, welche durch Vermengung mit dem formell ganz ver-
> schiedenen gleichbed. ahd. das antlutti, mhd. noch antlütte, entstanden, deren lutti,
> lütte auf goth. die ludja Angesicht zurückführt, neben welchem sich aber kein
> andludi findet.

der Antrach = Enterich, und der Antvogel, f. Ente.

ántreten (f. treten) : zu treten anfangen; wozu sich begeben, um an-
zufangen; forbernb ober bittenb zu jemanb treten.

> Mhd. (1327) anetrëten = anfangen (Höfer's Urkunden S. 206).

der Antrieb, —es, Pl. —e : stärkere Anregung zu einem Streben.
Im 17. Ih. Angetrieb : »Auff deinen angetrieb — Gewan boch,
der itzund mich haffet, erstlich lieb« (Tscherning, Bresl. 1642, S. 98).

die Antwort, Pl. —en : das auf Worte eines Andern Gesagte, insbef.
sofern es mit jenen stimmt. Daher ántworten. Redensart : antworten wie zu Hofe = ausweichend, weber ja noch nein.

> Bei Luther das und die antwort und das Verbum antworten, b. Andern
> im 15. und 16. Ih. die antwurt u. antwurten; mhd. die antwurt, woneben
> das antwürte, und [mitteld.] antworen (Myst. I, 63, 35), antwürten; ahd. bei
> Otfried auch die antwurti, sonst das antwurti, u. antwortan (ft. des älteren ant-
> lingan, antlengan); goth. das andavaúrdi u. antvaúrdjan; altsächf. das andwordi
> u. andwordian, zusammengef. auß anda-, ant-, ant- = gegen und einer Ablei-
> tung von Wort (f. b.), also urspr. Gegen-wort, Gegenrede, und das Verbum
> f. v. a. (ent)gegen-reden. In „Antworts genug" (Lessing) noch spärlich er-
> haltener Gen. v. dem alten das Antwort.

ánverwandt, durch an stärker als verwandt (f. b.)

der Anwachs, —es, ohne Pl. : steigendes Zunehmen, z. B. »was,
das seinem Anwachs wehret« (Drollinger 51). Von ánwachsen.
S. auch Anwuchs.

der Anwalt, —es, Pl. —e (nicht —wälte, urspr. —walten, b. Klopstock Anwalden) : der für den Andern eine Rechtssache führt (Abvo-
cat, f. b.). die Anwaltschaft.

> Statt der Anwalte, denn ahd. der anawalto = der Gewalt woran hat,
> v. ahd. anawalt Gewalt woran, deffen -walt v. walten.

ánwanbeln : vorübergehend an Körper oder Geist zukommen, mit Acc. der Person, nicht so gut mit Dat. („die Ohnmacht wandelte ihm an“. Liskow).

die A'nwartschaft, Pl. —en : Rechtsanspruch auf künftigen Besitz.
> Anwart- aus ahd. die anawarta = Spähung (warta) an (nach) etwas.

das A'nwësen, —s, Pl. wie Sing. : das Gegenwärtigsein, in welchem Sinne jünger=nhd. die A'nwësenheit; unbewegliches Besitzthum.
> Der ahd. Inf. anawësan = darin- und dasein, als Subst. — Anwésen, mánsio, habitáculum im voc. incip. teut.

der A'nwuchs, —es, Pl. —wüchse : steigende Zunahme und das in solcher Begriffene; an etwas Gewachsenes.
> A. b. Prät., wie Anwachs aus dem Präs. von anwachsen. Mhd. u. ahd. mit ableitendem t die wahst = Wachsthum, Wuchs, goth. die (us)vahfts neben der vahstus Wuchs.

der A'nwunsch, —es, Pl. —wünsche : Wunsch zu jemand hin. Bei Hagedorn u. Zachariä, dem bereits älter=nhd. ánwünschen nach=gebildet.

die A'nzahl, ohne Pl. : die zukommende Zahl. Vgl. Antheil.
> „Die Anzahl meiner Noth“ (Tscherning S. 36). Im 15. Jh. anzal = lat. rata; aber weder ein mhd. anezal, noch ahd. anazala.

ánzapfen, älter=nhd. anzäpfen, anzepfen : wovon mittelst eines Zapfens [mhd. zapfe, ahd. zapfo] die erste Flüssigkeit auslassen, eig. u. bildl.; im Einzelnen verdächtigend mit Worten auf jemand zielen.
> Die letzte Bed. gründet sich auf oberd. zepfen = Rispen, Ähren abschneiden, v. oberd. der Zepfen, mhd. zepfe, ahd. zepfo, = Rispe, Ähre, Traube. S. Schmeller IV, 278.

ánzetteln : (bei den Webern) den Zettel d. i. Aufzug zu einem Ge=webe machen; (bildl.) einleitend anstiften.

ánzüglich, Adj. u. Abv.: sich worauf beziehend (worauf zielend), um unangenehme Empfindung zu verursachen; durch sinnlichen Reiz oder geistig zu sich hin ziehend (Göthe, Lessing, Wieland).
> In letzter Bed. setzt man ohne Doppelsinn und darum lieber anziehend. B. älter=nhd. (16. Jh.) der Anzug = Angabe des Vorwurfs.

ánzünden : durch Feuer, das an einen Gegenstand gebracht wird, die=sen brennen machen, eig. und bildl.
> Erst 1482 an-tzunden. Früher sagte man überall entzünden (s. d.).

ánzwacken : woran mittelst Spitzen klemmen (Hagedorn); mit Wor=ten empfindlich zusetzen (Voß).

† die Apanage (spr. apanasch'), Pl. —n : standesmäßiges Leibgedinge.
> Das franz. apanage, appanage, aus mittellat. apanágium aus ap- d. i. ad-panagium = Unterhalt des Nachgebornen und so nicht Erbberechtigten, neben dem gleichbed. apanaméntum v. mittellat. apanáre (d. i. adpanáre) = Brot (lat. panis), Unterhalt geben.

† die Apathie, ohne Pl. : Stumpfheit des Gefühls; Gleichmuth.
Aus lat. apathia v. gr. a-pátheia Un-empfindlichkeit.

der Apfel, — s, Pl. Äpfel : die bekannte Obstart, so wie dann andre
dieser ähnliche rundliche Frucht. Dim. das Äpfelchen. Zusammenf.,
worin Apfel als erstes Wort die Art zur Gattung ausdrückt : der
Apfelbaum (s. Affolder) , =brecher, =griebs, =schnitz, =trank
(mhd. apfeltranc, aber ahd. epfiltranc), =wein, die Apfelblüte, das
Apfelmus (mhd. apfelmuos. Buch v. g. Speise 22, 69) 2c., nicht,
wie volksüblich, Apfelbaum 2c.; aber das Apfelpaar b. Göthe
in b. Müll. Verrath. apfelgrau (mhd. apfelgrâ, ahd. aphelgrâ),
nur von Pferden : grauweiß mit apfelrunden Flecken; ein solches
Pferd heißt der Apfelschimmel, —s, Pl. wie Sing. apfelgrün =
blaßgrün.
Im 16. und 17. Jh. häufig Opfel = Apfel, u. im voc. incip. teut. opfel =
Apfel. Mhd. der apfel (Pl. epfel), ahd. aphul, aphol, apfel (Pl. epfili), wonach
goth. der apuls(?) mit Pl. apuleis(?); welsch afal und irisch abhal; litthau.
obolys; lettisch abhols; ruff. jabloko; poln. jablko. Alle urverwandt und aus
Einer Wurzel mit Obst (s. d.) b. i. Ob-st. Wie das alte Affolder (s. d.) =
Apfelbaum zeigt, ward die Frucht sehr frühe in Deutschland gezogen (vgl. -der)
und, nach den Ortsnamen mit Affolder-, Effolder-, und Bon- b. i. (Obst- =
Apfel-)Baum- zu urtheilen, sehr geschätzt. — Auch schon ahd. der apphol = Augapfel (Schlettst. Glossen 356, 30, 10).

† die Apfelsine, Pl. —n, nach holländ. appelsina b. i. aus China
(franz. Sine) herstammender Apfel, franz. pomme de Sine.

† apodiktisch, Adj. u. Adv. : von schlagendem Beweise; unwiderleglich.
Nach (in i = gr. ei) latinifiertem gr. apo-deiktikós (eig. ab b. i. fertig zum
Vorzeigen, zur Schau) = beweisend.

† die Apokalypse : die Offenbarung Johannis.
Aus lat. die apocaly'psis v. gr. apo-kálypsis eig. Ent-hüllung.

† apokryph oder apokryphisch : untergeschoben, unecht. die Apo-
kry'phen : biblische Bücher, die mit den kanonischen nicht gleiche Gel=
tung haben, ahd. das zuifalcascrip (Zweifelschrift).
Aus gr. apó-kryphos = ver-borgen; untergeschoben, unecht.

† der Apolôg, —es, Pl. —e : Lehrfabel, aus gr. der apó-logos
Erzählung, dann äsopische Fabel. der Apologêt, —en, Pl. — en :
Schutzredner, Ausüber der Apologetik [aus gr. apologêtike' ver=
theidigende, zur Vertheidigung geeignete (Lehre)] = Vertheidigungs=
lehre der Wahrheit des Christenthums. die Apologie, Pl. —n, aus
gr. die apología : Vertheidigung; Schutzrede oder =schrift.

† der Apostel, — s, Pl. wie Sing. : Lehrbote.
Mhd. der apostel, ahd. b. Tatian 154, 16 postul, goth. der apaústaúlus, aus
kirchlich-lat. apóstolus v. gr. apó-stolos Ab-gesandter, kirchlich insbes. Lehrbote
Christi, vornehmlich aus den zwölf Jüngern, weshalb mhd. der zwelfbote, zwolf-

bode (*Marien Himmelf.* 882) Zwölfbote, eine leider wieder entſchwundene Ver-
deutſchung.

† der Apoſtróph, —es, Pl. —e : das Auslaſſungszeichen ('), a. b.
gleichbed. .gr. die apóstrophos v. apó-strophos ab=gewandt, dann mei=
bend. die Apoſtróphe, Pl. —n : lebhafte Anrede, v. gr. die apo-
strophé̄ (eig. Ab=wenden) = Abwenden von der Sache zur Perſon
mit Anrede an dieſe.

† die Apothéke, Pl. —n : Heilmittelladen. der Apothéker, —s,
Pl. wie Sing. : Arzneibereiter.

> Mhd. die appotéke (*Myst.* 163, 40), apthék (*voc. ex quo*), aus lat. apothéca
> = crûthuyls (*voc. ex quo*) d. i. Haus zum Kräuter= oder Specerei= und Arznei=
> verkauf, eig. Vorrathsbehältniß jeder Art, Magazin, v. gr. die apo-thé̄ke = Weg-
> ſetzungsort, Aufbewahrungsort, Waarenlager. Bei Luther Apoteker = Spe=
> zereihändler (Hohel. 3, 6), aus mittellat. apothecárius Eigenthümer oder Vorſteher
> einer apothéca.

† die Apotheóse, Pl. —n : Verſetzung eines Menſchen unter die
Götter. "Künſtlers Apotheoſe" v. Göthe (Ausg. 1828 XIII,
153—166).

> Nach lat. apotheósis v. gr. die apo-théósis Ver=götterung.

† der Apparát, —es, Pl. —e : Zurüſtung zu etwas Vorzunehmen=
dem; Werkzeuge zur Zurüſtung.

> Das gleichbed. franz. der apparat v. lat. ap- d. i. ad-parátus Zu=rüſtung, Zu=
> bereitung.

† der Appéll, —es, Pl. —e : Zuſammenrufungszeichen durch Trom=
pete oder Trommel; Folgſamkeit des Hundes beim Herrufen.

> Das franz. der appel, aus mittellat. appéllum Vorforderung (vor Gericht)
> v. lat. appelláre (ſ. appellieren).

† appellieren : höhere Entſcheidung anrufen.

> Altclaviſch appellieren v. lat. ap- d. i. ad-pelláre an=rufen, an=reden.

† der Appetít, —es, ohne Pl. : die Eßluſt. Daher appetítlich,
Abj. u. Abv. : Luſt erweckend zu ſich.

> Das gleichbed. franz. der appétit v. lat. appetítus d. i. ad-petitus = Luſt [Ver=
> langen, petītus] wozu [ad].

der Äppich, üblich und althergebracht Eppich (ſ. b.).

† applanieren : ebenen, ausgleichen, in Ordnung bringen.

> A. b. gleichbed. franz. aplanir, applanir, v. lat. ap- d. i. ad-planáre an=ebenen,
> ebenen (*gloss. Isidor.*).

† die Appoſitión, Pl. —en : durch ein Subſt. beſtimmender Beiſatz,
z. B. in "Sie, meine Generale, ſeien Richter!" (Schiller's
Wallenſt.)

> B. b. gleichbed. lat. ap- d. i. ad-posítio eig. Zu=, Beiſetzung.

† die Apricóſe, Pl. —n : Frucht des armeniſchen Pflaumenbaumes.
der Apricóſenbaum.

Nach falscher Ableitung statt des beffern, aber ungewöhnlichen Abricofe, v.
b. franz. gleichbed. der abricot, welches mit romanisierter Endung aus arab.
al-berkûk = die Pflaume, woher portug. albricoque, span. der albaricoque, ital.
albercocca. Ohne den arab. Artikel al später-gr. berſkokka u. perf. khûkh.
S. *Dioscorides* herausg. v. Kurt Spengel II, 416 f. u. vgl. Diez II, 229.

† der April (mit kurzem i), —es, Pl. —e : der 4te Monat im Jahr.
der Aprilsnarr : der in den April Geschickte oder Geführte, d. h.
der am 1. April Angeführte oder Getäuschte. Mit dem ehemaligen
schwachen Gen. von April, des Aprilen : das Aprilenwëtter (mhb.
aberëllen wëter, f. *Minnes.* II, 43ᵃ, 5) = veränderliches Wetter; die
Aprilenzeit.

Manche schreiben Aprill, weil mhb. der abrille, aberölle, welches schwach biegt,
und ein ahd. aprilio, apriléo voraussetzen läßt, deren li, lë zu ll wurde. Aus lat.
der aprilis, nach *Varro* 6, 33 gleichsam aperilis der alles eröffnende Frühlings-
monat, wie neugriech. der Frühling ánoixis Eröffnung heißt. Der deutsche Name
ist Ostermonat, ahd. ôstarmânôth d. i. Monat der Ôstara der Göttin des neuen
Frühlingslichtes bei den alten Deutschen. — Das Aprilschicken scheint nach
J. Grimm in den letzten Jahrh. aus Frankreich überkommen und hängt mit dem
Beginn des neuen Jahres im April zusammen.

† der Aral, beffer und üblicher Arrack (f. b.).

die Arbeit, Pl. —en : Thätigkeit, Kraftanstrengung zu einem Zwecke;
das dadurch Entstandene. Davon : árbeiten, mhb. arbeiten, are-
beiten, ahd. arapeitan (u. arapeitôn), goth. arbáidjan; der Arbei=
ter, —s, Pl. wie Sing. Zusammenf. : árbeitsam, mhb. u. ahd.
arbeitsam, Adj.; árbeitselig, mhb. arbeitsælec (mit sælec = „ge=
segnet womit“ ſt. -selec aus der mhb. Ableitung -sal d. i. -s-al ahd.
-is-al), = mit zuviel Arbeit beschwert.

Bei Luther erbeit, noch wetterauisch ërwet d. i. Erbet, mhb. die arbeit,
arebeit, ahd. árapeit (ſt. arapeid), goth. arbáiþs, mittelſt der Ableitungsſylbe
-eit von arb in goth. das arbi, ahd. arpi, arbi, dann erbi, mhb. erbe das Erbe
(f. b.) = (nachgelaſſenes) Grundeigenthum, nachgelaſſenes Gut, und alſo Arb=
eit urſprünglich Wirken auf ſeinem Grundeigenthum, Feldbeſtellung, agri cultûra, aber in Weiterentwickelung des Begriffes auch ſchon im Goth. ſ. v. a. Be-
ſchwerniß. Das wahrſcheinlich hierhergehörige und ra durch beliebte Verſetzung
des Vocales und der Liquida führende ſlaw. rabota, poln. u. böhm. robota =
Arbeit, bed. eig. Knechtsarbeit, Frohndienſt, v. ſlaw. (poln.) rab Knecht, Leibeigner, böhm. rob Knecht, Knabe.

† die Arcâde, Pl. —n : Bogenwölbung; im Pl. Bogenhallen.
Das franz. die arcade Schwibbogen aus ital. arcata, v. d. lat. weibl. Adj.
arcâta gebogene [lat. arcus der Bogen].

† das Arcânum, Pl. (lat.) Arcana : Geheimmittel.
Das lat. ſächl. Adj. arcânum geheimes als Subſt., gleichſam remédium arcânum.

† die Archäologie, ohne Pl. : Alterthumsforschung und =kunde.

Nach lat. Vorbilde aus gr. archaiología v. archaíos (ἀρχαῖος) alterthümlich u. logía kundige (nämlich téchnē Wissenschaft).

die Arche, Pl. —n : großer Kasten; kastenartiges Schiff.

Mhd. die arche, ahd. archa, arka, auch aracha (*Hattemer's* Denkm. II, 280ᵇ), goth. arka, entlehnt aus lat. arca Kasten und (in der *Vulgata*) Noah's Schiff.

† der Architéct, —en, Pl. —en : Baukünstler. Daher die Architectûr, ohne Pl., aus lat. architectûra = Baukunst. architectônisch = den Regeln der Baukunst gemäß.

Architect aus lat. archi-téctus (eig. Erz-Zimmermann) Baumeister. Gleichbed. gr. architécton, wovon architektonikós, lat. architectónicus = baukünstlerisch, daraus unser architectonisch.

† das Archiv, —es, Pl. —e : Urkundensaal. Daher der Archivâr, —es, Pl. —e, aus neulat. archivârius : Beamter über ein Archiv.

A. b. gleichbed. lat. archivum v. gr. archeion (ἀρχεῖον) Wohnung der Staatshäupter, Rath-, Obrigkeitshaus.

arg, Comp. ärger, Superlat. ärgst, 1) Adj. : untauglich, nichtswürdig; innerlich verderbt und verberblich. 2) Adv. : übertrieben worin [z. B. es ist mit seiner Kunst nicht so arg, als man glaubt]. Daher : der Ärger, —s, ohne Pl., ein erst seit der Mitte des 18. Jahrh. aufgekommenes Wort, nach Heynatz (Synonym. I, 233ᵇ) aus dem Plattdeutschen, dafür mhd. die erge, ahd. argî, arkî, aragî, und im 15. Jahrh. ergernifs unser nhd. das und die Ärgerniß, —nisses, Pl. —nisse; ärgerlich, Adj. und Adv., v. d. tranf. u. refl. ärgern, mhd. ergern (auch argern), ahd. ergerôn (*Notker* 37, 6), argirôn [nicht argôrôn], welches dem ahd. Compar. argiro ärger entsprossen ist. Zusammenf. : die Arglist, ohne Pl., mhd. (mittelb.) die argelist, ahd. arclist, = List mit schlimmer Absicht, woher b. Adj. árglistig, mhd. arclistic; der Argwohn (f. b.).

Arg, mhd. arc (Comp. erger, Superlat. ergest), ahd. arc, arac (Comp. argiro, Superl. argist, woneben auch argôro arger, argôst argst), ist ursprüngl. geizig, longobard. arga der Furchtfame, Feige, Nichtswürdige (*Paul. Diacon.* VI, 24. *Leg. langobard.* 384), und Geiz und Feigheit galten bei den Germanen als größter Schimpf. Daraus dann die übrigen eben angegebenen Bedeutungen. Die Wurzel ar ist bunkel. — Das Adv. lautet im Ahd. argo und beb. hier „sehr übel".

der Argwohn, —es, ohne Pl. : üble nachtheilige Meinung auf jemand hin. Davon das Adj. árgwöhnisch. Neben Argwohn : árgwöhnen.

Noch im Simpliciff. „Argwahn", aber auch schon b. Luther mit Verdunkelung des a zu o (f. S. 1) „argwon"; mhd. der arcwân [auch personificiert in *der sunden widerstrît* 1131 : mîn hêr arcwân], zusammengef. aus arc arg (f. b.) und wân Wahn (f. b.). Von diesem gewiß auch schon im Ahd. vorkommenden arcwân das spät-ahd. Adj. arcwânic, mhd. arcwænic, wovon älter-nhd. (mit ö st. ä wegen Argwohn) argwönig, argwöhnig, wofür argwöhnisch üblich ward. Aus arg u. wähnen (f. b. unter Wahn) ebenfalls wegen Argwohn mit ö st. ä das Verbum argwöhnen, mhd. arcwænen, ahd. arcwânan.

† die **Arie**, Pl. —n, im 18. Jahrh. überkommen aus ital. die aria Gesang, Melodie : Lied mit durchgeführter Singweise; Opernlied.

† der **Aristokrat**, —en, Pl. —en, nach lat. aristócrates v. gr. aristokrátês (áristos der beste, vornehmste, kratein beherrschen) : Glied, Freund der Adelsherrschaft. Daher das Abj. aristokrátisch, lat.=gr. aristocráticus : der Adelsherrschaft gemäß oder zugeneigt. die **Aristokratie**, Pl. —n, aus lat. aristocratía v. gr. aristokráteia : Adels= herrschaft, Herrschaft der Vornehmen.

† die **Arithmetik**, ohne Pl. : Zahlenlehre. Daneben das Abj. arith= métisch : der Zahlenlehre gemäß.

> Aus lat. arithmética v. gr. arithmêtikê (ἀριϑμητική) = zum Zählen oder Rechnen gehörige, nämlich téchnê Kunst. Aber aus diesem gr. Abj. arithmêtikós, -é, -ón auch un'er arithmétisch. Das Stammwort ist gr. arithmós Zahl.

† der **Arkebusier**, —es, Pl. —e : Hakenbüchsen=, Scharfschütz.

> A. b. franz. gleichbed. arquebusier (spr. arkebüsjé), ital. archibusiére, v. franz. arquebuse, ital. archibuso, archibúgio Hakenbüchse, einer Zusammens. v. ital. archi- = lat. arci des Bogens und ital. bugio Loch, also eig. Feuerrohr mit Bogen, dann Feuerrohr mit einem Hakenschafte zum Auflegen auf ein Gestell.

der **Arlesbaum**, —es, Pl. —bäume : der Mehlbeer= oder Sperber= baum (cratægus aria b. *Linné*). Die Frucht heißt die **Arlesbeere**, Pl. —n, oder die **Arleskirsche**, Pl. —n.

> Mit s statt ß; denn mhd. der arlizboum, ahd. arliz-, arlez-, erlizboum (Graff III, 118), mittelst der Ableitungssylbe -iz (eig. -az?) höchstwahr= scheinlich v. ahd. erlâ, erilâ Erle, ursprünglich arila, z. B. in dem Orts= und Flußnamen Arilbach Erlenbach in der Wetterau. Die Blätter des Arlesbaumes sind nämlich den Erlenblättern ähnlich.

der **Arm**, —es, Pl. —e : Glied des Oberkörpers zum Umfangen und Arbeiten; Vorderbein bei aufrechtgehenden Thieren, wenn sie damit umfangen; armähnlich Ausgestrecktes. Davon der **Ärmel** (s. b.); ármen in umármen; ármig in den Abj. krumm=, kurz=, lang=, viel= armig. Zusammengeschoben ist: der **Armvoll** (wetterau. gekürzt Arwel), —es, ohne Pl. : soviel man in einen Arm zu fassen vermag, z. B. ein Armvoll Holz.

> Mhd. der arm, ahd. aram, goth. arms (auch s. v. a. Ellenbogen), womit ur= verwandt slaw. (mit versetzter Liquida) das ramo u. lat. armus Schulter. Die Wurzel ist dunkel. Der Nom. Pl. Arme, weil mhd. arme, ahd. armâ, aramâ; dagegen goth. die armeis, woher bei uns noch landschaftlich (z. B. wetterauisch) die Ärme. Ungut ist der schwache Pl. die Armen, welchen Tscherning (Bresl. 1642 S. 98), Flemming, Hoffmannswaldau (Leipz. 1695 I, 258. 259 u. a.), Maler Müller (Balladen 45 ff.) u. A. haben.

arm, Abj., Comp. ärmer, Superl. ärmst : ohne Geld und Gut; hilfs= bedürftig; bemitleidenswerth. Davon ármen = "arm machen" in "Almosen geben armt nicht"; ármselig = "bis ins Geringste bemit=

leibenswerth« mit dem Subst. die Armseligkeit. Zusammens. : die Armenanstalt, Armenbüchse ꝛc.; die Armensü'nberglocke = Glocke für die armen Sünder d. h. zum Tode Verurtheilten auf ihrem Wege zum Hinrichtungsplatze, der Armensü'nderkarren (Schiller, b. Piccol. 2, 7); ä'rmlich, Adj. u. Adv., = Armsein kund gebend. die Armut, früher häufiger das Armut, —es, ohne Pl., = Mangel am Nöthigen, die armen Leute.

Mhd. arm (Comp. armer u. ermer, Sup. armist u. ermist), ahd. arm, aram (Comp. armiro und also Sup. armist), goth. arms (Comp. armôza, Sup. armôsts, was nhd. armer, armst wäre), aus dunkler Wurzel, auf deren Grundbegriff vielleicht zunächst eben goth. arms hinweist, welches nur „bemitleidenswerth" bedeutet [vermögenslos ist im Goth. un-lêds], weshalb goth. die armáiô = Mitleid und Almosen. Von ahd. aram mittelst -j das ahd. armjan, mhd. ermen, = arm machen, unser nhd. armen, welches also ärmen lauten sollte; mittelst -s-al das mhd. das armsal = Elend (Minnes. III, 468ᵃᵇ, 11, 4), wovon unser ármsêlig. Unser Adj. ärmlich ist ahd. armalih, armilih, das Adv. ahd. armelicho, mhd. ermeliche. Die und, wenn die armen Leute gemeint werden, jetzt lieber das Armut, ahd. die armuoti, aramuoti, mhd. das armuot u. das armuot, armuote, armôte, armôt, selbst einmal der armuot (Diut. III, 419), ist hervorgegangen aus einem ursprüngl. die aram-muoti (ármmuati, Otfr. III, 20, 40 i. b. Wiener Pf.) v. einem vorauszusetzenden ahd. Adj. aram-muoti = mitleidig-gesinnt [-muoti gesinnt, vgl. Muth], welches noch in ahd. armôti (=armuoti) unvermögend, dürftig, fortlebte. -mut in Armut also wie in De-, Groß-, Langmuth ꝛc., ohne daß darum Armuth geschrieben zu werden brauchte; auch b. Luther das Armut. Das Neutr. das Armut vielleicht, weil man im Mhd. -ôt, -ôte, -uote als bloße Ableitungssylbe ansah, wie sie in ahd. -ôti erscheint.

† der (das) Armadill, —es, Pl. —e : Gürtel-, Panzerthier.

Aus span. der armadillo, v. armado Gepanzerter.

† die Armatûr, Pl. —en : das Kriegsgeräth zur Ausrüstung.

Aus ital. die armatûra die volle Rüstung, lat. armatûra Rüstung, v. lat. armâre waffnen, woher unser Fremdwort armieren.

die Armbrust, Pl. —brüste, ehemals ein aus Bogen und Schaft mit Drücker bestehendes Gewehr zum Abschießen von Pfeilen und Bolzen.

Früher im Mhd. fast nur Neutrum, z. B. auch bei Hans Sachs. Zuerst im 12. Jahrh. arnbrust (gloss. trevir. 16, 25), mhd. das armbrust, armbrost, sehr selten und später die armbrost (Boner. 3, 17. 57), durch Anlehnung an Arm volksverständlich gebildet aus mittellat. arbalista, vollständiger arcubalista, arcuballista, = Bogen-Wurfmaschine (schon im 4. Jahrh. b. Vegetius), einer Zusammens. aus lat. arcus Bogen u. balista, ballista Wurfmaschine v. gr. bállein werfen, Geschoß werfen. Bei -brust aber kann urspr. an die Brust, auch ahd. die -prust = Bruch (noch in wetter. die Wolkenbrust = Wolkenbruch) nicht gedacht worden sein, weil armbrust zuerst sächlich ist.

† die Armée (zweisylbig), Pl. —n : das Kriegsheer.

Seit dem 30jährigen Kriege üblich und geläufig, aus dem gleichbed. franz. die armée aufgenommen, v. d. gleichbed. mittellat. (ital.) armata d. i. urspr. lat.

armáta bie bewaffnete (Macht). Vor Armee gebrauchte man gern im 17. Jahrh. bie **Armada**.

ber **Ärmel**, —s, Pl. wie Sing., gern mit bem ältern Umlaut E **Ermel** (f. b.), mhb. ber ermel, ahb. armilo, b. **Arm**.

Armín, Name bes Siegers über Varus, nach Armínius bei *Tacitus*, aus einem unbekannten beutschen Worte. Nhb. falsch burch **Hermann** gegeben, welcher Name ahb. Hari-, Heriman b. i. Heermann, Krieger, latinisiert Ariomanus, Ariomannus.

bie **Ärnbe**, f. bie üblichere Form **Ernte**.

Arnolb, ein Mannsname, ahb. Aranolt b. i. Adlerwalt.

> Aus mhb. u. ahb. arn (Rom. Pl. ernt b. *Tatian* 147, 5) = Abler neben mhb. ar u. ahb. aro Aar (f. b.), unb -olt aus -walt = Walter u. bas Walten.

bie **Ärnte** (Schiller, b. Räub. 1, 1), f. bie üblichere Form **Ernte**.

† bas **Arôma**, —'s, ohne Pl., bas lat.-gr. bas arôma = Gewürz : ber würzige Geruch. Daher aromâtisch, nach lat.-gr. aromáticus : würzig.

† ber (richtiger bas) **Aron**, bas gr. bas áron (im späteren Latein arum): Natterwurz; beutscher Ingwer.

† ber **Arquebusier**, bas franz. arquebusier, üblicher **Arkebusier** (f. b.).

† ber **Arrack**, —es, ohne Pl. : Reisbranntwein.

> Wir lernten ben Arrack erst im 16. Jahrh. burch Vermittelung ber Araber kennen, unb bas Wort ist bas aus sanskr. rakschasûra = „Dämonenwein" verstümmelte rack mit bem assimilierten arabischen Artikel al. Die Benennung Dämonenwein aber baher, weil bei ben Inbern bas aus bem burch Einschneiben ber Blumenkolbe ber Cocospalme gewonnenen unb mit Reis bestillierten Safte bestehenbe Getränke, wie alle aus Reis, Zucker unb Baumsäften bereiteten Liqueure, burch Manu's Gesetzgebung verboten war.

† **arrangieren** (spr. arrangschiren) : in Orbnung bringen.

> Aus franz. arranger = anorbnen, welches zusammengesetzt ist aus lat. ad zu, bei, an, mit assimiliertem d, unb bem v. ahb. ber ranc Ringen, Kampf (Graff II, 530), unserm Rang (f. b.), entsprossenen franz. ranger Orbnung machen, orbnen.

† ber **Arrést**, —es, Pl. —e, bas altfranz. ber arrest, jetzt arrêt : (gefängliche) Haft; (gerichtlicher) Beschlag. ber **Arrestánt**, —en, Pl. —en, = ber gefänglich Eingezogene, Verhaftete, ist bas hier fälschlich statt bes Part. Pass. (Arrestát) verwandte Part. Präs. v. altfranz. arrester (ital. u. mittellat. arrestáre), jetzt arrêter = anhalten, verhaften, woher unser arretieren, früher (z. B. bei Abraham a S. Clara) arrestieren = (gefänglich) einziehen, verhaften.

> Altfranz. arrest, ital. u. span. arresto, aus mittellat. arréstum Verhaftung eig. arestum v. gr. areston Beschluß, Decret, aber in arrestáre wie zusammengesetzt angesehen aus lat. ad- unb restáre zurückbleiben, bleiben.

† **arrogánt**, bas franz. arrogant v. lat. árrogans (Gen. —gántis) : anmaßenb, bünkelhaft. Daher bie **Arrogánz**, ohne Pl., bas franz. bie arrogance v. lat. arrogántia : Anmaßung.

Arrogans iſt Part. Präf. v. arrogāre (b. i. ad-rogāre) zueignen, anmaßen, eig. (ba rogāre bitten, fordern) anfordern, dann mehr für ſich verlangen als ſich ziemt.

ber Arſch (mit langem A), —es, Pl. Ärſche : ber Körpertheil, wo ber Maſtbarm ausgeht. Daher bas Abv. ärſchlings (b. Göthe), älter=nhb. ärſchling, mhb. erslingen : hinter ſich, rückwärts. Zu= ſammenſ. : ber Arſchbacke, —ns, Pl. —n.

Das volksübliche unb barum als niebrig geltenbe Wort, wofür man jetzt lieber bie verhüllenben Ausbrücke ber Hintere, bas Gefäß, ber Sitzer, bie Sitz- theile ober gar ber Allerwertheſte gebraucht unb für anſtänbiger hält. Arſch hat ſich aus ſ nach r, wie birſchen, Kirſche, herrſchen, welche mhb. birsen, kërse, hërsen lauten, unb mittelbeutſche (z. B. bie wetterauiſche) unb ſüblichere Munbarten lieben ſich ſtatt ſ nach r (vgl. Schmeller, b. Munbarten Bayerns S. 146). Bei Luther u. mhb. ber ars mit bem Pl. erse (1 Sam. 6, 4. 5. 11. 17), ahb. ars, nieberb. ërs. Wahrſcheinlich aus Einer Wurzel mit gr. ber órrhos (ὄρρος) ſt. órsos, auch óros = Steiß, eig. Bürzel, Steißbeinenbe, welchem Worte, zunächſt von Vögeln unb vierfüßigen Thieren gebraucht, ber Begriff bes Bewegens, ber Beweglichkeit zu Grunbe liegt, wie gr. órnymi ich rege, bewege, zeigt. Der Arſchbacke hieß mhb. bie arsbelle (woraus ſpäter mit unguter Wieberherſtel- lung bes a arsballe, ſ. Diefenbach's Gloſſar v. 1470 Sp. 187), ahb. arspelli; erſt mit bem 15. Jahrh. ſagte man auch ber arspachk (lib. ord. rer. Bl. 16ᵇ), altcleviſch arsback, worin pachk, back Backe bas mhb. ber bache, ahb. pacho, pahho, noch oberb. Bachen, = Speckſeite (ſ. Backe 1).

† bas Arſenāl, —es, Pl. —e : bas Zeughaus.
Das gleichbeb. ital. arsenāle, ſpan. arsenal Schiffszeughaus, abgeleitet v. mit- tellat. arsena, auch altital. noch arsenà ober arzanà Waffenhaus (Dante, inferno 21, 7), welche hervorgegangen ſinb aus arab. dâr-az-zan'a Haus ber Betrieb- ſamkeit.

† ber Arſénik, —es, ohne Pl., bas ſtärkſte Mineralgift.
A. b. lat. Namen arsénicum, v. gr. bas arsenikón.

bie Art, Pl. —en : Geſchlecht; natürliche Beſchaffenheit; Eigenthümlich= keit nach Angehören ober Erſcheinen; Geſammtheit beſſen, was ſich burch ſeine Eigenthümlichkeit von Anberm unterſcheibet; ben guten Sitten Gemäßes. Daher : árten, mhb. arten, = bie natürliche Be- ſchaffenheit wovon an ſich tragen; gebeihen. ártig, Abj. u. Abv., in Zuſammenſetz. "Eigenthümlichkeit wovon habenb", z. B. kälk=, ſtein= ꝛc., böſ=, größ=, gutartig; unzuſammengeſ. "paſſenb zum Ganzen unb gefällig, anſprechenb unb gefällig". Davon bie Artigkeit. Neben artig im älteren Nhb. häufig bas zuſammengeſ. ártlich.

Nhb. ber u. bie art = Geſchlecht, Herkunft, bann eigenthümliche Natur unb Beſchaffenheit. Während aber im Ahb. ein art in bieſen Bebeutungen fehlt, finbet ſich goth. azds Geſchlecht in astingi (b. Jornandes, griech. gebilbet ástiggoi) b. i. goth. azdiggōs Eble, Vornehme, wovon ber Rom. Sing azdiggs. Mit bieſem azd ſtimmt, ba bas Slaw. Verſetzung ber Liquiba vor ben Vocal liebt, böhm rod, ſlaw. rod" Geſchlecht, angeſtammte Beſchaffenheit, Weiſe, unb ſo gelangt man zur flaw. Wurzel roditi zeugen, gebären, welche goth. izdan, ahb. ertan, lauten würde. Zu dieser gehörte unter andern, indem altn. dd = goth. zd, ahb. rt ist, altn. edda Groß-, Altermutter, was goth. izda, ahb. erta, wäre. Vgl. Grimm's Gramm. I², 319. 1070. Wtbch. I, 568 f. — Unser artig lautete mhb. ertic (= von edler Naturbeschaffenheit), artlich ertlich; der alte Umlaut ist also im Nhb. wieder aufgegeben.

die Art = gepflügtes Feld (Schmidt's westerwäld. Idiot. 8), in der Artacker, das Artfeld, Artland; eig. Bebauung, Bearbeitung mit dem Pfluge. ártbar = ur-, tragbar.

> Ahb. die art Bepflügung, goth. arhs(?), altsächs. ard Aufenthalt, v. d. Wurzel ar in ahb. aran, goth. (schwachbieg.) arjan, eins mit lat. aráre pflügen.

† die Artérie, Pl. —n, das lat. die artéria b. gr. artería : Pulsader.

† der Artíkel, —s, Pl. wie Sing., a. b. lat. Dim. artículus (Glied, Absatz 2c.) : Abschnitt als Glied eines Schriftstückes; Hauptsatz; Handelsgegenstand; in der Sprachlehre das Geschlechtswort. articulieren, v. lat. articulâre : gegliedert b. i. nach Sylben bestimmt und deutlich aussprechen.

† die Artillerie, ohne Pl. : das schwere Geschütz; Geschützmannschaft eines Heeres; Geschützkunst. Daher der Artillerist, —en, Pl.—en : der schweres Geschütz bedienende Soldat.

> Im 16. Jahrh. artelarei, später auch artollerie. Aus franz. die artillerie, provenz. artilharia, span. artilleria, ital. artiglieria Geschütz, v. franz. der artiller, span. artillero, ital. artigliere Stückgießer, Geschützsoldat, welche auf provenz. artilha Festungswerk und zuletzt auf lat. ars (Gen. artis) eig. Kunst, im Mittellat. auch Geschütz, zurückführen.

† die Artíschocke (u. Artischócke), Pl. —n : in Gärten gezogenes Distelgewächs mit eßbaren Köpfen, welsche Distel.

> Im 16. Jahrh. Artischoca, Artischauw (1590), nach altfranz. artichaud aus der im Arabischen Syriens üblichen Benennung ardhi schanki (Russell, Naturgesch. von Aleppo I, 114), deren schauk im Arabischen Distel bedeutet. Man hat auch auf einen arab. Namen alcharschufah hingewiesen, der sich aber in den besten arabischen Wörterbüchern nicht findet.

die Artóffel, Pl. —n, zuweilen in der Volkssprache für Kartoffel.

> Bayer. ehedem st. Trüffel (Schmeller I, 112), mit geschwundenem Anlaut aus ital. tartufolo = Trüffel u. dann Kartoffel. S. Kartoffel.

die Arzenei, Arznei, Pl. —en : Heiltrank. Davon arzeneien, arzneien, mhb. erzenîjen (b. Berthold 245), = Arznei eingeben, mit Acc.

> Älter-nhb. die arzeney, artzeny, artzney, bei Luther erznei, mhb. arznîe u. mit Umlaut erznîe, im 12. Jahrh. arcenîe, = Heilkunde und Heilmittel, mit mhb. erzinen heilen (Benecke-Müller I, 64) wahrscheinlich, da arz- = mittellat. arci- b. i. archi-, v. lat -gr. archígenes (b. Dufresne), dann archienes = Arzt (voc. opt. 33b, 3), zuerst aber bei Juvenalis Sat. 6, 235. 13, 98 Eigenname eines sehr berühmten, bei Mit- und Nachwelt in ungemeinem Ansehen stehenden, aus Apamea gebürtigen Arztes (Ἀρχιγένης), der sprichwörtlich wurde. Dieß

fremde Arznei verdrängte die echtdeutschen Ausdrücke ahd. das lâchen, die lâhhida, das lâhhituom. S. W. Wackernagel's voc. optimus 8 u. 7. Nicht v. Arzt, woher vielmehr ein mhd. die arzâtîe = Arznei.

der Arzt, —es, Pl. Ärzte : Heilkundiger. Davon ä'rztlich, Abj. und Abv.

> Mhd. der arzet, älter arzât (Pl. arzâte, im Vers auch gekürzt arzte, ohne Umlaut), ahd. (9. Jahrh.) arzât, nicht v. mittellat. artîsta Künstler, Heilkünstler, sondern mit Wegfall des auslautenden r, sowie des i nach ch und deshalb ohne Umlaut des anlautenden a, von lat. archiâter [archi- auch häufig arci-] Oberarzt aus gr. archíatros b. i. arch-íatros Erz-arzt, erster Leibarzt. Durch dieses eingebürgerte ahd. arzât wurde die alte echtdeutsche Benennung für Arzt : ahd. der lâhhi (u. später auch lâchenâre), goth. lêkeis, ganz verdrängt und vergessen. Vgl. W. Wackernagel's vocab. opt. 7.

das As, Gen. Asses, Pl. Asse : die Eins auf Würfel oder Karte; kleinstes Gold- und Silbergewicht; das Apothekerpfund von 24 Loth.

> Nhd., weil kurzes A, gern Aß geschrieben, besser Afs, denn das Wort ist überkommen a. b. gleichbed. franz. u. lat. der as. Älter-nhd. das âfs, eß, weil mhd. und spät-ahd. das esse aus dem dem lat. (4. Jahrh.) assis = as entsprungenen ital. asse.

der A'fant, —es, ohne Pl. : Teufelsdreck, sowie Benzoe, jener stinkend, diese wohlriechend.

> Mittelst -nt von lat. âsa = starkriechendes Harz. Ähnlich verhält sich der Alant (s. b.) zu bäurisch-lat. ala.

† der Asbést, —es, Pl. —e : Steinflachs, woraus unverbrennliche Gewebe gearbeitet wurden.

> Nach lat. die asbéstus v. gr. ásbestos = unauslöschlich (a- = un-, -sbestós v. sbenny'ein löschen).

† der Ascêt, —en, Pl. —en, nach mittellat. ascêta v. gr. askêtê's (wer irgend eine Kunst, ausschließliches Geschäft übt) : strenge Frömmigkeit Übender. Daher die Ascêtîk, nach dem mittellat. Abj. ascêtica v. gr. askêtikê (ἀσκητική) : strenge Tugendlehre.

der Asch, —es, Pl. Äsche : tiefes, topfartiges Gefäß.

> Nur landschaftlich. Der Name [im Passional 351, 67 asch = tiefe Schüssel], weil das Gefäß ursprünglich aus dem Holz der Esche, mhd. asch, ahd. asc, gedreht war, wie denn auch noch bayer. der Asch, mhd. der asch, altfränkisch (latinisiert) ascus (lex salica 21, 4), angelsächs. äsc, altnord. askr, = Wasserfahrzeug, Schiff (von Eschenholz).

die Asche, ohne Pl. : der von verbrannten oder auch verwesten Körpern zurückbleibende Staub.

> Bei Luther asche, mhd. die asche (Pl. aschen), ahd. asca, asgâ, goth. (mit z, dem Uebergangslaute von s zu r) azgô, woneben aber auch mit Umlaut landschaftlich u. oft älter-nhd. Esche, Äsche, mhd. esche, welche Formen neben jenem ahd. asca ein askjâ (askiâ) voraussetzen. Wegen des zg nicht von ahd. asc Esche und so nicht zunächst Rückstand verbrannten Eschenholzes (Haupt's Zeitschr. VI, 16), sondern dunkler Abstammung.

die Äſche, Pl. —n : grauer forellenähnlicher Flußfiſch, thymállus. Bayer. der Aſch, mhd. der asch und asche, ahd. asco. Wie vermuthet wird, nach der aſch grauen Farbe benannt.

die Äſche, Pl. —n : der Aſchbaum, gewöhnlicher Eſche (ſ. d.).

Aſchen-, ahd. ascûn, Genit. Sing. v. Aſche, in den Zuſammenſetzungen : der Aſchenbröbel = [mhd. der aschenbrodel in Haupt's Zeitſchr. II, 100, 323] Küchenjunge, dann überhaupt zu aller ſchmutzigen, ſtaubigen Verrichtung im Hauſe (zum Brobeln = Wühlen und Stäuben in der Aſche) verſtoßener Menſch, in Heſſen Eſchen-, Aſchenputtel v. putteln = in Flüſſigem oder Staub hin und her ſchütteln. der Aſchenkrug, —es, Pl. —krüge : Gefäß, die Aſche Verſtorbener aufzubewahren, Tobten-Urne; auch bildlich das Grab, z. B. „Hier auf dieſem Aſchen-Kruge — Weint die Freundſchaft ihren Schmerz" (A. L. Karſchin, Ged. S. 155).

Aſcher-, äſcher-, mhd. ascher-, welches ein von ahd. ascâ Aſche abgeleitetes aschære und damit ahd. der ascari vorausſetzt, das auch in neub. der Äſcher = ausgelaugte Aſche (Stalder I, 114), gelöſchter, mit Aſche vermiſchter Kalk zum Gerben, erhalten iſt. der Äſcherich, —es, ohne Pl., wie Äſcher: ausgelaugte Aſche. äſchern = mit Aſche beizen (vgl. abeſchern); mit Aſche beſtreuen. Zuſammenſ. : der Aſchermittwoch = der 7te Mittwoch vor Oſtern als Tag der Beſtreuung mit geweihter Aſche zum Gedächtniſſe des Todes in der römiſch-kathol. Kirche. das Äſchertuch = das grobe Tuch, worauf der Äſcher beim Beuchen der Wäſche ſich befindet.

áſchgrau, Adj. : grau wie Aſche. Das geht ins Aſchgraue = in die graue Ferne, über den Horizont und ſo ins Unglaubliche.

der Aſchlauch, —es, ohne Pl. : die Lauchzwiebel, Schalotte. Bei *Linné* állium ascalónium d. h. Lauch von der Stadt Aʹscalon in Paläſtina, b. d. Römern cæpa ascalónia. Mit asc in ascalónium (auch ascolínum, ascólium) zuſammengeſ. mhd. aschlouch (*Buch v. gut. Speise* 13, 33) ahd. asclouh, unſer Aſchlauch, alſo nicht mit ahd. ascc = Eſche) oder mit Aſche.

die Aʹſpe, Pl. —n, mhd. aspe, ahd. aspa : die Zitterpappel. Nur noch landſchaftlich; hochd. üblich iſt Eſpe, ſ. d.

† die Aſpécten, Pl. v. der Aſpéct aus lat. aspéctus (d. i. ad-spéctus) An-, Hin-blick : Ausſichten, Vorzeichen; (in der Sternbeutung) Anzeichen nach den Stellungen der Planeten gegen einander.

† der Aſphált, —es, Pl. —e : Erd-, Judenpech. Nach lat. die aspháltus v. gr. ásphaltos.

† der Aſpiránt, —en, Pl. —en : Amtsbewerber. Nach lat. aspírans (Gen. — ántis), Part. Präſ. v. aspiráre (d. i. ad-spiráre) eig. anhauchen, dann wonach ſtreben.

† die Affecuránz, Pl. —en, nach ital. assicuránza (d. i. mittellat. assecurántia) : Versicherung zu Schabenersatz. Abgeleitet v. b. lat. Part. Präs. v. affecurieren, aus ital. assicuráre v. mittellat. assecuráre (b. i. ad-securáre) : versichern zu Schabenersatz.

der (früher auch die) Affel, —s, Pl. —n, in der Kelleraffel.

> Nach dem lat. Namen asellus, welcher eig. Eselchen bedeutet, wie man denn auch das graue Insect im gemeinen Leben Kellerefel nennt. Auch Raffel.

† affortieren, nach franz. assortir (as- aus lat. ad-) : mit Sorten versehen und in diese geordnet. Vgl. Sorte.

der Aft, —es, Pl. Äfte : dem Stamme entsproffener Baumtheil; Holzknoten als Aftwurzel. Daher äften, mhd. esten, = Äfte treiben; äftig, Abj., Äfte habend. das Aftloch, —es, —löcher : Loch im Brete von einer ausgefallenen Aftwurzel.

> Mhd. u. ahd. der ast (Pl. mhd. este, ahd. esti d. i. nhd. Äfte), goth. asts (Pl. astôs d. i. neub. die Äfte), wahrscheinlich aus Einer Wurzel mit dem gleichbed. gr. ózos, insofern dieß ursprünglich ósdos ist.

aften = (Feld) tragbar machen. Veraltet, aber früher nicht selten, besonders in wetterauischen Urkunden, z. B. »dieselben gude asten vnd bûwen« (Solms-Laubacher Urk. v. 1420).

> Mhd. (mitteld.) der ast Tragbarmachung (kindheit Jesu 79, 6), wahrscheinlich eins mit ast = entsproffener Baumtheil.

† die After, Pl. —n : die im Herbst blühende Sternblume.

> Im Gedanken an Blume weiblich; denn der Name ist der lat. der áster aus gr. astér (ἀστήρ) = Stern.

† die Äfthétik = die Wissenschaft vom Schönen und der Kunst, Geschmackslehre, ist aus neulat. æsthética v. gr. Abj. aisthêtikê (αἰσθητική) zum Empfinden geschickte, nämlich téchnê Kunst, Wissenschaft [gr. aisthánesthai empfinden]. Von diesem gr. Abj. aisthêtikós, ê′, ón, neulat. æsthéticus, a, um, unser der Äfthétiker = Geschmackslehrer, und das Abj. äfthétisch = schönwissenschaftlich, geschmackvoll.

† das Afthma, das gr. ásthma : Engbrüstigkeit.

der Äftrich, —es, Pl. —e, üblicher Eftrich, f. d.

† Aftro=, v. gr. das ástron Gestirn (vgl. die After), in der Aftrolôg, —en, Pl. —en, = Sternbeuter, aus gr. astrológos eig. Sternkundiger und (aber erst nach Chr. Geb.) Sternbeuter; die Aftrologie, ohne Pl., = Sternbeuterei, a. b. gleichbed. gr. astrología (eig. Sternkunde); — der Aftronôm, —en, Pl. —en, = Sternkundiger, Sternseher, a. b. gleichbed. gr. astronómos [gr. némein vertheilen, hier die Sterne in Sternbilber]; die Aftronomie = Stern-, Himmelskunde, aus gr. astronomía.

† das Afyl, —es, Pl. —e : Freistatt.

Aus lat. asylum v. gr. das ásylon, welches v. gr. ásylos, on, = unberaubt (a = un-, u. sylân wegnehmen, nach Kriegsrecht berauben), dann unverletzlich, sicher. Ahd. hatte man das unerklärliche die lotstat, angels. das fridhûs, die fridstov (stov Ort, Statt).

das Aß (mit kurzem A, eig. Afs), —sses, Pl. Asse, s. As.

das Aß (mit langem A) = Viehfutter, üblich Aaß geschrieben, s. d.

-at (=ath zu schreiben ist unnöthig) in Heimat, Monat, s. d. W.

† der Atheismus = die Gottesleugnung, das lat.-gr. atheismus. der Atheist, —en, Pl. —en : Gottesleugner, nach einem neulat. atheista, einer Fortbildung v. gr. átheos gottlos (a = un-, ohne, théos Gott), die Götter verwerfend.

der Athem, —s, ohne Pl. : die eingezogene und ausgestoßene Luft. Daher áthmen, mhd. âtemen, ahd. âtumôn, und das Adj. áthmig in kurz-, schwerathmig zc. Zusammens. : áthemlos, mhd. âtemlôs ; der Athemzug, mhd. âtemzuc.

Mhd. der âtem, ahd. âtum — u. âtam — (auch f. v. a. Geist) st. âdum, zusammengez. aus einem ursprüngl. ahadum (d. i. ah-ad-um, — goth. ahþums? oder ahþms?), v. ah- in goth. ahjan denken u. aha Verstand (Grimm's Gramm. II, 241), woher auch das goth. Wort für Geist u. Athem der ahma. Also ursprünglich von dem Geistigen (der Denkthätigkeit) im Menschen und überhaupt dem Geiste, welche Bedeutungen aber mit dem 12. Jahrh. für âtem erloschen waren und sich auf geist beschränkten. Bei Luther und landschaftlich mit Verdunkelung des A der Odem, was noch feierliche Form, weil-biblische. Landschaftlich (wetterauisch) auch obemen st. athmen, aber nicht schriftdeutsch.

† der Äther, —s, Pl. wie Sing. : die Himmelsluft; flüchtiger, geistiger Stoff.

Aus lat. æther v. gr. aithêr ($ai\vartheta\acute{\eta}\rho$) = die obere, reinere Luft; das reine Himmelslicht. Klopstock setzte die Heitre für Äther.

† der Athlêt, —en, Pl. —en, aus lat. athlêta v. dem aus gr. âthlos Kampf entsprossenen gr. athlêtês ($\alpha\vartheta\lambda\eta\tau\acute{\eta}\varsigma$): Wettkämpfer, körperkräftig ausgezeichneter Mann. Daher athlêtisch, nach lat. athléticus v. gr. athlêtikós zum Kampf tauglich : faustkräftig; riesiggroß.

† der Atlas, —sses, Pl. die Atlanten : Landkartensammlung.

Von dem der ältesten gr. und röm. Sagenzeit angehörigen Gotte A'tlas (Gen. lat. Atlántis), der die Säulen hält, welche den Himmel tragen.

der Atlas, —sses, Pl. —sse : glattes, glänzendes, rauschendes Seidenzeug. Daher das Adj. átlassen.

Viele, schon im 17. Jahrh., schreiben unnöthiger Weise Atlaß. Im 15. Jahrh. atlas, welches der lib. ord. rer. v. 1429 unter den Zeugen bei lat. trabe anführt. Ueberkommen mit dem Handelsartikel aus dem Morgenlande, wo türkisch, persisch und ursprünglich arab. atlas = glattes seidnes Tuch, eig. s. v. a. abgerieben, kahl, dann glatt, v. arab. talasa er hat die Schrift ausgelöscht (weggewischt), woher auch noch arab. tils haarlos, glatt.

† die **Atmoſphä're**, Pl. —n : die Erde umgebender Dunſtkreis.

Nach lat. atmosphæra v. gr. atmosphaîra (atmós Dunſt, sphaîra Kugel).

. † das **Atôm**, —es, Pl. —e : Urſtofftheilchen.

Eig. das Untheilbare, denn gr. átomos = ungeſchnitten, unzerſchneid-, untheil-
bar (a = un-, tomós ſchneidend v. témnein ſchneiden).

der **Ätte**, —n, Pl. —n, nur noch bei unſern Juden : Vater.

Schwäb. der Ätte, bayer. Ätt und Ätten, ſchweiz. Att, landüblich und in
der Kinderſprache fl. Vater. Urdeutſch; denn mhd. der atte, ahd. ato (gloss. fuld.
194ᵇ), atto, doch dieſes wie jenes ſehr ſelten, deſto üblicher goth. atta, was ohne Lautverſchiebung gr. u. lat. atta und wovon als Dim. der berühmte Name Attila =
Väterchen, welches lautverſchoben (goth. tt = ahd. zz) ahd. Ezzilo, mhd. Etzel.

† das **Attentât**, —es, Pl. —e : gewaltſame Rechtskränkung des Andern;
gewaltſamer Angriff auf Andrer Leben.

Das franz. attentat v. lat. attentâtum, Part. Paſſ. v. attentâre d. i. ad-tentâre
= zu — hin taſten, dann angreifen.

† der **Atteſt**, —es, Pl. —e : ſchriftliches Zeugniß, Beſcheinigung. Mit
der **Atteſtât**, —es, Pl. —e, = (amtliche) Beſcheinigung, von at-
teſtieren = bezeugen, beſonders ſchriftlich.

Atteſt gekürzt aus Atteſtât, welches aus ital. attestáto, neulat. attestâtum,
= Zeugniß, eig. Bezeugtes, durch Zeugniß Erhärtetes, da es das Neutrum des
Part. Prät. v. lat. attestâri d. i. ad-testâri = bezeugen, durch Zeugniß bekräftigen.

der **Attich**, —es, Pl. —e : Ackerhollunder, sambûcus ébulus.

Nicht Attig, denn mhd. atech, atich, ahd. atah, attah, atuh. Durch Vermittelung des Romaniſchen, auch in Aſſimilation des ct zu tt (vgl. Dattel), aus
dem gleichbed. lat. die actée (Plin. hist. nat. 26, 73) v. gr. die aktéa (zuſammengez. aktê) Hollunderbaum.

† **attrapieren** : worüber ertappen.

Das franz. attraper, ital. attrapâre, eig. in einer Falle fangen, zuſammengeſ.
aus at- d. i. lat. ad zu u. trapper, trappare v. franz. die trape, trappe, mittellat.
trappa, = Falle, welche aus dem gleichbed. ahd. die trapâ, der trapo (Graff
V, 480).

† das **Attribût**, —es, Pl. —e : beigelegte Eigenſchaft; Beizeichen.

Aus lat. attribûtum Eigenſchaft, eig. Zugetheiltes, weil Neutrum des Part.
Paſſ. v. attribúere d. i. ad-tribúere zu-theilen.

die **Atzel**, Pl. —n : traulicher Name der Elſter; (wegen der verſchiedenen Farben der Elſter, doch urſprünglich mehr im Scherze auch)
falſches Scheitelhaar.

Mhd. die atzel, mittelſt eines ableitenden -l wol aus einer Kürzung des
mittellat. agaza, agazia, altfranz. agace, = Elſter. Daraus auch ital. die
gàzza und mit Ableitungsſylbe gàzzera.

ätzen = abweiden. Veraltet, und auch ſchon früher lieber ä'tzen = zu
Eſſen geben, beſ. von Vögeln (von welchen landſchaftl. auch ähmen), von
Menſchen z. B. 2 Sam. 13, 5; [ſchon zu Ende des 15. Jahrh. auch]
einfreſſen machen, von Säuren.

Mhd. atzen (unſer aͤtzen), ahd. azôn (Graff I, 528), und mhd. etzen (unſer
ätzen), ahd. ezzan, azjan, goth. atjan; beides ſ. v. a. „zu Eſſen geben", und
mhd. etzen ahd. ezzan auch „abweiden". Von az, goth. at aß, dem Prät. v.
ahd. ëzan, goth. ïtan eſſen.

die Aͤtzung, Pl. —en : was zu eſſen oder abzuſpeiſen geboten wird.
Mhd. die atzunge v. atzen, ſ. aͤtzen.

au, der Diphthong, ſteht 1) für mhd. u. ahd. û, z. B. in aus, Haut ꝛc.,
mhd. u. ahd. ûz, hût ꝛc. 2) für mhd. u. ahd. ou, goth. meiſt áu,
z. B. in auch, laufen ꝛc., mhd. ouch ahd. ouh goth. áuk, mhd.
loufen ahd. hloufan goth. hláupan ꝛc. Der Umlaut iſt äu, ſ. b.
Als Wurzelvocal des Diphthonges erſcheint u.
Wenn au = mhd. u. ahd. ou, ſo haben manche Munbarten, z. B. die wetterauiſche, â. Bgl. auch Schmeller's Munbarten Bayerns 42 f. Weinhold's
Dialectforſch. 28.

au! Ausruf des Schmerzes. Aus ou! wie in mhd. ouwê auweh! (ſ. b.).

die Au, Pl. —en, gekürzt aus Aue (ſ. b.), wie ſchon mhd. ou aus
ouwe in Nazzou (Naſſau) ꝛc.

äu, der Umlaut des Diphthonges au (ſ. b.), z. B. in Häuſer, Bäume ꝛc.
v. Haus, Baum ꝛc. Entſtellung des äu zu ei in ereignen (ſ. b.) ſt.
eräugnen.
äu = 1) mhd. iu, inſofern bieß Umlaut des û iſt, und 2) mhd. öu, dem Umlaute des ou. eu ſtatt äu ſteht nur, wo man den Umlaut nicht fühlt, z. B. in
freuen, ſtreuen ꝛc.

auch, Conjunction, welche eine Vermehrung anzeigt.
Mhd. ouch, ahd. ouh, goth. áuk, welche zuſammengehören mit ahd. ouchôn,
ouhhôn, goth. áukôn, = mehren. Dieſe aber ſtimmen der Lautverſchiebung gemäß mit dem gleichbed. lat. augêre, gr. aúxein (αὐξειν) ober auxánein.

† **die Auction,** Pl. —en, nach dem von lat. augêre vermehren abgeleiteten lat. aúctio (Gen. auctiốnis, eig. Vermehrung, bann) : Verſtei-
gerung. Davon auctionieren, lat. auctionâri, = verſteigern, und
baher weiter das neulat. der Auctionátor = Verſteigerer.

† **die Aubiénz,** Pl. —en : Gehör, das jemand gegeben wird; Verhör.
Mit ber Hofſitte eingewandert nach franz. bie audience, ital. audienza, ſpan.
audiencia, v. dem aus lat. aúdiens (Gen. —iéntis) = hörend entſproſſenen au-
diéntia Gehör, Anhörung.

† **der Aubiteur** (-eur ſprich œr), —es, Pl.— e : rechtsgelehrter Rich-
ter beim Heerweſen.
Das franz. ber auditeur v. lat. auditor eig. Hörer, bann im Mittellat. auch
Richter.

† **das Aubitórium,** —s, Pl. Aubitórien : Hörzimmer, Hörſaal; Geſammtheit der Zuhörer.
Das gleichbed. lat. das auditórium, v. auditor Zuhörer.

die Au'e, Pl. —n, gekürzt Au (f. b.) : wasserumflossenes Land, Fluß=
insel; wasserdurchflossenes, feuchtes, gewächsreiches Gelände. Dimin.
das Äuchen.

> Mhd. die ouwe, ahd. ouwa, = Wasser, Strom; Wasserland, wasserreiches Ge-
> lände; im Goth., wo das Wort fehlt, würde es die avi (Gen. áujôs) oder auch
> áujô lauten, ursprünglich ahvi (Gen. ahvjôs) oder ahvjô, denn es kommt v. goth.
> die ahva, ahd. aha, = Fluß (f. die =a), lat. aqua Wasser. Die ahd. Form muß
> zuerst ouwia (b. i. ouw-i-a), ouwja gewesen sein, wie auch die dafür stehende
> mittellat.-ahd. Form aúgia deutlich zeigt.

die Au'e, Pl. —n : das Mutterschaf. Nur landschaftlich.

> Oberbayer. die Äu (Schmeller I, 1); schweiz. Au mit Dimin. Äuli
> (Stalder I, 117). Im Mhd. und zwar seit den ersten Jahrzehnden des 12.
> Jahrh. bereits verschwunden, aber ahd. die ouwi, goth. avi (Gen. áujôs) — st.
> agvi — ? oder avei (Gen. aveins)? oder áus (Gen. aváis)? Damit stimmen dann
> lat. ovis, gr. ôis, = Schaf, sanskr. der awi.

der Au'er nur in der Au'erhahn, —es, Pl. —hähne (sonst auch
—hahnen), = größter Waldhahn, die Au'erhenne, Pl. —n, =
Weibchen des Auerhahnes, und in der Au'erochs, —en, Pl. —en.

> Mhd. u. ahd. der ûr = Auerochs, woneben auch schon ahd. der ûr-ohso. Lat.=
> germanisch urus. Neben der in nhd. au = mhd. u. ahd. û regelmäßig entwickel=
> ten nhd. Form Auer alleinstehend der Ur = Auerochs und neben der Zusammens.
> Auerochs auch Urochs. S. der Ur.

die Au'er, Pl. —n, landschaftlich st. Uhr.

> Bei Alberus (1540) die aur, awer neben vhr. In wetterau. Urkunden
> nicht selten, z. B. „vmb 7 auren" v. J. 1548. Regelmäßig entwickelt aus
> u = û in mittelniederl. ure = „Stunde" und ebenso wie Bauer, Mauer,
> Schauer u. a. aus mhd. bûr, mûr, schûr.

auf, 1) Adv. : zur Höhe; von einander aus dem Zustande des Zuseins.
In auf! auf und davon! und in Zusammens. wie frisch=, voll=, dar=,
her=, hinauf 2c., Auffahrt, =gang 2c., aufrecht 2c., aufbinden,
=fahren, =gehen 2c., aufwärts, wobei zu merken, daß auf mit Subst.,
Adj. und Verben zusammengef. als erstes Wort den Ton hat. 2) Präp.
mit Dat. (auf die Frage wo?) f. v. a. „in der Höhe von und zu=
gleich in Berührung mit —", z. B. auf dem Berge; mit Acc. (auf
die Frage wohin?) f. v. a. „zur Höhe" und dann auch „über — hin",
„als Ziel habend" u. dgl., z. B. auf den Berg gehen, auf den Tisch
breiten, auf den Feind stürzen, auf seine Gesundheit trinken 2c., auch
in der Conjunction auf daß (f. b.) = zu dem Zwecke daß. Adver=
bialische Verbindungen sind : aufs halbigste, aufs beste 2c.

> Ursprünglich Adv. und nach und nach zur Präp. entwickelt. Goth. iup = in
> die Höhe, empor, nur Adv.; ahd. ûf statt iuf, also mit û = iu, Adv. (alleinstehend
> und in Zusammens.) und Präp., mhd. ûf; älter-nhd. und in Mitteldeutschland
> vff, uff, nach altsächs. (u. angelsächs.) up mit kurzem Vocal. Verwandt ist ahd.
> oba nhd. ob = über. B. einem verlornen ahd. Wurzelverbum iofan (goth.

iupan) = zur Höhe bewegen ober streben, bas im Präs. imfu (goth. impa), Prät. Sing. ouf u. Pl. ufumês, Part. Prät. ofan (unser offen), lautete. Gegensaß, auch nach der Abstammung, ist nib (s. b.), nieber. Die ahb. zusammenges-Präp. ûfân, ûffân b. i. ûfana (ûf-ana) auf-an, ist längst erloschen; aber in vielen Fällen sezt man im Nhb. auf, wo im Ahb. unb Mhb. an gesagt wurbe, z. B. auf dem Stuhl sißen, ahb. sizan ana stuole, 2c. Übrigens kommt ahb. ûf in Zusammens. mit Subst., benen keine Verben zur Seite stehen, sehr selten vor, z. B. ûfhimil = der hohe Himmel, der Himmel oben, 2c.

aufbaumen = zu Baume fliegen, klettern, springen. Nur weib-männisch. sich aufbäumen (s. Baum) = sich (baumähnlich) zur Höhe biegen.

aufbe=, Zusammens. des Abv. auf mit Verben, die schon mit be= (s. b.) zusammenges. sinb, in aufbefinben, aufbehalten, aufbewahren 2c. Diese aber sinb in ihren Begriffen von befinben, behalten, bewahren ver-schieben.

aufbinben : in bie Höhe binben (woher älter=nhb. s. v. a. leicht obenaus sein, Streit anfangen); worauf binben, unb baher bilbl. schon im 17. Jahrh. [vom Aufbinben eines Geschenkes auf ben Arm ober Ermel] Unwahres glauben machen; aus bem Zustanbe des Gebunben-seins befreien.

aufbrechen (s. brechen), 1) intrans. : sich (gewaltsam) öffnen (z. B. 1 Mos. 7, 11). 2) trans. : (urspr. mit Gewalt) öffnen; sich erheben zum Weitergehen.

aufbamen = (im Dambretspiel) einen Stein auf ben anbern sezen unb biesen baburch zur Dame machen. (Wetterauisch) Einem auf-bamen = ihm nach Wunsch allzu gefällig sein.

auf baß, Absicht anzeigenbe Conjunction, in welcher baß in seiner Beb. burch auf verstärkt erscheint. Bei Luther häufig, aber jezt nur noch in feierlicher Sprache unb wo bie biblische nachgeahmt wirb.

Eine aus bem Rieberb. [mittelnieberlänb. op dat = wofern baß, unter ber Bebingung baß] ins Mittelbeutsche [»daz ër dir bewiset hât die seilekeit (sælekeit) dîner geshefnisse (angeschaffenen Beschaffenheit) vnde dîner lösungen, offe daz (= bamit) dû dar ane irkentes, daz ër dîn ganz frunt wêre« (*Salomônis hûs* 430, 56). »soll man dëm hërrn oder edelmann die porten und falter ufthun, wan sie dan penden wolten, uf daz dëm hërrn und ettelleuthen ir waldt (Wälber) ungeschediget blieben« (*Carber Weisthum* a. b. 15. Jahrh.)] unb sofort ins Nhb. übergegangene Conjunction. Bei Luther „auff bas", bei Alberus u. A. „vff bas". Ursprünglich lautet sie ûf daz daz (*Mystik.* 376, 6) auf bas baß = „zu bem Zwecke baß", wonach auf Präposition ist unb bas von ihr abhängenbe daz = bas ausfiel.

aufbriefeln, aufbröfeln (b. Göthe mehrmals), s. aufträfeln.

aufbrucken = burch Druck Farben unb Formen worauf bleibenb machen. aufbrücken = Druck worauf ausüben; burch ausge=

übten Druck worauf anbringen (z. B. der Wange einen Kuß auf=
brücken); durch Druck worauf aufbringen oder öffnen (z. B. eine Nuß
aufbrücken). Die Unterscheidung beider Wörter richtet sich nach nhd.
rucken u. brücken. Vgl. abbrucken u. abbrücken.

aufbucken = vom Ducken sich erheben. S. bucken.

aufbunsen, st. des richtigen, aber entschwundenen aufbinsen (s. auf=
gebunsen) : gehaltlos ausdehnen. „— zur Mißgestalt — Seinen
Genius aufzubunsen" (Schubart).

aufeinánder (schon b. Luther), Raum= u. Zeitadv., nach seiner Bil=
dung s. v. a. ein (eins) auf das ander. Auch in Zusammens. auf=
einánderstoßen, die Aufeinánderfolge 2c. Vgl. auseinander.

aufen, mhd. ûfen, ahd. ûfôn (aufhäufen), v. d. Adv. ûf auf (s. b.) :
erheben, eig. wie bild. ·Schon im 17. Jahrh. veraltet.

aufent=, Zusammens. des Adv. auf mit Verben und auch Subst., die
schon mit ent= (s. b.) zusammengesetzt sind, jetzt nur noch in der
Aufenthalt u. (sich) aufenthalten (Prät. aufenthielt, Part. Prät.
aufenthalten).

aufer=, Zusammens. des Adv. auf mit Verben, die schon mit er= (s.b.)
zusammenges. sind, deren Begriff dann noch durch dieses auf ver=
stärkt wird. In auferbauen, auferregen (b. Göthe), aufer=
stehen (vom Tode oder aus todtähnlichem Zustande), auferwachen,
auferwecken, auferziehen. Dagegen drückt auferlegen ein stär=
keres auflegen aus. Wie auf bei aufenthalten (s. aufent=) in der
Biegung von dem übrigen Worte nicht getrennt wird, so auch bei
den mit aufer= zusammenges. Verben, z. B. er auferbaut, aufer=
baute 2c., aber nicht er erbaut auf u. s. f.

> Schon mhd. ûf-er-, ahd. ûf-ir-, ûf-ar-, in mhd. ûferstân auferstehen [mit dem Subst.
> die uffirstandunge (Salomónis hús 448, 132) die Auferstehung, wofür im Ahd.
> die urrist, urrêsti, im Goth. die usstass], ahd. ûfirstân, ûfarstantan; außerdem in
> ahd. ûfarrihtan aufrichten, ûfarsciozan auferschießen (= auffsprudeln), ûfarstîgan
> in die Höhe steigen, u. a.

die Auffahrt, —en, mhd. die ûfvart, ahd. ûffart, zusammenges. aus
ûf u. fart, neben ahd. ûffaran, mhd. ûfvarn, auffahren : die Fahrt
zur Höhe, besonders die Himmelfahrt; feierliche Schaufahrt.

aufflirren, v. niederd. flirre = (Flitter=)Kopfzeug eines Frauenzim=
mers : „mit Flitterstaat ausschmücken" (J. H. Voß, Ged. III, 334).

der Aufgang, —es, Pl. —gänge, mhd. der ûfganc, ahd. ûfkanc,
zusammenges. aus ûf und kanc, neben ahd. ûfkân, ûfkangan auf=
gehen : Gang zur Höhe, bef. das Hervorkommen von Sonne, Mond,
Sternen über den Gesichtskreis, Anfang von Tag oder Nacht; Ost;

Anfang, vornehmlich erfolgreicher; — Sich=von=einander=thun, daß
eine Oeffnung da ist, und Eröffnung.

aufgeblafen, Part. Prät. von sich aufblafen : eine übertrieben hohe
Meinung in Beziehung auf sich zur Schau tragend.

> Schon bei Luther (1 Kor. 4, 19), Alberus ꝛc.; im *vocab. theuton. v.* 1482
> Bl. c1ᵃ auffgeplafsner neben hochfertiger, inflātus. Schon goth. ufblēsans
> 1 Kor. 4, 6 wie unfer aufgeblafen, und ufblēsan = sich aufblafen; aber goth.
> uf ist = unter, daher jenes ufblēsans in der Form nicht genau unfer aufge=
> blafen. Unfer auf ist goth. iup (s. die Anm. zu auf).

aufgebunfen, Part. Prät. des verlornen Verbums aufbinfen, wofür
nhd. aufbunfen (f. b.) : (von innen) gehaltlos ausgedehnt.

> Dinfen in aufbinfen ist mhd. dinsen (Prät. Sing. dans, Pl. dunsen, Part.
> Prät. gedunsen), ahd. dinsan, goth. þinsan, = ziehen. Noch oberheff. (b. Alsfeld)
> dönsen in gleicher Bedeutung.

aufgehaben, altes richtiges Part. Prät. v. aufheben, f. b.

das Aufgëlb, —es, Pl. —er : Geld, das dem Wechsler gezahlt wer=
den muß, wenn er für geringere Münze beffere gibt, Agio (f. b.).

aufgelegt, Part. Prät. v. auflegen : in heiterer Stimmung wozu,
wie ital. disposto, franz. disposé.

> Erst im 18. Jahrh.; aber auflegen felbst kommt in dahin einschlagender Be=
> deutung nicht vor.

aufgeräumt, Part. Prät. v. aufräumen = alles Unangenehme und
Beengende wegschaffen, daß es Raum gibt : (zuerst äußerlich aufge=
putzt und dann) reiner, heiterer Seelenstimmung.

aufhangen (f. hangen), 1) intranf. : in der Höhe hangen; 2) tranf.:
in die Höhe hangen machen (2 Sam. 4, 12). Schon im vorigen Jahrh.
mehr in gewählterer Sprache; weit üblicher ist in beiden Bedeutungen,
zumal transitiv, aufhängen, welches außerdem in : Einem etwas
aufhängen = ihn trotz Widerstreben zu An=, Übernahme oder
Glauben von etwas bringen.

aufhänfeln, bei Herder in : Einem etwas aufhänfeln = ihn in
Beziehung auf etwas dahin bringen, daß er einfältiger Weife nach=
gibt und es für sich annimmt. Vgl. hänfeln.

aufheben, Prät. hub auf, jetzt üblich hob auf, Part. Prät. aufgehoben,
wodurch die alte echte Form aufgehaben verdrängt wurde, daß sie
höchstens nur noch in feierlichem oder biblischer Rede nachgeahmtem
Ausdrucke vorkommt : zur oder in die Höhe heben; [ehemals dann :]
vom Stillesein zu stärkerem Lautfein übergehen (z. B. Richt. 9, 7.
2 Sam. 13, 36); zu Zahlendes fammelnd nehmen; aufnehmen und
wegbringen; in Beziehung auf etwas machen, daß es (nicht mehr da
ist und fo) ein Ende hat; ein bestehendes Verhältniß löfen; zur Be=
wahrung wohin thun.

> Jenes aufgehaben nur noch in der Bed. : zur Höhe, emporgehoben.

das Aufheben, —s, ohne Pl., der Infin. aufheben als Subst., in allen Bedeutungen des Verbums, aber auch Fechterausdruck vom In=die=Höhe=heben der Waffen als Vorspiel des Kampfes, woher dann sofort die Beb. : schautragendes Hervorheben vor Andern. Hier gern in der Redensart : Aufhebens machen von —.

aufhenken, wie aufhängen (f. b.). Nur im gemeinen Leben.

aufhören : worauf hören (eine seltene Bedeutung); in einer Thätig= keit nicht fortfahren.

In der letzten Beb. mhd. bloß hœren (Erec 7550. Serval. 2474. Flore 2511. Ulrichs v. Türheim Wilhelm 109b), wol ausgehend von dem Nußen von einer Thätigkeit, um zu hören oder aufzuhorchen. Daher auch schon mit verstärkendem ûf auf mhd. ûfhœren (Ortnit V, 70), ûfhören (Passional 188, 42), und die Wörterbücher des 15. Jahrh. bieten off-, auff-, aufhören zum Beweise, daß unser aufhören bereits völlig durchgedrungen war.

aufkommen (f. kommen) : in die Höhe kommen. Daher : zum Wachs= thum, zur Gesundheit kommen; (überhaupt) zum Dasein kommen; üblich werden.

Ahd. ûfquëman = hervor= (d. i. zur Höhe) kommen, auch entstehen.

aufkrampen, b. J. H. Voß : die Krampe (f. b.) öffnen, um die Thür aufzumachen. Niederd.; hochd. wäre richtig aufkrampfen.

aufkrämpen, b. Göthe aufkrempen, = in die Höhe krümmen oder biegen, z. B. den Hutrand. Das niederb. upkrempen; hochb. wäre aufkrämpfen zu schreiben. S. Krämpe.

die Auflage, Pl. —n : (im Kanzleistyl) amtlicher Auftrag; der Obrig= keit zu Entrichtendes, besonders an Geld; die zusammen gefertigten Abbrücke einer Schrift als aus der Presse hervorgegangen und zum Verkaufe, zur Messe aufgelegt (vgl. Ausgabe); übliche Zusammenkunft zum Zechen ꝛc.

der Auflauf, —es, Pl. —läufe : geschwindes In=die=Höhe=gehen; über und zugleich unter Kohlen in die Höhe gehendes Gericht; großes Zu= sammenlaufen von Menschen ["Hört ihr den Auflauf? das Geläut der Glocken? — Sie ist's, das Volk begrüßt die Gottgesandte". Schiller, Jungfr. v. Orl. 1, 9], insbef. feindseliges.

Im lib. ord. rer. Bl. 14c auflauf = túmulus (— feindselige — Anhäufung von Menschen), im voc. incip. teut. auflauff = tumúltus, im voc. ex quo off lauffe = túmulus i. e. congregácio ad béllum; selbst schon im 14. Jahrh. ûfflouff = tumúltus (Mone's Anz. IV, 237). Von auflaufen.

auflehnen = von der senkrechten Richtung auf einen Halt Gebendes abweichen, auch sich auflehnen; außerdem sich auflehnen = sich zum Widerstande entgegenwenden.

Daneben ehedem gleichbeb. aufleinen, dessen leinen mhd. leinen, ahd. hleinan. Dieß leinen aber ist gleichen Ursprungs mit lehnen (f. lehnen 1), mhd. lœnen, ahd. hlinên, in auflehnen, und hier schwerlich es dem e in wegern = weigern, mhd. weigern, an die Seite zu stellen.

aufmutzen = [ehedem] „reines hübsches Aussehen geben, aufputzen"; [ebenfalls ehedem] „als vorzüglicher (in die Augen fallender) nennen, herausstreichen", doch schon gerne „als ungut, zum Tadel heraus= streichen"; [jetzt nur] „auffällig zu übler Auszeichnung machen". Einem etwas auf'mutzen.

    Bei Josua Maaler aufmützen; bei *Dasypodius* und *Serranus* auff= mutzen = aufputzen [z. B. „mangónium, die Kunst auffzumutzen vnd keuffig zu machen"]; niederd. upmutzen = schmücken und Geringes zum Vorwurf machen. Das einfache mutzen ist „reines schönes Aussehen geben", wie unser putzen. So in dem *vocab. theut.* v. 1482 Bl. v8ᵇ : „mutzen oder auffmachen, fáciem laváre, vúltum mundáre". Aber auch schon in der gleich nach 1400 fal= lenden Erweiterung eines Gedichtes von *Suchenwirt* mützen [ahd. muzjan?] = übel Anderes setzen in der Meinung. Wahrscheinlich ursprünglich f. v. a. ändern (ins Schöne), und so neben mhd. mûzen, ahd. mûzôn, = sich maußen (f. b.), lat. mutâre (pennas), wie mhd. grütze, ahd. gruzzi (Schlettst. Gloss. 364, 203), neben mhd. grûz kleines Korn. Auch jenes mûzôn bed. zunächst überhaupt (ver=) ändern, z. B. von einem in Ohnmacht Fallenden „ghimázôta farua antluttes sines" (*gloss. jun.* 173) er veränderte (wechselte) die Farbe seines Antlitzes. Ein ganz anderes Wort scheint älter-nhd. mutzen = abschneiden, stutzen, ital. mozzáre.

aufpassen, niederd. uppassen, 1) intransf.: worauf Acht haben; worauf Acht habend warten. 2) transf.: worauf angemessen (schließend) machen. S. passen.

aufquëllen, Prät. quoll auf, Part. aufgequollen, unterscheidet sich von dem schwachbieg. aufquellen (mit e = ä vor ll), wie quëllen (f. b.) von quellen.

au'frëcht (früher zuweilen auch au'fricht), mhd. u. ahd. ûfrëht, zu= sammenges. aus ûf auf u. rëht, Adj., aber participial (vgl. recht) : in die Höhe gerichtet, gerade in die Höhe. Dann und zwar schon im mhd. ûfrëht (*Boner* 43, 101) : geradsinnig, offenherzig. Aber in dieser Bed. war es schon im 18. Jahrh. völlig verdrängt von aufrichtig, welches früher ebensowol, auch in mhd. ûfrihtic (*Tristan* 168, 37), f. v. a. gerade in die Höhe.

der Aufruf, —es, Pl. —e : Ruf zur Erhebung, Meldung ꝛc.

der Aufruhr, —es, ohne Pl. : heftige Bewegung, in welche versetzt worden ist, bef. eine feindselige Untergeordneter gegen Übergeordnete. Davon das Adj. aufrührisch. — Neben aufrühren, wovon der Aufrührer.

    Älter-nhd. die Aufrhur (vffrhur), Pl. —en, aber z. B. bei Alberus nebenbei auch schon männl. Geschlechts. In *Ehingen's* Reisen (2te Hälfte des

15. Jahrh.) S. 15 bie ûſruor Kriegsunruhe; im *voc. inc. teut.* aufruer feindſelige Bewegung unter Menſchen. Zuſammengeſ. aus auf unb bie rhur, ruor, ahb. bie hruora Bewegung. Der Gothe ſagte für Aufruhr ber drôbna v. drôbjan (trüben) aufregen unb bas un-suti.

auffäffig (ſt. auffäßig) unb üblicher auffätzig : feinblich geſinnt gegen jemanb unb nach beſſen Schaben trachtenb.
Auffäffig, beſſen -ſäffig ſt. ſäßig im Mhb. sæzec iſt, ſeßt ein mhb. Subſt. bie ûſâze = Lauer (sâze), Hinterhalt auf einen Gegenſtanb, urſprüngl. Sitzort, voraus. Auffätzig v. bem ſchon zu Enbe bes 15. Jahrh. vorkommenben ber uffsatz, aufsatz, = Nachſtellung.

auffchlagen (ſ. ſchlagen), älter-nhb. (bei Luther) noch auffchlahen, mhb. ûf slahen, ûf slân, welches auch wie "auffpielen" vorkommt (Köpke's *Passional* 293, 18).

auffchneiben (ſ. ſchneiben) = [mhb. ûf snîden] worauf einſchneiben; zum Offenfein ſchneiben; ["mit bem großen Meſſer auffchneiben" (b. i. mit bem Weibmeſſer) = übertreibenbe Jagdgeſchichten erzählen, unb ſofort] in Reben großthun.

auffchnobern, b. Göthe nicht ſo richtig auffchnopern, b. Platen noch übler auffchnoppern : umherſchnaubenb auffpüren; (von Pferden) ſchnaubenb aufzehren. S. ſchnobern.

auffchrecken = furchtſam auffahren (ſchrecken, mhb. schrecken, ahb. scrëcchôn, = in bie Höhe ſpringen). Dagegen tranſ. auffchreck= en (mit e = ä vor ck) : furchtſam auffahren machen (ſchrecken, mhb. schrecken, ahb. screcchan, = ſpringen machen, zuſammenfahren machen).

auffchürzen = aufwärts biegenb befeſtigen unb ſo (nach unten) kurz machen. Vom Kleibe, aber auch von bem Menſchen (Luk. 12, 37) unb bem Körpertheile im Gebanken an bie Bekleibung.
Im *Teuthonista* opschorten = in bie Höhe gürten. Mhb. schürzen = (ab=) kürzen, v. ahb. scurz = kurz von Kleib wie Rebe. S. ſchürzen.

auffchwëllen, Prät. ſchwoll auf, Part. aufgeſchwollen : auseinanber= gehenb ober ſich anhäufenb hoch werben (ſchwëllen, mhb. swëllen, ahb. suëllan). Dagegen auffchwellen (mit e = ä vor ll), Prät. ſchwellte auf, Part. aufgeſchwellt : auffchwellen machen (ſchwellen, mhb. swellen, ahb. suellan b. i. sual-j-an, v. sual ſchwoll).

auffetzen (mit e = ä in ſetz), ahb. ûfsezan, ûfsezzen, b. Luther auch i. b. Beb. "täuſchen" (2 Kön. 18, 29. 19, 10), eig. nachſtellen unb bann ſo verleiten.

ber Aufficbter, im gemeinen Leben ungut ſt. Auffëher, zumal ba es eine zu mißbilligenbe Ableitung v. bie Aufficht iſt.

ber Aufftanb, —es, Pl. —ſtänbe : Erhebung mehrerer von Platz ober Lager; Erhebung gegen bie Obrigkeit.

der Au'fſtieg, —es, Pl. —e, b. Göthe : Handlung des Aufſteigens,
vornehmlich Weg zum Aufſteigen. Vgl. Stieg.

au'fſtöbern = durch Stöbern (ſ. d.) au'ftreiben.

der Au'fſtreich, —es, Pl. —e, in Schiller's Räubern 3mal : öffent=
licher Zuſchlag auf Meiſtgebot. Gegenſatz der Abſtreich (ſ. b.)
> Von aufſtreichen, inſofern dieß : zu Mehrgebot ausrufen, ein Mehrgebot
> ſchlagen (Schmeller, III, 679).

au'fſtutzen = äußerlich vor Anderm zierlich machen.
> Erſt mit der 2ten Hälfte des 18. Jahrh. vorkommend. Bei Leſſing unrichtig
> aufſtützen; wahrſcheinlich dachte er an ſtützen. Aber ſtutzen (ſ. b.) = ſchnei=
> dend kürzen [und ſo zierlich machen].

.der Au'ftritt, —es, Pl. —e : Tritt in die Höhe; [ſeit Chriſtian
Weiſe und Gottſched, vom wechſelnden Au'ftrēten der Schauſpie=
ler in einem Stücke] der Unterabſchnitt eines Bühnenſtückes, die
Scene (ſ. b.), und davon dann, wie franz. scène, ſ. v. a. auffallen=
der Vorgang [gleichſam Bild eines Bühnenauftrittes].

au'ftröſeln (b. Göthe), aufbröſeln (b. ebendemſelben), richtiger auf=
brieſeln, = auf= und umwinden; abwindend löſen.
> Vgl. abtröſeln.

au'fwägen = in der Wage zur Höhe bringen; gegen Anderes ſchwerer
ins Gewicht fallen machen.
> Biegung und Bildung wie bei abwägen (ſ. b.); doch iſt bei dieſer mehr an
> Wage gedacht. Mhd. ſtarkbieg. ûfwëgen = erheben (Köpke's *Passional* 203, 74).

der Au'fwand, —es, Pl. —wände (gewöhnlich ohne Pl.) : was auf=
gewandt wird, beſ. inſofern es viel iſt.
> Ein erſt im 18. Jahrh. aufgekommenes Wort. =wand aus dem Prät. wand
> von winden, wie ahd. -want in der ubarwant (Otfr. 5, 10, 12) = Überwin=
> dung; nicht von aufwenden, deſſen wenden (ſ. b.) ſelbſt dem Prät. wand
> entſproſſen iſt.

au'fwarmen [=warmen ahd. waramên] = aufs neue warm (ahd.
waram) werden. Bei Wieland im Reime falſch ſt. au'fwärmen
[wärmen ahd. waraman] = aufs neue warm machen.

au'fwarten, urſpr. in die Höhe ſchauen (vgl. Pſ. 145,5 und warten);
zu Dienſte ſein; beſuchen, um ſeine Achtung zu bezeigen.

au'fwärts, Adv. : zur Höhe, in die Höhe.
> Richtiger bei Einigen aufwërts. Denn =wärts [mhd. =wërtes] iſt ſtarker Gen.
> Sing. des Neutrums (oder Masculinums?) des mhd. Adj. wërt = wohin gerich=
> tet. Bei Hans Sachs noch aufwërt, nach mhd. ûfwërt, worin -wërt ſtarker
> Acc. Sing. des endungsloſen Neutrums.

au'fwiegeln = zur Erhebung gegen jemand vermögen; nach und nach
heftig aufregen.
> Dieſe letzte Bed. z. B. in : [Hektor] trieb zum Streit, — Und wiegelt' auf
> das Ungeſtüm der Schlacht" (Bürger, Ilias 5, 609). „Überdieß iſt noch etwas

[Amalia] in London, das [d. i. deſſen Anweſenheit] zu ſchmerzliche Regungen in mir aufwiegeln würde" (J. W. v. Brawe, b. Freigeiſt 2, 6). „Mein auf= gewiegeltes Gewiſſen ſtellt mir auf einmal die ſchwärzeſten Frevel dar" (daſ. 5, 4). — ⸗wiegeln ſetzt ein ahd. wigiljan voraus, welches ſich in ahd. ke= wigilit = „er unterweiſt" (inſtruit. Diut. II, 328ᵇ) aufweiſen läßt; darnach wie= geln urſprüngl. wol : unterweiſen, zureden, um Aufregung zu verurſachen. Schwerlich von mhd. wiegeln (Minneſ. II, 158ᵃ, 3, 11), welches „wanken", aber nicht „wankend machen" bedeutet. Im 16. u. 17. Jahrh. gebrauchte man ſtatt aufwiegeln das ganz verſchiebene Verbum aufwickeln, welches hier in der Bed. „in die Höhe wickeln" bildlich ſteht.

aufwiegen, Prät. wog auf, Part. aufgewogen, 1) intranſ. : gewichtvoll gegen Anderes ſein (daß dieß zur Höhe geſchnellt wird), eig. wie bildl. 2) tranſ. : in der Wage zur Höhe emporſchnellen machen, eig. wie bildl.

Gleicher Bildung wie abwiegen, ſ. d. Schon bei *Herbort* 5293 der Inſin. wigen ſt. wēgen, und alſo wiegen = „die Schwere eines Dinges prüfen" wol zuerſt in Mitteldeutſchland üblich geworden.

der Aufzug, —es, Pl. —züge, in der Bed. „Hauptabſchnitt eines Bühnenſtückes" (vgl. Auftritt) vom Aufziehen des Vorhanges der Schaubühne. Daher dann ſ. v. a. (feierliches) Auftreten und Daher= gehen von Perſonen in einer Schauhandlung [gleichwie auf der Schau= bühne].

Bei Anbreas Gryphius Aufzug in dem Sinne unſeres Auftritt, Scene.

aufzurathen in „aufzurathen geben" iſt zuſammengez. aus auf zu rathen.

Aug= in den eigentlichen Zuſammenſ. mit Auge : der Augapfel, —s, Pl. —äpfel, mhd. der ougeaphel (*Sumerl.* 30, 21), ahd. ougaphul, auch bloß apphol Apfel (Schlettſt. Gloſſ. 356, 30, 10) : die häutige, das Licht empfangende Kugel im Auge; [nhd. dann auch] Liebſtes, was man ſorgfältig ſchützt, wie das Auge. die Augbraue, Au'g= braune, Pl. —n, und das Augbraun, —es, Pl. —en, alle drei Formen b. Göthe : Haarſtreifen über den Augen (ſ. auch Augen= braune unter Augen⸗). der Augpunct, b. Göthe neben Au'gen= punct, —es, Pl. —e : Zielpunct des Sehens, Geſichtspunct.

Die Augbraue iſt älter⸗nhd. augbraw, — b. Luther im Pl. die augbrün (Hiob 3, 9), den augbrunen (3 Moſ. 14, 8), — mhd. die ougebrâ, oucbrâ ahd. oucprâ, = Haarſtreifen über dem Auge, aber auch Wimper, Augenlied. S. Braue.

das Au'ge, —s, Pl. —n : das Sehewerkzeug des menſchlichen und thieriſchen Körpers. Daher dann : Knoſpe der Holzpflanzen (Köpke's *Passional* 353, 44, 17. Hohel. 2, 13. 7, 12); ſchwimmender Fett= tropfen; Zahlpunct auf dem Würfel (ſo ſchon mhd. ouge im *Erec* 925), weshalb „auf ſeinen 5, 9, 11, 12, 18 Augen ſtehen bleiben" = (gleichſam bei der geworfenen Zahl) rechthaberiſch, eigenſinnig be=

harren. Von Auge : das Dim. das Äu'gelein, üblicher Äu'glein, — s, Pl. wie Sing. äu'geln = [erst im 17. Jahrh.] freundlich, zärt- lich zublicken; (transf. :) das Auge eines Baumes in die aufgeschnittene Rinde eines andern setzen, oculiren. -äu'gig = Augen habend, in ein-, blau-, schwärz-, triefäugig. der Äu'gler = Augendiener.

Mhd. das ouge (Gen. des ougen, und so im 16. Jahrh. noch zuweilen richtig des Augen, jetzt unorganisch Auges), ahd. ougâ, goth. áugô, stimmt mit slaw. das oko, litthau. die akis, lat. der óculus (das einfache Wort wäre ocus), gr. ókos, ókkos, sanskr. akshi. Alle aus einer und derselben Wurzel, die sich aber nicht bestimmt nachweisen läßt.

Augen-, Gen. Sing. oder Pl. v. Auge, weil zwei Augen, in den uneigentlichen Zusammens. : der Au'genblick, —es, Pl. —e : [mhd. der ougenblic] Blick der Augen; [schon im 15. Jahrh. und b. Luther] kleinste, einem Blick der Augen gleiche Zeitdauer [der Gothe sagte dafür das brahv áugins = "(Schlag der) Augenwimper" 1 Kor. 15, 52. Ahd. slaga dërô brâwô Schlag der Augenbraue], mit dem Adv. und Adj. augenblicklich, und dem Adv. (ursprünglich Gen. Sing.) au'genblicks. die Au'genbraue, Au'genbraune, Pl. —n, beide Formen b. Göthe, das Au'genbraun (Schiller's Räuber 4, 3), Au'genbran (b. Herber, im voc. theuton. augenprän, im voc. ex quo augebrahen), —es, Pl. —en, wie die Augbraue (s. b. unter Aug-), aber später gebildet und bei weitem üblicher. das Au'gen- licht, —es : (ohne Pl.) Sehkraft; (mit Pl. —er) Auge, nur dich- terisch. das Au'genlied, —es, Pl. —er, mit mhd. das lit ahd. hlit = Deckel : der Augendeckel [wofür mhd. nur oucbrâ, ahd. oucprâ Augbraue (s. b.), erst zu Ende des 15. Jahrh. ouglid]. das (b. Göthe auch der) Au'genmerk (er = är), —es, ohne Pl. : Ziel der Augen. der Au'genpunct, üblicher als Au'gpunct (s. b. unter Aug-), hat auch die Bed. : das mit unbewaffnetem Auge nicht wahr- nehmbare, nur als Punct erscheinende Auge kleiner Thiere und der werdenden Leibesfrucht. der Au'genschein, —es, ohne Pl., mhd. ougenschîn : das Vor-Augen-sein, Beschauen, mit dem Adj. u. Adv. augenscheinlich (b. Tschudi ougenschînlich) = vor Augen klar. der Au'genstern, —es, Pl. —e : der Sehefleck im Auge. der Au'gentrost, —es, Pl. —e : die Pflanze euphrásia, weil die Augen erfreuendes Wiesenblümchen [altnord. die augnafrô Augenruhe] und von heilkräftigem Safte für dieselben (Adam Lonicerus Kräuterb. Bl. 133ᵇ). die Au'genweide, ohne Pl., mhd. ougen weide, = was die Augen dauernd anzieht und erfreut. die Au'genwimper, s. Wimper. der Au'genwink, —es, Pl. —e, mhd. der ougen wanc : (zunächst Bewegung der Augenwimpern und darnach) wie Augenblick als Zeittheil.

† der **Augít**, —es, Pl. —e, aus lat.-gr. augítes v. gr. augé Glanz: schönglänzender, meist dunkel-lauchgrüner Stein aus dem Kieselgeschlechte.

† der **Augúst**, —es, der Pl. ungewöhnlich : der 8te Monat im Jahr.

> Aus lat. augústus, wie der Monat sextilis nach dem vergötterten Kaiser **Au-gústus** genannt wurde (*Sueton.* Octav. 81). Der ahd. Name ist der aran-mánôth (ahd. der aran = Ernte), nhd. Erntemonat. Aber auch älter-nhd. der **Augst**, mhd. der ougest (u. ouwest) = Erntemonat (der heiße August) und Ernte, ahd. augusto (Graff I, 136) mit dem Gen. augustin des Augusten.

der **Aul**, —es, Pl. —e (—en) : irdener Topf. Veraltet.

> Ahd. ûla Topf (*Diut.* II, 819ᵇ) von dem gleichbed. lat. ólla, welches von den Römern her in Westdeutschland eindrang.

die **Aurikel**, Pl. —n : Bergschlüsselblume.

> B. lat. aurícula Öhrchen, wie man denn die von den Gebirgen der Schweiz und Steyermark stammende Pflanze nach der Form ihrer Blätter im Deutschen auch genauer Bärenöhrlein nannte.

aus, der Gegensatz von **in**, ist 1) Adv. und damit auch Interjection : von innen her, hervor, her [z. B. von Haus aus, von Grund aus ꝛc.]; hervor und fort [z. B. "Feld ein und aus" b. Bürger, Trumpf aus!]; fort, weg [z. B. aus mit dir!]; bis zu Ende, zu Ende [z. B. das Land aus ꝛc.]. Dieß Adv. steht häufig in Zusammenf. mit Subst. und Verben, wo es dann als erstes Wort den Ton hat, z. B. Aus-beute, ausarbeiten ꝛc. 2) Präp. mit Dativ : von innen hervor, von — her (im Gedanken an das Innere); entnommen [z. B. einer aus dem Volke]; hervorgegangen oder veranlaßt durch — [z. B. aus Gottes Befehl" b. Luther, jetzt "auf Gottes Befehl", dann aus Kummer sterben, aus Noth betteln ꝛc.]. "Aus der Maßen" (vgl. die Maße), mhd. ûz dér mâze, woneben auch ûzer mâze nhd. außer-maßen, = bis über das Maß hinaus.

> Aus ist mhd. u. ahd. ûz und steht also st. auß, wie noch im 16. u. 17. Jahrh., doch ohne richtigen Begriff von dem Unterschiede des ſ (s) und ß, häufig vor-kommt; bei Luther entschieden aus, weßhalb diese Form leichter geltend ward. Wie auf, so ist auch aus ursprünglich Adv. und empfängt erst nach und nach Präpositionskraft. Goth. ut, altsächs., angelsächs. und altnord. ût, = her-, hinaus, in den beiden letzten Mundarten auch außen, außerhalb, also überall nur Adv.; ebenso ahd. ûz (z = t in jenem ut, ût) Adv. in der Bed. her-, hinaus, aber auch schon, wenngleich selten genug, als Präposition verwandt und zwar im *Tatian* und b. *Williram*. Die ursprünglich für unser „aus" gebrauchte, jedoch mit diesem außer aller Verwandtschaft stehende Präp. war ahd. ar, ir, ur [z. B. bei *Otfr.* 4, 34, 5 : sie (die Todten) giangun *ir* dén grebiron = giengen aus den Gräbern], goth. us, altnord. or, ur, unser schon im Mhd. nur noch in Zu-sammensetzungen vorkommendes er- (f. b.). Jene Verwendung aber hat darin ihren Ursprung, daß man diese alte Präp. ur (goth. us), sowie die Präpositionen ab (agf. of) und von (ahd. fona, fon, altf. fan, fon) durch Vorsetzung des Adv. ut, ût, ûz, unsers aus zu verstärken suchte, z. B. goth. usidja *ut us* þizái baúrg

(Marc. 11, 19) er gieng hinaus aus (außerhalb) der Stadt, altnord. *ut ur*,
agf. *ut* (engl. *out of*) = „aus" als Präp , altsächs. *ut fon* thëm alaha
(*Héliand* 6, 2) aus dem Tempel, ahd. arwurphun inan *uz fon* thëru burgi
(*Tatian* 78, 9) sie warfen (stießen) ihn hinaus aus der Stadt, selbst noch mhd.
„dër mâne (Mond) *uz von* den wolken steic" (stieg, trat hervor) im *Wigalois*
181, 31. Bald legte man indessen im Ahd. nach einer Eigenheit dieser Mundart,
die gerne das vorgesetzte Wort begünstigt, den Nachdruck eben auf das zumal verstärkend vorgesetzte *uz*, ließ die eigentliche Präp. fona, fon allmählich schwinden und
erhob so an deren Stelle jenes Adv., das bloße *uz*, welches dann im Mhd.,
während die alte Verbindung *uz* von nur noch spärlich fortdauerte, als entschieden
durchgedrungene, vollgiltige Präposition erscheint. Die Wurzel des Wortes ist
dunkel.

aus baben = fertig baben. Etwas aus baben = (unfreiwillig) ab-
büßen, eig. ein unfreiwilliges Bad bis zu Ende erleiden.

ausbe- b. i. aus=be= in ausbedingen und ausbehalten.

ausbeugen, mit Dativ der Person : sich von jemand weg= und seitwärts an ihm vorbei wenden. Vgl. beugen.

die Ausbeute, ohne Pl. : [ehedem, z. B. in Luther's Bibel] dem
Feinde im Kriege Abgenommenes (s. Beute); Gewinnst als Ertrag
wovon. Nach beiden Bedeutungen das Verbum ausbeuten.

ausbiegen, 1) transf. : auswärts biegen [mhd. *uz* gebogen = auswärts gebogen]. 2) intransf., wie ausbeugen, doch ist dieses Verbum
das übliche. Vgl. biegen.

ausbrechen (s. brechen), s. b. Anm. unter Ausbruch.

ausbrennen, Prät. brannte aus, Part. ausgebrannt, intransf. : aufhören zu brennen, sowie brennen bis das Feuer den Gegenstand
völlig aufgezehrt hat. Statt des starkbiegenden ausbrinnen (s.
brennen); denn das eig. schwache ausbrennen steht nur transf. : das
Innere eines Gegenstandes durch Feuer völlig vernichten; durch Feuer
reinigen.

der Ausbruch, —es, Pl. —brüche : gewaltsames Hervor= und Durch=
bringen; [schon zu Anfang des 18. Jahrh.] vorzüglichster Wein, nämlich Wein aus Beeren, die als die reifsten und besten vor den übrigen
an den Stöcken ausgebrochen wurden.

    Schwerlich ursprüngliche Zusammens. von aus und Bruch (s. b) mhd. bruch,
ahd. pruh, sondern vielmehr Ableitung v. ausbrechen, mhd. *uz* brëchen, ahd.
uzprëchan, *uz*prëhhan. Trauben ausbrechen = die reifsten und besten an den
Stöcken auslesen.

der Ausbund, — es, Pl. —bünde (aber ungebräuchlich) : das Muster,
Höchste (Ausgesuchteste) seiner Art. Daher das Adj. und Adv. aus=
bündig = musterhaft, höchst.

    Eig. das zur Probe, zum Muster für den Käufer herausgebundene Schau-
stück oder Schau=ende an einer Waare als das vorzüglichste Stück derselben. B.
ausbinden. Das Subst. kommt erst zu Ende des 15. Jahrh. vor. Mhd. sagte

man vom Über· oder Aufbinden des Waarenmufters der überbunt wie unfer Ausbund.

der Ausbürger, —s, Pl. wie Sing., mhd. ûzburgære : wer an anderm Orte wohnt, als wo er erworbenes Bürgerrecht hat.

ausbeuten = (Unverständliches) völlig verständlich machen.

der Ausbruck, —es, Pl. —brücke, v. ausbrucken (jetzt ausbrücken): dem Innern entsprechende bestimmte Äußerung; bestimmte wörtliche Bezeichnung. Daher das Adj. und Adv. ausbrü'cklich = bestimmt und entschieden.

Ausbruck kommt erst im 18. Jahrh. vor; früher sagte man die Ausbrückung, welches schon b. Luther sich findet, und für ausbrücklich (emphática, exprésse) hat der vocab. theut. v. 1482 Bl. c 2ª ausgetrucklich.

ausbrucken = fertig drucken; im Drucke abnützen (bei Göthe). ausbrücken, sonst und noch bei Göthe ebenfalls ausbrucken, = brücken, bis das Innere völlig heraus ift, z. B. eine Citrone ꝛc. ausbrücken; dem Innern entsprechend bestimmt oder doch erkennbar äußern, z. B. seine Gedanken ꝛc. ausbrücken, besonders bestimmt, erkennbar wörtlich bezeichnen (4 Mof. 15, 34).

ausbuften = Duft von sich geben; aufhören zu buften.

ausecken (mit e = ä in eck) = alle Ecken wovon ermessen d. i. untersuchen oder ausarbeiten; sorgfam (bis ins Verborgenste) untersuchen oder überdenken.

In beiden Bedeutungen schon in der zweiten Hälfte des 15. Jahrh.

auseinánder, ein die Trennung des Einen vom Andern bezeichnendes, aus aus ein ander ft. ein aus dem andern, also mit vorgerückter Präp. zusammengeschobenes Adv., welches besonders häufig in Zusammensetzung mit Subst. und Verben, z. B. das Auseinándersein, die Auseinándersetzung ꝛc., auseinánderfallen, auseinánderlegen ꝛc.

auser·, mhd. ûzer-, ahd. ûzir-, ûzar-, verschieden von außer (f. b.), ift aus mit der Partikel er- (f. b.), welche, wenn aus in der Biegung von dem Verbum der Zusammensetzung getrennt werden muß, faft immer wegfällt. So z. B. ich kiese, lese, sehe, wähle ꝛc. aus, neben auserkiese, auserlese ꝛc. Nur bei auserzählen bleibt er-, weil erzählen einen ganz andern Begriff hat, als das bloße zählen. Die noch üblichen Verba mit auser· sind : auserkennen (bei Herber); auserkiesen (im voc. theut. Bl. c 1ᵇ auserkyessen, — f. kiesen), Prät. auserkor, Part. auserkoren (mhd. ûzerkorn); auserlesen (Part. auserlésen u. auserlésen auch f. v. a. ganz vorzüglich); auserséhen; auserfinnen (b. Canitz); auserwählen (im voc. theut. Bl. c 1ᵇ auserwelen, das Part. mhd. ûzerwelt); auserzählen = zu Ende erzählen. Gleicher Bildung, wie auser·, ift aufer· (f. b.)

au'sfenstern = tüchtig ausschelten (b. Lessing).

> Eig. „mit Scheltworten abfertigen" unb zwar ben abenbs ober nachts unter bem Kammerfenster eines Mädchens um Erhörung stehenben Liebhaber, was gewöhnlich wegfenstern (Schmeller I, 545) heißt, währenb bas südb. einfache fenstern = abenbs ober nachts am Fenster ber Geliebten stehen.

au'sfilzen = mit Filz besetzen ober ausstopfen; [bann, ba bei ben Hutmachern filzen = "Filz walken", auch bilblich] berb ausschelten, gleichsam mit Scheltworten völlig bearbeiten.

au'sfinbig, ungute Schreibung st. ausfünbig, s. b.

die Au'sflucht, Pl. —flüchte, zusammenges. aus aus unb Flucht : bie Flucht aus einem Orte; heimlicher Ausgang zur Entfernung; Vor= wanb zur Vertheibigung; [ehebem im Rechte] Wenben an ein höheres Gericht, um Recht zu suchen (Grimm's Weisth. III, 407).

> In ber britten Beb. bei Kant einmal ber nicht zu rechtfertigenbe Sing. bie Ausflüchte. Im Ahb. statt Ausflucht bie urfluht (Graff III, 767) mit ur = aus (vgl. Anm. zu aus).

der Au'sflug, —es, Pl. —flüge : bas erste Fliegen aus bem Neste, bann überhaupt aus einem Orte; kleine Reise von einem Orte aus.

> Mhb. der ûzvluc (Köpke's *Passional* 217, 60), zusammenges. aus ûz aus u. vluc Flug. Da ausfliegen unb ausfliehen sich nahe stehen, so kann nicht sehr wunbern, wenn b. Göthe für Ausflug in ber letzten Bebeutung einmal Ausflucht vorkommt.

die Au'sfuhr, Pl. —en : bas Verfahren aus einem Orte anberswohin, bie Exportatiôn (lat. exportátio), der Expórt.

> Nach neunieberlänb. uitvoer v. uitvoeren ausführen [schon ahb. ûzfuoran = aus einem Orte führen].

ausfü'hrlich, Abj. unb Abv., von au'sführen = bis zu Enbe führen : über alle beizubringenbe Theile bes Ganzen sich verbreitenb. Davon bie Ausfü'hrlichkeit.

au'sfünbig, Abj. : burch Nach= unb Aufsuchen erkannt. Besonbers in ber Rebensart : (einen Gegenstanb) au'sfünbig machen.

> Schon im 15. Jahrh., aus welchem ber voc. theut. v. 1482 Bl. c2ᵃ „aus= fundigmachen, diffinire" verzeichnet. B. älter-nhb. ber Ausfund = burch Nach= forschen gemachte Erfinbung. Ungut ausfinbig, inbem man nach bem Ent= schwinben jenes Substantivs mit Unrecht an Ableitung von ausfinben = (unter Vielem) „nachforschenb herausbringen" bachte. Vgl. spitzfünbig.

die Au'sgabe, Pl. —n : bas Von=sich=weg=geben an jemanb; bas Aus= gegebene, unb so Ausgabe eines Buches, insofern bieses als in be= stimmter Zahl von Abbrücken erschienen zum Verkaufe geboten wirb (vgl. Auflage); [im Gegensatze zu "Einnahme"] Betrag bes Gelbes, welches man, ohne es wieber zu empfangen, von sich gibt. B. au'sgében (s. geben), mhb. ûz gében, = "von sich weg, aus seiner Gewalt geben", unb so auch eine Tochter "verheiraten" (1 Mos. 29, 26); (eine Schrift, ein

Buch) durch den Druck zum Verkaufe bringen; wofür Geld weggeben;
[im Gegensatze zu "empfangen"] selbstthätig von sich geben, probu-
cieren (b. Göthe). jemand, etwas wofür ausgëben = von demselben sagen, wer oder was es sei, ohne baß dem Andern der Zweifel
an der Wahrheit des Gesagten benommen würde. sich ausgëben =
durch Geben des Geldes sich von diesem entblößen (b. Lessing,
Göthe). ausgëben intranf. : als in natürlicher Weise hervorgehenden Gewinnst von sich geben, z. B. das Mehl gibt gut (viel Brot)
aus ꝛc. Davon das Abj. au'sgiebig (st. au'sgibig.)

au'sgattern (b. Lessing, Wieland) = heimlich [ursprünglich durch
ein Gatter] spähend auffinden. Vgl. ergattern.

au'sgëben, s. Ausgabe.

au'sgelassen, das Part. Prät. von auslassen als Abj. : in hohem
Grade lebhaften Empfindungen uneingeschränkt hingegeben.
> Statt ausgelaßen. In seiner Bed. zuerst in der zweiten Hälfte des 16.
> Jahrh.

au'sgenommen, mhd. ûzgenomen, = nicht mitbegriffen, ist zunächst
Part. Prät. v. au'snëhmen, dann, nach dem Vorbilde von mittellat.
excépto, franz. excepté, im 15., vielleicht schon im 14. Jahrh. Partikel und zwar Präp. mit Acc., welchen Casus auch ausnehmen erfordert, wie starre Partikel, auf welche jeder andre Casus folgen kann.
ausgenommen daß, wenn, wo, Conjunction.
> Durch das eintretende ausgenommen als Partikel wurden frühere Wörtchen
> verdrängt. Mhd. ûzgenomen auch s. v. a. eine vortheilhafte Ausnahme
> machend, ausgezeichnet. So noch b. Tieck. Vgl. ausnehmend.

au'sgewittern, s. auswittern.

au'shangen, intranf. und in edler Sprache auch tranf.; dagegen au's-
hängen nur tranf. — au'shenken = "auswärts woran hängen" gilt
als nicht edel und bed. auch : durch Heben aus der Befestigung losmachen, z. B. die Thür aushenken.

der Au'shau (b. Lessing), —es, Pl. —e, v. au'shauen, richtiger
als das neuere Au'shieb (f. b.), aber im Hochdeutschen unüblich.

au'shecken (mit e = ä vor ck) = brütend Junge aus den Eiern schlüpfen
machen; dann überhaupt "zahlreiche Junge zeugend sich fortpflanzen"
(Jes. 34, 15); [nach dem Sitzen des Vogels über den Eiern bildlich]
darüber heimlich sinnend hervorbringen. S. hecken.

der Au'shieb, —es, Pl. —e, = das Aushauen von Waldholz und
Erz, so wie beides selbst, insofern es ausgehauen ist.
> B. aushieb, dem Prät. des Verbums aushauen. Der ältere, richtige, aber
> im Hochd. verschmähte Ausdruck ist der Aushau. Vgl. Hieb.

au'shunzen = jemand mit Worten behandeln, daß nichts Gutes an
ihm bleibt.

Eig. : mit Schelten die Ehre völlig abschneiden. Denn im 16. Jahrh. hunzen = durch Abschneiden kürzen, böhm. *huntowati* = schlachten.

das Au'skehricht, —es, ohne Pl. : das Hinausgekehrte.

Im *voc. theut.* v. 1482 Bl. c2ᵇ auskerecht = Feilspäne, Hammerschlag (Sinter). Von auskehren, worin kehren das mhd. kern.

au'skeuchen = schwerathmend von sich ausstoßen, z. B. den Geist (Schiller's Räuber 1, 3).

Mhd. ûʒ kûchen (d. i. neub. auskauchen) = aushauchen, die Luft athmend ausstoßen (*Myst.* 298, 4). Eine andere nhd. Form ist auskeichen, s. keichen.

die Au'skunft, Pl. —künfte, = Weg und Raum zum Herauskommen aus etwas. Vgl. Kunft.

das Au'sland, —es, Pl. unüblich: Land außerhalb der Heimat. Davon der Au'sländer, —s, Pl. wie Sing., und das Adj. au'sländisch.

Ausländer und ausländisch schon bei Luther (1 Mos. 14, 13 u. a. St.); aber Ausland erst im 18. Jahrh. als Gegensatz von Inland häufig. Doch schon ahd. (8. Jahrh.) ûʒlenti Verbannte (*gl. jun.* 186) neben das ûʒlenti Landungsort, Ufer (*Otfr.* 5, 13, 18). Beides wäre neub. Auslände, welches aber nicht vorkommt.

der Au'slaut, —es, Pl. —e : der Schlußlaut eines Wortes. Wie Anlaut ein von J. Grimm herrührender grammatischer Kunstausdruck. S. Gramm. I², 12, 13.

au'slegen = aus einem Orte vorhin legen; aus zum Verkaufe legen; zum Verständniß bringen; für einen Andern bezahlen gegen Wiedererstattung; bei Kunstarbeiten von festem Stoffe eingegrabene Vertiefungen ausfüllen.

In der Bed. „zum Verständniß bringen" schon mhd. ûʒ legen (*der sunden widerstrit* 3079. *Myst.* 183, 17. Köpke's *Passional* 471, 83), nach dem Vorbilde von lat. expónere. Im Ahd. aber sagte man dafür arrecchan = (mit Reden ausrecken oder) geistig entfalten, im Goth. gaskeirjan = „klar (skeirs) machen" und andbindan ent-binden, lösen.

au'slenken, mit Dativ : „Friedrich zog in seine Königsburg, — Und lenkt dem Triumph aus" (Schubart).

au'smergeln (mit er = är), älter-nhd. ûsmerglen, = völlig saft- und kraftlos machen. Vgl. abmergeln, wo die Ableitung erhellt.

au'smerzen, ursprünglich unter der Schafheerde die untauglichen Stücke ausscheiden (b. Mathesius i. J. 1562); dann überhaupt Untaugliches ausscheiden und austilgen, vornehmlich Worte.

Das Merzschaf = als untauglich ausgeschiedenes Schaf (Frisch I, 659ᵒ) mit merzen wol vom Monat Merz, in welchem die schwachen und die zur Zucht untauglichen Schafe ausgeschieden werden, und fremdher. Span. marzear = (im Merz, span. marzo) die Schafe scheeren, marzeo = (Merz-)Verrichtungen an den Bienenstöcken.

ausnehmend (so betont Adelung, aber man hört auch häufig au's-nehmend; das ë ist hier hoch zu sprechen), Part. Präs. von au's-

n'ëhmen (das ë ebenfalls hoch) als Abj. unb Abv. : vor Anberm
burch hohen Grab unterschieben in bie Sinne fallenb, z. B. von aus=
nehmenber Schönheit sein.

au'sputzen = völlig beschneiben, z. B. Bäume ꝛc.; von Unschönem,
überhaupt Allem, was hinweg muß, grünblich reinigen; mit (Flitter=)
Staat ein völlig glänzenbes Aussehen geben; [abstract] wahren ober
falschen Glanz geben, z. B. bie Unwissenheit ausputzen (bei Göthe);
was sich nicht gebührt, berb verweisen zu grünblicher Unterlassung
[b. Keffersberg mit Dat. : im ûsbützen]. Davonber Au'sputzer,
—s, Pl. wie Sing. : berber Verweis zu grünblicher Unterlassung
bes Geschehenen für bie Zukunft.

† au'squartieren = (Solbaten) aus bem Quartiere legen.

† au'srangieren (sprich aûsrangschieren) : jemanb, etwas aus ber Orb=
nung ausscheiben.

    Rangieren aus franz. ranger orbnen, welches aus unserm ber Rang mhb.
ranc hervorgegangen ist.

au'sreuten [reuten ahb. riutan] = bis in bie Wurzel wegarbeiten unb
=tilgen. Dasselbe beb. bas nur burch Zusammensetzung mit ber
nieberb. Form roben unterschiebene unb nie abstract verwandte aûs=
roben. Dagegen aûsrotten (mit scharfem o unb beshalb Verbop=
pelung bes folgenben Consonanten) nur abstract : mit Gewalt völlig
tilgen.

au'srichtig, Abj., mhb. ûzrihtic : gewanbt auszurichten ober etwas
zu verrichten (z. B. 1 Kön. 11, 28). Jetzt veraltet.

au'sroben u. au'srotten s. au'sreuten.

ber Au'sfatz, —es, Pl. —sätze : im Spiele zu Gewinn ober Verlust
gesetztes Gelb. Ohne Pl. in ber Beb. : anstectenber Hautausschlag.

    In letzter Beb. häufig in Luther's Bibel, unb neben ber mhb. Benennung
bie misalsuht (ahb. misalsuht) wahrscheinlich erst im 15. Jahrh. gebilbet, aus
welchem ber voc. theut. Bl. c4ª aussatz ober seuche = elephantía, lépra,
verzeichnet. Zu biesem neuen Worte leitete bas mhb., aus bem 14. Jahrh. auf=
zuweisenbe bie ûzsetze (Haupt's Zeitschr. II, 13. 48, 99) v. bem persönlichen
mhb. ber ûzsetze, ahb. ber ûzsazëo, = ber mit bem Ausfatz Behaftete, ursprüng=
lich ber wegen bieser ansteckenben, ekelhaften Krankheit von ben anbern Menschen
Abgesonberte, an einem besonbern Orte Ausgesetzte, weshalb ein solcher auch
bezeichnenb mhb. sunbersiech sonber-siech hieß unb in bem vom Orte abge=
sonbert erbauten siechhûs Siechhaus b. i. Haus für bie Aussätzigen leben mußte.
Ähnlich, wie ber aussatz u. bie ûzsetze nach ahb. ûzsazëo, bilbete sich nach ahb.
alilanti Verbannter unser ahb. bas elilenti mhb. ellende nhb. bas Elenb. An
bas in bem Ursprunge unseres Ausfatz liegenbe Aussetzen fern von ben anbern
Menschen wirb übrigens selbst bei Luther nicht mehr gebacht. Von jenem mhb.
ûzsetze ber Aussätzige aber ist abgeleitet mhb. ûzsetzec unser aûssätzig (= aus=
satzkrank), wofür wir also besser aûssetzig schrieben. Im Ahb. hieß ber Ausfatz

hruf, ruf u. die hriobsuht, unb b. b. Gothen daſ hrutsfill b. i. Verdrußfell
= Hautverdruß, Hautbeſchwerde.

aüsfägig, nicht v. Ausſag, ſondern v. mhd. der ûzsetze, ahd. ûzsazëo,
ſ. die Anm. zu Ausſag.

auſſcheiden, tranſ. u. intranſ., nach der mhd. Form ûzscheiden unb
der ahd. ûz sceidan ſtarkbiegenb, Prät. ſchieb aüs, Part. ausgeſchieben :
"woraus für ſich beſonders thun".

auſſchöpfen = burch Schöpfen völlig leeren.
> Bei Luther (Hiob 40, 18) ausſchepfen unb alſo in unſerer heutigen Form
> ö ſt. e, welches Umlaut von a iſt (ſ. ſchöpfen). Angebahnt wurde dieſelbe bereits
> im 15. Jahrh., wie die Formen auſsſchopffen u. auſsgeſchopffter im *voc. theut.*
> v. 1482 Bl. c4ᵇ an Hanb geben.

auſſchweifenb, baſ mehr abjectiviſch unb abverbial gebrauchte Part.
Präf. v. auſſchweifen, beb. nach dieſem Verbum zunächſt : über
die Grenzen der Sitt= unb Schicklichkeit hinausgehenb [eigentlich un=
häuslich umherſtreifenb, wofür mhd. (15. Jahrh.) ûzsweifig. Altb.
Blätter I, 61], bann überhaupt "zu weit gehenb, übertrieben".

auſſtaffieren = mit bém verſehen, was bazu gehört. Daher die
Auſſtaffierung.
> Staffieren iſt auſ neuniederländ. stoffeeren unb bieß nach franz. étoffer
> (früher astoffer) = „mit Stoff verſehen" unb ſofort „mit allem Nöthigen
> verſehen".

auſſtatten = „mit bém verſehen, was bazu taugt ober gehört", eig.
nach state (im Mhd. Gelegenheit, Vermögen) womit verſehen; (zur
Heirat) als Vermögen geben, um ben neuen Hausſtanb zu grünben.
Daher die Auſſtattung.

die Auſſteuer (ſt. Ausſteur), Pl. —n : Mitgabe bei Verheiratung
zu eigner ſelbſtänbiger Einrichtung; bann überhaupt Mitgabe zu beſ=
ſerem Verſehenſein.
> Mhd. die stiure = Unterſtützung; Beitrag, freiwillige Gabe. S. Steuer.

die Auſter, Pl. —n, = eßbare Seemuſchel.
> Älter=nhd. uster, im Mhd. mangelt baſ Wort, ahd. ber (?) aostar, lat.
> óstrea u. óstreum, welches baſ gleichbeb. gr. óstreon.

ber Auſtrag, —es, v. auſtragen, inſofern bieß ſ. v. a. zu Enbe
bringen, zwiſchen Wiberſtreitenben ſchlichten, baß ihre Rechtsſache zu
Enbe iſt [ahd. ûz tragan ſinnlich "aus etwas wegtragen"] : Schlich=
tung einer Sache, woburch dieſe zu Enbe kommt, Schlußurtheil, bem
Folge gegeben wirb; [mit Pl. Auſträge, woraus (ſchon 1218) ber
mittellat. Pl. austrêgæ] ſchiebsrichterliche Entſcheidung, aber auch
Schiebsmann, ber einen Streit zu Güte ober Recht beenbigt. Von
jenem austregæ die barbariſch=beutſchen, aber üblichen baſ Auſträgál=
gericht = Gericht zur Schlichtung ber Streitigkeiten beutſcher

Fürsten, die Austrägálinstanz = Anrufung selbstgewählter (Austragungs-) Gerichte.

auswägen = Andern von sich aus darwägen. Neben auswiegen, wie abwägen (s. b.) neben abwiegen.

auswärts, ahd. ûzwërtes, genitivisches Adv. wie aufwärts (s. b.): nach außen· hin; über den Grenzen dessen, was als das Innere angesehen wird. Als Adj. b. Göthe, z. B. "nach auswärtser Richtung". Das übliche und bessere Adj. aber ist auswärtig, ahd. ûzwërtig (mittelst -ig v. ahd. ûzwërt = auswärtig, auswärts).

auswendig, Adj.: nach außen gekehrt; auf der Außenseite befindlich. Davon das Adv. auswendig = auf der Außenseite; [abstract und ursprünglich mit "können" verbunden] aus dem Gedächtnisse, und also ins Gedächtniß aufgenommen.

Das Adv. in der ersten Beb. lautet mhd. ûzewendec (Köpke's *Passional* 215, 23, 32. 833, 69. 373, 51), ûzewendic (*Salomónis hûs* 486, 80), worin wendec, wie ahd. ûzzenewendiun (ûzana-wendiun) = außerhalb, eig. außer den Wänden (J. Grimm, deutsch. Wtbch. I, 1014) andeutet, v. ahd. die want Wand, schwerlich v. ahd. die -wanta = das Wenden (Graff I, 762), die nach außen biegende Kehr. Adv. sagte man in unsern beiden Bedeutungen von auswendig ûzana (*Otfr.* 1, 1, 109) d. i. außen, und ein ûzanawentic, ûzanwentic ist nicht aufzuweisen.

auswittern = durch den Geruch ausfündig machen (s. wittern); nachforschend auffinden; — dem Wetter (der Witterung) zum (theilweisen) Verzehren aussetzen. In der Beb.: aufhören zu bonnern, blitzen, in Regenschauern ꝛc. zu stürmen [z. B. "Er kam, nachdem es ausgewittert" b. Lichtwer], ist eher ausgewittern anzunehmen, dessen einfaches gewittern z. B. in Schiller's Macbeth 3, 7 "Es wird heut Nacht gewittern".

außen, Adv.: von dem Raume, der als innerer bezeichnet oder gedacht wird, hinweg. Dieß auch in Zusammens. wie Außending, Außenseite ꝛc. außenbleiben (wofür jetzt lieber ausbleiben), außenlassen (wofür jetzt auslassen) außensein ꝛc.

Mhd. ûzen, ahd. ûzana, verkürzt ûzân, goth. utana, v. ûz, ut (s. aus) mit den Fortbildungsendungen -ana, in welchen kein ana an zu sehen ist.

außer, 1) Adv., ehedem in der Stellung von "außen" [z. B. "in (innen) und außer"], jetzt nur mit Gen. statt ahd. ûzana, welches als Präp. den Gen. bei sich führt, z. B. außer Landes [wie b. *Otfr.* 5, 7, 1 "ûzana thës grabes"]. 2) Präp. mit Dativ: nicht in, sondern vor oder weg von — [hierher auch "außer sich sein" = vor Aufregung seiner nicht mächtig sein]; mit Ausschluß von —. Wie aber die Präp. ausgenommen (s. b.) in diesem Sinne als Conjunction verwandt wird, so auch außer, z. B. "die Schlüssel der

6*

Thore, die zublieben, außer das Rhonethor" (Schiller). Mhd. setzte man hier wan und âne ohne. Mit andern Conjunctionen verbunden: außer daß, außer wenn.

Jenes „außer sich" verführte, auch außer mit dem Acc. statt des Dativs zu verbinden, was nicht zu billigen ist. So bei Göthe (Taschenausg. Bd. 16, S. 30) im Werther: „kam ich ganz außer mich". Freilich steht die Präp. im Altsächs. und Altfries. auch mit Acc. Sie lautet mhd. ûzer (Nib. 926, 2. Flore 1838, wo ungut in über verändert), ahd. ûzar (nicht in ûz ar zu zerlegen, wo ar = „aus" sein würde, vgl. aus), altsächs. ûtar, afffries. ûter. Jenes ahd. ûzar auch Conjunction i. d. Bed. wenn nicht, sondern. — Von ûz aus mit ableitendem -ar.

außerdém, Adv. u. Conjunction, zusammengerücktes außer dem: mit Ausschluß davon noch; anderswo. Außerdém daß —, Conjunction wie außer daß —.

äußere (Compar.) mit dem Superl. äußerste, Adj.: außen befindlich (Gegensatz zu innere); das Ausland angehend, z. B. die äußeren Angelegenheiten zc. äußerste, das Adj.: entferntest (so daß räumlich nichts weiter ist); [abstract] dem Grade nach über alles gehend, z. B. "in der äußersten Verzweiflung" (Lessing). äußerst als Adv.: in dem Grade, daß nichts darüber geht. Dasselbe bed. das adverbialische aufs äußerste.

Bei Luther euffere, eufferste, aber bei Keifersberg ûssere d. i. außere ohne Umlaut, welchem auch mhd. ûzer, ûzereste, ahd. ûzaro, ûzarôsto, völlig entgegen sind, so daß unser äu st. au in äußere, äußerste, unorganisch erscheinen muß. Von ûzar außer (s. d.), dessen ursprünglich ableitendem r hier beim Übergange der Partikel in ein Adjectiv etwas Comparativisches beiwohnt (vgl. Grimm's Gramm. III, 624), welcher Gedanke aber bei Bildung des Superlat. ûzarôsto, der kein Comparativ-r dulden würde, wieder erlischt. Äußerst das Adv. kommt erst nhd. vor und zwar nicht frühe.

außerhalb = vor, an, auf der äußeren Seite, Präp. mit Gen., aber auch, wenngleich ungern gesehen, mit dem Dat., besonders noch im 16. und 17. Jahrh. Sonst auch, wie außer, als Conjunction gebraucht.

Mhd. ûzerhalp mit Gen. (Wolfram's Willeh. 50, 30. Berthold 289, 10) und Dat. (Iwein 6147), ahd. ûzarhalb (b. Notker) und mit der Endung des schwachen Acc. Sing. von dem Adj. ûzara (Masc. ûzaro, Fem. ûzara, s. äußere) ûzarûnhalb (bei Notker) ebenfalls mit Gen. Halb, halp ist hier in der Zusammensetzung das um die Casusendung gekürzte Subst. die halba, halpâ = Seite (s. halben). Jene nur in dem Adj. vollständigere Form ûzarûnhalb steht also statt ûzarûnhalbûn. Vgl. Grimm's Gramm. III, 141 f.

äußerlich, Adj. u. Adv.: bloß das Äußere angehend, bloß im Äußeren.

Bei Luther eufferlich, b. Keifersberg ohne Umlaut ûsserlich, ausserlich; mhd. ûzerlich = körperlich (im Gegensatze zu geistig. Köpke's Passional 320,15), außer der Ordnung, unerlaubt (Tristan 377, 32). Zusammenges. aus dem Adj.

ūzer (ſ. äußere) und -lich, und unſer Umlaut in äußerlich iſt hier begründet in dem i des -lich.

äußern und ſich äußern = (eig. außer ſich geben, darnach) nach außen d. i. zum Vorſchein kommen; zu erkennen geben, beſonders mit Worten. Die Bed. : von ſich abthun (Philipp. 2, 7), ſich weſſen enthalten, iſt veraltet und auf entäußern übergegangen.

In dieſer letzten Brd. mhd. (sich) ûzeren v. ûzer außer. Ahd. ſagte man wëlcherweiſe ûzôn v. ûz aus.

außérórdentlich, ſchon bei Stieler Sp. 1400, Adj. u. Adv. : außer der abgeſchloſſenen Ordnung und über dieſelbe hinausgehend; über das, was Regel und Gewohnheit iſt, ſich erhebend.

äu'ßerſt, das mhd. Adv., ſ. äußere.

au'ßerwärts = auswärts, Adv., kommt in einem Briefe Göthe's vor. Schon bei Alberus und noch wetterauiſch.

der Au'szug, —es, Pl. —züge, v. au'sziehen, zunächſt Zug aus einem Orte, Lande ꝛc. (4 Moſ. 33, 2); bei Göthe u. A. auch in der im 17. Jahrh. häufigen Bed. : Kraftauszug (Extract) wovon, Feinſtes, Beſtes aus etwas. Im 16. Jahrh. die rechtliche Bed. : Angabe, um ſich aus etwas herauszuziehen (1 Macc. 8, 26), Aus= und Einrede (excéptio). Jetzt in der Rechtsſprache : was beim Abtreten liegenden Gutes, vornehmlich eines Hauſes, (auf Lebenszeit) ausgenommen und vorbehalten iſt [der Vorbehaltende heißt der Au'szügler].

aut = etwas. Nur landſchaftl. Gegenſatz iſt naut = nichts. Beides in der landſchaftlichen Redensart : „aut oder naut“ = (entweder) etwas oder nichts.

Auch engl. ought or nought. Aut aus einem mitteld. ût = iut (*Myſt.* 278, 2) d. i. mhd. iht, ahd. iowiht, éowiht, = irgend (io, éo) ein Ding (wiht), etwas. Mit ahd. ni = nicht zuſammengeſ. ahd. niowiht, néowiht (d. i. ni-éo-wiht) = nicht irgend ein Ding, nichts, mhd. niht, mittelniederd. niuwet, niwet, altmitteld. niut, woraus nût, welches zu jenem wetterauiſchen, oberheſſiſchen naut ward.

† die Authentíe, ohne Pl., nach gr. die authentía [= eigne Macht, auth- v. autós ſelbſt] : Machtvollkommenheit, Echtheit, Glaubwürdig= keit. Dieſelbe Bed. hat die Authenticitä't, ohne Pl., nach neulat. authentícitas, v. dem aus gr. authentikós (= einen beſtimmten Ur= heber habend) entlehnten lat. authénticus, woher unſer authéntiſch = echt, glaubwürdig.

† auto= v. gr. autós ſelbſt, in : die Autobiographíe, Pl. —n, = die eigne Lebensbeſchreibung [gr. bíos Leben und gráphein ſchreiben]; der Autobibáct, —en, Pl. —en, = durch Selbſtunter= richt Gebildeter [gr. autodídaktos ſelbſt-gelehrt]; der Autokrát, —en, Pl. —en, = Selbſtherrſcher [gr. autokratē's ſelbſt=herrſchend], mit die Autokratíe, Pl. —n, = Selbſtherrſchaft; das Automát,

—en, Pl. —en, = sich von selbst bewegende Maschine, Selbsttrieb-
werk [v. d. gleichbed. lat. autómatum aus gr. autómatos, -ê, -on,
= von selbst handelnd].

† der Aútor, —s, Pl. —en, das lat. aútor, richtiger auctor [v. lat.
augêre = wachsen machen, hervorbringen, also] : Urheber; Veran-
lasser; Verfasser, Schriftsteller.   Davon : autorisieren, das aus
mittellat. auctorizâre hervorgegangene franz. autoriser, == wozu die
Macht (Autorität) geben, ermächtigen; giltig machen, gutheißen.   die
Autoritä't, Pl. —en, nach lat. auctóritas (Gen. —tâtis), = das
persönliche gewichtige Ansehen; anerkannte Glaubwürdigkeit; bewäh-
rendes Zeugniß; (gewalthabende) Behörbe.   die Autorschaft, ein
halbdeutsches Subst. in der Beb. Urheber-, Schriftstellerschaft.

autsch! berberes au! bei körperlichem Schmerze.   Nur landschaftlich.
Bei Alberus einmal aufch!

auwéh! mhd. ouwê! b. i. ou-wê (ou = au! f. b.), seit bem 17. Jahrh.
ebler o wéh! wie schon mhd. mit Verengung bes on zu ô, aber dem
ouwê gleich ôwê! wegen nachbrücklich auslautendem wê weh (f. b.)
lebhafter, tiefer Klageruf.

> Bei Luther u. A. mit aw = mhd. ouw [wie auch in Frawe, hawen = mhd.
> vrouwe Fraue, houwen hauen] awe b. i. awê, auch bloß verstärkend vor ja
> (2 Mos. 10, 10) und nein, z. B. „Crotus : Welchen Lutherischen artikul wolt
> ihr zum ersten angreiffen, der priester Ehe? Wicel : Awe nepn" (Alberus,
> widder Jörg Witzeln Mammeluken. 1539. Bl. L6ᵃ). Wir sagen jetzt ebenso
> o ja! und o nein! ach ja! und ach nein!

† die Aversiôn, Pl. —en : Abneigung, Widerwille.

> Das gleichbed. franz. die aversion v. lat. avérsio (Gen. —ônis), welches eig.
> „Abwendung wovon", denn das Stammwort lat. avértere bed. ab-wenden,
> wegwenden.

awe (spr. awê)! f. die Anm. zu auwéh.

die Axe, b. Einigen st. Achse (f. b.), wie auch Eidexe st. Eidechse vorkommt.

† das Axiôm, —es, Pl. —e : keines Beweises bedürftiger Satz, un-
bezweifelter Lehrsatz.

> Das lat. axiôma v. b. gleichbed. gr. das axíôma, welches eig. Würbe, Ansehen,
> bann Dafürhalten [axiûn (ἀξιοῦν) = würdigen; nach voraufgegangener Wür-
> bigung anerkennen].

die Art, Pl. Äxte : das aus einem schneidenden metallenen (eisernen)
Keile mit längerem hölzernen Stiele bestehende Hauwerkzeug.

> Bei Luther die Art, Pl. Erte u. Egste (Pf. 74, 5), in Ehingen's Reisen
> agst, kurz nach 1400 in Rebel's Pf. v. Griesbaber's Predigten (8. nach Pfingsten)
> achst, im 14. Jahrh. agst (voc. opt. 25, 12, 5), alle mit angetretenem t (f. T.),
> wie Erzt, Habicht, Papst u. a. statt Erz, Habich, im 12. Jahrh. bâbes. Ursprüng-
> licher und noch spärlich neben jener Form mit -t im 16. Jahrh. ar u. achs,
> . mhd. die ackes, akes, später ax, ahb. ahhus, achus, acchus, accus, altsächs.

neus, angelſächſ. eax, goth. die aqizi, gebildet nach dem gleichbed. lat. áscia, welches durch Umſtellung des sc aus altem acsia, deſſen acs = ax auch in gr. axiné (nach *Iliad.* 15, 711 ohne anlautendes Digamma) = Axt aus der Wurzel ak, ac in gr. aké Schärfe, Spitze, lat. ácies Schärfe, Schneide.

das Arthelm (e wie ä), —es, Pl. —e : der hölzerne Stiel an der Axt.

Bei Adelung und Campe falſch : der Theil der Axt, durch welchen der Stiel geſteckt iſt. Das Helm, ſchon im *voc. incip. teut.*, aus bayer. der und die Helbm ſt. Helben (Schmeller II, 175) ebenſo hervorgegangen, wie im *lib. ord. rer.* v. 1429 Bl. 9ᵃ salm aus die salbm ſt. salben Salbe (Schmeller III, 231), bayer. schwalm und im *lib. ord. rer.* Bl. 15ᵇ swalbm aus die Schwalben = Schwalbe, die silm aus silbm ſt. die Silben (Schmeller III, 234) = Sylbe. Dagegen ſchweiz. und mhd. der halm = Axtſtiel (Stalder II, 14 f. *LiederSaal* I, 637, 223). Beide aber, helm u. halm, führen auf eine ſchwachbiegende Form [ſpät-ahd. halbe (*gl. trevir.* 9, 17), helbe (Graff IV, 891)] v. mhd. und ahd. der halp = Stiel, Handhabe, woneben auch einmal im Dat. Sing. dëm helbe (*Leyser's Predigt.* 135, 42). Von dieſem halp noch bayer. (der, die) Arthalb = Arthelm. Die Abſtammung dieſes halp aber iſt dunkel.

a y, ein wegen des y undeutſcher Diphthong, der immer ai zu ſchreiben iſt, ſ. ai.

äzen u. die A'zung, richtiger ätzen u. A'tzung, ſ. d. WW.

† der Azûr, —es, ohne Pl. : die himmelblaue Farbe. Daher das Adj. azûrn = himmelblau [Im Ahd. ſagte man weitin v. Waid].

Der Azur iſt erſt im 18. Jahrh. eingeführt aus franz. azur, welches wie ital. azzurro (Adj.), ſpan. azul (auch azur), mittellat. azûrum, azura nebſt den zu Anfange des 14. Jahrh. erſcheinenden Adj. asûreus u. asurâtus mit Unterdrückung des anlautenden l aus perſ. lâdjuward, lâschuward u. lâsuward (auch von Vielen lâsuward geſchrieben) = Laſurſtein (lâpis lázuli), wovon, da aus dem Steine die ſchönſte blaue Farbe (Ultramarin) gewonnen wird, lâdjuwardi, lâschuwardi, lâsuwardi, = himmelblau. Aus dem Perſ. gieng auch das Wort ins Arab. über und das Subſt. lautet im Arabiſchen Nordafrica's ladjourd. Arab. asrak blau gehört nicht hierher. Mhd. ſagte man lazûr (ſ. Laſur) u. für unſer azurn lazûrvar (laſurfarben). Dieß Adj. azurn iſt wol gebildet nach der Ähnlichkeit von kupfern, ſilbern ꝛc., aber es findet ſich auch bei *Dufresne* neulat. azûrinus.

B.

B, b, der weiche Lippenlaut. Redensart : „Wer A ſagt (geſagt hat), muß auch B ſagen" = wer einmal etwas anfängt, muß darin, komme auch was da wolle, fortfahren. „Wer A geſagt, der ſag' auch B" (Bürger, Ged. II, 215. Ausg. v. J. 1829.)

Die ſtummen Conſonanten (mûtæ) ſind dreierlei : Lippenlaute (labiáles), Zungen- oder Zahnlaute (linguáles oder dentâles) und Kehllaute (gutturáles). Jede der 3 Arten aber ſtuft ſich wieder 3mal ab, in den weichen, den harten und den an-

gehauchten Laut oder, um die grammatischen Ausdrücke zu gebrauchen, in die média, die ténuis und die aspiráta. Nach dieser 3fachen Abstufung, insofern strenge Aufeinanderfolge, wie sie eben angegeben ist, stattfindet und von der Aspiráta wieder zur Media ꝛc. fortgerückt wird, weichen dann die indo-germanischen Sprachen und ihre Mundarten dergestalt von einander ab, daß mit unerheblichen Ausnahmen alle Sprachen dieser Urverwandtschaft außer den germanischen, also das Sanskrit, Zend, Persische, Slawische, Litthauische, Griechische, Lateinische, Keltische, den gleichen stummen Consonanten haben und so auf einer und derselben, nach J. Grimm's Vorgange der Kürze wegen vorzugsweise mit griechisch bezeichneten Stufe stehen, das Gothische dagegen und mit ihm das Alt- und Angelsächsische, sowie das Friesische und Altnordische die folgende 2te Stufe einnehmen, dem Althochdeutschen endlich, indem der Laut weiter geschoben wird, die dritte oder letzte Stufe zukommt. Dieses von J. Grimm entdeckte und zuerst in seiner Gramm. I², 584 dargelegte Gesetz ist das Gesetz der Lautverschiebung, welches sich für alle stummen Consonanten folgendermaßen tabellarisch geben läßt:

		media	tenuis	aspirata
Erste Stufe:	griechisch ꝛc.	media	tenuis	aspirata
Zweite Stufe:	gothisch ꝛc.	tenuis	aspirata	media
Dritte Stufe:	althochdeutsch	aspirata	media	tenuis

Doch treten, wie die Tabellen der 3 Lautarten hier und unter D und G zeigen werden und bei einzelnen Wörtern angedeutet werden soll, einigemal Stockungen der Verschiebung ein oder Anderes, was der Regel zuwider scheint, und außerdem ist jedesmal nach Anlaut, Inlaut und Auslaut zu unterscheiden, weil der Laut je nach dieser 3fachen Stellung eine Veränderung erleiden kann. Für die Lippenlaute nun würde folgende Tabelle der Verschiebung aufzustellen sein:

griech.	b	p	ph
goth.	p	ph	b
althochd.	ph	b	p

Allein in der Wirklichkeit und je nach Anlaut, Inlaut und Auslaut ergibt sich:

	griech.	b	p	ph
im Anlaut:	goth.	p	f	b
	althochd.	ph	f, v	p, b
im Inlaut:	goth.	p	f, b	b
	althochd.	f	v, f, b, p	p, b
im Auslaut:	goth.	p	f	b
	althochd.	f	f, b, p	p, b

Hierzu kommt nach weiterer Entwickelung der Laute im Hochdeutschen zur Uebersicht:

im Anlaut:	mittelhochd.	pf	v, f	b
	neuhochd.	pf	v, f	b
im Inlaut:	mittelhochd.	f	v, b	b
	neuhochd.	f	f, b	b
im Auslaut:	mittelhochd.	f,	f, p	p
	neuhochd.	f	f, b	b

Dabei ist sodann noch zu merken, daß gr. ph (φ) im Lat. bekanntlich f ist, wie auch der Gothe nicht ph, sondern f setzt, und daß da, wo gr. ph steht, im Sanskrit meist bh (aspiriertes b) vorkommt, im Slawischen und Litthauischen b. Bei anlautendem goth. f stockt die Lautverschiebung im Althochd.; doch hat dieses daneben v = bh (b), also hier statt b gleichsam dessen Aspiration. Beispiele zu der Tabelle bieten Wörter, wie Vater, Fuß, fünf; Bruder, Buche; Lefze, Löffel; Neffe, -haft; Haupt, Nebel; Dorf, Hanf, schlaff; Wolf und viele andere. — Statt und neben f im In- und Auslaute aber, wo es dem p der übrigen urverwandten Sprachen entspricht, zeigt die Tabelle nhd. noch ein b, welches schon im Althochd., selbst im Gothischen auftaucht oder auch durchgebrungen ist. Es muß dem dem griech. ph entsprechenden organischen b gegenüber als ein unorganisches bezeichnet werden, das, während das Angelsächsische und Altnordische das richtige f festhalten, durch b (d. i. bh, aspiriertes b) im Altsächsischen angebahnt und vermittelt wurde. Vgl. ab (altsächs. af und daneben i. b. Zusammens. ab), aber, Eber, geben, weben ꝛc. Dagegen ist einigemal, wo b dem Neuhochd. gemäß wäre, f geltend geworden. Vgl. Hafer, Schwefel u. a.

Außer jenem unorganischen b erscheint dann im Neuhochd. noch ein drittes, wo mittelhochd. u. althochd. w sich findet. Es ist nichts anders als Verstärkung dieses ältern w und hat sich vorzugsweise nach l und r gebildet. Vgl. albern, falb, gelb, Milbe, Schwalbe, Erbse, Farbe, Garbe, herb, mürbe ꝛc. Sonst kommt es seltener vor. Vgl. Eibe aus ahd. iwa, Wittib neben Witwe und Abenteuer aus mhd. aventiure, dessen v im Romanischen, woher das Wort entlehnt ist, wie w lautete. Bei Hans Sachs auch z. B. blab neben blaw = blau. Im Anlaute b statt w (f. W) in bamsen, Bär = Querdamm.

baar, weniger üblich bar außer in Barfrost, barfuß ꝛc. (f. bar), Adj.: unbedeckt; den Blicken frei [z. B. bei Möser "die bare Heyde" = die weite Heide, wo nichts als Heide zu sehen ist. Baares Geld = (vor Augen) aufgezähltes]; durch nichts Anderes verdeckt, nichts anders als bloß [z. B. baare Erfahrung, Gunst ꝛc.]; gänzlich benommen [z. B. "aller Ehren baar". Schiller's Tell 2, 2].

Mhd. bar, ahd. par, angelsächs. bar, goth. basis? oder basvus? basus? [vgl. »barwer brüste« = bloßer Brüste bei *Frauenlob* S. 6, 20], und daß in unserm baar r aus ursprünglichem s, zeigen slaw. bos", litthau. basas, = barfuß (urspr. nackt). Wegen des s also nicht v. ahd. peran goth. bairan tragen, hervorbringen, und somit unverwandt mit -bar (f. b.) in fruchtbar ꝛc. Die Wurzel ist dunkel.

die Baare, ungewöhnlich st. Bahre, f. b.

bäbbeln, zunächst vom Sprechen der kleinen Kinder, wenn sie sprechen lernen. Dann: viel und gehaltlos sprechen; aus Sprachseligkeit unverschwiegen sein. Daher der Bäbbeler, —s, Pl. wie Sing., = gehaltloser Schwätzer, nicht verschwiegener Mensch, und das Adj. bäbbelig (Frisch I, 45ª).

Erst im 16. Jahrh. Niederd. babbeln, holländ. babbelen, engl. babble, mit franz. babiller, ital. babbolàre zurückgehend auf die Laute ba ba [= papa?], womit das früheste Sprechen und Plaudern des Kindes beginnt. Babbler (Phil. v. Sittew. I, 597) ist niederd. babbeler, holländ. babbelaar, engl. babbler.

† der Baccalaureus, Gen. unverändert, Pl. [lat.] —rei (spr. —re=i): Gelehrter des niedrigsten akademischen Grades. Daher das Baccalaureât = die Würde des Baccalaureus.

Aus der mittellat. Form baccalárius u. bacchalárius [weshalb franz. bachelier], welche wahrscheinlich aus franz. bas chevalier (wörtlich „niedriger Ritter") =

Anfänger im Ritterweſen, Knappe, dann überhaupt Anfänger in manchem andern
Lebensberuf, wie noch jetzt engl. bachelor vorzugsweiſe Knappe u. Baccalau-
reus bedeutet. S. Hoffmann's *Reineke Vos* S. 174. Nicht v. lat. bácca laúrea
Lorbeere oder v. báculus Stab als Ehrenzeichen.

† das Bacchanál, —es, faſt nur im Pl. die Bacchanálien: höchſt
ausgelaſſenes Trink-, Saufgelage.

     Das gleichbed. lat. bacchánal mit Pl. bacchanália, eig. das mit höchſter Aus-
gelaſſenheit, raſendem Jubel gefeierte Feſt des Weingottes Bacchus.

† der Bacchánt, —en, Pl. —en, ſ. Bachant.

der Bach, —es, Pl. Bäche, = kleines fließendes Waſſer, ehedem dichteriſch auch "Quellwaſſer". Dim. das Bächelchen, edler Bächlein
(mhd. bechelin).

     In Mitteldeutſchland landſchaftlich, wie bei Schriftſtellern des 16. u. 17., ſelbſt
noch des 18. Jahrh., zumal den ſchleſiſchen, die Bach; bei Keiſersberg
ſchwankend der u. die Bach; bei Luther nur mitunter die Bach (z. B. Hiob
6, 15 „wie eine Bach" i. d. Ausg. v. 1541). Mhd. der bach (Pl. beche), aber
in Mitteldeutſchland auch bereits durch Einwirkung des Altſächſiſchen [beki, wol beki =
ahd. pachi] weibl.; ahd. der pach, pah (Pl. pechi, pehhi). DunkIen Urſprungs.
Das gr. pēgē (πηγή) Quelle ſtimmte mit pah, wenn im Anlaute ph (φ) ſtünde.
Den Gothen fehlt das Wort; ſie ſagten für Gießbach die rinnſ (Joh. 18, 3)
d. i. Rinne.

† der Bachánt, —en, Pl. —en, üblicher als das urſprünglichere
Bacchant: (wolgenährter, vom Trinken im Geſichte rother) Schwelger.

     Im 15.—17. Jahrh. ein nicht mehr zu den unterſten Schülern (den Schützen),
aber auch noch nicht zu den eigentlichen Studenten gehörender junger Menſch,
der bettelnd umherſtrich und oft freien Trunk bis zum ſtärkſten Rauſche erhielt,
ein ſogenannter fahrender Schüler; daher auch ſ. v. a. ungeſchliffener Menſch.
Von lat. bácchans (Gen. bacchántis), dem Part. Präſ. v. lat. bacchári = wild
umherſchweifen, auch ſich übervollſaufen, eig. das Bacchusfeſt feiern.

die Báchbohne, Pl. —n, verderbt aus Bachbunge, ſ. d.

die Báchbunge, Pl. —n, Name zweier in Bächen und ſtill fließen-
den Waſſern wachſenden Ehrenpreisarten.

     Niederd. beckebunge (becke = Bach), woher neulat. beccabúnga, ital. becca-
bungia. -bunge wol wegen der Fruchtknöpfchen, denn mhd. der bunge, ſpät-ahd.
pungo (Graff III, 131), = Pflanzenknolle, eig. búlbus.

der Báche = Speckſeite, Schinke. Im 16. Jahrh. üblich, jetzt im Hochb.
veraltet und noch bayer. der Bachen. S. das erſte Backe.

die Báche, Pl. —n, = das wilde Mutterſchwein. Daher der Bächer,
—s, Pl. wie Sing.: 2jähriger wilder Eber.

     Nur weidmänniſch. Obgleich die Bache Name des Weibchens, doch zuerſt
(im 16. Jahrh.) der Bache, indem die Benennung der Bache (ſ. b.) = Speckſeite auf das ganze Schwein übergetragen wurde.

die Báchſtelze (e vor l wie ä), Pl. —n: dünn- u. hochbeiniges, an Bächen
laufendes Vögelchen mit langem wippenden Schwanze.

Im *voc. theut.* v. 1482 pachsteltz, im *lib. ord. rer.* v. 1429 Bl. 15ᵇ pach
stelcz; mhd. die wazzerstelze, ahd. wazzarstelza, einmal wazzarstellia (Haupt's
Zeitſchr. V, 198), d. i. ſtelʒ⸗, hochbeiniger Vogel am Waſſer oder Bache.
Denn mhd. die ſtolze, ahd. ſtelza, unſer Stelʒe, = dünnes hohes Holʒbein.

der Bâchſtrom, —es, ohne Pl. : Strom d. i. Strömung im Bache.
»Auf dem Bachſtrohm hängen Weyden«. (Maler Müller,
Ball. 52).

das·Back, —es, Pl. —e : tiefe (hölʒerne) Schüſſel, in welcher einer
beſtimmten Zahl der Schiffsmannſchaft die Speiſe aufgetragen wird;
Vorderſchanʒe (vorderer innerer Raum) des Schiffes.

In der niederd. Schifferſprache. Niederd. bak, back, = große tiefe (hölʒerne)
Schüſſel, Rumpf; Kaſten, kaſtenartiger Behälter (vgl. *Richey* 7). Engl. back
Kufe. Keltiſch bak Schiff, holländ. bak, franʒ. bac, mittellat. báccus Fähre.

das Bâckborb, —es, Pl. —e : [vom Steuerruder aus geſehen] die
linke Hinterſeite des Schiffes. In der niederd. Schifferſprache.

Hochd. würde der Backbord richtiger ſein, was die Wortform betrifft Bach⸗
bort, wie aber nie vorkommt. Holländ. bakboord. Der Name daher, weil der
Steuermann beim Halten des Steuerruders mit der rechten Hand der linken
Seite des Schiffes den Rücken (niederd. bak, ſ. das erſte Backe) ʒukehrt. Die
rechte Seite dagegen heißt nach dem Steuerruder niederd. ſtürbord Steuerbord.
Bord (ſ. d.) = Schiffsrand.

der Bâcke, —ns, Pl. —n, und der Bâcken, —s, Pl. wie Sing. :
die fleiſchige Erhöhung ʒu beiden Seiten des Afters, in der Arſch⸗
backe (ſ. d. unter »Arſch«), der Hinterbacke.

Hochd. wäre der Bache (ſ. d.); denn ck in Backe iſt Einwirkung des Niederdeut⸗
ſchen. Mittelniederd. bake (woneben bakdarm = After. S. *hor. belg.* VII, 23ᵇ),
mittelniederl. baek, mhd. der bache (woher noch bayer. der Bachen), ahd. bacho,
pacho d. i. pahho [aber niemals mit verdickender Lautverdoppelung (cch), wie
bei Backe als Geſichtstheil baccho], woraus mittellat. baco, altfranʒ. bacon,
alle = Speckſeite, Schinke [auch von der Ziege in mhd. geizbache]. Von
niederd. das bak, altſächſ. das bac, angelſächſ. bäc, altnord. bak, ahd. bach
(*gl. jun.* 192) d. i. pah = Rücken, Rückſeite, woneben noch ein ahd. die bacha
(*Diut.* II, 330ᵃ), pacha (*gl. jun.* 246) d. i. pahha = Rücken. — Manche ſagen
ungut die ſt. der Backe und halten dieß ſelbſt für vornehmer.

der Bâcke, —ns, Pl. —n, und der Bâcken, —s, Pl. wie Sing. :
Geſichtsfläche ʒwiſchen Auge, Naſe, Ohr und Hals; [daher dann] Theil
des Flintenkolbens, der an den Backen gelegt wird; Seitentheil des
Meſſerſtieles ꝛc. Davon das Dim. das Bâckchen oder Bâcklein
(b. Spee ſ. v. a. Kuß); das Adj. ⸗bäckig (weniger gut ⸗backig)
in dick⸗, róthbäckig ꝛc. Zuſammenſ. : der Bâckenſtreich (ſchon in
Melber's *vocab. pred.*), —es, Pl. —e, edler Ausdruck für Schlag auf den
Backen [mhd. der backenslac, ahd. órslac d. i. Schlag ans Ohr];
der Bâckenʒahn, —es, Pl. —ʒähne, ahd. bacchoʒan, auch in ei⸗

gentlicher Zusammenf. der Bácᶜzahn (b. Göthe), mhd. bakzánt, = einer der 4 hinterſten Zähne auf jeber Seite des Kinnbackens.

Hier cᶜ urſprünglich, benn mhd. ber backe, ahd. baccho, paccho u. mit [munbartlichem?] hh ſt. cch (vgl. Grimm's Gramm. I², 192) auch bacho, pacho, pahho (Graff III, 29), welche zuerſt ſ. v. a. Kinnlabe (gl. trevir. 2, 28), bebeuten. Mittelſt Ausſtoßung des r aus bem urſprünglichen, bei Graff fehlenben ahd. ber braccho (gl. fuld. 20, 11), bracco (Schmeller I, 251), b. i. praccho, = „Backe" u. eig. „Kinnlabe" b. h. Glieb zum Brechen ber Speiſen, v. ahd. brёchan, prёhhan brechen, ebenſo wie lat. mandſbula Kinnlabe v. mándere kauen. Noch bayer. brácket = bidbädig (Schmeller I, 251), unb wie in ahd. paccho gleicher Ausfall des r nach bem Anlaute in ahd. spioz Spieß, angelſächſ. specan ſt. sprecan ſprechen, ahd. waso Waſen, u. in Wocken (ſ. dieſe Wörter unb R). Alſo ber Backe im Geſicht ber urſprünglichen Form unb ber Abſtammung nach ganz verſchieben von Hinterbacke, wie benn auch ber kib. ord. rer. Bl. 16ª u. 16ᵇ noch in ber Form unterſcheibet ber pakchen als Geſichtstheil unb ber arspachk. Nicht hierher gehört lat. bucca = Mund, Backe, aus ber römiſchen Volksſprache, benn es hat nur zufälligen Anklang. — Manche, z. B. Lisᶜow, ſagen bie Backe unb halten es auch wol für vornehmer, aber beibes mit Unrecht. Vgl. auch Wange.

bäcken, Präſ. ich backe, bu bäckſt, er bäckt, wir backen ꝛc., Prät. Inb. buk, Conj. büke, Part. gebacken, 1) intranſ. : burch Hitze ober Froſt feſt aneinanberklebenb hart werben; — 2) tranſ. : burch Hitze in kurzer Zeit feſt unb hart machen. „Leiſe gebacken" = zu weich, verzärtelt, ſchon bei Hans Sachs. Daher ber Bäcker ſ. Becker. Zuſammenf. : ber Bäckfiſch = Fiſch zum Backen, aber zu jung zum Abſieben; noch unausgewachſenes Mäbchen. das Bäckhaus, im 11. Jahrh. hochb.=nieberb. bachûs (gl. jun. 280), = Haus mit Bäck= ofen b. h. einem gewölbten Ofen zum Einſchieben unb Backen von Brot, Kuchen ꝛc. das Bäckſcheit = bünne Spalte Holz zum Heizen bes Backofens. der Bäckſtein = gebackener künſtlicher Stein aus Thon.

Ungut im Prät. nach hollänb. Vorbilbe [bakte v. bakken] ſchwach backte ſt. buk, wofür bei Luther noch altherkömmlich buch (1 Moſ. 19, 3. 2 Moſ. 12, 39. 1 Sam. 28, 24); benn unſer backen lautet mhd. bachen (noch bayer. bachen), ahd. bachan, pachan, pahhan, woneben freilich auch ſchon mit verbickenber Verboppelung des Lautes ch (hh) in cch pacchan, packan. Doch iſt unſer nhd. backen aus bem unter norbbeutſchem Einfluſſe [angelſächſ. bacan, altnorb. baka] ſtehenben Mittelbeutſchen burch Luther, ber entſchieben ſo ſchrieb, burchgebrungen. Die Biegung iſt im Altb. immer ſtark, unb das Part. Prät. backen ohne ge=, wie es in Franken, Bayern ꝛc. gehört wird, ſteht in ält=, friſch=, haus=, neubacken (ſ. b. WB.). Wurzelverwandt erſcheint pahhan mit bähen (ſ. b.), unb jenes ſtimmt nach bem Geſetze ber Lautverſchiebung mit gr. phóˊgein (φωˊγειν) braten, röſten, bähen bagegen mit lat. focus Feuerſtatt, Heerb, woher ahd. bie fohhanza (fochanza) = kleiner bünner Kuchen.

das Bab, —es, Pl. Bäber, mhd. das bat (Gen. bades), ahd. bad, pad, = Flüſſigkeit, in welche man ſteigt, um ben Körper zu reinigen, herzustellen, ober zu erfrischen; eine solche Handlung selbst; Ort mit heilkräftigen Quellen unb Anlagen zum Baben. Das Kind mit ober sammt bem Babe aus= ober verschütten = bas Gute mit bem Schlech= ten verwerfen. Von Bab bas schwache Verbum báben, mhb. baden, ahb. badôn, padôn, intranf., mit „sich" u. transf. [vom ganzen Kör= per ober Theilen besselben] : in Flüssigkeit tauchen zu Reinigung, Her= stellung, Erfrischung u. bgl.; [bilbl.] in solches, was einer Flüssigkeit vergleichbar ist, mit Wolgefühl tauchen, z. B. bie Brust im Morgen= roth baben (in Göthe's Faust); an einem Quellorte zum Baben sich aufhalten. Ebenfalls von Bab : ber Báber, —s, Pl. wie Sing., mhb. bader, = wessen Geschäft ist, eine öffentliche Babstube zu halten unb (zunächst in bieser) zur Aber zu lassen unb zu schröpfen [ehebem überhaupt Kranke zu baden]. In Zusammenf. wirb mit an= tretenbem Zusammensetzungsvocal a ahb. pad zu pada-, bada-, also mhb. bat zu bade- (boch zuweilen auch bloß bat-), nhb. Bab zu Babe=, wofür aber auch im 15.—17. Jahrh. bloßes bab=, Bab=. Solche Zusammenf. siub : bas Bábehaus, ahb. badehûs (padahûs); bie Bábemagb; bie Bábestube, ahb. padestube (padastupâ), u. a. Aus bem 16. Jahrh. bie Babehre (noch b. Wieland) = Schamtuch, Schürze beim Baben [gleichsam Babetuch zu Zucht unb Ehre?].

Der Pl. von Bab schon mhb. beder, aber nur in ber *heil. Martina*. Der Sing. lautet altsächf. bas bath (bad), angelsächf. bâd, engl. bath, goth. baþ(?). Nicht verwanbt scheint lat. bálneum [woraus ital. bagno], eig. balíneum Bab, ba schon im griech. balaneîon vorkommt unb ber Anlaut nach bem Gesetze ber Lautverschiebung nicht stimmt. Eher ist altslaw. baniti, banjati = „waschen, baben", zu vergleichen, worin ber Zungenlaut ausgefallen.

Báben, Name eines beutschen Lanbes, nach bem Ortsnamen Baben, welcher ahb. Badun b. i. vollständiger u. ursprünglicher az padum = zu [az = lat. ad] ben Bäbern, zu ben Warmbäbern, lautet unb also Dat. Pl. v. ahb. pad Bab ist. Von Baben bas Abj. bábisch, nicht bábnisch, wie, wol im Gebanken an neulat. Badénsis, mitunter ge= schrieben wirb. ber Bábner = wer aus Baben ist.

baff! üblicher paff! f. b.

bas Bäffchen, f. Besfchen.

bäffen unb bas bavon abgeleitete verstärkenbe bäfzen (mit kurzem ä) = mit schwachem bumpfen Tone bellen.

† bie Bagâge (spr. bagâsche), ohne Pl. : Reise=, besonbers Heer= gepäck; Gesinbel, Pack.

Das franz. bagage, aus bem gleichbeb. mittellat. bagágium, v. mittellat. baga = Kasten, Sack, welches schwerlich auf spät=mhb. back Pack zurückzuführen ist.

† bie Bagatélle (é wie ä), Pl.—n, = nicht zu beachtenbe Kleinigkeit.

Das franz. die bagatelle aus ital. bagattella, welches auch Gaukelei bedeutet. Ob v. ital. bagattíno. mittellat. bagatínus, = Münze, welche 1½ Pfennig gilt, ganz gering geachtete Münze?

bágern (b. Wieland) = plagen, eig. wol "matt machen." Schwäbisch, aber ursprünglich wol jüdisch v. hebr. pagar (פגר) matt sein.

der Bágger, —s, Pl. wie Sing. : Werkzeug zum Ausschöpfen und -werfen des Sandes und Schlammes aus einem Wasserbette. Niederd., v. dem aus neuniederl. baggeren entlehnten bággern = Sand und Schlamm von dem Grunde eines Wasserbettes ausschöpfen u. -werfen.

báhen = "in Wärme erweichen", bei kranken Körpertheilen wolthuend; an Feuer gelind rösten.

Mhd. bæn, zusammengez. aus bæhen, ahd. páhan mit á aus a. Das Wort stimmt der Lautverschiebung gemäß mit lat. fócus Feuerstatt, Heerd, und ist dem- nach aus Einer Wurzel mit backen (s. b.).

die Bahn, Pl. —en, mhd. die u. der ban : gemachte ebene Fläche zum Fortbewegen auf derselben; glatte Fläche an Werkzeugen zur Ver- minderung einer Reibung; Linie, Richtung einer Bewegung. Daher báhnen (im 17. und noch zum Theil im 18. Jahrh. auch báhnen), mhd. banen, = Bahn, zur Bahn machen. Neu sind die auf Eisen- bahnen bezüglichen Zusammensetzungen der Báhnhof, der Báhn- wart = Wärter der Eisenbahn, der Báhnzug = Wagenzug einer Eisenbahn.

Im Ahd. die pana (?), da mhd. urspr. bane (Wolframs Willeh. 440, 12). Wie mhd. die sla (ahd. slaha?) = Spur (vom Hufschlag) und ahd. der -slaho und -slago = Todschläger, v. ahd. slahan schlagen : so unser Bahn und die der Lautverschiebung gemäß mit gr. der phónos Todschlag, lat. das fúnus Leiche stim- menden goth. die banja u. agf. ben = Wunde (Schlag), dann altfächf. der bano (gr. phoneús) Todschläger, angelfächf. bana u. ahd. pano = Todschläger und Tod, mhd. der ban (Gen. banen) Verderben, alle von einer anzunehmenden alten Wurzel ban (sanftr. van mit v statt bh) = schlagen.

die Báhre, Pl —n : langes wagerechtes Gestell zum Tragen für 2 oder mehr Personen; bef. ein solches Gestell, den Sarg zum Grabe zu tragen; [daher, aber selten] Sarg, z. B. Schiller's Räuber 4, 6. Nach den 2 letzten Bedd. das Báhrgericht oder Báhrrecht = Art Gottesurtheil, welches darin bestand, daß man, wenn der Todschläger unentdeckt war, alle Verdächtigen an die Bahre treten und den Leichnam berühren ließ, indem man glaubte, die Wunde fienge bei dem Schuldigen an zu bluten (vgl. Nibel 984—987). das Báhrtuch = Sarg-, Leichentuch.

Baare zu schreiben, ist völlig ungewöhnlich. Bei Luther bare, mhd. die báre, ahd. bára, pára, goth. bēra(?) oder bērô(?), v. pár in ahd. párumês wir trugen, dem Pl. Prät. v. ahd. pēran goth. baíran = tragen (f. gebären). So auch lat. féretrum Bahre v. dem mit diesem ahd. péran stimmenden lat. férre tragen.

die Bai, Pl. —en : (welt' in die Breite sich ausdehnender) Meerbusen; ehedem auch vorspringendes Fenster an den Zinnen.

In letzter Bed. mhd. die beie. Mit engl. bay, woher wol zunächst das Wort in der ersten Bed. zu uns kam, aus franz. die baie, das beide Bedeutungen hat. Dieß baie aber v. mittellat. (6.—7. Jahrh.) baia Bucht, Hafen.

der Baier, —n, Pl. —n, mhd. der Beier, ahd. Baigiri, Paigiri, mittelst Assimilation des a in ar zu i aus älterem Paigari, mit dem Nom.

· Pl. Beiarâ, Peigirâ, Paigirâ, wovon Dat. Paigirun, Paigirum. Hieraus, indem man ahd. (zi dên) Paigirun = "(zu den) Baiern" sagte, der also die Vielheit der Einwohner ausdrückende Landname (das) Baiern, in amtlicher Schreibung nach älterer nhd. Weise Bayern, mhd. Beieren [wofür ahd. Peigirôlant b. i. Land der Baiern]. Ebenfalls von Baier das Adj. baierisch, gekürzt bairisch, in amtlicher Schreibung bayerisch, bayrisch, mhd. Beierisch.

Jener ahd. Name Paigari nach mittellat. (6. Jahrh. u. folgg.) Bajoárius, Bagoárius, Bojoárius, Bojovárius, zusammengez. Bavárus, = der aus Bája oder Bojohêmum Stammende b. i. einer von den früher dort angesessenen Markomannen, auf welche der Name des von ihnen aus dem Lande vertriebenen keltischen Volksstammes der Bojen (Bôji) allmählich übergegangen war. Hiernach sind · die Baiern deutsches Volk mit ursprünglich keltischem Namen. S. J. Grimm Gesch. d. d. Spr. I, 502 ff.

das Baisalz, engl. baysalt, = Meersalz. Von Bai (s. b.).

baizen, wo es vorkommen sollte, ungut st. beizen, s. d.

† der Bajázzo, Gen. unverändert, Pl. wie Sing., im gemeinen Leben gekürzt Bájazz, —es, Pl. —e : der gemeine Lustigmacher umherziehender Spieler und Gaukler.

Aus mailänd. der pajazz (Cherubini, vocabolar. milanese-ital. III, 239 b), welches neben und gleichbed. mit mailänd. pajasc (ebenda 239 a) b. i. ital. pagliáccio (woher franz. die und der paillasse) = Strohsack, Streue, und Hanswurst, Gaukler. Beides v. mailänd. (ebenso span.) die paja st. ital. paglia Stroh [aus lat. pálea Spreu]; nicht aber v. ital. baja Hohn, Posse.

† das Bajonnét (é wie ä und kurz), —ttes, Pl. —tte : Flintenspieß.

Nach franz. die baïonette, urspr. bayonnette, weil [im Jahre 1670] zu Bayonne in Südfrankreich erfunden.

das Bâkborb, üblicher, zumal wegen des kurzen a, Backborb (s. b.).

die Bâke, Pl. —n : sichtbares Schifferzeichen zu Anfurt und Hafeneinfahrt oder zur Warnung vor Untiefen.

Niederd. die bake (Richey 355), neuniederländ. die baak, nach fries. das bâken (auch bêken) = Signal, an der Nordsee Feuersignal, Leuchtfeuer für Schiffer, altsächs. bôcan, angelsächs. beácen, ahd. das pouchan, pouhhan, = Zeichen, Signal. Die niederd. Form Bâke ist also für die verlorene hochd. das Bauchen eingetreten und weiblich, wie nhd. die Wolke (s. b.) aus ahd. das wolcan.

† der Bâkel, —s, Pl. wie Sing. : Schulstock zur Züchtigung.

In der Schulsprache aus lat. der báculus Stock.

bäken = schlagen, z. B. Flachs nach dem Dörren, Gerste ec. Lqub=
schaftl., nach dem gleichbed. niedersächs. boken. Hochb. sagt man
bläuen.

bäksen (in Klinger's Sturm und Drang 3, 2), nach niederb. bäksen
= schlagen neben bäks Schlag, Ohrfeige (Krüger 48ᵇ). S. baxen.

† balancieren (c wie s) = das Gleichgewicht halten.
　　Aus franz. balancer v. die balance = Gleichgewicht, Schwebe, eig. Wage,
welches mit seltener Ausweichung des ursprünglichen i in a (Diez I, 134)
aus dem Acc. Sing. bilancem v. lat. bi-lanx = zwei Wagschalen habend,
hervorgegangen ist.

† der Balbier und balbieren, mit dem häufigen Uebergange der r in
l aus Barbier u. barbieren, s. b. WW. Im jüngeren Nhd.
meidet man jene Formen und hält sie für gemein.

die Bälche, Bälche, = süddeutscher heringähnlicher Fisch, s. Belche.

† der Balcôn, —es, Pl. —e : erhöhter Balkenvorsprung am Hause
zu Austritt und Sitz im Freien. Vgl. Altan.
　　Nach ital. der balcóne, venezianisch u. pabuanisch wie franz. [im Franz. mit
al, nicht au, weil Fremdwort] balcon, v. dem aus ahd. balco Balke entlehnten
mittellat. bálco (Gen. balcônis), dessen Pl. balcônes = Balkone. Nicht v. persf.
bálāchāneh hoher Ort, Oberhaus, einer Zusammens. aus persf. bala hoch, oberst,
und chāneh Haus, Zelt.

balb, Adj., selbst im ältern=nhd. sehr selten und dann ganz außer Ge=
brauch; dafür jetzt bálbig. Aber das Abv. balb, früher balbe
(noch bei Göthe), weil mhd. balde, ahd. paldo, goth. balþaba,
Comp. bälber (seltener balber), Sup. bälbest (seltener balbest) : ohne
Aufenthalt; in kurzer Entfernung; beinahe; beizeiten; in kurzer Zeit;
ohne Mühe. Vom Adj. : die Bälbe in „in Bälbe“ = in kurzer
Zeit.
　　Das Adj. lautet mhd. balt (Gen. baldes), ahd. bald, pald, goth. balþs, =
frei, freimütig, kühn, getrost, tapfer, dreist; im Mhd. aber auch schon rasch, schnell
(Minnes. I, 818ᵃ, 4, und ebenso pald im lib. ord. rer. Bl. 19ᵈ). Das davon ab=
geleitete Abv. im Mhd. nur ungestüm (kecklich), schnell. Der Comp. lautet ahd.
paldôr (unser balder) und also der Superl. paldôst (baldest); im Mhd. aber
ohne und mit Umlaut balder und belder, baldest und beldest. Unser Bälbe ent=
spricht in der Form genau dem mhd. die belde, ahd. paldî, goth. balþei; aber diese
bedb. Freimütigkeit, Kühnheit, Zuversicht, Dreistigkeit. Der edelste Stamm bei
den Westgothen führte den Namen Bálthæ (Balthi) d. i. goth. balþái, balþans, =
kühne, tapfere, leuchtende, lichte (göttliche), und altnord. Baldr, ahd. Paltar, ist
der Lichtgott. Alles dieß bestätigt die nach dem Gesetze der Lautverschiebung
gegründete Verwandtschaft mit littbau. baltas, lettisch balts, slaw. bjel = weiß, in
welchen b die wenigstens im Littbau. u. Lett. völlig mangelnde Aspirata vertritt
(vgl. B).

† der Báldachîn, —es, Pl. —e : der Trag=, Thronhimmel.
　　Nach ital. der baldacchíno aus mittellat. baldakînus, baldekînus, wovon auch
mhd. das baldekîn = Teppich aus Seide von Baldac, eig. kostbarer seidener, mit

Goldfäden durchwirktcr Stoff von Baldac, und mit solchen Teppichen waren die prächtigen Traghimmel bedeckt. Baldac aber, ital. Baldacco, ist aus arab. Bagdad entstanden, indem nach Diez I, 218 sich g dem d durch Verwandlung in die Liquida l assimilierte, und das vom Chalifen Almanſor 762 erbaute Bagdad war wegen jener beliebten Seidenstoffe berühmt.

bálbig, nhd. Adj. für das alte erloschene Adj. balb, s. b.

† der Bálbrian, —es, Pl. —e : das Katzenkraut.

Mhd. baldrian, entsprechend dem Romanischen, welches nach Diez I, 246 zwischen lr nicht selten ein d in die Mitte nimmt, aus dem mittellat. Namen der Pflanze : valeriána. Das Gießener Heilmittelbuch v. J. 1400 Bl. 107ᵇ verdeutscht katzenkrūt, der voc. incip. teut. Bl. s 1ᵇ katzenlieb.

Bálbuîn, Mannsname, nach lat.-deutſch Balduínus aus mhd. Baldewîn b. i. als vergnügt (getroſt, froh) Geliebter.

Mhd. Baldewin iſt der Name des Eſels im Thierepos (*Reinhart Fuchs* v. J. Grimm S. CCXLIV und 383 ff.) und daher heißt noch bei Muſäus i. ſ. Kinderklapper der Eſel Balbewein.

† der Baléſter (é wie ä), —s, Pl. wie Sing. : Kugelarmbruſt.

Nach ital. die baléstra Armbruſt, welches aus mittellat. das baléstrum eig. = Schleuder v. gr. bállein werfen, schleudern.

der Balg, —es, Pl. Bälge : aufgeschwellte Fruchthülle; abgestreifte (aber nicht abgezogene) Thierhaut; [ehedem auch] Menschenhaut, [dann, aber verächtlich] Mensch, besonders unzüchtige, schlechte Weibsperson, böses Kind; schwellendes Geräthe zum Windausstoßen.

Mhd. der balc (Gen. balges, Pl. belge, selten balge) = Blumenhülle, Hülse, Haut, böses Weibsbild; ahd. balch, palc (Pl. pelgî und ohne Umlaut palgâ) = Getraidehülſe, Haut, Blaſebalg; goth. balgs (Pl. balgeis) = Schlauch. Aus balg, palc, dem Sing. Prät. v. ahd. bëlgan, pëlkan, = aufschwellen [sib bëlgan = aufbrauſen, zornig werden]. Der Lautverſchiebung gemäß entspricht lat. *follis* Blaſebalg.

die Bälge, Pl. —n : Waſchkübel.

Aus dem Niederb., wo gewöhnlich balje, oſtfrieſ. bälje; mittelnieberb. ballye = Tonne, Schöpfgefäß (*hor. belg.* VII, 23ᵇ). Unverwandt mit goth. balgs Schlauch.

bálgen, ehedem nhd. : zornig reden, zanken. Im 18. Jahrh. nur noch sich balgen = ringend und zerrend die Leibeskraft an einander verſuchen. Daher der Bálger und die Balgereí.

Erſt im 16. Jahrh. v. balc, dem Sing. Prät. des mhd. bëlgen, ahd. pëlkan = aufgebracht, empört ſein, aufbrauſen. Vgl. Balg.

bälgen = den Balg abziehen, z. B. einen Haſen bälgen. ſich bälgen = die Haut oder Hülſe von ſich abgehen laſſen.

der Bälgentrèter (b. J. H. Voß), —s, Pl. wie Sing. : wer die Balghalken der Orgel niedertritt, daß Wind in die Pfeifen kommt. Daneben auch und beſſer Bälgetrèter, aber noch richtiger Bálgtrèter.

der Bálke, —ns, Pl. —n, und dafür gewöhnlicher der Bálken, —s, Pl. wie Sing. : mittelſt der Säge oder Axt bearbeitetes Stück Bau-holz, ſowie dieſem Ähnliches.

Mhd. der balke, ahd. balko, palcho. Das Wort iſt dunkler Herkunft. Der Gothe hatte es nicht, ſondern ſagte der ans (Luc. 6, 41. 42).

† der Balkôn, beſſer, weil aus dem Ital., Balcôn (ſ. b.)

der Ball, —es, ohne Pl. : Anſchlag der Jagdhunde. Weidmänniſch.

Von älter-nhd. ball, mhd. bal, = er boll (bellte), dem Prät. v. bëllen.

der Ball, —es, Pl. Bälle : kugelrunder Körper.

Mhd. der bal (Gen. balles), ſpät-ahd. pal, gekürzt aus der gleichbed. älteren ſchwachen Form mhd. der balle [woher auch noch nhd. des bem ben Ballen, der Acc. z. B. bei Göthe vom Spielball], ahd. der pallo und die ballâ, pallâ. Das Wort iſt überkommen aus romaniſch (ital.) die palla = Ball, Ballſpiel, Kugel, franz. balle, welche aus gr. die pálla = (Spiel-) Ball-v. gr. pállein = ſchwingen, werfen, aufgenommen ſind. Daß unſer Ball aus dem Ital., wird beſtätigt im *Athis* S. 105, 85 ff. 94 ff. : „ein spil, daz was [war] ein linde hût [Haut], — ubir ein weich hâr gesût [genäht], — als ein *kûle* [Kugel] alsô grôz; — disin handeweich *klôz* [Kloß], — dên wurfin sie an andir. — — — dît [dieß] *spil was geheizin* bal — in rômischir zungin [Sprache]. — sus [ſo] giengin die jungin — hupphinde unde springinde — von dên brûtin [Bräuten] singinde — einandir wërfinde dên bal, — dêr an [in dem] spile nicht ruowin [ruhen] sal.“

der Ball, —es, Pl. Bälle : Tanzfeſt.

Zuerſt b. Stieler (1691), aber ſächlich; ſpäter nur männlich. Aus ital. der ballo, franz. bal, = Tanz, v. ital. balláre, provenz. ballar, altfranz. baller, = tanzen, welche das für, das echt-lat. saltáre tanzen eingetretene und dieſes verdrängende früße mittellat. balláre tanzen ſind. Dieß balláre aber iſt gebildet nach dem in Großgriechenland und Sicilien üblichen gr. ballízein = tanzen, hüpfen, ſpringen, v. gr. bállein werfen; denn bei den Griechen (*Odyss.* 6, 100 ff. 8, 372 ff.) war, wie ſpäter im Mittelalter (ſ. b. Stelle aus *Athis* in der Anm. zu Ball 2), das Ballwerfen ein mit Geſang und Tanz verbundenes Spiel, und unſer *Nithart* ſ. b. erſten Hälfte des 13. Jahrh. ſingt faſt immer in ſeinen Liedern von der Sommerluſt ſelbſt des Landvolkes mit Ballſpiel und Tanz. Vgl. W. Wackernagel altfranz. Lieder 236.

† die Ballâde, Pl. —n : mit lyriſcher Empfindung erzählendes Ge-dicht.

Der Begriff iſt nach dem Vorbilde der engliſchen und ſchottiſchen ballads gel-tend geworden, aus welchen Bürger u. A. ſchöpften. Aber dieß engl. ballad kommt zunächſt aus franz. ballade, welches aus provenzaliſch die balada, ital. balláta, b. i. Tanzlied, dem Part. Prät. v. ital. balláre = tanzen (ſ. Ball 3). Für Tanzlied könnte man wol das altb. der Leich (ſ. b.) gebrauchen.

der Bállaſt (gewöhnlich Balláſt), —es, ohne Pl. : Unterladung im Schiffe, damit es im Gleichgewicht bleibe und tiefer gehe; Untaugliches (über Bord zu Werfendes).

Das holländ., engl. ballast. Da dän. baglast, worin bag = hinter, holländ. bak-, engl. back, ſo ſcheint ballast durch Aſſimilation aus bak-, back-last b. i.

Hinterlaß; was gleichsam Last (Ladung) hinter oder unter der eigentlichen Ladung.

das Bällchen, —s, Pl. wie Sing., Dim. von der Ball = kugelrunder Körper und Tanzfest, aber auch von der Balle oder Ballen.

der Bálle, —ns, Pl. —n, u. dafür der Bállen, —s, Pl. wie Sing.: runder oder doch rundlicher aneinanderhaftender und meist weicher Körper; in einen Umschlag zusammengepackte Masse; Maß einer Waarenmasse, z. B. ein Ballen Papier = 200 Buch.

> Mhd. der balle, ahd. der pallo und die pallâ, ballâ, = Ball (f. Ball 2) und dann rundliche (ballähnliche) Erhöhung an Hand oder Fuß, sowie ballartig aneinanderhaftende Masse. Obgleich also ursprünglich eins mit dem aus romanisch palla hervorgegangenen Ball = kugelrunder Körper, so doch im Italienischen, weil aus dem Deutschen (ballâ i. d. gl. florent. 982ᵇ) zurückentlehnt, balla = Pack, mittellat. bálla u. bala.

† die Ballei, Pl. —en : ein Ordensbezirk der deutschen Ritter.

> Aus mittellat. bállia neben ballîva, ballívia, = Bezirk eines ballivus = wem Rechtspflege und Verwaltung eines Bezirkes, einer Stadt ꝛc. übertragen ist. Dieß ballivus aber v. mittel. bálius b. i. bájulus = Träger, Geschäftsträger, leitender Vorsteher, Vormund.

bállen == zu einem Balle machen. Von Speisen, die ballartig in den hohlen Händen gepreßt werden, schon mhd. ballen.

† das Ballétt (é wie ä), —es, Pl. —e : Schautanz auf der Bühne.

> Aus ital. ballétto, dem Dim. v. ballo Tanz, Tanzfest (f. Ball 3). Nach der franz. Form ballet bei Manchen Ballét, —ttes, Pl. —tte.

ballhornisieren, mit undeutscher Endung, richtiger und unsrer Sprache gemäß verbállhornen : (eine Schrift) durch vermeintliche Verbesserungen verschlechtern, verschlimmbessern.

> Die zur Bildung des Verbums verwandte Endung -isieren ist nach französisch -iser = ital. -izzâre, lat. -izâre, gr. -ízein. Das Wort kommt von dem Namen eines von dem Jahre 1531 an thätigen Buchdruckers zu Lübeck, nach Schuppius S. 588 zu Soest in Westphalen, Johann Ballhorn, welcher in einem Abcbuche, das er oft herausgab, mancherlei ungeschickte Veränderungen anzubringen und auf dem Titel beizufügen pflegte, „vermehrt und verbessert", »auctior et correctior«, weshalb er im 17. Jahrh. allgemein sprichwörtlich war. Vgl. Balth. Schuppius Schriften a. a. O. u. S. 601.

† der Ballón (spr. ballóng), —s, Pl. —s : Luftball, mit Luft gefüllter Ball zum Aufsteigen in die Luft.

> Erst gegen Ende des 18. Jahrh. bei uns üblich aus franz. der ballon, welches mit der, Vergrößerung ausdrückenden Endsylbe -on v. franz. balle = (Spiel-) Ball.

† ballotieren = mittelst Stimmkugeln wählen.

> Aus dem gleichbed. franz. ballotter v. die ballotte Stimmkugel, welches Dim. v. balle Kugel, Ball.

der Bálsam, —es, Pl. —e : wolriechender Saft aus destillierten Ölen; Wolgeruch; linderndes Heilmittel. Daher: bálsamen, und weniger edel,

weil mit unbeutscher Endung, balsamieren, = mit Balsam be=
streichen ober reiben, mit Balsamgeruch durchbringen; bie Balsa=
míne (aus neulat. balsamína st. balsámina, v. gr. balsaminê Bal=
fampflanze) = bas (zu einem Wunbbalsam bienenbe) s. g. Spring=
kraut; balsámisch = Balsamgeruch ober =kraft habenb.

> Mhb. ber balsame, balseme, balsme, am Frühsten mit ahb. Endung balsamo
> (*Genesis* 16, 28), v. lat. bas bálsamum, gr. bálsamon (Harz bes Balsambaumes).
> Dieß aber ist überkommen aus arab. balasán Balsambaum unb Balsam, auf
> welches auch goth. bas balsan Balsam hinweist. Von balseme bas mhb. Verbum
> balsemen, balsmen, unser balsamen, unb balsamíeren = burch Balsam vor
> Verwesung schützen, wofür wir jetzt einbalsamíeren sagen.

ber Balz, —es, = Ort, wo bas Feberwild zu balzen pflegt. bie
Balz = Begattung bes größeren Feberwildes. Von bálzen = sich
begatten, vom größeren Feberwilbe, als Auer=, Birk=, Haselgeflügel,
Fasan, Kranich, Schnepfe 2c. Vgl. falzen.

> Der Balz schon im Mhb., benn im (ungebruckten) Salbuch bes Klosters Engel=
> thal in ber Wetterau 1340 ber Flurname »ame hanenbaltzen« = am Walbplatze,
> wo bie Hähne zu balzen pflegen. Dieß balzen setzt ein ahb. balzôn voraus unb
> ist gleicher Bilbung wie schnalzen, aber bunkler Herkunft. Sollte es aus einer
> neben ahb. pillôn, mhb. billen, = „(Mühl=) Steine mit ber Spitzhacke schärfen"
> vielleicht früher bestanbenen Ablautform mit bal fortgebilbet sein, zumal ba ber
> Auerhahn zur Balzzeit schnalzt unb zuletzt Töne ausstößt, welche bie Jäger
> Schleifen ober Wetzen nennen? An ital. balzare (gr. ballízein) = springen,
> aufprallen, ist nicht zu benken, indem bieses Wort selbst in ben ital. Munbarten
> an ben Begriff unsers balzen nicht einmal streift.

† ber Bámbus, —sses, Pl. —sse : ost= unb westinbisches Knotenrohr
zu Spazierstöcken; ber Spazierstock bavon.

> Nach franz. bamboche = Stock aus Bambus, welches franz. bambou, span.
> bambu, engl. bamboo, ursprüngl. malayisch bambû.

bie Bämme, Bémme, Pl. —n : Brotschnitte. bie Bútterbämme
(b. Schiller) = Butterbrot.

> B. bammen = essen (Stieler 90) b. i. schweiz. bampen = wohlbehaglich
> unb fast beständig essen, naschen (Stalber I, 128), engl. pamper = sich in leckern
> Speisen gütlich thun. Vgl. schlampampen.

bámmeln = herabhangenb hin unb her schwanken.

> Nieberb., mittelst Affimilation bes mb zu mm aus bambeln (b. Maler
> Müller) v. span. bambolear, port. bambalear, = hin unb her schwanken.

bámsen = „bas Fell klopfen" ist eins mit wamsen, s. b.

† bie Banáne, Pl. —n : Parabies=, Abamsfeige.

> Aus franz. banane, engl. banana, welches verstümmelt ist aus ber Sanskrit=
> benennung bes biese Frucht tragenben Gewächses váranabhuschâ ober várana-
> vallabhâ = Elephantenliebling?

† bánco f. Bank. Mark=bánco, zu Hamburg unb Lübeck eine ange=
nommene Rechnungsmünze von 12 Schillingen = 12 Sgr. 2 Pf.

der **Band**, —es, Pl. Bände: zusammenzubindender Theil eines Schrift=
werkes; Buchschale. Falsch ist das Band, s. d.

Jn der ersten Hälfte des 18. Jahrh. aufgekommen. Aus dem Prät. v. binden.

das **Band**, —es, Pl. die Bänder, doch in der Bed. Fesseln und wo
abstracter Begriff waltet die Bande: was zum Binden dient, Bin=
dungsmittel, eig. wie bildl.; Bindungsmittel um Glieder des Gefan=
genen; langes schmales Gewebe zum Binden.

Mhd. das bant (Pl. bant und bender), ahd. bant, pant (Pl. pant und pantir,
pentir), v. ahd. bant, pant, dem Prät. v. bintan, pintan binden.

† die **Bandâge** (spr. bandâsche): Verband einer Wunde.

Das franz. bandage, v. franz. bande Bindezeug aus unserm das Band.

die **Bánde**, Pl. —n: zu einem Zwecke in Verbindung stehende Per=
sonen, allmählich mit dem Nebenbegriffe des Gemeinen und Schlechten;
Rand (Einfassung) z. B. einer Billardtafel.

Von franz. die bande, ital. banda, = Binde, Band, dann zu einem Zwecke
vereinigte Personen. Diese romanischen Wörter sind aus unserm das Band [goth.
die bandi = Band, Fessel].

der **Bändel**, s. die althergebrachte Form Bendel.

† das **Bandelier**, —es, Pl. —e: Schulterriemen, Wehrgehente.

Nach franz. bandoulière, ital. bandoliera, v. bande (s. Bande).

bändig, mhd. bendec, = durch das Band (mhd. bant), ursprünglich
die Hundekuppel, festgehalten. Seit der Mitte des 18. Jahrh. nur
noch in unbändig. Daher das statt bändig machen und so mit
dem Verschwinden von bändig eingetretene Verbum bändigen =
durch ein Band zwingen. =bändig von Büchern: Bände umfassend.

† der **Bandit**, —en, Pl. —en: Straßenräuber, Meuchelmörder.

Aus ital. bandíto d. i. mittellat. bannîtus, eig. = Verbannter, dem Part. Prät.
v. bandíre (aus mittellat. bannîre) = des Landes verweisen, eig. wie mhd. ze
banne tuon, in den Bann thun d. i. vogelfrei erklären.

das **Bándmesser** (e vor ss wie ä) = handbeilartiges Messer zum Be=
hauen der Faßbänder (Reise).

bánge, Comp. bänger, Sup. bängst, Adv. u. Adj.: beengendes, be=
klemmendes Gefühl habend. Daher bángen = beengendes Gefühl
haben, unpersönlich mir (falsch mich) bangt; die Bángigkeit, v.
einem Adj. bangig; bänglich = ein wenig bang, Adj. u. Adv.

Bange ist zuerst Adv., mhd. (aus Mitteldeutschland) bange, aus beange d. i.
be-ange, dessen ange das Adv. von enge (s. b.). Wäre bange ursprünglich
Adj., so müßte es mit enge selbst zusammengesetzt sein und mhd. benge d. i.
be-enge lauten, was aber nirgends begegnet. Jenes Adv. aber gerieth im 17.
Jahrh. in adjectivische Stellung und dieß unorganische Adj. bange erscheint dann
im 18. geläufig. Seine Steigerung bänger und bängst ist nach der Analogie
von länger und längst.

der **Bángert**, —es, Pl. —e: angelegter Obstbaumgarten.

Im westlichen Mitteldeutschland. Aus ahd. der bóngart (*Diut.* II, 312ᵇ), bóngarto, welches mit Übergang des m in n aus boumgarto Baumgarten b. i. Wäldchen von Obst-, zunächst Apfelbäumen als Garten.

† das Banier, üblicher Panier, s. b. und Banner.

die Bank, Pl. Bänke : langer erhöhter Sitz [„durch die Bank" = ohne Unterschied, nämlich der Daraufsitzenden, schon mhd. (*Livländ. Reimchronik* 943); „auf die lange Bank schieben", nämlich die Gerichts= bank, eig. gleichsam den langen Weg Rechtens gehen lassen]; sich hin= ziehende seichte Sandstelle im Meere; Fleischertisch, das Fleisch zum Verkaufe auszulegen. Mit dem Pl. die Banken : öffentliche Casse für den Geldverkehr; das Gebäude dieser Casse; der Spieltisch und das ausgesetzte Geld des Spielhalters im öffentlichen Geldwagespiel.

Früher und noch landschaftl. auch der Bank, mhd. die und der banc (Pl. benke), ahd. der panch (Pl. penchî), goth. bagks(?), dunkler Herkunft. Von mhd. der wëhselbanc = „Tisch des Wechslers" das ital. und span., darnach bei uns kaufmännische (der) banco = Wechselbank, öffentliche Geldniederlage, dann auch Münzfuß, nach welchem bei der Geldbank berechnet wird.

der Bánkart, gewöhnlich mit tonlosem 2ten Theile Bánkert, —es, Pl. —e : uneheliches Kind. Jetzt der gemeine Ausdruck.

Erst im 15. Jahrh., wo der *voc. theut.* von 1482 Bl. c5ᵇ : „*Banckhart*, kotzen= sun, spúrius" und Bl. y2ᵇ : „*Panckhart* pasthart vneelichkinde, *scamnifex*" ꝛc. Der Name, dessen -hart wie in Geb-, Reinhart ꝛc. zu fassen ist (s. -hart), bed. urspründl. : (nicht im Ehbett, sondern) auf der Bank erzeugtes Kind, weshalb in Keller's Fastnachtspielen des 15. Jahrh. S. 250, 32 : mein vater macht mich *auf einer penk*. Gleicherweise altnord. hornûngr. = das im Winkel (horn) erzeugte b. i. uneheliche Kind.

der Bánkbruch, —es, Pl. —brüche, s. Bankerott.

das Bänkel, —s, Pl. wie Sing., oberd. Dim. v. Bank, das Bänk= lein. Daher der Bänkelsänger = wandernder Sänger oder Dichter, der zur Belustigung vom Bänkel (Bänkchen) aus dem Steg= reife singt oder dichtet.

Ital. der cantambánco Bänkelsänger, b. i. canta im banco = singe auf der Bank!

† der Bankerótt, gewöhnlich Bankrótt, —es, Pl. —e : öffentlich erklärte Zahlungsunfähigkeit zum Verluste der Gläubiger. Daraus das Abj. bankerótt, bankrótt, = öffentlich zahlungsunfähig; der Bankerottierer, Bankrottierer, = wer Bankerott macht.

Aus ital. der banco rotto [rotto aus lat. ruptus gebrochen] neben span. die bancarrota [was mittellat. banca rupta wäre], und der Name daher, weil dem zahlungsunfähigen Wechsler auf dem foro (öffentlichen Gerichtsplatze) sein Wechs= lertisch (die Wechselbank) zerbrochen wurde. Deßhalb auch die neue Verdeut= schung des Wortes durch der Bánkbruch. Nach der franz. Form die banque= route auch im Deutschen zuweilen der Bankrütt und das Abj. bankrütt.

der Bánkert, mit tonlosem 2ten Theile aus Bankart, s. b.

† das Bankétt (é wie ä), —es, Pl. —e : festliches Gastmahl. Auch
Bankét, —ttes, Pl. —tte. Daher banketieren, aus franz. ban-
queter, ital. banchettàre, = festlich schmausen.

Aus franz. banquet, ital. banchétto Gastmahl, eig. Bank=, Tischgelag, von
franz. banque, ital. banco, welche aus mhd. banc Bank (zum Sitzen beim Essen
z. B. Nibel. 719, 3).

die Bánknote, Pl. —n : schriftlicher, überall zahlbarer Schein (Note)
einer Geld=, Wechselbank, der statt baaren Geldes dient.

der Bann, —es, ohne Pl., mhd. der ban (Gen. bannes), ahd. ban
[woher mittellat. bannus, bannum], pan : dem geistlichen und dem
weltlichen Richter ausschließlich zustehende Gerichtsbarkeit [z. B. der
Blutbann = Recht über Leben und Tod], sowie deren Bezirk; ge-
hegter, ausschließlich zustehender Umfang; Ge= oder Verbot unter
Strafandrohung [so auch der Kirchenbann = Ausschluß aus der
Kirchengemeinschaft]; ausschließlich zuerkannte Strafe (Mal. 4, 6);
[nhd. auch überhaupt] ausschließlich verhängtes Verbot. Von bannen
= den Bann ausüben und mit dem Banne belegen, in allen Be=
deutungen des Subst.

Bannen ist mhd. bannen, ahd. bannan, pannan, mit dem zuweilen erschei=
nenden starken Part. Prät. gebannen, was um so mehr auf ein entschwundenes
ahd. Prät. pian (bien) = bannte schließen läßt. Die ursprüngl. Bed. ist : zum
Gerichte entbieten und dieß hegen (ahd. daz mahal gipannan im Muspilli 17, 36),
und das Wort scheint zusammenzuhangen mit den aus goth. bindan binden ent=
sprossenen goth. die bandva u. bandvô Zeichen (s. Banner); bandvjan = bezeichnen,
andeuten, wo dann nach geschwundenem d (vgl. Luc. 20,37 banvjan? st. bandvjan)
nv sich zu nn assimilierte. Also pannan gleichsam : das Gericht bezeichnen, durch
Ladung verbindlich machen.

das Bánner, —s, Pl. wie Sing. : die Heerfahne (vgl. Panier).
Daher der Bánnerherr = mit fremdem Banner belehnter oder ein
eignes Banner zu führen berechtigter hoher Adeliger.

Im 14. Jahrh. das paner, aus franz. bannière, welches mittelst nn aus nd
aus ital. bandiera, mittellat. bandéria, banéria, v. longobard. bandum = (flat=
ternbes Band als) Fahne, womit zusammengehört goth. die bandva und bandvô
Zeichen v. bindan binden (Prät. band).

die Bánnmeile = Weichbild (eine Meile große Umgebung) eines Ortes
als Gerichtsbezirk; Stadtbezirk, innerhalb dessen kein Fremder Handel
oder Gewerbe treiben darf.

Mhd. die banmîle = Bereich des Marktschutzes der Stadt (s. B. Wackernagel's
Dienstmannenrecht von Basel S. 35).

† das Banquét (spr. bankett), nach franz. Schreibung, üblicher
Bankett, s. d.

die Bánse, Pl. —n : weiter Scheunenraum zur Seite der Tenne.
Davon bánsen (b. J. H. Voß) = in die Banse schichten.

Niederd., woneben goth. mit ableitendem t der bansts Scheune, aber wieder

ohne dieß t angelsächſ. bôs oder bôse Krippe, altnord. der bâs Krippe, Stall,
deren ô u. â = an iſt. Vielleicht urſprünglich Geflecht, aus dem Prät. v. (goth.)
bindan binden : band ich band, deſſen 2te Perſon goth. banst gelautet haben
kann', wie auch varst bu warbſt v. vaírþan werden vorkommt; oder bansts iſt
gebildet durch Ausfall des Auslautes der Wurzel band, wie goth. das vaúrstv
Werk v. vaúrkjan wirken, ahr. die hlast Laſt v. hladan laden.

bar, allgemeiner üblich baar (ſ. b.), aber kurz geblieben in bárfuß,
mhd. barfuoz, angelsächſ. bärfôt, = mit bloßen Füßen, auch in der
Bárfroſt, —es, Pl. —fröſte, = Froſt, wenn das Land nicht mit
Schnee bedeckt iſt.

=bar, ein Abj., welches nur in Zuſammenſ. mit einem vortretenden Subſt.
oder Abj. vorkommt und tragend, an ſich tragend, bringend, dann auch
die Möglichkeit bietend zu —, bedeutet, z. B. dánk=, frücht=, köſt=,
láſt=, éß=, tründ=, errégbar ꝛc.

Älter-nhd. häufig, wie noch landschaftlich, gekürzt =ber, weil mhd. -bære,
ahd. -pári, goth. -bêris(?). Im Nhd. alſo Rückkehr zum ahd. â oder Uebereinſtimmung mit neuniederländ. baar. Ahd. -pári aus ahd. pdrumês wir trugen,
dem Pl. Prät. v. ahd. përan tragen, hervorbringen (ſ. gebáren). Ähnlich
lat. -fer, -ferus, = =bar, v. férre tragen, bringen.

der Bär, —es, Pl. —e : Rammklotz. V. mhd. bern ſchlagen, ſtampfen?
der Bär, —en, Pl. —en : der alte König der deutſchen Thiere [daher
die Redensart „deutſcher Bär“ = ungebildeter (waldbewohnender)
Deutſcher]; ein Sternbild. Davon die Bärin, Pl. Bärinnen.

Mit falſchem ä ſt. ë. Bei Luther Beer (Gen. des Beren), mhd. der bër
(Gen. des bërn), ahd. bëro, përo (Gen. përin), goth. der baíra(?). Dunkler
Herkunft. Falſch iſt die ſtarke Biegung : Gen. des Bäres, Pl. die Bäre.

der Bär, —es, Pl. —e : Zuchteber. Niederrhein. Beier.
Mhd. der bêr, ahd. bêr, pêr, goth. báis(?), longobard. pair.

der Bär, —es, Pl. —e : ſtarkgemauerter Querdamm mit ſcharfem
Rücken in oder an fließendem Waſſer.
B hier aus w, denn Bär iſt eins mit das Wehr (ſ. b.), mhd. das wer,
ahd. weri.

† die Barácke, Pl. —n : Feldhütte der Soldaten; elendes Gebäude.
Nicht ſo gut Barake, weil die Kürze des a vor k unbezeichnet bliebe. Aus
franz. die baraque = Feldlagerhütte, und dieß aus ſpan. barraca, ital. barácca,
v. provenz. die barra Querſtange, ſpan. barra, ital. sbárra. Vgl. Barre.

† der Barbár, —en, Pl. —en : roher, wilder Menſch. Daher die
Barbarei, Pl. —en, = rohe Grauſamkeit. barbáriſch = roh
und grauſam.
Von lat. bárbarus, welches das gr. bárbaros, = Nichtgrieche, dann auch Nicht-
römer, Ausländer, roher, ungeſchliffener Menſch.

die Bárbe, Pl. —n : der Bartfiſch aus dem Karpfengeſchlechte.
Mhd. der barbe, ahd. barbo, nach ital. barbio, ſpan. barbo, welche aus dem
gleichbed. lat. bárbus (Auson. Moſella 94. 134) v. lat. bárba, Bart, denn die
Barbe zeichnet ſich durch 4 Bartfäden aus.

bärbeißig, Adj. : leicht die Zähne weisend nach Art des Bären.

das Bárberroß, —sses, Pl. —sse : Pferd aus der Barbarei (mhd. Barberie = Berberei). Schiller's Jungfr. v. Orl. 5, 11.

† der Barbier, —es, Pl. —e : der Bartscherer (mhd. bartscherer). Davon schon im 15. Jahrh. in Deutschland barbieren = den Bart scheren.

> Gemeindeutsch mit Übergang des ersten r in l der Balbier und balbieren. — Aus franz. barbier, ital. barbiero, v. einem aus lat. bárba Bart abgeleiteten mittellat. barbárius, dessen ari zu ier wird (vgl. Diez I, 161).

der Barch, weniger gut Borch, —es, Pl. Bärche (Börche) : ver-schnittenes männliches Schwein. Dim. das Bärchelchen, Bärch-lein (mhd. bergelîn).

> Mhd. der barch, ahd. barch, parch, paruc, altfränk. barch, barc (lex sal. 2, 14), angels. bëarh, bëaruh. Daneben aber auch eine, wie es scheint gleichbe-rechtigte Form mit g : der Barg, Borg, im voc. ex quo v. 1469 barg (bei mittellat. micatéllus), ahd. barug, parug, altfränk. barag, angelsächs. bëarg. Das Wort stimmt, jedoch bei stockender Lautverschiebung, mit kurdisch baráz, sanskr. waráha, auch baráha Schwein, lat. vérres Eber.

der Bárchent, —es Pl. —e : auf der einen Seite rauhes Baumwol-lenzeug, dessen Kette Leinen ist.

> Im gemeinen Leben Bárchet, wie selbst schon mhd. parchaſin = von Barchent (Minnes. III, 309ᵃ, 3). Im 15. Jahrh. parchant u. auch barchen (voc. ex quo), mhd. der barkân und barragân (Lanzelet 4828), aus mittellat. parcânus, parchâ-nus, eig. barracânus = Art Zeug aus Kameelhaaren (Camelot). Der Name ist ursprünglich aus dem Arabischen, wo barcân, barracân, barnacân, = Art langen schwarzen Gewandes.

barbauz! Interj. des schallenden Falles auf etwas.

der Bárbe, —n, Pl. —n : altkeltischer Dichter und Sänger. Seit den 60er Jahren des 18. Jahrh. bis gegen dessen Ende auch durch Klopstock's Beispiel auf deutsche Dichter angewandt. Vgl. Barbiet.

> Aus lat.-kelt. bárdus, kelt., irisch bard, cymrisch bardd.

das Barbiêt, —es, Pl. —e : Barbengesang.

> Durch Klopstock eingeführt nach lat.-germ. bardîtus (u. barîtus) = Schlacht-gesang der alten Germanen mit an den Mund gehaltenem Schilde (Tacit. Germ. 3), welches v. altnord. der bardi Schild [v. urspr. bar in altnord. berja schlagen].

bären (mit ä statt ë) = tragen, s. gebären.

der Bärenbeißer = Hund besonderer Art zur Bärenhatz. Auch Bullenbeißer, weil zur Stierhetze gebraucht.

der Bärenhäuter, —s, Pl. wie Sing. : fauler Nichtsthuer.

> Wol von den alten germanischen Helden hergenommen, die sich, aus dem Kampfe heimkehrend, faul auf die Bärenhaut hinstreckten und die kampflosen Tage mit Nichtsthun und gleichsam im Schmutze zubrachten. Auf der Bären-haut liegen = ein thatloses Leben führen.

die Bärenklau, ohne Pl. : Pflanzenart mit einer Bärenklaue ver-gleichbaren Blättern oder bärenklauenartiger Blüte.

† das Barétt (é wie ä), —es, Pl. —e : schirmlose runde oder eckige Kopfbedeckung Geistlicher und der Doctoren.

1469 barete (*voc. ex quo*) nach mittellat. barrêtum, eig. birêtum und birrêtum, welches von lat. birrus Oberkleid, Mantel, Bischofskleid. Früher bei uns nach jenem mittellat. birêtum meist Biret, Piret.

der Barg, = verschnittenes männliches Schwein, s. Barch.

† der Báriton, —es, Pl. —e : Singstimme zwischen Tenor und Baß, tiefer Tenor, Hochbaß; Art Baßgeige.

Aus ital. baritóne, v. gr. bary'tonos (bary's schwer, tónos Ton).

die Bárke, Pl. —n : kleines Wasserfahrzeug.

Mhd. die barke, nach mittellat. barcha (*voc. ex quo*), lat. bárca. Ob vielleicht ursprünglich bárica v. gr. die báris = Kahn, Boot? S. Diez I, 26.

der Bärlapp, —s, ohne Pl. : die Moosart lycopódium, deren gelb-licher entzündbarer Samenstaub Hexenpulver heißt.

Auch der Bärlappe, Bärenlappe, —n, Pl. —n. Das letzte Wort lautete im Ahd. der përinlappo (?). Zusammenges. aus Bär oder dessen Gen. Sing. und ahd. der lappo = Ruderschaufel (unterster breiter Rudertheil, *gl. trevir.* 17, 14), eig. Hand und also hier vorderste Tatze. Demnach ist das Wort s. v. a. „Vordertatze des Bären", nach dem Aussehen der Pflanze, wie diese denn auch Löwenfuß, Drudenfuß heißt und lat. lycopódium Wolfsfuß (dän. ulvefod) ist.

die Bärlatsche, Pl. —n : plumper Filzschuh.

Eig. Latsche = Pantoffel, den man im Gehen am Boden hinschleift, wie der Bär seine Tatzen. Latschen = die Füße beim Gehen faul am Boden hinschlei-fen, ohne sie recht aufzuheben.

die Bärme, auch Bárme, ohne Pl. : (Bier-) Hefe; Bierschaum.

Eigentlich niederd.; angelsächs. bëorma (ëo = ahd. ë) = Sauerteig, Hefe, engl. barm, v. angelsächs. bëoran, beran, ahd. përan = tragen, tragen machen, sich heben. Ebenso das hochd. übliche die Hefe v. heben.

bármen (b. Herder), mhd. barmen, = erbarmen, s. d.

barmhërzig, Adj. u. Adv. : mild gesinnt aus innigem Mitgefühle bei fremdem Leiden; solches Mitgefühl erregend (b. Lessing). Daher die Barmhërzigkeit, mhd. barmhërzicheit.

Mhd. barmhërzec v. dem gleichbed. Adj. barmhërze, ahd. barmhërzi, welches als Zusammens. aus mhd. der barm, ahd. barm, param, goth. barms = Schooß, Busen (v. goth. baíran, ahd. përan tragen, s. gebären), und ahd. -hërzi, goth. -haírts, = -herzig ursprünglich wol die Bed. hatte : voll innigen Gefühles zum Schooße oder zum Busen d. h. in jenen oder an diesen zu nehmen, zu hegen und zu pflegen. Nicht aber Zusammens. aus bi, pi, b' und dem älter als barm-hërzi erscheinenden ahd. armhërzi, goth. armahaírts = barmherzig, eig. arm-herzig d. i. arm-, Armut empfindend.

die Bärmutter = Gebärmutter (s. d.) u. Mutterbeschwerde.

Bërmutter = darmgegicht im *voc. incip. teut.*

der Barn, —es, Pl. —e : Krippe, Raufe. der Bárnbeißer = Krippenbeißer (s. b.), verschieden von Bärenbeißer.

Nur noch landschaftl.; mhd. der barn und einmal noch barne, ahd. parno (Gen. u. Dat. parnin. Haupt's Zeitschr. III, 462ᵇ). Mit Recht nach J. Grimm von einem verlornen ahd. der par, aber erhaltenen goth. der baris, angelsächs. bere, = Gerste, welche Wortformen nach der Lautverschiebung mit lat. das far Getreide, Spelt, stimmen. Unsre Vorfahren fütterten demnach die Rosse zuerst mit Gerste, später mit Hafer.

† barôd = schiefrund; [abstract] unregelmäßig, seltsam, wunderlich.

Nach franz. baroque = schiefrund (von Perlen), dann sonderbar, welches v. portug. barroco = rohe, ungleiche Perle, eig. Fels, weil abgeleitet von portug. barra Klippe, Sandbank. Diez II, 299.

† das (gewöhnlich der) Barométer, —s, Pl. wie Sing.: Wetterglas.

Aus gr. das barómetron = (Luft-) Schwermesser [báros Schwere, Druck; métron Maß, Maßstab].

† der Barôn, —es, (—s), Pl. —e: Freiherr.

In der 2ten Hälfte des 17. Jahrh. aufgenommen aus franz. baron, welches mit ital. baróne v. mittellat. (aber schon vor 700) baro, auch barus, = Mann, insbes. freigeborner. Dieß baro aber kommt nach Müllenhoff aus keltisch bar = Mann, woraus auch altfranz. ber = Mann. — Mhd. der barûn aus franz. baron.

die Bârre, Pl. —n: Stange; Querstange, Riegel; Schlagbaum.

Mhd. die barre = Riegel, Schranke, mit mhd. die bar Stange von franz. die barre, ital. sbárra, span. barra, provenz. barra u. der barras, mittellat. barra, = Stange, Querstange, im Ital. auch Schlagbaum.

† die Barricâde, Pl. —n: Straßensperre mittelst Verschanzung.

Das franz. die barricade, v. franz. die barrique, span. barrica, = mit Sand oder Erde gefülltes Schanzfaß zum Schuße im Kriege, großes Waarenfaß.

† die Barrière (ê wie æ), Pl. —n: Schlagbaum, Schußgatter.

Das franz. die barrière, ital. barrièra, = Schlagbaum; Pfahlwerk zum Schuße. Aus einem Adj. auf lat. -äria v. franz. barre, mittellat. barra, s. Barre.

der Bârsch (auch wol Bârs), —es, Pl. Bärsche (Bärse) mit langem ä: ein schmackhafter Raubfisch, der lat. pérca heißt.

Im Teuthonista wie mittelniederl. bars, angelsächs. bëars,¹ mhd. der berß, berse u. persich (lib. ord. rer.), bersich, bersig, spät-ahd. bersich (gl. trevir. 4, 22), mit s aus c von der mittellat. Benennung die parca (lib. ord. rer.), porca, lat. pérca, gr. pérka, pérkē d. i. die dunkelfarbige, denn gr. pérkos, -ē, -on = schwärzlich, dunkelfarbig, was mittellat. zu pérsus, ital. perso, franz. pers wurde. Hiervon dann ital. persico, persega, und daraus jenes ahd. und mhd. bersich.

barsch = heftig mit Worten anfahrend, eig. berb entgegentretend. Daher die Bârschheit. Zuerst im 17. Jahrh. (neuniederl. barsch, niederd. basch, schweb. u. dän. barsk). Die Abstammung s. bei baßig.

der Bârt, —es, Pl. Bärte (mit langem ä): Kinn- u. Backenhaar; dem herabhangenden männlichen Kinnhaare Ähnliches.

Um des Kaisers Bart streiten, spielen, = um nichts, denn des Kaisers Bart war etwas zu Hohes, nimmer zu Erlangendes. — Mhd. der bart, ahd. bart, part, goth. bazds(?), womit, freilich bei stockender Lautverschiebung, altslaw., böhm., serbisch die brada (mit ra nach slaw. Umstellung statt ar), selbst lat.

barba (b ſtatt d nach r wie in verbum, ſ. Wort) ſtimmt. Ob Verwandtſchaft mit ahd. parran u. parzan = ſtarren?

bie **Bärte**, Pl. —n : Beil mit breiter Schneide.

> Mhd. die barte, ahd. partâ, v. Bart (ſ. b.), weil das Eiſen vom Stiele in Bartgeſtalt herabhängt. Ebenſo das damit ſtimmende altſlawiſche bradv' Barte v. brada Bart (ſ. b.). Auch altnord. skeggja Barte v. altnord. das skegg Bart.

bie **Bärte**, Pl. —n : Fiſchbeinzahn in der obern Kinnlade des Wal= fiſches.

> Der Name Barten, neuniederl. baarden, ſchweb. u. dän. barder, daher, weil ſie, aus der obern Kinnlade herabhangend, den Barthaaren verglichen wurden. Auch franz. les barbes, ſpan. las barbas, v. barbe, barba Bart.

Bärthel, Kürzung der Perſonennamen Bartholomäus oder Barthold. „Wo Barthel den Moſt holt" Sprichw. dunkelen Urſprunges.

bärtig (mit langem ä), b. Kant bârtig, = einen Bart habend.

† bie **Barútſche**, **Birútſche**, Pl. —n : halbbedeckter Wagen.

> In Öſterreich. Aus ital. baróccio = 2räderiger Karren, v. dem gleichbed. mittellat. das barrótium aus mittellat. die bárrota, lat. birota, = leichtes 2räder= iges Fuhrwerk, v. d. Adj. bi-rotus, -a, -um zweiräderig.

† ber **Baſált**, —es, Pl. —e (von Baſáltarten), aus lat.=gr. der basáltes [urſpr. africaniſch] : bichte aus Augit, Labradôr (einer Feld= ſpathart) unb Magneteiſen beſtehende vulcaniſche Felsart.

ber **Baſch** (b. Gotter, Ged. I, 193), gewöhnlich Paſch, ſ. b.

baſch, niederb. bask ſt. barſch, ſ. b. W. unb batzig.

bie **Bâſe**, Pl. —n : bie Verwandtin. Dim. bas Bäschen.

> Mhd. die base, ahd. basâ, pasâ, = Vaterſchweſter, während mhd. die muome (Muhme), ahd. muomâ, = Mutterſchweſter. Doch ſchon im vocab. theut. v. 1482 Bl. c6ᵃ unb bei Keiſersberg base = Vaters= unb Mutterſchweſter; bei Luther bie Waſe = Frau von des Vaters Bruder (3 Moſ. 18, 14), aber bei bem gleichzeitigen Alberus i. ſ. diction. wase = Vaterſchweſter unb überhaupt Verwandtin (cognáta). Dieſe Form Waſe iſt mittelb. unb bann niederſächſ.; auch b. Herbort 2568. 3712. 13955 wase, im 10. Jahrh. wasâ. Sie entſtanb durch Fortſchiebung unb Erweichung des b von ahd. basâ in w. Aber jenes b ſelbſt iſt ſchon fortgeſchoben aus f; denn basâ ſteht in einer, was den inlauten= ben Conſonanten anlangt, noch nicht genügend aufgehellten Verwandtſchaft mit Vater ahd. fatar, wie muomâ mit Mutter ahd. muotar, worauf deutlich hinweiſen angelſächſ. fadu = Vaterſchweſter u. môdrie = Mutterſchweſter, frieſ. fethe u. môdire, niederb. vade u. medder. ſchweb. u. dän. faster u. moster.

baſieren = grünben, ſ. **Baſis**.

† bas **Baſílicum**, —s, ohne Pl. : bas Königskraut.

> Das lat. basílicum aus gr. basilikón = bas königliche (näml. Kraut) v. gr. basileús König. Der Name wegen des eblen, gewürzhaften Duftes, den bas ganze Gewächs von ſich gibt. Mhd. ſagte man bie basílie, weshalb auch noch nhd. **Baſílien**.

† ber **Baſilísk**, —en, Pl. —en : bie fabelhafte, Kopf, Flügel unb Füße des Hahnes an ſich tragenbe Schlange, beren Blick töbtet.

Basilischk im *voc. theut.* v. 1482 Bl. c6ᵃ. Mhd. der hel *obdasiliscus* = der Teufel. Aus lat. basilíscus d. i. gr. basilískos = die aſiatiſche Königseidechſe, v. gr. basileús König, und der Name daher, weil man ſie wegen eines weißen Flecks auf dem Kopfe als gekrönt anſah (*Plin.* hist. nat. 8, 33).

† die Bäſis, Gen. unverändert, Pl. Bäſen, das lat. u. urſpr. gr. die básis [v. gr. baínein gehen, daher zuerſt Schritt, Gang, dann Fuß, u. ſofort] : Fußgeſtell, Grundlage, Grund, worauf etwas beruht. Davon baſieren = worauf gründen.

das Baſſin (ſpr. bassä'ng), —s, Pl. wie Sing. oder —s : Waſſer=, Brunnenbecken.

Das franz. bassin = Becken, ital. bacino, altſpan. bacin, welche aus einem auf ahd. das bechi, bechin Becken ſich gründenden gleichbed. mittellat. baccînum, bacînus.

der, ſeltener das Baſt, —es, Pl. —e : die unter der äußeren Rinde liegende innere, beſonders inſofern ſie zum Binden und Flechten dient; als Binde= und Flechtmittel taugliche Pflanzenhaut; Haut des Menſchen, bei den Jägern des Hirſches ꝛc.

Im *voc. theut.* v. 1482 Bl. y4ᵃ past oder innerrinde; mhd. der, auch das bast (Pl. beste), ahd. bast, past, wie unſer „Baſt", aber zunächſt das zum Stricke ꝛc. Flechten dienende Pfriemengras. Davon mhd. besten binden, ſchnüren, und buost Strick (*Parzival* 137, 10), mittellat. básta, bástum = (gebundener) Sattel, Saumſattel, vielleicht auch ital. bastóne, franz. bâton, = (geſchälter, entbaſteter) Stab. Mit der Beſen ahd. pёsamo aus einer und derſelben Wurzel, welche den Begriff binden, flechten, hat.

† báſta! = genug! genug davon!

Der ital. Imper. basta! v. ital., mittellat. bastáre genug ſein, deſſen Stammwort, das mittellat. Adj. bastus genug, dunkelen Urſprunges iſt.

† der Báſtarb, beſſer Báſtart, —es, Pl. —e : außereheliches Kind, beſonders das mit einer Unebenbürtigen erzeugte.

Die Schreibung Baſtard iſt nicht hochd., denn ſie folgt geradezu der romaniſchen. Im *voc. theut.* v. 1482 Bll. c6ᵃ u. y4ᵃ bast-, »pasthart einer von einer edeln muter vnd vnedelen vater geporn«, auch ein Schwein von einem wilden Eber und einer zahmen Schweinemutter; mhd. der bastart u. basthart (-hart wie in Reinhart, ſ. =hart) = unechtes Kind, bef. einerſeits von hoher Herkunft, dann auch unechtes Zeug. Das Wort iſt aus dem Romaniſchen (altfranz. bastard, jetzt bâtard; ital. bastárdo), und mittellat. bastárdus kommt zuerſt in der 2ten Hälfte des 11. Jahrh. von Wilhelm dem Eroberer, dem natürlichen Sohne des Herzogs von der Normandie Roberts II. (des Teufels) vor. Dieß bastárdus aber ſtammt aus dem Altnordiſchen, wo ein, wie es ſcheint, in Sieben ausdauerndes (unſprödes), wenngleich nicht aus dem reinſten Metalle geſchmiedetes Schwert den Namen bastardr, basthardr = „hart wie Baſt" führte und damit als ein unechtes bezeichnet wird. Auf Baſt deutet auch der in Urkunden des 13. u. 14. Jahrh. für Baſtart vorkommende franz. Ausdruck fils de bast, welcher in fils de bas verſchlechtert wurde. Vgl. J. Grimm im deutſch. Wtbch. I, 1150.

† die Baſtei, Pl. —en : Bollwerk einer Feſtung.

Bastye (*voc. incip. teut.* Bl. c2ᵃ). Aus ital. die bastía, mittellat. die bastía, v. mittellat. bastîre, franz. bâtir (ehedem bastir), = bauen.

† die Baſtiôn, Pl. —en, was Baſtei, ſ. b.

    Das franz. bastion, ital. bastióne (mittellat. bástio? Gen. *bastiónis*), welches gleichen Urſprunges mit bastía. S. Baſtei.

der Baß, —ſſes, Pl. Bäſſe : die tiefſte Stimme; dieſer Stimme ge= mäßes großes Streich=Tonwerkzeug (die Bäßgeige). Daher der Baſſiſt, —en, Pl. —en : Baßſänger.

    Richtiger Baſs. Aus dem 'gleichbed. ital. der basso v. dem wol aus doriſch bássôn dicker, tiefer, dem Compar. v. gr. bathy's dick, tief, hervorgegangenen mittellat. bássus, welches zuerſt dick, fett, und ſpäter niedrig bedeutet.

baß, jetzt veraltetes Abv. : beſſer; mehr, leichter, eher.

    Mhd. baz, ahd. baz, paz, altſächſ. bat und bet, goth. bats (? = batis?), bei welcher letzten Form das auslautende s = ahd. r Comparativzeichen wäre. An den übrigen Formen iſt dieſes zwar erloſchen, aber die Comparativbedeutung ge= blieben, weshalb ſie, bei dem Mangel eines Poſitivs aus derſelben Wortform, als Comparativ von gut oder vielmehr deſſen Abv. wol, ahd. wêla, wola, goth. váila, angeſehen werden. Es muß jedoch einmal ein goth. Poſitiv v. jenem bats = batis da geweſen ſein, entweder ein Abv. bata = wol oder ein Adj. bats (hier nominatives -s) = gut, welche mit ſanſkr. bhadra = fröhlich, glücklich, vorzüg= lich, dann beſt, ſtimmen (vgl. Pott, etymol. Forſch. I, 245, 191). Über beſſer u. beſt ſ. beſſer.

† die Bataille (ſpr. batállje), Pl. —n : Schlacht.

    Mhd. batelle (Keller's Römvart 664, 10). Es iſt das franz. die bataille, eig. battaille, aus volksmäßig=lat. battália, eig. batuália (Pl. v. batuále als Collectiv), v. lat. batúere, mit Verdoppelung des t ſpäter báttere (woraus franz. battre), = ſchlagen, kämpfen, durch welches Verbum lat. pulsare verdrängt wurde. Vgl. Diez I, 8. 223. II, 269. Von bataille das franz. batailler = ſich mit jemand ſchlagen, woher im Mhd. bataljen (*Tristan* 11, 27).

† das Bataillon (gewöhnlich geſprochen batalljôn), —s, Pl. —e : Kriegsſchar als größte Abtheilung eines Regimentes.

    Das franz. bataillon, eig. battaillon, ital. battaglióne, v. bataille (ſ. Bataille), urſpr. alſo zur Schlacht aufgeſtellte Schar.

báten = wozu nützen, dienlich ſein, beſſer batten, ſ. b.

der Báthengel, —s, Pl. wie Sing. : Art heilkräftigen Gamanders; Lachenknoblauch (teúcrium scórdium).

    Im 16. Jahrh. Deutſch geformt (vgl. Liebſtöckel, Gamander, Karfunkel u. a.) aus batenikel (ſchweiz. das badönickli = Schlüſſelblume, bei Stalder I, 124) v. einem lat. betoniculus(?), dem Dim. v. lat. betónica Betonie (mhd. batônie), und mit der braunen Betonie ſtimmt die Gamanderart Bathengel in ihrer Heilkraft überein (ſ. Adam Lonicerus Kräuterb. Bl. 96ᵃ).

† der Batiſt, —es, Pl. —e : feinſte Leinwand.

    Aus franz. bâtiste. Dieſer Name aber kommt nach Einigen v. BAtiste [Bap= tiſt] Chambray aus Cantaing, welcher im 13. Jahrh. die Leinwandweberei in Flandern ſehr in Aufnahme brachte und von welchem auch das Kammertuch

(f. b.) b. i. Tuch des Chambray, den Namen hat. Auf die feine indische Lein=
wand scheint der Name nur übergetragen.

bátten, ungut gedehnt baten : wozu helfen, wozu dienlich sein, nützen.
Gilt nur als landschaftlich.

Über Nord= und Mitteldeutschland bis nach Schwaben, Baden und dem
Elsaß verbreitet. Niederd., mittel= u. neuniederl. baten; bei Alberus hochd. es batt
= battet. Im voc. theut. v. 1482 Bl. c6ª, u. k7ᵇ bathunge, bathung, =
nutze, genieß; b. Herbort bate = Vortheil, Nutzen, mittelniederl. baet, bate.
Wie J. Grimm im deutsch. Wtbch. I, 1158 f. schön nachweist, mit älter=nhd.
badmen = gedeihen von ahd. die pata [woneben unpata = unbehilflich, lang=
sam], altsächs. gibada (Heliand 97, 9. 172, 11), = Hilfe, und also ein gutes hochd.
Wort, welches mit unserm baß (f. b.) oder vielmehr dessen niederd. Formen mit
t = ß durchaus nichts gemein hat und nicht als Eindringling aus dem Niederd.
ins Hochb. angesehen werden darf. Während nämlich unser baß ein goth. bats
erfordert, ist als Wurzel unseres batten im Goth. bad anzusetzen, nicht bat,
und jenes niederd. und neuniederl. baten steht offenbar statt baden.

† die Batterie, Pl. — n : Geschützstand; die Geschütze eines Geschütz=
standes; Pfannenbeckel am Gewehrschlosse; Flaschenreihe zu elektrischen
Versuchen.

Das franz. die batterie (eig. Schlägerei, dann schlagende Kriegsschar), aus
mittellat. (ital.) battería, v. mittellat. báttere, franz. battre schlagen (f. Ba=
taille).

der Bätz, Koseform für Bär, wie Spatz für Sperling, f. Petz.

die Bä'tze = Hündin, f. Petze.

der Bátzen, —s, Pl. wie Sing. : Münze von 4 Kreuzern rheinisch;
Geld überhaupt, z. B. „der hat Batzen“ = viel Geld.

Urspr. der Batze, weshalb mittellat. bácio, bácius, dann bacênus. Zuerst gegen
1492 als kleine Münze zu Bern mit dessen Wappen, dem Bären (Bäß, Betz),
geprägt, woher der Name. Vgl. Kreuzer, Floren.

bátzig = anmaßend und hochfahrend gegen jemand. Nur landschaftlich.

Batzig st. barzig, wie das stamm= und begriffsverwandte barsch (f. b.) statt
barsch (f. b.), was noch dadurch bestätigt wird, daß der voc. theut. v. 1482
Bl. c6ª den Pflanzennamen batzwurz neben barz hat [„Batzwurtz, oder bartz,
thamaristus herba quedam“]. Die Wörter kommen von 2 Verben Einer Wurzel
(par), nur verschiedener Ableitung, nämlich batzig und batz (batzwurz) oder
barz v. mhd. barzen, ahd. parzan, = starren, strotzen, dann wüten, und barsch
v. ahd. parran = starren, steif halten, steif aufrecken. In diesen Begriffen der
beiden Verben aber ist dann der des Hochmüthigseins, des Hochmüthigthuns ein=
geschlossen, was sich deutlich in den von ihnen abgeleiteten ahd. Substantiven die
parrunga und parzunga zeigt, welche Übermuth, Hochmuth (supérbia) bedeuten.
Was die eig. Bed. jenes Pflanzennamens barz oder batzwurz (bazwurz) anlangt, so
scheint sie „Kraut, das starren macht“, und niederd. bask geht auch in den
Begriff ranzig d. i. abschreckenden, gleichsam starren machenden Geschmackes über.

der Bätzner, —s, Pl. wie Sing., nur in Dreibätzner, Sechs=
bätzner (das ě hoch), = 3, 6 Batzen geltende Münze.

der Bau, —es, Pl. Bäue (ungut zuweilen Baue), mhd. der bû (Gen.
bûwes), ahd. bû, pû : Handlung des Bauens; was gebaut d. h. zum
Aufenthalte errichtet oder gemacht wird; Bearbeitung des Bodens zu
Ertrag und Gewinnst, und so auch Pflege der Bienen und Seiden-
raupen zu gleichem Zwecke. Von bauen.

der Bauch, —es, Pl. Bäuche : der den Magen, überhaupt die Eingeweide enthaltende Körpertheil; vortretende Wölbung. Dim. das
Bäuchelchen (b. J. N. Götz, Ged. III, 91), edler Bäuchlein.

    Mhd. der bûch (Pl. biuche), ahd. bûch, pûch, pûh (Pl. pûhhi), goth. buks
(? Pl. bukeis?), der Lautverschiebung gemäß stimmend mit gr. der phágos Esser
v. gr. phageîn (φαγεῖν) essen, verzehren, und also urspr. der Speise in sich auf-
nehmende Leibestheil.

bauchbläsig = schwerathmend mit Husten verbunden. Von Pferden.

die Bäuche, Pl. —n : das Weichen in Lauge. Von bauchen oder
bäuchen, besser beuchen, = durch Lauge weichen.

    Verbum und Subst. schon bei Keisersberg; niedersächs. büken und die
büke. Mittelniederl. buuczeel, holländ. buiksel, = Seihe oder Röhre zum
Durchlassen der Lauge bei der Leinwandwäsche (Willems Ausg. des Reinaert S. 9).
Die Ausdrücke sind aus dem Romanischen, wo franz. buer (d. i. buquer) =
bauchen, ital. bucàre = ein Loch (ital. búca) stechen. Von diesem Verbum auch
franz. die buée das Laugen (durch Durchlaßlöcher), Wäschen mit Lauge, ital.
bucáta, span. bugada. Spanisch sagt man gewöhnlich in dem Sinne von „bauchen“
colar (hacer la colada) d. i. seihen, und der ursprünglich deutsche Ausdruck,
welcher diesem span. entspricht, ist das schweiz. sechten, bayer. sechteln (vgl.
Schmeller III, 194).

das Bauchgrimmen, —s, ohne Pl. : Leibschmerzen. Vgl. grimmen.

bauchig, Adj. : bauchartig. Ohne Umlaut, weil erst nhd.; daneben
ungenau, aber richtiger, in Zusammensetzungen mit Umlaut bäuchig,
z. B. dick-, großbäuchig ꝛc.

die Baude, Pl. —n : Hirtenhütte auf den Gebirgen von Schlesien,
Böhmen und Sachsen.

    Mhd. die bûde = kleinerer Nebenbau (Marienleg. XIV, 56 u. S. 103), Hütte
(Friberg's Tristan 8391), Stall (Köpke's Passional 512, 39). Von bauen; also
ahd. die pûwida? Auch poln. buda, böhm. bauda. Vgl. Bude.

bauen, intrans. u. trans. : [jetzt veraltet] wohnen, bewohnen; zum Aufenthalte errichten oder herstellen; durch Bearbeiten erzeugen, tragbar
machen.

    Älter-nhd. im Part. Prät. auch stark gebauen. Mhd. biuwen, bûwen und bouwen
(Prät. bûte u. bouwcte, Part. gebûwen u. gebouwen), ahd. bûan, pûan (Prät. pûta,
Part. kipûan), wie nhd.; goth. báuan (Prät. reduplicierend báibáu oder zugleich
mit Ablaut báibô u. auch schwach báuáida, Part. stark báuans) nur in der ursprünglichen Bed. wohnen, bewohnen. Das Verbum stimmt der Lautverschiebung
gemäß mit lat. fúi = ich bin gewesen, gr. phy'ō ich bringe hervor, schaffe,
phy'omai ich entstehe, werde, litth. buti (Präs. buwu) u. sanskr. bhû sein. Jenes
goth. báuan aber ist mittelst nicht unüblicher Unterdrückung des Kehllautes und

und leichter Wandlung des av in áu aus älterem bagvan (Prät. báibagv), welcher ursprünglichen durch altnord. byggja (Prät. bygde) = wohnen, bauen, bestätigten Form der Lautverschiebung gemäß das lat. *fácere* machen entspricht und unser Baum (f. d.) goth. bagms angehört. Übrigens ist unser ahd. pûan noch verwandt mit ahd. pim ich b i n, pist du bist, pirumês (pirum) wir sind ꝛc., zumal da als Prät. jenes pûan neben pûta auch mit einem zuweilen zwischen den Bocalen auftauchendem r ein biru (= biu) ich wohnte, biruwi (= biuwi) ich wohnete erscheint, welche durch bíruwis du wohnetest [= hieltest dich auf, wärest] u. bíruun sie wohnten (*Otfr.* 2, 7, 18. 4, 4, 59) belegt werden. Bgl. J. Grimm über Diphthonge 10 ff. Gesch. d. d. Spr. 312.

der (seltener und ungut das) B a u e r, —s, Pl. wie Sing. : gegitterter Behälter für sonst wild lebende Bögel.

Statt Baur. Mhd. der bûr schon in jener Bed., aber ahd. pûr = auferbauter Behälter, Kammer, Zelle, Haus; altsächf. u. angelsächf. der bûr, goth. báurs(?), mit ableitendem r von b a u e n ahd. pûan goth. báuan. — Bon bûr (Pl. mhd. biure, ahd. pûrí f. d. *Diut.* I, 276, wonach der nhd. Pl. die Bäuer zu erwarten wäre, welcher aber nicht vorkommt) der Ortsname B e u e r n (mhd. ze dën biuren, ahd. zi dêm pûrim), welcher hiernach so viel wie H a u f e n = zu den Häusern (ahd. zi dêm hûsum) ist, nicht, wie ich in meinen oberhessischen Ortsnamen S. 253 angenommen hatte, „zu den Bauern" (mhd. ze dën bûren) v. mhd. bûr (Bauer), deffen û ohne den Umlaut iu = eu, áu bleibt.

der B a u e r, —n, Pl. —n : weffen Beschäftigung ist, Ackerbau zu treiben; Mensch ohne feine (urbâne d. i. stadtmäßige) Sitten; eine der geringsten Figuren (der Soldaten) im Schachspiel. Dim. das B ä u e r c h e n, Bäuerlein. Femin. die Bäuerin (mhd. gebûrinne u. gebûrîn), Pl. Bäuerinnen. Die Abj. sind b ä u e r i s c h (mhd. biurisch u. gebiurisch, ahd. gipûrisch) u. in gutem Sinne b ä u e r l i c h (mhd. gebiur-, gebûrlich).

Statt Baur (Pl. Bauren b. Luther); mhd. der bûr wie jetzt. Mit abgeworfenem ge (ge-) aus mhd. gebûre, ahd. der gipûro, kapûro, = Einwohner, Mitbürger, dann Landbewohner, auch stark mhd. der gebûr, ahd. gipûr (Pl. gipurâ), wonach sich der in Zusammensetzungen vorkommende Gen. des B a u e r s rechtfertigen läßt. Mit ableitendem r von b a u e n ahd. pûan.

B a u e r = (f. der Bauer 2) in eigentlicher, B a u e r n = und B a u e r s = in uneigentlicher Zusammensetzung; jenes mehr den allgemeinen Begriff, diese mehr die Abhängigkeit ausdrückend. J. B. der B a u e r burfche, - =knecht, das B a u e r gut, die B a u e r schaft ꝛc.; — das B a u e r n brot, =haus, der B a u e r n hof, =fohn, =stand, die B a u e r n sprache, =tochter ꝛc.; die B a u e r s frau, das B a u e r s mädchen, der B a u e r s mann (im *voc. ex quo* „bûhersman", Pl. die B a u e r s leute) ꝛc.

der B a u m, —es, Pl. Bäume : Holzstammpflanze; Holzstamm. =b ä u m e n (mhd. boumîn, ahd. poumîn), landschaftlich (wetterauisch) =b a u m e n, Abj., in b i r n =, k i r s c h =, n u ß bäumen.

Mhd. der boum (Pl. boume, aber nhd. schon bei Luther mit Umlaut bewme), ahd. boum, poum (Pl. poumâ), goth. bagms (Pl. bagmôs). Ursprünglich f. v. a.

Bauholz (angelsächf. beám = Balke), zu goth. bagvan (= báuan) bauen gehörig. S. bauen.

baumeln = hangend sich hin und her bewegen, ursprünglich an einem
Baume.

baumen u. b̶äb̶. üblicher bäumen, gewöhnlich sich bäumen: sich
zur Höhe auf einen Baum begeben; sich baumähnlich aufwärts
biegen (auch span. arbolarse). Vgl. aufbaumen u. aufbäumen.

der Baumgarten, —s, Pl. (mit unorganischem Umlaute) Baumgär-
ten, überhaupt „Garten mit Baumanlagen"; ehedem und in Ortsnamen
besonders „Obstbaumgarten."
> Eig. Baumgarte, mhd. der boumgarto, ahd. boum-, poumgarto, = Obst-,
> eig. Apfelbaumgarten; baumvoller Lustgarten. Gekürzt in der Baugert, s. d.

die Baumwolle, ohne Pl., im 15. Jahrh. paumwol, paumwolle
(1482): die nach Herobot 3, 106 aus Indien stammende Wolle,
welche auf einer baumartigen Staude wächst.

die Baumschule, Pl. —n: Anlage zur Zucht junger Bäume.
> Zuerst 1691 bei Stieler. Ist aber das Wort vielleicht urspr. niederl. (boom-
> school), so möchte es zunächst „viele auf einem Raume beisammenstehende
> Bäume" ausdrücken, wie schon, dem mittellat. schola = Gesellschaft gemäß, das
> einfache mittelniederländ. die scole vorkommt (Floris 2568 u. im glossar. dazu
> S. 154*).

der Bausback (b. Göthe I, 547, wie gewöhnlich, Pausback), —s,
ohne Pl.: wer dickbäckig ist. Von der Bausbacke, —ns, Pl. —n:
von Natur strotzender dicker Backe. bausbäckig, Adj.
> Bei Dasypodius (1537) pfaußback, b. Serranus (1539) »pfaußpack, der
> auffgeblasne backen hat,« mit Fortschiebung des ursprünglichen p zu pf; denn im
> voc. theut. v. 1482 Bl. y4b. pawsen = strotzen, aufgeblasen sein (turgêre),
> pawsenfals = bauchiges Faß, mittelrhein. (mit dem weichen Laute) büsen =
> swällen, turgêre, welche der Lautverschiebung gemäß stimmen mit gr. physân
> (φυσᾶν) = aufblasen, blähen.

der Bausch, —es, Pl. Bäusche, mhd. der bûsch mit dem Pl. biusche
[= stumpfer, schwellen machender Schlag, dann]: ausgedehnter Wulst;
[im Nhd. auch:] dickgelegte Verbandleinwand; Gebund Stroh. In
Bausch und Bogen = eins mit dem Andern, ohne auf mehr und
weniger zu achten, eig. mit auswärts sich dehnender Grenzfläche
(Bausch) und einwärtsbiegender (Boge, Bogen). Von Bausch:
bauschen (mhd. bûschen, biuschen, = schlagen und dann) s. v. a.
wulstartig schwellen machen; bauschig, Adj. — Mit Bausch zusammengef.: der Bauschermel = aufgeblähter Ermel.

die Baute (b. Göthe), Pl. —n: Aufführung eines Baues; aufge-
führter Bau. Nur nhd., aber unrichtig st. Baude [ahd. pûwida in
kipûwida ohne später eintretenden Umlaut]. Von bauen.

bauz! Interj. des aufschlagenden Falles.

fich baxen = ringenb fchlagen. Urfprüngl. nieberb.

Aus nieberb. bâksen (d. i.) = „bâks (Schläge) geben", engl. box.

bie Bah = fehr breiter Meerbufen, beffer Bai, f. b.

ber Bayer, in amtlicher Schreibung ft. Baier, f. b.

ber Bazâr, —es, Pl. —e : Reihe koftbarer Waarenläben.

Urfpr. an orientalifchen Hanbelsplähen. Das franz. ber bazar, neapolitanifch bazaro. Aus orientalifch (perfifch) bâzâr Marktplah.

be=, mhb. be-, ahb. bi- (bë-), pi-, goth. bi-, ift eine aus ber Präp. bei (f. b.) hervorgegangene untrennbare unb im Nhb. ftets unbetonte Zufammenfehungspartikel, welche zunächft f. v. a. „um" unb barnach allfeitige Einwirkung, volle Bewältigung, ein thätiges, einwirkenbes Nahefein, enblich bloß Verftärkung bes Begriffes bes einfachen Wortes ausbrückt. In manchen Wörtern aber erfcheint be= zu bloßem b abgefchwächt, f. bange, Beichte, binnen, bleiben. Allen mit be= zufammengef. Subftantiven liegen Verba gleicher Zufammenfehung zu Grunbe.

beábfichten = zur Abficht haben. Gewöhnlich (mit unorganifchem =igen, weil auf kein Abj. ábfichtig fußenb) beábfichtigen.

ber Beámte, —n, Pl. —n : wem ein Amt (f. b.) übertragen ift.

Von beamt (mhb. beampt?), ber älter-nhb. verkürzten Form bes Part. Prät. beamtet von beamten. Die Abjectivflerion noch, wenn z. B. bei Kant „hohe Beamte", während fubftantivifch „hohe Beamten" ftehen müßte.

beáfchen = mit Afche beftreuen ober auch zubecken.

bëben (aber bas ë hoch, wie in heben) : in gefchwinder Wellenlinienbewegung fein, befonbers ftärkerer unb nachhaltigerer.

Mhb. bëben in ber Eneit 269, 30, fonft immer biben, ahb. bibên, pipên, goth. biban (? Prät. bibáida?), altfächf. bivôn, bibôn, angelfächf. bëofjan, auch mit ber Vorftellung ber Furcht, welche in ben ber Lautverfchiebung gemäß entfprechenben urverwanbten fanfkr. bhî, gr. phébesthai (φιβεσϑαι), = fich fürchten.

† bie Becaffîne, Pl. —n : bie Wafferfchnepfe.

Das franz. bie bécassine [-asse = lat. -áceus, a, um], von franz. ber bec [aus lat.-gallifch beccus, f. Sueton. Vitellius 18] = Schnabel.

ber Bécher, —s, Pl. wie Sing., ebler Ausbruck für „Trinkgefchirr". béchern = ben Becher weiblich leeren.

Mhb. ber bëcher, ahb. bëchar, pëchar, eig. pëhhar, aus volksmäßig-lat. bacar [mittellat. bacchárium (weshalb auch ahb. pëchäre) unb fpäter picárium] = Weingefchirr. Auch Kelch (f. b.) ift frembher. Der Gothe fagte für Becher ber stikls b. i. (einzuftechenbes) Trinkhorn, von stikan ftechen.

ber Beck (e wie ä), —en, Pl. —en, alter Ausbruck unb noch oberb. für Becker. Mhb. ber becke, ahb. peccho b. i. pecchjo, von backen (f. b.)

bie Bëckelhaube, f. Pickelhaube.

bas Bécken (mit é wie ä), —s, Pl. wie Sing. : flaches fcheibenförmiges Gefäß zum Aufnehmen einer Flüffigkeit; Metallfcheibe

8*

zum Aneinanderschlagen in der Musik; rundliche Vertiefung zwischen erhabenen Stellen.

Im *voc. theut.* v. 1482 Bl. c6ᵃ beckein, Bl. y4ᵇ peckin, mhd. das becken, ahd. bechin, pecchin, woraus gekürzt mhd. das becke, ahd. bechi, pecchi. Altfränk. b. Gregor von Tours († 595) bacchino = flache hölzerne Schale. Aus mittellat. bacīnus, bacīnum, = Becken, v. lat. bácca, baca, = überhaupt Beerenrundes, z. B. Kettenring (*Prudent.*, peristeph. 1, 46) ꝛc.

der Bäcker (é wie ä) oder auch Bä'cker, —s, Pl. wie Sing. : wer das Backen aus Teig als Gewerbe treibt. Davon die Beckerei (schon im *voc. theut.* v. 1482 peckerey). die Bäckerin (schon im 14. Jahrh.).

Mit althergebrachtem e (ä ist unnöthig) das im Nhd. giltige Wort ft. des alten, jetzt nur noch landschaftlichen der Beck (f. d.). Zuerst im 12. Jahrh. prötpekker (*Sumerl.* 49, 42). Im *voc. theut.* v. 1482 : »Becker, peck«.

bedächt, mhd. bedâht, Part. Prät. v. bedenken : gesammelter Gedanken worüber oder worauf. der Bedächt, —es, ohne Pl., mhd. bie bedâht, gebildet wie A'nbacht ahd. bie anadâht, nur männlich geworden. Daher : bedächtig, ahd. pidâhtic (*Diut.* I, 274ᵃ), und davon die Bedächtigkeit, mhd. bie bedæhticheit, ahd. bidêhtigheit; bedächtlich, Adj. u. Adv.; bedächtsam, Adj.

der Bedárf, —es, ohne Pl. : was wozu erforderlich ist.

Erst mit dem 17. Jahrh. von ich bedarf, der Präsentialform von bedürfen. So auch wetterauisch : sich den Darf wozu nehmen = sich nicht verwehren lassen, etwas zu thun.

bebauern = Leid worüber haben oder äußern.

Falsch ft. betauern, wie noch Lessing schreibt, und früher betauren. Mhd. betûren u. betiuren, welche zuerst f. v. a. tiure (theuer) sein, viel kosten, dann schwer werden, verdrießen, Leid verursachen. S. dauern 2.

bie Bebe, Pl. —n : Abgabe, die ursprünglich Freie bezahlten.

Bebe ist eig. niederd. Form und schon b. Alberus „beb“; mhd. bie bëte, welches zuerst „Bitte“, wie ahd. pëta (f. Bitte). Also zunächst erbetene Abgabe, lat. precária.

bebeuten = zum Verständniß bringen; Anzeichen wozu sein; Geltung haben. Das Part. Präf. bebeutend jetzt fast nur : von erheblicher Wichtigkeit. Außerdem von bebeuten : die Bebeutenheit ft. Bebeutendheit; bebeutsam mit bie Bebeutsamkeit; bie Bebeutung mit ben Adj. bebeutungslos u. bebeutungsvoll.

Mhd. bediuten = völlig zum Verständniß bringen, geistig worauf hin zeigen, klar anzeigen. Ursprünglich : gänzlich volksverständlich machen. S. beuten.

bebienen = durch Dienstleistungen sorgsam versehen. sich wessen bebienen = ihn, es wozu gebrauchen. In „bebient sein“ = bienlich sein, hat das Part. Prät. bebient Präsential- oder active Bedeutung, und so steht bebient gleichsam wie bebienend. Daher der Bebiente, —n, Pl. —n, ohne bestimmten Artikel und mit unbestimmtem : Bedienter, Pl. Bediente, = Lohndiener einer Person und auch wol besoldeter Diener eines Amtes. Das Femininum ist die Bediente (b. Gellert). die Bedienung.

der Bediente, ein Bedienter, s. unter bedienen.

das Beding (ehedem Bedinge), —es, Pl. —e, wofür mhd. das gedinge, = beschränkende Bestimmung. Präsentialform v. bedingen = durch Verhandlung oder als Unterstellung festsetzen, beschränkend bestimmen. Davon auch die Bedingung (= Beding) mit bedingungsweise. die Bedingniß, Pl. —sse, u. das Bedingniß, —sses.

Mhd. bedingen = Vertragsbestimmungen festsetzen (*Ulrich's Tristan* 519, 33), wofür ahd. gidingôn oder auch bloß das einfache dingôn, v. mhd. und ahd. dinc = rechtliche Verhandlung, Vertrag und dann erst wie wir nhd. Ding (s. b.) sagen. Unser bedingen hat, wie mhd. bedingen und ahd. dingôn, schwache Biegung und dürfte nur diese haben; aber aus Niederdeutschland [holländ. Prät. bedong, Part. bedongen] und nach der Analogie von bringen, singen ꝛc. ist daneben ungut starke Biegung eingetreten : Prät. bedang u. (noch übler) bedung, Part. bedungen.

der Bedráng, —es, ohne Pl. : mehrfacher Drang, Drangsal. Veraltet.

bedrängen = allseitig (vgl. be=), sehr drängen (s. b.).

bedräuen = durch Drohen nöthigen. S. bräuen.

bedrücken u. bedrücken sind verschieden, wie aufbrucken (s. b.) und aufbrücken.

bedürfen, Präs. ich er bedarf, du bedarfst, wir bedürfen ꝛc., Prät. ich bedurfte (Conj. ich bedürfte), Part. bedurft : erforderlich sein, bes. insofern aus irgend einem Mangel der Zweck nicht erreicht werden kann. Daher das Bedürfniß, —sses, Pl. —sse; das Adj. bedürftig.

Mhd. bedürfen (Präs. bedarf, Prät. bedorfte), ahd. pidurfan (Präs. pidarf, Prät. pidorfta). Über das Weitere s. dürfen.

sich bedüffeln = ein Räuschchen antrinken, s. buffeln.

bedutzt = betroffen und bestürzt wovon (bei Göthe, Clavigo 4, 1).

Part. Prät. v. mhd. betützen (Prät. betutzte, Part. betutzt) = bethören, eig. wol einschläfern (ahd. tuzjan einschläfern? durch Gesang? b. *Otfr.* 1, 11, 41). Vgl. verdutzt.

beeiden, jetzt nur, aber unorganisch beeidigen : eidlich verpflichten.

beeinträchtigen = (in die Quere kommen und so) Eintrag thun.

-einträchtigen hier bildl., v. älter-nhd. der eintracht (b. Luther. 3 Mos. 13, 48. 49. 51. 56. 59) st. Eintrag = Querfäden des Gewebes.

beenden, jetzt, aber unorganisch, lieber beendigen : zu Ende bringen.

die Beere, Pl. —n : kleinere fleischige Samenkapsel der Pflanzen.

Weiblich (schon mhd. diu ber in der urstende 114, 16), weil wie Sing. aus dem Rom. Pl. des mhd. das ber (Pl. diu ber), ahd. das beri, peri, goth. das basi, altniederrhein. (im *Teuthonista*) bere u. bese, = Beere. Dunkeln Ursprunges, aber wegen des ursprüngl. s nicht v. ahd. përan goth. baíran tragen.

das Beet, —es, Pl. —e : abgetheiltes Stück Gartenland zur Anpflanzung.

Eins mit das Bett (mhd. das betto, ahd. petti, = Bett und Beet), wie noch
im ältern Nhd. für Beet vorkommt und jetzt im gemeinen Leben gesagt wird. Erst
seit dem 17. Jahrh. durch die Schreibung mit ee unterschieden.

die Beete, Pl. —n : der Mangold, die rothe Rübe.

Aus dem niederrhein. beth, holländ. beet, engl. beet (angelsächs. bete), v. dem
gleichbed. lat. die béta. Die mhd. Form war (mit Fortschiebung des lat. t in z)
die bieze, die ahd. bieza, pieza, pioza, deren ie gleich dem der ital. Form bieta.

befähigen = wozu fähig machen.

befahren, Prät. befuhr, Part. befahren : über- u. durchfahren. Zusammenges. mit fahren, ahd. faran.

befähren, Prät. befährete, also schwachbiegend : in Gefahr, besorgen-
der Furcht wovor sein. Kommt wenig mehr vor.

Völlig verschieden von dem vorhergehenden starkbieg. befahren. Denn unser
schwachbieg. befähren hier ist zusammenges. mit mhd. væren, ahd. fârên, = nachstellen (s. Gefahr), wie denn noch im 16. und 17. Jahrh. mit Acc. befahren
in derselben Bed., z. B. „die, welche mich — Verfolgen und befahren" (Weckherlin). Sonst älter-nhd. meist sich befahren mit Gen. der Sache oder
folgendem abhängigen Satze in der weitern Bed.: besorglich wovor sein, urspr.
vor Nachstellung, Gefahr, wie man auch mhd. være hân (Heinrich's Tristan 708)
sagte. Ähnlicher Begriffsübergang in „Schauer" (s. b.) = Hagel und dann
fröstelndes Überlaufen der Haut.

der Befáng, —es, Pl. Befänge, s. Bifang. Von befangen.

befángen, Prät. befieng, Part. befangen : einschließend umgeben; gefangen nehmen. sich befangen womit = damit befassen, zu thun
machen. Das Part. Prät. befángen = eingenommenen, unfreien
Geistes und dadurch verlegen; — daher die Befángenheit.

Mhd. bevân, bevâhen (befahen), ahd. pifâhan, = umfangen, rings umgeben,
einnehmen.

das Béffchen, —s, Pl. wie Sing. : runder Halskragen oder vielmehr
die zwei länglichen weißen herabhangenden Läppchen unter dem Kinne
des Geistlichen.

Wegen des hohen é Béffchen besser als Bäffchen, zumal da nach niederd.
bofken (J. H. Voß zu Luise II, 99) auch Böffchen geschrieben wird. Neuniederländ. das befje, das Dim. v. der bef = Halskragen, welches wol verwandt
mit aachenisch die bäff = Maul (Müller u. Weitz 9).

der Befếhl, —es, Pl. —e : [ehedem Übertragung, Auftrag, Empfehlung, dann] Willensäußerung zur Befolgung. Von befếhlen, Prät.
befáhl (Conj. beföhle), Part. befóhlen, Imp. befiehl : übergeben (Luc.
23, 46), zu eigen und zu Gunst oder Geneigtheit; anvertrauen; als
und zum Geschäft übergeben oder übertragen; seinen Willen äußern
(gleichsam übergeben, übertragen) zur Befolgung; durch eine zu befol-
gende Willensäußerung bestimmen.

Ju Befehl ist das h nicht anzusehen als ursprüngl. dehnend, sondern vielmehr als
vor das l gerückt; im 16. und 17. Jahrh. schrieb man noch häufig genug der be-
felh, befelch, befelich, befehlich. Vor dem 15. Jahrh. aber kommt das Wort
nicht vor, also weder mhd. bevelch, noch ahd. pifëlah, noch goth. das bifilh (neben
das anafilh = Überlieferung, Empfehlung). Das Stammwort befehlen, wol
ebenfalls mit vorgerücktem h, lautet im 16. Jahrh. noch überaus häufig und regelrecht befelhen, Prät. befalh u. befalch, Part. befolhen; mhd. bevëlhen (auch
mitunter bevëlchen), Prät. bevalch, Part. bevolhen; ahd. pifëlahan, Prät. pifalah,
Part. pifolahan. Daneben aber findet sich, den Übergang zu unsrer Schreibung
befehlen mit entschwundenem h hinter l anbahnend, ahd. bifëlan (Otfr. 5, 25,
87. Notker 30, 6. 71, 1. 110, 9. Boethius 57), mhd. in Mittel- u. Niederdeutschland bevëlen (Eneit 340, 32. Sunden widerstrit 2177. Marien Himmelfahrt 773),
befëlen (voc. ex quo), nach mittelniederländ. u. mittelniederd. bevelen. Die Bedeutungen, wie im Nhd.; jedoch im Goth., wo kein bifilhan vorkommt, mit ana
(an) anafilhan = übergeben, überliefern, empfehlen. Dieselben giengen aus von
der auch im Mhd. und Ahd. noch erhaltenen älteren Bed. „begraben" (Genesis
33, 31; — mhd. die bevilde st. bevilhde = Begräbniß) d. i. gleichsam „der Erde oder
(beim Leichenbrande) den Flammen zu bedecken oder verbergen übergeben", welche
sich wieder aus der ursprünglicheren „verbergen" (Graff III, 501, und so auch
altsächs. bifëlhan im Héliand 124, 16. 126, 10) entwickelte. Beide Begriffe aber
„begraben" u. „verbergen" sind die des einfachen ahd. fëlahan (Prät. Sing.
falah, Pl. fuluhumês, Part. folahan), goth. filhan, deren Wurzel fil der Lautverschiebung gemäß mit pel in dem zusammengef. lat. se-pelīre = begraben
stimmt. Auf den Leichenbrand geht ahd. valach = er schichtete Holz (zum Scheiterhaufen), so wie witufëlah = Holzschichte zur Todtenverbrennung. Auch altnord.
fëla = verbergen, bedecken.

befehligen = den Oberbefehl haben; durch Befehl beauftragen.
Wahrscheinlich von der Befehlig, der in -ig mehr niederd. Form statt der im
16. u. 17. Jahrh. neben Befelch, unserm Befehl (s. d.), mit eingeschobenem i
vorkommenden, also nicht auf -ich abgeleiteten der Befehlich. Vgl. Grimm's
Gramm. II, 307. Weniger scheint befehligen geradezu aus dem Verbum be-
felchen oder durch unorganisches -igen statt -en aus der spätern Form befehlen
gebildet.

der Befehlshaber, —s, Pl. wie Sing., ehedem besser Befehlhaber:
der den Befehl Führende.

befinden, Prät. befánd, Part. befúnden : nach Untersuchung in ge-
wissem Zustande oder Verhältnisse wahrnehmen; nach Untersuchung
dafür halten. sich befinden = an einem Orte (wo?) oder in
einem Zustande (wie?) sein.
Mhd. bevinden, ahd. pifindan, = finden, erlangen, erfahren, lernen; durch das
Gefühl wahrnehmen.

befleißen, Prät. befliß, Part. befliſſen : mit allem Fleiße worauf hin
thätig sein. Nur in das Befleißen, in befliſſen sein und sich
befleißen gewöhnlich mit Gen. der Sache. Auf das Adj. fleißig
gründet sich das üblichere gleichbed. schwachbiegende sich befleißigen.
Mhd. bloß vlizen (Prät. Sing. vleiz, Pl. vlizzen), ahd. flîzan. Vgl. Fleiß.

sich beföhren, b. Opitz nach schlesischer Munbart st. sich befahren.

beförbern, nicht beföbern, wie im 17. unb 18. Jahrh. manche schrie=
ben. S. förbern.

befrieben unb jetzt fast nur mit unorganischem =igen st. =en befrie=
bigen = burch Umhegen, Umzäunen gegen Anbre abschließen unb so
sicher stellen (Friebe geben), schützen unb schirmen; zufrieben stellen.
  Mhb. bevriden, bessen vriden v. ber vride Friebe, s. b.

befúgen, transf. : Zuständigkeit wozu geben, bes. rechtskräftige (Fug).
Nur noch in bem Part. Prät. befúgt. bie (selten bas) Befúgniß.

† ber Beg (bas e kurz unb tief), — s, Pl. wie Sing., türkisch : "Herr"
als türkischer Beamtentitel. ber Béglerbeg = Oberstatthalter, eig.
Herr ber Herren.

begében, Prät. begáb, Part. begében, als Transf. in ben Bebeutungen
"hin=, über=, aufgeben" veraltet unb jetzt nur noch in sich begében
= sich hin=, bargeben (Röm. 6, 16); (mit Gen. ber Sache) bas Wollen, bie Verbinbung auf etwas hin aufhören lassen, aufgeben; sich
wohin bewegen unb so baselbst gegenwärtig sein; in ber Zeit wirklich
werben. bie Begébenheit, Pl. —en, mit bem Part. Prät. begében
zusammengesetzt : bas Wirklichgeworbensein in ber Zeit. bie unb bas
Begébniß.
  Mhb. begëben, ahb. bigëban, pikëpan, = (allseitig) wovon ablassen, ben
  Gegenstanb verlassen, hin=, aufgeben, bann im Mhb. noch in ein Kloster gehen
  b. i. bie Welt aufgeben.

begégnen (é wie ä), mit sein, aber nebenbei auch mit haben, unb mit
Dat., zuweilen nhb. ungut Acc. ber Person : entgegen= unb so zu=
sammenkommen, zusammentreffen, eig. wie bilbl.; gegenüber abhaltenb
thätig sein, entgegenwirken; sich gegen jemanb benehmen; zukommen
in ber Zeit, vorkommen. Nach bieser letzten Beb. aus bem gekürzten
Infinitiv bie u. bas Begégniß (é wie ä).
  Mhb. begegenen, begagenen, ahb. bigagenen, pikakanan, zusammenges. aus
  pi- u. kakanan = gegen (ahb. kakan) b. i. entgegen kommen frieblich wie frünblich.

begéhen, Prät. begieng, Part. Prät. begángen, mhb. begên, begân,
ahb. bigân, pikân, 1) transf. : worauf, worüber, woran hin gehen
(vgl. ben ahb. Imperat. picanc! = evádere i. b. *gloss. paris.* 210*);
[ehebem bann hinzugehen zur Pflege u. also wofür sorgen; baher
weiter eine Leiche] feierlich zur Erbe besorgen, bestatten; verherrlichenb
verbringen, feiern; vollbringen, ausüben; (vom Hengste) bespringen;
— 2) reflexiv sich begéhen : sich zur Zeugung geschlechtlich vereinigen; sich im Umgange benehmen; sich benehmen, womit abgeben. Von
bem gekürzten ursprüngl. Inf. (ahb. pikankan) bas u. bie Begängniß = was als Feier gethan wirb, z. B. in bas Leichenbegängniß.
Ahb. sagte man ber pikanc.

der und später auch das Begehr, —es, ohne Pl., mhd. (mitteld.) die
begёr, sonst bloß die gёr : die innere Regung wonach, so wie die
Äußerung dieser Regung. Mit begёhrlich, wofür mhd. begirlich
(kein begёrlich), = Begehr zeigend u. Begehr erweckend, von be=
gёhren (mit Gen. oder Acc.) = innere Regung wonach haben oder
äußern.

Begehren lautet mhd. begёrn, welches aber erst im 14. Jahrh. vorkommt.
Das einfache gёhren, mhd. gёrn, ahd. gёrōn, kёrōn, wofür im Goth. (nach erster
schwacher Conjugation) gaírnjan, ist mit dem Adv. gёrn (f. b.) einem gleichbed.
starken Verbum entsprossen, das im Goth. geiran (Prät. Sing. gáir u. Pl. gaírum,
Part. gaírans), ahd. kîran (keir und kirumês, kiranêr), gelautet haben muß und
der Lautverschiebung gemäß mit gr. chaírein = sich freuen stimmt. Aus diesem
Wurzelverb kommen noch die Gier (mhd. gir, ahd. girî, kirî), geler (mhd. gir),
f. b. BW.

die Begier, ohne Pl., und die Begierde, Pl. —n : die innere, sinn=
liche Regung wonach. Von Begier das Adj. begierig.

Schon im 16. Jahrh. die begir u. begirig, aber nicht im Mhd., wo bloß
die gir Gier (f. b.) u. girec gierig. Dagegen älter-nhd. die begirbe u. auch
das begirb, schon im Mhd. die begirde neben dem gleichbed. einfachen die
girde, ahd. girida, kirida, mittelst der Ableitungssylbe -de, ahd. -ida, v. gёhren
(f. die Anm. zu Begehr), dessen ё wieder in i zurückgeht.

der Beginn, —es, ohne Pl., mhd. der (auch das) begin, ahd. bigin,
pikin : das erste Wirklichwerden. Von beginnen, Prät. begänn
(Conj. begänne) und (bis über die Mitte des 18. Jahrh. herrschend,
jetzt nur alterthümlich) begönnte, Part. begönnen, mit Acc. (früher
Gen.) und haben, aber auch mitunter sein. Das Wort bed. f. v. a.
„anfangen„, nur mit dem Anstriche des Edleren.

Beginnen erscheint spärlich gegen Ende des 17. Jahrh. und kommt erst wieder
im 18. mit edlerer Färbung in Umlauf. Mhd. beginnen mit dem Prät. began
u. begonde, begunde, ahd. biginnan, pikinnan mit dem Prät. pikan u. überwiegend bigonda, pikonda, auch zuweilen bigunsta (weshalb noch bei Alberus
widder Jörg Witzeln mehrmals „begunste„). Bei den Gothen duginnan (du- =
zu), kein biginnan. Die erste Bed. von ahd. biginnan ist spalten, öffnen (Otfr. 3,
7, 27), wie denn das einfache ginnan [nach ahd. inkinnan (d. i. antkinnan)
= aufschneiden, spalten, dann öffnen, und altnordb. ginna = anködern] ursprünglich „schneiden„ bedeutet haben muß und offenbar zusammenhängt mit
dem ahd. Wurzelverb gînan, kînan (Prät. kein) = gähnen, sich spalten, welches
nach der Lautverschiebung mit gr. chaínein gähnen, klaffen, eins ist. Mit jener
Bed. „öffnen„ aber, die aus „schneiden, spalten„ hervorgeht, gesellt sich leicht
die von „anfangen„, welche auch in jenem inkinnan vor- und in pikinnan völlig
herrscht. Ähnlich franz. entamer = anschneiden u. anfangen, span. empezar =
(zerstücken, dann) anfangen. Vgl. J. Grimm in Haupt's Zeitschr. VIII, 18 f.

beglauben, wofür jetzt allgemein beglaubigen [v. glaubig] =
glaubwürdig machen, zu Glauben bestätigen. Das Part. Prät.

jenes Verbums : beglaubt = glaubwürdig gemacht, ſicher zu glaubenb; zu Glauben beſtätigt; im Glauben ſeienb (b. Wielanb).

begleiten (ſt. begeleiten), tranſ. : mit jemanb ober etwas zugleich
ſich fortbewegen; muſicaliſch mitſpielenb ergänzen. Einen Rang, ein
Amt begleiten, falſch ſt. bekleiben (ſ. b.). Daher bie Be=
gleitung.

    Erſt im 17. Jahrh.; früher ahb. beleiten, mhb. beleiten, ahb. pileitan. Bei
Luther geleiten, ſ. b. W. u. leiten.

begnáben, mhb. begnáden, wofür jetzt allgemein begnábigen (im 16.
u. 17. Jahrh. lieber begnäbigen, weil v. b. Abj. gnábig) : mit,
aus Gnabe begaben; über jemanb Gnabe für Recht ergehen laſſen.

begnü'gen = genug ſein; zufrieden ſtellen. Jetzt faſt nur ſich begnü'gen = für ſich genug haben ober ſein.

    Erſt im 17. Jahrh. eingeführt; aber ſchon zu Anfange bes 15. Jahrh. be-
gnüegen, ſ. Pfeiffer's Ausg. bes *Boner* S. 198, 25, 53. 226, 88, 9.

begráben, Prät. begrúb, Part. begráben, mhb. begraben, ahb. pikrapan : eingrabenb mit Erbe bebecken; verbergenb zubecken. Davon
bas (auch bie) Begrä'bniß, —ſſes, Pl. —ſſe : Leichenverſenkung
in bie Erbe, Tobtenbeſtattung.

begreifen, Prät. begriff, Part. begriffen, mhb. begrifen, ahb. bigrifan,
pikrifan : mit ben äußerſten Gliebern bes Leibes (Hänben, Füßen)
fühlenb anrühren ober faſſen; in ſich faſſen; geiſtig faſſen ober in ſich
aufnehmen. begriffen ſein [v. mhb. sich begrifen ſich womit be-
faſſen] = bie Ausführung von etwas aufnehmen, baran ſein es zu
thun. Von begreifen : bas Abj. begreiflich, mhb. begriflich, =
(leicht faſſenb, im *voc. ex quo* qui cíto cápit, jetzt nur noch) geiſtig
aufzufaſſenb. ber Begriff, mhb. begrif (aus bem Pl. Prät. wir
begriffen), = räumliches Umfaſſen, räumlicher Umfang; bas Daran-
ſein etwas zu thun; geiſtige Auffaſſung, Umfang unb Inhalt einer
Vorſtellung.

begrü'ßen, mhb. begrüezen, = einen Gruß richten an —; jemanb
um etwas höflich anſprechen. Daher bie Begrüßung.

behaárt, wofür ahb. gihârêt, = mit Haaren bewachſen.

ſich behában = ſich verhalten auf jemanb ober etwas hin, ſich benehmen.

    Mhb. behaben, ahb. pihapên, = feſt halten, behalten, behaupten.

behä'big = ſich wol haltenb, Wolhabenheit zeigenb. V. behaben.

    Spät-mhb. hebec, habec (ahb. habíg), gehabec, = beſitzenb, wolhabenb.

behaft, mhb. behaft, = feſtgehalten (eig. feſtgeheftet), bann beſeſſen.
Jetzt falſch mit behaftet, bem Part. Prät. v. behaften vertauſcht,
auch Math. 4, 24. Luc. 4, 38. Joh. 5, 4, wo überall bei Luther
richtig behaft.

Behaft ift das rückumlautende Part. Prät. v. mhb. behaften (unferm veralteten behéften), ahb. piheftan (Prät. pihafta, Part. Prät. pihaft), urfprüngl. pihaftjan, = zufammenheften, feft heften, feft halten, fich im Befiße halten.

beháften, mhb. behaften(?), ahb. pihaftên(?), = feft hangen und nicht los können. Hiervon das Part. Prät. beháftet (ahb. pihaftêt?), verfchieden von behaft ahb. pihaft.

behágen, mit Dat. der Perfon : zufagende, wolthuende Empfindung erregen. Daher beháglich und im 18. Jahrh. noch häufig behäglich (b. Luther beheglich), mhb. behegelich (der Umlaut wegen î in -lich), neunieberländ. behagelijk; und hiervon weiter die Beháglichkeit, veraltet Behäglichkeit, mhb. behegelicheit.

Mhb. (aber nicht allgemein üblich) behagen, altfächf. behagôn (= günftig fein), mittelnieberl. behaghen, frief. bihagia, angelfächf. onhagian, altnorb. haga; im Mhb. u. Goth. kommt das Wort nirgends vor, weder zufammengef. noch einfach. Nach dem ahb. Part. Prät. kihagan gehegt (Graff IV, 761) gab es im Ahb. ein ftarkbieg. Verbum hagan (Prät. huoc) = hegen, umzäunen, wozu als Zufammenfeßung mhb. behagen (urfpr. ftarkes Part. Prät.) = frifch (b. i. wolgehegt), freubig, ftattlich, gehört und gewiß auch unfer fchwaches behagen = fich fröhlich (eig. gehegt, gefchüßt und alfo bequem) fühlen. Zu demfelben Wurzelverbum hagan find außerdem noch Hag (f. b.), hegen (f. b.), ahb. der hagan = hegenber Dorn, Hageborn (f. b.), zu zählen. Vgl. J. Grimm im b. Wtbch. I, 1318.

behálten Prät. behielt, Part. behálten, mhb. behalten, ahb. pihaltan : inne halten, alfo nicht weggeben, in Bewahrung haben, geiftig festhalten (nicht vergeffen), nicht ausfchwaßen u. dgl. Daher beháltbar, beháltlich u. behältlich, = was im Gebächtniffe behalten werden kann; beháltfam, dasfelbe, aber auch fähig, etwas im Gebächtniffe feftzuhalten; der u. das Behälter, —s, Pl. wie Sing., = "Geräth, Ort, etwas aufzunehmen und aufzubewahren", die umlautende Form von der Behälter (b. Klinger), mhb. der behaltære, ahb. pihaltâri, = Bewahrer, bewahrende Perfon, dann (aber erft im Nhb.) bewahrendes Geräth; das Behältniß (beheltinife im *voc. ex quo*), wie Behälter.

behaupten = (fiegreich) abwehrend einen Befiß fefthalten; beharrlich fefthalten.

Der Begriff gieng im 16. Jahrh. von dem Obfiegen, Meifterwerben, alfo dem Nieberkämpfen, der Nieberlage des Entgegenftehenben aus; denn mhb. behoubeten = enthaupten.

der Behélf, —es, Pl. —e : Hilfe Gewährenbes in Ermangelung von etwas Befferem. Von behélfen, Prät. behálf, Part. behólfen, mhb. behélfen, = "burch Hilfe förbern", jeßt nur fich behélfen = (fich weffen bedienen, bann) ausreichen in Ermangelung von Befferem.

behélligen (é wie ä) = bemühen (ermüben), befchwerlich fallen.

fich beföhren, b. Opitz nach schlefischer Munbart st. fich befahren.

beförbern, nicht beföbern, wie im 17. unb 18. Jahrh. manche schrieben. S. förbern.

befrieben unb jetzt fast nur mit unorganischem -igen st. -en befriebigen = burch Umhegen, Umzäunen gegen Anbre abschließen unb so
sicher stellen (Friebe geben), schützen unb schirmen; zufrieben stellen.
Mhb. bevriden, besen vriden b. ber vride Friebe, s. b.

befúgen, transf. : Zuständigkeit wozu geben, bef. rechtskräftige (Fug).
Nur noch in bem Part. Prät. befúgt. bie (selten bas) Befúgniß.

† ber Beg (bas e kurz unb tief), —s, Pl. wie Sing., türkisch: "Herr"
als türkischer Beamtentitel. ber Béglerbeg = Oberstatthalter, eig.
Herr ber Herren.

begében, Prät. begáb, Part. begében, als Transf. in ben Bebeutungen
"hin-, über-, aufgeben" veraltet unb jetzt nur noch in sich begeben
= sich hin-, bargeben (Röm. 6, 16); (mit Gen. ber Sache) bas Wollen, bie Verbinbung auf etwas hin aufhören lassen, aufgeben; sich
wohin bewegen unb so baselbst gegenwärtig sein; in ber Zeit wirklich
werben. bie Begébenheit, Pl. —en, mit bem Part. Prät. begében
zusammengesetzt: bas Wirklichgeworbensein in ber Zeit. bie unb bas
Begébniß.
    Mhb. begében, ahb. bigëban, piképan, = (allseitig) wovon ablassen, ben
Gegenstanb verlassen, hin-, aufgeben, bann im Mhb. noch in ein Kloster gehen
b. i. bie Welt aufgeben.

begégnen (é wie ä), mit sein, aber nebenbei auch mit haben, unb mit
Dat., zuweilen nhb. ungut Acc. ber Person : entgegen- unb so zusammenkommen, zusammentreffen, eig. wie bilbl.; gegenüber abhaltenb
thätig sein, entgegenwirken; sich gegen jemanb benehmen; zukommen
in ber Zeit, vorkommen. Nach bieser letzten Beb. aus bem gekürzten
Infinitiv bie u. bas Begégniß (é wie ä).
    Mhb. begegenen, begagenen, ahb. bigagenen, pikakanan, zusammengef. aus
pi- u. kakanan = gegen (ahb. kakan) b. i. entgegen kommen friedlich wie feinblich.

begéhen, Prät. begieng, Part. Prät. begángen, mhb. begên, begân,
ahb. bigân, pikân, 1) transf. : worauf, worüber, woran hin gehen
(vgl. ben ahb. Imperat. picanc! = evádere i. b. gloss. paris. 210*);
[ehebem bann hinzugehen zur Pflege u. also wofür sorgen; baher
weiter eine Leiche] feierlich zur Erbe besorgen, bestatten; verherrlichenb
verbringen, feiern; vollbringen, ausüben; (vom Hengste) bespringen;
— 2) reflexiv sich begehen : sich zur Zeugung geschlechtlich vereinigen; sich im Umgange benehmen; sich benehmen, womit abgeben. Von
bem gekürzten ursprüngl. Inf. (ahb. pikankan) bas u. bie Begängniß = was als Feier gethan wirb, z. B. in bas Leichenbegängniß.
Ahb. sagte man ber pikanc.

der und später auch das Begehr, —es, ohne Pl., mhd. (mitteld.) die begёr, sonst bloß die gër : die innere Regung wonach, so wie die Äußerung dieser Regung. Mit begehrlich, wofür mhd. begirlich (kein begërlich), = Begehr zeigend u. Begehr erweckend, von be= gehren (mit Gen. oder Acc.) = innere Regung wonach haben oder äußern.

Begehren lautet mhd. begërn, welches aber erst im 14. Jahrh. vorkommt. Das einfache gehren, mhd. gërn, ahd. gёrōn, kёrōn, wofür im Goth. (nach erster schwacher Conjugation) gaírnjan, ist mit dem Adv. gёrn (s. d.) einem gleichbed. starken Verbum entsprossen, das im Goth. geiran (Prät. Sing. gáir u. Pl. gaírum, Part. gaírans), ahd. kîran (keir und kirumês, kiranêr), gelautet haben muß und der Lautverschiebung gemäß mit gr. chaírein = sich freuen stimmt. Aus diesem Wurzelverb kommen noch die Gier (mhd. gir, ahd. girî, kirî), geier (mhd. gîr), f. d. BB.

die Begier, ohne Pl., und die Begierde, Pl. —n : die innere, sinn= liche Regung wonach. Von Begier das Adj. begierig.

Schon im 16. Jahrh. die begir u. begirig, aber nicht im Mhd., wo bloß die gir Gier (f. d.) u. girec gierig. Dagegen älter-nhd. die begirbe u. auch das begird, schon im Mhd. die begirde neben dem gleichbed. einfachen die girde, ahd. girida, kirida, mittelst der Ableitungssylbe -de, ahd. -ida, v. gёhren (f. die Anm. zu Begehr), dessen ё wieder in i zurückgeht.

der Beginn, —es, ohne Pl., mhd. der (auch das) begin, ahd. bigin, pikin : das erste Wirklichwerden. Von beginnen, Prät. begann (Conj. begänne) und (bis über die Mitte des 18. Jahrh. herrschend, jetzt nur alterthümlich) begonnte, Part. begonnen, mit Acc. (früher Gen.) und haben, aber auch mitunter sein. Das Wort bed. s. v. a. „anfangen", nur mit dem Anstriche des Edleren.

Beginnen erscheint spärlich gegen Ende des 17. Jahrh. und kommt erst wieder im 18. mit edlerer Färbung in Umlauf. Mhd. beginnen mit dem Prät. began u. begonde, begunde, ahd. biginnan, pikinnan mit dem Prät. pikan u. über- wiegend bigonda, pikonda, auch zuweilen bigunsta (weshalb noch bei Alberus widder Jörg Witzeln mehrmals „begunste"). Bei den Gothen duginnan (du- = zu), kein biginnan. Die erste Bed. von ahd. biginnan ist spalten, öffnen (Otfr. 3, 7, 27), wie denn das einfache ginnan [nach ahd. inkinnan (d. i. antkinnan) = aufschneiden, spalten, dann öffnen, und altnord. ginna = anködern] ur- sprünglich „schneiden" bedeutet haben muß und offenbar zusammenhängt mit dem ·ahd. Wurzelverb gînan, kînan (Prät. kein) = gähnen, sich spalten, welches nach der Lautverschiebung mit gr. chaínein gähnen, klaffen, eins ist. Mit jener Bed. „öffnen" aber, die aus „schneiden, spalten" hervorgeht, gesellt sich leicht die von „anfangen", welche auch in jenem inkinnan vor- und in pikinnan völlig herrscht. Ähnlich franz. entamer = anschneiden u. anfangen, span. empezar = (zerstücken, dann) anfangen. Vgl. J. Grimm in Haupt's Zeitschr. VIII, 18 f.

beglauben, wofür jetzt allgemein beglaubigen [v. glaubig] = glaubwürdig machen, zu Glauben bestätigen. Das Part. Prät.

fich beföhren, b. Opitz nach schlesischer Munbart st. sich befahren.

beförbern, nicht beföbern, wie im 17. unb 18. Jahrh. manche schrieben. S. förbern.

befrieben unb jetzt fast nur mit unorganischem =igen st. =en befriebigen = burch Umhegen, Umzäunen gegen Anbre abschließen unb so ficher stellen (Friebe geben), schützen unb schirmen; zufrieben stellen. Mhb. bevriden, beffen vriden v. ber vride Friebe, f. b.

befúgen, transf. : Zuständigkeit wozu geben, bef. rechtskräftige (Fug). Nur noch in bem Part. Prät. befúgt. bie (felten bas) Befúgniß.

† ber Beg (bas e kurz unb tief), — s, Pl. wie Sing., türkisch : "Herr" als türkischer Beamtentitel. ber Béglerbeg = Oberstatthalter, eig. Herr ber Herren.

begëben, Prät. begáb, Part. begëben, als Transf. in ben Bebeutungen "hin=, über=, aufgeben" veraltet unb jetzt nur noch in fich begeben = fich hin=, bargeben (Röm. 6, 16); (mit Gen. ber Sache) bas Wollen, bie Verbinbung auf etwas hin aufhören laffen, aufgeben; fich wohin bewegen unb so baselbst gegenwärtig sein; in ber Zeit wirklich werben. bie Begëbenheit, Pl. —en, mit bem Part. Prät. begëben zusammengesetzt : bas Wirklichgeworbensein in ber Zeit. bie unb bas Begëbniß.
Mhb. begëben, ahb. bigëban, pikëpan, = (allfeitig) wovon ablaffen, ben Gegenstanb verlaffen, hin=, aufgeben, bann im Mhb. noch in ein Kloster gehen b. i. bie Welt aufgeben.

begëgnen (é wie ä), mit fein, aber nebenbei auch mit haben, unb mit Dat., zuweilen nhb. ungut Acc. ber Person : entgegen= unb so zusammenkommen, zusammentreffen, eig. wie bibl.; gegenüber abhaltenb thätig sein, entgegenwirken; fich gegen jemanb benehmen; zukommen in ber Zeit, vorkommen. Nach biefer letzten Beb. aus bem gekürzten Infinitiv bie u. bas Begëgniß (é wie ä).
Mhb. begegenen, begagenen, ahb. bigagenen, pikakanan, zusammengef. aus pi- u. kakanan = gegen (ahb. kakan) b. i. entgegen kommen frieblich wie feinblich.

begëhen, Prät. begíeng, Part. Prät. begángen, mhb. begên, begân, ahb. bigân, pikân, 1) transf. : worauf, worüber, woran hin gehen (vgl. ben ahb. Imperat. picanc! = evádere i. b. gloss. paris. 210*); [ehebem bann hinzugehen zur Pflege u. also wofür sorgen; baher weiter eine Leiche] feierlich zur Erbe beforgen, bestatten; verherrlichenb verbringen, feiern; vollbringen, ausüben; (vom Hengste) bespringen; — 2) reflexiv fich begehen : fich zur Zeugung geschlechtlich vereinigen; fich im Umgange benehmen; fich benehmen, womit abgeben. Von bem gekürzten ursprüngl. Inf. (ahb. pikankan) bas u. bie Begängniß = was als Feier gethan wirb, z. B. in bas Leichenbegängniß. Ahb. sagte man ber pikanc.

der und später auch das Begehr, —es, ohne Pl., mhd. (mitteld.) die begör, sonst bloß die gër : die innere Regung wonach, so wie die Äußerung dieser Regung. Mit begehrlich, wofür mhd. begirlich (kein begërlich), = Begehr zeigend u. Begehr erweckend, von begehren (mit Gen. oder Acc.) = innere Regung wonach haben oder äußern.

Begehren lautet mhd. begërn, welches aber erst im 14. Jahrh. vorkommt. Das einfache gehren, mhd. gërn, ahd. gërôn, kërôn, wofür im Goth. (nach erster schwacher Conjugation) gaírnjan, ist mit dem Adv. gërn (f. d.) einem gleichbed. starken Verbum entsprossen, das im Goth. geiran (Prät. Sing. gáir u. Pl. gaírum, Part. gaírans), ahd. kîran (keir und kirumês, kiranêr), gelautet haben muß und der Lautverschiebung gemäß mit gr. chaírein = sich freuen stimmt. Aus diesem Wurzelverb kommen noch die Gier (mhd. gir, ahd. girî, kirî), geier (mhd. gîr), f. d. BB.

die Begier, ohne Pl., und die Begierde, Pl. —n : die innere, sinnliche Regung wonach. Von Begier das Adj. begierig.

Schon im 16. Jahrh. die begir u. begirig, aber nicht im Mhd., wo bloß die gir Gier (f. d.) u. girec gierig. Dagegen älter-nhd. die begirde u. auch das begird, schon im Mhd. die begirde neben dem gleichbed. einfachen die girde, ahd. girida, kirida, mittelst der Ableitungssylbe -de, ahd. -ida, v. gehren (f. die Anm. zu Begehr), dessen ë wieder in i zurückgeht.

der Beginn, —es, ohne Pl., mhd. der (auch das) begin, ahd. bigin, pikin : das erste Wirklichwerden. Von beginnen, Prät. begann (Conj. begänne) und (bis über die Mitte des 18. Jahrh. herrschend, jetzt nur alterthümlich) begonnte, Part. begonnen, mit Acc. (früher Gen.) und haben, aber auch mitunter sein. Das Wort bed. s. v. a. „anfangen“, nur mit dem Anstriche des Edleren.

Beginnen erscheint spärlich gegen Ende des 17. Jahrh. und kommt erst wieder im 18. mit edlerer Färbung in Umlauf. Mhd. beginnen mit dem Prät. began u. begonde, begunde, ahd. biginnan, pikinnan mit dem Prät. pikan u. überwiegend bigonda, pikonda, auch zuweilen bigunsta (weshalb noch bei Alberus widder Jörg Witzeln mehrmals „begunste“). Bei den Gothen duginnan (du- = zu), kein biginnan. Die erste Bed. von ahd. biginnan ist spalten, öffnen (Otfr. 3, 7, 27), wie denn das einfache ginnan [nach ahd. inkinnan (d. i. antkinnan) = aufschneiden, spalten, dann öffnen, und altnord. ginna = anködern] ursprünglich „schneiden“ bedeutet haben muß und offenbar zusammenhängt mit dem ahd. Wurzelverb ginan, kînan (Prät. kein) = gähnen, sich spalten, welches nach der Lautverschiebung mit gr. chaínein gähnen, klaffen, eins ist. Mit jener Bed. „öffnen“ aber, die aus „schneiden, spalten“ hervorgeht, gesellt sich leicht die von „anfangen“, welche auch in jenem inkinnan vor- und in pikinnan völlig herrscht. Ähnlich franz. entamer = anschneiden u. anfangen, span. empezar = (zerstücken, dann) anfangen. Vgl. J. Grimm in Haupt's Zeitschr. VIII, 18 f.

beglauben, wofür jetzt allgemein beglaubigen [v. glaubig] = glaubwürdig machen, zu Glauben bestätigen. Das Part. Prät.

jenes Verbums : beglaubt = glaubwürdig gemacht, sicher zu glaubenb; zu Glauben bestätigt; im Glauben seienb (b. Wielanb).

begleiten (st. begeleiten), transf. : mit jemanb ober etwas zugleich sich fortbewegen; musicalisch mitspielenb ergänzen. Einen Rang, ein Amt begleiten, falsch st. bekleiben (s. b.). Daher die Begleitung.

Erst im 17. Jahrh.; früher ahb. beleiten, mhb. baleiten, ahb. pileitan. Bei Luther geleiten, s. b. W. u. leiten.

begnáben, mhb. begnâden, wofür jetzt allgemein begnäbigen (im 16. u. 17. Jahrh. lieber begnäbigen, weil v. b. Abj. gnäbig) : mit, aus Gnabe begaben; über jemanb Gnabe für Recht ergehen lassen.

begnü'gen = genug sein; zufrieben stellen. Jetzt fast nur sich begnü'gen = für sich genug haben ober sein.

Erst im 17. Jahrh. eingeführt; aber schon zu Anfange des 15. Jahrh. begnüegen, s. Pfeiffer's Ausg. bes *Boner* S. 198, 25, 53. 226, 88, 9.

begráben, Prät. begrúb, Part. begráben, mhb. begraben, ahb. pikrapan : eingrabenb mit Erbe bebecken; verbergenb zubecken. Davon bas (auch bie) Begräbniß, —sses, Pl. —sse : Leichenversenkung in bie Erbe, Tobtenbestattung.

begreifen, Prät. begriff, Part. begriffen, mhb. begrifen, ahb. bigrîfan, pikrîfan : mit ben äußersten Gliebern bes Leibes (Hänben, Füßen) fühlenb anrühren ober fassen; in sich fassen; geistig fassen ober in sich aufnehmen. begriffen sein [v. mhb. sich begrifen sich womit befassen] = bie Ausführung von etwas aufnehmen, baran sein es zu thun. Von begreifen : bas Abj. begreiflich, mhb. begriflich, = (leicht fassenb, im *voc. ex quo* qui cíto cápit, jetzt nur noch) geistig aufzufassenb. ber Begriff, mhb. begrif (aus bem Pl. Prät. wir begriffen), = räumliches Umfassen, räumlicher Umfang; bas Daran-sein etwas zu thun; geistige Auffassung, Umfang unb Inhalt einer Vorstellung.

begrü'ßen, mhb. begrüezen, = einen Gruß richten an —; jemanb um etwas höflich ansprechen. Daher bie Begrüßung.

behaárt, wofür ahb. gihârêt, = mit Haaren bewachsen.

sich beháben = sich verhalten auf jemanb ober etwas hin, sich benehmen.

Mhb. behaben, ahb. pihapên, = fest halten, behalten, behaupten.

behä'big = sich wol haltenb, Wolhabenheit zeigenb. B. behaben.

Spät-mhb. hebec, habec (ahb. habîg), gehabec, = besitzenb, wolhabenb.

beháft, mhb. behaft, = festgehalten (eig. festgeheftet), bann besessen. Jetzt falsch mit beháftet, bem Part. Prät. v. beháften vertauscht, auch Math. 4, 24. Luc. 4, 38. Joh. 5, 4, wo überall bei Luther richtig beháft.

Behaft ist das rückumlautende Part. Prät. v. mhd. beheften (unferm veralteten behéften), ahd. piheftan (Prät. pihafta, Part. Prät. pihaft), urfprüngl. pihaftjan, = zufammenheften, feft heften, feft halten, fich im Befiße halten.

behäften, mhd. behaften(?), ahd. pihaftên(?), = feft hangen und nicht los können. Hiervon das Part. Prät. behäftet (ahd. pihaftêt?), verfchieden von behaft ahd. pihaft.

behágen, mit Dat. der Perfon : zufagende, wolthuende Empfindung erregen. Daher behäglich und im 18. Jahrh. noch häufig behäglich (v. Luther beheglich), mhd. behegelich (der Umlaut wegen i in -lich), neunieberländ. behagelijk; und hiervon weiter die Behäglichkeit, veraltet Behä'glichkeit, mhd. behegelicheit.

Mhd. (aber nicht allgemein üblich) behagen, altfächf. behagōn (= günftig fein), mittelnieberl. behaghen, frief. bihagia, angelfächf. onhagian, altnord. haga; im Nhd. u. Goth. kommt das Wort nirgends vor, weder zufammengef. noch einfach. Nach dem ahd. Part. Prät. kihagan gehegt (Graff IV, 761) gab es im Ahd. ein ftarkbieg. Verbum hagan (Prät. huoc) = hegen, umzäunen, wozu als Zufammenfeßung mhd. behagen (urfpr. ftarkes Part. Prät.) = frifch (b. i. wolgehegt), freudig, ftattlich, gehört und gewiß auch unfer fchwaches behagen = fich fröhlich (eig. gehegt, gefchüßt und alfo bequem) fühlen. Zu demfelben Wurzelverbum hagan find außerdem noch Hag (f. b.), hegen (f. b.), ahd. der hagan = hegender Dorn, Hageborn (f. b.), zu zählen. Vgl. J. Grimm im b. Wtbch. I, 1318.

behálten Prät. behielt, Part. behálten, mhd. behalten, ahd. pihaltan : inne halten, alfo nicht weggeben, in Bewahrung haben, geiftig fefthalten (nicht vergeffen), nicht ausfchwaßen u. dgl. Daher behältbar, behältlich u. behá'ltlich, = was im Gedächtniffe behalten werden kann; behältfam, dasfelbe, aber auch fähig, etwas im Gedächtniffe feftzuhalten; der u. das Behälter, —s, Pl. wie Sing., = "Geräth, Ort, etwas aufzunehmen und aufzubewahren", die umlautende Form von der Behälter (b. Klinger), mhd. der behaltære, ahd. pihaltâri, = Bewahrer, bewahrende Perfon, bann (aber erft im Nhd.) bewahrendes Geräth; das Behältniß (beheltinife im *voc. ex quo*), wie Behälter.

behaupten = (fiegreich) abwehrend einen Befiß fefthalten; beharrlich fefthalten.

Der Begriff gieng im 16. Jahrh. von dem Obfiegen, Meifterwerden, alfo dem Niederkämpfen, der Niederlage des Entgegenftehenden aus; denn mhd. behoubeten = enthaupten.

der **Behélf**, —es, Pl. —e : Hilfe Gewährendes in Ermangelung von etwas Befferem. Von behélfen, Prät. behálf, Part. behólfen, mhd. behëlfen, = "burch Hilfe förbern", jeßt nur fich behëlfen = (fich) weffen bebienen, bann) ausreichen in Ermangelung von Befferem.

behélligen (é wie ä) = bemühen (ermüben), befchwerlich fallen.

-helligen, mhd. helligen, = durch Verfolgung ermüden, stören. Mit behelligen v. hellig (f. d.), mhd. hellec (müde, angegriffen).

behénde, Adj. u. Adv. : geschwind mit Leichtigkeit und Gewandtheit. Davon in gleicher Bed. behénbig, mhd. behendec, ahd.=niederd. behandech (gl. jun. 317), mit die Behénbigkeit, mhd. behendekeit.

Zuerst Adj., mhd. behende = (von Sachen) bequem zu handhaben, (von Personen) geschickt, gefügig, fertig wozu, ahd. pihenti (?). Wie mhd. gehende bereit (gleich zur Hand), ahd. kehenti zugehörig (zur Hand stehend), zusammenges. mit einem dem Subst. hant Hand entsprossenen, in Zusammensetzungen üblichen ahd. Adj. henti, mhd. -hende, = hänbig. Nicht aber geradezu aus dem mhd. Adv. behende = bei der Hand (Genesis 35, 29), bei der rechten Hand, welcher Begriff sich übrigens unserm behende beigesellt.

behérzt, Part. Prät. v. behérzen : unerschrockenen Herzens, Mannheit besitzend. Mhd. sagte man in diesem Sinne gehérze.

behilflich, Adj. u. Adv. : wozu Hilfe leistend. Hochdeutscher als behülflich, welches aus dem Niederd. vordrang.

Von älter=nhd. das behilf = Beihilfe, Hilfsmittel.

behölzen = von Holzwuchs befreien; mit Holzwuchs versehen.

die Behör, ohne Pl., mhd. die behœre(?) : wozu gehörige Sache.

die Behörbe, Pl. —n : die zuständige Gerichts= oder Verwaltungsstelle. Mittelst =be v. älter=nhd. behören = wozu gehören, gebühren.

der Behuf, —es, Pl. —e : Naturnothwendigkeit; Erforderniß zum Zwecke, fördernder Zweck. Der Genitiv behufs als Adv. u. Präp. mit Gen. durch den Kanzleistyl eingeführt.

Behuf st. Behub ist aus dem Niederd. eingedrungen. Schon mhd., aber in Werken aus Mitteldeutschland der behuof = das zum Gelingen einer Sache Nöthige, dann Geschäft (für einen Zweck Betriebenes), Nutzen; mittelniederd. die behôf (Reineke 3607); mittelniederl. behoef. Aus dem Prät. v. altsächf. bihef-fian (? Prät. bihôf?), ahd. pihessan, mhd. beheben (beheben) = wegnehmen, welcher Begriff durch den des Mangels in Behuf zu dem des Nöthigseins sich umbildete.

behülflich (b. Luther) und älter=nhd. das Behülf, aus dem Mittel= u. Niederd. statt der eig. hochd. behilflich u. Behilf.

bei, Präp. mit Dat. : in der Nähe oder in der Gegenwart von —, unfern von —; ohne Entfernung und selbst ungetrennt von —, z. B. bei Geld, bei sich sein, Pfeiler bei Pfeiler zerborst 2c.; in fester Beziehung auf —, z. B. die Axt beim Stiele nehmen, einen beim Kleide faffen, bei Gott schwören 2c. Bei mustergiltigen nhd. Schriftstellern, z. B. Luther, Klopstock, Justus Möser, Göthe, wie in der Volkssprache und in beiseite, auch mit Acc. (auf die Frage wohin?) : in die Nähe oder in die Gegenwart von —, z. B. "Filangieris kommen biese Tage bei mich zu Tische" (Göthe). Aber die Schriftsprache im Allgemeinen und die feine Umgangssprache vermeiden bei mit Acc.

und setzen zu mit Dat. Bei Zahlen ist bei zunächst f. v. a. ungefähr (um, círca), dann „nicht ganz" (gleichsam „unfern von — "), z. B. bei 10 Gulden. Auch hier zuweilen bei mit Acc. In Zusammensetzungen ist bei Adv. und hat als erstes Wort in Subst., Adj. und Verben (z. B. beifügen, beigeben ꝛc.), sowie als letztes in Adverbien den Ton. Mhd. bi, ahd. bî, pî, goth. bi, welche goth. Form aber selten wie unser bei (Joh. 11, 19), an (Matth. 5, 39. Luc. 6, 29. 48. 4, 11), vorkommt. Die Grundbed., aus welcher die der Nähe hervorgeht, ist die des Kreises und eben goth. bi ist zunächst f. v. a. rings in Beziehung auf —, um (Matth. 8, 18. Marc. 1, 6. 3, 8. 32. 34. 4, 10. 5, 4. 9, 14. Joh. 11, 19 steht bi = um u. bei), woraus dann, wie in ahd. pî, auch die nahe liegenden abstracteren Bezeichnungen : in Beziehung auf —, um — willen, wegen, aus, gemäß ꝛc. Jene Grundbed. aber weist darauf hin, daß bi, pî, wie in den Lauten, so auch begriffsmäßig mit -phi in gr. amphí = umher, um, sanskr. -bhi in dem zusammengef. abhi = hin, zu, an, stimmt und -pi, -bi in ahd. umpi altsächf. umbi (unserm um, f. b.) ist, wofür der Gothe bloßes bi verwendet. Dieses goth. bi hat kurzes i, wie denn im Goth. kein î stattfindet; aber auch im Ahd. kommt neben bî, pî die Form bi, pi und später bei Notker selbst abgeschwächt bë vor, als Zusammensetzungs-adverb gleich dem goth. bi- immer ahd. bi-, pi-, mhd. be-, ahd. be- (f. b.), durch welche Partikel jene Grundbed. „um" und dann „bei" hindurchzieht. Was die Rection der Präp. betrifft, so steht diese von jeher mit Dat. und Acc. und zwar mit diesem Casus schon goth. bi = um, an, ahd. bî, pî aber zugleich mit Acc., wenn es um — willen, wegen, für, bedeutet, endlich mhd. bî nicht selten mit Acc. in der Bezeichnung der Nähe, z. B. „dô hûb sih mîn heriscraft [da erhob sich meine Heeresmacht] — ûf [auf] bî daz wazzer" (Lamprecht's Alexander 4809). — Ahd. pî, mhd. bî, kommt alleinstehend auch als Adv. vor; als solches ist aber unser nhd. bei außer den Zusammensetzungen nicht mehr verwendet.

die Beicht, Pl. —en, üblicher Beichte, Pl. —n : Sündenbekenntniß. Davon beichten, der Beichtiger = der Beichte Hörende.

Mhd. die bîht (begiht) u. bîhte, ahd. pijiht [d. i. pi-jiht, pi- = be-] und auch mit g st. j pigiht, deren iji (auch iii geschrieben) sich zu mhd. î verdichtete; nur einmal ein der mhd. Form bîhte unserm Beichte entsprechendes ahd. die pigihtî (Kero 18). Von ahd. pijëhan d. i. pi-jëhan (Prät. Sing. pijah, Pl. pijâhumês, Part. pijëhan) = bekennen; also pijiht urspr. Bekenntniß. Da aber mit dem einfachen mhd. jëhen ahd. jëhan sagen [woher die jiht Aussage] auch das zusammengef. mhd. bejëhen (jenes ahd. pijëhan) erlosch, so bildete sich kirchlich von mhd. bîht das mhd. bîhten beichten, und nach dem mhd. Adj. bîhtec, ahd. pijihtîc, = sündenbekennend, entstand ein mhd. der bîhtigære (Haupt's Zeitschr. VIII, 573, 790) unser Beichtiger = Hörer des Sündenbekennenden.

beide, Zahlwort im Pl., starkbiegend : zwei zusammen. Männlich alter-thümlich beebe. Sächlich auch ein Sing. beibes, doch alleinstehend und in adverbialem Gebrauche.

Mhd. beide u. sächl. beidiu, eig. bêde u. sächl. bêdiu, ahd. männl. pêde, weibl. pêdô u. sächl. pêdiu, goth. bái (erweitert bajôþs), bôs (?), ba, und noch in Volksmundarten bêd, bôd, beid, gerade so wie zween, zwo, zwei (f. b.). Im Mhd. auch schon, wiewol spärlich, ein Neutrum im Sing. : beidez unser beibes.

Mit goth. bái, ba aber stimmen der Lautverschiebung gemäß die gleichbed. sanstr. ubha (Dualis ubhau), gr. ámphō, lat. ambo, litthau. abbù, altpreußisch abbai, poln. oba. Vgl. Pott's etymol. Forsch. I, 111.

beiderlei, unveränderliches Zahlwort : in beider Art. beiderseits, Adv. : von, nach beiden Seiten.

    Beiderlei ist gleicher Bildung wie allerlei, s. b. Beiderseits aus mhd. beider-, bēdersīt, welches wiederum gekürzt aus mhd. ze bēder sīt b. i. zu beider Seite. Das unpassende genitivische ‑s gibt mehr adverbiales Gepräge und bei beider den Anstrich, als sei es Singular.

beiblëbig, Adj. : im Wasser wie auf dem Lande lebend. S. Amphibie. Das Wort ist in der ersten Hälfte des 18. Jahrh. in Verdeutschung des gr. amphí-bion aufgekommen (s. Frisch I, 77ᵇ).

beiern = den Rand der ruhenden Glocken mit den Klöpfeln durch befestigte Seile tactmäßig anschlagen.

    So J. H. Voß, Idyllen III, 4. Anmerk. Gewöhnlich geschieht dieß in Norddeutschland auf dem Lande zur Ankündigung des Feiertages den Abend vorher. Deßhalb : „Unter spätem Festgebeier — Heimwärts kehrt der Zug der Feuer" (Salis). Aus dem Niederd., wo mittelniederd. beyeren (Haupt's Zeitschr. III, 91), neuniederl. beyeren, = mit dem Klöpfel (holländ. beijart) an die Glocke schlagen.

der Beifall, —es, Pl. ‑fälle, [b. Luther : das Sichwegwenden von einer Partei zur andern, dann] Zustimmung. Von beifallen, woher auch beifällig, Adj. u. Adv.

    Kommt im Mhd. u. Ahd. noch nicht vor. Neuniederl. bijval wie hochd..

der Beifuß, —es, ohne Pl. : als Küchengewürz gebrauchte Wermuthart.

    Schon im 16. Jahrh. beifuols; im (mittelrheinischen) voc. ex quo v. J. 1469 byfuyß wie anfuße = Amboß; im Teuthonista byvoit; altniederd.‑ahd. (11. Jahrh.) biffūz (gl. jun. 406). Dagegen eig. hochd. im voc. theut. v.1482 Bl. d7ᵃ beypoß, mhd. der bîbôz, ahd. pîpôz, zusammenges. aus pî bei und dem auch in ahd. anapôz Amboß (s. b.) vorkommenden ‑pôz v. ahd. pôzan schlagen, stoßen. Also pîpôz = als Gewürze an Speise (gebratene Gänse oder anderes Geflügel) und Getränke (LiederSaal II, 526, 811) zu schlagendes oder zu stoßendes Kraut. Das f und überhaupt die Form ‑fuß scheint nach den angeführten Formen aus dem Niederd. eingedrungen; rein‑hochd. wäre Beiboß richtig.

die Beige, ungut Beuge, Pl. —n : aufgeschichteter Haufe. Nur noch oberdeutsch. Davon beigen = aufschichten. Ebenfalls oberd.

    Mhd. bîge, ahd. die pîga u. der pîgo. Auch in Flur‑ und Ortsnamen, z. B. in dën bīgen (Baur's Arnsburger Urkk. 368, 557) b. i. den Scheiterhaufen zum Leichenbrande, Bigenheim (Belenheim i. b. Wetterau) = zu dem Wohnsitze an den Haufen, b. i. den zum Leichenbrande geschichteten Scheiterhaufen.

beigen s. Beige und beugen.

beihër, Adv. : an der Seite sich fortbewegend.

die Beihilfe, ohne Pl., hochdeutscher als Beihülfe. S. Hilfe.

das Beikind, —es, Pl. —er : uneheliches Kind.

das Beil, —es, Pl. —e: keilartiges kurzgestieltes Werkzeug zum Hauen des Holzes. Vgl. Barte und Axt.

Älter-nhd. beil, beiel, beihel ꝛc., mhd. das bil, bihel, auch bile (*Biterolf* 12261), ahd. bial, pial, bigil, bihal, pihal, pihil (*Schlettst.* Gl. 362, 96), mit zerdehnender Erweiterung des i zu ihi (vgl. Feile) aus dem im *Hildebrandsl.* 54 vorkommenden bas bil, bill (= bīl) ober billi (= bīli), altsächs. bil (*Hêliand* 148, 22. 149, 4. 20), angelsächs. bil, = Schwert, eig. Hauwaffe, vielleicht auch schneidende Wurfwaffe, welche Beb. das aus jenem ahd. bigil, pihil entsprungene mittellat. bigéllus, bicéllus hat, und das Beil wurde auch zum Wurfe gebraucht. Vgl. Bille und Bickel. Was die Wurzel des Wortes angeht, so entspricht sie sanskr. bhil = spalten.

die Beilage, Pl. —n: was Anderem zur Vervollständigung bei= ober zugelegt wird; [ehedem auch] das bei Einem zur Aufbewahrung Niedergelegte (2 Macc. 3, 15).

beiläufig, Adj. u. Adv.: nebenher gehend, nebenbei. Früher auch beiläuftig. Vgl. weitläufig u. weitläuftig.

beilen, mhd. bilen, von den Jagdhunden: den Hirsch durch allseitiges Anbellen zum Stehen bringen, wobei er sich gegen die Hunde zur Wehre setzt. Der Augenblick, wann, und der Platz, wo dieses geschieht und dann das Jagdthier erlegt wird, heißt mhd. der bīl, woher Ortsnamen wie Beil=, Bilstein.

Beilen heute nur noch in dem weidmännischen verbeilen, aber bei Hans Sachs überhaupt für bellen, und neben jenem mhd. bilen, dessen Prät. wahrscheinlich stark ich beil, wir bilen lautete, auch mittelniederl. bilen = bellen.

beim, zusammengez. aus bei dem, und schon mhd. bime.

bein, zusammengez. aus bei den, aber ungern gebraucht.

das Bein, —es, Pl. —e, alt u. edel st. Knochen; das ganze Geheglied [gleichsam die am längsten hervorstehenden Knochen].

Mhd. das bein, ahd. bein, pein, goth. báin, altsächs. bên, angelsächs. bân (nur Knochen), welche merkwürdiger Weise der Lautverschiebung gemäß zu gr. die phḗnē (φήνη) = Beinbrecher (eine Adlerart) stimmen. — Redensarten: Es friert Stein und Bein = stein- und knochenhart; Stein und Bein schwören = auf Altar und Heiligenknochen (Reliquien).

beinähe, Adv.: nicht ganz. Ahd. pî nâh (*gl. jun.* 243).

beinern, Adj.: aus Knochen (Bein) bestehend.

Von der, freilich seltnen mhd. Pluralform die beiner (*Georg* 5076, wo so zu lesen), ohne daß das allerdings zulässige mhd. u. ahd. Adj. beinerîn und peinirîn neben beinîn und peinîn d. i. nhd. beinen = beinern vorkäme.

das Beinhaus, —es, Pl. —häuser: Haus auf ober an dem Kirchhofe zur Aufnahme der ausgegrabenen Todtenbeine.

Auch der Gerner, wetterauisch Kerner, mhd. der gerner, ahd. charnare, von dem gleichbeb. mittellat. carnárium (aus lat. caro, Gen. carnis, Fleisch). In *Dante's inferno* 9, 118 carnaro = Todtenacker.

beinig, Adj.: knochig; Füße (Beine) habend, in zweibeinig ꝛc.

der Beinwëll, —es, ohne Pl. : die (Bein= b. i. Knochenbrüche hei-
lenbe) Wallwurz.

> Frühe mhd. beinwelle, wo welle wol „Rünbe" (vgl. Welle). Vom Wiederrunb-
> machen b. i. Zusammenheilen der Knochen, zumal ba bie Pflanze auch das Bein-
> heil heißt.

beipflichten = sich Einem wie zu Pflicht (f. b.) verbinden.

beisámmen; Abv. : zugleich ba. Ahb. pî samana.

der Beisaß, —ssen, Pl. —ssen, was Hinterfaß (f. b.), aber auch
Ortsangesessener ohne Bürgerrecht. Mhb. der bîsæze, bîsâze, ahb.
pisâzo(?).

beiseit (meist vor Wörtern, die mit einem Vocale anfangen), in vollerer
Form beiseite, mit unpassendem, aber mehr abverbiales Aussehen
gebenden genitivischen =s beiseits, Abv. : zur Seite.

> Bei Luther Hiob 6, 18 beiseib. Aus „bei (bie u. ber) Seite".

der Beisler, nach dem Slaw. vielleicht richtiger als Beißler, f. b.

das Beispiel, —es, Pl. —e : [ehebem „zur Belehrung er= unb ge-
bichtete Erzählung, Fabel", jetzt] Gleichniß, Begebenheit zu Veran-
schaulichung oder Richtschnur des Verhaltens.

> Schon im voc. theut. v. 1482 Bl. d 1ᵃ beyspil, Bl. d 8ᵃ byspil, beyspeil, wie
> mittelnieberl. das bispil (hor. belg. III, 128ᵇ). Unrichtig unb entstellt ft. Bei-
> spëll; benn mhb. das bîspël (Gen. bîspëlles), mittelnieberl. bispel, = belehrenbe
> bichterische Erzählung, Fabel, zusammenges. aus bî bei unb mhb. u. ahb. das
> spël, goth. spill = Rebe, (Erzählung, Sage [ahb. spëllön, goth. spillön, = ver-
> künbigen, erzählen], welches ein von mhb. u. ahb. das spil unserm Spiel völlig
> verschiebenes Wort ist. Vgl. auch Evangelium unb Kirchspiel.

beißen, Prät. biß (Pl. wir bissen, Conj. ich bisse), Part. gebissen, Imp.
beiß, intranf. u. tranf. : mit ben Zähnen fassen, durchbringen; bie
Empfinbung stechenben, scharfen Durchbringens verursachen. Davon
beißig, Abj., mhb. bîzic, = zum Beißen geneigt.

> Mhb. bîzen (Prät. Sing. beiz, Pl. bizzen, Part. gebizzen), ahb. pîzan, goth.
> beitan, auch z. B. vom scharfen Durchbringen des Schwertes. Der Lautver-
> schiebung gemäß entsprechenb lat. fîdi (Perf. v. fîndere spalten), sanskr. bhid
> spalten, durchbohren. Vgl. beizen.

der Beißler, —s, Pl. wie Sing. : ein kleiner, eßbarer, zwischen
Steinen lebenber unb an biese sich ansaugenber, gleichsam anbeiß-
enber Fisch.

> Aus poln. piskorz, böhm. piskoř, ruff. piskar', b. i. eig. Piper, v. poln. pisz-
> czéc', böhm. piskati pipen, pfeifen, wol nach einem Tone, ben ber Fisch mit bem
> Maule hervorbringt. Der Deutsche aber mag bei Entlehnung des Namens zu-
> gleich an Beißer v. beißen gebacht haben.

beiten = bleiben, verziehen. Seit bem 17. Jahrh. verschwunden. Mhb.
bîten, ahb. pîtan, goth. beidan bog wie beißen im Altb.

das Beiwort, —es, Pl. —wörter, ungenau für Abjectivum (f. b.)
gebraucht nach hollänb. bijwoord.

Ahd. das piwort = Gleichnißrede, wie bispël (f. Beispiel).

bie Beize, ft. älter-nhd. Beiße, = [mhd. bie beize unb auch bas beiz] Jagb mit abgerichteten Raubvögeln ober auch anbern Fangthieren; zur Zubereitung nöthiges Durchbringenlassen unb Mürbemachen von einer scharfen Flüssigkeit, wie biese selbst [ahd. bie peiza = Mürbemachung, Alaun]. Von dem für älter-nhd. beißen (mhd. beizen), Prät. beißete, Part. gebeißet, eingebrungenen beizen, Prät. beizte, Part. gebeizt, = "beißen (mhd. bizen) machen" sowol Fangthiere auf Jagbvögel, als auch scharfe Flüssigkeit zum Mürbemachen 2c. Unnöthig unb ungut bei Einigen Baize unb baizen.

Dieses beizen kam im 16. Jahrh. neben unb statt beißen, mhd. beizen, ahd. beizan, peizan (auch zäumen, zügeln), goth. báitjan(?), auf, wie schon früher reizen ft. mhd. reizen, heizen ft. mhd. heizen b. i. heiß (heiz) machen, Weizen ft. älter-nhd. Weiß mhd. weize. Vgl. 3. Jene Formen des schwachbiegenden factitiven beißen (beizen) aber entsprangen aus dem Sing. Prät. des Wurzel-verbums beißen (f.b.): älter-nhd. ich er beiß (wofür allmählich bem Pl. "wir bissen" gemäß verberbt biß), mhd. beiz, ahd. peiz, goth. báit.

beizeit u. beizeiten, Abb.: frühe in Hinsicht eines Zeitpunctes.

Bei mit bem Dat. Sing. u. Pl. v. Zeit. Mhd. mit aus bi bei gekürztem bi-, be- u. bem Dat. Sing.: bi-, bezîte. Grimm's Gramm. III, 150.

bejähen = zu etwas ja sagen.

Richtiger, wie Lessing schrieb, bejaen, unb bas eingeschmuggelte h im Worte wol baher, weil man an bas Prät. von mhd. bejëhen bekennen (s. Beicht): Sing. ich er bejach, Pl. wir sie bejähen, bachte, zumal ba bieses Verbum un-tergieng. Im Mhd. sagte man von ja mhd. ja für bejahen bejazen u. auch einfach jäzen, ahd. gijâzan, gijâezan.

bekannt, mhd. bekant, Part. Prät. v. bekennen: zur Kenntniß An-berer ausgesagt, eingestanden. Da aber ahd. bechennen = kennen, so ist bekannt ursprünglicher, nur jetzt mehr abjectivisch: zu jemanbes, zu menschlicher Wissenschaft gekommen ober auch kommenb, zur Kenntniß gekommen; bann im Mhd. auch: nicht fremd, vertraut. Nach bieser letzten Beb. ber Bekannte, —n, Pl. —n, = jemanb, ben man näher kennt (ber nicht fremd ist), mit bem Fem. bie Bekannte, auch bie Bekanntin (wie Freunbin). Man sagt auch: jemanb, niemanb Bekanntes.

bekehren = vom Unrechten zum Rechten wenden, besonbers geistlich. Reflexiv: sich bekehren. bie Bekehrung.

Mhd. bekêren, ahd. pichêran, = anberswohin wenden, umkehren, insbe-sonbere in geistlicher Beziehung, in Hinsicht bes Glaubens unb ber Sitte. Der Gothe sagte gavandjan (ge-wenben).

bekennen, Prät. bekannte (Conj. bekennete), Part. bekannt: er-kennen unb seine Erkenntniß aussagen; nach Bewußtsein aussagen; ein Geständniß ablegen; an-, kunb geben. sich wozu bekennen = sich als Urheber ober als Zugethaner erklären.

Mhd. bekennen (auch schon s. v. a. eingestehen), ahd. bechennen, pichennan (Part. pichennit bekennt, wie noch landschaftlich, woher die u. das Bekenntniß) = kennen, genau erkennen, zu klarer geistiger Anschauung haben.

bekleiden, mhd. (selten) bekleiden : am Körper mit Kleidung ver= sehen; kleidartig überziehen oder bedecken. Ein Amt, eine Stelle 2c. bekleiden = darein eingesetzt, eig. für dasselbe mit den Zeichen der Amtswürde bekleidet (investiert) sein. Falsch ist hier begleiten.

beklémmen = einengen und zusammenpressen, eig. wie bildlich. Part. Prät. beklémmt. Ahd. pichlemman (Graff IV, 557) = versper= ren, einbämmen, verstopfen. Das Factitiv v. beklimmen, wie klemmen (s. b.) v. klimmen; s. beklommen.

beklómmen = „angstvoll wie eingepreßt.‟
    Das Part. Prät. des starkbieg. beklimmen, welches nur ein stärkeres mhd. klimmen = einengend zusammenziehen (vgl. mhd. verclumen = krampfhaft zu= sammengepreßt. Diut. II, 413), aus dessen Prät. klam das Factitiv klemmen klemmen und das Subst. der klame Krampf (Koloczaer codex 185, 1060).

bekómmen, Prät. bekam (Conj. bekäme), Part. bekommen, 1) intranf. : zum Gedeihen gereichen, überhaupt f. v. a. gereichen, Wirkung haben; — 2) tranf. : durch Überkommen von außen haben.
    Mhd. bekomen (nur intranf.), ahd. piquëman (auch überkommen, ergreifen, mit Acc. der Person), goth. biqiman (= überkommen, mit Acc. der Person, 1 Theff. 5, 3).

bekräftigen = kräftig, zuverlässig machen.

bekümmern = Kummer (f. b.) verurfachen, mit Sorge quälen. sich bekümmern = Kummer empfinden, sich forgend mühen. Daher die (auch das) Bekümmerniß.
    Älter-nhd. bekümmern in der Rechtssprache auch in Bezug auf Sachen : mit Beschlag belegen. Jetzt in diesem Sinne veraltet. — Mhd. bekumbern = in Roth bringen, mittelniederl. becommeren, gebildet nach und zum Theil entlehnt von dem aus lat. incumulāre (f. Kummer) gewordenen franz. encombrer, provenz. encombrar, ital. ingombrāre, mittellat. incumbrāre, = (durch Schutthaufen) den Weg 2c. versperren, verhindern.

bekünden = kund geben, offenes Zeugniß worüber geben.

belágern, mit Anfang des 18. Jahrh. allgemein st. des richtigeren belägern [oder beffer noch früher belêgern] = durch ein Lager [mhd. léger] einschließen und bebrängen. Vgl. Lager.

der Beláng, —es, ohne Pl. : Bedeutung, Wichtigkeit.
    Eig. das Langwerden der Zeit, Sehnen wonach [mhd. der belange?]. Denn mhd. ich blange, mich belanget, ahd. mih pelangét = mich verlangt.

die, aber beffer und südb. üblich der Bélche (é wie ä), —n, Pl. —n, häufiger Bälche, Balche, f. b. : der salmo lavarêtus.
    Mhd. balhe, balche (Habsburg-österreich. Urbarbuch, herausg. v. Franz Pfeiffer S. 847). Daneben auch einmal in einem Sanct Galler Register v. 1360 in lateinischem Texte der velcho [»duo velchônes«], woher auch der Name Felch

(e wie á), Jelche, Jelchen, und damit nachher die nahe liegende Vermiſchung mit Bélche = (untertauchendes und Fiſche freſſendes) Waſſerhuhn. Vgl. J. Grimm im deutſch. Wtbch I, 1439.

die, bei Schmid 54 der Bélche = Waſſer=, Bläßhuhn, lat. fúlica.

Mhd. die belche, ahd. pëlichâ ſt. pëlihhâ (woneben der pëlicho). Dieß aber ent= ſpricht der Lautverſchiebung gemäß dem lat. Namen fúlica. Vgl. das vorher= gehende Bélche.

belében, im 17. Jahrh. ſ. v. a. "erleben", aber auch ſchon, wiewol ſpärlich : lebend, lebhaft machen.

der Beláég, —es, Pl. —e, zunächſt die unter die Grenzſteine gelegten dauernden Zeichen der Markmeiſter und Feldgeſchwornen, darnach dann : beigefügte beweiſende Urkunde, beigebrachter Beweis. das Belége, —s, Pl. —e, = an den Rand des Kleides geſetzter Streifen, um jenen ſteifer zu machen. Von belégen = [ehedem] ringsum legen, belagern; auflegend überdecken; zu urkundlichem Beweiſe beilegen, beweiſend beigeben; durch Auflegen eines Zeichens ꝛc. in Anſpruch nehmen; zu tragen beſtimmen; (von Säugethieren) aus Geſchlechts= trieb beſteigen.

Belegen, mhd. belegen (auch ſ. v. a. belagern), ahd. bilegan, pilekan = auflegend überdecken, voll legen.

belégen, das Part. Prät. v. belíegen mhd. beligen (liegen bleiben, liegen), iſt ſ. v. a. gelegen, der Lage nach befindlich.

beléhnen : Einen mit einem Lehen verſehen, ihn in ein Lehen ein= ſetzen. Mhd. belêhen (Tristan 148, 12) mit -en ſt. -enen.

belében = "durch vieles Leſen viel wiſſend" gilt als Part. Prät. eines Verbums belé ſen· = allſeitig leſen, welches jetzt nur in der Bed. "durch Ableſen des Unreinen zum Kochen zurichten" üblich iſt. Von jenem Part. : die Belé ſenheit.

bélfern = ſchnell wiederholt bellen; [bildl.] ſich in vielen Worten und wiederholt ſcheltend auslaſſen, ohne damit etwas auszurichten. Das Wort kommt erſt im 17. Jahrh. vor.

béllen, von Hund und Fuchs : den ihrer Stimme eignen ſchallenden Laut hören laſſen; [figürlich] Worte und Töne heftig und gellend herausſtoßen.

Jetzt ſchwachbiegend; ſonſt und urſprünglich ſtark ; Präſ. ich belle, du billſt, er billt ꝛc., Prät. Ind. boll [„der Jagdhund boll!" J. M. R. Lenz b. Göthe XXVI, 77], Conj. bölle, Part. gebollen; mhd. bëllen (Prät. Sing. bal, Pl. bullen, Part. gebollen), ahd. bëllan, pëllan, goth. billan(?). Wol zuſammen= hangend mit mhd. bîlen, ſ. beilen.

† der Belletriſt (el wie äl), —en, Pl. —en : wer ſich mit den ſchönen Wiſſenſchaften (franz. les *belles-lettres*) d. h. der Rede= u. der Dichtkunſt beſchäftigt und ſie ausübt. Daher die Belletriſtik, ohne Pl. :

die auf die schönen Wissenschaften bezügliche Literatur, Schönschrift=
stellerei.

> Nach jenem belles-lettres im 18. Jahrh. in Deutschland aufgekommen.

der Bếllhammel, —s, Pl.—hämmel : der Leithammel d. i. der Ham=
mel der Heerde, welcher eine Schelle (mittelniederl., niederd., thüring.
belle) am Halse trägt.

> Mittelniederl. belle Schelle, engl. bell Glocke, Schelle, ags. bel, belle (Grimm's
> Gramm. II, 31) mit e = ahd. ŏ vor l. J. Grimm a. a. O. stellt das Wort
> zu mhd. bëllen unserm bellen (s. b.), welches demnach wie vom heftigen Ge=
> schrei (vgl. bëll b. Cädmon 185, 12) und Lautwerden einiger Thiere, so auch vom
> Metallklange gebraucht worden wäre.

der Belt (e wie ä), —es : die Ostsee; [mit Pl. —e] Meerenge der=
selben zwischen Schleswig u. Fühnen, sowie zwischen Fühnen u. Seeland.

> Nach J. Grimm's Vermuthung (Gramm. III, 448) v. angelf. belt, altnord.
> das belti, = Gürtel (ahd. palz). Also eig. f. v. a. Gürtelmeer d. i. gürtelartig
> umgebendes Meer. Ob aus jenem deutschen Worte lat. bálteus Wehrgehenke,
> zumal da dieß den Römern ursprünglich Fremdwort war?

belúchsen = hinterlistig (luchsartig spähend) übervortheilen.

> Nicht belugsen; denn luchsen v. der Luchs. S. abluchsen.

bếlzen (é wie ä) = pfropfen, besonders zwischen die Rinde und das
Holz.

> Nicht so richtig pelzen; denn mhd. belzen (zuweilen auch f. v. a. „pflanzen
> und pflegen"), ahd. pelzŏn (Graff III, 114) d. i. pel-z-ŏn, dessen Wurzel pel
> der Lautverschiebung gemäß phl (φλ) in gr. der phloiós, phlóos, = Baumrinde,
> sanskr. phal = gespalten werden (Pott I, 239), entspricht.

bemákeln = woran den Gegenstand verderbende Flecken machen. S.
Makel.

bemäkeln = mit Aufsuchen von Fehlern vielfach kleinlich tadeln. S.
mäkeln.

bemänteln = einen Mantel, ein Mäntelchen um etwas hängen;
[bildl.] verdecken und zugleich einen guten Anschein geben. Schon bei
Alberus z. B. „lügen, so sich mit dem schein der Warheit ver=
mentelt hatten."

die Bemếrkung (é wie ä), Pl. —en, v. bemếrken : das Wahr=
nehmen durch festes Richten der Sinne auf etwas; Äußerung eines
aus solcher Wahrnehmung hervorgegangenen Gedankens.

bemíttelt = die Mittel habend, um bequem leben zu können.

> Das Wort, welches erst im 18. Jahrh. vorkommt, gilt als Part. Prät. eines
> wol nur vorausgesetzten Verbums bemitteln = mit Mitteln versehen.

benámen = mit einem Namen belegen; namentlich bestimmten. Älter
ist in diesen Bedeutungen benamsen.

> Statt benamen im Mhd. bloß namen (Flore 308 u. S. 281), ahd. namŏn.
> Benamsen, welches schon 1561 bei Josua Maaler, ist nicht mehr schrift=
> deutsch und sollte, da =sen = ahd. -is-ŏn, eigentlich umlauten, also ä haben.

benaúen = allſeitig in bie Enge bringen, hart bebrängen, beängſtigen (ſ. Stieler 1336). Jetzt veraltet. S. genau.

ber Bénbel, —s, Pl. wie Sing. : bas kurze Binbebanb, beſonbers bas ſchmale. Dim. : bas Bénbelchen.

> Das e im Wort iſt allhergebracht unb wir haben nicht nöthig, Bänbel zu ſchreiben. Mhb. der bendel, ahb. bendel, pentil = umgebenbes Banb, Binbe. banb, kein Dim., ſonbern mittelſt -el abgeleitet v. Banb.

benébſt, Abv., im Kanzleiſtyle ſt. nebſt.

benebeien = ſegnen. Urſprünglich kirchlicher Ausbruck.

> Mhb. benedîen, benedîgen, entlehnt aus bem gleichbeb. lat. benedícere (eig. wol-ſagen, Gutes wünſchen).

bas Benebíctenkraut, —es, ohne Pl. : bie beſonbers in ihrer Wurzel heilkräftige Pflanze herba benedícta b. i. geſegnetes Kraut.

† ber Benebictíner, —s, Pl. wie Sing. : Mönch vom Orben bes heil. Benebíctus.

benénnen = mit einem Namen belegen; namhaft machen; namentlich beſtimmen. Mhb. benennen. S. nennen.

ber Béngel, —s, Pl. wie Sing. : kurzes ſtangenartiges Holz; natur= wüchſiger berber, bann grober Menſch.

> Mhb. der bengel in ber erſten Beb. als Holz zum Schlagen, v. einem noch unaufgefunbenen mhb. bangen, welches bas engl. bang ſchlagen, prügeln, alt- norb. bánga, wäre. Vgl. Prangel.

bie Bénne, Pl. —n : Wagenkorb, -kaſten, Sitzkaſten eines Schlittens. Bayer. u. ſchweiz., ſ. Schmeller I, 178. Stalber I, 131 ff.

> Nach altfranz. benne Korbwagen, franz. banne Korb für Laſtthiere, ital. benna Korbſchlitten, aus lat.-kelt. (galliſch) benna Art Wagen (b. Festus). Vgl. Diez I, 80 unb beſſen Wtbch 51.

† bas Bénzoe (oe = oë) = gewürzhaftes Harz bes Benzoebaumes.

> Bei Abam Lonicerus 1582 benzoi, ſpan. benjuí, ital. (mit 1 ſt. n) bel- zuino, balgiví, franz. benjoin, wol aus bem Perſiſchen, wo benâsib, benâsib = Maſtir, Terebinthenharz (Meninski, thesaur. ling. oriental. Sp. 891 f.).

bequám, bas alte Prät. Inb. v. bekommen (ſ. b.) mhb. bekomen, alt bequëmen. Noch im Philanber von Sittewalb 1650 II, 689.

bequém, Abj. u. Abv. : zukommenb, paſſenb, nach Wunſch ſich fügenb; angemeſſen zum Gebrauche ohne Beſchwerlichkeit; Angemeſſenheit zum Gebrauche liebenb unb Beſchwerlichkeit ſcheuenb. Daher ſich bequémen = ſich leicht in etwas fügen.

> Das Abj. bequem im voc. theut. u. im lib. ord. rer. Bl. 20c bequêm, mhb. bequæme, ahb. bechâme, biquâmi (Otfr. 4, 7, 64). Mit ſeinem Abv. biquâmo (Diut. II, 305ᵃ), unſerm Abv. bequem, aus bem Pl. Prät. (wir) biquâmumës v. ahb. bi-, piquëman = bei-, zu-, entgegenkommen (ſ. bekommen). Gleicher- weiſe iſt genehm (ſ. b.) Präteritalform. Das Verbum „bequemen bequem- machen, aptâre" im voc. theut. Bl. d2ᵃ.

berāthen, Prät. berieth, Part. berathen : womit [mit rāt = Zurüstung, Vorrath, Mitteln] versehen; worüber zu Rathe gehen, etwas
mit jemand überlegend besprechen; an jemand Rath ertheilen.

> Mhd. berāten = mit rāt (Geräth, Vorrath, Zurüstung) versehen, ausrüsten;
> rāt (erwägende Besprechung) halten, überlegen. sich berāten = mit sich zu
> Rathe gehen, sich die Sache bedenken.

berāuchern = woran allseitig Rauch gehen lassen. Mhd. berouchen.

berāuschen = in einen Rausch (s. d.) versetzen. sich berauschen.
Das Part. Prät. berauscht steht adjectivisch.

† die Bērberitze, Pl. —n, eig. die Bērberis : der Saurach, Sauer-
born. Das neugr.-lat. bérberis, aus arab. berbāris.

† der Bercán (e wie ä und á = ā), —es, Pl. —e : Zeug aus Ziegen-
haar und Wolle. Aus demselben Worte, woher unser Barchent, s. d.

berébet, das reine Part. Prät. v. berében; in adjectivischer Stellung
aber [nach älterer verkürzter Participialform beret, bei Luther (2 Mos.
4, 10. 14) bered] berébt = fähig zu bereben (wozu durch Rede-
fertigkeit zu bestimmen), wol redefertig.

> Im Philander v. Sittewald I, 317 beschwäßt = redegewandt, redefertig.

die Berébsamkeit, ohne Pl. : Fertigkeit der Rede, Andere wozu zu
bestimmen (zu bereben); Redekunst.

> Von berebsam (Grimm's Gramm. II, 686), einem aus bereb in bereben
> mhd. bereden (ahd. aber piredinōn) und -sam zusammenges. Adj.; nicht v. be-
> redt und also nicht Beredtsamkeit. Jene richtige Schreibung mit d haben
> Balth. Schuppius, Rachel, Lohenstein, Liskow, Lessing, Klopstock, Ramler, J. H. Voß.

der Bereich, —es, Pl. —e : Umkreis, Raum, so weit die Befugniß,
die Macht reicht. Von bereichen, mhd. bereichen.

bereichern = reicher (mhd. rîcher) machen.

bereit, Adj. : gerüstet, gerichtet zur That; zu Diensten stehend. Auch
Adv. Daher : bereiten (mhd. bereiten) = wozu richten, anordnen;
bereits (Gen. des Adj.), Adv., [landschaftl. „bald“, hochd. :] in voll-
endeter That; die Bereitschaft, mhd. bereitschaft.

> Mhd. bereit, bereite, ahd. pireiti (?), dessen -reiti = „gerüstet oder gerichtet
> wozu“, ursprüngl. wol „wege-, reisefertig“, aus dem Prät. reit ich er ritt v.
> ahd. rîtan reiten. Goth. garáids = bestimmt, angeordnet. Das Adv. lautet
> mhd. bereite, was ahd. pireito wäre; bereits würde bereites lauten, ist aber
> nhd. Bildung.

der Bēr- oder Bērgfried, —es, Pl. —e : Kampfthurm, der bewegliche hölzerne, wie der steinerne zur Vertheidigung.

> Veraltet mhd. der u. das bēr-, bērevrit, in Anlehnung an Berg u. Friede
> (= Schutz) Umdeutung des in seinem Ursprunge dunkeln mittellat. ber-, bel-
> frédus, altfranz. ber-, belfroit Wachthurm. Ital. mittelst Anlehnung an battere
> schlagen battifredo.

der Bḗrg, —es, Pl. —e : bedeutende Erdhöhe. Daher bḗrgig, der Bḗrgrücken (b. Schiller Bḗrgesrücken) = sich hinziehende Berg‑höhe und Bergreihe.

Mhd. der bërc, ahd. bërg, përac, goth. baírgs (nur in die *baírgahei* Berg‑gegend Luc. 1, 39. 65), altsächs. bërag, angelsächs. bëorh, altnord. das bërg u. biarg (Fels), mit Fortschiebung eines ursprünglich deutschen f in b, ahd. p. Denn das Wort lautet, wie J. Grimm (deutsch. Wtbch I, 1052) schön zeigt, im höchsten Alterthume goth. faírgs (in das faírguni, dem goth. Ausdrucke für Berg), angelsächs. firg (in firgen‑ = Berg‑), altnord. fiarg (in Fiörgyn, wie des Don‑nergottes Mutter, die Göttin Erde heißt), ahd. fërac, fërg (in dem Namen eines Waldgebirges Fërgunna d. i. Fërgunia, u. Firgun, woraus lat. Hercy'nius), und diese Formen entsprechen in ihrem Anlaute f dem litthau. Namen des Donner‑gottes Perkúnas (= der Hohe? der den Donner vom Berge niederfahren läßt?), altslaw. Perun. Gleicherweise entspricht, wenn eine ältere Form mit f im An‑laute vorausgesetzt wird, unser Burg, goth. die baúrgs, ahd. puruc, der Laut‑verschiebung gemäß dem gr. der pyrgos (πύργος) Thurm, Burg. Das Wurzel‑verbum aber für Berg wie Burg ist bergen (f. b.), und auf Berghöhen thronten die Götter in heiliger Verborgenheit und bewahrten (bargen) die vor‑weltlichen Riesen ihr Dasein (vgl. Grimm's Mythol. 311 f. 499).

bḗrgen, Präs. ich berge, du birgst, er birgt, wir bergen ꝛc., Prät. barg (Conj. ich bärge), Part. geborgen, Imp. birg : wovor wahr‑nehmend in Sicherheit halten; der Wahrnehmung entziehen.

Mhd. bërgen (Prät. Sing. barc, Pl. wir burgen, Part. geborgen), ahd. bërgan, përkan, goth. baírgan, deren Anlaut, wenn man Berg (f. b.) und auch Burg = gr. py'rgos vergleicht, im höchsten deutschen Alterthume ein f gewesen sein mag, das sich schon frühe in b, ahd. p, fortgeschoben haben muß. Das Wort ist also nicht mit gr. phrássein = umgeben, umzäunen, verschließen, zusammenzustellen, wie Schmitthenner gethan hat. In seiner Präsentialform aber ist Berg be‑gründet, in der Pluralform seines Präteritums Burg.

die Bḗrgprebigt = Prebigt auf und von einem Berge (Matth. 5).

der Bericht, —es, Pl. —e : belehrende Zurechtweisung; mündliche oder schriftliche Darlegung worüber, insbesondere eines Untern an seinen Obern. Von berichten, mhd. berihten [b. i. rëht (recht) machen], = zurechtweisen, zurechtweisend belehren; als Richter und Herrscher ordnen und walten; anordnen; zurichten, wie etwas sein soll gestalten; [im Nhd. ferner:] Kunde wovon oder worüber geben; mündlich oder schriftlich darlegen. Ahd. sih birihten = zum Rëchten kommen.

berichtigen = richtig machen. Ehedem berichten in dieser Bed.

beritten ⚊ mit einem Pferde zum Reiten versehen.

Das Part. Prät. v. bereiten = worüber reiten (mhd. berîten = feindlich mit Rittern überziehen), zureiten.

† der Berkán, nach mhd. barkân; besser, weil Fremdwort, Bercan, f. b. und vgl. auch Barchent.

† die Berline, Pl. —n : bedeckter Reisewagen, der zurückgeschlagen werden kann. Das franz. berline d. i. Berliner (zuerst von Berlin nach Paris gekommener) Wagen.

Bërnhard, Mannsname, mhd. Bërn-, ahd. Përnhart d. i. hart (fest, unerschütterlich) wie ein Mann, mannfest.

Ahd. Përn-, angelsächf. der bëorn = Mann, Edler, goth. bairns(?), v. ahd. der përo, angelsächf. bëra, = der Bär (der König der Thiere im altd. Thierepos).

der Bërnstein (i wie ä), —es, ohne Pl. : gelbes brennbares Erdharz. Erst im Teuthonista (1475) bern-, barnstein, d. i. Schmelzstein, Stein der im Feuer schmilzt, v. mhd.-niederd. bernen (Minnes. II, 259ᵃ, 3, 1) = brennen, schmelzen, welches unser gleichbed. rein-mhd. brennen ist. Die im Niederd. nicht ungewöhnliche Versetzung des r zeigen auch bersten, Born. Im Ahd. heißt der Bernstein das gismëlzi, gesmilzi, v. smëlzan schmelzen.

bë'rsten, Präs. ich bërste, du birstest, er birst, wir bërsten ꝛc., Prät. barst u. mit Verdunkelung des a borst (Conj. börste und auch bärste), Part. gebórsten, Imp. birst, intranf. : auseinanderbrechen.

Aus dem Niederd. eingedrungen; im Teuthonista u. holländ. bersten, angelsächf. berstan, altfrief. bersta, mit Versetzung des r und mit e = ahd. ë. Denn mhd. brësten (Präf. ich briste, Prät. ich er brast, wir sie brästen, Part. gebrosten), ahd. brëstan, prëstan (Präf. pristu, Prät. Sing. ich er prast, Pl. prustumês u. auch schon prästum, Part. prostan), goth. bristan(?), altsächf. brëstan, altnord. brësta.

=bërt an Mannsnamen, wie Adal=, Albërt (f. Abel), Hubërt u. a. Bërtha, Frauenname, st. Bërchta mhd. Bërhta, Bërhte, ahd. Përahta d. i. die Glänzende, Leuchtende. Bërthold, Mannsname, st. Bërch=tolb, mhd. Bërhtolt d. i. Bërhtwalt = der glänzend waltet (herrscht).

=bërt ist gekürzt aus mhd. bërht, bëreht, ahd. përaht = glänzend, leuchtend, altsächf. bërht, angelsächf. bëorht, altn. biartr, goth. bairhts (i. d. abstracten Bed. offenbar). Vgl. auch =brëcht. Da in allen german. Mundarten der Vocal vor r, so ist schwerlich Umstellung dieses Consonanten anzunehmen, also goth. bairhts nicht st. brahts und damit auch nicht Herkunft aus mhd. brëhen strahlen, leuchten, goth. brahvan(?), mit welchem sich freilich bërht später mischte, wenn man auch -brëht =brëcht st. -breht d. i. b'reht aus bëreht sagte.

der, eig. das Bërtram, —es, Pl. —e : die Geiferwurz, lat.-gr. py'rethrum.

Im voc. inc. teut. bërtram und brëchtram, mhd. bërhtram, ahd. përhtram, an den deutschen Mannsnamen mhd. Bërtram, Bërhtram, ahd. Përahtram (d. i. Glanzrabe) angelehnt und so mit deutschem Klange aus jenem lat.-gr. py'rethrum, gr. py'rethron v. pyr Feuer.

berü'chtigt = worüber übles Gerede (Gerücht) umläuft. Das Part. Prät. v. berüchtigen, mittelrhein. beruhtigen (voc. ex quo), = in übles Gerede (Gerücht) bringen, lat. infamäre, male famäre. S. Gerücht.

berü'cken = unvermuthet überfallen (d. i. allseitig auf den Gegenstand zu rücken), listig täuschend fangen.

† der Bery'll, —es, Pl. —e : ein meergrüner Edelstein.

Mhd. der berille (Gen. berillen), aus lat. bery'llus v. gr. bêryllos ($\beta\acute{\eta}\rho\nu\lambda\lambda o\varsigma$), welches aus arab. balûr, chaldäiſch burla, ſyriſch berûlo.

beſáge = nach Wortlaut. Präp. mit Gen. Im Kanzleiſtyl.

Urſprünglich Abv. und ſ. v. a. „bei (d. h. nach) Ausſage"; denn das Wort iſt zuſammengeſchoben aus bë d. i. der abgeſchwächten mhd. Präp. bî bei,·und ſage d. i. dem Dat. Sing. v. mhd. die ſage (ahd. saga) = Ausſage [Wortlaut], Erzählung.

der Beſánmaſt, das Beſánſegel, = Hintermaſt, =ſegel.

Das neuniederl. bezaansmast, v. neuniederl. bezaan = nächſter Maſt am Hin= tertheile des Schiffes und das Segel dieſes Maſtes.

beſchaffen = nach den Merkmalen erſcheinend. Daher die Beſchaf= fenheit.

Bei *Halbsuter* (1386) beschaffen = befindlich, exiſtierend, das adjectiviſch ge= brauchte Part. Prät. v. mhd. beschaffen, beschafen, = „erſchaffen", und, wie das unzuſammengeſ. schaffen ſelbſt, gewiß auch einrichten, bilden, denn mittelniederd. schapen wie unſer Abj. beſchaffen (*Reineke* 6033). Im Ahd. dagegen nur das ſchwache Verbum piscaffòn, piscafòn, = bilden, geſtalten (*Diut.* I, 248). Beſchaffen= heit iſt·nhd. und im Mhd. dafür nicht die biſchaft (biſchaft?) gebraucht, wie Schmitthenner nach Oberlin (*bihtebuoch* S. 8) annimmt, denn bíschaft kommt nur = belehrendes Beiſpiel vor.

beſchä'ftigen = thätig (geſchäftig) machen. Vgl. Geſchäft.

beſchä'len = die Stute befruchten. Daher der Beſchä'ler = Zuchthengſt.

Für Beſchä'ler, 1482 bescheler (*voc. theuton.* Bl. d 3ᵇ), ſagte man mhd. der schël, ahd. scëlo Schëllhengſt, ſ. d. Darnach iſt richtiger beſchelen u. Be= ſcheler zu ſchreiben, und ſomit ſteht ä ſtatt ë, wie in Bär.

beſchä'tzen, mhd. beschatzen, = mit Geldabgabe belegen. S. Schatz.

der Beſcheib, -es, Pl. — e : genau unterſcheibende Kenntniß; ge= naue Auskunft worüber; ſchlichtende Erkenntniß in einer Rechtsſache; zukommende Erwiberung.

Älter-nhd. der beſcheib v. beſcheiben, wie Abſchied, urſpr. Abſcheib, v. ab= ſcheiben.

beſcheiben, Prät. beſchieb, Part. beſchieben : [ehedem „völlig ſcheiben", dann] gehörig auseinanderſetzen; worüber genauen Bericht geben, be= ſtimmt benachrichtigen; ein die Rechtsſache ſchlichtendes Erkenntniß er= theilen; vorladen; zutheilen. Davon das alte Part. Prät. Beſchieben, mhd. bescheiden, als Abj. : [im Mhd. „einſichtig, verſtänbig", dann „gerecht und billig" (*Wigalois* 207, 17), und hiernach „mäßig im Ver= langen" (*Wigalois* 155, 1), im Nhd.] mäßig in Wunſch und Anſpruch. Von dieſem Part. Prät. weiter : die Beſcheibenheit, ohne Pl., mhd. die bescheidenheit, [im Mhd. „richtige (alles wol auseinander= legende u. =haltenbe) Einſicht und Beurtheilung der Dinge", dann nhd.] Mäßigkeit in Wunſch und Anſpruch; beſcheibentlich, Abj. (mhd. bescheidenlich) u. Abv. (mhd. bescheidenlîche), mit einge= tretenem t, als ob Zuſammenſ. mit dem Part. Präſ. beſcheibenb, mhd. bescheident-, ſtattfände, [im Mhd. "verſtändig unterſcheidenb u. beſcheibenb" b. i. genau angebenb, bann nhd.] ber Mäßigkeit in Wunſch unb Anſpruch gemäß.

Mhd. bescheiden, Prät. beschiet, Part. Prät. bescheiden, welches noch in unſerm als Adj. gebrauchten beſcheiben verblieben, während als eig. Part. Prät. im Rhd. beſchieben eingetreten iſt.

beſcheinigen = einen Schein worüber ausſtellen.

-igen aus -en; benn im Mhd. bescheinen, ahd. bisceinan, = ſichtbar machen, ſehen laſſen, zeigen, beweiſen. Die Beb. dieſes schwachen Verbums gieng aber auch auf bas ſtarke mhd. Stammwort beschînen, ahd. piscînan, = „Lichtglanz worüber verbreiten", über, wenn es im ältern Rhd. ſ. v. a. barthun, erweiſen (Schmeller III, 365).

beſchälen u. Beſchäler, ſ. beſchälen.

beſchären, Prät. beſchor (ſt. beſchar, Conj. beſchöre), Part. beſchoren, mhd. beschern, ahd. pisceran : völlig, kahl ſcheren.

beſchären, Prät. beſchärete, Part. beſchäret : ein Geſchenk, als Geſchenk zutheilen. Daher die Beſchärung.

Mhd. beschern ſteht von jeber göttlichen Schickung in ber Beb. : zukommen laſſen, verleihen, beſtimmen, eig. zu Theil geben, während ahd. piscerjan = abtheilen ober abſonbern, beſ. zur Wegnahme, berauben. Das einfache scerjan (b. i. scar-j-an) beb. abtheilen, ordnen, eig. ſchneibenb abtheilen, unb iſt abgeleitet aus bem Prät. scar ſchor v. scëran ſcheren.

beſchläfen, Prät. beſchlief, Part. beſchlafen, tranſ. : beiliegenb ſchwängern; zum Überbenken eine Nacht verziehen.

Mhd. besláfen ſchwängern (Köpke's Passional 306, 12). Neben beiſchlafen.

ber Beſchlág, —es, Pl. Beſchläge : wiber Anberes Feſtgemachtes zu Feſtigkeit ober Zierbe; äußerer Anſat u. Anflug, ber ſich abwiſchen läßt; erhobener Anſpruch auf etwas, um es zurückzuhalten. Von beſchlägen, Prät. beſchlúg, Part. beſchlágen, welches Verbum auch ſ. v. a. womit überziehen (einſchließen), verſehen; weibmänniſch in ber Beb. "trächtig machen."

Mhd. beslahen, beslân, = (durch Befeſtigung von etwas) um-, einſchließen; ahd. pislahan = woran ſchlagen ober feſt machen, woburch befeſtigenb um- und einſchließen. Die Form mit g : beslagen ſchon 1469 [im voc. ex quo, wo »sufferrâre pherde beslagen«].

beſchmäbbern = voll ſchmieren, beſchmieren. Nieberb.

Nieberb. smaddern = beſchmutzen, besonders lieberlich ſchreiben, ſchmieren. Mit smuddern, neunieberl. smodderen, = ſubeln, ſchmieren, aus Einer Wurzel.

beſchnäufeln, von Jagbhunben : ſchnaufenb beriechen.

Von nieberb. besnuven beriechend unterſuchen. Snuven iſt ſchnaufen.

beſchnippen, beſchnippeln, = bie Spitzen woran abſchneiden.

Schnippen, ſchnippeln ſind eingebrungene nieberb. Formen, durch welche bie hochb. ſchnipfen, ſchnipfeln verbrängt wurden. S. ſchnippen.

beſchnü'ffeln = beriechend unterſuchen.

Das gleichbed. niederd. besnuffeln, v. besnuven (ſ. beſchnäufeln).

beſchnúppern = an etwas umherriechen.

Von niederd. besnopen = verſtohlen benaſchen. Niederd. snuppern, snoppern, u. ohne ableitendes r snopen, hollänb. snoepen, = heimlich naſchen.

beſchö'nen, jetzt üblich beſchö'nigen, = durch Schönmachen ver= becken und entſchuldigen.

Mhd. beschœnen = völlig ſchön (mhd. schœne) machen, ſchmücken.

beſchúmmeln = in niedriger Weiſe betriegen.

Zuſammengeſ. mit ſchummeln = antreiben, plagen, niederd. schummeln, hollänb. schommelen.

beſchúppen = anführen, überliſtend betriegen.

Das gleichbed. niederd. beschuppen. Hochb. wäre beſchupfen. Von ſchupfen (niederd. schuppen) = durch einen kurzen Schwung in Bewegung ſetzen, hin und wieder ſtoßen, überſtürzen, unter die fuſs werffen (ſo schopffen im voc. theut. v. 1482 Bl. cc8ᵇ), dann übertölpeln, zum Beſten haben (Schmeller III, 380); mhd. schupfen = in Bewegung ſetzen, anſtoßen, antreiben, anreizen, mit under-schupfen = ein Bein ſtellen und ſo zu Fall bringen, mit Liſt verdrängen, überliſten; ahb. schupfen = über-, anſtürzen.

beſchwéren = ſchwer b. i. ſchmerzlich, drückend, läſtig machen und ſein. ſich beſchweren = über Drückendes klagen.

Mhd. beswæren, ſpäter auch beswéren, = swœre (ſchwer) b. i. ſchmerzlich, betrübt, drückend, läſtig machen und ſein; ahb. be-, pesuâren.

bie Beſchwérde, Pl. —n, mhd. beswærde : Schmerzempfindung, Be= trübniß worüber, ſo wie Äußerung, Klage derſelben (Barlaam 206, 16); drückend Beläſtigendes.

Ahb. bloß bie suârida (b. i. Schwerde) brückende Laſt, v. ſchwer (ahb. suâri) ſ. b.

beſchwíchtigen = durch Zureden ruhig machen.

-ſchwíchtigen nach dem Niederd., wo cht für hochb. ft (vgl. Schlucht), aus mhd. swiften ſtillen (Nibel. 1874, 1: 1945, 3) neben swift ruhig (Ruolandes liet 142, 7). Ahb. giswiftôn ſtille ſein, ſchweigen (Graff VI, 861. 902).

beſchwö'ren, mhd. beswern, ahb. bi-, pisuerran b. i. pi-suer-j-an, goth. (mit ſtarkem Präſ.) bisvaran, biegt wie das einfache ſchwören, ſ. b. Das ö iſt hier für e, ben Umlaut des a, eingetreten (ſ. O.).

ber Bẽ'ſen, —s, Pl. wie Sing. : Kehrwerkzeug; Ruthenbündel zur Zucht. Dim. das Bẽ'ſenchen, auch gekürzt Bẽ'schen. Die Zu= ſammenſ. der Bẽ'ſenſtiel auch ſ. v. a. Hexenmeiſter (vom Ritt der Hexen auf Beſen) in Göthe's Fauſt (Werke XII, 116).

Mit -en aus -em; benn älter-nhb. u. noch landſchaft. ber bësem, mhd. bësme, bëseme (Gen. bes bësemen), ahb. bësamo, pësamo. S. Baſt. — Sprichw. : „Neue Beſen kehren gut" = wer neu im Amte oder Dienſte iſt, iſt zu eifrig, überthätig (vgl. Vridanc 50, 12).

ber Beſitz, —es, ohne Pl. : Innehaben einer Sache zu voller Verfüg= ung. Im Mhd. dafür das besëz, ahb. pisëz. Von beſitzen, Prät.

befáß (Conj. befäße), Part. befeffen, mhb. besitzen, ahb. bi-, pisizan :
[eig. "umfitzen", lat. circumsedêre, unb baher belagern, abftracter]
innehaben zu freier Verfügung, lat. possidêre. Vgl. J. Grimm's
Wort bes Besitzes S. 36 f.

befónnen = gefaßten Sinnes unb überlegt. Mhb. fchwach besint.
Das als Abj. verwanbte Part. Prät. v. befinnen, Prät. befann (Conj.
befänne). Mhb. besinnen bagegen biegt ftarf unb fchwach.

befónber, Abj. : für fich als Theil eines Ganzen von Anberem ge=
trennt; als eigenthümlich auszufcheibenb; vor Anberem hervorzuhebenb.
Davon fchon bei Luther bas Abv. befónbers mit genitivifchem
abverbialifchen s.

    Das Abj. ist ein erst im 14. Jahrh. fpärlich auftauchenbes unorganifches, hervorge-
bilbet aus bem gleichbeb. mhb. Abv. besunder (eig. = „im Einzelnen"), welches zufammengef. aus be v. i. bë als Abfchwächung der mhb. Präp. bí bei unb bem
Dat. Sing. v. mhb. bie sunder, ahb. sundera, suntra, = Abgefonbertheit, Be-
fonberheit.

beførgen, mhb. besorgen, ahb. bi-, pisorgên, pisoragên, = Sorge
haben um —, b. i. bie "Sorge für einen Gegenstanb übernehmen"
unb "mit Sorge bebenfen"; auszuführen übernehmen. Das Part.
Prät. beforgt abjectivifch : Sorge habenb um—. bie Befórgniß.

béffer (é wie ä) = (Anberem) vorzuziehenb, vorzüglicher; noch mehr
(als Anberes). Der übliche Comparativ bes Begriffes gut (vgl.
Gerhard 6662). Superlat. béft (é wie ä). Von beffer : bas Verbum
béffern, mhb. bezern, bezzern, ahb. bezirôn (bezzirôn), pezirôn,
pazzirôn (gl. paris. 194ᵃ), = beffer (ahb. pezir) machen, mit
bie Befferung, mhb. bie bezzerunge, ahb. bezzir-, pezirunga.

    Mhb. bezzer, ahb. beziro, peziro (pezziro), goth. batiza (z ist Übergang von
s zu r); Superl. mhb. bezzist unb bann (burch Ausstoßung bes zzi, zi vor st)
best, ahb. bezist, pezist (pezzist), goth. batists. Der verlorne Pofitiv biefer
abjectivifchen Steigerung würbe im Goth. bats gelautet haben, welches mit fanffr.
bhad in bhadra ftimmte, worüber in ber Anm. zu baß (f. b.). Als Steigerung
von wol ober vielmehr einem goth. Pofitiv bata, also als Abv. fteht im Compar.
mhb. baz (unfer veraltetes baß), felten u. unficher bezzer (Iwein 7268. 7308),
ahb. baz, paz, im Superl. mhb. best, ahb. bezist; nhb. aber wie beim Abj.
beffer unb beft. — Was bie nhb. Rechtfchreibung anlangt, fo fchriebe man,
wie fich aus ben angeführten alten Formen ergibt, hiftorifch richtig beßer
(unb fofort beßern, Beßerung), beft. Dieß beft nun ift auch geläufig, währenb
Manche, in Unfenntniß ter mhb. Form best aus bezist, bezzist, glauben, baß bas
Superlativ-s, also im Mhb. is ausfalle, unb falfch beßt fchreiben.

beftállen = in einen Dienst, ein Amt, überhaupt eine Stelle [mhb.
unb ahb. ber stal (Gen. stalles)] einfetzen. Daher bie Beftállung
= Übertragung einer Stelle; amtliche Stelle, sowie bie bamit
verbunbne Befolbung.

In der Kanzleiſprache. Schon bei Stieler 2144, wo Beſtallung verzeichnet iſt, verſchieden von beſtellen (e wie ä), mhd. bestellen, ahd. bistellan (d. i. bi-stal-j-an), urſpr. = umſtellen, umgeben (Otfr. 4, 23, 13), voll ſtellen, dann in Stand ſetzen, ordnen, jemand beſtimmen ſich wo einzufinden ꝛc.

beſtält in dem kanzleimäßigen, jetzt veralteten wólbeſtalt = wolbe= amtet.

Nicht v. beſtallen (ſ. d.), ſondern das Part. Prät. v. beſtellen (e wie ä), welches ehedem rückumlautend bog : Prät. ich er beſtälte, Part. beſtält (bestalt. *Genesis* 53, 6), aber ſchon im 18. Jahrh. u. jetzt Prät. beſtéllete, beſtéllte, Part. beſtéllet, beſtellt. Alſo nicht beſtallt zu ſchreiben, wie denn auch im *voc. ex quo* und im *voc. theut.* Bl. d 5ᵇ u. d 6ᵇ „bestalt.“

der Beſtánd, —es, Pl. Beſtände, v. beſtehen in ſeiner nicht zuſam= mengezogenen ahd. Form bi- pistantan : das Standhalten, [alſo ehedem „Stillſtand“ wie] Feſtbleiben; Alles zuſammen, was ein Gan= zes ausmacht; [im Oberd.] Pacht, Miethe (das Sein worin für eine Dauer). Davon : der Beſtä'nder (bayer. Beſtä'ndner) = Päch= ter. Das Adj. beſtä'ndig, im *voc. theut.* bestendig, = feſtbleibend, ununterbrochen dauernd.

beſtä'tigen = ſtätig (mhd. stætec, ahd. stâtîc) b. i. feſtſtehend, be= ſtändig, dauernd machen [ſich beſtätigen b. Göthe **XXXI**, 69]; als giltig erklären, bekräftigend giltig machen.

Mhd. bestêtigen (ê ſtatt æ) = ausdauernd machen, ſtärken (*Myst.* I, 138, 28. Köpke's *Passional* 99, 30), dann wie im Nhd. (*voc. ex quo*); ahd. bloß stâtigôn. Älter-nhd. auch beſtä'ten, mhd. bestæten, ahd. pistâten (*Notker* 88, 17), v. mhd. stæte (stet), ahd. stâti, = feſt, beſtändig.

beſtätten, mhd. bestaten, ahd. pistatôn (?), [urſpr. : „an ſeine Statt (mhd. und ahd. stat) bringen“, dann „eine Statt geben“ (verwen= den) und ſo wozu mit allem Nöthigen verſehen (*Myst.* 242, 16), beſ. zur Heirat ausſtatten (*Myst.* I, 15, 39); feierlich zu Grabe bringen.

der Beſtä'tter, —s, Pl. wie Sing., am Rhein : weſſen Gewerbe iſt, die Verſendung von (Kaufmanns=) Gütern zu beſorgen, der Spediteur.

Von beſtätten = an die rechte Statt (mhd. u. ahd. stat) oder Stätte kommen machen, die Verſendung von Gütern beſorgen.

beſtehen (die Biegung wie bei ſtehen), mhd. bestên, bestân, ahd. bi-, pistân, nicht zuſammengezogen bi-, pistantan, 1) tranſ. : [urſpr. um= ſtehen (Otfr. 3, 22, 9), dann] feindlich entgegenſtehen; kräftig (feſt ſtehend) unternehmen oder durchbauern; [nhd. auch] ſtehend räumlich einnehmen; — 2) intranſ. : (worauf, worin) Stand halten, feſt blei= ben; woraus gebildet oder zuſammengeſetzt ſein.

beſtéllen (e wie ä), ſ. beſtallen u. beſtalt.

das Beſthaupt (e wie ä), —es, Pl. —häupter; mhd. daz beste houbet : das Stück (Haupt, mhd. houbet), welches der Herr unter dem Vieh des verſtorbenen Eigenmannes (als das beſte) aus=

zuwählen und wegzunehmen hatte. Vgl. *Renner* 9226—9229 u. Grimm's Rechtsalterth. 364 ff.

† bestiālisch (e wie ä), Adj.: viehisch roh. Mit die Bestialitä't (aus neulat. bestiálitas) = „viehische Rohheit", v. lat. bestiālis = thierisch wild, viehisch, welches v. béstia (s. Bestie).

† die Béstie (3sylbig, é wie ä), Pl. —n : wildes Thier (1 Macc. 6, 37). Von lat. béstia wildes (Wald=) Thier. Schon mhd. bestiā.

bestimmen = durch die Stimme bezeichnen (s. Schmeller III, 635), entschieden bezeichnen; nach unterscheidenden Merkmalen genau ab=grenzen.

bestü'rzen = durch ü'berstürzen von etwas (mit einer Stürze) be=decken; [bibl.] durch Unerwartetes die Geistesgegenwart verlieren machen oder verlieren (b. Liskow).
<small>Mhd. bestürzen, ahd. bi-, pisturzan, = ü'berstürzend bedecken; dämpfen und so unthätig machen.</small>

betágen = Tages= b. i. Sonnenlicht geben (Göthe V, 224); in hohe Zahl der Tage b. i. hohes Alter eintreten (b. Tscherning). Daher das als Adj. stehende Part. Prät. betágt = in hohem Alter stehend. Mhd. betagen hat andre Bedeutungen.

betäuben, mit Umlaut, während mhd. umlautlos betouben, = toup (taub) b. i. empfindungslos, gehörlos, unfähig zum Denken, dumpf an Sinn und Geist machen.

† die Bête = der Straffatz im Kartenspiele, s. labêt.

† der Bétel, —s, ohne Pl.: ostindisches Rankengewächs, dessen roth=saftige, bittere, wolriechende Blätter gekaut werden.
<small>Das franz. der bétel, eig. bétle, engl. betle, wol aus patra in sanskr. Malaja patra = Blatt von Malabar, weil jene Pfefferart in den malabarischen oder malayischen Berggegenden wächst. Da sie nach *Avicenna* († 1036) indisch tâm-bulî heißt, so lag die Erweichung des r von jenem patra in l, überhaupt die Um-bildung dieses Wortes in betle um so näher.</small>

béten, Prät. bétete, Part. gebétet : eine Bitte an ein höheres Wesen aussprechen, überhaupt zu demselben sprechen. Mancher betet zu Gott um Ruhe und Zufriedenheit.
<small>Mhd. bëten, ahd. bëtôn, pëtôn (mit Acc. der Person), v. mhd. die bëte, ahd. bëta, pëta, goth. bida, = Bitte, Gebet (Bitte zu Gott). Vgl. auch Bede, dessen e als hohes S. 116 unbezeichnet blieb, aber eigentlich ë ist. Die Wurzel ist bid in goth. bidjan unserm bitten, s. d.</small>

betheuern = hoch und theuer (s. d.) versichern.

† die Betónie (4sylbig), Pl. —n : Gliedkraut; Schlüsselblume.
<small>Mhd. die batônie, batânie, batênie (*Diut.* II, 129), ahd. betônia, bittônia, nach dem lat. Namen betónica, welcher nach *Plin.* hist. nat. 25, 46 aus gallisch vettónica von dem am Tajo wohnenden Volke der Vettónes. Vgl. auch Bathengel.</small>

ber Betrácht, —es, ohne Pl.; noch bei Stieler (1691) fehlenb, aber
männlich aus mhb. bie trahte (auch traht), ahb. trahta = Streben,
Sich=hingezogen=fühlen : bas Hingezogensein mit Auge unb Geist zu
einem Gegenstanbe. Von betráchten = mit Auge unb Geist hin=
gezogen sein ober verweilen auf —. Daher auch : bie Betráchtung,
Pl. —en , mhb. bie betrahtunge; bas Abj. unb Abv. beträchtlich.

> Betrachten ist mhb. betrahten, ahb. bidrahtôn, pitrahtôn, = ringsum besehen;
> wol überlegen; mehr gelten lassen als Anberes (Graff V, 516).

betrágen, Prät. betrúg (Conj. betrü´ge), Part. betrágen : voll tragen,
bef. mit ebelem Metalle belegen; zusammengetragen (berechnet) aus=
machen [baher ber Betrág, —es, Pl. Beträge]. sich betrágen =
sich im äußeren Verhalten zeigen.

> Mhb. betragen in ber ersten Beb. Aber sich betragen = sich nähren, gemäch=
> lich leben, begnügen. Hieraus bie Beb. unfers nhb. Reflertvs.

betraúen, Einen = ihm Treu unb Glauben zuwenden; Einen mit
etwas = es ihm auf Treu unb Glauben übergeben.

ber Betríeb mit betriebsam ist abgeleitet v. betreiben, wie Trieb
(s. b.) v. treiben.

betríegen, Prät. betróg (Conj. betröge), Part. betrógen : verlocken,
unb zwar zum Unrechten für bas Rechte; zu Schaben ober Nachtheil
täuschen. Daher ber Betrieger (voc. theut. Bl. d6ª).

> Unrichtig nach ber Ähnlichkeit von lügen : betrügen u. Betrüger; benn
> mhb. betriegen, ahb. bi-, pitriogan, pitrëogan, pitriokan. S. triegen. Ver=
> altet sinb bu betreugst, er betreugt, betreug! mit eu aus-altem iu, statt betriegst ic.

betríeglich, Abj. u. Abv., 1482 betrieglich, betriglich (voc. theut.
Bl. d6ªᵇ), = zum Betriegen geneigt, gerne betriegenb. S. be=
trüglich.

betrü´ben, mhb. betrüeben, = trübe (mhb. trüebe) machen; [bilbl.]
freublos machen unb schmerzlich bewegen.

> Das Part. Prät. betrübt schon im 15. Jahrh. (bedrubet = tristis im voc.
> ex quo) wie ein Abj. Davon im 14. Jahrh. bas betrüeptnüs, aber von betrü=
> ben selbst im 15. Jahrh. bas betrüepenis, bedrupenisse (voc. ex quo), nhb. bie
> (selten bas) Betrübniß.

ber Betrúg, —es, ohne Pl. : Täuschung zu Nachtheil ober Schaben.

> Das Wort zuerst zu Anfang bes 16. Jahrh. im voc. gemma gemmârum. Aus
> ber Pluralform bes Prät. v. betriegen : mhb. wir sie betrugen (ahb. pitrukumês,
> sie pitrukun) b. i. nhb. wir sie betrogen. Im Mhb. würbe also betruc zu setzen
> sein. Aber im Ahb. sagte man bas pitroc (freilich mit o aus u, bessen Brechung
> bas nachfolgenbe a in pitroca-lîh erklärt), am üblichsten mit ge= bas kitroc, mhb.
> getroc, = Betrug unb Trugbilb.

betrú´glich, Abj. u. Abv. : worin Betrug ist, Betrug mit sich führenb.
Mehr objectiv, währenb betrieglich (s. b.) vom Verbum betriegen
mehr subjectiv wie betriegenb.

Im 15. Jahrh. betruglich (*voc. predicant.* v. J. 1483 Bl. h 8ᵃ) mit dem Subst.
betruglichkeyt die Betrüglichkeit; mhd. betrugelich (*sunden widerstrit* 1088),
zusammenges. aus einem sonst nicht vorkommenden, mit unserm Betrug aus
der Pluralform des Prät. v. betriegen (f. die Anm. zu Betrug) entsprossenen
mhd. Subst. betruge-, ahd. pitruki-(?), und -lich -lich. Vgl. trüglich.

das Bett (e wie ä), eig. wie früher (b. Luther) Bette, —es (—s),
Pl. Betten : Lager- und Schlafstatt, so wie Schlafgestell u. -geräth;
Gerinne für das Wasser [wofür mhd. u. ahd. der runs, f. Runs].

> Mhd. das bette (verkürzt bet), ahd. betti, peti, petti (auch Rom. Pl. petti),
> = Bett u. Beet, goth. badi (Rom. Plur. badja) = Bett. Nach einer scharf-
> sinnigen Vermuthung J. Grimm's (Gramm. II, 25. Mythol. 27) mit bitten
> goth. bidjan zusammengehörig, und wie dieses vielleicht urspr. beb. „zu Boden liegen
> als ein Flehender", so Bett ähnlich dem goth. der ligrs (Lager) = Bett, was
> durch das derselben Wurzel entsprossene angelsächs. beado = Niederlage im
> Kampf, ahd. (in Personennamen) patu-, goth. badv-(?), bestätigt würde. Schwerlich
> ist die Beb. „Beet" (f. b.) als die älteste zu nehmen und an litth. bedeti =
> graben zu denken?

betteln, mhd. beteln, ahd. betolôn, eig. petalôn, = anliegend bemüthig bitten (*Diut.* II, 316ᵇ); um eine Armengabe bitten. Daher
der Bettel (schon b. Keisersberg) neben die Bettelei. .

> Mittelst -el, ahd. -al, v. ahd. die peta, mhd. bete, = Bitte, Gebet, wovon auch
> beten, f. b.

betten (e wie ä), = die Stätte zum Liegen, Ruhen bereiten.

> Mhd. betten, ahd. pettôn, v. Bett, f. b.

der Bettler, —s, Pl. wie Sing., mhd. betelære, ahd. betalâri, pe-
talari : wer bettelt. Davon : die Bettlerin; bettlerisch, Adj.

die Betzel (e wie ä), Pl. —n : platte Haube oder Mütze. Landschaftl.
(wetterauisch).. Mhd. die bezel im *Parzival* 780, 9.

die Beuche u. beuchen, was Bauche (f. b.) u. bauchen.

> Die Formen mit eu scheinen im Hochd. den Vorzug zu haben, zumal da
> niederd. büke u. büken ein rein-mhd. biuche u. biuchen voraussetzen lassen,
> deren iu = nhd. eu.

die Beuge, ungut statt Beige, f. b.

beugen = biegen machen; niederbiegen; niederbiegen zur oder in
Demuth. Daher beugsam, Adj.

> Mhd. böigen b. i. böngen, in Mitteldeutschland ohne Umlaut bougen (im
> *Passional*), ahd. bougen (b. *Notker*), goth. báug-j-an(?), v. ahd. pouc, boug ich
> er bog, dem Sing. Prät. v. piokan biegen, und also Factitiv dieses Verbums.
> Bei Luther bereits beugen, aber im *voc. ex quo* v. J. 1469 u. bei Alberus
> im *dictionar.* beygen mit ey, ei aus jenem öi in böigen, altclevisch boighen (*Teu-
> thonista*). Wetterauisch mit ä = ei bäje.

die Beule, Pl. —n : knotenartig aufgelaufene Erhöhung am Körper,
besonders von Schlag, Stoß u. dgl.

> Mhd. die biule, ahd. pûli- (Graff VI, 773), pûl(?), neuniederl. buil, altfries.
> (mit ei = û) beil. Davon ahd. die bûllâ, pûllâ, piullâ, = Blatter.

bie Beünbe, Pl. —n : umfaſſenbes, urſprünglich eingefriebigtes, von ben Rechten ber Gemeinbe, beſonbers ihrem Biehtrieb befreites unb ſo zu ausſchließlicher, wie jeber beliebigen Nutzung bes Berechtigten abgeſchloſſenes Grunbſtück.

Mhb. bie biunt, ahb. piunt, mittellat.-hochb. biunda; im 15. Jahrh. in Mittelbeutſchlanb bie bünde u. büne, weshalb wetterauiſch bie Beune. Urſprünglich wol ſ. v. a. Zaun, Umzäunung, wobei jeboch nicht mit Schmitthenner an angelſächſ. pyndan in gepyndan = ein-, umſchließen, verſperren, zu benken iſt.

bie Beute, Pl. —n : (hölzernes) Bienenfaß; Backtrog; Backtiſch.

Mhb. bie biute. Ahb. piutta Bienenfaß (gl. Hraban. 958ᵇ); mittellat.-hochb. biota weites tiefes Gefäß, Stänber (Diefenbach's Wtbch v. 1470 Sp. 51). Mit ahb. ber biet, piot, goth. biuds, altfränkiſch beudus, beodus (lex sal. 46, 2), = Tiſch, urſpr. Opfertiſch (Altar), v. bieten goth. biudan = barlegen. Auf bem Opfertiſche nämlich wurbe ben Göttern bargebracht, auf bem Tiſche überhaupt wirb bargelegt (angelſächſ. ber béód Schüſſel zum Auftragen), bie beud, bed. in unb bei Gießen ben Backtrog wie ben Backtiſch in ber Backſtube, wetterauiſch bie beune (b. i. beunde mit eingeſchobenem n ſt. beude) nur biefen, unb bie Beuten für bie Bienen wurben von ben Bienenzüchtern bes Mittelalters an Walbbäume aufgehangen unb ſo ben Schwärmen bargeboten, bamit ſie ſich hineinzögen (Grimm's Weisth. III, 898).

bie Beute, ohne Pl. : Jagb-, Kriegsgewinn.

Das Wort finbet ſich zuerſt im 15. Jahrh., aus welchem im voc. theut. Bl. y 8 ª »pewtnémer oder pewtgéber, predátor«; im 16. Jahrh. beute auch = Vertheilung, bei Luther ausbeute in beiben Bebb. Im Mhb. (unb zwar in Mittelbeutſchlanb) nur bas Berbum büten [b. i. biuten] = erbeuten, Worte wechſeln (ſich unterreden. Passional 190, 25), unb bavon bie biutunge = [Beute-] Bertheilung (livländ. Reimchronik 9180. 11788). Der Grunbbegriff iſt ber bes Wechſels, bes Umtauſches, gleichſam bes Übergehens in anbere Hänbe, wie benn auch im voc. theut. Bl. e4ª »büthen peuten wěchſeln, permutāre, cambīre.« Eben ſo niederb. büten = tauſchen, büte = Tauſch unb Beute; altnorb. býta = tauſchen, vertheilen, bas býti = Tauſch unb Beute. Franz. butin Beute iſt aus bem mhb. Inf. bas büten Erbeuten.

ber Beutel, —s, Pl. wie Sing., mhb. ber u. bas biutel, ahb. pútil : Säckchen, beſ. etwas barin zu tragen unb aufzubewahren.

ber Beutel = als Mehlſieb in ber Mühle bienenber wollener Sack. Daher beuteln = zum Durchſtäuben bes Mehles burch ben Mühlbeutel ſieben; [oberb. auch] ſchütteln.

Eins mit bem vorhergehenben Worte, mhb. ber unb bas biutel. Nicht v. b. mittellat. batillus, buletéllum, altfranz. batel.

ber Beutel, —s, Pl. wie Sing. : eine Art Meißel. So z. B. in ber Stechbeutel = Meißel zum Stechen b. h. bas Holz mit ber Fauſt zu beſtoßen unb zu ebenen.

Statt Beitel, aus neunieberländ. ber beitel = Meißel, womit nieberb. bötel ſt. betel eins iſt. Hochb. geformt Beiſel b. i. Beißel (Friſch I, 657ª. 78ª). Wol v. holländ. bijten, mhb. bizen, ahb. pîzan beißen, inſofern bieß vom Einbringen einer **Schwribe**, z. B. des **Schwertes**, **Schermessers** (**Graff** III, 228 f. *Annoked* 304), gesagt wird.

der Beútel, —s, Pl. wie Sing. : rundes Holz zum Mürbeschlagen des Flachses vor dem Brechen. Daher beúteln = mürbe klopfen.

    Ins Hochd. aufgenommen aus niederd. bötel, dessen ö hier dem mhd. in nhd. eu gleichsteht. Von dem Wurzelverbum, welches mhd. biegen (bûgen? ahd. piogan?) lautet und stoßen, schlagen, klopfen, bedeutet. Niederd. würde man böten, beten [t = mhd. z, z] sagen, und derselben Wurzel gehören an angelsächs. beátan, engl. beat, = stoßen, schlagen, klopfen, ahd. pôzan (s. Amboß u. Beifuß).

der Beútelschneider = wer (Geld=) Beutel abschneidet d. h. stiehlt. Schon bei Schuppius. Später auch wer in die Beutel schneidet d. h. unrechtmäßig hohe Rechnungen macht und es auf solche anlegt.

die Beútheie = Böttcherschlegel zum Antreiben der Reife.

    Zusammenges. aus die Beute = Ständer, hölzernes zuberartiges Gefäß (vgl. Beute 1), und oberd. die Heie = Ramme. Dieß Heie aber ist neuniederländ. die hei, franz. hie (altfranz. und altspan. s. v. a. Gewalt, Nachdruck).

bevór, Adv. : vor dem als; nahe zukommend; voraus.

    Mhd. bevor, ahd. bifora, pivora, Adv. u. Präp. in den Bedd. : angesichts, früher, in Zukunft, übrig [d. h. vor uns]. Zusammengerücktes bi, pi (aus pî bei, welches sich dann weiter zu bë, be abschwächt, wie in in zu ën, en), und fora, vora vor (s. b.). Das gleichbed. ahd. pifuri würde nhd. befür lauten (vgl. für).

bewáhren, mhd. bewarn, ahd. bi-, piwarôn, = worauf sehen mit Sorge, daß es er=, behalten werde.

    -warôn wahren v. ahd. die wara, mhd. war, = das sorgende Sehen worauf (vgl. wahrnehmen). Mit wehren (s. b.), lat. verêri besorgen (sich vorsehen), sich scheuen, aus Einer Wurzel, welche im Sanskrit wṛ (war) = abhalten (Bopp's Vocalismus 166).

bewähren = als wahr, wirklich, gut be=, erweisen. sich bewähren. Das Part. Prät. bewä́hrt als Adj. : durch Erfahrung tüchtig be= funden.

    Mhd. bewæren, ahd. piwâran, piwârran, = wâr (wahr, wirklich) machen, als wahr, wirklich zeigen, beweisen.

bewándert, das Part. Prät. v. bewándern als Adj. gebraucht : aus eigner Anschauung bekannt worin, eig. vielgereist.

bewandt = "endlich beschaffen", eig. "zu Ende gebracht oder gekom= men", ist das als Adj. erscheinende Part. Prät. v. bewenden, s. b. Daher die Bewándtniß.

bewégen (das ë hoch), Prät. bewóg (Conj. bewóge), Part. bewógen : anregend den Willen bestimmen, zum Entschlusse bestimmen.

    Mhd. sich bewëgen = sich wozu wiegen d. i. auf die Glückswage legen und somit wozu hinneigen, sich auf Gerathewol wozu entschließen, seinen Willen be= stimmen; ahd. piwëkan [Präs. ich piwiku, Prät. ich er piwac, Part. piwëkan] = aus dem Zustande der Ruhe bringen (*Diut.* III, 380), wägend prüfen. Mit dem mhd. Part. Prät. bewëgen [unser jetziges „bewogen"] ist zusammenges. das mhd.

Adv. bewëgenliche = frisch entschlossen, woraus aber nicht unser nhd. beweg=
lich, sondern vielmehr v. dem nachfolgenden Factitiv bewegen, s. d.

bewëgen, Prät. bewëgete, bewégte, Part. bewëget, bewëgt : aus dem
Zustande der Ruhe bringen [daher sich bewegen = außer dem
Zustande der Ruhe, in einer Veränderung im Raume sein]; in eine
Stimmung versetzen, bei welcher das Gefühl ergriffen ist [daher be=
wegt = ergriffenen Gefühles]. Davon : bewéglich, die Bewëg=
niß, die Bewégung (mhd. bewegunge = Reizung).

Mhd. bewegen = wozu aus der Ruhe bringen, antreiben, eig. bewëgen machen,
also das Factitiv des vorhergehenden starken bewëgen und aus dessen Sing.
Prät. ahd. piwac (bewog) abgeleitet : ahd. piwekjan(?), goth. bi-vag-j-an(?).

bewëhren = mit Wehr b. h. Waffen zu Schutz und Trutz versehen.
Dieses transitive Verbum ist unmittelbar aus dem Subst. die Wehr, Wehre
gebildet und nicht das mhd. bewern, ahd. bi-, piwerjan, piwerran, goth. bi-var-
j-an(?) = wovon bewahrend abhalten, vertheidigen, verwehren, welches Zusammen=
setzung mit wehren.

der Beweis, —es, Pl. —e, v. beweisen, Prät. bewies, Part. be=
wiesen, = belehrend, begründend barthun, thätlich zeigen.
Beweisen biegt schon bei Alberus stark, ursprünglich aber und noch geläufig
im 16. Jahrh. schwach : Prät. beweisete, Part. beweiset. Mhd. bewîsen = zu=
rechtweisen, wessen kundig machen, belehren, barthun, bestimmt zeigen. Goth.
biveisjan(?).

bewénden, nur noch im Inf. gebräuchlich in der Beb. : "verbleiben
und beruhen".
Mhd. bewenden [Prät. ich er bewante, Part. bewant unser nhd. bewandt
(s. b.)], ahd. bi-, piwentan, = völlig weg=, ab=, zum Ende wenden, zu Ende
bringen und kommen, woraus dann die heutige Bedeutung.

bewërkstelligen (e vor lk wie ä) = "wërkstellig machen" b. h.
ausführbar machen, zur Ausführung bringen.
Erst im 18. Jahrh.; Stieler (1691) Sp. 2560 hat nur „werkstellig machen",
und ein mhd. ze wërke stellen würde bed. „zur Ausführung bereiten, ausführen."

bewillkommen = willkommen (s. b.) heißen, als willkommen be=
grüßen. Daher die Bewillkommung.
Erst im 18. Jahrh. bei Steinbach 899; aber Willkommung schon 1691
bei Stieler Sp. 1540. Nicht Bewillkommnung, wie Manche schreiben.

bewirken, weit üblicher als bewürken. S. wirken.
Mhd. bewirken (Köpke's Passional 542, 8) = ein=, eig. umschließen.

bewúndern = als etwas Außerordentliches staunend ansehen und
preisen. Daher die Bewúnderung.
be= brückt Allseitigkeit aus und gibt hier transitive Kraft.

bewürken, s. bewirken. Mhd. bewürken = "umschließen", also in
anderer Beb., als jenes nhd. Wort.

bewúßt, richtiger bewúst, = geistig gegenwärtig. Daher bewúßt=
los, das Bewúßtsein, richtiger mit st statt ßt.

Das als Adj. gebrauchte Part. Prät. v. ahd. binnizzan (*Isidor.* 85, 17) d. i. biwizan (bewissen) = deutliche Kenntniß haben wovon. Dieses Part. Prät. würde aber im Mhd. bewist (neben starkem bewizzen, bewëzzen) lauten. Bgl. wissen.

bezeichnen = das Zeichen wofür sein, sich als sinnliches Zeichen worauf beziehen; vorstellig machen; durch ein Zeichen merkbar machen.

Mhd. bezeichenen, ahd. bezeichenen, pizeihhanjan [goth. bitáiknjan?], u. bizeichinôn, ist nur stärkerer Ausdruck als das einfache ahd. zeihhanjan in jenen Bedeutungen, welches v. Zeichen ahd. das zeihhan.

bezeigen = zu erkennen geben. Mhd. bezeigen in dieser Bed., aber auch s. v. a. anweisen, bezeichnen.

bezeugen, mhd. beziugen, = durch Zeugniß bewähren.

Zusammenges. aus be- und zeugen.

bezichten, st. bezichtigen, s. d. Bei Göthe falsch bezüchten.

-zichten auch in ahd. inzihtôn = Inzicht aussprechen, bezichtigen.

bezichtigen mit Acc. der Person und Gen. der Sache : als Urheber, Thäter von etwas Straffälligem in Gedanken haben.

Unrichtig bezüchtigen. Denn ahd. pizihtigôn [? vgl. das gleichbed. g'inzihtîgôn], pizihtigôn(?), v. ahd. die biziht (Bezicht) = Kennzeichen der Schuld (*Diut.* II, 315ᵃ), Verdachtszeichen, dessen ziht (Zicht) v. zeihen ahd. zîhan. -zichtig kommt vor in dem ahd. Adj. inzihtîc = in Inzicht stehend.

der Bezirk, —es, Pl. —e : was eine Kreislinie umschließt, Gebiets-umfang.

Eig. „Umkreis". Denn be- (s. d.) = um, rings, und mhd. der zirc, ahd. cirh (*Kero* 18), = Kreis, dann Kreisgebiet, entlehnt aus lat. der circus Kreis.

† der Bezoár, —es, Pl. —e : Magenstein der Gazelle ꝛc.

Das span. die bezoar, bezar, von arab. bâzahar, welches mittelst Ausstoßung des d aufgenommen aus pers. bâdizehr [bâd Wind, zeher Gift] = das Gift in den Wind b. h. aus-treibende Arznei, als welche der Bezoar diente.

bezüchten u. bezüchtigen, falsch st. bezichten u. bezichtigen.

bezünzen = klein und zugleich nieblich. In der Wetterau.

Von einem wie „binden" biegenden starken Berbum, welchem noch angehören mhd. zinzerlich = zärtlich, nieblich, und bei Josua Maaler 514ᵇ zentzlen = liebkosen.

die Bibel, Pl. —n : die heilige Schrift alten und neuen Testamentes.

Mhd. die bibel, biblie, aus dem gleichbed. kirchlich-lat. Sing. (aber ursprüngl. kirchlich-lat.-gr. Pl.) bíblia von gr. das biblíon = Buch (aus Blättern vom Bast der Papprusstaude), eig. Büchlein.

der Biber, —s, Pl. wie Sing. : das am Wasser lebende Bauthier (lat.-gr. cástor); [im 18. Jahrh. auch] biberfellartiges Wollenzeug.

Mhd. der biber, ahd. bibur, pipar, goth. bibrus (?), angelsächs. bëofor, altnord. bifr, rein-lat. fíber, litth. bébrus, slaw. (poln.) bóbr, alle urverwandt. — In der zweiten Bed. wird gewöhnlich Bieber geschrieben.

das **Bibergeil**, —es, ohne Pl. : ſtarkriechenbe ölichte Maſſe, welche ber **Biber** in 2 zuſammenhangenben Beuteln unter bem Schwanze hat.
Mhd. bibergailin (Pl.) in bem Gießener Heilmittelbuch v. J. 1400 Bl. 118ᵃ. Zuſammengeſ. mit mhd. bie geile Geile unb bas geil = Hobe, weil jene Beutel als Hoben bes Bibers angeſehen wurben, von welchem man glaubte, baß er bei Verfolgung ſie abbeiße, um zu entkommen (*Juwendlis* 12, 34 ff. *Vridanc* 135, 5 f. *Minnes.* II, 335ᵇ, 25). Ähnlich im Sanſkrit kastûrikandadscha = Moſchus, eig. von ben Hoben bes kastûrî (Moſchuthieres) erzeugt. Dieß kastûrî aber ſtimmt mit lat.-gr. cástor.

ber **Biberklee**, bas **Biberkraut**, ſ. bas **Bieber**.

bie **Bibernélle** (é wie ä), bie Pflanze pimpinélla (*Linné*).
Mittelſt Anlehnung an **Biber** beutſch geformt aus mhd. bie bibnell, bibenelle, ahb. bibinella, pibenella, welche aus bem unverſtänblichen mittellat. Namen pinpi-, pipe-, pipinélla überkommen ſinb.

bie **Biberwurz** = Oſterluzei unb **Bieberwurz**, ſ. bas **Bieber**.

† **Biblio-**, v. gr. bas biblíon Buch, in : bie **Bibliographie** = Bücher-beſchreibung, Bücherkunde, aus gr. bibliographía (gráphein ſchreiben). bie **Bibliothek**, Pl. —en, = Bücherſammlung, aus lat. bibliothêca v. gr. bibliothêkê (βιβλιοθήκη) eig. Bücherbehälter (thê'kê Behälter); bavon ber **Bibliothekär**, —es, Pl. —e, aus lat. bibliothecárius, = ber Aufſeher einer Bibliothek.

ber **Bickel**, —s, Pl. wie Sing. : Spitzhacke mit langem Stiele; ſpitzes Holz zum Einwerfen in ben Boben bei einem Kinberſpiele.
Mhd. ber bickel Spitzhacke, v. mhd. bicken, auch böchen, = ſtechen (ſ. picken), hacken [z. B. ſtrô bicken = „Stroh (mit bem Beile) zu Häckſel klein hacken" in bem Einnahme- unb Ausgabeverzeichniß bes ehemal. Kloſters Marienborn bei Büdingen v. J. 1493, wo auch der ſtröbicker Häckſelhacker], ahb. bicchan, picchan, pichan, pihhan, = angreifen, wornach ſtechen. Nicht von mittellat. bicéllus = mit einem Riemen verſehener Wurfſpieß, Dolch; ſonbern bieſes Wort iſt vielmehr aus mhd. bickel unb nicht aus ahb. pihil Beil.

ber **Bickel** = Schuſſer, Schnellkügelchen.. Lanbſchaftl.
Urſprünglich aus Knochen gebreht, benn bas Wort iſt eins mit mhd. ber bickel Würfel, worüber ſ. bickelhart.

bickelhart, Abj. u. Abv. : knochen-, beinhart.
Stieler (1691) hat bieſes Wort noch nicht, welches mit mhd. ber bickel = Würfel b. i. „Knochen mit bicken" (Stichen, Puncten, benn mhd. ber bic Stich), zuſammengeſetzt iſt.

bie **Bickelhaube**, Pl. —n, üblicher Pickelhaube, ſ. b.

biber, üblicher bieber, ſ. b.

bibérb (é wie ä), älter-nhb. unb noch alterthümlich ſt. bieber, ſ. b.

ber **Bieber**, bas Thier, ohne weitere Dehnung bes i Biber, ſ. b.

bas **Bieber** = „Fieber" nur in ber **Bieberklee**, —s, ohne Pl., = Bitterklee; bas **Bieberkraut**, —es, ohne Pl., = Tauſenbgülben-

kraut; die Bieberwurz [ahd. und mhd. die wurz Kraut], ohne Pl.,
= Aron. Ebenſowol Fieberklee, Fieberkraut, Fieberwurz.
Bieber-, wie auch „byferkraut, centhauria“ (Tauſendgüldenkraut) im *voc.
theuton.* Bl. d8ᵇ zeigt, nach mhd. das biever (*Vridanc* 74, 9. 287), welches
neben Fieber (ſ. d.) aus lat. fébris Fieber, und jene Pflanzen ſind daher
benannt, weil ſie als Heilmittel gegen die Wechſelfieber angewandt wurden.
Spät-ahd. (11. Jahrh.) nur die fieberwurz = lat. raia (*sumerl.* 63, 59). An
Biber das Thier iſt bei den Namen nicht zu denken, wenn man nicht den
bittern Geſchmack der genannten Kräuter und den ähnlichen des Bibergeiles
in Anſchlag bringen will. Daß die Oſterluzei Biberwurz, ahd. bibirwurz
[wurz = Kraut], lat. castóreum, castórium, heißt und im 12. u. 13. Jahrh.
zugleich die bibergeile (*sumerl.* 21, 51. 58. 55, 89) genannt wird, mag wol
eher im ſtarken widrigen Geruche, als im ſcharfen bittern Geſchmacke ſeinen
Grund haben.

bieber, älter und ohne das im Grunde hier unnöthige beſtimmtere
Dehnungszeichen (ie) biber, Adj. u. Adv. : wahr und zuverläſſig in
Wort und That; edeldenkend und treuherzig. Zuſammenſ.: die Bieberkeit, der Biebermann (—es, Pl. —männer) ꝛc.
Bieber hat einen Anſtrich des Alterthümlichen; denn in der erſten Hälfte
des 18. Jahrh. veraltet, kam es erſt wieder auf Leſſing's Empfehlung
in Gebrauch. Ganz alterthümlich iſt die Form biberb, welche unverkürzter geblieben als bieber. Denn mhd. biderbe, woneben auch bidérbe, ahd. biderbe,
piderbi (ſchwerlich auch pidérbi), pi'darpi, welche von Sachen ſ. v. a. „nütze“,
von Perſonen ſ. v. a. „wozu geſchickt, tüchtig, trefflich, edeldenkend“, urſpr. wol
„ein Bedürfniß erfüllend, wozu nöthig haben.“ Das ahd. Verbum pidirpan
wie die von unſerm Adj. abgeleitete Form piderpan bed. gebrauchen, nützen,
ausrichten, und -darpi iſt Eines Stammes mit ahd. darpên, darapan, barben
d. i. woran Noth, Bedürfniß haben, nöthig haben, und ſcheint von „nöthig“ ebenſo in
die Bed. „nütze, nützlich“ überzugehen, wie das ſtammverwandte goth. þaúrfts.
Bieberkeit iſt mhd. die biderbekeit (= Herrentugend), ahd. biderbec-heit (d. i.
Bidérbigkeit); Biebermann mhd. biderman ſt. biderbe man, wol eig. un
homme comme il faut (Schmeller I, 392).

biegen, Prät. bog (Conj. böge), Part. gebógen, Imp. bieg (auch biege) :
von der geraden Linie abweichen; in ſeiner Wortform ändern zur
Bezeichnung gewiſſer Verhältniſſe (flectieren). Dann wie das Factitiv
beugen gebraucht. ſich biegen = von der geraden Linie abweichen.
Daher die Biege (mhd. biuge Krümme, Biegung), biegſam mit die
Biegſamkeit ꝛc.
Im Präſ. ehedem und noch alterthümlich du beugeſt (beugſt), er beuget
(beugt) und darnach im Imp. beug (mhd. biuc, auch biuge)! wo eu = mhd. iu,
nicht = öu wie bei beugen (ſ. d.). Mhd. biegen, ahd. biogan, piokan (Prät.
Sing. pouc, Pl. pukumês, Part. pokan, kipokan), goth. biugan (Prät. báug,
bugum, Part. bugans), = ſich krümmen, krümmen. Die Wurzel bug goth. bug ahd.
puk ſtimmt mit ſanſkr. bhug' (ſpr. bhudsch) krümmen und nach J. Grimm mit
gr. *pheúgein* (φεύγειν), lat. fúgere fliehen d. i. gleichſam den Rücken wenden, ausbiegen.

die **Biene**, Pl. —n : das Honig und Wachs bereitende Infect.

> Älter-nhd. die **Bien**, mhd. die **bin** und schwachbiegend **bino**, als Sing. aus dem Pl. **pini** v. ahd. das **pini** = „Biene" [und „beisammenwohnende Bienen"] hervorgegangen, neben mhd. die **bîe** (neub. **Beie**), ahd. **bîa**, **pîa** st. **pija**, **piga**, goth. **bizva**(?), und davon mit ableitendem -an (-in) der (?) **pigin** (*Diut.* III, 153), **piân** (*v. d. Hagen's Denkmale* 84, 24. *gl. jun.* 204), woher sich das n in jenen mhd. **bin** ahd. **pini** erklären läßt. Litthau. **bitte**. Mit Abfall des Anlautes **a** wol aus ital. **ape**, lat. **apis**; aus dessen Dim. **apicula** aber das ital. **pecchia** (ebenfalls mit Abfall des Anlautes a), span. **abeja**, port. u. provenz. **abelha**, franz. **abeille**.

Bienen-, Gen. Pl. v. die **Biene** (f. d.), in Zusammensetzungen, welche im Mhd. und Ahd. eigentliche und somit keine genitivischen waren : das **Bienenbrot** (mhd. **biebrôt**, altniederd. **bîbrôt**) = von den Bienen bereitete Nahrung außer dem Honig; das **Bienenfaß** (mhd. **bîevaz**) = der **Bienenkorb** (im 16. Jahrh. **binen korb**, mhd. **binekorp**, wofür ahd. das **pinichar** mit char Gefäß); der **Bienenstock** (mhd. **binestoc**) urspr. = hohler Holzklotz zur Aufnahme eines Bienen-schwarmes, dann bevölkerter Bienenkorb.

das (der) **Biensaug**, —es, Pl. —e : die Pflanze stáchys (Roßpolei).

> Der Name ist auf diese Pflanze übergetragen; denn im 15. Jahrh. **binsaug**, ahd. die **bini-**, **pinisûga** d. h. Pflanze, woran die Biene gern saugt, und der **pinasougo**, mhd. **binsouge** d. h. Säuger der Biene, ist zunächst Benennung des Thymians, der als Lieblingspflanze der Bienen auch Immenkraut heißt.

das **Bier**, —es, Pl. —e : aus Getreide und Hopfen gebrautes Ge-tränk.

> Mhd. das **bier**, ahd. **bier**, **bior**, **pëor**, **pier**, angelsächs. **bëor**, altnord. der **bior**, nach W. Wackernagel's Vermuthung (Haupt's Zeitschrift VI, 261) aus roman. (ital) **bère**, **bèvere**, d. i. lat. **bíbere** trinken, oder vielmehr aus der roman. Form des alt- u. mittellat. das **bíber**, die **bíberis**, = das Trinken, Ge-tränke. Ausfall des v = b zwischen Vocalen zeigt auch z. B. ital. **bèone** neben **bevòne** d. i. lat. **bibo** (Gen. **bibònis**) Trinker, Säufer, und io, ëo in bior, pëor bildeten sich durch Mißverständniß des ie in bier. Der Zusammenhang mit goth. **baris** Gerste ist nur ein scheinbarer.

biesen u. der **Bieswurm** s. **bissen**.

der **Biest**; —es, ohne Pl., oder die **Biestmilch**, = die erste dicke, unreine Milch der Kuh unmittelbar nach dem Kalben.

> Mhd. der **biest**, ahd. **biest**, **biost**, **piost**, angelsächs. **bëost**, scheint, ähnlich ahd. **paccho** aus **praccho** (f. Bache 2), mittelst Ausfalles eines r nach dem Anlaute aus einer ältern Form **priost** und so mit altsächs. **brustian** sprossen (*Héliand* 132, 15) zusammengehörig, wonach der **Biest** ursprünglich wol f. d. a. die nach dem Trockenstehen der Kuh frisch sprossende, zuerst wieder hervorbrechende Milch. Was io neben u im Altd. betrifft, so zeigt sich dieß selbst in einem und demselben Worte wie ahd. **prust** Brust (f. d.), welches altsächs. **briost**, **brëost**, angelsächs. **brëóst** lautet.

der **Bieswurm**, f. **bissen**.

bíeten, Prät. bot (Conj. böte), Part. gebóten, Imp. biet (auch biete mhd. biute) : barbringen, =geben, =legen; wofür als Preis barzugeben erklären.

> Im Präf. auch alterthümlich bu beutst, er beut, unb im Imp. beut, statt bu bietest, er bietet, beut. Mhd. bieten (zuweilen biuten), ahb. bëodan, piotan (Prät. Sing. pôt, Pl. putumês, Part. potan, kipotan), goth. biudan (Prät. báup, budum, Part. budans).

ber Bífang, —es, Pl. Bífänge : bas schmale erhabene Ackerbeet zwischen zwei Furchen, welches baburch sich bilbet, baß beim wieber= holten Hin= unb Herfahren mit bem Pfluge bie mittelst bes Pflug= messers unb ber Pflugschar losgeschnittenen Streifen Erbe (Stränge) burch bas Streichbret gegen unb über einanber geworfen unb so bei= gefangen [ahb. pifankan] werben. Schmeller I, 540 f.

> Ahb. ber bívane, pi̇́fanc, = bas Äußere, was einen Raum einfängt, Umfang, Umgrenzung, eingegrenztes Ackerbeet. pi aus ahb. pf bei (s. be=).

† bie Bigamíe, ohne Pl. : bie Doppelehe. Aus mittellat. bigámia v. lat. bi- (bis) = 2mal, boppel=, unb bem gr. weibl. Abj. gamía ehelich.

† bigótt = streng fromm. Daher bie Bigotterie.

> Aus franz. bigot abergläubisch fromm, urspr. wol „strengen Charakters“ nach span. hombre de bigote = Mann ernsten festen Charakters, eig. ber einen Kne= belbart (span. ber bigote) trägt. Bgl. Diez Wtbch 569 f.

† bie Bilánz, Pl. —en : Rechnungsabschluß in Einnahme unb Aus= gabe.

> Aus ital. bie biláncia eig. Wage, Gleichgewicht [hier zwischen Einnahme unb Ausgabe], v. lat. bie bí-lanx (Gen. biláncis) = 2 Wagschalen habenb. S. balancieren.

bie Bilch, Pl. —e, ober bie Bílchmaus, = bie große Haselmaus.

> Mhd. bie bilch u. bilchmûs, ahb. pilih. Damit stimmt altfranz. bele (neufranz. bas Dim. belette) Wiefel, kelt. (kymrisch) bele Marber.

bas Bilb, —es, Pl. —er : sichtbare Dar= unb Vorstellung wovon; sich barstellenbes Wesen, Person, z. B. Frauen=, Manns=, Weibs bilb. Daher bílben = zur Dar= unb Vorstellung geeignet machen; [ab= stract] geistig verebeln. bílbern = in einem Bilberbuche blättern; sich in Bilbern ausbrücken. ber Bílbner = ber zu sichtbarer Dar= stellung schaffenbe Künstler; ber geistig Verebelnbe. bas Bílbniß, —sses, Pl. —sse : wiebergebenbes Bilb. bie Bílbung = bas Ge= eignetmachen zur Darstellung; bie geistige Vereblung.

> Bilb, mhd. bas bilde, ahb. bil-, pilidi, (urspr.) piladi, aus einem nur ver= muthlichen goth. Wurzelverbum beilan (Prät. Sing. báil, Pl. bilum, Part. bilans), ahb. pîlan (Prät. peil, pilumês, Part. pilan, Grimm's Gramm. II, 71), bessen Wurzel bil ahb. pil mit sanskr. bhil spalten (s. Beil) stimmen unb wozu mit anbern Wörtern mhd. bas bil Spitzhacke (s. Bille) nebst mhd. billen ahb. pillôn (b. i. pil-j-ôn) = zu=, ausbauen, glätten (Docen I, 241 b), gehören würbe. Darnach piladi urspr. s. v. a. Aus=, Zugehauenes, um etwas barzustellen. Von

dieſem pilidi, piladi dann : ahd. bil-, pilidôn, (urſpr.) pil**a**dón, mhd. bilden unſer bilden, mit ahd. die bil-, pildunga unſerm Bildung; ahd. der pilidâri, mhd. bildære, welches der Form nach unſer der Bilder, aber der Bed. nach unſer Bildner iſt. Dieſes Bildner aber hat unorganiſches =ner ſtatt des echten =er (ahd. -ari) und iſt wie Bildniß erſt im Neuhochd. entſtanden.

† die **Bill,** Pl. —s : vor das Parlament gebrachter Geſetzentwurf. Das eng. bill, welches eig. Zettel, ſchriftlicher Aufſatz, dann auch Schein, Wechſel ꝛc., v. dem gleichbeb. mittellat. billa.

† das **Billard** (gewöhnlich billjard geſprochen) : Spiel mit Kugeln, die auf einer ebenen Tafel geſtoßen werden; dieſe Tafel ſelbſt.
> Das franz. billard (ſpr. billjár), mittellat. billárdus (Kugelſtoßſtange), v. franz. bille, aus mittellat. [ſpan.] billa, = beinerne Kugel (lat. pila).

die **Bille,** Pl. —n : Hacke (Querbeil) zum Schärfen der Mühlſteine. Davon billen : mit der Hacke Mühlſteine ſchärfen.
> Mhd. das bil (Gen. billes) Spithacke, altſächſ. u. angelſächſ. bil Schwert (ſ. Beil). Davon mhd. billen = mit ſpitzem Werkzeuge hauen oder hacken, ahd. pillôn (auch ſ. v. a. glätten). Über die Wurzel des Wortes ſ. Bild und vgl. Beil.

† das **Billét** (ſpr. billjétt, é wie ä), —ttes, Pl. —tte : Zettel, Handbriefchen. Das franz. billet aus mittellat. billéta, dem Dim. v. mittellat. billa Zettel (ſ. Bill).

billig, Adj. u. Adv. : verbindlicher Anforderung, beſonders der milde= ren des Rechtes ebenmäßig; im Verhältniſſe des Werthes mäßig. Da= her billigen = der Anforderung ebenmäßig, für angemeſſen er= klären.
> Billig ſteht ſt. billich, wie man noch im 17. Jahrh. ſchrieb. Denn mhd. nicht billec (-ec = =ig), ſondern billich mit dem Adv. billiche, ahd. (aber vor dem 11. Jahrh. nicht vorkommend) billich, billih, pillîch, = ebenmäßig, angemeſſen, geziemend, zuſammengeſ. aus einem mit keltiſch (gäliſch) bil gut, gutmüthig, mild, ſtimmenden einfachen bil-, pil- (zu Anfange von Perſonennamen pili-) = Eben= mäßigkeit, Milde, Sanftmuth (vgl. Grimm's Mythol. 347. 442), und -lich, -lih, unſerm =lich. Billigen lautet im Mhd. billichen.

† die **Billiôn,** Pl. —en : millionenmal Millionen.
> Das franz. nach million gebildete billion [mittellat. bíllio?].

das **Bilſenkraut,** —es, ohne Pl. : das Tollkraut (hyoscy'amus).
> Mhd. die bilse, ahd. bil-, pilisâ. Ruſſ. bjelena, poln. bielun.

bimmeln = in ſeinem hellen Tone (bim! bim!) läuten.

der **Bimsſtein,** —es, Pl. —e : leichte, löcherige Steinart.
> Bims ſt. Büms, doch ſchon mhd. gewöhnlich der bimz, ſelten pumz (urstende 103, 15), ahd. pumez, pumiz, v. d. gleichbeb. lat. pûmex (Gen. púmicis).

ich **bin,** mhd. bin, ahd. bin, pin, pim, ſ. das Verbum ſein.

die **Binde,** Pl. —n, mhd. die binde, ahd. bindâ, pintâ. Von binden, Prät. band (Conj. bände, älter=nhd. bünde), Part. gebúnden : zuſam=

menfügen, woran fügen, woburch feſtmachen; burch Banbe unfrei machen.

Mhb. binden, ahb. bintan, pintan (Prät. ich er pant, Pl. puntumês u. ſo noch älter-nhb. wir bunben, Part. puntan, kipuntan), goth. bindan. Die Wurzel (ahb. pant goth. band) ſtimmt mit ſanſkr. bandh binben.

das **Bindewort**, —es, Pl. —wörter : bie Conjunction, das Sätze verbinbenbe Wort. Schon im 17. Jahrh.

das **Bingelkraut**, —es, ohne Pl. : bie Pflanze mercuriális.

Bingel ſt. Büngel, mhb. das büngel, pungil, welches aber Rame einer anbern Pflanze unb zwar einer mit knolliger Wurzel, ber Mauerraute, iſt (ſumerl. 53, 43. 58, 45), v. mhb. bunge, ahb. pungo, = Knolle. S. Bachbunge. Vielleicht wurde bei unſerm Bingelkraut ber Rame in Anſehung ber Fruchtknöllchen angewanbt.

ber **Binetſch**, —es, ohne Pl. : ber Spinat, ſ. b. Schon im 16. Jahrh.

binnen, Präp. mit Dat. : in ben Grenzen von —. Rur noch zeitlich; räumlich jetzt bloß als Abv. in Zuſammenſ., wie Binnenlanb ꝛc.

Mhb.-nieberb. binnen (Abv. u. Präp.), wie mittelnieberb. u. mittelnieberl.; angelſächſ. binnan, altfrieſ. binna. Gleichſam bei-innen, benn binnen iſt b'innen, be-, bi-innen, unb be-, bi- Abſchwächung aus bi bei.

bie **Binſe**, Pl. —n : Flechtpflanze mit markigem Schafte, júncus. Davon das **Binſicht**, —es, Pl. —e, ſt. Binßich ahb. pinzahi (pinuzahi).

Unſer Sing. Binſe ſt. Binße, noch im 17. Jahrh. Binze, iſt hervorgegangen aus bem Pl. (mhb. binge) bes gleichbeb. mhb. ber bing, bineg, ahb. binuz, pinuz; angelſächſ. böonet (f. *Hickesius*, dissertatio epistolaris S. 122).

† **Bio-** aus gr. bíos Leben in : ber **Biográph**, —en, Pl. —en, aus neulat.-gr. biógraphus [gr. gráphein ſchreiben], = Lebensbeſchreiber; bie **Biographie**, Pl. —n, = Lebensbeſchreibung.

bie **Birke**, Pl. —n : ber auch ſeines Saftes wegen geſchätzte Walbbaum, lat. bétula. Davon **birken**, ahb. pirchîn, Abj.

Mhb. bie birke neben birche, ahb. birca, pircha, píricha (b. i. pirihha). Ruſſ. bereza, poln. brzoza, litth. berzas. Alle urverwanbt.

bie **Birne**, Pl. —n, bie bekannte Kernobſtart. ber **Birnbaum** mit bem Abj. bírnbäumen (vgl. Baum).

Unſer Sing. Birne iſt aus bem Pl. (mhb. birn) bes mhb. bie bir [noch lanbſchaftl. bie Bir], ahb. birâ, pirâ (u. pira), welches aus roman. (ital., ſpan.) bie pera Birne von bem Pl. bes gleichbeb. lat. pírum. Vgl. auch Kirſche unb Pflaume. Der Birnbaum iſt mhb. pirboum, ahb. piripoum [noch lanbſchaftl. Birbaum].

bie **Birſch**, Pl. —en : Walbjagb mit Spürhunden. Von bírſchen = mit Spürhunben im Walbe jagen. Falſch iſt Bürſch u. bürſchen.

Statt Birs u. birſen (vgl. S). Dieß birſen aber iſt mhb. birsen, v. altfranz. berser (bercer) = mit Bolzen u. Pfeil jagen u. ſchießen, mittellat. bersâre, welche aus roman. (ital.) berciâre treffen, eig. burchbohren. Vgl. Diez Wtbch 565 f. Für Birſch im Mhb. ber Inf. das birsen.

bis! = fei! nur noch alterthümlich u. dichterisch, f. das Verbum fein.

bis, den Zielpunct in Raum oder Zeit bestimmendes Adv., dann Conj.

> Statt biß; mhd. (zuerst im 12. Jahrh.) biz, Adv., Präp. u. Conj., von Nord-
> deutschland vordringend (im *Rother* 2232 bit) und das echt-hochd. unze, unz, allmäh-
> lich verdrängend. Zusammengeschoben und verstoßt aus bi-az, bi-iz (also b'iz,
> b-iz) d. i. beizu, nahezu [bi = bei, und die Präp. az, iz, = zu, lat. *ad*). Das
> daneben vorkommende biß, bißе, mhd. bitz, aber ist ebenso aus bi-ze [ze =
> zu] und bedeutet dasselbe.

der Bi'sam, —es, ohne Pl., gewöhnlich Moschus genannt.

> Mhd. (mit mehr deutscher Endung) der bisem, ahd. bisam u. písamo, v.
> mittellat. das bisamum, welches aus hebr. bésem (בֹּשֶׂם), syrisch besmo, = Wol-
> geruch, Salbe.

das Bi'schen, ein Bi'schen, auch, weil adverbialisch, das, ein bischen = klein wenig. Nicht so üblich, aber richtiger Bißchen, bißchen, weil Dim. von der Bi'ssen (urspr. Biße), f. d.

der Bi'schof (das o kurz), —es, Pl. Bischöfe: höchster Geistlicher. Daher bi'schöflich, Adj., mhd. bischoflich.

> Mhd. der bischof (Pl. bischove), auch bischolf, ahd. biscof, piscof, nach ital.
> véscovo aus lat. episcopus v. gr. epí-skopos eig. = Aufseher.

das Biscuit (spr. biscuitt), —es, Pl. —e : Zuckergebackenes.

> Das franz. biscnit eig. = Zwieback, ital. biscotto (woher älter-nhd. Biscotten),
> aus mittellat. biscóctus = zweimal (bis) gebacken (coctus).

bislang, Adv., norddeutsch üblich st. bisher (mhd. biz hër).

der Bi'smuth, —es, ohne Pl., f. Wismuth.

der Bi'ssen, —s, Pl. wie Sing., früher Bisse : soviel als man auf einmal abbeißen kann.

> Historisch richtig schreibt man Biße, Bißen. Mhd. der bizze, ahd. bizzo,
> pizzo, pizo, aus dem Pl. Prät. v. beißen : ahd. pizumês wir bissen.

bi'ssen, richtiger als mit Dehnung bi'esen, mhd. bisen, ahd. pisôn, = wie toll hin und her rennen.

> Zunächst vom Rindviehe in seiner Brunst oder wenn es der Bissewurm
> [richtiger als mit Dehnung Bieswurm, falsch Bißwurm, denn] mhd. bisewurm
> = „die Eier in die Haut des Rindviehes und des Rothwildes legende Bremse"
> plagt. Mit bissen stimmt altnord. bisa = angestrengt thätig sein.

bi'ssig (st. bißig), Adj., für beißig mhd. bizic, v. bîze ich beiße.

das Bi'sthum, —es, Pl. —thümer : Gebiet eines Bischofes.

> Mhd. das bisch-, bistuom, ahd. bisctuom (gekürzt aus) piscof-tuom.

bisweilen, Adv. : von Zeit zu Zeit.

> Aus mhd. biz wîlen(?), niederd. bit wîlen(?). Die in biz bis (f. b.) steckende
> ahd. Präp. az (abgeschwächt iz) regiert den Dat., und wîlen ist Dat. Pl. des
> mhd. die wîle Weile (f. b.)

der Biß, —sses, Pl. —sse : Handlung des Beißens; Spur vom Beißen.

> Mhd. der biz = gebissene Wunde, neben mhd. u. ahd. der biz das Beißen,
> aus dem Pl. Prät. v. beißen : pizumês wir bissen.

biß, Adv. u. Conj., jetzt üblicher, wenn auch ungut bis, f. b.

ber **Bißwurm**, —es, Pl. —würmer, f. biffen.

die **Bi'tte**, Pl. — n, mhd. die bëte, ahd. bëta, pëta u. bita (*Otfr.* 2, 14, 58), goth. bida : ausgedrücktes Verlangen an jemandes Güte. Mit der **Bi'tter**, mhd. biter, = "wer bittet", von bi'tten, Prät. bat (Conj. bäte), Part. gebēten, Imp. bitte : an jemand ein Verlangen richten in Hoffnung gütiger Gewährung.

> **Bitten**, mhd. biten, ahd. bittan, pittan [b. i. pit-j-an, also im Präf. schwach ich pittu, im Prät. aber stark ich er pat, pātumēs wir baten, Part. kipētan, Imp. piti], goth. bidjan u. (stark) bidan [Prät. bad u. baþ, bēdum, Part. bidans], welche auch f. v. a. „beten." Unverwandt mit lat. pétere bitten. Über die vermuthliche urfprüngl. Bed., zu welcher etwa auch altfächf. ti bëdû hnigan und das gleichbed. angelfächf. tō gebēde fēallan (*Cädmon* 48, 18) = „zum Gebete niederfallen", zu halten find, f. die Anm. zu Bett.

bi'tter, Adj. u. Adv. : beißend scharf. Daher die **Bi'tterkeit**, mhd. bitterkeit; **bi'tterlich**, Adj. (mhd. bitterlich) und Adv. (mhd. bitterliche).

> Mhd. bitter, ahd. als Adj. bittar, pittar, als Adv. pittaro, mit ftockender Lautverschiebung, also ohne die gesetzmäßige Fortschiebung des goth. und niederd. t in hochd. z (ß) aus dem goth. Pl. Prät. bitum wir biffen, v. goth. beitan ahd. pizan beißen. Das hochd. Wort ist fonach mit der altfächf. Form bittar, angelfächf. biter, altnord. bitr, goth. báitrs, auf Einer Lautstufe verblieben; aber goth. báitrs mit feinem Adv. báitraba entfproß dem Sing. Prät. báit ich er biß.

bitzeln = schnell wiederholte feinftechende Empfindung haben.

> Wol v. ahd. u. mhd. der biz das Beißen, der Biß (f. d.).

† der **Bivouac** (fpr. bíwnack), die **Bi'wacht** = militärifche Feldwache.

> Franz. der bivouac, bivac, aus einem niederd. bíwake Beiwache.

† **bizárr**, Adj. : höchft auffallend feltfam und wunderlich.

> Franz. bizarre wunderlich; ital. bizzárro zornig, eigenfinnig, feltfam, v. bizza Zorn, Bosheit. Vgl. Diez Wtbch 57.

blach, Adj. : weit und breit ohne Erhabenheit. Zufammenf.: der **Blachfroft** = Froft ohne Schnee; das **Blachfëld** = das überall flache Feld.

> Mhd. (felten) blach, eins mit dem älteren, lautverfchoben zu gr. plak- z. B. in pláx Fläche zc. ftimmenden mhd. vlach (unferm flach) ahd. flah, deffen Anlaut f hier weiter in b fortgefchoben ift. S. flach u. vgl. Berg, an welchem Worte eine wenigftens ähnliche Erfcheinung gezeigt wurde.

der **Blachfifch**, das niederd. blakfisk, = die **Tintenfchnecke**.

> Niederd. blak, angelf. bläc, altnord. blek, = Tinte; ahd. blach, plach, plah. Von dem angelfächf. Adj. bläc, engl. black, ahd. plah(?), = fchwarz.

blaff! Interj. : Knall und Fall! (Göthe VIII, 107), eig. auf den Schall!

> Von altclevifch blaffen bellen (*Teuthonista*), auch baffen, wovon bäfzen.

die **Blähe**, Pl. —n : großes, grobes Leintuch. Auch **Blache**.

> Mhd. die blähe. Ob dem lat. plaga = großes Tuch, Jagdnetz, nachgebildet? Zu Friedberg i. d. Wetterau die Blähe = Fenstervorhang.

blähen = durch Luft ausdehnen. sich blähen = dick (stolz) thun.
Mhd. blæn, blæjen, ahd. plâhan, angelsächſ. blâvan, goth. blâian(?), = wehen,
hauchen, blaſen. Das Wort ſtimmt, wie das wurzelverwandte blaſen ahd.
plâsan, der Lautverſchiebung gemäß mit lat. flâre blaſen.

der Bläker, —s, Pl. wie Sing. : Wand=, Hängeleuchter. Niederb.
Niederb., holländ. blaker, v. dem der Lautverſchiebung gemäß mit gr. phlégein
= brennen, leuchten, ſtimmenden mittelniederb. u. mittelniederl. blaken = (zum
Leuchten) brennen, flammen, qualmen (kor. belg. V, 39. VII, 5ᵃ. 8ᵃ). Vgl. bleichen 3.

† die Bláme = Schimpf. blamíeren = beſchimpfen.
Blame iſt aus franz. der blâme, provenzal. blasme, altſpan. blasmo, ital.
biasimo, aus mittellat. blasphémium. Zu Grunde liegt das ſchon in mittelniederl.
u. altclevisch blameren ſchmähen (Partonopeus 85, 25) und dann hochb. blamíeren
entlehnte franz. Verbum blâmer, ital. biasimàre, altſpan. blasmar tabeln, welches
aus mittellat. blasmâre, blasimâre, einer Zuſammenziehung des früheren blas-
phemâre, v. gr. blasphêmeîn (βλασφημεῖν) = von jemand ehrenrührig reden.

blank, Adj. u. Adv. : glänzend weiß; weiß; glänzend rein.
Mhd. blanc, ahd. blanch, planch (planh), v. blinken.

† das Blankétt, —es, Pl. —e : leeres mit Namensunterſchrift ver=
ſehenes Papier zum Ausfüllen für einen Bevollmächtigten.
Franzöſiſch geformt (blanquet?), v. unſerm blank = weiß.

das Blánkſcheit, —es, Pl. —e : linealartiges Miederbretchen.
Das ſo durch Anlehnung deutſch verſtändlich gemachte franz. planchette =
Bretchen, welches Dim. v. franz. planche unſerm Planke (ſ. d.) älter-nhd.
Blanke.

blärren, jetzt allgemein üblich plärren, ſ. d.

die Bláſe, Pl. —n : durch Luft oder Flüſſigkeit rundlich aufgeblähte
Haut oder hautartige Hülle. Daher das Bläschen, Dim.; bláſig, Adj.
Mhd. die blâse, ahd. blâsâ (eig. plâsâ), = Harnblaſe [jede andere Blaſe heißt
blâtere, plâtarâ, ſ. Blatter], goth. blêsô(?). Von

bláſen, Präſ. ich blaſe, du bläſeſt, er bläſet (bläſt), wir blaſen ꝛc.,
Prät. blies (Conj. blieſe), Part. gebláſen, Imp. blas (u. blaſe) : Luft
forttreiben, ſtark, hörbar wehen.
Mhd. blâsen, ahd. blâsan, plâsan (Prät. plias, Part. kiplâsan, Imp. plâs),
goth. blêsan (Prät. báiblês, Part. blêsans), alſo reduplicierendes Verbum. Aus
gleicher Wurzel mit dem ſchwachbieg. blähen (ſ. d.).

der Bláſer = [mhd. blâsære] wer auf einem Inſtrumente bläſt;
überhaupt wer bläſt.

† blaſonnieren = (ein Wappen) kunſtmäßig ausmalen oder kunſtge=
recht prüfen u. erklären.
Aus franz. blasonner, ital. blasonàre, = Wappen malen, v. franz. blason Schild,
Wappen d. i. Schildzeichen, Wappenkunde [ital. blasône].

† die Blasphemíe, Pl. —n : Gottesläſterung. Ahd. die gotscëltâ.
Aus lat. blasphémia v. gr. blasphêmía (βλασφημία). Vgl. Blame.

blaß, Adj., Comp. bläſſer, Superl. bläſſeſt : weißlich; ſchwach an ſeiner

Farbe.   Daher die Bläſſe = weißer Stirnfleck; Farbenſchwäche.
blaſſen = an Farbe ſchwächer werden oder machen.

> Blaß ſt. blafs, denn mhd. blas, ahd. blas, plas, welche weiß, weißlich, be-
> ſonders an der Stirne (gl. trevir. 3, 35. Graff III, 257. LiederSaal III, 400,
> 48), kahl (Nithart 17, 3, 4. LiederSaal I, 298, 64), bedeuten. Davon altnord.
> bles = weißer Stirnfleck (unſer Bläſſe), ſpät-mhd. die blasse = Stirn. Der
> Grundbegriff (ſcheinen, leuchten) zeigt ſich in mhd. das blas, angelſächſ. die blase
> (Joh. 18, 3), engl. blaze, = Fackel, altnord. blass erſcheinen.

blaten, mhd. blaten, = (Wild) durch Pfeifen auf einem Blatte
[mhd. blat, vgl. Ulrichs Tristan 511, 12. Parzival 120, 13] locken.

das Blatt, —es, Pl. Blätter : dünner, ebener Pflanzentheil, der ſich
aus Wurzel oder Stengel entfaltet; ähnlicher dünner breiter flacher
Theil wovon. Aus dem Pl. : blätterig, Adj.; blättern.

> Mhd. das blat (Pl. die blat u. bleter), ahd. blat, plat (Pl. pletir), altſächſ.
> blad. Das Wort ſtimmt in ſeiner Wurzel bei verſetztem Vocale lautver-
> ſchoben mit lat. fŏlium, gr. phy'llon Blatt und ſanſkr. phull = aufbrechen (? von
> Knoſpen). Mhd. pletern (unſer blättern) = in Blätter zerpflücken.

blätten, mhd. blaten, = blattweiſe abpflücken. Urſprünglich eins mit
dem gedehnten nhd. blaten, ſ. d.

die Blätter, Pl. —n : kranker rundlich aufgeblähter Hautfleck. Daher
blätterig = voll Blattern. die Blätternarbe.

> Bei Luther blatter, 1469 blater, mhd. die blātere (u. blatere? Grimm's
> Gramm. I², 127), ahd. blāterā, plātarā (ſelten plātera), welche jede Blaſe (ſ. b.)
> bedeuten. Aus Einer Wurzel mit blähen (ſ. b.) ahd. plāhan u. Blaſe ahd. plāsā.

blätzen = ſchwatzhaft verplaudern, ſ. platzen.

blau, Adj., Comp. blauer, Superl. blaueſt, blauſt : luftfarbig.   der
blaue Montag = der (durch blaue Altarumhängung in den Kirchen
ausgezeichnete) Montag vor Aſchermittwoch; Nachfeier des Sonntages
bei Handwerksleuten (weil jener Montag Nachfeier des Sonntages
vor Faſtnacht iſt). die Bläue [ahd. die pläwî blauer Fleck]. blauen
= blau werden. bläulich = ein wenig blau.

> Blau mit au aus äw ſt. aw. 1482 plaw, mhd. blā (Gen. blāwes), ahd.
> blāo, plāo (ſt. plau), goth. blaggvs(?). Das Wort ſtimmt der Lautverſchiebung
> gemäß mit gr. phláein = quetſchen, ſchlagen, und ſofort mit lat. flavus gelb,
> drückt demnach urſpr. die Farbe der Haut in Folge einer Quetſchung aus und
> gehört mit bläuen (ſ. b.) zuſammen. Vgl. J. Grimm über Diphthonge S. 23.

der Bläuel, —s, Pl. wie Sing. : flaches Holz mit Stiel zum Schlagen.

> Mhd. der bliuwel, ahd. pläil (woher wetterauiſch Blauel). Mittelſt -el von
> bläuen.

bläuen, Prät. bläuete, Part. gebläuet : heftig (blau) ſchlagen.

> Statt bleuen. Mhd. bliuwen (ein ſtarkbiegendes Verbum : Prät. ich er blou,
> wir ſie bluwen, Part. geblûwen und geblouwen), ahd. bliuwan, pliuwan ſt.
> (unverlängert) pliwan, goth. bliggvan (Prät. Sing. blaggv, Pl. bluggvum, Part.
> bluggvans). Aus Einer Wurzel mit blau (ſ. b.) ahd. plāo ſt. plau, goth.
> blaggvs(?), wie neben dieſem das goth. ich er blaggv, ahd. plou ſt. plau, zeigt.

der Blaustrumpf, —es, Pl. —strümpfe : Angeber, Verräther.
Wahrscheinlich nach dem alten Schmeichelnamen des Fuchses Blaufuß, flandrisch blavoet (s. J. Grimm's Reinhart Fuchs S. CCVII).

das Blech, —es, Pl. —e : dünn geschlagene oder gewalzte Metallplatte. Vom alten Pl. die Blecher ahd. plëhhir das Adj. blechern = von Blech.
Mhd. das blëch, ahd. blëch, plëch, blëh, plëh (Pl. plëh, plëch u. blëchir, plëhhir), altnord. blik = Goldblech und urspr. Glanz. Von dem mhd. Wurzelverbum blichen bleich, urspr. glänzend werden, ahd. plîhhan, altnord. blîka, angelsächf. blîcan, = glänzen, leuchten, aus dessen Sing. Prät. ahd. (ich er) pleih unser Adj. bleich, sowie aus dem Pl. plihhumês (wir glänzten) unser Blick entsprossen ist. Vgl. auch blecken.

blechen = Blech b. i. Geld geben, zahlen. Nicht edel. Von den ehemaligen Hohlmünzen aus Gold= oder Silberblech (Bracteáten).

blecken = sichtbar machen, bef. die Zähne (vgl. *Genesis* 26, 22 f.).
Mhd. blecken (Prät. blacte), eig. blechen = sichtbar sein, bloß liegen, sowie sichtbar machen, ahd. plecchen, eig. plechên, welches zunächst f. v. a. hervorleuchten, blinken, schimmern (*Diut.* I, 134ᵃ. 222ᵃ). Von dem Prät. plah eines aus plihhumês, dem Pl. Prät. des ahd. Wurzelverbums plihhan glänzen (f. Blech) entsprungenen und gleich „sprechen" starkbiegenden ahd. Verbums plëhhan = leuchten, schimmern, welches sich aber bis jetzt nicht nachweisen läßt. Vgl. Grimm's Mythol. 162 und f. bleichen 3.

das Blei, —es, ohne Pl. : sehr weiches, schweres, bläulich weißes Metall.
Mhd. das blî (Gen. blîwes), ahd. blî, plî, blîo, plîo.

bleiben, Prät. blieb (Conj. bliebe), Part. geblieben, Imp. bleib (auch bleibe) : unterlassen werden; sich wovon ferne halten; außerdem da sein [z. B. übrig bleiben]; in Einem fort sein, wo oder wie es ist; nicht mehr von der Stelle kommen (das Leben verlieren).
Das Part. Prät. älter-nhd. und zuweilen noch dichterisch blieben. Bleiben ist gleichsam b'leiben; denn im *voc. incip. teut.* noch beleiben, mhd. blîben, belîben, ahd. bilîban, pilîpan (Prät. ich er pileip, Pl. pilipumês wir blieben, Part. pilipan, Imp. pilîp), angelsächf. belîfan, zusammengef. aus pi-, be-, unserm be-, und mhd. -lîben, ahd. -lîpan, goth. -leiban (Prät. Sing. láif, Pl. libum, Part. libans), welches Verbum lautverschoben mit lat. linquere (Perf. lîqui), gr. leípein, = verlassen, stimmt.

bleich = matt glänzend; schwach an Farbe, weißlich.
Mhd. bleich, ahd. bleich, pleih, angelsächf. blâc, aus dem Sing. Prät. des starkbieg. bleichen (mhd. blîchen) : bleich ahd. pleih ich er blîh. S. bleichen 3.

die Bleiche, Pl. —n : Kunst zu oder Platz zum Bleichen. Ahd. plëihha?

die Bleiche, ohne Pl. : bleiches Aussehen.
Mhd. die bleiche das Bleichsein, ahd. bleichî, pleihhî, v. bleich.

bleichen, Prät. bleichete, bleichte, Part. gebleichet, gebleicht : worauf wirken, daß es bleich, weiß wird.

Schon im *voc. ex quo* „candidáre wýſſe machen oder bleychen.“ Mhd. bleichen (d. i. ahd. urſpr. pleih-j-an? .goth. bláik-j-an?) = blīchen machen, alſo Factitiv und aus dem Sing. Prät. bleich (ich er blich) des ſtarkbieg. bleichen.

bleichen, Prät. bleichete, bleichte, Part. gebleichet, gebleicht : bleich werden. Mhd. bleichen, ahd. bleichên, pleihhên, v. bleich.

bleichen, Prät. blich (Conj. bliche), Part. geblichen : matt glänzend, weiß werden.

Mhd. blīchen (Prät. ich er bleich, wir ſie blichen, Part. geblichen), ahd. blīchan, plīhhan (ſ. Blech), goth. bleikan (?), angelſächſ. blīcan, alle = glänzen, leuchten. Dieſes Wurzelverbum ſtimmt lautverſchoben mit gr. *phlégo*in (φλέγειν) = brennen, flammen, leuchten, glänzen, und dem aus ſeinem Prät. weiter entſprungenen Verbum ahd. plĕhhan (Prät. ich er plah) gehört mittelniederl. blaken = flammen ꝛc. an, wovon der Blaker (ſ. b.)

der Bleichert, —es, Pl. —e : blaßrother (bleicher) Wein.
Abgeſchwächt aus Bleichhart. Vgl. -ert in Bankert (ſ. Bankart).

bleiern, Adj. : von Blei; [bildl.] ſchwerfällig.
Mit unorganiſchem -ern (nach der Ähnlichkeit v. ſilbern, kupfern ꝛc.) ſt. des alten bleien, mhd. blījīn, ahd. plīin.

die Bleihe, Pl. —n : eine Art breiter Weißfiſche.
Spät-ahd. die bleichâ (gl. trevir. 4, 29), altnord. bleikja, v. ahd. pleih (bleich) = weiß. Auch mhd. blīecca (Haupt's Zeitſchr. IX, 392, 47), woher oberb. die Bliegg.

der (nicht : das) Bleiſtift, —es, Pl. —e : Schreib-, Zeichenſtift aus Reißblei.

die Blende, Pl. —en : Vorrichtung, den freien Blick zu benehmen. Von blenden = blind oder doch wie blind machen.
Blenden, mhd. blenden (Prät. blante, Part. geblant u. geblendet), ahd. blentan, plentan (urſpr. plant-j-an), Factitiv aus dem Sing. Prät. (ahd. plant) eines verlorenen ahd. Wurzelverbums plintan. S. blind.

der Blendling, —es, Pl. —e : Thier gemiſchter Art (Race), Miſchling; uneheliches Kind.
Von dem reduplicierenden mhd. blanden, ahd. blantan, plantan (Prät. pliant, Part. kiplantan) = anſtiften (Otfr. 4, 12, 23), urſpr. miſchen, wie goth. blandan (Prät. báibland), altnord. blanda, = vermiſchen, zeigt. Woher dieſes Verbum, ſ. blind u. vgl. Blende.

das Blendwerk, —es, Pl. —e : Vorrichtung zum Blenden; Vorgeſpiegeltes zur Täuſchung.

die Bleſſe (é wie ä), Pl. —n, üblicher Bläſſe, ſ. blaß.

† bleſſieren (e vor ſſ wie ä) = verwunden.
Von franz. blesser, altfranz. blecier, unromaniſch, v. bletzen [mhd. ze-bletzen = in Stücke (Flicklappen) hauen, zerfetzen].

bletzen (é wie ä) = handwerksgerecht flicken.
Mhd. bletzen, v. mhd. der blez, ahd. blez, plez [woneben noch mhd. der bletze, ahd. blezzo, plezzo, und die blezza, flezza], goth. plats, = Fleck, Lappen zum Aufnähen an eine ſchadhafte Stelle.

bleuen, allgemein üblich bläuen (f. b.), zumal da landschaftlich (wet=
terauisch) blauen gesagt wird, welches mittelb. blûwen = mhd.
bliuwen.

der Blick, —es, Pl. —e : schnell auskommender, wie schwindender
Schein [z. B. „sah den Blick vom Pulver" beim Schusse. Göthe's
Werther]; worauf hin schnell fallender Augenstrahl. blicken = Licht
ausstrahlen, besonders schnell schwindendes.

•Der Blick ist mhd. der blic (Gen. blickes) = Glanz, Blick, Blitz, ahd. (in
der Bed. „Blitz") blic, plic (Gen. plicches), blig, plig, plich (Diut. II,
330ª), = schnelles Glanzlicht, Blitz. Mit blicken mhd. blicken (glänzen,
leuchten, blicken, blitzen), ahd. plicchan und ohne den verdoppelten Laut cch
plichan, aus dem ahd. Pl. Prät. plihhumês (wir glänzten) v. ahd. plihhan,
angelsächs. blican, = glänzen, leuchten. S. bleichen 3 u. vgl. Blech.

blind = ohne alle Sehkraft; lichtlos. blindlings, Adv.

Mhd. blint, ahd. blint, plint, goth. blinds. Ursprünglich wol getrübten Auges,
ohne Rein= und Klarheit des Augenlichtes; denn das Wort ist aus der Präsentialform eines verlornen, aber mit Zug anzunehmenden Wurzelverbums, welches
ahd. plintan, goth blindan (Prät. blundum, Part. blundans), Sing blind, Pl. blundans),
lautete und f. v. a. mischen, trüben (der Rein= und Klarheit benehmen), bedeutet
haben wird. Aus dem Sing. des Prät. entsprang das reduplicierende goth.
blandan ahd. plantan (f. Blendling) u. unser blenden (f. b.), aus dem Pl. das
altnord. blunda schlafen (die Augen zuthun). — Blindlings (= blinder Weise)
mit genitivischem adverbialischen =s ist eingetreten statt ahd. blintilingon (blind-
lingen) b. i. plintilingûn, welches ein wahrscheinlich aus dem Acc. Sing. eines
schwachen weibl. Abs. gebildetes Adverb (Grimm's Gramm. III, 237 f.).

blink, ablautendes Abj. neben blank. Bei Bürger : „Kein Sternchen
war mehr blink und blank."

blinken = hellen Schein von sich geben; blickweise winken.

Mhd. blinken, starkbiegend, wie holl. bliuken (Prät. blonk, Part. geblonken).
Vom Sing. Prät. (mhd. blanc) kommt unser Abj. blank.

blinzen u. (mit stärkere Wiederholung wie Kleinheit ausdrückendem =l)
blinzeln : fast zugezogenen, winkenden Auges blicken.

Mhd. blinzen, aus blinkezen (Schmeller I, 237), dem Frequentativ von
blinken.

der Blitz, —es, Pl. —e : ausschießender Glanzstrahl; [veraltet] Blick;
Wetterstrahl. blitzen = glänzend ausstrahlen; [veraltet] blicken; den
Wetterstrahl schleudern; — es blitzt = der Wetterstrahl zuckt durch
die Luft.

Blitz, mhd. der blitze (LiederSaal I, 344, 389) aus mhd. der blikze, blicze
(woher noch älter-nhd. blix), welche das ältere einfache der blic, ahd. plic,
unser Blick in der Bed. „Wetterstrahl" verdrängten. Das Wort bildete sich
nach blitzen, mhd. blitzen, aus mhd. bliczen (blik-zen), zu welcher Silbung das
ältere mhd. bleczen, ahd. blecchezen, plecchazan, plechasan, = schimmern,
leuchten, wetterleuchten (blitzen), das Frequentativ v. mhd. blecken (unserm

bledden, f. b.), ahd. plechên = glänzen, wetterleuchten, antrieb. Der Gothe nannte den Blitz die láuhmuni v. liuhan leuchten.

der **Blod,** —es, Pl. **Blöcke,** oberd. der **Bloch,** —es, Pl. **Blöcher,** = roher Holzklotz; rohe, unförmliche, zusammenhangende Metall=, Steinmasse. — „Stöcken und blöcken " = (einen Gefangenen) in den Stock und Blod [Holz zum Anschließen der Füße] legen.

> Im *voc. theut.* Bl. e 1ᵇ „block, bloch" mhd. das bloch (Pl blöcher), ahd. bloc, bloch, altnord. blôkk. Die Herkunft ist dunkel und Entstehung aus ahd. piloh (b. i. pi-loh Be-loch) = „Verschluß" durch Uebergang in p'loch nicht an= zunehmen.

† **bloddieren,** aus franz. bloquer v. dem aus unserm Blod entlehnten franz. bloc Klotz, Haufe : belagernd ein= und durch Besetzung der Zugänge verschließen. Daher die **Blockáde,** ital. bloccàta, = Ein= schließung durch Besetzung der Zugänge.

das **Blockhaus,** —es, Pl. —häuser : ein roh aus Baumstümpfen und Pflöcken gezimmertes Haus. der **Blockwagen** = roh gearbei= teter Wagen mit großen unbeschlagenen Räbern. Von Blod, f. b.

blöde; Abj. : zurückhaltend an Thatkraft und Muth; schwach an Seh= ober geistiger Kraft. Zusammens.: **blöbsinnig** = verstandesschwach aus Mangel an Auffassungskraft.

> Mhd. blœde, ahd. blôdi, plôdi, altsächs. blôthi, = (aus gebundenem Zustande) gelöst; dann schwach an Thatkraft und Muth; schwach an Körper oder Geist; zerbrechlich. Eines Stammes mit goth. *bláuþjan* = auflösen, ungültig machen, abschaffen.

blöken, von Rindvieh, Ziegen, Schafen : schreien.

> Bei Luther blеten, 1429 blekchen (*lib. ord. rer.* Bl. 24ᵇ), ahd. plegan (Graff III, 259). Daneben in der Form verschieden, aber gleichbedeutend bayer. blæßen, ahd. plâgan, mittelniederl. bleten, engl. bleat.

blond, Abj., Comp. **blonder,** Superl. **blondeft,** vom Kopfhaare des Menschen : gelblich, hellfarbig.

> Mhd. blunt, altclevisch blond (*Teuthonista*). Aus franz. blond, welches dunkler Herkunft ist. Der rein=mhd. Ausbruck für unser blond war val falb.

† die **Blonde,** Pl. —n : feine seidene Spitzen.

> Aus franz. die blonde, nach der Farbe.

blos, Abv. : nichts weiter als. Richtiger **bloß,** f. b.

bloß, Abj., Comp. **blößer,** Superl. **blößeft** : unbedeckt, unverhüllt; Alles ausschließend, was noch da oder babei sein könnte. Daher „sich bloß geben", urspr. Fechterausbruck. **bloß,** ungut blos geschrieben, Abv. : nichts weiter als. die **Blöße** = Unbedeckt=, Nacktheit; unbedeckte Stelle.

> Mhd. blôz; angelsächs. bleát (arm). Urspr. wol „leer"; denn ahd. plôz = stolz (*voc. S. Galli* 194) b. i. „aufgeblasen u. leer." — Von mhd. blôz : die blœze freier Platz im Walde. Das Abv. bloß kommt erst im Nhd. vor.

blü'hen = die Knospe zur Befruchtung entfalten; sich zu voller frischer Schönheit entfalten.

> Mhd. blüejen, ahd. bluojan, pluojan, pluohan, angelsächs. blôvan. Lautverschoben eins mit flo- in dem gleichbed. lat. florêre.

die Blúme, Pl. —n : die für Auge oder Geruch entfaltete Knospe; Zierpflanze ihrer Blüte wegen; [bildl.] das Allerschönste, Allerbeste.

> Mhd. der u. die bluome, ahd. der bluomo, pluomo, aber daneben auch schon die bluamâ (*Otfried*), pluomâ, goth. der blôma, altsächf. der blômo; die volle Form noch in angelsächf. der blôsma (auch blôstma). Lautverschoben eins mit dem gleichbed. lat. der flos (Gen. mit Übergang des s in r flôris).

der Blúmenkohl, —es, ohne Pl. : Kohl mit eßbaren Blütenbüscheln. Span. coliflor, ital. cavol fiore (cávolo = Kohl).

> Pflanze und Name kamen nach Deutschland erst zu Anfange des 17. Jahrh. und zwar aus Italien, wohin jene zu Ende des 16. Jahrh. aus der Levante gebracht worden war.

† blümeránt, Adj. u. Adv. : mattblau.

> · Entstellt aus franz. bleu mourant sterbendes Blau d. i. blaßblau.

das Blut, —es, ohne Pl. : Gesammtheit der Blüten woran. Nur landschaftl. (wetterauisch), z. B. in : "Aprilblut — Halb gut; — Maiblut — Ganz gut."

> Aus dem neben mhd. die bluot (s. Blüte) vorkommenden gleichbed. der bluot.

das Blut, —es, ohne Pl. : die Flüssigkeit in den Adern des thierischen Körpers; [bildl.] Verwandtschaft.

> Mhd. das bluot, ahd. bluot, pluot, goth. blôþ. Das Wort stimmt der Lautverschiebung gemäß mit lat. fluere wallend fließen (*Lucretius* 3, 190).

blútarm, im 15. Jahrh. blutarm (bluotarm), Adj. : arm bis auf das Blut, d. h. nichts als das Blut (Leben) habend, im höchsten Grade arm.

der Blútbann, —es, Pl. —e, mhd. der bluotban : Gerichtsbarkeit über Leben und Tod. S. Bann.

die Blüte, Pl. —n : das Aufgehen der Knospen zur Fruchtbildung; eine solche aufgegangene Knospe; [bildl.] Zustand, der nichts zu wünschen übrig läßt.

> Gewöhnlich mit unnöthigem h Blüthe. Dieses nhd. Wort Blüte ist aus dem Pl. (blüete) der mhd. Wortform die bluot, ahd. bluot, pluot, welches mit blühen und Blume aus einer, lautverschoben zu gr. der phlóos Blüte, lat. flos = Blüte, Blume, und florêre blühen stimmenden Wurzel. J. Grimm (Gramm. II, 235) nimmt an, jenes ahd. pluot stehe st. pluod und sei Zusammenziehung aus pluohad, also mittelst -ad zunächst von ahd. pluohan unserm blühen abgeleitet. Eine Nebenform mit s, wie in angelsächf. der blôsma u. blôstma Blume (s. Blume) u. lat. flos, zeigt sich in mhd. die bluost, schweiz. und bei Hebel noch das bluost Blüte.

der Blútegel (ê hoch), —s, Pl. wie Sing. : blutsaugender Wurm.

Urfprünglich weiblich. Bei Luther (Sprüch. 30, 15) die Eigel; mhd. die ëgel, ëgele, ahd. ëgalâ, ëkalâ. Mit Igel, mhd. der igel, ahd. igil, aus Einer Wurzel, wol derienigen, welche gr. ak (mit der Nebenform ach, f. Ahne), lat. ac, lautet und welcher gr. akê (ἀκή) u. akis Spitze, lat. ácies Schärfe, ácus Nadel, acúleus Stachel ꝛc. angehören. Hiernach lag Igel nahe genug, um für das allmählich unverständlicher werdende Egel einzutreten oder doch mit diesem Worte vertauscht zu werden, und so finden wir denn schon im voc. incip. teuton. »egel ericius [also unter Igel] iricius erináceus, volgáriter ygel«, so wie bei Stieler Sp. 731 Blutigel, welche Form immerhin eine unrichtige, aber jetzt die allgemein geläufige ist.

blutfremb, Adj. : bis aufs Blut b. h. gänzlich fremb.

blütig, mhd. bluotec, ahd. pluotac, Adj. : Blut an sich habend. Dagegen in Zusammensetzungen, wo die Eigenschaft des Blutes bezeichnet werden soll, schon bei Stieler unorganisch blütig, z. B. kált-, róth-, vóll-, wárm-, weißblütig.

     Nhd. »blütig ist unorganisch, weil sonst .im Ahd. pluotic mit dem Umlaut wirkenden -ac st. phuotac stehen müßte (vgl. »ig 2).

der Blútigel, —s, Pl. wie Sing., unrichtig, aber allgemein üblich st. Blutegel (f. d.). Auch b. Schiller (die Piccol. 1, 2).

blútjung, Adj. : nur erst das Blut habend. Grimm's Gramm. II, 551.

blútrünstig, Adj. : verwundet, daß das Blut fließt.

     1453 bloß bluotruns. Von mhd. die bluotrunst, neben bluotruns ahd. plötb t. pluot-runs = Abrinnen und Gerinne des Blutes, blutfließende Wunde, Verwundung bei welcher Blutstropfen abrinnen. Die runs u. runst find abgeleitet aus dem Pl. Prät. ahd. runnumês (wir rannen) v. rinnen ahd. rinnan.

blutt, Adj. u. Adv. : bloß, entblößt, ohne alle Bedeckung, kahl. Laubschaftlich (daher., schwäb., schweizerisch, am Rhein).

     Mit erhaltenem urfprünglichen t statt hochd. ß, denn das Wort ist nichts anders als unfer bloß auf der Lautstufe der niederd. Form blôt.

blútwenig, Adv. : bis aufs Blut b. h. im höchsten Grade wenig.

die Boberélle (é wie ä), Pl. —n : die Judenkirsche.

     Im lib. ord. rer. v. J. 1429 Bl. 18ᵃ boborell, aus dem mittellat. Namen boborélla.

der Bock, —es, Pl. Böcke : das Männchen der Ziege, dann auch der Gemse, des Rehes, Schafes; den 4 Beinen des Ziegenbockes vergleichbares Werkzeug; Balken oder Klotz zum Stoßen. Den Bock zum Gärtner setzen = den Untreuen zum Hüter [ähnlich den Wolf zur Hut der Schafe LiederSaal II, 719, 17 f.].

     Mhd. der boc (Gen. bockes), ahd. boc, pocch, poch, angelsächf. bucca, frühe aufgenommen aus dem Romanischen, wo provenzal. boc, span. boque, franz. bouc, mittellat. búccus, welche wol aus dem Keltischen (wälsch bwch, gälisch boc). Der echtdeutsche Name des Thieres ist der bei gr. kápros, lat. caper, der Lautverschiebung gemäß entsprechende angelsächf. der häfer, altnord. hafr, welcher im Ahd. hapar, im Goth. habrs lauten würde. S. Grimm's

Geſch. d. deutſch. Spr. 42. 407. — Schon mhd. (im 15. Jahrh.) das böckeln
(Böcklein) Schimpfname der Schneider (Häslerin S. 260ʰ, 71). Vgl. Geiß.

der Bock, —es, Pl. Böcke : unangenehmer Verſtoß. Von bocken =
einen unangenehmen Verſtoß, Fehler machen.

> Dieſes bocken iſt mhd. bocken = zu Boden fallen (*Pilatus* 78. *Benecke-Müller*
> 178ᵃ), mit bücken (ſ. d.) von biegen.

der Bock, —es, ohne Pl. und das Bockbier, = eine Art beſonders
ſtarken Bieres in Bayern.

> Der Name findet ſich in Bayern ſchon zu Anfange des 16. Jahrh. und iſt
> gekürzt aus dem daneben noch vorkommenden urſprünglichern der Aimbock b. i
> mit Verderbniß des -beck in -bock „(Bier aus) Eimbeck“ in Hannover. Man
> führte nämlich ehedem von dort ſtarkes Bier nach Bayern ein und braute es
> hier allmählich auch. Vgl. Schmeller I, 151 f.

böcken [mhd. bocken = wie ein Bock ſtoßen, daher] : wie ein Bock
ſpringen; nach dem Bocke verlangen und von ihm beſprungen werden;
nach dem Bocke oder wie ein Bock riechen.

böcken = einen unangenehmen Verſtoß machen, ſ. Bock 2.

böcken = (den Flachs) auf der Bock= d. i. Stampfmühle ſtampfen.

> Von der Bock = Balken oder Kloß zum Stoßen, hier zum Schlagen oder
> Stampfen. S. Bock 1 und vgl. auch die Ramme.

die Bockpfeife, Pl. —n : der Dudelſack mit Bockshörnern.

bocks, woraus ſchon im 16. Jahrh. potz! ſ. d.

der Bocksbeutel, —s, Pl. wie Sing. : der ſteif bewahrte alte Brauch,
das ſteife Kleben an einmal vorhandener Gewohnheit. Daher die
Bocksbeutelei, Pl. —en, in der letzten Bed.

> Das hamburg. booksbüdel, deſſen book unſer Buch.

böcksern = bockartig, bockverlangend riechen. Landſchaftl.

> Statt böckzern, v. mhd. bökzen [ahd. pochazan?] = ſtinken wie ein Bock
> (*Berthold* 67).

das Bockshorn, —es, Pl. —hörner : das Horn eines Bockes.

> Redensarten : ins Bockshorn kriechen = zaghaft ſein; ins Bocks=
> horn jagen = jemand ſo in die Enge treiben, daß er ſich ſelbſt in
> ein Bockshorn verkriechen möchte.

der Boden, —s, Pl. Böden : der unterſte Raum wovon als Unter=
lage; Raum unter dem Dache als Aufbewahrungsort.

> Statt Bodem, wie noch landſchaftlich; mhd. der bodem, aber ſpät-mhd. auch
> ſchon mit Abſchwächung des m in n boden, ahd. bodem, *podam*, podum.

die Bodmerei, Pl. —en : An= und Darlehen auf den Kiel eines
Schiffes oder auf dieß ſelbſt zu ſehr hohen Zinſen, wenn das Schiff glück=
lich den Ort ſeiner Beſtimmung erreicht, aber zum Verluſte der An=
forderung des Darleihers im unglücklichen Falle.

> Aus niederd. bodmerie, neuniederl. bodemerye, engl. bottomry, = Darlehen
> (Vorſchuß) auf den Kiel eines Schiffes bei einer Wagefahrt, v. niederd. u. neu-
> niederl. bodem (unſer der Boden), engl. bottom, = Kiel (unterſter Boden,

(Grundbalken) des Schiffes. Auch ahd. der podam einmal = Kiel, carina (Graff III, 87).

der Böfist, —es, Pl. —e: mit einem Blasen platzender Staubschwamm.

Mittelniederl. boviste (kor. belg. VII, 8ᵇ) b. i. Bubenfist, v. niederd. bove Bube u. der fist = leiser blasender Bauchwind. Derselbe Schwamm heißt neu-lat.-gr. lycopérdon Wolfsfist.

der Bögen, —s, Pl. wie Sing. u. die Bögen (Hölty ꝛc.) : Krüm-mung als Abschnitt einer Kreislinie; Werkzeug mit solcher Krümmung; einmal zusammengelegtes Papierblatt, wie es ehedem von der Papier-mühle kam.

Bei Luther noch Boge (Gen. Bogens), aber auch schon der Bogen (Hiob 20, 24), mhd. der boge, ahd. bogo, poko, goth. buga (? woher sich im Ahd. die Brechung des u vor k oder g erklärt), aus dem Pl. Prät. ahd. pukumês wir bogen v. ahd. piokan biegen.

bógig, Adj. : Bogenform habend.

das Bogspriet, neuniederl. boegspriet, üblicher Bugspriet, s. d.

die Bóhle, Pl. —n, im 15. Jahrh. bole, bol (voc. theut. Bl. e1ᵇ u. e8ᵇ) : breites Bret dickster Art. Daher bohlen = mit Bohlen belegen.

Böhmen, mhd. Bêheim. Daher der Böhme, die Böhmin, das Adj. böhmisch (mhd. bêhemmisch). Die Redensart "böhmische Dörfer" = fremde unverständliche Dinge, wie die slawischen Namen böhmischer Dörfer einem Deutschen vorkommen.

Mhd. und ahd. Bêheim aus lat. Boihêmum, Boiêmum, Boiohêmum = Wohnsitz des keltischen Volksstammes der Bojen. S. Baier.

die Bóhne, Pl. —n : längliche Schotenfrucht.

Mhd. die bône, ahd. bôna, pôna und pônâ; goth. báuna(?), statt bábuna? und so der Lautverschiebung gemäß ursprünglich eins mit lat. faba, slaw. bobb". Mittelst Erweiterung durch ableitendes n auch schon welsch (keltisch) ffaen. S. Grimm's Gesch. d. deutsch. Spr. 398. 406. 420.

bóhnen = mit Wachs glänzend reiben (Voß, Luise 2, 96).

Das ins Hochd. aufgenommene niederd. bonen, welches, wie die neuniederl. Form boenen = „(eine Holzfläche) blank reiben" in ihrem oe deutlich zeigt, eins ist mit mhd. büenen = glänzend machen, mit Glanz überziehen (vgl. durchbüenen bei Benecke-Müller I, 276ᵇ), wonach sich ein rein-nhd. bühnen erwarten lassen sollte. Die Wurzel (mhd. ban) würde der Lautverschiebung gemäß stimmen mit gr. phanós = licht, glänzend, rein gewaschen. Nicht zu vermischen aber ist das Wort mit älter-nhd. beünen = beizen (Helber's Sylbenbüchlein, 1593, S. 45), bei Keisersberg buinen, d. i. mhd. biunen(?).

das Bóhnenlied, —es, Pl. —er : Lied von den Bohnen. "Das geht über das Bohnenlied" = weit über Gebühr.

Schon in der 2ten Hälfte des 15. Jahrh. : es ist mir übers bonenlied (Mone's Schauspiele II, 406, 78) = zu arg. Die Bohnenlieder, wie sie Docen in seinen Miscellaneen II, 254 u. 255 mittheilt, zeichneten sich durch Auffälligkeit und Keckheit der Gedanken wie der Reime aus.

der Böhnhaſe, —n, Pl. —n, im Niederd.: Pfuſcher (Unberechtigter) zum
Handwerke oder Mäklergeſchäfte.

Niederd. bönhase = Handwerker, beſonders Schneider, der, weil er nicht
Meiſter iſt, heimlich auf dem Hausboden (niederd. bön) arbeitet, wo ihn die
Zunftmeiſter auffuchen oder, wie man fagt, jagen [weshalb haſe]. Ins Holländ.
aufgenommen beunhaas, welches aber auch vom unberechtigten Mäkler vorkommt.

bohren = ſtechen, daß es ein Loch gibt; drehend ſtechen. Daher der
Bohrer = [im 15. Jahrh. borer] Bohrwerkzeug, Werkzeug zum
Vorbohren; wer bohrt. das Bohrmehl = mehlartig beim Bohren
abfallende Holztheilchen.

Bohren, mhd. boren, ahd. borôn, porôn [neben porjan], ſtimmt der Lautverſchiebung gemäß mit dem gleichbed. lat. forâre.

der Boi, —es, Pl. —e : Wollenzeug feiner als Fries und gröber als
Flanell. Daher boten, Adj. : von Boi. der Boiwëber.

Aus der niederd. Benennung die baje, neunieberl. die baai, engl. bay und
baize.

die Boileine, Pl. —n, ſ. Boje.

das Boiſalz, —es, ohne Pl. : das Meerſalz.

Bei Georg Agricola († 1555) Baiſalz, alſo das heutige Boi= aus Bai
= weiter Meerbuſen, ähnlich wie der Boi (ſ. d.) aus niederd. baje.

das Boiſeil, —es, Pl. —e, ſ. Boje.

† der Bojâr, —en, Pl. —en : abeliger Gutsbeſitzer in der Wallachei.
Das wallach. boiariu [-ariu = lat. -ârius] = Edelmann, aus ſerbiſch
boljâr v. bolji beſſer. Diez I, 66.

die Boje, Pl. —n : ſchwimmendes, mit einem Seile an einen Anker
befeſtigtes Stück Holz oder Tönnchen, zum Zeichen, wo der Anker
liegt; dann auch wie Bake, ſ. d. Damit zuſammengeſ. : die Boi=
leine, das Boiſeil, = Leine, Seil, woran die Boje befeſtigt iſt.

Die niederd. Benennung die boje, neunieberl. boei, eng. buoy. Aus dem
Romaniſchen, wo franz. bouée, altfranz. boye, fpan. boya, portug. boie. Ur-
fprünglich, wie auch das bereits entlehnte mhd. die boie (auch beie), ſ. v. a.
Seil, Kette, Feſſel, v. lat. boja Feſſel.

böfeln, ungut ſt. pöfeln, ſ. d.

der Bolch, —es, Pl. —e : der (die) Belche, ſ. d.

Mit frühe verdunkeltem a aus mhd. balhe, balche. S. Belche.

der Bolch, —es, Pl. —e : der Kabeljau.

1482 „bullich oder polch ein grosser viesch, pólipus" (voc. theuton.
Bl. e4ᵃ, vgl. Bl. z4ᵇ); bei Joſua Maaler Bl. 74ᵈ Bolch = Kabeljau,
nach neunieberl. die bolk. Jene Form bullich aber ſtimmt, wie Belche (ſ. b.),
lautverſchoben mit lat. fúlica Waſſerhuhn, und ſo ſcheint hier abermals der Name
eines Waſſervogels auf einen Fiſch übergetragen.

=bold, mhd. -bolt, ahd. -polt, = Perſon, welche dem in dem erſten
Worte der Zuſammenſetzung Ausgebrückten nachhängt oder ſo iſt, wie
jenes anzeigt. In : der Rauf=, Trunken=, Tücke=, Witzbold.

Ahd. -polt ist weder aus pald (f. bald), noch aus -walt = der Waltende. Mitunter findet sich unrichtig -bolz st. -bold, was daher rührt, daß man mhd. -bolt für niederd. ansah und sonach das t in hochd. z, ß, fortschieben zu müssen glaubte.

die Bole, gewöhnlich mit dehnendem h Bohle, s. d.

die Bóle, Pl. —n : der Rumpf für Speise oder Getränk.

So schreibt J. H. Boß im übers. Horaz (Satir. II, 8, 86) statt engl. bowl = tiefe Schüssel, Rumpf zu Flüssigkeit.

bölken = schreien, brüllen. Vom Rindvieh rc. Niederdeutsch.

Niedersächs. bolken, altclevisch (im *Teuthonista*) belken; holländ. bulken, in Mitteldeutschland im 15. Jahrh. bülken vom Schreien des Löwen und des Ochsen (Altd. Blätter I, 123). Wol gleichen Ursprunges mit altnord. bylja = hohl schallen, dessen y Umlaut des u ist.

boll, bóllig, Adj. : steif, ungeschmeidig. Besonders bei den Lohgerbern vom Leder. das Bólleisen = sprödes Stangeneisen.

Frisch I, 118b hat auch bull und weist darauf hin, daß zu hartes Leder einen Schall von sich gibt, wenn daran geschlagen wird. Also wol zusammengehörig mit altnord. bylja = hohl schallen, dessen y Umlaut des u ist (f. bölken).

die Bólle, Pl. —n : Zwiebel; überhaupt Wurzelknolle. Daher bóllig = Wurzelknollen an sich habend.

Ahd. bol (Graff III, 96). Wol, wenn man die Ründe der Zwiebel in Anschlag bringt, zusammenhängend mit ahd. bolôn, polôn, = wälzen, dann schleudern (f. Böller), und nicht Kürzung aus lat. bulbus v. gr. der bolbós = Zwiebel, Wurzelknolle.

die Bólle, Pl. —n : Blütenknopf der Pflanze; Samenknopf des Flachses; langrundes muldenartiges hölzernes Gefäß (vgl. die Narte).

Mhd. die bolle = Knospe (Blütenbalg) und oben wie unten enges, in der Mitte weites Gefäß zum Auffüllen und Abziehen des Weines [noch bei Neckarsteinach bolle = Gefäß zum Wasserschöpfen]; ahd. bollâ, pollâ, = Fruchtbalg oder Knote des Flachses (Graff III, 96) und in ahd. hirni*pollâ* Hirnschale (eig. wol Schädelhaut? Schädelbalg?) Angelsächs. bolla = Gefäß, Becher. Bei Alberus im Wtbch die boll = länglich rundes muldenartiges Hausgeräth; im (ungedruckten) Wochenzettel der Kelnerey Büdingen [in der Wetterau] vff das jar 1558 die bulle (Gen. der bullenn). Das Wort stimmt der Lautverschiebung gemäß mit lat. *follis* Balg, dessen Dim. folliculus (Bälglein) = Fruchtbalg (ahd. palc) der Pflanze, und goth. balgs ahd. pale (Balg) bezeichnet auch ein Ledergefäß für Wein. Gleicherweise stimmt Bal in Balg (f. d.) mit fol in follis und g nach l erscheint als Ableitungslaut.

der Bóller, —s, Pl. wie Sing. : kleiner Mörser zum Schießen.

Im 16. Jahrh. Böller, Boler als Wurfgeschütz; im *voc. theut.* v. 1482 Bl. z4b »poler *oder stubaling*, fustibula« (Stockschleuder); mhd. bölre(?). Also von mhd. boln, ahd. bolôn, polôn, = schleudern, werfen, dann gewiß auch schießen, ursprünglich wälzen.

bóllig, Adj., f. boll u. Bolle 1.

das Bóllwerk, —es, Pl. —e : Wall und Schanze zur Vertheidigung; Festungswerk vor dem Hauptwalle.

Spät-mhd. das bolwerc, bolwerch, polwerch, = Gerüste (Werk) zum Werfen oder Schleudern, Wurfmaschine, dann Gerüst oder Befestigungsanlage zur Vertheidigung einer Stadt (Schmeller IV, 141 f.) Mhd. werc werch (Werk) hier = Vorrichtung zur Arbeit, Maschine, Gerüst, und bol v. mhd. boln, ahd. bolôn, polôn, = schleudern, werfen (s. Böller).

der **Bolz**, —es, Pl. —e, u. der **Bólzen**, —s, Pl. wie Sing. : kurzer Pfeil.

> Mhd. der bolz (Pl. bolze), ahd. bolz (Schlettst. Gl. 363, 128), polz, von ahd. bolôn, polôn, = schleudern, werfen, abschnellen (schießen). S. Böller.

† die **Bombárde**, Pl. —n : großes Steingeschütz, Donnerbüchse. Daher : das **Bombardemént**, das franz. bombardement (spr. bombardemáng), = das Beschießen mit Bomben. der **Bombarbíer**, das franz. bombardier (mittellat. bombardárius), = der Feuerwerker. **bombarbíeren**, aus franz. bombarder, mittellat. bombardâre, = mit Bomben beschießen.

> **Bombárde**, mittelniederl. bombaerde, altfranz. bombarde, v. mittellat. bombárda = Kanone, und diese bombárdæ lassen sich schon in den 30er Jahren des 14. Jahrh. nachweisen. S. *Reineke Vos* S. 171. Das Wort ist v. lat. bómbus (s. Bombe) abgeleitet.

† der **Bómbasin**, das franz. bombasin (spr. bómbasäng) : eine Art baumwollen-seidenes Zeug.

> Wie das gleichbed. ital. bombagíno zeigt, aus mittellat. bombacínium = Gewand aus bómbax (Gen. bómbacis) d. i. Baumwolle.

der **Bómbast**, —es, ohne Pl. : Wortschwall, Schwulst.

> Aus engl. bombast, bumbast, = Wortschwall, aufgeblähte Rede, eig. mit Baumwolle ausgestopftes (aufgeblähtes) Zeug, und also v. mittellat. bómbax Baumwolle.

die **Bómbe**, Pl. —n : große gefüllte Hohlkugel zum Schießen. Damit zusammenges. : **bómbenfest** = fest gegen Bomben.

> Das franz. bombe, ital. u. span. bomba, welche gleichsam „summendes Geschoß", v. lat. bómbus (aus gr. der bómbos) = dumpfer tiefer Ton, Summen, Rauschen.

das **Boot**, —es, Pl. —e : kleines leichtes offenes Segelfahrzeug. Zusammens. : der **Bootsknécht**; der **Bóotsmann**, Pl. Bootsleute.

> Wie Flotte, Tau rc. geradezu aus dem Niederdeutschen entlehnt. Neuniederl. die u. mittelniederl. der boot, engl. boat, angelsächs. bât; altnord. (der) beitr oder (das?) beit, woneben sich die Form bâtr eindrängte (vgl. Grimm's Gramm. I³, 458), wahrscheinlich in Berührung mit den Angelsachsen. Keltisch (gälisch) bad. Ob in oberd. Boßleut (b. Fischart) Boß- = Boots-? oder ob es ein dem niederd. boot entsprechendes Boß sein soll?

† der **Bórax**, —es, ohne Pl. : die natürlich vorkommende Verbindung der s. g. Borsäure mit Natron.

> Mittellat. bórax (woher ital. borace), welches mit pers. borah aus arab. bûrak.

der **Borch**, —es, Pl. Börche, mit verdunkeltem a statt Barch, s. d.

das (der) **Borb**, —es, Pl. —e : umfassender oberer äußerer Rand; Schiffsrand und damit bildlich auch s. v. a. Schiff.

Mhd. (der?) bort, ahd. bort, port, altsächf. der bord, = Umfassung, Rand, Schiffsrand; angelsächs. bord, engl. board, welche ursprünglich s. v. a. Bret (s. Bort), wie goth. das baúrd. Die Herkunft ist dunkel; aber daß das Wort durch Ausfall des r nach p aus ahd. der prort = Vordertheil des Schiffes, Umfassung, Rand, entstanden sei, wie paccho aus praccho (s. Backe 2), ist nicht anzunehmen.

die Börbe, Pl. —n : die Einfassung, bes. eines Kleidungsstückes. Besser Borte, s. b.

die Börde, Pl. —n : sich hinziehende fruchtbare Ebene.

Niederdeutsch. Wol zunächst Flußebene und so wahrscheinlich v. niederd. bôrd Rand, Flußrand (s. Bord).

† das Bordéll (é wie ä), —es, Pl. —e : öffentliches Haus zur Unzucht.

Altclevisch »bordeel, huyrhuys« (Teuthonista), aus dem gleichbed. franz. bordel, ital. bordéllo, mittellat. bordéllum, welche eig. s. v. a. schlechte Hütte, weil Dim. v. franz. borde, span. u. provenzal. borda, = (Bretter-) Hütte, einer Ableitung v. altnord. das bord, angelsächs. bord, goth. baúrd, = Bret (s. Bord).

‡ bordieren = den Rand besetzen, einfassen.

Aus dem gleichbed. franz. border v. bord Rand, welches aus dem Deutschen (s. Bord).

der Bóretsch, besser Bórretsch, —es, ohne Pl. : als Salat und Gemüse dienendes Gartenkraut mit behaarten Blättern und hellbrauner Blüte, Ochsenzunge.

Mhd. der(?) porretsch (Hätslerin S. 173ª), puretsch (voc. theut. Bl. aa 1ª), im 16. Jahrh. Borretsch, Burris, Burris. Nach ital. die borrággine, franz. bourrache, v. der spät-mittellat. Benennung borrágo, borágo, welches wol auf gr. purákion (πουράκιον) bei Nikolaos Myrepsos (zu Anfange des 14. Jahrh.) zurückführt.

der Borg, —es, Pl. Börge, ungut neben Barg. S. Barch.

der Borg, —es, Pl. —e : Dargabe oder Annahme auf Zurückgabe. Mhd. der borc (Gen. borges) = was auf Zurückgabe dargegeben oder angenommen wird. Von borgen.

bórgen = dargeben oder annehmen auf Zurückgabe; auf spätere Bezahlung geben oder nehmen.

Mhd. borgen, ahd. borgên, porakên, welche aber ursprünglich : sich wovor hüten, überhaupt hüten, Acht haben worauf (bei Kero, Otfried, Notker. Beneke-Müller I, 162ª), „schonen" (Diut. II, 179ª. Notker's Boethius. Beneke-Müller I, 163). Von der Pluralform des Prät. von bergen (s. b.), aus dessen Begriff jener frühere unseres borgen entspringt.

die Bórke, Pl. —n : die rauhe äußere Baumrinde.

Das ins Hochd. aufgenommene niederd. die borke, altclevisch barck, dän. bark, altnord. der börkr, welches letzte auch s. v. a. Kruste.

der Born, —es, Pl. —e, wie Brunnen, Quell; Quellwasser.

Mehr dichterisch. Landüblich in Mittel- und Niederdeutschland. Bei Luther z. B. Hohel. 4, 15 born neben brun; im voc. theut. Bl. o 1ᵇ ebenfalls born neben prun; im voc. ex quo born; mittelb. der burne, altfries. der burna, angelſächſ. burna (welches aber mehr fließendes Waſſer). Mit rein-hochd. Brunnen (ſ. b.) zuſammenfallende und neben dieſem aufgenommene niederd., durch bekannte Verſetzung des r entſprungene Form. Vgl. Bernſtein.

bornen (auch im *voc. theut.*), mittelb. burnen, = **brennen.** In Mitteldeutſchland beim Volke.

Nebenform v. niederd. bernen, barnen, welche eins mit rein-hochd. brennen ſind. Die Verſetzung des r iſt im Niederd. nicht ungewöhnlich. Vgl. Bernſtein.

† **borniert** = beſchränkt an Geiſt.

Das Part. Prät. v. bornieren = begrenzen, beſchränken, welches aus dem gleichbed. franz. borner v. franz. die borne Grenzzeichen, Ziel, mittellat. borna. Siehe J. Grimm's Grenzalterthümer S. 6.

der **Bórretſch**, üblicher wenngleich weniger gut **Bóretſch**, ſ. b.

der **Börs** (mit langem ö) und **Börſch**, — es, Pl. — e, = **Barſch,** ſ. b.

Mit ö ſtatt e aus dem mhd. Namen der bers u. bersich. S. Ö und Barſch.

der **Bórsborfer**, — s, Pl. wie Sing. : eine aus dem meißniſchen Dorfe Borsdorf ſtammende veredelte Apfelart.

die **Börfe**, Pl. — n : Geldbeutel; Verſammlungsort und Gebäude zur Beſprechung im Geldhandel (vgl. Burſch).

Im 15. Jahrh. die burse [nach »Busaius (lies Bursárius) eyn burserer oder búdel mecher« im *voc. ex quo*], ahd. burssa, burissa (Graff III, 206), neuniederl. die beurs, borze, aus mittellat. búrsa (woher auch ital. borsa, franz. bourse) = Beutel (von Leder), von gr. die byrsa (βύρσα) = abgezogenes Fell, dann auch Leder. Vgl. Burſch.

der **Borſt**, — es, Pl. — e : auseinandergebrochene Stelle.

Zuerſt im 18. Jahrh. (Friſch I, 120 c. 86 c). Mittelſt Verſetzung des r und Verdunkelung des o aus dem gleichbed. ſpät-mhd. der prast (*voc. theut.* Bl. z5 b) v. mhd. brësten berſten (ſ. b.).

die **Börſte**, Pl. — n : ſtarres Haar. Daher **bórſtig**, Adj.

Mhd. die borste, ahd. burstâ, purstâ, dem Femininum v. mhd. das u. der borst, ahd. burst, purst. Das Wort ſcheint in ſeinem Stamme pur zuſammen-gehörig mit ahd. purjan (ſ. gebühren) = in die Höhe heben, aufrichten, und wie horn buret sih in hôhî (Notker, ymnus Zacháriæ 69) d. i. das Horn ſich erhebt in die Höhe, ſo ſtarrt auch die Borſte aufrecht.

das **Bôrt**, — es, Pl. — e : das Bret. Am Rhein.

Bei Alberus im Wtbch bort = Bret (asser), neuniederl. boord, engl. board, angelſächſ. bord, goth. baúrd. S. Borb.

die **Börte**, Pl. — n, mhd. der borte, ahd. die portâ u. der porto : ſtarkes, aus Seide und Golbfäden gewirktes Band.

Zunächſt ein den Rand eines Kleides zum Schmucke umfaſſendes Band, v. ahd. der port, bort, mhd. bort, = Umfaſſung, Rand. In der Beb. „Einfaſſung“ aber jetzt lieber die Borbe (ſ. b.) geſchrieben, von dem aus dem Deutſchen ent-lehnten mittellat. bórda Rand, Einfaſſung.

bóſchen = abhängig machen. Daher die **Böſchung** = ſchräge Senkung.

Böſchen vielleicht urſpr. „mit Raſen belegen", v. ſchweiz. Böſch, Pöſch =
„Raſen". Stalber I, 206. Joſua Maaler 319ª. 191ᶜ.

böſe, Adj., Comp. böſer, Superl. böſeſt, (gekürzt böſt) : gehalt= und halt=
los; nichtswerth; unnütz; nachtheilig zuwider ſeiend; feindlich mißge=
ſtimmt.

Mhd. bœse und daneben noch unumgelautet bôse, ahd. bôsi, pôsi, altfrieſ.
bâse. Das Wort geht dem Goth., Angelſächſ. u. Altnord. ab, ſtimmt aber mit
ſlaw. bjes und litthau. besas = der Böſe, Teufel.

der Böſewicht, —es, Pl. —e u. —er : nichtswürdiger Verbrecher.

Mhd. der bœse-, bœswiht, = verächtlicher, nichtswerther Menſch (bœser wiht,
dër bœse wiht), zuſammengeſ. aus bœse (ſ. böſe) und das u. der wiht (ſ.
Wicht) = Weſen, dann Elender.

böshaft, Adj., und die Bosheit, zuſammengeſ. mit dem alten unum=
gelauteten, auch mittelniederd. vorkommenden bôse (ſ. böſe).

Mhd. die bosheit, ahd. bôs-, pôsheit, = Nichtigkeit, Gehalt-, Werthloſigkeit,
ſchlechte Eigenſchaft jeder Art. Daraus nhd. die Bedeutungen : Neigung zu
ſchaden; höchſter andauernder Zorn.

† das Boskétt (é wie ä), —es, Pl. —e : Luſtgebüſch.

Aus franz. bosquet, ital. boschétto, v. ital. bosco unſerm Buſch (ſ. b).

böslich, Adv. (mhd. bœsliche) u. Adj. (ahd. bôslîh) : auf böse b. i.
ſchlechte, tadelhafte Weiſe.

böſſeln = Kegel ſchieben, kegeln.

Statt böſſeln. Im 15. Jahrh. einfach boſſen oder kugeln, glóbis lúdere
(voc. theut. Bl. e2ª), mhd. bôzen = Kegel ſchieben, welches ahd. pôzan ſtoßen,
die neben dem gleichbed. ſtarken pôzan (ſ. Amboß u. Beifuß) vorkommende
ſchwachbiegende Form. Mittelniederd. bosselplatz = Platz zum Ballſchlagen
(hor. belg. VII, 24ᵇ).

böſſeln = halb oder ganz erhabene Arbeit machen; künſteln.

Auch boſſelieren, weil aus franz. bosseler, eig. ſ. v. a. bucklicht machen,
von franz. die bosse, in der Picardie boche, provenzal. bossa, ital. bozza, =
Beule, Erhabenheit.

† boſſieren = in weicher Maſſe (Wachs, Gyps) erhaben formen.

Mittelſt -ieren v. franz. bosse = Beule, Erhabenheit. S. böſſeln.

der Böße, —n, Pl. —n : Gebund Strohes, Flachſes u. dgl. Daher
bößeln = den gereſften Flachs in Büſchel (Bößel) binden.

Mhd. der bôze, ahd. bôze, pôzo, pôzzo, mittelniederd. bote, (hor. belg. VII,
24ᵇ), = Büſchel; Gebund Flachs.

† die Botánik, ohne Pl. : die Pflanzenkunde. der Botániker =
Pflanzenkundiger. botániſch = pflanzenkundig, zur Pflanzenkunde
gehörig. botaniſieren = Pflanzen ſuchen zu wiſſenſchaftlichem
Zwecke.

Die Botanik aus lat. botánica v gr. botanikê (βοτανική) = Pflanzen betreffende [v. die botáne Pflanze], nämlich epistême (ἐπιστήμη) Wiſſenſchaft. Aus
dem gr. Adj. botanikós, é, ón iſt auch unſer botaniſch und aus botanikós

(latiniſiert botánicus) unſer Botaniker. Endlich nach gr. botanízein = „krauten" unſer botaniſieren.

der Bóte, —n, Pl. —n : der zum Überbringen oder Ausrichten Ab=
geſchickte. Davon die Bótſchaft, Pl. —en, = überſandte Mit=
theilung, woher weiter der Bótſchafter = der im Auftrage eines
Staates an den andern Geſandte.

Bothe ſt. Bote zu ſchreiben iſt unnöthig und wird jeᵗᵗ als altfränkiſch an.
geſehen. Mhd. der bote, ahd. boto, poto, goth buda(?), angelſächſ. boda, =
wer etwas zu beſtellen abgeſandt iſt, aus ahd. putumês (wir boten) v. ahd. piotan
unſerm bieten (ſ. d.). Mit urahd. pota = poto zuſammengeſ. iſt ahd. die pota-
scaf, bei *Otfried* 2, 13, 7 botascaf, bei *Notker* botoskaft, mhd. boteschaft, botschaft
= Beſtellung, unſer Botſchaft.

die Bótmäßigkeit, ohne Pl. : die Macht zu gebieten.

Von einem vermuthlichen botmäßig, deſſen bot mhd. das bot, ahd. pot, =
Gebot, Befehl, v. bieten.

das Both. So ſchreibt Abelung ohne hinreichenden Grund ſtatt des
allgemein üblichen Boot, ſ. d.

der Böttcher, —s, Pl. wie Sing. : wer hölzerne Gefäße mit nur
einem Boden macht.

Gekürzt aus Bötticher, b. Luther 1542 Buttiger, altcleviſch bœdeker
[noch als Familienname Bädeker], v. Bottich

der Bottich, —es, Pl. —e : hohes hölzernes, oben offenes, aus
Dauben zuſammengeſetztes Gefäß beim Bierbrauen.

Mhd. der boteche, botege, ahd. die potacha (d. i. potahha), potaga, = rundes
Faß, hohes Daubengefäß mit nur einem Boden. Gleichen Stammes mit Bütte
(ſ. d.) und nach J. Grimm (Gramm. III, 457) verwandt mit ahd. der potah,
mhd. botech, angelſächſ. bodig (ſt. bodac), = Rumpf, welcher Beb. die des
Schlauches nahe liegt.

botᵣ! jeᵗᵗ allgemein üblich potᵣ! ſ. d.

† die Bouillon (ſpr. búlljong) = Fleiſchbrühe.

Das franz. die bouillon, welches eig. ſ. v. a. Wallen oder Aufkochen, v. franz.
bouillir (aus lat. bullíre =) ſieden, aufkochen.

† die Bouſſóle (ou = u), Pl. —n : Magnetbüchschen, Seecompaß.

Das franz. die boussole, ital. bússola, aus mittellat. búxula Büchschen v.
mittellat. búxis (ſt. py'xis) Büchse.

† die Bouteille (ſpr. butéllje) : gläſerne Flaſche.

Das franz. die bouteille, aus mittellat. butícula Flaſche, dem Dim. v. franz.
botte, boute, ſpan. u. portug. bota, = Faß, Kübel, Schlauch, Waſſergefäß,
aus gr. die by'tis (βύτις) neben bûtis (βοῦτις) Flaſche.

† die Boutíque (ſpr. butíke), Pl. —n : Bude; elende Hütte.

Das franz. die boutique Kramladen, ital. bottéga, gekürzt aus lat.-gr. apo-
thêca Vorrathskammer (ſ. Apotheke), neapolitan. potega. S. Diez Wtbch 65.

der Bóviſt, nach mittelniederl. boviste, im Hochb. nur Bofiſt, ſ. d.

† die Bówle, das engl. bowl, hochb. gebildet Bole. S. Bole 2.

bóᵣen = mit geballter Fauſt zu Leibe gehen.

Nach engl. box = mit der Faust kämpfend stoßen, welches mit mhd. puxen (*Frauenlob* S. 174, 304, 11) stoßen, eig. buxen, neben mhd. der buc (Gen. buckes) = Stoß, Schlag (*Nithart* 31, 2, 9), übereinstimmt. Die bayerische Wortform ist buchsen, buchsnen (Schmeller I, 148).

die Boxe = Hofe. Niederd. S. Buchse.

der Boy, nach engl. bay (neben baize), ist jetzt altfränkisch erscheinende Schreibung statt Boi, f. b.

brâch, Adv. : nach der Ernte umgebrochen ruhend, ohne bestellt zu werden. Von : die Brâche, Pl. —n, mhd. die brâche, ahd. brâcha, = erstes Umgebrochensein und Ruhen des Bodens nach der Ernte; Land, welches nach der Ernte umgebrochen ist und unbesäet ruht. Damit zusammenges. : das Brâ′chfëlb, mhd. u. ahd. brâchvëlt; der Brâ′chmonat, mhd. brâchmânôt, ahd. brâchmânôth, = Juni (Zeit des Brachlegens).

Jenes ahd. die brâcha (d. i. prâhha) ist hervorgegangen aus ahd. *brâchumês, prâhumês* wir brachen, dem Pl des Prät. v. brechen.

brâchen = den Boden pflügen zum Ruhen nach der Ernte.

Mhd. brâchen, ahd. brâchôn, prâhhôn, v. die Brâche (f. brach).

der Brâchse, mhd. der prahse, brahse, f. der Brassen.

das Brack, —es, Pl. —e : Ausschuß, als untauglich Abzusonderndes. Daher brácken = als untauglich aussondern, z. B. Schafe ꝛc.

Brack wol nach niederd. u. neuniederl. brak, altclevisch brack, = bitter-salzig [ursprünglich unreinen, gleichsam gebrochenen Geschmackes?], dann f. v. a. verdorben, schlecht (Frisch I, 124ᵇ). — Das Brackwasser (holländ. brakwater) = in einen Fluß eingebrochenes Seewasser, durch welches das süße Flußwasser verdorben wird.

der Bräcke, —n, Pl. —n : Leit-, Spürhund.

Mhd. u. mittelniederl. der bracke, ahd. bracco, bracho, woher mittellat. brácco, braco, braccus. Die Wurzel des Wortes (prach) stimmt, worauf auch Wilh. Wackernagel hinweist, mit lat. frag in fragrâre = starken Geruch von sich geben und dann empfinden.

† der Bracteát, —en, Pl. —en, aus mittellat. bracteâtus blechern (nämlich nûmmus Münze) : Hohlmünze von Gold- oder Silberblech [lat. bráctea Blech].

der Bram, —es, Pl. —e, u. der Brâmen, —s, Pl. wie Sing. : Besenginster.

Von niederd. brâm Ginster, neuniederl. braam Dorngebüsch, mittelniederl. brame, mhd. der brâme u. ahd. prâmo = Dornstrauch, engl. broom = Ginster u. Besen (aus Ginster). Daneben mittelniederl. brimboom Ginster (*hor. belg.* VII, 11ᵃ), dessen brim mit angelsächs. der brêmel Stachelgewächs stimmt und ein ahd. Wurzelverbum prêman (Prät. ich pram, Pl. prâmumês, Part. proman) = stechen(?) annehmen läßt. Aus jenem mhd. brâme ist auch unser Brom in Brombeere (f. b.).

† der **Bramárbas**, —ffes, Pl. —ffe : Großprahler mit Heldenthaten. Davon **bramarbaſieren** = mit Heldenthaten großthun.

> **Bramárbas**, v. ſpan. bramar brüllen, iſt urſpr. der Name eines Großſprechers in einem Luſtſpiele des Dänen Ludwig von Holberg († 1754).

die **Bráme** oder **Bräme**, Pl. —n : Rand, Randbeſatz; mit Laubholz bewachſener Wald=, Feld=, Wieſenrand.

> . **Bräme** iſt aus dem Rom. Pl. von bayer. das **Bräm** = Streifen als Randbeſatz eines Kleides. Mhd. möchte wol der brëm (engl. brim) zu ſetzen ſein, daneben das Verbum **brëmen** (*Benecke-Müller* I, 238ª) oder vielmehr **bræmen** (*Konrads v. Würzburg* Trojanerkrieg, Straßburger Hſ., Bl. 21ᵇ. 123ª) unſer **brämen** in **verbrämen** = mit einem Rande verſehen. **Brame** iſt Nebenform, und da auslautendes m gerne in n übergeht, ſo hört man auch die **Brane**.

die **Bräme**, Pl. —n, = Bremſe. S. **Breme**.

das **Brámſégel** (ë hoch), neunieder[l]. bramzeil, = Segel vor der **Brámſtange** d. i. dem kleinen ſpitz zulaufenden Maſte, welcher auf der erſten Verlängerung des Maſtes ſteht.

> Neuniederl. bram = Obermaſt d. i. Maſt auf dem großen Maſt.

der **Brand**, —es, Pl. **Brände** : brennendes Stück Holz; verwüſtendes Feuer; Zuſtand eines Gegenſtandes, daß dieſer brennt; [bildlich] zerſtörende Entzündung; zerſtörendes Schwarzwerden an Pflanzen.

> Mhd. der brant (Pl. brende), ahd. brant, prant, in den beiden erſten Bedeutungen. Mit ableitendem -t v. dem Prät. (ich er) pran des ahd. Wurzelverbums prinnan = brennen (intranſitiv). Vgl. **brinnen**.

bránden, von Meeres= und Landſeewellen (*Schiller's* Tell 1, 1) : aufbrauſen und ſich brechen.

> Wol aus dem Niederd., v. angelſächſ. bront (*Beowulf* 475. 1130) d. i. brant = brauſend, welches aus dem Prät. v. goth. brinnan (f. **brinnen**) abgeleitet iſt. Neuniederl. iſt branden = flammen, in Feuerwellen ſich bewegen, brennen.

der **Bránder**, —s, Pl. wie Sing., neunieder[l]. der brander (brandſchip) : mit Brennſtoffen angefülltes Schiff zum Anzünden feindlicher Schiffe. Erſt bei **Steinbach** (1734) I, 180.

der **Bránfuchs**, —es, Pl. —füchſe : Fuchs mit ſchwarzem Bauche, ſchwarzer Schwanzſpitze und ſchwarzen Läufen (vgl. **Stieler** Sp. 575); dunkel=fuchsrothes Pferd; Student im 2ten Halbjahre.

bránbicht = branbártig. **bránbig**, holländ. brandig, = den **Brand** habend.

die **Brándmarke**, Pl. —n, altfrieſ. u. neuniederl. brandmerk : eingebranntes Zeichen. Daher : **brandmarken** = mit einem eingebrannten Zeichen als Verbrecher kenntlich machen. Zuerſt bei **Steinbach** (1734) II, 27.

die **Brándbreite**, Pl. —n : eiſerner Roſt im Heerbe, damit das aufgelegte Holz beſſer brennt. Jetzt veraltet.

> Bei *Dasypodius* **Branbreite**, 1482 die prantreyt (*voc. theut.* Bl. z6ª), mhd. die brantraite (*Sumerl.* 33, 22) d. i. brantreite, ahd. prantreita, zuſammengeſ. aus

prant Brand u. die reita, altnord. reida, = Bereitſchaft, Zurichtung, Vorrichtung, welches mit reit in bereit zuſammengehört.

brándſchaßen = eine Gelbauflage feſtſeßen zur Abwendung feindlichen
Niederbrennens. Daher die Brándſchaßung.

die Bráubung, —en : Aufbrauſen und Brechung der Meeres- und
Landſeewellen an der Küſte oder verborgenen Felſen.
　　Das niederd. brandung, v. branden, ſ. d. Im Altnord. heißt die Brandung
das brim, woneben der brimi = Feuer, Hiße.

der Brándwein, ſ. die rein-hochd. Form Brantwein.

die Bránke, Pl. —n : Vorbertaße oder Arm des Bären; Vorberklaue
des Wolfes; Klaue vierfüßiger Raubthiere (b. Pfeffel.)
　　Jägerausdruck, aus ital., ſpan, mittellat. branca, = Klaue der vierfüßigen
Raubthiere und der Raubvögel, woher auch franz. branche Zweig (gleichſam
Pflanzenarm). Mit Übergang des fremden c in t auch die Brante.

die Bránte, ſ. Branke.

der Brántwein, —es, Pl. —e : aus Weinheſen, Früchten oder Ge-
wächſen abgezogene geiſtige Flüſſigkeit.
　　Der Brantwein, urſpr. nur als Arznei gebraucht, iſt zuerſt 1360 und zwar zu
Frankfurt a. M. erwähnt (B. Wackernagel in Haupt's Zeitſchr. VI, 259).
Im voc. incip. teut. brantwein, welches zuſammengerückt iſt aus prant wein (d. i.
der gebrannte Wein), wie denn auch in einem zu Bamberg 1493 gedruckten
Gedichte über Nußen und Schaden des Brantweins vorkommt : „der prant
wein" (Gen. „des pranten wein") neben „der geprant wein" und „prantwein."
Brantwein iſt ſonach hergebrachte Schreibung; denn jünger-nhd. ſollte eigentlich,
da wir jeßt gebrannt ſchreiben, Branntwein oder auch, wie Göthe (XI, 97.
99) hat, Branntewein [aus der „(ge)brannte Wein"] geſeßt werden. Brand-
wein aber iſt eine unhochd. Schreibweiſe, hervorgegangen aus neuniederl.
brandewijn, einer Zuſammenſ. mit dem v. der brand unſerm Brand abgeleiteten
neuniederl. branden = brennen, Brantwein brennen.

die Bráſſe, Pl. —n, neuniederl. die bras (aus franz. bras, urſpr.
Arm) : Seil an dem Ende der Segelſtangen, um ſie nach dem Winde
zu richten. Davon bráſſen, neuniederl. brassen (franz. brasser)
= die Braſſen oder (das Segel) vermittelſt der Braſſen anziehen und
ſo richten.

der Bráſſen, —s, Pl. wie Sing. : karpfenähnlicher Fiſch, cyprĭnus
lātus. Niederd. die Bráſſe.
　　n aus m und ſſ durch Ausfall des ch aus chſ, alſo urſprünglicher der Bráchſen,
gekürzt Bráchſe. Mhd. der brasme, brahsem, prachse (b i. brahse) prahsme,
ahd. brahsema; im 11. Jahrh. niederd. bressemo (gl. jun. 278), woher franz.
la brême; neuniederl. braassem.

der Braſt, —es, ohne Pl. : herzbrechender Kummer.
　　Im Wend-Unmuth, bei Schuppius ꝛc.; jeßt nur noch landſchaftlich, z. B.
in der Wetterau Im 15. Jahrh. : Geschêe vns dër hôn [Hohn, Schmach], esz
wër mër [mir] ouch brast (Alsfelder Passionsspiel Bl. 8 b). Aus dem Prät. ich

er brast v. mhd. brësten (unserm bersten) = auseinanderbrechen, gebrechen, ermangeln. Vgl. das Gebresten.

der Braß, —sses, ohne Pl. : Masse von Dingen zum Lästigwerden.

Das niederd. brass (auch brast) = Menge, Haufen. Ob zusammengehörig mit altnord. das bras Löthmetall?

der Bráten, —s, Pl. wie Sing. : zu bratendes oder gebratenes größeres Fleischstück. Dim. : das Brâtchen.

Früher der Brate, denn mhd. der brâte (Gen. des brâten), ahd der brâto, prâto, mit mhd. das brât ahd. prât = Bratfleisch, weiches Fleisch, von braten.

bráten, Präs. ich brate, du brätst, er brät, wir braten ꝛc. Prät. briet (Conj. briete), Part. gebráten, Imp. brat (u. brate), intranf. und tranf. : über, an, in Feuer durch äußeres Hartwerden oder Hartmachen mürbe und genießbar werden oder machen.

Mhd. brâten, ahd. brâtan, prâtan (Prät. priat, Part. kiprâtan, Imp. prât).

die Brâtsche, Pl. —n : die Arm=, Altgeige.

Aus ital. vióla da braccio. braccio (spr. bráttscho) ift das lat. bráchium der Arm.

der Brátspieß, —es, Pl. —e : Spieß, an welchen Fleisch gesteckt wird, um es zu braten.

Jetzt schriftdeutsch, aber unrichtig st. Bratspiß (wie noch bei Schuppius S. 773); denn mhd. u. ahd. der spiz = Spitze u. Bratspieß, angelsächs. und engl. spit, aus gleicher Wurzel mit spiß (mhd. spitze ahd. spizi) und völlig verschieden von Spieß der Stechwaffe. S. spiß, Spieß 1 u. 2, Spießer.

die Brätzel, s. Bretzel.

der Brauch, —es, Pl. Bräuche, ahd. der prûh : Verwendung wovon; herkömmliches Üblichsein. Von brauchen, womit zusammengef. das nhd. Adj. brauchbar.

bráuchen, mhd. brûchen, ahd. prûchan, prûhhan, = im Genusse wovon sein; wozu verwenden; wozu nöthig haben.

Das Wort stimmt nach Lautverschiebung und Begriff mit lat. frúi. Zwar bed. goth. brukjan = ahd. prûhhan nur „wozu anwenden, gebrauchen"; aber das goth. Adj. bruks ist s. v. a. „nützlich, brauchbar", ganz unserm brauchen gemäß. Eine ahd. Form prûhhôn, welche Schmitthenner voranstellte, kommt nicht vor.

bráuchlich, Adv. : zum oder im Gebrauche.

Von brauchen, mit deffen subftantivisch genommenem Infinitiv, im Ahd. prûhanlih = „zum Gebrauche bestimmt." vorkommt.

die Braue, auch die Braune, Pl. —n : Haarstreifen über dem Auge; Wimper. S. Aug=.

Mit au aus älterem aw Denn mhd. die brâwe (im Pl. auch brâwen), brâ, ahd. brâwa, prâ, prâwa, welche auch Augenlied bedeuten; goth. brêhva (?). Das Wort stimmt lautverschoben mit sanftr. bhrû, gr. die ophry's, keltisch (irisch, gälisch) abhra, litth. bruwis, altslaw. br"v' u. ruff. brov'. Neben jenem altd. Femininum aber noch die sächliche Form ahd. das brâ, prâ, goth. das brahv (=Blick oder Wimperbewegung 1 Kor. 15, 52). Die nhd. Form die Braune dürfte sich schon im voc. theut. v. 1482 Bl. c1b, wo (das?) augenprân, sowie in

dem noch von Herber gebrauchten alterthümlichen das Aug-, Augenbran
zeigen und wird als eine berechtigte bestätigt durch altnord. die brûn, welches
neben brá vorkommt. Ließen es die eben angeführten urverwandten Formen zu
oder beschränkte man sich bloß auf die germanischen: so würden diese auf ein
verlornes goth. Verbum braíhvan (Prät. Sing. brahv, Pl. brëhvum), ahd.
prëhan, mhd. brëhen, = strahlen, leuchten, zurückzuführen sein (s. Grimm's
Myth. 751 f.) und die aus dem Prät. entsprungenen Substantive, von welchen
ahd. prâwa für prâha stünde, von dem Begriffe Augenstrahl in die Bedeutungen
Wimperbewegung, Wimper u. s. f. übergehen.

brauen = über Feuer bei auffsteigendem Wasserdampfe bereiten, zunächst
Bier. Daher der Brauer, 1482 brûwer (*voc. theut.* e3ᵇ), bayer.
der Breu (mhd. der briuwe).

    Aus Mitteldeutschland stammende, üblich gewordene Form; im 15. Jahrh.
brûwen (*voc. theut.* Bl. e3ᵇ), neben der rein-hochd. brewen (noch bayer. breuen),
mhd. briuwen (ein starkbiegendes Verbum: Prät. ich er brou, Pl. wir briuwen
u. brouwen, Part. gebriuwen u. gebrouwen), ahd. priuwan, goth. briggvan(?),
angelsächs. brëóvan (Bier brauen). Das Wort ist uns wahrscheinlich aus der
Fremde zugeführt, nämlich aus keltisch (gallisch) brace Art Dinkel (*Plinius*, hist.
nat. 18, 7), woraus Malz (irisch braich, mittellat. brácium) bereitet wurde,
woher auch mittellat. braxáre (d. i. bracsáre) Bier brauen. S. J. Grimm
über Diphthonge S. 25. Ob zu der Wurzel auch Brot gehört?

braun, Adj., Comp. brauner, Superl. braunst: mehr oder minder aus
Roth und Schwarz gemischt. Daher: die Bräune (mhd. die briune
braune Gesichtsfarbe, und daher überhaupt) = braunes Aussehen;
erstickende (braunrothe) Entzündung der Luftröhre. bräunen =
braun machen. bräunlich, Adj. u. Abv.: etwas braun.

    Braun, mhd. brûn, ahd. brûn [ins Mittellat. aufgenommen brunus], prûn, —
glänzend, braun, woher mhd. briunen (unser bräunen), ahd. brûnen, =
glänzend machen, schmücken. Das Wort stimmt mit litth. brunas braun, — dann,
wie es scheint, bei Versetzung des r nach Laut und Begriff mit lat. fúrvus dunkelfarbig? und ist vielleicht wurzelverwandt mit brennen (s. d.), also ursprünglich
s. v. a. „feuergebrannt"?

bie Braúsche, Pl. —n, mhd. die brûsche: mit Blut unterlaufene
Beule.

braúsen, mhd. brûsen, altn. brûsa, = als heftig bewegte Luft oder
überhaupt Flüssigkeit stark hörbar sein.

bie Braut, Pl. Bräute, mhd. die brût (Pl. briute), ahd. brût, prût
(st. prud), goth. brubs: burch Eheversprechen Gebundene. Zusammens.:
bie Brautgabe, mhd. die brûtgâbe (wofür ahd. brûtgëba, prût-
këpa, vgl. Gabe), = das von dem Manne der Braut an Geld und
Gut Zugebrachte, welches die Heirat bedingte; [späterhin] was die Braut
dem Manne an Geld und Gut mit in die Ehe einbringt. der Bräut=
igam, —s, Pl. —e, mittelb. brûdegame und sonst briutigam
(mit a statt o, benn) mhd. briutegome, ahd. brûtigomo, prûtikomo
[mit dem Zusammensetzungsvocal i, der im Mhd. den Umlaut iu, nhd.

äu, wirkt], = „der Brautmann"; denn das lautverschoben mit lat.
homo Mann, Mensch, stimmende mhd. der gome, ahd. gomo, komo,
goth. guma, bed. Mann. bräutlich, ahd. prûtlîh, Adj. : einer
Braut geziemend; dem Brauttage entsprechend. der Brautlauf
(Schiller's Tell 4, 3), mhd. brûtlouf neben der und die brûtlouft,
ahd. der brûthlouft (u. die brûthlouftî), altnord. das brûdhlaup, =
Vermählungsfest, Hochzeit, eig. der geschwinde Zug (Lauf, ahd. hlouf
u. hlouft) mit der Braut zum Hause des Mannes.

> Mhd. brût u. ahd. prût = Verlobte wie Neuvermählte, auch Kebsweib, goth.
> bruþs = Braut u. Schwiegertochter (Math. 10, 35); angelsächs. brŷd Verlobte.
> Der Grundbegriff ist „die Heimgeführte"; denn mit jenen altdeutschen Formen
> stimmt, indem im Anlaute, wie in Berg (f. d.), ursprünglich goth. f anzunehmen
> ist, das sich weiter in b ahd. p fortgeschoben hat, sanskr. praudhâ = Verlobte,
> Neuvermählte, eig. die auf dem Wagen Geführte [sanskr. pra = vor, goth. fra,
> also mit f; udhâ, Part. Pass v. sanskr. wah = lat. vehere fahren, auch vom
> Heimführen der Braut].

die Braut in Windsbraut, f. d.

brav, Adj., Comp. braver, Superl. bravst : beifallswürdig ausgezeichnet
zu ober in der That; sittlich vorwurfsfrei.

> Aus franz. brave. Dieses v. ital. bravo, welches ursprünglich f. v. a. „stür-
> misch", span. brau u. mittellat. bravus früher = unbändig, ungezähmt, wild, woher
> dann die Bed. stürmisch im Kampf, tapfer und sofort tüchtig, trefflich. S. Diez,
> Wtbch 67.

die Bravâde, Pl. —n : Großsprecherei. Bei Lessing.

> Das franz. die bravade, ital. bravâta, eig. = Trotzbieten, v. dem aus franz.
> brave ital. bravo (f brav) hervorgegangenen ital. bravâre, franz. braver, =
> trotzen.

die Bráxe, Pl. —n, = Hose. Ungewöhnlich.

> Von spät-ahd. brage (Haupt's Zeitschr. III, 472ª), in den Casseler Glossen
> braga b. i. span. und portug. braga, ital. u. lat.-gallisch braca = Hose.

die Breche, Pl. —n : Werkzeug zum Brechen des Flachses oder Hanfes.

> Mhd. die breche, ahd. prëhhâ(?), v. brechen.

brechen, Präs. ich breche, du brichst, er bricht, wir brechen ꝛc., Prät.
brâch (Conj. bräche mit langem ä), Part. gebróchen, Imp. brich : sich
auseinanderthun; entzwei gehen oder machen; auflösend vernichten. sich
brechen = sich mit Gewalt zertheilen; aus dem Magen durch den
Mund gewaltsam von sich geben.

> Mhd. brëchen, ahd. brëchan, prëhhan (Präs. ich prihhu, Prät. ich er prah,
> Pl. prâhumês wir brachen, Part. prohhan), goth. brikan (Prät. brak, brêkum,
> Part. brukans). Das Wurzelverbum stimmt lautverschoben mit dem gleichbed.
> lat. frángere, dessen n, wie das Perf. frêgi zeigt, nicht ursprünglich ist.

brechen (ë wie ä), Präs. ich breche, du brechst ꝛc., Prät. brechte, Part.
gebrécht : brechen machen (in Flachs, Hanf brechen).

> Spät-mhd. ⸗brechen flachsprechen⸗ (voc. theut. Bl. e3ª), Factitiv von
> brechen und abgeleitet aus dessen Prät. ich er brach.

12 *

-brëcht = glänzend, leuchtend, in Al'brëcht, Rúprëcht u. a.

    Mhd. -brëht ft. -b'reht und alfo gekürzt aus mhd. bëreht, ahd. bëraht, përaht, goth. baírhts. S. *bërt.

der Brei, —es, Pl. —e : dick ge= und zerkochte Speife.

    Mhd. der bri (Gen. des brîen), ahd. brî, prî, prio, goth. briggvus (?), angelfächf. brîv. Wol von ahd. priuwan **brauen**, goth. briggvan (?).

der Breihahn, ungut ft. Broihahn, f. d.

breit, mhd. breit, ahd. breit, preit, goth. bráids, Adj. : ausgedehnt im Gegenfatze der Länge. „fich **breit machen**“ = [fich fo ausdehnen, daß der daneben Befindliche beeinträchtigt wird, und daher] viel Wefens von fich machen. Von **breit** : die Breite, Pl. —n, mhd. die breite, ahd. breitî, preitî, goth. bráidei; **breiten**, mhd. breiten, ahd. breitan, preitan, goth. bráidjan, = auseinanderdehnen.

    Das Adv. lautet im Nhd. ebenfalls **breit**, mhd. breite. — Das Wort ftimmt, die Unregelmäßigkeit in der Verfchiebung des Anlautes abgerechnet, zu fanftr. prithu (prthu) breit v. prith (prth) = hinwerfen, **ausdehnen** (ausbreiten), welcher Begriff auch in dem hierher gehörenden mhd. Wurzelverbum briten (Prät. ich er breit, wir briten, Part. gebriten) = weben, flechten, zu Grunde liegt.

die Brëme (ë hoch), üblicher **Brëmfe** (ë ebenfalls hoch), Pl. —n : die große Stechfliege, blinde Fliege.

    Ungut Bräme, weil dann ä ftatt ë ftünde. Früher Masculinum, denn mhd. der brëm, ahd. brëmo, prëmo, v. ahd. prëman (Prät. ich pram, Pl. prâmumês, Part. proman), welches Verbum nach Lautverfchiebung und Begriff mit lat. fremere brummen ftimmt (vgl. brummen), wonach dann **Breme** f. v. a. „Brummfliege“ ausdrückt. Die nhd. Form **Bremfe** ift weitere Fortbildung v. mhd. der brëm durch s-Ableitung, welche auffallend viele Thiernamen an fich tragen (f. Grimm's Gramm. II, 275).

die Brëmfe, Pl. —n : Nafenklammer zur Bändigung wilder Pferde; Vorrichtung zum Hemmen an einem Räderwerke mittelft eines Kurbel= rades. Daher **brémfen**.

    Mhd. die bremse in der erften Bed., zufammenhangend mit neuniederl. praamen = preffen, klemmen, woher aachenifch der prám wie unfer Bremfe.

die Brénke, mit Übergang des t in k ftatt Brente, f. d.

brénnen, Prät. brannte (Conj. brénnete), Part. gebránnt, Imp. brénne: durch Feuer verfehren; durch Feuer verzehren machen; Empfindung wie von Feuer mittheilen; von Feuer oder wie von Feuer ergriffen fein; flammend oder feuerglänzend fein.

    Mhd. brennen (Prät. brante, Part. gebrant), ahd. brennan, prennan (Prät. ich er pranta, Part. kiprant), goth. brannjan, Factitiv von **brinnen** (f. d.), aus deffen Prät. ahd. ich er pran, goth. brann, es abgeleitet ift.

die Brénte, Pl. —n : kufenartiges hölzernes Gefäß mit niedrigem Rande.

    Vgl. Schmeller I, 263 f. Bei *Dasypodius* Brente = Art Mulde, weites breites Waffergefchirr; im *voc. incip. teut.* Bl. d 2ᵇ „brenten oder potung“ = Faß, Kufe, Maß. Ital. die brenta = Art Weinfaß, piemontef. brinda, ob aus dem Deutschen? Die im gemeinen Leben übliche Form Brénke scheint durch Übergang des t in k entstanden, und schwerlich möchte aus dem 15. Jahrh. niederrhein. princk = Spunt (Mone's Anzeiger 1838, Sp. 162, 412. 305, 561) zu Grunde liegen.

brénzeln = nach Brennen riechen oder schmecken. Daher brénzlich.

> Brenzeln, v brennen, ist zu zerlegen in bren-z-el-n. Bei *Dasypodius* brenßelen u. brenßelen = nach Anbrennen schmecken.

† die Brésche (é wie ä), Pl. —n : gewaltsamer Mauer= oder Wall= bruch einer Befestigung.

> Das franz. die brêche, mit Übergang in die Beb. „Bruch" [niederd. brek Bruch] wol aus mhd. die brêche in mûrbrêche, ahd. mûrprêhhâ, = Mauerbrecher, v. brêchen.

brésthaft, Adj. : mit Leibesgebrechen behaftet.

> Mhd. brêsthaft = mangelhaft, zusammengef. mit mhd. der brêst Mangel von mhd. brêsten = bersten (s. d.), gebrechen. Vgl. Gebresten.

das Brët, —es, Pl. —er : aus einem Baumstamme geschnittenes Holz, welches wenigstens 2mal so breit als dick ist. Aus dem Pl. das Adj. brétern = von Bretern gemacht. — Mit Bezeichnung der Kürze des ë durch die übliche Verdoppelung des folgenden Consonanten auch Brétt und bréttern.

> Bei Luther bret (Pl. bretter), mhd. das brët, ahd. brët, prët. Nebst ahd. die prëta flache Hand Eines Stammes mit breit, s. d.

† das Bréve, Pl. —n : minder förmlicher päpstlicher Erlaß.

> Das ital. und mittellat. breve, welches eig. kurzes Schreiben, besonders ein päpstliches bedeutet, v. dem lat. brévis bréve = kurz Vgl. Brief.

† das Brevier, —es, Pl. —e : Betformelbuch des katholischen Geistlichen. Aus lat. breviárium, welches eig. "kurzes Verzeichniß", von breviárius, a, um, = kurz gefaßt.

die Brétzel (é wie ä), Pl. —n : Backwerk in der Gestalt zweier arm= artig zu einander geschlungenen länglichen Ringe (vgl. *gl. lindenbrog.* 568).

> Im *voc. incip. teut.* Bl. d 2 b bretzel, mhd. die brézel, brézile, ahd. die pricellâ, neben ahd. brézitellâ und mhd. die bræzte, ahd. brézitâ, précitâ, woher bayer. die Brezen = Bretzel. Jene erste Form ist wol aus mittellat. bracéllus, welches unser Backwerk sowie Armband (franz. bracelet) bedeutet und wofür auch in der Beb. „Backwerk" lat. brachiolum (eig. s. v. a. Ärmchen) vorkommt. Aber bracellus wie die letztgenannten ahd. Formen scheinen zurückzugehen auf lat. brácium, welches auf römischen Inschriften statt brachium Arm zu lesen ist (Diez I, 204).

die Brícke, Pl. —n, besser Prícke : Art Neunauge zum Einmachen.

> 1469 mittelrhein. pryecke (= lat. cirtis. *voc. ex quo*), 1475 clevisch prycke (*Teuthonista*), 1490 niederl. pric (*hor. belg* VII, 13 b).

der Brief, —es, Pl. —e : schriftliche Urkunde; Zuschrift; zusammen= gefaltetes Papierblatt. Zusammens. : brieflich = mittelst eines Briefes. der Briefwéchsel = Zu= und Rückschrift.

Mhb. der brief (Gen. brieves), ahd. brief, briaf, prief, mit ie aus lat. e
v. lat. breve (f. Breve). Gleiche Wandlung des Vocales findet sich in franz.
brief = das Breve, ital. brieve kurz, aus lat. brévis kurz

† die Brigáde, Pl. —n : größere, von einem besondern Generale be-
fehligte Heeresabtheilung.

> Das franz. die brigade, ital. brigàta eig. Gesellschaft, von dem aus ital. briga
> Zank, Streit, Angelegenheit, Geschäft, Mühe, mittellat. briga Zank, Streit,
> Kampf, abgeleiteten ital. u. mittellat. brigàre = zanken, streiten, eifrig streben,
> worauf hin bemüht sein.

die Brigantíne, Pl. —n : leichtes Schnell-, Jagdschiff.

> Das engl. brigantine, franz. der brigantin, ital. brigantíno, mittellat. brigan-
> tínus, brigentínus, urspr. wol Raubschiff, v. mittellat. brigántes leichtes Fußvolk,
> Part. Präf. v. brigàre (f. Brigade).

die Brigg, Pl. —en : 2mastiges Kriegs- und Lastschiff. Das engl. brig.

† brillánt (spr. brilljant) = glänzend; prächtig, ausgezeichnet. Daher
der Brillánt, Pl. —en : eckig geschliffener Edelstein, Glanzedelstein.

> Das franz. Adj. (Part. Präf.) u. Subst. brillant v. briller, ital. brillàre, =
> glänzen, funkeln, v. lat. bery'llus (f. Beryll u. Brille), dem Namen eines Edel-
> steines, dessen Glanz und Durchsichtigkeit gerühmt wurde.

die Brille, Pl. —n : verbundene Sehgläser für beide Augen. Daher
die Brillenschlange = giftige Schlange mit brillenähnlicher
Zeichnung auf dem Halse.

> Im 16. und 17. Jahrh., wie noch landschaftlich, der Brill, auch neuniederl.
> der bril. Von mhd. der berille, im voc. theut. v. 1482 Bl. e3ᵇ brill, parill,
> im voc. incip. teut. Bl. a2ᵃ parillen, brillen, aus lat. berfllus, bery'llus (f.
> Beryll u. brillant), dem Namen eines Edelsteines, dessen Durchsichtigkeit hervor-
> gehoben wird und von welchem eben der voc. theut. a. a. O. sagt »ein edel stein
> gestalt als glas oder eyse.«

† das Brimbórium = nichtswerthe Kleinigkeit, Lappalie.

> Bei Göthe im Faust S. 135. In latinisirter Endung das gleichbed. franz.
> brimborion, nach Frisch von franz. brimber betteln.

bringen, Präf. ich bringe ꝛc., Prät. brächte (Conj. brächte), Part. gebracht, Imp. bring (auch bringe) : von einem Orte zum andern bewegen.

> Mhd. bringen (Prät. ich er brâhte, wir sie brâhten, Conj. ich er bræhte, wir
> sie bræhten, Part. brâht u. noch b. Luther „bracht", Imp. brinc), ahd.
> bringan, prinkan, (Prät. stark ich er brang und unregelmäßig brâhta, prâhta, sie
> prâhtun, Conj. er prâhti, Part. stark prungan, prunkan, u. unregelmäßig prâht,
> Imp. bring! princ!), goth. briggan (Prät. brahta, sie brahtêdun). Das Wort
> biegt also meist, wie jetzt durchaus, unregelmäßig. Der schwache Imp. bringe!
> aber, welchen schon Luther hat, entsprang in Mitteldeutschland, wo für mhd.
> bringen eine Form brengen üblich war und hiervon der Imp. brênge! statt brinc!

der Brink, —es, Pl. —e : erhöhter Grasplatz; Grasrain. Niederd.

brinnen, Präf. ich brinne ꝛc., Prät. brann (Conj. bränne), Part. gebrönnen, intranf. : in Feuer fein. Veraltet und durch das abgeleitete, schwachbiegende, ursprünglich tranf. brennen verdrängt.

Das ftarke Part. Prät. noch im 17 und felbft bis ins 19. Jahrh., z. B. bei Theobor Körner. Mhb. brinnen, ahb. brinnan, prinnan (Prät. ich er pran, Pl. prunnumês wir brannten, Part. prunnan), goth. brinnan (Prät. brann, brunnum, Part. brunnans). Das Wort ftimmt ohne das (angetretene?) n, an lautverfchoben mittelft Verfetzung des r zu lat. fervêre fieden, aufwallen, und wird, wie das aus dem Pl. des Prät. entfproffene Subft. goth. der brunna ahb. prunno unfer Brunnen zeigt, urfprünglich auch vom Aufwallen des Waffers gebraucht.

der Britte, häufig auch Brite, —n, Pl. — n : Einwohner Englands. Daher Brittánnien (Británnien), brittifch (britifch).

Mhb. der britte (Haupt's Zeitfchr. VI, 191), ahb. prëtto, britto, v. lat..Britto, Brito. Dieß aber ift aus dem Keltifchen, denn kymrifch Prydain, felten Bryt oder Brydein, ift Name eines Stammhelden und nach diefem des Landes Britannien (f. Diefenbach Celtica III, 58). Ahb. prëttôn? lant = der Britten Land.

britten = bielen (f. b.). Wetterauifch.

die Britfche, allgemein üblich Pritfche (f. b.).

† der Brocât, —es, Pl. —e : mit Golb= und Silberblumen durchwirktes fchweres Seidenzeug.

Aus ital. broccàto [franz. brocard mit roman. -ard gemäß dem ahb. Abj. hart] v. ital. broccàre, mittellat. brocâre, franz. brocher, = ftechen, fticken, welchem ital. brocca, mittellat. broca, franz. broche, = Spieß, hölzerne Nadel, zu Grunde liegt.

† brochieren (fpr. broschíren), gewöhnlich jetzt brofchieren, f. b.

bröckeln = „zu kleinen Brocken brechen«, wofür mhb. brücken.

der Brócken, —s, Pl. wie Sing. : abgebrochenes Stück. Davon brocken, mhb. brocken, ahb. procchôn, prochôn.

Früher der Bröcke, —n, Pl. —n. Mhb. der brocke, ahb. brocco d. i. proccho, aus der Participialform von brëchen.

das Brob, beffer Brot, f. b.

der Bróbel, —s, ohne Pl., nur neuere Form neben Broden.

bróbeln = kochenb aufwallen. Aus älterem brubeln, f. Prubel.

der Bróbem, —s, ohne Pl. : bicker Dunft aus heißer, kochenber Flüffigkeit; bicker Dunft überhaupt.

Mit Schwächung des m zu n auch, wiewol felten, Broden (bei Göthe). Mhb. fchon mit Verbunkelung des a der brodem neben urfprünglicherem bradem; ahb. pradam = Hauch, Hitze, wol urfpr. pradum, welches, wie es fcheint, aus älterem prahadum d. i. prah-ad-um (vgl. ähnliche Bildungen bei Grimm Gramm. II, 233. 150). Das vermuthliche Verbum prahan aber könnte „hauchen, ausbünften" bebeuten und der Lautverfchiebung gemäß ftimmen mit lat. fragrâre = ftarken Geruch von fich geben.

der Brothahn, —es, Pl. — e : Art Weißbier, aus Weizen gebraut.

Das bän. bröihan neben bryhan, woher ungut bei uns auch Breihahn.

die Brómbeere (ó kurz), Pl. —n : schwarzblaue Frucht des Brombeerstrauches (rúbus fructicósus bei *Linné*).

Mit verbunkeltem a aus dem Rom. Pl. (vgl. Beere) v. mhd. das brámber,
ahd. brámbere, eig. prámperi, d. i. Beere des Brombeerstrauches (mhd. der
bráme, ahd. brámo, prámo u. die bráma, prámá, welche auch „Dornstrauch"
überhaupt bedeuten. Woher das Wort, s. die Anm. zu Bram).

der Brómhahn = Birkhahn. Vom Aufenthalte, denn Bram- ist
mhd. bráme = Dorn-, Brombeerstrauch. S. Brombeere.

† die Bronze (spr. bróngse), ohne Pl. : (bräunliche) Metallmischung
aus Messing, Zinn und vornehmlich Kupfer.

Das franz. bronze, ital. bronzo, v. mittellat. brónzium Ob ursprünglich
slawisch? da russisch und serbisch bronza, poln. bronc, slowenisch bronz, böhmisch
brñ, brnn Metall.

die Brósam u. Brósame, Pl. —n : das inwendige Weiche vom Brote.
Mhd. die brosme, ahd. brosmá, prosmá, prosamá (gl. jun. 200), eig. f v. a
Bröckchen, Brocken. Nur hochd. und wol aus älterm prohsmá, prohsamá,
welches aus der Participialform von brechen (s. d.), woher auch goth. die
ga-bruka (Brocken) und unser Brocken. Ebenso goth. die draúsna Brocken
(*Skeireins* 50b, 17) aus draúhsna (Marc. 7, 28. Luc. 16, 21. Joh. 6, 12).

das Bröschen, —s, Pl. wie Sing. : Brustdrüse des Rindes, Kalbes,
Lammes.

Bayer. die u. das Brües, Dim. das Brüeslein. Schmeller I, 265.

broschieren = (ein Buch) bloß heften. Daher die Broschüre,
Pl. —n : bloß geheftetes Buch mit Umschlag; Schrift von einem oder
wenigen Bögen.

Aus franz. brocher (spr brosche) und dem davon abgeleiteten die brochure.
Jenes brocher aber ist eig. stechen, womit durchstechen. S. Brocat.

das Brö'selein (b. Göthe I, 196) = Brotbröckchen.

Dim. v. die Brosam Mhd. das brosmelin.

das Brot, —es, Pl. —e : der aus Mehl und Wasser bereitete und
gebackene Teig als tägliches Nahrungsmittel des Menschen; [bildlich]
Nahrungsbedarf, Nahrungspflege; Bienenbrot (s. Bienen-).

Ungut und nicht der Sprachähnlichkeit gemäß Brob. Schon bei Luther das
brot. Mhd. das bröt, ahd. bröt, prót, altsächf. bröd, angelsächf. breád, altnorb. braud. Mit ahd. das pród Brühe wol von ahd priuwan, angelsächf.
breóvan, unserm brauen (s. d.), = „durch Dampfkochen bereiten", dessen Prät.
im Ahd. ich er prou (mhd. brou), angelsächf. breáv lautet. Vgl. Grimm's
Gesch. d. d. Spr. 398. Der Gothe hatte das Wort nicht, sondern der hláifs
unser Laib (s d.). — Bienenbrot, auch im Angelsächf., wo beóbreád = honigscheibe (Luc. 24, 42).

brr! Laut zum Stillstehen der Pferbe; Laut des Schauders.

der Bruch, —es, Pl. Brüche : Gebrochensein; Stelle, wo etwas ge-
brochen ist; Abgebrochenes; Theil eines Zahlenganzen. Daher brüchig,
mhd. brüchic, Adj.

Mhd. der bruch (Pl. brüche), ahd. bruh, pruh, aus der Participialform von brechen, welche goth. brukans ahd. prohhan lautet.

der (auch und zwar urspr. das) Brûch, —es, Pl. Brüche (u. Brücher): Sumpfboden; Sumpfwiese. Daher das Adj. brüchig, 1469 brüchicht.

Bei Alberus (das?) bruch, mhd. das bruoch, ahd. bruoch d. i. pruoh, niederd. brôk, wie nhd.; aber angelsächf. brôc = Bach. Ob mittelst des Ablautes uo (angelsächf. ô) aus dem Sing. des Prät. v. brechen: ahd. ich er prah, angelsächf. bräc, und darnach ursprünglich f. v. a. brüchiger oder gebrochener Boden?

die (auch der) Brûch, Pl. Brüche: Art Hosen. Nur noch landschaftl.

Bei Alberus (Eulenspiegel Nr. 530) die Bruch, mhd. die und das bruoch, ahd. die bruohha u. gewöhnlich das bruoch, pruoh, niederd. brôk, neuniederl. die broek, angelsächf. brôc, altnord. die brôk, schwed. brok, dän. brog, = Hose, im Mhd. und Ahd. auch „Gürtel" als Hüftbedeckung. Mittelst des Ablautes uo (altnord. ô) aus lat.-gall. braca Hose. Vgl. Brare.

die Brüche, Pl. —n: Vergehen (Gesetzesbruch); Buße in Geld dafür.

Nach niederd. die bröke, mittelniederd. die broke, = Vergehung (Reineke 2380. 2403), einer weiblichen Form neben mhd. der brnch [ahd. pruh unserm Bruch], welches auch bildlich Mangel (Gebrechen), Schaden, Beeinträchtigung, Vergehen, bedeutet. Westphälisch sagt man statt „Brüche": die Brüchte. Diese Form aber ist aus dem Nom. Pl. (brühte) v. mhd. die bruht, ahd. (nur in Zusammensetzung) pruht, = Widerstand, urspr. (wie ahd. ki-pruht, untar-pruht 2c. zeigen) Bruch, hervorgegangen, welches Subst. mittelst -t v. ahd. der pruh, eben unserm Bruch, abgeleitet wurde.

brüchig f. der Brûch. brüchig f. der Bruch.

die Brüchte, f. die Brüche.

die Brücke, Pl. —n: über einen Fluß, Graben oder eine Schlucht gebauter Weg von Holz oder Stein.

Mhd. die brucke und brücke, brügge, ahd. brucca, bruccâ, pruccâ, pruoga, niederd. brugge, angelsächf. (mit Umlaut des u) brycg, altnord. brû (Grimm's Gramm. 1', 471) und (ebenfalls mit Umlaut) bryggja.

der Brubel, üblich Prubel, f. d.

der Brúder, —s, Pl. Brüder: Person männlichen Geschlechtes, welche mit einer andern dieselben Eltern oder denselben Vater, dieselbe Mutter hat; Person gleichen Amtes oder Ordens. Zusammenf. mit dem Pl.: die Brüderschaft.

Mhd. der bruoder (im Pl. erst spät brüeder), ahd. bruodar, bruadar, pruodar, goth. brôþar, altsächf. brôthar. Mit Ablaut des a und der Lautverschiebung gemäß stimmend zu den gleichbed. lat. frâter, gr. phrátêr (φράτηρ Mitglied eines Geschlechtes), sanskr. bhrâtri (bhrâtṛ), litthau. brolis, ruff. brat'', poln. brat, keltisch (irisch) brathair. — Die Brüderschaft lautet mhd. bruoderschaft, ahd. bruaderscaf (b. Otfried).

die Brühe, Pl. —n: zusammengesetzte Flüssigkeit, bef. gekochte. Von brühen, = mit heißer Flüssigkeit begießen, daß sie einbrennt.

Die Brühe, bei Alberus Brüe, mhd. die brüe (Buch v. guter Speise), brüeje (Boner 37, 11), = gekochte Flüssigkeit. Im Ahd. kommt das Wort noch nicht vor; man sagte dafür das pröd (s. Brot). Das Stammverbum von „Brühe": brühen findet sich ebenfalls erst im Mhd., wo brüejen (Prät. bruote) = mit heißem sengen.

der **Brühl**, —es, Pl. —e : mit Gras und Büschen bewachsene tiefe Fläche; bebüschte tiefe, nasse Sumpfwiese; Sumpfflache.

Bei Alberus der brüel, mhd. der brüel, ahd. proil, pruil; mittelniederl. proiel (Thiergarten). Aus dem Romanischen, wo ital. der bruolo (Küchengarten) u. broglio, provenz. bruolh, franz. breuil (Gebüsch), mittellat. brólius, brólius und am Frühesten brógilus, = umzäuntes Gebüsch oder Baumstück, Wäldchen, v. ital. brogliàre, provenz. brolhar, altspan. brollar, = sprossen, sprudeln, urspr. sich erheben [weshalb auch ital. broglio Aufstand, Empörung], welchem Verbum vielleicht keltisch (kymrisch) brog Aufschwellung zu Grunde liegt (vgl. Diez Wtbch 71), wozu auch dem Begriffe nach mhd. brogen = sich erheben, aufrichten, übermüthig, groß thun, stimmt.

brüllen = erschütternd schreien.   Damit zusammenges. : der **Brüll- ochs** = Zuchtochs.

Bei Luther brüllen, 1482 prullen von Ochsen (*voc. theut.* Bl. t3ᵃ), 1470 prüllen (Diefenbach's Gloss. 186), neuniederl. brullen.

brummen = dumpfen Ton von sich geben.

Mhd. brummen, auch gebrummen (als Subst. im *Parzival* 571, 1). Aus dem Plural des Prät. von mhd. brimmen (Prät. ich er bram, wir sie brummen, Part. gebrummen), welches aus dem Präs. des gleichbed. älteren, weil einfachen Consonanten zeigenden ahd. prëman (Präs. ich primu), goth. briman(? Prät. Sing. bram, Pl. brēmum, Part. brumans), woher auch das weiter abgeleitete altnord. brumla (brummeln) = murmeln. S. Brëme, sowie Grimm's Gramm. II, 71. I², 445.

† die **Brunélle** (é wie ä), Pl. —n : Braunwurz oder Gottheil, ein Heilmittel gegen die Bräune.

Bei Adam Lonicerus Bl. 132ᵇ Braunelle; 1400 brunelle (Gießener Heilmittelbuch Bl. 109ᵃ). Aus spät-mittellat. prunélla, franz. brunelle, v. ital. span. bruno, franz. brun, welche ahd. brûn, prûn unserm braun entstammen. Der Name nach Lonicerus wegen der braunen Blüte einer Art.

† **brünétt** (é wie ä), das franz. brunet, ital. brunétto, welches mit Diminutivendung v. franz. brun, ital. bruno braun (s. Brunelle) : braunhaarig, eig. bräunlich. Daher die **Brünétte**, Pl. —n, franz. die brunette : Braune, Bräunliche von Gesichtsfarbe und Haar.

die **Brunft**, ohne Pl. : Äußerung des Begattungstriebes beim Roth- und Schwarzwilde. Daher **brunften**, diesen Trieb äußern.

1486 brunft; im *voc. theut.* v. 1482 Bl. k7ᵇ in die prufftlauffen [lies : in die prüfft lauffen] = ehebrechen; mhd. die brunst Brunstzeit des Hirsches (*Heinrichs Tristan* 2403). Mit Schwächung des m zu n aus älterem brumft(?) ahd. prumft(?) v. ahd. prëman = brummen, brüllen, hier vom verlangenden lauten Schreien des Wildes zu verstehen, wie denn auch in einem titellosen Gedichte v. J. 1486 auf der Universitätsbibliothek zu Gießen pöllen unser bellen vom Schreien des Hirsches in der Brunftzeit vorkommt. Vgl. Kunst, Zunft, Vernunft.

der **Brunn**, — es, Pl. —en (ehedem Brünne), was Brunnen.

> Bei Luther brun, Pl die Brünne (1 Moſ. 7, 11. 8, 2), Brünn (3 Moſ. 11, 36), welche ſtarke Biegung an das ſtarkformige altnord. der brunnr **Brunnen** erinnert, obgleich deſſen Pl. brunnar lautet und das Wort alſo nicht umlautend biegt. Im voc. theut. v. 1482 prunn. Spätere hochd. Nebenform von **Brunne** ahd. prunno (ſ. **Brunnen**).

der **Brunnen**, —s, Pl. wie Sing. : ausſprudelnde, zu Tage kommende Quelle; Quellwaſſer; Behälter, worin ſich ausbrechendes Quellwaſſer ſammelt; Harn. Vgl. **Brunn** u. **Born**.

> Früher **Brunne**. Mhd. der brunne (Gen. brunnen), ahd. brunno, prunno, alt-ſächſ. brunno, goth. brunna. Aus dem Plural des Prät. v. **brinnen**, ſ. b. Ähnlich mhd. der sôt **Brunnen**, v. ahd. siodan unſerm ſieden. S. **Grimm's** Mythol. 550. **Gramm**. III, 387.

der **Brúnnquëll**, —es (—s), Pl. —en : Quell, woraus ein Brunn ent-ſteht; [bildlich] Urſprung.

Brûno, der volltönend erhaltene ahd. Mannsname Brûno = der Braune. Als nhd. Familienname **Braune**, **Braun**.

die **Brunſt**, Pl. Brünſte : (großes) verzehrendes Feuer; innere Glut, Hitze im Menſchen; Heftigkeit des Geſchlechtstriebes.

> Mhd. die brunst (Pl. brünste), ahd. brunst, prunst, goth. (nur in Zuſam-menſetzung) die brunsts, urſpr. ſ. v. a. **Brand**. Mit Ableitungs-t und nach **Grimm's** Gramm. II, 209 unorganiſch eingefloſſenem s aus dem Plural des Prät. v. **brinnen**, ſ. b.

brúnſtig, Adj. u. Adv. : Brandes voll; entbrannt; Heftigkeit des Ge-ſchlechtstriebes äußernd. Mhd. in Zuſammenſetzungen (vgl. inbrünftig) brünstec = entbrannt, Adj. v. **Brunſt**.

brúnzen = den Harn gehen laſſen. Jetzt gemein.

> Mhd. brunzen (d. i. urſprünglicher brunn-ez-en, wo -ez-en = goth. -at-j-an, welche Ableitung Verſtärkungswörter bildet) = den **Brunnen** (ſ. b., mhd. brunne auch = Harn) gehen laſſen.

der **Brúſch**, —es, Pl. —e : der Mäuſedorn (rúscus aculeâtus).

> Nach franz. der brusc, ital. und ſpan. brusco, mit vorgeſetztem b neben ital. und ſpan. der rusco aus dem lat. Namen rúscus. Solche Verſtärkung des An-lautes aber durch Vorſetzung eines Conſonanten findet ſich im Romaniſchen höchſt ſelten. S. **Diez** I, 263 u. Wtbch 74.

die **Bruſt**, Pl. Brüſte : Vorbertheil des Leibes vom Halſe bis zum Magen; erhabener milchgebender Bruſttheil.

> Mhd. die brust (Pl. brüste), ahd. brust, prust, goth. brusts, niederd. (mit Verſetzung des r) die burst, borst, neuniederl. borst, woneben altſächſ. das (?) briost, brêost, angelſächſ. die brêost, altnord. das briost. Sichtlich liegt hier ein verlornes goth. Wurzelverbum briustan (Prät. Sing. bráust, Pl. brustum, Part. brustans) zu Grunde, welches ſich an goth. bristan(?), ahd. prëstan unſer berſten (ſ. b.) ſchließt und, nach dem aus dem Pl. des Prät. hervorgegangenen altſächſ. brustian = „ſproſſen" (Héliand 132, 15) zu urtheilen, die Grundbe-

deutung „ſchwellend vorbrechen" gehabt haben mag. Daher Bruſt urſprünglich
wol ſ. v. a. „die ſchwellend Vorbrechende."

die Bruſt, Pl. Brüſte, = „Bruch", in dem jetzt nur noch landſchaftl.
(wetterauiſchen) die Wolkenbruſt, mhd. wolkenbrust, = (hochd.)
Wolkenbruch.

> Mhd. die brust, ahd. prust, = Bruch (Diut. II. 283ᵇ). Aus dem Pl. des
> Prät. v. ahd. prëstan unſerm berſten (ſ. d.).

ſich brüſten = „die Bruſt vorſtrecken" oder, wie wir auch ſonſt ſagen,
„ſich in die Bruſt werfen"; [daher bildlich] ſtolz thun (Pf. 73, 7).

brüſtig, Adj., in eng=, hoch=, vollbrüſtig ꝛc. Mhd. brüstec (?).

der Brüſtkern, —es, Pl. —e : der ſtoffhaltige, ausgeſuchteſte Theil
an der Bruſt des geſchlachteten Rindviehes -(vgl. Kern). Erſt bei
Steinbach.

die Bruſtwehr, Pl. —en : Schutzwehr, die den Mann bis über die
Bruſt, alſo bis an die Zähne deckt. Ahd. die prustwerî.

die Brut, Pl. —en : Hitze zur Ausbildung des Jungen im Eie, dann
das belebende Sitzen über dem Eie; das Ausgebrütete. Davon brüten;
brütig = bebrütet und brütend.

> Mhd. die bruot = Hitze, ſengende Hitze, ahd. pruot (?) ſt. pruod d. i. pruo-d,
> aus einer älteren Form pruohad, welche mittelſt der Endung -ad v. einer bei
> mhd. brüejen unſerm brühen vorauszuſetzenden ahd. Form pruohan abzuleiten
> iſt. S. Grimm's Gramm. II, 235 Von dieſem Subſt. pruot bruot dann :
> das ahd. Verbum bruotan, bruotan, mhd. brüeten (unſer brüten), = wärmen,
> in Hitze zur Belebung des Eies über dieſem ſitzen; das Adj. bruotic = heiß,
> entbrannt. — Bei Luther, wie noch landſchaftl. (wetterauiſch), brüen unſer
> „brühen" = brüten. So ausbrüen = „ausbrüten" Hiob 39, 14.

brutal, Adj. u. Adv. : ungeſchliffen, roh und grob im Benehmen. Da=
her die Brutalität, Pl. —en : Roh= und Grobheit, Flegelei.

> Brutal iſt das gleichbed franz. brutal, ital. brutàle, eig. viehiſch, unvernünftig,
> aus ſpät=mittellat. brutàlis v. lat. brutus unvernünftig. Von jenem brutàlis aber
> weiter brutàlitas (Gen. brutalitàtis) unſer Brutalität.

brüten, brütig, ſ. Brut.

der Bube, —n, Pl. —n : noch nicht ausgewachſene männliche Perſon;
zuchtloſer Menſch.

> Mhd. (noch ſelten) der buobe, entlehnt aus lat. pupus kleiner Knabe.

die Büberei, Pl. —en : zuchtloſe Handlung. Von Bube.

> Im voc. ex quo von 1469 buberîe ſt. mhd. die bubenîe, buobenîe.

das Buch, —es, Pl. Bücher : zu einem Ganzen zuſammengeheftete
Pergament= oder Papierblätter; Hauptabtheilung eines Werkes; 24
Bogen Papier. Von Buche.

> Mhd. das buoch (Pl. diu buoch, erſt ſpät büecher), ahd. buoch, buah, puoh,
> pôh, angelſächſ. die bôc. Urſpr. „Buchſtab" und erſt im Pl. ſ. v. a unſer
> „Buch", was ſich deutlich im Goth. zeigt, wo das urſprünglichere mit Buche ſtim-
> mende Femininum bôka = „Buchſtab" und darnach deſſen Pl. bôkôs = Buch, Brief.

Der Name kommt aber daher, daß in der älteften Zeit unferes Volks die zunächft zu Loos und Weißagung gebrauchten geheimnißvollen Runenzeichen in
Zweigftücke eines fruchttragenden Baumes eingerißt wurden, und eben zu den
fruchttragenden Bäumen gehörte der Eckern wegen ganz vorzüglich die Buche.
S. Wilh. Wackernagel's Wtbch 76 u deffen Litteraturgefch 12, *Tacit.* Germ. 10,
fowie die Wörter Buche, Buchftab, reißen, Rune.

der **Bûchbaum**, ein fpäteres Wort ft. Buche, f. d.

die **Bûche**, Pl. —n, der bekannte bei uns einheimifche Waldbaum.
Daher die Bûchecker (e wie ä) u. die Bûchel (fchon 1482) = Frucht
der Buche (f. Ecker); büchen (ü lang), mhd. buochîn, fpät-ahd. bôchîn
(*gl. trevir.* 6, 11), = von Buchenholz. der **Bûchfink**, —en, Pl. —en,
mhd. buochvinke, der bekannte, fich gerne in Buchwäldern aufhaltende
Fink.

Mhd. die buoche, ahd. buochâ, buocha, puohha, goth. bôka(?), welche
Formen mit Ablaut wie lautverfchoben ftimmen zu dem lat. Namen *fágus*, gr.
phêgós (φηγός). Davon Buch und Buchftab, f. b. — Jm voc. *ex quo* von 1469
eyn buchen baume, jetzt der Bûchbaum.

der **Buchs** (u kurz), —es, Pl. —e, das bekannte immergrüne Gartengewächs
zur Einfaffung der Beete; Buchsbaumholz. Zufammenf.: der **Bûchs-
baum**.

Mhd. der buhs, und, mit -boum Baum zufammengefetzt, mhd. und ahd. der
buhsboum b. L puhspoum, v. lat. die búxus, welches aus gr. py'xos = Buchsbaum u. Buchsbaumholz.

die **Buchfe**, Pl. —n : die Hofe. Schmeller I, 248.

So oberdeutfch; niederd. boxe, dän. buxe, altnord. buxa.

die **Bûchfe**, Pl. —n : walzenförmiges hohles Gefäß als Behälter;
Feuergewehr mit gezogenem Laufe.

Mhd. die bühse [in der Bed. „Feuerrohr zum Schießen" erft in der 2ten Hälfte
des 14. Jahrh.], ahd. buhfâ, puhfâ, puhsa, aus mittellat. búxia, lat. die py'xis
(in jener erften Bed), welches wieder entlehnt ift aus gr. pyxís (πυξίς) =
Bûchfe aus Buchsbaumholz (gr. py'xos, f. Buchs).

der **Bûchftab**, —en (ehedem —es, s), Pl. —en, u. der **Bûchftabe**,
—ns, Pl. —n : Lautzeichen. Daher bûchftabieren, im 15. und
16. Jahrh. beffer, weil reindeutfch, bûchftaben, = die Buchftaben
einer Sylbe, eines Wortes einzeln ausfprechen und zufammenfetzen.

Noch bei Frifch u. Stieler Buchftab, bei Valentin Jckelfamer buchstab,
mhd. der buochstap (Pl. buochstabe), woneben aber fchon im 12. Jahrh. die
fchwache Form der buochstabe (Pl. buochstaben) tritt; ahd. der buochstab,
buahstab, puohstap, pôhstap, altfächf. bôcstaf, angelfächf. bôcstäf, altnord.
bôkstafr, mittelniederl. boekstaf. Urfpr. wol nichts anders als Stab [Zweigftück;
ahd. stap = Stab u. Ruthe, Zweigfchoß] der Buche, auf welchen ein Runenzeichen zu Loos und Weißagung eingeritzt war. Solche Stäbchen wurden aufs
Gerathewol über ein ausgebreitetes weißes Gewand geftreut, fodann aufgelefen
und jenen Zeichen gemäß gedeutet, entweder indem man, wie die Stäbchen nach
und nach aufgelefen wurden, aus ihnen ein Wort zufammenfetzte, oder auch dem

Ramen jedes Zeichens (Buchstabens) einen Bezug auf den fraglichen Gegenstand gab. Da aber auch Stäbchen von andern fruchttragenden Bäumen in gleicher Weise gebraucht wurden, so kommt im Altnord. neben bókstafr noch bloß der stafr = Stab und Buchstab vor. Vgl. Buch, lesen, u. Wilh. Wackernagel's Litteraturgesch. 12.

die Bucht, Pl. —en : Einbiegung des Meeres oder eines Sees ins Land; hohlrunde Einbiegung.

Bei Frisch (1741) noch nicht verzeichnet und erst um die Mitte des vorigen Jahrh. aus dem Niederd. aufgenommen, wo bugt, dän. u. schwed. bugt, = Krümmung, bef. des Meeres, aus dem Pl. des Prät. von biegen (f. d.) goth. biugan, woher auch altnord. buga krümmen, beugen. Im Mhd. sagte man für Krümme und Bucht die biuge, ahd. der piugo.

der Buchweizen, — s, ohne Pl. : Mehlfrucht aus dem Geschlechte des Wegebreites, das Heidekorn.

Die Pflanze kam erst zu Anfange des 16. Jahrh. nach Europa und ward Buchweizen genannt, weil die Frucht in ihrer Gestalt der Buchecker, nach ihrem Geschmacke dem Weizen ähnelt. Bei *Dasypodius* Buchweiß.

der Buckel, — s, Pl. wie Sing. : Rückenauswuchs; [derb und gemein für] Rücken. Daher: buckelig; sich buckeln = den Rücken krümmen.

Buckel erst im 15. Jahrh., wo pucklat = höckericht. Früher (mhd.) sagte man der hover u. der ruke. Von oberd. bucken, mhd. bücken (Prät. bucte) — biegen, krümmen. S. bücken.

die Buckel, Pl. —n : erhabene Metallverzierung.

Mhd. die (u. der) buckel, mittelniederl. bokel, = erhabener Erzbeschlag in der Mitte des Schildes zu Stoß und Schlag, aus dem gleichbed. altfranz. bocle, provenzal. bocla, v. mittellat. bucula, welches abgeleitet ist aus mhd. der buc (Gen buckes) = Schlag, Stoß (*Nithart* 31, 2, 9).

sich bücken = sich vorwärts niederbiegen.

Mhd. bücken (Prät. bucte) = biegen, niederbiegen, ahd. pucchan(?). Aus dem Plural des Prät. v. biegen (f. d.). Oberd. bucken.

der Bücking, — es, Pl. —e : geräucherter Hering. S. auch Bückling 2.

Im 15. Jahrh. der bucking (*Rothe's* Chronik. *Voc. ex quo*) von Bock. Den aus dem Niederl. stammenden Namen führt der Fisch, weil er einem Bockshorne ähnelt, weshalb er mittelniederl. neben buckinc auch boxhoren heißt (*hor. belg.* VII, 11*).

der Bückling, — es, Pl. —e : Verbeugung. Erst b. Stieler.

Mit fehlerhaftem -ling st. -ing v. bücken.

der Bückling, — es, Pl. —e : geräucherter Hering. S. Bücking.

Im *voc. incip. teut.* Bl. d4 b buckling. Mit fehlerhaftem -ling st. -ing und also urspr. richtiger Bücking, f. d.

die Bude, Pl. —n : Breterhütte.

Mitteld. die bûde, welches mhd. buode wäre; engl. booth, altnord. bûd. Aus dem Slaw., wo böhm. bauda und (veraltet) buda, poln. buda [woher dann budować (spr. budowasj) bauen], russ. budka, litth. bûda, lettisch buhda, — Hütte. Durch unorganischen Übergang des mitteld. û zu nhd. au (vgl. auch

Mauth) unſer Baube (böhm. bauda), welches alſo nicht, wie bei Baube angegeben wurde, v. bauen, ſondern nur daran angelehnt iſt.

der Büffel, —s, Pl. wie Sing., eine Art wilder Ochſen. Daher büffeln = wie ein Büffel arbeiten. Zuſammenſ.: der Büffelochs. 1482 buchfel (voc. theut. Bl. e 4ᵇ), altcleviſch buffal, v. franz. der bufle, ital. bufolo, bufalo, welche aus mittellat. búfalus, lat.-gr. búbalus.

buff und büffen, ſ. puff und puffen.

der Bug, —es, Pl. Büge: Stelle, wo etwas gebogen iſt.
Ein erſt bei Dasypodius (1537) vorkommendes, aus dem Pl. des Prät. von biegen : mhd. bugen (wir ſie bogen) abgeleitetes Subſt. Bei Joſua Maaler (1561) bügig = was ſich gerne hin und her biegen läßt.

der Bug, —es, Pl. Büge: Körpertheil mit Wirbelknochen; (breites) Vordertheil des Schiffes (vgl. bugſieren, Bugſpriet).
Mhd. der buoc (Pl. büege), ahd. buog, puoc, angelſächſ. bôg, = das obere Gelenk des Armes (die Achſel) und dann auch das obere Gelenk des Schenkels (die Hüfte); an Pferd und Hirſch das obere Gelenk mit dem breiten Theile der Vorderbeine. Dem Schiffe aber wird ein Bug (niederd. bôg, neuniederl. boeg) beigelegt, weil man es gerne mit dem Pferde verglich. Das Wort kann nicht von biegen kommen, ſondern iſt aus einer Wurzel bag ahd. pac, auf deren a ſich der Ablaut uo gründet.

der Bügel, —s, Pl. wie Sing.: ringförmig Zuſammengekrümmtes.
Bei Stieler 139 Bügel u. Biegel. Im 16. Jahrh. (b. G. Agricola) bogel = Bogen. Aus niederd. bögel = Reif, neuniederl. beugel = großer eiſerner, metallener Ring, mittelſt der Endſylbe -el (= il) von Boge (Bogen) in dem Sinne von ringartiger Krümmung.

das Bügeleiſen = Eiſen zum Glätten der Wäſche, des Zeuges. Zuſammengeſ. mit bügeln = (Wäſche, Zeug) glätten durch Darüberhinfahren mit dem heißen Glätteiſen.
Erſt bei Stieler. Von Bügel (ſ. d.) wegen der Krümmung, Bogengeſtalt des Glätteiſens.

bugſieren (u kurz) = (ein Schiff) durch Ruderboote an Tauen vorwärts ziehen.
Aus niederd. bôgseren, neuniederl. boegseeren, v. niederd. bôg, neuniederl. boeg, = Vordertheil des Schiffes (ſ. Bug 2).

das Bugſpriet, —es, Pl. —e: die über dem Vordertheile des Schiffes ſchräg in die Höhe ragende Stange.
Bug iſt hier entweder hochdeutſch, oder nach Ausſprache des neuniederl. oe (ſpr. u) geſchrieben; ſtrengere niederländiſche Schreibung wäre Bogſpriet. Der Ausdruck iſt nämlich überkommen aus neuniederl boegspriet (niederd. bôgsprêt), einer Zuſammenſ. von neuniederl. boeg = Vordertheil des Schiffes (ſ. Bug 2) und das spriet = ſchräg gehende Segelſtange am Maſte, welches Wort aber kein anderes als unſer Spieß iſt (ſ. Spieß 1), wie denn auch Bugſpriet im Altnord. mit Ausfall des r das bugspiot lautet.

der Bühel, zuſammengez. Bühl (Göthe II, 38), —es, Pl. —e: natürliche Erhöhung des Bodens in einer Ebene, mäßiger Hügel.

Mhd. der bühel [„bërge unde puhel“ i. d. Gießener Hf. Nr. 878], ahd. buhil, puhil. Verschieden von Buckel

der Bühle, —n, Pl. —n, mhd. der buole : männliche Person vertrauten geschlechtlichen Umganges. Daher : die Bühle, Pl. —n, später-mhd. die buole; bühlen = (mit jemand) ein Liebesverständniß mit Liebesbezeigung haben, dann sich um eine Gunst bewerben, woher der Bühler (im 15. Jahrh. buoler) und davon weiter die Buhlerei und das Adj. bühlerisch; die Bühlschaft, mhd. die buolschaft, = Liebesverständniß mit Liebesbezeigung.

Jenes mhd. der buole bed. geliebte Person, z. B. naher Verwandter, Bruder, Gatte, lieber Freund, später eine Person geschlechtlicher Zuneigung und dann in übler Bed., wie z. B. im voc. theut. v. 1482 Bl. e4ᵃ bule ein unêlich weyp und bule ein vnêlich man. Die Wurzel (mhd. bal, ahd. pal) stimmt der Lautverschiebung gemäß mit gr. phil in philos (φίλος) geliebt, philên (φιλεῖν) = lieben, liebhaben.

die Bühne, Pl. —n : erhöhter Fußboden von Bretern; Bretergerüste. Daher bühnen = mit Bretern belegen.

Mhd. die bün, büne, = erhöhter Fußboden; Decke eines Zimmers.

die Bühre, Pl. —n : Bett-, Küssen-, Polsterüberzug. Niederd.

† bukólisch, Adj. : hirtenmäßig.

Aus dem lat.-gr. Adj. bucólicus v. gr. bukólos (βουκόλος) Rinderhirt.

die Bulge, Pl. —n : Wasserbehälter von Leder.

Mhd. die bulge, ahd. bulgâ, pulgâ, = lederner Sack, aus dem gleichbed. lat.-gall. bulga, welches sich noch im Keltischen findet (kymrisch die bolgan, gälisch die bolg, builg, = lederner Sack, Felleisen). S. Diefenbach's Celtica I, 200 f.

der Bulle, —n, Pl. —n : Zuchtstier.

Zuerst 1734 bei Steinbach. Aufgenommen aus niederd. der bulle, engl. bull (auch engl. bullock junger Ochs, angelsächs. bulluca), altnord. boli (und daneben bauli). Diese Formen stimmen mit litth. bullus, slaw. vol", poln. wol, böhm. wole, gälisch bolán, und auf den Begriff der Wurzel leitet das naherverwandte altnord. Verbum baula brüllen. Vgl. Grimm's Gesch. d. d. Spr. 32. 759.

die Bulle, Pl. —n : bauchige Flasche. Zu Anfange des 18. Jahrh. aus dem gleichbed. niederd. die pulle, neuniederl. pul.

die Bulle, Pl. —n : angehängte Siegelkapsel, dann die damit versehene Urkunde; Verordnung mit dem päpstlichen Siegel.

Mhd. u. altfries. die bulle, aus lat. bulla, welches eig. Wasserblase [in diesem Sinne ins Ahd. aufgenommen polla. Graff III, 96].

der Bullenbeißer, niederd. bullenbiter, s. Bärenbeißer.

büllern = „poltern“ ist das niederd. bullern, schwed. bullra, welche durch Angleichung des d aus buldern, buldra unserm poltern (s. b.).

büllern = Blasen werfend geräuschvoll aufwallen.

Abgeleitet v. altnord. bulla = Blasen werfend, kochend aufwallen, lat. bullîre (bulla Wasserblase).

ber **Bult**, —en, Pl. —en, unb ber **Bülten**, —s, Pl. wie Sing. : bewachſener Erbhaufen. S. Voß lyr. Geb. III, Nr. 9 u. Luiſe I, 129 mit ben Anmerkungen.

Das nieberb. ber bult u. bulten = kleiner Erbhügel, Erbhaufen, altclevifch bulten, altfrief. bald unb mit Verſetznng bes l blud = Haufen überhaupt.

bümmeln = hangenb hin unb her ſchweben, wie bammeln (ſ. b.); in Nichtsthun umherſchlenbern. Daher ber **Bümmler** = umher= ſchlenberuber Nichtsthuer.

Das nieberb. bummeln. Altnorb. bumla = wieberhallen, aus welcher Bebeut= ung bie obigen ſpäteren hervorgegangen zu ſein ſcheinen.

bums! Interj. bes bumpf ſchallenben Aufſchlagens ober Falles auf etwas. Von **bümſen** = mit bumpfem Laute auf etwas ſchlagen ober fallen; einen lauten Bauchwinb gehen laſſen (im *voc. ex quo* v. 1469 mittel= lat. bumbisâre).

Nieberb. Wol aus bem von lat.=gr. bómbus (1469 búmbus) bumpfer Ton abgeleiteten lat. bombizâre (1469 bumbisâre) bumpf tönen; aber bamit zugleich zuſammenhangenb mit altnorb. bie bumba Trommel.

ber **Bunb**, —es, Pl. **Bünbe**, mhb. ber bunt (Gen. bundes) : Ver= einigung wozu; Binbemittel; mit einanber Verbunbenes. Daher bas (unb z. B. b. Göthe auch ber) **Bünbel**, —s, Pl. wie Sing., ge= kürzt aus mhb. bas gebündel, ahb. gibundili, kipuntili, = Zu= ſammengebunbenes zum Tragen; **bünbig** = verbinbenb (mhb. bündic in Bunb tretenb), feſt überzeugenb, kurz zuſammengebrängt unb kräftig; bas **Bünblein** (b. Luther bündlin, ahb. gibuntilin), Dim. von Bunb; bas **Bünbniß**, —ſſes, Pl. —ſſe, = feſte Verbinbung von Perſonen ober Staaten zu einem Zwecke.

Jenes mhb. ber bunt, ahb. punt(?), iſt hervorgegangen aus bem Pl. bes Prät. v. binben : ahb. puntumês wir bauben. Von bunt aber wurde bann burch Zu= ſammenf. mit bem einen Collectivbegriff mittheilenben ahb. ki- unſerm ge= unb ben Ableitungsſylben -il-i gebilbet kipuntili (ſ. oben), woraus unſer Bünbel.

bie **Bünge**, Pl. —n : Pflanzenknolle.
S. Bachbunge unb bas folgenbe Bunge.

bie **Bünge**, Pl. —n : bie Trommel; bie [trommelähnliche] Fiſchreuſe.
Das neu= unb mittelnieberb. bunge Trommel (*Reineke Vos*, 2. Ausg., S. 193b). Nach Grimm's Gramm. II, 61 aus bem Pl. bes Prät. eines verlornen altſächſ. Wurzelverbums bingan (Prät. Sing. bang, Pl. bungun, Part. bungan) = ſchlagen, klopfen, welchem auch bas gleichbeb. altnorb. Verbum bánga (ſt. banga), bas Subſt. Bengel (ſ. b.), Bunkel, vielleicht auch Bunge = Knolle (ſ. Bach= bunge), angehören.

ber **Bünkel**, —s, Pl. wie Sing. : gebrungeпe, kurze, bicke Perſon.
Bei J. H. Voß. Mhb. bunkel, punkel, = Schlag, Stoß, Beule (*Nithart* 36, 6. 7, 4), woraus ſich obige Beb., ſowie bie „Bunb, bauſchige Maſſe“ (Schmel= ler I, 287), entwickelte. Von (bayer.) punken = klopfen, ſtoßen, pauken

(Schmeller ebendaf.), welches aus dem Pl. des Prät. v. bingan (f. Bunge 2), ahd. pinkan (?), abgeleitet ist.

bunt, Adj., Comp. bünter, Superl. büntest : mannigfarbig. Damit zusammenges. buntscheckig (e wie ä) = überladen bunt.

Bei Luther bunb (Pl. bunbte), mhd. bunt, mittelniederl. bont (*Reinaert* 5196, Ausg. v. Willems) = fehwammenfarben b. h. „grau (ober auch schwarz) und weiß", eig. f. v. a. „dem gleich, was das mhd. Subst. das bunt bezeichnet", aus welchem sich das Adj. bunt allmählich herausbildete. Das Subst. das bunt (v. binden) aber, neben der bunt (f. Bund), beb. die bundweise verkauften Fehwammen (f. d.), das f. g. Buntwerk (st. Bundwerf), welches in der Mitte weiß, an den beiden vom Rückenfelle des Eichhornes abgeschnittenen Seiten grau ist. Das Wort gilt also ursprünglich von dem graugeränbeten Bauchfelle des Eichhörnchens, dessen Rückenfell grau ist, weshalb im Mhd. gern »grâ [Grau-werf] unde bunt« vorkommt, und Eichhornfelle waren bei Fürsten und Vornehmen als Pelzfutter beliebt (vgl. *Iwein* Anm. zu 2193. *Benecke-Müller* I, 135). Aus dem Deutschen bann burch den Pelzhandel ungar. bunda, serb. bûnda, walach. bundš Pelz.

der Bundschuh, —es, Pl. —e : Schnürschuh; Meuterei, Empörung.
Im *voc. theut.* von 1482 Bl. aa1ᵃ „puntschuch, gepunden-schuch«, b. i. Schuh mit langen Riemen, Bundriemen genannt, welche um die Beine kreuzweise gebunden werden. Da dieser Schuh bei Aufruhr der Bauern als Standes- und Feldzeichen, bann überhaupt bei Aufruhr als Bereinigungs- und Feldzeichen aufgehangen wurde, so entstand die bildliche Beb. „Empörung", auf welche in jenem *voc. theut.* a. a. O. »puntschuch ober streytschuch, cotúrnus« überleitet.

der Bünzen, —s, Pl. wie Sing. : stählerner Stempel zu erhabener Metallarbeit. Bei Frisch II, 74ᶜ die Punze. Richtiger der Punzen.
Aus ital. der punzóne Metallstempel, span. punzon, franz. poinçon, eig. Grabstichel, v. lat. die púnctio = Stich, Stechen, aber Masculin geworden.

die Bürde, Pl. —n : Hebe=, Traglast; [bildl.] Schwerzutragendes.
Mhd. die bürde, ahd. burdî, purdî, goth. baúrþei (Gal. 6, 5) b. i. baúr-þ-ei, v. ahd. purjan, mhd. bürn, = erheben, in die Höhe halten, aufnehmend fortbewegen, welches abgeleitet von ahd. die por Höhe aus peran (Prät. Sing. par, Pl. pârumês, Part. poran) = tragen. S. empor und gebären.

das Büreau (spr. bürô), —'s, Pl. —'s : Schreibtisch ober =pult zur Besorgung der Geschäfte; Schreib= und Geschäftsstube.
Das franz. bureaù [span. buriel, provenz. burel], welches urspr. grobes wollenes Tuch, Teppich, und dann zunächst ein mit einem solchen Teppiche gedeckter Tisch, woraus sofort die weiteren Bedeutungen: Von franz. die bure = „grobes wollenes Tuch", nach der Farbe benannt, denn das Wort ist Ableitung von lombard. buro (bur) dunkel, finster, woher auch jenes span. buriel, provenz. burel, als Adj. „braunroth" bedeutet. S. Diez Wtbch 77. 85.

die Burg, Pl. —en : befestigter Ort zum Schutze.
Mhd. die burc (Pl. stark bürge, jetzt schwach), ahd. burg, purc, puruc [burch Angleichung des a an u aus älterem purac (*Diut.* I, 507ᵃ. Grimm's Gramm.

II, 297)], goth. baúrgs, = mit Mauern umschloffener Ort, Stadt. S. Berg
und bergen.

der Bürge, —n, Pl. —n : wer wofür Sicherheit leistet. Damit zusammengef. : die Bürgschaft, mhd. burgeschaft. Aber davon abgeleitet : bürgen = wofür Sicherheit leisten.

Der Bürge ist mhd. der bürge (auch borge), ahd. burgo, purgëo, purio, purigo
oder puriko [mit unterdrücktem j aus purikjo, welches mit Angleichung des a
an i aus älterem purakjo, porakjo d. i. por-ak-j-o], goth. baúrgja(?), angelsächf.
borga. Mit borgen (f. b.) aus der nämlichen Stammsylbe ahd. burg, purak,
porak, goth. baúrg(?), abgeleitet, welche aus dem Pl. des Prät. von bërgen
(goth. baírgan = bewahren, erhalten) hervorgeht, weshalb Bürge urspr. wol
f. v. a. wer wofür stehend schont, erhält, vor Schaden hütet. — Das Verbum
bürgen kommt erst im Mhd. vor, wo verbürgen = durch Bürgschaft sichern.

der Bürger, —es, Pl. wie Sing., oberd. u. alterthümlich auch Burg-
er : Vollberechtigter einer Stadt (Burg), Ortschaft, eines Staates;
Staatsangehöriger außer dem Abel und der Geistlichkeit [Daher
das Abj. bürgerlich]. Davon : die Bürgerin. Zusammenf. :
der Bürgermeister (falsch Burgemeister), 1482 burgermeister;
die Bürgerschaft.

Bürger ist mhd. der burgære, ahd. burgâro, burgari, = Bewohner einer be-
festigten Stadt; urspr. Dienstmann des Burgherrn. Von Burg, f. b.

der Bürgfriede, —ns, Pl. —n, mhd. burcvride : der nach feinen
Grenzen bezeichnete Burgbezirk; Vertrag zu Sicherheit und Ruhe
des Burggebietes, sowie diese Sicherheit und Ruhe selbst. Vgl. Friede.

der Burggraf, —en, Pl. —en : erwählter Oberherr eines Ganerben-
schloffes; Schloßpfleger; [ehedem auch] Stadtvogt.

Mhd. der burcgrâve, ahd. purc-crâvo, = Stadtrichter, -vogt.

Burgund, schon im 15. Jahrh. Burgunn, aus mhd. ze (zu) Burgonden
oder Burgunden, dem Dat. Pl. von dem Volksnamen der Burgúnde,
mhd. Burgonde, Burgunde, lat. Burgúndio d. i. ahd. Puruc-untjo(?),
goth. Baúrgundja(?), d. h. der in der Burg Wohnende. Aber auch
der Name : der Burgúnder = Burgunde ist alt; er ist der schon
im 12. Jahrh. vorkommende Burgundare (Graff III, 208), aus
deffen Gen. Pl. Burgundarô unser Burgunder z. B. in Burgun-
derwein.

Jene Ableitung von Burgundio, deffen -und-j-o Ableitungsfylben und -laute find,
f. Grimm's Gramm. II, 343 f. Gefch. d. d. Spr. 700 f. Den Burgunden scheint
es von frühefter Zeit an eigen gewesen zu sein, sich durch Burgen gegen Feinde
zu wehren.

† burlésk (e wie ä), Abj. : poffen-, spaßhaft.

Aus franz. burlesque, ital. burlésco, v. ital. u. span. burla Poffe, Spaß,
Spott, welches aus búrrula, v. volksmäßig-lat. búrra Poffe.

† der Búrnus, —ffes, Pl. —ffe : Frauenmantel ähnlichen Schnittes,
wie die maurischen weißen wollenen Mäntel mit Kappe.

Franz. bournous, mit ſpan. und portug. albornóz (al iſt der arab. Artikel) aus arab. (u. perſ.) burnus = längliche Kapuze muhamedaniſcher Mönche, Kleid mit Kapuze. •

der **Burſch**, —en, Pl. —e, und **Bürſche**, —n, Pl. —n : Mitgenoß einer Lebensweiſe; Student als Mitglied einer Verbindung; junger lediger Menſch.

Älter-nhd. der **Bors** u. (wie auch in andern Wörtern, mit ſch aus ſ) **Burſch**, in ähnlicher Begriffsentwickelung wie bei **Frauenzimmer** (ſ. d.). Denn das Wort iſt hervorgegangen aus die **Burs**, **Burß**, **Burſch**, = beiſammen wohnende Genoſſenſchaft männlicher Perſonen, welches Wort von mittellat. **búrsa** = (lederner) Beutel, dann Stiftungscaſſe zu gemeinſamer Unterhaltung vornehmlich der Schüler in den königlichen Schulen, der Hochſchule in Frankreich (ein ſolcher Stipendiat hieß deshalb bursárius), endlich zuſammenlebende Genoſſenſchaft, beſ. eine ſolche, deren Mitglieder aus gemeinſamer Stiftungscaſſe Unterſtützung empfangen. Dieß bursa iſt demnach vom gr. býrsa Fell, Leder, und aus bursa iſt auch durchs Romaniſche unſer **Börſe** (ſ. d.) hervorgegangen, welches die Bed. „Geldbeutel" und „Ort des Zuſammenſeins der Kaufleute oder Geldhändler zur Geſchäftsbeſprechung" hat. Schon im Ahd. wurde aus bursa entlehnt die búrissa Reiſetaſche (Diut. II, 178. = Tob. 8, 2).

die **Bürſch** u. bü'rſchen, falſch ſt. **Birſch** (ſ. d.) u. bírſchen.

† **burſchikós** = ſtudentiſch-flott. Aus ſtudentiſch halblat. burschicôsus, v. **Burſche** (ſ. d.) = flott lebender Student.

die **Bürſte**, Pl. —n : Reinigungswerkzeug aus Borſtenbüſcheln. Davon das Dim. das **Bürſtchen**, das Verbum **bürſten**.

Mhd. die bürste mit dem Verbum bürsten, v. mhd. das borst Borſte (ſ. d.).

bürtig = „von Geburt" (ſ. d.). Üblicher **gebürtig**, aber auch in **eben-**, **edel-**, **vollbürtig**. Mhd. bürtec, ahd. burtig, = gebürtig, von mhd. u. ahd. die burt = **Geburt** (ſ. d.)

der **Bürzel**, —s, Pl. wie Sing. : die Pflanze portuláca.

Mhd. die burtzel, **purzel**, ſpät-ahd. burzala, burcela, burcella, púrcela, nach dem aus mittellat. porciláca [v. pórcus Schwein, neben jenem portuláca] abgeleiteten ital. porcellána.

der **Bü'rzel**, —s, Pl. wie Sing. : Steiß-Ende mancher Thiere.

Bei *Dasypodius* der bürzel, arßbürzel. Von ſüdd. borzen, bei Hans Sachs pürtzen, = hervorſtehen, eig. hervorſtehen machen, hervordrängen (Schmeller I, 204), welches wahrſcheinlich mit mhd. bürn, ahd. purjan, = in die Höhe halten oder recken (ſ. **Bürde**) von einem und demſelben Stamme (pur) abgeleitet iſt.

der **Bürzelbaum**, —es, Pl. Burzelbäume : das Überſchlagen des Körpers und der Füße mittelſt eines Schwunges. Von **burzeln**, gewöhnlich **pürzeln**, = kopfüber ſtürzen.

Baum in Burzelbaum bez. das baumähnliche Aufwärtsbiegen (vgl. baumen). Das ſchon im 16. Jahrh. übliche Verbum burzeln aber iſt abgeleitet von burtzen (bei Hans Sachs 1612 V, 3, 75) = bücken, eig. hervorſteben machen, womit das bei Bürzel angeführte borzen, pürzen, als Ein Wort erſcheint.

der Buſch, —es, Pl. Büſche, mhb. der busch : Strauchwerk, ſowie dieſem Vergleichbares. Daher : der Büſchel, nhb. der büschel (*Dict.* II, 131, 3), alſo mittelſt -el, -il abgeleitet, nicht Dim.; das Adj. büſchig.

Neben busc früher und üblicher der bosche (Gen. boschen), weil entlehnt aus ital. bosco, ſpan. und portug. bosque, provenʒ. bosc, franʒ. bois Gehölʒ, mittellat. bóscus u. búscus. Luther ſchreibt puſch, aber büſchel neben püſſchel (2 Moſ. 12, 22).

der Büſchklepper (e vor pp wie ä), —s, Pl. wie Sing. : wegelagern= der Räuber. Bei Schuppius S. 305 hochd. Buſchklöpffer.

Eig. der aus dem Buſche ſchlägt, anſtürʒt. Denn das aus dem Niederd. auf= genommene Klepper (ſt. hochd. Klepfer) iſt v. niederd. klappen ſchallend ſchlagen, altfrieſ. klappa zuſchlagen, ſtürʒen, womit auch ahd. der *anaclaph* An= ſturʒ [u. ahd. bechlepfet unterdrückt, eig. beſtürʒt? *Mart. Capella* 10, 13] ſtimmt.

die Büſe, Pl. —n : das ganʒ feine Haar; Pflanʒenwolle. Oberſächſ. Daher die Büſekatze, Schmeichelname der Katze.

die Büſe, Pl. —n : leichtes Fahrzeug, beſ. zum Heringsfange.

Hiſtoriſch richtig wäre ß ſtatt ſ; denn mhd. die büʒe (*Ruolandes liet* 248, 14). Aber unſre nhb. Form iſt zunächſt aus neuniederl. die buis Fiſcherboot [engl. buss, altnord. bússa], v. altfranʒ. busse, buse, buce größeres Fahrzeug, provenʒ. bus, altſpan. buzo Ruderſchiff, welche auf mittellat. (um 1110) buza, (um 1060) búcia größeres Fahrzeug, zurückgehen. Vgl Diez Wtbch 583.

der Büſen, —s, Pl. wie Sing. : Vordertheil des menſchlichen Leibes vom Halſe bis zum Magen; Öffnung und bauſchiger Theil des Kleides davor; [nhb. auch] Meer=, Seearm. Davon büſig, fehlerhaft ſt. büſnig, in höchbuſig (ſ. Grimm's Gramm. II, 294).

Mit =en aus =em. Bei Luther boſem und noch landſchaftlich Buſſem. Mhd. der buosem, ſpäter auch ſchon buosen, ahd. buosum, puosam, puosum, angelſächſ. bôsm, = Schooß. Vom Theil des Kleides um die Bruſt erſt busen im *vocab. incip. teuton.*

die Büſte (ü lang), Pl. —n : aus Stein, Gyps, Wachs ꝛc. geformtes Bruſtbild.

Aus franʒ. der buste, ital. u. ſpan. busto, welche auch ſ. v. a. Bruſt, Rumpf. Der Urſprung des Wortes iſt unſicher.

der Bußhart, —es, Pl. —e : der Mäuſefalke.

Verderbt Bußaar. Aus franʒ. der busard (busart) d. i. dem gleichbed. die buse mit dem unſerm (hier vorausgeſetzten) -hart nachgebildeten -ard. Jenes buse aber aus lat. búteo, dem Namen einer Habichtart (*Plin.* hist. natur. 10, 9. 69).

die Buße, Pl. —n : (kirchliche oder rechtliche) Genugthuung wofür. Daher büßen = ein Übel heben oder wegſchaffen; wiedergutmachen (z. B. die Lücken büßen); genugthun (auch z. B. in »die Luſt büßen«); zur Genugthuung mit Strafe belegen. Von büßen : der Büßer =

wer beffert, wiebergutmacht. Mit Buße zusammengef. : bußfertig (e wie ä) in religiöfer, kirchlicher Beziehung.

Die Buße, mhd. die buoze, ahd. buoza, buaza, puoza [woneben auch verkürzt mhd. u. ahd. buoz]; goth. bōta (Nußen). Durch Ablaut von baß (f. b.), wie Fuhre v. fahren, Wuchs v. wachfen. Büßen ift mhd. büezen, ahd. buozan, bnazan, puozan; goth. bōtan nüßen. Büßer mhd. der büezer, fpät-ahd. būzare (in Zufammenf.).

butt = kurz und bick, unanfehnlich klein. Daher verbutten = im Wachsthume zurückbleiben, verknorzen, verkommen.

Nieberb., wo butt = ftumpf, und das Subft. butt = kurzes bickes Kind. Daraus gerabezu ins Oberb. (Schmeller I, 226), während hier bie reine Form buß ift, welche aber nur in Buße vorkommt. Urfpr. f. v. a. abgefchlagen, abgeftoßen, und fo abgeftumpft, kurz und bick. S. Buße u. vgl. Grimm's Mythol. 474.

bie Butte, Pl. —n : plattleibiger ftumpfköpfiger Seefifch.

Bei Georg Agricola putte, aus bem nieberb. Namen butte, butt, neunieberl. bot. Von nieberb. butt, neunieberl. bot, = ftumpf. S. butt.

bie Butte, Pl. —n : Faß; oben offenes Daubengefäß zum Handgebrauche; hohes Rücken=Traggefäß von Dauben.

Umlautlos, aber eins mit dem regelrecht umgelauteten Bütte, f. b.

bie Bütte, Pl. —n : größeres, oben offenes Standgefäß aus Dauben, ohne Handgriff.

Mhd. bie bütte, büte, (gekürzt aus) büten, mittelb. (umlautlos) bute, ahd. putinna, putina (gekürzt butin, putin), = gerunbetes Daubengefäß zu verfchiebenem Zwecke. Aus mittellat. butina eig. = Flafche v. gr. bytíne (βυτίνη) Flafche. Vgl. auch Bottich.

bie Buttel, Pl. —n : bie (Bier=, Wein=) Flafche.

Nieberb., aus engl. bottle v. mittellat. botflia (ft. buticula), woher auch franz. bouteille (f. Bouteille).

ber Büttel, —s, Pl. wie Sing. : niebriger Gerichtsbote, Häfcher.

Mhd. ber bütel, ahd. butil, putil, = Gerichtsbote, entbietenbe Gerichtsperfon. Neben Bote (f. b.) aus bem Pl. bes Prät. v. bieten (f. b.).

butteln = fchäumenb fprubeln. Von Buttel, weil in feft zugepfropften Butteln Bier aufbewahrt wurbe. Nieberb.

bie Butter, ohne Pl., mhd. ber (?) buter u. bie butere, ahd. (12. Jahrh.) butere u. bie butrâ, angelfächf. bie butere : bas aus Milchrahm burch Abfonberung bes Wäfferigen gewonnene Fett. Davon buttern = Butter machen. Zufammenf. : bie Butterbemme (f. Bemme); bas Butterfaß, mhd. butervaz; bie Buttermilch, mhd. butermilch; ber Butterweck (e vor ck wie ä), mhd. buterwecke (*Buch von guter Speise* 23, 73).

Entlehnt aus bem gleichbeb. lat. butyrum (zuerft b. **Columella** 6, 12) b. i. gr. bútyron (βούτυρον), welches nach *Plin.* hist. natur. 28, 9 aus bem Scythifchen ftammt und an bûs (βοῦς) Kuh und tyrós (τυρός) b. h. Käfe angelehnt wurbe. Die echt-ahd. Namen waren anco u. anca (f. Anke 1), chuosmêro

Kuhſchmeer, mhd. auch milchsmalz Milchſchmalz; goth. vielleicht das smairv(?) Schmeer.

der Büttner, —s, Pl. wie Sing. : der Böttcher, Küfer.

In Franken, der Oberpfalz ꝛc. Mhd. butenære v. ahd putina, woraus unſer Butte und Bütte (ſ. d.).

der Butze (gekürzt Butz), —ns, Pl. —n, u. der Butzen, —s, Pl. wie Sing. : Kerngehäuſe im Obſt; verdickte Feuchtigkeit in Naſe, Auge, einem Geſchwüre. Eig. ſ. v. a. geſpenſtiſche, vermummte Schreckgeſtalt, wofür aber jetzt gemeinüblich die Zuſammenſ. der Butzemann (b. Alberus butzen-, botzenman) vorkommt.

Mhd. der butze = Polter-, Klopfgeiſt; ausgeſtopfte Menſchengeſtalt, die nicht wirklich, ſondern bloß Larve iſt; [ſpäter ſelbſt] Larve; dann widerlich (abſchreckend) erſcheinende Geſtalt oder Maſſe worin oder woran; kurze dicke Geſtalt. Mit niederb. butt, neuniederl. bot, = abgeſtumpft, ſtumpf (kurz u. dick), aus dem Prät. des Prät. v. mhd. biezen (Prät. ich er böz, wir buzzen, Part. geboggen), ahb. piogan(?), goth. biutan (Prät. Sing. báut, Pl. butam, Part. butans) = ſchlagen, ſtoßen, klopfen, pochen, woher unter andern ahb. pózan (ſ. Amboß,Beifuß). Vgl. butt u. ſ. Grimm's Mythol. 474 f. 956.

der Butzkopf, —es, Pl. Butzköpfe : der Norbkaper.

Wegen der abgeſtumpft ausſehenden Schnauze. Vgl. butt.

der Bux u. Buxbaum, undeutſch ſt. Buchs u. Buchsbaum, ſ. d.

C.

C, c, ein undeutſcher, aus dem lateiniſchen Alphabete aufgenommener Buchſtab, welcher im Ahd. und Mhd. häufig, aber gegenwärtig außer in Abc, ck und Ch ch nur in Fremdwörtern, vornehmlich den nicht eingebürgerten, geſetzt wird.

† die Cabále, Pl. —n : fein angelegte geheime Gegenwirkung.

Das franz. die cabale = jüdiſche Geheimlehre, heimliches Verſtändniß zu einem Streiche. Aus rabbiniſch kabbalá (קַבָּלָה) = rabbiniſche Überlieferungs- und Geheimlehre, v. chalbäiſch kabbél (קַבֵּל) = empfangen.

† das Cabinét (é wie ä und kurz), —ttes, Pl. —tte, das franz. cabinet : kleines Gemach, Nebenzimmer; Geheim-, Rathszimmer eines Fürſten ꝛc.; Zimmer für eine Sammlung von Seltenheiten.

Von dem auch in engl. cabin = Hütte, Zimmerchen, ſich zeigenden kymriſchen caban Hütte, dem Dim. v. cab. S. Diez Wtbch 86.

† das Cabriolét (é wie ä und kurz), —ttes, Pl. —tte, das franz. cabriolet : leichtes zweirädriges einſpänniges Wägelchen.

Von franz. cabriole = Bocksſprung, Bäumen (cabrer) des Pferdes [weil dieß das leichte Fuhrwerk zuläßt], aus lat. cáper Bock.

† der Cacáo, —'s, ohne Pl. : Frucht des Cacáobaumes.

Span., engl. cacao, aus der mexicaniſchen Benennung kakahuatt.

† der Cadáver = Leichnam. Das lat. das cadâver v. cádere fallen.

† die Cadénz = der Tonfall, der Schlußlauf im Gesange.

Aus ital. die cadénza v. i. mittellat. cadéntia v. cádere fallen.

† der Cadét (é wie ä und kurz), — tten, Pl. —tten : junger Mensch, der in Kriegsdienst tritt, sich zum Offizier auszubilden.

Das franz. cadet = der Jüngere unter Geschwistern, dann junger Adelicher, der seine Laufbahn im Kriegsdienste beginnt, aus capitéttum, dem romanisch-lat Dim. von lat. cáput Haupt, also Häuptchen, junges Haupt. S. Diez Wtbch 583 f.

† cadûc = hinfällig. Das franz. caduc v. lat. cadûcus.

die Cajüte, Pl. —n : Schiffszimmer. Besser Kajüte, f. d.

† der Calcánt, —en, Pl. —en : Bälgetreter.

Aus dem Part. Präf. cálcans (Gen. calcántis) v. lat. calcâre treten.

†-calciniren = verkalken. Aus neulat. calcinâre v. lat. calx Kalk.

† der Cálcul, —s, ohne Pl. : Berechnung. Das franz. calcul v. lat. cálculus Steinchen, Rechensteinchen. Daher calculiren, das franz. calculer v. lat. calculâre, = be-, ausrechnen, eig. mit Rechensteinchen.

† der Calefáctor, gewöhnlich Kalfákter, —s, Pl. wie Sing. : Schmeichler, eig. Stubenheizer. Daher kalfáktern = anbringen.

Das mittellat calefáctor (Warmmacher) aus der Kanzlei- und Schulsprache.

† das Caliber, —s, Pl. wie Sing. : Umfang der Geschützröhre; Kugelmaß nach Größe und Schwere; Werth eines Menschen.

Das franz. und provenzal. calibre, ital. calíbro, span. calibre neben dem veralteten calibo, v. arab. kálab Modell, insbesondere zum Erzgießen. Vgl. Diez Wtbch 81.

† die Camée, Pl. —n : Edelstein mit erhaben ausgeschnittenem andersfarbigen Bildwerke.

Das franz. der camée (ital. camméo, mittellat. camæus) neben camaïeu, mittellat. camayx, camahôtus, camahûtus, = „Sardonyx", welcher zu geschnittenen Steinen verwandt wurde.

† das Camelót, — es, ohne Pl. : Zeug von Kameelhaar.

Das franz. der camelot v. lat. camêlus das Kameel.

† der Cameráb, üblicher, weil eingebürgert, Kamerab, f. d.

† der Cameralíst, — en, Pl. — en : Staatswirthschaftskundiger.

Aus einem neulat. cameralísta, v. einem aus lat. cámera Kammer abgeleiteten camerális. Jene Benennung daher, weil die Finanzbehörden früher vorzugsweise Kammern hießen.

† das Camisól, üblicher, weil eingebürgert, Kamisol, f. d.

† die Campágne (spr. campánnje) : Feldzug.

Das franz. campagne = freies Feld, dann Feldzug, veraltet champagne, aus dem Landnamen Campánia, welcher frühe statt cámpus überhaupt für Flachland verwandt wird.

† campiren = zu Felde liegen, sich im Felde lagern.

Das franz. camper v. camp Feldlager aus lat. cámpus Feld.

† die Canaille (spr. canállje), Pl. — n : niedriger Pöbel, Lumpen-

gefinbel. Eig. Hunbevoll. Das franz. Collectiv canaille aus ital. canáglia, altfranz. chienaille, v. lat. cánis Hunb.

† ber Canál, —es, Pl. Canále : Wassergraben, Kunstfluß.

Eig. Röhre, Rinne. Das franz. canal, von ital. canále aus lat. canális, woher auch schon abb. chanáli.

† bas (bei Wielanb ber) Cánapee, Pl. Canapee (ee 2sylbig) : Polsterbank zum Wiberlehnen unb Ruhen.

Aus franz. canapé, ital. canopé, v. mittellat. canapéum, lat. conopéum [aus bem v. gr. kônôps (κωνωψ) Stechmücke abgeleiteten gr. kônôpeion (κωνωπειον) =] Mückennetz, bann ein nach ägyptischer Weise mit einem solchen Netze versehenes Ruhebett.

† ber Canárienvogel, ber bekannte zahme gelbe Singvogel.

Zu Anfang bes 17. Jahrh. bas Canari-Böglein. Nach span. ber canario, weil er von ben canarischen Inseln stammt

† ber Canáster, beutsch geformt Knáster, s. b.

ber Cánbelzucker, gewöhnlich (weil beutsch aussehenb) Kánbelzucker, —s, ohne Pl. : gereinigter, krhstallisierter Zucker.

Nach franz. sucre candi (vgl. Zuckerkanb), ital. candí, welches aus bem perf. Abj. kandi = zuckern, v. perf u. arab. kand = verbickter Zuckerrohrsaft. Ob zusammenhangenb mit sanskr. kanda = Art knolliger eßbarer Wurzel?

† ber Canbibát, —en, Pl. —en : (geprüfter) Amtsbewerber.

Aus lat. candidátus = „Weißgekleibeter"; benn bie, welche sich in bem alten Rom um ein Amt bewarben, erschienen im weißen Oberkleibe, ber tóga cándida.

† canbieren = überzuckern; zu Krhstall sich ansetzen.

Aus franz. candir v. bem perf. Abj. kandi zuckern. S. Canbelzucker.

ber Caneel (ee = ê unb betont), —es, ohne Pl. : Zimmtrinbe.

Mittelnieberl. caneel (hor. belg. III, 140ᵃ), franz. bie canelle, mittellat. canélla, v. franz. cane st. canne b. i. lat. cánna Rohr, weil sich bie Rinbe rohrartig rollt.

ber Cánevas (a kurz), —sses, Pl. —sse : gestreiftes Leinen= ober Baumwollenzeug; kleingegittertes Leinwanb.

Aus franz. ber canevas (spr. canewá), ital. canaváccio, v. mittellat. canavácium, welches grobe Leinwanb, eig. hänfenes Zeug bebeutet, v. mittellat. cánava, cánaba, = Hanf (s. b.).

† ber Cannibále, —n, Pl. —n : Menschenfresser; wilber grausamer Mensch. Daher cannibálisch = höchst roh unb grausam.

Schon 1544 Canibale, v. span. canibal, welches aus bem Westinbischen, worin man so ben menschenfressenben Einwohner ber kleinen Antillen benannte.

† ber Cánon, gewöhnlich Kánon, —s, Pl. —e, v. lat. ber cánon, gr. kanôn (κανων = gerabe Stange, bann) : Maßstab, Richtschnur, Regel, Vorschrift; Kirchengesetz; (katholische) Litanei ber Heiligen; Kettengesang.

† bie Canonáde, bas franz. canonnade, = wieberholtes Schießen mit Kanonen. Von bie Canóne, gewöhnlich Kanóne, Pl. —n,

aus franz. u. mittellat. canon, ital. cannóne (v. lat. cánna Rohr) :
Röhre; schweres Geschütz.

† der Canónicus, Pl. (lat.) Canónici : Chor=, Stiftsherr.
  Mittellat. Eig. der nach einem Canon (s. b.), einer geistlichen Vorschrift
  lebt.

† der Canonier, gewöhnlich Kanonier, —es, Pl. —e, aus franz.
canonnier : der zu kanonieren versteht. Von canonieren, ge=
wöhnlich kanonieren, aus franz. canonner, = mit Kanonen
schießen.

† canónisch, gewöhnlich kanónisch, aus lat.=gr. canónicus : dem
Kanon (s. b.) b. i. der Regel gemäß, den Kirchengesetzen gemäß, als
kirchlich beweiskräftig anerkannt.

† canonisieren, aus franz. canoniser v. mittellat. canonizâre, = in
den Kanon (s. b.) b. i. die (katholische) Litanei der Heiligen aufnehmen,
heiligsprechen. Daher die Canonisierung = Heiligsprechung.

† die Canonissin, Pl. —nnen : Stiftsfrau, =fräulein.
  Aus mittellat. canonissa, canónica, = die nach geistlicher Vorschrift (dem Kanon,
  s. b.) lebt. Vgl. Canónicus.

† der Canonist, —en, Pl. —en, aus romanisch (ital.) canonísta :
Kundiger und Lehrer des kanonischen oder Kirchenrechts.

† der Canót, —es, Pl. —e : Baumkahn der american. Wilden.
  Das franz. canot kleines Fahrzeug, v. altfranz. die canoe Schiff aus neuniederl.
  die kaan unserm Kahn (s b.). Diez Wtbch. 585.

† die Cantáte, Pl. —n, aus ital. u. mittellat. (1314) cantâta, welches
eig. Part. Perf. Pass. v. lat. cantâre singen : in Arien, Recitativen,
Chören, Chorälen bestehende kirchliche Singdichtung.

† die Cantílle, —n, aus franz. cannetille v. canne (lat. cánna)
Rohr : Gold= oder Silberdrahtröhrchen, bes. in Stickereien.

† der Cantón, —es, Pl. —e : Landbezirk, schweiz., bayer. das Ort.
  Das franz. canton eig. Landwinkel, ital. cantóne zunächst „Ecke." Abgeleitet
  v. altfranz. cant, ital. cánto, = Ecke, Winkel, aus gr. kanthós Augenwinkel,
  Radreif, lat. cánthus Radreif, keltisch (kymrisch) cant Umzäunung, Kreis, Rad=
  schiene, Rand. S. Diez Wtbch 85. Ebenso gieng Ort von der Bed. Spitze,
  Ecke, zu der Bed. Landesabtheilung über.

† cantonieren und cantonnieren, das franz. cantonner, ital. cant-
onâre, = in einem Landbezirke, ursprüngl. einem Landwinkel (Canton;
s. b.) Einlager halten.

† der Cántor, —es (—s), Pl. Cantóren, das lat. cántor Sänger von
cantâre singen : Sangmeister (mhd. sancmeister) in der Kirche. Daher
das Cantorát, —es, Pl. —e, aus mittellat. cantorâtus : Amt des
Cantors.

die Canzlei, üblicher, weil eingebürgert, Kanzlei, s. b.

das Cap, —es, Pl. —e : Vorgebirge.

Mit franz. cap aus ital. capo, welches mit getilgtem auslautenden t (das Ital. buldet nämlich keinen consonantischen Auslaut) v. lat. cáput Kopf, Haupt. Diez I, 224.

† capábel = fähig, tüchtig, vermögend wozu.

> Franz. capable aus mittellat. capábilis v. lat. cápere fahen.

der Capaún, s. Kapaun.

† der Capëllân, zusammengez. Caplân, —es, Pl. Capläne : angestellter untergeordneter Hilfsgeistlicher. Daher die Caplanei.

> Mhd. der kapelân, kappelân, caplân, aus mittellat. capellânus = Geistlicher, der den Gottesdienst an einer Capelle (s. b.) zu versehen hat, urspr. bei den französ. Königen der Geistliche, welcher den Mantel des heil. Martinus (mittellat. capella S. Martini) zu bewahren hatte. Davon capellánia Caplanei.

† die Capëlle, Pl. —n : kleine Nebenkirche; Tonkünstlerverein, ursprünglich zu regelmäßiger Kirchenmusik [daher der Capëllmeister, der Vorsteher dieses Vereines].

> Mhd. die kappëlle, cáppël, ahd. chappëlla u. chapëlla, aus ital. cappélla, mittellat. capélla, urspr. kurzer Mantel [mhd. kappel. Parzivál 669, 5], v. mittellat. capa = das Haupt mitbedeckender Mantel (vgl. Kappe). Zuerst wurde das Gebäude der französ. Könige capella genannt, in welchem sie den kurzen Mantel des heil. Martinus aufbewahrten.

der Cáper, die Caperei, cápern, s. Kaper rc.

† capieren = fassen, begreifen. Aus lat. cápere fassen.

† das Capitál, —es, Pl. —e und —ien (2sylbig), aus mittellat. capitále v. lat. cáput (Gen. cápitis) Haupt, Hauptgeld : das Haupt-, Grundgeld. Davon capitalisieren = das Capital ausrechnen nach den Zinsen; der Capitalist, —en, Pl. —en, nach franz. capitaliste, = Rentner.

† das Capital u. Capitäl, —es, Pl. Capitäler : Säulenknauf.

> Nach ital. capitéllo v. i. lat. capitéllum (st. capítulum), = Säulenkopf, eig. Köpfchen, v. lat. cáput Kopf.

† der Capitä'n, —es, Pl. —e : der Hauptmann.

> Im 15. Jahrh. kappethên, das franz. capitaine aus mittellat. capitáneus v. lat. cáput Haupt.

das Capitel, —s, Pl. wie Sing. : Hauptstück einer Schrift; Versammlung der Herren eines Stiftes.

> Mhd. capitel, ahd. capital, capital, aus kirchenlat. capítulum = Auf-, Überschrift; Hauptstück einer Schrift; Versammlung eines geistlichen oder weltlichen Ordens (sunden widerstrit 2146 vom Teufel und seinen Mitteufeln), weil in ihr die in Capitel getheilten Ordensstatuten verlesen wurden oder auf Grund derselben Verhandlungen stattfanden. Von lat. cáput = Haupt und dann Hauptstück einer Schrift.

capitelfest (e vor st wie ä) urspr. s. v. a. bibelfest.

† der Capitulár, —s, Pl. —e : Stiftsherr. Aus mittellat. capituláris.

† die **Capitulatiôn,** Pl. —en : Vergleichung auf Bedingungen. Von **capitulieren** = über gestellte Hauptpuncte verhandeln; wegen Übergabe unterhandeln.

> Aus franz. capitulation, mittellat. capitulátió (= Verzeichniß der Hauptstücke), u. capituler, mittellat. capituláre. Von capítulum **Capitel** (f. d.).

† die **Caprice** (spr. capriße), Pl. —n : steiffinnige Laune.

> Das franz. caprice wunderlicher Einfall, aus ital. capríccio (d. i. mittellat. capríceus, caprícius?), v. lat. cápra Ziege, in Beziehung auf das Benehmen dieses Thieres. Diez Wtbch 87.

† die **Capriôle,** Pl. —n : Bocks-, Luftsprung.

> Aus ital. capriôla, v. lat. cáper Bock.

die **Cápfel,** Pl. —n : Gehäuse, etwas hineinzuthun.

> Im 17. Jahrh. **Cápful,** v. lat. cápsula Kästchen, dem Dim. v. cápsa Kiste, woher mhd. die kafse, kefse, = Reliquienkästchen, ahd. chafsa, chefsa. Ahd. auch das chapselîn d. i. Käpfelein, v. mittellat. capsélla.

† **capóres** = zum Tode; todt, entzwei, zu Grunde gerichtet.

> Jüdische Aussprache des rabbinisch-hebr. die kappôreth (כַּפּׂרֶת) = Versöhnung, Sühnopfer, eig. Deckel der Bundeslade. Unsere heutige Bed. daher, weil am großen Versöhnungstage mancher Jude einem Nichtjuden seine Sünden auferlegen wollte mit den Worten : „Sei du meine kappôreth!" d. i. mein Sühnopfer, was dann den Sinn hatte : Stirb du für mich zur Versöhnung mit Gott!

† **capút** (u kurz), auch hier und da **capót** (o kurz) : verloren, zu Grunde gerichtet, hinfällig, kraftlos, todt, entzwei.

> Aus den franz. Kartenspielausdrücken il est capot = er verliert alle Stiche, faire capot = einen abstechen, verlieren machen.

die **Capúze** (u kurz), Pl. —n : Mantel mit Kappe; Mönchskappe. Daher der **Capuziner** = Mönch des um 1525 entstandenen, **Capuzen** tragenden Ordens.

> Aus franz. capuce, ital. cappúccio, v. mittellat. capúcium, capútium, einer Ableitung v. mittellat. cáppa, cápa = das Haupt mitbedeckender Mantel (f. Kappe).

† der **Carabîner,** —s, Pl. wie Sing. : (kurze) Reiterflinte. Daher der **Carabinier** (ier = îr), das franz. carabinier.

> **Carabiner** ist aus dem gleichbed. franz. die carabine v. carabin = Reiter mit Feuergewehr, welches früher calabrin; ital. calabríno lautet und v. provenzal. calábre Wurfgeschütz herkommt. Diez Wtbch 88 f.

† die **Caráffe** oder **Caraffîne,** Pl. —n : Tafelflasche.

> Das franz. caraffe und davon caraffine, ital. caráffa und caraffina (Fläschchen), span. garrafa. Von arab. garafa schöpfen?

† die **Caravâne,** franz. caravane, üblicher **Karawane,** f. b.

† die **Carbonáde,** Pl. —n : rostgebratenes Fleischstück.

> Das franz. carbonnade, ital. carbonáta, v. ital. carbóne lat. cárbo, Kohle.

der **Carbúnkel** = bösartiges **brennendes** Geschwür.

> Aus lat. carbúnculus, welches eig. Köhlchen, v. lat. cárbo Kohle.

† die **Carcáffe,** Pl. —n : Thier-, Schiffs-, Kopfzeuggeripppe; Bombe mit Eisenreifen. Das franz. carcasse, ital. carcássa.

† der u. das **Cárcer**, —s, Pl. wie Sing. : Schulgefängniß.

Das lat. der cárcer Gefängniß, woher unser Kerker, f. d.

† das **Carbamóm**, —es, Pl. —e : Art malabarischen Gewürzes.

Mhd. kardamuome, aus lat.-gr. das cardamômum, deffen amômum aus arab. hamâmâ dem Namen einer Gewürztraubenpflanze.

† der **Carbinál**, —es, Pl. —e : vornehmstes Getränk aus weißem Wein, Pomeranzen und Zucker. Mit

† der **Carbinál**, —es, Pl. Carbinále, = »vornehmster Priester nächst dem Papste«, v. mittellat. cardinâlis vornehmst, hauptsächlichst, eig. die Thürangel (lat. cárdo, Gen. cárdinis), [bildlich] die Hauptsache angehend.

† der **Carbobenedíct**, aus lat. cárduus benedíctus = die gesegnete d. i. heilkräftige Distel. Vgl. Benedictenkraut.

† die **Cäremoníe** (ie = î), f. Ceremonie.

† die **Caréffe** (é wie ä), Pl. —n : Liebkosung. Daher caressieren.

Aus franz. die caresse, ital. carézza, v. mittellat. carítia (v. lat. cárus lieb, theuer). Daher dann das Verbum, franz. caresser.

der **Carfúnkel**, gewöhnlich Karfunkel, f. d.

† die **Caricatúr**, Pl. —en : das »Zerrbild« (J. H. Campe).

Das ital. caricatúra, eig. Überladung [mittellat. carricatûra Karrenarbeit]. Von caricieren = überladen, bis zur Verzerrung übertreiben.

Aus ital. caricâre [franz. charger] überladen in Rede oder Zeichnung, dann, wie volksmäßig-lat. carricâre (st. onerâre), beladen, belasten. Von lat. cárrus Wagen (unserm Karren, f. d.).

Carl, nach dem latinisierten Cárolus; reindeutsch Karl, f. d.

† das **Cármen**, —s, Pl. wie Sing. (oder lat. Cármina) : Gedicht, bes. Gelegenheitsgedicht. Das lat. cármen Gedicht.

† **carmefín** u. **carmoifín** (spr. carmoasín) : hochroth.

Aus ital. carmesíno (mittellat. carmesínus) das Hochroth, franz. (mit Versetzung des r) cramoisi, v. arab. kirmasî hochroth, eig. mit Kermesfarbe gefärbt. S. Kermes.

† der **Carmín**, —es, ohne Pl. : kostbares Hochroth.

Aus franz. u. span. carmin, ital. carmínio, v. perf. kirm, sanskr. krimi (krmi), litth. kirminis Wurm, woher auch Kermes (f. d.).

† der **Carneól**, auch **Carniól**, —es, Pl. —e : blutrother, wachsartig glänzender Edelstein (sárda rúbra).

Aus ital. cornióla, v. lat. córnu Horn, weil die Farbe des Steines der des (aus Horn gebildeten) Nagels am Finger gleicht, darum auch ónyx, sardónyx genannt. Diez Wtbch 112.

† der (auch das) **Cárneval** (a kurz), —es, Pl. —e : Faßnachtsluft.

Aus ital. carnevále, carnovále Faßnacht, eig. die Nacht vor Aschermittwoch, wo man dem Genuffe des Fleisches (ital. carne) für die Faßtenzeit Abschied oder Lebewohl (ital. vale) sagte.

† die **Carolín**, Pl —en : Goldstück von 11 Gulden rhein. = 6 Thlr.

Von mittellat. Cárolus unſerm Karl (ſ. b.), weil zuerſt von einem Fürſten Karl geprägt.

† Caroline, Frauenname von mittellat. Cárolus unſerm Karl (ſ. b.).

† die Caróſſe, Pl. —n : Prachtwagen.

     Aus franz. carrosse von ital. carrózza, einer Ableitung von ital. carro lat. cárrus Wagen (unſer Karren). Mhd. die karrâſche, karrutsche.

†. die Carótte, Pl. —n : Möhre. Franz. carotte v. ital. lat. carôta.

das Carouſſél (é wie ä), Caruſſél, ſ. Carrouſſél.

† das Carré, —'s, Pl. Carrée, franz. carré aus lat. quadrâtum : Viereck.

† die Carrière (ſpr. carriä're), Pl. —n : Laufbahn; voller Lauf.

     Das franz. carrière, eig. Fahrweg, v. lat. cárrus Wagen.

† carrieren = würfelartig (viereckig) zeichnen.

     Aus franz. carrer v. lat. quadráre = viereckig machen.

† das Carrouſſél (ſpr. carrussäll), —lles, Pl. —lle : Ringelrennen.

     Auch Carouſſél, Caruſſel. Das franz. carrousel, ital. caroséllo, v. lat. cárrus Wagen (unſer Karren).

† die Carthauſe, gewöhnlich Karthauſe, ſ. b.

† der Cartél (é wie ä und kurz), —s, Pl. —e : Ausforderungsbrief; Auslieferungsvertrag hinſichtlich der Ausreißer ꝛc.

     Das franz. cartel, ital. cartéllo v. mittellat. cartéllus Zettel, Dim. v. romaniſch (ital.) cárta, lat. chárta Papier, Schriftſtück.

† der Cartôn, —s, Pl. —s : Pappbeckel; umgedrucktes Blatt. Daher cartonieren = in Pappbeckel leicht einbinden.

     Das franz. carton, ital. cartóne, v. cárta (ſ. Cartel).

† die Cartúſche, häufig Kartúſche, Pl. —n : Randverzierung; Pul-verrolle, Patrone; kleine Patrontaſche.

     Aus franz. cartouche, ital. cartúccia, v. cárta (ſ. Cartel).

† die Caſcáde (Caſcáde), Pl. —n : Waſſerfall.

     Das franz. cascade aus ital. cascáta v. ital. cascáre fallen.

† die Caſemátte, Pl. —n : Wallgewölbe. Franz. casemate, ital. casamátta, aus gr. chásmata, dem Pl. v. chásma Erdhöhle?

† die Caſérne (é wie ä), Pl. —n : Soldatenhaus.

     Franz. caserne, ital. caserma (m ſt. n), eig. Soldatenhütte am Walle, v. lat. cáſa Häuschen, Hütte, wie lat. cavérna Höhle v. cáva Grube.

† der Cáſimîr, —es, Pl. —e : engliſches Halbtuch.

     Span. casimiro, v. dem Lande Kaſchmir ſanſkr. kạçmîra.

† das Caſîno, —'s, Pl. —'s : Geſellſchaftshaus.

     Das ital. casíno, eig. Luſthäuschen, v. lat. cáſa Häuschen.

† das Caſkét, Caskét (é wie ä und kurz), —ttes, Pl. —tte : helm-artige Kopfbedeckung. Franz. casquette, ital. caschétto, v. franz. casque, ital. und ſpan. casco Pickelhaube, welches nicht v. lat. cássis.

† die Caſſatiôn, Pl. —en : Vernichtung eines Urtheiles, Scheines; ⸺ntſetzung. Mittellat. cassátio v. cassâre, ſ. caſſieren 1.

die Cáffe, auch Káffe, Pl. —n : Gelbkasten; Gelbvorrath.

Aus ital. cassa (franz. caisse), v. lat. cápsa Behältniß.

† die Cafferólle, Pl. —n : Bratpfanne. S. auch Caftrol.

Franz. casserole (daraus ital. casseróla), mit Einmischung eines r, neben ital. cazzuóla Kelle v. altfranz. casse ital. cazza = Tiegel mit Stiel.

† der Caffier, —es, Pl. — e : Caffenführer.

Aus ital. cassiére (franz. caissier) v. cassa Caffe.

† caffieren = vernichten, für ungültig erklären; des Amtes entsetzen. Aus franz. casser, ital. und später=lat. cassáre zu nichte machen, v. lat. cássus leer, [bildl.] nichtig.

† caffieren in eincaffieren aus ital. incassáre, dessen cassáre v. cassa Caffe (f. b.). Daher der Caffierer = Caffier.

† die Caftagnette. (spr. castanjä'tte), Pl. —n : Handklapper zum Tanze.

Das franz. castagnette aus span. castañeta v. castaña Kastanie, wegen der Ähnlichkeit.

† das Caftéll, —es, Pl. —e : kleine Festung. Daher der Caftéllán, —es, Pl. —e : Burg=, Schloßvogt.

Mhd. und ahd. das kástêl (Gen. kástêlles), chastêl, aus lat. castéllum, dem Dim. von cástrum Festung, Burg, Von castellum dann : castelláns unser Caftellan.

† der Caftôr, —es, Pl. —e : der Biber. Aus lat.=gr. cástor, welches, mit Übertragung auf den Biber, v. sanskr. kastûrî Moschusthier (vgl. Bibergeil). Zusammenf. : der Caftórhut = Hut von Biberhaaren.

† der Caftrát, —en, Pl. —en : Hämmling. Aus ital. castráto v. lat. castrâtus. Von caftrieren, aus ital. und lat. castrâre, = ver=schneiden, der Mannheit benehmen.

† das Caftróll, —es, Pl. —e, gemeinüblich ft. Cafferolle.

Auch Kaftróll. Aus der in der Picardie und der Champagne üblichen Form castrole ft. franz. casserole. S. Cafferolle.

† cafuál u. Cafuálien, f. Cafus.

† der Cafuár, —es, Pl. —e, dem Strauß ähnlicher Vogel.

Nach holländ. der casuaris, angeblich aus dem Malayischen.

† die Cäfúr, Pl. —en, aus lat. cæsúra (Schnitt, dann) : Versein=schnitt.

† der Cáfus, Gen. u. Pl. ebenso, lat. câsus : Fall; Vorfall; Wort=form nach den Fragen wer oder was? wessen? wem? wen oder was? Davon : cafuál (mittellat. casuális) oder cafuéll (franz. casuel) = zufällig, woher die Cafuálien (neulat. casuália) = Amtsver=richtungen (der Geistlichen) in eintretenden Fällen. die Cafuiftik (v. franz. casuiste Kundiger in Lösung von Gewissensfällen) = "Kunst, Gewissensfragen zu entscheiden", mit dem Abj. cafuiftifch.

† der Catalóg, —es, Pl. —e, häufiger Katalóg, f. d.

† bas **Catáſter**, —8, Pl. wie Sing. : Steuer=, Flur=, Lagerbuch.

Aus ital. catástro Steuerregiſter, v. einem vorauszuſetzenden mittellat. capitástrum Kopfſteuerliſte, welches v. lat. cáput Kopf.

† bie **Cautél** (é lang), Pl. —en : Vorbehalt, rechtliche Verwahrung bei einem Vergleiche. Aus lat. cautêla v. caútus vorſichtig.

† bie **Cautiôn**, Pl. —en : Bürgſchaft; Haftgelb.

Aus lat. caútio Verſicherung, eig. Vorſicht, v. cavêre (ſ. cavieren).

† bie **Cavallerie**, ohne Pl., bas franz. cavalerie aus ital. cavallería (v. ital. cavállo bäuriſch=lat. cabállus Pferb) : bie Reiterei (Solbaten zu Pferb). Daher ber **Cavalleriſt**, —en, Pl. —en.

† ber **Cavalier**, —es, Pl. —e : Ritter von feinem Anſtanbe.

Das franz. cavalier v. ital. cavaliére, aus mittellat. caballárius, einer Ableitung v. bem lat. Bauernworte cabállus Pferb.

† ber **Cáviar**, —es, Pl. —e : eingeſalzener Rogen bes Störes ober Hauſens. Aus franz. u. portug. caviar, neugr. χαυιάρι.

† **cavieren** = Bürgſchaft, Sicherheit leiſten. Von lat. cavêre, eig. ſich vorſehen, aus beſſen Part. Präf. cávens (Gen. cavéntis) : ber **Cavént**, —es, Pl. —e, = Bürge, Gewährsmann.

bie **Céber**, Pl. —n, ber bekannte Baum. Daher cébern, Abj.

Mhb. bie zêder u. ber cêderboum, ahb. cêdarpoum, v. lat. cédrus, gr. kédros. Das Abj. cebern lautet mhb. zêderîn, woneben ahb. cêderboumîn, unb iſt bas lat.=gr. cédrinus.

† **cebieren** = weichen, abſtehen; (ein Forberungsrecht) abtreten.

Von lat. cédere weichen. Aus beſſen Supinum céssum : céssio Ceſſion.

† bas **Cemént**, —es, Pl. — : Binbemittel, Kitt.

Engl. cément, ital. cemènto, aus lat. cæméntum Bruchſtein.

† **cenſieren**, aus lat. censêre : prüfenb (nach bem Werthe) beſprechen, beurtheilen. Daher ber **Cénſor**, —s, Pl. —en, aus lat. cénsor (Sittenrichter) : Sitten=, Bücherrichter. bie **Cenſúr**, Pl. — en, aus lat. censúra (Sittenrichteramt, Beurtheilung) : beurtheilenbes Zeugniß; Büchergericht.

bie **Cent**, auch **Zent**, Pl. —e : Gerichtsbezirk (für Polizei unb peinliche Gerichtsbarkeit). Daher ber **Cént**= ober **Zéntgraf**, —en, Pl. —en : Centrichter.

Mhb. bie zent, zente, unb ber zentgrâve. Jenes zente, aus mittellat. cénta ſt. centêna, von lat. céntum = 100, beb. in ber alten Gaueintheilung einen Gerichtsbezirk von 100 Gehöften unb Dörfern, ahb. huntari. Vgl. Grimm's Rechtsalt. 533. 756.

† bie **Centifólie**, Pl. —n : 100blätterige (lat. centifólia) Roſe.

ber **Céntner**, —s, Pl. wie Sing. : 100—110 Pfunb.

1482 zentner, mhb. zentere (*Gerhard* 6693), ahb. centenari (? Graff V, 689), aus lat. »centenárii (pónderis)« = eines Gewichtes von 100 Pfunben, v. céntum = 100.

† centrál, aus lat. centrális : den Mittelpunct ausmachend, ihn an=
gehend. Von das Céntrum, —s, Pl. Céntren : Mittelpunct.
Centrum ift aus lat. das céntrum v. gr. kéntron eig. Spitze, Nagel (Zweď,
f. b.) in der Scheibe. Mhd. das zenter.

† die Ceremonie (ie = i), Pl. —n (5fylbig) : Feier=, Höflichkeits=
brauch, feierlicher Hof= oder Kirchenbrauch. Daher das Ceremoniél
(él = áll), —s, ohne Pl. : Jnbegriff feierlicher Gebräuche.
Ceremonie ift aus franz. die cérémonie von lat. ce-, beffer cærimónia.

† cernieren (ce wie cä) = ab= und einschließen oder umzingeln.
Aus franz. cerner umzingeln, mit einem Kreiseinschnitt umgeben, ft. cerç'ner
v. lat. circináre abcirkeln, wie franz. cerne Kreis ft. cerç'ne v. lat. circinus
Zirkel. Diez Wtbch 97.

† certieren (ce wie cä) = wettftreiten, insbefondere um einen höheren
Platz in der Schule. Aus der Schulfprache, v. lat. certáre.

† das Certificát (e wie ä), —es, Pl. —e : Beglaubigungsschein.
Aus franz. certificat b. i. neulat. certificátus v. lat. certificáre gewiß machen,
Sicherheit geben.

† die Cervelátwurft (Ce wie Sä) = Hirnwurft.
Cervelat aus franz. der cervelas, ital. die cervelláta Hirnwurft, v. ital.
cervéllo Hirn, älter-roman. cervéllus, aus dem lat. Dim. cerebéllum.

† ceffieren (ce wie cä) = aufhören, unterbleiben. V. lat. cessáre.

Ch, ch, die Aspirata der Kehllaute (Gutturalen).
Als Anlaut fteht fie, was die deutschen Wörter anlangt, nur noch in Charfrei=
tag, Charwoche, fowie zuweilen in Chur; in allen übrigen ift fie nhd. in k über=
gegangen. Auslautend dagegen tritt fie schon mhd. in doch, hoch, jach, nach,
noch zc. ftatt der reinen Spirans h ein, während fich in andern Wörtern, wie
Effig, Rettig, billig, unzählig, völlig zc., nhd. ein falsches g geltend machte.

† die Chaife (fpr. schæs'), Pl. —n : Halbkutsche.
Das franz. chaise, eig. Stuhl. Ein nicht altes Wort, welches ursprünglich
parifer Ausfprache ft. chaire Lehrftuhl, Stuhl, Seffel, v. lat.=gr. cáthedra, ift.

† der Chalcebôn, —s, Pl. —e, oder der Chalcebónier (5fylbig) :
milchbläulicher Halbedelftein. Aus lat.=gr. chalcedónius b. i. Stein von
Chalcébon in Kleinafien.

† das Chamä'leon, —s, Pl. —e : farbenwechfelnde Eidechfe; [bibl.] un=
getreuer Verftellungskünftler.
Lat. chamæ'leon aus gr. chamai-léon b. i. Erd=Löwe.

† die Chamille, üblich Kamille, f. b.

† der Chámpignon (fpr. schángpinnjong), —s, Pl. —s : eßbarer
Feld=, Rasenschwamm. Franz. v. champ (lat. cámpus) Feld.

† das Cháos, Gen. ebenfo, ohne Pl. : verworrene geftaltlofe Urmaffe
zur Weltbildung; Wirrfal.
Lat.=gr. das cháos, eig. der gähnende leere maßlofe Raum, v. gr. chaínein
gähnen. Entfprechend ift in der altnord. Götterlehre ginnûnga-gap (gap = Gaf=
fen, Klaffen, Kluft) v. ginna urfpr. gähnen.

† ber **Charákter**, — s, Pl. **Charaktêre**, lat. charácter, gr. charaktêr (χαρακτήρ) v. charássein einritzen, einprägen : (aufgeprägtes) Kennzeichen [mhb. karacter]; — eigenthümliche Gesinnungsweise; Gesinnungsfestigkeit; bloßer Amtsname. Daher **charakterisieren**, aus franz. caracteriser (v. mittellat. characterizâre, gr. charaktêrízein), = kennzeichnen, bann-betiteln; bie **Charakteristik** unb bas Abj. **charakteristisch**, aus gr. charaktêristikós (be-, auszeichnenb).

† bie **Charáde** (spr. scharâde), Pl. —n, franz. charade : Sylben-räthsel.

ber **Charfreitag**, —es, Pl. —e : nächster Freitag vor Ostern als Todestag Christi. ber **Charsámstag**, beim Volke ber Samstag nach bem Charfreitage. bie **Chárwoche** = bie Woche vor Ostern, worein ber Charfreitag fällt.

Char ist alterthümlich in ber Kirche bewahrte Schreibung, benn im Nhb wäre ber Lautentwickelung gemäß Kar richtig (s. Eh), unb schon mhb. steht ber karfrîtac. Dieses im Ahb. nicht vorkommenbe Wort (charafrîatac würbe es lauten) beb. Klagefreitag, unb ber Tag hat biesen Namen baher, weil er als Todestag Jesu in ber Kirche burch einen Klagezefang gefeiert wurbe, später in ben geistlichen Spielen burch bie Klage Maria's unter bem Kreuze ihres Sohnes (vgl Mone's Schauspiele I, 204). Jenes Char-, kar- nämlich ist ahb. bie chara = Klage, Wehklage; goth. bie kara, angelsächs. caru, engl. care, = Sorge.

† bas **Charivári** (spr. scharivâri), —'s, Pl. wie Sing. : Katzen-musik.

Das franz. charivari, eig. s. v. a. Polterabenb, altfranz. caribari, chalivali, mittellat. charivárium, chalváricum, = unharmonische Musik, welche einer zur zweiten Ehe schreitenden Person gebracht wurbe. Der Ursprung bes Wortes ist bunkel. Vgl. Diez Wtbch 590 f.

† ber **Chárlatan** (spr. schárlatang), —s, Pl. —e : Marktschreier.

Franz. charlatan aus ital. ciarlatáno v. ciarlâre schwatzen.

† **charmánt** (spr. scharmánt) = bezaubernb, allerliebst. **charmiert** (spr. scharmíert) = bezaubert, entzückt.

Jenes ist Part. Präf., bieses Part Prät. v. **charmieren** aus franz. charmer bezaubern, welches v. mittellat. cárminâre = ein Zauberlied, eine Zauberformel (altfranz. charme b. i lat. cármen) singen unb so bezaubern.

† bas **Charnier** (spr. scharníer), —es, Pl. —e : Gewinbe zum Auf- unb Zumachen. Franz. bie charnière v. cran Einschnitt, Kerbe.

† bie **Charpie** (spr. scharpíe), Pl. —n (3sylbig) : Zupfsel (wetter-auisch).

Part. Pass. v. altfranz. charpir aus lat. cárpere pflücken,-zupfen.

bie **Chárte**, Pl. —n : Papierblatt (in Lanbcharte); schriftliche Urkunde. Franz. charte aus lat.-gr. chárta Papierblatt.

† bie **Chárwoche**, s. Charfreitag.

† bie **Chatouille** (spr. schatúllje), Pl. —n, s. Schatulle.

† die **Chauffée** (ſpr. schossé), Pl. —n (3ſylbig) : Kunſtſtraße.

Das franz. chaussée, ſpan. calzada, = Damm, Dammweg, aus mittellat. calciáta eig. mit Kalk Gemauertes, mit Kalk gemauerte Straße, Part. Perf. Paſſ. v. mittellat. calciáre = mit Kalk (lat. calx, Gen. cálcis) aufmauern.

† der **Chef** (ſpr. schäff'), —s, Pl. —s : Oberhaupt, Vorgeſetzter.

Das franz. chef Haupt, v. lat. cáput Kopf, Haupt.

† die **Chemie**, ohne Pl., aus gr. chêmeía : Scheidekunſt. Daher der **Chemiker** und das Adj. **chémiſch**, aus dem gr. Adj. chymikós. Vgl. Chymie.

=**chen**, die in der heutigen Schriftſprache üblichſte Verkleinerungsſylbe des Subſtantivs, z. B. Männ=, Weibchen ꝛc. Nach ch und g aber ſteht der leichteren Ausſprache wegen doppelt verkleinernd =elchen (vgl. =el), z. B. Bächelchen, Trögelchen ꝛc. =lein (ſ. b.) ſcheint uns edler, feierlicher, als =chen.

Im 16. u. 17. Jahrh. häufig unverkürzt =ichen, deſſen i den Umlaut in der Stamm-ſylbe des Diminutivs wirkt; aber im 16. Jahrh. iſt =chen gegen das eigent-lich hochb. =lein (mhd. -lîn) noch nicht völlig durchgebrungen, denn z. B. in Luther's Bibel, alſo im edelſten Style, kommt allein Caninichen (unſer Kaninchen) und Salzirichen (Randgloſſe zu 4 Moſ. 7, 14) = Salzfäßchen vor. Im Mhd. nur ſpärlich und zwar wo niederdeutſcher, beſonders flämiſcher Einfluß waltet, -kin, auch wol dem Hochd. mehr angepaßt -chîn. Aber dieſer Diminutivendung -kin, welche durch böſiſche, zu Zierlichkeit der Sprache geneigte und darum flämende d. h. flämiſche Formen anwendende Dichter eingeführt wurde, geht im Ahd. eine männliche Diminutivendung -ihho, alſächſ. -iko, und eine weibliche -ihhâ voraus.

† die **Chenílle** (ſpr. scheníllje), Pl. —n, das franz. chenille (= Raupe, dann wegen der Ähnlichkeit) : ſammtartige Seidenſchnur.

† der **Chérub**, —s, Pl. **Chérubim** : Thronträger Jehova's.

Das hebr. cherûb (כְּרוּב), v. gr. gryps (γρύψ) Greif. Schon ahd. zerubîm.

† die **Chicáne** (ſpr. schicáne), Pl. —n : ränkevoller Kniff.

Das franz. chicane = unnütze Spitzfündigkeit, Hader um nichts, v. ital. die cica Kleinigkeit, welches aus dem gleichbed. lat. ciccum.

† die **Chimäre** (ſpr. schimæ're), Pl. —n : Hirngeſpinſt.

Aus franz. chimère v. lat. chimæra, gr. chímaira (eig. Ziege, dann) fabel-haftes Ungeheuer, vorn Löwe, mitten Ziege, hinten Drache.

† **Chir**=, das lat. chír- v. gr. die cheir Hand, in das **Chíragra**, lat. chíragra, gr. cheirágra, = Handgicht (vgl. Podagra); der **Chir-úrg**, —en, Pl. —en, lat. chirúrgus, gr. cheirurgós (χειρουργός), = mit der Hand arbeitender Arzt b. i. Wundarzt, woher die **Chir-urgíe** (lat. chirúrgia, gr. cheirurgía) = Wundarzneikunſt, u. **chir-úrgiſch** aus lat. chirúrgicus, gr. cheirurgikós.

† die **Chiffre** (ſpr. schiff'r), Pl. —n : Namenszug; Geheimſchrift.

Das franz. chiffre Zahlzeichen (Ziffer, ſ. b.), dann Geheimſchrift.

Chlódwig, ſ. Ludwig.

† die **Chocoláte** (fpr. schocoláte), ungut **Chocolabe**, Pl. —n : Getränk aus Cacao, Zucker 2c. Franz. der chocolat, aus span. der chocolate.

† die **Chólera**, ohne Pl. : die Brechruhr, befonders die afiatifche.

     Lat. chólera [das gr. choléra] = Galle und Gallenfucht, alfo v. gr. cholê (χολή) hergenommen. Schon im Ahd. findet fich der chóloro Bauchgrimmen, mittelft Angleichung der Bocale aus dem Lat. entlehnt.

der (u. das) **Chor**, —es, Pl. **Chöre**, mhd. der kôr, ahd. chôr : Reigen; Sängerkreis; vollftimmiger Gefang; Emporkirche. Daher der **Chorál**, —es, Pl. **Choräle**, = Weife eines Kirchenliedes; der **Choríft**, —en, Pl. —en, aus mittellat. chorísta, = **Chorfänger**.

     Aus lat. der chórus, v. gr. chorós Rundetanz, Reigen, Schar.

† der **Choréus** oder **Trochäus**, der Bersfuß — ◡. Lat. choréus v. gr. choreíos = zum **Chor** (gr. chorós) b. i. zum Tanze gehörig.

† der **Choriámbus** (lat.=gr.), der aus einem **Choréus** (— ◡) und einem Jambus (◡ —) zufammengefetzte Bersfuß — ◡ ◡ —.

der **Chórrock**, —es, Pl. **Chorröcke** : langes geiftliches Amtskleid.

     Weil urfpr. im Chore der Kirche getragen. Im voc. ex quo v. J. 1469 : »Superpellicium, eyn kore rocke.« Mhd. kôrrock.

† die **Chreftomathíe**, Pl. —n : Mufterfammlung aus Schriften.

     Aus gr. chrêstomátheia = Sammlung des Brauchbarften aus Schriftftellern, v. gr. chrêstós brauchbar u. mathein lernen.

† das **Chrífam**, —es, ohne Pl. : geweihtes kirchliches Salböl.

     Mhd. der krisem, chrêseme, ahd. chrisamo, chrêsmo, chrêsamo, aus gr. chrisma v. chríein falben.

der **Chríft**, —en, Pl. —en : der nach Matth. 28, 19 Getaufte. Zufammenf. : die **Chriftenheit**, das **Chriftenthum**, **chriftlich**, der **Chriftmonat** (= December als Monat der Geburt Chrifti).

     Der Chrift ift gekürzt aus der älteren Form der Chriften, wie fie noch mitunter im 16. Jahrh. vorkommt zum Unterfchiede von der Chrift = Chriftus. Mhd. nur der kristen, ahd. christâni, eig. Adj., aus lat. christiânus = „chriftlich" und „wer chriftlichen Glaubens ift", v. lat.=gr. Christus, mhd. der Krist, ahd. Krist, christ. »Ich jach [fprach] daz ich nâch gotes gebote — von Kriste [Chriftus] kristen [Chrift] wære genant« (Gerhart 1382 f.). Von Christus dann noch christo in ahd. antichristo unferm Antichrift = Wider=Chriftus. — Jenes ahd. christâni, Adj. u. Subft., aber auch in den Zufammenf.: die Chriftenheit, mhd. kristenheit, ahd. christânheit (zuerft f. v. a. Chriftlichkeit); Chriftenthum, mittelb. kristintûm (chriftlicher Glaube. Jeroschin 184]; chriftlich, mhd. kristenlich, ahd. christanlîh.

† die **Chrónik**, Pl. —en : das Zeitbuch (ahd. zîtpuoh).

     Mhd. die crônike, aus dem gr.=lat. Pl. chrónica, v. gr. chrónos Zeit.

† die **Chronologíe**, Pl. —n, aus gr. chronología (v. chrono-lógos zeit=kundig) : Zeitkunde. **chronológifch**, aus gr. chronologikós.

† der **Chryfolith**, —es, Pl. —e : gelblichgrüner Edelftein.

Aus lat.-gr. chrysólithus Goldstein, v. gr. chrysós Gold u. líthos Stein.

† der **Chrysoprás**, —es, Pl. —e : apfelgrüner Halbedelstein.

Eig. gold-lauchgrüner Stein. Aus lat.-gr. chrysóprasus, v. gr. chrysós Gold und práson Lauch.

die **Chur**, alterthümlich und jetzt altfränkisch st. Kur, s. d.

† die **Chymie**, üblicher **Chemie** : Scheidekunst.

Aus dem v. gr. der chymós Saft, Flüssigkeit, stammenden gr. chymeía (Vermischung), welches erst bei *Suidas* chêmeía (χημεία) lautet, woher **Chemie** (s. d.). Aber **Chymie** erhielt sich neben **Chemie** auch darum, weil man franz. chimie sagte, welches aus ital alchímia, span. und portug. alquimia, v. arab.-gr. al-kîmîâ (al ist der Artikel) = „die Kunst, Gold zu machen", und eben aus der **Alchymie** entwickelte sich unsre wissenschaftliche **Chemie**.

† die **Cichórie** (4sylbig), Pl. —n : die Wegewarte; Wegewartpulver.
Aus ital. cicória, dem Nom. Pl. v. lat. cichórium.

† der **Cider**, —s, Pl. wie Sing. : Obstwein, Apfel-, Birnmost.
Aus franz. cidre, ital. cidro, sidro, v. mittellat. cícera, welches aus lat. sícera, gr. síkera. Dieß aber v. aramäisch schichrâ (שִׁכְרָא) aus hebr. schêchâr.

† die **Cigárre** (spr. sigárre), Pl. —n : Tabakröllchen zum Rauchen.
Aus franz. cigarre (cigare) v. span. der cigarro, welches eig. fingerslanges, mit geriebenem Rauchtabak gefülltes Papierröllchen zum Rauchen. Vgl. Tabak.

† das **Circulár**, —es, Pl. —e : Umlaufschreiben. circulíeren = umlaufen, kreisen.
Jenes Wort aus einem neulat. das circuláre, dieses (circulíeren) aus dem lat. Verbum circuláre. Beide lat. Wörter aus lat. círculus Kreis (s. Zirkel).

† der **Circumfléx** (é wie ä), —es, Pl. —e, aus lat. circumfléxus : (um-gebogener d. h. langgezogener, nämlich accéntus Ton) : das Dehnungszeichen ˆ (Hütchen, Dächelchen).

der **Cirkel**, altfränkisch, in neuerer Schreibung Zirkel, s. d.

. † ciselíeren = fein ausmeißeln. Aus franz. ciseler, v. ciseau, span. cincel Meißel, Grabstichel.

† die **Cistérne** (é wie ä), Pl. —n, v. lat. cistérna : Wasserbehälter.

† die **Citabélle** (é wie ä), Pl. —n : Stadt-, Beifestung. Das franz. citadelle v. ital. cittadélla, dem Dim. von città (aus lat. cívitas) Stadt.

† das **Citát**, —es, Pl. —e : namentliche Nachweisung. Aus citátum, dem Part. Perf. Pass. v. lat. citáre, woher unser citíeren = vorladen (eig. herbeirufen), dann „namentlich anführen", mit die **Citatión**, mittellat. citátio, = Vorladung.

die **Cither** (i kurz), der Herleitung gemäß streng nach lat. cíthara geschrieben, heut zu Tage üblicher Zitter, s. d.

† der **Citronát**, —es, Pl. —e : eingemachte Citrunenschale.
Das franz. der citronat, ital. die citronáta, v. franz. citron **Citrone**

† die Citróne, Pl. —n, die bekannte Südfrucht, der Weberapfel. Zu=
fammenf. : citrónenfarben oder citrónenfarbig.

    Mit franz. der citron v. mittellat. (1408) cítro aus gr. das ϰίτρον, welches
auf arab. turundja Citrone zurückzuführen scheint.

† civîl, franz. civil, lat. civílis v. cîvis Bürger : bürgerlich; höflich
(eig. bürgerfreundlich). Daher : die Civilifatiôn = Gefittung,
zunächft v. civilifieren, franz. civiliser, fpan. civilizar, = gefittet
(eig. höflich) machen.   der Civilift, —en, Pl. —en : [mittellat.
civilísta] Kenner des bürgerlichen Rechtes; bürgerlicher (d. h. nicht
militärifcher) Beamter.   Zufammenf. : die Civillifte, engl. civil list,
= die für den Hofhalt des Landesherrn ausgefetzte Summe; das
Civilrécht = bürgerliches Recht, Privatrecht.

Ⅽ, eine Kehllautverdoppellung.

    Sie fteht : 1) für mhd. ck, ahd. cch (= goth. kk), die übliche Verdoppelung und
Verdickung des ahd. inlautenden ch oder bh ft. goth. k; 2) für mhd. gg, welches
bereits allmählich durch ck vertreten wird, ahd. kk (cc) oder gg. Verblieben ift
gg in Roggen (Korn), flügge ft. Rocken, flücke, erscheint aber mehr mundartlich.

† die Clarinétte (é wie ä), Pl. —n : die (1690 erfundene) Gellflöte.

    Aus franz. die clarinette, ital. clarinétto, dem Dim. des ital. clarino = „hell=
gellende Trompetenart" v. lat. clárus hell fchallend.

die Cláffe, Pl. —n, aus lat. clássis, woher auch franz. classe :
ordnende Abtheilung.   Davon : die Claffícität (aus einem neulat.
classícitas von lat. clássicus) = Mustergültigkeit; claffificieren;
der Cláffifer, nach franz. classique v. lat. clássicus, = mufter=
gültiger Schriftfteller, und ebendaher cláffifch = muftergültig, erften
Ranges feiner Art.

die Cláufe, üblicher, weil eingebürgert, Kláufe, Pl. —n : abge=
fchloffene Klofterzelle; Einfiedelei (vgl. Klausner); Gebirgspaß.

    Mhd. die klûse, ahd. chlûsa,-aus mittellat. clûsa von dem Pl. des lat. das
clûsum, welches urfpr. Part. Perf. Paff. v. lat. clúdere ft. claúdere verfchließen.

† die Cláufel, Pl. —n, aus lat. claúsula (v. claúdere fchließen, ein=
fchließen) : Schlußfatz; Einfchränkung, Vorbehalt. Nach diefer letzten
Bedeutung verclaufulieren = durch Vorbehalte fichern.

† die Cláufúr, Pl. —en : Ab= und Einfchließung; Klofterzwang;
Buchfchloß, Gefperr; Efelsohr im Buche.

    Aus lat. clausûra, vom Supinum claúsum v. claúdere fchließen.

† das Clavier, —es, Pl. —e, aus franz. clavier Reihe der Taften :
Metallfaiteninftrument mit Griffbret. Mit die Claviatúr (d. i.
neulat. claviatûra), Pl. —en, = Griffbret für 2 Hände, von die
Clâvis, Pl. (lat.) Claves, = Grifffteg (Tafte) zum Anfchlagen der
Saite.

    Lat. clâvis Schlüffel ift zunächft auf die einzelnen Grifffteg der Orgel ange=
wandt, deren Windlade durch fie geöffnet und gefchloffen wird.

† die Clerifel, Pl. —en : Priesterschaft.

Aus roman. (span.) clerecía, von dem von lat.-gr clêrus Geistlichkeit abgeleiteten kirchlich lat.-gr. cléricus Geistlicher, Priester.

† der Cliént, —en, Pl. —en, aus lat. clíens (Gen. cliéntis) eig. der
Hörige [st. clúens v. lat. cluêre gr. kly'ein hören] : Schutzbefohlener
in Rechtsangelegenheiten. Daher die Clientêl, lat. clientêla.

† die Clínik ꝛc., üblicher nach dem Griech. Klinik ꝛc., s. d.

† die Clíque (spr. klîke), Pl. —n, franz. clique : Spießgesellschaft.

† die Cloáke, Pl. —n, franz. cloaque v. lat. cloâca : Abzugscanal.

† der Club (u kurz, deshalb auch) Clubb, —s, Pl. —s, v. engl.
club : geschlossene Gesellschaft. Daher der Clubíst, Clubbíst, —en,
Pl. —en.

† die Cocárde, Pl. —n : Hutzeichen als Abzeichen, Feldzeichen.

Franz. cocarde v. coq Hahn, weil dem Hahnenkamme ähnlich.

† der Cocón, —s, Pl. —s : Gehäuse der Seidenraupenpuppe.

Das franz cocon (spr. kokóng). B. sanskr. kôça umhüllende Scheide?

† die Cócosnuß, Milch enthaltende Frucht einer Palmenart.

Span. u. engl. coco. Engl. auch, mit Nuß zusammenges., cocoa-nut.

† der Códex, Pl. (lat.) Códices : alte Handschrift; Gesetzbuch.

Lat. côdex Baumstamm, dann Buch (urspr. aus beschriebenen Holztafeln).

† das Codicíll, —es, Pl. —e, aus lat. der codicillus (Dim. v.
côdex, s. b.) : Testamentsanhang; testamentartige letztwillige Verfügung.

† der (nicht das) Cölibât, —es, ohne Pl. : der ehelose Stand.

Aus lat. cœlibâtus v. cœlebs, cælebs unbeweibt.

† der Cólibri, —'s, Pl. wie Sing., span. colibrí : Blumenvöglein.

† der Collaborátor, —s, Pl. —en, aus dem Mittellat. (v. lat.
collaborâre mitarbeiten) : Schulgehilfe.

† die Collatîôn, Pl. —en : Vergleichung zweier Schriften; Zwischen-
mahlzeit. Nach jener Beb. das Verbum collationieren.

Das franz collation mit dem Verbum collationner, v. lat. collátio (aus con-
látio) eig. = das Zusammentragen.

† die Collectáneen, ein Pl. : Lesefrüchte; Sammelschrift.

Lat. collectánea, Pl v. (dem Abj.) collectáneum Zusammengelesenes, welches
v. col-lígere zusammen-lesen, einsammeln.

† die Collécte (é wie ä), Pl. —en, lat. die collécta (v. lat. col-lígere
zusammen-lesen, einsammeln) : Beisteuersammlung; ein Altargebët.
Daher collectieren, mittellat. collectâre. das Collectîv, —s,
Pl. —e, lat. „(nômen) collectîvum" von colléctus (gesammelt) :
Sammelname.

† der Collége, —n, Pl. —n, v. lat. collêga [v. con mit u. légere
lesen] : Amtsgenosse. Daher das Collég, —es, Pl. —e oder —ien,
gekürzt aus lat. collégium : Amtsgenossenschaft, -versammlung; Vor-

lefung an einer Univerfität. Hiervon weiter collegiálifch (lat. collegiális).

† das Collét (é wie ä), —es, Pl. —e (—er) : Reitjacke.

„Einen collet (fpr. kóllä) fchleppen" d. h. am Kragen, gefangen. Franz. collet, ital. collétto, = Halskragen, v. lat. cóllum Hals.

† collidieren, v. lat. col-lídere : zufammenftoßen; in feindliche Be= rührung kommen. Daher die Collifiôn, Pl. —en, lat. collísio.

† die Colonie, Pl. —n, aus lat. colónia (v. colônus Feldbauer, An= fiedler) : Pflanzort, Anfiedelung. Daher der Colonift.

† die Colonnáde, Pl. —n, franz. : Säulengang. Von die Colónne, Pl. —n, franz. (ital. colónna) v. lat. colúmna : Säule, Heerfäule.

† das Colophénium = Geigenharz (von Côlophon in Kleinafien).

† die Coloquínthe (2 Kön. 4, 39), Pl. —n : Bitter=, Purgiergurke.

Franz. coloquinte, ital. coloquínta, aus gr. kolókyntha.

† colorieren, aus ital. coloríre : mit Farbe (lat. cólor) ausmalen. Daher das Colorít (i kurz), —es, Pl. —e, von ital. coloríto : Farbengebung.

· † colportieren, aus franz. colporter [eig. am Halfe (lat. cóllum) tragen (lat. portâre)] : von Haus zu Haus tragen.

† combinieren, franz. combiner v. lat. combinâre : [je 2, lat. bîni] berechnend verbinden. Daher die Combinatiôn, mittellat. com= binátio.

† der Commandánt, —en, Pl.—en, franz. : Befehlshaber, woher die Commandantûr. Part. Präf. v. commandieren, aus franz. commander, ital. comandáre, v. lat. com-mendâre (empfehlen, man= dâre auftragen) : befehlen, befehligen. das Commándo, Pl. —'s, das ital. u. fpan. comando : Befehl.

† die Comménde, Pl. —n : Ordenspfründe. Aus mittellat. com= ménda, v. lat. commendâre, anvertrauen, übertragen.

† der Commentár, —es, Pl. —e, v. lat. »commentárius (líber)« : Erläuterung. Von commentieren, aus lat. commentâri : erläutern.

† der Commérz (é wie ä), —es, Pl. Commércien, aus franz. com= merce v. lat. com-mércium : Handelsverkehr; Verkehr.

† der Commis (fpr. kommî), Gen. und Pl. ebenfo, franz. commis : Handlungsgehilfe. der · Commiffár, —es, Pl. —e, aus franz. commissaire v. mittellat. commissárius : in amtlicher Sendung Be= trauter, amtlicher Gefchäftsbetrauter. die Commiffiôn, Pl. —en, franz. commission (v. lat. com-míssio Begehung), = Auftrag, Unter= fuchungsausfchuß, woher der Commiffionär, —es, Pl. —e, franz. commissionaire (mittellat. commissionárius), = Gefchäftsbevoll= mächtigter.

Alle von lat. commíssum, bem Supinum v. com-míttere, woher unfer com-
mittieren = bevollmächtigen.

† commi'ß=, nach franz. commis, bem Part. Paff. v. committre (lat.
com-míttere, f. unter Commié), auch wegen bes kurzen i commi'ß=
(eig. commi'ße=), = in Menge zur Lieferung aufgetragen (und grob
zugerichtet), in bas Commi'ébrot = Solbatenbrot, Commi'é=
hembe 2c..

† commóbe, franz. aus lat. cóm-modus : bequem. Daher bie Com=
móbe, franz. : Schiebkaftenschrank. bie Commobität, aus franz.
commodité v. lat. commóditas : Bequemlichkeit; Abtritt.

† bie Commúne, Pl. —n, franz. commune (lat. commúnis) : Ge=
meine.

† ber Communicánt, —en, Pl. —en : wer bas heil. Abenbmahl
empfängt. Part. Präf. v. communicieren (aus lat. communicâre) :
etwas burch Mittheilung gemeinfchaftlich (lat. commúnis) machen;
(gemeinfchaftlich) zum heil. Abenbmahl gehen. bie Communión,
aus lat. commúnio (v. commúnis gemeinfchaftlich) : Empfang bes
heil. Abenbmahls.

† compáct, franz. compacte v. lat. compáctus : bicht, gebrängt.

† bie Compagnie (fpr. companí), Pl. —n : wozu verbunbene Ge=
fellschaft; Abtheilung Solbaten unter einem Hauptmanne. ber Cóm=
pagnon (fpr. cómpannjong), Pl. —é : Geschäftstheilhaber.

    Franz. compagnie u. compagnon, ital. compagnía u. compagnóne. Von mit-
tellat. compánium Gefellfchaft, eig. Brotgenoffenfchaft, zufammengef. aus lat.
com- mit unb einer Ableitung v. pânis Brot. Daher auch franz. compagner in
accompagner, ital. accompagnàre, = begleiten.

† ber Comparatív, —es, Pl. —e, aus lat. comparatívus v. com-
parâre vergleichen : Vergleichungsftufe, höhere Stufe.

† ber Cómpaß, —ffes, Pl. —ffe : Magnetnabel mit Büchschen.

    Eig. Compaß. Aus ital. compásso eig. Zirkel, welches, wie provenz. unb
altfranz. compas = gleicher Schritt, Mitfchritt, zeigt, v. mittellat. com-pássus
Zirkel, urfpr. Mitfchritt. S. Diez Wtbch 109.

† ber Competént, —en, Pl. —en, aus lat. cómpetens, bem Part.
Präf. v. com-pétere mitbewerben, zukommen : Mitbewerber (um ein
Amt). competént = zuftänbig, befugt. Daher bie Competénz,
mittellat. (lat.) competéntia : Mitbewerbung, Zuftänbigkeit.

† bie Compilatión, v. compilieren (aus lat. com-pilâre plünbern)
= (aus Büchern) zufammenftoppeln.

† complét (e wie ä unb kurz), bas franz. complet v. lat. complêtus
(urfprüngl. vollgefüllt) : vollftänbig. Daher completieren, franz.
compléter, = vervollftänbigen, ergänzen.

† complici̍ert = verwickelt. Part. Prät. v. complici̍eren aus lat. com-plicâre zusammen=falten, =wickeln.

† das Compliment, —es, Pl. — e : Verbeugung; Empfehlung; Höflichkeitsbezeigung, Artigkeit. Daher complimenti̍eren.

    Franz compliment, ital. compliménto, von ital. complîre seine Aufwartung machen. Das Verbum aus franz. complimenter, ital. complimentâre.

† das Complot (o kurz), —ttes, Pl. —tte : geheime Verbindung zu Schlimmem; Meuterei. Daher comploti̍eren, franz. comploter.

    Franz. complot heimlicher böser Anschlag unter Mehreren.

† componi̍eren, v. lat. com-pónere (zusammen=setzen) : eine Tonbichtung schöpferisch zusammensetzen. Daher der Componi̍st, —en, Pl. —en.

† das Compot (o kurz), —ttes, Pl. —tte : eingemachtes gedämpftes Obst. Franz. die compote st. compôte, ital. composta (aus lat. compósita), woher älter=nhb. Kumpest, mhb. cumpost, compost.

† compréß (é wie ä) : zusammengedrängt, enge.

    Eig. compreß. Aus ital. comprésso, lat. com-préssus.

† compromitti̍eren = (dem Schimpfe) bloß stellen.

    Aus franz. compromettre, v. lat. com-promíttere.

† das Comptoir (gewöhnlich ausgesprochen contôr), — es, Pl. — e : eig. Zähl=, Rechentisch; Schreib=, Geschäftsstube des Kaufmannes.

    Franz. comptoir v. compter lat. com-putâre zusammen=rechnen.

† concáv, franz. concave aus lat. cón-cavus : hohlrund.

† concentri̍eren, aus franz. concentrer, v. lat. céntrum (s. Centrum): in einen Punct zusammenbrängen.

† das Concépt (é wie ä), — es, Pl. — e : erster Entwurf. Aus lat. concéptum, bem Part. Perf. Pass. v. concípere (s. concipieren).

† das Concért (é wie ä), — es, Pl. — e : Übereinstimmung, Übereinkunft; Tonfest. Franz. concert, ital. concérto, v. lat. con-certâre = zusammen=streiten, bann im Ital. zusammen verabreden.

† die Conceffión (e wie ä), Pl. — en : Bewilligung. Aus lat. concéssio v. concédere (concebi̍eren) einräumen.

† die Conchy̍lie, Pl. —n : Schalthier.

    Aus lat.=gr. conchy̍lium v. lat. cóncha, gr. kógchē (κόγχη), fanstr. ber çankha, = Muschel.

† das Concílium, — s, Pl. Concílien, bas lat. concílium (Versammlung) : berathende Versammlung; Kirchenversammlung.

† concipi̍eren, aus lat. con-cípere zusammen=faffen, formelhaft abfaffen : abfassen, auffetzen. Daher der Concipiént, —en, Pl. —en, vom Part. Präf. concipiens : Schriftabfaffer.

† concis, franz. concis, v. lat. concisus (abgekürzt) : bündig.

† das Conclấve, —'s, Pl. wie Sing., das lat. conclâve Verschluß : (verschlossenes) Papstwahlgemach; Papstwahlversammlung.

† die Concordánz, Pl. —en, aus mittellat. concordántia von lat. con-cordâre zusammen=, übereinstimmen : Findeverzeichniß der Bibel= sprüche nach ihrer Übereinstimmung.

† das Concorbất, —es, Pl. —e, franz. concordat, v. lat. concor- dâre (s. Concordanz) : Vertrag eines weltlichen Fürsten mit dem Papste in Kirchensachen.

† das (besser, aber unüblich, der) Concubinất, —es, Pl. —e, aus lat. der concubinâtus : wilde Ehe. Von lat. concubînus Beischläfer [v. con-cubâre zusammen=, beiliegen], woher auch lat. concubîna unser : die Concubîne, Pl. —n, = Beischläferin, Kebsweib.

† der Concurrént, —en, Pl. —en : Mitbewerber. Mit die Con= currénz, franz. concurrence b. i. mittellat. concurréntia, = Mit= bewerbung, von lat. concúrrens, dem Part. Präs. v. con-cúrrere (zusammen=laufen), woraus concurriʼeren = mitbewerben.

† der Concúrs, —es, Pl. —e : Zusammenlauf, bes. der Gläubiger zur gerichtlichen Theilung des für ihre Forderungen unzureichenden Vermögens eines Schuldners. Oberd. der Gant (s. b.).
    Aus lat. con-cúrsus Zusammenlauf.

† die Conbitiôn, Pl. —en, aus lat. condítio (v. cón-dere zusammen= geben) : Bedingung; Dienst (franz. condition). Daher conbitio= níeren (franz. conditionner) = in Diensten stehen.

† der Conbíʼtor, —s, Pl. —en, lat. condîtor v. condire (durch Zuthaten lecker machen) : Zuckerbäcker. Daher die Conbitoreiʼ.

† die Conbolénz, ital. condolénza : Beileidsbezeigung. Von con= bolíʼeren, aus lat. con-dolêre : sein Beileid bezeigen.

† der Cónbor, —s, Pl. —e : (südamericanischer) Greifgeier.
    Das span. condor, welches aus peruanisch cuntur sein soll.

† das Conféct (é wie ä), —es, ohne Pl. : Zuckergebackenes.
    Schon im 15. Jahrh. confect, confeckt, aus mittellat. conféctnm (voc. ex quo v. 1469), welches urspr. Part. Perf. Pass. v. conficere verfertigen.

† die Conferénz, Pl. —en, franz. conférence (mittellat. conferéntia) : Berathschlagung. Von conferíʼeren, franz. conférer (aus lat. conférre) : gemeinschaftlich berathen; (ein Amt) übertragen.

† der Confirmánd, —en, Pl. —en, lat. confirmándus. die Con= firmation, lat. confirmátio. Von confirmíʼeren, lat. confirmâre: (rechtskräftig) bestätigen; zur Bestätigung des Taufbundes einsegnen.

† die Confiscatiôn, Pl. —en, lat. confiscátio : Verfallserklärung. Von confiscíʼeren, lat. confiscâre : gerichtlich (für den fiscus b. i. die öffentliche Casse) einziehen.

† der Conflíct, —es, Pl. —e, aus lat. conflíctus : Zusammenstoß.

† die Conföberatiôn, Pl. —en, lat. confœderátio : Verbündung.
Von conföberïeren, lat. confœderâre : verbünden.

† confórm, franz. conforme v. lat. con-fórmis : gleichförmig.

† die Confrontatiôn, Pl. —en, mittellat. confrontátio. Von con=
frontïeren, mittellat. con-frontâre v. frons Stirne : zum Verhöre
Stirne gegen Stirne b. h. gegenüber stellen.

† confúß, franz. confus von lat. con-fûsus : verwirrt. Daher die
Confusiôn, Pl. —en, lat. confúsio : Verwirrung, Durcheinanber.

† der Congréß (é wie ä), —sses, Pl. —sse, eig. Congréfs, v. lat.
con-gréssus : Zusammenkunft von Abgeordneten in Staatsangelegen=
heiten.

† die Conjugatiôn, Pl. —en, lat. conjugátio : Zeitwortbiegung.
Von conjugïeren, lat. con-jugâre (eig. verbinden) : bas Verbum
(Zeitwort) biegen.

† die Conjunctiôn, Pl. —en, lat. conjúnctio : Verbinbung; Binbe=
wort. der Conjunctív, lat. „(módus) conjunctívus" : bebingenbe
(verbinbenbe) Rebeweise. die Conjunctúr, Pl. —en, mittellat.
conjunctûra : Verknüpfung von Umständen. Alle von conjungïeren,
lat. conjúngere, = verbinden, vereinigen.

† der Connetáble (spr. connetáb'l) : Kronfelbherr.
    Das franz. connétable, ital. connestábile, contestábile, urspr. Oberstallmeister,
    v. lat. cómes stábuli.

† die Connexiôn, Pl. —en, franz. connexion (lat. connéxio, v. lat.
con-néctere verknüpfen) : einflußreiche Verbindung.

† der Cónrector (e wie ä), —s, Pl. —en, neulat. : Mitvorsteher
(zweiter Lehrer) einer Schule.

† conscribïeren, aus lat. con-scríbere (eig. zusammen=schreiben) :
Mannschaft ausheben zum Solbatenbienste. Daher die Conscriptiôn,
Pl. —en, [lat. conscríptio] : Aushebung zum Kriegsbienste.

† consecrïeren, aus lat. con-secrâre : weihen, einweihen.

† der Conséns, —es, Pl. —e, aus lat. consénsus Zustimmung. Von
consentïeren, lat. con-sentîre : zustimmen, einwilligen.

† consequént, v. lat. cónsequens (v. cón-sequi nachfolgen) : folge=
recht. Daher die Consequénz, Pl. —en, lat. consequéntia.

† conservïeren, v. lat. con-servâre : erhalten, bewahren.

† consistént, aus lat. consistens (Part. Präf. von con-sístere be=
stehen) : bicht, bauernb, haltbar. Daher bie Consisténz, franz.
consistence, ital. consisténza, = Dichtheit, Bestanb, Dauer.

† bas Consistórium, —s, Pl. Consistórien : Versammlung; zusam=
mengesetzte geistliche Behörbe. Daher ber Consistorálrath.
    Mittellat., v. lat. con-sístere sich (zur Unterrebung) hinstellen.

† der Consonánt, —en, Pl. —en, aus lat. cónsonans (nämlich littera): Mitlauter, bei Jckelsamer Mitstimmer. Daher: der Consonantismus. die Consonánz, lat. consonántia, = der Einklang.

† der Consórte, —n, Pl. —n, ital. consórte v. lat. cón-sors (Theilhaber): Theilnehmer, Mitgenosse.

der Cónstabler, —s, Pl. wie Sing.: Stückmeister; Polizeidiener.
1469 constabel. Aus mittellat. conestábulus, constabulárius, = Heerführer, Befehlshaber zur Lager- oder Festungsbewachung, v. comes stabuli (f. Connetable).

† die Constitutión, Pl. —en, lat. constitútio: Leibesbeschaffenheit; Staatsverfassung. Daher constitutionéll, franz. constitutionnel: eine Staatsverfassung habend; verfassungsmäßig. — Von constituíeren, lat. constitúere: feststellend zusammenordnen.

† die Constructión, lat. constrúctio: Zusammenfügung, Zusammenordnung. Von construíeren, lat. constrúere: zusammenordnen.

† der Cónsul, —s, Pl. —n, v. lat. cónsul (höchste Magistratsperson): Rathsbeisitzer; beglaubigter Handelsbevollmächtigter. Daher das Consulát, —es, Pl. —e, v. lat. der consulátus (Consulwürde): Gerichtsbarkeit eines Handelsbevollmächtigten. — Mit der Consulént, —en, Pl. —en, lat. cónsulens, = Berather, Rechtsberather, von consulíeren, lat. consúlere, = um Rath fragen, rathfragen.

† die Consultatión, Pl. —en: Berathschlagung, Rathfragung.
Lat. consultátio, v. dem aus consúlere entsprossenen consultáre.

† consumíeren, lat. con-súmere: verbrauchen, verzehren. Daher die Consumtión, lat. consúmptio: Verbrauch.

† das Conterfeí, —es, Pl. —e: Abbild. Daher conterfeíen.
Conterfei ist aus mhd. die gunter-, cunterfeit, v. franz. contrefait (b. i. mittellat. contrafáctum) v. contrefaire (mittellat. contra-fácere gegen- b. i. nachbilden). Von jenem Subst. entsproß dann alt-clevisch contrafeyten, woraus unser conterfeien.

† der Contéxt (é wie ä), —es, Pl. —e: Redeverbindung.
Aus lat. contéxtus Zusammenhang, v. con-téxere zusammen-weben.

† der Continént, —es, Pl. —e: Festland. Aus franz. continent v. lat. „cóntinens (térra)" zusammenhangendes Land.

† das Contingént, —es, Pl. —e: der zu stellende Pflichttheil an Truppen ꝛc., in der Schweiz "der Auszug." Das franz. contingent = zukommender Theil, aus dem Part. Präf. v. lat. contíngere.

† das Cónto, —'s, Pl. (ital.) Conti: zahlbare Rechnung.
Das ital. conto, mittelst Ausstoßung des p und Verdünnung des m zu nt aus volksmäßig-lat. cómputus Berechnung v. lat. com-putáre zusammen-rechnen, welches zu comp'táre ital. contáre wurde.

† das Contór, —es, Pl. —e, f. Comptoir.

† der Contráct, —es, Pl. —e, aus lat. der contráctus: Vertrag.
contráct = verkrümmt, gichtisch gelähmt, gliederlahm, eig. zusammen-

gezogen, aus lat. contráctus. Jenes das Subst., dieses das Part. Perf. Pass. v. lat. con-tráhere, woraus unser contrahieren = zusammenziehen; zu einem Vertrage sich einigen. Eine Schuld contrahieren = mit jemand zu Geldentleihung abschließen.

† der Cóntrapunct = Kunst des Tonsatzes u. Stimmenwechsels.

     Neulateinisch. Eig. „Gegenpunct" (lat. cóntra = gegen), indem man ehemals Puncte statt der Noten machte.

† conträr, franz. contraire v. lat. contrárius : entgegengesetzt.

† contrasignieren = zur Gültigkeit verantwortlich mitunterschreiben.

     Eig. gegenzeichnen. Nach franz. contresigner, neu-lat. contra-signáre.

† der Contrást, —es, Pl. —e : Gegensatz, Abstich. Aus franz. contraste, ital. contrásto, welches (durch Verbindung der Geschlechts-enbung mit dem Stamme) v. franz. contraster, ital. contrastáre (d. i. contra-stáre gegen-stehen), woher unser contrastieren = abstechend machen und sein.

† cóntre (spr. kongt'r), franz., aus lat. cóntra, = gegen, in : der Cóntreabmiral = Gegenabmiral d. i. der dem Viceabmiral zunächst stehende Admiral. die Cóntrebande, Pl. —n, das franz. contrebande, ital. contrabbándo, = Handel gegen (contra) öffentliche Verkündigung (bando, v. bandíre, s. Bandit) oder Gesetz, Schleichhandel; verbotene, geschmuggelte Waare; der Cóntrebaß (s. Baß), nach ital. contrabbásso : der Gegen- d. i. große (tiefste) Baß.

† contribuieren, aus franz. contribuer v. lat. con-tribúere : mit beitragen. Daher die Contribution, Pl. —en, franz. contribution v. lat. contribútio : erhobener Beitrag; Brandschatzung.

† die Contróle (ó kurz), Pl. —n, aus franz. contróle : die vergleichende Aufsicht. Daher : der Controleúr (spr. controlœr), —s, Pl. —e, franz. controleur (mittellat. contrarotulátor), = der das Gegenregister (contróle) führende Beamte. controlieren, aus franz. contrôler, = Gegenregister, über jemand vergleichende Aufsicht führen.

     Franz. contróle statt des unaussprechbaren contre-róle, = Gegen-rolle d. i. Gegenrechnung. Róle, ital. rullo, rótolo, = etwas Zusammengewickeltes, Rolle Papier, v. lat. rótulus Rädchen, später Rolle.

† die Contumáz, ohne Pl., aus lat. contumácia (Widerspenstigkeit) : Nichterscheinen vor Gericht aus Widerspenstigkeit. Daher contumazieren, franz. contumacer, = wegen Nichterscheinung verurtheilen.

† convenieren, aus lat. con-veníre : passen, sich schicken. Daher : der Convént, —es, Pl. —e, lat. convéntus, = (feierliche) Versammlung, mit der Conventíkel, —s, Pl. wie Sing., aus lat. conventículum, = (Winkel- d. h. heimliche) Versammlung. die Convention, lat. convéntio, = Übereinkunft, mit das Conventións-

gëlb = „nach der Übereinkunft von 1753 geprägte Münze«, und conventionéll (é wie ä), franz. conventionel, lat. conventionâlis, = vertragsmäßig, übereinkömmlich.

† die Converſatiòn, Pl. —en, franz. conversation v. lat. conversátio : mündlicher Verkehr, Unterredung. Von converſieren, lat. con-versâri (Umgang haben) : ſich unterreden, unterhalten.

† convéx (é wie ä), aus lat. con-véxus : gewölbt, linſenförmig.

† das Convolût, —es, Pl. —e : Pack Schriften, Papier ꝛc. Aus lat. convolûtum, Part. Perf. Paſſ. v. con-vólvere zuſammen=rollen.

† die Convulſiòn, Pl. —en, aus lat. convúlsio (v. con-véllere aus ſeiner Lage reißen) : Gliederzucken, =krampf. Daher convulſiviſch.

† coordinieren, aus mittellat. co-ordinâre : beiordnen.

† die Copie, Pl.—n (3ſylbig), aus lat. cópia : Abſchrift; Nachbildung. Daher : copieren, mittellat. copiâre (franz. copier), = abſchreiben; nachbilden. der Copiſt, —en, Pl. —en, mittellat. copísta (franz. copiste), = Abſchreiber, Nachbildner.

1469 copy. ſpäter copei. Lat. cópia = Haufe (ſ. b.), Vorrath, dann im Mittellat. (den Vorrath an Exemplaren vermehrende) Abſchrift.

† die Cópula, lat. cópula Band : das Subject und Prädicat verbindende Wort. Davon copulieren, lat. copulâre, = verbinden; ehelich zuſammenfügen, — woher wieder die Copulatiòn, Pl.—en, lat. copulátio, = Verbindung, beſ. die eheliche, und copulatîv, lat. copulatîvus, = verbindend, verknüpfend.

† coquét (ſpr. kokätt), franz. : gefallſüchtig. Daher die Coquétte = Gefallſüchtige; die Coquetterie = Gefallſucht.

Alle drei Wörter ſind franz.; aber man ſchreibt auch mehr deutſch geformt kokétt, Kokétte, Koketterie. Von franz. coq Hahn, und alſo coquet urſpr. ſich brüſtend wie ein Hahn. S. Diez Wtbch 599.

† corbiál, mittellat. cordiâlis v. cor Herz : herzlich.

† der Cordôn, —s, Pl. —e : Schnur; kettenartige Grenzbeſatzung.

Franz. cordon, ital. cordóne Strick, v. lat.=gr. chórda Saite.

† der Corbuân, —es, Pl. —e, aus franz. cordouan, ſpan. cordoban, = Geißleder von der Fabrikſtadt Córdoba in Spanien.

Noch im 17. Jahrh. Corbuban, mhd. korduwân (Schachzabelbuch).

† der Cornét (é wie ä und kurz), —ttes, Pl. —tte : Reiterfähnrich.

Das engl. cornet, franz. cornette, v. lat. córnu (Helmbuſch?).

† der Corporál, —es, Pl. —e : Unterofficier.

Das hennegauiſche (ſpäter ind Franz. eingedrungene) corporal, coporal, aus franz. caporal, ital. caporále Anführer, v. ital. capo (aus lat. cáput) Haupt. Noch beim Volke in Deutſchland der Caporal.

† das Corps (ſpr. kôr), Gen. u. Pl. ebenſo : Heerhaufen.

Franz. corps, v. lat. córpus Körper. Alſo Truppenkörper.

† **corpulént**, aus lat. corpuléntus v. córpus Leib : wolbeleibt. Daher die Corpulénz, ohne Pl., lat. corpuléntia : Beleibtheit.

† **correct** (e wie ä), aus lat. corréctus : fehlerfrei, regelrecht, — woher die Corréctheit. Mit : der Corréctor (lat.), —s, Pl. —en, = Druckberichtiger, und die Correctúr (lat. correctúra), Pl. —en, = Druckberichtigung, v. corrigíeren (s. d.).

† die **Correspondénz** (e vor sp wie ä), Pl. —en, ital. corrispondénza : Briefwechsel. Von correspondieren, ital. corrispóndere (lat. respondére antworten) : entsprechen; Briefe wechseln.

† der **Cérridor**, —s, Pl. —e : abgeschlossener Vorplatz zwischen Zimmern. Aus ital. corridóre, span. corredor, eig. Laufgang.

† **corrigíeren**, aus lat. cor-rígere : berichtigen, verbessern; verbessernd zurechtweisen.

† der **Corsár**, —en, Pl. —en : kreuzender Seeräuber; Raubschiff. Aus ital. corsále, corsáre, span. corsario (mittellat. corsárius), v. span. corso (aus lat. cúrsus) Auslaufen, Kreuzen zur See.

† das **Corsét** (é wie ä und kurz), —ttes, Pl. —tte : Schnürleib.
Franz. corset v. franz. corps aus lat. córpus Leib.

† die **Corvétte** (é wie ä), Pl. —n : kleineres leichtes Kriegsschiff.
Franz. corvette, portug. corveta, span. corbeta, mit romanisierter Endung aus lat. corbîta Lastschiff v. córbis Korb.

† das **Costüm** (ü lang), —es, Pl. —e : Tracht nach Zeit und Brauch.
Aus franz. u. ital. costúme Gewohnheit, Sitte, v. lat. consuetúdo·(Gewohnheit) oder vielmehr dessen Casusform consuetúdin-, zusammengez. costudn, mittelst Abwerfung der schwierig zu behandelnden Endung udin und Anpassung der lat. -úmen (roman. -ume). S. Diez Wtbch. 114.

† die **Cotelétte** (spr. kôtelätt'), Pl. —n, franz. côtelette von côte (aus lat. cósta) Rippe : auf dem Roste gebratenes Rippenstückchen.

† die **Coulísse** (spr. kulísse), Pl. —n : Schiebewand der Schaubühne.
Franz. coulisse, altfranz. coleïce (Fallgatter), v. couler gleiten, eig. fließen, durchseihen, welches v. lat. coláre durchseihen.

† die **Cour** (spr. kûr), Pl. —en : Hof, Hoftag, Aufwartung bei Hofe; höflichkeitsvolle Gunstbewerbung [Daher "die Cour (den Hof) machen"].
Das franz. die cour, welches, wie ital. corte zeigt, aus lat. chors (Gen. chórtis) Viehhof, woher mittellat. cúrtis fürstlicher Hof.

† **couránt** (spr. kuránt), franz. courant von courir (lat. cúrrere) laufen : geläufig, gangbar (als Münze).

† der **Couríer** (spr. kurîr), üblicher der franz. Aussprache gemäß Curíer, s. d.

der **Courmacher** (s. Cour), wofür mhd. der hübeschære Hübscher.

† der **Cours** (spr. kurs), —es, Pl. —e, franz. cours v. lat. cúrsus : Lauf; Weg (in Postcours); Gang einer Münzsorte; laufender Geldwerth, Wechselhöhe. Daher coursíeren.

† ber **Courtisān** (ou = u), —es, Pl. —e, franz. courtisan (mittellat. cortisānus Hofmann, mhb. cortisāne) : Frauenverehrer. bie **Courtisāne**, Pl. —n, franz. courtisanne : Buhlerin. bie **Courtoisie** (spr. kurtoasi), franz. : (ritterliche) Höflichkeit [mhb. hövescheit], höfliche Frauenverehrung; Gesammtheit ber Höflichkeitsformeln.

Alle v. franz. cour, mittellat. córtis, curtis, = fürstlicher Hof, lat. chors. S. Cour.

† ber **Cousin** (spr. kusä'ng), —s, Pl. —s, franz. cousin : Better. Daher bie **Cousine** (ou = u), Pl. —n, franz. : Base.

Höchst unnöthige Frembwörter ber gezierten Sprache. Cousin, ital. cugíno, ist zusammengez. aus lat. consobrinus, wie beutlich churwelsch cusrin, cusdrin zeigt. S. Diez I, 29. II, 347. Wtbch 119.

† bas **Couvert** (spr. kuwä'rt), —es, Pl. —e : Gebeck; Briefumschlag.

1482 kopert Decke (voc. theut. Bl. aa2ᵃ). Das franz. couvert, aus einem mittellat. co-opértum, welches Part. Perf. Pass. v. mittellat. co-operíre be-becken, woher franz. couvrir. Aber bie passive Bergangenheitsbebeutung schlug in bie ber activen Gegenwart um. S. Diez II, 293.

† ber **Cóvent**, eingebürgert **Kófent**, —es, Pl. —e : Halb-, Dünnbier.

Schon 1482 covent (voc. theut. Bl. e5ᵃ) b. i. eig. **Convénts**bier, Bier wie es bie Klosterbrüber tranken, zum Unterschiebe von bem stärkern (besten) Biere ber Obern in ben Klöstern. Aus einem mittellat. covéntus (franz. convent) mit Ausstoßung bes n vor bem Lippenlaute statt con-véntus = Kloster, Stift, urspr. lat. Zusammen-kunft (vgl. Convent). — Übrigens kommt bereits im 13. unb 14. Jahrh. Halbir b. i. halpbier Halbbier, Dunnebir Dünnbier, = „Kofent", als Bei-name von Personen vor (s. J. Grimm, über eine Urk. bes 12. Jahrh. S. 22).

† craß (st. crafs), aus lat. crássus : bick, grob; plump, roh.

† bie **Cravátte** (v = w), Pl. —n : steife Halsbinbe.

Franz. cravate, in ber ersten Hälfte bes 17. Jahrh. gebilbet aus bem Bolks-namen Cravate Croate (älter-nhb. Krabat), inbem man von ben Croaten jene Halsbekleibung entlehnte, weshalb sie auch ital. croátta neben cravátta heißt.

† bie **Creatúr**, Pl. —en : Geschöpf. Daher **creatü'rlich**.

Mittelb. bie creatūre, mhb. crêntiure, aus lat. creatûra v. creáre erschaffen.

† **crebénzen** = vorkosten, vorkostenb barreichen. Daher ber **Crebénzer**. Zusammens. : ber **Crebénz**tisch = Schenktisch.

Crebénzen ist v. ital. credénza Glauben, Borkosten (zu „Treue u. Glauben" b. h. zum Zeichen ber Unschäblichkeit), welches bas gleichbeb. mittellat. credéntia, v. crédere glauben.

† ber **Credít**, —es, Pl. —e, franz. crédit, ital. crédito, aus lat. créditum Darlehn (von crédere in ber Beb. borgen) : Treue unb Glauben zu Borg, Leihvertrauen. Daher : crebiti'eren, aus franz. créditer, = auf Borg geben. ber **Crébitor** (lat.), —s, Pl. Crebitóren, = Gläubiger.

† bas **Crebiti'v**, —es, Pl. —e : Beglaubigungsschreiben.

Aus einem neulat. v. lat. créditus, bem Part. Perf. Pass. v. crédere glauben, abgeleiteten Worte.

† creïeren (lies cre=ier=en), v. lat. creâre schaffen : wozu erwählen.

† der Creóle, —n, Pl. —n, das franz. créole aus span. criollo (v. criar erzeugen, ernähren, lat. creâre) : von einem Weißen mit einer Mestize erzeugter (bräunlicher) Americaner.

† crepïeren = verrecken. Aus ital. crepâre bersten, verrecken, von lat. crepâre krachend brechen.

† das Crímen (lat.) = Verbrechen. Daher crimínál oder crimin= éll (é wie ä), lat. criminális, (wovon) franz. criminel : peinlich (d. h. Leib und Leben angehend).

das Crocobíl, —es, Pl. —e : größte Eidechsenart.
Aus lat. crocodílus v. gr. krokódeilos. Jenes ward mittellat. zu cocodrílus, woher dann mhd. der cocatrille, kokodrille, cocadrëlle. Im Ahd. aber verdeutschte man Crocobil durch nihhus Nix, woher Nixe (f. d.).

† das Crucifíx, —es, Pl. —e : das Bild Christi am Kreuz.
Franz. crucifix, mittellat. cruci-fixum (eig. ans Kreuz Geheftetes).

† die Cubébe, Pl. —n : pfefferähnliche indische Gewürzfrucht.
Im *Teuthonista* cobebe. Ital. cubébe, v. arab. kubába.

die Cucúmer, Pl. —n, v. lat. cúcumis (Gen. cucúmeris) : Gurke.

† der Cujôn, —es, Pl. —e : Schurke. Daher : (Einen) cujo= níeren = (ihn) fortgesetzt empfindlich plagen, (ihn) hudeln.
Cujôn ist aus franz. coyon d. i. ital. coglióne = Memme, Schuft, urspr. aber (wie mundartlich-ital. u. span. cojon) Hode, v. lat. cóleus Hode.

der Cult, —es, Pl. —e, gekürzt aus Cultus, f. d.

† cultivíeren = anbauen; entwilden, sittigen, ausbilden.
Aus franz. cultiver, mittellat. cultivâre, v. lat. cúltus.

† die Cultúr, ohne Pl., aus lat. cultûra v. cólere : Anbau; Bildung.

† der Cúltus, Gen. u. Pl. ebenso : öffentliche Gottesverehrung.
Gekürzt Cult (f. d.). Aus lat. cúltus Verehrung einer Gottheit, eig. Pflege, v. cólere bearbeiten, pflegen, verehren.

die Cur, Pl. —en, aus lat. cûra (= Sorge, dann auch) : ärztliche Behandlung, Heilung. Vgl. curíeren.

† die Curatél, Pl. —en, v. mittellat. curatêla : Schutzpflege eines Curators. der Curátor, —s, Pl. —en, lat. curâtor : amtlicher Vorstand u. Vertreter einer Körperschaft in Verwaltungssachen, Rechts= vorstand, Vorsteher eines zur eigenen Vermögensverwaltung Unfähigen.
Beide Wörter v. lat. curâre = Fürsorge haben für —.

† der Curiálstyl, —es, ohne Pl. : die gerichtliche, Kanzleischreibart.
Curiál= aus lat. curiális v. cúria = Senatsversammlung ꝛc.

† der Curíer, auch Curríer, —es, Pl. —e : Eilbote.
Mhd. kurier, kurrier, = Läufer. Nach franz. courier, courrier, v. courir laufen.

curíeren, aus lat. curâre (= besorgen, dann) : ärztlich behandeln, heilen.

† curiös = seltsam, verwunderlich. Daher die Curiosität.

Aus lat. curiōsus sorgfältig, allzusorgsam, affectiert, wißbegierig, u. curiósitas Wißbegierde, Reugierde. Von cūra Sorge, Sorgfalt.

† currént in : die Curréntschrift = die gangbare (laufenbe) b. h. gewöhnliche beutsche Schreibeschrift.

Aus lat. cúrrens (Gen. curréntis), bem Part. Präf. v. cúrrere laufen.

† ber Curs, —es, Pl. —e, getürzt aus lat. cúrsus Lauf v. cúrrere laufen : Lehrgang, Zeit eines abgeschlossenen Lehrganges. curfíeren = courfíeren (f. Cours). curfív (nach einem neulat. cursîvus), die Curfívschrift, = schräge lateinische Schrift. curfórisch, aus lat. cursórius v. cúrsor Läufer : fortlaufenb [vom Lesen einer Schrift].

† ber Cúrfus, bas lat. cúrsus, getürzt Curs (f. b.).

† ber Cyklóp, —en, Pl. —en, aus lat. cy'clops v. gr. ky'klôps (b. i. Runbäugiger) : riesenmäßig großer unb starker Mann.

† ber Cylí'nber, —s, Pl. wie Sing., aus lat. cylíndrus v. gr. ky'-lindros, = Walze (wofür ahb. welliblos Wellblos), Runbsäule. Daher cylí'nbrisch, nach gr. kylindikós, = walzenförmig.

bie Cy'mbel, Pl. —n : Tonwerfzeug aus kleinen Glöckchen.

Mhb. ber zimbel, ahb. bie(?) zy'mbalā. Aus lat. cy'mbalum v. gr. ky'mbalon Schallbecken zum Aneinanberschlagen.

bie Cy'perkatze, Pl. —n : aus Cypern stammenbe Katzenart.

† bie Cyprësse, Pl. —n, betannter immergrüner Baum.

Bei Luther Hohel. 1, 17. Mhb. ber ciprës (Frauenlob S. 9, 13, 4). Aus romanisch (ital.) ciprésso, von lat. bie cyparíssus, cupréssus, gr. bie kypárissos. Ahb. verbeutschte man ben Namen burch cupferboum (Schlettst. Gl. 364, 241) Kupferbaum, im Gebanken an lat. cúprum Kupfer.

† ber Czáko (spr. tschákko), —'s, Pl. —'s, ungar. : steife Felbmütze.

† ber Czâr (spr. zâr), richtiger Zaar, —es (ungut —en), Pl. —e, ber Beherrscher bes russischen Reiches. Daher bie Czárin, Pl. —nnen.

Die Schreibung Czar scheint nach' ber mißbräuchlichen polnischen Aussprache tzachr (cz lautet nämlich tsch) gebilbet. Denn ruff. zar' unb barnach richtig poln. u. böhm. car (c lautet wie z) Getürzt aus césar = cæsar Kaiser.

D.

D, b, ber weiche Zungen= ober Zahnlaut.

Vgl. S. 87 f. bie Anmerkung zu B. Hier ist bie Tabelle ber Verschiebung für bie Zungen= ober Zahnlaute aufzustellen. Diese zeigt sich im Allgemeinen folgenbermaßen :

	d	t	th
griech.	d	t	th
goth.	t	þ (b. i. th)	d
althochb.	z	d	t

In Wirklichkeit aber unb je nach Anlaut, Inlaut unb Auslaut ergibt sich :

	d	t	th
griech.	d	t	th
im Anlaut : goth.	t	þ	d
althochb.	z	d, th	t, d

im Inlaut: goth. t þ d
althochd. z, z̧ d t, d
im Auslaut: goth. t þ d
althochd. z, z̧ d, t t.

Das th neben d, sowie die d neben t im Althochdeutschen rühren daher, daß sich dieses ba, wo es an die niederd. Sprache gränzt, mehr auf der zweiten d. h. der gothischen und zugleich niederd. Lautstufe hält. Die weitere Entwickelung der Laute im Hochdeutschen aber bietet jener Tabelle gemäß folgende Übersicht:

im Anlaut: mittelhochd. z d t
neuhochd. z̧ b t, b
im Inlaut: mittelhochd. z, z̧ d t
neuhochd. z̧, ß, ff b t
im Auslaut: mittelhochd. z, z̧ t t
neuhochd. z̧, ß b t.

Dabei ist zu merken, daß griech. th (ϑ) in der äolischen Mundart durch ph (φ), im Lateinischen durch f ersetzt wird; im Ahd. aber vertritt z, z̧ (d. i. ß) durchweg die durch das Gesetz der Lautverschiebung geforderte Aspirata (th), und es kann dieser Wandel des th in z = ts bei dem Nahestehen der beiden Spiranten h und s nicht wundern. Zeigt sich doch auch bei den keltischen Mundarten Ähnliches, wenn die armorische überall z an die Stelle des irischen und welschen th treten läßt. Die ahd. Übersetzung des Isidorischen Tractates de nativitate Christi hat, wo strengalthochdeutsch d steht, dh d. i. aspirirtes d. Beispiele zu der Tabelle der Verschiebung bieten Wörter wie Zahn, Zunge, zwei; Dach, du, dünn; Tochter, Thier, Thüre, Dill; sitzen, essen; ander, Bruder; heiter, Miethe; Herz, Fuß, süß; Gold; Meth ꝛc. — Ein Stocken der Verschiebung findet den pt, kt (ct), st der urverwandten Sprachen gegenüber bei goth. und ahd. ft, ht, st statt, insofern das mit dem vorausgehenden Laute zu fest verbundene t unverändert bleibt. Vgl. -haft, recht, kosten (= beschmecken) ꝛc. Ebenso stockt das dem urverwandten dr entsprechende anlautende goth. tr, wenn dieses im Ahd. nicht zu zr wird, sondern bleibt. Vgl. -der, treu ꝛc. Das anlautende mhd. tw = ahd. du goth. þv dagegen hat sich im Nhd. unorganisch zu zw fortgeschoben. Vgl. zwerch, zwingen.

Neben in- und auslautendem th (þ) findet sich in dem auf gleicher Lautstufe mit dem Gothischen stehenden Altsächs. und Altnord. d (d i. dh), im Angelsächs. regelmäßig d, woburch weiterer Übergang in d angebahnt wird.

In einigen Wörtern scheint b nach au eingetreten. Vgl. baubern, schaubern, Schlaraffe. — Für mhd. t im Anlaute von Fremdwörtern steht nhd. meist b.

ba, bemonstratives räumliches Abv.: an bem Orte.

Im 14., 15. u. 16. Jahrh. häufig (mit verdunkeltem A) dô, aber auch bei Lohenstein († 1683) noch bar; mhd. dâ, im 12. Jahrh. daneben noch dâr; ahd. dâr, thâr, doch im 11. Jahrh. auch schon mit abgestoßenem Auslaute dâ; goth. þar. Eigenthümliche Ableitung [oder verlorner Localis?] v. das mhd. und ahd. daz, goth. þata.

ba, relatives räumliches Abv., wie unser „wo", aber nur noch alterthümlich und damit dichterisch.

Mhd. dâ und auch (mit verdunkeltem A) dô, ahd. dâr, thâr, am frühesten dâr (Muspilli 16), goth. þarei. also mit der hier angehängten, wie es scheint dem Pronomen er goth. is entsprossenen goth. Partikel ei ahd. -i, durch welche dem demonstrativen, von goth. þata ahd. daz unserm das abgeleiteten þar ahd. dâr

(f. ba 1) relative Bedeutung erwächſt. S. Grimm's Gramm. III, 172. 163. 14. u. vgl. daß.

ba, Zeitadv., 1) bemonſtrativ : zu der Zeit; 2) relativ : zu welcher Zeit d. i. „als“, bann in abhängigem Satze ſchließend, folgernd ähnlich unſerm „inbem.“

Wahrſcheinlich durch niederdeutſchen Einfluß [angelſächſ. und altnord. þa] ba; benn älter=ahd. auch noch bo, mhd. dô, ahd. dô, thô, altſächſ. thô und daneben thuo. Weil hervorgegangen aus dem alten Acc. Sing. von die, welcher goth. þô, angelſächſ. und altnord. þâ lautet.

babeí, Adv., welches auf ein Naheſein hinweiſt.

1496 auch noch darbey, mhd. derbî (der = dar) und dâ bî, ahd. dâr bî, dâr pî (*Muspilli* 74). Zuſammengefloſſen aus ba (f. ba 1) u. bei.

bas Dach, —es, Pl. Dächer : Bedeckung, unter welcher man ſich auf- halten kann. Daher bâchen in ábbachen, bebáchen.

Mhd. bas dach (auch f. v. a. „Decke“), ahd. dach, dah, angelſächſ. þäc, altnord. þak, aus dem Prät. eines lautverſchoben mit lat. *tegere* becken ſtim- menden verlornen goth. Wurzelverbums þikan (Prät Sing. þak, Pl. þêkum) = ſich becken(?), woher auch unſer becken (f. b.). Von Dach dann ſchon im Mhd. : bedachen = mit einem Dache verſehen.

ber Dachs, —es, Pl. Dächſe, bas bekannte Raubthier.

Mhd. und ahd. der dahs, goth. þahs (? Gen. þahsis?). Der Lautverſchiebung gemäß mittellat. *taxus*; aber woher dieſer durch bas Ital., Franz., Span. und Portugieſiſche gehende Name?

ber Däʼchſel, —s, Pl. wie Sing. : Hunbeart zum Dachsfange.

ber Dacht u. Tacht, am üblichſten mit verdunkeltem a Docht, f. b.

bie Dächtel, Pl. —n : Schlag mit flacher Hand an den Kopf. Ein niebriger Ausbruck. Daher bächteln = Dachteln geben.

Dachtel (Uhland's Volksl. I, 41, 23), niederd. tachtel. Das Wort iſt bas mhd. bie tahtel (*Barlaam* 386, 13 in Grieshaber's Pf.), bie erſte Königsberger hat trahtel) = Dattel (f. b.), in ſpottender Anwendung, wie Feige (holländ. vijg) in Ohrfeige, holländ. *muilpeer* (Maulbirne) = Maulſchelle, Ruß = Schlag (wenn auch nur im Anklange an „Ruß“ bie Frucht, vgl Kopfnuß).

bie Dächtraufe, Pl. —n : bie Traufe (f. b.) bes Daches.

Mhd. bie dachtroufe, aber ahd. bas dachtrouf.

† ber Dáctylus, Gen. ebenſo, Pl. Dactý'len : ber Versfuß – ◡ ◡. Daher baktyʼliſch (nach lat.=gr. dacty'licus).

Lat.=gr. dáctylus, v. gr. dáktylos eig. ber Finger, weil ber Versfuß ben 3 Fingergliedern verglichen wurde.

bafürhalten = von etwas meinen, wie es ſei.

bagégen (é wie ä), ehebem bargégen, Adv. u. Conj., zuſammengefügt aus ba (f. ba 1) unb bem abverbialen gegen.

Mhd. dâ gegen; aber ahd. (mit bar 1) dara gagene.

baheím, Adv. : zu Hauſe.

Mhd. dâ heime, ahd. dâr heime, b. i. dâr (f. ba 1) und ber abverbiale Dat. Sing. von mhd. u. ahd. bas heim Haus, Wohnort.

der **Dank**, —es, Pl. —e : anerkennender Ausdruck der Verpflichtung wofür. Daher **bánken**. Zusammenf. : **bánkbar, bánkenswérth, bánkfagen** ꝛc.

> Mhd. der danc, ahd. danc, danch, = Gedanke, dann anerkennendes Ge-
> denken für etwas Erzeigtes. Aus dem Prät. eines verlornen goth. Wurzelverbums
> þigkan d. i. þinkan (Prät. Sing. þagk, Pl. þugkum, Part. þugkans), welchem
> außer Dank entsprossen sind benken und bünken goth. þagkjan und þünken goth. þugkjan.
> — Ableitung v. Dank und Zusammenf. sind : **banken**, mhd. danken, ahd.
> dankôn, danchôn; **bankbar**, mhd. dankbære, ahd. danepâri; **bankfagen**,
> aus mhd. danc sagen.

bann weist auf eine Folge in der Zeit, der Ordnung. Urspr., weil bemonstratives Pronominaladv. : zu dem Zeitpuncte.

> Mhd. danne u. denne, gekürzt dan, den, ahd. danne, danna, thanna, und
> (seltener) denne aus älterem denni (gl. mons. 355). Mittelst angetretener Endung
> ans goth. þana (Mark. 15, 44 þan), dem Acc. Sing. des goth. Demonstrativs
> sa der. — Mit **bann** zusammengef. ist **alsbánn** (aus mhd. alles dan), **fobánn**.

bánnen, bemonstratives Pronominaladv., nur noch in **von bannen** = weg von dem Orte, weg von da.

> Mhd. dannân, danne, dane, gekürzt dan, ahd. danana, thanana, gekürzt
> dannân, danân, selbst dana. Mit ableitendem -ana von dem goth. Acc. þan
> (þana) aus welchem auch bann (f. b.).

bannenhéro = daher. Altfränkisch kanzleimäßig.

> Ahd. dannân hara (b. *Notker*) = „von der Zeit her", dann „aus dem Grunde."

bar = dahin, in „her und bar" und in Zusammensetzungen.

> Mhd. dare, gekürzt dar, ahd. dara, thara, bemonstratives Pronominaladv. Von
> goth. sa, sô, þata, unserem der, die, das. — Durch Zusammenschieben des bar
> mit anderen Adverbialformen entstandene Adverbien sind z. B. **barán**, mhd. dar an,
> ahd. dara ana; **barauf**, mhd. dar ûf, ahd. thar ûf; **barein**, wofür mhd. dar
> in, ahd. dara in; **bargégen** (é wie ä), ahd. dara gagani; **barnách**, mhd. dar
> nâch, ahd. dara nâh, = auf — hin, nach dieser Zeit; **barüber**, mhd. dar über,
> ahd. dara ubiri; **barwider**, mhd. dar wider, ahd. dara widari. Alle auf die
> Frage wohin? Vgl. auch bran ꝛc. — Soll in diesen Zusammensetzungen aber
> die Hindeutung recht nachdrücklich hervorgehoben werden, so wird **bar**- betont.
> Mit Verben zusammengef. : **bárbieten, -bringen, -legen, -stellen** (e vor ll wie ä) ꝛc.

bar, das unverkürzte ba (f. ba 1), noch zuweilen im 18. Jahrh. außer den Zusammensetzungen, z. B. „hier und bar" (Drollinger 44, 17).

> S. ba 1. Durch Zusammenschiebung mit diesem Adv. erwachsene Adverbien
> sind z. B. **baraus**, mhd. dar ûz, ahd. dâr ûz; **barin**, mhd. dar in; **barúm** (f. b.),
> mhd. dâ umbe, dar umbe, ahd. dâr umbi; **barúnter**, mhd. dar under, ahd.
> dâr untari; **barzwischen** (b. Drollinger) ꝛc. Soll aber hier die Hindeutung
> mit starkem Nachdrucke hervorgehoben werden, so ist **bar**- betont : **báraus** ꝛc.

dárben = das Nothwendigste entbehren, Mangel leiden.

> Mhd. darben, ahd. darbên, tharbên, darpên, altsächs. tharbôn, = entbehren;
> goth. þarban in gaþarban sich wovon enthalten, neben þarba bedürftig. Von þarb,
> dem Sing. Prät. eines verlorenen goth. Verbums þairban. S. derb und
> bürfen.

barein (f. bar 1) ſteht auf die Frage wohin? barin (f. bar 2) und
barinnen, mhd. dar inne, ahd. dâr inne, aber ſtehen auf die
Frage wo?

das Dárlehen, zuſammengez. Dárlehn, —s, Pl. wie Sing. : zu
Wiedergabe in Benutzung gegebenes Geld. Vgl. Lehen.

dárleihen, zuſammengeſ. mit bar 1. Gemein dárlehnen.

der Dárm, —es, Pl. Därme, mhd. der darm, ahd. darm, daram,
altnord. þarmr : häutiger Schlauch im thieriſchen Körper zur Auf=
ſaugung des Nahrungsſaftes und Abführung des Unrathes.
> Ob gleichſam „Durchgang" und Eines Stammes mit durch (ſ. d.) goth. þaírh?

barnách, ſ. bar 1 und vgl. das mit da zuſammengeſ. banách.

barób, gekürzt brob, = bar=, worüber, des=, weshalb.
> Faſt nur noch dichteriſch. Mhd. dar obe (dâ obe), ahd. thâr (dâr) oba, =
> darüber. Vgl. ob (= über).

die Dárre, Pl. —n : Ort und Vorrichtung zum Dörren; Handlung
des Dörrens; Krankheit des Ausborrens. Daher : das Dárrmalz
(im Gegenſatze des Luftmalzes); die Dárrſucht.
> Mhd. die darre in der erſten Bed., ahd. darra. S. dorren.

dárſtellen (e vor ll wie ä), dárthun, zuſammengeſ. mit bar 1.

dárum u. barúm = im Kreiſe von etwas; in Beziehung bar= oder
worauf; aus bem Grunde.
> Mhd. dar umbe (dâ umbe), ahd. dâr umbi, = in Beziehung darauf, deshalb.
> Auch ſchon ahd. dâr umbi daz barum daß. S. bar 1.

bas (urſpr. kurzes a, welches Abelung noch jetzt verlangt), die ſächliche
Form neben der männl. bër und der weibl. bie.
> Mit frühe, wie es ſcheint, im Mitteldeutſchen eingetretenem s ſt. baß, mhd.
> daz, ahd. daz, thaz, goth. þata. S. bër.

die Dáfe, Pl. —n : Brëmſe, blinde Stechfliege. Norddeutſch.
> Eins mit mhd. die dâse Unholdin (Grimm's Mythol. 1013 f.).

bas Dáſein, —s, ohne Pl. : Gegenwart, dauernde Wirklichkeit.
> Der ſubſtantiviſche Inf. ſein mit Anſchluß des dâ.

baſélbſt = ausſchließlich an dem Orte.
> Bei Luther, Alberus daſelbs; im voc. incip. teut. aber auch ſchon da
> ſelbſt ; 1334 dâſelbes (Höfer's Urkunden S. 282). Über die Bildung von ſelbſt
> ſ. ſelb.

báfig = an dem Orte befindlich. Im unedeln Geſchäftsſtyle.
> Eine moderne Bildung aus der Partikel da ahd. dâr (ſ. da 1), aber nicht
> mit (der unmöglichen) Wandlung des alten, ſpäter abgefallnen r in ſ, ſondern
> mit zwiſchen den Vocalen eingeſchaltetem ſ ſtatt dâ=ig. S. Grimm's Gramm.
> II, 295. 391.

basſélbe, richtiger als baſſelbe, bei J. H. Voß das ſelbe.
> Bei Luther daſſelb, dagegen ſchon bei Hans Sachs baſſelb. Mhd.
> daz ſëlbe, ahd. daz ſëlbâ. S. derſelbe.

baß (mit kurzem a), die als ſ. g. Satzartikel erſcheinende Conjunction.

Mhd. dag, ahb. daz, thaz (angelfächf. þät), welches gekürzte Form aus einer früheren ahd. dazi. Dieses aber bed. urfpr. „was" (*Muspilli* 12), welches, und ist genau das goth. aus þata das (f. b.) und ei zusammengeflossene þatei (ft. þata-ei) = das welches, was, daß. Die relative und den Satz einleitende Kraft beruht in jener angetretenen goth. Pronominalpartikel ei (ahb. -i), welche, an Pronomina angehängt, diesen relative Bedeutung gibt, aber auch selbständig in der Bed. daß, damit, sich findet. Bgl. da (goth. þarei) = wo. Ähnlich unserm daß ahb. dag goth. þatei erscheint lat. quod, welches bekanntlich eig. sächliches Relativ ist.

† **batieren**, aus franz. dater v. Datum : tagzeichnen.

† ber **Dátiv**, —es, Pl. —e, von lat. datívus (Geben anzeigender, nämlich câsus) : Fall auf die Frage wem? Gebe-, Zweckfall.

bie **Dáttel**, Pl. —n, bie süße Frucht einer Palmenart.

     1482 tattel, 1469 dattel (*voc. ex quo*), mhb. ber(?) ober bie(?) tatel (*Barlaam* 386, 13). Aus ital. ber dáttilo, fpan. dátil, v. lat. ber dáctylus, gr. dáktylos (eig. Finger und dann der fingerartigen Gestalt wegen bie Dattel). Im 16. Jahrh. auch Dactel und mhb. (mit ht = lat. ct) tahtel, woraus unser Dachtel (f. b.). Gothisch hieß bie Dattel wahrscheinlich der peika ober bie peikô (Grimm's Gramm. III, 377).

† bas **Dátum**, —s, ohne Pl. : Zeitangabe eines Schreibens.

     Das lat. dátum = gegeben, welches ehedem in gerichtlichen Actenstücken vor die Angabe des Tages gesetzt wurde.

bie **Daube**, Pl. —n : Seitenbret eines hölzernen Gefäßes.

     Mit b aus w (f. S. 89), benn bei Reifersberg tauwe (Frisch I, 187ᵃ), von franz bie douve, mailändifch dova, welches mit ausgefallenem g und dafür eingetretenem v das ital. und mittellat. doga, woher schweiz. bie Dauge, mittelniederl. dayghe, neuniederl. duig, = Faßdaube. Jenes doga, franz. douve, aber bed. auch „Graben", sowie „Fassung des Grabens, Seitendamm", im Ital. selbst „rings als Einfassung des Kleides umlaufender Streifen." Darnach wäre „Daube" zunächst „Einfassung des Gefäßes." Urspr. lat. doga geradezu „Gefäß", und so wol aus gr. dochề (δοχή) Behälter, Gefäß. S. Diez Wtbch 125 f.

bäüchten, Prät. bäüchtete, Part. gebäüchtet, = bünken.

     Eine unorganisch aus bauchte, bem Prät. v. dünken hervorgegangene Form, welche erst im 17. Jahrh. geläufiger wurde, aber schon in beucht Sir. 33, 14 bei Luther auftaucht.

bie **Dauer**, ohne Pl., mittelb. bie dûr (*Jeroschin* 140), mit bem Abj. baüerhaft. Bon bauern = fortfahren zu sein.

     Dauern, bei Schuppius tauren, mhb. tûren. dûren (*Jeroschin* 141), ist entlehnt v. lat. durâre fortbestehen, eig. hart (dûrus) machen.

bie **Dauer** = mitleidige Stimmung worüber (Maler Müller). Bon bauern = zu Unlust und mitleidiger Stimmung bewegen, welches unpersönlich steht : mich, ihn 2c. bauert. Persönlich : ich bebauere.

     Allgemein üblich mit d geschrieben, aber fehlerhaft; benn bie Dauer ist mhb. tûre, bauern mhb. tûren ft. tiuren. Dieses unpersönliche Berbum aber, von mhb. tiure mittelb. tûre unserm theuer abgeleitet, bebeutet : viel kosten, kostbar, zu kostbar sein (*Flore* 4096. 4439), was bann in bie Bebeutungen des Ander-

Herzen-liegens und sofort des Schmerzlichseins hinüberspielt. — Leſſing ſchrieb richtig tauern, aber nach falſcher Ableitung.

die Dauge in wetterauiſch, thüringiſch : die Anbauge, Pl. —n, = überbeckter Abzugsgraben aus Gebäuden, Äckern ꝛc.

Von franz. douve, ital. doga Graben, woraus auch Daube, ſ. d.

der Daum, (ungut) —es, Pl. — en, gekürzt aus dem üblicheren der Daumen, — s, Pl. wie Sing. : der erſte Finger. Daher der Däum-ling, Däumerling, = baumengroßer d. h. allzukleiner Menſch.

Eig. der Daume, denn mhd. der dûme, ahd. dûmo.

die Daune, Pl. —n : weichſte Flaumfeber. Auch Dune, ſ. d.

Aus engl. down, dän. duun, altnord. der dûn weichſter Flaum.

das Daus, —es, Pl. —e und Däuſer : die 2 auf dem Würfel.

Auch das As der Karte. Mhd. das dûs, tûs (Erackius 2467. Minnes. II, 196, 109), ſpät-ahd. dûs. Von altfranz. dous, portug. dous, ſpan. dos zwei.

davór, bezüglich hervorhebend bávor, mhd. dâ vor. Vgl. da 1.

dazwiſchen und darzwiſchen, ſ. dar 2.

=be, ſchon mhd. -de, Ableitungsſylbe für Subſtantive.

Aus : 1) ahd. -da, goth. -þa (ſt. -aþa), in Erde ꝛc. 2) ahd. -dî, goth. -þei (ſt. -aþei), in Bürde. 3) ahd. -ida, goth. -iþa, in Begierde, Behörde, Beſchwerde, Freude, Gebärde ꝛc. 4) ahd. -idi, goth. -iþi(?), in Gebäude, Gehöfte, Gelübde, Getraide, Hembe ꝛc.

† die Debátte, Pl. —n, v. franz. débat : Wortgefecht (Schiller).

† der Debit, —es, ohne Pl., das franz. débit [b. lat. débitum ver-pflichtet, im Mittellat. »Betrieb«] : Waarenabſatz, Vertrieb. Daher debitíeren, franz. débiter.

† der Decán, —es, Pl. — e : Obergeiſtlicher; Facultätsvorſtand. Da-her das Decanát = Amt und Amtsbezirk des Decanes.

Decan (vgl. Dèchant), mhd. und ſpät-ahd. dëchân, dëgân, iſt von lat. decânus = Vorgeſetzter von 10 (lat. décem), z. B. 10 Mönchen. Daher ahd. der zëhaninc Zehening und zëhaninkari Zehentinger. Decanat v. mittellat. de-canâtus.

becatíeren = (Tuch) den erſten Glanz nehmen und Preßglanz geben.

Aus franz. decatir. Catir = preſſen v. lat. coáctus verdichtet.

der Décem, —s, ohne Pl., beſſer Dézem, weil gekürzt aus ahd. der dë'zemo v. (mittel)lat. décimum : der Zehnte als Abgabe an den Geiſtlichen.

der Décémber, —s, Pl. wie Sing. : der letzte Monat im Jahre.

Aus lat. Décémber b. i. der 10te Monat vom Merz an. Deutſch : der Chriſt-monat b. i. „Monat (der Geburt) Chriſti.“ Ahd. heilagmânôth.

† das Decénnium, —s, Pl. Decénnien, lat. : Jahrzehend.

† becént, v. lat. décens : geziemend, wolanſtändig. Daher die Decénz, ohne Pl., aus lat. decéntia : Wolanſtändigkeit.

die Dèchaneï, Pl. —en, 1419 tëchnie, aus mittellat.=gr. decânia : (Amtsbezirk), Wohnung des Decanes.   der Dèchant, —en,

Pl. — en, aus decánus (f. Decan) : Obergeistlicher eines Stiftes, Be-
zirkes.

Schon mhd. dëchent (neben dëchân), ahd. tëchant (u. dëchân), mit angetretenem t, um das Wort deutsch zu gestalten.

der Décher, — s, Pl. wie Sing., mhd. tëcher, v. lat. decúria Zehend :
10 Stück Felle [40 Stück bei russischen Rauchwaaren].

becimál, aus mittellat. decimális : die Zahl 10 (lat. décem) betreffend. Zusammenf.: der Decimálbruch, das Decimálmaß ꝛc.

† becimíeren, aus lat. decimáre v. décimus der 10te : den 10ten
Mann tödten. Aus decimáre wurde schon im Ahd. entlehnt dëzemôn,
tëchamôn, tëhmôn.

die Décke (é wie ä), Pl. — n, mhd. die decke, ahd. decki, decchi, =
über etwas Befindliches, das es dem Blicke, der Kenntnißnahme ent-
zieht. Mit der Déckel (é wie ä), — s, Pl. wie Sing., im 15. Jahrh.
deckel, von bécken (é wie ä), mhd. decken, ahd. thekan, decchan,
welches aus Einem Wurzelverbum mit Dach (f. d.).

der Déckmantel (é wie ä). Schon mhd. das Dim. deckementelîn.

† beclamíeren, v. lat. de-clamáre : im Redeton laut vortragen.

† die Declaratiôn, lat. declarátio. Von beclaríeren, lat. de-
claráre : sich worüber erklären, Angabe machen.

† die Declinatiôn, Pl. — en, lat. declinátio. Mit becliníerbar
von becliníeren, lat. de-clináre (eig. ab-biegen) : nach Zahl (Nu-
merus) und Fall (Casus) biegen. Vgl. Conjugation.

Mhd. declinen ein Wort biegen (*Windberger Psalm.* S. 572, 87).

† das Decóct, — es, Pl. — e, aus lat. decóctum v. de-cóquere ab-
kochen : der Absud, Kräutertrank.

† die Decoratiôn, Pl. — en, mittellat. decorátio : Verzierung; Ehrenzeichen. Von becoríeren, lat. decoráre, = verzieren, schmücken,
welches mit : das Decórum [lat. decôrum, sächl. Form des Adj.],
— s, ohne Pl., = Wolanständigkeit, von lat. décus (Gen. décoris)
Zierde.

† das Decrét, — es, Pl. — e, v. lat. decrétum : (gerichtlicher) Bescheid;
obrigkeitliche Verordnung. Daher becretíeren, mittellat. decretáre.

† die Dedicatiôn, Pl. — en, aus lat. dedicátio. Von bebicíeren,
aus lat. de-dicáre, = widmen, jemanden zueignen.

† bebucíeren, aus lat. de-dúcere (eig. herab-führen) : durch Schluß-
folgerung herleiten und barthun. Daher die Deductiôn, lat. de-
dúctio : Herleitung durch Schlüsse; Beweisführung.

† der Deféct (é wie ä), — es, Pl. — e, aus lat. deféctus : Mangel
worin. das Déficit (i vor t kurz), — s, ohne Pl., aus lat. déficit
es fehlt : Ausfall an Geld, Fehlsumme.

† befili'eren, aus franz. défiler in einer Reihe hinter einander gehen, v. file Reihe (v. lat. filum Faden): reihen=, zugweiſe vorbeimarſchieren.

† defini'eren, aus lat. de-finîre (eig. ab=grenzen): unterſcheidend er= klären, einen Begriff beſtimmen. Daher: die Definitiôn, Pl. —en, lat. definítio : Begriffsbeſtimmung. definitîv, lat. definitívus (be= ſtimmt): abſchließend, unwiederruflich.

der De͜gen, —s, Pl. wie Sing. : tüchtiger Kriegsmann.

> Mhd. der degen, ahd. degan, thegan, dekan, goth. þigns(?), = männliches Kind, Knabe; Diener, Gefolgsmann; tapferer Kriegsmann, Held. Nach J. Grimm ſtimmt das Wort lautverſchoben mit gr. téknon Kind (Erzeugtes).

der Dégen (é wie ä), —s, Pl. wie Sing. : Ehren= u. Standeswaffe.

> Zuerſt im 15. Jahrh. der degen, aber in der Bed. „Dolch." Eingebürgert aus franz. dague, ital. u. ſpan. daga, mittellat. dágua. S. mein Wtbch d. deutſch. Synonymen III, 1193 f.

† begrad͜ieren, aus mittellat. degradâre : der Stufe (des Grabes, lat. grádus), der Würde entſetzen.

dehnbar und die Dehnbarkeit. Von dehnen = in die Länge, auseinander ziehen. Daher die Dehnung, ahd. thennunka.

> Mhd. denen (auch dennen), ahd. denjan, thenjan, goth. þanjan. Aus dem Prät. eines zu vermuthenden goth. Wurzelverbums þinan (Prät. Sing. ich þan, Pl. þênum, Part. þunans), welches der Lautverſchiebung gemäß mit gr. teínein ſpannen, lat. téndere, ſtimmt und zu welchem auch dinſen (ſ. b.) gehört.

der Deich, —es, Pl. —e : Schutzdamm gegen Waſſer.

> Aus niederd., mittelniederd. dik, neuniederl. dijk, angelſächſ. dîc. Daher mit= telniederl. diken unſer beichen = einen Schutzdamm errichten (hor. belg. VI, 90, 13).

die Deichſel, Pl. —n : Wagenſtange zwiſchen den Zugthieren.

> Mhd. die dîhsel, ahd. dîhsila, dîhsala, angelſächſ. þîxl, þîsl.

deihen, kommt höchſtens nur noch dichteriſch vor, ſ. gedeihen.

dein, alter Gen. Sing. v. du, ſ. b. und das folg. dein.

dein, beſitzanzeigendes Pronomen der 2ten Perſon.

> Männl. dein, weibl. deine, ſächl. dein; bezüglich alleinſtehend männl. deiner, weibl. deine, ſächl. deines. Mhd. dîn, ahd. dîn, goth. þeins. Aus dem Gen. Sing. v. du, welcher nhd. dein (weniger edel deiner), mhd. u. ahd. dîn, goth. þeina, lautet.

deinesgleichen, unveränderliche Form adjectiviſcher Stellung. S. gleich.

deinet= in deinethalben, =wegen, =willen.

> Unorganiſche Verbindung mit deinen, wobei t eingeſchoben wird. Alſo ſtatt deinenthalben ꝛc. Schon b. Hans Sachs deint halb, b. Luther (Apoſtelgeſch. 21, 28) deinet halben; daneben 1 Moſ. 38, 29 „umb deinen willen." Vgl. meinet=.

deinig, nhd. adjectiviſche Bildung, welche immer den Artikel vor ſich hat und alſo nur ſchwach biegt. Vgl. meinig, ſeinig.

die Deiſe, Pl. —n : Fleiſch= und Wurſtdörre im ober am Schornſteine.

Landſchaftl. (wetterauiſch). Im 15. Jahrh. thüring. die deyse, mittelrhein. deyse (*voc. ex quo* v. 1469). Auf dem Vogelsberge dæse mit æ = ê = mhd. ei.

† der Deiſt (ſpr. De-ſst), —en, Pl. —en : Gottgläubiger ohne Offen= barungsglauben. Daher beiſtiſch, Abj.

  Engl. deist, franz. déiste, v. lat. déus Gott.

† belicát, franz. délicat v. lat. delicâtus : fein= und wolſchmeckend; zartfühlend; heiklich (ſ. b.).

† der Delinquént, —en, Pl. —en : verhafteter Verbrecher.

  Aus lat. delínquens, dem Part. Präſ. v. delínquere ſich vergehen.

† der Delphîn, —es, Pl. —e, eine bekannte Wallfiſchart.

  Lat.=gr. delphínus u. délphin, gr. delphín. Der ältere nhd. Name iſt Meer= ſchwein ahd. merisuîn.

† der Demagóg, —en, Pl. —en, aus gr. dêmagôgós (δημαγωγός) v. dêmos Volk u. ágein führen, leiten : Volksführer, dann Volksver= führer. Daher : die Demagogíe, gr. dêmagôgía, = Volksver= führung; demagôgiſch, gr. dêmagôgikós.

der Dêmant, —es, Pl. —e : härteſter Edelſtein. Üblicher jetzt : der Diamánt, —en, Pl. —en. Daher das Abj. biamánten.

  Bei Luther (2 Moſ. 28, 18) Demand. 1469 dyamant (*voc. ex quo*), mhd. dîemant (*Walther* 80, 35), aus ital. u. ſpan. diamánte, franz. diamant, welches entſtellt iſt aus lat.=gr. ádamas (Gen. adamántis), woher auch geradezu mhd. u. ahd. der adamant. Unſer Dêmant entwickelte ſich aus jenem dîemant nach der Ähnlichkeit von mhd. dêmuot Demuth neben diemuot.

† bemaſkieren (bemaskieren), aus franz. démasquer :. entlarven.

bemnách, folgernde Conjunction.

  Bei Wickram 1555 demnâch = darauf. Der Dativ dem vertritt hier, wie in nachdém, die Stelle des früheren Inſtrumentalis.

bemóhngeachtet, veraltet ſt. bemungeachtet, ſ. b.

† der Demokrát, —en, Pl. —en, aus gr. dêmókratos (δημόκρατος) v. dêmos Volk und kratein herrſchen : Anhänger der Volksherrſchaft (Demokratíe, welches aus gr. dêmokráteia). Daher bemokrátiſch (aus gr. dêmokratikós).

† bemolieren, aus franz. demolir v. lat. de-molíre : niederreißen, ſchleifen. Daher die Demolierung.

† die Demonſtratiôn, lat. demonstrátio. bemonſtratîv, lat. demonstratîvus, = hindeutend, woher das Demonſtratîv, lat. demonstrativum, = das hindeutende Fürwort. Von bemonſtrieren aus lat. de-monstrâre : hin=, erweisend veranſchaulichen.

† bemoraliſieren, aus franz. démoraliser : entſittlichen.

bemúngeachtet = deſſenungeachtet (ſ. b.), entgegenſetzende Conjunction.

  Veraltet und ungut bemóhngeachtet. Eine unorganiſche Verbindung, in welcher der Dativ dem ſtatt des Inſtrumentalis ſteht.

die Dêmuth, ohne Pl. : Selbſterniedrigung. Daher das Abj. bê= müthig, wovon bêmüthigen. Vgl. Muth.

Mhd. die dëmuot, mittelb. dëmût, dëmûte, neben mhd. diemuot, diemuote‧ ahd. dôomuotî, die-, diumuotî, von bem ahd. Abj. dôomuoti, diumuoti bemüthig, welches zuſammengeſ. iſt aus ahd. ber dôo [woraus bann unſer dë‧ in mhd. dëmuot], diu (Grimm's Gramm. II, 532), goth. þius, = Diener (vgl. bienen), und bem v. ahd. muot Muth (f. b.) abgeleiteten Abj. -muoti ‧müthig. Es iſt alſo Demuth keine Zuſammenſ. mit Muth, ſondern Ableitung aus einem zuſammengeſetzten Abj. und barum auch weiblich. Ebenſo bie Größ‧, Läng‧, Sänft‧, Wehmuth. Von mhd. dëmuot bann weiter mhd. demüetie, mittelb. dëmûtie, unſer bemüthig, und mhd. dëmüeten, diemuoten, wofür jetzt **bemüthigen.**

bénen, Dat. Pl. bes bemonſtrat. und relat. **ber, bie, bas.**

Bis ins 18. Jahrh. auch als Artikel, z. B. „Ich ſterbe für Freude bey **benen** ſüßen Gebanken" (Klinger, Sturm u. Drang 5, 3). Bloße Erweiterung ber mhd. Form dën, ahd. dën, goth. þaím, wie ihnen ber mhd. in, ahd. im, goth. ïm.

béngeln = kaltes Eiſen burch wieberholtes Hämmern ſchärfen.

Mhd. tengeln = auf bem Amboß hämmern (Georg 1234), woher ſpät‧ahd. ber tangelâri Dengler, Kaltſchmieb. Von ahd. tangol Hammer, zu beſſen tang bas altnorb. dengja = worauf ſchlagen gehört.

bie **Dénkart** ober **Dénkungsart,** = Eigenthümlichkeit bes Denkens über bie ſittlichen Verhältniſſe.

dénken, Prät. báchte (Conj. bächte), Part. gebácht, Imp. dénke : geiſtes‧ thätig ſein. Zuſammenſ. : bas **Dénkmal,** —es, Pl. —e u. **Denk‧ mäler.** bie **Dénkungsart** = Denkart (ſ. b.).

Mhd. denken (Prät. ich dâhte, Conj. dæhte, Part. gedâht), ahd. denchan, thenkan, goth. þagkjan (auch þaggkjan, Prät. þahta). Aus bem Prät. bes bei **Dank** (ſ. b.) vermutheten Wurzelverbums.

denn, eine bie Gebankenfolge, ben Erläuterungsgrunb anzeigenbe Conj., auch vergleichenbe Conjunction wie „als" nach Comparativen.

Das Wort iſt eins mit **dann** (ſ. b.), und jene erſte Bezeichnung hat ſich aus ber ber Zeit‧ und bann ber Gebankenfolge [ahd. danne = alſo. Diut. I, 215ª] entwickelt. Auf bieſer letzten Bezeichnung beruht auch bie ber Vergleichung (= „als"), welche ebenwol ſchon mhd. danne ꝛc., ahd. danne, denni, führen.

bénnoch, eine ben Gegenſatz nachbrücklich hervorhebenbe Conjunction.

Bei Luther z. B. 4 Moſ. 9, 10. Mhd. dannoch, dennoh, (zuſammengefloſſen aus) ahd. danne noh, denni noh, = noch zu bem Zeitpuncte, bann noch, ba noch, woher ſchon in mhd. dannoch (z. B. Minnes. I, 18ª, 1, 3) bie Bezeich‧ nung bes Gegenſatzes.

† ber **Denunciânt** = Angeber. Mit bie **Denunciatiôn,** lat. de‧ nunciátio, v. lat. de-nunciâre anzeigen, woraus unſer **benunciéren** = zur Anzeige bringen.

† bie **Depéſche** (é wie ä), Pl. —n : Eilbotſchaft, Eilſchreiben.

Aus franz. dépêche, ital. ber dispáccio, v. dépêcher, ital. dispacciâre, = los‧ machen, abfertigen. S. Diez Wtbch 247 f.

† **beponíeren** = nieberlegen, beſ. zur Aufbewahrung. S. b. folg. W.

bie **Depoſitengëlber** = in gerichtliche Verwahrung niebergelegte Gelber; gegen Zinſen aufgenommene Hanbelsgelber.

Depofiten= aus bem Pl. von lat. depósitum = jur Aufbewahrung Nieder=
gelegtes, v. de-pónere (beponieren) = ab=, niederlegen.

† bas Deputát, —es, Pl. —e, aus lat. deputâtum : als Antheil
Zukommenbes, befolbungsmäßiges Einkommen. bie Deputatiôn,
franz. députation, = Abordnung; Gefammtheit von Abgeordneten.
Von beputíeren (aus lat. de-putâre Einem etwas beftimmen) :
= abordnen.

bĕr, bie, bas, bemonftratives u. relatives Pronomen, fowie beftimmter
Artifel.

Mhb. unb ahb. dër, diu, daʒ; goth. ſa (Gen. þis), ſô (Gen. þizôs), þata [in
relativer Verwenbung mit -ei (vgl. ba 2) verbunben saei, sôei, þatei]. Die
Formen ftimmen ber Lautverfchiebung gemäß mit gr. ὁ, ἡ (borifch ἁ), τό (ft. τόδ),
fanfkr. sa, sâ, tad. — Das, welches eig. baß ʒu fchreiben wäre, wie bie Con=
junction baß, wird auch häufig in Beziehung auf bie Perfon gefeßt. J. B.
„Wer biefen Gebanken entfponnen, fagt, muß bas (ft. ber) nicht ein erleuchteter
politifcher Kopf fein?" (Schiller, Räub. 1, 2). Das = „was" auf einen
ganzen Saß bezüglich, z. B. „Deßhalb erfuchten fie mich manchmal nach ber
Stunde bei ihnen ʒu bleiben unb bie Zeit ein wenig ʒu vertreiben, bas ich benn
auch gerne that" (Göthe XXV, 277).

=ber (e tonlos) = größeres Holzgewächs, in Affolber, Hollunber, Maß=
holber, Wacholber. S. biefe Wörter unb Flieber.

Mhb. bie -ter, -der, ahb. -tera, -tra, -tar, auch -terâ, -trâ, goth. bas -triu,
angelfächf. bas -trëóv, engl. -tree, altnorb. bas -trê, alle mit ftockenber Lautver=
fchiebung in tr, aber lautverfchoben ftimmenb mit gr. bas dóry Holz, Baum,
fanfkr. ber bas dâru Holz, flaw. drevo Baum, irifch dair. Alle Holzpflanzen,
beren Namen mit unferm =ber ʒufammengefeßt finb, waren in Deutfchlanb früher
heimifch, als bie, welche mit bem auf einen Holzftamm gehenben Worte Baum
ʒufammengefeßte Namen führen. S. Grimm's Gramm. II, 529 ff. III, 368.

bĕrb = ʒufammengebrängt unb feft; [bilblich] voll Gewicht unb Kraft
einwirkenb.

Mhb. dërp (gold. Schmiede 1466), ahb. dërp, dërap, angelfächf. þëorf, goth.
þaírba(?), = ungefäuert, woher bann bie heutigen Bebeutungen feft ꝛc. Wol
urfpr. „woran (ber Sauerteig) fehlt" unb fo mit barben, bürfen, aus Einer
Wurzel [goth. þaírban (Prät. Sing. þarb, þarf, Pl. þaúrbum, Part. þaúrbans),
ahb. dërpan], ʒu welcher auch bieber gehört. S. bürfen.

bĕreínft = in fpäter Zukunft.

Unorganifche Verbindung bes Dat. v. bie „ber" mit einft (f. b.).

bĕren, ber weibl. Gen. Sing., fowie ber Gen. Plur. bes bemonftrativen
unb relativen ber, bie, bas. Doch fteht im Gen. Pl. bemonftrativ,
früher auch relativ, lieber bĕrer.

Deren u. berer finb Erweiterungen ber eigentlichen, noch bem Artifel ʒu=
kommenben Biegungsform ber, — bis ins 18. Jahrh. auch für ben Artifel. Viel=
leicht hat auf bie Bilbung ber Form beren im Gen. Pl. bie ahb. Form dërô
(vgl. bero), mhb. dërô, dëro, dëre neben dër Einfluß gehabt. Vgl. Backen,
Kuchen ꝛc. aus ahb. paccho, chuohho ꝛc.

dĕrgeſtalt = in der Weiſe. Dativverbindung. S. geſtalt.

dĕrgleichen, Genitivbildung zu abjectiviſcher Anwendung, aber un=
biegbar, z. B. „ein dergleichen Unternehmen" (Leſſing).

dĕrhálben, veraltet dĕrohálben, üblicher bĕshalb (ſ. b.).
> Verbindung von dĕr, abb. dĕrŏ, dem Gen. Pl. v. der, die, das, u. der
> Präpoſition halben (ſ. b.). Bei Alberus derhalb.

† die Derivatiôn, Pl. —en, lat. derivátio, = Herleitung. Von
deriviéren, lat. de-riváre, = (ein Wort) ab=, herleiten.

dĕr=, die=, dasjénige, mit dem ſchwachbiegenden ſchleppenden jenig,
welches erſt im Nhd. auſkam.
> Oft wird der Artikel betont. — Bei Alberus der, die, das jhene.

dĕrmalen = zu gegenwärtiger Zeit. dĕrmaßen = in dem Grade.
> Unorganiſche Verbindung des Gen. Pl. : „der" mit dem Dat. Pl. Malen
> (v. Mal) und Maßen (v. Maß mhd. die mâze). Richtiger, als dermaßen,
> iſt mhd. dĕr mâze (Gerhard 6691), der reine Dat. Sing

dĕro, in unterthäniger höfiſcher Anrede alterthümlich erhaltener Gen.
Pl. v. der und die.
> Abb. dĕrŏ, welche Form auch noch mhd. neben dĕr vorkommt.

dĕr=, die=, dasſélbe, = der, die, das und kein anderer, keine andere ꝛc.
> Boß ſetzt, wie in alter Zeit, den Artikel von dem hier ſchwachbieg. ſélbe
> (ſ. ſelb) getrennt. Vgl. dasſelbe, welches gewöhnlich ebenſo unpaſſend daſ=
> ſelbe geſchrieben wird, als der Gen. Sing. desſelben mit ff desſelben.
> Abb. dĕr ſëlbo, diu ſëlbâ, daz ſëlbâ. Schleppend iſt die ſchon bei Luther vor=
> kommende, adjectiviſch erweiterte Form dĕr=, die=, dasſélbige.

dĕrweil = während der Zeit. dĕrzeit = zu dieſer Zeit.
> Jenes (mhd. dĕr wîle) Dat. Sing. v. Weile; dieſes (mhd. dĕr zît) Gen.
> Sing. v. Zeit.

† der Derwiſch (e wie ä und kurz), —es, Pl. —e : muhamedaniſcher
Mönch. Das perſ. derwîsch, welches eig. „arm" bedeutet.

dĕs (mit dem urſprünglich kurzen ĕ), der Gen. Sing. v. dĕr oder das :
in dem Abb. dĕsfalls (aus dĕs Falls) = „wegen dieſes Falles",
wöher dann das ungute (weil unorganiſche) Abj. dĕsfallſig. dĕs=
gleichen. (vgl. gleich), im 15. Jahrh. dĕs glichen (altd. Blätter I,
59), ein unveränderliches Abb. adjectiviſcher Anwendung wie dĕr=
gleichen (ſ. b.), aber auch bindewörtlich ſtehend in der Bezeichnung
„ebenſo auch"; beſtimmter, jedoch ſchleppend und jetzt mehr alterthüm=
lich dĕsſélbigengleichen. dĕshálb, älter=nhd. dĕshálben, =
von Seiten (ſ. halb 2) des im Vorhergehenden Ausgedrückten, in der
Rückſicht. dĕswégen (ſ. Weg) = aus dem Beweggrunde. um
dĕswillen (ſ. Wille) = dadurch beſtimmt.

† der Deſerteúr (ſpr. desärtör), —s, Pl. —e, franz. (aus dem
gleichbed. lat. deſértor) : Fahnen=, Feldflüchtiger. deſertieren (e
vor r wie ä), franz. déſerter (aus mittellat. deſertâre v. lat. deſértus

verlaſſen) : fahnen=, ſelbſtflüchtig werben. bie Deſertiôn, Pl. —en, franz. (aus lat. desértio) : treuloſe Heerverlaſſung, Fahnenflucht.

bë́ßfalls, bë́ßgleichen, bë́ßhálb ꝛc., ſ. bë́ß.

† beſignḯeren, aus lat. de-signâre : jemanb wozu bezeichnen.

† beſpectḯerlich (e vor c wie ä), v. lat. de-spectâre herab-ſehen : geringſchäßig, verächtlich.

† beſperát (eſp wie äſp) v. lat. desperâtus (eig. hoffnungßloß, bann): verzweifelt. Daher bie Deſperatiôn, lat. desperátio : Verzweiflung.

† ber Deſpót (Deßpót, e wie ä), —en, Pl. —en, aus gr. ber despótês Gebieter : Gewalt=, Zwangßherrſcher. Daher : ber Deſpotḯsmuß, franz. despotisme, = Gewaltherrſchaft. beſpótiſch, gr. despotikós. beſpotiſḯeren = gewaltherriſch ſein ober behanbeln.

bë́ſſen, Gen. Sing. beß bemonſtrativen unb relativen bë́r, baß.

    Nicht ſehr frühe im ältern Nhb. eingetretene Verlängerung ber Form bë́ß (ſ. b.), eig. bë́ſß. Die Zuſammenſchiebungen bë́ſſenthálben, bë́ſſentwégen mit un= organiſch eingeſchaltetem t ſtatt beßhalb, bë́ßwégen kommen nur noch beim Volke unb zuweilen bichteriſch vor.

† baß Deſſért (ſpr. dessær), —eß, Pl. —e : Nachtiſch.

    Daß franz. dessert v desservir bie Speiſen abtragen.

† beſtillḯeren, 1469 distiléren *(voc. ex quo)*, aus lat. de-stillâre ab=träufeln : flüchtige unb flüſſige Theile wovon burch Wärme in ver= ſchloſſenem Gefäße abſonbern.

bë́ſto, Conj. beß Verhältnißgrabeß : um ſo.

    Älter-nhb. beſta, beſte, u. mit comparativiſcher Enbung beſter, mhb. bëſte u. bëſter. Eine im Nhb. unverſtanben fortgeführte Formverhärtung aus bem bei Comparativen begründenb unb meſſenb ſtehenben mhb. u. ſpät-ahb. bëß de, bei *Notker* bëß te, ahb. bëß diû, thëß thiû, welcheß ber baß Verhältniß beß Grundeß anzeigenbe Gen. bëß (beß) unb ber baß Verhältniß beß Maßeß ein= ſchließenbe Inſtrumentaliß diû von ber u. baß iſt. Ein bieſem diû entſprechenber Inſtrumentaliß iſt ahb. huiû unſer wie (ſ. b.) von waß.

bë́ßwégen, beſſer alß bë́ßwégen, ſ. bë́ß.

bë́ß, worauß burch Erweiterung bë́ſſen (ſ. b.), Gen. Sing. beß bemon= ſtrativen unb relativen bë́r u. baß.

    Eig. bë́ſß, unb ſo ober, wie wir im Außlaute zu ſchreiben pflegen, ß wegen beß kurzen ë. Statt bë́ß mhb. u. ahb. bëß, goth. þis (relativiſch þizei), weßhalb auch richtiger beßfalls, beßgleichen, beßhalb, beßwegen ꝛc., alß beß= falls ꝛc Vgl. auch inbeß, unterbeß. — Deß neben beſſen z. B. „beß Herz rein iſt, beſſen Hänb rein ſinb zu ſchwören auf Strang unb Schwert, ber Klage‟ ꝛc. (Göthe'ß Göß, 5. Act).

bie Deube, Pl. —n, mhb. bie diube, ahb. diuba : Diebſtahl. Veraltet.

ber Deut, —eß, Pl. —e : kleinſte Münze. Nieberb.

    Aus neunieberl. duyt = ¹⁄₈ Stüber, in Cleve ³⁄₈ Pfennig preuß.

bie Deúte (Göthe'ß Hermann), Pl. —n, = Düte (ſ. b.).

beú ten = etwas vérſtänblid machen; (erklärenb) zeigen.

Mhb. diuten in beiben Bebeutungen, ahb. diuten (b. *Notker*) b. i. diutan [diut-j-an], urſpr. volksverſtänblid machen, in ber Bolksſprache auslegen, v. ahb. ber u. bas diot Bolk (ſ. beutſd).

beútlid, Abj. u. Abv. : leidt zu erkennen unb zu verſtehen. B. beuten. beutſd. Daher : ber u. bie Deútſde; beútſden (in verbeút= ſden). Zuſammenſ. : bie Deútſdheit; Deútſdlanb; bas Deútſdthum (= beutſdes Weſen).

Nidt teutſd, ebenſo wenig wie teuten ſt. beuten, Xietrid ſt. Dietrid, ter tie tas ſt. ber bie bas ꝛc. (vgl. bie Xabelle unter D). Denn mhb. diutisch, diutsch, ahb. diutisc, goth. þiudisks, altſächf. thiudisc, angelſächf. þéódisc, mit= telnieberl. (mit d ſtatt bes erloſdenen th) dietsc, neunieberl. duitsch, von ahb. ber u. bas diot, thiot u. bie diota, thiota, goth. bie þiuda, altſächf bie thiod u. thioda, angelſächf. bie þéód, = Bolk, Bolksſtamm. Nur im Mhb. neben diutsch überſdwanken in tiutsch, tiusch mit unorganiſdem t im Anlaute nad romaniſdem (franz.) tudesque u. (altfranz.) tyois, in welder Form t für bas unromaniſde th bes lat.=fränkiſden theotiscus eingetreten war. Die urſpr. Beb. bes Wortes iſt ber Abſtammung gemäß : volksmäßig, populär, national, unb wenn goth. þiudiskö = heibniſd (Gal. 2, 14) vorkommt, ſo ſteht ahb. u. altſächf. thiudisc von bem was unſerm Baterlanbe angehört, alſo „Deutſdem" überhaupt, bei *Notker* im Beſonbern diutisca von unſrer Sprade als ber Bolksſprade gegenüber ber in ber Kirde unb bei ben Gelehrten gebraudten lateiniſden. — Luther ſdreibt beubſd. — Mhb. ber Diutsche, aud (mit frembem T) Tiutsche ber Deutſde, v. jenem diutsch. 1469 dûtslant Deutſdlanb (*voc. ex quo*).

bie Devíſe (ſpr. dewîſe), Pl. —n : Wahl=, Sinnſprud.

Franz. devise, ital. divisa, = Abtheilung, Wahl, Wahlſprud, Unterſdeibungs= zeiden. Bon lat. dividere theilen, unterſdeiben.

† bas Diaconát, —es, Pl. —e, lat. ber diaconâtus. Bon : ber Diacôn, —es, Pl. —e, mittelb. diáken, ober Diáconus, lat.=gr. diáconus, = Hilfsprebiger. Daher aud bie Diaconíſſin, lat. diaconíssa, = Kirdenbienerin zu (Armen= unb) Krankenpflege.

† bas Diabêm, —es, Pl. —e : Kopf=, Stirnbinde als Zeiden ber höd= ſten Würde. Mhb. diadêm. Aus lat.=gr. diadêma v. gr. diadeín úmbinben.

† ber Dialéct (é wie ä), —es, Pl. —e, v. lat.=gr. dialéctus : Mundart.

† bie Dialéctik (é wie ä), ohne Pl., aus lat.=gr. dialéctica (nämlid ars Kunſt) v. gr. dialégesthai ($\delta\iota\alpha\lambda\acute{\epsilon}\gamma\epsilon\sigma\vartheta\alpha\iota$) ſid unterreben : Kunſt gelehrten Streites; Wiſſenſdaft ber Denkformen. ber Dialéctiker u. bialéctiſd, v. lat.=gr. dialécticus.

† ber Dialóg, —es, Pl. —e, aus lat.=gr. diálogus Unterrebung : Wedſelgeſpräd. Daher bialógiſd.

ber Diamánt, —en, Pl. —en, ſ. Demant.

† ber Diámeter, —s, Pl. wie Sing., v. gr. diámetros [nämlid grammê Linie] : Durdmeſſer. Daher biamétriſd.

† bie Diarrhö́e, Pl. —n : ber Durdfall, bas Abweiden.

Bon gr. diárrhoia ($\delta\iota\acute{\alpha}\rho\rho o\iota\alpha$) v. diarrhéein burdfließen.

† die **Diät**, ohne Pl. : Lebensordnung; schmale Kost.

Mit franz. diète, ital. diéta aus lat. diæta v. gr. díaita Lebensart.

† die **Diät**, Pl. —en : Sitzungszeitraum versammelter Stände. die **Diäten** = Taggelder, Taggebühren.

Aus franz. diète, ital. diéta Reichstag, mittellat. diéta u. diæta = Tagesslänge, Tagreise, Taggeld, v. lat. dies Tag, woher auch mittellat. diétim täglich.

† die **Diätétik**, Pl. —en, aus lat.-gr. diætética (nämlich ars Kunst) von lat.-gr. diæta (f. Diät 1) : Lebensordnungs-, Gesundheitslehre. **diätétisch**, lat.-gr. diætéticus.

dicht = eng zusammengedrängt. Daher die **Dichte**, **Dichtheit**.

Bei Luther ticht. Mittelniederl. u. niederrhein. dicht; mhd. dîhte (als Adv. gedîhte auch f v. a. häufig). Von mhd. dîhen, ahd. dîhan, unserm (ge)deihen, welches, wie gediegen (f. b.) zeigt, auch die Bed. : reif, fest, hart und so eng-beisammen (dicht) werden, trocknen, hat.

dichten = Verse machen; überhaupt künstlerisch, schöpferisch hervor-bringen; worauf sinnen. Daher der **Dichter** mit die **Dichterin**, die **Dichtung**, das **Gedicht** ꝛc.

Wir schreiben dichten mit dem weichen niederd. Anlaute. Bei Luther tichten, im voc. ex quo dichten. Mhd. tihten, ahd. dihtôn, tihtôn. Aus lat. dictâre = zum Nachschreiben vorsagen (unser dictieren, f. b.), niederschreiben lassen, Verse niederschreiben lassen (vgl. Horat. sat. 1, 4, 10. 10, 75), vorsagend anfertigen, dichten. Für Gedicht sagt man im Mhd. die tihte, ahd. dihta, für Dichter im Mhd. der tihtære. Aber der Name des Dichters war ahd. der scuof, altsächs. scôp, v. schaffen, und liudari (goth. liuþareis Sänger) v. Lied.

dick, mhd. dicke, ahd. dicchi, thiki, altsächs. thikki, = ausgedehnt und viel an vereinigter Masse. Daher : die **Dicke**, mhd. die dicke, ahd. dicchî. **dicken**, mhd. dicken, ahd. dicchên, = dick werden oder machen, in ver**dicken** ꝛc. das **Dicicht**, altclevisch dickicht (*Theutonista*), wofür im Mhd. die dicke.

Das Adv. dick noch landschaftlich auch f. v. a. oft, häufig, wie schon mhd. dicke, ahd. diccho. — Ob dick ahd. dicchi aus dem Pl. des Prät. v. ahd. dîhan unserm gedeihen (f. b.) und also urspr. f. v. a. zu größerer Körperlichkeit an-gewachsen? Vgl. Grimm's Gramm. II, 18.

das **Dickbein** = das Bein von der Hüfte bis zum Knie.

Der mhd. Name war das diech, ahd. dioh, und an dieses jetzt verschwundene und nicht mehr verstandene diech scheint hier dick angelehnt.

† der **Dictátor**, —s, Pl. Dictatóren, lat. dictâtor v. dictâre wie-derholt vorsagen, befehlen : unumschränkter Machthaber. Daher **dic-tatórisch**; die **Dictatúr** (lat. dictatûra) = Machthaberwürde, Hochgewalt.

† **dictieren**, aus lat. dictâre : in die Feder sagen b. i. zum Nach-schreiben vorsagen; befehlend zuerkennen.

Von lat. dictâre ward schon im Ahd. in diesen Bedeutungen entlehnt dictôn, tictôn, in anderer Bed. aber dihtôn unser dichten (f. b.).

die Diction, ohne Pl. : Ausdrucksweise, Schreibart.

Aus lat. díctio eig. Aussprechen, v. dícere sprechen, sagen.

die Didáktik, ohne Pl. : Lehrkunst; Lehrdichtung. bibáktisch = lehrhaft. Beides aus gr. didaktikós, -ế, -ón, = zum Unterricht gehörig, belehrend, v. didáskein (διδάσκειν) belehren.

die, die weibliche Form von bër, s. b.

der Dieb, —es, Pl. —e, mhd. der diep, ahd. diup, diop, thiop, goth. þiubs. Heimlicher Entwender fremden Eigenthums. Daher : die Deube (s. b.); die Dieberei, mhd. dieberie; diebisch (wofür mhd. dieplich). Zusammens.: der Diebhenker, Name des Henkers und dann des Teufels als des Schergen der Hölle; der Diebstahl, mhd. die diepstâl (st. diepstâle).

Das Wort ist aus dem Präs. eines verlornen goth. Wurzelverbums þiuban (Prät. Sing. þáub, Pl. þubum, Part. þubans) = verbergen(?), was vielleicht auch goth. þiubjô = heimlich, verstohlner Weise, belegen dürfte. — In Dieb-stahl, b. Luther Diebstal, sind Dieb u. das für sich veraltete Stahl, ahd. die stâla, = strafbare Entwendung im Verborgenen, aus dem Pl. des Prät. v. stehlen (s. b.), nahverwandte Begriffe.

die Diele, Pl. —n : langes Bret. S. auch das folg. Wort.

Mhd. der und die dil, ahd. der dil, thil, dilo. Wie das damit stimmende altnord das þil, þili, Getäfel, zeigt, unverwandt mit Theil goth. dáils.

die Diele, Pl. —n : Hausflur (b. Hölty); Dreschtenne.

Zunächst aus niederd. die dele = Bret und Fußboden im Hause. Mhd. die dille = Bret und Dielenwand, Dielenboden, ahd. die dillâ = aus Bretern bestehender Fußboden (Diut. II, 327ᵇ) neben das dili Bretergerüste, altnord die þilja Bret. Von Diele (s. b.) = langes Bret, ahd. dil, altnord. þil, þili.

dielen = (den Fußboden) mit Dielen beschlagen.

Mit falscher Dehnung aus mhd. dillen, ahd dillôn, = mit Dielen (mhd. dillen) beschlagen, als Fußböden, Wände ꝛc. Also v. mhd. dille ahd. dillâ (s. Diele 2). Vgl. britten.

dienen = jemandes Befehl untergeben sein; zu jemandes Zwecke oder Nutzen thätig sein; als Mittel wozu brauchbar sein. Daher : der Diener mit die Dienerin und die Dienerschaft. der Dienst, —es, Pl. —e, womit zusammenges. z. B. dienstwillig = willig zu Dienst.

Dienen ist mhd. dienen, ahd. dionôn [b. l. dio-n-ôn], thionôn, altsächs. thionôn, verkürzt aus diuwinôn b. l. diuw-in-ôn v. ahd. ber dio ober dëo (Gen. diwes), ahd. þius (Gen. þiwis), angelsächs. þëóv, = leibeigner Diener, Knecht, Sclave, woneben mhd. die diu, ahd. diu (Gen. diwi), goth. þivi, = Magd, Sclavin. Von dienen kommt : der Diener, mhd. dienèr, dienære, woher weiter die Dienerin mhd. dienerinne, dienerîn Aber mit demselben Ableitungs-in in dienen (urspr. diuw-in-ôn) entsprang der Dienst, mhd. der u. das dienst, dienest, ahd. das dionost, thionost, welches zusammengez. aus diuw-in-ust. — Vgl. auch Demuth u. Dirne.

bie̓ßjährig, (beſſer als) bie̓sjährig, = von dieſem Jahre.
Unorganiſches Adj. von dem Acc. Sing. dieß Jahr.

bie̓ßmal, (beſſer als) bie̓smal, Adv. aus dem Acc. Sing. dieß
Mal. Davon das unorganiſche Adj. bie̓ßmalig.

Di̓etrich, altberühmter Mannsname : Volksfürſt.
Mhd. Dietrîch, ahd. Diotrîh, goth. þiudareiks, latiniſiert Theodericus. Zuſammengeſ. aus mhd. diet, ahd. diot, goth þiuda, = Volk (ſ. deutſch), und
mhd. -rich, ahd. -rîh, goth. der reiks, = Herrſcher, Oberſter, Fürſt, welches
Wort lautverſchoben ſtimmt mit lat. rex (Gen. règis) König v. règere lenken.

der Di̓etrich, —es, Pl. —e : Nach-, Diebsſchlüſſel.
Bei Luther dietrich, bei Alberus dietherich. Wol von dem Mannsnamen Dietrich, zumal da der Nachſchlüſſel im Niederd. neben Dierker von
Dierk Dietrich auch Peterken b. i. Peterchen heißt. Früh-mhd. ſagte man der
aftersluzel (Diut. II, 232ᵇ) After- b. i. Nachſchlüſſel.

biewei̓l, Conj. : in der Zeitdauer daß; aus der Urſache daß.
Aus dem als Adv. der Zeitdauer gebrauchten Acc. mhd. die wîle, ahd. dia
wîla. Verſtärkt durch all : mhd. aldiewîle (Höfer's Urkunden S. 110, 35), alle
die wîle, woraus das völlig altfränkiſch gewordene ſteife allbieweil (ſ. b.).
Schon bieweil iſt jetzt nicht mehr geläufig und wird durch das bloße weil
erſetzt. Über ahd. wîla (huîla) unſer Weile ſ. Weile.

† die Differénz, Pl. —en, aus franz. différence v. lat. differéntia :
Unterſchied. Von differie̓ren, aus franz. différer v. lat. dif-férre
(auseinander-tragen) : verſchieden ſein.

† die Digreſſión (e wie ä), Pl. —en, aus lat. digréssio [v. di-
grédi fort-gehen] : Abſchweifung.

† der Dilettánt (e wie ä), —en, Pl. —en : Kunſtliebhaber.
Aus ital. dilettánte, welches eig. Part. Präſ. v. dilettàre (aus lat. delectàre
= ergötzen, vergnügen.

der Dill, —es, Pl. —e, ſtarkriechende, als Zuthat an Speiſen dienende,
in Gärten gezogene Dolbenpflanze (anêthum).
Mit dem niederd. Anlaute D ſtatt hochd. T; denn rein-hochd. Till, mhd. das
tille, ahd. tilli. Nach J. Grimm (Grämm. II, 44) gleichſam vielgetheiltes
oder „krausäſtiges, feingegabeltes Kraut", aus Einer Wurzel mit Theil (ſ. b.)
ahd. teil goth. dáils.

die Dille = (Lampen-) Röhre. Unrichtig ſt. hochd. Tülle, ſ. d.

die Dille = Schloßbeſchlag um das Schlüſſelloch. S. Tülle.

† die Dimenſión, Pl. —en, aus lat. diménsio, = Abmeſſung.

† das Diner (ſpr. diné), franz. dîner : vornehmes Mittagsmahl. Von
dinie̓ren, aus franz. dîner : ein vornehmes Mittagsmahl einnehmen.
Franz. dîner, altfranz. disgner, digner, provenzal dinar, dir-, disnar, ital.
di-, desinàre, = zu Mittag eſſen, mittellat. disnâre. Ob aus einem lat. de-
conàre = „ab-ſpeiſen" mit verſchobenem Accent, z. B. im Präſ. déceno ich
ſpeiſe ab, woraus desne, dîne? S. Dieƶ Wtbch 122.

das Ding, —es, Pl. —e : rechtliche und gerichtliche Verhandlung, dann
Gericht (vgl. vertheidigen); was betrifft, das Betreffende; [Pl. auch

Dinger] was ist. Das Dim. lautet das Dingelchen, im Pl. auch
(v. die Dinger) Dingerchen; das Dinglein, mhd. dingelin.

Mhd. das dinc, ahd. dinc, thing, angelsächſ. þing, altnord. þíng [vöä. ting,
thing, woher das Volksthing, Storthing x. vom Reichstage]. Von einem
verlornen ahd. dinkan, welches ras angelsächſ. þingan = mit Worten erheben
(gleichſam nach Würden, als wichtig beſprechen), verherrlichen, ehren, iſt, wonach
Ding urſpr. ſ. v. a. Beſprechung (der Wichtigkeit gemäß?).

dingen, mit eingedrungener ſtarker Biegung im Prät. (ganz unrichtig,
wol nach holländ. dong) bung und auch (beſſer) bang (Conj. bünge,
ungut bänge), Part. gedungen, Imp. ding, aber auch noch häufig mit
der urſprünglichen und allein richtigen ſchwachen Biegung im Prät.
dingte (Conj. dingete), Part. gedinget, gedingt, Imp. dinge : worüber
verhandeln, insbeſ. über den Preis von etwas; vertragsmäßig für
Lohn in Dienſt nehmen.

Die im Grunde nicht zu billigende ſtarke Biegung des Wortes kam durch Einwirkung des Niederd. [holländ. dingen, Prät. dong, Part. gedongen] und nach
der Ähnlichkeit der Biegung von bringen, ringen, ſingen, ſpringen, zwingen, auf
(vgl. S. 117 bedingen). Älter-nhd., z. B. bei Luther, nur ſchwache Biegung gemäß
der des mhd. dingen, ahd. dingôn, thingôn, altſächſ. thingôn, = reden (Otfried
1, 17, 42), vor Gericht wofür reden, gerichtlich verhandeln, unterhandeln, be-
ſprechend einen Vertrag ſchließen, vertragsmäßig feſtſetzen, vertragsmäßig für
Lohn in Dienſt nehmen (Mystiker I, 281, 6). Von Ding, ſ. d.

dinglich = was einer Sache zukommt im Gegenſatze der Perſon.

Das mhd. dingelich = gerichtlich, und verſchieden von dem aus dem ahd.
Gen. Pl. dingô und -lîh (-lich) = „jeder“ zuſammengeſetzten mhd. dinglich,
ahd. dingôlîh, = jedes Ding, alles.

† dinieren, aus franz. dîner, ſ. Diner.

der Dinkel, —s, Pl. wie Sing., eine Weizenart. Vgl. Spelz.

Mhd. der dinkel, tinkel, ahd. dinchil, thinkil.

dinſen, ein Wurzelverbum, welches hochd. nur in aufgedunſen fort-
lebt, oberheſſiſch (zu Alsfeld und in der Umgegend) aber in dēnſen =
ziehen. Biegung und Formen ſ. unter aufgedunſen.

der Dinstag, noch übler Dinstag, ſ. die richtige Form Dienstag.

die Dinte, Pl. —n, = Schreibflüſſigkeit. Mit dem weichen niederd.
Anlaute; weniger üblich, aber hochd. richtiger Tinte, ſ. d.

† die Diöcéſe, Pl. —n, oder Diöcés, Pl. —en : Kirchſprengel.

Aus lat. diœcêsis. Von gr. dioſkêsis (διοίκησις) Land-, Gerichtsbezirk.

† der Diphthóng, —es, Pl. —e : Zwei-, Zwielaut.

Aus lat.-gr. die diphthóngos, v. gr. dís 2mal u. phthóggos (φϑόγγος) Laut.

† das Diplóm, —es, Pl. —e : Ernennungs-, Beſtallungsurkunde.

Aus lat.-gr. diplôma Gnadenbrief, Urkunde, eig. doppelt Zuſammengelegtes.
Von gr. diplûn (διπλοῦν) = doppelt zuſammenlegen, falten.

† der Diplomát, —en, Pl. —en : Staatsgeſchäftskundiger. die
Diplomatie, franz. diplomatie, = Staatsgeſchäftskunde. diplo-

mátiſch, ſpan. unb ital. diplomático. die Diplomátik, ſpan. diplomática, franz. diplomatique, = Urkundenwiſſenſchaft. Von Diplom (ſ. b.) = Urkunde.

der Díptam, —es, Pl. —e : citronenartig riechende Pflanze.

Mhd. der diptam neben dictam. Aus mittellat. díptamus (Sumerlaten 56, 50), welches verderbt aus lat.=gr. díctamum, díctamnus u. díctamnum.

† birect (e wie ä), aus lat. diréctus (als Abv. dirécte) v. di-rígere (ſ. birigieren) : in gerader Richtung worauf, ſtracks, gerabezu. die Directiôn, Pl. —en, lat. diréctio : Richtung, Leitung. der Diréctor, —s, Pl. Directóren, neulat. : Leiter, Vorſteher. Von birigieren, aus lat. di-rígere (gerade richten, bann) : lenken, leiten.

die Dírne, Pl. —n : bienenbe weibliche Perſon; junge unverheiratete weibliche Perſon; [nhd. auch] ſich frei benehmenbe Weibsperſon.

Schon mhd. (mittelb.) die dirne ſtatt rein=mhd. dierne, ahd. diornâ [an ber nieberb. Grenze dirna], thiornâ, thiarnâ, zuſammengez. aus einem älteren dio-arnâ, diuw-, thiuw-arnâ, goth. þivarnô(?), welches fortgebilbet iſt von ahd. die diu (Gen. diwî), goth. þivi, = Magb. S. bienen.

† der Discánt, —es, ohne Pl. : höchſte Singſtimme.

Schon 1469 discant (voc. ex quo). Aus mittellat. discántus, welches eig. wol ſ. v. a. verſchiebene Singſtimme.

† die Diſciplin, Pl. —en, aus lat. disciplîna (eig. Lehre) : Lehr= zweig, Wiſſenſchaft; Zucht unb Ordnung, beſ. Manns=, Schulzucht.

† das Discónto (ſ. Conto) : Abzug bei Zahlung vor dem Ziele.

Ital. (jeßt sconto), aus einem mittellat. dis-cómputus Ab-rechnung, Abzug. Vgl. bas einfache Conto.

† biscrét, franz. (von lat. discrétus v. dis-cérnere abſondern) : be= ſonnen unterſcheibenb, rückſichtsvoll, zurückhaltenb. Daher die Discretiôn, franz. (v. lat. discrétio) : Rückſichtnahme; Zurückhaltung; Gutbeſinden.

† biscurieren, aus franz. discourir (v. lat. dis-cúrrere auseinander= laufen, ſich worüber in Worten ergehen) : hin= unb herreben. der Discúrs, —es, Pl. —e, aus franz. discours (v. lat. discúrsus Umherlaufen u.) : Unterrebung.

† die Dispenſatiôn, Pl. —en, aus lat. dispensátio (Ab=wägung) : Erlaſſung. Von biſpenſieren, aus lat. dispensâre (austheilenb abwägen) : austheilen, wovon freiſprechen, entbinben.

† der Dispút, aus franz. die dispute, ital. dísputa : Wortwechſel, Wortſtreit. die Disputatiôn, Pl. —en, mhd. disputazie, aus lat. disputátio : gelehrtes Streitgeſpräch. Von bisputieren, mhd. disputieren, lat. dis-putâre (mit Worten auseinanderſeßen) : wiſſen= ſchaftlich beſprechenb kämpfen; Worte wechſelnb ſtreiten.

† die Diſſertatiôn (e wie ä), Pl. —en, aus lat. dissertátio v. dis- sertâre : Erörterungsſchrift, gelehrte Streitſchrift.

† die Diffonánz, Pl. —en, aus lat. dissonántia : Mißklang.

† die Diftánz, Pl. —en, aus lat. distántia : Abstand.

die Diftel, Pl. —n, eine bekannte ſtachelige Pflanze.
   Mhd. der distel, ahd. der distil, thistil, u. die distula. Aber der goth. Name war nicht þistils, ſondern die deina oder deinô (Matth. 7, 16).

der Diftelfink, —en, Pl. —en : der Diftelſamen freſſende Fink.
   Mhd. der distelvinke, ahd. distilfinco, distilvincho.

† das Diftichon, —s, Pl. Diftichen, lat.=gr. dístichon (2zeiliges) : aus einem Hexámeter und einem Pentámeter beſtehendes Verspaar.

† die Diftinction, Pl. —en, aus lat. distínctio : Unterſcheidung; Auszeichnung. Von lat. distínguere (abſondern, ausſchmücken), woraus diftinguieren = mit Auszeichnung behandeln.

† der Diftríct, —es, Pl. —e : Gebiet, Landbezirk.
   Aus mittellat. distríctus Gerichtszwang, =gebiet. Von lat. distríngere.

† die Dithyrámbe, Pl. —n : wild begeiſterungsvoller Lobgeſang.
   Aus lat.=gr. der dithyrámbus, urſpr. ein ſolcher Geſang, deſſen Gegenſtand Bacchus war. Daher lat.=gr. dithyrámbicus dithyrámbiſch.

† der Diván (ſpr. díwăn), —s, Pl. —e (—s) : Gerichtshof; geheimer Staatsrath des Sultans; morgenländiſcher Polſterſitz.
   Zunächſt aus ital. der diváno, franz. divan, welche aus arab., perſ. díwân, = Buch von mehreren Blättern, Rechnungsbuch, Schriftenſammlung (Sammlung von Gedichten, bei Göthe), Rathsverſammlung.

† die Divergénz (e vor r wie ä), Pl. —en, ital. divergénza : das Auseinanderlaufen 2er Linien. Von divergíeren, ital. divérgere [lat. vérgere ſich neigen] : von einander abweichen.

† divérs (é wie ä) = verſchieden, mancherlei.
   Ein unnöthiges Fremdwort. Das franz. divers. v. lat. divérsus.

† die Dividénde, Pl. —n : Verhältnißantheil an dem zu theilenden Gewinſte. Von dividíeren, lat. divídere (zertheilen) : eine Zahl durch eine andere theilen.

† die Diviſion, Pl. —en, aus lat. divísio v. divídere zertheilen (ſ. dividíeren unter d. W. Dividende) : Zahlentheilung durch Unterſuchung, wie vielmal eine Zahl in einer andern enthalten iſt; [franz. division =] Heerestheil.

der Döbel, —s, Pl. wie Sing. : dickköpfiger Weißfiſch.
   Ob eins mit tubil in ahd. hortubil, horodubil Rohrdommel?

der Döbel, —s, Pl. wie Sing. : eingefügter Pflock, Zapfen.
   Mhd. der tübel, ahd. tubil, tupil, in das kitubili Zapfen, Zapfenverbindung, und in ſpät=ahd. der tubiláre Zimmermann.

der Docént, —en, Pl. —en : vortragender Lehrer einer Hochſchule.
   Von lat. dócens (Gen. docéntis), dem Part. Präſ. v. docére. S. docieren.

doch, Adv. und Conj. zur Hervorhebung einer Entgegenſetzung.
   Mhd. doch, ahd. doh, thoh, zuerſt demonſtratives Adv. zur Bezeichnung einer

Entgegenfeßung, dann aber auch in relativer Anwendung als Conjunction zur Bezeichnung einer Einräumung wie unser „obgleich", und fofort auf einander bezüglich (correlativ) mhd. doch — doch, ahd. (b. *Notker* u. *Williram*) doh — doh, = obgleich — doch (d. i. troßdem, im Gegenfaße dazu). Hieraus nhd. endlich alleinftehend doch als Conjunction zur Hervorhebung des Gegenfaßes. Die entfprechende goth. Form þauh [fchwerlich þauh] bed. etwa f. v. a. „wenigftens" (Marc. 10, 15. 13, 20. Joh. 11, 32), worin die Entgegenfeßung un-entwickelt liegt, und führt auf die Entftehung des doch. Denn þauh gehört, wie goth. þar (f. da 1), dem Demonftrativ sa, þata, der (f.d.) das, an, indem an die Stammform þa das zur Bezeichnung einer Frage angehängte -u trat und fo das häufig gebrauchte þáu = oder, etwa, wenigftens, doch wol, ward, welchem fich dann noch das eine Verbindung andeutende Anhängfel -h (-uh = lat. -que) zugefellte. S. Grimm's Gramm. III, 176. Doch ift alfo urfprünglich Pro-nominaladverb.

der (älter-nhd. noch das) Docht, —es, Pl. —e : der zum leuchtenden Brennen mit Fett getränkte Körper im Lichte.

Urfprünglicher und richtiger, wie bei Alberus, Dacht oder auch, wie bei Lohenftein, Tacht. Denn mhd. das tâht, ahd. tâht, dâht, womit altnord. der þáttr = Faden, Lichtfaden (Docht) ftimmt. Doch fchon in dem mittelrheinifchen *voc. ex quo* v. 1469 neben dachte u. daycht mit Verdunkelung des fpäter kurz gefprochenen a in o dochte. Bei Luther das tocht und der dachte.

† bocîeren = vortragend lehren. Von lat. docêre lehren.

† das Dock, —es, Pl. —s, und die Docke, Pl. —n : gemauerter Wafferbehälter in einem Hafen oder bei einem Schiffswerfte zum Bauen oder Ausbeffern der Schiffe.

Das engl. dock, dän. dokke. Ob von mittellat. dóccia Canal?

die Docke, Pl. —n : kurze dicke Säule, Zapfen.

Mitteld. tocke (*Jeroschin* 233). Von altnord. doggr Kegel, Zapfen.

die Docke, Pl. —n : Puppe; puppenartig Gewundenes.

Beffer, aber unüblich Tocke. Mhd. die tocke, ahd. tocchâ, tochâ, docchâ, = Puppe. Auch niederfächf. tokke.

die Docke, Pl. —n : Art fehr hohen weiblichen Kopfpußes.

Von franz. toque Haube, Müße, ital. tócca, fpan. toca, welche von dem gleichbed. keltifchen (kymrifchen) der toc.

die Docke, beffer Tocke, Pl. —n : Taftenhammer des Clavieres.

Von ital. toccâre, älter-franz. toquer berühren, hier vom Anfchlagen an die Saiten (vgl. ital. toccâre il liuto die Laute fchlagen).

† der Dóctor, —s, Pl. Doctóren : mit der höchften von einer Facultät ertheilten Gelehrtenwürde Bekleideter; [im gemeinen Leben] der Arzt.

Das lat. dóctor Lehrer, Lehrmeifter, v. docêre (f. bocîeren).

† die Doctrin, Pl. —en, lat. doctrîna (v. docêre) : Lehre.

† das Document, —es, Pl. —e, aus lat. documéntum Beweis v. docêre lehren : urkundliches Beweismittel, Beweisfchrift. Davon bocumentîeren = beurkunden.

die Dógge, Pl. —n, auch der Dógge (z. B. bei J. H. Boß), —n, Pl. —n, v. engl. dog, ſchweb. dogg : Art großer engliſcher Hetzhunde.

† das Dógma, —'s, Pl. Dígmen, lat.-gr. dógma (v. gr. δοϰεῖν meinen) : Lehrmeinung, Lehrſatz. Daher bogmátiſch, aus lat.-gr. dogmáticus, v. beſſen weiblicher Form dogmática (δογματιϰή) die Dogmátik = Gebäube der Lehrſatzungen, beſonbers des chriſtlichen Glaubens.

die Dóhle, Pl. —n, ein bekannter krähenartiger Vogel.

> Bei *Dasypodius* dol mit o aus a; denn mhb die talle aus ahb. die tâhala v. die tâha Dohle. Altclevifch dail. Aber auch im *voc. theut.* v. 1482 Bl. e5ᵇ dula.

die Dóhne, Pl. —n : Bügel mit Schlinge zum Vogelfange.

> Dohne iſt das ahb. die thona Rebſchoß (*Diut.* II, 312ᵃ), Schoß, Ranke; denn die Zweigſchoſſe an Walbbäumen werben zu Bügeln umgebogen, in welche man Schlingen hängt. Mit ſpät-ahb. done Spannaber, Nerv (*gl. jun.* 264) wol von dem Wurzelverbum þinan, welchem auch behnen (ſ. behnbar) angehört. S. J. Grimm in Haupt's Zeitſchr. V, 182.

die Dóhne, Pl. —n : Zimmerbecke unb beſ. Trageballen berſelben.

> Nur lanbſchaftl. (wetterauifch, oberheſſſfch). Von mhb. ber don, ahb. dono = Ausgeſpanntes, Decke, in ahb. ber upardono (goth. ufarþuna?) Überbone = übergebreitetes Tuch, Tobtentuch. Mit mhb. bie don Spannung aus ber Participialform (þun-ans) bes unter dem vorhergehenben Dohne angegebenen Wurzelverbums þinan.

der Dolch, —es, Pl. —e : meſſerartige 2ſchneibige Stichwaffe.

> Bei *Dasypodius* dolch, bei *Serranus* tolch. Von außen entlehnt (woher?) unb verſchieben von ahb. der dolk, tolc, angelſächſ. dolg, dolh, = Wunbe, altnorb. dölg Kampf, goth. der dulgs Schuld.

die Dólbe, Pl. —n : Pflanzengipfel mit vielen von Einem Puncte ausgehenden Zweigen. Daher bólbig. Zuſammenſ.: bólbenförmig.

> Mhb. ber u. bie tolde, ahb. ber toldo. Wie es ſcheint, Eines Stammes mit ahb. die tolâ = Weintraubenkamm (Graff V, 401).

die Dóle, Pl. —n : unterirbiſcher Abzugsgraben, Canal.

> 1482 dol oder erthol = Mine (*voc. theut.* Bl. f1ᵃ), ahb. bie dolâ Röhre, Erbröhre.

der Dolman (o unb a kurz), —s, Pl. —e : Jacke unter dem Pelze bes Huſaren. Aus bem türkiſchen dôlâmân = Unterkleib von Tuch.

der Dólmetſch (e wie ä), —en, Pl. —en. Üblicher Dólmetſcher, —s, Pl. wie Sing., von bólmetſchen = aus frember Sprache in eine bekannte übertragen; verſtänblich machen. Daher auch bie Dólmetſchung.

> Dolmetſch, 1482 dulmetsch u. tulmetsch (*voc. theut.* Bl. f3ᵇ, hh3ᵃ), iſt aus bem gleichbeb. poln. tlumacz (cz ſpr. tsch), böhm. tlumac̓, unb unſer bolmetſchen aus dem von tlumacz abgeleiteten poln. Verbum tlumaczyc = überſetzen, erklären. Das Subſt. Dolmetſcher (ſo auch bei Luther, Leſſing ſchreibt II) kommt ſchon im *voc. theut.* v. 1482 vor, wo Bl. hh3ᵃ tulmetscher neben bem Verbum dulmetschen Bl. f3ᵇ. Im Simpliciſſimus begegnet

auch die Dolmetſchin. — Im Mhd. ſagte man der tolke und vertolken (dolmetſchen), jenes v. ſlaw. tl"k", litthauiſch tulkas, = Dolmetſcher, dieſes v. ſlaw.
tl"kovati, litthau. tulkóti, = dolmetſchen.

der Dôm, —es, Pl. —e : hohe biſchöfliche Hauptkirche.
    Mhd. der tuom, mitteld. tûm. Nach ital. der duómo (franz. dôme) Dom,
Domkirche, wie auch ahd. dôm = Haus (*Isidor* 85, 1) zeigt aus lat. dómus =
Haus, hier von Gottes Hauſe (dómus déi), dem Tempel, verſtanden. Ebendaher
entlehnt iſt altſächſ. dôm, duom, = Tempel.

† die Domäne, Pl. —n : landesherrliches oder Krongut.
    Das franz. domaine, aus lat. domínium = Herrſchaft worüber, Eigenthum, v.
dóminus = Herr, Gebieter, Beſitzer.

† das Domicíl, —es, Pl. —e : Aufenthaltsort, Wohnſitz.
    Aus lat. domicílium Wohnſitz, v. dómus Haus.

der Dominicáner, —s, Pl. wie Sing. : Mönch von dem 1215 ge-
ſtifteten Orden des heil. Domínicus.

† der Dómino, —'s, Pl. —'s : das lange Maskenkleid; Art Spiel.
    Das ital. und ſpan. dominó, ſeidener Mantel zum Maskieren, eig. verhüllende
Winterkleidung des Geiſtlichen. Von lat. dóminus Herr, welches im Mittellat. auch
ſchlechthin ſ. v. a. Abt, höherer Geiſtlicher.

der Dómpfaffe, —n, Pl. —n : der Blutfink oder Gimpel.
    Der Name Dompfaffe wegen des ſchwarzen Scheitels.

die Dónlage, üblicher und urſprünglicher Dónlege, Pl. —n : abhängige Richtung eines Ganges, einer Fläche. Davon das Adj. dónlege, auch dénlegig, = abhängig, ſchräg.
    Bei G. Agricola († 1555) donlege. Zuſammengeſ. aus 1) bon, welches,
da eben bei Agricola gewiſſe Breter bonnen heißen, wol v. ahd. thona Schoß
(ſ. Dohne 1) herkomm', und 2) mhd. die -lege Legung, Lage.

Donner, der Name des heidniſch-deutſchen rothbärtigen Blitz- und
Donnergottes, ahd. Donar, altſächſ. Thunar, altnord. (wol zuſammengez.) þôrr, in : der Dónnerbart = Hauswurz [die, auf das
Dach gepflanzt, vor Einſchlagen des Gewitters ſchützt]; die Dónner-
guge = Hirſchſchröter [auf der Eiche (dem dem Donar heiligen
Baume) lebender Käfer (ſchweiz. Guege)]; der Dónnerkeil = [nach
dem heidniſch deutſchen Glauben von Donar im Wetter geſchleuderter]
keilförmiger Stein. Uneigentl. Zuſammenf. : der Dónnerstag (nicht
Donnerſtag), mhd. der donerstac, ahd. Toniris tac d. i. Donares
tac, = der [urſprünglich dem Gotte Donar geheiligte] 4te Wochentag.
der grüne Donnerstag ſ. Gründonnerstag.
    Der Name des Gottes, welcher goth. þunrs lauten würde, iſt wol dem bei
dehnen (ſ. dehnbar) aufgeſtellten goth. Wurzelverbum þinan = „ſpannen“ entſproſſen, da nach dem im heidniſch-deutſchen Alterthume herrſchenden Glauben
Donner und Blitz vom Gotte weit ausgeſpannt und geſchoſſen wurden. So
ſteht auch das mit þinan der Lautverſchiebung gemäß ſtimmende gr. teinein bei
Homer (Il. 16, 365) vom Ausſpannen des Sturmes. S. J. Grimm in
Haupt's Zeitſchr. V, 182. Der Name des Gottes bezeichnet aber zugleich das

† die **Diät**, ohne Pl. : Lebensordnung; schmale Kost.

     Mit franz. diète, ital. dièta aus lat. diæta v. gr. díaita Lebensart.

† die **Diät**, Pl. —en : Sitzungszeitraum versammelter Stände. die **Diäten** = Taggelder, Taggebühren.

     Aus franz. diète, ital. dièta Reichstag, mittellat. diéta u. diæta = Tageslänge, Tagreise, Taggeld, v. lat. díes Tag, woher auch mittellat. diétim täglich.

† die **Diätétik**, Pl. —en, aus lat.=gr. diætética (nämlich ars Kunst) von lat.=gr. diæta (s. Diät 1) : Lebensordnungs=, Gesundheitslehre. **diätétisch**, lat.=gr. diætéticus.

dicht = eng zusammengedrängt. Daher die **Dichte**, **Dichtheit.**

     Bei Luther ticht. Mittelniederl. u. niederrhein. dicht; mhd. dîhte (als Adv. gedîhte auch f v. a. häufig). Von mhd. dîhen, ahd. dîhan, unserm (ge)beihen, welches, wie gebiegen (f. b.) zeigt, auch die Bed. : reif, feft, hart und so eng-beifammen (dicht) werden, trodnen, hat.

dichten = Verse machen; überhaupt künstlerisch, schöpferisch hervor-bringen; worauf sinnen. Daher der **Dichter** mit die **Dichterin**, die **Dichtung**, das **Gedicht** 2c.

     Wir schreiben dichten mit dem weichen niederd. Anlaute. Bei Luther tichten, im voc. ex quo dichten. Mhd. tihten, ahd. dihtôn, tihtôn. Aus lat. dictâre = zum Nachschreiben vorsagen (unser dictieren, f. b.), niederschreiben laffen, Verse niederschreiben laffen (vgl. Horat. sat. 1, 4, 10. 10, 75), vorsagend anfertigen, dichten. Für Gedicht sagt man im Mhd. die tihte, ahd. dihta, für Dichter im Mhd. der tihtære. Aber der Name des Dichters war ahd. der scuof, altfächf. scôp, v. fchaffen, und liudari (goth. liuþareis Sänger) v. Lied.

dick, mhd. dicke, ahd. dicchi, thiki, altfächf. thikki, = ausgedehnt und viel an vereinigter Maffe. Daher : die **Dicke**, mhd. die dicke, ahd. dicchî. **dicken**, mhd. dicken, ahd. dicchên, = dick werden oder machen, in ver**dicken** 2c. das **Dickicht**, altclevisch dickicht (*Theutonista*), wofür im Mhd. die dicke.

     Das Adv. dick noch landschaftlich auch f. v. a. oft, häufig, wie schon mhd dicke, ahd. diccho. — Ob dick ahd. dicchi aus dem Pl. des Prät. v. ahd. dîhan unferm gedeihen (f. b.) und alfo urfpr. f. v. a. zu größerer Körperlichfeit an-gewachfen? Vgl. Grimm's Gramm. II, 18.

das **Dickbein** = das Bein von der Hüfte bis zum Knie.

     Der mhd. Name war das diech, ahd. dioh, und an diefes jeßt verfchwundene und nicht mehr verftandene diech fcheint hier dick angelehnt.

† der **Dictátor**, —s, Pl. Dictatóren, lat. dictâtor v. dictâre wie-derholt vorsagen, befehlen : unumschränkter Machthaber. Daher **bic-tatórisch**; die **Dictatúr** (lat. dictatûra) = Machthaberwürde, Hochgewalt.

† **dictieren**, aus lat. dictâre : in die Feder sagen d. i. zum Nach-schreiben vorsagen; befehlend zuerkennen.

     Von lat. dictâre ward schon im Ahd. in diefen Bedeutungen entlehnt dictôn, tictôn, in anderer Bed. aber dihtôn unfer dichten (f. b.).

die **Diction**, ohne Pl. : Ausdrucksweise, Schreibart.

Aus lat. díctio eig. Aussprechen, v. dícere sprechen, sagen.

die **Dibáktik**, ohne Pl. : Lehrkunst; Lehrdichtung. **bibáktisch** = lehrhaft. Beides aus gr. didaktikós, -é, -ón, = zum Unterricht gehörig, belehrend, v. didáskein (διδάσκειν) belehren.

bie, die weibliche Form von **ber**, s. b.

der **Dieb**, —es, Pl. —e, mhd. der diep, ahd. diup, diop, thiop, goth. þiubs. Heimlicher Entwender fremden Eigenthums. Daher : die **Deube** (f. b.); die **Dieberei**, mhd. dieberie; **biebisch** (wofür mhd. dieplich). Zusammenf.: der **Diebhenker**, Name des Henkers und dann des Teufels als des Schergen der Hölle; der **Diebstahl**, mhd. die diepstâl (st. diepstâle).

Das Wort ist aus dem Präf. eines verlornen goth. Wurzelverbums þiuban (Prät. Sing. þáub, Pl. þubum, Part. þubans) = verbergen(?), was vielleicht auch goth. þiubjô = heimlich, verstohlner Weise, belegen dürfte. — In Dieb-ftahl, b. Luther Diebstal, find Dieb u. das für sich veraltete Stahl, ahd. bie stâla, = strafbare Entwendung im Verborgenen, aus dem Pl. des Prät. v. stehlen (f. b.), nahverwandte Begriffe.

die **Diele**, Pl. —n : langes Bret. S. auch das folg. Wort.

Mhd. der und die dil, ahd. der dil, thil, dilo. Wie das damit stimmende altnord. das þil, þili, Getäfel, zeigt, unverwandt mit Theil goth. dáils.

die **Diele**, Pl. —n : Hausflur (b. Hölty); Dreschtenne.

Zunächst aus niederd. die dele = Bret und Fußboden im Hause. Mhd. die dille = Bret und Dielenwand, Dielenboden, ahd. bie dilla = aus Bretern bestehender Fußboden (Diut. II, 327ᵇ) neben das dili Bretergerüste, altnord die þilja Bret. Von Diele (f. b.) = langes Bret, ahd. dil, altnord. þil, þili.

bielen = (den Fußboden) mit Dielen beschlagen.

Mit falscher Dehnung aus mhd. dillen, ahd dillôn, = mit Dielen (mhd. dillen) beschlagen, als Fußböden, Wände ꝛc. Also v. mhd. dille ahd. dilla (f. Diele 2). Vgl. britten.

bienen = jemandes Befehl untergeben sein; zu jemandes Zwecke oder Nutzen thätig sein; als Mittel wozu brauchbar sein. Daher : der **Diener** mit die **Dienerin** und die **Dienerschaft**. der **Dienst**, —es, Pl. —e, womit zusammengef. z. B. **dienstwillig** = willig zu Dienst.

Dienen ist mhd. dienen, ahd. dionôn [b. i. dio-n-ôn], thionôn, altsächf. thionôn, verkürzt aus diuwinôn d. i. diuw-in-ôn v. ahd. der diu oder dëo (Gen. diwes), ahd. þius (Gen. þivis), angelsächf. þëóv, = leibeigner Diener, Knecht, Sclave, woneben mhd. die diu, ahd. diu (Gen. diwî), goth. þivi, = Magd, Sclavin. Von bienen kommt : der Diener, mhd. díenèr, dienære, woher weiter die Dienerin mhd. dienerinne, dienerîn Aber mit demselben Ab-leitungs-in in bienen (urspr. diuw-in-ôn) entsprang der Dienst, mhd. der u. das dienst, dienest, ahd. das dionost, thionost, welches zusammengez. aus diuw-in-ust. — Vgl. auch Demuth u. Dirne.

der Di̇enstag, —es, Pl. —e : der dritte Tag der Woche.

Unrichtig Dienftag oder Dinstag, Dinftag, obwol schon in aus Niederdeutschland stammenden Urkunden v. 1261 u. 1332 dinsdag, dinsedagh (*Höfer's
Urkunden* S. 12. 259) vorkommt. Denn das Wort ist mittelst Einschaltung des
n aus dem noch in Mitteldeutschland herrschenden diestag (an der Rhön diestik),
einer aus niedersächs. tiesdag aufgenommenen Form, welche dem altfrief. Tysdei,
Tiesdei, angelsächs. Tivesdäg, altnord. Týsdagr, goth. Tivisdags(?), gemäß
war, und bedeutet : der dem Kriegs- und Siegsgott altn. Týr (angelsächs.
Tiv? goth. Tius? ahd. Zio) geweihte Tag, lat. dies *Martis.* Nach diesem
ahd. Namen des Gottes (Zio, Gen. Ziwes) aber ift die eig. oberd. Form für
Dienstag : Ziftag (woraus b. Hebel Zîftig) u. auch hier mit schon frühe
eingeschobenem n Zinstag, ahd. Ziestac d. i. Ziwestac, welche Form jedoch nicht
im spätern Hochd. geltend wurde. Die früher hie und da vorkommende Schreibung dingstag, welche „Tag des Gerichts" (mhd. dinc = Gericht, f. Ding) zu
deuten wäre, beruht darauf, daß man den alten Namen des Tages nicht mehr
verstand, und ift falsch, zumal da sich auch weder ein angelsächs. þingesdäg, noch
ein altnord. þingsdagr findet. S. Grimm's Myth. 113. Schmeller IV, 214 f.

di̇eser, di̇ese, di̇eses oder dieß (f. d.), das Demonstrativ.

Mhd. diser (oder durch Lautangleichung dirre), disiu, diz (u. ditze), ahd.
dësêr (u. thërêr, disêr), dësiu (disiu, thisu), diz (thiz u. thizi). Die Wortformen sind aus 2 Stämmen zusammengefloffen; sicher steckt der Stamm der
die das (f. d.) darin, aber der andere Stamm, nämlich der der 2ten Sylbe,
ift bis jetzt nicht überzeugend erwiesen. Vgl. Grimm's Gramm. IV, 446. Die
adjectivische sächliche Form dieses ft. dieß (mhd. diz ahd. dis) hat sich nach der
Ähnlichkeit der männl. u. weibl. dieser u. diese gebildet, und schon in dem
unter „Brunft" angezogenen titellosen Gedichte v. J. 1486 findet sich „dises ros."

di̇esfalls, nicht di̇eßfalls, Adv. : in diesem Falle.

Aus dies Falls, worin dies das mhd. dis (*Parzival* 748, 18), welches zusammengez. aus dises dem Gen. Sing. v. dieser.

di̇esseit, Präp. mit Gen. (wegen =seit) : auf dieser Seite. Davon
das unorganische Adj. di̇esseitig.

Bei Luther disseid u. adverbialisch dissseids (1 Sam. 17, 3). Mhd.
dissît, dissîte, der Acc. Sing. v. Seite mhd. sîte mit dem Demonstrativ diese
zusammengeschoben. Die Form diesseits mit ihrem mehr adverbiales Aussehen gebenten, aber unorganischen genitivischen Schluß-s sollte wenigstens ge-
mieden werden, wenn das Wort als Präp. steht. Vgl. jenseit.

dieß (wegen des eingedrungenen ie statt i gewöhnlich gedehnt, aber hochdeutsch richtiger kurz gesprochen), das sächliche Demonstrativ (f. dieser).
Häufig auch nach der Schreibweise Mitteldeutschlands und der Ähnlichkeit von das, es, bis ꝛc. : dies.

Weder Zusammenziehung noch Kürzung aus dieses, welche sächliche Form
ja zuerst im 15. Jahrh. auftaucht, sondern aus mhd. diʒ (*Flore* 2869. Haupt
zum *Engelhard* S. 234), welches aus dem richtigen mhd. diz, ditze, ahd. diz,
thizi, altsächf. thit, mittelniederl. dit, ditte, hervorgegangen war. Bei Luther,
der die ß meidet : dis. Schmitthenner schrieb seit 1837, durch einen Aufsatz
von mir bestimmt, diʒ, welche Schreibung dem mhd. diʒ genau entspricht, aber
unüblich ift.

dießjährig, (besser als) dïesjährig, = von diesem Jahre.
> Unorganisches Abj. von dem Acc. Sing. dieß Jahr.

dießmal, (besser als) dïesmal, Adv. aus dem Acc. Sing. dieß
Mal. Davon das unorganische Abj. dïeßmalig.

Dïetrich, altberühmter Mannsname : Volksfürst.
> Mhd. Dietrich, ahd. Diotrîh, goth. þiudareiks, latinisiert Theodericus. Zu-
> sammengef. aus mhd. diet, ahd. diot, goth þiuda, = Volt (f. deutsch), und
> mhd. -rich, ahd. -rîh, goth. ber reiks, = Herrscher, Oberster, Fürst, welches
> Wort lautverschoben stimmt mit lat. rex (Gen. règis) König v. régere lenken.

der Dïetrich, —es, Pl. —e : Nach=, Diebsschlüssel.
> · Bei Luther dietrich, bei Alberus dietherich. Wól von dem Manns-
> namen Dietrich, zumal da der Nachschlüssel im Rieverb. neben Dierker von
> Dierk Dietrich auch Peterken b. i. Peterchen heißt. Früh=mhd. sagte man der
> aftersluzel (Diut. II, 232b) After= b. i. Nachschlüssel.

bieweïl, Conj. : in der Zeitdauer baß; aus der Urfache baß.
> Aus dem als Adv. der Zeitbauer gebrauchten Acc. mhd. die wîle, ahd. dia
> wîla. Verftärkt durch all : mhd. aldiewîle (Höfer's Urkunden S. 110, 35), alle
> die wîle, woraus das völlig altfränkisch gewordene steife allbieweil (f. d.).
> Schon dieweil ift jetzt nicht mehr geläufig und wird durch das bloße weil
> erfetzt. Über ahd. wîla (huîla) unfer Weile f. Weile.

† die Differénz, Pl. —en, aus franz. différence v. lat. differéntia :
Unterschied. Von differïeren, aus franz. différer v. lat. dif-férre
(auseinander=tragen) : verschieden sein.

† die Digreffión (e wie ä), Pl. —en, aus lat. digréssio [v. di-
grédi fort=gehen] : Abschweifung.

† der Dilettánt (e wie ä), —en, Pl. —en : Kunstliebhaber.
> Aus ital. dilettánte, welches eig. Part. Präf. v. dilettâre (aus lat. delectâre
> = ergetzen, vergnügen.

der Dill, —es, Pl. —e, ftarkriechende, als Zuthat an Speisen bienende,
in Gärten gezogene Dolbenpflanze (anêthum).
> Mit dem niederb. Anlaute D ftatt hochd. T; denn rein=hochd. Till, mhd. bas
> tille, ahd. tilli. Nach J. Grimm (Grämm. II, 44) gleichsam vielgetheiltes
> oder „krausäftiges, feingegabeltes Kraut", aus Einer Wurzel mit Theil (f d.)
> ahd. teil goth. dáils.

bie Dille = (Lampen=) Röhre. Unrichtig ft. hochd. Tülle, f. b.

bie Dille = Schloßbeschlag um das Schlüsselloch. S. Tülle.

† die Dimenfión, Pl. —en, aus lat. diménsio, = Abmessung.

† das Diner (fpr. dinê), franz. dîner : vornehmes Mittagsmahl. Von
binïeren, aus franz. dîner : ein vornehmes Mittagsmahl einnehmen.
> Franz. dîner, altfranz. disgner, digner, provenzal. dinar, dir-, disnar, ital.
> di-, desinâre, = zu Mittag effen, mittellat. disnâre. Ob aus einem lat. de-
> cœnâre = „ab=fpeisen" mit verschobenem Accent, z. B. im Präf. déceno ich
> speise ab, woraus desne, dîne? S. Diez Wtbch 122.

das Ding, —es, Pl. —e : rechtliche und gerichtliche Verhandlung, bann
Gericht (vgl. vertheidigen); was betrifft, das Betreffende; [Pl. auch

Dinger] was ist. Das Dim. lautet das Dingelchen, im Pl. auch
(v. die Dinger) Dingerchen; das Dinglein, mhd. dingelîn.

Mhd. das dinc, ahd. dinc, thing, angelsächs. þing, altnord. þing [dän. ting,
thing, woher das Volksthing, Storthing ꝛc. vom Reichstage]. Von einem
verlornen ahd. dinkan, welches ras angelsächf þingan = mit Worten erheben
(gleichsam nach Würden, als wichtig besprechen), verherrlichen, ehren, ist, wonach
Ding urspr. s. v. a. Besprechung (der Wichtigkeit gemäß?).

bíngen, mit eingebrungener starker Biegung im Prät. (ganz unrichtig,
wol nach holländ. dong) bung und auch (besser) bang (Conj. bünge,
ungut bänge), Part. gebúngen, Imp. bing, aber auch noch häufig mit
der ursprünglichen und allein richtigen schwachen Biegung im Prät.
bíngte (Conj. bíngete), Part. gebínget, gebíngt, Imp. binge : worüber
verhandeln, insbes. über den Preis von etwas; vertragsmäßig für
Lohn in Dienst nehmen.

Die im Grunde nicht zu billigende starke Biegung des Wortes kam durch Einwirkung des Niederd. [holländ. dingen, Prät. dong, Part. gedongen] und nach
der Ähnlichkeit der Biegung von bringen, ringen, singen, springen, zwingen, auf
(vgl. S. 117 bebingen). Älter-nhd., z. B. bei Luther, nur schwache Biegung gemäß
der des mhd. dingen, ahd. dingôn, thingôn, altsächf. thingôn, = reben (Otfried
1, 17, 42), vor Gericht wofür reben, gerichtlich verhandeln, unterhandeln, be-
sprechend einen Vertrag schließen, vertragsmäßig festsetzen, vertragsmäßig für
Lohn in Dienst nehmen (Mystiker I, 281, 6). Von Ding, s. b.

bínglich = was einer Sache zukommt im Gegensatze der Person.

Das mhd. dingelich == gerichtlich, und verschieden von bem aus dem ahb.
Gen. Pl. dingô und -lîh (-lich) = „jeder“ zusammengesetzten mhd. dinglich,
ahd. dingôlîh, = jedes Ding, alles.

† biníeren, aus franz. dîner, s. Diner.

der Dínkel, —s, Pl. wie Sing., eine Weizenart. Vgl. Spelz.

Mhd. der dinkel, tinkel, ahd. dinchil, thinkil.

bínsen, ein Wurzelverbum, welches hochb. nur in aufgebunsen fort-
lebt, oberhessisch (zu Alsfeld und in der Umgegend) aber in dénsen =
ziehen. Biegung und Formen s. unter aufgebunsen.

der Dínstag, noch übler Dínstag, s. die richtige Form Dienstag.

die Dínte, Pl. —n, = Schreibflüssigkeit. Mit dem weichen niederb.
Anlaute; weniger üblich, aber hochb. richtiger Tinte, s. b.

† die Diöcése, Pl. —n, oder Diöcés, Pl. —en : Kirchsprengel.

Aus lat. diœcêsis. Von gr. dioíkêsis (διοίκησις) Land-, Gerichtsbezirk.

† der Diphthóng, —es, Pl. —e : Zwei-, Zwielaut.

Aus lat.-gr. die diphthóngos, v. gr. dís 2mal u. phthóggos (φϑόγγος) Laut.

† das Diplóm, —es, Pl. —e : Ernennungs-, Bestallungsurkunde.

Aus lat.-gr. diplôma Gnadenbrief, Urkunde, eig. doppelt Zusammengelegtes.
Von gr. diplûn (διπλοῦν) = doppelt zusammenlegen, falten.

† der Diplomát, —en, Pl. —én : Staatsgeschäftskundiger. die
Diplomatíe, franz. diplomatie, = Staatsgeschäftskunde. biplo-

mátiſch, ſpan. unb ital. diplomático. bie **Diplomátik**, ſpan. diplomática, franz. diplomatique, = Urkunbenwiſſenſchaft. Von **Diplom** (ſ. b.) = Urkunbe.

ber **Dïptam**, —es, Pl. —e : citronenartig riechenbe Pflanze.

    Mhb. ber **diptam** neben **dictam. Aus** mittellat. **dïptamus** (*Sumerlaten* 56, 50), welches verberbt aus lat.=gr. **dïctamum, dïctamnus** u. **dïctamnum.**

† **biréct** (é wie ä), aus lat. diréctus (als Abv. dirécte) v. di-rígere (ſ. birigíeren) : in geraber Richtung worauf, ſtracks, gerabezu. bie **Directiôn**, Pl. —en, lat. diréctio : Richtung, Leitung. ber **Diréctor**, —s, Pl. **Directóren**, neulat. : Leiter, Vorſteher. Von birigíeren, aus lat. di-rígere (gerabe richten, bann) : lenken, leiten.

bie **Dïrne**, Pl. —n : bienenbe weibliche Perſon; junge unverheiratete weibliche Perſon; [nhb. auch] ſich frei benehmenbe Weibsperſon.

    Schon mhb. (mittelb.) bie **dirne** ſtatt reïn=mhb. **dierne, ahb. diornâ** [an ber nieberb. Grenze **dirnâ**], **thiornâ, thiarnâ,** zuſammengez. aus einem älteren **dio-arnâ, diuw-, thiuw-arnâ, goth.** þivarnô(?), welches fortgebilbet iſt von ahb. bie **diu** (Gen. **diwî), goth.** þivi, = Magb. S. **bienen.**

† ber **Dïscánt**, —es, ohne Pl. : höchſte Singſtimme.

    Schon 1469 discant (*voc. ex quo*). **Aus** mittellat. **discántus,** welches eig. wol ſ. v. a. verſchiebene Singſtimme.

† bie **Dïſciplïn**, Pl. —en, aus lat. disciplïna (eig. Lehre) : Lehrzweig, Wiſſenſchaft; Zucht unb Orbnung, beſ. Manns=, Schulzucht.

† bas **Dïscónto** (ſ. Conto) : Abzug bei Zahlung vor bem Ziele.

    Ital. (ſetzt **scónto), aus** einem mittellat. **dis-cómputus Ab-rechnung, Abzug. Vgl.** bas einfache **Cónto.**

† **biscrét**, franz. (von lat. discrétus v. dis-cérnere abſonbern) : beſonnen unterſcheibenb, rückſichtsvoll, zurückhaltenb. Daher bie **Discretiôn**, franz. (v. lat. discrétio) : Rückſichtnahme; Zurückhaltung; Gutbefinben.

† **biscuríeren**, aus franz. discourir (v. lat. dis-cúrrere auseinanber= laufen, ſich worüber in Worten ergehen) : hin= unb herreben. ber **Dïscúrs**, —es, Pl. —e, aus franz. discours (v. lat. discúrsus Umherlaufen u.) : Unterrebung.

† bie **Dïspenſatiôn**, Pl. —en, aus lat. dispensátio (Ab=wägung) : Erlaſſung. Von bispenſíeren, aus lat. dispensâre (austheilenb abwägen) : austheilen, wovon freiſprechen, entbinben.

† ber **Dïspút**, aus franz. bie dispute, ital. dísputa : Wortwechſel, Wortſtreit. bie **Dïsputatiôn**, Pl. —en, mhb. disputazie, aus lat. disputátio : gelehrtes Streitgeſpräch. Von bisputíeren, mhb. disputieren, lat. dis-putâre (mit Worten auseinanberſetzen) : wiſſenſchaftlich beſprechenb kämpfen; Worte wechſelnb ſtreiten.

† bie **Dïſſertatiôn** (e wie ä), Pl. —en, aus lat. dissertátio v. dis-sertâre : Erörterungsſchrift, gelehrte Streitſchrift.

† die Diſſonánz, Pl. —en, aus lat. dissonántia : Mißklang.

† die Diſtánz, Pl. —en, aus lat. distántia : Abſtand.

die Diſtel, Pl. —n, eine bekannte ſtachelige Pflanze.
> Mhd. der distel, ahd. der distil, thistil, u. die distula. Aber der goth. Name war nicht þistils, ſondern die deina oder deinô (Matth. 7, 16).

der Diſtelfink, —en, Pl. —en : der Diſtelſamen freſſende Fink. ·
> Mhd. der distelvinke, ahd. distilfinco, distilvincho.

† das Diſtichon, —s, Pl. Diſtichen, lat.-gr. dístichon (2zeiliges) : aus einem Hexámeter und einem Pentámeter beſtehendes Verspaar.

† die Diſtinctiôn, Pl. —en, aus lat. distínctio : Unterſcheidung; Auszeichnung. Von lat. distínguere (abſondern, ausſchmücken), woraus diſtinguíeren = mit Auszeichnung behandeln.

† der Diſtríct, —es, Pl. —e : Gebiet, Landbezirk.
> Aus mittellat. distrîctus Gerichtszwang, -gebiet. Von lat. distríngere.

† die Dithyrámbe, Pl. —n : wild begeiſterungsvoller Lobgeſang.
> Aus lat.-gr. der dithyrámbus, urſpr. ein ſolcher Geſang, deſſen Gegenſtand Bacchus war. Daher lat.-gr. dithyrámbicus dithyrámbiſch.

† der Diván (ſpr. dîwân), —s, Pl. —e (—s) : Gerichtshof; geheimer Staatsrath des Sultans; morgenländiſcher Polſterſitz.
> Zunächſt aus ital. der diváno, franz. divan, welche aus arab., perſ. dîwân, = Buch von mehreren Blättern, Rechnungsbuch, Schriftenſammlung (Sammlung von Gedichten, bei Göthe), Rathsverſammlung.

† die Divergénz (e vor r wie ä), Pl. —en, ital. divergénza : das Auseinanderlaufen 2er Linien. Von divergíeren, ital. divérgere [lat. vérgere ſich neigen] : von einander abweichen.

† divérs (é wie ä) = verſchieden, mancherlei.
> Ein unnöthiges Fremdwort. Das franz. divers v. lat. divérsus.

† die Dividénde, Pl. —n : Verhältnißantheil an dem zu theilenben Gewinſte. Von dividíeren, lat. divídere (zertheilen) : eine Zahl durch eine andere theilen.

† die Diviſiôn, Pl. —en, aus lat. divísio v. divídere zertheilen (ſ. dividíeren unter b. W. Dividénde) : Zahlentheilung durch Unterſuchung, wie vielmal eine Zahl in einer andern enthalten iſt; [franz. division =] Heerestheil.

der Döbel, —s, Pl. wie Sing. : dickköpfiger Weißfiſch.
> Ob eins mit tubil in ahd. hortubil, horodubil Rohrdommel?

der Döbel, —s, Pl. wie Sing. : eingefügter Pflock, Zapfen.
> Mhd. der tübel, ahd. tubil, tupil, in das kitubili Zapfen, Zapfenverbindung, und in ſpät-ahd. der tubilâre Zimmermann.

der Docént, —en, Pl. —en : vortragender Lehrer einer Hochſchule.
> Von lat. dócens (Gen. docéntis), dem Part. Präſ. v. docére. S. docíeren.

doch, Adv. und Conj. zur Hervorhebung einer Entgegenſetzung.
> Mhd. doch, ahd. doh, thoh, zuerſt demonſtratives Adv. zur Bezeichnung einer

Entgegenſetzung, dann aber auch in relativer Anwendung als Conjunction zur Bezeichnung einer Einräumung wie unſer „obgleich", und ſofort auf einander bezüglich (correlativ) mhd. doch — doch, ahd. (b. *Notker* u. *Williram*) doh — doh, = obgleich — doch (d. i. trotzdem, im Gegenſatze dazu). Hieraus nhd. endlich alleinſtehend doch als Conjunction zur Hervorhebung des Gegenſatzes. Die entſprechende goth. Form þaúh [ſchwerlich þáuh] bed. etwa ſ. v. a. „wenigſtens" (Marc. 10, 15. 13, 20. Joh. 11, 32), worin die Entgegenſetzung unentwickelt liegt, und führt auf die Entſtehung des doch. Denn þaúh gehört, wie goth. þar (ſ. da 1), dem Demonſtrativ sa, þata, der (ſ. b.) das, an, indem an die Stammform þa das zur Bezeichnung einer Frage angehängte -u trat und ſo das häufig gebrauchte þán = oder, etwa, wenigſtens, doch wol, ward, welchem ſich dann noch das eine Verbindung andeutende Anhängſel -h (-uh = lat. -que) zugeſellte. S. Grimm's Gramm. III, 176. Doch iſt alſo urſprünglich Pronominaladverb.

der (älter=nhd. noch das) **Docht**, —es, Pl. —e : der zum leuchtenden Brennen mit Fett getränkte Körper im Lichte.

Urſprünglicher und richtiger, wie bei **Alberus**, **Dacht** oder auch, wie bei **Lohenſtein**, **Tacht**. Denn mhd. das täht, ahd. täht, däht, womit altnord. der þáttr = Faden, Lichtfaden (Docht) ſtimmt. Doch ſchon in dem mittelrheiniſchen *voc. ex quo* v. 1469 neben dachte u. daycht mit Verdunkelung des ſpäter kurz geſprochenen a in o dochte. Bei **Luther** das tocht und der dachte.

† **docie̍ren** = vortragend lehren. Von lat. docère lehren.

† das **Dock**, —es, Pl. —s, und die **Docke**, Pl. —n : gemauerter Waſſerbehälter in einem Hafen oder bei einem Schiffswerfte zum Bauen oder Ausbeſſern der Schiffe.

Das engl. dock, dän. dokke. Ob von mittellat. dóccia Canal?

die **Docke**, Pl. —n : kurze dicke Säule, Zapfen.

Mitteld. tocke (*Jeroschin* 233). Von altnord. doggr Kegel, Zapfen.

die **Docke**, Pl. —n : Puppe; puppenartig Gewundenes.

Beſſer, aber unüblich **Tocke**. Mhd. die tocke, ahd. tocchâ, tochâ, docchâ, = Puppe. Auch niederſächſ. tokke.

die **Docke**, Pl. —n : Art ſehr hohen weiblichen Kopfputzes.

Von franz. toque Haube, Mütze, ital. tócca, ſpan. toca, welche von dem gleichbed. keltiſchen (kymriſchen) der toc.

die **Docke**, beſſer **Tocke**, Pl. —n : Taſtenhammer des Clavieres.

Von ital. toccàre, älter-franz. toquer berühren, hier vom Anſchlagen an die Saiten (vgl. ital. toccàre il liuto die Laute ſchlagen).

† der **Doctor**, —s, Pl. Doctóren : mit der höchſten von einer Facultät ertheilten Gelehrtenwürde Bekleideter; [im gemeinen Leben] der Arzt.

Das lat. dóctor Lehrer, Lehrmeiſter, v. docère (ſ. docie̍ren).

† die **Doctrín**, Pl. —en, lat. doctrína (v. docère) : Lehre.

† das **Docume̍nt**, —es, Pl. —e, aus lat. documéntum Beweis v. docère lehren : urkundliches Beweismittel, Beweisſchrift. Davon **documentie̍ren** = beurkunden.

die Dógge, Pl. —n, auch der Dógge (z. B. bei J. H. Voß), —n, Pl. —n, v. engl. dog, ſchweb. dogg : Art großer engliſcher Hetzhunde.

† das Dógma, —'s, Pl. Dógmen, lat.=gr. dógma (v. gr. δοκεῖν meinen) : Lehrmeinung, Lehrſatz. Daher bogmátiſch, aus lat.=gr. dogmáticus, v. deſſen weiblicher Form dogmática (δογματικη) die Dogmátik = Gebäude der Lehrſatzungen, beſonders des chriſtlichen Glaubens.

die Dóhle, Pl. —n, ein bekannter krähenartiger Vogel.

> Bei *Dasypodius* bol mit o aus a; denn mhd. die talle aus ahd. die táhala v. die táha Dohle. Altcleviſch dail. Aber auch im *voc. theut.* v. 1482 Bl. o 5ᵇ dula.

die Dóhne, Pl. —n : Bügel mit Schlinge zum Vogelfange.

> Dohne iſt das ahd. die thona Rebſchoß (*Diut.* II, 312ᵃ), Schoß, Ranke; denn die Zweigſchoſſe an Waldbäumen werden zu Bügeln umgebogen, in welche man Schlingen hängt. Mit ſpät-ahd. done Spannader, Nerv (*gl. jun.* 264) wol von dem Wurzelverbum þinan, welchem auch dehnen (ſ. dehnbar) angehört. S. J. Grimm in Haupt's Zeitſchr. V, 182.

die Dóhne, Pl. —n : Zimmerdecke und beſ. Tragebalken derſelben.

> Nur landſchaftl. (wetterauiſch, oberheſſiſch). Von mhd. der don, ahd. dono = Ausgeſpanntes, Decke, in ahd. der upardono (goth. ufarþuna?) Überbone = übergebreitetes Tuch, Todtentuch. Mit mhd. die don Spannung aus der Participialform (þun-ans) des unter dem vorhergehenden Dohne angegebenen Wurzelverbums þinan.

der Dolch, —es, Pl. —e : meſſerartige 2ſchneidige Stichwaffe.

> Bei *Dasypodius* bolch, bei *Serranus* tolch. Von außen entlehnt (woher?) und verſchieden von ahd. der dolk, tolc, angelſächſ. dolg, dolh, = Wunde, alt-nord. dólg Kampf, goth. der dulgs Schuld.

die Dólbe, Pl. —n : Pflanzengipfel mit vielen von Einem Puncte ausgehenden Zweigen. Daher dólbig. Zuſammenſ. : dólbenförmig.

> Mhd. der u. die tolde, ahd. der toldo. Wie es ſcheint, Eines Stammes mit ahd. die tolA = Weintraubenkamm (Graff V, 401).

die Dóle, Pl. —n : unterirdiſcher Abzugsgraben, Canal.

> 1482 dol oder erthol = Mine (*voc. theut.* Bl. f 1ᵃ), ahd. die dolA Röhre, Erdröhre.

der Dolman (o und a kurz), —s, Pl. —e : Jacke unter dem Pelze des Huſaren. Aus dem türkiſchen dôlâmân = Unterkleid von Tuch.

der Dólmetſch (e wie ä), —en, Pl. —en. Üblicher Dólmetſcher, —s, Pl. wie Sing., von dólmetſchen = aus fremder Sprache in eine bekannte übertragen; verſtändlich machen. Daher auch die Dólmetſchung.

> Dólmetſch, 1482 dulmetsch u. tulmetsch (*voc. theut.* Bl. f 3ᵇ, hh 3ᵃ), iſt aus dem gleichbed. poln. tlumacz (cz ſpr. tsch), böhm. tlumac', und unſer dolmetſchen aus dem von tlumacz abgeleiteten poln. Verbum tlumaczyc = über-ſetzen, erklären. Das Subſt. Dólmetſcher (ſo auch bei Luther, Leſſing ſchreibt tſ) kommt ſchon im *voc. theut.* v. 1482 vor, wo Bl. hh 3ᵃ tulmetscher neben dem Verbum dulmetschen Bl. f 3ᵇ. Im *Simpliciſſimus* begegnet

auch die Dolmetschin. — Im Mhd. sagte man der tolke und vertolken (dolmetschen), jenes v. slaw. tl"k", litthauisch tulkas, = Dolmetscher, dieses v. slaw.
tl"kovati, litthau. tulkôti, = dolmetschen.

der Dôm, —es, Pl. —e : hohe bischöfliche Hauptkirche.

Mhd. der tuom, mitteld. tûm. Nach ital. der duómo (franz. dôme) Dom,
Domkirche, wie auch ahd. dôm = Haus (Isidor 85, 1) zeigt aus lat. dómus =
Haus, hier von Gottes Hause (dómus déi), dem Tempel, verstanden. Ebendaher
entlehnt ist altsächs. dôm, duom, = Tempel.

† die Domäne, Pl. —n : landesherrliches oder Krongut.

Das franz. domaine, aus lat. domínium = Herrschaft worüber, Eigenthum, v.
dóminus = Herr, Gebieter, Besitzer.

† das Domicíl, —es, Pl. —e : Aufenthaltsort, Wohnsitz.

Aus lat. domicílium Wohnsitz, v. dómus Haus.

der Dominicáner, —s, Pl. wie Sing. : Mönch von dem 1215 gestifteten Orden des heil. Domínicus.

† der Dómino, —'s, Pl. —'s : das lange Maskenkleid; Art Spiel.

Das ital. und span. dominó, seidener Mantel zum Maskieren, eig. verhüllende
Winterkleidung des Geistlichen. Von lat. dóminus Herr, welches im Mittellat. auch
schlechthin f. v. a. Abt, höherer Geistlicher.

der Dómpfaffe, —n, Pl. —n : der Blutfink oder Gimpel.

Der Name Dompfaffe wegen des schwarzen Scheitels.

die Dénlage, üblicher und ursprünglicher Dónlege, Pl. —n : abhängige Richtung eines Ganges, einer Fläche. Davon das Adj. dónlege, auch dénlegig, = abhängig, schräg.

Bei G. Agricola († 1555) donlege. Zusammenges. aus 1) don, welches,
da eben bei Agricola gewisse Breter donnen heißen, wol v. ahd. thona Schoß
(s. Dohne 1) herkommt, und 2) mhd. die -lege Legung, Lage.

Donner, der Name des heidnisch-deutschen rothbärtigen Blitz- und
Donnergottes, ahd. Donar, altsächs. Thunar, altnord. (wol zusammengez.) þórr, in : der Dónnerbart = Hauswurz [die, auf das
Dach gepflanzt, vor Einschlagen des Gewitters schützt]; die Dónner-
guge = Hirschschröter [auf der Eiche (dem dem Donar heiligen
Baume) lebender Käfer (schweiz. Guege)]; der Dónnerkeil = [nach
dem heidnisch deutschen Glauben von Donar im Wetter geschleuderter]
keilförmiger Stein. Uneigentl. Zusammenf. : der Dónnerstag (nicht
Donnérstag), mhd. der donerstac, ahd. Toniris tac d. i. Donares
tac, = der [ursprünglich dem Gotte Donar geheiligte] 4te Wochentag.
der grüne Donnerstag s. Grünbonnerstag.

Der Name des Gottes, welcher goth. þunrs lauten würde, ist wol dem bei
dehnen (s. dehnbar) aufgestellten goth. Wurzelverbum þinan = „spannen" entsprossen, da nach dem im heidnisch-deutschen Alterthume herrschenden Glauben
Donner und Blitz vom Gotte weit ausgespannt und geschossen wurden. So
steht auch das mit þinan der Lautverschiebung gemäß stimmende gr. teínein bei
Homer (Il. 16, 365) vom Ausspannen des Sturmes. S. J. Grimm in
Haupt's Zeitschr. V, 182. Der Name des Gottes bezeichnet aber zugleich das

von diefem herrührende Rollen, den Donner (f. b.), mhd. der doner (auch donre, dunre), ahd. donar, thonar, wovon bann bonnern, mhd. dunren, ahd. donarôn, thonarôn.

der Dónner, — s, ohne Pl.: heftig fchallende Lufterfchütterung. Davon bónnern. Zufammenf.: das Dónnerwëtter. S. Donner S. 253.

boppel = "eins und das Gleiche mit einander verbunden", in Zu= fammenf., wie der Dóppelabler, das Dóppelbier, der Dóppel= gänger (ein an zwei verfchiedenen Orten zugleich erfcheinender Menfch), der Dóppelpunct (das Satzeichen :) ꝛc. Daher bóppeln, wovon das Adj. (urfpr. Particip) bóppelt.

Im 16. u. 17. Jahrh. boppel, toppel, altclevifch (1475) dobbel, dubbel, neunieberl. dubbel, entlehnt aus franz. double, mit in b erweichtem p von lat. dúplus = zweifach. Daneben aber auch fchon, von jenem dubbel abgeleitet, altclevifch dubbelen unfer boppeln mit feinem fchon im 16. Jahrh. für boppel abjectivifch gebrauchten Particip boppelt, gebupelt (b. Jckelfamer), niederb. dubbelt.

bóppeln = mit Würfeln im Brete fpielen; im Spiele betriegen.

Mhd. toppeln würfeln, v. der toppel Würfelfpiel, welches aus franz. doublet [v. double boppelt, f. boppel] = Wurf mit gleichen Augen.

bas Dorf, — es, Pl. Dörfer : Ortfchaft ohne höheren Rang. Davon bas Dim. bas Dörfchen, dann die Dórffchaft. Vgl. auch Tölpel.

Mhd. bas dorf, ahd. dorf, thorf. Goth. þaúrp Bauland, Feld (Nehem. 5, 16). Das Wort ftimmt lautverfchoben bei (nicht feltener) Verfetzung bes r mit lat. túrba Menge, Haufen.

ber Dorn, — es, Pl. — e, am üblichften Dörner, auch fchwach Dörnen (2 Mof. 22, 6. = Dornfträuche), mhd. ber dorn, ahd. dorn (Pl. dornâ), thorn, goth. þaúrnus : ftechende Spitze an Holzpflanzen; ftachelige Holzpflanze; jener Spitze Ähnliches. Daher die Adj. : bórnen, mhd. dürnin, ahd. durnîn, thurnîn, goth. þaúrneins, = von Dornen; bórnicht, ahd. thornohti, = bornenvoll; bórnig, mhd. dornec, ahd. dornac, = woran Dornen find. Dann : bas Dórnicht, aus mhd. bas dornach, fpät=ahd. thornahe b. i. dórnahi, = Dorngebüfch.

Dorn entfpricht lautverfchoben bem gleichbed. flaw. t'rn".

bórren, mhd. dorren, ahd. dorrên, thorrên [wofür goth. ga= þaúrs-nan], = bürre werden. bórren (mit ö aus e, bei Luther noch berren), mhd. derren, ahd. derran, tharran, = bürre (b. i. ausgetrocknet) machen. Von biefem börren : bie Dörre, 1469 derre (voc. ex quo) : Ort und Vorrichtung zum Dörren. bie Dörr= fucht, wol mhd. derresuht?

Dorren ift mit bürre (f. b.) aus bem Pl und börren (ft. berren, urfpr. ahd. darr-j-an) mit Darre (f. b.) aus bem Sing. Prät. des lautverfchoben mit gr. téresthai (τέρσεσθαι) trocken werden, lat. torrêre, ftimmenden goth. Wurzel= verbums þaírsan (Prät. ich þars, Pl. þaúrsum, Part. þaúrsans, mit aú = u) =

ausgetrocknet ſein. Das s gieng hier, wie oft, in ahd. r über, erhielt ſich aber ohne Übergang in unſerem Durſt (ſ. b.).

ber **Dorſch**, —es, Pl. —e : Art Schellfiſch in der Oſtſee.

Aus dän. der torsk, altnord. þorskr.

die **Dórſche**, Pl. —n : Kohl=, Salatſtengel. Wetterauiſch ꝛc.

1482 dorß (voc. theut. Bl. f1b), mhd. der torse, turse, ahd. torso und turso (Stengel überhaupt), nach romaniſch (ital.) der torso Strunk aus lat.=gr. thyrsus Stengel, Strunk.

ber **Dort**, —es, ohne Pl. : ährentragendes Unkraut im Getraide.

Mit dem weichen niederd. Anlaute; denn mhd. der turt, ahd. turd, altſächſ. durth (Heliand 77, 23). In gleicher Bed. ſpäter=gr. der thyaros. Vgl. Treſpe.

bort, auch unorganiſch verlängert **bórten** (Schiller), demonſtratives Pronominaladv. : an jenem Orte. Daher das nhd. Adj. **bórtig**. Zuſammenſ. : **borthḗr** u. **bórthḕr**, **borthín** u. **bórthín**.

Dort iſt mhd. dort (auch dert und, wie noch wetterauiſch, dërt), ahd. doret (woneben deret, dëret), thorot, tharot (d. i. darot) urſpr. = dorthin, dahin, wie altſächſ. tharod. Die Entſtehung des 2ten Theiles -od, -ot iſt ungewiß; aber der erſte, altſächſ u. frühe ahd. thar-, ſpäter wegen -od, -ot durch Lautangleichung zu dor- geworden, iſt unſer dar = dahin (ſ. dar 1), altſächſ. thar, ahd. dara.

die **Dóſe**, Pl. —n : Büchſe mit Deckel zu Tabak, Zucker ꝛc. Dim. : das **Dóschen**. das **Dóſenſtück** = Gemälde auf einer Doſe.

Altclleviſch (1475) dose = Behälter zum Tragen, Lade, Koffer. Neuniederl. die doos u. dooze. Wol fremdher?

† die **Dóſis**, Pl. Dóſen, das gr. dósis (v. didónai geben) : Gabe Arznei.

ber **Doſt**, —es, u. ber **Doſten** (ſt. Doſte), —s, ohne Pl. : eine majoranartige Pflanze, lat.=gr. oríganum genannt.

Mhd. der doste, ahd. dosto, thosto, tosto, aber auch dost.

† die **Dotatiôn**, Pl. —en, mittellat. dotátio : Ausſtattung durch Schenkung; Schenkung. Von botíeren, lat. dotâre (von dos Mit= gift) : ausſtatten; mit Einkünften verſehen.

ber **Dótter**, —s, Pl. wie Sing. [urſpr. —n] : das Gelbe im Ei.

Mit dem weichen niederd. Anlaute. Bei Luther (Hiob 6, 6) der totter, mhd. der totere (woneben das tutter), dotter, ahd. der tótoro, tútaro, ahd.= niederd. dódero (gl. jun 284), altſächſ. dodro, goth. duddra(? vgl. daddjan ſäugen).

ber **Dótter**, —s, Pl. wie Sing., engl. dodder : flachsartiges Unkraut.

† die **Douâne** (ſpr. duâne), ohne Pl., franz. : Mauth; Zollamt; Geſammtheit der Zollwächter u. =beamten. Daher der **Douanier** (ſpr. dúanjê), —s, Pl. wie Sing., franz. : Mauthner.

Das franz. die douane, ital. dogána, ſpan. u. portug. aduana, zunächſt wol die von den Waaren zu entrichtende Abgabe, Waarenzoll, und alſo wol aus arab. diwân = Rechnungsbuch, wie denn auch ſt. divan türkiſcher Staatsrath (ſ. Divan) im Span. duan geſagt wird. S. Diez Wtbch 126 f.

ber **Dráche**, Pl. —n : fabelhafte fliegende Schlange.

Bei Luther Drache, mhd. der trache, ahd. tracho, dracho, auch mhd. tracke,

ahd. traccho, draccho. Entlehnt aus lat. dráco v. gr. drákōn (δράκων) fabelhafte große Schlange.

† die Dráchme, Pl. —n, aus gr. drachmê (δραχμή) : ¼ Loth.

† der Drágoman, —s, Pl. —e : Dolmetscher bei den Türken.

Das franz. u. span. dragoman, mittellat. dragumánus (auch drogamúndus,
woher mhd. Trougemunt) aus arab. tardjamân, tardjumân, turdjumân Ausleger,
v. tardjama (targama) = übersetzen, dolmetschen.

der Dragōner, —s, Pl. wie Sing. : Art leichter Reiter.

Aus dem v. lat. dráco Drache gebildeten franz. der dragon = Drache und
Dragoner. Diese Bedeutung wol von dem Drachen als Feldzeichen.

† der Dragûn, —es, ohne Pl. : Kaiſerſalat, Schlangenkraut, eine als
Gewürz an Speisen bienende Pflanze.

Aus wallonisch dragonn, franz. targon, ital. targóne, span. taragona, v. dráco
Drache in der Bed. dracúnculus, wie unſre Pflanze bei Plinius heißt. Eine andere
Form des Wortes ist franz. estragon.

der Draht, —es, Pl. Drähte, üblicher als Drath : zuſammengedrehter
dicker Faden. Daher brähtig in zwei-, dreibrähtig.

Die einfachſte Schreibung wäre Drat ohne das unnöthige Dehnungs-h. Mhd.
u. ahd. der drât b. i. urſprünglicher drâ-d, zuſammengez. aus drâh-ad, welches
mittelſt der Ableitungsſylbe -ad v. ahd. dráhan unſerm drehen (ſ. d.). S.
Grimm's Gramm. II, 233.

brall = wolgebreht; elaſtiſch-feſt; hurtig (b. Leſſing).

Nieberd. Aus dem Sing. des Prät. von brillen (ſ. d.).

† das Dráma, —'s, Pl. Dramen, das gr. drâma [urſpr. Handlung,
v. drân (δρᾶν) thun] : Bühnenspiel. Daher bramátiſch, aus gr.
drâmatikós; die Dramaturgíe, gr. drâmaturgía, mit brama-
túrgiſch.

bran, gekürzt aus barán, wie brauf, braus, brein, brin, brob,
brüben, brüber, brünter ꝛc. aus barauf, baraus, barein ꝛc.

Alle dieſe Adverbien ſind urſprünglich Zuſammenſchiebungen des bar mhd. dar-
= bahin (ſ. dar 1) oder des bar mhd. dâr (vor Adverbien abgeſchwächt dar) dâ
= ba (ſ. da 1) oder auch beider mit einem andern Adverbium, meiſt einem
Präpoſitionalabverbium. Jene dar aber giengen mhd. auch in tonloſes der- über
und wurden endlich bloßes dr-. So findet ſich bereits mhd. drane, dran bran-
aus derane, daran, ahd. dâr ana u. dara ana; drûfe, drûf brauf aus dar ûfe,
dar ûf, ahd. dâr ûf u. auch wol dara ûf, u. ſ. f.

der Drang, —es, ohne Pl. : ſtarkes Getriebenſein wozu. Davon die
Drángſal, Pl. —e, mit der Doppelableitung -ſ-al.

Mhd. der dranc Gebränge. Aus dem Sing. des Prät. von bringen.

brängen = bringen machen, Drang ausüben.

Factitiv v. bringen und aus deſſen Prät. brang hervorgegangen. Im
Mhd. ſagte man drangen, ahd. drangôn, welche aber im Nhd. brangen lauten
würden und alſo unſer brängen nicht ſind.

† die Draperíe, Pl. —n, franz. (v. drap, mittellat. dráppus Tuch) :
die Bekleidung der Figuren. brapíeren, franz. draper, = (malend)
mit Gewändern bekleiden.

† **bráftifch**, aus gr. drastikós (urfpr. thätig) : kräftig wirkend.

bräuen, alterthümlich und bichterifch neben **brohen** (f. b.).

brauf, f. **bran**.

bräufchen = heftig raufchen, bef. von Regen u. dgl.

Neunieberl. druisschen raufchen; mittelniederl. drûsscen(?) neben rûsscen mhd. rûschen unferm raufchen.

braus [ft. brauß, wie aus ft. auß]. Vgl. **bran**.

Mhd. drûz aus der ûz, dar ûz, ahd. dâr ûz und auch wol dara ûz.

braußen, Abv. : außerhalb.

Schon bei Luther brauffen. Gekürzt aus bar-außen, ahd. dâr ûzzana (vgl Tatian 83, 2). Mhd. fagte man dafür dar ûze, zufammengez. dûze, welches unfer noch landfchaftliches bauß = braußen ift.

bréchfeln (é wie ä) = Dreherarbeit machen. Daher ber **Dréchsler**. Drechfeln mit kurz gewordenem e ftatt langem ä von drechssel u. trechsel (voc. theut. v. 1482 Bl. f2ᵃ) = Drehhandwerker, mhd. ber dræhsel, ahd. dráhsil, trâhsil, b. i. dräh-is-al, welches mittelft ber Ableitungsfplben -is-al v. ahd. dráhan brehen. Drechsler neben trechsel findet fich erft im voc. theut. v. 1482.

ber **Dreck** (e wie ä), —es, Pl. —e u. —er : Unreinigkeit; als werthlos Verachtetes. Daher **bréckig**, Abj.

Mhd. ber drec, ahd. drech, = ausgeworfener Unrath von Menfchen ober Thieren.

bréhen = im Kreife bewegen; mittelft Kreisbewegung eines Werkzeuges und burch Meißel runb formen (brechfeln). Daher ber **Dréher**. Zufammenf. : **bréhbar** ꝛc.

Mhd. dræjen, zufammengez. dræn, auch drân, ahd. drájan, dráhan, goth. þráian (?), angelfächf. þrávan. Lautverfchoben ftimmenb bei ber (nicht feltenen) Verfetzung bes r mit lat. torquêre.

brei. Nom. u. Acc. brei (felten noch breie), Gen. breier, Dat. breien.

Mhd. männl. drî, weibl. drî, fächl. driu, ahd. driß (drî), driô, driu, goth. þreis, þrijôs, þrija. Lautverfchoben ftimmenb mit lat. tres, tría, gr. treîs (τρεῖς), fanfkr. tri.

breibráhtig, f. Draht. **breieinig** = als Ein Wefen in 3 Perfonen beftehend; daher die **Dreieinigkeit**. ber **Dreifuß**, —es, Pl. Dreifüße, mhd. ber drîfuoz, 3füßiges Geftell über das Feuer. die **Dreiheit**, mhd. drîheit. ber **Dreiling**, ein Maß. **breimal**. **breißig** (f. -zig), mhd. drîzec, ahd. drîzuc, wovon ber **breißigfte**. **breizëhn** (ë hoch), mhd. drîzëhen, ahd. drîzëhan, wovon ber **breizëhnte**. Aneinandergerückte Gen. Pl. : **brei'erlei**, mhd. drîer leige.

brein, Abv., auf die Frage wohin?

Schon mhd. drîn, gekürzt auch dar în, ahd. dara in, neben ber urfprünglicheren mhd. Form drin, dar in, und felbft noch bei Alberus (wiber Witzel Bl. M5ᵃ) brin = brein. Vgl. bar 1.

bas **Dreifch**, weit üblicher bas **Driefch**, f. b.

breift = aus Zuverficht unb Selbftvertrauen furchtlos. Daher mit ableitenbem -ig bie **Dreiftigkeit**.

Aus dem niederd. drîst, altsächs. thrîsti, angelsächs. þrîste.

drei'ßig u. **drei'zëhn** (ë hoch), f. dreibrähtig.

dre'ſchen, Präf. ich dreſche, bu driſcheſt, er driſcht, wir drëſchen ꝛc., Prät. draſch, üblicher mit verdunkelten a broſch (Conj. bröſche), Part. gebröſchen, Imp. driſch : mit dem üblichen Werkzeuge die Frucht aus ben Hülſen ſchlagen. Daher ber **Drë'ſcher**.

Mhd. drëschen (Prät. ich er drasch, wir ſie druschen, Part. gedroschen), ahd. drëscan, goth. þriskan (Prät. Sing. þrask, Pl. þruskum, Part. þruskans).

† **drë'ſſi'eren** = abrichten, einſchulen. Daher bie **Drë'ſſür**.

Aus franz. dresser, ital. dirizzàre, drizzàre, altspan. derezar, eig. = gerabe richten, wohin richten, v. einem aus lat. di-réctus gerabe entſproſſenen lat. di-rectiàre.

bas **Drieſch**, —es, Pl. —e (auch wol —er) : zu Graswuchs und Hutung ungepflügt liegenbes Ackerland. Daher : bas Abj. **brieſch** = brach, **brieſchen** = brachen; ber **Dri'eſchling**, altclevifch (1475) drieslyng, = Champignon (f. b.).

Mit bem weichen niederd. Anlaute; benn ſtreng hochb. iſt, wie ſich auch oft findet, Trieſch zu ſchreiben. Mittelb. (im Anlaute bem Hochb. gemäß) bas tris, dris (Pl. driser), endlich mit munbartlichem Übergang bes Auslautes s in sch drisch; altclevifch (1475) dryesch, mittelnieberl. driesch (hor. belg. VII, 8ᵇ). Diese Formen neben ber urſprünglicheren, noch in **Dreiſch** erhaltenen mittelb. dreis (also mhd. unb ahd. treis), weſtphäl. drêsch, mittelnieberl. drêsch (hor. belg. VII, 5ª), welches letzte f. v. a. Bergwalbung mit Biehtriften. S. meine oberheff. Ortsnamen S. 330 f. Woher bas Wort kommt, iſt unausgemacht, aber gewiß nicht v. ahd. drisc = „je brei“, im Hinblicke auf Dreifelberwirthſchaft.

dri'eſeln = kreisförmig bewegen; ſich faſerartig abwinden.

Rieberb. Zunächſt abgeleitet v. nieberb. drisen. S. abtröſeln.

ber **Dri'llbohrer**, —s, Pl. wie Sing., f. brillen 3.

bri'llen = kreiſenb herumbewegen. Davon bas Abj. **brall** (f. b.).

Bei Manchen ebenſo unrichtig, wie teutſch ſt. beutſch : trillen. Denn mhd. drillen = brehen, runben, welches aber Wurzelverbum iſt (Prät. ich er dral, wir ſie drullen, Part. gedrollen). Unſer nhd. brillen bagegen biegt ſchwach : Prät. ich er brillte u. ſ. f.

bri'llen = als Solbat ſich üben; zum Solbaten einüben. Ob hier=von bie Beb. „überläſtig plagen“ als eine bilbliche?

Aus nieberb. u. neunieberl. drillen, engl. drill, von bem aus ahd. trikil Knecht (vocab. Kerónis 215ᵇ) entſtanbenen franz. ber drille Solbat.

bri'llen = bohren. ber **Dri'llbohrer** (holländ. ber dril u. drilboor, engl. drillbore), = mittelſt einer Schnur in Bewegung geſetzter Bohrer ber Stein= und Metallarbeiter.

Aus nieberb. u. neunieberl. drillen bohren, angelsächs. þyrljan, v. angelsächs. þyrl burchbohrt, welches eins iſt mit ahd. duribil burchlöchert, einer Ableitung v. burch ahd. durh, durah, durih, angelsächs. þurh.

ber **Dri'llich**, —es, Pl. —e : leinenes Gewebe aus 3fachen Fäben.

Von mhb. drillich, drilch, ahb. 'drilih, = dreifäbmig (Graff V, 241), dreifach, dreifaltig. Von ahb. drī drei. Vgl. Zwillich.

der Drilling, —es, Pl. —e : zu gleicher Zeit mit 2 andern Kindern von Einer Mutter geborenes Kind. Vgl. Zwilling.

der Drilling, —es, Pl. —e : 2scheibiges Triebrad einer Mühle. Von brillen 1.

brin, Abv. auf die Frage wo? Vgl. aber auch brein.

„Da brin in meiner Schublade" (Göthe's Werther). Drin = worin, z. B. „nach der Hütte, — Drin ich wohne" (Göthe's Wandrer). — Mhb. drin, gekürzt aus dar in (mit dar 2. Vgl. auch bran), wofür im Ahb. dār inne. S. brinne. Das landschaftl. bin = brin ist Zusammenziehung aus dā in.

bringen, Prät. brang (unrichtig „brung" nach dem älter-nhb. Pl. wir sie brungen), Conj. bränge (richtiger brünge), Part. gebrungen, Imp. bring (ungut schwach „bringe") : mit treibender Gewalt sich bewegen und dann sich bewegen machen (wie „brängen"). Daher bringlich, Abj. u. Abv.

Mhb. dringen (Prät. ich er dranc, wir sie drungen, Part. gedrungen, Imp. drinc), ahb. dringan, thringan, drinkan, goth. þriggvan(?), altsächs. thringan, angelsächs. þringan.

brinne, weniger üblich als brin u. brinnen. S. diese.

„In's Vorzimmer tretend hörten wir brinne ganz entsetzlichen Lärm" (Göthe XXXVIII, 211). — Mhb. drinne, gekürzt aus dar inne, ahb. dār inne, b. i. dār inni. Vgl. bar 2 u. inne.

brinnen, Abv. Schon b. Luther. Gekürzt aus barinnen.

Vgl. bar 2 und innen (mhb. innen ahb. innān, innana).

die Drischel, Pl. —n : Dreschflegel. Mehr oberb.

Mhb. die drischel, ahb. driscil, driscilā. Von dreschen.

britte, mhb. dritte, ahb. dritto, thritto, goth. þridja, das Ordnungs-zahlwort von brei. Davon : brittehalb, britthalb (bei Luther brithalb, mhb. drithalp, ahb. drittehalp); das Drittel, gekürzt aus Drittheil (st. Dritttheil), mhb. dritteil; brittens, Zahlabv.

Drittens ist dadurch entstanden, daß dem schwachen Gen. Sing. britten noch ein s nach der Ähnlichkeit von Bogens, Namens ꝛc. zugefügt wurde.

brob (mhb. drobe = barüber), s. barob. bröben, Raumabv., ge-kürzt aus dar oben (voc. ex quo b. J. 1469).

Bei Göthe XIII, 59 pleonastisch „bort broben."

bröhen = zu erkennen geben, baß man Übeles anthun wolle. Daher die Dröhung (mhb. die drô, ahb. drôa, drowa). bebröhen.

1482 droen u. drowen (voc. theut.), mhb. drôn, zusammengez. aus drowen, aber streng-mhb. dröuwen (zusammengez. dröun, dreun), woraus unser nur noch alterthümliches und dichterisches bräuen (bei Luther brewen), ahb. drouan, drouwan; altsächs. thrôôn in githrôôn. Angelsächs. die þreá = Strafe.

die Dröhne, Pl. —n : Bienenmännchen, Brutbiene.

Mit verdunkeltem a aus dem Nieberb. Denn anhaltisch drāne (Popowitsch

577. Vgl. auch Frifch I, 208ª), altſächſ. und angelſächſ. der drân, engl. drone. Die urſprünglich hochd., noch in Öſterreich u. Sachſen übliche Form des Wortes iſt die Tréne, mhd. (angemeſſener) der tréne, ahd. tréno, (in niederd. Gegend) dréno.

dröhnen = erſchütternd tönen.

Das niederd. drönen, neuniederl. dreunen. Eins mit altnord. drynja brüllen, dröhnen, und aus Einer Wurzel mit goth. der drunjus Schall. Nicht aus ſpan. tronar donnern, ital. tronàre.

bróllig = wegen Sonderbarkeit ergeßlich.

Früher tróllicht. Aus niederd. drullig, neuniederl. drollig. Wol von neu-niederl. drol, gälifch droll ungeſchickter Menſch. Vgl. Diez Wtbch 610.

† der **Dromedár**, —es, Pl. —e : einhöckeriges Kameel.

Aus lat. dromedárius, eig. Schnelläufer, v. lat.-gr. »drómas (camêlus)« = Dromedar. Gr. dromás urſpr. = laufend.

die **Drommête**, Pl. —n : die Trompete. Davon : **brommêten** = die Drommete blaſen. Alt und dichterifch.

Im 15. Jahrh die trúmet Mit Angleichung des p zu m aus franz. trompette, ital. trombétta, woraus unſer Trompete (ſ. d.).

† die **Dróſchke**, Pl. —n : Art 4räderigen ruſſiſchen Fuhrwerkes.

Überkommen aus dem gleichbed. ruff. die droschki.

die **Dróſſel**, Pl. —n : Art größerer Singvögel.

Die jeßige hochd. Form mit ſſ iſt aus dem Niederd., wo im 11. Jahrh. dros-selâ (gl. jun. 268); mittelrhein. im 11—12. Jahrh. droslâ (Haupt's Zeitſchr. VI, 331, 271) und 1469 drayssel (voc. ex quo), altlevifch droissel. Hiermit ſtimmt angelſächſ. die drosle und, wenn man Ausfall oder Lautangleichung des t an-nimmt, drostle, altnord. þröstr. Die urſprüngliche hochd. Form hat sch; denn mhd. die droschel, ahd. dróscelâ (drosgilâ) und ohne die weitere Ableitungs-endung -il-â die droscâ (d. i. dros-c-â), droschâ. Der Name ſtimmt nach (nicht ſeltener) Verſeßung des r offenbar lautverſchoben zu dem gleichbed. lat. turdus, und s, ss ſtatt z (denn dem lat. d entſpricht ahd. z, nhd. ſ) ließe ſich vergleichen dem ss in ahd. wissa (wußte) von wizan wiſſen.

die **Dróſſel**, Pl. —n : die Kehle. Veraltet.

Statt Droßel. Mitteld. der druzzel, von dem gleichbed. mhd. die (u. der) drozze, ahd. die drozzâ, angelſächſ. die þróte, engl. throat.

der **Droſt**, —en, Pl. —en : Amtshauptmann, Landvogt. Daher die **Droſtei** = Bezirk oder Wohnung eines Droſten.

Niederd. Aus ſpät-altniederd. drussete d. i. truhsâzo Truchſeß (ſ. d.).

brüben (b. Göthe), Adv., gekürzt aus bar-üben, worin bar = da.

brüber, Adv. auf die Fragen wo? und wohin? Dann überhaupt »über dieß« und »über dieſe Zeit.«

Gekürzt aus mhd. dar über, ahd. dâr ubari und dara ubari, einer Verbindung der Formen dâr = da, dara = dahin (ſ. dar 1 u. 2) mit ubari, upari, welches Adverbialform neben der Präp. über iſt.

der **Druck**, —es, Pl. —e, mhd. der druc (Gen. druckes), ahd. druc (Gen. drucches) : Wirkung durch Schwere, drängende Kraft; [im

Nhd. noch] das Auftragen einer Schrift mittelſt der Preſſe, ſowie das Aufgetragene ſelbſt. Daher drucken, mittelb. drucken, jetzt ſchrift- deutſch nur noch vom Auftragen einer Schrift, Figuren, Bilder u. dgl. mittelſt einer Preſſe, alſo Bücher, Zeuge u. dgl. brucken; wovon der Drücker, Buch-, Zeugbrucker, und weiter die Druckerei. Jenes brucken aber iſt urſpr. eins mit dem (richtiger) umlautenden brücken, mhd. drücken, ahd. drucchan, thrukan, druchan, = durch Schwere, drängende Kraft einwirken [Hiervon der Drücker = Werkzeug zum Drücken]; ſich brücken, mittelb. ſich drucken (*Köpke*'s Passional 12, 12), = ſich zurückziehend gering machen wogegen; ſich ſtill weg- begeben.

brückſen (b. Göthe) = zurückhaltend langſam wozu ſein.

> Statt druckjen, v. brucken mit der Ableitungsendung -jen ahd. -azan (v. i. -az-an).

die Drübe, Pl. —n : Heze, Zauberin, Unholbin. der Drübenfuß, auch Alpfuß (vgl. Alp), = 3faches in einander verſchlungenes Dreieck als Fünfwinkelzeichen.

> Im 15. Jahrh. trute; mittelnieberl. drüt Geſpenſt. Es iſt das altnorb. Thrúdr der Name einer Schlachtjungfrau (Walkyrie), welcher als Name einer dem heidniſchen Glauben halbgöttlichen Jungfrau mit Einführung des Chriſtenthums in die Beb. „Here" übergieng. Urſpr. iſt altnorb. þrúdr, angelſächſ. þryd, = Stärke.

der Drübe, ungut bei Klopſtock ſtatt Druibe.

der Druibe (i = i), —n, Pl. —n : altkeltiſcher Prieſter.

> Aus dem lat.-kelt. Pl. drúidæ u. drúides, v. keltiſch (gäliſch) draoi, draoidh, druidh Druibe, beren Stammwort unſicher iſt. Vgl. Diefenbach's Celtica I, 160.

brum, Abv., gekürzt aus barúm, ſ. b.

> Mittelb. drum, mhd. drumbe, gekürzt aus mhd. dar umbe, ahd. dár umbi, einer Verbindung des dár = da mit dem Präpoſitionalabverbium umbi um.

brunten, Abv. auf die Frage wo? Gekürzt aus bar-unten.

brunter, Abv. auf die Fragen wo? und wohin?

> Mhd. drunder, gekürzt aus mhd. dar under, ahd. dár untari und auch wol dara untari, einer Verbindung des dár = da und des dara = dahin mit dem Präpoſitionalabverbium untari unter.

der Drüſchling (ü lang), —es, Pl. —e, ungut ſt. Drieſchling. S. Drieſch.

die Drüſe, Pl. —n : löcheriges, verwittertes Erz. Daher brüſig, Abj.

> Bei Georg Agricola († 1555) bruſen = „Höhlchen der Abern und Klüfte", und bruſig. Ob das Wort eins mit mhd. die druos = Geſchwür iſt?

die Drüſe, Pl. —n : Geſchwür; Drüſengeſchwulſt mit Naſenausfluß des Pferdes. S. Drüſe.

die Drüſe, Pl. —n, böhm. die druza, = in Geſtalt kleiner Kryſtalle angeſchoſſenes Geſtein.

die Drüfe, Pl. —n : fchwammiger Körpertheil zur Abfonberung gewiffer Feuchtigkeiten. Daher brüfig = voll Drüfen.

> Mhd. bie druose, ahd. druosi. Diefe Form ift abgeleitet von ber einfachern
> mhd. und ahd. bie druos, welche auch f. v. a. eichelartige Gefchwulft, Beule,
> Gefchwür. Aus biefer letzten Form unfer nhd. Drufe (f. Drufe 2).

die Drufen, Pl. wie Sing. : Trefter. Veraltet.

> Mit bem weichen nieberb. Anlaute Denn mhd. bie truosen, ahd. truosana,
> truosina, trûsana, in nieberb. Gegenb druosina, angelfächf. bie drôsen, = Bobenfatz,
> übergebliebener Reft von Gekeltertem, Trefter.

bu, Nom. Sing. ber 2ten Perfon.

> Mhd. dû (aber auch noch du), ahd. dû, goth. þu, welche lautverfchoben ftimmen
> zu lat. tu, gr. sy' (σύ, borifch τύ), fanfkr. tvam, flaw. ty. Die übrigen Cafus
> finb : Gen. bein (ungut unb barum weniger ebel mit Verlängerung beiner),
> mhd. u. ahd. dîn, goth. þeina; Dat. bir, mhd. u. ahd. dir (mit r aus s), goth.
> þus; Acc. bich, mhd. dich, ahd. dih, goth. þuk. — Als Anlaut erfcheint, wie
> oben fanfkr. tvam zeigt, tv, beffen v aber im mhd. u. ahd. Gen., Dat. u. Acc.,
> fowie im goth. Gen. ausgefallen ift.

† die Dublétte (é wie ä), Pl. —n, aus franz. doublette : Doppel-
ftück b. h. 2mal in bemfelben Befitze befinbliches Stück (Buch ꝛc.).

† ber Ducát, —en, Pl. —en, unb ber Ducáten, —s, Pl. wie
Sing.　Golbmünze, welche ungefähr 5 Gulben 30 Kreuzer rhein. gilt.

> Aus mittellat. ducátus, ital. ducáto, welcher Name baher, weil ein ital. Herzog
> (ital. dúca, byzantinifch δούξ), man fagt ber König Roger II. von Sicilien
> (1101—1154) als Herzog von Apulien, zuerft biefe Münze prägen ließ.

bucken = jemanben nieberbrücken. fich bucken = fich niebermärts zu-
fammenbiegen; [bilbl.] fich bemüthig verhalten.

> Baper. bucken; im 17. Jahrh. hochb. (fich) bucken u. (fich) tücken; bei
> Luther (fich) bucken; im 15. Jahrh. tucken (voc. theut. v. 1482 Bl. hh3ᵃ);
> aber mhd. tücken u. sich tücken (sich tucken. Altb. Wälber III, 229, 38).
> Wol v. mhd. tûchen, ahd. tûhhan unferm tauchen, wie benn in jenem voc. theut.
> a. a. O. tucken unb tauchen gleichbebeutenb neben einanber ftehen.

ber Duckmäufer (ft. Tuckmäufer), —s, Pl. wie Sing. : hinterliftig
Heimlicher. buckmäufig (im Simpliciffimus), Abj.

> Bei Hans Sachs Dockmäufer, b. Alberus Tückmeufer. Mit allmählich
> beutlicher Anlehnung an Tücke (f. b.) gebilbet nach mhd. tockelmûsen (Lieber-
> Saal I, 513, 155) = Heimlichkeit treiben, welches zufammengef. aus bem mit
> buckeln in verbuckeln (f. b) zufammengehörigen tockel- unb einem mhd. mûsen
> baper. maufen = langfam unb leife gehen (Schmeller II, 629), gleichfam
> wie bie Katze auf ben Mäufefang.

ber Duckftein, = ber Tof=, Tuffftein (f. b.).

> Zunächft aus nieberfächf. dukstein, fpät-ahb. ducstein (Schmeller I, 425),
> von bucken (f. b.) = niebertauchen, wie bie baper. Benennung Tauchftein
> beutlicher zeigt.

die Dubelei. Von bubeln = auf einem Blasinftrumente fchlecht
blafen.　Zufammenf. : ber Dübelfack = bie Sackpfeife.

Dubeln kommt im Altd. nicht vor und ist wol gebildet nach poln. dudlic bubeln v. dem poln. Pl. dudy Sackpfeife. Slaw. duti blasen.

† das Duéll (é wie ä), —es, Pl. —e, v. dem im Mittellat. geläufig geworbenen altlat. duéllum : Zweikampf. Davon : sich buellíeren, lat. duellâre.

† das Duétt (é wie ä), —es, Pl. —e : Gesang zu Zweien.

Von ital. der duétto, einer Ableitung v. dúe zwei.

der Duft, —es, Pl. Düfte : gefrorner Dunst; feine Ausbünstung. Daher : büften u. in gleicher Bed. bü'ften; büftig, Adj.

Mit dem weichen niederd. Anlaute. Denn mhd. der tüft, welches s. v. a. an Bäumen ꝛc. hangender gefrorner Dunst (Minnes. I, 65ᵃ, 7, 1. II, 392ᵃ, 6, 1); ahd. duft = Frost (Graff V, 132).

bü'fteln = sich mit Arbeit in Kleinigkeiten abgeben; etwas durch solche Arbeit schaffen. Wetterauisch, thüringisch ꝛc.

Mhd. tüfteln in „tüftele eyer weich" (Buch v. guter Speise 18, 52) = bearbeite sie (die Eier) anhaltend bis ins Kleinste, daß das Gelbe und Weiße völlig zerlaffen und durch einander gerührt wird.

büften u. bü'ften, büftig, s. Duft.

† der Dukát oder Dukáten, beffer Ducát (s. d.), Ducáten.

búlben = ohne vorsätzliche Gegenwirkung willig oder ergeben zu- oder auf sich laffen. Daher : der Dúlber; búlbsam mit die Dúlbsamkeit; die Dúlbung.

Dulben ist mhd. dulden, dulten, ahd. dultan, thultan, dultên. Mit ableitendem t v. dem gleichbeb. goth. þulan, ahd. doljan, gewöhnlich dolôn und dolên, mhd. u. älter-nhd. doln, altsächs. tholian u. tholôn, beren þul, thol, dol, lautverschoben stimmt zu lat. tolerâre ertragen, tuli ich habe getragen, gr. tlênai (τλῆναι) auf sich nehmen.

die Dult, Pl. —e : Jahrmarkt. Bayerisch (Schmeller I, 367).

Weil ursprünglich durch irgend ein örtliches Fest veranlaßt oder jetzt mit einem solchen in Verbindung stehend. Denn mhd. die dult (fl. tult), ahd. tuld, goth. dulþs, = Fest, Feier. Unbekannten, aber deutschen Ursprunges.

bumm, Adj., Comp. dümmer, Superl. dümmst : unkräftigen Berstandes, unfähig zu Einsicht und Kenntniß. Daher : die Dummheit, der Dü'mmling (spät-mhd. túmmeling). Zusammens.: der Dummkopf.

Noch im 17., selbst im 18. Jahrh. hochdeutsch richtiger tumm, früher thumb, tumb. Denn mhd. tump = unklug, unerfahren (ohne Welt- und Menschenkenntniß), ungelehrt, ahd. tump stumm, stumpffinnig, ohne Begriffsfähigkeit, thöricht, goth. dumbs stumm. Mit ahd. timpar dunkel, altn. dumba Finsterniß aus Einer Wurzel, welche nach J. Grimm (Gesch. d. deutsch. Spr. 336. 412) in kelt. du schwarz (irisch dubh) zu sehen wäre.

bumpf, Adj. : die Sinne, insbesondere das Gehör, den Schall beengend. Daher bümpfig.

Neben mitteld. der dumpf Dampf (von warmem Blute. Jeroschin 140) aus dem Pl. des Prät. v. mhd. dimpfen rauchen (s. Dampf) Also ursprünglich s. v. a. voll Rauch, durch Rauch beengend.

ſammenſ. mit andern Partikeln hat burch ben Hauptton nicht, ſondern
dieſe empfangen ihn, z. B. durchaus, burchhin zc.

> Mhd. durch, ahd. durh, durah, durih, duruh, altſächſ. thurh, mit bem Ab⸗
> laute u neben einem gleichbedeutenden ahd. dërh [vgl. dërhâ Öffnung], goth. þaírh.
> Das Wort ſtimmt in ſeiner Wurzel lautverſchoben mit gr. torein (τορεῖν) burch⸗
> bohren, burchſtoßen.

bu'rchgängig, Abv. : von Anfang bis zu Ende, ohne Unterſchieb.

> Von Durchgang. Jm voc. ex quo v. 1469 dorch gengig = lat. láxus.

bu'rchgehends, Participialabv., = durchgängig.

> Erſt nhd., eig. Gen. des Part. Präſ. v. durchgehen.

die Du'rchlaucht, Pl.—en : fürſtliche Perſon. Aus bem Abj. (urſpr.
Part. Prät. v. burchleu'chten mhd. durchliuhten ahd. durhliuhtan
= burchſtrahlen) : burchlau'cht, mhd. durchlûht [welches gekürzt
aus durchlûhtet, durchliuhtet (burchſtrahlt)], = fürſtlich herrlich, fürſt⸗
lich erhaben. Doch üblicher iſt in bieſer Beb. bas von jenem Verbum
abgeleitete Abj. burchlau'chtig, welches ehebem, aber hochb. richtiger
burchleu'chtig lautete.

> Durchlauchtig iſt ſpät⸗ahd. durchlûhtig (vl. herrad. 198ᵇ), burchleuchtig
> mhd. durchliuhtec; beide ſind daſſelbe Wort und beb. im Alt⸗ u. Mhd. burch⸗
> ſcheinenb, ſtrahlend, hellglänzenb. Als Ehrenbeiwörter ſtehen burchlaucht u.
> burchlauchtig für bas lat. illústris , welches in ber ſpäteren röm. Zeit Ehren⸗
> bezeichnung von Beamtenwürden war.

burchs, ſchon mhd. durchz (neben durchez), zuſammengez. und ver⸗
ſchleift aus burch bas.

ber Du'rchſchlag, —es, Pl. Durchſchläge : ſeihenartiges Geräth zur
Abſonberung bes Flüſſigen, Feineren vom Gröberen.

> 1482 durchslag (voc. theut. Bl. f5ᵃ), v. älter⸗nhd. durchslahen = (burch ein
> Haarſieb) ſieben (voc. gemma gemmdrum v. J. 1505).

burchtrieben = von Anfang bis zu Enbe bewandert unb ausgelernt;
aller Schlauheit voll unb unermüblich barin.

> So in Beziehung auf Böſes ſchon mhd. durchtriben (Renner 6292). Jn der
> sunden widerstrit 570—573 : „Di knëthe [Knechte] dûn ich ûch [euch] bekant, —
> di sint untugenden genant — gar durgdriben mit böser list — und erger
> dan [benn] dër dûvel [Teufel] ist.“ 741 f. : »wi gar sie durgdriben ist —
> mit vil maneger hande [mancherlei] list.« 2076 — 2079 : »Nû kenne ich einen
> meisterdîp [Erzbieb] — dër was unrëther [unrechter] minne lîp [lieb], — dër
> von harte [ſehr] swinder list — mit dirre [bieſer] kunst durgdriben ist.« Das
> Wort iſt bas Part. Prät. v. mhd. durchtriben (unſerm burchtreiben) = burch⸗
> ſtreifen, burchwandern (Jeroschin 140).

burchwég (ê kurz), = ohne Ausnahme; allemal.

> Präpoſitionales ſubſtantiviſches Abv. aus einem nach mhd. enwëc hinweg (en
> aus in) vorauszuſetzenben mhd. durch wëc = ben Weg hinburch.

bü'rfen, Präſ. ich er barf (Conj. ich er bürfe), wir ſie bürfen, Prät.

ich bürfte (Conj. ich bürfte), Part. gebürft : nöthig, dann Urſache
haben; Freiheit wozu haben.

Mhd. dürfen (Präſ. ich er darf, wir ſie dürfen, Conj. ich er dürfe, Prät. ich
dorfte, Conj. dörfte, Part. gedorft), ahd. durfan (Präſ. ich er darf, wir durfum,
Conj. ich er durfi, Prät. durfta, dorfta), goth. þaúrban (Präſ. ich er þarf, Pl.
wir þaúrbum, Prät. ich er þaúrfta) = Noth leiden, Noth haben, dann im Mhd.
auch ſchon nöthig, Urſache, Freiheit haben. Dieß þarf iſt ein ſ. g. Präterito-
präſens, alſo urſpr. Präteritum und zwar eines verlornen goth. Wurzelverbums
þaírban (ſ. derb), ahd. dërpan, = Mangel haben(?), aus welchem auch darben,
derb, -ber in bieber [in dem bei dieſem Worte angeführten ahd. Verbum
pidirpan iſt i vor r aus e entwickelt] entſproſſen ſind. Mit älter-nhd. (b. Luther
z. B. 1 Sam. 25, 17) thar, mhd. u. ahd. ich tar, goth. (ga)dars, = ich getraue mich, ich wage, welches durch dürfen völlig verdrängt wurde, hat dieſes
Wort ſichtlich nichts gemein, und auch Schmitthenner verwirft ſeine frühere
Zuſammenſtellung mit dieſem tar.

die **Durft**, nur noch in Nothburft, ſ. d.

bürftig = Mangel an Unentbehrlichem leidend. Daher die **Dürftigkeit**.

Mhd. dürftic, ahd. durftig, durftic, (mit eingetretenem u vor f) duruftic. Von
goth. die þaúrfts = bedrängender Mangel, Noth, Nöthighaben, ahd. durft,
duruft, mhd. durft, welches mittelſt -t abgeleitet iſt aus der Pluralform von
darf : goth. þaúrbum, ahd. durfum (durfumês). Die Dürftigkeit mhd.
dürfticheit.

bürr, vollſtändiger **bürre** : der inneren, lebenskräftigen Feuchtigkeit
gänzlich benommen. Daher die **Dürre**.

Mhd. dürre, mitteld. durre (weshalb wetterauiſch dorr), ahd. durri, (urſprünglicher) goth. þaúrsus, wovon dann die Dürre, mhd. die dürre, ahd.
durri. Aus dem Pl. des Prät. des bei dorren (ſ. d.) angegebenen goth. Wurzelverbums þaírsan, ahd. dërran(?). Vgl. auch Durſt.

der **Durſt**, —es, ohne Pl., mhd. u. ahd. der durst, altſächſ. thurst :
Verlangen zu trinken; [im Nhd. auch bildlich] heftiges Verlangen nach
etwas, um es zu haben. Daher dürſten u. hochd. richtiger dürſten
(gewöhnlich unperſönl. mich, dich, ihn ꝛc. dürſtet), mhd. dürsten
(mitteld. dursten), ahd. durstan, altſächſ. thurstian, = Durſt empfinden; dürſtig, mhd. durstec, ahd. durstac, mit die Durſtigkeit.

Durſt iſt mittelſt -t und ohne Übergang des s in ahd. r abgeleitet aus dem
Pl. des Prät. des goth. Wurzelverbums þaírsan (ſ. dorren u. dürr) und
weiſt alſo urſprünglich auf Dürre im Schlunde, die zum Trinken reizt. Aus
jenem Pl. hat der Gothe ohne -t das einfachere þaúrajan = dürſten, für Durſt
aber das einem Abj. þaúrstis (= durftig) entſproſſene die þaúrstei, welches ahd.
die dursti ſein würde.

die **Düſe**, Pl. —n : Mündung des Gebläſes in Hüttenwerken.

Aus böhm. dusa (dusa, s = ſch) = Höhlung des Geſchüßes, poln. dysza (ſpr.
discha), = das Rohr am Blaſebalge, welches v. poln. dyszéc' keichen.

der **Düſel**, —s, ohne Pl. : Geiſtesdumpfheit; Geiſtesbetäubung;

Schwinbel. Daher : die Dufelei; bu'felig (bei Göthe XXV, 363 buffelig); bufeln u. bu'ffeln = geiſtesbumpf, geiſtesbetäubt hanbeln.

Dufel iſt zunächſt aus bem Rieberb, benn rein-bochb. müßte im Anlaute T, t ſtehen. Mit ahb. *tusic* = geiſteſtumpf, unverſtänbig, thöricht (Graff V, 460), angelſächſ. *dysig* thöricht (Matth. 7, 26), engl. dizzy thöricht, ſchwinbelig, nieberb. düsig bumm, ſchwinbelig, taumelig, altfrief dúsia ſchwinbeln, aus bem Pl. bes Prät. eines verlornen goth. Wurzelverbums diusan (Prät. Sing. dáus, Pl. dusum, Part. dusans) = unverſtänbig, verſtanbeslos, wilb ſein(?), zu welchem auch mit Übergang bes s in r ber Thor (ſ. b) gehört. Vgl. auch Thier.

bu'ffeln, ſ. Dufel unb vgl. bebu'ffeln.

bü'ffeln = klopfen, urſpr. Geräuſch, Getöſe machen (Schmib 150).

Statt büßeln. Aus bem Pl. bes Prät. v. mhb. diegen (Prät. ich er bög, wir ſie duggen, Part. gedoggen), ahb. diogan, goth. þiutan(?), = ſchallen, rauſchen, Getöſe machen.

bü'ffeln = ſich ſtille verhaltenb worauf ſinnen (Schiller's Räuber 1, 2).

Ob zuſammenhangenb mit ahb. tuzjan, duzjan, = ſchläfrig, ſich ſtille verhaltenb machen (? Otfr. 1, 11, 41), neunieberl. dutten ſchlummern?

ber Duſt, —es, ohne Pl. : Staub (b. Göthe), beſ. feiner.

Davon bebüſten, z. B. „Pflaumen, mit zarter Bläue bebuſtet" (J. H. Voß). Duſt iſt nieberb.; altfrief., angelſächſ., altnorb. bas dust.

büſter (ü lang) = bebeckten Lichtes, baß bas Sehen erſchwert iſt. Da-her : die Düſterheit, bü'ſtern (Göthe's Fauſt), die Düſterniß.

Aus bem Rieberb. ſchon bei Luther. Mittelnieberb. düſter, altſächſ. thiustri, neunieberl. duister, angelſächſ. (mit ƴ = ó, goth. iu) þýſtre, þéóſtre, = bunkel. Nach J. Grimm (Geſch. b. beutſch. Spr. 337) aus einem gleichbeb. älteren, von thimm (ſ. bämmern) abgeleiteten (altſächſ.) thimstar, ahb. dimstar (ſ. ſinſter), mittelſt Ausſtoßung bes m unb bafür eingetretener Diphthongierung. — Düſter-heit neunieberl. duisterheid, büſtern unb Düſterniß, mittelrhein. dustern unb dusternilſe (voc. ex quo v. 1469).

bie Düte (ü lang), auch Deute (b. Göthe), Pl. —n : trichterförmig gerolltes Papier. Dim. bas Dütchen.

Düte iſt bas ins Hochb. aufgenommene nieberb. tute, tüte, welches zunächſt Blaſehorn bebeutet [woher nieberb. tuten, tüten, thüring. duten, = bas Horn blaſen]. Die neunieberl. Form iſt bie tuit, = Röhre, woraus unſre nhb. Form Deute.

bas Du'ßenb, —es, Pl. —e, aus franz. bie douzaine : 12 an ber Zahl.

büzen, mhb. dutzen : mit Du (ſ. b.) anreben.

† bie Dynámik, ohne Pl. : bie Wiſſenſchaft ber bewegenben Kräfte.

bynámiſch = burch innere lebenbige Kraft wirkenb.

Dynamiſch iſt aus bem v. gr. dy'namis Kraft abgeleiteten gr. Abj. dynamikós (δυναμικός) = mächtig, wirkſam. Deſſen weiblicher Form dynamikē (δυναμική) iſt bann Dynamik entnommen.

† ber Dynáſt, —en, Pl. —en, aus lat.-gr. dynástes : abhängiger Machthaber (eines kleinen Lanbes). Daher bie Dynaſtie (gr. dy-nasteía Herrſchaft), Pl. —n : Herrſchergeſchlecht.

E.

E, e ift kein urfprünglicher, fonbern ein aus anbern Vocalen entftanbener Vocal.

Man hat zunächft zwei e zu unterfcheiben, das hohe unb bas tiefe. Jenes ift ber aus a burch Einwirkung eines im Altv. nachfolgenben i, j ober î hervorgegangene, in vielen nhb. Wörtern erhaltene Umlaut (f. A); biefes aber, bas tiefe e, hat fich im Ahb. aus i gebilbet, inbem auf bie bas i enthaltenbe Sylbe unmittelbar a folgte, unb erfcheint als Verbichtung bes im Goth. anftatt i vor r unb h eintretenben kurzen ai [ai bagegen ift Diphthong, f. ei]. Man nennt biefen Übergang bes i in e goth. ai nach J. Grimm Brechung bes i unb bezeichnet bas fo ent-ftanbene e zum Unterfchiebe von bem Umlaute burch ë, welche Bezeichnung ich benn auch hier im Wörterbuche für bas Nhb. beibehalten unb ë, E, gefeßt habe. Vgl. was bas Goth. mitbetrifft z. B. Berg, Erbe, Ferfe, fehen, werben, werfen ic.; bloß für bas Hochb. z. B. bergen, berb, eben, effen, Feber, genefen, Regen, fprechen, ftehlen, treten unb viele anbere. Einige Verboppelungen unb Verbinbungen ber Confonanten übrigens, wie mm, nn, nb, ng, nk, nf, wiber-ftehen regelmäßig biefer Brechung. Vgl. fchwimmen, glimmen, beginnen, brinnen, fpinnen, binben, finben, bringen, zwingen, finken, ftinken, binfen ic. Wie aber ber Umlaut e in manchen Wörtern nhb. zu ö wirb, z. B. in börren, Gefchöpf, Hölle, Löwe, Löffel, Schöffe, fchöpfen, Schöpfer, fchwören, zwölf ic., fo hat fich in anbern ftatt ë ein unrichtiges ä geltenb gemacht (f. A). Enblich führen aus bem Romanifchen überkommene Fremdwörter im Mhb. ë. Vgl. Capelle, Feft, Meffe, Pferb, Preffe ic.

Das tonlofe e ber Ableitungs- unb Biegungsfylben entfteht burch Abfchwächung aus allen kurzen unb langen Vocalen. S. auch ie.

bie Ebbe, ohne Pl. : regelmäßig weichenbe Meerflut; [bilbl. im Nhb.] Leere nach Abfluß. Daher ebben.

Aus nieberb. u. hollänb. bie ebbe, altfrief. u. angelfächf. ber ëbba, goth. ber ïbba(?), bie ïbbô(?), wovon angelfächf. ëbbian ebben.

ëben, mhb. ëben, ahb. ëpan, goth. ïbns, Abj. : gerablinig, ohne merk-liche Erhebung unb Vertiefung. Daher : bie Ebene, Pl. —n, mhb. ëbene, ahb. ëpanî; ëbenen, mhb. ëbenen, ahb. ëpanôn, goth. ïbnjan.

Ebner Erbe (z. B. wohnen) ift abfoluter b. h. nicht regierter unb alfo ab-verbialifch ftehenber Genitiv. — Eben ift entfproffen einem verlornen goth. Wurzelverbum ïban (Prät. Sing. af, Pl. ëbun, Part. ïbans) = gleich fein(?). S. Grimm's Gramm. II, 50.

ëben, mhb. ëbene, ëben, ahb. ëpano, goth. ïbnaba(?), Abv. bes Abj. ëben (f. b.) : gleichmäßig; genau; [nhb., auch vielleicht fchon *Nibel.* 565, 4] in biefem Augenblicke.

ber Ebenbaum (E wie Ä), ein Baum, welcher ein feines, fteinhartes, fchweres, fchwarzes Holz hat, bas Ebenholz.

Eben von lat. bie ëbenus Ebenbaum u. Ebenholz, gr. ëbenos, welches aus hebr. hobnîm (הָבְנִים Ezech. 27, 15), bem Pl. v. hobnî ft. obnî (אָבְנִי) fteinern v. óben (אֶבֶן) b. i. ëben (אֶבֶן) = Stein (f. *Gesenii* thesaurus 363 b). Ahb. ebenîn (aus lat. ebéninus) = aus Ebenholz.

e̍benbürtig, mhd. ebenbürtic, = aus gleichem Stande geboren.

die Ebene, e̍benen (e̍bnen), f. das Adj. e̍ben.

e̍benfalls, genitivisches Adv. st. „e̍benen Falls" : in übereinstimmender Weise mit dem Vorhergehenden. Vgl. gleichfalls.

das E̍benholz (E wie Ä), —es, ohne Pl., f. Ebenbaum.

† der Ebenist (E wie Ä), —en, Pl.—en : Kunsttischler d. i. Tischler, der eingelegte Arbeit (urspr. Ebenholzarbeit) macht.

> Aus franz. ébéniste, ital. ebanista, v. lat. ébenus (f. Ebenbaum).

das E̍benteuer (E wie Ä), f. Abenteuer.

der E̍ber, —s, Pl. wie Sing. : männliches Schwein.

> Mhd. der eber, ahd. epur, epar, goth. ibrus(?), ibrs(?), angelsächf. eofor, mit goth. in b und so ahd. in p weiter fortschreitender Lautverschiebung stimmend zu lat. áper Wildschwein.

die E̍beresche (e vor sch wie ä), Pl. —n : der Vogelbeerbaum.

> Weil eschenähnlich. Neuniederl. haveressche.

E̍berharb, Mannsname, ahd. E̍purhart d. i. hart (stark) wie ein Eber.

die E̍berwurz, die auf Bergen wachsende Kreuz-, Karlsbistel.

> Mhd. u. spät-ahd. die eberwurz. Wol als heilsam dem Eber?

der E̍britz, —es, ohne Pl. : die Aberraute (f. b.). Wetterauisch 2c.

> 1482 eberitz (voc. theut. Bl. f5b) neben eberwurtz. Mittelst Anlehnung an Eber aus der lat. Benennung abrótanum.

e̍bsch (e wie ä), f. äbsch u. äbicht.

† das E̍cho (E wie Ä), lat.-gr. die êcho : der Wiederhall.

e̍cht (e wie ä), unnöthig u. ungut ächt : ehelich; probehaltig als das, was es sein soll. Daher : die E̍chtheit; e̍chtigen (niederd.) = für echt (urspr. ehelich) erklären.

> Ins Hochd. aufgenommen aus neu- und mittelniederd. echt, altclevisch echte (Teuthonista), welches mit dem mittelb. Subst. das eht Ehe [altsächf. die eht im Heliand 15, 15. 83, 4 ist unsicher] stimmt zu dem gegen niederd. ch das ursprüngliche f wahrenden altfrief. aft (est, oft) = ehelich, rechtmäßig, u. das afte = Ehe. Diese aber sind der Lautverschiebung gemäß zusammenzuhalten mit lat. áptus zusammengefügt.

die E̍cke (E wie Ä), Pl. —n : hervorstehender scharfer oder spitziger Theil eines Körpers; innerer Raum, wo Flächen zusammenstoßen. Daher : e̍cken = Ecken bilden; e̍cket (in der Volkssprache gekürzt aus mhd. eckeht eckicht) z. B. in vi̍ereckt (mittelb. vierecket aus mhd. viereckeht); e̍ckig.

> Auch schwachbieg. die Ecke, Gen. der Ecken, in Göthe's Fauft. Mhd. die ecke, ahd. ekka, ecka d. i. eccha, = hervorstehende Spitze wovon, Schneide der Waffe. Im Mhd. auch, wiewol selten, das ecke, woher unser das Eck in Drei-, Biereck 2c. Aus der Wurzel, welche lautverschoben mit lat. ácies Schneide, Schärfe, acúere spitzen, schärfen, ácus Nadel, gr. akís Spitze 2c. stimmt.

die E̍cker (E wie Ä), Pl. —n : die Eichel; auch die Buchel (f. b.).

Niederb. ekker Eichel. Aus altnord. das ákarn, angelsächs. äcern, = Eichel, welche, wie es scheint, einerlei sind mit goth. das ákran = Frucht (eig. wol was das Feld trägt? v. akrs Acker? S Grimm's Gramm. II, 337).

† eclatánt = laut und öffentlich; Aufsehen erregend.

Das franz. éclatant, eig. Part. v. éclater zerspringen, ausbrechen, ruchtbar werden, glänzen, provenz. esclatar. Vgl. Diez Wtbch 308.

ébel, Comp. ébler, Superl. ébelst : von Geschlecht mehr als bürgerlich (von Abel); anerkannt ausgezeichnet vor Anderem seiner Art. Daher ébeln = ebel machen. Zusammens. : der Ébelmann, —es, Pl. Ebelleute, = Mann von Abel; der Ébelmuth mit ébelmüthig; der Ébelstein [bei Luther mit Biegung des ebel], mhd. dër edel stein.

Ebel, mhd. edel, edele, ahd. edili, mittelst der antretenden Abjectivendung i, dann durch dieß i bewirkter Lautangleichung des a in al zu i und zugleich mittelst Umlautes des anlautenden a von ahd. das adal = ausgezeichnetes Geschlecht (s. Abel), also st. ad-al-i. Aus diesem das ahd. Verbum adalan (st. adal-j-an) mhd. edelen unser obiges ebeln.

† das Ebíct, —es, Pl. —e : landesherrliches Ausschreiben, Verordnung.
Aus lat. edictum, welches urspr. Aussage, Befehl, v. edícere aussagen ꝛc.

† ebíeren, aus lat. é-dere, = herausgeben, bekannt machen. Daher die Ebítiôn, Pl. —en, lat. editio, = Herausgabe, Ausgabe (eines Buches ꝛc.).

Eb=, das engl. Ed, angelsächs. eád (êd), ahd. ôt (s. Allob), goth. áud, = Besitzthum, Vermögen, in den Mannsnamen : Ébgar (E kurz), engl. Edgar, angelsächs. Eádgâr, ahd. Ôtkêr (daher franz. Ogier), b. i. Ger, Wurfspieß (zum Schutze) des Besitzthumes; Ébmund (E kurz), engl. Edmund, angelsächs. Eádmund, b. i. Schutz (Schützer) von Hab und Gut; Ébuard (E lang), mitteld. Edewart, engl. Edward, angelsächs. Eádvëard, b. i. Vermögenswart oder =wächter.

† der Efféct (E wie Ä), —es, Pl. —e, aus lat. efféctus [v. efficere ausführen, bewirken]-: Wirkung, Erfolg. die Efféctén (Pl., nach franz. les effets) = Habseligkeiten; Staatspapiere.

† egál, das franz. égal (v. lat. æquâlis), = gleichförmig; gleichgültig.

der Égel (E hoch), s. Blutegel.

die Egge, Pl. —n : Zinkengeräth zum Ackerbau. Daher éggen.
Aus niederb. egge, mittelniederl. egghe (hor. belg. VII, 11ᵇ. 12ᵇ. 13ᵇ), spät-mhd. ege, welche lautverschoben stimmen zu lat. ócca Egge. Rein-mhd. dagegen hatte man die egide, gekürzt eide, ahd. egidâ. Das Verbum eggen ist mhd. egen, ahd. egjan, eckan, = lat. occâre.

† der Egoïsmus, ohne Pl., neulat. (franz. égoïsme) v. lat. égo ich : Selbstsucht. der Egoïst, —en, Pl. —en, franz. égoïste : der Selbst=süchtige. Daher egoïstisch = selbstsüchtig.

eh, erweitert éhe (schon bei Luther), Comp. éher, Superl. éhest, ehst, Abv. : früher in der Zeit; früher als.

> Mhd. ê, gekürzt aus dem selteneren mhd. êr, ahd. êr, ist Abv., Conj. u. Präp., goth. áir nur Abv. u. Präp. Dieß goth. áir scheint endungsloser starker Acc. Sing. der sächl. Form eines Adj., kein Comparativ, zeigt aber schon im Ahd. comparativischen Charakter (vgl. J. Grimm's Gramm. III, 97. 591 f.), z B. in êr danne ehe benn = ehe als ꝛc. Jene Kürzung im Mhd. in e, woraus unser eh, ehe, ist nicht der des mhd. u. ahd. mêr goth máis (f. mehr) in mhd. mê zu ver-gleichen, sondern unorganisch, weil das abgestoßene r ein ursprüngliches, kein aus s entstandnes war.

die **Ehe**, Pl. —n : gesetzliche Verbindung von Mann und Weib. Zu-sammenf. : éhebrëchen = die eheliche Treue verletzen, mit der Ehe-brëcher (mhd. êbrëcher) u. der Ehebruch, u. a. m.

> Ehe, mhd. die ê, (aus) êe, êwe, ahd. êa, êwa, = Ewigkeit d. i. endlos lange Zeit; (seit langem, undenklichen Zeiten geltendes Recht oder) Gesetz; auf die Länge des Lebens geschlossenes Rechtsverhältniß oder Bündniß zwischen Mann und Weib. Von goth. der áivs Zeit, Ewigkeit, welches dem lat. ævum, gr. aiṓn (αἰών), = Zeit, Lebenszeit, Ewigkeit, entspricht.

ehebëm (ë hoch) = vor dieser Zeit.

> Statt ahd. êrdiû d. i. êr ehe mit dem jetzt durch den Dat. bëm vertretenen diû, dem ahd. Instrumentalis von der u. das.

ehebëssen = vor dieser Zeit. Mit verlängerter Genitivform (f. beß) aus dem gleichbed. mhd. u. ahd. êdës, worin ê den Gen. regierende Präposition.

éhegëstern, mhd. êgëster, ahd. êrgëstere, êgësteren, = vórgestern.

die Ehehaft, Pl. —en : rechtsgültiges Hinderniß.

> Mhd. die êhaft, êhafte, ahd. êhaftî (Religion, Pflicht), v. dem mhd. u. ahd. Adj. êhaft gesetzmäßig, rechtsgültig. Über ê Gesetz f. Ehe.

éhelich, Adj. u. Abv. Daher das Verbum éhelichen.

> Mhd. êlich (als Abv. êliche), ahd. êlîh, êolîh, urspr. gesetzmäßig. S. Ehe.

éhemalig, nhd. Adj. v. ehe u. Mal nach dem Abv. éhemals.

> Dieß im Mhd. ê mâles d. i. die Präp. ê mit dem Gen. von mâl Zeitpunct (f. Mal).

die Ehepacten (Pl.) = gegenseitiger Heiratsvertrag. Vgl. Pact.

éhern, Adj., aus mhd. u. ahd. êrîn, = von Erz (f. b.) ahd. êr.

éhestens = in nächster Zeit. Aus dem schwachen Gen. des Superl. ehest gebildetes Abv. mit angetretenem s wie in Bogens ꝛc.

die **Ehre**, Pl. —n, mhd. die êre, ahd. êra : vortheilhafte Meinung von jemand hinsichtlich seiner Vorzüge; auf diese Meinung ge-gründetes Ansehen. Daher éhren, mhd. êren, ahd. êrên u. êrôn. Zusammenf. : éhrbar, mhd. êrbære; die Ehrfurcht; éhrlich, mhd. êrlich ahd. êrlîh (wolanständig, schön); éhrsam, mhd. u. ahd. êrsam; éhrwürdig, mhd. êrwirdic u. ahd. êrwirdîc (vgl. Würde), jetzt bef. als Titel geistlicher Personen [das Subst. in der Anrede

»Eure Ehrwürden«]. Uneigentl. Zuſammenſ., d. h. mit dem Gen. Pl. v. Ehre : der Ehrenbogen; ehrenfeſt; der Ehrenpreis, die vor andern heilkräftige Pflanze verónica; ehrenreich (mhd. êrenrîch) ꝛc.

Jenes ahd. die êra, goth. áiza(?), hängt wol zuſammen mit goth. áistan (d. i. áis-t-an) = ſich vor jemand ſcheuen.

ei, der Diphthong, ſteht 1) für mhd. u. ahd. î, goth. ei, z. B. bein, Wein ꝛc., mhd. u. ahd. dîn, wîn, goth. þeins, vein ꝛc. Daneben für mhd. und ahd. î als Verlängerung des goth. i z. B. in bei (ſ. b.). 2) für mhd. u. ahd. ei, goth. ái, z. B. heil, Stein ꝛc., mhd. u. ahd. heil, stein, goth. háils, stáins ꝛc. Dann iſt ei 3) durch Unterdrückung des Kehllautes hervorgegangen aus mhd. ege, ahd. egi, eki, früher agi, aki, z. B. in Ei, Eidechſe, Getreide, vertheidigen ꝛc. S. d. Wörter.

Der Diphthong eu neben ei findet ſich in Heurat, Reuter neben Heirat, Reiter (ſ. b.). Fehlerhaft ſteht ei in ereignen (ſ. b.), Ereigniß.

das Ei, —es, Pl. —er : ſich aus dem weiblichen Thiere ablöſender, den Keim zu einem jungen Thiere enthaltender runder Körper.

Mhd. das ei, ahd. ei [mittelſt Ausſtoßung des Kehllautes aus einem älteren egi, agi, weshalb noch der ahd. Nom. Pl. eigir lautet], angelſächſ. äg, altnord. egg, goth. addi (vgl. ada in Haupt's Zeitſchr. I, 361). Den Übergang des goth. dd in altnord. gg, ſowie Ausſtoßung des Conſonanten im Ahd. zeigen auch andere Wörter, z. B. der Gen. Pl. zweier : goth. tvaddjê, altnord. tveggja, ahd. zueiô. Aus den urverwandten Sprachen ſtimmt zu goth. addi das gleichbd. ſanſkr. das anda, deſſen n vor dem Zungenlaut d (d) ſchwinden kann; zu den übrigen altd. Formen aber ſtimmen lat. ôvum, gr. ὤόν d. i. äoliſch ὤϜόν, keltiſch (iriſch) ugh, poln. jaje.

ei! Interj. der Verwunderung, der Freude, des Spottes.

Mhd. ei, zunächſt Ausruf der Verwunderung. Wol gekürzt aus dem entlehnten mhd. eiâ (ſ. eia).

≠ei, eine betonte Ableitungsendung weiblicher Subſtantive, welche einen Inbegriff, eine Geſammtheit, Wiederholung ꝛc. bezeichnen, z. B. Becкerei, Bettelei ꝛc.

Mit Ablegung des früheren auslautenden Biegungs≠e, alſo ſt. ≠eie, aus mhd. -ie d. i. -îe. Dieß -ie aber iſt aus der romaniſchen Endung -ia, -ie entlehnt, folglich undeutſch und deshalb auch keinen Umlaut wirkend. Es kommt anfangs nur an ausländiſchen Namen und Wurzeln vor, und erſt ſpäter nach und nach an deutſchen Wörtern. S. Grimm's Gramm. II, 96 f.

eia! Ausruf der Freude, z. B. bei Bürger.

Mhd. eiâ iſt, wie es J. Grimm ſcheint, aus lat. êja! gr. εἶα (êîa)! eia (eîa)!

die Eibe, Pl. —n : der Taxus.

Mit b aus w, denn mhd. die îwe, ahd. îwa u. îga, angelſächſ. îv (u. ëóv), mittellat. ivus, ſpan. iva, franz. if. Ob urſprünglich keltiſch? Schmitthenner hat aufgezeichnet tymriſch ywen.

der Eibiſch, —es, Pl. —e, eine malvenartige Pflanze.

eïlenbs, nhb. genitivifches Participialabverbium. Zufammenf. : ber Eïlbote.= Curier; eïlfertig (e wie ä) mit bie Eïlfertigkeit (f. fertig).

Eilen ift mhb. îlen, ahb. îlan aus bem üblichern illan = fich ftrebenb bemühen, wonach mit Eifer thätig fein, zu etwas hin gefchwinb fein. Davon bie Eile mhb. île, ahb. îla, = Eifer, bann Gefchwinbigkeit wozu; eilig ahb. îlîc, îîîg, zunächft f. v. a. eifrig.

eilf, faft ganz verbrängt burch bie neuere Form elf, f. b.

ber Eïmer, —s, Pl. wie Sing. : Waffergefäß mit übergehenbem Bügel zum Tragen unb Schöpfen; ein Flüffigkeitsmaß.

Im 15. Jahrh. eimer, eymer, mhb. ber eimber, einber, ahb. ber u. bas eimber, eimbir, eimpar, einpar, bas eimberi. Zufammengef. aus ein mit bem von ahb. përan tragen entfprungenen -par = Griff(?) unb alfo urfpr. f. v. a. Waffergefäß mit Einem Griffe, einträgiges Waffergefäß, im Gegenfaße zu Zuber (f. b.). S. Grimm's Gramm. II, 122. 954. Das n ber ahb. Form gieng vor p, b, wie öfters in m über unb ber Lippenlaut wurbe gewohnter Weife im 15. Jahrh. ganz unterbrückt.

ein. Zunächft Zahlwort (1), welches in ftarker Biegung unverbunben b. h. ohne begleitenbes Subftantiv männl. eïner, weibl. eïne, fächl. eïnes, eins hat, aber mit bem Subft. verbunben ein, eïne, ein. Diefe letzte Biegung hat bas Wort auch, wenn es als unbeftimmter Artikel fteht.

Als Zahlwort bei nachbrücklicher Betonung gern Ein gefchrieben. — Mhb. in ftarker Biegung männl. einer, weibl. einiu, fächl. einez, ahb. einêr, einu (einiu), einaz, goth. áins, áina, áinata (áin). Urfpr. Zahlwort wirb es bann auch in ber Beb. „irgenb ein, ein gewiffer" als unbeftimmtes Pronomen (f. Einer) verwanbt, enblich im Ahb. feit bem 9. Jahrh. (bei Otfrieb) als unbeftimmter Artikel. Abjectivifch hat es bie Beb. „allein, für fich abgefonbert" (vgl. Eilanb, Einöbe, Einfiebelei 2c.). Aus ben urverwanbten Sprachen ftimmt am Sichtlichften lat. ûnus (früher œnus, oînus).

ein, Abv. : in bas Innere. Auf bie Frage wohin?

„Felb ein unb aus" (Bürger). — Mhb. in, auch noch in, ahb. in (= inn), goth. inn, v. in (f. b.). Auch in Zufammenfetzungen, z. B. ber Eingang, mhb. inganc, ahb. inkanc; eingehen, mhb. in, in gân, ahb. inkankan, goth. Inngaggan 2c.

einánber, ungebogenes Zahlwort : einer bem ober ben anbern, eine ber anbern ober bie anbere, eins bem anbern ober bas anbere, einer ber anbern ober bie anbere, eine bem ober ben anbern, einer bem anbern ober bas anbere. Zufammenfchiebungen mit vorgefetzten Präpofitionen finb : auseinánber, burcheinánber 2c.

Schon mhb. bie völlig unregelmäßige Zufammenfetzung bes Grunbzahlwortes ein mit bem Orbnungszahlwort anber zu einanber. Daneben aber auch, wie im Ahb., Biegung bes anber, z. B. mhb. bî [bei] einanbern, ahb. ze [zu] einanberên, ober unzufammengefetzt Biegung beiber Wörter, z. B. ahb. zuo [zu] einên anderen. — Sich bei einander ist überflüssig; doch findet sich schon im Mittelb. „sie grüsten [grüßten] sich einander« (*Marien Himmelfahrt* 761).

das Ei'nblatt, —es, ohne Pl., Pflanze mit einzelnem Blatte am Stengel.

ei'nbläuen = durch Schläge (Bläuen) beibringen.

ei'nbrechen (f. brechen) = gewaltsam in etwas bringen; als Zeit oder zeitliche Erscheinung mit Geschwindigkeit, mit Macht anfangen zu sein, zunächst von der Nacht, insofern sie schnell und unversehens kommt (vgl. anbrechen), dann auch vom Tage z. B. bei Göthe. der Ei'n=bruch [bei Drollinger S. 70 vom Anbruche des Tages].

die Ei'nbuße, Pl. —n : Verlust durch Thätigkeit bei etwas, ursprüngl. durch zu leistende Genugthuung wofür (f. Buße). Daneben das Verbum ei'nbüßen.

ei'nbächtig (1 Theff. 2, 9) = eingedenk. Gebildet wie andächtig.

Ei'ner, das dem Zahlwort ein entnommene unbestimmte persönliche Pronomen. Für beide Personen (die männl. u. die weibl.) wird auch das sächliche Eins gesetzt. Unsereiner f. unser.

Mhd. einer, einiu, einez, welches sich aber auf ein folgendes Relativ stützt. Hieraus erst nhd. in ganz unabhängiger Stellung für die männl. wie die weibl. Person Einer, Eins, welche gewöhnlich mit großem Anlaute geschrieben werden.

der Ei'ner, —s, Pl. wie Sing. : das Zahlzeichen 1, I. Nicht Einser.

ei'nerlei, aneinandergerückte Genitive, mhd. einer.leige, einer leie.

ei'nerseits, genitivisches Abv. mit unorganisch angetretenem = s.

Dafür mhd. die Accusativverbindung einsît im Gegensatze zu andersît anderseits.

ei'nfädeln = den Faden durchs Nadelöhr ziehen; auf feine Weise ins Werk setzen.

fädeln mit Wechsel des n in l aus fädenen und dieß aus fädemen, mhd. vedemen, ahd. fadimôn, = mit dem Faden (f. d.) arbeiten, nähen.

die Ei'nfahrt, Pl. —en, mhd. die învart, ahd. infart : Handlung des Einfahrens; Örtlichkeit zum Einfahren.

die Ei'nfalt, ohne Pl., mhd. die einvalt, aber ahd. die einfalti goth. ñinfalþei : sittliche Einfachheit; ungekünstelter treuer Natur= sinn; [im Nhd. dann noch :] Beschränktheit und Ungeschicktheit des Geistes. einfältig, mhd. einveltec, einvaltic, ahd. einvaltig : sitt= lich einfach; ungekünstelt natursinnig; [auch schon mhd.] geistig beschränkt und ungeschickt.

Beide Wörter von dem aus ein u. -falt (f. d.) zusammengesetzten goth. Adj. ñinfalþs, ahd. einfalt, mhd. einvalt, = einfach.

ei'nfangen = Verfolgtes fangen und einthun; abgrenzend mit etwas umgeben. Spät=ahd. invâhen einwickeln.

ei'ngeboren = einem Lande oder Orte der Geburt nach angehörig. Verschieden von ei'ngeboren = einzig durch Geburt.

In dem ersten Worte ist ein das Abv. (f. ein 2), in dem zweiten das Zahl-

wort (ſ. ein 1), und dieſes zweite eingeboren trat für das von Chriſtus in Beziehung auf Gott gebrauchte mit dem Part. Prät. des einfachen mhd. bërn ahd.
përan = tragen, gebären (ſ. d.), zuſammengeſetzte mhd. einborn, ahd. ein-
poran, ein.

eïngefleiſcht = in fleiſchlicher Geſtalt erſcheinend.

 Das Part. Prät. eines dem kirchlich-lat. incarnāre nachgebildeten Verbums
einfleiſchen.

das Eïngeweide, —s, Pl. wie Sing. : die Körpertheile im Innern
der Bruſt- und Bauchhöhle.

 Ein- hier aus mhd. in-. Mhd. das ingeweide = das Gedärme, ſogar gefüllter Darm, Wurſt (gl. jun. 276). Urſprünglich bloß das geweide, welches als
Sammelname (Collectiv) von die weide, ahd. weida, = Futter (ſ. Weide 2),
Speiſe, zunächſt „genoſſene Speiſe" (Genesis 15, 5) und dann die inneren Körpertheile, welche die Speiſen in ſich aufnehmen, das Gedärme (Diut. III, 148), bedeutet. Dieß zeigen auch weiden, ausweiden = geſchoſſenem Wilde das
Gedärme ausnehmen. Übrigens mögen jene Ausdrücke geweide und ingeweide
zuerſt in der Jägerſprache aufgekommen ſein, denn im Ahd. waren andere üblich.

eïnheimiſch = dem Lande, Orte, Hauſe als in ihnen lebend angehörig.

 Im 15. Jahrh. inheimisch = „zu Hauſe" neben dem nur im Pl. vorkommenden ahd. die inheima Heimat. S. heim.

die Eïnheit = das Einsſein; [mit dem Pl. —en] Eins an der
Zahl. Vgl. einig 1.

eïnhëllig = übereinſtimmend, in eins zuſammenſtimmend.

 Mhd. einhëllec, deſſen hëllec v. mhd. hëllen ertönen (ſ. Hall).

einhër, Adv. : von irgendwo her. Zunächſt nach dem Innern, wo der
Sprechende ſich befindet (vgl. ein 2).

das Eïnhorn, —es, Pl. Einhörner : 4füßiges Thier mit einem Horne.

 Mhd. der einhorn neben der einhurne, ahd. der einhurno d. i. einhurnëo =
Ein-, Nashorn. Ahd. -hurno iſt Ableitung von das horn Horn und bed. den
Gehörnten.

eïnig = nur ein [in dieſer Bedeutung iſt jetzt einzig das geläufige
Wort]; in eins zuſammengehörig; ganz gleichen Sinn, Willen ꝛc. habend.

 Mhd. einec, ahd. einac, altſächſ. ēnag, = einzig, wovon mhd. die einecheit,
ahd. einigheit, welches der Form nach unſer die Einigkeit iſt, aber die Bed.
„Einheit" hat. Mittelſt der Ableitungsſylbe -ac von ein ein. Die Gothen
hatten für dieß einig das ſchwachbiegende, mittelſt -ah abgeleitete áinaha.

eïnig, von welchem Pronomen nur üblich ſind die ſächſ. Form eïniges
und der Pl. eïnige = „wenig mehr als einer, eine, eines."

 Ahd. einîc, goth. áineig(?), altſächſ. ênig, angelſächſ. ǽnig, = irgend einer.
Im Mhd. war die Form außer Gebrauch, aber im Nhd. wurde ſie wieder aufgenommen. Sie iſt von dem Zahlworte ein mittelſt -îc abgeleitet und alſo verſchieden von dem mittelſt -ac abgeleiteten vorigen einig = einzig.

eïnigen = in eins verbinden. Üblicher iſt vereïnigen.

 Mhd. einigen, ahd. (ke)einigen, v. ahd. einac (ſ. einig 1).

die Ei'nigkeit, ohne Pl. : ausschließliche Einheit (f. einig 1); Zu-
fammenhalten aus Übereinstimmung der Gesinnung.

der Ei'nklang, —es, ohne Pl. : in eins zusammenstimmender Klang;
Gleichförmigkeit, richtiges Verhältniß.

das Ei'nkorn, —es, ohne Pl. : wilder Dinkel.

> Bei Alberus : „einkorn, dinkel, wild dinkel." Mhd. einkorn, ahd. das
> einchorn u. der einachorno, weil man dieser Art Dinkel nur ein Korn in jeder
> Hülse zuschrieb.

die Ei'nkunft, wovon jetzt nur üblich der Pl. die Ei'nkünfte = das
an Geld oder Nutzung für sich zu Beziehende. V. ei'nkommen.

ei'nmal, das Zahladverbium. auf ei'nmal = auf ei'nen Zeitpunct
zusammen; zu unvermuthetem Zeitpuncte, plötzlich. In der letzten
Bedeutung steht auch mit ei'nmal (Voß, Odyssee 11, 596). Von
ei'nmal dann das Adj. ei'nmalig.

> Zusammengef. aus den Accusativen ein u. Mal (= Zeitpunct), ohne daß darum
> pedantisch ein Mal zu schreiben wäre. Aber man pflegt Einmal zu schreiben,
> wenn ein durch stärkere Betonung recht hervorgehoben werden soll (vgl. ein 1).
> — Schon bei Luther ein mal; aber ein mhd. ein mâl scheint noch nicht vor-
> zukommen. Im Ahd. bei *Notker* in derselben Bed. zeinemo mâle [zu einem Mal].

einmál, Zeitadverbium : zu (irgend) einer Zeit.

> Wie in dem Zahladverbium einmal das Zahlwort ein, so ist in unserm
> Zeitadverbium einmál der Artikel ein mit dem Accusativ von Mal = Zeitpunct
> zusammengesetzt.

der Ei'nmaster, —s, Pl. wie Sing. : Schiff mit nur einem Maste.

ei'nmummen = bis zur Unkenntlichkeit einhüllen.

die Ei'nmuth, ohne Pl. : Übereinstimmung der Gesinnung. Daneben das Adj. und Adv. ei'nmüthig, wovon weiter die Ei'n-
müthigkeit.

> Bei Schmitthenner falsch der Einmuth. Denn das Wort ist mit dem
> Adj. einmüthig mhd. einmüetac ahd. einmuotig (als Adv. einmuotigo) v. dem
> ahd. Adj. einmuoti, mhd. einmhete, = einmüthig, ebenso abgeleitet, wie Demuth
> (f. d.) von dem ahd. Adj. dêomuoti.

die Ei'nöde, Pl. —n : unbewohnte, leblose Gegend.

> Bei Luther die einöbe. Mhd. das, später die einœde, einœte, mittelb.
> einôte, ahd. das einôti, spät-ahd. auch die einôte, = Einsamkeit, einsame Gegend.
> Mittelst der ahd. Ableitungssylbe -ôti (ft. -ôdi) goth. -ôþi v. ahd. ein goth.
> ains = allein, einsam (f. ein 1), und also nicht zusammengef. mit öde. S. Grimm's
> Gramm. II, 257. 954.

ei'npaschen = (Waare) verbotener Weise über die Grenze einbringen.

> Paschen scheint gleicherweise von franz. passer, ital. passàre, wie landschaftl.
> (wetterauisch) pâsche b. i. [hochb.] peischen, b. Alberus peyssen, = „das Gewicht
> einer Sache prüfen" v. franz. péser, ital. pesàre, lat. pensàre.

ei'nprägen = Zeichen oder ein Bild einpressen (f. prägen); zu festem
Haften in das Gedächtniß bringen.

einquartieren = ins Quartier legen, Einlager geben. Daher die
Einquartierung.

einrangieren (ſpr. einrangſchiren) : einordnen.
     Rangieren aus franz. ranger. S. arrangieren.

das Eins, mit gleichlautendem Gen. und ohne Pl., iſt das ſächl. Zahlwort eins als Subſt., z. B.
     „Die Glocke ſie donnert ein mächtiges Eins" (Göthe I, 231).

eins, das ſächl. Zahlwort adverbialiſch : dasſelbe und kein Anderes;
[abſtract :] gleichen Sinnes.

eins = einmal. mit eins = mit einmal, plötzlich.
     Mhd. u. ahd. eines, goth. áinis, = 1mal, Gen. des ſächlichen Zahlwortes eins
     (ſ. ein 1). Vgl. auch einſt.

einſam = „mit ſich allein"; von anderem Lebenden entfernt. Daher
     die Einſamkeit, Pl. —en.
     Zuſammengeſ. aus dem adjectiviſchen mhd. ein = allein, für ſich abgeſondert
     (ſ. Anm. zu ein 1), u. -ſam, angelſächſ. -ſum, welches angelſächſ. u. altſächſ.
     Adj. zum den Begriff von Vereinigung und Zuſammenſein enthält und auch, in
     ähnlichem Sinne wie unſer ſelb- in ſelbfünfte ꝛc. gebraucht, im Gen. Pl. ſtehende
     Zahlwörter begleitet. Vgl. Grimm's Gramm. II, 951. 953.

einſchürig, Adj. : nur einer Schur jährlich unterworfen.

einſchuſtern, aus niederd. inschostern = im Schuſtern (Schuhe-
machen) zuſetzen; überhaupt aus ſeinem Vermögen zuſetzen.

ſich einſchuſtern = ſich allmählich einſchmeicheln.
     Ein, wie es ſcheint, erſt in der 2ten Hälfte des vorigen Jahrh. aufgekommenes
     Wort.

einſchwärzen = (Waaren) heimlich [urſpr. nachts] mit Umgehung der
Abgaben über die Grenze bringen.
     Von dem ſchon unter Kaiſer Karl IV. vorkommenden rothwelſchen die swercze
     (Schwärze) = Nacht. S. Hoffmann's Monatſchrift für Schleſien I, 57.

bie Einſiedelei, Pl. —en : Einſiedlerwohnung, (érémitage); von
Menſchen entfernter ſtill einſamer Aufenthalt. einſiedeln = als
Einſiedler leben. der Einſiedler, —s, Pl. wie Sing. : entfernt
von Menſchen ſtill einſam religiöſer Betrachtung lebender Menſch
(Eremit); überhaupt entfernt von Menſchen ſtill einſam Lebender.
     Von mhd. der einsidel (Einſiedel), ahd. einsidilo, = Einſiedler in der erſten
     Bed., welches zuſammengeſ. aus dem adjectiviſchen ein = allein, für ſich abge-
     ſondert, und ahd. der sidilo = der ſich wo anſäſſig macht (vgl. Siedelei).

einſt, Adv. : zu einer (vergangenen oder zukünftigen) Zeit. Davon : [nach
Ähnlichkeit anderer Superlativadverbien, wie meiſtens, ſchönſtens ꝛc.] die
erweiterte Form einſtens; das unorganiſche Adj. einſtig. Zuſammenſ.
ſind : einſtweilen [Verbindung des einſt mit dem urſpr. Dat. Pl.
weilen mhd. wîlen ahd. huilôm von huila Weile] mit dem unorganiſchen Adj. einſtweilig = bis zu feſter Beſtimmung beſtehend.

Einst, mhd. einest, ahd. (b. *Notker*) einêst st. einêst, ist gleichsam superlativische Form des Zahlwortes ein neben dessen adverbialem Gen. eines nhd. eins (f. d.) in der Bed. „einmal", im Mhd. dann auch in der Bed. „zu irgend einer (vergangenen oder künftigen) Zeit." Bei Luther (Richt. 16, 28) noch einest = einmal. Gleicherweise aber wie einest neben eines findet sich auch älter-nhd. superlativisch anderst = anders, mhd. andrest = 2mal, ahd. (b. *Notker*) anderêst = wiederum, neben (dem adverbialen Gen.) anders (f. ander) mhd. anders ahd. anderes.

der **Einstand**, —es, Pl. Einstände : Amts-, Dienstantritt; Eintritt in die Rechte eines Käufers; Eintrittsgeld, Eintrittsleistung (b. Göthe, z. B. XXVIII, 72).

einstens, einstig, f. einst.

einstmals, durch Vermischung des einst mit eins statt des früheren einsmals, mhd. eines mâles (? das mâl == Zeitpunct) : zu einer (vergangenen oder künftigen) Zeit.

einstweilen, einstweilig, f. einst.

die **Eintracht**, ohne Pl. : Zusammengehen nach einem Ziele; Zusammenstimmung der Gesinnung. Daher das Adj. einträchtig.

Eintracht setzt ein aus ein und mhd. die trahte (*Genesis* 19, 5) ahd. trahta das Trachten, Streben, der wohin stehende Sinn, zusammengesetztes mhd. die eintrahte(?) voraus, woher dann mhd. eintrehtic = nach einem Ziele trachtend, einstimmig.

der **Eintrag**, —es, Pl. Einträge : [b. Luther z. B. 3 Mos. 13, 48 ff. der Eintracht] die in den Aufzug des Webers zur Verbindung eingetragenen Querfäden; [daher bildlich, ohne Pl.] Abbruch woran, Nachtheil (durch in die Quere Kommendes, Abhaltendes). Vgl. beeinträchtigen.

In einer ungedruckten Riedeselischen Urk. v. 1489 der întrag = Beeinträchtigung.

die **Einung**, —en : das Einigwerden worüber; Beschluß.

Mhd. die einunge, ahd. einunga, v. ahd. einôn unserm einen = einigen (sih einôn beschließen).

der **Einwohner**, —s, Pl. wie Sing., mittelb. inwonêre : durch Wohnsitz Orts-, Landesangehöriger. Von einwohnen == worin Wohnsitz haben.

die **Einzahl**, Pl. —en, der deutsche Ausdruck für Singularis.

Im *liber ord. rer.* v. 1429 Bl. 19ᵇ ainczal Einzahl neben czwôczal Zweizahl.

die **Einzelheit**, Pl. —en, das Einzelwesen, —s, Pl. wie Sing., sind mit dem alten Adj. einzel (f. die Anmerk. zu einzeln) zusammengesetzt.

einzeln, Adv. : eins oder jedes für sich abgesondert. Dann im Nhd. als Adj. verwendet : einzelner, einzelne, einzelnes.

Das Adv. einzeln, b. Luther einzelen, einzeln, mittelb. ênzelen (*Jeroschin* 147. 118. *Livländ. Reimchronik* 4854. 5833), ist Dat. Pl. des seltenen mhd. Adj. einzel, mittelb. ênzel, ahd. einizil(?), = eins für sich abgesondert, welches einzel (b. Luther einzel, einzel, im *Simplicissimus*, bei

Lohenstein ꝛc.) jetzt noch hie und da geschrieben wird, aber durch jene, auch an seine Stelle getretene adverbiale Form einzeln faſt verdrängt iſt. Einzel erscheint mittelſt -il(?) abgeleitet von dem gleichbed., in seinem Dat. Pl. mhd. einzen ahd. einazêm unser Adv. einzeln ausdrückenden mhd. einez, ahd. einaz, goth. áinats(?), welches mittelſt der ahd. Ableitungsſylbe (nicht der ſächlichen Endung) -az, -az, goth. -at von dem Zahlwort ein ein. S. Grimm's Gramm. III, 95. 10 f. 114. 215.

ei'nzig, Adj. : ausschließlich ein, eine, ein; vor Allem seiner Art vorzüglich. Auch Adverb.

> Mhd. einzec = einzeln (Adj.) kommt nur vor in dem adverbialen Dat. Pl. einzigen = einzeln und in dem Adv. einzeclîche = einzig und allein (*Boner* 70, 29). Es iſt mittelſt -ec (ahd. -îc) -ig v. demselben ahd. einaz abgeleitet, wovon auch einzeln (ſ. d.) herkommt. — Der urſprüngliche Ausdruck für unſer nhd. einzig war im Mhd. einec, ahd. einac, unſer einig (ſ. einig 1).

das Eis, —es, ohne Pl. : gefrorne Flüſſigkeit.

> Mhd. und ahd. das îs, goth. eis(?). Nach J. Grimm (Gramm. II, 46) mit Eiſen und Erz aus einem verlornen goth. Wurzelverbum eisan (Prät. Sing. áis, Pl. îsum, Part. îsans) = glänzen(?).

der Ei'sbär, —en, Pl. —en : der Bär der Eismeere.

das Ei'sen, —s, Pl. wie Sing., das bekannte schwarzgraue Metall; aus dieſem Metall Verfertigtes (Schwert, Fessel ꝛc.).

> Mhd. das îsen, ahd. îsan (bei *Otfried*, *Notker*) mit Ausſtoßung des r ſt. des früheren ahd. das îsarn (*Graff* I, 488), goth. eisarn (Fußeisen), welches mittelſt der Ableitungsſylbe -arn v. dem anzuſetzenden Wurzelverbum eisan (ſ. Eis).

ei'fen, ahd. îsên, = zu Eis (ahd. îs) erſtarren, z. B. „Und der Bober eiffet nicht" (Tſcherning); das Eis auf-, abschlagen.

der Ei'senfrëſſer, —s, Pl. wie Sing. : ſich ſelbſt vor dem Härteſten nicht ſcheuender Krieger.

> Schon bei Luther. Nach mhd. isen vrëzzen Eiſen freſſen, wie der Strauß („als ein ſtrûz" im *Parzivâl* 42, 10), dann bildlich ſ. v. a. ſich vor dem Härteſten nicht ſcheuen (vgl. *Helmbrecht* 410).

Ei'senbârt, mhd. Îsenbart, Eigenname des alten Wolfes (Grimm's Reinhart Fuchs S. 339, 1309). Vgl. Iſegrim.

die Ei'senbahn, Pl. —en : mit Eiſenſchienen belegte Bahn zum Befahren mit Dampfwagen. Ein neuer Ausdruck.

ei'senhaltig = Eiſentheile enthaltend.

das Ei'senkraut, —es, ohne Pl. : die Pflanze verbêna.

> Mhd. das isenkrût, ahd. aber die îsarna (v. ahd. îsarn Eiſen) u. îsanînâ (v. ahd. îsinîn eiſern), gemäß der lat. Benennung »ferrárin (hérba)«, gr. die siderîtis (σιδηρῖτις). Dieſes heilige und heilkräftige Kraut muß nach dem Volksglauben Dienstags, d. h. an dem Tage des in Eiſen gehüllten und das Eiſen ſchwingenden Kriegsgottes, gebrochen werden. Vgl. Grimm's Geſch. d. deutſch. Spr. 124.

der Ei'senstein, —es, Pl. —e : eiſenhaltiger Stein.

ei'sern, Adj. : von Eiſen; eiſenhart [eig. wie bildlich].

Mhd. isern, iserin, mittelst der abjectivischen Ableitungsendung -in = en von der neben mhd. isen (s. Eisen) gebrauchten mhd. Form das iser. Dieses iser aber ist, wie jenes isen, gekürzt aus ahd. isarn = Eisen (s. b.), wovon ahd. isarnin, goth. eisarneins, = eisern, welches durch Ausstoßung des r schon ahd. zu isanin, isinin, mhd. isenin d. i. nhd. eisen (st. eifern) wurde.

ei's grau, mhd. îsgrâ, Adj. : grau wie Eis d. h. weißgrau.

Schon mhd. »sîn hâr was grâ als ein îs« (*Gerhard* 768) = sein Haar war grau wie ein Eis.

ei'sig, mhd. îsec, Adj. : voll Eis; höchst kalt, ei'skalt.

der Ei'svogel, —s, Pl. Eisvögel : Art smaragdgrüner Wasservögel.

Mhd. der isvogel, ahd. isfogil d. i. isfocal. Der Name daher, weil der Fische fressende, an Bächen nistende Vogel nach alter Sage zur Winterzeit (Eiszeit) brüten soll.

der Eiß, —es, Pl. —e : Eiterbeule. S. Eiter.

ei'tel = leer; gehalt=, werthlos; gehaltlose hohe Meinung von sich oder Eigenem habend; nichts als, nichts mehr als. Zusammens. : die Ei'tel= keit, Pl. —en, = Leerheit, Gehalt=, Werthlosigkeit; gehaltlose hohe Meinung von sich oder Eigenem.

Eitel, mhd. îtel, ahd. ital, altsächs. ïdal, ist nach J. Grimm (Gramm. II, 45) urspr. wol s. v. a. glänzend, nur scheinend, und zurückzuführen auf ein lautverschoben zu gr. aïthein (αἴθειν), sanskr. indh [n gehört nicht zur Wurzel], = brennen, stimmendes verlornes goth. Wurzelverbum eidan (Prät. Sing. áid, Pl. idum, Part. ïdans) = glänzen, leuchten(?), wozu auch mhd. und ahd. der eit goth. áids(?) = Feuer gehört. Von jenem mhd. îtel leitete man weiter ein Adj. îtelec (d. i. nhd. eitelig), aus dessen Zusammens. mit -heit mhd. die itel= keit d. i. îtelcheit (îtelc-heit Eitelîgheit) unser Eitelkeit entstanden ist.

das (jetzt gewöhnlich der) Ei'ter, —s, ohne Pl. : sich beim Schwären bildende Flüssigkeit. Daher ei'terig, Adj.; ei'tern.

Mhd. das eiter, ahd. eitar, angelsächs. âtor, = Gift, besonders thierisches, alt= nord. das eitr wie unser Eiter. Alle stehen in t auf Einer Lautstufe, und im Hochdeutschen ist also hier Stocken der Lautverschiebung eingetreten, wie bei bitter (s. b.), lauter, (Fisch=)Otter; aber daneben findet zugleich die gesetzmäßige Fort= schiebung des goth., angelsächs. und altnord. t in hochd. z (ß) statt, indem aus unserem von mhd. und ahd. eit Feuer (s. eitel) ganz verschiedenen Stamme eit (-ar ist Ableitungssylbe) das bayerische der Aiß, hochd. Eiß (s. b.), mhd. u. ahd. der eiz = Eiterbeule, Geschwür, regelrecht hervorgeht. Das von Eiter abgeleitete mhd. Adj. eiterec, ahd. eitaric, unser eiterig, bed. zuerst „giftig“, dann aber auch schon im Ahd. „voll Flüssigkeit vom Schwären der Wunde“ (Graff I, 158).

die Ei'ternessel (e vor ss wie ä), Pl. —n : die kleine Brennnessel (urtica mínor).

Statt Eiternessel. Mhd. die eiternezzel (in einem ungedruckten Pflanzen= glossar v. 1452 eyternessel), ahd. heitirnezilâ d. i. (da auch ahd. heitar st. eitar Eiter vorkommt) eitarnezilâ, welches urspr. s. v. a. Giftnessel (s. Eiter), Ge= schwür erzeugende Nessel, bedeutet. Nicht v. ahd. eit Feuer.

der E'kel (E in der jetzigen Aussprache, aber urspr. E), —s, ohne Pl. :

wibrige, Brechreiz anregende Empfindung vor etwas; wibrige, ab-
wendende Empfindung wovor. Davon : das Adj. ékel = Efel
empfindend; kleinlich wählerisch in Beziehung des Genuſſes. ékeln
= Efel erwecken, zum Efel ſtimmen [Nur unperſönlich : mir, bir ꝛc.
ékelt, 1521 mir ërkelt, auch bei Luther, Göthe, Schiller
ekeln mit Dat.; nicht ſo richtig mit Acc. mich ꝛc. ekelt, wie bei
Leſſing, Jean Paul]. Zuſammenſ. : ékelhaft = Efel gegen
ſich erweckend; zu Efel geneigt. der Éfelname (urſpr. niederd.)
= Beiname zur Beſchimpfung. éflich, ungut (wie wenn Ableitung
mittelſt =ig ſtatthätte) éflig, = leicht Efel erweckend; leicht empfänglich für Efel.

Wie fodern, Köber, Welt aus mhd. vordern, kërder (quërdér), wërlt, ſo auch
mittelſt Ausſtoßung oder Unterbrückung des r Efel, bei Luther ekel, aus
einem mhd. der ërkel (Grimm's Gramm. I¹, 137), ahd. ërchal(?), welches von
einem mhd. ërken, bei Joſua Maaler (1561) Bl. 108° ërcken, = Unwillen
und Abſcheu vor etwas haben, engl. irk = verdrießen, unangenehm ſein. Bon ·
jenem Efel aber ſind dann wieder durch Ableitung und Zuſammenſ. gebildet :
ekeln, 1462 ſchon ohne r ëchelen (Mone's Anzeiger VII, 299, 47), bei
J. Maaler a. a. O. und in der Zürcher Bibel v. J. 1521 aber noch ërckelen,
ërckeln; eflich, mhd. ërklich, als Adv. ërkliche (3. Grimm's Reinhart Fuchs
S. 105), = leidig, zuwider ſeiend. — Was die heutige Ausſprache anlangt, ſo
iſt das tiefe e (ë) aller der hierher gehörigen Wörter zum hohen e umgewandelt.

† eflektiſch (beide e wie ä), Adj. : auswählend, prüfend.
Aus gr. eklektikós auslefend [v. ek-légein = aus-leſen].

† die Elliptik, ohne Pl. : die ſ. g. Sonnenbahn, der Thierkreis.
Aus lat. ecliptica (nämlich línea), der lat. weiblichen Form des Adj. eclípticus v.
gr. ekleiptikós, é, ón, = mangelhaft. Jenes Wort wurde von der Sonnenbahn
deshalb gebraucht, weil in ihr die eclipsis (gr. ékleipsis) das Abnehmen oder
Berſchwinden [gr. ek-leípein eig. aus-laſſen], das Mangeln des Sonnen- oder
Mondenlichtes, d. h. die Sonnen- oder Mondfinſterniſſe, vorkommen.

† die Eklóge, Pl. —n : Hirtengedicht, ländliches Gedicht.
Aus lat. die écloga, v. gr. ek-logê (ἐκλογή) eig. Aus-leſe, Auswahl, dann
kleines, auserleſenes Gedicht, endlich (nach des Birgilius Benennung ſeiner
Jdyllen) Hirtengedicht.

† die Ekſtáſe, Pl. —n, aus lat.-gr. écstasis : Ent-, Verzückung.
Das gr. die ék-stasis bed. urſp. das Rücken (Entfernen) aus der Stelle.

=el, Ableitungsſylbe an Subſtantiven und Adjectiven.
In dieſe nhd. Ableitungsſylbe, welche ſchon mhd. -el (bei weiterem früheren
Vocal nach -el auch -ele) lautet, ſind die ahd. (u. goth.) Ableitungsſylben -al, -il,
-ul zuſammengefloſſen. S. der Geifel, Bogel, Nabel, die Fackel, Nabel, Semmel,
Wurzel, das Segel ꝛc., dunkel, eitel ꝛc.; der Bühl, Büttel, Himmel, Keſſel,
Knüttel, Löffel, Schlüſſel, Stengel, Enkel (= Fußknöchel), die Driſchel, Geiſel,
Neſſel, Schüſſel, Windel; das Legel (Lägel), Bündel, Jnſiegel, übel ꝛc.; der
Apfel, Schnabel, die Staffel, Angel, Fiebel, Schindel ꝛc.

=el, die oberd. Verkleinerungsſylbe des Subſtantivs, kommt hochdeutſch

nur in Eichel, Mädel, auch mitunter Kindel ꝛc., und in dem dop=
pelt verkleinernden =elchen b. i. =el=chen vor, welche Verbindung von
=el und =chen (f. b.) einzutreten pflegt, wenn das Substantiv auf ch
(aber nicht sch) und g auslautet, z. B. Bächelchen, Löchelchen, Sprüch=
elchen, Dingelchen, Jüngelchen, Trögelchen ꝛc. Dieses =elchen hat
übrigens einen gewissen Anstrich des vertraulichen, der sich deutlicher
bei Personennamen, wie Hänselchen (Voß, Luise 1, 669) ꝛc., zeigt.

Dieses verkleinernde =el lautet mhd. -el, -ele, ahd. -ili, in ältester Zeit auch
männl -ilo, weibl -ila (f. Eichel), goth. männl. -ila, weibl. -ilô, fächl. -ilô.
Vgl. =lein.

† die Elasticität, Pl. —en : Schnell=, Spann=, Federkraft. Aus
einem neulat. elasticitas (franz. élasticité) v. dem von gr. elaúnein
(ἐλαύνειν) antreiben, in Bewegung setzen, abgeleiteten neulat. elásticus
(franz. élastique), woher unser elástisch = spann=, federkräftig, prall.

die Elbe, der Name eines deutschen Flusses. S. Elbsch.

der Elbsch, —es, Pl. —e : der Schwan. Schweizer. Elbs (Stal=
der II, 250).

Mit sch statt ß (vgl. Hirsch). Denn mhd. der elbiz, ahd. elpiz, albiz, albiz,
bei Notker die albiz, goth. albits(?), angelsächs. älfet, altnord. die älft, Alpt. Das
Wort stimmt zu dem gleichbed. slaw. lebed' (worin der im Deutschen anlautende
Wurzelvocal dem l folgt), poln. labec', böhm. die labut, serbisch der labud, und
bezeichnet urspr. den weißen Vogel, indem es, sowie auch der Flußname Elbe,
lat.=germanisch Albis, goth. Albs(?), ahd. Alp, böhm. Labe, poln. Laba, der
Lautverschiebung gemäß zusammentrifft mit lat. álbus weiß, gr. alphós (ἀλφός)
weißer Hautfleck S. Grimm's Gesch. d. deutsch. Spr. 325.

=elchen, die eigentlich zweifache Verkleinerungsform, f. =el 2.

† die Electricität, ohne Pl., nach franz. électricité (neulat. electrí-
citas) : das Vermögen gewisser Körper, z. B. des Bernsteins, in
Folge des Reibens leichtere Körper anzuziehen und bei Annäherung
anderer einen knisternden Funken zu erzeugen. eléctrisch, nach franz.
électrique (neulat. eléctricus), = Electricität habend und äußernd.
electrisl'eren, franz. électriser : Electricität erregen oder mit=
theilen; [bildlich] durchblitzen, lebhaft befeuern.

Alle zurückgehend auf lat. eléctrum v. gr. élektron (ἤλεκτρον) Bernstein.

† elegánt, das franz. élégant v. lat. élegans (eig. wählerisch) : aus=
erlesen, zierlich, geschmackvoll. Daher die Eleganz, ohne Pl., franz.
élégance v. lat. elegántia : Auserlesenheit, Zierlichkeit.

† die Elegie, aus lat.=gr. elegia (gr. ἐλεγεία) : Gedicht, dessen Grund=
ton Wehmuth und Zärtlichkeit ist; Klagegedicht. Daher elégisch,
lat.=gr. elegíacus, = wehmüthig=zärtlich.

† das Element, —es, Pl. —e, mhd. das element, v. lat. elemén-
tum : Urstoff, Grundbestandtheil; Lebensstoff. Der Pl. Eleménte,

lat. eleménta, = Anfangsgründe. Daher elementárisch, nach lat. elementárius : urstofflich, uranfänglich; den Anfangsgründen gemäß.

das **Elend**, —es, ohne Pl. : Land der Verbannung wie diese selbst; hilfloser Zustand; größte Bedrängniß und Beschwerniß. **élend** und **élendig**, Adj. : ganz verlassen; völlig hilflos und beklagenswerth.

Das Elend steht st. Ellend, mhd. das éllènde, früher auch elelende, ahd. elilenti, welches zusammenges. ist aus dem, mit lat. álius, gr. Állos, = ein anderer, übereinstimmenden, nur in Zusammensetzungen vorkommenden ahd. Adj. eli-, ali-, altsächs. eli-, goth. (für sich stehend) alis, = ein anderer, und dem mittelst -i von laut Land gebildeten lenti. Urspr. bed. hiernach das Wort s. v. a. anderes, fremdes Land, z. B. dô begund ër [nämlich Christus] si [die Apostel] dô senden — in daz ellende [in die Fremde] — von lande zû lande (senden widerstrit 1540 ff.). Im Mhd. dann auch schon die Bed. : größte Bedrängniß und Beschwerniß. Das Adj. elend, mhd. éllènde, ahd. elilenti, am frühsten alilanti, ist gleicher Bildung, wie das Subst. und bed. zuerst fern von der Heimat (Otfried 1, 18, 16), dann fremd, verbannt, hilfsbedürftig, jammervoll.

das **Elend**, —es, Pl. —e, und das **Elenthier**, —es, Pl. —e : größte Hirschart.

Elend bei Luther 5 Mos. 14, 5; im neuniederl. der eland [woher franz. élan]. Das auslautende d scheint angetreten, wie in jemand, und die ursprünglichere Form zeigt Elen in Elenthier. Dieß Elen aber, v. poln. jelen (spr. jelenj), russ. olen', litthauisch elnis, = Hirsch, verdrängte völlig den mit lat.-keltisch álce stimmenden eigentlich deutschen Namen des Thieres : mhd. der élch, élhe, ahd. élaho.

der **Elephánt**, —en, Pl. —en : das größte Landthier.

Schon b. Luther. Genauer nach lat. der elephántus, während die mhd. starkbiegende Form der élefant (Lamprechts Alexander 4237. 4262. 4268), hëlfant, ahd. der hëlfant, mit ital. elefánte v. lat.-gr. élephas (Gen. elephántis).

elf (e wie ä), richtiger, aber jetzt veraltet **eilf**. der **élfte**, **eílfte** f. in der Anmerk. **élftehalb** = 10½.

Die Form elf ist aus dem Niederd. gäng und gebe geworden und hat die eigentlich hochd. Form eilf jetzt ganz verdrängt. Im 18. Jahrh. aber begegnet diese noch öfter; früher war sie die herrschende und alleingültige. In Sebastian Helber's Sylbenbüechlein (1593) S. 34 „einlif oder eilf"; bei Luther eilff; selbst schon, wenngleich selten, mhd. eilf u. in vollerer Form eilif. Mittelst Ausstoßung des n aus dem mhd. üblichen einlef, einlif, ahd. einlif, goth. áinlif [? Gen. (Pl.) áinlibê], altsächs. (mit Lautangleichung des n) ellevan, neuniederl. elf, altnord. ellifu, welche, als verhärtete Zusammensetzung des Zahlwortes ein (s. b.) mit dem sonst ausgestorbenen, aller Wahrscheinlichkeit nach aus dem Pl. Prät. des goth. -leiban bleiben (s. b.) entsprossenen urspr. sächl.(?) Subst. -lif, bedeuten : zehn und eins darüber (10+1), wie zwölf (s. b.) = [zehn und] zwei darüber. Doch möchte J. Grimm neuerdings in -lif die Form einer uralten Zehnzahl sehen, so daß elf = 1 + 10, zwölf = 2 + 10 wäre. — Von elf kommt dann mit superlativisch antretendem t das Ordnungszahlwort der élfte, früher eilfte, mhd. einléfte, einlifte, auch einmal schon élfte, ahd. einlifto, goth. áinlifta (?), altſächſ. ellifto, neunlederl elfde. Das nhd. Abv elftens iſt gebildet wie drittens (ſ. d.).

der Elf (E wie Ä), —es, Pl. — e : Nachtgeiſt, böſer Neckegeiſt.

Eins mit Alp (ſ. d.) und nichts anders als die neben dieſem hochd. Worte im 18. Jahrh. eingeführte engl. Form elf (angelſächſ. älf), dän. elv, ſchwed. elf (altnord. Alfr).

die Elfe (E wie Ä), Pl. —n : leicht im Reihentanz über Grashalmen und Blumen ſchwebendes geiſtiges Weſen.

Die weibliche Form von der Elf und nach dieſer männlichen gebildet, alſo ebenfalls unhochdeutſch. Reinhochdeutſch wäre die Elbe, mhd. elbe (*Minnes.* I, 122ᵃ, 5, 1), ahd. elpia (?), alpia (?), goth. albi (?), v. Alp (ſ. d.).

das Elfenbein, — es, ohne Pl.: Maſſe der Stoßzähne des Elephanten.

Bei Luther (Hohel. 5, 14) elphenbein. Mit abgeſtoßenem H im Anlaute aus mhd. das hëlfenbein, ahd. hölfentpein, d. i. Knochen von dem hëlfant (Elephant, ſ. d). Davon mittelſt -in das mhd. Adj. hëlfenbeinin ahd. hölphantpeinin unſer elfenbeinen.

† **das Elixîr**, —es, Pl. — e : Kraft=, Heiltrank.

Aus arab. el ikſir [el, al iſt der Artifel] = der Stein der Weiſen, die Tinctur.

der Ellbogen, nach niederd. ëllbagen, angelſächſ. elboga, was **Ellenbogen**.

die Elle, Pl. —n : Längenmaß von 2 Fuß.

Urſprünglich die Länge des Vorderarmes. Denn mhd. die elle, durch Lautangleichung des n aus früherem elne, ahd. elna (ſpät auch ſchon elle), élina, goth. die alleina, entſpricht dem gr. die ōlénē (*ωλένη*) = Ellenbogen, lat. úlna = Ellenbogen und dann Elle.

der Ellenbogen (Elnbogen), —s, Pl. wie Sing., urſpr. **Ellenboge**, —ns, Pl. —n : Gelenk zwiſchen Ober= und Vorderarm.

Dem Niederd. gemäß auch Ellbogen. — Ellenbogen iſt mhd. der ellenboge, elenboge, ahd. ellinbogo, elinpogo, zuſammengeſ. aus ahd. elina (ſ. Elle), welches hier den Vorderarm bezeichnen würde, und ahd. pogo, poco Bogen (ſ. d.).

die Eller (E wie Ä), Pl. —n, ahd. die élira, was **Erle**, ſ. d.

† **die Ellipſe**, Pl. —n, aus lat. ellipsis (v. gr. Elleipsis): Auslaſſung eines Wortes, welches aber der grammatiſchen Vollſtändigkeit wegen in Gedanken zu ergänzen iſt; Langkreis [d. h. ein in Hinſicht der ſtrengen Rundung mangelhafter Kreis]. Daher ellíptiſch, nach neulat.=gr. ellipticus.

die Elritze (E wie Ä), Pl. —en, ein fingerslanger bitterer Backfiſch.

Mittelſt der Endung -itze von Eller = Erle, welche Herleitung dadurch beſtätigt wird, daß der Fiſch auch Erling, mhd. erling (Haupt's Zeitſchr. IX, 392, 48), ahd. erlinc (*gl. trevir.* 4, 31. Nicht erlinc), heißt, in der Wetterau nach Popowitſch S. 108 mit jener Ableitungsendung -itze ſelbſt Irlitze v. wetterauiſch und mitteld. die irle = Erle. Der Name darum, weil ſich das Fiſchchen vielleicht gerne unter den an den Bachufern ſtehenden Erlen aufhält.

die Elſebeere (E wie Ä), Pl. —n, ſchwarze oder ſchwärzliche Beere mehrerer Baumarten.

Neuniederl. die els, span. der aliso, eins mit ahd. elirâ (f. Eller), deſſen r ſich demnach aus urſprünglichem s entwickelt hätte [goth. alizô?].

die Elſter (E wie Ä), Pl. —n : weiß= und ſchwarzer, langgeſchwänzter Vogel vom Rabengeſchlechte. S. Atzel.

Die Schreibung Elſter iſt althergebracht und nicht in Älſter umzuwandeln. Mhd. elster, verkürzt aus der früheren Form die egelster, âgelster, âgelester (vgl. Vridankes bescheidenheit S. 293, 142, 21), ahd. âgalastrâ d. i. â-kalastarâ(?), ſcheint Zuſammenſetzung des ahd. â- = aus, ohne, un-, mit einer Ableitung von dem auf kalan(?), altnord. gala ſingen, zurückzuführenden ahd. das galstar, kalstar Zaubergeſang [ahd. kalastarâ? = Sirene], und darnach urſpr. ſ. v. a. rauh-ſchreiender, krächzender Vogel. Vgl. Grimm's Gramm. II, 367. W. Wacker-nagel's Wtbch 9.

die Eltern (E wie Ä), nur Pl. : Vater und Mutter zuſammen.

Die Schreibung mit dem Umlaut E iſt wolbegründet (f. Ä) und die mit Ä (Ältern) beruht nur auf einer falſchen Anſicht Abelung's. Ahd. die eldiron, früher altiron, der Nom. Pl. v. altiro älter, dem Comparativ v. alt, welcher hier, wie der von jung in der Jünger, ſubſtantiviſche Bedeutung angenommen hat.

† das Elyſium, —s, ohne Pl., das lat.-gr. ely′sium : Wohnort der Seligen im Todtenreiche. Daher elyſä′iſch (elyſêiſch), ely′fiſch.

em= in empören, empfangen, empfehlen ꝛc., ſ. ent=.

=em, Ableitungsſylbe an Subſtantiven.

Schon mhd. -em, im Ahd. aber finden -am, -um ſtatt. Vgl. Athem, Brodem ꝛc., aber auch Broſam, Eidam. In einigen Wörtern iſt das auslautende m in n verſchwächt. ſelbſt ſchon im Mhd. Vgl. Boden, Buſen, Faden, Schwaben.

† die Emancipatiôn, Pl. —en, von lat. emancipátio : Freilaſſung zu Gleichberechtigung; Mündigſprechung. Von emancipieren, lat. emancipâre.

† emeritiert = für ausgedient (lat. eméritus) erklären.

† der Emigránt, —en, Pl. —en : Vaterlandsflüchtiger. Von lat. émigrans, dem Part. Präſ. v. emigrâre aus=wandern, woraus unſer emigrieren.

† der Emir, —s, Pl. —e : arabiſcher Fürſt.

Das arab. emîr, amîr Befehlshaber, v. arab. amara befehlen.

† der Emiſſär, —es, Pl. —e : Geheimbote, Kundſchafter.

Aus franz. émissaire v. lat. emissárius (eig. Aus-geſchickter).

Emma, Frauenname, ahd. Emmâ (E iſt Umlaut), wahrſcheinlich die kürzere trauliche Form eines zuſammengeſ. Namens.

der Emmerling, —es, Pl. —e, f. Ammer 1.

† das Emolumént, —es, Pl. —e : Amts=, auch Nebeneinkünfte.

Aus lat. emoluméntum Vortheil aus Benutzung einer Sache.

der Empfáng, —es, ohne Pl., mhd. ánpfanc, ántfanc, ahd. der ántfanc. Neben empfángen (alterthümlich empfáhen), Präſ. ich empfánge, du empfängſt, er empfängt, wir empfángen ꝛc., Prät. em-pfieng, Part. empfángen, mhd. enpfâhen, ahd. in-, int-, antfâhan, =

entgegen nehmen, an sich nehmen, in sich ein- oder aufnehmen (vgl. ent-
u. fangen). Daher dann weiter : der Empfänger (ahd. infangâre),
das Adj. empfänglich (mhd. enpfenglich, ahd. an-, antfanclîh)
mit die Empfänglichkeit; die Empfängniß (mittelb. die inpenc-
nisse, ahd. in-, antfancnissa).

der Empfёhl, —es, Pl.—e, = Empfёhlung. Von empfёhlen,
Präs. ich empfёhle, du empfiehlst, er empfiehlt, wir empfёhlen ꝛc.,
Prät. empfáhl (Conj. empföhle), Part. empföhlen : zu Sorge, Gunst
oder Geneigtheit über- oder dargeben.

> Im Ahd. findet sich empfehlen noch nicht; erst mhd. enpfёlhen, mittelb.
> enpfёlen, zusammenges. aus ent- (f. d.) und fёlhen ahd. fёlahan (f. die Anmerk.
> zu Befehl) und also urspr. f. v. a. zur Bewahrung (Verbergung) entgegen-
> d. h. dargeben.

die Empfindelei, Pl. —en : ins Kleinliche gehende, übertriebene
Empfindsamkeit. Diminutive Bildung, von empfinden.

empfinden, Prät. empfánd (Conj. empfände), Part. empfúnden, Imp.
empfind (gewöhnlich ungut empfinde), mhd. enpfinden, enphinden,
ahd. in-, intfindan, intphindan, zusammenges. aus ent- und finden
[also urspr. gleichsam entgegenfinden, dann] : mittelst der Nerven wahrnehmen. Daher: die Empfindung; die Empfindniß (Schiller's
Räuber) = angreifende, auf den Körper wirkende Seelenbewegung.
Zusammenf. : empfindbar; empfindlich (ahd. intfintlîh) mit die
Empfindlichkeit (mhd. enpfintlicheit); empfindsam.

† die Empháse, Pl. —n, aus lat.-gr. die émphasis : Nachdruck im
Reden, Gewicht des Ausdrucks. Daher emphátisch, nach gr.
emphatikós = (veranschaulichend-) nachdrucksvoll.

† die Empiríe, ohne Pl., aus gr. empeiría : Erfahrung, Erfahrungs-
wissen. Daher empírisch = "erfahrungsmäßig", nach lat. empíricus,
gr. empeirikós, wovon auch der Empíriker = Erfahrungsarzt,
der bessen Wissen und Handeln auf Erfahrung beruht.

empór, Adv. : in die Höhe, zur Höhe. Früher auch : in der Höhe.
> Mhd. enbor, enbore, und auch schon (mit Übergang des n zu m vor dem
> Lippenlaute) empor, ahd. in bore (b. *Notker*), in por, eine Verbindung der im
> Mhd in geläufiger Redensart zu en geschwächten Präp. in in mit dem Dativ
> u. Acc. von dem aus der Participialform des ahd. Verbums pёran tragen (f.
> Bürde) entsprossenen ahd. Substantiv die por, mhd. bor, = Höhe, oberer Raum.
> Älter-nhd. auch mit eingeschobenem t entstellt entbor.

empören = erheben. sich empören = sich erheben, besonders feindlich gegen Obere. Daher : der Empörer, die Empörung.
> Das Wort hat mit empor, dessen o im Altdeutschen kurz war, nichts gemein,
> sondern ist das mhd. enbæren = widersetzen, erheben wider —, erheben (*Benecke-*
> *Müller* I, 153ᵃ. *Lohengrin* 137, 1), 1482 enpörēn (*voc. theut.* Bl. g 4ᵇ), eine
> Zusammensetzung aus ent- (gekürzt en-) ent- und einem von mhd. das bör

Troß, Widerſeßlichkeit (*Wolfram's Willehalm* 308, 6), abgeleiteten bœren b. i.
ahd. pôr-j-an, welches auch in ſpät-ahd. anebôren = „aufſtehen wider — " (ſ.
Graff III, 158) ſich findet. Jenes mhd. bôr aber iſt bis jeßt unableitbar und
kann des langen o wegen nicht, wie por mhd. bor in empor, von mhd. bôrn
ahd. përan (ſ. empor) kommen, unter welches Verbum es Benecke geſtellt hat.

émſig, richtiger émßig, = beharrlich, ununterbrochen thätig. Daher
die E'mſigkeit, richtiger Emßigkeit, mhd. emzic-heit.

Bei J. H. Voß ungut ämſig geſchrieben. — Das mhd. Abj. emzic, emezic,
ahd. emizic, emazic [nicht âmazic], = mit Eifer fleißig, fortwährend, ununterbrochen, wovon das Adv. mhd. emzige, emezige, ahd. emizîco (durch Angleichung
des a vor z zu i und Umlautung des Anlautes ſt. des früheren) amazîgo, lautet, führt
zunächſt auf ein gleichbed. ahd. emiz, (mit unklarem e, da a in az keinen Umlaut
bewirken kann) emaz, welches mittelſt der Ableitungsſylbe -iz, -az v. der auch
bei Ameiſe (ſ. b.) zu Grunde liegenden und den Begriff der Anſtrengung, un-
unterbrochenen Thätigkeit, in ſich tragenden Wurzel am. In den Begriff von
„müßig" geht das Wort über in angelſächf. ämetig, engl empty leer.

-en, die Ableitungsſylbe an Subſtantiven und Adjectiven.

Auch mhd. bereits -en, aber im Ahd. -an, -in und für Adjective noch in-
(goth. -ein). Vgl. der Dëgen, Hafen, Ofen, Regen, Wagen ꝛc., das Laken,
Wappen, Zeichen ꝛc.; das Becken ꝛc.; eben, trocken, eichen, elfenbeinen, golden,
irden, leinen ꝛc.

† die Enclâve, Pl. —n, das franz. der enclave (gleichſam Einge=
nageltes) : von fremdem Gebiete umſchloſſenes Land.

† die Encyklopädïe, nach gr. enkyklopaideía (ἐγϰυϰλοπαιδεία) :
Lehrkreis [gr. ky'klos Kreis, paideía Unterricht] der Wiſſenſchaften
oder auch nur der zu einem Fache gehörigen. Daher encyklopä'diſch
= lehrkreismäßig.

das Ende, —s, Pl. —n, mhd. der u. das ende, ahd. (Sing. u. Pl.)
enti, goth. der andeis, ſanſkr. anta : das Leßte von etwas (urſprüngl.
gegen Anderes Gekehrte) in Raum oder Zeit. Daher : énden, mhd.
enden, ahd. entôn, u. énbigen.

Mit ahd. das endi, andi Stirn nach J. Grimm (Grenzalterthümer S. 6)
auf die Partikel ant- unſer ant= (ſ. b.) zurückzuführen.

énbelich = zum Ende ſtrebend und eilend, ohne Säumen.

Luc. 1, 39; aber ſpäter veraltet. Mhd. endelich, Adjectiv, wovon das Adv.
endelîche.

† endémiſch, von Krankheiten : örtlich eigen. Von gr. éndêmos.

die Endi'vie (4ſylbig), Pl. —n, zu Salat bienende Cichorienart.

Aus ital., ſpan., portug., provenz. endívia, von einem lat. inty'bea, der weibl.
Form eines von lat. intybus (ſt. intabus) Cichorie entſproſſenen Abj. inty'beus.
S. Diez Wtbch 131.

énblich, Abj., mhd. entlich, ahd. entlih : ein Ende habend. Das
Adv. énblich = am Ende, zuleßt; nach durchgeharrter Zeit.

der E'ndzwëck, —es, Pl.—e : leßter Zweck. Zuſammengeſ. mit Ende.

† die Energie (e vor r wie ä), ohne Pl., nach franz. energie v. gr.

enérgeia, = Thatkraft. Daher enérgiſch, franz. energique, = thatkräftig, durchgreifend.

eng, beſſer enge, Adj., mhb. enge, ahb. engi, angi, anki, goth. aggvus, = wenig Raum bietend. Daher die Enge, mhb. enge, ahb. engî, enki; das Adv. enge, wofür mhb. richtiger unumgelautet ange, ahb. ango; engen, mhb. engen, ahb. engan, goth. aggvjan.

> Das Wort ſtimmt mit ang- in lat. angústus eng, ángere zuſammendrücken, u. mit anch- in gr. ánchein (ἄγχειν) zuſchnüren. Vgl. Angſt.

† engagïeren (ſpr. angaſchïren) = verbindlich machen, anwerben, in Sold und Dienſt nehmen.

> Von franz. engager, ital. engaggiàre, = verpfänden, zuſammengeſ. aus en in u. dem v. franz. gage, ital. gággio Pfand, Sold [d. i. mittellat. vádium v. goth. vadi Pfand, Handgeld], abgeleiteten altfranz. gager pfänden.

der Engel, —s, Pl. wie Sing. : Gott oder dem Teufel dienſtbarer Geiſt. Daher engliſch = von einem Engel Gottes herkommend oder ihm eigen; ſchön wie ein Engel Gottes.

> Mhb. der engel, ahb. engil, angil, goth. aggilus, entlehnt v. lat.-gr. ángelus, gr. ἄγγελος Bote, Geſandter. Engliſch, mhb. englisch, engelisch, am Frühſten engelisc, iſt nach dem gleichbed. lat.-gr. angélicus gebildet.

das Engelſüß (ohne Biegung), eine Farnkrautart mit ſehr ſüßer Wurzel, polypódium.

> Schon in dem Gießener Heilmittelbuch v. 1400 Bl. 107ᵇ heißt die Pflanze das engelsueß, gleichſam die das Süße wie ein Engel hat.

der Engerling, —es, Pl. —e : Maikäferraupe.

> Mhb. (mit bereits fehlerhaft eingetretenem l) der engerlinc Kornmade, ahb. engirinc d. i. enkirinc, mittelſt -inc (-ing) v. dem gleichbed. ahb. der angari. Ob dieß v. Anger?

England, gekürzt aus Engelland; mhb. Engellant, ahb. Engillant, d. h. Land wo die Angeln wohnen. Daher : der Engländer mit die Engländerin; das Adj. engländiſch, im 16. u. 17. Jahrh. engeländiſch, jetzt am üblichſten [nach dem erſten Theile der Zuſammenſ. des Subſtantivs Engelland] engliſch, wie ſchon mhb. englisch (Gerhard 1985), 1482 engellisch.

der Enke, —n, Pl.—n, mhb. enke, ahb. enko, encho d. i. anchio, altfrieſ. inka : unter dem Großknechte ſtehender Vieh= oder Ackerknecht.

der Enkel, —s, Pl. wie Sing. : Kindeskind. Daher die Enkelin.

> Gekürzt aus mhb. der énikel, früher éninkel, ſpät-ahb. éninchil, woneben das éninchli. Nach W. Wackernagel (Wtbch Sp. 121) Verkleinerungswort von ahb. ano Großvater (ſ. Ahn) und ſo urſpr. gleichſam kleiner Großvater, der Großvater nach unten.

der Enkel, —s, Pl. wie Sing. : Fußknöchel, hervorſtehender Gelenkknochen am Fuße.

> Mhb. der u. das enkel, ahb. der enchil u. der énchilo, die enchila, ánchala,

v. ahb. der encho = Knöchel, Schienbein, welches gleichen Stammes mit Anke ahd. ancha = Nacken ist. S. Anke S. 43.

† enórm, v. lat. enórmis (eig. unregelmäßig) : übermäßig.

ent=, mhb. ent- (gekürzt en-), ahb. int- (gekürzt in-, selten ën-, vor Lippenlauten auch schon im-), urspr. ant-, goth. and-, vor Substan= tiven auch in der älteren und volleren Form anda-, ist eine untrenn= bare, im Nhb. wegen Schwächung des ursprünglichen vollen a in e unbetonte Zusammensetzungspartikel, welche nur in der goth. Präp. and = worauf hin, entlang, entgegen, selbständig erscheint. Ihrem Ursprunge gemäß trägt sie stets die Grundbedeutung "gegen", wenn auch nach verschiedenen Gesichtspuncten, in sich. Auf dieser beruht, wenn ent= einerseits in vielen Verben das Werden, Hervorkommen eines neuen Zustandes [z. B. in entblühen 2c.], sowie das Versetzen in einen solchen bezeichnet [z. B. in entbrennen, entzünden 2c.], anderer= seits in einer noch größeren Anzahl von Verben das Austreten aus dem alten Zustande ausdrückt und so beraubende (privative) Bedeutung gewinnt [z. B. in entarten, entdecken 2c.]. Während sich aber die alte un= geschwächte Form ant= mit dem Haupttone in einigen Substantiven erhielt (s. ant=), gieng ent= einigemal vor den Lippenlauten, mit welchen das einfache Verbum anfieng, p und f, in em= über, zugleich mit der in dem Ausfall des t begründeten Wandlung des f zu pf. Hierher gehören empören, empfangen, empfehlen, empfinden, und dann auch die von diesen Verben abgeleiteten Substantive. Übrigens liegen fast allen Substantiven, in welchen das nhb. abgeschwächte ent= er= scheint, Verba gleicher Zusammensetzung zu Grunde. — Vgl. ant=.

entbéhren = nicht haben nach Bedürfniß.

    Mit dem Gen., z. B. „ich entbehre der Gattin" (Göthe); später auch, aber nicht so gut, mit dem Acc. Die Biegung des Verbums ist nhb. mit Unrecht schwach geworden; denn mhb. enbörn, ahb. inbëran, inpëran (d. i. intpëran), = ermangeln, ohne — sein, kann nur stark biegen, wie gebären, dessen bären und bëhren in entbëhren ein und dasselbe Wort sind. Ent= hat hier beraubende Bedeutung, und inpëran ist urspr. wol s. v. a. aus dem Zustande des Tragens, Hervorbringens [ahb. përan = tragen, hervorbringen] einer Sache kommen und sich außer demselben befinden.

entbínden (s. binden), mhb. enbinden, ahb. in-, int-, antpintan, = losbinden, von einem Bande frei machen.

sich entbréchen, mhb. sich en-, entbrëchen, = sich wovon mit Kraftanstrengung losmachen oder zurückhalten.

entbrénnen (s. brennen), zuerst transf. : in Brand setzen, zum Brennen bringen. Dann intransf. : in Brand kommen, eig. wie bildlich.

    Mhb. enbrennen, ahb. intprennan, als Factitiv nur in der transf. Bed., während in der intransitiven das starkbiegende ahb. inprinnan stehen mußte, welches im Nhb. entbrinnen lauten würde. Dieses wurde aber eben im Nhb., wie brinnen (s. d.) durch brennen, durch das transitive entbrennen ersetzt.

entbécken (é wie ä) = unbebeckt machen (z. B. bei Tscherning); [bildlich :] Unbekanntes zur Kenntniß bringen. Daher : der Ent= bécker, die Entbéckung.

Mhd. endecken, ahd. in-, int-, antdecchan, = der Decke benehmen, aufdecken (Rudolf's Weltchronik, Gießener Hf., Bl. 72c), bloß machen.

die Énte, Pl. —n, der bekannte Wasservogel. Daher der Énterich, —s, Pl. —e : die männliche Ente.

Énte ist weit üblicher und des hohen E wegen auch richtiger, als Änte (wie Abelung will). Das Wort in seiner jetzigen Gestalt ist abgeschwächt aus der mhd. Benennung die ante (b. Rosenblut), ant (Gen. ente), ahd. anit (Pl. entű, also stark), anot, anut, angelsächf. ened, enid, neuniederländ. end, und gehört offenbar mit lat. ánas (Gen. ánatis), mittellat. áneta = Ente zusammen, stimmt aber in dem Zungen= oder Zahnlaute nicht genau, indém dem lat. t gemäß die angelf. Form ened, ahd. anud, zu erwarten wäre (vgl D und Grimm's Gramm. II, 997). Länger erhielt sich das anlautende A in der Benennung des Männchens, welche z. B. noch landschaftl. (wetterauisch) Antrach lautet, aber auch sie wurde zuletzt nhd. zu Enterich; mhd. sagte man der ántrëche [neben der ant], ahd. antrache, antrëcho, anetrëcho, welches zusammengef. scheint aus ant, anet Ente und einer Ableitung oder vielmehr Nebenbildung von ahd. -rih goth. der reiks Herrscher, Oberer (f. Dietrich), was durch die altnord. Form für Enterich der and-riki Bestätigung erhalten dürfte. Vgl. Grimm's Gramm. II, 516. III, 341 f. und Täuberich unter dem Worte Taube. Das ital. abgeleitete ani- tráccio = große, junge Ente, kommt hier schwerlich in Betrachtung. Der bis ins 17. Jahrh. gebrauchte, mit „Vogel" zusammengef. Ausdruck der Antvogel, mhd. ántvogel, gilt bloß von der zahmen Ente.

éntern = (ein Schiff) feindlich mit Haken heranziehen, um es zu er= steigen und zu nehmen. der Énterhaken.

Aus dem Niederd.; neuniederl. enteren. Von span. entrar (v. lat. intráre) = hineingehen, eintreten, angreifen, dann wohin einfallen, eine Festung ꝛc. ein= nehmen, verfolgend ein Schiff einholen. An das unverständliche entri in dem mittelniederl. mit meren befestigen zusammengesetzten entrimeren landen (hor. belg. III, 115) ist wol nicht zu denken.

entférnen, transf. : in Hinsicht eines Gegenstandes machen, daß er ferne werde. sich entférnen = sich zur Ferne begeben, wovon ab=, wegwenden.

Vgl. das Verbum fernen unter dem Abf. fern.

entgégen (é wie ä), in Zusammensetzungen stehendes Adv. [z. B. ent= gegendampfen, =fahren ꝛc.] und selbständige Präp. mit Dat. : in der Richtung hin oder her zu —; feindlich in der Richtung oder in Be= ziehung zu —; im Verhältniß zu — (bei Herber).

Bei Luther entgegen. Mhd. engégen, ahd. ingégin, ingagan, inkakan, d. i. die Präp. in in mit dem Acc. Sing. eines ursprünglichen ahd. Subst. gagan, kakan, = Richtung auf einen Gegenstand hin (f. gegen). Vgl. Grimm's Gramm III, 154 f. 266. Als Präp. regiert das Wort schon im Mhd. bloß den Dat., im Ahd. aber auch den Acc. und, wie es scheint, zuerst

ben Gen. (*Dint.* I, 510ᵇ). Das hier unrichtige ent= st. des früheren en, in, er=
klärt sich durch die Form inkégin (vgl. *Williram*, herausg. v. Hoffmann, Wtbch
S. 29), deren k man mittelhochdeutsch in der Zusammensetzung für g eingetreten
ansah, indem man vor diesem ein eben jenes k bewirkendes t ausgefallen
wähnte, welches man dann, wie bei den Verben mit ent=, im Nhd. wiederher=
stellen zu müssen glaubte.

entgégen (é wie ä), selbständiges Abv., welches aber im Nhd. oft mit
dem vorigen entgégen zusammenfällt. Ungut und hart wird es zu=
weilen als Adj. verwendet, z. B. „im entgegenen Lande" (J. H.
Voß) = in dem gegenüber gelegenen.

    Mhd. engegene, enkegene (dessen en= man wegen k für ent= nahm), ingegene,
ahd. ingegini, in gagani, in kakani, d. i. die Präp. in in mit dem Dat. Sing.
des Substantivs gagani, kakani, = die Richtung auf einen Gegenstand hin,
Gegend.

entgégnen (é wie ä), mit haben : dagegen sagen.
    Mhd. engegenen = entgegen kommen, begegnen, ahd. ingaganan, d. i. int=
ent= und gaganan, kakanan (f. begegnen). Also nicht v. entgegen.

der Entgélt, —es, ohne Pl. Von entgélten, Präs. ich entgélte,
du entgiltst, er entgilt, wir entgélten 2c. Prät. entgált (Conj. ent=
gölte, entgälte), Part. entgólten : als Schuld und Nachtheil tragen.
    Mhd. engëlten, ahd. in-, intgëlten, d. i. int= ent= und gëltan, këltan gël=
ten (f. d.).

enthaúpten = zur Strafe durch Abschlagen des Hauptes tödten.
    Mhd. enthoubeten = durch Abschlagen des Hauptes tödten. In diesem Sinne
steht auch behoubeten und urspr. bloß houbeten d. i. ahd. honbitôn v. ahd. houbit,
houpit Haupt.

† der Enthusiásmus mit unverändertem Gen. u. ohne Pl., das gr.
enthusiasmós (ἐνθουσιασμός) : Begeisterung, Hochgefühl, Geistes=
rausch. Daneben der Enthusiást, —en, Pl. —en, das gr. enthu=
siastês (ἐνθουσιαστής), mit dem nach gr. enthusiastikós (ἐνθουσιαστι=
κός) gebildeten Adj. enthusiástisch.
    Alle v. gr. enthusiázein (ἐνθουσιάζειν) = ein ἔνθους (Gottbegeisterter) sein.

entláng, Abv. u. Präp. : nach der Länge, der Länge nach. Als Präp.
steht das Wort entweder vor oder hinter dem regierten Subst. und
dieses am ursprünglichsten, aber selten im Gen. [„entlang des Wald=
gebirges". Schiller's Braut von Messina], am üblichsten in dem
Acc. [„die Welt entlang" Schiller].
    Aus in und dem starken Acc. Sing. des Adj. lang gebildet, wie neben aus
in und eben mhd. enëben (*Iwein* 3790). Doch weiß ich noch kein mhd. en=
lang zu belegen. Ent= bildete sich durch Mißverstand aus en-, und der Geni=
tiv bei entlang ist darum ursprünglicher, weil das Adj. lang schon im Mhd.
diesen Casus bei sich führte. Niederd. sagt man entlangs (vgl. längs).

entlégen = in weiter Ferne gelegen, weit abgelegen.
    Das Part. Prät. v. entliegen, mhd. entligen, = fern liegen.

entléhnen = auf Wiedergabe nehmen; [bildl. z. B. von Schriftstellen] nicht als fein eigen anführen. Mhd. entlêhenen, ahd. antlêhanôn.

entléthen (f. leihen) : auf Wiedergabe nehmen.

Urspr. „auf Wiedergabe dargeben", welche Bed. mhd. entlîhen, ahd. int-, antlîhan, haben.

entrüsten = in Rüstung (Harnisch) bringen wogegen, aufbringen, zornig machen. sich entrüsten = aufgebracht, zornig werden.

Erst bei Luther. Ent- drückt hier ein „gegen" aus.

entfágen, mit Dat. : sich lossagen von —.

Mhd. entsagen, ahd. int-, antsagên, antsakên.

der Entfáß, —es, ohne Pl. : gewaltsame Befreiung von einer Bela=gerung; Mannschaft zu solcher Befreiung. Vgl. entfétzen.

entschließen = des Schließens (Geschlossenseins) benehmen. sich entschließen = aus dem Geschlossensein heraustreten; [abstract :] den festen Vorsatz an den Tag legen.

Mhd. entsliezen, ahd. in-, antsliozan.

entschlüpfen, mhd. entslüpfen, ahd. intslupfan : mit Geschwindigkeit und unvermerkt entgehen, entgleiten.

entfétzen (é wie ä) = aus dem Besitze einer Sache bringen; durch Hilfe wovon befreien, bes. von feindlicher Belagerung; [bildl. :] vor Furcht oder Abscheu außer sich bringen. sich entfétzen = vor Furcht oder Abscheu außer sich kommen. das Entfétzen, —s, ohne Pl., der substantivische Infinitiv.

Mhd. entsetzen, ahd. insezan in der ersten Bed., aber auch schon in der Bed. „in Furcht fein," in welcher im Mhd. entsitzen, ahd. int-, antsizan [d. i. ent-fitzen eig. = aus dem Sitz, der Ruhe gebracht werden], üblich war, wovon entfetzen das Factitiv ist.

entfétzlich (é wie ä) = außer sich bringend und verabscheuungswerth.

Von entfétzen. Ahd. sagte man antsâzîc furchtbar, im Goth. andasêts verab-scheuungswerth, welche zu entfitzen gehören (f. entfetzen).

entfpringen (f. fpringen), mhd. entspringen, ahd. intspringan : her=vorfpringen [ent= drückt hier ein „gegen" aus]; den Ursprung ha=ben. Im Nhd. auch : (durch Springen) entkommen.

entftéhen (f. ftehen) = fern bleiben, ermangeln. Dann aber auch : zu stehen, zu fein beginnen.

Mhd. enstân, ahd. intstân, vorzugsweise f. v. a. verstehen, urspr. wie goth. andstandan, gegenüber-, entgegenstehen.

entwéder, nur mit nachfolgendem oder, zur Bezeichnung, daß wenn das Eine ift, das Andere nicht fein kann.

Schon mhd. fteht entwéder, entwéder, eintwéder, der endungslofe Acc. des zahlwörtlichen Adjectivpronomens eintwéder = „eins von beiden", im Sinne einer Conjunction einem nachfolgenden oder gegenüber. Jenes eintwéder aber ent-fpringt aus eindewéder d. i. ein ein mit dem schon bei Notker vorkommenden dewéder [wol deh-wéder? dih-wédar? mit dih irgend?] = irgend einer von zweien, über deſſen wëder bei weber geſprochen wird. *Notker* hat übrigens auf einander bezüglich einwëder — odo = „entweder — oder;" aber dieſes einwëder mit einfachem wëder iſt ſeiner Form nach mit eintwëder nicht zu vermengen.

entweichen (ſ. weichen), mhd. entwîchen, ahd. intwîchan, intwîhhan, = ſich forteilend entziehen. Dann im Nhd. auch : unvermerkt von der Stelle weichen.

entwërfen (ſ. wërfen) = bildend leicht (in Umriſſen) von ſich geben . (hinwerfen). Daher der Entwurf, —es, Pl. Entwürfe.

> Mhd. entwërfen iſt urſpr. von der Bildweberei gebraucht (*Titurel* 91, 4).

entwiſchen, mhd. entwischen, ſpät-ahd. intwisken, = mit größter Geſchwindigkeit entgehen, ohne daß zu halten iſt.

entwöhnen = von der Gewohnheit, von der Mutterbruſt abwenden und ſie vergeſſen machen.

> Mit ö ſtatt des Umlautes e (ſ. A).. Denn bei Luther entwenen, mhd. entwenen, ahd. intwennan (nur vom Entziehen der Mutterbruſt) b. i. int-wan-j-an deſſen wanjan auf wan in altnord. vanr gewohnt (ſ. Gewohnheit) führt.

entzünden = in Feuer ſetzen.

> Mhd. enzünden, ahd. inzundan mit in- aus int-. Bei Theodor Körner unrichtig im Part. ſtark entzunden ſt. des ſchwachen entzündet.

entzwei, Adv. zerbrochen, zerriſſen.

> Mhd. enzwei, ahd. in zuei (d. i. in in mit dem Acc. Pl. des ſächl. zuei zwei, und ſo urſpr.) = „in 2 (Theile)." Ent- entwickelte ſich hier dadurch, daß man en in enzwei wegen des z mißverſtändlich für gekürztes ent- nahm. Vgl. entgegen.

entzweien = uneins machen. ſich entzweien = uneins werden.

> Sich zweien bed. : getheilter (zweierlei) Meinung ſein (vgl. Schmeller IV, 298), und ent- in entzweien drückt das Verſetzen in dieſen Zuſtand aus. Verſchieden hiervon iſt das ſtarkbiegende mhd. enzwîen = ſpalten (*Parzivâl* 385, 11).

der Enziân, —es, Pl. —e : die Bitterwurz, gentiâna.

> Im 15. Jahrh. enziân, enciân, aus der lat. Benennung.

der Epheu, —es, ohne Pl. : Wintergrün, ein Rankengewächs.

> Im 16. u. 17. Jahrh. der Ephew, Ebhew, ahd. (das) ebewe, ebowe, ebihewe, ephou, ebhowi. Das Wort iſt, wie das gleichbed. ahd. der ephi, epfi, epphi, ephî, ephe, epfe, effe, ephih, ephich, epphich, mhd. epfich, eppe, nhd. (mit niederd. pp ſtatt hochd. pf) Eppich, aus lat. ápium (ſ. Eppich), und die beiden entlehnten Namen wurden auf das Wintergrün (lat. hédera), für welches ſie z. B. Lonicerus († 1586) gleichgeltend hat, übergetragen. Hierbei aber ſuchte man den erſten Ausdruck durch die freilich ungeſchickte Anlehnung an Heu (Ep-hew) volksverſtändlich zu machen, und das ahd. epîh (Eppich) miſchte ſich mit dem zu ap in lat. ápium lautverſchoben ſtimmenden ahd. der ëbah, 1469 mittelrhein. ëbich (vocab. ex quo), angelſächſ. ifig, = Wintergrün (hédera).

† die Epidemie, Pl. —n, aus gr. epidémios [durchs Volk (gr. dê-

mos) verbreitete, nämlich nósos Krankheit] : herrſchende Krankheit, Seuche. Daher epibēmiſch = ſeuchenartig.

† das Epigrámm, —es, Pl. —e, das lat. epigrámma v. gr. epigramma (eig. Auf=ſchrift, dann) : Sinngedicht. Daher epigrammātiſch, lat.=gr. epigrammáticus.

† die Epilepſie (e vor p wie ä), —en, das lat. epilépsia v. gr. epilēpsía (eig. An=faſſen, Anfall, dann beſ.) Fallſucht. Daher epiléptiſch, lat.=gr. epilépticus, = fallſüchtig.

† der Epilóg, —es, Pl. —e : Schlußrede, Nachwort.
Aus lat.=gr. epilogus, gr. epílogos (eig. Berechnung, Schluß).

† épiſch, nach lat. épicus, gr. epikós, = das Heldengedicht (lat., gr. das épos eig. Wort, Erzählung) betreffend, ihm angehörig.

† die Epiſóbe, Pl. —n, das franz. épisode (v. gr. ep-eis-ódion eig. von außen Hineinkommendes, Einſchiebſel, zwiſchen den Chorgeſängen eingeſchaltete Handlung) : Zwiſchenhandlung in etwas, Zwiſchenſpiel. Daher epiſóbiſch, franz. épisodique.

† die Epiſtel, Pl. —n : Sendſchreiben, Brief.
Aus lat. epistola, gr. epistolē (ἐπιστολή) eig. Überſandtes, v. gr. epi-stéllein = zu=, hinſchicken.

† das Epitáphium, —s, Pl. Epitáphien : Grabſchrift; Grabmal.
Lat.=gr. epitáphium eig. auf das Grab (gr. táphos) Gehöriges.

† die Epóche, Pl. —n : bedeutſamer Zeitpunct; Zeitabſchnitt. Epóche machen = einen neuen bedeutſamen Zeitpunct herbeiführen.
Aus mittellat. epócha, gr. epochē (ἐποχή) eig. Anhalten, dann (bedeutſamer) Haltpunct in der Zeitrechnung.

† das Epos, Gen. des Epos, Pl. Epen : Heldengedicht. S. épiſch.

† der Eppich (E' wie Ä), —es, Pl. —e, was Epheu (ſ. d.).
Eig. aber, wie älter=nhd. der Epff, die auch die Peterſilie und den Sellerí umfaſſende Doldenpflanzenart ápium, woher die deutſchen Namen entlehnt wurden.

† die Equipáge (=age ſpr. áſche), das franz. équipage : Schiffsbeſatzung; Kriegsgepäck; Reiſegeräth, Kutſche u. Pferde. Von equipie=ren, aus franz. équiper, = ein Schiff ausrüſten oder bemannen; aus=rüſten, ausſtatten, mit allem Nöthigen (zunächſt Reiſegeräth) verſehen.
Franz. équiper, altfranz. esquiper, ſpan. esquifar, esquipar, v. franz. esquif, ſpan. u. portug. esquife, ital. schifo, = Boot. Dieſe aber ſind entlehnt aus ahd. scif, goth. skip, angelſächſ. scip, altnord. skip, unſerm Schiff, aus wel= chen deutſchen Formen auch das Schwanken zwiſchen p und f im Romaniſchen ſich erklärt.

ër, ſie, ës (ſt. urſpr. ëß), das Pronomen der dritten Perſon nach den drei Geſchlechtern.
Mhd. ër, sie, ëʒ, ahd. ër (bisweilen hër), ir, siu, ëʒ iʒ, goth. is, si, ita [deſſen a die Brechung des i zu hochd. ë erklärt], altſächſ. hë, siu, it, von wel= chen die männl. u. die ſächl. Form mit lat. is und id (ſanſt. it) ſtimmen und alſo

gleich tiefen auf dem Pronominalstamm i beruhen, die weibl. Form aber mit gr. ι (aus σFι) überreinstrifft.

ēr-, unbetonte untrennbare Partikel in Zusammensetzungen der Verben, aus welchen dann Substantive ꝛc. abgeleitet werden können. Sie lautet mhd. er-, ahd. ur-, ar-, ir-, er- (d. h. ēr-), goth. us- (der r durch Lautangleichung ur-), und hat den Grundbegriff herver, aus, woraus sich die Bedeutungen des heranf, auf [z. B. erbauen, erwecken ꝛc.], des Beginnens und Werdens [z. B. erblassen, erblinden ꝛc.], des wieder [z. B. erinnern, ersetzen ꝛc.] entwickeln, sowie die Bezeichnung des Beginnes der auf einen Gegenstand hin ergehenden Handlung [z. B. ergreifen, erzeigen ꝛc.] und endlich die Fähigkeit der Partikel, transitiven Begriff zu wirken oder doch hervorzuheben [z. B. erblicken, erlauben ꝛc.]. Die in ältester Zeit mit der Partikel zusammengesetzten Substantive und Abjective dagegen wahren fast alle die betonte ursprünglichere ahd. Form ur, z. B. Urahn, úralt, úrbar, Urbild, Ureltern, Urenkel, Urheber, Urholz, Urkraft, Urkunde, Urlaub, urplötzlich, Urquell, Ursache, Urschrift, Ursprung, Urtheil, Urgroßvater ꝛc. Aber mit Ausnahme von Urtheil hat sich überall in ur der ursprünglich kurze Vocal verlängert. Was die Bedeutung des ur anlangt, so verbindet diese Form der Partikel mit dem Grundbegriffe aus der vielen Substantiven die des Anfänglichen, Ersten.

Die in der Zusammensetzung adverbiale Partikel erscheint im Ahd. (ur, ar, ir, ăr) ꝛc. Goth. (us) für sich stehend und zwar als Präposition mit der Bed. hervor, aus, von, z. B. goth. stibna us himina eine Stimme aus (von) dem Himmel (Luc. 3, 22), ar arme vom Arme. Bgl. aus.

-er, Ableitungsshlbe an Substantiven und Abjectiven.

In diese mhd. Ableitungsshlbe, welche schon mhd. -er (bei weiterem Vocale nach r auch ere) lauten, sind die ahd. Ableitungssylben -ar (goth. meist ohne a), -ir, -ur zusammengeflossen, auch wenn ihnen noch ein weiterer Vocal folgte. Bgl. der Äcker, Anger, Bruder, Haber, Hunger, Vetter, Winter, die Oder, Ammer, Elster, Feder, Natter, das Alter, Euter, Futter, Gefieder, Gewitter, Silber ꝛc., ander, finster, heiser, sauber, wacker ꝛc.; der Käfer, Reiher, die Eller, das Messer ꝛc., sicher. Besonders fruchtbar ist die Ableitung männlicher Substantive auf -er, wenn dieses mhd. -ære, -ére, auch ere, er, ahd. -ári, -ari (f. -ari), goth. -areis, lautet. Bgl. Becker, Bettler, Diener, Gärtner, Häfner, Helfer, Jäger ꝛc.

-er an Namen von Orten, Gegenden, Ländern.

Z. B. Frankfurter Bürger, Wiener Zeitung, das Mecklenburger Land, Pfälzer Wine, Pariser Moden ꝛc. Mit diesem -er werden nur scheinbare, keine wirklichen Adjective gebildet, was sich schon darin zeigt, daß die hierher gehörigen Wörter auf -er bei der Biegung des von ihnen begleiteten Substantivs unverändert bleiben, während doch das Abj. mitgebogen würde. Sie sind nichts anders als Gen. Pl. männlicher Substantive der Ableitung auf -er (f. d.), mhd. -ære, -ere, ahd. -ári, -ari, wie sich z. B. aus ahd. Turingâro marca Thüringer Mark, Waltchirihhâro marca Waltkircher Mark ꝛc., ersehen läßt. Wenn nun ben Eigennamen ein großer Buchſtab gebührt, ſo müſſen ihn natürlich auch bieſe Genitive empfangen. S. J. Grimm in Haupt's Zeitſchr. 11, 191 f. Be- richt ber königl. Akademie zu Berlin 1849 S. 243.

erbármen, mhd. erbarmen, ahd. irbarmên, ir-, arparamên : zu thä= tigem Mitgefühle bewegen. Reflexiv „ſich erbármen" u. unperſ. es erbármt, ihn, ſie ꝛc., im heutigen Sprachgebrauche, wie ſchon bei Luther (2 Moſ. 33, 19) vorkommt, gerne mit bem Gen. des Gegen= ſtandes. Daher : der Erbármer; erbärmlich, ahd. erbarmelîh, Abj.

Urſpr. „im Buſen, im Innerſten bewegen", im Ahd. u. Mhd. mit Dat. [ahd. mir irparmêt] ober Acc. Von ahd. ber barm, parm, param, mhd. barm, goth. barms, = Schoß, Buſen (ſ. barmherzig). er= zeigt hier ben Beginn ber Handlung leiſe an.

ber Erbe (E wie Ä), —n, Pl. —n, mhd. ber erbe, ahd. eribo, er- pëo, arpëo (aripëo), goth. arbja, = wer ein Erbe zu erwarten hat ober überkommt. Von bas Erbe, —s, Pl. wie Sing., mhd. bas erbe, ahd. erbi, arpi, goth. arbi : (nachgelaſſenes) Grundeigen- thum, hinterlaſſenes Stammgut; was auf ben Sterbfall an einen An- bern übergeht. Davon bann noch érben, mhd. u. ahd. (bei Notker) erben, goth. arbjan (?), = eine Nachlaſſenſchaft zum Beſitz erhalten. Zuſammenſ. mit (bas) Erbe : érblich, mittelb. erbelich [ahd. arp- lîh] bie Erbſchaft, Pl. —en, mhd. erbeschaft.

Mit Arbeit (ſ. b.) von ber hier in ber Beb. Grundeigenthum, Stammgut, hervortretenben Wurzel arb, welche mit ſlaw. (poln.) ber rab ruſſ. rab" = Knecht, Leibeigner, böhm. rob Knecht, Knabe, ruſſ. bas roba Kind, ſtimmt. Die Vor- ſtellungen ber Angehörigkeit unb ber Hörigkeit (milberen Leibeigenſchaft), ber Kindſchaft unb ber Knechtſchaft fließen, wie auch Dègen, Knappe, Knecht (ſ. b. W.) anbeuten, in einanber.

erbláſſen [mit urſprünglichem ſſ] = blaß (ſ. b.) werben; ſterben.

ber Erblaſſer (E wie Ä), —s, Pl. wie Sing. : wer beerbt wird.

Schon mhd. daz erbe lân = bas Erbe hinterlaſſen (Nibel. 7, 2. Parzivâl 317, 14).

erbleichen, Prät. erblich, Part. erblichen : matt glänzenb, weiß wer= ben; in bie Tobtenfarbe übergehen, ſterben.

Mhd. erblîchen = ben Glanz, bie natürliche Farbe verlieren, bei Notker er- blichen (b. i. arplîhhan) = ſchimmern. Vgl. bleichen 3.

erbleichen, Prät. erbleichete, erbleichte, Part. erbleichet, erbleicht : bleich werben; tobtenbleich werben, ſterben.

Mhd. erbleichen, ahd. irbleichên, irpleihhên. Vgl. bleichen 2.

erblicken, mhd. erblicken : ben Blick wohin richten unb mittelſt bes Blickes wahrnehmen. Vgl. blicken u. b. W. Blick.

erbófen = böſe werben, in Bosheit kommen. ſich erbófen.

Mhd. u. mittelb. bösen = ſchlecht (böſe) werben, Böſes thun (Jeroschin 134), ahd. bosôn. Vgl. böſe.

erböſen = böſe (mhd. bôse, bœse) machen.

der Erbſchichter, —s, Pl. wie Sing. : wer ein Erbe ab-, eintheilt.
> Mitteld. schichten ab-, eintheilen, die schicht Eintheilung, Anordnung (Jero-schin 215). S. Schicht.

die Erbſe (E' wie Ä), Pl. —n, die bekannte Schotenfrucht, ſowie die Pflanze ſelbſt.
> · Statt Erbeß; aber im Mitteld. bricht ſchon s ſtatt ß durch.· Bei Luther erbeis, bei Hans Sachs erbeiß; mhd. die erbiz u. erbeiz (mit b aus w), erweiz, areweiz, ahd. arawiz, araweiz, neuniederl. ervet, angelſächſ. čarfe. Mittelſt der (deutſch-romaniſchen?) Ableitungsendung -eiz, -iz v. lat. érvum = (erbſenartige) Hülſenfrucht. Der Name ſcheint mit der Frucht von den Römern überkommen.

die Erbſünde (E' wie Ä), ohne Pl., mhd. die erbesünde : die ange-borne Neigung zur Sünde als Erbe Abams.

der Erbapfel, —s, Pl. Erbäpfel : Knollenfrucht; Kartoffel.
> Mhd. der ërdapfel, ahd. ërdaphul, = Melone, Gurke.

die Erbbeere, Pl. —n, mhd. das ërtber, ërdebèr, ahd. ërtperi (vgl. Beere), die bekannte gewürzhafte an der Erbe wachſende Beere.

das Erbbëben (ë hoch, ſ. beben), —s, Pl. wie Sing. : Beben der Erbe.
> Mitteld. das ertbiben (Jeroschin 151), deſſen biben Beben ſubſtantiviſcher Infinitiv iſt. Mhd. hatte man das ſchönere die ërtbibe, ahd. ërdbiba.

die Erbe (mit langem E), Pl. —n : der Weltkörper, worauf wir wohnen; die Oberfläche deſſelben, worauf man wandelt; die vom Meere umgebene Oberfläche; der Stoff dieſer Oberfläche.
> Mhd. die ërde (auch ſchwachbiegend), ahd. ërda (ſchwachbiegend, z. B. in meh-reren Stellen bei Otfried) ſt. ërada, goth. aírþa, altnord. iörd. Das Wort iſt weiblich, weil nach der heidniſch deutſchen Götterlehre die Erbe (Iörd) eine Toch-ter der Nacht (Nôtt) war. Abgeleitet aber iſt es von dem gleichbed. einfachen ahd. das ëro (Wessobrunner Gebet), welches mit ſanſkr. die irâ Erbe, gr. éra (épa) [in ſpaζe zur Erbe] übereinſtimmt.

ërben (b. Luther) = aus Erbe (Thon) gebrannt. Jetzt irben.
> Ahd. ërdîn (u. irdin), goth. aírþeins, = irdiſch u. irben.

der Erbenkloß, —es, Pl. Erbenklöße : zuſammengeballte Erbe.
> Mhd. der ërdenklôg (Minnes. II, 211ᵇ, 189), worin ërden ſchwacher Gen. iſt.

die Erbfinſterniß = Sonnenfinſterniß. Der Name baher, weil der Schatten des Monbes auf die Erbe fällt unb dieſe verfinſtert.

der Erbfloh, ein kleiner flohartig ſpringender Käfer.

ërbig. = Erbe ober boch Erbtheile enthaltenb. Ahd. ërdac (?).

der Erbkloß, eigentliche Zuſammenſetzung ſtatt der uneigentlichen mit dem ſchwachen Gen. Sing. Erben Erbenkloß (ſ. b.).

der Erbrauch, —es, Pl. —e, der Taubenkropf, fumária (Linné).
> Mhd. der ërtrouch. Auch im Griech. Rauch (kapnós) genannt, nach Dioscórides

(Ausg. v. L. Sprengel, I, 599), weil der scharfe Saft der Pflanze, wie der
Rauch, Thränen aus den Augen lockt.

erbröffeln (urspr. erbroßeln) : durch Zudrücken der Droffel b. i.
der Kehle tödten. Vgl. Droffel 2.

die Erbschocke, mittelst Anlehnung an Erbe statt Artischocke (f. b.).

die Erbzunge = zungenartig in Wasser sich erstreckendes langes
schmales Stück Landes.

sich ereignen = als zeitliche Erscheinung vor Augen treten. Daneben
das Ereigniß, —ffes, Pl. —ffe.

Ereignen ist verderbt aus eräugnen, ereugnen, einer durch das mit einem
unorganischen, eingedrungenen n gebildete Subst. das Ereigniß (ahd. die ar-
ougmessi neben aroucnissa, = das An-den-Tag-legen, Sich-zeigen) veranlaßten
unorganischen Form von dem richtigen älter-nhd. eräugen [z. B. „Sieh an
die rote Wangen — In denen alle Zier und Außbundt sich eräugt" (Opitz)],
ereugen, mhd. erougen, ahd. ir-, ar-, urougan, = sehen lassen, zeigen, mit dem
reflexiven ahd. sih erougan = sich sehen lassen, erscheinen (Tatian 145, 19). Das
einfache, von Auge (f. b.) abgeleitete äugen, eugen, mhd. öugen (in Konrads Trojanerkrieg Bl. 1ᵈ der Straßburger Hf. öigen), ougen, ahd. ougan, ou-
kan, goth. augjan (d. i. aug-j-an), bed. : vor das Auge bringen, sehen lassen.
Unsere verderbte Form ereignen kommt schon im 16. u. 17. Jahrh. vor und
Stieler (1691) hat ereigenen neben ereugenen u. ereugen.

† der Eremit, —en, Pl. —en : der Einsiedler, Klausner.

Aus lat. eremita v. gr. erêmítês, welches v. gr. érêmos einsam.

erfahren (f. fahren) = fahrend erwerben. Bildlich : durch eigene
Anschauung, zukommende Kunde vernehmen. Das Part. Prät. er=
fahren steht adjectivisch.

Mhd. ervaren, ahd. ir-, ar-, úrfaran, = durchziehen, durchwandern; aus-, durch-
forschen; (durchgehend, durchdringend) wahrnehmen.

erfinden (f. finden) = aus=, auffinden; durch Versuch erkennen, als
ein bisher Unbekanntes hervorbringen. Daher der Erfinder mit
dem Adj. erfinderisch, die Erfindung (ahd. irfindunga).

Mhd. ervinden, ahd. ir-, arfindan, = ausfinden; gewahr werden.

ergattern = heimlich [ursprünglich durch ein Gatter] spähend aus=
finbig machen und in seine Gewalt bekommen. Vgl. ausgattern.

ergeben, f. ergiebig.

ergetzen = zu einem innerlich behaglichen Wolgefühle stimmen. Da=
her ergetzlich u. die Ergetzlichkeit.

Die Schreibung ergötzen (schon 1641 b. Weckherlin) und also auch ergötzlich rc. läßt sich wol durch die gleichen Schreibungen dörren, Geschöpf,
Hölle rc. (f. E) st. derren rc. vertheidigen, ist aber keineswegs allgemein üblich
und sollte vermieden werden. Mhd. ergetzen, ahd. irgezan (d. i. irgaz-j-an), =
eines Dinges vergessen machen; wofür entschädigen, vergüten, Genüge thun;
vergnügen, vergnüglich stimmen. Es ist das Factitiv von ahd. irgëzzan, arkëz-
zan, = vergessen (f. b.), und aus dessen Prät. ich er irgaz gebildet.

ergiebig (st. ergibig), in ähnlichem Sinne wie ausgiebig S. 79.

Bon ergében (f. geben), mhb. ergében, ahb. irgëban, arkëpan, = aus=, herausgeben; einträglich fein, eintragen [urfpr. wiebergeben, Aufgewanbtes vergelten]. fich ergében, auch im Mhb. u. Ahb. : fich in jemanbes Gewalt geben; [erft im Mhb. auch hervor, zum Borfchein kommen, unb fo nhb. bann] als Folge hervorgehen.

erhában = hervorragenb; [abftract :] unerreichbar unb baburch zu Ehr= furcht unb Bewunberung ftimmenb. Daher bie Erhábenheit.

Das Wort fteht abjectivifch, ift aber bas urfprüngliche Part. Prät. von er= heben (f. heben), mhb. erheben, ahb. arhefan, goth. ushafjan, = zur Höhe he= ben; verherrlichen. Jenes Part. Prät. lautet im Mhb. immer erhaben [„Hërre, mîn hërze ist niht erhôhet oder mîn augen sint nit erhaben" (*Büdinger Psalmenbruchstück*, Ps. *130*, 2)], ahb. ar-, úrhapan, goth. ushafans; aber wir fa= gen im fpätern Nhb., wenn wir bas bloße Particiy feßen, erhoben (vgl. heben).

erhében, f. erhaben. Davon erhéblich u. bie Erhéblichkeit.

erhólen, mhb. erholn, ahb. ar-, úrhalôn, = heraus=, herbeiholen. fich erhólen, mhb. sich erholn, = Berlornes, Berfäumtes zurück=, nach= holen, wiebereinbringenb gut machen; frifche Kraft gewinnen.

erinnern = machen, baß jemanb wieber inne wirb. fich erinnern = wieber inne werben. Daher bie Erinnerung.

Mhb. bloß inren, ahb. innarôn. Bon innar in ahb. innaro ber innere.

erkálten, mhb. erkalten, ahb. ercaltên, = kalt werben. Dagegen erkálten, mhb. erkelten, goth. uskaldjan(?), = kalt machen. Da= her bie Erkáltung.

erkénnen, mhb. erkennen, ahb. ir-, archennan, = burch Sinn ober Geift wahrnehmen, baß man weiß, wer ober wie ber Gegenftanb ift; feine Überzeugung wovon barthun; beiliegen [concúmbere, häufig in ber Bibel]. Daher : erkénntlich [mhb. erkantlich = erkennbar, bekannt] unb bie Erkénntlichkeit; bie Erkénntniß u. früher auch bas Erkénntniß (2 Mof. 2, 9) mit unorganifchem n in =niß.

Präf. ich erkénne, Prät. ich erkánnte (Conj. erkénnete), Part. erkánnt, Jmp. erkénne. — Goth. uskannjan = jemanb etwas kunb thun, empfehlen, weicht im Begriffe von bem ahb. Worte ab.

ber Erker (E wie Ä), —s, Pl. wie Sing. : vorfpringenber Ausbau oben an einem Haufe ober an ber Borberfeite einer Mauer.

Mhb. ber ärkèr, ärkêr, aus mittellat. árcora v. lat. árcus = Bogen, im Mit= tellat. auch f. v. a. Zimmerwölbung, (bogenförmiges) Zimmer.

erkiefen, mhb. erkiesen, ahb. ir-, archiosan, biegt wie kiefen (f. b.).

erklären = ber Einficht öffnen; beftimmt kunb geben.

Mhb. erklæren = klar (clâr), hell, burchfichtig machen.

erklécken (é wie ä) = wozu ausreichenb fein; zum Bortheil, zum Be= ften gereichen, förberlich fein. Daher erkléclich. S. klecken.

erklimmen (f. klimmen) = feft anbrückenb, mühfam fteigen.

erkrimmen = mit preffenbem Griffe (wie ein Raubvogel) packen.

Nur noch landſchaftlich (wetterauiſch) in der mühſeliges Erwerben ausdrückenden Redensart : etwas erkrimmen und erkraßen. Mhd. erkrimmen = „feſt drückend ergreifen“, mit ſtarker Biegung : Prät. ich er erkram, wir ſie erkrummen, Part. erkrummen. Das einfache mhd. krimmen, ahd. krimman, chrimman, bed. mit Feſtigkeit greifen, die Fangglieder in das, was man greift, eindrücken oder einſchlagen.

erköbern, gewöhnlich ſich erköbern, = für verlorene Kraft friſche ſammeln.

Mhd. sich erkoberen. Das tranſitive erkoberen = zu friſcher Kraft anregen (lievländ. *Reimchronik* 7933); ahd. irkoborôn = erlangen. Das einfache mhd. koberen, ahd. koborôn, iſt entlehnt aus romaniſch (provenzaliſch, ſpan., portug.) cobrar = wiedererlangen, bekommen, faſſen, ſpan. (reflexiv) cobrar-se wieder zu ſich kommen, ſich erholen, welches cobrar mit der abgeſchnittenen Partikel re- = „wieder“ nichts anders als das lat. re-c uperâre =„wieder-erlangen“ (ſo recuperâre ſich wieder erholen) iſt.

erkören, ahd. archoran, Part. Prät. von erkieſen. S. d. und kieſen.
erküren, ſtatt erkieſen, biegt wie küren (ſ. d.).
der Erláß, —ſſes, Pl. —ſſe : [ahd. der úrlâz] Nichtanrechnung; zur Befolgung Verfügtes. V. erláſſen (ſt. erláßen), mhd. erlân, ahd. arlâzan, = nicht anrechnen, von Anzurechnendem befreien [goth. uslêtan wovon ausſchließen]; von ſich ausgehen laſſen.

die Erlaúcht = [reichs]gräfliche Erhabenheit, z. B. Eure Erlaucht. Aus dem Adj. (urſpr. Part. Prät. von erleúchten mhd. erliuhten, ahd. irliuhtan) : erlaucht mhd. erlûht [welches gekürzt aus erlûhtet, erliuhtet] = hoch und herrlich, im Beſondern „gräflich (urſpr. reichsgräflich) erhaben“. Vgl. Durchlaucht.

Schon im 14. Jahrh. iſt erlaucht geläufiges fürſtliches Titelbeiwort, z. B. 1338 : „von der irlúchteden vorſtinnen [Fürſtin], mîner vrowen“ (*Höfers Urkunden* Nr. 209).

die Erle (E' wie Ä), Pl. —n, mhd. die erle (mitteld. irle), ahd. érila, érilâ, der bekannte, auf Sumpfboden wachſende Baum. Daher érlen, mhd. u. ahd. érlîn, = von Erlenholz.

Wie Eller ahd. élirâ, übereinſtimmend mit (aber nicht entlehnt von) dem gleichbed. lat. álnus, deſſen l das r in Erle entſpricht, ſowie dem n das l. Vgl. auch Elſebeere.

erlédigen (das ě hoch) = [mhd. erlédigen] ledig b. i. frei, leer machen; völlig zu Ende (zum Ledigſein) bringen.

erléſen = recht ausgeſucht, ganz vorzüglich.
·Das Part. Prät. von erléſen (Prät. erlás), mhd. erléſen, ahd. arléſan, = ausleſen, das Beſte herausleſen.

erliegen (ſ. liegen) = darnieder liegen, völlig, bis zum Nichtwiederaufſtehen entkräftet werden von —.

Mhd. erligen. ahd. ir-, arliccan.

erlöſchen (ſt. erléſchen), Präſ. ich erlöſche, du erliſcheſt, er erliſcht,

wir erlöſchen ꝛc., Prät. erlóſch ſt. erláſch (Conj. erlöſche), Part. erlö=
ſchen, Imp. erlíſch : aufhören zu leuchten; [bildlich] aufhören ſichtbar,
wirkſam, thätig zu ſein.

> Mhd. erlësche, ahd. ir-, arlëscan. Über die Biegung ſ. das einfache löſchen.
> Das falſche ö rührt daher, daß die folgende ſchwachbiegende factitive, tranſitive
> Form erlöſchen ſich mit unſerer ſtarkbiegenden intranſitiven miſchte, wozu eine
> freilich ſehr ſpärlich vorkommende, mit dieſem intranſitiven erlöſchen gleichbed.
> ahd. Form irlosken (bei *Notker*) beitrug.

erlöſchen (ſt. erléſchen), Prät. erlöſchete, erlöſchte, Part. erlöſcht : er=
löſchen machen. Gewöhnlich auslöſchen oder bloß löſchen.

> Mhd. erleschen, ahd. ir-, arlescan (d. i. arlasc-j-an), das Factitiv von erlö=
> ſchen ſt. erléſchen u. aus deſſen Prät. erloſch ſt. erlaſch (ahd. arlasc) abgeleitet.

der Ermel, —s, Pl. wie Sing. : ringsumgebende Armbekleidung.

> Ermel mit dem ältern Umlaut (E) iſt üblicher und der Ausſprache gemäßer,
> als die jüngere Schreibung Ärmel (ſ. d.).

=ern, die unorganiſche Ableitungsſylbe an Adjectiven, z. B. flächſern,
meſſingern, ſtählern, ſteinern, thönern, wächſern ſt. flächſen, meſſin=
gen ꝛc.

> Dieß =ern iſt durch Mißgriff entſtanden, indem man die =er=n, welche theils
> aus ableitendem =er hervorgehen, z. B. kupfern, ſilbern ꝛc., theils durch das Plu=
> ral=er gebildet ſind, z. B. bretern, hölzern ꝛc., für bloße =ern nahm. Das
> =n an jenen =er=n aber iſt gekürzt aus dem =en mhd. u. ahd. =in, goth. -ein
> der Adjective, worüber ſiehe =en.

die Ernbte (E' wie Ä), verwerfliche Schreibung ſt. Ernte (ſ. d.).

Ernſt, das Appellativum Ernſt (ſ. d.) als Mannsname, ahd. Ernuſt
d. i. Mann von Feſtigkeit des Willensentſchluſſes, Kämpfer.

der Ernſt, —es, ohne Pl., mhd. der ërnst, ërnest, ahd. das u. die
ërnust : Feſtigkeit des Willensentſchluſſes; ſcherzloſe Feſtigkeit der Ge=
ſinnung. In : »es iſt, wird Ernſt« (mhd. mir iſt ërnest) ſchwankt
die ſubſtantiviſche Bedeutung in die adjectiviſche über und ſo entwickelte
ſich das nhd. Adj. oder vielmehr adjectiviſierte ërnſt (Comp. ërnſter,
Superl. ërnſteſt) = feſt im Willensentſchluſſe; ſcherzlos. Zuſammenſ.
mit Ernſt : ërnſthaft (mhd. ërnesthaft ahd. ërnisthaft, als Adv.
mhd. ërnesthafte ahd. ërnesthafto) u. die Ernſthaftigkeit (mhd.
ërnesthaftic-heit); ërnſtlich (mhd. u. ahd. ërnestlich, als Adv. ër=
nestlíche ahd. ërnustlíhho).

> Der Ernſt iſt urſpr. ſ. v. a. Kampf (vgl. *Tatian* 160, *Nibel.* 226, 1. u. mhd.
> der ërnestkreiz Kampfkreis), wie denn auch angelſächſ. ëornost Kampf, Zwei=
> kampf, bedeutet. Die Wurzelſylbe ërn ſtimmt mit keltiſch (welſch) ern = Sprung,
> Angriff, Ausforderung, im Gäliſchen dann Kampf, Schlacht.

die Ernte (E' wie Ä), Pl. —n : Einſammlung des Boden= oder Baum=
ertrages; die eingeſammelten oder einzuſammelnden Früchte; die Zeit
jener Einſammlung; [bildlich] Eingeſammeltes als Gewinn wovon;
Genuß der Folge (Frucht) wovon. Daher ërnten. Zuſammenſ. :

baß **Erntefẽſt**; ber **Erntemonat**, aḥb. aranmânôth, = **Auguſt** (Zeit ber Getreibeernte).

Ernte iſt bie üblichſte Schreibung; weniger üblich ſinb Ernbe, Ärnte, Ärnbe, völlig verwerflich Ernbte, Ärnbte. Luther ſchrieb bie Ernb unb Ernbte, ernbten. Die richtigſte Form würbe Ernbe, ernben ſein. Denn bie Wortform gieng hervor auß bem Pl. (aḥb. arnôdi, mḥb. ernede) beß aḥb. ber arnôt (Notker Ps. 88, 36) ſt. arnôd, welcheß mittelſt ber Ableitungßſplbe -ôd (goth. -ôþ) zunächſt von bem aḥb. Verbum arnôn, mḥb. arnen, = „ernten“ ge- bilbet iſt. Dieſeß aber entſprang auß ben im Aḥb. gewöhnlichen ber aran u. bie arn (Pl. erni, worauß ber mḥb. Sing. bie erne) = Ernte, goth. bie aaans (Pl. asaneis) = (Getreibe-) Erntezeit, Erntefelb. Die Form ernde ſcheint erſt im 15. Jahrh. aufgefommen, aber noch fein Verbum ernden; benn ber voc. theut. v. 1482 Bl. h 1 a hat »erne ernde oder ſchnidt, messis«, bagegen bloß ernen oder ſchnyden.

eróbern, tranſ. : burch (Waffen-) Gewalt zum Herrn wovon werben.

Im älteren Nhb. überhaupt : ber Obere wovon werben (Schmeller I, 13). Daß gleichbeb. einfache obern, mḥb obern, aḥb. oparôn, iſt abgeleitet v. opar in aḥb. oparo ber oberr.

erörtern = von allen Enben (Seiten) betrachtenb barlegen.

örtern = genau unterſuchen (Schmeller I, 114), v. bem Pl. (örter) beß mḥb. baß ort (unſer Ort) = äußerſter Punct, Enbe, Seite.

† **erótiſch**, lat.-gr. eróticus : bie Liebe (gr. érôs) betreffenb.

erpicht = burch Leibenſchaft worauf hin gefeſſelt.

Eig. Part. Prät. beß Verbumß erpichen = mit Pech überziehen (Stieler 1422), mit Pech ober wie mit Pech befeſtigen.

erquicken = zu friſchem Leben erwecken. Daher bie **Erquickung**, mḥb. erquickunge. Zuſammenf. : **erquicklich**, Abj. u. Abv.

Mḥb. erquicken, auch erkücken, aḥb. ir-, arquicchan, arquichan, auch irchuc- chen, = wieber lebendig machen, vom Tobe erwecken, bann erneuern. Daß Ver- bum quicchan iſt v. aḥb. quëc queck (ſ. b.) = lebendig.

erretten = einer Gefahr u. bgl. entziehen. Daher bie **Errettung**.

Mḥb. erretten, aḥb. ir-, arrettan, b. i. arret-j-an, urſpr. herauß- b. i. weg- reißen, entreißen, entziehen. Vgl. retten.

ber **Erſätz**, —eß, ohne Pl., baß nach erſetzen (ſ. b.) gebilbete Subſt.

erſaufen (ſ. ſaufen) = [aḥb. arsûfan] auß- b. i. zum Verberben ſaufen (Jeſ. 28, 7); in Flüſſigfeit untergehenb baß Leben verlieren. Daß ſchwachbiegenbe **erſäufen** = erſaufen machen.

erſchällen, 1) tranſ. mit „haben“ : Schall b. i. ſtärfern, weithin gehenben Laut machen; — 2) intranſ. mit „ſein“ : einen ſtarf unb weithin gehenben Laut zurück- ober von ſich geben, in ſolchem Laute ſich funb geben.

Daß einfache ſchallen iſt von Schall abgeleitet, unb erſchallen ſteht tranſitiv ſt. mḥb. erschellen (Prät. erschalte, Part. erschalt), aḥb. irscellan, intranſitiv ſt. mḥb. erschällen (Prät. ich er erschal, wir ſie erschullen, Part. erschollen), aḥb. irscëllan. Darnach biegt bann unſer erſchallen in tranſitiver Stellung ſchwach (Prät. erſchällete, erſchällte, Part. erſchället, erſchällt), in in-

tranſitiver, in welcher es jetzt nur vorkommt, ſtark (Prät. erſchóll, richtiger älter-
nhd. erſcháll, Part. erſchóllen), aber auch, wie es nach der Bildung von erſchallen durchaus ſein ſollte, ſchwach.

erſchauen, ahd. ir-, arscouwôn, = ſchauend wahrnehmen.

erſchrěcken, Präſ. ich erſchrěcke, du erſchrickſt, er erſchrickt, wir erſchrěcken ꝛc., Prät. erſchrâk, Part. erſchrócken, Imp. erſchrick, mit
„ſein“ : von heftiger Wirkung auf die Seele auf-, zuſammenfahren.
Auch reflexiv : ſich erſchrěcken. Daher der Erſchrěck (Herber's
Cib), —es, ohne Pl.; die und das Erſchrěckniß, mittelb. die er-
schrěcknis. Zuſammenſ. : erſchrěcklich, mittelb. erschrěclich, Adj.

MHd. erschrěcken [aus einem ahd. arscrěcchôn ?] u. gewöhnlich erschricken,
ahd. ir-, arscricchan, = auffspringen [ar- in dem Sinne von „auf“], dann er-
schüttert auf-, zuſammenfahren. S. Schrěck. Die Biegung iſt urſpr. eine
ſchwache : Prät. ahd. arscrihta, auch arscricta, Part. arscricchitêr; aber ſchon
im 11. Jahrh. bringt unorganiſch ein ſtarkes Part. erschrocken (Diut. II, 343,
333) ein und damit das ſtarke Prät. irschrach, beſſer erschrac, ſowie ſpäter
auch der Imp. erschrik, und dieſe ſtarken Formen verdrängten allmählich jene
urſprünglichen und organiſchen ſchwachen. Vgl. ſtecken.

erſchrěcken (é wie ä), Prät. erſchrěckte, Part. erſchrěckt, mit „haben“ :
erſchrěcken machen, in Schrecken ſetzen.

MHd. erschrecken (Prät. erschracte), ahd. irscrecchan, goth. usskrakjan (?),
das Factitiv von erſchrěcken (ſ. b.). S. ſchrěcken u. d. W. Schrěck.

erſetzen (é wie ä), mhd. ersetzen, ahd. ir-, arsezan : (Verlornes)
wieder ſetzen d. h. in gleichem Werthe erſtatten.

erſprießen (ſ. ſprießen) : in die Höhe ſprießen; förberlich ſein. Zuſammenſ. : erſprießlich = gedeihlich, förderlich.

êrſt, mhd. êrst, ahd. êrist, Adj., Superlativ v. ahd. êr eh (ſ. b. und
vgl. „mehr“), iſt das Ordnungszahlwort von 1. Der ſtarke Acc.
Sing. der ſächlichen Form ohne Kennzeichen erſt, mhd. êrst (neben
dem ſchwachen êrste), ahd. êrist, ſteht als Adv. und bed. : vor allem
Andern, vor allen Andern; vor Allem; vor Allem einmál; anfangs ;
nicht früher; nicht weiter oder mehr als. Dieß Adv. auch in Zuſammenſetzungen als erſtes Wort und zwar betont, z. B. érſtgeboren,
Erſtgeburt ꝛc. Das Adj. mit Präp. adverbial : fürs érſte, am
érſten, zum érſten (mhd. zem êrſten), in welchen auch, weil das
Zahlwort ſubſtantiviſchen Anſtrich hat, anlautend E ſtatt e geſetzt
wird.

erſtaúnen = in Staunen (ſ. b.) verſetzt werden. Zuſammenſ. :
erſtaúnlich = ſtaunenerregend.

êrſtens, Zahladv. von erſt und gleicher Bildung wie brittens (ſ. b.).
MHd. êrsten, ahd. êristin (?), woran im NHd. s trat.

êrſterer, êrſtere, êrſteres, und ſchwachbieg. der, die, das êrſtere, nhb. Comparativ aus bem Superl. êrſt, ber baburch gleichſam wieber als Poſitiv geſetzt wird.

erſtiđen, intranſ., mit „ſein" : aus Mangel an Luft aufhören zu leben.

Mhd. ersticken, ahb. irsticchan. Urſpr. burch einen Stich ſterben. S. ſteđen.

erſtiđen, tranſ. : burch Entziehung ber Luft aufhören machen zu leben.

Erſtiđen ſetzt ein ahb. sticchôn [wofür bei Graff VI, 627. 636 stichôn?] voraus, welches ſich auf ahb. stôchôn, stôhhôn, = erſteđen, bie Kehle burch- ſteđen, gründet. Bayer. erſteđen (vgl Schmeller III, 612), mhb. erstecken (Servatius 2426. 2837).

êrſtlich, Abv., wie „am erſten" (b. Luther) u. „zum erſten."

ber Ertrág, —es, Pl. Erträge : Gewinn vom Boben unb bem, was auf bemſelben wächſt. Von ertragen in ber Beb. eintragen.

ertränfen, mhb. ertrenken, ahb. ir-, artrenchan, = ertrinfen machen. Aus bem Prät. v. ertrinfen (ſ. trinfen), mhb. ertrinken, ahb. ir-, artrinchan, = in Flüſſigfeit untergehenb ſterben.

erwägen = nach Wichtigfeit unb Gehalt prüfen.

Präſ. ich erwáge, bu erwágſt x., Prät. erwóg (ſt. erwag), Part. erwógen. Mhd. erwëgen = auf bie Wage legen. Vgl. abwägen.

ſich erwägen, Prät. erwóg (früher erwág), Part. erwógen, mhb. sich erwëgen : ſich weſſen begeben, es preisgeben. Veraltet.

Urſpr. ſich zurückbewegen. Der Begriff bes „zurück" liegt in er-.

erwähnen = eingebenf ſein, anbeutenb zur Kenntniß bringen.

-wähnen iſt hier bas mhb. wahenen, ahb. wahanan, zuſammengez. wânan, = erwähnen, gebenfen, v. bem gleichbeb. ſtarfbiegenben ahb. (ka-)wahan [Prät. wuog], mhb. wahen.

erwéhren, mhb. erwern, ahb. irwerjan, mit Dat. ber Perſ. : wovon abhalten. Reflexiv mit Gen. ber Sache : wogegen abhaltenb (ſich wehrenb, vertheibigenb, ſchützenb) Stanb halten.

erweiſen, mhb. erwîsen, biegt wie weiſen (ſ. b.).

erwibern = wogegen burch Wort ober That zurüdgeben.

Gewöhnlich, aber ungut erwiebern. V. wider (ſ. b.) = in ber Richtung zu jemanb hin. Die Bezeichnung bes „zurück" tritt in er- hervor. Ahb. ar- widarôn hatte bie Beb. : verwerfen, eig. zurück, von ſich weg wenben.

Erwin (E wie Ä), Mannsname. Ob ahb. Erwin? Freunb bes Erzes (ahb. êr)?

erwiſchen, mhb. erwischen, = mit Geſchwinbigfeit fangen.

bas Erz, —es, Pl. — e : metallhaltiges Geſtein, rohes Metall; Me- tallgemiſch; Metallgeräth. Zuſammenſ. : bie Erzgrube.

Mhd. bas erz, erze, arze, ahb. erezi, erizi, arizi, aruzi, = Metallſchlade, ungereinigtes, unbearbeitetes Metall. Ungewiſſer Herfunft, aber, wie ich jetzt überzeugt bin, weber aus bem unter Eis (ſ. b.) aufgeſtellten goth. Wurzelver- bum, noch verwanbt mit bem mit lat. bas æs (Gen. æris) Miſchmetall, ſanſfr. ajas Eiſen nach Laut unb Begriff übereinſtimmenben mhb. u. ahb. bas êr, goth. ais (áiz), angelſächſ. âr, altnorb eir = Metall, Miſchmetall, woher unſer ehern

(f. d.). Eher ließe sich annehmen, daß ahd. aruzi lautverschoben zu lat. rúdus, slaw. rud, litthau. ruda, = rohes Metall, stimme, wenn dann nur im Ahd. der Anlaut a zu erklären wäre.

Erz-, ërz-, als untrennbares erstes Wort einer Zusammensetzung bezeichnet das Ursprünglichste, Erste, Vorzüglichste des durch das zweite Wort Ausgedrückten, z. B. das Erzamt (= Amt eines Kurfürsten beim Kaiser), der Erzbischof, ërzgrob, der Erzschelm, der Erzvater ꝛc.

Mhd. erz-, erze-, ahd. erzi-. Aus roman. (ital., span.) arci-, lat. archi- [doch schon im J. 685 lat. arci-présbiter Erz-priester], v. dem aus gr. árchein = der Erste sein, anfangen, entsprossenen und wie unser erz- stehenden gr. archi-.

erzählen = in Worten darstellen, bes. Begebenheiten.

Lessing schreibt erzehlen, Luther erzielen, mit dem althergebrachten Umlaute e. Mhd. erzellen, ahd. ir-, arzellan = der Zahl nach darlegen, aufzählen (noch bei Luther), dann auseinandersetzen, ausdrücken, in Worten darstellen. Ahd. zellan d. i. zal-j-an ist abgeleitet v. ahd. die zala Zahl, Ausrechnung, wörtliche Darlegung, Rede.

ërzen = ehern. Im 17. Jahrh.; aber jetzt nicht mehr üblich.

ërzen (ë lang) = mit Er anreden. Gebildet wie buzen, ihrzen.

erziehen (f. ziehen) = fort-, wegziehen; unter leiblicher und [abstract] sittlicher wie geistiger Pflege aufwachsen machen. Daher: der Erzieher mit die Erzieherin; die Erziehung.

Mhd. erziehen, ahd. ir-, arziohan, altsächs. Ātiohan, = herausziehen (z. B. ein Schwert), aufziehen (vgl. er- = aus, auf), leiblich groß ziehen, aufnähren, unter geistiger Pflege heranwachsen lassen. Aber auch f. v. a. wegziehen (detrahere), wie goth. ustiuhan = jemand hinausziehen, hinausführen, [abstract] etwas ausführen, vollkommen machen. Die Bildung unseres erziehen stimmt sichtlich mit lat. edúcere u. educáre, deren Partikel e- = aus, auf, ist, während mit dúcere u. ducáre der Lautverschiebung gemäß unser ziehen ahd. ziohan genau übereintrifft. S. ziehen, welches im Ahd. für sich schon säugen, aufnähren, dann auch geistig nähren d. h. lehren bedeutet.

erzielen = zielend, als Ziel (f. d.) abreichen (Schiller).

erzielen = erzeugen, hervorbringen; als Frucht gewinnen.

Spät-mhd. ziln = zeugen, erzeugen (párere, gígnere, Schmeller IV, 252), mittel- u. neuniederl., mittel- u. neuniederd. telen. S. zielen.

das Erzt, mit angetretenem t, st. Erz. Süddeutsch, bei Haller.

ës, mhd. ës, ahd. ës, is, goth. is, der Gen. Sing. des männl. u. sächl. Pronomens dritter Person,

haftet nur noch unerkannt in einzelnen genitivischen Fügungen, z. B. Gott walte es [vgl. mhd. ës walten, altsächs. is giwaldan], und wird bald durch den Gen. sein (seiner), bald durch dessen vertreten, z. B. Er ist dessen froh = ahd. ër ist ës frô.

ës (st. ëß), mhd. ëz (auch noch iz), ahd. iz (st. iza), goth. ita, Nom. u. Acc. Sing. des sächlichen Pronomens dritter Person, f. ër.

† die Escabrón (E wie Ä), Pl. —en: Reiterschar, Schwadron (f. d.).

Das franz. escadron, span. esquadron, ital. squadróne, = Heeresabtheilung,

v. b. ital. squadráre = vieredig machen, welches ein mittellat. exquadráre [lat.
quadráre v quádrus vieredig] vorausfeßt.

der **Efch** (E wie **Ä**), —es, Pl. —e, auch die **Efche**, Pl. —n : Orts=
flur; Ganzes aneinanderliegender Äcker, die zu einer und derfelben
Zeit entweder bebaut und abgeerntet oder als Brachfeld benußt werden.

> Gekürzt aus mhd. der ezesch, ahd. ezzisc (Saat), bei *Notker* ezesg; goth.
> das atisk Saatfeld (Marc. 2, 23. Luc. 6, 1). Das Wort ftimmt der Lautver=
> fchiebung gemäß mit lat. das ádor (ft. ados?) Spelz.

die **Efche** (E wie **Ä**), Pl. —n, der bekannte Laubholzbaum; Efchenlanze.
Davon das Adj. éfchen. Zufammenf. : das Efchenholz = efchen Holz.

> Unfer die Efche ift hervorgegangen aus dem Pl. (ahd. esci) der mhd. Form
> der asch, ahd. asc (b. i. as-c), goth. asks (?), angelfächf. äsc, welche Formen,
> da sc unverfchoben bleibt, mit dem lat. Baumnamen ésculus, æsculus, ftimmen.
> Vgl. auch Afch. — Manche fchreiben Äfche, was aber weniger üblich, auch un=
> nöthig ift. Das Adj. efchen lautet mhd. eschín.

† die **Escórte** (E wie **Ä**), Pl. —en : Schutgeleit; Bedeckungsmann=
fchaft.

> Das franz. escorte, ital. scórta, von ital. scórgere = wahrnehmen, begleiten,
> welches nach *Diez* (Wtbch. 397) nichts anders als ein verftärktes corréggere
> (lat. corrígere) = regieren, zurecht weifen, ift, aus welcher leßten Bed. die des
> Geleitens leicht folgen kann.

der **Efel**, —s, Pl. wie Sing., das bekannte Thier; [bilbl.] dummer
Menfch. Daher die Efelei; die Efelin. Zufammenf. : efelhaft;
der Efeltreiber ꝛc.

> Einem einen Efel bohren = aus Verachtung, Spott den Zeige= und kleinen
> Finger gegen ihn ausftreden, während die übrigen 3 eingebogen werden. — Mhd.
> der esel, ahd. esil, goth. ásilus, mit Wandlung des n in l aus lat. ásinus.
> Von dem männl. Worte dann ahd. die esilin u. esilinna, mhd. eselín u. ese-
> linne unfer Efelin, und mhd. die eselîe unfer Efelei.

† die **Esparfétte** (E und é wie ä), Pl. —n : der Süß=, Widenklee.

> Das franz. esparcette. Im Span. esparcilla.

die **Efpe** (E wie **Ä**), Pl. —n, ein bekannter Baum mit zitterndem
Laube (das Efpenlaub). Daher éfpen.

> 1469 mittelrhein. espe u. aspe (voc. ex quo), altnord. das espi; aber mhd.
> nur die aspe, ahd. aspa, angelfächf. äsp. S. Afpe. Altclevifch espenboom
> (*Teuthonista*), neunieberl. espenboom, b. i. Efpenbaum.

éßbar = tauglich oder dienlich zu éffen.

die **Effe**, Pl. —n : Schmiede=Feuerheerd; Feuermauer (Rauchfang)
über dem Heerde. Mhd. die esse, ahd. essa. Vgl. Üffel.

éffen, Präf. ich éffe, bu ffeft, er ffet oder ißt, wir éffen ꝛc. Prät. ich
äß (Conj. æße), Part. gegéffen, Imp. iß : Nahrungsmittel in die Ver=
dauungswerkzeuge aufnehmen.

> Statt éßen, und hiftorifch richtig überall ß, wo wir in dem Worte ießt ff
> fchreiben. Denn mhd. ëzzen (Prät. ich er az, wir fie âzen, Part. gëzzen)
> ahd. ëzzan, ëzan, goth. ïtan (Prät. Sing. at, Pl. ëtum, Part. ïtans). Das

Wort stimmt lautverschoben zu den gleichbed. lat. édere, gr. édein, sanskr. ad, altpreußisch id, u. zu slaw. jad' Speise. — Das Part. gegessen kommt schon im 17. Jahrh. statt des richtigen älteren gessen, gessen, mhd. geggen (d. i. g'ggen ge-ggen geessen, wie auch manche im 16. Jahrh. schreiben) vor. Die beiden ge-setzte man aus Mißverstand, indem man g (d. i. g'=) in dem älteren gessen als einen zur Wurzel gehörigen Anlaut angesehen zu haben scheint.

das **Essen**, —s, Pl. wie Sing. : mhd. das ëzzen, ahd. ëzzan, ëzan, der Inf. ëssen als Substantiv : Handlung des Essens; aufgetragene Speise; Mahlzeit. Damit zusammenges. : die **Essensspeise** (im **Simplicissimus** Essenspeise), im Gegensatze zu Schaugericht. — der **Esser**.

† die **Essénz** (E wie Ä), Pl. —en : Kraftauszug aus Kräutern, Früchten ꝛc.

Eig. das Wesentliche aus Kräutern, Früchten ꝛc. Aus franz. die essence, ital. essénza, v. lat. esséntia = das Wesen einer Sache.

der **Essig** (E wie Ä), —es, Pl. —e : mittelst Verwesung (Oxydation) des Weingeistes (Alkohols) oder mittelst Zersetzung durch Hitze unter Abschluß der Luft aus Pflanzenkörpern gewonnene Flüssigkeit.

Die im Nhd. durchgedrungene Form Essig (so auch b. Luther), Essig (z. B. bei Serranus) ist aus dem Mitteldeutschen, wo im 15. Jahrh. essig, essig (voc. ex quo), noch früher der essic (Myst. I, 118, 3), eszic (Marien Himmelf. 1805), ezzig (Buch v. gut. Speise), ezzec (Köpke's Passional 85, 8), deren g, c sich unter niederdeutschem Einflusse mißbräuchlich eingeschlichen zu haben scheint. Die rein-hochdeutsche Form hat ch und lautet Essich, wie noch Steinbach (1734) schreibt und Josua Maaler (1561) neben Essig anführt; am besten aber schriebe man Eßich. Mhd. der ezzich, ahd. ezzich, ezih (durch Versetzung st. ehiz), goth. (unversetzt) das akeit, altsächs. der oder das ecid, angelsächs. eced, alle, wie poln. ocet, slaw. otz't", aus dem gleichbed. lat. acëtum, welches v. lat. acëre sauer sein.

die **Eßlust** = die Lust zu essen. Zusammens. mit dem Verbum.

† estimieren, aus franz. estimer v. lat. æstimâre : werthschätzen.

der und das **Estrich** (E wie Ä), —es, Pl. —e : mit Steinen ausgelegter oder mit Gyps überzogener Zimmerboden; ähnliche Zimmerdecke.

Weniger üblich ist Ästrich. Mhd. estrich, esterich, estrich, esterich, ahd. der esterih, astrih, = mit Steinen ausgelegter Fußboden, aus dem spätern (vor 700) volksmäßigen lat. ástricus Steinboden, Pflaster, welches v. mittellat. ástrum (altfranz. aistre) Heerd. S. Diez Wtbch. 30.

† etablieren = gründen (eig. festsetzen), errichten, z. B. ein Geschäft ꝛc.

Aus franz. établir v. lat. stabilîre = fest machen, befestigen.

† die **Etápe**, Pl. —n : Verpflegungsort durchziehender Truppen.

Das franz. étape = Ort des Mundvorrathes beim Marsche, urspr. Waaren-niederlage; altfranz. estaple, v. niederländ. stapel. S. Stapel.

† die **Ethik** = Sittenlehre. Aus lat.-gr. éthica, éthice, der weibl.

Form v. gr. êthikós [ἠθικός, v. ἦθος Gewohnheit, Sitte], woher auch unſer ethiſch = ſittlich, der Sittenlehre angehörig.

† die Etikette (e wie ä), Pl. — n : Bezeichnungszettel einer Waare; Höflichkeitsförmlichkeit.

Aus franz. die étiquette eig. aufgeheftetes Zettelchen, hennegauiſch estiquete zugeſpitztes Hölzchen, v. niederb. stikke Stiftchen (ſ. ſticken).

etlich, ein mit einig (ſ. einig 2) ſinnverwandtes pronominales Adj.

In Verbindung mit Zahlen z. B. „etlich und fünfzig" ꝛc. Manche aber laſſen das „und" weg und ſetzen ungut „etliche fünfzig." — Mhd. ĕtelich, ahd. ĕtelîh, ĕtilîh, ĕtalîh, = irgend ein, ein und der, die, das andere, zuſammengeſ. aus dem dunkeln ĕta- = irgend und -lîh (= ähnlich) unſerm -lich. Neben etlich haben wir noch gleichbedeutend, aber veraltet etlich (ſt. etlich, denn) mhd. ĕtelich, ĕteslich, iteslich, ahd. ĕtheslîh, ĕddeslîh, ĕthaslîh, worin ĕddes-, ĕtes-, ĕthas-, goth. áippis- (?), ältere Form, als ĕta-, iſt.

der u. das Etter, — s, Pl. wie Sing. : geflochtener Zaun; (Um= zäunung als) umgebende Grenzſcheide eines Hofes, einer Ortſchaft; Ortsmark als umzäunter, umſchloſſener Landbezirk.

Mhd. der, das etter, ahd. ĕtar, goth. der idrs (?), langobard. ider, angelſächſ. ĕdor.

etwa, Abv. : irgendwo; irgend wol; irgend einmal. Daher das ungute Adj. etwaig.

Mhd. ĕtwâ (neben ĕts-wâ), im 11. Jahrh. etewâr, = irgendwo, an einem oder dem andern Orte; [im ſpätern Mhd. dann] irgend wol, vielleicht. ĕt- iſt das ĕt= in etlich (ſ. d.) und wâ unſer wo (ſ. d.). — Daneben mhd. ĕtwar, ahd. ĕttiwara, = irgend wohin, wohin nur, zuſammengeſ. mit mhd. war, ahd. wara, huara, = wohin.

etwan (das a kurz), Abv. : irgend wann, zu einer oder der anderen Zeit, manchmal; ſonſt mitunter, vormals; irgend einmal.

Mhd. ĕtwan, ĕttwen, ĕttewanne, ĕttewenne, ahd. ĕttawanne, ĕtewenne, ĕddehwanne, neben ĕthas-huanne. ĕt- iſt ĕt= in etlich (ſ. d.) und wan, wen unſer wann (ſ. d.).

etwas (ſt. etwaß), Pronomen ohne Biegung : irgend ein Ding; irgend einiges. Adverbial : ein wenig. Auch : in etwas = ein wenig.

Mhd. ĕtwaz, ĕtewaz (neben ĕtes-waz), ahd. ĕtewaz (neben ĕddes-hwaz). Ĕt= iſt unſer ĕt= in etlich (ſ. d.) und waz unſer was. — Daneben ehedem etwĕr, mhd. ĕtwĕr, ĕtewĕr, ahd. ĕtewĕr, = jemand.

† die Etymologie, Pl. — n, aus lat.=gr. etymológia : Wortableit= ungslehre; Wortableitung. Daher etymológiſch, lat.=gr. etymo- lógicus; etymologiſteren, ital. etimologizzàre.

B. gr. das étymon = die wahre Bedeutung und Erklärung eines Wortes nach ſeiner Abſtammung. Das gr. Adj. étymos bed. wahr, echt, gewiß.

eu, der Diphthong, ſteht 1) für mhd. iu, z. B. in Beule, euch, Treue ꝛc., mhd. biule, iuch, triuwe ꝛc.; 2) für mhd. öu (Umlaut des ou), z. B. Freude, Heu ꝛc., mhd. vröude, höuwe ꝛc.

Was eu = mhd. iu anlangt, ſo wird da, wo der Umlaut von au (= mhd. û) fühlbar iſt, äu vorgezogen, z. B. Bräute, Kräuter ꝛc., mhd. briute, kriuter ꝛc., unb bei e u = mhd. öu ift zu merken, daß in ben dahin gehörigen Wörtern mhd. öuw unb ew wechselten, wie denn neben hôuwe bie Form hewe vorkommt. Vgl. auch läugnen unb ben Diphthong e i.

euch, Dat. u. Acc. Pl. bes substantivischen Pronomens der zweiten Person.

Urspr. nur Acc.: mhd. iuch, iuwich, ahd. iuwih, iwih, goth. ïzvis (mit aus s hervorgegangenem z = ahd. r, welches ausgefallen ift). Vgl. ihr. Dann aber ift unser nhd. e u ch auch für bie Dativform, bie mhd. u. ahd. iu, goth. ïzvis, lautet, eingebrungen.

euer, Gen. Pl. bes substantivischen Pronomens der zweiten Person.

Ungut: eurer. Denn mhd. iuwer, ahd. iuwar, iwar (mit Ausfall eines r = goth. z nach i, neben) goth. ïzvara. Vgl. ihr.

euer, mhd. iuwer, iwer, ahd. iuwar, iwar, goth. ïzvar, das aus bem vorhergehenden Gen. Pl. euer entsprungene besitzanzeigenbe Pronomen.

Kürzungen bei Biegung bes Wortes: euers, eures; euerm, eurem; euern, euren; eurer, fl. eueres, euerem, eueren, euerer.

euer=, euret=, in euerthalben, =wëgen, unb eurethalben 2c., ftatt euernhalben 2c., eurenhalben 2c. Vgl. meinet=.

bie Eule, Pl. —n: ber bekannte Nacht=Raubvogel.

Mhd. iule, iuwel, ahd. ûla, ûwila, welches in seiner Wurzel zusammenhängt mit lat. ûlula.

ber Eulenspiegel, —s, Pl. wie Sing.: Schalksnarr, possenhafter Mensch.

Von bem bekannten Schalksnarren bes 14. Jahrh. Thyl Ulenspiegel.

† ber Eunuch, —en, Pl. —en, aus lat.=gr. eunûchus: Hämmling.

euresgleichen f. gleich. euret= f. euert. eurig, von gleicher Bilbung unb Stellung, wie beinig (f. b.).

ber (ungut: bas) Euter, —s, Pl. wie Sing.: Milchbehälter der Säugethiere.

Ahd. ber ûtar (auch ûtaro), angelsächf u. altfrief. bas ûder. Das Wort ftimmt lautverschoben mit bem gleichbeb. gr. ûthar (οὖϑαρ), sanffr. ûdhas, lat. (mit Wechsel bes th in b, sonft in f) ûber.

† evangélisch, ahd. êvangêlisc, nach lat.=gr. evangélicus. ber Evangelift, —en, Pl. —en, mhd. êwangeliste, êvangeliste, goth. aívaggêlista, bas lat.=gr. evangelísta. Von: bas Evangélium, —s, Pl. Evangélien (5sylbig): Lehre Jesu; apostolisches Buch von Jesu Leben unb Lehre; sonn=, festtäglicher Abschnitt baraus.

Evangelium, mhd. bas êwangêlje, êvangêlje, ahd. ber êvangêljo, goth. bie aívaggêljô unb bas aívaggêli, ift aus lat. evangélium v. gr. euangélion (εὐαγγέλιον) Freudenbotschaft [εὖ gut, wol; ἄγγελος Bote, Verkündiger, woher unser Engel]. Der rein beutsche Ausdruck für Evangelium ift bas ahb. bas gotspël, engl. gospel, b. i. Erzählung (spël) von Gott.

† evidént, franz. évident v. lat. évidens: augenscheinlich, sonnenklar.

éwig = ber Zeit nach enblos. Zufammenf. : bie **Ewigkeit.**

Ewig ist bas mhd. Abj. êwec, êwic, ahb. êwîg, êwic (als Abv. êwîgo), welches mittelft -ie -ig v. ahb. êwa (f. Ehe). Damit zufammengef. ahb. bie êwigheit, ewic-heit, mhb. êwicheit unfer **Ewigkeit.**

† ex**á**ct, (e tief), franz. exact v. lat. ex**á**ctus : genau, pünctlich.

† ex**al**tieren (e vor x tief) = bie Begeifterung wofür erhöhen, über- fpannen, überreizen. Aus franz. exalter v. lat. exalt**â**re erhöhen.

† bas Ex**á**men (E tief), —s, Pl. (lat.) Ex**á**mina, bas lat. ex**â**men [v. ex**á**gere (exígere) unterfuchen] : Prüfung. Daher exam**i**nieren, lat. examin**â**re, = prüfen; richterlich ausforfchen.

† exce**l**l**é**nt (beibe e tief), franz. excellent v. lat. exc**é**llens : ſich aus- zeichnenb, herrlich. Davon ber Ehrentitel von Miniftern 2c. : bie Ex- cell**é**nz, Pl. —en, lat. excell**é**ntia, = Herrlichkeit. Jenes lat. ex- c**é**llens aber ift bas Part. Präf. v. lat. exc**é**llere, woraus unfer ex- cell**i**eren = ſich auszeichnen.

† exc**é**ntrifch (e tief), aus franz. excentrique : [vom Mittelpuncte (c**é**ntrum) abweichenb unb alfo] irrekreifenb, alle Regel überfpringenb, fchwinbelig.

† ber Exc**é**ß (richtiger Exc**é**ß, E unb é tief), —ffes, Pl. —ffe, aus lat. ber exc**é**ssus : Herausgehen aus ben Grenzen einer Sache; Unfug.

† bas Excrem**é**nt (E tief), —es, Pl. —e, aus lat. excrem**é**ntum [v. excérnere ausfonbern] : Auswurf (burch ben Maftbarm).

† bie Execut**i**ôn (E tief), Pl. —en : Vollziehung eines Urtheiles, einer Leibes- ober Lebensftrafe; gerichtliche Zwangshilfe.

Aus lat. execútio, eig. exsecútio, v. éxsequi = etwas verfolgen, vollziehen.

† bie Exeg**é**fe (E tief), Pl. —n, aus gr. exeg**ê**sis (ἐξήγησις) : Schrifterklärung. Der Ex**e**g**ê**t, —en, Pl. —en, aus gr. exeg**ê**t**é**s (ἐξηγητής) : Schrifterklärer. Davon exeg**é**tifch, gr. exeg**ê**tikós.

Die gr. Wörter gehen zurück auf gr. exêgeisthai (ἐξηγεῖσϑαι) = ausführen, auslegen, erklären.

† bas Ex**é**mpel (E tief), —s, Pl. wie Sing., mhb. exempel, aus lat. ex**é**mplum : Mufter, Beifpiel. Davon : bas Exempl**â**r, —es, Pl. —e, mhb. exemplar, bas lat. ex**é**mplar : Vorbilb; einzelner Bilb-, Schriftabbruck. Hiervon weiter bas Abj. exempl**á**rifch = mufterhaft; beifpielgebenb.

† ex**e**quieren (e vor x tief), nach lat. éxequi, éxsequi (f. Execution) : einen Befehl 2c. vollziehen; (eine Schulb) beitreiben; auspfänben.

† exerc**i**eren (bie beiben erften e tief), aus lat. exerc**ê**re (üben) : einüben; Kriegs-, Waffenübung halten.

† bas Ex**î**l (E tief), —es, Pl. —e, aus lat. exílium : Lanbesver- weifung; Verbannung; Verbannungsort.

Lat. exilium erſcheint deutſch umgeformt ſchon in abb. die ihsill, mit Lautangleichung issell.

† bie **Exiſténz** (E tief), nach franz. existence [neulat. existéntia] :
Daſein, Beſtehen. V. **exiſtieren**, lat. exístere, exsístere (heraustreten, entſtehen) : ein Daſein haben, beſtehen, leben.

† **expedieren** (e vor x tief), aus lat. expedíre : abfertigen, abſenben.

† bas **Experimént** (E tief), —es, Pl. —e, v. lat. experiméntum
[v. experíri verſuchen] : Verſuch, Erfahrungsverſuch.

† **explicieren** (e vor x tief) = entwickeln, auseinanderſetzen.
Aus lat. explicāre = auseinanderfalten.

† bie **Exploſiôn** (E tief), Pl. —en : Losplatzung, Losknallen.
Das franz. explosion, v. lat. explósio bas Ausklatſchen.

† ber **Expórt** (E tief), —es, Pl. —e : Waarenausfuhr. Engl. export.

† **expréß** (richtiger **expréſs**, e unb é tief), Abj. unb Abv. : ausbrücklich, beſonber. Daher ber **Expréſſe**, —en, Pl. —en : ber
eigene Bote.
V. lat. expréssus (als Abv. exprésse) = ausgebrückt, beutlich.

† bie **Exſtáſe** (E tief), beſſer **Ekſtáſe**, Pl. —n : Ent-, Verzückung.
Aus lat.-gr. bie écstasis, welches eig. Verrückung von ber Stelle, Geiſtesver-
rückung bebeutet. Jene Schreibung Erſtaſe iſt nach franz. extase gebilbet.

† **extemporieren** (e vor x tief) = ex témpore b. i. nach Zeit (unb
Gelegenheit), aus bem Stegreife thun.

† **éxtra** (é tief), bas lat. Abv. éxtra (außerhalb) : nebenbei, beſonbers;
außerorbentlich. Auch abjectiviſch, z. B. etwas éxtraes.

† ber **Extráct** (E tief), —es, Pl. —e, aus lat. extráctum : bas
Ausgezogene; Kraftauszug. V. **extrahieren**, lat. extráhere : etwas
ausziehen; kurz ausziehen.

† bas **Extrêm** (E tief), —es, Pl. —e, aus lat. extrêmum bas
Äußerſte : Uebertreibung. V. **extrêm**, lat. extrêmus ber äußerſte :
bis ins Äußerſte gehenb. Daher auch bie **Extremität**, Pl. —en,
aus lat. extrémitas (bas Äußerſte, Enbe) : Enbpunct; Entſcheibungs-
punct, letzte Zuflucht; äußerſtes Glieb, nämlich Hanb unb Fuß.

F.

F, **f**, ber aspirierte (angehauchte) Lippenlaut.

Seine Stellung bem Geſetze ber Lautverſchiebung gemäß iſt in ben unter
B gegebenen Tabellen unb Bemerkungen zu erſehen Wo f ober v geſchrieben
wirb, hat ſich zwar im Neuhochbeutſchen feſtgeſtellt, beruht aber urſprünglich auf
Willkür. Vgl. z. B. Fülle unb voll, für unb vor, feſt unb veſt. In beutſchen
Wörtern ſteht anlautenb vor u, ü, ei, eu, l, r immer f, währenb Veilchen als
eingebürgertes Frembwort ſein V behält. Auch in- unb auslautenb kommt, bas

einzige frevel, Frevel ausgenommen, nur f vor, dagegen in- und auslautendes v in Fremdwörtern, wie brav, Nerv, Sclave ꝛc. F statt hochd. b f. S. 89. Niederd. ch statt hochd. f zeigen beschwichtigen, (Anker) lichten, Richte, sacht, Schlucht. Vgl. auch echt, Gerücht, Lachter, Schacht.

die Fábel, Pl. — n : erdichtete Erzählung, insbesondere auf Grund eines allgemein moralischen Satzes. Daher fábeln.

Spät-mhd. die fabel, v. lat. fábula Rede, Erzählung, Sage, Märchen.

† die Fabrík, Pl. —en, aus franz. fabrique, mit fortgerücktem Tone v. span. u. (neu)lat. fábrica : Werkstätte, Werkanstalt, in welcher Arbeiter in größerer Anzahl einander in die Hände arbeiten. Davon fabricíeren, lat. fabricári, woher wieder : der Fábricánt, —en, Pl. —en; das Fabricát, —es, Pl. —e, lat. fabricátum.

die Façáde (spr. fassáde), Pl. —n : Stirn- b. i. Giebelseite.

Franz., v. franz. face Gesicht, Vordertheil eines Gebäudes, welches zunächst aus altromanisch facia Gesicht v. lat. fácies Antlitz.

das Fach, —es, Pl. Fächer : durch Balken u. dgl. gebildete Abtheilung der Wand; umschlossene Abtheilung wovon, eig. wie bildl.

Mhd. das vach Mauer, Mauertheil (Servatius 2465), Abtheilung einer Räumlichkeit (Köpke's Passional 630, 59. 644, 98. 167, 59 ꝛc.), Heertheil (Jeroschin 252); ahd. das fah Mauer; angelsächs. das fác Raum, Zwischenraum. Das Wort stimmt lautverschoben mit gr. pēgnýnai (πηγνύναι), lat. págere (pángere), = festmachen, befestigen.

das Fach, —es, Pl. —e : Fanghürde, Fanggeflecht für Fische und Vögel.

Mhd. das vach (Pl. vaher), welches lautverschoben stimmt zu dem v. gr. pēgnýnai = fest machen entsprossenen gr. die págē (πάγη) = Schlinge, Fischreuse, Schlagbauer.

-fach hinter Zahlwörtern bed. : in so vielen Abtheilungen genommen, als das Zahlwort anzeigt, z. B. ein-, zwei- ꝛc., mánnig-, vielfach.

Mitteld. (mhd.) -vach [= Abtheilung, f. Fach 1] in Verbindungen, wie manicvach mannigfach (Jeroschin 193), ist Acc. Sing., oder, mit 2, 3, 4 ꝛc. verbunden, Acc. Pluralis, und bildet Adverbien, welche im Nhd. auch, in Hinsicht auf -falt, mißverständlich als geläufige Adjective gebraucht werden. Eine genitivische Verbindung ist mhd. drier vacher (LiederSaal III, I, 435, 89) = 3mal.

fácheln = gelind an-, zuwehen. Zuerst b. Fleming S. 363.

Das im Mhd. und Ahd. nicht vorkommende Wort stimmt lautverschoben mit dem gleichbed. slowenischen pahljati, wie das im 18. Jahrh. (zuerst bei Hagedorn) auftauchende Stammwort fachen (f. fachen 1), von welchem fácheln durch -eln als Wiederholungs- und Verkleinerungswort angesehen wird, zu dem slowenischen pahati = zuwehen, die Luft in Bewegung setzen, serb. paati = wehen, blasen, altslaw. pachati = antreiben, in Bewegung setzen. Mit diesem fachen scheint sich fachen in anfachen (f. d.) vermischt zu haben, falls dieß, wenn man slowenisch opahati anwehen, opahljati anfächeln, beachtet, nicht gar mit unserm fachen zusammengesetzt ist.

fachen = erregend anwehen (b. Hagedorn), vermehren.

S. fácheln. Aber auch schon im Mhd. vachen = vermehren (f. anfachen).

fáchen = kurze Wolle mit einem Bogen schlagen, daß die Flocken fliegen. Neunieberl. die vagt Wollenfell, Wollenflocke.

der Fächer, —s, Pl. wie Sing. : Werkzeug zum Windmachen durch Hinundherbewegen. Daher fächern.

Fächer mit ä ist durch Anlehnung an fachen (s. b.) = „erregend anwehen" gebildet. Denn nürnbergisch sagt man der Fucher st. Fächer (Schmeller I, 508), und das urspr. der Focher bed. als sinnverwandter Ausdruck von plaspalck (voc. theut. 1482 Bl. s 3ª) „das Wind machende Werkzeug zum Anblasen des Feuers", was auf Entlehnung von lat. focárius = zum Heerde gehöriger [nämlich follis Blasebalg] hinzuweisen scheint.

der Fächser, —s, Pl. wie Sing. : Rebzweig als Setzling.
Bei Luther (Jes. 5, 7. 16, 18. 17, 10. Nahum 2, 3) nach mitteld. u. niederd. Mundart fesser; 1482 fechser. B. bayer. fechsen und fessen = einernten (Schmeller I, 508..570), urspr. wol „pflanzen." Die Wurzel fech stimmt lautverschoben mit dem schon unter Fach 1 angeführten lat. págere (pángere) = befestigen, einsenken, pflanzen, wovon lat. propágo Setzling, Fächser.

† das Fácit, —s, ohne Pl. : Ergebnißzahl einer Rechnung.
Das lat. fácit = es macht.

die Fáckel, Pl. —n : flammend brennender Stab als Licht.
Mhd. die vackel, ahd. facchela (u. facchelā), fachala, faccala, faculā, angelsächf. fácele und þácele, entlehnt v. dem gleichbed. lat. fácula.

fáckeln, „mit haben" : langsam zu Werke gehen, zaudern.
Das niederd. fakkeln Umstände machen, zaudern; osnabrück. faggeln Ausflüchte suchen; henneberg. fackeln süß thun, tändeln, schmeicheln.

† die Façôn (spr. fassóng), Pl. —s : Gestalt, Form; Anstand.
Das franz. die façon = Art und Weise des Thuns, Art und Weise überhaupt; ital. fazióne Gestalt. Aus mittellat. fácio st. fáctio [v. fácere thun] = das Machen (und Gemachte), i. J. 1376 auch schon Gestalt; [im classischen Lat.] Partei, Zusammenrottung.

† die Factiôn, Pl. —en, franz. faction v. lat. fáctio (s. Façon) : Partei, politische Meinungsgenossenschaft. fáctisch, v. lat. fáctum That : thatsächlich. factitiv, neulat. factitivus, = bewerkstelligend, ein Versetzen in ein Machen ausdrückend. der Fáctor, —s, Pl. —en, das lat. u. mittell. fáctor : Vervielfältigungszahl; eine ein Product wirkende Kraft; — [Factôr gesprochen, Pl. —e :] Geschäftsführer, angestellter Geschäftsvorsteher, woher die Factorei (engl. fáctory) = Wohnung und Geschäft eines Factôrs, dann Handlungsniederlassung. das Fáctum (lat.), —s, Pl. (lat.) Fácta : Thatsache. die Factúr, Pl. —en, v. lat. factúra das Machen : Waarenverzeichniß nebst Preisberechnung. die Facultät, Pl. —en, v. lat. facúltas körperliche oder geistige Kraft zu thun : [schon mhd. facultét] Vermögen wozu, Fähigkeit; Gesammtheit der Professoren von einer der 4 Hauptwissenschaften der Universität. facultativ, neulat. (franz. facultatif) : befähigend, ermächtigend wozu.

das Fädchen, —s, Pl. wie Sing., Dim. v. Fäden (f. b.) mhd. vade.

† fade = ohne Saft und Kraft für Sinn oder Geist, geschmacklos.

In der zweiten Hälfte des 18. Jahrh. aufgenommen aus franz. fade, welches neben fat närrisch, läppisch, v. lat. fátuus = albern, unschmackhaft, mit Ausfall des u.

der Fäden, —s, Pl. wie Sing. u. auch, aber nicht so gut, Fäden : Faser zum Binden, Nähen, Weben. Davon : das Fädchen, Diminutiv; fädeln und ursprünglicher fädmen (f. einfädeln), woher in Göthe's Werther abfädnen = die Randfasern der Schoten abziehen; fädmig, eig. fädemig. Zusammenf. : fadenscheinig = von durchscheinenden Faden, weil von Wolle entblößt.

Mhd. der vaden (selbst mit Abstoßung des Auslautes vade), vádeme, ahd. fádam, fadum (Pl. ohne Umlaut : fádumá). Wol zusammengez. aus älterem fáhadum (d. i. fah-ad-um) v. goth. fahan fahen (f. b.) mit Verbleiben des kurzen a. Grimm's Gramm. II, 241, 150. Vgl. Athem.

der Fáden, —s, Pl. wie Sing. : Maß der beiden ausgespannten Arme. 3. B. „Tief funfzig Fad'n im Meer" (Herder). Vgl. Klafter. Aus niederd. fadem, neuniederl. der vadem, vaam; altnord. fadmr = Maß der ausgestreckten Arme von der einen äußersten Fingerspitze bis zur andern, eig. Ausstreckung und Umschließung der Arme, Umarmung, altsächs der fadm in letzter Bed. (der Pl. fadmôs, fathmôs, = die beiden Arme), angelsächs. fädm. Wol, worauf der ursprünglichere Begriff „Umarmung" hinweist, eins mit dem vorhergehenden der Faden.

fädmen (oberd. u. b. Göthe fädnen), fädmig, f. Faden 1.

† das Fagótt, —es, Pl. —e : ein tieftoniges Blasinstrument.

Aus ital. fagótto (fangótto), franz. fagot, eig. Reisbündel, mit der Vergrößerungsendung -otto und Uebergang des lingualen (Zungenlautes) c v. fácem, dem Acc. Sing. v. die fax = Fackel, urspr. ein Bundel Späne (gr. phákelos).

die Fähe, Pl. —n : das Weibchen des Hundes, überhaupt der vierfüßigen Raubthiere. Weidmännisch.

Ob aus einem ahd. die fáhá, fáhëá, neben der fáho = Fänger (gl. krahan. 951b), v. ahd. fáhan fangen? An mhd. die vohe (ahd. fohá) = Füchsin, Katze, ist wol nicht zu denken.

fáhen, Präf. ich fáhe, du fáhest, er fáhet, wir fáhen ꝛc. Prät. fieng, Part. gefángen, Imp. fah! nur noch alterthümlich ft. fangen (f. b.). Davon fähig (ahd. fâhic ?) und die Fähigkeit.

Mhd. váhen, zusammengez. vân (Prät. ich er vie oder vienc, wir fie viengen, Part. gevangen und gevân), ahd. fáhan (Prät. ich fianc, Pl. wir fiangumês, Part. kafangan), goth. fahan (Prät. ich fáifah, Pl. wir fáifahum, Part. fahans).

fáhl, Adj. : gelblich; gelblichgrau.

Mhd. val (männl. valwer, weibl. valwiu, sächl. valwez), ahd. falo (männl. fálawêr, weibl. fálawu, sächl. fálawaz), angelsächs. fëalu, altnord. fölr. Das Wort stimmt nach J. Grimm lautverschoben mit litthau. palwas weißlichgelb, slaw. plaw', poln. plowy blaßgelb, sanskr. pañta, gr. poliós weißlich, grau, lat.

pal in pállidus bleich. Also nicht entlehnt aus mittellat. fálvus ft. fiávus gelblich,
eben so wenig als kahl ahb. chalo v. lat. cálvus haarlos.

f ä h n b e n = barauf aus sein jemanden aufzusuchen, zu fangen, zu ver=
haften (Schmeller I, 535 f.).

Aus ahb. fantòn = burchforschen, wonach suchen, es auffuchen, ausspüren
(Dist. I, 272ᵃ. voc. Kerónis 205ᵃ), angelsächs. fandjan.

ber F ä h n b r i ch, —es, Pl. —e : ber Fahnenträger. S. F a h n e.
Älter-nhb. Benbrich, Fenberich. Aus neunieberl. ber vendrig neben vaan-
drig. Eintritt eines d nach n liebt bas Rieberländische, wie benn auch bas
vendel, vaandel Fahne von ble vaan F a h n e vorkommt.

bie F ä h n e, Pl. —n, baher. ber F a n, mhb. ber van, ahb. fano : an
einem Schafte befestigtes Z e u g f t ü ck als Zeichen irgenb einer Art;
einem solchen ähnliches bie Strömung ber Luft anzeigenbes bewegliches
Blech. Dim. : bas F ä h n l e i n (auch = unter einer Fahne vereinigte
Schar Krieger), F ä h n ch e n. ber F ä h n r i ch, —es, Pl. —e, ber
eigentlich hochb. Ausbruck bem urspr. nieberl. F ä h n b r i ch gegenüber,
scheint burch ben Gebanken an =r i ch in Wüterich ꝛc. aus mhb. ber
venre, ahb. vanari, schweiz. ber J e n n e r = Fahnenträger, erwachsen.

Das ahb. fano beb. urspr. Zeugftück, wie auch bie Zusammensetzungen ougafano
Schweißtuch, hantfano Hanbtuch, tischfano Serviette ꝛc. zeigen; goth. ber fana
nur = Zeugftück. Das Wort stimmt lautverschoben mit lat. pánnus Stück Tuch,
Lappen, Binbe, pánus b. i. gr. pénos (borisch pános) Faden bes Einschlags.

bie F a h r, Pl. —en, veraltet, jünger=nhb. Gefahr, f. b. Davon : bie
F ä h r b e, f. Gefährbe. bie F ä h r l i ch k e i t.

Mhb. bie vâr, vâre, = Hinterlist, Gefahr, Furcht, ahb. fâra = Auflauern
(bef. hinterliftiges), Rachftellung, Hinterlift; altnorb. bas fâr Gefahr. Daneben
goth. ber fêrja = Auflaurer, Aufpaffer. Diese Worte mit ihrem Verbum ahb.
fârên, mhb. vâren (f. b e f a h r e n 2), setzen voraus ein verlornes goth. Wurzel=
verbum fairan (Prät. far, Pl. fêrum, Part. faúrans) = worauf ausgehen? Acht
haben? anschulbigen? woher auch goth. bie fairina Anklagegrunb, Schulb, ahb.
firina Verbrechen, Sünbe.

bie F ä h r e, Pl. —n : flaches Fahrzeug unb Ort zur Flußüberfahrt.
Von mhb. vern, ahb ferren, ferjan, goth. farjan, = schiffen, übersetzen,
einer Ableitung v. f a h r e n.

f a h r e n, Präf. ich fahre, bu fähreft, fährft, er fähret, fährt, wir fahren ꝛc.,
Prät. ich fuhr (Conj. führe), Part. gefahren, Imp. fahr : sich fort=
bewegen, überhaupt fortbewegen; auf einem Werkzeuge zum Fortbe=
wegen fortbewegt werben ober fortbewegen; sich befinden, leben (z. B.
f a h r wol!). F a h r e n b e Habe, mhb. varndiu habe, = bewegliches
Eigenthum.

Als Intranfitiv mit „sein" (ich bin gefahren), als Tranfitiv mit „haben".
Früher überhaupt mit „haben". — Mhb. varn, varen, ahb. faran (Präf. ich fara,
bu feris, er ferit, Prät. ich er fuor, Part. kafaran), goth. faran (Prät. fôr, Part.
faran). Der Lautverschiebung gemäß zusammengehörig mit gr. póros Durch=,
Ausgang. Vgl. Furt.

das Fährgëld, —es, Pl. —er : Gelb, Abgabe für Fahren. das
Fährgëld = Lohn des Schiffers für die Überfahrt.

Fähr in Fährgeld v. mhd. vern überseßen (f. Fähre).

die Fährhabe (fchweiz.) und die Fährniß (eig. Fahrnifs) = die
fahrende Habe, das bewegliche Eigenthum, mobiliâre.

fahrläffig = aus Unachtfamkeit etwas gehen (fahren) laffend, wie
es geht; was fo gehen gelaffen wird. Daher die Fährläffigkeit.

die Fährpoft, Pl. —en : die fahrende Poft, Poft zum Fahren.

Im Gegenfaße der ehemals reitenden Brieffpoft.

die Fahrt, Pl. —en, mhd. die vart, ahd. fart, altfächf. fard, goth.
farþ [vgl. die usfarþô Ausfahrt], v. fahren : die Fortbewegung
wohin; Durchgang, Weg für Fuhrwerk. Vgl. auch Fährte.

die Fährte, Pl. —n : Wildfpur.

Aus dem Pl. (verte, f. Nibel. 875, 3) des mhd. die vart, ahd. fart, altfächf.
fard, welches unfer Fahrt (f. b.) ift, aber auch die Weg-, Wildfpur bedeutet,
wie noch weidmännifch Fahrt.

das Fährzeug, —es, Pl. —e : von Holz gemachtes oder gebautes
hohles Werk zum Fahren auf dem Waffer.

† die Faïénce (fpr. fajangß') oder Fayénce, ohne Pl. : Halbporcellan.

Das franz. die faïence, früher fayence mit Einfchiebung eines y (weil fonft
zwei Bocale zufammenftoßen, was die leichte Ausfprache erfchwert) von dem
Fabrikorte Faênza (d. i. lat. Favéntia) in der heutigen Romagna.

der Fáland, mit Verdunkelung des erften a Bóland (Göthe's Fauft),
—es, Pl. —e, mhd. der vâlant, mittelniederd. volant, Benennung
des Teufels.

Ein ahd. fâlant, angelfächf. fælend, welches Part. Präf. v. angelfächf. fælan,
fæljan, = zum Böfen verleiten, verführen, wäre und den Verführenden, den Ver-
fucher, bedeuten würde, kommt nicht vor, ift aber vorauszufeßen. Oder ift das
Wort vielleicht verwandt mit altnord. fâla Riefin, fæla fchrecken? — Im Mhd.
kommt auch die vâlantinne Teufelin als Schimpfname vor.

falb, Abj. : blaßgelb, weißlich gelb.

Schon im voc. incip. teut. falb mit b aus w (f. S. 89) v. fahl, deffen a
hier kurz blieb und deffen urfprüngliches w im Auslaute fich in ahd. falo zu o,
früher u, wandelte.

der Fálbe, ein Fálber, = blaßgelbes Pferd. Auch Falle (f. b.).
B. falb.

die Fálbel, Pl. —n : Faltenbefaß an Frauenkleidern.

Aus franz., ital., fpan., portug. der die falbalà, fpan. auch die farfalá, cremo-
neffifch, parmefanifch frambalà, piemontefifch farabalà, hennegauifch farbala. Diez
Wtbch. 137.

das Fálbel, —s, Pl. wie Sing. : Fallfucht; elender Menfch, Tropf.

Im 16. Jahrh., jeßt veraltet. Zufammengez. aus val ubel [d. i. das Fall-
Übel ft. fallend Übel], wie der liber ordinis rerum v. 1429 Bl. 17 a mittellat. epi-
léncia verdeutfcht.

fálben, mhb. valwen, ahb. falewen, falawên : falb (f. b.) werben.

† bie Falkaúne, Pl. —u : grobes Geschütz zu 4—6 pfünbigen Eisen=
kugeln.

> Aus mittellat. falcôna, v. lat. fálco Falke, welchen Raubvogelnamen man, wie
> Schlange, auch auf ein schweres Geschütz anwanbte.

ber Falke, —n, Pl. —n, mhb. ber valke, ahb. falcho, falco, aus lat.
(erft im 4. Jahrh.) fálco, eine Art Raubvögel. Daher : ber Fálk=
ner, —s, Pl. wie Sing., mhb. válkenære, u. unbeutsch Falkenier,
— es, Pl. —e, beibe nach mittellat. falconárius; bie Falkneret.
Zusammenf. : bas Fálkenauge = äußerst scharfes Auge [»Sie
hát dës falken blicke.« Geistl. Lieb bes 15. Jahrh.].

ber Fálke, —n, Pl. —n : blaßgelbes Pferb. Bayer. Falh, Falch.

> Eins mit ber Falbe (f. b.). Denn w in bem mhb. Abj. ber valwe, ahb.
> fálawo, wirb einerseits verstärkt zu b, anbrerseits geht es (ber wehenbe Laut)
> in ben verwanbten Kehlhauch h über, wie benn bayer. falw, falb, falh, fal, neben
> einanber vorkommen (Schmeller I, 523). Wenn bagegen bas Roß Dietrichs
> von Bern Valke heißt, so finbet hier Uebertragung bes Vogelnamens statt.

† bas Falkonét (ét spr. ä´tt), —ttes, Pl. —tte : kleine Falkaune.

> Engl. (urspr. altfranz.) falconet, ital. falconétto [neben mittellat. falconêta],
> mit verkleinernbem -etto v. falcôna (f. Falkaune).

ber Fall, —es, Pl. Fälle, mhb. ber val, ahb. fal. bie Fálle, Pl.
—n, mhb. bie valle, ahb. fallâ, = Fangwerkzeug mittelst Zufallen
von etwas. Von fállen, Präf. ich fálle, bu fälleft, fällst, er fúllet,
fällt, wir fállen ꝛc., Prät. fiel (Conj. fíele), Part. gefállen, Imp. fall
(schwach fálle) : vermöge seiner Schwere sich nieberbewegen; umkommen;
an Umfang, Werth verlieren; mit Geschwinbigkeit in einen anbern
Zustanb gerathen ꝛc.

> Mhb. vallen, ahb. fallan (Präf. ich fallu, bu fellis, er fellit, Prät. ich er fial,
> Part. kifallan), angelsächf. feallan. Das Wort stimmt ber Lautverschiebung ge=
> mäß mit litthau. pulti fallen.

fállen = fallen machen; zu Boben nieberwerfen.

> Mhb. vellen, ahb. fellan b. i. fal-j-an, bas Factitiv von fallen.

† fallieren = öffentlich zahlungsunfähig werben.

> Aus ital. fallire bankerott werben, v. b. gleichbeb. mittellat. fallire, fállere, welches
> eig. f. v. a. Mangel woran haben. Im Mhb. ist fallíren = täuschen, irren.

fállig = zu Falle kommenb, z. B. in bau=, fußfállig ꝛc.; zu festge=
setzter Zeit zu fallen (zahlen) bestimmt.

> Mhb. vellec = gerichtlich verfallenb, ahb. fellîc = zu Falle bringenb, in
> Trümmer fallenb.

† bas Falliment, —es, Pl. —e : öffentlich erklärte Zahlungsunfähigkeit.

> Aus ital. fallimento, mittellat. fallimêntum, v. fallíre (f. fallieren).

fálls, ber Gen. Sing. v. ber Fall, ist zunächst Abv., bann bebingenbe
Conjunction mit ber Bezeichnung : im Falle baß.

falſch, mhd. valsch (mit sch ſtatt s, denn urſpr.) vals, aus altfranz. fals v. lat. fálsus : anders ſcheinend, als wirflich iſt; innerlich feindſelig. Daher fälſchen, mhd. velschen, ahd. falscan : falſch machen d. h. verfälſchen, der Richtigkeit benehmen. Zuſammenſ. : die Fälſchheit, mhd. valscheit; fälſchlich, mhd. velschlich, velsliich.

In : ohne Falſch, mhd. âne vals, iſt Falſch das Subſt. der Falſch (Joh. 1, 47), —es, ohne Pl., mhd. der valsch, vals, = Fehl; Bosheit; Unrecht, Betrug (Schmeller I, 529).

die Fallſucht = die fallende Sucht, mhd. diu vallende suht, ahd. fallendiu suht, Hinfallen unter Zucken und Schäumen.

das Fállthor, —es, Pl. —e, gekürzt Fálter, —s, Pl. wie Sing. : von ſelbſt zufallendes Zaunthor über einem Fahrwege zum Abſchließen von anderem Bezirke. Mhd. das valtor, valletor.

=falt, welches jetzt alterthümlich erſcheint (z. B. mannigfalt, vgl. auch Einfalt) und wofür am üblichſten =fältig (z. B. ein=, zwei=, drei= 2c., vielfältig 2c.) oder zuweilen auch ohne Umlaut =fáltig (z. B. mánnigfaltig, breifaltig in die Dreifáltigkeit) vorkommt, iſt mit (beſtimmten und allgemeinen) Zahlwörtern zuſammengeſetzt und bed. : ſo vielmal genommen (urſpr. gefaltet), als das als erſtes Wort der Zuſammenſetzung ſtehende Zahlwort anzeigt.

Mhd. -valt, ahd. -falt ſt. -fald, goth. -falþs, angelſächſ. -fëald ſt. -fëald, mit den davon abgeleiteten =faltig u. =fältig, mhd. -valtic u. -veltec, ahd. -faltîc, iſt ebenſo aus falten goth. falþan entſproſſen, wie das in gleichem Sinne ſtehende lat. -plex (z. B. sím-, dúplex 2c.) von lat. plicâre == falten.

die Fálte, Pl. —n, mhd. die valde, valte [neben ahd. der vald]. Von falten = mittelſt einer Uebereinanderbiegung zuſammenlegen. Daher auch : fälteln = in Fältchen legen; der Fálter, —s, Pl. wie Sing., = Schmetterling (ſ. Pfeifholter).

Falten biegt jetzt ſchwach; als Reſt alter ſtarker Biegung findet ſich höchſtens noch zuweilen das Part. gefälten (z. B. Schiller's Räuber 1, 1). Dieſe ſtarke Biegung iſt die des mhd. valden, valten, ahd. faldan, ſpäter faltan, (Prät. ich er fialt, Part. kafaldan), goth. falþan (Prät. fáifalþ, Part. falþans); jene ſchwache aber, die im Nhd. die ſtarke faſt verdrängte, iſt die des von faldan abgeleiteten bloß tranſitiven ahd. faldôn, mhd. valden. Goth. falþan b. i. fal-þ-an ſcheint der Lautverſchiebung gemäß zu ſtimmen mit gr. paltós geſchwungen [dípaltos = zweifach geſchwungen] v. pállein ſchwingen, ſchütteln.

das Fálter ſ. Fallthor.

fáltig = Falten habend oder werfend. =fáltig u. =fáltig ſ. =falt.

der Falz, —es, Pl. —e : regelmäßig gebrochene und geglättete Umbiegung; zum Anfügen mit dem Hobel abgeſtoßene Kante. Davon : fálzen = regelmäßig umſchlagen und fügen; Fugen hobeln.

Mhd. (mitteld.) der valz = geſchlagene längliche Oeffnung, Rieſe, z. B. einer Wunde (Köpke's Passional 123, 78. 165, 71. 554, 64, 20—21); zuſammengebogene Oeffnung (baſ. 363, 87), Zuſammenbiegung, =legung (z. B. in mhd.

valsstuol = Amtsstuhl zum Zusammenklappen. *Sumerl.* 33, 26). Davon falzen,
mhd. valzen, ahd. falzôn(?), goth. faltôn(?), welches, wie ahd. die falzunga
(Falzung) = „Verbindung" an Hand gibt, verbinden, eig. übereinanderschlagend
verbinden, bedeutet haben wird, urspr. wol übereinanderschlagen, anschlagen,
denn spät-ahd. der *anevals* = Amboß (*gl. jun.* 289), angelsächf. der *anfilt* (woher engl anvil), deren vals und filt auf ein bis jetzt freilich unaufgefundenes ahd.
Wurzelverbum *fëlzan* (Prät. ich er fals, Pl. wir fulzumês, Part. kafolzan),
angelsächf. und goth. *filtan*, — schlagen, stoßen [gleich ahd. *pôgan*, s. Amboß],
zurückführte. Vgl. Grimm's Gramm. II, 216. Aus diesem Verbum wären
dann noch entsprossen : mhd. der u. die *vëlze* — Riefe, eingegrabener Langstreifen
an dem Schwerte (*Konrads Trojanerkrieg*, Straßb. Hf., Bl. 62ᵃ. 225ᵃ); velzen,
ahd. *falzan* (falz-j-an), = krümmend schlagen, verbinden, einfassen (*Konrads
Trojanerkrieg* Bl. 21ᶜ, auch Bl. 31 auf Grund der andern Hff. st. welzen
Minnes. 1, 70ᵃ, 13); vielleicht auch mhd. die *velze* Rücken der Klinge und ahd.
die *valza* Falle? Uebrigens scheint es nicht mit falten aus derselben Wurzel
(pal), die in gr. *pállein* = „schwingen" sich zeigt.

die **Falz** und **fálzen**, was die **Balz** und **balzen**. S. der **Balz**.

Sollten **Falz**, **falzen** und **Balz**, **balzen** wie die Form Hafer neben Haber,
damit in z und f als hochd.-niederd. anzusehen und gegen die auf S. 100 gegebene Vermuthung richtiger auf das vorhergehende **falzen** zurückzuführen sein?
Sagt man doch auch **schlagen** vom schallenden (schmetternden) Singen der Vögel
und nennt, wie bereits unter **balzen** erwähnt worden ist, die Liebestöne des
Auerhahnes Schleifen oder Wetzen. Dazu führt auch der Begriff „verbinden"
(lat. *jungere*, s. auf dieser Seite oben ahd. *falzunga*) leicht auf „begatten."

† **familiär**, nach lat. familiâris (urspr. zum Gesinde, dann zum Hause
gehörig) : wie heimisch; vertraut. Von : die **Familie**, Pl. —n, lat.
família (urspr. das Gesinde), = Hausgenossenschaft; Geschlechtsver-
wandtschaft.

† der **Fanátiker**, —s, Pl. wie Sing. : schrankenloser Glaubens-
schwärmer. Aus lat. fanáticus [= begeistert, rasend, v. fánum gott-
geweihter Ort, Tempel], woher auch unser **fanátisch** = glaubens-,
meinungswütig. der **Fanatismus**, neulat. (franz. fanatisme).

der **Fang**, —es, Pl. **Fänge**, mhd. der vanc, ahd. (in Zusammenf.)
fanc; auch s. v. a. Raubvogelklaue. Von **fángen**, Präf. ich fánge,
du fängst, er fängt, wir fangen ꝛc., Prät. fieng (Conj. fienge), Part.
gefángen, Imp. fang (ungut schwach fánge) : festnehmend oder -haltend
in seine Gewalt bringen ꝛc.

Die Form **fangen** drang ins Nhd. durch das Mitteldeutsche aus dem Niederd.
ein; denn das Wort lautet mittelniederd. vangen, altsächf. (nach den Formen
Ps. 68, 25. 67, 31. 70, 11) fangan neben fâhan, mittelniederl. vanghen neben
vaen, altnord. fânga neben fâ (st. faha), während sich rein-mhd. nur vâhen, zusammengez. vân, ahd. fâhan, goth. fahan (Prät. fáifah, Part. fahans), findet,
wie noch bei Luther und jetzt alterthümlich fahen, s. d Die Schreibung des
Prät. fieng, mhd. vienc, ahd. fianc, altsächf. fieng, fêng, angelsächf. fêng, in
welchem sich, wie in dem Part. Prät. gefángen ahd. kafangan und in dem
Subst. der Fang ahd. fanc, neben dem auch sonst vorkommenden Uebergange des

h in g oder c (vgl. schlagen, ziehen) zuerst das eintretende n zeigte und von hieraus allmählich selbst in das Präsens und den Infinitiv vordrang, ist hochdeutscher und überhaupt richtiger, als die aus dem Niederd. (vink) und Mitteldeutschen (vinc, vinc) seit der Mitte des 18. Jahrh. herrschend gewordene fing, in welcher das aus dem Wurzelvocal a entsprungene e jetzt lediglich der Aussprache zu Liebe ausgestoßen wird. Hat doch jenes Mitteldeutsche auch vil, hilt, liz ꝛc. = fiel, hielt, ließ, und schreibt man ja auch vierzehn, vierzig trotzdem, daß hier ie wie kurzes i gesprochen wird.

der **Fänger**, ahd. (nur in Zusammens.) fangari, fangâri. V. **Fang**.

der **Fant**, —es, Pl. —e : junger Mensch, dann bes. flatterhafter.

> Rhd. mit Rückkehr zu ital. der fante (span. infante v. lat. infans kleines Kind) = Knabe, Knecht, Soldat zu Fuß, Bauer im Schachspiel, woher die älternhd. Form **Fente**, niederl. vent = junger Bursche, mhd. der vende (auch der Bauer im Schachspiele), ahd. fendo, = Fußgänger, Soldat zu Fuß. Vgl. **Infanterie**.

† die **Fantasie**, Pl. —n, ital. fantasía aus gr. phantasía (eig. das Sichtbarmachen, Darstellen) : schaffende Einbildungskraft; Gedanken-, Trugbild; Tonspiel aus dem Stegreife. Daher : **fantasieren** (schon altclevisch); der **Fantast**, —en, Pl. —en, mhd. fantast, vom gr. phantastós, = faselnder Einbildling; **fantástisch**, mittellat.-gr. fantásticus.

die **Färbe**, Pl. —n, mhd. varwe (im 14. Jahrh. auch schon varb, gekürzt var), ahd. fárawa : die durch Brechung der Lichtstrahlen hervorgebrachte Empfindung des Auges. Daher die Adj. : =farb [mhd. (gekürzt) var, ahd. faro], -färben, **färbig** und **fárbig** (Göthe's Faust, b. Luther ferbig); das Verbum **färben**, mhd. verwen (im 14. Jahrh. auch schon värben), ahd. farawan; der **Färber**, mhd. vérwære (Farbenkünstler).

> Ueber b aus w s. S. 89 und vgl. falb u. fahl. — Nach W. Wackernagel stimmt farawa lautverschoben mit lat. parêre = zum Vorschein kommen, sich sehen lassen.

† die **Fárce** (spr. fárße), Pl. —n, franz. (aus lat. fársus ausgestopft, v. farcire) : Füllsel; Mengstück, Possenspiel.

† der **Farínzucker** = Mehl-, Küchenzucker. V. lat. farína Mehl.

der **Farn**, —es, Pl. —e, das **Fárnkraut**, die Pflanze fílix.

> Mhd. der u. das varn, varm, ahd. farn u. faran (mit abgeschwächtem n aus) farm faram, angelsächf. fëarn (engl. fearn, fern), deren far lautverschoben stimmt mit por in dem gleichbed. ruff. paporot, litthau. papartis.

der **Farre**, —n, Pl. —n : unverschnittener Ochse.

> Mhd. der varre, ahd. farro, neben dem starkbiegenden mhd. der var, ahd. far (Pl. farri), angelsächf. fëar, welches mit seinem Femininum die **Färse** (ahd. far-is-â? fer-is-â?) lautverschoben stimmt zu gr. die póris, pórtis, = junges Rind, Kalb, junge Kuh.

das **Fárrenkraut**, neuere falsche Schreibung st. **Farnkraut**. S. **Farn**.

die **Färſe**, Pl. —n : das noch nicht trächtige erwachſene Rind.
Bei Zeſen **Fährſe**, alſo mit langem ä. Denn das Wort iſt aus dem
Niederb. : neunlederl. die vaars, vaarse, mittelniederl. verse, veerse (*kor. belg.* VII,
7ᵇ. 14ᵇ), welches mit ahd. der far **Farre** (ſ. d.) zuſammengehört.

die **Färthe** (Schiller's Räuber), am beſten **Färte** (mit kurzem ä),
aber am üblichſten **Fährte** geſchrieben. S. **Fahrt**.

fárzen = einen lauten Bauchwind laſſen. Durch das Mittelbeutſche
[1482 vartzen, 1469 mittelrhein. fartzen] aus niederb. farten mit (auch
ſonſt vorkommenbem) a ſtatt des hochd. ë.
Denn mhd. (ſtarkbiegend) vërzen, ahd. fërzan (Präſ. ich firzu, Prät. ich er
farz, Pl. wir furzumês, Part. forzan), welches lautverſchoben ſtimmt mit dem
gleichbed. gr. *pérdein*, lat. (mit Ausfall des r) *pédere*, ſanſtr. pard, poln. pierd-
zieć, litthau. persti.

der **Faſân**, —es, Pl. —e, ein ſchöner fremder hühnerartiger Vogel.
Daher die **Faſanerie**, franz. faisanderie, = **Faſanengehege**.
Mhd. der vâsân (auch vâsant), ahd. fâsân. Durch franz. u. ſpan. faisan,
provenz. fassan, alſo mit Verſchluckung des i nach s aus lat.-gr. phasiânus d. i.
Vogel vom Fluſſe Phâsis in Colchis. Durch mhd. der vashan, pfasehan, u. das
pfasehuon, ahd. fasihuon, ſuchte man das fremde Wort mittelſt Anlehnung an
Hahn und Huhn volksverſtändlich zu machen.

† die **Faſchine**, Pl. —n : Reis= oder Strauchwelle bei Waſſer=, Feld=
ſchanzen=, Batterienbau ꝛc. Aus franz. fascine d. i. ital. fascína, =
Reisbündel, v. dem aus lat. fáscis Bund abgeleiteten ital. fáscio.

der **Fáſching**, —es, Pl. —e, oberb., was **Faſtnacht**, ſ. d.
Mhd. vaschang, faschang, fassang. Mittelſt der Ableitungsſylbe -ang, -ing
und mit Uebertritt des s in sc, sch von Fas mhd. vas- in Fasnacht (ſ. Faſtnacht).

† der **Faſcikel**, —s, Pl. wie Sing. : Bündel, Heft.
Aus lat. fascículus Bündel, dem Dim. v. fáscis Bund (ſ. Faſchine).

die **Fáſe**, Pl. —n : 1—2 Daumen breite Leinwandſtückchen an bem
Ende eines Stückes, wo der Zettel abgeſchnitten iſt. Schwäbiſch.
Mhd. der vase, ahd. faso = Franſe, Franſenende eines Tuches. S. Faſel.

der **Fáſel**, —s, ohne Pl., mhd. der vasel, ahd. fasil, fasal, angelſächſ.
fäsl : Junges, Zucht wovon. Daher : **fáſeln**, mhd. vaselen, ahd.
fasalôn (?), = Junge werfen. Zuſammenſ. : der **Fáſelhengſt**, =ochs,
= Zuchthengſt, =ochs; das **Fáſelſchwein**, =vieh (mhd. vaselvihe),
= Zuchtſchwein, =vieh.
Nach J. Grimm (Gramm. II, 52) iſt Faſel mit mhd. der visel = pênis,
mhd. die vëse, ahd. fësä = Fruchtbalg, Spreu, unenthülſter Dinkel, mhd. der
vase = herabhängender Saumfaden, Franſe, fadenartiges Würzelchen, Fleiſch-
faden (Faſer) ꝛc., entſproſſen aus einem vorauszuſetzenden goth. Wurzelverbum
fisan (Prät ich fas, Pl. wir fêsum, Part. fisans) = zeugen, erzeugen.

† die **Faſéle**, Pl. —n, aus lat.-gr. faselus, phasêlus, eine Art Bohnen.

fáſeln = Junge zeugend ſich fortpflanzen, ſ. **Faſel**.

fáfeln = ohne Ueberlegung hin= unb herſchwanfenb hanbeln, reben ober benfen. Daher : bie Faſelei; ber Fáſeler; bas Abj. fáſelig. Zuſammenſ. : fáſelhaft mit bie Fáſelhaftigfeit; ber Fáſel= hans, —ſes u. —ſen, Pl. —ſe u. —ſen.

> Faſeln, welches erſt im 18. Jahrh. vorfommt unb balb geläufig wirb, beb. urſpr. wol ſ. v. a. irre umherſuchen, ohne Ueberlegung hin unb herſuchen. Bon ahb. vasôn, fasôn, = ſuchen (*Notfer*, Ps. 100, 6), auffuchen, aufſpüren (Graff III, 705), welches erſt im 17. Jahrh. als faſen in ber Beb. : mit bem Geiſte irre umherſchweifen, ohne Ueberlegung unb wie träumenb benfen unb reben, Albern= heiten, Poſſen treiben (Stieler's Sprachſchaß 442 f.), wieber auftaucht.

ber Fáſen, —s, Pl. wie Sing. : ſich abſonbernber Faben ober Faben= artiges. Davon : fáſen = Fäben aus= u. abzupfen, ſich fáſen = Fäben, bie ſich lostrennen, gehen laſſen; fáſeln (im 16. Jahrh. vaslen) unb ſich fáſeln in gleicher Bebeutung. Zuſammenſ. : fáſen= nadt = nadt bis zum leßten Faſen am Leibe.

> Eig. ber Faſe, —ns, Pl. —n, benn mhb. ber vase, ahb. faso. Daher bas Dim. bas Fǟschen (mit langem ä). S. bie Faſe unb Faſel.

bie Fáſer, Pl. —n : ſich ablöſenber Faben; fabenförmiger Körper= theil. Daher fáſerig = Faſern an ſich habenb, fáſericht = ſich ablöſenbe Faſern an ſich habenb; faferähnlich. fáſern = Faſern ausziehen, ſich faſern = ſich ablöſenbe Faſern gehen laſſen.

> Faſer ober vielmehr beſſen Dim. Fäſerlein zuerſt 1691 bei Stieler (Sprachſchaß 524 f.) = ſich ablöſenber Faben, Naturfaben an Pflanzen, Saug= faben ber Pflanze. In Alberus Wtbch faſel gleichbebeutenb mit zaſel. Bon mhb. vase Faſen (ſ. b.), welches für Faſer auch in ber Beb. „fabenförmiger Körpertheil" vorfommt.

bie Fásnacht (mit furzem á), oberb., = Faſtnacht (ſ. b.).

fáſſen = worein zuſammenpacfen; worein befeſtigenb umgeben; womit [abſtract : mit einem Sinne ober bem Verſtanbe] feſtnehmen unb halten; abreichenb in ſeine Gewalt befommen ober bringen; (förperlich ober geiſtig) zuſammen in ſich aufnehmen. ſich faſſen = ſich zuſammen= nehmen, ſich zu feſtem Sinne ſammeln.

> Die hiſtoriſch richtige Schreibung iſt fáſen. Denn mhb. vazzen, welches auch ſchon bie Beb. „in ſich aufnehmen" hat [z. B. »daz (baß) ér bie liebe unde die minne gevazzet« (*Salomonis hús* 427, 42)]; ahb. fazzôn, fazôn, = auf=, belaben, unb baher bann zuſammenpacfen, umſchließen. Im 12. Jahrh. auch : fleiben, befleiben, rüſten (W. Wacfernagel's altb. Leſeb. 191, 7), wie bei *Otfried* (4, 16, 15) „womit verſehen," woher bann unſer nhb. Part. Prät. ge= faßt abjectiviſch in ber Beb. : gerüſtet, mit feſtem Sinne bereit. Bon ahb. bie fazza, faza, = Bürbe, Pacf, welches wol v. ahb. faz Faß (ſ. b.).

bie Fáſſung, Pl. —en : Hanblung bes Fáſſens (ſ. b.); Sammlung unb Haltung bes Gemüthes zu Feſtigfeit unb Ruhe.

> Eig Faßung. Mhb. vazzunge = Einfaſſung, auch im Sinne bes Klafter= maßes b. i. ber Umſpannung mit beiben Armen. B. faſſen.

faſt, Adj. : ſtark annähernd. Sinnverwandt mit beinahe.

Älter-nhd., b. Luther in der Beb. : ſehr, recht. Mhd. vaste, ahd. fasto, —
feſt [zu welchem Adj. unſer faſt das Abv. iſt, .ſ. feſt], eng ſich anſchließend,
dicht (*Ruolandes liet* 305, 5), hart an, ſehr, woher dann der Sinn von „beinahe."

die Fáſte, Pl. — n, mhd. die vaste, ahd. fastâ (auch fasta), jetzt am
üblichſten im Nom. Pl. die Fáſten : Enthaltung von aller Speiſe
oder doch von Fleiſchſpeiſe, ſowie die Enthaltungszeit, beſonders die
40 Tage unmittelbar vor Oſtern. Von fáſten = ſich der Speiſe
enthalten. das Fáſten, ſubſtantiviſcher Inſinitiv.

Das Verbum faſten, mhd. vasten, ahd. fastên, goth. fastan, iſt eig. wol „ſich
feſt und enthaltſam bewahren." Denn dieſes goth. fastan beb. zuerſt : etwas
feſt halten, beobachten [vitôdafasteis = Beobachter des Geſetzes], womit auch
das obige ahd. die fastâ in der Beb. des lat. observántia (Graff III, 725)
ſtimmt. Hiernach führt das Wort auf feſt (ſ. b.) ahd. fasti.

der Fáſteltag (Jer. 36, 6), niederb. Form ſt. Faſttag, ſ. b.

Faſten- in Faſtenprebigt, -ſpeiſe, -zeit ꝛc. iſt der Gen. Sing. das
ſchwachbieg. ahd. fastâ die Faſte (ſ. b.) : fastûn.

die Fáſtnacht, oberb. Fáſnacht (mit kurzem á) : der Tag vor
Aſchermittwoch als Tag ausgelaſſener Freude.

Vom Pl. kommt nur der Dat. vor in : auf, zu Faſtnachten (vgl. Weihnachten). Die urſpr. richtige Schreibung aber iſt die im Hochb. außer Brauch
gekommene Faſnacht, b. Schiller im Urtert des Tell, wie häufig älter-nhd.,
ungut mit ß Faßnacht. Denn mhd. die vas-, vasenaht (ſelbſt vasennaht),
welches wol mit faſen (ſ. faſeln 2), mhd. (wie ſich aus ahd. fasôn ergibt)
vasen, zuſammenhängt und alſo urſprünglich „Schwarmfeſt" bedeuten wird, mit
welchem Ausdrucke im Philander von Sittewald (Straß. 1650) 1, 3 und
in Henisch's Wtbch. (Augsb. 1616) S. 1015 faßnacht zuſammengeſtellt iſt.
Aber weil nach der Faſnacht die Faſte beginnt und vielleicht auch, weil das
ſeltene faſen unverſtändlich wurde, lehnte man in Nordbeutſchland vas-, vase-
an vaste die Faſte an, und ſo taucht ſchon im 14. Jahrh. im Mittelb. die Form
vastnacht und vastelnacht (*Jeroschin* 253) auf, welche ſich vorerſt in Mittelbeutſch-
land hielt und im 18. Jahrh. die urſprünglich hochb. Form Faſnacht ver-
brängte. Luther, Alberus, Seb. Frand, Hans Sachs, Fiſchart
ſchrieben noch Faßnacht. — Redensart : „Kommen wie die alte Faſtnacht"
= hintennach, zu ſpät kommen, weil wer zur alten Faſtnacht (ſo hieß der erſte
Faſtenſonntag, der 6. Sonntag vor Oſtern) noch kam, um zu tanzen und zu
ſpringen, zu ſpät kam, denn da war laute Luſtbarkeit nicht mehr erlaubt.

der Fáſttag, —es, Pl. — e : Tag, an welchem gefaſtet wird.

Ahd. der fastatac, zuſammengeſ. mit die fasta Faſte. Niederb. Faſteltag
(Jer. 36, 6). Das el zwiſchen zuſammengeſetzten Wörtern iſt niederb.

das Faß, Gen. —ſſes, Pl. Fäſſer, oberb. (nach alter Form) Faſſe :
hohler tiefer beweglicher Behälter zur Aufnahme von etwas.

ſſ ſtatt ß. Mhd. das vaz, ahd. faz, agſ. fät, unverwandt mit lat. vâs.

fáßlich = [abſtract :] dem Geiſte aufnehmbar, der Faſſungskraft
angemeſſen. Daher die Fáßlichkeit. V. faſſen (ſ. b.).

† **fatál**, aus lat. fatális (v. fátum Götterspruch, Schicksal) : verhängnißvoll, unheilbringend; widrig, unselig. Daher die Fatalität,
Pl. —en, lat. fatálitas : unvermeidliches Schicksal, Mißgeschick.

fauchen, von Katzen und Eulen : blasen. S. auch die Focke.

fátzen = scherzen, Possen treiben; zum besten haben; plagen, foppen.
Aus dem Italienischen, wo fazio = Possenmacher.

faul, mhd. vûl, ahd. fûl, = sich in Verwesung auflösend; [erst im
14. Jahrh. auch :] Mangel an Kraftanwendung äußernd. Daher 1) der
ersten Bed. gemäß : die Fäule, mhd. die viule, ahd. fûlî; faulen,
mhd. vûlen, ahd. fûlên, = faul werden; fäulen, mhd. viulen, =
faul machen; faulig (st. faullich (?) und faulicht; die Fäulniß
(ahd. die fûlnussî); — 2) der zweiten Bedeutung gemäß : faulenzen
[-enzen, ahd. -enzôn, ist Ableitung] = der Neigung zum Faulsein
sich hingeben, urspr. nach Faulsein riechen, wovon weiter der
Faulenzer; die Faulheit, im 14. Jahrh. fûlheit (auch fûlkait).
Jenes ahd. fûl bed. ursprünglich, wie goth. fuls (Joh. 11, 39) : Verwesungs-
geruch von sich gebend, stinkend. Das Wort stimmt in seiner Wurzel lautverschoben mit sanskr. pûj verwesen, stinken, pu in lat. putêre verwesen, stinken,
gr. pýthein durch Verwesung auflösen, litth. puti faulen.

das **Faulbett** = Bett, worauf man sich der Unthätigkeit hingibt.

das **Faulthier**, ein außerordentlich träge sich bewegendes Säugethier.

† der **Faun**, —es, Pl. —e und —en, das lat. Faúnus : bocksfüßiger
Feld- und Waldgott; nachstellender unzüchtiger Lüstling.

die **Faust**, Pl. Fäuste, mhd. die vûst, ahd. fûst : geballte Hand. Daher : der Fäustel (schon bei G. Agricola) = schwerer eiserner
Hammer der Bergleute; der Fäustling = Sackpuffer, Handschuh
ohne Finger. Zusammens. : das Faustrecht = bloßes Recht des
Stärkeren.
Ahd. die fûst, angelsächs. fŷst, stimmt lautverschoben mit dem gleichbed. slaw.
pjast', gr. (mit g) die pygmē (πυγμή), lat. der pûgnus.

† die **Favorite**, Pl. —n, oder die Favorítin, Pl. —nnen, aus dem
franz. (Adj.) favorite [v. lat. fávor Gunst] : Lieblingin, besonders in
unedelem Sinne.

die **Faxe**, Pl. —n : spaßhafter Einfall; Narrenposse.
Fast nur im Pl. gebraucht, der bayer. die Fachsen lautet. Das Wort stammt
fremdher, scheint aber nicht aus lat. die facétia = drolliger Einfall.

die **Fayence** (spr. fajángs') = Halbporcellan, s. Faïence.

† der **Február**, —es, Pl. —e : der 2te Monat im Jahre.
Aus der lat. Benennung Februárius v. dem etrurischen Gotte der Unterwelt
Fébruus, welchem der Monat, in dessen 2te Hälfte das jährliche Reinigungsfest
(februa) fiel, allem Anscheine nach geweiht war. Der deutsche Name ist der
Hornung, mhd. u. ahd. der hornunc, d. i. entweder Hornträger. Gehörnter in
symbolischer Anwendung des Wortes Horn? oder, dem altnord. hornûngr =

„unehelicher Sohn" gemäß und in Anſehung, daß der Monat auch der kleine Horn genannt wird, „unechter Monat" dem Januar gegenüber, welcher der große Horn heißt? Aber in keinem Falle entſpringt hornunc aus einer früheren Form horawung v. ahb. das horo Koth und bedeutet alſo nicht Kothmonat.

der Féchſer —s, Pl. wie Sing., 1482 fechser, ſ. Fächſer.

féchten, Präſ. ich féchte, du fichteſt, fichtſt, er ficht (ſt. fichtet), wir féchten ꝛc., Prät. ich focht (ſt. facht), im Conj. föchte, Part. gefochten, Imp. ficht : mit der Waffe thätlich entgegenſein; überhaupt Kampf=bewegung machen. Daher der Féchter ahb. féhtari.

Der Ausdruck féchten gehen oder auch geradezu féchten (aber nach oberd. Weiſe ſchwachbiegend im Prät. féchtete, Part. gefechtet) = „um einen Zehrpfennig bittend von Haus zu Haus gehen," iſt eine Anwendung des Wortes féchten, welche vermuthlich noch aus der Zeit herſtammt, in welcher, namentlich in Nürnberg und Breslau, eigne Fechterſpiele und Fechtſchulen für Handwerker beſtunden, zu denen dieſe hin und her reiſten. Die Redensart „es ſtinkt in der Fechtſchule" bed. : die Sache geht übel, es iſt nichts dahinter, eig. es entſpricht der Ankündigung oder Erwartung nicht. S. Schmeller I, 509. — Mhd. véhten (Prät. ich vaht, wir vuhten und dann vähten, Part. gevohten), ahb. féhtan (Prät. ich faht, wir fuhtum, Part. kafohtan). Das Wort ſtimmt zu gr. pyktês (πύκτης) Fauſtkämpfer, welches mit gr. pygmê Fauſt (ſ. d.) zuſammengehört.

die Féder, Pl. —n : einzelner Theil der natürlichen Körperbekleidung des Vogels; elaſtiſches Stück Stahl.

Mhd. die védere, ahb. fédara, goth. fípra(?), angelſächſ. féder, welche laut=verſchoben ſtimmen mit dem gleichbed. gr. das pterón (ſt. péteron), v. pétomai ich fliege), lat. die penna (ſt. pesna = petna).

das Féderléſen —s, ohne Pl., mhd. véderléſen, ſubſtantiviſcher Infinitiv : angeflogene Flaumfedern ableſen; durch niedrige Künſte ſchmeicheln. „Nicht viel Federleſens machen" = nicht viel Umſtände machen. das Féderſpiel, —es, Pl. —e, mhd. véderspil [mhd. spil = Vergnügung] : Vogelbeize; zur Beize abgerichteter Vogel.

die Fee, Pl. —n (2ſylbig) : geiſterhaftes ſchickſalbeſtimmendes weib=liches Weſen. Zuſammenſ. : das Féenland, Féenmärchen, Féen=ſchloß ꝛc., worin Fe=en abzutheilen iſt.

Das franz. die fée, in der Dauphiné faye, ital. (mit erhaltenem Zahnlaute) fáta, ſpan. fada, hada. Es iſt das lat. von fátum Götterausſpruch, Schickſal, gebildete im 3. Jahrh. nach Chr. Geb. vorkommende weibl. lat. fata = Schick=ſalsgöttin, Parze. S. Diez Wtbch. 140. Aus der altfranz. Form faie ſchon im Mhd. die feie [auch in Feimorgân, ital. die Fata Morgana, des Königes Artus zauberkundige Stiefſchweſter] und die feine. Vgl. feien.

das Fégefeuer (é wie ä), mhd. das vegeviur, = Reinigungs=feuer d. h. [in der katholiſchen Glaubenslehre :] das Feuer der Rein=machung von Sünden nach dem Tode. Von fégen (é wie ä), mhd. vegen, = ſchön, glänzend, ganz rein, ſauber machen.

Mhd. vegen, mittelniederl. veghen und vaghen, gehört mit mhd. vager ahb. fagar = ſchön, glänzend, goth. fagrs = erfreulich, geeignet, faginôn ſich freuen,

altsächs. fagan froh, zu einer und derselben Wurzel, dem ahd. Verbum fëhan
(goth. faihan?) in gifëhan (Prät. er gifah, sie gifähun, Part. gifëhan) sich
freuen, dessen fah lautverschoben mit lat. pax (Gen. *pácis*), litth. *pakájus*, slaw.
pokoi, = Ruhe, Friede, stimmt. g neben h aber, wie in fagar ꝛc. neben fah,
erscheint auch sonst im Altdeutschen, und der *voc. incipiens teuton. ante lat.* hat
für fegen die beiden Formen fegen und fehen.

bie Féhbe, Pl. —n : erklärte.nach Genugthuung trachtende Feindschaft.
Davon féhben in beféhben.

Mitteld. bie sêde (*Herbort* 1876), vêde, mittelniederl. vete, älter-nhd. auch
fechd, ist zusammengez. aus mhd. bie vêhede, ahd. fêhida (in gafêhida), welches
mittelst ⸗be ahd. -ida v. ahd. fêhan, mhd. vêhen, = feindselig wogegen sein,
gram sein, hassen, angreifen und verfolgen, schelten. Dieses Wort aber entspross,
wie auch langobardisch bie faida = Feindschaft, Feindseligkeit, zeigt, aus goth.
fáian anfeinden (Röm. 9, 19), welches mit goth. fijan hassen (s. Feind) auf ein
muthmaßliches goth. Wurzelverbum feian (Prät. ich fái, wir fijum, Part. fijans)
= „aufregen" zurückführt. Das von dem Subst. Fehbe abgeleitete Verbum
fehben ist das mitteld. vêden anfechten, bekriegen, mittelniederl. veten hassen,
zusammengez. aus mhd. vêheden. Fußen nun gleich jene beiden nhd. Formen
zunächst auf mitteldeutschen, so hat doch ihr b nach den ursprünglicheren seine
Berechtigung.

bie Féhe, Pl. —n : das sibirische Eichhorn, sowie dessen Fell.

Mhd. das vêch (*Reinhart* 1342. Frisch II, 398ᶜ). Von mhd. vêch, ahd. fêh,
goth. fáihus, = verschieden⸗, mehrfarbig, und wie das Eichhornfell verschieden⸗
farbig war, ist bei bunt ′erwähnt. Das Wort stimmt lautverschoben mit gr.
poikílos = bunt, gefleckt.

fehl [schon um 1500] = unrecht für recht, ohne Erfolg, z. B. féhl⸗
bitten, ⸗fahren, ⸗gehen, ⸗greifen, ⸗treten, woher bie Subst. bie Féhl⸗
bitte, ber Féhlgang, ⸗griff, ⸗tritt. Von ber Féhl, —es,
Pl. —e, jetzt üblicher ber Féhler, —s, Pl. wie Sing., welche von
fehlen = unrecht für recht handeln oder thun, nicht da sein, ohne
Erfolg worauf hin thätig sein.

Der Fehl ist mhd. ber væle, aber mitteld. bie vêle in sunder vêl unserm nhd.
sonder Fehl; fehlen lautet mitteld. vêlen, mhd. vælen. Bei Luther, wie
niederd., ber feil u. feilen. Das Verbum ist, wie bie fremdartig gebliebenen
mhd. fallíren = täuschen (*Marien Himmelfahrt* 1436), failieren fehlstoßen
(*Wolfram's Willehalm* 87, 25), entlehnt aus franz. und provenzalisch faillir,
ital. fallíre, altspan. u. altportugies. fallir, falir, welches v. lat. fállere täuschen.
Aus dem jenen roman. Formen entsprungenen ital. ber fállo Fehler und dem
gleichbed. bie fálla, altital. faglia, altfranz. faille, ward dann dem Verbum gemäß
auch jene mhd. ber væle u. mitteld. bie vêl, vêle erborgt.

féhlbar, wovon bie Féhlbarkeit = Fähigkeit zu fehlen.

Scheint, wenn man mhd. irrebære = irre machend (*Tristan* 398, 9. Grimm's
Gramm. II, 656) vergleicht, Zusammensetzung mit dem Abj. fehl.

ber Fehm, —es, Pl. —e : Klafter (Faden) Holz; Schober.

Ober⸗ und niedersächsisch. Vermuthlich ⸗eins mit niederd. ber fâm (neuniederl.
vaam) = Klafter, welches mittelst Unterdrückung des d und Zusammenziehung

aus fadem, neunieberl. vadem, unferm Faden (f. d.) gebildet ift. Die Form Fehm erklärt sich aus der altfriesischen fethm, angelsächs. fädm Faden = Klafter.

die Féhme, ohne Pl. : Buchel= und Eichelmaft. Daher fehmen = in die Buchel= und Eichelmaft treiben.

die Féhme (ë hoch), Pl. —n : (auf rother d. h. weftphälischer oder sächsischer Erbe gehegtes) heimliches Freigericht. Daher féhmen in verféhmen, mhd. vervëmen, = Einen als einen außer allem Gerichts= schutze stehenden Missethäter erklären. Zusammens. : das Féhm= gericht.

Mhd. die vëme = Strafe, dann Strafgericht; vëmen (fehmen) = das Urtheil über jemand sprechen, ihn verbannen. Aus dem Mittel=, ursprünglich Nieder= deutschen.

feien == Körper oder Waffen durch Zauber feft machen.

Von die Feie mhd. feie Fee (f. d.). — Sonft mhd. veinen = mit Zauberkraft begaben, von der üblichern mhd. Form feine Fee.

die Feier, ohne Pl. : Ruhe von Arbeit; durch Ruhe von Arbeit be= gangene und ausgezeichnete Zeit. Zusammens. : der Feierabend (1469 fierabent), das Feierkleid, feierlich (mittelb. vierlich) mit die Feierlichkeit, der Feiertag (mittelb. viertac, ahd. firatac).

Bei Luther die Feir, Pl. Feire (3 Mof. 19, 30); im 15. Jahrh. mittelrhein. die fier, mittelb. vier, mhd. die vire, ahd. fira, mit verlängertem Vocal aus mittellat. féria (lat. im Pl. fériæ) = Ruhetag, mit gottesdienftlicher Handlung begangener Tag.

feiern == von Arbeit ruhen; arbeitslos sein; durch Ruhe von Arbeit begehen und auszeichnen; verherrlichen.

1469 fiern (voc. ex quo), 1482 feyren, mhd. viren, ahd. frôn, aus mittellat. feriáre (lat. feriári) v. féria Feier (f. d.).

die Feifel, Pl. —n : Speichelbrüfenkrankheit der Pferde.

Im Wend-Unmuth feibel, niederb. u. wol auch mhd. vivel, aus ital. (Pl.) vivóle, mittellat. vivolæ (neben vivæ).

feig, eig. feige, = muthlos aus Furcht vor dem Tode, aus Nichts= würdigkeit. Daher der Feigling (mit fehlerhaftem l). Zusammens.: die Feigheit.

Mhd. veige, ahd. feigi, altfächf. fêgi, angelfächf. fæge, altnorb. feigr, == vom Verhängnisse zum Tode beftimmt, fterben sollend und müffend [fo noch niederb. veege]; verhängnißvoll, unheilbringend, verflucht; nichtswürdig (Otfried 1, 24, 5). Mhd. die veikeit b. i. veic-heit (unser Feigheit) = das Reiffein zum Tode. Das Wort ftimmt lautverschoben mit litthau. paikas = unnütz, nichtswerth, schlecht.

die Feigbohne, Pl. —n : die Pflanze lupinus.

Mhd. die vîcbone, ahd. figbonâ, b. i. Bohne, die gepülvert auf die Feigwarze (f. d.) mhd. das vîc gelegt, biefelbe vertreibt. S. Lonicerus Kreuterbuch Bl. 282 ᵇ.

die Feige, Pl. —n, eine bekannte süße Baumfrucht.

Mhd. die vîge, ahd. figa, aus dem Romanischen (franz. die figue, span. u. portug. der figo) v. lat. ficus. — Der Gothe sagte für Feige der smakka, welches

das ſerbiſche smógva iſt. Wäre das Wort aber kein Fremdwort im Goth., ſo
würde es smaks lauten.

die Feige in : Einem die Feige weiſen.

Eine aus dem Ital. überkommene Redensart, wo far la fica = die Geberde
machen, daß man die zwiſchen den Zeige- und Mittelfinger vorgeſtreckte Spitze
des Daumens ſehen läßt, zur Abwehr böſer Zauberei und zu Spott und Ver-
achtung. Ital die fica = „weibl. Glied" neben der fico Feige, wie gr. ſykon
beide Bedeutungen vereinigt. Jene hat es bei *Aristophanes* (pax 1849).

der Feigenbaum = Baum, worauf die Feige (ſ. b.) wächſt.

Mhd. figenboum (*Lohengrin* 154). Uneigentliche Zuſammenſetzung, ſonſt in
eigentlicher der vîcboum, ahd. ficpoum d. i. Feigbaum. Der Gothe hatte
smakkabagms (ſ. Feige 1).

die Feigwärze (5 Moſ. 28, 27), Pl. —n : Blutknote am After.

1497 feygwartze ſt. fichwarze; benn das Wort iſt zuſammengeſ. mit mhd. das
fîch (*Genesis* 14, 31), vîc (*Helbling* 2, 1190), angelſächſ. fîce, welche aus der
lat. Benennung der ficus urſpr. = Feige (ſ. b.), weil der Knote feigen ähnlich
ſchien.

**feil = zu ver- u. erkaufend, zu ver- u. erkaufen. Daher : die Feil-
heit; feilſchen = um etwas kleinlich handeln.**

Feil lautet b. Luther veil, mhd. veile, ahd. feili, und bildete ſich mit ei
ſtatt e aus dem früheren ahd. feli, fali, angelſächſ. fäle [oder fäle?], altnord.
falr. Das Wort ſtimmt lautverſchoben zu gr. pôlein (πωλεῖν) = Waare gegen
Waare umſetzen, verkaufen. — Davon mittelſt -ſ-en, ahd. -is-ôn, unſer älter-nhd.
feilſen, mhd. veilsen (b. i. veil-s-en), = feil bieten, auf Feiles bieten, woraus
ſchon im 16. Jahrh. verderbt, aber überwiegend mit ſch aus ſ feilſchen.

**die Feile, Pl. —n : eiſernes, ſtählernes Werkzeug mit ſchräggezahnter
Oberfläche zur Bearbeitung metallener ꝛc. Körper durch Hin- und
Herreiben. Daher feilen, das Feilicht (ſt. Feilich). Zuſammenſ.:
der Feilenhauer = Feilenmacher, weil die Zähne eingehauen werden.**

Älter-nhd. die feiel, feyl, feyhel, mhd. die vîle, vîhel (noch 1469 fîhel),
ahd. fîla, mit zerdehnender Erweiterung des î zu ihi (vgl. Beil) auch fihila,
figila, fihala, angelſächſ. féol, altnord. (mit ſeltenem Übertritt des f in þ) þiöl.
Litthau. die pela (piela), poln. pilnik. — Das Verbum lautet älter-nhd. feylen,
feyhelen, feyheln, mhd. vîlen, vîheln, vigeln, ahd. fîlôn, fîhilôn, figilôn.

**der Feim, —es, Pl. —e, mhd. der veim, ahd. feim : obenauf ſich
ſetzender Schaum (Unreinigkeit). Daher feimen 1) aus ahd. feiman
= Feim von ſich geben, 2) aus mhd. veimen (*Minnes.* I, 69, 12)
ahd. feimôn = abſchäumen. Vgl. abfeimen.**

Ahd. feim, angelſächſ. fâm, engl. foam, ſtimmt lautverſchoben mit lat. spûma
(ſt. pûma), ſanſkr. (mit urſprünglicherem n) phêna, ſlaw. pjena Schaum, litthau.
der penas (pienas) Milch. Oberd. Faum u. ſäumen ſind verderbte Formen,
welche dem mundartlichen â ſtatt ei und au entſprangen.

**fein = dünn als vorzügliche Eigenſchaft; ausgezeichnet an Reinheit
und Vorzüglichkeit bis ins Kleinſte. Daher das auf dem Comp. feiner
beruhende feinern in verfeinern. Zuſammenſ. : die Feinheit.**

Mhd. u. ahd. fîn (in dem ahd. Adv. fînlîhho) dünn, zart, kunſtreich, ſchön. Entlehnt aus franz. u. provenzal. fin, ital., ſpan. fino urſpr. = vollkommen, echt, lauter, welches nach Diez (Wtbch 146) gekürzt iſt aus dem lat. Part. Prät. finitus vollendet, vollkommen.

der **Feind**, —es, Pl. —e, mhd. vînt (zuſammengez. aus) vîent, älter= mhd. vîant, ahd. fîant : Gegner aus Haß. Dann auch adjectiviſch feind. — Daher feinden in an=, be=, verfeinden; die Feindin, mhd. vîndinne, vîendin, ahd. fîantin; feindſelig, mhd. vîentselic [mittelſt -ic von einem älteren (ahd.) fîant-is-al d. i. Feindſal (ſ. =ſal)], mit die Feindſeligkeit. Zuſammenſ. : feindlich, mhd. vîentlich, ahd. fîantlîh (als Adv. fîantlîhho); die Feindſchaft, mhd. vîent-schaft, ahd. fîantscaf.

    Ahd. fîant, goth. fîjands, iſt das als Subſt. in älteſter Form erhaltene Part. Präſ. von goth. fîjan (ſt. fîjáian, — ahd. fîên, mhd. vîen) = haſſen, welches aus dem Pl. Prät. eines vorauszuſetzenden goth. Wurzelverbums feian (ſ. Fehde) hervorgegangen ſein muß. Gleiche urſprüngliche Participien ſind Freund, Heiland. — Jenes ahd. fîant mhd. vîent auch = Teufel, nhd. der böſe Feind.

feindio! Interj. wie feurio! mordio! ſt. Feuer! (ſ. d.) Mord!

das **Feinsliebchen**, —s, Pl. wie Sing. : zartes, ſchönes Liebchen.

    In der 2ten Hälfte des 18. Jahrh. aufgekommene uneigentliche, in feins (= feines) urſprünglich nur für den Nom. Sing. gültige, aber durch alle Caſus gebrauchte Zuſammenſetzung oder vielmehr Zuſammenſchiebung.

feiſt = voll ölichter Maſſe. Daher : die Feiſtigkeit.

    Statt feiſt, wie man auch älter=nhd. ſchrieb; denn mhd. veigt, veizet, ahd. feizt, feizit, altnord. feitr, altſächſ. feit u. fêt, altfrieſ. fât, woraus unſer nhd. fett (ſ. d.). Das Wort, in deſſen ahd. Form feizit unſerm feiſt vielleicht urſprünglich ein Part. Prät. ohne gi- (ge=) enthalten iſt [ein Part. Prät. giveizit hat Graff III, 740], ſcheint der Lautverſchiebung gemäß zuſammenzugehören mit ſlaw. *pitati* füttern. — Für Feiſtigkeit ſagte man im Mhd. die feizetkeit (*Herbort* 3093).

feiſten, mhd. vîsten : einen leiſen Bauchwind gehen laſſen. S. Fiſt.

der **Félbel** (é wie ä), —s, ohne Pl., Halbſammt von Seide u. Garn.

    Aus Felber, v. dem gleichbed. ital., ſpan., portug. félpa, ſicilianiſch felba.

der **Félber** (e wie ä), —s, Pl. wie Sing. : hochſtämmige Weide (sálix álba).

    Schon 1455 der felber (mit b aus w, ſ. S. 89), ahd. velár Bachweide, felwar Hageborn. Von mhd. die velwe, vélewe, ahd. félwa, félawa, = Weide (sálix).

das **Fëld**, —es, Pl. —er, mhd. das vëlt, ahd. fëld : Erdfläche; Fläche zum Fruchtbau; Fläche in etwas. Zuſammenſ. : der **Féldanger** = Anger zwiſchen Feldern; **félbaus** = aus dem Felde; das **Féldbett** = in Feldlagern übliches, ſägebockartiges Bettgeſtell; **félbein** = in das Feld; das **Féldgeſchrei** = ermuthigendes Geſchrei beim erſten Angriff in der Schlacht, Loſungswort der Soldaten als Erkennungs= zeichen unter einander; das **Féldhuhn**, ahd. fëldhuon, vgl. Rebhuhn; der **Féldkümmel**, auch = Quendel (ſ. d.), aus mhd. vëltkonele,

vẽltquёnel, aḩb. fẻltkonala, fẻltquёnala, welḉes durḉ Anleḩnung
bes konala lat. cunila an „Kümmel" volksverſtänbliḉer zu maḉen
geſuḉt wurbe; der Fẻlbſḉẽrer = Wunbarzt beim Heere; fẻlb=
wärts = naḉ dem Felbe ḩin; der Fẻlbwebel (aus Fẻlbweibel,
ſ. Weibel) = erſter Unterofficier.

> Auḉ altſäḉſ. u. angelſäḉſ. bas fẻld = Erbfläḉe, neben bem berſelben Wurzel
> entſproſſenen altſäḉſ. bie folda, angelſäḉſ. folde, altnorb. fold, = Erbe (als
> Stoff), Erbboben, welḉes lautverſḉoben ſtimmt mit finniſḉ peldo unb in fol
> (d iſt Ableitungsbuḉſtab) mit poln. bas pole; aber bieſe peldo u. pole giengen
> bereits in ben Begriff „gebautes Lanb" über.

bie Fẻlge, Pl. —n : eins der krummen Holzſtüḉe bes Rabkreiſes; Ring
bes Metzgers zum Ausſpannen bes Darmes beim Wurſtſtopfen.

> Mḩb. bie vẽlge, aḩb. fẻlga u. fẻlgâ, fẻlka, fẻlaga, in ber erſten Beb.; 1482
> fẻlg (voc. theuton. Bl. h5ᵃ) in ber zweiten. Vgl. auḉ bas folgenbe Fẻlge.

bie Fẻlge, Pl.—n : bas 2te ober britte Pflügen; Braḉlanb, bas zum
2tenmale gepflügt iſt. Davon fẻlgen [wofür 1482 falgen in ber Beb.
unterpflügen] = zum 2ten ober brittenmale pflügen.

> Wol von aḩb. bie fẻlga (gl. florentinae 986ᵇ), angelſäḉſ. bie fẻalg, fẻalh, fẻlh,
> = Egge, welḉes mit bem vorhergehenben Fẻlge eins iſt.

bas Fẻll, —es, Pl. —e : Thier=, veräḉtliḉ auḉ Menſḉenhaut.

> Mḩb. bas vẽl Haut (ohne unebleu Nebenbegriff), aḩb. fẻl, gotḩ. fill. Das
> Wort ſtimmt lautverſḉoben mit lat. bie péllis.

bas Fẻlleiſen, —s, Pl. wie Sing. : leberner Reiſeſaḉ.

> Frembḩer, aber burḉ Anleḩnung an Fell unb Eiſen volksverſtänbliḉ zu
> maḉen geſuḉt. Bei Sḉuppius S. 114 Felleiß, im voc. incip. teut. ante
> latin. vales, 1482 felis (voc. theuton. Bl. nn2ᵃ u. h5ᵇ), aus franz. valise, ital.
> valígia, mittellat. valísia, valésia, vallégia, welḉes mit bekannter Wanblung bes
> tonloſen e in a aus vellígia b. i. urſpr. vid'lítia, vidulítia v. lat. vidulus Fell=
> eiſen (Plautus, Rúdens 4, 3, 60 etc.). S. Diez Wtbḉ 365.

† bie Felonie, Pl. —n : alles, was gegen Ritterſitte verſtößt; Bruḉ
der Lehenstreue von Seiten bes Lehensmannes.

> Das franz. félonie Verletzung ber Baſallenpfliḉt, ital. u. altſpan. fellonía
> Ruḉloſigkeit, mittellat. felónia Grauſamkeit, Treubruḉ, v. ital. fellóne großer
> Böſewiḉt, altſpan. fellon, felon, mittellat. fello, felo, welḉes von bem ital.,
> höḉſtwahrſḉeinliḉ bem aḩb. fillan = ſḉinben, geiſeln, entſproſſenen Abſ. fẻllo,
> altfranz. fel, = grauſam, gottlos, treulos, abgeleitet iſt. S. Diez Wtbḉ 141.

der Fẻls, —en, Pl. —en, u. der Fẻlſen, —s, Pl. wie Sing. : große
Steinmaſſe der Erboberfläḉe. Daḩer fẻlſig, fẻlſiḉt. In Zuſam=
menſetzungen als erſtes Wort jetzt gewöhnliḉ Fẻlſen, aber in eblerer
Spraḉe auḉ Fẻls, z. B. fẻlſenfeſt, Fẻlſenhang, =kluft ꝛc.
unb Fẻlshang, =kluft ꝛc.

> Fẻls biegt ſḉwaḉ, weil man es als Kürzung bes mḩb. ber vẽlſe, aḩb. fẻliſo
> (neben bie fẻliſâ), älter=nḩb. ber Fẻlſe, jetzt Fẻlſcn, anſaḩ. Die mḩb. Form ber
> vẽls, aḩb. u. altſäḉſ. fẻlis, bog ſtark (Gen. aḩb. bes fẻliſes, Pl. bie fẻliſâ b. i. Fẻlſe),

wie noch bei Luther Fëls (z. B. „meinem Fels"), und ist mittelst -is v. der Wurzel fël abgeleitet, welche sich in altnord. das fiall = Berg zeigt und lautverschoben mit gr. die péla, pélla Stein stimmt. Übrigens ist ungewiß, ob in dem Worte s oder mit W. Wackernagel e zu setzen sei. Für jenes spricht la = s in altnord. fiall; e aber scheint durch die Form feilis (*vocab. Keronis* 161ᵇ) sowie die Umlaut des a wirkende Ableitungsendung is geforbert zu werden.

† die **Feluke**, auch **Felucke**, Pl. —n : kleines Ruderschiff ohne Verdeck.

> Aus franz. felouque, ital. felúca, v. maurisch-arab. felúka kleines Schnellschiff, welches aus arab. fulk Schiff v. arab. falaka rund sein.

der **Fémel**, **fémeln**, oberb., s. der **Fimmel**, **fimmeln**.

der **Fench**, —es, Pl. —e : Art wilder Hirse.

> Mhd. der fenech, pfenech, ahd. fenich, phenich, aus mittellat. fenicium, phenicium, panicium, v. lat. pánicum dem Namen einer italienischen Getraideart.

der **Fénchel**, —s, ohne Pl., eine Dillart (anêthum fœniculum b. *Linné*).

> Mhd. der fénechel, auch ungut fëngel, ahd. fë'nichil, fë'nichal, fë'nachal, finachal, aus der lat. Benennung das feniculum, fœniculum.

das **Fenn**, —es, Pl. —e : Sumpfland (mit grasbewachsener Erdrinde).

> Zunächst aus niederd. fenne, altclevisch venne, ahd. fenni(?), neuniederl. das veen, angelsächs. das fen (st. fenn), altnord. fen, welche eins mit goth. das fani Koth sind. Ahd. sagte man gewöhnlich die fenni u. fenna.

das **Fénster**, —s, Pl. wie Sing. : Öffnung (gewöhnlich mit Glasscheiben) zum Einlassen des Tageslichtes. Daher **fénstern**, s. ausfenstern.

> Mhd. das vënster, ahd. fënstar, aus lat. fenéstra von gr. phainein = sichtbar machen.

Férdinand (é wie ä), aus span. Fernando und dieß v. span. Hernando b. i. ahd. Herinand = Heerkühn [goth. nanþjan = wagen].

der **Férge** (é wie ä), —n, Pl. —n : Fährmann (Hes. 27, 27).

> Mhd. der verge, ahd. férigo, férjo, welches mit ahd. ferren, ferjan, mhd. vern, goth. farjan, = überführen, -schiffen, von faran fahren.

† die **Férien** (3ſylbig), ein Pl. : arbeitsfreie Tage. Aus lat. fériæ.

das **Férkel** (é wie ä), —s, Pl. wie Sing. : ganz junges Schwein. Daher **férkeln** = Ferkel werfen; unreinlich sein.

> Aus ahd. das fárheli b. i. fárhili neben várchelin mhd. fërhelin, férkelin, beides Dim. v. ahd. das farh b. i. farah mhd. varch, = junges, halbgewachsenes Schwein, welches lautverschoben mit lat. pórcus, (nach Varro) altattisch pórkos, = junges Schwein, litthauisch der parszas (Dim. parszelis) Ferkel, stimmt.

† der **Férman** (é wie ä), —s, Pl. —e : schriftlicher Befehl des türkischen Kaisers. Das pers. fermân Befehl.

† das **Fermént** (e vor r wie ä), —es, Pl. —e : Gährungsstoff, -mittel.

> Aus lat. ferméntum st. ferviméntum v. fervére = vor Hitze brausen.

fërn, **fërne**, mhd. vërre, ahd. fërri, goth. faírris(?), Adj., wovon das Adv. **fërn**, **fërne**, mhd. vërre, ahd. fërro, neben dem älteren ahd.

fër, goth. faírra : burch bebeutenben Raum ober bebeutenbe Zeit wovon
getrennt. Von bem Abj. auch : bie Fërne, Pl. —n, ahb. bie fërrí;
fërnen, mhb. vërren [wofür ahb. firren b. i. firr-j-an, während
fërrên = fern werben], = fern machen, in Raum ober Zeit wovon
ftarf trennen; fërner 1) Comp. bes Abj. [mhb. vërrer, ahb. fërrôro],
um bie Fortbauer ober Fortfetzung von etwas auszubrüden, — 2) Comp.
bes Abv. [mhb. vërrer, ahb. fërrôr] in ber Beb. vor fich hin (bei
Alberus), weiter fort.

rr in bem Worte fcheint nicht wurzelhaft, fonbern burch Lautangleichung aus
rn entfprungen, zwifchen welchen beiben Buchftaben ein Vocal ausgefallen fein
wirb (f. Grimm's Gramm. I², 53. Mythol. 151. Vgl. Stern). Die Monfee-
ifchen Gloffen 383 haben auch wirflich vërno ft. fërro, freilich mit fpäter über-
gefchriebenem no (Graff III, 660), unb im Mhb. kommt bemgemäß vërne (Graf
Rudolf Fᵇ 9. Minnes. I, 125, 16, 3) neben vërre vor, wie mittelniederb. vërne.
In unferm nhb. fern wäre bann bas uralte n wieber zur vollen Geltung gelangt. Übrigens' ftimmt fërro wie faírra lautverfchoben mit lat. pórro, gr.
πόῤῥω, = in ber u. in bie Ferne, weiter.

fërnig (Hohelieb 7, 9. 13) = vorjährig. B. firn (f. b.), altfächf. fërn.

bie Fërfe, Pl. —n : hinterer vorragenber Theil bes Fußes.

Mhb. bie vërse (mit abgeftoßenem n aus) vërsen, ahb. fërsna (auch fërsnâ),
fërsina, fërsana, goth. (mit z, bem Übergangslaute von s zu r) faírzna. Das
Wort ftimmt lautverfchoben mit bem gleichbeb. fanffr. bie prischni (pṛschni) neben
ber u. bie pârschni Ferfe, Rüden. S. Grimm's Gefch. b. beutfch. Spr. 397.

fértig (é wie ä), mhb. vertec, vertic, ahb. fertîc, fartîc, v. ahb. bie
fart Fahrt (f. b.) : zur Fahrt bereit; [im Mhb. bann auch :] zu
Enbe gebracht; zu einer Thätigleit gefchidt (gewanbt). Daher fér-
tigen, bie Fértigleit.

bie Féfe, Pl. —n : Balg um bas Getraibelorn; Fafer.

Mhb. bie (u. ber) vëse, welches auch f. v. a. (unausgebrofchener) Spelz, ahb.
bie fësa, neben altnorb. bas fis Spreu. Aus Einer Wurzel mit Fafel (f. b.).
Bei Frauenlob S. 61, 60, 2 wurzelvëse = Wurzelzafer; mittelniederl. vese
Fafer (hor. belg. VII, 14ᵇ).

ber Féfer, b. Luther feffer, = Fächfer (f. b.).

bie Féffel, Pl. —n : hemmenbes Banb. Daher féffeln.

Mit l aus r (f. L); benn Feffel lautet noch 1482 bie fësser, mhb. bie vëgger,
ahb. fëzarâ b. i. fëzarâ, aber altfächf. ber fëtar (? Pl. feterôs), mittelniererl. veter
(hor. belg. VII, 14ᵇ) — unb feffeln ift ahb. fëzarôn. Die Wurzel fëg ftimmt
lautverfchoben mit gr. bie pédê (πέδη) = Feffel, Schlinge, lat. pédica, poln.
peto, böhm. panto.

fest (e wie ä), mhb. veste, ahb. festi, fasti : unbeweglich; unveränber-
lich; burch Zauber unverwunbbar. Davon : bie Féfte, Pl. —n, mhb.
veste, festî, fastî, = Zuftanb bes Feftfeins, bann bef. gegen feinb-
lichen Angriff fichernber Ort, Himmelsgewölbe; féften, vesten (ge-
lürzt aus vestenen), fest-, fastinôn, = befeftigen, woher bie Féftung,

mhd. vestenunge, ahd. festinunga.   Zuſammenſ. : bie Féſtigkeit, mhd. vestec-heit(?).

Die Schreibung veſt, Veſte, Veſtung gelten als altfränkiſch. — Ahd. festi, fasti, altſächſ. fast, angelſächſ. füst, altnorb. fastr, ſcheint, wie J. Grimm i. ſ. Geſch. b. beutſch. Spr. 404 u. 412 will, das goth. aus þrástiþa Gewißheit, gaþvastjan ſtark, feſt machen, zu erſchließende þvasts ſicher, feſt, welches lautver-ſchoben unb mit Übergang bes s in r zu ſlaw. tvr'd" hart, feſt, poln. dwardy, ſtimmen würbe. Wegen þ neben f vgl. auch Fackel, flehen, fliehen. v nach þ wäre bann in ben übrigen germaniſchen Munbarten ausgeſtoßen. — Von ahb. fasti leitet ſich bas Abv. fasto unſer faſt (ſ. b.). Da wir aber ben Urſprung bieſes Abv. nicht mehr fühlen, zumal ba es in eine ganz andere Bedeutung übergegangen iſt, ſo bilben wir zum Abj. feſt auch ein Abv. feſt, früher féſte.

bas Féſt, —es, Pl. —e: mit Verherrlichung begangene Zeit. Zuſammenſ.: féſtlich mit bie Féſtlichkeit, ber Féſttag.

Mhd. bas fëst, fëste, v. bem gleichbeb. lat. féstum, welches nach J. Grimm zu fériæ (ſ. Feier) ſt. fesiæ zu gehören ſcheint. Der alte Ausbruck für Feſt war bie Dult, im Ahb. auch bie uoba, welches gleichſam cultus v. uoban unſerm üben.

† bas Féſtîn, franz. u. ſpan. festin [mittelſt -inus, a, um v. lat. féstum, ſ. Feſt] : Feſtmahl. bie Féſtivität, Pl. —n, aus lat. festívitas : Feſtlichkeit.

† ber Fétiſch, —es, Pl. —e : als Göße verehrter Gegenſtanb ber irbiſchen Natur. ber Fétiſchbienſt.

Aus franz. ber fétiche, welches Wort burch bie 1760 erſchienene Schrift von des Brosses : »du culte des dieux fétiches« in Umlauf kam.

bas Fett (e wie ä), —es, Pl. —e (in bem Sinne von Fettarten) : ſchmieriger, kein Waſſer annehmenber Stoff. Von bem Abj. fett, welches urſpr. eins mit feiſt (ſ. b.) iſt unb woher noch : bie Fétte; fetten = fett machen; féttig mit bie Féttigkeit (1469 fetikeyt).

Unſer Subſt. bas Fett wie bas Abj. fett ſinb aus bem Nieberb. Jenes lautet nieberb. dat fett, nieberl. vöt, altſächſ. feit (Psalm 62, 6), unb bas Abj. fett, bie nieberb. Form von hochb. feiſt (ſ. b.), iſt bas ſchon in Luther's Bibelüberſetzung geläufige fett, 1469 (im voc. ex quo) mittelrhein. fet (neben »feyſt«) unb feyt, altcleviſch vet (Teuthonista), neu- u. mittelnieberl. vet (Gen. vettes), altſächſ. fêt u. feit, feitit, angelſächſ. fæt, altnorb. feitr. Das urſprüngliche ê = ei gieng allmählich in ein kurzes e über.

bie Fétte (e wie ä), Pl. —n : ber wagerechte Querbalken oben zur Verbinbung ber Stuhlſäulen bes Daches.

In Franken bie Pfetten (Schmeller I, 326). Ob von franz. ber faîte = Giebel, Firſte, altfranz. faîste, feste, welches aus lat. fastigium Giebel?

bas Féttmännchen, —s, Pl. wie Sing. : jülichiſch = pfälziſche, ¹⸝₂ Stüber geltenbe Kupfermünze, beren Name wol von bem barauf ge-prägten Bruſtbilbe eines wolgenährten Kurfürſten herrührt.

ber Fétzen (é wie ä), —s, Pl. wie Sing. : wovon abgeriſſenes Stück. fétzen, Prät. fétzte, auch in Zuſammenſ. wie zerfétzen.

Eigentlich der Fēͭe, denn mhd. der vetze (*Minnes.* II, 147ᵇ, 2, 3) urſpr. = abgeſchnittenes Stück. Von dem ahd. Wurzelverbum fâgan, Prät. ich fag, wir fâgumês, Part. kafâgan) = ab-, aus-, verſchneiden (Schmeller I, 580).

feucht, mhd. viuhte, ahd. fûhti, = ein wenig naß. Daher: die Feuchte, mhd. viuhte, ahd. fûhtí; feuchten, mhd. viuhten, ahd. fûhtan; die Feuchtigkeit.

Da ahd. die fûhtí auch = Waſſerbunſt, Waſſerdampf, ſo darf mit J. Grimm (Gramm. II, 23) um ſo mehr feucht zurückgeführt werden auf das altnord. Wurzelverbum fiuka = vom Winde fortgeführt werden, fliegen, ſtürmen, ſchneien, wovon auch altnord. das fiuk Schneefall, der fûki Geſtank.

feubâl, v. mittellat. feudâlis, = ein Lehn oder das Lehnsweſen betreffend. das Feubâlrēͤcht = Lehnsrecht.

Von dem mittellat., etwa erſt im 9. Jahrh. ſich zeigenden Worte das feúdum, feódum (ſpät, nach franz. fief aus dem älteren fieu, auch feofum), = Lehngut, Lehn, welches nach Lorenz Diefenbach und Leo das iriſche (gäliſche) fiadh = Land, Land-, Nähr-, Nußgut, Unterhalt, nach Wilh. Wackernagel (Haupt's Zeitſchr. II, 557 f.) aber fränkiſche Ausſprache des goth. das þiuþ = das Gute u. (da der Pl. þiuþa Güter bedeutet) „das Gut" in dem beſondern Sinne von „Dienſtgut" ſein ſoll. Die urſprünglichere Form jedoch iſt die aus langobardiſch das fiu (ahd. fihu, fêho, fêo Bieh, goth. faihu Bieh, Vermögen, altfrieſ. fia Bieh, Gut, Habe) latiniſierte, in langobard.-lat. faderfiu = väterliches Gut vorkommende fium = Lehngut, woher die gleichbedeutenden ital. fio, provenzal. u. altcatalaniſch feu, altfranz. fieu. Jenes fium nun ſollte lat. eig. fiu-um, feu-um lauten; um aber den Hiatus zu vermeiden, da man, wie mehrere romaniſche Formen zeigen, u zum Stamme rechnete, trat ein im Romaniſchen nicht unübliches mildernbes d ein und ſo entſtand nach Diez (Wtbch 146) feu-d-um, deſſen Grundbegriff Bieh, bann Vermögen, Gut, in den ſtreng juriſtiſchen „Lehngut" ꝛc. übergieng.

das Feúer (ſt. urſpr. Feur, wie Luther ſchrieb), —s, Pl. wie Sing., mhd. viur, ahd. fiur: das leuchtende u. wärmende Element. Daher: feúern, mhd. viuren, (zerdehnt) viweren; feúrig, mhd. viurec. Zuſammenſ.: feúerfarben (wofür mhd. viurvar ꝛc.; aber die Feúerflamme, der Feúerfunke ſtehen durch Verwechſelung ſtatt mhd. viures flamme, viures vunke, alſo ſtatt uneigentlicher Zuſammenſetzung.

Jenem ahd. das fiur (d. i. fiuri) entſpricht altſächſ. fiur, angelſächſ. fŷr, altnord. der fŷr; alle aber ſtimmen lautverſchoben mit dem gleichbeb. gr. das pŷr. Die bei *Tatian* übliche Form fair neigt zum Niederländiſchen und ſtimmt lautverſchoben mit äoliſch pŷïr (πύϊρ). Die Gothen hatten fein dem Hochd. in den Lauten entſprechendes Wort, ſondern ſagten das fôn u. der funa. — Mittelb. ſeßte man vür, vûwir, d. i. landſchaftlich (wetterauiſch ꝛc.) Jauer.

feúerjo! (Schiller's Räuber 2, 3) feurio! nachdrücklicher Feuerruf.

-io, -jo wird zu ſtärkerem und längerem Austönen des Wortes angehängt, um mehr Nachdruck zu geben, wie mhd. -a, aus welchem hier o verdunkelt ſcheint.

Steht doch für unser feurio, im 15. Jahrh. fiurió (*Gesammtabenteuer* II, 308. 688), im Mhd. viurà! und im *Parzivâl* 675, 18 wâfenô! statt wâfenà (Waffen!)

fi! Interj. der Abweisens, Abscheues, Ekels. Gewöhnlich pfui!

Aus dem Niederd., denn streng Hochd. würde die Interj. fei lauten, weil mhd. fî, welches aus franz. u. ital. fî = pfui! aufgenommen ist. S. auch pfui!

† der Fiáker (á kurz), —s, Pl. wie Sing. : Lohnkutscher; Miethkutsche.

Aus dem franz., zur Zeit des Sprachforschers *Menage* († 1692) aufgekommenen Ausdrucke der fiacre. Von dem heil. Fiacre (Fiácrius), dessen Bild das Zeichen (enseigne) des in der Straße Saint Antoine zu Paris gelegenen Hauses war, in welchem man solche Miethkutschen haben konnte und welches der Franzose Sauvage, dem 1650 das Privilegium zur Einrichtung öffentlicher Kutschen verliehen wurde, bewohnt haben wird.

die Fibel, Pl. —n : Abcbuch.

1469 mittelrhein. phibel (*voc. ex quo*), mittelniederd. fibel (*hor. belg.* VII, 26 ª). B. lat. fíbula = Krapfen (Klammer) zum Verschlusse des Buches, welcher Begriff dann· auf den des Buches selbst übergegangen sein muß. Nicht v. lat.-gr. bíblia, woher Bibel (f. d.).

die Fiber, Pl. —n : Fleischfaser. B. lat. fíbra Faser.

die Fichte, Pl. —n, der bekannte Nadelholzbaum. Davon fichten, Adj.

Statt Fiechte (so noch bayerisch, f. Schmeller I, 509), wie Licht statt Liecht u. dgl. m. Mhd. die viehte, ahd. fiehtâ, fiuhtâ [doch finden sich nur die altmittteld. u. altniederrhein. Formen fiethâ, fiuthâ], goth. fiuhtô (?). Das Wort stimmt lautverschoben mit dem gleichbed. gr. die peúkê (πεύκη); t aber ist Ableitungsbuchstab.

die Ficke, Pl. — n : Tasche an einem Kleidungsstücke.

Aus dem Niedersächsischen. Wol urspr. f. v. a. (ins Kleid) an- oder eingehefteter Beutel; denn mittellat. (um 1200) ficácium Tragbeutel, v. provenzalisch, altspan. u. portug. ficar, ital. ficcàre, mittellat. ficâre, = an-, einheften, woher auch mhd. vicken heften (*Oswald von Wolkenstein* 111, 1, 11).

ficken = kurze, rasche Bewegungen hin und her machen (Schmeller I, 510); Ruthenstreiche geben. Vgl. fickfacken.

Ahd. ficchan reiben in mich vikchit = mich juckt (Schlettstädter Glossen 334, 497), im 16. Jahrh. ficken = jucken, kratzen, reiben; altclevisch fycken = mit Ruthen schlagen (*Teuthonista*). Aus einer und derselben Wurzel mit altnord. fika eilen, das fik Geschwindigkeit.

fickfacken = (ohne Absicht) hin und wieder laufen, geschäftig sein; (eifrig) Böses anzetteln, Ränke schmieden. Daher der Fickfacker = unbeständiger Mensch, Windbeutel; Ränkemacher.

Schon bei Stieler (1691), wie es scheint, aus dem Niederd. (f. bremisch-niedersächs. Wtbch. I, 386. 334. 335) aufgenommen. Denn älter-niederl. fikfaken = Possen, Albernheiten treiben, fikfaker = Tändler, wer Possen, Albernheiten macht, neuniederl. die fikfakkerij = Tändelei, mittelniederd. der vikvacker = geschäftiger Müßiggänger, unruhiger Mensch (*hor. belg.* VII, 36ᵇ). Zu Grunde liegt ficken (f. d.), welches sich in fickfacken ablautend wiederholt (vgl. Klingklang, Schnickschnack, Wirrwarr ꝛc.).

bie **Fickmühle**, Pl. — n : im Mühlenspiele eine solche Stellung der Steine, baß man burch Oeffnung ber einen Mühle immer bie anbere schließen kann. Vgl. *Ovidii Tristium* lib. 2, 1, 481 f.

„Eine Fickmühle haben" = auf 2 Seiten mahlen können b. h. etwas gar Einträgliches unb Vergnügliches haben. — Schon bei Kaisersberg fickmül. Mit ficken (f. b.) = „hin= unb herfahren" zusammengesetzt.

† bas **Fibeicommiß** (ei getrennt e=i, eig. **Fibeicommiß**), — ffes, Pl. —ffe : burch Vermächtniß anvertrautes Gut zur Herausgabe an einen Dritten, ber nicht selbst Erbe sein kann; unveräußerliches Stammgut.

Aus lat. fideicommissum, welches bie erste Beb. hat, urspr. aber f. v. a. „auf Treue (fides) u. Ehrlichkeit Anvertrautes (commissum)" ist.

bie **Fibel**, fibeln, gewöhnlich **Fiebel** (f. b.), fiebeln.

ber **Fibibus** = Papierstreifen zum Anzünden bes Tabaks.

Das schon z. B. bei Liskow (1736) vorkommende Wort scheint ursprünglich Studentenausbruck, bessen Entstehung aber bis jetzt nicht sicher ermittelt ist.

bas **Fieber**, —s, Pl. wie Sing.: hitzige Krankheit. Daher fiebrisch, fiebern. Zusammenf. fieberhaft. S. auch das Bieber.

Mhb. bas fieber, ahb. fiebar, mit romanischem, aus lateinischem e hervorge= gangenen ie (span. fiebre, franz. fiévre) von lat. bie fébris. Das reinahb. Wort für bas Fieber war ber rito, mhb. rite, welches urspr. f. v. a. bas Zittern; bie Gothen aber sagten bie brinnô v. brinnan brennen, unb bie heitô, welches Eines Stammes mit heiß unb Hitze ist.

bie **Fiebel**, Pl. —n, mhb. bie vídele, ahb. fidulâ : bas bekannte Streich= Tonwerkzeug, jetzt bes. wenn von ihm verächtlich gerebet wirb. fiebeln, mhb. vídelen, ahb. fidulôn (?), wovon ber **Fiebler**, mhb. vídelære, altnieberb. víedelâre (*gl. jun.* 315). Zusammenf.: ber **Fiebelbo= gen** (eig. **Fiebelboge**), mhb. videlboge, eig. videlstap (Fiebelstab).

Manche schreiben richtiger, wiewohl ungewöhnlich, **Fibel**, fibeln ꝛc.; boch zeigt sich schon ie in altnieberb. viedele (*gl. jun.* 315), also als Brechung bes i, nicht als Dehnung. Das Wort kam frembher, nämlich aus mittellat. vitula, vidula, = streichbares Saiteninstrument zu Gesangbegleitung, Sprung u. Tanz, welches abzuleiten v. lat. vitulâri = springen wie ein Kalb (lat. vitulus), sich lustig geberben, lustig, fröhlich sein. S. Diez Wtbch 582. Diesem lat. vitulâri aber entsprang zunächst wol, als ber Form nach entsprechend, jenes ahb. fidulôn unser fiebeln = bie Fiebel spielen. Vgl. Violine.

fiebern, mhb. víderen, ahb. fidaran : Fébern ansetzen, Febern woran befestigen.

† bie **Figůr**, Pl. —en : Gestalt; Linienumriß; Wortbilb. Zusammenf.: **figůrlich** (1469 mittelrhein. figuerlich) = burch Uebertragung auf bem Grunbe einer Aehnlichkeit angewanbt.

Mhb. u. mittelnieberl. bie figûre = Gestalt, Menschengestalt (*Konrad's Tro= janerkrieg*, Straßburg. Hf., Bl. 9ᵇ). V: bem in allen obigen Bedeutungen stehen= ben lat. figûra, welches v. lat. fingere gestalten, bilben.

22 *

† das Filiál, — es, Pl. —e : Tochterkirche, Nebenkirche.

Aus neulat. das filiále, dem Neutrum v. b. mittellat. Adj. filiális = kindlich, im Verhältnisse der Tochter (lat. filia) oder des Sohnes (lat. fílius) zu Mutter u. Vater stehend, neben-, z. B. in die Filiálhandlung, das Filiál-magazín.

† die Filipéndel, Pl. —n : rother Steinbrech.

Aus spät-mittellat. u. span. filipéndula, franz. filipendule, welches urspr. f. v. a. die an Faden hangende. Der Name daher, weil an den fadenartigen Wür-zelchen viele Knöllchen hangen.

fillen = die Haut (das Fell) abziehen, schinden; wund geiseln.

Nur noch niederd., ehedem auch hochd. geläufig. Mhd. villen, ahd. fillan, = an der Haut strafen mit Schinden und Schlagen, schinden, v. ahd. das fël goth. fill unserm Fell.

† filtrieren, aus franz. filtrer (ital. feltráre) : durchseihen.

Urspr. : durch Filz laufen lassen, um alle Unreinigkeit abzusondern. Denn das Stammwort ist mittellat. féltrum, fíltrum (ital. féltro, franz. feutre) = dichtes Gewebe von Haaren, v. angelsächf. der fëlt ahd. filz Filz.

der Filz, —es, P. —e, mhd. der vilz, ahd. filz : dichtes Gewebe von Haaren und Wolle; [älter-nhd. in Ansehung des groben Stoffes auch bildlich „grober Mensch", dann] grober, harter Verweis; [wegen der Zähigkeit des Stoffes auch schon älter nhd.] zäher Mensch im Geben, zäher Geizhals. Daher : filzen = [mhd. vilzen] zu, aus Filz machen, [nhd. bildlich :] einen groben, derben Verweis geben; filzig mit die Filzigkeit.

In der Beb. Geizhals liegt Filz im Oberd. auch : des Filzen (Schiller's Räuber 1, 2), Pl. die Filzen. — Ahd. der filz, angelsächf. fëlt, stimmt in fíl, fël, lautverschoben mit gr. der pílos Filz, lat. pileus (Filz-)Mütze.

der Fimmel, —s, Pl. wie Sing., mhd. vimel (Frauenlob S. 22, 17, 10 —?—), : eiserner Keil der Bergleute; großer Hammer.

der Fimmel, —s, Pl. wie Sing.: die männliche Hanfpflanze. Daher fim-meln = die eher reifenden männlichen Hanfstengel absondern, ausrupfen.

Bayr. (hochd. unüblich) der Fémel u. fémeln; aber schweiz., schon bei Josua Maaler (1561) Bl. 135a Fimmel („kurzer hanff") und fimlen („den kurzen hanff ausziehen"). Dieß Fimmel nun, schweiz. auch die Fimmele (Stalder I, 370), ist aus lat. femélla Weibchen, dem Dim. v. fémina (mittel-lat. auch fímena) Weib. Man verwechselte nämlich vor der Erkennung des wahren Geschlechtes bei dem Hanfe die Geschlechter und hielt die männlichen Stengel, weil sie kleiner und zärter sind, für die Weibchen (feméllæ), diese dagegen, wie die für sie in der Schweiz übliche Benennung der Mäsch, Mäschel (Stalder II, 199), aus ital. maschio d. i. lat. másculus = Männchen, außer allen Zweifel setzt, ursprünglich für die Männchen.

die Finánzen, Pl. : Staatseinkünfte, Staatsvermögen; Vermögen an Geld. Zusammens. mit dem erloschenen Sing. die Finánz : der Finánzrath; die Finánzwissenschaft = Steuerwissenschaft.

Aelter-nhd. (16. Jahrh.) die Finánz = Geldgeschäft, Wucherei, Wucherkniff, ist aus franz. die finance Baarschaft, ital. finánza = Quittung, im Pl. franz. finances, ital. finánze = Einkünfte; mittellat. finántia = öffentliche Leistung bes. an Geld. Von dem aus lat. finis Ende gebildeten romanischen Verbum finàre = beendigen, aufhören, im Ital. quittieren (eine Sache abschließen), im Altfranz. bezahlen. S. Diez Wtbch 145.

das **Findelhaus**, —es, Pl. Findelhäuser : Haus für Findlinge. das **Findelkind**, —es, Pl. —er, = der Findling. S. Findling.

finden, Prät. fand (Conj. fände, b. Luther richtiger fünde), Part. gefunden (älter-nhd. funden), Imp. find (gewöhnlich schwach finde) : auf etwas als ein Erstrebtes oder unabsichtlich kommen. Daher der Finder, mhd. víndære.

Mhd. vinden, ahd. findan (Prät. ich fand, wir fúndumês, Part. fundan); goth. finþan, welches aber auch s. v. a. erkennen, erfahren.

der **Findling**, —es, Pl. —e : ausgesetztes und gefundenes Kind.

Statt Fündling, engl. foundling, wie Findelhaus, Findelkind, st. Fündelhaus, Fündelkind. Denn das erste Wort der Zusammensetzung ist, wie mhd. das funtkint (Gregorius 1150. 1239) = Findelkind neben das funden kint (daf. 1227) b. i. gefunden Kind zeigt, das mhd. Subst. der vunt unser Fund.

† die **Finésse**, (é wie ä), Pl. —n : Verschmitztheit, feine List, Pfiff.

Das franz. die finesse urspr. Feinheit, v. fin fein, listig.

der **Finger**, —s, Pl. wie Sing., mhd. der vinger, ahd. fingar, goth. figgrs : eins der fünf Handglieder. Daher : das Adj. fingerig in zwei-, drei-, lángfingerig rc.; das Dim. das Fingerlein, mhd. das vingerlîn, ahd. fingerlin, ehedem auch = Ring; fingern. Zusammenf. : der Fingerzeig [mhd. das Verbum vingerzeigen u. schlechthin der zeic (Frauenlob S. 103, 142, 12)].

Eines Stammes mit fangen, insofern dieß ein goth. figgan erschließen lassen dürfte.

der **Fink**, — en, Pl. — en, eig. der **Finke**, —n, Pl. —n, mhd. der vinke, ahd. finco, fincho, eine bekannte Art Singvögel.

Der Finkler = Finken-, Vogelfänger, v. älter-nhd. finkeln, holländ. vinken, = Finken, Vögel fangen.

die **Finne**, Pl. —n : fleischige Floßfeder großer Seefische.

Niederd. die finne, welches lautverschoben mit dem gleichbed. lat. die pinna stimmt.

die **Finne**, Pl. —n : kleine spitzige Blatter im Gesicht.

Niederd. die finne, altnord. die fina, welches lautverschoben mit lat. der pánus = Art Geschwulst zu stimmen scheint.

die **Finne**, Pl. —n : Bläschen mit Würmchen im Fleische, besonders der zahmen Schweine. Daher **finnig** = voll Finnen.

Mhd. die phinn (liber ordinis rerum v. J. 1429 Bl. 16ᵈ) b. i. pfinne, mittelrhein. fine (voc. ex quo v 1469), = fauliger, ranziger Geruch. Mittelrhein. finnig (voc. ex quo), mittelniederd. vinnich = ranzig, stinkend.

die **Finne**, Pl. —n : kleiner spitziger Nagel oder Pflock.

> Mitteld. die phinne (*Myst.* I, 12, 30), mhd. pfinne, niederd. pinn. Mit Ueber-
> gang des Begriffes aus lat. pinna = Mauer-, Helmspitze, Steckmuschel.

der **Finnfisch**, dän. finnefisk, schwed. finnfisk, eine Art Wallfisch.

> Der Name wegen der 3—4 Fuß hohen Fettfinne (f. Finne 1) auf dem hin-
> teren Theile des Rückens.

finnig = voll Finnen. Adj. von Finne 2 u. 3.

finster, mhd. vinster, ahd. finstar : in hohem Grade des Lichtes ermangelnd. Daher **finstern**, mhd. vinstern, ahd. finstaran, = „finster
machen,“ in verfinstern; die **Finsterniß**, Pl. —ffe, mhd. die u.
das vinsternisse, ahd. das finstarnessi, finstarnissi (weshalb bei
Luther das finsternis); der **Finsterling**, —es, Pl. —e.

> Ahd. finstar scheint eins mit ahd. dinstar (*gloss. sangall.* S. 193), mhd. mittel-
> niederd. dinster, das früher ahd. dimstar, wie mittelniederl. u. noch neuniederl.
> dimster, demster, lautet und ein altsächf. thimstar erschließen läßt, für welches
> indessen schon finstar in (das) finistri Finsterniß sich zeigt. Steht es nun, was
> wol kaum bezweifelt werden kann, mit jener Einheit richtig, so ist ursprüngliches
> th (þ) einerseits, wie immer, in d (dinstar) übergegangen, andererseits aber Wandlung
> in f (finstar) eingetreten, eine Erscheinung, die wir auch sonst wahrnehmen (f. F).
> Ebenso kommt dann neben dem ahd.-niederd. Substantiv die thimsternisse (in
> Hoffmann's Ausg. des *Williram* 20, 27. 21, 5. 25, 7) jenes oben angeführte
> ahd. das finstarnissi vor. Die Wurzel thim (þim), welche sich in altsächf. thimm,
> angelsächf. dim, = dunkel zeigt, f. bei dämmerig. Vgl. auch düster.

die **Finte**, Pl. —n : Trugstoß beim Fechten; Verstellung, Kniff.

> Zunächst durch Fechter eingebracht aus ital. die finta List, franz. feinte Ver-
> stellung, Trugstoß, welches urspr. weibliches Part. Prät. v. ital. u. lat. fingere =
> erdichten, fälschlich vorgeben, täuschen, franz. feindre.

der **Fips**, —es, Pl. —e : Schneller mit dem Mittelfinger an die Nase.
Daher **fipsen** = Nasenstüber geben.

der **Firlefanz**, — es, ohne Pl. : geberdenvolles, unnöthiges albernes
Thun und Wesen. Daher die **Firlefanzerei**, Pl. —en.

> Ursprünglich ist der Firlefanz (*Uhland's* Volkslieder 647), mhd. firlifanz,
> firlafanz (*Oswald von Wolkenstein* 30, 3, 1), ein lustiger rascher Springetanz der
> Dorfbewohner; bei *Nithart* hieß er der firlefei (*Minnes.* III, 252b, 8). Später
> findet sich auch Tirlefey, sowie Tirletanz neben Firletanz. Das Wort
> kommt v. schlesisch firle in gefirle, gefirre, = hurtig, behende, und die bedeutungs-
> lose fremdländisch aussehende Endung -fei, -fanz, erklärt sich aus dem halb-
> komischen Streben des damaligen Landvolkes, französische oder flämische Formen
> einzumischen. An -fanz in Alfanz ist nicht zu denken.

† die **Firma**, Pl. Firmen : Handlungsname, Name unter welchem ein
kaufmännisches Geschäft geführt wird.

> Eig. : (sichere) Handlungsunterschrift; denn diese Bed. hat der ital. Kunstaus-
> druck die firma, lat. firma, und ital. firmare bed. unterschreiben, mittellat. (lat.)
> firmare Sicherheit geben.

† das **Firmament**, —es, Pl. —e, lat. firmamentum : Himmelsfeste.

firmeln = die Taufe durch Gebet, Handauflegung (in der römiſch-
kathol. Kirche Handauflegung des Biſchofs) und Salbung beſtätigen.
Daher die Firmelung. Von dem gleichbedeutenden firmen, deſſen
Subſt. die Firmung lautet.

MHd. firmen, ahd. firmôn, mit dem Subſt. die firmunge und die firmelunge
(*Myst.* I, 53, 40). Aus lat. firmâre in dem Sinne von befeſtigen, beſtätigen.

firn, firne, Adj. : alt, hauptſächlich vorjährig.

MHd. virne, ahd. firni, goth. faírni, altſächſ. fërni. Aus einem vermuthlichen
goth. Wurzelverbum faírnan (Prät. farn, Pl. faúrnum, Part. faúrnans) = alt
ſein (?), aus welchem auch altnord. forn = alt, altſächſ. furn, forn, = ehemalig,
entſproſſen ſind. Dieſe, wie fern, ſtimmen bei üblicher Verſetzung des r lautverſchoben mit gr. prín = in früherer Zeit, ehemals.

der Firn, —es, Pl. —en, oder der Firner, Fërner, —s, Pl. wie
Sing. : firner d. h. vom vorigen Winter oder auch von länger her
auf Berghöhen liegen gebliebener Schnee; Berg mit ſolchem Schnee
und Eis bedeckt im Hochgebirge.

Schmeller I, 564 faßt Firner, Fërner, als ſeien ſie durch Auslaſſung des
Subſtantivs Schnee aus firner, ferner Schnee entſtanden.

der Firnewein = der firne d. h. vorjährige, alte Wein.

der Firniß, —ſſes, Pl. —ſſe : Art Glanz gebenden Anſtriches. Daher
firniſſen.

Eig. Firnifs, Firnis. 1482 firneß, mhd. fárnige, vërnis, zu Anfange des
12. Jahrh. firnis. Aus franz. vernis, ital. vernice (ſt. verniccio) v. mittellat.
vernícium, welches vom franz. vernir = firniſſen d. i. lat. vitrinîre (?) = glaſieren
[lat. vitrum Glas, provenz. veirin d. i. lat. vítrinus gläſern] abzuleiten iſt. S.
Diez Wtbch 368.

die Firſt, gewöhnlich aber ungut die Firſte, Pl. — n : die oberſte
Längenlinie des Daches. Zuſammenſ. : der Firſtenziegel.

MHd. der (auch die) virst, ahd. das first, = Gipfel, Zinne, Bergioch, neunieberl.
die vorst (ſt. vërst), mittelrhein. (1469) forst, wetterauiſch forste. Das Wort
ſtimmt bei Verſetzung des r mit ſanſtr. der prastha [d. i. pra-stha hervor-ſtehend]
= Ebene auf einem Berggipfel.

† der Fiscál, — es, Pl. —e, altcleviſch (1475) fiscail, v. mittellat.
fiscális, = Vertreter des Fiscus (ſ. d.); öffentlicher Ankläger.

der Fiſch, —es, Pl. —e, mhd. der visch, ahd. fisc, goth. fisks : Waſſer-
thier mit rothem kaltem Blute. Daher : fiſchen, mhd. vischen,
ahd. fiscôn, goth. fiskôn; der Fiſcher, mhd. víschære, ahd. fiscâri,
fiscari, mit die Fiſcherei, mhd. vischerîe. Zuſammenſ. : der
Fiſchaar (b. Luther Fiſchar) = auf Fiſche ſtoßender Adler; der
u. die Fiſchotter, ſ. Otter 1.

Fiſch ſtimmt lautverſchoben bei Stockung des ſtarr gewordenen sc mit lat.
der piscis, keltiſch (welſch) pysg, wie das Verbum fiskôn fiſchen mit lat.
piscâri.

† der **Fiscus**, Gen. des Fiscus, ohne Pl. : der öffentliche Schatz, Staats=
ſchatz, Staatscaſſe; Strafcaſſe. Daher : der **Fiscál** (ſ. b.); fis=
cálifch = den Fiscus oder den Fiscál betreffend.

> Das lat. fiscus = geflochtener Korb, dann Geldkorb, Caſſe, endlich öffentliche
> Caſſe, Caſſe der Staatsgelder.

der **Fiſt**, —es, Pl. —e, mhd. vist : leiſer Bauchwind. S. feiſten.

die **Fiſtel**, Pl. —n : eiterndes Geſchwür mit Röhre; erzwungene hohe
Stimme, wie durch eine Rohrpfeife.

> Schon ahd. die fistul Röhre (Schlettſtädter Gl. S. 341ᵃ, 5) u. mittel-
> niederd. fistel Geſchwür v. lat. fistula = Röhre, Rohrpfeife, eiterndes Geſchwür.

fitſcheln = hin und herfahrend ſchneiden; dann ebenſo reiben.

> Statt fitzeln, v. dem ahd. Wurzelverbum fëzan ſchneiden. S. Fetzen.

der **Fittich**, ungut Fittig, —es, Pl. —e : befiederter Flügel.

> Bei Luther fittich u. nach dem Mitteldeutſchen auch fittig (vgl. Eſſig). Mhd.
> der vitech, vëtech, vëtich, vëttech, vëttach, ahd. fëttah, fëtdach, fëddah, fëdah.
> Von dem Stamme fëd in fëdara Feder abgeleitet, wie auch deſſen ahd. Neben-
> form der fëdarah = Flügel bekräftigt.

die **Fitze**, Pl. —n : Binde zum Zuſammenbinden einer Anzahl Garn=
fäden beim Aufhaspeln; ein ſolches Gebinde Garn.

> Mhd. die vitze u. der fitz, ahd. fizza, fiza, u. der viz, eig. == Fadenabſchnitt,
> die Fadenenden des alten Aufzuges zum Anknüpfen des neuen (lat. licium), alt-
> nord. die fit = Rand an Geſtricktem. Nach einem Infinitiv fizan (fizjan b. i.
> fiz-j-an) von dem Wurzelverbum fëzan ſchneiden, wie wir ja auch sizan ſitzen aus
> sizjan haben.

fitzen, wovon fitzeln, was fitſcheln, ſ. b.

fitzen : 1) mit der Fitze (ſ. b.) oder zu Fitzen binden; abtheilen,
in Falten legen, runzeln (Lichtwer's Fabeln 1. Bch, 12. Fabel).

fitzen = fadenweiſe ab= oder auflöſen (Leſſing). S. Fitze.

fix, Adj. u. Adv. : mit (Geiſtes=)Gewandtheit und Leichtigkeit geſchwind.

> Aus ahd. fizes, fizis, fizus (z oer z?) = geiſtesgewandt, gescheid, verschlagen,
> mit ähnlicher Entſtehung des r wie bei Fere (ſ. b.). Aus dem Nhd., wo fir
> ſchon im 16. Jahrh. vorkommt, gieng dann das Wort ins Dän. u. Schwed. über.

† **fix** = feſt, bleibend, unbeweglich, in fixe Idee = bleibende Vor=
ſtellung, fixe Luft = kohlenſaures Gas, der Firſtern = feſtſtehender
Stern, Sonnenſtern.

> Fir iſt aus lat. fixus feſt, bleibend, v. figere einheften, befeſtigen.

der **Fixfax** = Gaukelei, Taſchenſpielerblendwerk.

> Volksüblich. Mit ablautender Wiederholung des Wortes fir (ſ. fir 1) ähnlich
> gebildet, wie Wirrwarr, Schnickſchnack u. dgl.

fixieren, aus mittellat. fixâre v. lat. fixus (ſ. fix 2) : ſteif (u. forſchend)
anſehen; feſtſetzen, beſtimmen.

der **Firſtern**, —es, Pl. —e, ſ. fix 2.

flach = nach der Ausdehnung in Länge und Breite ohne merkliche Erhabenheit wie Vertiefung; seicht; im Nhd. dann auch [bildlich :] nicht
geiftestief. Daher die Fläche.

Comp. flächer, bei Göthe XXXI, 7 unrichtig flächer, Superl. flächeft,
flachft. — Mhd. vlach, ahd. flah (*Tatian* 165, S. 139). Das Wort ftimmt
lautverschoben mit plak, plac, in gr. pláx Fläche, Ebene, Tafel (vgl. Flagge),
plakûs (πλακοῦς) flacher Kuchen, lat. placénta flacher Kuchen; aber unfer deutsches
f schob fich später noch einmal weiter fort in b, woher die Form blach (f. d.)

der Flachs, —es, Pl. —e (i. b. Sinne von Flachsarten), mhd. der
vlahs, ahd. flahs, die bekannte blau blühende Pflanze, deren zubereiteter
Baft gesponnen wird. Daher fläch sen, im 15. Jahrh. flehsîn, mittelb. (niederb.) flessîn, flessen, Adj. : von Flachs.

Bei Juftus Möfer ungewöhnlich das Flachs. — Einer Wurzel mit
flechten (f. b.); denn flah -s ftimmt mit plek plec in gr. plékein flechten,
schlingen, lat. pléctere flechten (pléxus geflochten), plicâre zusammenwickeln, falten.
Ein anderer Name für den Flachs ift bayr. u. mhd. der har ahd. haro, haru.

fläcken (b. Wieland) = faul, ohne aufzuftehen baliegen. Verächtlich.

Oberd. (Schmeller I, 584). Urfpr. „auf einem Flecke allmählich warm
werden und darum auf demfelben liegen bleiben." Denn 1482 flacken oder
lawen [lauen], flacksein oder lowe sein = warm werden, lau fein (*voc.
theut.* Bl. h 7ª).

fläckern = flammend fich hin und her bewegen.

Schon um 1500 ft. flodern, floggern, ahd. flogrôn, flokrôn, flogarôn,
flokarôn, flagarôn (*gl. jun.* 232), aus lat. flagrâre flackern. Ohne r 1482
im *voc. theut.* Bl. i 1ª „flocken oder fladern als das feuer hinundher zitteren,
crepitâre"; bei Keifersberg u. später flacken. Mit dem Worte mischte fich
übrigens ein anderes ahd. flogarôn, flokarôn, = flügeln, flattern, v. Flug.

† der Flacon (fpr. flakóng), —s, Pl. —s : Riechfläschchen.

Das franz. flacon ft. flascon mittellat. flásco (Gen. flascônis), welches mittelft
auch fonft vorkommender Umftellung des l und Schärfung des v zu f (vgl. Pferd)
aus lat. vásculum Gefäß (f. Diez Wtbch 144). Vgl. Flafche.

der Flaben, —s, Pl. wie Sing. : bünner flacher Kuchen.

Eig. Flade, mhd. der vlade, ahd. flado, welches nach J. Grimm lautverschoben mit Ausfall des Kehllautes c dem lat. placénta = flacher Kuchen entfpricht.
Vgl. flach. Genauer aber, b. h. ohne Ausfall von Buchftaben, ftimmt der Lautverschiebung gemäß gr. platys (πλατύς) platt, breit, plátos Fläche, plátê Platte.

die Flader, Pl. —n : hin und her laufende Holz-, Steinader.

Spät-mhd. vlader in Zusammenfetzungen wie fladerbaum Efche 2c., dann bei
Luther (Hef. 27, 5) das Adj. in das flabern [efchen?] holtz, ebenfo wie man von
äberigem Holze fagt, es fei flammig. Aus einem verlornen ahd. Wurzelverbum
flêdan (Prät. ich flad, wir flâdumês, Part. flêdan) = fliegend, wallend, die Luft
schlagend fich bewegen (?), woraus ahd. flêdirôn (b. i. flêdarôn) = losbinden,
mhd. vlêderen = flattern, mit den Flügeln schlagend fliegen, ahd. flêdar in
flêdarmûs Flebermaus (f. b.), u. Flebermifch, mhd. vlêderîn = flatternd, ahd.
flidjan = in Brunft wallen, 1482 fladern = lobern, flackern (f. b.), flattern (f. b.).

die Flágge, Pl. —n : die große Schiffsfahne. Daher flággen.

Das niederd. die flagge, neuniederl. die vlag, dän. das flag, altnord. das flagg. Das Wort ſcheint, mit g ſtatt h, lautverſchoben mit demſelben gr. pláx = Platte, Blatt, Fläche, zu ſtimmen, mit welchem flach (f. d.) übereintrifft.

die Fláhme, Pl. —n : das Dünntheil zwiſchen Rippen und Schenkeln.

Mhd. die fleme (*Buch von guter Speise* 9, 22). Nach ſchweiz. die flamme = Seite Schweinſchmalz (Stalder I, 376).

der Flámbërg, —es, Pl. —e : breites Schlachtſchwert (Körner).

Aus franz. die flamberge, welches urſpr. aus dem Deutſchen, — ob aus dem altfranz. Schwertnamen Floberge, Froberge, d. i. die den Herrn (ahd. frô) bergende Waffe (ahd. bërga) oder des Gottes Fro (altnord. Freyr) Schwert? S. Grimm's Mythol. 196.

flämiſch, mhd. vlæmisch : 1) flandriſch; 2) verdrießlich, mürriſch.

Die zweite Bed. ſcheint aus der erſten hervorgegangen. Seit dem 12. Jahrh. herrſchte in Sitte, Tracht, Sprache Deutſchlands franzöſiſcher Einfluß, und der Hauptweg der Vermittelung war das halb romaniſche, halb germaniſche Flandern, woher dann ein feingebildeter Menſch ein Vlæminc (franz. Flamand) hieß. Dieß vlæmen drang ſelbſt in die niederen Stände, bei welchen die Zierlichkeit ſich übel ausnahm und ins Lächerliche fiel, weshalb mhd. vlæmisch = auf ungeſchickte rohe Art prunkend (*Nithart* 3, 5), woraus dann wol „nach Herrenart verdrießlich, mürriſch."

die Flámme, Pl. —n : zur Höhe ſchlagendes Feuer. Daher : flámmen, neuniederl. vlammen, und flámmern (Bürger); flámmig, Adj.

Mittelb. die vlamme, flamme, u. der vlamme, vlam, nenniederl. die vlam, durch franz. flamme aus dem gleichbeb. lat. flámma. Der ahd. u. eigentlich mhd. Ausdruck war der louc, und altſächſ. ſagte man die lôgna, altnord. der logi, alle aus der urdeutſchen Wurzel liuhan leuchten (f. d.).

† der Flanéll, — es, Pl. — e, aus franz. die flanelle, ein leichtes Wollenzeug. Daher das Adj. flanéllen.

Flanelle kommt v. altfranz. flaine Bettüberzug. Diez Wtbch 147.

die Flánke, Pl. —n : Seite, Seitenlinie wovon.

Aus franz. u. provenzal. der flanc, ital. fianco, welches nach Diez (Wtbch 143 f.) ſicherer aus lateiniſchem Element entſprungen iſt, als aus einem urſprünglich deutſchen Worte, keineswegs aus ahd. die hlanca, hlancá = die Weiche, Lende (*Hattemer's Denkmahle* I, 299 a).

† flankieren, aus franz. flanquer v. flanc (f. Flanke) : mit Seitenwerken verſehen; ſich umherbewegen, eig. an der Seite wovon.

die Fláſche, Pl. —n : bauchiges Gefäß mit engem Halſe zu Flüſſigkeiten. Daher mit eingetretenem unorganiſchen n der Fláſchner = Handwerker, der blecherne Flaſchen macht. Zuſammenſ. : das Fláſchenfutter = tragbares Flaſchenbehältniß zu Reiſen.

Bei Luther die Flaſſche, mhd. flasche (mehr niederd. flesche), ahd. fláscá, aus dem roman. (ital) die fiásca, mittellat. fiásca, altfranz. flasche, der weiblichen Form v. mittellat. fiásco ital. fiásco (f. Flacon).

die Fláſer, Pl. —n, was Flaber (f. d.).

Scheint Einwirkung des Niederl., wo ſich auch z. B. der aaſem Athem neben adem zeigt.

flattern = mit ſchnellem Aufunbniederſchweben ſich durch die Luft bewegen; ſich unbeſtändig ſchnell hin und her bewegen. Daher : der Flätterer, flätterig. Zuſammenſ. : der Flättergeiſt, flätterhaft.

> Statt des noch im 17. Jahrh. üblichen flabern, b. Luther (Weish. 2, 3) flabbern, 1482 fiadern (= hell aufſlobern, ſ. flackern u. Stalber I, 375), mhd. flodern (von aufgelöſtem Haare. Freiſinger Stabtrecht v. J. 1359), = fliegend in der Luft wallen, ſich ausdehnend, wallend verbreiten, ſchweiz. flobern (Stalber I, 384), floberen, flotteren, = mit den Flügeln ſchlagen (Joſua Maaler 139ᵃ. 138ᶜ), fliegen. Aus dem Prät. des unter Flaber aufgeſtellten ahd. Wurzelverbums flädan.

† flattieren, altcleviſch, mittelniederl. flattéren : ſchön thun, ſchmeicheln.

> Aus franz. flatter, welches urſpr. ſ. v. a. ſtreicheln (d. h. glatt, flach machen), v. altnorb. flatr eben, angelſächſ. flat flach, ahd. flaz, woher auch im Altnorb. fletja flach, glatt machen.

flau = matt, ſchwach, ſchlaff. Zuſammenſ. : die Flauheit.

> Niederd., aus neunieberl. flaauw (flâuw) = ohnmächtig, ſchwach, welches, wie es ſcheint, aus dem in der alten Sprache der Picardie und des Hennegaues vorkommenden flau matt. Dieß aber ſcheint mittelſt freilich ſeltener Umſtellung des u (gleichſam flauc-s) aus lat. flaccus = welk, ſchlaff (wovon lat. flaccidus = matt, kraftlos), entſtanden, zumal da auch hieraus bayer. flach = flau, träge, mhd. vlach welk (Iwein 449). Vgl. dagegen Diez Wtbch 632.

flauen = durch Abſpülen reinigen.

> Das ahd. flawên, woneben flewjan, mhd. vlewen, vleun, bayer. flæwen, flæjen, flæhen, flæen (Schmeller I, 582).

der Flaum, —es, ohne Pl. : die weichen Bauchfedern, der erſte zarte Federwuchs der Vögel; dann erſter Bartwuchs; weiche Wolle an Obſt. Von die Flaume, Pl. — n : weiche Bauchfeber der Vögel. . Daher auch flaúmig.

> Das hochdeutſch gebildete, aus franz. die plume (v. lat. plûma) Flaumfeber entlehnte mittelrhein. u. mitteld. die plûme (voc. ex quo v. J. 1469. Lamprechts Alexander 6989), deſſen p durch pf (im 16. Jahrh. Pflaume) zu f übergieng.

der Flaus, —es, Pl. —e : Büſchel Wolle; dickwolliger Rock.

> Mhd. (1340) das vlûs (Fundgruben I, 368ᵇ) Schaffell, aus mittelnieberb. u. mittelniederl. vlûs Schaffell, zottiges Fell (hor. belg. VII, 36ᵇ. Reinaert herausg. v. Willems 5590). Mit dem gleichbed. altcleviſchen fluesch (Teuthonista), woher unſere Nebenform der Flauſch, nicht aus lat. vellus. S. Flies.

die Flauſe, Pl. — n : unrichtiges, irre führendes Vorgeben, Vorſpiegelung, insbeſondere ſchwankartige.

> Mit munbartlichem au ſtatt mhd. u. ahd. ô (ſ. Schmeller's Munbarten Bayerns S. 70 u. 72, bayer. Wtbch I, 591. 592) aus bayer. die Floſe, welches v. flôs in ahd. das kiflôs Gefliſter, die kiflôsida Blendwerk, der flôsari ca flaosari Lügner.

der Fläz, —es, Pl. —e : träger Mensch von groben Sitten.

Schwäbisch (Schmid 195), thüringisch. Wol von einem fletzen, mhd. vletzen, = breit da liegen oder lagern (vgl. *Gesammtabenteuer* III, 24, 108. 124), welches abgeleitet ist v. ahd. flaz flach (s. flattieren), woher auch ältest-nhd. das fletz, mhd. vletze, = Lagerstatt (vgl. *Diut.* I, 347), Lagerstatt zum Speisen (im *voc. incip. teuton. ante lat.* fletz accúbitus, reflectórium), Speisesaal. Vgl. fletschen. Uebrigens scheinen ahd. flaz und flah unser flach eine und dieselbe Wurzel zu haben.

die Fléchse (e wie ä), Pl. —n : spannende Muskel= u. Gelenkfaser im Fleische. Im 16. Jahrh. die Flächsader. Also v. Flachs in An= sehung der Feinheit des Fadens und des Bindenden.

die Fléchte (e wie ä), Pl. —n : biegbares in einander Geschlungenes. B. fléchten, Präf. ich fléchte, du flíchtest, er flíchtet (zusammengez. flíchst, flícht), wir fléchten ꝛc., Prät. flocht st. flacht (Conj. flöchte), Part. geflóchten, Imp. flícht : in einander schlingend verbinden oder hervorbringen.

1469 mittelrhein. die flechte, goth. flahta (1 Tim. 2, 9), = Zopf; 1340 mhd. vlechte = Korbflechte am Wagen, welches lautverschoben mit mittellat. die plécta, gr. plektē (πλεκτή), = Flechtwerk stimmt, wie das Wurzelverbum fléchten, mhd. vlöhten (Prät. ich vlaht, wir vlähten, Part. gevlohten), ahd. flöhtan (Prät. ich flaht, wir fluhtumês, Part. kaflohtan), goth. flaihtan (?), mit dem gleichbed. lat. pléctere u. dem einfacheren plicâre zusammenbiegen, falten, gr. plékein schlingen, flechten, womit auch Flachs (s. b.) zusammenzustellen ist.

die Fléchte, Pl. —n : flechtendes d. h. geflechtartig sich aus= dehnendes Laubmoos; geflechtartig um sich greifendes Blattergeschwür.

der Fléck, mhd. vlêc, in Kúttelflêc (s. b.) = zerschnittenes Gedärme mit Magen ꝛc. zum Essen. B. poln. flâk Darm (Pl. flaki Kalbaunen).

der Fléck, — es, Pl. — e : Stück eines Ganzen. Daher flécken = durch einen aufgesetzten Fleck ausbessern; vom Flecke kommen, von statten gehen.

Fleck ist das mhd. der vlêc, ahd. flôc (Gen. flêcches), = Stück Zeug, Lappen, welches nach Wilh. Wackernagel (Wtbch 182) lautverschoben mit lat. plâga, dessen Dim. plágula = Blatt eines Kleides, Papierblatt, stimmt. Vgl. auch Blahe. Mitteld. vlécken = fördern (*Köpke's Passional* 488, 6).

der Fléck, — es, Pl. — e, mhd. der vlêc, üblicher u. richtiger der Flécken, —s, Pl. wie Sing., mhd. der vlécke, ahd. fléccho, flécco, flécho : andersfarbige Stelle als Fehler. Daher : flécken = Flecken geben; flécket (b. Luther), mhd. vlécket, ahd. flécchôt, wofür jetzt fléckig, = Flecken habend.

Das Wort scheint lautverschoben mit lat. plâga, gr. plēgē (πληγή) = Schlag, Hieb, Stoß, dann Wunde, zusammenzugehören, zumal da mitteld. der vlêc Schlag, Wunde (*Köpke's Passional* 32, 77. 43, 80) u. vlécken hauen (das. 431, 18) bedeuten.

der Flécken, —s, Pl. wie Sing. : Dorf städtischen Ansehens.

Statt Flëck, denn 1429 der flächk (d. i. vlëc) = Raum eines Ortes, Platz, spácium (lib. ord. rer. Bl. 2c). Also eine ähnlich entstandene Benennung, wie Ort (f. d.).

† flectieren (e vor c wie ä) = biegen, insbef. ein Wort (f. biegen). Aus lat. fléctere, welches beide Bedeutungen hat.

die Flébermaus, Pl. Flébermäufe : fliegende Maus.

> Mhd. die vlëdermûs, ahd. flëdarmûs [ursprünglich flëdaramûs?], deffen flëdar in flëdarôn, bayer. flëdern (Schmeller I, 585), = flattern, mit den Flügeln schlagen, fich zeigt (f. Flader). Also dem Urfprunge nach f. v. a. „Flattermaus." Auch auf den Schmetterling [im voc. ex quo v. 1469 flëddermusche, von der Maus flëddermûße, bei Alberus flebermauß für beides] übergetragen, wo dann für die eigentliche Flebermaus die Benennung Speckmaus gilt.

der Fléberwisch, —es, Pl. —e : Gansflügel zum Abwifchen.

> Flëber f. unter Flebermaus.

das Fleet (Flet), —es, Pl. —e, in Hamburg : schiffbarer Canal der Stadt.

> Das mittelniederd. vlêt Fluß (vgl. Frauenlob S. 29, 32, 2), was mhd. vliez Fließ (= Fluß) ist. B. fliehen niederd. vleten.

der Flégel, —s, Pl. wie Sing. : Stab mit Klöpfel zum Ausschlagen; [bildlich :] berber, grober Menfch (vgl. Bengel). Nach diefer letzten Beb. die Flegelei, flégeln [mitteld. vlégelen = drefchen]; flégelhaft, das Flégeljahr (= Jahr jugendlicher Ungefittetheit).

> Mitteld. u. mhd. der vlegel, ahd. fiegîl, entlehnt v. lat. flagéllum = Peitfche, um 400 auch Drefchftab, woher dann franz. fléau, altfranz. flael, = Drefchflegel. Das alte echt deutfche Wort für diefen ist die Drifchel (f. d.).

fléhen = angelegentlich, inbrünftig, demüthig bitten. Mit dem Part. Präf. fléhend ift zufammengef. fléhentlich, wobei der mhd. u. ahd. Auslaut t (mhd. vlêhent, ahd. flêhônt) bewahrt bleibt.

> Mhd. vlêhen, vlêgen, mit Acc. oder Dat. der Perfon, ahd. flêhôn, auch flêgôn, mit Acc. der Perfon, bed. urfpr. fchmeicheln, freundlich zureden, und ift das goth. þláihan [oder þlaihan und alfo ahd. flëhôn??] in gaþláihan (ga- ift unfer ge-) = freundlich zureden, ftreicheln, liebkofen, welches, wenn man altfpan. falagar (ft. flagar) fchmeicheln in Anfchlag bringen darf, im Weftgotthifchen fláihan gelautet zu haben fcheint.

das Fleifch, —es, Pl. —e, mhd. das vleisch, ahd. fleisc : die weiche Maffe des thierifchen Körpers, dann die faftige Maffe der Pflanzen. Daher : fleifchen, ahd. fleiscîn, Adj., f. fleifchern; fleifchen = "Fleifch ablöfen" [ahd. fleiscôn], aber auch "fleifchlich bekleiden" oder "fleifchliche Geftalt annehmen" [mhd. vleischen (Minnes. II, 368b, 3, 1)]; der Fleifcher = "der, deffen Handwerk ift, Vieh zu fchlachten und das Fleifch zum Verkaufe auszuhauen" (vgl. Metzger), womit zufammengef. der Fleifchergang = vergeblicher Gang (Lichtwer's Fabeln 1, 9), wie er bei Fleifchern nicht felten vorkommt; fleifchern (Hef. 11, 19. 36, 26) = "aus Fleifch beftehend", unorganifch ft.

fleiſchen (ſ. d.); fleiſchig. Zuſammenſ. : fleiſchlich, mhd. vleischlich, ahd. fleislîh, = körperlich; [bildl. im Nhd. auch] ſinnlich.

    Fleiſch, ahd. fleisc (d. i. fleis-c), altſächſ. flêsc, angelſächſ. flæsc, altfrieſ. flâsc, ſcheint urſprünglich „fettes Fleiſch" zu bedeuten, wie denn altnord. das flesk, ſchweb. fläsk, dän. flesk, = Speck. Die Deutſchen müſſen alſo gern fettes Fleiſch genoſſen haben. Das Wort ſtimmt lautverſchoben mit freilich ſeltenem Uebergange des urſprünglichen t in s zu ſlaw. plĭtĭ Fleiſch, ruſſ. plot', poln. polec̆ Speckſeite, litthau. paltis. Gleicherweiſe ſteht altnord. beiskr bitter (beißend) ſt. beitkr v. altnord. bîta unſerm beißen. S. Grimm's Geſch. d. d. Spr. 1011. Gramm. II, 278. Vgl. auch Flinte.

der Fleiß, — es, ohne Pl., mhd. der vlîz, ahd. flîz (urſpr. Kampf, Kampfeifer, wie alt= u. angelſächſ. der flît) : worauf verwandte eifrige ſorgfältige Thätigkeit. Mit Fleiß auch = vorſätlich. Von fleißen, mhd. vlîzen, ahd. flîzan, in dem jetzt dafür üblichen befleißen. Von Fleiß das Adj. fleißig, mhd. vlîzec, ahd. flîzîg, flîzîc.

    Das Wurzelverbum flîzan (Prät. ich fleiz, wir flizumês, Part. kaflizan) bed. urſpr. kämpfen, ſtreiten, wie angelſächſ. flîtan, dann wetteifern.

flennen = mit verzogenem Munde weinen.

    Mhd. vlennen, eig. den Mund verziehen (zu Weinen oder Lachen), wie bei *Notker* flannên, neben mhd. der vlans = (verzogener, aufgeſperrter) Mund.

flétſchen (é wie ä) = ins Breite dehnen; flach, breit ſchlagen.

    In der zweiten Bed. ſchon bei Keiſersberg flötschen (Friſch I, 276ᵃ) ſt. fletzen. S. Fläz. B. ahd. flaz flach (ſ. flattieren).

† die Flexiôn, Pl. —en, aus lat. fléxio v. fléctere biegen (ſ. flectieren): Biegung, insbeſondere Veränderung eines Wortes zur Bezeichnung ge= wiſſer Verhältniſſe.

flicken = ſchadhafte Stellen ausbeſſern.

    Urſpr. einen Fleck = Lappen (ſ. Fleck 2) aufſetzen. Ahd. flicchan (?).

der Flieder, —s, Pl. wie Sing. : der Hollunder.

    Erſt, wie es ſcheint, zu Anfange des 18 Jahrh. aufgenommen aus neunieder. die vlier, welches mit Ausfall des d ſtatt vlieder üblich ward. Das Wort iſt nicht Zuſammenſetzung mit =der (ſ. d.) = größeres Holzgewächs, ſondern -er erſcheint hier als Ableitungsendung, u. vlied dürfte mit ahd. das flied, phlied, fliad = Baumharz, Gummi, zuſammenfallen. Verderbniß aus ſpät=mhd. die fleit = Hollunder (Mone's Anzeiger VIII, 166) iſt ſchwerlich anzunehmen.

die Fliege, Pl. — n, mhd. die vliege, ahd. fliegâ, flëogâ, fliugâ, fliukâ. V. fliegen, Prät. flog (Conj. flöge), Part. geflogen, Imper. flieg, mit „haben" u. „ſein" : ſich ſchwingend und ſchwebend durch die Luft bewegen und von derſelben getragen werden.

    Im Präſ. des Verbums ehedem und noch alterthümlich mit eu aus mhd. u. ahd. in du fleugſt, er fleugt, und darnach im Imper. fleug ſt. fliegſt, fliegt, flieg. Fliegen iſt mhd. vliegen, ahd. fliogan, fliokan (Prät. ich flouc, wir flukumês, Part. kaflokan, Imper. fliuc), angelſächſ. flëógan. Die bis jetzt unerklärte ahd. Wurzel iſt fluk.

fliehen, Prät. floh (Conj. flöhe), Part. geflohen, Imp. flieh, mit "sein",
doch transitiv mit "haben" [z. B. ich habe ihn geflohen wie einen
Feind] : sich schnell wovor fortbewegen, davonmachen.

> Im Präs. ehedem und noch alterthümlich mit eu aus mhd. u. ahd. iu du
> fleuchst, er fleucht, im Imp. fleuch, st. fliehst, flieht, flieh; auch zuweilen noch
> flöch st. floh. Fliehen ist mhd. vliehen (Prät. ich vlöch, wir vluhen, Part. ge-
> vlohen), ahd. fliohan (Prät. ich flôh, wir fluhumês, Part. kaflohan, Imp. fliuh),
> goth. (mit þ) þliuhan.

das Flies, —es, Pl. —e, gewöhnlich Blies oder falsch Bließ : Schaf=
fell, zottiges Fell.

> Im Philander von Sittewald II, 7 Flüß, niederb. flüs, mittelniederd.
> vlûs; neunieberl. das vlies, angelsächf. das flëós, flŷs, engl. fleece   Nicht von
> dem gleichbed. lat. das vellus Wollenbüschel, Schaffell.   S. Flaus.

bie Fliese, Pl. —n, dünne viereckige Stein=, Thonplatte zur Bekleidung
von Fußböden oder Wänden. Auch Flinse, f. b.

> Dän. flise; aber altnord. die flis = Splitter, Stück wovon.

der Fließ, — es, Pl. — e, mhd. der vliez, ahd. flioz (?), neunieberl.
vliet, niederb. vlêt (f. Fleet) : kleiner Fluß. B. fließen, Prät.
floß (mit kurzem o, Conj. flösse, eig. flöße), Part. geflossen st. ge=
floßen), Imp. fließ, 1) mit "sein" : bei eigner Beweglichkeit in den
Theilen zusammenhangend sich fortbewegen; von solchem sich Fortbe=
wegenden mitbewegt werden; — 2) mit "haben" : solches sich Fort=
bewegende von sich ausgehen lassen [z. B. sein Auge hat von Thränen
geflossen].

> Im Präs. ehedem und noch alterthümlich mit eu aus mhd. und ahd. iu du
> fleußest, er fleußet, fleußt, im Imp. fleuß, st. fließest, fließet, fließ. Fließen lautet
> mhd. vliezen, ahd. fliozan (Prät. ich flôz, wir fluzumês, Part. kaflozan), goth.
> fliutan (? f. Flut), altfächf. fliotan, angelsächf. flëótan, altnord. fliota. Das
> Wort stimmt lautverschoben mit litthau. pluditi = obenauf schwimmen, und ist
> verwandt mit dem im Anlaute der Lautverschiebung gemäß entsprechenden lat.
> plúere regnen, gr. plyʹnein waschen, sanftr. plu fließen, schwimmen.

das Fließpapier = fließendes b. h. empfangene Tinte sich aus=
breiten laſſendes Papier. Schon bei Josua Maaler.

bie Fliete, Pl. —n : scharfes Eisen zum Aberlaſſen.

> Mhd. die vliete (flyet im voc. ex quo v. J. 1469), gekürzt aus die flieden,
> fliedeme (sumerlaten 7, 28), ahd. fliedimâ (Docen I, 211 a), fliodemâ (Graff III,
> 360), welches aus dem gleichbeb. mittellat. fleótomum v. lat.-gr. der phlebótomus
> [gr. phléps (φλέψ, Gen. φλεβός) Blutader, témnein schneiden].

flimmen = zitternden Schein, Lichtblitze von sich geben. Daher der
Flimmer mit dem Verbum flimmern.

> Flimmen ist ein im 18. Jahrh. im Ablaute zu flammen (f. b.) entstandenes
> Verbum. „Es flimmt und flammt rund um ihn her" (Bürger). Üblicher
> aber, als das einfache flimmen, ist flimmern, welches im Ahd. flimmarôn
> lauten würde.

der **Flinder**, —s, Pl. wie Sing. : dünnes flimmerndes Metallplättchen.

Aus einem verlornen Wurzelverbum (goth.) flindan (Prät. er fland, fie flundan, Part. flundans) = „sich hin und her bewegen" (?), zu welchen auch neuniederl. der vlinder Schmetterling, bayer. flandern = hin und her ziehen, flatterhaft sein (Schmeller I, 588), neuniederl. die vlonder = schwimmende Brücke, Floßbrücke, gehören.

flink = munter und mit Leichtigkeit geschwind. Daher die **Flinkheit**.

Flink, neuniederl. flink, ist ursprünglich f. v. a. flimmernd, glänzend, dann in die Augen fallend, regsam. Von dem Wurzelverbum flinken (Stieler 519) mhd. vlinken (? Prät. er vlank, sie vlunken, Part. gevlunken) = flimmern, schimmern, woher vlinke in mhd. der kupfervlinke = flimmerndes Kupferschüppchen, flimmerndes Stückchen Kupfer, bayer. der flank, flunken, = Funke (Schmeller I, 589 ff.), flinkern (f. d.) u. flunkern (f. d.).

flinkern = Lichtblitze von sich geben (und so ins Auge fallen). S. flink.

die **Flinse**, Pl. —n, was **Fliese** (f. d.).

Urspr. im Niederd. „Abfall von Tuch beim Zuschneiden, Läppchen."

die **Flinte**, Pl. —n : Schießgewehr mit langem Rohre.

Zu Ende des 17. Jahrh. geläufig, aber aufgekommen, nachdem das Schießgewehr, das man sonst mittelst eines mit einer Lunte versehenen Rades losgebrannt hatte, mit einem Steinschlosse versehen worden war [zuerst in Frankreich um 1640], in welches ein Feuerstein (Hornstein) eingefügt wurde. Denn der Name ist abgeleitet von engl. u. angelsächs. der flint, mittelniederd. der vlint (vlintstein. Hor. belg. VII, 36), ahd. (mit s aus z, da dieser Laut dem t gemäß zu erwarten wäre) flins, mhd. vlins, = Feuerstein, Kiesel. Dieses Wort aber stimmt der Lautverschiebung gemäß zu gr. die plínthos (πλίνϑος) Ziegel.

flirren = in Zitterlicht, lichtblitzend auf und ab schweben.

flistern = leise, heimlich reden, urspr. liebkosend, zärtlich.

In der weitern Bed. schon im 15. u. 16. Jahrh. (voc. theut. 1482 Bl. bb 5 a); aber ahd. flistrjan = liebkosen, schön, zärtlich thun, u. im voc. theut. Bl. i 1 a flinstern neben libekosen. Die Schreibung **flüstern** ist falsch.

der **Flitter**, —s, Pl. wie Sing., auch die **Flitter**, Pl. —n (Jef. 3, 20) : leichtes (fliegendes) dünnes, Zitterlicht werfendes Gold-, Silber=, Messingblechstückchen; [abstract :] gehaltloser Schimmer fürs Auge. Davon **flittern** = Zitterschein von sich geben. Zusammenf. : das Flittergold, der Flitterstaat.

Dän. u. schwed. das flitter aus dem Deutschen. Das Wort scheint Nebenform von flattern (f. d. und vgl. Geflitter) und urspr. gleicher Bed. mit diesem, zumal da sich die Flitter im Winde zitternd bewegen.

das **Flitterjahr**, gebildet nach die **Flitterwoche** = die erste Woche Vermählter nach ihrer Hochzeit.

Zusammenges. mit dem von dem vorigen Flitter verschiedenen Flitter, welches sich in mitteld. das gevlitter = heimliches Lachen (Jeroschin 164) u. ahd. flitarazzan = liebkosen (Graff III, 773) zeigt.

der **Flittich**, landschaftlich (wetterauisch) was **Fittich**.

Bayr. flädern = flattern, s. **Flader**.

der **Flitzbogen**, —s, Pl. wie Sing. : Bogen zu leichten Pfeilen.

Niederd. flitzbagen, mittelniederd. vlitzbogen, neuniederl. flitsboog, zusammengef. mit niederd. die flitz, flitze (woher im 17. Jahrh. hochd. **Flitze**), neuniederl. (mit unorganischem ts = hochd. z) flits, = Pfeil, welche aufgenommen sind aus mhd. der vliz = Streitbogen v. dem ahd. Wurzelverbum flîzan kämpfen, streiten (s. **Fleiß**). Aus dem Mhd. kommt dann auch das franz. flèche Pfeil.

die **Flocke**, Pl. —n : Büschel leichten Stoffes, z. B. der Wolle, des Haares, Schnees ꝛc. Daher : **flocken, flockig, flockicht**.

Mhd. der vlocke, ahd. der floccho, flocco, flocho, — thisteles floccho Distelflocke —. Entlehnt aus dem gleichbed. lat. der flóccus, welches durch das Romanische (ital. der fiócco st. flocco) zu uns hindurchgieng.

der **Floh** (ehedem **Flôch**), —es, Pl. **Flöhe**, das bekannte springende Insect. Daher **flôhen, flöhen**, = Flöhe fangen.

Mhd. der (die?) vlôch, ahd. flôh, angelsächs. fleá, altnord die flô. Nicht von **fliehen**, sondern der Lautverschiebung gemäß, doch mit Versetzung des l zu dem gleichbed. lat. der púlex (Gen. púlicis) stimmend.

† der **Flor**, —es, ohne Pl. : Blüte, Blütenzustand, Blumenfülle.

Ebendaher, wo das folgende Flor. Mhd. sagt man die florie.

der **Flor**, —es, Pl. **Flöre**, ein dünnes durchsichtiges Gewebe. Daher **flören** (bayer. **flören**), Adj. : aus Flor bestehend. Das **Flôrband** = florähnliches gestreiftes Band.

Im Philander von Sittewald I, 89. 138 **Flur**, aus neuniederl. das floers, welches aus ital. fióre, span. flor, franz. fleur, = Blume [v. lat. flos (Gen. flôris) Blume]. Das Zeug war wol zuerst geblümt, wie denn auch **Floret** = geblümtes leichtes wollenes Zeug.

† der **Flören**, seltener **Flôrin**, —es, Pl. wie Sing. : Gulden.

Aus mittellat. florênus, florînus (woher ital. florino, franz. u. span florin) = der zuerst in Florenz mit dem Wappen der Stadt, der Lilie (ital. fiordaliso, dessen fior das Wort fióre Blume), geschlagene guldene Pfennig [»pfenning guldîn, die dâ haißen flôrîn« bei *Ottocar von Horneck*]. Von Floren das Kürzungszeichen fl.

† der **Florét** (ét wie ätt), — ttes, Pl. —tte : das obere, grobe Gespinst des Seidenwurmes; Abfall von guter Seide. In : die **Florétseide** = Flock=, Rauhseide, woher das **Florétband** = Band von Floretseide.

Nach dem gleichbed. franz. der fleuret [mittellat. (1466) florêtum], welches von franz fleur Blume in der Bedeutung Abfall u. Ausschuß des Gespinstes der Seidenraupe.

† **florieren** = blühen, in Aufnahme, gefeiertem Ansehen sein.

Aus lat. florêre (v. flos Blüte), woher schon mhd. flôrieren = (mit Blumen) schmücken, zieren, preisen (*Gottfrieds Lobgesang* 81, 4).

† die **Flöskel**, Pl. —n : Rebeblume, zierliche Redensart.

Aus lat. der flósculus Blümchen, dann Rebezierlichkeit, dem Diminutiv v. flos Blume.

das Floß (das o kurz), — ſſes, Pl. Flöſſer : kleines fließendes Waſſer. Landſchaftl. (wetterauiſch) die Straßenrinne.

Hiſtoriſch richtig durchgängig ß; aber das lange o iſt ungut kurz geworden. Bayer. der Flöß = Lache ausgegoſſenen Waſſers (Schmeller I, 592). 1469 mittelrhein. der floß = Fluß (*voc. ex quo*); mhd. der vlôz = Flut, Strömen (*Köpke's Passional* 54, 21), ahd. flôz, wie das hier folgende Floß aus dem Sing. Prät. von fließen.

das, richtiger (wie b. Schiller) **der Floß**, — es, Pl. Flöße : zuſam= mengefügte Baumſtämme zum Weiterführen auf fließenbem Waſſer; [dichteriſch] Schiff.

Mhd. der (das) vlôz = Floß (Schmeller I, 592), Waſſerfahrzeug (*Wigalois* 162, 12. 18), ahd. flôz = Boot, Barke (Schmeller ebendaſ.), auch in der Zuſammenſ. das flôzscêf (Floßſchiff). Wie das vorhergehende Floß aus dem Sing. Prät. (ahd. flôz) v. fließen.

bie Flöße, Pl. —n : grätenvolle federartige Schwimmhaut des Fiſches; ſchwimmender Kork am Saume des Zugnetzes.

Ungut, wie man zuweilen hört, mit kurzem o Flöſſe. Denn ahd. die flôzâ, aus dem Sing. Prät. (flôz) von fließen.

bie Flöße, Pl. —n, was Floß, dann auch Anſtalt zum Fortſchaffen der Flöße. Von bem aus dem Prät. (ahd. flôz) v. fließen ent= ſproſſenen : flößen, mhd. vlœzen, ahd. flôzan, = fließen machen; (Holz) auf dem Waſſer ſchwimmen machen. Daher auch der Flößer.

Im *voc. incip. teut. ante lat.* Bl. g 2b die flöße = Floß, im *voc. theut.* v. 1482 Bl. i1ᵃ flose = Gewäſſer zum Fortſchaffen der Flöße, traductórium.

bie Flöte, Pl. —n : Querpfeife mit Klappen. Daher flöten = die Flöte blaſen (Göthe), Flötenton hören laſſen.

Mhd. die flöite, vloite (*Nibel.* 751, 2), altcleviſch (1475) fleute (*Teuthonista*), mittelnieberl. flute, aus dem gleichbed. altfranz. flahute, flaüte (ſpäter flûte), welches v. altfranz. flaüter = bie Flöte blaſen, woraus mhd. vloitieren in gleicher Bedeutung. Flaüter aber ſteht mittelſt nicht unüblicher Lautverſetzung fl. flatuer, welches mit Bewahrung des ableitenben u von lat. der flâtus = das Blaſen, dann auch das Flötenblaſen. S. Diez Wtbch. 147 f.

flöten in der Redensart **flöten gehn** = verloren gehen.

Aus dem jübiſch-beutſchen „plëite gehn" = flüchtig ſich fortmachen, beſſen pläite (ëi ſpr. wie äi) das jübiſche plêtô (פְּלֵיטָה) = „Flucht" iſt v. hebr. palat (פָּלַט) = er iſt entwiſcht.

flott = ſchwimmend; [bilblich :] reichlich aufwenbend (gleichſam oben= auf ſchwimmenb).

Ins Hochb. (wo ſonſt ß ſtatt tt ſtehen müßte) aufgenommen aus niederb. flot, neunieberl. vlot, = auf dem Waſſer treibend, ſchwimmenb, fließend, v. fließen fleten niederl. vlieten

bas Flott, —es, ohne Pl. : Milchrahm (als Obenauffließendes).

Nieberb., v. fließen (vgl. flott). Auch schweb. das flott. Angelsächf. flêt Rahm.

bie Flötte, Pl. —n : Anzahl·Schiffe unter Einem Befehlshaber.

Aus dem Nieberdeutschen. Reunieberl. die vloot, bän. flaade, jetzt flode, schweb. die flotta, altnorb. der floti, angelsächf. der flota, welche beiden letzten auch zuweilen f. v. a. Wasserfahrzeug. Ihnen würde ein ahb. der flozo entsprechen, welches aber nicht vorkommt. Das Wort entsprang aus der Form des Pl. Prät. v. fließen, wonach also o Brechung des u ist. Uebrigens lehnte sich unser nhb. Flotte an die gleichbedeutenden, dem Altdeutschen entlehnten franz. die flotte, ital. flotta an.

bas Flötz, —es, Pl. —e : wagerechtes breites flaches Erb= ober Steinlager im Bergbaue.

Mit o statt e (Umlaut des a); benn bei G. Agricola bas fleße, welches bas mhb. bas vletze = Fläche, ebener Boden (noch bayer. bas Fletz), flaches Lager, ahb. flazzi Tenne, altnorb. flet Ebene, Straßenpflaster, v. ahb. flaz, altnorb. flat, = flach (f. flach).

flözen, bayer. statt flößen, welches siehe u. b. W. Flöße.

ber Flûch, —es, Pl. Flüche (mit langem ü), mhb. ber vluoch, ahb. fluoh : Anwunsch eines Übels; Böses anwünschendes Schwurwort. Daher fluchen, mhb. vluochen, ahb. fluohhôn, fluachôn, = Böses anwünschen ꝛc.

Fluchen, ahb. fluohhôn, altsächf. (nach anberer Conjugation) flôcan, scheint wurzelverwandt mit dem goth. mit Ablaut rebuplicierenden flêkan (Prät. faiflôk) = jemanden beklagen, welches lautverschoben mit lat. plángere (n ist eingetreten) = schlagen (an Brust u. Arme), laut trauern, stimmt. S. Jac. Grimm's Mythol. 1173. Gesch. b. b. Spr. 397.

bie Flucht, ohne Pl. : eiliges Sichwegbegeben wovor.

Mhb. bie vluht (Pl. vlühte), ahb. fluht. Mit ableitendem t aus dem Pl. Prät. (ahb. wir fluhumês) v. fliehen (f. b.). Aber noch ohne jenes Ableitungs -t im Goth. ber þlaúhs = Flucht (Marf. 13, 18).

flüchten, v. Flucht : eilig wovor fortbewegen.

So auch mittelnieberl. vluchten (Partonopeus 62, 23). Aber urspr. f. v. a. fliehen machen, in die Flucht treiben, austreiben, welche Beb. ahb. fluhtan hat.

flüchtig, mhb. vlühtec, ahb. fluhtîg, fluhtîc : auf bie Flucht sich begebenb, auf ber Flucht seienb, leicht ober schnell fliehenb.

flücke, hochbeutscher als flügge (f. b.), aber jetzt unüblich.

bas Flûber, — s, Pl. wie Sing. : breites 4eckiges Bretergerinne zum Durchlaufen bes Wassers im Berg= u. Mühlenbau.

Mittelb. bas vlûder (Jeroschin 266), bessen û = mhb. uo. Gleichen Stammes unb gleicher Kürzung mit Flut (f. b.). Daneben ein ahb. (bas?) flôdar = Flüssigkeit (Notkers Mart. Capella S. 47, 59).

flübern = Holz mittelst eines Wetterbaches in einen beständigen Fluß flößen. Schmeller I, 586.

Nicht von dem vorhergehenben Fluber, sonbern v. ahb. bas fluder = aus Baumstämmen verbundenes Floß (gl. jun. 224. Graff III, 754), welches sich aber vielleicht auf gleichen Stamm mit jenem zurückführen ließe.

der Flůg, —es, Pl. Flüge : Schwung u. Schweben durch die Luft.
Mhd. vluc (Gen. vluges), ahd. flug, fluc. Aus dem Pl. des Prät. (ahd. wir flukûmes) von fliegen.

der Flügel, —s, Pl. wie Sing. : Flugglied.
Mhd. der vlügel, mittelb. vlugel, altnieberrhein. (1300) vlogel. B. Flug.

flügge, Adj. : befiebert zum Ausflug aus dem Nefte.
Hochbeutscher, aber jetzt unüblich flücke, denn mhd. vlücke, ahd. flukki flucchi, v. ahd. fluc (Gen. fluges) Flug. Das organische gg, für welches im Mhd. u. Ahd. ck, kk eintrat, ist nur im Nieberb. geblieben, wo flugge, neu-nieberl. vlug, altclev. (1475) vlugg u. vlugge, woraus bann wieber das heutige flügge.

flugs (mit kurzem u), Abv. : in Fluges schnelle, im Fluge.
Mhd. vluges, der àbverbial gebrauchte Gen. Sing. v. Flug.

die Fluh (Schiller's Tell), Pl. —en : Felswand, Felsabsturz.
Mhd. die vluoch (Pl. stark vlüehe), gekürzt vluo, vlû, ahd. fluoh, fluah (Pl. fluahî); angelsächs. flôh (in flôh stânes) Steinmasse. Das Wort stimmt bei eintretenbem Ablaute (uo, ô) lautverschoben mit gr. die pláx (Gen. plakós) = Bergfläche, Fläche, welchem zunächst flach (f. b.) entspricht

der Flúnder, —s, Pl. wie Sing. : Art Scholle, pleuronéctes flesus.
Engl. flounder, bän. flynder, schweb. die flundra.

flúntern = [hollänb. flonkeren] Zitterschein von sich geben; [abstract :] sich einen Schein geben, winbig thun.
Nieberbeutsch. Das Stammwort flunken f. unter dem Worte flink.

die Flur, Pl. —en : Saatfeld; Landfläche voll Wachsthum; Landge-biet eines Ortes [auch in das Flúrbuch, der Flúrschütz].
Noch bayr. der fluer. Mittelb. der ober bas vluor, vlür (Höfers Urk. 53, 23. 56, 27) in der letzten Beb., die vlür = Saat u. Saatfeld (Jeroschin 266), wie schon im 12. Jahrh. flûr (Graff III, 773).

die Flur, Pl. —en : geebneter fester Hausplatz, Vorplatz.
Aus nieberb. die floor, hollänb. vloer; engl. floor Estrich, Tenne, angelsächs. die flôr Estrich, Vorplatz, altnorb. der flôr Estrich. Das Wort stimmt mit keltisch (welsch) llawr, llor Estrich, bessen ll aus Lautangleichung oder Unterbrückung eines anlautenben stummen Consonanten entspringt.

flüstern, häufig, aber unrichtig st. flistern, f. b.

der Fluß (u kurz), —sses, Pl. Flüsse : Fortbewegung oder Lauf bessen, was fließt, Zustanb bes Fließens; stark fließend sich Dahinbewegenbes; fließenbes Wasser von beträchtlicher, selbst ber größten Breite; Glieber-reißen, Schlagfluß (vgl. Tropf). Daher flüssig mit bie Flüssigkeit.
ff statt ß. Mhd. der vluz, ahb fluz, aus dem Pl. des Prät. (fluzumês) v. fließen. Flüssig (historisch-richtig flüßig) ahd. fluzic.

der Fluß, üblicher der Flußspath, — es, Pl. — e, eine Spathart.
Nach G. Agricola's Zeugniß schon im 16. Jahrh. von den Berg- und Hüt-tenleuten barum Fluß genannt, weil sie biesen Spath brauchten, um streng-flüssige Erze in Fluß zu bringen.

die Flut, Pl. — en : zuſtrömende, anſchwellende, ſich ausbreitende Waſſermaſſe. Daher fluten (mhd. vluoten).

Mittelb. die vlût, mhb. die [auch der] vluot (Pl. vlüete), ahb. die fluot [mit eintretenbem h auch flôhat (Diut. I, 140ᵃ)], altſächſ. der u. angelſächſ. das flôd, goth. die flôdus, welches, wie Jac. Grimm (Geſch. d. b. Spr. 875) vermuthen möchte, gekürzt iſt aus einer älteren Form flutôdus d. i. flut-ôdus. ôdus wäre Ab- leitungsenbung (ôd) mit dem Declinationskennzeichen (us) unb flut einem goth. Wurzelverbum fliutan (Prät. ich flâut, Pl. wir flutum) entnommen, welches ſich zwar nicht aufweiſen läßt, aber die goth. Form unſeres flieſen ahb. fliozan ſein würde. Daß ſie übrigens da geweſen ſein muß, erhellt aus dem aus ihr entſproſſenen goth. flâutan = ſich blähen, gleichſam ſich anſchwellend hervorthun.

die Focke, Pl. —n: zeckiges Vorderſegel, Segel am Vordermaſt (Fóckmaſt).

Das niederb die fokke, mittelnieberl. focke, bän. die fok, ſchweb. fock, altnorb. focka. Das Wort geht zurück auf altclevifch (1475) vocken = wehen, lat flâre, altnorb. fok in ber foksandr Flugſand Zu der Wurzel (fuk) ſcheint auch unſer hochb. fauchen (mhb. vûchen?) zu gehören, ſo wie ſchwäb. die Fochen = Fächer (Schmib 198), nürnbergiſch Fücher = Fächer, 1482 focher Blaſebalg, falls bieß nicht aus lat. focárius entlehnt ſein ſollte (ſ. Fächer).

fóbern, öfters ſt. des beſſern forbern, ſ. b.

die Fógge, die Windfegmühle (Schmitthenner).

Wahrſcheinlich unrichtig ſt. Focke v. vocken wehen, ſ. Focke.

die Fóhe, Föhin, = Füchſin. Im Nhb. veraltet. S. Fuchs.

das Föhlen, = das Füllen, ſ. b.

Bei Schiller (Äneibe 4, 94) unrichtig die Fohle, vielleicht burch Verwechſel- ung mit ſchwäb. die Fohle = Jungfer.

der Föhn, —es, Pl. —e : der Süb=, Regenwinb in der Schweiz.

So erklärt ſchon Joſua Maaler Bl. 139ᵃ Fön, welcher in Glarus Fün, in Bünbten Pfön lautet, alles gemäß dem mhb. die fönne, ahb. phönnâ (Mone's Anzeiger VIII, 504) b. i. fön-j-â, u. ber phönno' (Graff III, 340) b. fön-j-o. Dieſe ahb. Form beb. ben Wirbel-, jene mhb. u. ahb. weibliche ben Weſtwinb, favónius, aus welchem lat. Worte, bas bei Mone eben burch fönne u. phönnâ übertragen iſt, bie beutſchen Formen gekürzt ſcheinen.

die Föhre, Pl. —n : die Forelle (ſ. b.), lat. sálmo fário.

Mit vor bas r getretenem h; benn baper. bie Förch, mhb. vorhe.

die Föhre, Pl. —n : die Kiefer, pînus sylvéstris. Daher föhren.

Wie bei Fohre mit vor bas r getretenem h; benn baper. bie Forchen, 1538 im Elſaß Förhe, mhb. vorhe, ahb. forhâ, forahâ, altnorb. fura.

die Fólge, Pl. — n, mhb. die volge, ahb. (in Zuſammenſ.) folga, woher abverbial in der Folge (= franz. ensuite), ſowie die Zuſam- menſ. der Fólgeſtern (= Nebenplanet oder Trabant, ſ. b.) ꝛc. V. fólgen, mhb. volgen, ahb. folgên, folkên, folagên, angelſächſ. folgjan : begleitenb mitſein; hinterbrein kommen, nachkommen; ſich woraus ergeben. Aus bem Part. Präſ. fólgenb u. bem Subſt. bie Maße ber abſolut geſetzte Genitiv Sing. folgenber Mäßen, auch zuſammengeſchoben folgenbermaßen.

fólgern = als Folge woraus ableiten. Die Fólgerung.

Zuerst in Steinbach's Wtbch (1734), und nicht geradezu von folgen, sondern wol von dem daraus abgeleiteten der Fólger (mhd. vólgære, ahd. fólgari, fólgári) gebildet, wie schildern v. der Schilder mhd. schiltære, ahd. scíltari (scíltári), = Schildmaler.

fólglich, Conj. : wie daraus folgt, in Folge davon.

Urspr. Abj. (ahd. folglih) u. Adv. (ahd. folglihho) : darauf folgend, in der Folge. Zusammengef. mit folgen. Vgl. Grimm's Gramm. II, 685.

† der Foliánt, —en, Pl. —en : Buch in Bogenform (Folio).

† die Fólie (3sylbig), Pl. —n : Glanzblatt von Metall zur Unterlage unter Spiegeln und gefaßten Edelsteinen.

Aus mittellat. (1336) fólia = Metallblättchen, ital. die fóglia.

† das Fólio = Blattform des Papierbogens, Papierbogengröße.

Aus lat. in fólio = in Blattgröße. Ital. fóglio Bogen Papier.

die Fólter, Pl. —n : Marterwerkzeug, dann deffen Anwendung. Daher fóltern.   •

Spät-mhd. das fulter, folter, = Marterpferd, Marterwerkzeug, [bibl.] Gewiffensbiß. Aus mittellat. (5. Jahrh.) der póledrus (auch púledrus), póletrus [später-gr. πώλετρος ?], púlletrus, = Füllen, Fohlen, einer späteren Bildung von dem gleichbed. lat. púllus (f. Füllen), gr. pólos (πῶλος). Jenes Marterwerkzeug nämlich war ursprünglich ein Gestell mit vier Füßen nach der Gestalt eines Pferdchens, wie schon bei den Römern, welche daher ihre Folter equúleus (= Pferdchen, Füllen) nannten.

† der Fond (spr. fong) = Grund; Hintergrund. der Fonds (spr. fong), Gen. u. Pl. ebenso : Grundvermögen; Grundgeld, Geldvorrath.

Franz. der fond u. der fonds, beide v. lat. fúndus Grund, Boden.

† die Fontáne, Fontaine (spr. fontæne), Pl. —n : Springbrunnen.

Altclevisch (1475) fontayn, mhd. fontáne, aus franz. die fontaine, ital. fontána, v. dem mittelst der Ableitungsendung -ánus gebildeten lat. Adj. fontánus, -a, -um. Das Subst. fontána kommt schon in der lex Langobardorum vor und verdrängte fein lat. Stammwort fons (Gen. fóntis) Quelle.

† das Fontanéll (é wie ä), —es, Pl. —e, u. die Fontanélle, Pl. —n : künstliches Ableitungsgeschwür.

Aus mittellat. die fontanélla (fontenélla), ital. fontanélla, = Quellchen, Brünnchen, dem Dim. v. fontána (f. Fontáne).

fóppen = zum Besten haben, neckend plagen.

Aus dem Rothwelschen, wo schon im 15. Jahrh. voppen = betriegen (Weimar. Jahrb. I, 335); im 17. Jahrh. bed. das Wort auch f. v. a. lügen (b. Moscherosch), närrisch thun, narren, vorspiegelnd zum Besten haben.

fórbern, weniger gut mit Ausstoßung des r [vgl. Köber aus Kérber] fóbern : zu erkennen geben daß es womit vorwärts kommen solle, dann daß man haben wolle oder müsse. Davon die Fórderung.

Jenes fobern bei vielen Schriftstellern (z. B. Hagedorn, Haller, Klopstock, Wieland, Schiller, Herder, Bürger, Voß ıc., sowie hie und da bei Göthe); b. Opitz foberen. Bei Luther (z. B. Richt. 5, 25. Pf. 78, 18. Esra 7, 21) forbern, gewöhnlich aber fobbern; mhd. vordern u. auch im 14. Jahrh. schon (doch selten) vodern, ahd. fordarôn, = vorwärts kommen, vorgehen (mittellat. anteriorâre), erreichen, für sich in Anspruch nehmen ober haben wollen. B. einem ahd. Abv. fordar, welches f. v. a. vorwärts, weiter, bedeutet haben wird, aber nicht rein nachzuweisen ist (Grimm's Gramm. II, 140).

· förbern, älter-nhd. fürbern, = vorwärts (fürber) bringen, vor-wärts kommen machen. Daher ber Förberer. bie Förberung (mhd. vürdrunge). Zusammens. : förberlich.

Mhd. vürdern, ahd. furdrjan (furdir-j-an), v. bem ahd. Abv. furdir fürber (f. b.) = vorwärts, fernerhin. Unerträglich u. lächerlich aber erscheint bie auch von Lessing zu Anfange seines Nathan gebrauchte, früher bei Logau, Tscherning, Opitz ꝛc. vorkommende Form föbern, 1445 füdern (Schmeller I, 561), 1429 füederen (lüb. ord. rerum Bl. 25c), welche aus förbern, fürbern mittelst Ausstoßung bes r gebilbet ist, wie fobern, Köber u. a. aus forbern, Kerber.

bie Forélle (é wie ä), Pl. —n : ber Süßwasserfisch sálmo fário.

Statt mittelb. Förchel, 1469 mittelrhein. forhel, vorhel (voc. ex quo), oberb. Förchel, mhd. förhel (Buch v. guter Speise 8, 19), welche aber mit Wechsel bes n unb l aus mhd. bie vorhen, vórhene, ahd. fórhana, forhina, woraus auch burch Kürzung spät-ahd. bie vorhe, mhd. vorhe, vörhe, nhb Fohre (f. b.), bayer. Förch.

bie Förke, Pl. —n : Gabel. Daher weibmännisch bie Förkel = Stellstange mit Gabel.

Das nieberb. forke, mittelnieberb. vorke, holländb. bie vork, aus bem roman. (ital.) förca v. lat. fúrca Gabel, woher schon mhd. furke.

bie Form, Pl. —en, mhd. forme (z. B. senden widerstrit 1178. 1485), v. lat. fórma : Gestalt, Weise der äußeren Erscheinung; Muster, wonach etwas gestaltet wird. Daher fórmen, förmig (1469 mit-telrhein. formig, — in ein-, gleich-, kegelförmig ꝛc.), u. bie Zusam-mens. förmlich (mhd. formlich, formelich) mit bie Förmlichkeit. Als aus jenem lat. fórma entsprungene nicht völlig eingebürgerte Wörter erscheinen : formál [lat. formâlis] = auf bie Form bezüg-lich, mit das Formále u. bie Formalität [mittellat. formálitas, franz. formalité], Pl. —en, = Formwerk; bas Formât [mittellat. formâtum], — es, Pl. — e, = Höhe unb Breite eines Buches ꝛc.; bie Förmel [lat. fórmula] = in Worte gefaßte Vorschrift; forméll (é wie ä, franz. formel) = formal, förmlich; formieren [mhd. for-mieren, lat. formâre] = gestalten, formen (f. b.); bas Formulâr [ital. formolário], —es, Pl. —e, = als Vorschrift geltenbe Abfassung wofür; formulieren = in eine Formel bringen.

fórschen, mhd. vorschen, ahd. forscôn : kenntnißnehmenb streben. Daher ber Förscher; bie Förschung, ahd. forscunga.

ber Forst, —es, Pl. —e, mhd. ber vorst, forst, ahd. forst : Bannwalb (Diut. I, 492a), Hegewalb; [im Nhb.] bewirthschafteter Walb. Daher :

fórsten in búrchforsten = forstmäßig von auszuhauenden Bäumen befreien; der Förster (ahd. fórstari, fórstâri) mit die Försterei, ꝛc.

Schwerlich von einem nur als Waldname vorkommenden ahd. (das) Fórahahi. Föhricht (vgl. Föhre), Kiefernwald, wie Grimm (Gramm. I², 416) vermuthen möchte, sondern v. mittellat. der foréstus, das foréstum, forástum, die forésta, forásta, foréstis, welche einen dem Wildbann unterworfenen, nicht eingezäunten Wald, Bannwald, sowie einen zum Fischfange gehegten Teich, Bannwasser, bedeuten. Dieses mittellat. u. altromanische Wort aber ist abzuleiten v. lat. fóris, fóras, = außerhalb und führt darnach auf die ursprüngl. Beb. : was außerhalb liegt, ausgenommen ist, nicht betreten werden darf, wie denn auch spät=lat. forásticus = „äußerlich" vorkommt. Vgl. Diez Wtbch 151 u. mein Wtbch b. deutsch. Syn. II, 103 f. Mhd. das foręst, foręht, mittelniederl. forest, ist aus altfranz forest (neufranz. forêt) b. i. mittellat. die foréstis, und ahd. forstâri Förster st aus mittellat forestárius = der des Waldes wartet, Forstwart.

† das Fort (spr. fôr), Pl. —s : kleine Festung; Beifestung.

Franz., urspr. f. v. a. Stärke, v. lat. fórtis stark.

fort, Adv. : von einem Orte weg; ohne Aufhören in Bewegung. In Zusammensetzung mit Adverbien zur Hervorhebung der Richtung wohin : forthin, hinfórt, weiterfort, auch bei den zeitlichen Adv. fortán, immerfort.

Mitteld. vort = vorwärts, voran, weiter, fortan, auch schon in heutigen Zusammensetzungen wie fórtgehen (mitteld. vort gên = vor sich gehen, geschehen) ꝛc.; ursprünglicher furt (Herbort 3510). Mittelst -t b. i. -ot (vgl. dort) von dem mhd. Adv. vür, vure, ahd. furi, mittel=niederd. vore, vor, unserm für (f. d.), weshalb sich auch im Älter-nhd. neben furt und fort eine Form fürt findet.

† das Fossil, —es, Pl. —e und Fossilien : Berg=, Grubengut; Versteinerung. Aus lat. fóssile Ausgegrabenes.

† die Fouráge (spr. furásch'), richtiger Fourrage, franz. : Futter, bes. beim Heere. Daher fouragieren, besser fourragieren, franz. fourrager, = Futter auftreiben und holen.

Franz. fourrage, v. dem aus ahd. das fôtar angelsächf. fôder Futter (f. Futter 1) entlehnten gleichbeb. mittellat. das fóderum, fódrum.

† der Fourier (spr. furír), richtiger Fourrier, —s, Pl. —e, das franz. fourrier : Kriegsschreiber b. i. urspr. der Militärbeamte, welcher für den Unterhalt der Soldaten im Einzelnen zu sorgen hat.

Franz. fourrier aus mittellat. fodrárius v. fódrum Futter (f. Fourage).

† das Fournier (spr. furnír), —es, Pl. —e : Beleg=Holzblättchen. V. fournieren, aus franz. fournir, ital. fornire, mittellat. furníre, = womit versehen; [bei Tischlern :] mit feinem Holze auslegen.

die Fracht, Pl. —en : Verdienst (Lohn) für Güterverführung; Wagen=, Schiffslabung. Daher befrachten, holländ. bevrachten.

Aufgenommen aus neuniederl. die vracht, vragt Ladung, welches mit ahd. die frêhtì, frêht, = Verdienst, ahd. frêhtôn = verdienen, zusammengehört, woher auch franz. fret Schiffsmiethe.

der **Frack**, —es, Pl. Fräcke : (vorn ausgeschnittener) Leibrock
Aus franz. froc, provenzal. floc, mittellat. fróccus, flóccus, = Kutte, Rock,
urspr. flockiger Stoff v. lat. flóccus Flocke (f. b.). S. Diez Wtbch 637.

die **Fráge**, Pl. —n, mhd. die vrâge, ahd. frâga. B. fragen, mhd.
vrâgen, ahd. frâgên, frâkên, altsächs. frâgôn, = durch Worte zu
einem dieselben ergänzenden Gegenworte oder Gegenurtheile auf=
fordern.
Fragen biegt im Hochd. schwach; daher im Präs. frägst, frägt ungut neben
fragst, fragt vorkommt, desgleichen im Prät., nach dem Niederd. (holländ.
vroeg), selbst bei guten Schriftstellern (z. B. Schiller) frug neben dem allein
richtigen hochd. fragte (ahd. frâgêta, auch holländ. richtiger vraagde). Es
fragt sich = ist ungewiß. — Das Wort entsproß dem Pl. Prät. des gleichbed.
goth. fraíhan (wofür aber immer fraíhnan), welches im Prät. ich frah, wir
frêhum, im Part. Prät. fraíhans (Luc. 17, 20) biegt und lautverschoben dem lat.
precári bitten, sanskr. pratschh fragen, litthau. praszyti bitten, fordern, slaw.
prositi (poln. prosić) bitten, entspricht. Das goth. h zeigt sich noch im ahd.
frâha (gl. jun 222) neben frâga Frage und in ahd. anfrâhida (Kero 7 S. 55)
st. antfrâhida Frage; das jenem goth. ai gemäße ahd. ê aber wird in dem
schwachbiegenden mitteld. vrêgen = „fragen" gewahrt.

fráglich, Adj. u. Adv. (ahd. frâgelîcho) : in Frage stehend.

† das **Fragmént**, —es, Pl. —e, aus lat. fragméntum : Bruchstück.

die **Frais**, auch **Fraisch**, Pl. —en : peinliches Gericht.
Oberdeutsch, wie schon ai statt ei zeigt. Ueber die Form mit sch vgl. sch,
dann falsch, Kirsche 2c. Mhd. die vreise, ahd. freisa, zunächst = Gefährdung,
Gefahr, Schrecken, Verderben. Urspr. „Versuchung," v. goth. fráisan (Prät.
reduplicierend fáifráis) = versuchen.

† **fránco**, ital. (s. frank) : versendungs=, postfrei.

† die **Fránge**, Pl. —n, franz., deutsch geformt Franse, s. b.

frank = unabhängig, frei.
Zuerst bei Stieler (1691) Sp. 561 f. Aufgenommen aus franz. franc, ital.,
span. franco = frei, dem schon um 400 vorkommenden lat.=deutschen Francus
fränkisch, welchem mit dem erst in der 2ten Hälfte des dritten Jahrh. hervor=
tretenden Volksnamen der Franke, ebenfalls lat.=deutsch Francus, ahd. Franko,
Francho, ein nach J Grimm (Gesch. d. deutsch. Spr. 512 f.) aus der goth.
Wurzel freis unserm frei (s. b.) zugleich neben goth. friks frech (s. b.) ent=
sprungenes, aber bis jetzt nicht nachzuweisendes goth. Adj. fraggs, altnord. frackr,
= „unabhängig" zu Grunde liegen mag. Für diese Ableitung spricht auch die
freie unabhängige Stellung des Volkes der Franken (angelsächs. Francan,
altnord. Frakkar) im Alterthume.

der **Fránke**, — n, Pl. — n, mhd. Franke, ahd. Vranko, Franko,
Francho, ein Volksname. S. frank. — Davon : Fránken, der
Landesname, ahd. in Fránkôn, welches Frankôn Dat. Pl. von
Franko ist; fränkisch, ahd. frenkisc; Fránkreich, schon im 12.
Jahrh. das Frankrîche (st. Francônôrîhhi d. i. der Franken Reich).

Die Herleitung des Volksnamens f. bei frank. Von demselben kommt auch nach J. Grimm (Gesch. b. deutsch. Spr. 515 ff.) der Name der Lieblingswaffe des Volkes : angelsächs. france, altnord. frakka, = Wurfspieß, dann westgoth. im 7. Jahrh. francisca (streng-goth. frágkiskô?) = Wurfbeil; nicht aber geht dießmal der Name des Volkes aus dem der Waffe hervor, wie bei Sachse.

† frankieren = versendungs=, postfrei (franco) machen.

Aus ital. francáre = fránco (f. b.) b. i. frei machen, hier insbesondere postfrei.

fränkisch, Frankreich, f. der Franke.

die Fránse, Pl. —n : Faden=, Trobbelsaum.

Auch Fránze, und schon bei Stieler Sp. 216 beide Formen neben einander. Im voc. incip. teuton. ante lat. Bl. g 3ᵇ ist fransen = Stirnband, spät-nhd. franse, mittelniederb. frange (hor. belg. VII, 26ᵃ), = herabhangende Zierfaser. Aus franz. frange, ital. frángia, span. franja, v. lat. fimbria = Faser, Franse, welches sich in frimbia (wallachisch kommt frimbie vor) und sofort älter-franz. in fringe (worauf das sicilianische frinza, hennegauisch frinche hinweisen, mittellat. fríngia), frange, wandeln konnte. S. Diez Wtbch 154.

Franz, ein nhd. Mannsname.

Aus dem franz. Namen François (f. der Fránze).

der Fránzband, —es, Pl. Franzbände : Lederband eines Buches.

Urspr. wol „Pergamentband," insofern sich Franz= hier auf niederl. das francijn b. i. mittellat. francênum = „Pergament aus Kalbfell" zurückführen ließe.

der Fránzbrantwein = aus Weinhefe bestillierter Brantwein.

Urspr. „französischer Brantwein;" denn Franz= ist hier aus niederl. frans, fransch b. i. französisch.

der Fránze, — n, Pl. — n, mhd. Franze (Jeroschin 270), = Ange= höriger Frankreichs. Wie das gleichbed. der Franzóse, — n, Pl. — n, mittelb. u. altnieberrhein. Franzôs, mhd. Franzois, Franzeys, mit seinem deutsch abgeleiteten Femininum die Französin, Pl. —nnen, mhd. die Franzoisinne, aus franz. François.

Dieß François Franzose ist aus mittellat. Franciénsis (ital. Francése, span. Frances), welches sich mit Franciscus mischte, woher, durch franz. François hindurchgegangen, unser Mannsname Franz. Beide, von dem von Fráncus Franke entsprossenen lat. Fráncia Frankenland abgeleitet, bedeuten den Franzosen.

die Fránze, üblicher Fránse f. d.

der Fránzmann = Franzose.

Nach neunieberl. Fransman, dän. Franskmand, welches zusammenges. mit frans (fransch), fransk, = französisch. Provenzalisch Franchiman.

der Franzóse, f. der Fránze. Davon : die Franzósen = Lust= seuche; französisch, um 1510 frantzesisch, spät-mhd. franczôsisch (die falsch Beicht, Münchner Hs., Bl. 215 ᵇ).

Die Krankheit die Franzosen, älter-nhd. frantzosen u. das bös Franzôs sieng, nach dem zu Kaiser Marimilian I. Zeiten lebenden Arzte Joseph Grunpeck, im Jahr 1493 an und kam laut einer Nachricht des Sebald Clamosus aus Nürnberg vom Jahr 1496 durch die Franzosen nach Italien und dann von da

nach Deutschland, zuerst 1495 nach Süddeutschland und dem Rheine (Köln), wo
sie nach dem Edicte jenes Kaisers vom 7. Aug. 1495 um die Mitte dieses Jahres
schon sehr ausgebreitet war. S. Fuchs Lustseuche S. 415 ff.

† **frappánt** = auffallend. **frappieren** = stutzig machen ꝛc.

> Frappieren aus franz. frapper [frappant ist das Part. Präs. davon] =
> schlagen, Eindruck machen b. i. das Herz treffen, provenzalisch frapar schlagen,
> welche vielleicht v. altnord. hrappa schelten, Einen anfahren, was durch das aus
> dem Französischen herrührende mundartlich-engl. frape = „schelten" bestätigt wird.

der Fráß, — es, Pl. — e : Fresser (vgl. Vielfraß); das Fressen, die
Fresserei; Thiernahrung. Daher **fráßig (gefräßig).**

> Mhd. der vrâz (Pl. die vræze) in den beiden ersten Bedeutungen; ahd. der frâz
> nur = „Fresser" mit dem Adj. frâzîc fräßig. Aus dem Pl. Prät. v. fressen.

der Frátschler, Frátschler, = Trödler, Zwischenhändler, Mäkler.

> Österreichisch, bayerisch. Im voc. theut. 1482 Bl. y 8ᵃ pfretznerin
> Frätschlerin neben pfragnerin (s. Pfragner); also sich aus tz. Von dem eben
> jenen Mundarten angehörigen frátscheln = sich als Unterhändler, Mäkler, zum
> Auf-, Zusammenkaufen von Eßwaaren u. dgl. brauchen lassen; [ursprünglicher :]
> wiederholte, besonders listig ausholende, indirecte Fragen stellen.

der Fratz, — en, Pl. — en : abenteuerliche, alberne, kindische Person;
ungezogenes Kind. B. **die Frátze, Pl. —n** : Lächerlich-wunderliches;
lächerlich-abentheuerliche Erzählung; ins Lächerliche verzogenes, ent-
stelltes Gesicht.

> Fratze schon im 17. Jahrh. (im Simpliciffimus z. B. „Fratz-Narr");
> neuniederl. die fratsen = Possen, Albernheiten, Wunderlichkeiten. Ob aus dem
> ital. Plural frasche Possen, Albernheiten, franz. die frasque Posse [der ital.
> Sing. die frasca bed. belaubter Ast, Bierzeichen]?

bie Frau, Pl. —en : Herrin; Verehelichte (Hausherrin); erwachsene
Person weiblichen Geschlechtes.

> Bei Göthe noch im Sing. die bewahrte alte schwache Biegung in der Endung:
> Gen. u. Dat. der Frauen, Acc. die Frauen. Älter-nhd. frawe, mhd. die vrouwe
> (Gen. vrouwen), vrowe, gekürzt vrou, ahd. frouwâ (Gen. frouwûn), frôwâ, goth.
> fráujô (?), altnord. (der Name der Göttin) Freyja, die weibliche Form v. ahd.
> der frô st. frouwo, altsächs. frô u. vollständiger frôho, frôio, frâho, goth. fráuja,
> angelsächs. freá, altnord. freyi(?), = göttlicher oder weltlicher Herr (vgl. Herr),
> woneben der starkbiegende altnord. Göttername Freyr, goth. Fráus (?). Vgl.
> Frohn. Urspr. aber bed. fráuja ahd. frô wol den Erfreuenden, Frohmachenden,
> Gütigen, Milden, v. goth. fravis (?), altsächs. fráh, ahd. frô (Gen. frouwes),
> mhd. vrô unserm froh (s. b.), welchen Zusammenhang zwischen Frau und froh
> auch schon mittelhochdeutsche Dichter hervorheben. Vgl. Grimm's Mythol. 191.
> 277. — In Vergleichung mit Weib bezieht sich schon im Mhd. dieses mehr auf
> das Geschlecht, Frau aber mehr auf die Würde, z. B. und krônde [krönte] mich
> din wërlt al — ze frowen über elliu [alle] wip (Erec 6084 f.).

Frauen, alter vollständiger schwacher Gen. Sing. u. Pl. von Frau
(s. b.) in Zusammensetzungen, z. B. das **Fráuenbild,** mhd. vrouwen-
bilde; das **Fráuenzimmer,** b. Luther (Efther, 2, 2) Frawen-

zimmer, = abgesonderte Wohnung (Zimmer), abgesondertes Gemach für die Frauen u. Dienerinnen am Hofe, dann Gesammtheit
der darin wohnenden Frauen, [endlich und zwar schon im 17. Jahrh.
auch :] Person weiblichen Geschlechtes von Stande.

In Thier-, Pflanzen- u. Mineralnamen mit Frauen- ist dieß Wort fast immer
gekürzt aus „unserer lieben Frauen," womit die Jungfrau Maria bezeichnet
wird, z. B der Frauenkäfer (= Marienkälbchen); die Frauenbeere, der
Frauenbiß, die Frauendistel, der Frauenflachs, das Frauenhaar
[mhd. vrouwenhâr, dän. fruehaar, isländisch freyjuhâr d. i. Haar der heidnischen
Göttin der Liebe Freyja ahd. Frouwâ, an deren Stelle die christliche Zeit die,
höchste Schönheit mit himmlischer Liebe vereinigende Jungfrau Maria als
unsere liebe Frau setzte, auch hier in unserm Pflanzennamen, wie die Benennung
Mariengras, norwegisch Marigras, zeigt; — ital. capelvénere, lat. capillus
Véneris, wobei die Venus wieder zu Freyja stimmt (vgl. Freitag)], der Frauen-
handschuh, Frauenmantel, die Frauenminze, Frauenrose ꝛc.; das
Fraueneis, Frauenglas (= Marienglas).

das (ungut im Gedanken an das natürliche Geschlecht : die) Fräulein,
— s, Pl. wie Sing., Diminutiv v. Frau : unverheiratete weibliche
Person von Stande. Oberd. Fräule.

Älter-nhd. fräwelin, mhd. das vröuwelin in der Anrede an Kinder, Bauern-
mädchen und Dienerinnen, während adliche Jungfrauen mit vrouwe (Frau),
juncvrouwe (Jungfrau) angeredet wurden.

frech = sich vordrängend wozu, allzu frei. Daher die Freche,
Frechheit.

Mhd. vrëch, ahd. frëh, = ungezähmt begierig wonach, habsüchtig, kühn, tapfer,
frischen Muthes, goth. (nur in Zusammens.) friks gierig, angelsächs. frëc, altnord.
frëkr, woher mhd. die vrëcho (unser Freche) ahd. frëchî, goth. frikei, =
Gier, Habsucht, u. mhd. die vrëcheit (unser Frechheit) = Kühnheit J. Grimm
(Gesch. d. deutsch. Spr. 512. Vgl. Mythol. 279) läßt das Wort mit frank aus
frei goth. freis entspringen. Zusammenstellung mit lat. procâre = „(sehr begehrlich) fordern" aber verwehrt nach dem Gesetze der Lautverschiebung das
k in goth. friks.

† die Fregatte, Pl. —n : 3mastiges schnelles Kriegsschiff.

Aus franz. die frégate, ital. fregáta, span u. portug. fragata, urspr. kleines
Ruderschiff. Dunkler Abstammung.

frei, mhd. vrî, ahd. frî, goth. freis, altnord. frî, angelsächs. frëó, frëóh,
= unabhängig, selbständig, durch nichts Anderes beschränkt; [nhd.
auch :] die Schranke der Sittsamkeit übertretend. Zusammens. : die
Freiheit (mhd. vrîheit, ahd. frîheit, wogegen im Goth. die frijei
unser seltenes edles nhd. die Freie) ꝛc.

Das Wort, aus dem nach J. Grimm einerseits frech (f. b.), andererseits
frank (f. b.) hervorgeht, stimmt lautverschoben mit sanstr. prija = geliebt, werth,
theuer, als Subst. Liebhaber und Ehemann (Liebster), welchem wieder altnord.
der frî Freier (Sæmundar-Edda S 53ᵃ, 9) und altsächs. das frî Weib (Geliebte) entspricht. Sanstr. prija aber kommt v. prî lieben, mit welchem das goth.

Verbum frijôn (f. freien 2) in Form und Bedeutung übereintrifft. Unfer frei goth. frîs, friĵis, also, auf biefes goth. frijôn lieben zurückgehend, würde zunächst, — entsprechend jenem noch nicht lautverschobenen sanstr. prija — geliebt, werth, theuer, auserwählt, bedeuten, dann im Gegensaße zum Unfreien durch den (dem altnord. frî zukommenden) Begriff freigeboren, edel, zu dem von unabhängig, selbständig, übergehen.

freibig, in Luther's unveränderter Bibelüberseßung st. **freubig.**

Obgleich schon im 14. Jahrh. freide st. fröude, vröude Freube vorkommt, so scheint doch freibig eher Nachklang bes mhd. vreidic = wolgemuth, munter, muthig, übermüthig, troßig, urspr. flüchtig, abtrünnig, ahd. freidic = flüchtig, abtrünnig.

freien, mhd. vrîen, = frei (mhd. vrî) machen ober geben.

freien = zu ehelicher Verbindung werben. Daher der **Freier** mit bie **Freierin** (im *voc. ex quo* v. 1469 fryher u. fryherin).

Mhd. vrîen = um ein Frauenzimmer aus Liebe werben, urspr. lieben, goth. frijôn lieben. Das Wort, bessen ahd. Form vrîôn bis jeßt nicht nachgewiesen werben kann, stimmt lautverschoben mit sanstr. prî, serbisch prijati, böhm. priti lieben. Vgl. Freund, frei, Friede, Friedhof.

der Freigeist, —es, Pl. —er : ber jebe Glaubensschranke Über- springende. Von bem Pl. haben wir, erzeugt durch Beliebtheit ber Endungen -er-ei u. -er-isch, bie unorganischen Bildungen bie **Frei- geisterei, freigeisterisch.**

bie Freiheit, Pl. —en, f. frei.

freilich, Abv. : ohne Beschränkung, Bedenken; wol.

Mhd. vrîlich, vrîliche = in freier Weise, frei heraus, ohne Anstand, Bedenken, Vorbehalt, v. dem mhd. Abj. vrîlich, ahd. frîlih, = frei.

der Freitag, —es, Pl. —e : ber 6te Wochentag.

Mhd. ber vrîtac, ahd. frîjetac, frîatac, altnord. frîadagr (st. friggjardagr), angelsächs. frigedäg (st. friecgedäg?), b. h. ber Wobans (Obbins) Gemahlin und ber Vorsteherin ber Ehen, ber ahd. Frîa, langobarb. Frêa, altnord. Frigg, ge- heiligte Wochentag, nicht, wie man früher und wie auch Schmitthenner annahm, ber ber Göttin ber Liebe und Fruchtbarkeit, ber altnord. Freyja, ahd. Frouwa [unser Frau], geheiligte Wochentag, indem bieser sonst im Ahb. nicht frîatac, sondern frouwûntac b. i. Frauentag heißen müßte, welche Benennung nicht vorkommt, und wenn auch das Altnordische freyjudagr neben jenem frîadagr hat, so beruht bieß auf einer nahe liegenden Vermischung ber Freyja als Göttin ber Liebe (Venus) mit ber Frigg als ber Göttin ber Ehen (Juno). Was übrigens biese beiden Namen anlangt, so beb. Freyja (unser Frau, f. b.) bie froh- machende, erfreuende, gnädige Göttin, Frigg (ahb. Frîa) dagegen, welcher Name auf altsächs. bas frî angelsächs. bie frêo = Weib und weiter auf goth. frijôn lieben (unser freien, f. freien 2) führt, bie liebe, liebenswürdige, schöne. S. Grimm's Mythol. 278 ff.

der Freithof, richtiger als **Friedhof** (f. b.), aber nicht mehr hochb.

fremb, frémbe, Abj. : anderswoher geburtig ober kommend, nicht ein- heimisch, nicht angehörig, nicht eigen, nicht vertraut, unbekannt, unge-

wöhnlich, seltsam. Daher die Frémbe, die Frémbheit, der
Frémbling (b. Luther Frembbling und z. B. 2 Mof. 20, 10.
3 Mof. 17, 12. 13. 15. Luc. 17, 18 Frembblinger) mit die
Frémblingin.

Fremb, elg. frembe, lautet mhb. vremde, vremede, ahb. frémidi, framidi,
goth. framaþis b. i. fram-aþ-is. Mittelst der Ableitungssylbe -aþ v. dem Abv.
u. der Präp. (ahb.) goth., angelsächs., altnord.) fram = vorwärts, weiter, fern
von, von — her, von — fort, welches mit fromm (f. b.) auf ein von Grimm
(Gramm. II, 55) aufgestelltes vermuthliches goth. Wurzelverbum friman (Prät.
ich fram, wir frêmum, Part. frumans) = vorwärts-, fortbewegen, führt.

† frequént, aus lat. fréquens (Gen. frequéntis) : zahlreich besucht.
Daher frequentieren, lat. frequentâre, = zahlreich, häufig, fleißig
besuchen; die Frequénz, lat. frequéntia = zahlreicher Besuch,
Zulauf.

fréffen, Präf. ich frêffe, du friffest, er friffet, frißt, wir fréffen ꝛc.,
Prät. fraß (Conj. fräße mit langem ä), Part. gefréffen, Imp. friß :
völlig essen, daher bef. unmäßig, unanständig, unvernünftig essen, und
so wird das Wort von den Thieren gebraucht; verzehren, verzehrend
einbringen.

Statt fréßen, und wie bei éffen (f. b.) historisch richtig überall ß, wo wir
in dem Worte jetzt ff schreiben. Denn mhb. vrëzzen, ahb. frëzzan, frëzan
(Prät. ich fraz, in Notkers Boethius S. 233, 226 mit â er fráz, wir frâzumês,
Part. frëzan, nicht kafrëzan, Imp. friz!), angelsächs. frëtan, welche, wie das
ahb. Part. frëzan ohne ka- (ge-) vermuthen läßt, aber die goth. Form fraîtan
(2 Kor. 11, 20. Im Prät. ich frêt u. wir frêtum zusammengezogen aus fraêt u.
fraêtum, im Part. fraítans) deutlich zeigt, verflößte Zusammensetzung der goth. (im
Ahb. nur noch seltenen) Partikel fra- = ver- mit goth. ïtan ahb. ëzan angelsächs. ëtan unserm éssen sind. Doch auch der goth. Infinitiv fraítan muß sich,
worauf selbst die angelsächs. Form frëtan hinweisen dürfte, im spätern Gothischen
bereits zu frítan verflößt haben, daß daraus — ähnlich den ahb. flâzan, fliosan
(neben farlâzan, farliosan) aus goth. fralêtan, fraliusan — mit Verschiebung des
t in ahb. z unser ahb. frëzan hervorgehen konnte, nach welchem aber, im Gedanken an die ursprüngliche Zusammensetzung, mittelhochdeutsch neben vrëzzen
wieder ein volleres verëzzen (Boner 82, 31) b. i. ver-ëzzen hervorbricht. Jener
Zusammensetzung entspricht auch die Bed. im Goth., Ahb. u. Angelsächs. : auf-,
völlig essen (ver-essen), verschlingen, auf-, verzehren, und das Wort wird im
Altb. neben essen von Menschen gebraucht.

der Fréffer = wer frißt. Daher die Fréfferei, Pl. —en.

Historisch richtig sind Fréßer u. Fréßerei (mhb. vrëzerîe). Jenes, schon
1482 in voller Geltung, würde im Mhb. vrëzzære lauten; aber es findet sich
dafür das jetzt verlorne der vrëzze (Fresse), ahb. frëzo.

das Frétt, —es, Pl. —e, häufig im Dim. das Fréttchen, —s, Pl.
wie Sing. : Art Wiesel zum Kaninchenfange.

Bei Josua Maaler (1561) Bl. 140ᵃ Frett; b. Georg Agricola († 1555)
fritte, furette, woher unsere heutige weibliche Form die Frëtte. Aus alt-

clevīfch (1475) fret, mittelnieberl. (im *Reinaert*) baß fret, foret, welcheß entlehnt ift auß franz. furet (ital. furetto) v. mittellat. furêtum, furéctus, einem v. bem schon um 600 allbekannten volkßlatein. furo Iltiß, Frett [eig. Erzbieb, v. lat. für Dieb], abgeleiteten Worte.

frétzen (é wie ä) = fressen machen, weiben, mästen.

Gebildet wie ätzen von éssen unb einß mit ber goth., noch beutlich bie Zu-sammenfetzung mit fra- = ver- (s. fressen) zeigenben Form fraatjan, welche 1 Cor. 13, 3 in ber Beb. „zum Essen vertheilen" vorkommt.

bie Freúbe, Pl. —n, mhb. vreude, vröude, ahb. frewida, freuwidha, frowida, mit bem nhb. Abj. freúbig (vgl. freíbig). Mittelst-be ahb. -ida v. freúen, mhb. vreuen, vrewen, vröuwen, gekürzt vröun, ahb. frewen, frowen, frauwjan, = froh (s. b.) machen. Re-flexiv sich freuen, ahb. sih frewen, sih freuwan.

ber Freunb, —eß, Pl. —e, mhb. vriunt, ahb. friunt : burch Liebe, Zuneigung Verbunbener. Daher bie Freúnbin, Pl. —nnen, mhb. vriundin, ahb. friuntin, friuntinna, wofür goth. bie frijôndi vorkommt. Zusammens. : freúnblich, mhb. vriuntlich, ahb. friuntlîh (alß Abv. friuntlîcho); bie Freúnbfchaft, mhb. vriuntschaft, ahb. friuntscaf, mit freúnbfchaftlich.

Ahb. ber friunt, bei *Notker* Pf. 73, 3 friont, altfächf. friund, goth. frijônds, welcheß nach bem im Goth. vorkommenben Wechsel zwischen ô unb u zu frijunds unb sofort zu friunds geworben sein muß. Daß Wort ift baß alß Subft. er-scheinenbe Part. Präf. v. goth. frijôn lieben (s. freien 2), unb gleiche ursprüngliche Participia sinb Feinb (s. b.), Heilanb.

ber Frével (é wie ä), — ß, Pl. wie Sing., schon b. Luther ber freuel (u = v), mhb. bie (selten ber) vrevel, ahb. bie frávili (mit Angleichung beß a vor l zu i auß) fravalî (= rückhaltslose Kühn-heit, schrankenlofer, gefährlicher Übermuth, unb baher) : gewaltsame Rechtsverletzung. Von bem Abj. frével, mhb. vrevel, ahb. fravili, fravali, woher auch baß Verbum fréveln, mhb. vrevelen, mit ber Frévler (s. b.), unb fréventlich (s. b.).

Jenes ahb. Abj. fravali, frafali (vgl. *Kero* 3. *Maszmann's Abschwörungs-formeln* S. 141. *Notker* Ps. 106, 17), frabali [in frabalîcho (*gloss. wirceburg.* 979*) b. i. fraballîcho, unb noch im *voc. ex quo* v. J. 1469 eyn frebeler u. 2mal frebelkeyt), lautet angelfächf. fræfele unb führt, wie bie ihr r in ber Ab-leitungsfylbe ohne Erweichung in 1 wahrenbe, feltnere ahb. Form frabari = trotzig, verwegen (gl. *francofurt.* 84, 16. 89, 144. gl. *wirceburg.* 977*) be-kräftigt, auf gleiche Wurzel mit altfächf. bie fröfra fröbra Troft, fröfrëan fruobrëan tröften, angelfächf. bie fröfor u. frêfrian, ahb. bie fluobara u. fluobiren (fluobarjan), bebeutet also schon bem Ursprunge nach s. v. a. getroften Muthes (*Grimm's* Gramm. II, 987), kühn, bann weiter s. v. a. trotzig, rückhaltlos kühn, verwegen, frech, gewaltsam baß Recht verletzenb. Jene Wurzel aber bürfte in einem von *Grimm* (Gramm. II, 43) aufgeftellten vermuthlichen goth. þraban (Prät. þrôf), ahb. fraban (Prät. fruof, fruob), = tröften, festen vertrauenben Sinnes

machen (?), woher auch goth. þrafstjan = tröften, ermahnen, geleitet ift, zu
fuchen fein. Den Uebergang aus f zu b vermittelt altfächf. b neben f, und
goth. þ neben dem f anderer Mundarten zeigt fich auch bei flehen, fliehen.

fréventlich (é wie ä), Abj. u. Abv., f. Frevel.

Dem mit dem Abj. frevel zufammengef. mhd. Abj. frevellich gemäß bei Jofua
Maaler (1561) Bl. 140ª fräfenlich, eine Zufammenf. mit dem fchweiz. Abj.
frefen, fräfen, welches nichts anderes als jenes Abj. frevel mit Übergang
des l zu n ift. t trat hier, wie in andern Wörtern (öffent-, nament-, wöchent-
lich ꝛc.), mißbräuchlich ein, indem die beliebten untabelhaften Participialzufammen-
fetzungen eigent-, flehent-, hoffentlich ꝛc. vorfchwebten.

der Frévler (e wie ä), 1469 mittelrhein. frebeler, = wer frevelt.

der Friede, —ns, Pl. — n, fpäter=nhd. auch der Frieden, —s, Pl.
wie Sing., mhd. der vride, ahd. frido, fridu, auch die frida : Ver-
einigung in Liebe mit Entfernung aller Entzweiung; fefte Übereinkunft
zu Einigkeit u. Sicherheit; Sicherheit vor und Freifein von Wider-
wärtigem. Daher das Verbum frieden, f. =friebigen. Zufammenf. : der Friedensfürft, — en, Pl. — en, beffer bei Luther
(Jef. 9, 6) in eigentlicher Zufammenfetzung Friebfürft; frieblich,
mhd. vridlich, fridelich; friebfam, mhd. fridesam, ahd. fridusam.

Bei Luther noch die alte ftarke Biegung der fried u. friebe, Gen. des
friedes, Acc. friebe, aber auch fchwach Dat. u. Acc. frieben, und daneben
bereits die Dehnung ie ftatt i. Das Wort, welches altfächf. der fritho, frithu,
angelfächf. fridu, altnord. fridr, goth. friþus (?), lautet, führt, zumal wenn man
goth. (ga)friþôn = „verföhnen" ins Auge faßt, auf fri in goth. frijôn lieben (vgl.
freien 2, Freund) zurück, worauf auch altnord. fridr in feinen Bedeutungen
fchön (liebreizend), ficher, zahm, hinweift.

der Friedhof, —es, Pl. Friedhöfe : der Kirchhof, Gottesacker.

Mit bewahrtem langen i, das hier durch die Dehnung ie bezeichnet wird,
neben dem in ei = mhd. u. ahd. î richtigeren oberd. der Freithof = Hof um
die Kirche (Schmeller I, 620) d. i. mhd. der yrithof, ahd. frîthof, altfächf.
fridhof, = der zu Schonung u. Sicherheit vor einem u. um ein Gebäude eingefangene Raum, der Vorhof, [bann im Hochd. :] Vorhof der Kirche, der um
eine Kirche eingefangene Raum (Hof) als Schutzort (Afyl) geflüchteter Verbrecher, [endlich fchon im Ahd. :] Kirchhof, Gottesacker (Diut. III, 333). Das
erfte Wort frît erklärt fich aus ahd. frîten = begünftigen (Notkers Boethius
S. 57, 68), frîtlih (ebenda) = woran man fich freut, was man liebt, goth.
freidjan fchonen, und führt, wie das wegen feines d = goth. þ davon verfchiedene
ahd. fridu Friede, auf goth. frijôn lieben (vgl. freien 2, Freund).

=friebigen in be=, einfriebigen (= mit einem Zaune, einer Hege
umgeben), älter=nhd. einfacher frieben = Friede gebieten; ficher
ftellen; (zu Sicherftellung, zum Schutze) einzäunen oder einfchließen,
in befrieben (f. b.), einfrieben. ·

Mhd. vriden in jenen Bedeutungen, ahd. fridôn in gefridôn = fchützen (Notker Ps. 104, 27), altfächf. frithôn = bewahren, retten, goth. friþôn = Frieden
ftiften (in gafriþôn verföhnen). B. Friede, f b.

Friedrich, eig. Frieberich = Friedensfürst. Mannsname.

> Mhd. Vrîderich, Frîderich, ahd. Frîdurîh, goth. Friþareiks. S. -rich.

der Friedrichsbor, —es, Pl. —e, preußisches, 5⅔ Thlr. geltendes Goldstück.

> Eig. Friedrichsd'or. Er soll zuerst 1713 unter König Friedrich I. von Preußen geprägt worden sein.

frieren, Prät. fror (Conj. fröre), Part. gefroren, Imp. frier (gewöhnlich aber schwach friere) : Kälte empfinden; durch Kälte erstarren. Unpersönlich es friert = entsteht Eis; es friert mich (mhd. mich vriuset) = ich empfinde Kälte.

> Mhd. vriesen (Prät. ich vrôs, wir vrurn, Part. gevrorn), ahd. friosan, goth. friusan (? f. Frost) = Kälte empfinden. Doch hat sich das alte friesen, freusen, mit dem ursprünglichen f noch landschaftlich (bayer., auch bei Gießen) erhalten, während, wie in verlieren (f. d.), im Nhd. das aus s hervorgegangene r des Pl. Prät. auch in den Sing. Prät. und das Präs. vorgedrungen ist. Lautverschoben stimmt das Wort mit lat. pruîna gefrorner Thau, Reif, aber nicht mit lat. frigêre frieren.

der Fries, — es, Pl. — e : einen Ballenkopf vorstellende Säulenverzierung; tuchartiges geköpertes Wollenzeug.

> Aus dem gleichbed. franz. die frise (altfranz. frese), span. friso in erster, frisa in zweiter Bed.; eig. aber : krause Verzierung, Franse. Franz. friser kräuseln, verzieren, span. frisar Tuch aufkrazen. Vgl. Diez Wtbch 155.

das Friesel, — s, Pl. wie Sing. : Fieber mit hirsekornähnlichen Bläschen.

> Mit Uebergang des n in l aus spät-mhd. friesen = Fieber (liber ord. rer. v. J. 1429 Bl. 17ᵃ zweimal). B. mhd. vriesen frieren (f. d.).

frisch = erstkräftig; noch ungenutzt; anregend kühl.

> Mhd. vrisch, ahd. frisc (zunächst in der ersten Bed.), angelsächs. (mit Versetzung des r) fërsc unversehrt. Aus dem Deutschen dann das ital. fresco.

der Frischling, —es, Pl. —e : junges wildes Schwein.

> Mit unechtem, fehlerhaftem l aus mhd. der vrischine = junges weibefähiges Schwein oder Lamm (Schmeller I, 619. Sumerlaten 37, 29), ahd. friskinc friscinc auch = Opferthier [weil man dem altnord. Gott Freyr ahd. Frô (f. Frau) einen wahrscheinlich schon gleich nach der Geburt zum Opfer gezeichneten Sühneber barbrachte], Opfer, v. frisch (f. d.), also urspr. f. v. a. Frischgeborenes, Junges.

† frisieren, aus franz. friser (f. Fries), = Haare kräuseln. Daher die Frisür, Pl. —en, das franz. frisure : das Haargekräusel.

die Frist, Pl. —en, mhd. die vrist, ahd. frist, angelsächs. (mit Versetzung des r) first, vielleicht v. frei ahd. frî : bis wohin freigegebene Zeit, Aufschubszeit; abgegrenzte Zeit überhaupt. Daher fristen, mhd. vristen, ahd. fristan u. fristôn, = Frist geben, unverletzt und noch für längere Zeit erhalten.

der Fritt, —es, Pl. —e : kleiner Handbohrer, bes. der Böttcher.

Das niederd. frit, neuniederl. bas vrot, aus dem gleichbeb. franz. foret b. i. mittellat. forêtum v. lat. foràre (franz. forer) bohren.

die **Fritte**, Pl. —n, in der Glasmacherkunst : Gemenge aus Sand oder Kieselerde unb alkalischem Salz (Laugensalz).

> Aus dem gleichbeb. franz. fritte, ital. fritta [b. i. lat. fricta v. frigere rösten], urspr. = geröstete, gesottene Masse, weil burch Schmelzen jenes Gemenges Glasfluß entsteht.

Fritz, Gen. Fritzens, vertrauliches Dim. v. **Friebrich**.

> Eigentlich, wie mhb., **Fritze**, ahb. Frizo (?), altsächf. Fritto (?).

† **frivól**, aus lat. frívolus : gehalt= u. werthlos, leichtfertig 2c. Da= her die **Frivolität**, nach franz. frivolité.

froh, mhb. vrô, ahb. frô, frao (Gen. frawes) : von Wolgefühl be= wegt; aus Wolgefühl lebhaft. Zusammenf. : **fröhlich**, mhb. vrœlich (als Abv. vrœliche), vrôlich, ahb. frôlîh, **frawalîh** (als Abv. frawalîcho), mit die **Fröhlichkeit** (im *voc. theut.* v. 1482 Bl. i 4ᵇ frôlicheit u. frôligkeit); **frohlócken** (f. Anm.) = laute Freube äußern.

> Bei Luther richtiger noch ohne behnendes h fro, frölich, frolocken. Ahb. frô, frao, goth. fráus (? Gen. fravis?), altsächf. frâh (Gen. frâhes), stimmt, wie Wilh. Wackernagel (Wtbch 199) mit Recht zeigt, lautverschoben zu gr.- prays (πραΰς) = mild, sanft, freundlich, an welche Beb. sich die des Einwohnens u. Bewegt= seins von Wolgefühl leicht anschließt. Auf unser frao froh aber gehn Frau (f. b.) u. freuen (f. b.) zurück. — Frohlocken kommt, wie Franz Pfeiffer neulich nachgewiesen hat, erst im Mhb. vor unb ist hier ein noch seltenes Wort. Aus dem Buche der 7 Grabe bringt er bei: das hërze beginnet frôlocken unde spiln, wo frôlocken = froh schlagen. Damit stimmt, wenn in *Eychman's voc. predic.* v. 1482 Bl. p 6ᵇ bei lat. plaúdere verbeutscht wird = »frôlocken vor freuden [,] die hend zu sammen schlahen pre [præ] *gaudio*«. locken ist hier unser locken (f. b.), bessen ahb. Form locchôn, lochôn zuerst die Beb. mit flacher Hand klopfen ober streicheln (Graff II, 144) hat. Wenn man aber bas Wort früher von dem starkbiegenben goth. láikan (Prät. rebuplicierend láilôk) = hüpfen, springen, verstanb, so lag bieß in der bamaligen Unkenntniß ber Sprache.

frohn, Abj. : herrlich u. heilig. Noch hier u. ba im 16. Jahrh., jetzt außer Gebrauch unb nur noch sehr selten alterthümlich.

> 3. B. „Der Finkenritter sucht in allen Ecken — Den frohnen Schatten [Shakespeare's] auf" (Pfeffel). Früher besser ohne das Dehnungs=h fron. Mhb. vrôn, ahb. frôn, = bem (göttlichen, geistlichen ober weltlichen) Herrn zu=, ange= hörig, (göttlich, geistlich, ober weltlich) herrschaftlich, heilig. Ein Abj. eigenthümlicher Entstehung, welche sich einigermaßen der der besitzanzeigenden Fürwörter euer, unser aus Genitiven des Plurals vergleichen läßt. Denn auch frôn gieng aus einem Gen. Pl. hervor, dem balb vor balb nach Substantiven gesetzten Gen. Pl. des ahb. aus älterem frôio (= goth. fráuja) bann frôo (frouwo) gekürzten frô Herr (f. Frau u. froh) : frônô (fl. frôionô = goth. fráujanê, angelsächf. freána), bei *Notker* bereits frôno, = „der Herren" b. h. wol hier nach christlicher Ansicht „Gottes unb der Heiligen." Dieser Gen. Pl. aber wurde balb mißverstanden,

in adverbialem Sinne gefaßt und nach der Aehnlichkeit des ahd. Adv. scôno schön (f. schon) ꝛc. als ein wirkliches Adv. frôno in den Bed. ; des Herrn, herrschaftlich, öffentlich, heilig, genommen, woraus endlich allmählich ein biegsameres Adj., unser frôn, hervorging, das im 12. Jahrh. häufiger vorkommt, aber schon im 13. Jahrh. wieder seltener zu werden beginnt. S. J. Grimm i. d. Bericht der königl. Akad. zu Berlin 1849 S. 340—345.

Frohn= in zusammengef. Wörtern bezieht sich immer auf ein dunkles herrschaftliches oder heiliges Verhältniß zurück und ist fast in allen richtiger aus dem vorgesetzten verhärteten ahd. Gen. Pl. frôno als aus dem daraus hervorgegangenen Adj. frôn (f. frohn) abzuleiten. Dahin gehören : der Fróhnbote, mhd. vrône bote, = heilige, unverletzliche Bote, Gerichtsbote. der Fróhndienst = herrschaftliche Handdienst. die Fróhnfasten, ein Pl., 1469 dye fier frône fasten (voc. ex quo), = die Quatemberfasten. die Fróhnfeste (e vor st wie ä), mhd. vrônveste, = öffentliches Gefängniß. der Fróhnhof, mhd. vrônehof, ahd. frônohof (herrschaftliche oder Staatscasse), = Herrenhof, bef. insofern die zu Handdienst Verpflichteten da erscheinen müssen. der Fróhnleichnam, mhd. frônlîcham, = der heilige d. h. Christi Leichnam, und das Frohnleichnamsfest.

bie Fróhnbe u. davon fróhnben, üblicher Fróhne u. fróhnen.

> Setzen ein ahd. frônida (d. i. frôn-ida, mhd. vrônde, vroende) u. frônidôn voraus. Jenes zeigt sich in ahd. gevrôneda = Beschlagnahme (Notkers Boeth. S. 24, 26).

der Fróhndienst, —es, Pl. —e, eine nhd. Zusammensetzung, f. Frohn=.

bie Fróhne, Pl. —n : Herrendienst in Handarbeit.

> Mhd. die vrône = Dienstbarkeit (Frauenlob S. 17, 5, 5), Herrendienst, ahd. vrôna (?). Von frohnen.

fróhnen, (mehr in abstractem Sinne) fróhnen, = Herrendienst in Handarbeit leisten; unfrei Herrendienst thun.

> Mhd. vroenen, (mitteld. fortdauernd) vrônen, zunächst f. v. a. herrschaftlich (ahd. frôn f. frohn) machen, in des Herrn, dann der Obrigkeit Gewalt setzen, in Beschlag nehmen, ahd. frônan (d. i. frôn-j-an) nur in dieser Bedeutung.

bie Fróhnfasten, Fróhnfeste, der Fróhnhof ꝛc., f. Frohn=.

fromm, bei Luther from, aber älter=nhd. auch öfter (oberb.) frumm, mhd. vrom, gewöhnlich vrum, ahd. (selten) frum [= beförderlich, nützlich], beb. im älteren Nhd. wie im Mhd. : tüchtig, vortrefflich, brav, rechtschaffen; — endlich im älteren wie jüngeren Nhd. (bei Luther noch nicht entschieden durchgedrungen) : tüchtig in Beziehung auf die Gottesverehrung; gottgefällig; [bildlich] ohne Arg und gut geartet. Daher : die Fromme, mitteld. vrome (sunden widerstrit 1773), mhd. vrume, ahd. u. altsächf. bie froma, fruma, = Vortheil, Nutzen, nur noch in dem Dat. Pl. zu Frommen (ahd. zi frumum) = zum Nutzen, zu gute; frömmeln = "frommes Wesen annehmen," mit

unorganiſchem l, da kein ahb. frumilôn vorausgeht; frómmen, mhb.
fromen, vrumen, ahb. frumôn (?) ober frumên (?), = Förberung,
Nußen bringen, zur Förberung bienen. Zuſammenſ. : bie Frómmig=
keit (ſ. Anm.) = religiöſe Tüchtigkeit.

Ahb. frum ſtimmt lautverſchoben zu gr. prómos (πρόμος) = ber Vorberſte
(b. Homer Vorkämpfer), ber Erſte, unb gehört mit altnorb. frômr = recht=
ſchaffen, reblich, zu bemſelben goth. Wurzelverbum, aus welchem goth. u. ahb.
fram = „vorwärts, weiter,“ unb fremb (ſ. b.) entſprungen ſinb. Eine ge=
meinſchaftliche Urwurzel mit goth. ber frums ber Anfang unb bem goth. zum
Poſitiv (frums?) geworbenen uralten Superlativ fruma (b. i. fr-uma), angel=
ſächſ. (mit Verſeßung bes r) forma, = „ber erſte,“ welcher ben gleichbeb. lat.
prîmus, litthau. pirmas, ſanſkr. prathamas, gr. prôtos (πρῶτος ſt. πρότατος),
entſpricht, zeigt ſich nur noch bürftig in ben mit bem pr bes lat. prô, gr. pró (πρό),
ſanſkr. pra, = vor (ſ. b.), lautverſchoben ſtimmenben Anlauten fr. S. Grimm's
Gramm. III, 626. Was ben heutigen, erſt ſpät entwidelten Begriff unſeres
fromm anlangt, ſo hatte ber Gothe in bemſelben gaguds. — Frömmigkeit
lautet älter=nhb. frumkeit (ſ. b.) unb (z. B. b. Luther) frümkeit, fröm=
keit, welches iſt mittelb. frúmekeit, mhb. vrúmekeit (aus vrümec-heit), ſpät=ahb.
frúmicheit, = Nußen, Vortheil, Tüchtig=, Trefflich=, Tapferkeit, Rechtſchaffenheit,
zuſammengeſ. mit einem v. vram abgeleiteten gleichbeb. mhb. vrümec ahb. framic.

† bie Frónte, Pl. —n, bas ital. fronte v. lat. frons (Gen. fróntis,
eig. Stirne) : Stirn=, Vorberſeite. Das Fróntiſpiz, aus franz.
frontispice v. mittellat. frontispícium [lat. spícere ſehen] : Vorber=
giebelſeite.

ber Froſch, —es, Pl. Fröſche, eine bekannte Amphibie.
     Mhb. vrosch, ahb. u. angelſächſ. frosc. Dunkler Herkunft.

ber Froſt, —es, Pl. Fröſte, mhb. vrost, ahb. frost, angelſächſ. (mit
Verſeßung bes r) forst, mittelſt -t aus bem Pl. Prät. bes goth.
friusan (?) unſers frieren (ſ. b.) : ſtarren machenbe Kälte. Daher
fröſteln = ein wenig Froſt empfinben, mit unorganiſchem l, ba kein
ahb. frostilôn vorausgeht; fróſtig, mhb. vrostec, ahb. frostac,
wegen =ig = ahb. -ac ohne Umlaut.

bie Frucht, Pl. Früchte, mhb. vruht, ahb. fruht : Bobenerzeugniß; Er=
zeugniß ber Fortpflanzung; [bilbl.] Ertrag, Erfolg. Daher früchten,
mhb. vruhten, = "Frucht bringen;„ aber in befrüchten = „frucht=
bar machen„ iſt fruchten bas gleichbeb. mittelb. vruhten (?) mhb.
vrühten (b. i. ahb. fruht-j-an). Zuſammenſ. : frúchtbar, mhb.
vrúhtbære, = fruchttragenb, =bringenb, nußbringenb, wofür ſchöner
mittelb. vruhtic mhb. vrühtec, was nhb. frúchtig ſein würbe; ber
Frúchtbaum, mittelb. vruhtboum (Jeroschin 271), = Frucht
tragenber Baum.

Ahb. bie fruht kommt, weil unbeutſch, nur 4mal vor unb zwar bei Tatian,
ber bamit bas v. lat. frúi genießen entſprungene lat. ber frúctus wiebergibt,
welchem lat. Worte eben bas ahb. entnommen iſt. Auch im Altſächſ. kommt ber

u. bie fruht als Frembwort nur erst spärlich vor. Der echt deutsche Ausbruck war goth. das ákran (s. Ecker).

† **frugál,** aus lat. frugâlis [v. frux Frucht : nutzbringend, wirthschaft=lich], beb. : sparsam eingerichtet, mäßig, einfach=genüglich. Daher die **Frugalität,** aus lat. frugálitas.

früh = mit Anbruch des Tages, mit Anfang und selbst vor der be=stimmten Zeit. Daher : bie **Frühe** (s. Anm.); ber **Frühling** (s. Anm.), —es, Pl. —e, = früh im Jahre geborenes Thier (früeling 1 Mos. 30, 42), erste Jahreszeit, Jahreszeit des Grünwerdens u. Blühens der Pflanzen (s. Anm.). Zusammens. : das **Frühjahr,** —es, Pl. —e, = erste Jahreszeit (von etwa bem 21. Merz bis zum 21. Juni); das **Frühstück** u. davon **frühstücken; frühzeitig.**

Früh, bei Luther frűe, mhb. vrüeje, ahb. fruoji, bessen starker sächlicher Acc. Sing. ohne Kennzeichen mhb. vruo ahb. fruo frua (b. i. neub. fruh) als Abv. verwandt wird, stimmt lautverschoben mit dem gleichbeb. gr. Abv. prōī (πρωΐ) nebst dem gr. Abj. prōïos, prōïmos, sanskr. prâtar, welches letzte Wort ohne das Anhängsel -tar auf sanskr. pra vor (s. fromm) zurückführt. Vgl. Grimm's Gramm. IV, 786. Die Frühe lautet ahb. fruoī (Notker Ps. 129, 6 s. v. a. erste Lebenszeit) u. der Frühling ehemals richtiger Früling, welches Wort für die Jahreszeit neben Lenz erst im 15. Jahrh. auf- und noch im 16ten spärlich vorgekommen zu sein scheint; in des Ritters Ehingen Reisen S. 12 steht frieling b. i. früeling mit unechtem l. Seine feinere Unterscheidung von Frühjahr tritt in folgenden Versen Friebr. Leop. Stolberg's hervor : „Das Frühjahr ist kommen, ber Frühling noch nicht, — Noch macht bie Natur uns ein saures Gesicht."

bie **Frúmkeit,** alterthümlich bei **Göthe,** s. **fromm.**

ber **Fuchs,** —es, Pl. **Füchse** : das bekannte hundeartige Raubthier; röth=lichbraunes Pferd (vgl. Rappe); Student im ersten Halbjahre. Daher : **fúchsig,** bie **Füchsin** [ehebem lieber bie **Föhin** (Schmeller I, 518), **Föhe**] = Fuchsweibchen. Zusammens. : ber **Fuchsbau** = Lagerhöhle des Fuchses; ber **Fuchsschwanz,** wovon **fúchsschwänzen** = einem ben Fuchsschwanz (in bessen Bewegen und Drehen bes Thieres schmeichelnde Geberde liegt) streichen [so schreibt schon Papst Sylvester II. in einem Briefe : quid ora *caudaeque vulpium* blandiun-tur hic domino meo? s. J. Grimm's Reinhart S. XLI.] b. h. in niebriger Weise schön thun, mit ber **Fúchsschwänzer** u. bie **Fuchsschwänzerei, fúchswild** = wilb wie ein Fuchs, über bie Maßen aufgebracht (schon b. Hans Sachs, Ausg. 1612, V, 3, 18ᵃ).

Mhb. ber vuhs, ahb. fuhs, goth. saúhs (Pl. faúheis?), altsächf. fohs, vus, angelsächf. fox, mittelniederb. u. niederl. vos, altclevisch (1475) voss, wovon das Femininum mhb. bie vohe (auch für Katze, z. B. *Winsbeke* 42, 10), ahb. fohâ, goth. faúhô, welche beiden letzten aber überhaupt den Fuchs bebeuten, weßhalb das beutlichere Femininum bie »fochin [Föhin] ober **fuchsin**« (*voc. theut* v. 1482 Bl. i 1ᵃ), ahb. fuhsin unser **Füchsin.** Die Herkunft des Wortes ist dunkel.

fünf, alleinstehend auch noch Nom. u. Acc. fünfe, Dat. fünfen. Der Gen. fünfer in dem aneinandergerückten fünferlei (s. =lei), mhd. fünflei.

Bei Luther funff. Mittelb. funf, sumf, mhd. vunf, vünf, ahd. funf (mit Uebergang des i in u aus) finf, ursprünglich finmf, goth. fimf. Lautverschoben stimmend mit. lat. quinque (oskisch pomtis), gr. pénte (πέντε) u. äolisch pémpe (πέμπε), sanskr. pantschan, litthau. penki, keltisch pemp, pump. •

fünfte, mhd. fünfte, ahd. finfto, fimfto, das Ordnungszahlwort von fünf. Davon: fünftehalb, fünfthalb, mhd. vümftehalp, = 4½; das Fünftel, gekürzt aus Fünfttheil, mit der Fünftelsaft (Bürger VI, 221) = Quintessenz; fünftens, Zahladv., gebildet wie brittens (s. b.).

fünfzëhn (ë hoch), b. Luther funffzehen, mhd. vunfzëhen, ahd. finfzên, finfzëhen, goth. fimftaihun, wovon der fünfzëhnte, ahd. der funfzênde neben finftazëhendo. fünfzig (s. =zig), b. Luther funffzig, mhd. vünfzec, mittelb. vumfzec, ahd. finfzug, fimfzuc, goth. (Pl.) fimftigjus, mit der fünfzigste, ahd. finfzugosto.

der Fünke, —en, Pl. —en, auch (schon um 1509) der Fünken, —s, Pl. wie Sing.: feurig schimmernder Punct. Nach dem mhd. Dim. das funkel, fünkel das Verbum funkeln [bayer. auch fünkeln], 1469 funckeln (voc. ex quo), u. die Zusammens. funkelneu [bayer. funkenneu] b. h. urspr. "wie eben geschmiedet"; aber von Funke selbst das schon 1429 vorkommende Verbum funken (Voß), niederl. vonken, = Funken von sich geben, funkenartig blinken.

Bei Luther der funcke, mhd. vunke, ahd. funcho (bildlich in Notkers Boethius S. 159, 169), neunieberl. die vonk. Das Wort setzt, worauf auch die mhd. Form der vanke = Funke (Nibel. 185, 3. 1990, 4) weist, ein dem Wurzelverbum flinken auch in der Beb. gleiches, aber bis jetzt unaufweisbares ahd. finchan (Prät. er fanch, fanc, sie funchun, Part. funchan) voraus, welches mit goth. der funa (neben das fön) Feuer, altnord. der funi Funkenasche, zusammenzuhangen scheint (vgl. Grimm's Gramm. II, 287). •

für, Abv. (zumal in Zusammensetzungen) sowie Präp. mit Acc., 1) zu= nächst älter=nhd. u. noch oberb. s. v. a. vor, barnach bann: 2) in Ansehung von, 3) in Ansehung sowie an der Stelle von; 4) an der Stelle unb gegen; 5) an der Stelle unb zum Besten von; 6) zum Besten von; 7) als ob — wäre; 8) als bas was — ist.

Belegstellen: 1) „Wenn nun alle betrügerischen Nebel für seinen Blicken zerfließen" (J. W. Brawe, b. Freygeist 4, 3). Hierher auch z. B. Mann für Mann, für unb für. 2) „Ein rechtschaffner Kerl möchte einen Eckel für alles Trinken bekommen" (Lessing II, 579. Ausg. v. Lachmann). [Der Nachtigall Schlag] „bringt die Harmonie hervor, — Für ber beschämt die Sänger schweigen" (Lichtwer, 2. Aufl., S. 182). 3) „Zahl! anstatt empfang! O schön! — Das ist für Was noch weniger als Nichts" (Lessing, Rath. 2, 2). 4) „Im Lande, wo der Nil — Das Feld für Regen netzt" (Tscherning S. 26). 5) „Da tritt kein Anderer für ihn ein" (Schiller's Wallenstein). 6) „Für meine Lieben ließ ich Leib und Blut" (Göthe, Faust 179). 7) Scherz für Ernst nehmen. 8) „Wir stehen hier statt einer Landsgemeine, — Und können gelten für ein ganzes Volk" (Schiller, Tell 2, 2). — Für, b. Luther fur, für (1 Mos. 43, 9), mhd. vür, ahd. furi (mit comparativischem i?), goth. faúr (st. faúris?), altn. fyri, schwed. för, ist unsre umgelautete Form neben der wegen a im Auslaute gebrochenen vor, mhd. vor, ahd. fora, goth. faúra, angelsächs. fore, altn., dän. for. Das Wort stimmt in seiner Grundform (goth. faúr, ahd. fur) bei üblicher Versetzung des r lautverschoben mit lat. prô, gr. πρό sanskr. pra-, litthau., böhm. pro, lettisch par. Vgl. fromm, früh. Allen Niederdeutschen dient for oder för statt für und vor, weshalb Verwechselung dieser beiden bei Schriftstellern aus jenen Gegenden, z. B. selbst bei Justus Möser.

fürbáß = besser d. h. weiter fort. Nur noch alterthümlich.

   Mhd. vürbaz, sehr spät ahd. furbaz, zusammengeschoben aus dem Adv. (nicht der Präposition) für (f. b.), welches hier f. v. a. vorwärts, darüber hinaus, bedeutet, und dem Adverbialcomparativ baß (f. b.). S. Grimm's Gramm. III, 214.

die **Fürbitte**, Pl. —n : Bitte zum Besten eines Andern.

die **Fúrche**, Pl. —n (urspr. wie noch bayer. die Fúrche) : mit dem Pfluge gezogene Vertiefung. Daher : furchen (st. fúrchen, denn ahd. furhan d. i. furh-j-an) = eine oder mehr Furchen ziehen; fúrchig (st. fúrchig, ahd. furhîc).

   1429 forich (liber ord. rerum Bl. 3 b), mhd. die u der vurh (Pl. vürhe), ahd. die u. der furh, furah, furuh (auch = Feldstückchen), angelsächs. die furh, fur. Das Wort stimmt lautverschoben zu lat. die pórca = Ackerbeet, urspr. vielleicht, zumal da der Pflug mehrfach mit einem (wühlenden?) Thiere verglichen wird, aufgewühlte Erde, im Gedanken an das mit ahd. farah (s. Ferkel) stimmende lat. pórcus junges Schwein.

die **Furcht**, ohne Pl. (ehedem die Furchten), mhd. die vorht, vorhte, ahd. forhta, forahta u. forahtâ, neben goth. faúrhtei, : unangenehmes, wovor fern haltendes Gefühl. Damit zusammenges. : fúrchtbar; fúrchtsam, mhd. vorhtsam. Mit fürchten (mhd. vürhten, ahd. furhten, forahtan d. i. foraht-j-an, goth. faúrhtjan), fúrchtig (mittelb. vorchtec, ahd. fórhtig bei Notker Ps. 79, 17), von dem ahd. Adj. fóraht (Kero 65), goth. faúrhts, = in Vorstellung eines Uebels wovor zurückhaltend. Fürchterlich aber ist nicht von einem unmöglichen fürchtern, sondern steht st. fúrchtlich ahd. forhtlîh (als Adv. forahtlîcho), welches zusammenges. aus dem Abj. foraht u. -lîh (=lich).

   Bei Luther im Prät. von fürchten : furchte, gemäß der mhd. Form ich vorhte, ahd. forahta. — Goth. faúrhts läßt ein goth. Wurzelverbum faírhan (Prät. ich farh, wir faúrhum, Part. faúrhans) voraussetzen, welches lautverschoben zu lat. periculum Gefahr stimmen würde.

fürber = vorn aus weiter. Nur noch alterthümlich.

Mhd. vürder, ahd. furdir, furdor, fúrdar, gekürzt aus fúrdiri (*gloss. mons.* 398, durch Lautvergleichung in der Ableitungssylbe -ar aus) fúrdari (?) d. i. fur-d-ar-i, welches auf far in ahd. furi = vor — hin, vorwärts (f. für), zurückführt und wovon förbern (f. b.), ehedem fürbern. Vgl. auch vorder.

der Fürhang, bei Luther Furhang, was Vorhang. Veraltet.

† die Fúrie (3sylbig), Pl. —n, aus lat. fúria [v. furáre rasen, wüten] : ausgelassene Wut; schlangenhaarige u. -bewaffnete Rachegöttin; wütende Person.

† der Furier, —s, Pl. —e, einzubürgern gesucht st. Fourier, f. b.

> Im 16. u. 17. Jahrh. gewöhnlich furierer, von einem in der Rangordnung auf den Weibel folgenden Militärbeamten.

die Fúrke, Pl. — n, mhd. furke, aus lat. fúrca : Gabel. Aus dem lat. Dim. fúrcula unser weibmännisches die Furkel, Pl. —n : Gabelstange. S. Forke.

fürlieb nehmen = sich womit freundlich genügen lassen.

> Fürlieb d. i. für mit dem starken sächlichen Acc. Sing. von lieb, gebildet wie mhd. für guot, (mit Kürzung des für) verguot, = für gut.

fürnehm, in volksüblicher Sprechweise st. des heutigen vornehm.

die Fürsehung, zuweilen noch st. des heutigen Vorsehung.

> B. mhd. fürsëhen = vorher ersehen (W. Wackernagel's altd. Leseb. 861, 36), vorsehen.

die Fürsprâche, Pl. —n : gute Worte an der Stelle und zum Besten jemandes. der Fürsprëch (noch i. b. Schweiz), —en, Pl. —en, mhd. vürsprëche, ahd. furisprëhho, v. ahd. furisprëhhan = mit Worten vertheidigen : Fürsprecher, Advocat, Rechtsbeistand.

der Fürst, — en (b. Lichtwer im Acc. falsch den Fürst), Pl. —en : Staatsoberhaupt; [im Besondern :] der zunächst Höhere über dem Grafen. Davon : fürsten = mit Fürstenrang bekleiden; die Fürstin. Zusammens. mit dem Gen. Sing. : das Fürstenhaus, -thum (mhd. fürstentuom, ahd. aber eigentliche Zusammensetzung das furistuom d. i. furist-tuom) rc. Eigentliche Zusammens. : fürstlich, mhd. vürstelich.

> Bei Luther der Fürst, Fürste, mhd. der vürste, mitteld. vurste, ahd. fursto, fúristo d. i. der Vorderste, Erste, Höchste. Dieß aber ist die schwache männliche Form des von dem ahd. Adv. furi (f. für) goth. faúr entspringenden ahd. Superlativs furist, goth. faúrists (?), angelsächs. fyrst, altnord. fyrstr, = „erst oder vorderst im Raum", in substantivischer Bedeutung. Die Fürstin u. fürsten kommen erst im Mhd. vor : die vürstinne oder varstîn, u. vürsten [d. i. ahd. furist-j-an].

die Furt, Pl. —en : seichte Stelle im Wasser zum Durchkommen.

> Falsch schreiben Einige Furth. Bei Alberus der Furt, mhd. die u. der vurt [auch f. v. a. Weg], ahd. der (u. das) furt, goth. faúrds (?). Lautverschoben stimmend mit böhm., poln. bród und ohne den Ableitungslaut (-t) mit gr. der póros (πόρος) = Durchgang, Wasserstelle zum Durchgang. Mit diesem einfachen

gr. Worte ſtimmt auch fahren (ſ. b.), und mit dieſem Verbum, wie mit ahd. furi goth. faúr (ſ. b.), ſteht alſo Furt in Verwandtſchaft, aber Ableitung von fahren darf hier nicht angenommen werden.

fürtrefflich, bei Göthe ꝛc., jetzt lieber vortrefflich.

Aus dem im 15. Jahrh. vorkommenden fürtreffenlich ſt. vürtreffentlich, welches zuſammengeſ. aus dem Part. Präſ. v. vürtreffen, ahd. furitrëfan, = vor Andern treffen, übertreffen, ſich hervorheben, und -lich.

fürwahr, Adv. : in Wirklichkeit, in der That.

Mhd. vürwâr, b. i. die Präp. vür für zuſammengeſchoben mit dem ſtarken ſächlichen Acc. Sing. von mhd. wâr wahr.

der Fürwitz, fürwitzig, jetzt ungut Vorwitz, vorwitzig.

Fürwitz, bei Luther mit b aus w nach r Fürbitz, u. davon fürwitzig, ſind durch Verwechſelung des Adv. für mit ver- ahd. fir- (far-) aus mhd. das virwitz, die virwitze, ahd. das firwizzi, firiwizzi, die firiwizzî, altſächſ. der u. das firiwit, = das eifrige Kenntniß-, Wundernehmen, die Neugier, u. aus mhd. virwitzic, ahd. firiwizic, hervorgegangen. Doch ſchon frühe findet, wie ſpät-ahd. fûrewizlîh (Notkers Mart. Capella S. 83, 102) = vorbedächtig zeigt, der Ueber- gang des fir- zu furi für ſtatt. V. ahd. firwizan = für ſich zu ſorgen wiſſen, vorbedächtig ſein.

das Fürwort, — es, Pl. Fürwörter : gutes Wort an der Stelle und zum Beſten jemandes; das Subſtantiv vertretendes Wort, Pronomen.

der Furz, —es, Pl. Fürze : lauter Bauchwind. Daher fürzen, ſpät- mhd. vortzen (lib. ord. rerum v. J. 1429 Bl. 28ᵈ), = mittellat. bombiſâre.

Mhd. u. ahd. der furz, aus dem Pl. Prät. des ahd. fërzan. S. farzen.

die Fuſchelei (b. Leſſing), Pl. — en : Anwendung verdeckender be- triegeriſcher Handgriffe. V. fuſcheln = durch heimliche Handgriffe betriegen.

Urſpr. beim Kartenmiſchen; denn fuſcheln iſt wol v. engl. fuzz = ausfaſern u. Karten miſchen, ſich andre Karten nehmen.

der Fuſel, —s, Pl. wie Sing. : geringſter Branntwein; deſſen Öl.

Niederd., bayer. (auch „ſchlechter Tabak"). Ob urſpr. „ſchlecht zubereiteter Brantwein" v. [wie Schmeller I, 571 andeutet] bayer. fuſeln = „übereilt und ſchlecht arbeiten"?

† der Füſilier, —s, Pl. —e : der eine Flinte führende Fußſoldat.

Das franz. fuſilier v. fuſil (ital. focîle, fucîle, v. lat. fôcus Feuerſtätte) = Feuerſtein, Feuergewehr (vgl. Flinte).

der Fuß, —es, Pl. Füße (in der Bed. des Maßes bloß Fuße, Fuß) : unterſter Theil des Gehegliedes; [bildl.] das Unterſte, worauf etwas ruht; Maß nach der Mannsfuß-Länge (½ Elle). Daher fußen; -füßig in ein-, zwei-, vielfüßig ꝛc. Zuſammenſ. : der Fußangel (ſ. b. W.), -gänger (mittelb. vûzgengêre), -ſtapfe (ſ. b. W.), das Fußvolk ꝛc.

Mhd. der vuoz, ahd. fuoz, faaz, goth. fōtus, altſächſ. u. angelſächſ. fōt, altnord. fōtr, niederl. voet. Lautverſchoben ſtimmend zu lat. pês (Gen. pédis), gr.
pus (ποίς, Gen. ποδός), ſanſkr. padas, litthau. pědas. Nur das Sanſkrit zeigt
die Wurzel ungetrübt und auf ſeinem a in pad beruht unſer Ablaut u (ahd. uo,
goth. ō). — Die Bed. des Maßes findet ſich ſchon im voc. ex quo v. J. 1469,
wo aber Fuß ſeine Biegung behält : »tripeddlis dryer fuyße lang.«

ber, gewöhnlich die Fußangel = 4ſpitziges Eiſen gegen Diebe.

    1469 fußangel (voc. ex quo), eig. ein Bret mit durchgeſchlagenen Nägeln.

der Fußſtapfe, —n, Pl. —n, ungut, aber üblich auch die Füßſtapfe,
Pl. —n : Abdruck des Fußes im Boden.

    Bei Leſſing Fußtapfe, b. Luther (Hiob 13, 27) fustapffe mit wegen
des ß in Fuß verſchlucktem ſ des 2ten Wortes. In den Vocabularien zu
Ende des 15. u. Anfang des 16. Jahrh. fuszstaph, fueszstapf, mhd. der vuozstapfe,
mittelb. vûzstappe (sunden widerstrit 674), ahd. fuozstapho (?), niederl. der
voetstap. Vgl. Stapfe.

das Fútter, —s, Pl. wie Sing. : Nahrung, beſ. Thiernahrung. Daher füttern, auch (nach dem Mittelbeutſchen) ohne Umlaut z. B.
bei Juſtus Möſer futtern, mit die Fütterung, Fütterung,
ahd. fuotarunga.

    Das Futter (ſo ſchreibt ſchon Luther), mittelb. das vûter, mhd. vuoter =
überhaupt was zur Ernährung dient, ahd. fuotar, fōtar, goth. fōdr (?), angelſächſ.
fōder, woher füttern, mhd. vüetern, in der Genesis 64, 5 fuoteren, ahd. fuotiran,
fuotaran, d. i. fuotar-j-an. Von mhd. vuoten, ahd. fuotan, fōtan, goth. u.
altſächſ. fōdjan, = nähren, zeugen, welches entſproſſen aus dem Prät. eines anzuſetzenden gleichbed. goth. Wurzelverbums fadan (Prät. ich fōd, Part. fadans).
Dieſelbe Wurzel liegt auch in Vater (ſ. b.).

das Fútter, —s, Pl. wie Sing. : Bekleidung, Beſatz worunter. Daher : † das Futterál, —es, Pl. —e, = Scheibe, Kapſel; füttern
und auch (nach dem Mittelbeutſchen) ohne Umlaut futtern.

    Mhd. das vuoter, im 12. Jahrh. fuoter, goth. fōdr (Joh. 18, 11), = Scheide,
altnord. fōdr, woher auch ital. fódero, mittellat. fódrus, aus welchem weiter
mittelſt Ableitung unſer Futterál hervorgieng. ·

† das Futúrum, lat. : die Zukunft, hier als Zeitform. das Futúrum
exáctum = die Vorzukunft, vergangene Zukunft.

G.

G, g, der weiche Kehllaut.

    Vgl. S. 87 f. die Anmerkung zu B. Hier iſt die Tabelle der Verſchiebung
für die Kehllaute (gutturáles) aufzuſtellen. Dieſe zeigt ſich theoretiſch folgendermaßen :

griech.	g	k	ch (χ)
goth.	k	ch	g
althochb.	ch	g	k

Allein in der Wirklichkeit, zugleich mit Berückſichtigung der Abweichung der lateiniſchen Sprache, und je nach Anlaut, Inlaut und Auslaut ergibt ſich:

		g	k	ch
	gr.	g	k	ch
	lat.	g	c	h
im Anlaut:	goth.	k	h	g
	ahd.	ch	h	k, g
im Inlaut:	goth.	k	h, g	g
	ahd.	ch (hh)	h, g	k, g
im Auslaut:	goth.	k	h	g
	ahd.	ch (h)	h	k (e), g

Hierzu kommt dann die weitere Entwickelung der Laute im Hochdeutſchen, welche ſich überſichtlich alſo darſtellen läßt:

im Anlaut:	mittelhochd.	k	h	g
	neuhochd.	k	h	g
im Inlaut:	mittelhochd.	ch	h, g	g
	neuhochd.	ch, k, c	h, g	g
im Auslaut:	mittelhochd.	ch	ch	c
	neuhochd.	ch	h, ch	g

Bei dieſen Tabellen iſt zunächſt zu merken, daß das anlautende g vieler ſlawiſchen, litthauiſchen, keltiſchen, perſiſchen Wörter mit goth. g ſtimmt, alſo gleichſam ſchon einen Anſatz zur goth. Lautverſchiebung enthält (vgl. Gaſt, graben, greifen ꝛc.). Im Sanſkrit entſpricht gh d. h. aſpiriertes g (vgl. Gaſt). Dieſe Sprache verwendet außerdem da, wo der Grieche ch hat, h, und das Lateiniſche ſetzt ſtatt des ihm mangelnden ch entweder den bloßen Hauchlaut h, zuweilen ſelbſt ſein unbeſtimmtes f (vgl. Gaſt, Galle, gießen ꝛc.), oder begnügt ſich auch mit bloßem vocaliſchen Anlaute. Was die deutſche Sprache anlangt, ſo beſitzt das Gothiſche ebenfalls keine Kehlaſpirata (ch) und muß dafür h eintreten laſſen, welches dann ſtill ſteht und im Althochd. nicht weiter verſchoben werden kann, ſo daß dieſes ſeiner Media (g) hier, wo ſie in ſtrenger Regel eintreten ſollte, verluſtig wird. Erſcheint g dennoch in manchen Wörtern inlautend (vgl. Ahne, Auge, Degen, Egge, fegen, fragen, Magſame ꝛc.), wo h ſtehen ſollte, ſo geht es gewöhnlich ſchon im Gothiſchen voraus; aber h bleibt immer Regel. Nur den Franken ſcheint das dem gr. χ (x) und lat. c entſprechende ch eigen geweſen zu ſein. Goth., ahd. u. mhd. ht = gr. kt, lat. ct wird im Rhd. zu cht (vgl. acht. recht ꝛc.). Dem goth. k entſprechendes hh neben ch im Inlaute findet ſich in den althochd. Quellen häufig genug und ſcheint etwas milder geſprochen worden zu ſein, als dieſer Laut. h aber ſtatt des mit dem goth. k ſtimmenden ch im Auslaute zeigt ſich faſt durchgängig. g ſtatt des ſtrengalthochdeutſchen k bieten vorzugsweiſe Schriften aus ſolchen Gegenden, deren Hochdeutſch ſich mehr der Weichheit des Niederdeutſchen zuneigt und ſich auf deſſen Lautſtufe, nämlich der zweiten d. h. der gothiſchen, zu halten ſucht. Uebrigens ſetzen die ahd. Ueberſetzung des Iſidoriſchen Tractates de nativitate Chriſti und die gloſſæ junianæ Sp. 173—193 an- und inlautend vor e, ë, ê, i, î ein gh ſtatt g. Als Beiſpiele zu der Tabelle der Verſchiebung können Wörter dienen wie kalt, Knie, Kranich; Halm, Herz, Horn; Gans, Garten, Geiß; Acker, Birke, wachen; zeben, zeihen; Lager, Wagen; ich, Joch, Milch; Floh, noch (ſ. noch 2), Vieh; Weg. — Stockung der Verſchiebung den urverwandten Sprachen gegenüber findet dem ſt (ſ. S. 228)

parallel bei ak (lat. ac) ſtatt, wofür aber im Hochd. bald sch einzubringen beginnt, welches ſich im Mhd.'entſchieden feſtgeſetzt hat (vgl. Fiſch, Fleiſch, Tiſch).
Im Anlaute tritt g mehrmals für ſ ein (vgl. gähren, gäten neben jäten,
Gauner, ahd. piziht neben pijiht Beichte ſ. b.), ſowie umgekehrt j für g (vgl.
jäh u. jappen neben gäh u. altclevifch gapen).

bie **Gabe**, Pl. —n, mhd. bie gâbe, aus bem Pl. Prät. b. geben.

    Der ältere Ausbruck war mhd. bie gëbe, ahd. gëba, këpa, goth. giba.

gäbe, mhd. gæbe, üblicher gébe (é wie ä), ſ. b.

bie **Gábel**, Pl. — n : Werkzeug mit auseinanbergehenben Zinken an
einem Stiele. Daher gábelig, gábeln. Zuſammenſ. : ber Gábel-
hirſch = Hirſch mit Gábelgeweih b. h. Geweih, beſſen Stangen
nur zwei unb zwar gabelförmige Enben haben; ber Gábelweih =
Weih mit gabelförmigem Schwanze [ſpan. ber gavilan = Sperber].

    Mhd. bie gabel, ahd. gábela, kápala, nieberb. u. nieberl. bie, ſchweb. u. bän.
ber gaffel, altnorb. ber gáffall. Wahrſcheinlich aus keltiſch (gäliſch) gabhal
(welſch gaſl) = Gabelaſt (Zwieſel), Gabel, lat. gábalus = Kreuz, Galgen.

gach, üblicher jach. S. jach u. gäh.

gáckeln, üblicher gáckern, vom Schreien bes Huhnes, ber Gans.

    Gackeln, nieberb. kakeln, neunieberl. gagelen, gaggelen, mit Erweichung bes
r in l neben gackern ſt. gägern (ahd. kakarôn?) v. mhd. gagen, gägen =
ſchreien wie eine Gans (*Benecke Müller* I, 457ᵃ), krächzen wie ein Rabe (*liber
ord. rerum* Bl. 24ᶜ), einem tonnachahmenben Worte.

gácksen = tief aus ber Kehle unarticulierte Töne ausſtoßen.

    Bei Joſua Maaler garen. Statt gackzen b. i. gackezen, 1419 gakaczen,
mhd. gagzen = ſchreien wie bie Hühner, ahd. gaccazan (b. i. kakazan) = in
abgeſtoßenem Laute ſchreien. B. gagon (ſ. gackeln) b. i. ahd. kakan.

ber **Gáben**, —s, Pl. wie Sing. : für ſich abgeſchloſſenes Gemach.

    Mhd. bas gaden (mit n aus m), gadem, ahd. gadam, kadam, kadum, =
einzeln ſtehenbe geſchloſſene Räumlichkeit, einzeln ſtehenbe Abtheilung bes Hauſes
für beſonberen Zweck, geräumiges Gemach. Nach Wilh. Wackernagel
(Haupt's Zeitſchr. VI, 297) lautverſchoben zu gr. ber chitön (χιτών)
= Leibrock, bann Decke, Hülle, wie benn bie Begriffe Haus unb Kleib mehrfach
an einanber reichen.

bie **Gáffel**, Pl. —n, b. I. H. Voß aus bem Nieberb. ſt. Gabel
(ſ. b.).

bie **Gaffel**, Pl. —n : Abgabe, Zins, insbeſonbere Abzugsgelb; Gilbe
(Verein zu gleicher Abgabe).

    Angelſächſ. bas gafol (Matth. 17, 24), gaful, engl. gavel, mittellat. gáblum,
gábalum; zugleich altcleviſch (1475) gaffel Geſellſchaft. Aus bem Prät. Sing.
v. goth. giban angelſächſ. gifan geben. S. Grimm's Gramm. II, 24.

gäffen = mit offenem Munbe ſehen. Daher ber Gáffer.

    Gaffen, mit mehr mittelbeutſchem g ſtatt hochb. k, iſt mhd.-mittelb. gaffen,
kaffen (*Rother* 2051), kaphen, kapfen, ahd. kapfên, chapfên, chaphên, unb
Gaffer mhd. kápfære. Davon ahd. ber chapf = Höhe zur Umſchau (b. *Notker*),

woraus in neub. Orts= u. Höhennamen =kopf wurde, vgl. Siebenkopf in meinen oberheff. Ortsnamen S. 319 f. Die Herkunft des Wortes ist dunkel.

† der Gagát, ungut Gagáth — es, Pl. —e : schwarzes steinfestes Erdpech.

Mhd. der gagâtes, im *Parzivâl* 791, 15 ein Edelstein, ist das lat.=gr. gagâtes Glanzkohle, benannt von dem Flusse und der Stadt Gágas in Lycien. S. Agtstein.

† die Gáge (spr. gâsch'), Pl. —n : Gehalt, Besoldung, Löhnung.

Das franz. der gage, ital. gággio, eig. Pfand, Gewährleistung, aus mittellat. vádium, wádium Bürgschaft, Pfand, v. goth. das vadi (ahd. weti, wetti) = Handgeld, Pfand, welches aus dem Sing. Prät. (vaþ) eines goth. Wurzelverbums vidan (ahd. wëtan) binden entsprang. Vgl. Langwied, Wiede.

gäh, gähe, mit Uebergang des g in j (s. S. 382) jetzt üblicher jähe (s. b. und jach) : ungestüm=schnell; in hohem Grade abschüssig. gäh= lings, jählings, Adv.

Mhd. gâch, gæhe, ahd. gâhe, kâhi, als Adv. mhd. gâch unser jach, ahd. kâho. Zusammenhangend mit goth. gaggan ahd. gân kân unserm gehen, wovon z. B. auch gahts in goth. at-gahts zugänglich, die fram-gahts Fortschritt, inna-gahts Eingang. — Das genitivische Adv. gählings, b. *Serranus* ohne geni- tivisches s gehling, gächling, mittelniederl. gâlinghe, hochd. in der 2ten Hälfte des 15. Jahrh. gêchlingen, hat unorganisches, nach Aehnlichkeit andrer Wörter eingetretenes l und lautet ahd. kâhingun, welches urspr. schwacher männlicher Acc Sing. eines von kâhi abgeleiteten Adj. kâhine.

gähnen = den Mund auffsperren, bes. krampfhaft; [dann bildlich :] weit und tief geöffnet sein. Daher die Gähnung.

Mit ä (äh) aus ë (vgl. S. 1), denn mhd. gënen (neben ginen), altclevisch (1475) ghenen, ahd. ginôn, neben ginên, kinên u. geinôn. Vgl. Gienmuschel. Aus einem Wurzelverbum, welches sich in dem gleichbed. altnord. gîna (Prät. ich gein, wir ginum, Part. gininn) zeigt. Vgl. beginnen. Dieses gîna, ahd. kînan (?), aber stimmt nebst ahd. giên, giwën, gëwôn (bayer. geuen), = gähnen (vgl. auch Gaum) lautverschoben mit dem gleichbed. gr. chainein (χαίνειν), lat. hiâre. — Für Gähnung kommt im Mhd. die ginunge, ahd. ginunga, vor.

die Gähre. Von gähren, Prät. gohr st. gahr (Conj. göhre st. gähre), Part. gegohren, Imp. gähr (gewöhnlich schwach gähre) : innerlich be= wegt zur Zersetzung schäumend aufbrausen. Daher die Gährung.

In Gähre, mhd. gære, aus dem Pl. Prät. des Verbums, steht ä (äh) richtig, dagegen im Infinitiv, Präsens u. Imperativ dieses Verbums selbst und in Gähr= ung ä (äh) statt ë, denn gähren, noch im 16. u. 17. Jahrh. jëren (Prät. jar, Part. gejoren), lautet im *voc. theut.* v. 1482 Bl. 18ᵇ „gëren oder jëren,“ mhd. jërn, gërn (Präs. ich gir, du girst, er girt, wir gërn ꝛc., Prät. ich er gâr, wir sie gâren, Part. gegorn, Imp. gir), welches mit g aus j und r aus s neben der ursprünglicheren Form gësen, jësen (Präs. ich gise, Prät. ich er jas, wir sie jâren, Part. gejësen), ahd. gësan, jësan (Präs. ich jisn, Prät. ich jas, wir jârumês, Conj. ich jâri, Part. kajësan), auftritt. Mhd. ist also das r, wie im Nhd. bei frieren, verlieren, schon in die Präsentialform vorgedrungen; aber Mischung unserer nhd. Form gähren mit dem aus dem ahd. Prät. jas ensprungenen schwachbiegenden ahd. Factitiv gerjan, jorjan, = gähren machen, scheint, obwol naheliegend, nicht stattgefunden zu haben. S. auch gäschen, gischen, Gäscht, Gischt, Gas.

gähsto.ßig = senkrecht=abschüffig. Schweizerisch (Stalber I, 410).
    In der 1. Ausg. von Schiller's Tell 4, 1; in spätern Ausgaben falsch gähstroßig. Bei Josua Maaler 154ᵇ gächstoßig, zusammenges. aus gäch, gäb (s. b.) und schweiz. stoßig = wie senkrecht ansteigend (Josua Maaler 390ᵈ), abschüffig, v. der Stoß = fast senkrechte Ansteigung oder Abhängigkeit der Erde oder eines Felsens (ebendas.). S. Stoß u. Stütze.

der Gähzorn, gähzornig, üblicher Jähzorn, jähzornig.

die Gaiß, richtiger nhd. Geiß, s. b.

gäkeln, gäkern, richtiger, da das a im Nhd. kurz gesprochen wird, gackeln, gackern. S. gackeln.

† die Gála (á kurz), ohne Pl., das span. (portug., dann auch ital.) die gala, franz. gale : Hofpracht, =prunk, =fest; Hofkleid, Prachtanzug.
    Aus arab. hhalj (hh = ח) = Schmuck. Nicht aus dem ahd. geil keil (unserm geil) in der Bed. hochfahrend, stolz, die geilī keilī = Stolz, Pracht.

† der Galán, —s, Pl. —e : der Liebhaber, Buhle.
    Das span. der galan eig. der Artige (äußerst Aufmerksame und Gefällige) gegen ein Frauenzimmer. S. galant.

der Galánder, —s, Pl. wie Sing. : Haubenlerche.
    Mhd. der galander, mittelniederl. calander, [vielleicht mit Anlehnung an mhd. galen singen (vgl. Elster, Nachtigall)] aus mittellat. (ital.) calándra, welches, wie die span. Nebenform die caladre zeigt, aus dem gewöhnlich durch ahd. lêrihhâ Lerche übersetzten mittellat.=gr. caládrius, carádrius, charádrius [gr. χαραδριός = Regenpfeifer?]. Vgl. Wilh. Grimm über Freidank S. 81.

der Galánder, Kalánder, —s, Pl. wie Sing. : brauner Kornwurm.
    Das niederd. u. niederl. die kalander, aus dem gleichbed. franz. die calandre. Wol nach der Gestalt benannt und demnach eins mit die calandre, calendre (fl. colendre), = Walze, v. lat.=gr. cylindrus = walzenförmiger Körper.

† galánt, das franz. galant : fein, artig und gefällig, bes. gegen Frauenzimmer. Daher die Galanterie, Pl —n (5sylbig), franz. galanterie, eig. Putz, Schmuck, wie Galanteriehändler zeigt.
    Eig. „fein und geschmackvoll aufgeputzt,“ was auch das mit der Endung des Part. Präs. behaftete franz. galant, ital. galánte, span. galante, galan (s. Galan), galano, v. gala Gala (s. b.), zunächst bedeutet.

† die Galeáffe, Pl. —n, das franz. galéasse, ital. galeázza, = 3mastige Galeere. die Galeere, Pl. —n, franz. galère, ital., span., portug. galéra, = 2mastiges Ruderschiff mit niedrigem Borde. die Galeóne, Galióne, Pl. —n, span. galeon, franz. galion, ital. galeóne, = großes Ruderschiff. die Galeóte, Galióte, Pl. —n, span. galeota, franz. galiotte, ital. galeótta, = 1mastiges leichtes

Ruderschiff, mit der Galeót, Galiót, —en, Pl. —en, mhd. galiôt
(Seeräuber), aus franz. galiot, span. galeote, ital. galeótto : Ga=
leerensklave, böser Schelm.

Alle v. dem mit Galeere gleichbedeutenden ital., altspanisch. die galéa, proven=
zalisch. galea, gale, galeya, altfranz. galie, welche sämmtlich gekürzt aus mit=
tellat. galeida, woraus auch mhd. die galê (unser älter=nhd. u. munbartliches die
Galee), galle, galeide, = Galeere. Ob dieses mittellat. ursprüngliche die
galeida v. gr. galéē (γαλέη) = Meerfisch? oder, falls nicht die Wandlung des
ch in romanisch g entgegenstebt, aus arab. die chalijjah ober chalijjath = Bienen=
korb u. größeres Schiff? Vgl. Diez Wtbch 160.

gälfern, trotz Abelung's Warnung üblicher gélfern, s. d.

der Galgánt, — es, Pl. —e : Pflanze feuchter Wiesen mit gewürz=
hafter Knollenwurzel.

1469 mittelrhein. galgayn d. i. galgán, mhd. galgan, ahb. galgan (gekürzt aus)
galegan, galigan, galangan. Aus mittellat. galánga, später=gr. γαλάγγα, wel=
ches nach dem gleichbeb. arab.=persischen chalandján, chaulandján, châvalandján,
v. chalandj dem Namen eines Baumes, woraus Gefäße gemacht werden,
gebildet ist.

der Galgen, —s, Pl. wie Sing. : Pfahl oben mit einem Querholze zum
Hängen. Zusammens. : der Galgenstrick, bildl. = für den Galgen
reifer Schelm.

Schon 1469 mittelrhein. die Form galgen (voc. ex quo). Eig. der Galge,
denn mhd. der galge, ahb. galgo, kalgo, eig. kalko (?), goth. u. angelsächs. der
galga [b. i. gal-g-a mit -g aus -ag], altsächs. galgo, altnord. der gálgi. Das
Wort stimmt mit poln. galas' [bas 2te u spr. ong] = Ast.

† der Galimathías, gewöhnlich der Aussprache zu Liebe Galli=
mathías, Gen. unverändert, ohne Pl. : verworrenes Gerede.

Das franz. der galimatias, welches ein spätes Wort von zufälliger, bunkler
Entstehung ist. Ob nicht dem franz. die galimafrée = Gericht von durcheinander
gemachten Speiseresten, verworrene (burcheinander geworfene) Erzählung, altengl.
gallimawfrey = Gericht aus allerlei klein gehackten Speisen, verworrener Misch=
masch von Dingen, nachgebildet? Vgl. Diez Wtbch 639.

der Gall, —es, Pl. Gälle : Gesang, Stimmenschall. Veraltet.

Mhd. der gal Gesang, v. dem wie fahren, tragen ꝛc. biegenben ahb. kalan(?),
altsächs. galan (Ps. 57, 6), altnord. gala, angelsächs. galan, = singen, dann vom
binbenben Singen ober (berufenben) Hersagen der Zauberworte. Vgl. Grimm's
Mpth. 987. Vgl. gellen, Elster, Nachtigall.

† die Gálla, mit ll wegen des kurzen a, richtiger Gala, s. d.

der Gállapfel, —s, Pl. Gálläpfel : Laubapfel der Eiche.

Der Name erst im 16. Jahrh, früher Eichapfel, 1400 aichapfel (Pflan=
zengloffar, Gieß. Hs., Bl. 134ª), altclevisch (1475) eyckappel. Gall= hier
v. lat. die galla Gallapfel. S. auch Galle 2.

die Gälle, Pl. — n, mhd. die galle, ahb. gallâ, kallâ : grüngelbe
bittere Flüssigkeit in einer Blase des thierischen Körpers. Daher :
gallen, niederl. gallen, = der Galle benehmen; gällen, mhd.

gellen, = mit Galle mischen, verbittern; gällig (st. gällig, mhd. gellec). Zusammens. mit dem Gen. Sing. : gallenbitter, das Gallenfieber ꝛc. Hierher auch wol die Erbgalle, mhd. ërtgalle, ahd. ërtgallâ, das Tausendgülbenkraut, wegen der sehr bitteren Wurzel.

Ahd. kallâ, altsächs. galla, angelsächs. gëalla, altnord. das gall, stimmt lautverschoben zu den gleichbed. gr. die cholē ($\chi o \lambda \acute{\eta}$), lat. das fel st. hel (vgl. S. 381).

bie Galle, Pl. —n, mhd. galle, niederl. gal : geschwulstartige Stelle. In : bie Floß= ober Flußgalle, mhd. flôzgalle, Geschwulst über bem Knie am Hinterbeine bes Pferbes; bie Harzgalle = angesammeltes Harz zwischen ben Jahrwüchsen im Nadelholze; bie Steingalle = hühneraugenartige Stelle am Fuße bes Pferbes.

Aus franz. bie galo Krätze, ital. galla, span. agalla, = Geschwulst, Beule (am Pferbefuß), zunächst aber „Gallapfel" unb also eins mit lat. gálla Gallapfel (s. b.).

bie Galle, Pl. —n : Fehl, Mangel(?), in Rëgengalle = Stück Regenbogen; Wassergalle, = 1) Regengalle, 2) quellige Stelle im Acker; Winbgalle = Winb anzeigender, einer Regengalle ähnlicher heller Schein.

Altnord. der galli = Fehl, Mangel, Gebrechen.

gállen, gällen, s. Galle 1.

† bie Gallerie, Pl. — n (4sylbig), franz. bie galérie, ital. galería : Gitter= ober Geländergang; Säulengang; Gemälbesaal.

Mittellat. [wie noch span.] galeria = bedeckter Ort, zierliches Gebäude, urspr. wol Freudensaal, Festhalle, v. gala Gala (s. b.), zumal ba altfranz. galerie auch „Freudenfest" bebeutet. S. Diez Wtbch 161.

† bie Gallérte (é wie ä), Pl. —n : zu einer burchsichtigen schleimigen Masse eingebickter ober geronnener Saft von thierischen ober Pflanzenstoffen.

Zuerst bei Stieler (1691) Sp. 596 statt u. neben der noch bayerischen Form bie Gállret, spät-mhd. galrat (lib. ord. rerum v. 1429), galrêd, mhd. galreide, woneben auch gekürzt bie galrei, älter-nhd. Gallrep u. noch bei Stieler a. a. O. Gallerep. Aus bem Romanischen, wo auch galatina = Gallerte vorkommt.

† ber Gallimathías, wegen bes kurzen a statt Galimathías, s. b.

† bie Gallióne, Galliote, wegen bes kurzen a statt Galióne, Galiote. S. Galeóne, Galeóte unter b. W. Galeasse.

† bie Gallósche, Pl. —n : Überschuh.
Aus franz. bie galoche, v. lat. gállica Pantoffel (gallischer Schub).

bie Gállwëspe, Pl. —n : bie ben Gállapfel erzeugende Wespe.

ber Galmei, —es, Pl. —e : Kieselzinkspath.

Bei G. Agricola († 1555) Calmei; alfo G ftatt C. Mit dem im Romanifchen vorkommenden Übergange des lat. d in l (Diez I, 229) aus dem
gleichbed. lat.-gr. die cadmia, gr. kadmeia (καδμεία). Span. calamina.

† die Galóne, Pl. — n, aus franz. u. span. der galon, ital. gallóne,
v. gala Gala (f. b.) : Randfchnur, Borte, Treffe. Daher galo=
nieren, aus franz. galonner, ital. gallonàre, = mit Borten befeßen,
verbrämen.

der Galópp, — es, Pl. — e, das franz. der galop, ital. galóppo :
Sprunglauf des Reitthieres. Mit die Galoppáde [franz. galopade,
ital. galoppáta = Ritt im Galopp] = rafcher dem Springlauf ähn=
licher Tanz, von galoppieren, mhd. galopieren, aus franz. galoper,
ital. galoppàre eig. f. v. a. fich in Sprüngen fortbewegen.

Dieß galoper, galoppàre, ift, wie die provenzalifche Form galaupar deutlicher
zeigt, aus goth. gahláupan altfächf. gihlôpan b. i. ge-laufen = laufen (f. Lauf).
Mhd. fagte man ft. Galopp der walap (Parzivál 444, 12) und neben galopieren
auch walopieren (Iwein 2553), beide einem nordfranz. walop u. waloper mit w
ftatt g nachgebildet. S. Diez Wtbch 161 f.

die Gälze, der Gälzenleichter, f. Gelze.

der Gamánder, — s, Pl. wie Sing., Name verfchiedener Pflanzen.

Mhd. die gámandrê, altweftphälifch gammandere. Es ift das vielleicht in dem
Gedanken an mhd. der u. das gamen ahd. gaman = Luft, Freude, deutfch gebildete
ital. die calamandréa Bergißmeinnicht, franz. germandrée (woraus auch engl.
germander), welches, wie die fpan. Form der camedrío deutlicher zeigt, v. lat.-
gr. die chamædrys, gr. chamaídrys (χαμαίδρυς), woraus mittellat. auch camítrium,
camádreos ꝛc. wurde. S. Diez Wtbch 80. Doch findet fich bereits mittellat.
gamándrea (Sumerlaten 66, 27), wenngleich für eine andere Pflanze, nämlich die
Gundelrebe.

die Gamáfche, Pl. —n, aus franz. gamache. S. Kamafche.

† die Gámbe, Pl. —n : Kniegeige (mit den Knieen gehaltene Geige).

Aus ital. vióla di gamba. Ital. gamba, franz. jambe, altfpan. camba, =
Bein vom Knie bis zum Fuße, urfpr. Kniebug, Bug.

† die Ganáffe, Pl. —n : Unterkinnbacken des Pferdes.

Aus franz. die ganasse, ganache, ital. ganáscia, welches das Vergrößerungs-
wort von dem frühe entfchwundenen lat. géna Backe ift.

der Gánerbe (e vor r wie ä), Pl. — n : Miterbe einer Gemeinbe=
fißung mit dem Rechte zum Eintritt in die Verlaffenfchaft ausfterbender
Mitglieder. Nur noch herkömmlicher Ehrentitel. Daher die Gán=
erbfchaft.

Mhd. der gánerbe, ahd. kanarpo d. i. k'anarpo, denn im 9. Jahrh. geanervo
(Schilter, thesaurus II, 239ᵇ) d. i. Ge-an-Erbe (= Mitanerbe d. h. an den
mit Andern die Erbfchaft fällt), zufammengef. aus ka- ge-, ana an u. arpëo
Erbe, und alfo unverflößt u. urfpr. ahd. ka-ana-arpëo, ki-ana-arpëo, goth. ga-
anaarbja (?). S. Grimm's Rechtsalterth. 482. Das bloße „Miterbe" ift ahd.
geerbe (ka-arpëo), goth. gaarbja (Ephef. 3, 6), wörtlich lat. cohêres, cohæres
(vgl. ge-).

ganfen = ſtehlen. Daher : der Gánfer; die Gánfe = Diebin.
Jüdiſch-deutſch. Aus hebr. ganab (גנב) ſtehlen.

der Gang, —es, Pl. Gänge, mhd. der ganc, ahd. ganc, kanc, goth.
gaggs : Fortbewegung, urſpr. von lebenden Weſen; Raum der Fortbewegung. Daher : gángbar, mhd. gancbære; gänge, mhd. genge,
ſpät-ahd. kenge; gängeln [mhd. gangeln = umgehen, iſt hiervon
verſchieden], welches auf mhd. der gengel, ahd. gengil, kenkil, =
Gänger zurückgeht; der Gänger, mhd. genger, wofür ahd. einfacher
der kanko; gängig, mhd. gengic, ahd. kenkîc, in áb-, dúrch-
gängig.
  Aus der Präſentialform von gehen ahd. gangan, kankan, goth. gaggan.

die Gans, Pl. Gänſe, mhd. die gans, ahd. gans, kans, der bekannte
Schwimmvogel. Daher : der Gánſer (ſt. Ganßer, ſ. Anm.), üblicher Gänſerich (ſ. Anm.). Zuſammenſ. : die Gänſeblume =
die Maßliebe, welche auf den Wieſen zu blühen beginnt, wenn die
jungen Gänſe auf dieſelben getrieben werden [aber mhd. gensebluome
= ligústrum]; der Gänſefuß, mhd. gensevuoz, Pflanze mit ſpitz
ausgeſchnittenem, dem Fuße der Gans ähnlichen Blatte; das Gánsei;
die Gänſeweide (mhd. gansweide) ꝛc.
  Gans, ahd. kans, angelſächſ. gôs, altnorb. gás, ſtimmt lautverſchoben mit
lat. anser (ſt. hanser, vgl. S. 381), gr. chēn (χήν), poln. ges', ruſſ. gus', böhm.
hus, fanſtr. hamsa (Schwan). Der neben Gans aus kam(-s) = χήν =
am(-s-er) direct abgeleitete Name des Männchens Ganſer wurde im 16. Jahrh.
mit Recht noch Ganſer geſchrieben, denn mhd. lautete er der ganzer, ganzer; üblicher
aber war im Mhd. die einfachere u. ältere Form der ganze [unſer Familienname
Gans, Ganß], ahd. ganzo, gánazo, gánazzo (z oder z?), goth. gánatja (?)
b. i. gan-at-j-a, nieberd. gante, neunieberl. der gent, mittelnieberl. ghent, welche
ſtimmt zu dem in das Lateiniſche aufgenommenen die ganta Gans bei Plinius
(hist. nat. 10, 22), provenzaliſch ganta, ganto, = wilde Gans, Kranich, Storch,
altfranz. gante, gente. Gänferich iſt nhd. Zuſammenſ. mit -rich (ſ- b.) =
Herrſcher, Oberer. Als deutſcher Name der potentilla aber ſcheint dieſes Wort
mittelſt Ausſtoßung des r nach G aus Grénferich (b. Lonicerus), Grenfing, mhd. grensich, entſtanden, und ſchon ahd. findet ſich gensinc (Graff IV,
220) neben grensinc. An die Gans ließ ſich dann bei dem Namen um ſo eher
benfen, als die Pflanze beſonders Gänſeweiden liebt, wo der Gänſekoth andre
Pflanzen austilgt. Zubem heißt die potentilla anserina im Franz. bec d'oie =
Gänſeſchnabel, im Ital. piè d'oca = Gänſefuß. S. auch Grenfing.

die Gant, Pl. —en : gerichtlicher Verkauf an den Meiſtbietenden. ver-
gánten = auf offener Gant verkaufen.
  Mhd. die gant, aus dem gleichbed. franz. l'encant, ital. il incánto, b. h.
eig. für wie viel? wie hoch? v. lat. in quántum. Das davon abgeleitete
Verbum iſt franz. encanter, ital. incantáre, = verganten.

ganz, mhd. ganz, ahd. ganz, kanz (als Abb. kanzo) : unverletzt,
ungetheilt, unverkürzt. Daher gänzen, mhd. genzen, = "ganz

machen«, in ergänzen. Zusammenf. : die Gänzheit, mhd. ganzheit; gänzlich, mhd. genz-, ganzlich (als Adv. ganz-, genzliche).

Ganz Auge = aufschauend, ganz Ohr = aufmerksam, stehen als Verbindung
adjectivisch. — Abb. kans beb. bei *Otfried* u. *Notker* „gesund" u. lautet mittelniederl. u. altfries. gans, nicht, wie erwartet werden müßte, gant. In allen
andern deutschen Mundarten fehlt das dunkle Wort.

die Gänz ober Genz, = ganzes, festes Gestein. Im Bergbau.

Schmeller II, 59. Also wol mhd. bie genze ahd. ganzi Ganzheit?

gar, mhd. gar, gare, ahd. garo, karo, altsächs. garu, angelsächs.
gëaru, Adj. : bereit, bereit gemacht, fertig; [im Mhd. dann weiter :]
vollständig, völlig fertig gekocht; gegerbt. Als Adv. : mhd. gar, gare,
ahd. karo, kárawo, altsächs. garo : vollends. Vgl. gerben.

† der Garánt, —en, Pl. —en, das franz. der garant : Gewährsmann,
Bürge. Daher : die Garantie, Pl. —n (4sylbig), das franz. die
garantie, = Gewährleistung, Bürgschaft; garantieren, aus franz.
garantir, = Gewähr leisten, bürgen, wofür haften.

Jenes franz. garant lautet span. garante, ital. guarénto, mittellat. warens,
aus dem Part. Präs. v. ahd. wёrёn gewähren (s. d.): ahd. wёrёnt, als Subst.
altfries. der werand, warend, = Gewährsmann.

ber Gáraus, ohne Biegung : völliges Ende. Vgl. gar.

Schon im 16. u. 17. Jahrh., z. B. bei Alberus der garauß. Niemals
das Garauß, obgleich sonst substantivisch gebrauchte Partikeln sächlich sind.

die Gárbe, Pl. —n : Getraidebund.

Mhd. die garbe, ahd. garba, karpa, altsächs. garva d. i. garba.

die Gárbe, Scháfgarbe, Pl. —n, bie Pflanze millefólium.

Mit Verstärkung des w zu b (s. S. 89); denn mhd. die garwe, ahd. garwâ,
gárawâ, kárawâ. Verschieden von dem vorigen Garbe.

die Gárbe, Pl. —n : Schutz-, Leibwache. Das franz. bie garde, ital.
u. span. guardia, aus ahd. bie warta in der Beb. „Wache." S.
Warte.

† die Garderóbe, Pl. —n : Kleiderkammer, -schrank, -vorrath.

Franz., zusammenges. aus dem Imp. garde = bewahre! hebe auf! u. dem
Acc. Sing. des Substantivs die robe, ital. roba, = Kleid, Geräthe, urspr.
(mittellat. rauba) Kriegsbeute, Raub, v. ahd. der roup Kriegsbeute, erbeutete
Rüstung, altsächs. das giröbi, welches dasselbe u. Gewand bedeutet.

† die Garbíne, Pl. —n : Bett=, Fenstervorhang.

Altclevisch (1475) gardyn, aus ital., span., mittellat. (um 600) cortina, =
Vorhang, Bettvorhang, welches eins mit dem classisch-lat. cortina = Rundung,
Kreis, ist.

† der Garbíst, —en, Pl. —en, v. Garbe (s. b.) : Leibwächter.

die Gáre, Pl. —n : Garsein b. h. Zubereitetsein woburch.

der Gárloch. bie Gárküche = Küche, in welcher bie Zubereitung ber
Speisen (s. gar) als Gewerbe betrieben wird.

gaten aus gegaten (ahd. kakatôn?). Jenes der gegate aber ſeßt ein ahd ki-, kakato voraus, welches das altſächſ. der gigado = Seinesgleichen, angelſächſ. gegada Genoſſe iſt und urſpr. als ſchwache Form des ahd. Adj. gegat = wozu paſſend (*Notkers aristotel. Abhandl.* S. 44, 72. 73), eig. verbunden, erſcheint. Wurzel des gat dürfte ein goth. Verbum gídan (Prät. ich gad, wir gêdum, Part. gídans) = binden (?) ſein. S. Grimm II, 51.

das **Gátter**, —s, Pl. wie Sing.: verſchränkte Stäbeverbindung. Daher: **gáttern** = [mhd. gáteren] mit einem Gatter verſehen; (durchs Gatter ſpähend) belauern. S. **aus-**, **ergattern** u. vgl. **Gitter**.

Mhd. ſagt man der u. das gater, ahd. der kataro, = als Thür, Schranke, Zaun verſchränkt verbundene Stäbe. Aus gleicher Wurzel mit **Gatte**.

die **Gáttin**, die **Gáttung** (ſchon im 16. Jahrh.), ſ. **Gatte**.

gátzen, **gátzen**, vom Schreien der Hühner nach dem Eierlegen.

Bei Hans Sachs (1612) V, 3, S. 36ᵃ; 1429 gaizgen (Schmeller II, 88). Aus mhd. gagzen (ſ. gackſen), wie mhd. blitzen blitzen aus bliczen.

der (beſſer das) **Gau**, — es, Pl. — e (ungut auch ſchwach — en): abgegränztes Landgebiet, Landesabtheilung.

Unſer unumgelautetes **Gau** iſt aus mitteld. das gou, gouwe, während aus der mhd. Form das geu, göu, göuwe, ahd. das gouwi, gowi, gawi, goth. das gavi, das eigentlich hochdeutſche, allein jetzt nur noch landſchaftlich oberdeutſche das **Gäu** hervorgieng. Die erſte Bed. des Wortes, das lautverſchoben mit gr. die chthôn (χϑών) Erdboden, Land, zu ſtimmen ſcheint [vgl. geſtern = gr. χϑές], iſt die des platten Landes im Gegenſatze zu Gebirge oder Stadt.

der **Gauch**, —es, Pl. — e: einfältiger dummer Menſch.

Mhd. der gouch, ahd. gouch, gouh, kouch, goth. gáuks (?), angelſächſ. geác, altnord. gaukr, = Kukuk, dann ſchon ſpäter-ahd. ſ. v. a. Thor, denn den alten Deutſchen galt der Kukuk, wie der Affe (vgl. äffen), Bock, Eſel, Ochs, die Gans und der Häher, für ein dummes Thier. Nach Laut und Bed. ſtimmt das Wort zu lat. der cúcus = Kukuk u. Thor.

das **Gauchheil**, —es, Pl. — e: die Pflanze anagállis.

Der Name, weil man dem Kraute Kraft beilegt, den Wahn- und Blödſinn (vgl. **Gauch**) zu heilen. S. Grimm's Geſch. d. deutſch. Spr. 204.

der **Gaudieb**, —es, Pl. — e: liſtiger, verſchlagener Dieb.

Schon im 17. Jahrh. aufgenommen aus niederd. gaudêf, niederl. gaauwdief, zuſammengeſ. mit niederd. gau, niederl. gaauw = geſchwind, hurtig, gewandt.

das **Gaukelbild**, mhd. goukelbilde (Bild, das ein Gaukler in einem Spiegel erſcheinen läßt, triegeriſches Bild). die **Gaukelei**, Pl. —en, mittelniederl. gokelie. der **Gaukeler**, —s, Pl. wie Sing., mhd. gougelære, goukelære, ahd. gougulari, goukelari, koukalari, mit **gaukleriſch**. **gaukelhaft**. **gaukeln**, mhd. gougeln, goukeln, ahd. gougolôn, goukolôn, koukalôn, = Zauberei, triegeriſches Blendwerk treiben oder machen, dann im Mhd. auch: ſich närriſch, poſſenhaft, oder leicht, ſchnell und ſpielend hin und her bewegen.

Alle zuſammengeſetzt mit oder abgeleitet von ahd. das gougal, goukil, koukal, mhd. gougel, goukel, neub. **Gaukel**, altnord. kukl, = Zauberei, Zauberſpiel,

triegerifches Blendwerk; [im Mhd. dann auch :] närrifches Wefen, Poffen, welches Wort wol entlehnt ift aus lat. caúcus = Becher (für scyphus), Weiffage-,
Zauberbecher, wovon 1) das Dim. caúculus, = Zauber-, Liebesbecher, an das
fich jenes ahd. koukal, urfpr. koukul, — u. dann 2) die Ableitung cauculárius
cocleárius, an welche fich unfer ahd. gougulari [mit romanifchem g ftatt lat.
c?] coucalari, goculari, anfchließt. Vielleicht auch daher böhm. kauzlo
Zauber, kauzliti zaubern, poln. gusla Zauber, guslarz Zauberer. Weiffagung aus
Bechern aber kommt fchon 1 Mof. 44, 5 vor. S. Grimm's Mythol. 990.

der Gaul, —es, Pl. Gäule : ftarkes Pferd.

Bei Lichtwer (Fabeln 1, 5) der Pl. biftorifch richtiger ohne Umlaut die
Gaule. — Im voc. theut. v. 1482 Bl. k 3ᵃ gaul = fchlechtes Pferd, im über
ord. rerum v. 1429 Bl. 14ᵈ gaul = Befchäler, ebenfo aus dem 15. Jahrh. in
Mone's Anzeiger VIII, 104, 85 gawl. Das feltenere mhd. Wort der gûl,
welches den Eber und auch das Ungeheuer bedeutet, gieng alfo mit dem 15.
Jahrh. beftimmt auf das Pferd über. Die Ableitung ift dunkel und an Entwickelung aus bäurifch-lat. caballus (f. Cavallerie) nicht zu denken.

der Gaum, —en (unrichtig — es), Pl. —en, üblicher der Gaumen,
—s, Pl. wie Sing. : die als Gefchmacksorgan geltende obere Wöl-
bung im Munde.

Gaum ift gekürzt aus Gaume und wird aus Unkenntniß im Sing. auch ftark
gebogen, z. B. „Lechzend hing die Zung' am Gaum" (Bürger, b. hohe Lied 6).
Das Wort biegt eben fo fchwach, wie Bär, Fürft ꝛc. Der Gaume oder, wie
wir jetzt fagen, Gaumen aber ift aus einem mitteldeutfchen der gûme (= ahd.
giumo) oder eher, wie das im voc. incip. teut. ante lat. verzeichnete, auch bayerifche
Gâm = Gaum (Schmeller II, 47) zeigen dürfte, aus dem mhd. goume, welches neben der üblichen mhd. Form guome (mittelb ebenfalls gûme i. b. Marienlegenden S. 81, 100. 162, 290), älter-nhd. gume (b. Luther Hiob 29, 10),
vorkommt, und fchon Alberus i. f. Dictionarium hat gaum neben gum,
ghum. Ahd. : der giumo, kiumo (gl. fuld. 195ᵃ); goumo, kaumo (Diut. I,
533ᵃ); guomo, kuomo, kômo, goth. gôma (?), angelfächf. gôma, altnord. (ftark)
gômr. Ob mit ableitendem m von dem mit gähnen (f. b.) wurzelhaften ahd.
giwên, gëwôn, = den Mund auffperren, gähnen? Dann wäre für ahd. guomo
goth. gôma (? ft. gôjama), wie für goumo, zunächft ein ahd. Verbum gouwôn
(goth. gáujôn?) vorauszufetzen (f J. Grimm in Haupt's Zeitfchr. VI, 542).

der Gauner, —s, Pl. wie Sing. : liftiger Betrieger. Daher : die
Gaunerei, Pl. —en; gaunerifch; gaunern.

Früher Zauner (Pürfchordnung v. J. 1722 in Stiffer's Forft- u. Jagd-
biftorie, Beilagen S. 115). B. rothwelfch jonen, b. Sebaftian Brant (1494)
junen [jûnen?], = fpielen (Weimarifches Jahrb. I, 334, 44. 335), welches
aus hebr., chaldäifch u. rabbinifch jana (יָנָה, b. den Juden jono gefprochen) =
Gewaltthätigkeit üben, übervortheilen, betriegen, überliften.

gauzen = bellen; [bilblich :] fcheltend anfahren.

Bei Alberus gauzen. Mhd. gouwezen(?), welches mittelft -ezen ahd. -azan
von ahd. gouwan (?), altnord. geya bellen. Zufammenhangend mit ahd. gëwôn
= das Maul auffperren, gähnen (f. Gaum).

† die Gaze (fpr. gas'), Pl. —n : Flortuch, Schleierzeug.

Das franz. die gaze, span. gaza, benannt nach der Philisterstadt Gaza in Paläſtina, woher das Zeug bezogen wurde. S. Diez Wtbch 641.

† die Gazélle (é wie ä), Pl. —n: Hirſchziege, eine Art der antilope. Das franz. die gazelle, span. gazela, v. arab. gazâl junge Gazelle.

ge=, unbetonte, untrennbare Partikel in Zuſammenſetzungen vor Sub= ſtantiven, Adjectiven und Verben. Sie lautet mhd. ge-, auch noch gi-, ahd. ga-, gi-, gë-, ka-, ki-, kë-, goth. ga-, und hilft vor Sub= ſtantiven zugleich mit ſchwacher Form derſelben perſönliche Geſell= ſchaftsbegriffe [z. B. Gefährte, Gemahl, Geſelle, Geſpiele ꝛc.], vor perſönlichen oder ſächlichen Subſtantiven, zugleich mit der Ableitung -i im Ahd., ſächliche Sammelwörter (Collective) bilden [z. B. Gebälk, Gebein, Gebirge, Gebüſch ꝛc.], wogegen die Partikel vor ſolchen Sub= ſtantiven, die aus Verben hervorgegangen ſind oder hervorgehen, oft faſt bedeutungslos ſcheint [z. B. Gebiet, Gebiß, Gebot, Geburt, Gebund, Geſang, Glaube ꝛc.; Gebettel, Gebrüll, Gedicht, Geflimmer ꝛc.]. Die Adjectiva mit ge= entſpringen theils aus Subſtantiven mit dem Be= griffe des Zueigenſeins [z. B. gelenk, gemuth, geſchlacht ꝛc.], theils aus Verben [z. B. gemach, geſchwind, genehm, gefüg ꝛc.]; theils iſt ge= conſonantiſch abgeleiteten Adjectiven vorgetreten [z. B. gerecht ꝛc.]. Vor Verben drückt ge= zunächſt ſtärker oder ſchwächer ein Mit, Zu= ſammen aus [z. B. gefrieren, gerinnen, geſtehen ꝛc.], woran ſich dann die Bezeichnung des Zuneigenden, Anhaltenden, Dauernden, Ruhigen, Behagenden knüpft [z. B. gelangen, geliegen, geſchweigen, gerathen ꝛc.], die jedoch in manchen Verben zu der einer bloßen Beziehung auf die andere Perſon ꝛc. übergeht [z. B. gebahren, gebieten, gebrauchen, ge= fallen ꝛc.]. Wenn endlich bis auf worden, dann einige alterthümlich geſetzte Formen wie blieben, funden u. dgl. und viele zuſammenge= ſetzte Verben unſere Participien des Präteritums ge= führen, ſo liegt dieß in der Bezeichnung der Dauer und Vergangenheit, welche ge= mittheilt. Urſprünglich freilich kam dieß Participium mit ge= nur denjenigen Verben zu, welche überhaupt damit zuſammengeſetzt waren; allgemach jedoch und zwar bereits im Ahd. gewöhnte ſich die Sprache, auch das Part. einfacher Verben mit dem ge= zu verſehen, um den Be= griff des Vergangenen deutlicher vorwalten zu laſſen. Übrigens dürften einige ſchwache Participien nur anſcheinend aus Verben entſprungen ſein, vielmehr auf Subſtantive zurückgehen, z. B. geſtirnt, welchem Geſtirn ahd. gistirni zu Grunde zu liegen ſcheint. — In manchen Wörtern erſcheint ge= vor Vocalen oder l, n, r, zu bloßem g gekürzt und zwar ſchon im Mhd. S. Ganerbe, Glaube, gleich, Glück, Gnade, grob, gönnen, Gunſt ꝛc.

Urſprünglich war die Partikel trennbar und lautete im Ahd. ha-, hi-, hë-, wie ſie auch in einigen Zuſammenſetzungen nachweislich wirklich vorkommt

(f. Graff IV, 10. 13). Sie entspricht deutlich nach dem Lautverschiebungs-
gesetze dem lat. co- con- (b. i. cum gr. ξύ, ober σύν) = mit, zusammen. S.
Grimm's Gramm. II, 751 ff.

das Geäder, —s, ohne Pl. : Gesammtheit der Adern.

das Geäß (ä lang), —es, Pl. —e : Nahrung des Wildes. V. Aaß.

gebähren (b. Göthe) und sich gebähren = sich auf eine Art und
Weise in äußerlichem Erscheinen zeigen.

> Ebensowol ohne das unnöthige dehnende h zu schreiben, wie gebären. Mhd.
> gebáren, ahd. gebárôn, kipârên, mittelniederl. ghebaren, mit dem hier Beziehung
> auf die wahrnehmende Person bezeichnenden ge-. Mit mhd. der gebâr = die
> Art und Weise, wie sich etwas zeigt, und andern Wörtern (s. Geberde) in
> dem einfachen bâr aus der Form des Pl. Prät. v. ahd. përan tragen (s. ge-
> bären).

das Gebände, —s, Pl. wie Sing., das Collectiv von das Band.

> Mhd. das gebénde, ahd. gibendi, kipenti, welches insbesondere den aus
> mehr als einem schápël b. h. einem Kranze von natürlichen oder künstlichen
> Blumen oder Blättern bestehenden Kopfschmuck der Jungfrauen oder verheirate-
> ten Frauen bedeutet, weshalb noch wetterauisch mit Schappel und Gebende
> = mit allem, mit der gesammten Habe.

die Gebärde, gewöhnlich, auch bei Adelung, Geberde, f. d.

gebären, Präf. ich gebäre, du gebierest, gebierst [b. Luther gebirst],
er gebieret, gebiert, wir gebären ꝛc., Prät. ich gebár (Conj. gebäre),
Part. geboren, Imp. gebier : zur Welt bringen. Daher : die Ge-
bärerin, f. Anm.

> Im Präf. u. Inf. ä statt ë (f. S. 1). Mhd. gebërn, ahd. gi-, gabëran, ki-,
> kapëran, goth. gabaíran, = ein Kind, ein Junges zur Welt bringen, so-
> wol von der Mutter als auch vom Vater, von welchem jetzt zeugen gesagt
> wird; endlich f. v. a. „hervorbringen" überhaupt. Dasselbe bedeutet aber auch
> das einfache mhd. bërn, ahd. bëran, përan, goth. baíran, welches zunächst f. v.
> a. tragen, dann (tragend) bringen u. f. f. ist und lautverschoben mit lat. fërre
> tragen, bringen, gr. phérein (φέρειν) tragen, sanskr. bhri (bhṛ) tragen, nähren,
> slaw. brati tragen (beru ich trage), stimmt. Die Biegung dieses ahd. përan
> neub. bä̆ren und also auch des zusammengesetzten kapëran gebä̆ren ist stark :
> Präf. ich piru, du piris, er pirit, wir përamês ꝛc.; Prät. ich par, wir pârumes,
> Part. poran, Imp. pir; — im Goth. Präf. ich baíra, Prät. ich bar, wir bêrum,
> Part. baúrans. Aus der Präsentialform des Wortes kommt Bärme, aus der
> Form des Sing. Prät. entspringen mhd. der barm ahd. param goth. barms =
> der (tragende) Schoß [f. barmherzig, erbarmen], mhd. das barn ahd. parn goth.
> barn = Kind b. i. das Geborene, im Mutterschoße Getragene; aus der Form des
> Pl. Prät. -bar, die Bahre; aus der Participialform gebühren, por in empor
> mit Bürde, und mittelst eines ableitenden t bürtig, Geburt. — Für Ge-
> bärerin hat das Mhd. nur die einfache Form die bæerinne, richtiger die
> bërerinne, und so stünde auch hier im Nhd. ä statt ë.

die Gebärmutter = Fruchtsack der Beckenhöhle.

> Gewöhnlich bloß Bärmutter (f. d.). Mit ä statt ë, f. gebären.

das Gebäu, —es, Pl. —e, mhd. das gebiuwe, mittelb. gebû, gebûwe, ahd. gebiuwe b. i. kipiuwi, wofür jetzt üblicher das Gebäube, —s, Pl. —e, mittelb. das gebûde (*Jeroschin* 154), ahd. kapûid (*hymn.* 11, 2, 1) b. i. kapûidi, = kunstgerecht Aufgebautes.

> Beide Wörter von bauen ahd. pûan und zwar Gebäube mittelst der ahd. Ableitungssylbe -idi, goth. -iþi, also verschieden von ahd. die gebûeda, gebiuweda, kipûwida, = Wohnung.

der Gebauer, mhd. der gebûr. Nur noch Familienname. S. der Bauer 2.

gébe (e wie ä) = als bargegeben annehmlich.

> Üblicher als gäbe und mit e statt ä wie genehm, angenehm, annehmlich st. genäm ꝛc. Mhd. gæbe = annehmbar, lieb, gut, aus dem Pl. Prät. (mhd. wir gäben ahd. kâpumês) v. geben.

das Gebein, —es, Pl. —e : Gesammtheit von Knochen (Beinen).

> Urspr. das Gebeine, mhd. das gebeine, ahd. gibeini, kapeini.

das Gebélfer = anhaltendes Belfern. Falsch Gepélfer.

das Gebéll, —es, eig. Gebélle, —s, ohne Pl. : wiederholtes Bellen.

> Nhd. Bildung. Im Mhd. würde das gebille stehen.

gében, Präs. ich gébe, du gibest, gibst, er gibet, gibt (ungut giebst, giebt), wir gében ꝛc., Prät. gab (Conj. gäbe), Part. gegében, Imp. gib (ungut gieb) : zu Annahme, Empfang bieten.

> Das zuerst im 16. Jahrh. und zwar halb futurisch auftauchende unpersönliche es gibt mit dem Acc. der Sache bed. : es wird werden, dann es ist oder sind vorhanden. — Mhd. gében, ahd. géban, këpan (Präf. ich kipu, du kipis, er kipit, wir këpamês ꝛc., Prät. ich kap, wir kâpumês, Conj. ich kâpi, Part. këpan, Imp. kip), goth. giban (Prät. ich gaf, wir gêbum, Part. gibans), angelsächs. gifan, altnord. gefa. Das Wort stimmt nach J. Grimm (über schenken und geben S. 25 ff.) lautverschoben zu gr. chéein (χέειν, st. χέϝειν?) = gießen und schritt also von dem entschwundenen ursprünglichen Begriffe des Eingießens zu dem des Darreichens des Trunkes und sofort zu dem abstracten, in welchem es unsere Sprache verwendet, woneben dann diese im Mhd. noch ein schwaches gében, ahd. gëbôn, gëbên, = begaben, beschenken, hatte. Gleicher Begriffsübergang zeigt sich deutlich bei schenken (s. b.), ähnlicher in gr. propínein (προπίνειν) = einem vortrinken, darreichen, schenken, und unserm gibt, gäbe steht *Diut.* II, 353ᵃ u. 352ᵇ bezeichnend ahd. nimit (nimmt) = „schöpft" u. nâmi (nähme) = „schöpfete" gegenüber. Die Wurzelverwandtschaft mit gießen stehe bei diesem Worte.

der Géber, —s, Pl. wie Sing. : wer gibt.

> Mhd. der gëber, ahd. kë̂bari. Sonst mhd. der gëbe, ahd. këpo.

die Gebérde (é wie ä), Pl. —n : Art wie jemand sich äußerlich zeigt in Bewegung und Handlung. Daher : sich gebérden; gebérdig in der Zusammensetzung úngeberdig.

> Schon bei Luther (1 Mos. 4, 5. 6) geberde mit e statt æ; doch bei Bielen auch noch jetzt Gebärde geschrieben. Mhd. die gebærde = Art, wie jemand sich im äußeren Erscheinen darbietet, sein äußerlich sichtbares Benehmen, ahd.

gibᾱrida, kapᾱrida. Auch einfach, aber selten mhd. die bærde, ahd. pᾱrida. Mittelſt -be, ahd. -ida, nebſt mhd. das gebære u. gebᾱre ahd. gebᾱri = Ausſehen (in Bewegung und Handlung) und gebahren (ſ. b.) aus dem Pl. Prät. von ahd. përan = tragen (ſ. gebären). S. Grimm's Gramm. II, 402.

das Gebét, —es, Pl. —e : Bitte, Rede an ein höheres Weſen.

Bei Alberus einmal auch mit ä ſtatt ë gebäth. Mhd. das gebë't, ahd. gibë't, kapët, deſſen einfaches das pët (Kero 13) mit ahd. die pëta Bitte (ſ. b.) von pit goth. bid in ahd. pittan (b. pit-j-an) goth. bidjan bitten (ſ. b.).

das Gebéttel, —s, ohne Pl. : wiederholtes Betteln.

das Gebíck, —es, Pl. —e, mhd. das gebicke (Grimm's Weiſth. I, 488) : zur Schutzwehr gegen den Feind angelegte, dicht verwachſene hohe Hecke. V. mhd. bicken ſtechen?

das Gebíet, —es, Pl. —e, mhd. das gebiete Befehl (Benecke-Müller I, 187 b) : Bereich des Befehlens. Mit der Gebíeter, mhd. ge-bietære, den davon abgeleiteten die Gebíeterin, mhd. gebieterîn, gebieterinne, und gebieteriſch von gebieten, Prät. gebót (Conj. gebóte), Part. gebóten, Imp. gebíet (gewöhnlich, aber ungut gebiete) : wozu hin ſeinen Willen bieten, zur Befolgung nöthigend ſeinen Willen kund thun.

Im Präſ. auch alterthümlich du gebeutſt, er gebeut, und im Imp. gebeut, ſtatt du gebieteſt, er gebietet, gebiete. Mhd. gebieten, ahd. gibiotan, kapëotan, kapiotan (Präſ. ich kapiutu, Prät. ich kapôt, wir kapútumês, Part. kapótan, Imp. kapiut), = zu — hin, an-, entbieten, zur Befolgung nöthigend entbieten. Zuſammengeſ. mit bieten, ſ. b.

das Gebílde, —s, Pl. wie Sing. : zuſammengeſetztes Bild.

Mhd. das gebilde (auch = Gleichnißbild), ahd. kebílide (Graff III, 99).

das Gebírg, —es, Pl. —e, eig. Gebírge, —s, Pl. wie Sing. : Ge-ſammtheit von Bergen. Daher : gebirgig.

Falſch Gebürge. Mhd. das gebirge, ahd. gibirgi, kapirgi, v. Bërg.

das Gebíß, —ſſes, Pl. —ſſe : Mauleiſen des Zaumes; Werkzeug zum Beißen.

Hiſtoriſch-richtig überall ß ſtatt ſſ. Mhd. das gebiz, ahd. gibiz, kapiz, in der erſten Bed., aber auch einmal vom ſtechenden Schmerze des Geiſelhiebes (Graff III, 231). Aus dem Pl. Prät. (ahd. wir kapizumês) v. mhd. gebîzen ahd. kapizan b. i. neuh. gebeißen = anbeißen.

das Gebláſe, —s, Pl. wie Sing. : die Blaſebälge eines Ofens.

geblúmt, mhd. geblüemet, = mit Blumen geſchmückt.

Part. Prät. v. älter-nhd. blúmen, mhd. blüemen.

das Geblút, — es, ohne Pl. : [mhd. das geblüete] Geſammtheit des Blutes im Körper; Blutsverwandtſchaft.

das Gebót, —es, Pl. —e : Willenserklärung zur Befolgung.

Mhd. das gebot = Angebotenes wie Befohlenes, ahd. gibot, ki-, kapot. Aus der Participialform von gebieten, ſ. b.

das Gebräu, —es, Pl. —e : auf Einmal Gebrautes.

der Gebrauch, —es, Pl. Gebräuche, ſtatt des nur noch alterthümlichen der Brauch (ſ. b.). Damit zuſammengeſetzt gebräuchlich. Von gebrauchen, mhd. gebrûchen, ahd. ki-, kaprûhhan, = in beſtimmter Beziehung brauchen.

> Mhd. gebrûchlich = „genießend" iſt mit dem Verbum zuſammengeſetzt.

das Gebräube, —s, Pl. wie Sing., was Gebräu (ſ. b.).

> Mittelſt -be, ahd. -idi, v. oberd. breuen brauen (ſ. b.).

das Gebrëche, —s, Pl. —e, mhd. das gabrë́che : hörbares Brechen; [weidmänniſch] von Wildſchweinen umgebrochener Boden. Mit das (ſt. der) Gebrechen, —s, Pl. wie Sing., b. Klopſtock Gebrëch, mhd. der gebrëche, = fühlbarer Mangel, von gebrechen, deſſen Biegung ſich aus der des einfachen brëchen ergibt.

> Mhd. gebrëchen = abbrechen, brechen; Abbruch, fühlbaren Mangel woran haben. Ahd. gibrëchan, kaprëhhan, = an-, abbrechen, entziehen.

das (ſt. der) Gebrëſten, —s, Pl. wie Sing. : das Gebrechen; der Braſt.

> „Auf deinem Herzen drückt ein ſtill Gebreſten" (Schiller's Tell 1, 2). Eig. der Gebrëſte, mhd. der gebrëſte = fühlbarer Mangel (wie Gebrechen, ſ. b.), ahd. kaprëſto (? nur das einfache brë́ſto findet ſich). Nicht v. mhd. gebrëſten, ahd. gibrëſtan, kaprëſtan, = fühlbaren Mangel woran haben, ſondern zuſammengeſ. mit jenem von dem einfachen prëſtan unſerm bërſten (ſ. b.) abgeleiteten ahd. der brëſto Mangel. Vgl. auch Braſt.

das Gebrüll, —es, ohne Pl. : wiederholtes Brüllen.

> Eig. Gebrülle. V. brüllen (ſ. b.), wofür im Mhd. brüelen vom Ochſengeſchrei (Konrads Trojanerkrieg, Straßb. Hſ., Bl. 172ᵃ im Reime auf erkülen erkühlen).

die Gebühr, Pl. — en, wofür mhd. das gebür = was ſich gebührt. Mit der Zuſammenſ. gebührlich von gebühren = als angemeſſen zukommen. Reflexiv u. unperſönlich : es gebührt ſich.

> Beſſer ohne h, wie Luther ſchreibt, gebüren. Das drittperſönliche mhd. gebürn = mit Beziehung auf jemand ſich erheben, widerfahren, zukommen, als angemeſſen zukommen, ahd. giburren, kipurjan, = zukommen, als angemeſſen zukommen, ſich ereignen. Auch ſchon im Mhd. ez gebürt ſich = ereignet ſich (eig. tritt hervor). Das einfache bühren mhd. bürn ahd. pur-j-an ſ. unter dem Wort Bürde.

die Geburt, Pl. — en : das Zurweltbringen; das Zurweltgebrachte. Daher : gebürtig = örtlich herſtammend. Zuſammenſ. : das Geburtsfëſt, -land, der Geburtstag (ſ. Anm.) ꝛc.

> Mhd. die geburt, ahd. giburt, ki-, kapurt, zuſammengeſ. mit dem gleichbed. mhd. die burt, ahd. burt, purt, welches mittelſt -t v. der Participialform v. ahd. përan (ſ. gebären). Ebenſo mhd. gebürtec ahd. gipurtig gebürtig neben mhd. bürtec ahd. burtig bürtig (ſ. b.). Auch unſre Zuſammenſ. der Geburtstag lautet mhd. der geburttac ahd. kipurtitac neben ahd. burttac d. i. púrtitac; s aber iſt hier für den erloſchenen Zuſammenſetzungsvocal i eingetreten.

das Gebüſch, —es, Pl. —e : Geſammtheit von Büſchen.

der Gëck, —en, Pl. —en : alberner eingebildeter, gefallfüchtiger Mensch.
gécken = empfindlich zum Besten haben; géckisch. Uneigentliche
Zusammens. : géckenhaft.

Im 15. Jahrh. der gëck (v. d. Hagen's literar. Grundriß S. 420. *Alsfelder
Passionsspiel* 68*) gëcke (*voc. theut.* v. 1482 Bl. k 5*. *Eberhart Windeck's
spottgedicht v. J. 1429 auf die alten Adelsgeschlechter zu Mainz* Bl. 1*, Darmstädter Hf.), = Spötter, Täuscher, Thor, mittelb. gëc Thor, alberner Mensch
(*Jeroschin* 154), altclevisch (1475) gheck Thor, älterniederl. gheck (*Pelegromii
synonymorum sylva v. J.* 1546 Bl. G 5*), neun.niederl. gek, = närrischer, possenhafter Mensch. Mit spät-mhd. gecken neckend, spottend plagen (*voc.* v. 1419.
voc. theut. v. 1482), älter-niederl. ghecken narren, d. i. unferm gécken, dann dem
mittel-niederd. geklik närrisch (*Rein. Vos* 2144) u. geckisch (*voc. theut.* Bl. bb 4*)
von dem Adj. geck (*voc. ex quo* v. 1469) thöricht, närrisch, neun.niederl. gek.
Das Wort ist ursprünglich niederdeutsch und niederländisch und scheint verwandt
mit mhd. der giege Narr, woher auch gtegen äffen.

das Gebáchtniß (eig. Gebáchtnis) —ffes, Pl. —e, bei Fischart
die Gebáchtnuß : das Denken woran;· Fähigkeit im Geiste festzu-
halten.

Mhd. das gedæhtnis, mittelb. gedêchtinisse (*voc. ex quo* v. 1469) gedêhtnisse,
= Andenken, woneben ahd. die kithêhtnissi Andacht, Gelübbe (*gl. jun.* 257).
Mit unorganischem n von gebácht ahd. kidáht, bem Part. Prät. v. gebénken
ahd. kidénchan.

gebáckt, von Orgelpfeifen-: mit einem Deckel bebeckt.
Mhd. gedáct, das rückumlautende Part. Prät. v. becken, st. gebeckt.

der Gebánke, — ns, Pl. — n : mit Urtheil verbundene Vorstellung.
Eig. Gebánk, mhd. der gedank, ahd. gidanch, ki-, kadanc, **kadanch** (Pl.
kadanchâ d. i. Gebanke). Zusammengef. mit dem gleichbeb. mhd. der danc ahd.
danch (f. Danc) v. benken.

das Gebárm, —es, Pl. —e, eig. das Gebárme, —s, Pl. wie Sing.,
ahd. gi-, kadármi, mittelb. (mit i statt e) gedirme : Gesammtheit
der Därme des Körpers.

das Gebáck (é wie ä), —es, Pl. —e : das vollständige Tischzeug.

gebeihen, Prät. gebieh (Conj. gebiehe), Part. gebiehen, Imp. gebieh
(gewöhnlich ungut schwach gebeihe) : vorwärts, in einen Zustand, besonders einen vollkommneren kommen. Zusammens. : **gebeihlich.**

Mhd. gedîhen (Prät. ich gedêch, wir gedigen, Part. gedigen, ahd. ki-, ka-
dîhan (Prät. ich kadêh, wir kadigumês, Part. kadikan)·, goth. gaþeihan (aufwachsen, zunehmen, Prät. ich gaþáih, wir gaþaíhum, Part. gaþaíhans). Das
einfache nur noch etwa bichterisch vorkommende beihen, mhd. dîhen, ahd. dîhan,
goth. þeihan, altsächf. thîhan, = wachsen (Körperlichkeit gewinnen), zunehmen,
vorwärts kommen, aber im Mhd. auch f. v. a. austrocknen und daburch reif, fest,
hart, eng zusammengebrängt (bicht, f. b.) werden [vgl. gebiegen], stimmt lautverschoben mit gr. *tíktein tekeĩn* (τίκτειν, τεκεĩν) = erzeugen, zur Welt bringen,
gebären, und gehört so in der Wurzel mit Dëgen (f. b.) zusammen. S. J.
Grimm's Gesch. d. deutsch. Spr. S. 404.

das **Gebicht**, —es, Pl. —e : geistiges Erzeugniß in Versen.

Eig. Gebichte, benn 1469 mittelrhein. bas gedichte, mhb. getihte, ahb. katihti (?), welches auch f. v. a. Dichtkunst. B. bichten.

gebiegen = burch Austrocknung ober sonstige Ausscheidung frember Bestanbtheile rein, zusammengebrängt unb fest; [bilbl. :] lauter, rein, echt, gehaltvoll, vollkommen, vortrefflich. Zusammens. : bie Ge= biegenheit.

Statt gebigen, also mit behnenbem ie. Mhb. gedigen, ahb. gidígan, ki-, kadíkan, = vorwärts gekommen in ber Zeit, reif, vollkommen, vortrefflich, von Frembem, unlauter Machenbem rein, keusch, burch Aussonberung frember Bestanbtheile zusammengebrängt [z. B. »drn (3) tail wassers und getigner milch ain tail vnd siude daz bis walle« (Gießener Heilmittelbuch v. J. 1400 Bl. 121ᵃ)], fest, hart, ernsthaft, ist bas alte als Abjectiv gebrauchte Part. Prät. v. gebeihen (f. b.).

das **Gebinge**, —s, Pl. wie Sing. : enbliche Uebereinkunft worüber.

Mhb. bas gedinge, ahb. gidingi, = Gericht, Uebereinkunft, Vertrag, Bedingung, v. ahb. dingön bingen (f. b.). Verschieben v. mhb. bas gedinge ahb. gidingi = bas Rechnen worauf, Zuversicht, feste Hoffnung, v. bem aus gleicher Wurzel mit dingön entsprossenen ahb. dingên = worauf rechnen, hoffen.

gebránge, eig. gebrånge, = eng beisammen (gebrängt), enge.

„Auf gebrangem Steg" (Schiller, Jbycus). Das Abj. lautet richtig gebrånge, mhb. gedrénge (Parziväl 417, 14), unb bas Abv. gebrange, mhb. gedránge; aber biese unumgelautete Form ist auch an bie Stelle jener umge= lauteten gebrungen. Aus bem Sing. Prät. von bringen.

das **Gebränge**, —es, Pl. wie Sing., mhb. bas gedrénge, ahb. gi-drêngi, Collectiv v. Drang : bas Sichbrängen, sich brängenbe Menge.

gebrängt, bas Part. Prät. v. brängen als Abj. : eng zusammen.

gebritt, zusammengef. aus ge= u. britte : aus 3 bestehenb.

gebrungen, bas Part. Prät. v. bringen als Abj. : fest zusammen.

bie **Gebúlb**, ohne Pl., mhb. gedult, ahb. gi-, kidult : ertragenbe Seelenmilbe. Daher : sich gebúlben, ahb. kidultan; gebúlbig, mhb. gedultec, ahb. ki-, kadultíc.

Richtiger, wie man ehebem schrieb unb noch manche, z. B. Jacob Grimm, schreiben, Gebult, gebulten, gebultig. Ahb. kidult, zusammengef. mit bem mittelst -t abgeleiteten gleichbeb. einfachen ahb. bie dult, bessen Ursprung bei bem zunächst baraus hervorgegangenen Verbum bulben (f. b.) erhellt. Für gebúlbig wäre wegen -ig bas lanbschaftliche u. älter-nhb. z. B. bei Luther übliche gebúltig richtiger.

bie **Geest**, Pl. —e : hohes trocknes Sanblanb. bas **Geestlanb**.

Nieberbeutsch. Altfries. gêst, gåst, mhb. geist (?), u. bas gêstlond (Geestlanb), gåstlond. Aus nordfries. gåst unfruchtbar, welches von berselben Wurzel mit angelsächs. gæsen unfruchtbar, ahb. keisan (?), woher ahb. bie keisaní Unfruchtbarkeit (gl. jun. 224. Graff IV, 267).

bie **Gefáhr**, Pl. —en : überkommenbes Übel, brohenber Nachtheil.

Zusammengef. mit Fahr, f. b. Bei Luther nur bie fahr.

die **Gefährde**, Pl. —n : Hinterlist, böse Absicht; Gefahr (Göthe I, 276). Ohne Gefährde = ohne böse (falsche) Absicht (vgl. ohn- gefähr).

Mhd. die geværde in der ersten Bed., v. mhd. våren ahd. fârên = nachstellen (s. befahren 2 und Fahr).

gefährlich, nhd. Zusammensetzung mit Gefahr. Bei Luther ferlich.

der **Gefährte**, —n, Pl. —n : Fahrt-, Weggenosse (lat. conviâtor). Daher die **Gefährtin**, Pl. Gefährtinnen.

Mhd. der geverte, ahd. givérto, ki-, kafarto b. i. ka-fart-j-o, v. Fahrt.

der **Gefälle** (Göthe, an Riemer 2. April 1829), —ns, Pl. — n, üblicher (aber ungut) der Gefällen, —s, Pl. wie Sing. : angenehmes, zuneigendes Gefühl wovon.

Wie Gedanke, Genosse st. der Gedank, Genoß, so Gefalle (Ge- fallen) st. der Gefall, mhd. gevál (Gen. geválles) = Fall, Zufall, dann in der heutigen Bed. (*Tristan* 451, 4. 453, 19), ahd. gival = Zu-Boden-Schlagen im Kampfe. Zusammengef. mit Fall. Vgl. gefällig.

das **Gefälle**, —s, Pl. wie Sing. : das Fallen; Baumsturz b. i. vom Baume herabgestürztes Gehölze; das wovon zu Entrichtende.

Mhd. das gevélle = das Fallen; Baum-, Felssturz. Ahd. das gefelli = ruîna (*Notker*, Ps. 109, 6). Von Fall.

gefällen, Präs. ich gefälle, du gefällst, er gefällt, wir gefällen ꝛc., Prät. ich gefiel (Conj. gefiele), Part. gefällen, Imp. gefäll (ungut schwach gefälle) : angenehmes, zuneigendes Gefühl für sich erwecken.

Mhd. gevállen, ahd. gi-, ki-, kafállan, = zufallen, sich fügen, angemessen sein, dann in der-heutigen Bedeutung. Zusammengef. mit fallen, mit welchem ge- hier den Nebenbegriff des „mit, zusammen, zu, hin", auch des Wohlergehens verbindet. Vgl. der Gefalle.

gefällig, Adj. Daher die **Gefälligkeit**.

Mhd. gevéllic, ahd. (bei *Notker*) gefellig, = zufallend, angemessen, passend, schicklich, günstig, angenehm. Zusammengef. mit fällig. Vgl. der Gefälle.

das **Gefängniß** (eig. Gefängnis), —sses, Pl. —sse : Entziehung der Freiheit; Ort, wo die Freiheit entzogen ist.

Bei Luther das Gefengnis, mhd. das gevéngnisse, gevénkenisse, die gevéncnusse, mittelniederl. gevancnesse. Mit unorganisch eingetretenem n nach c (g) von mhd. geváhen, ahd kafâhan, goth. gafahan, = fangen (s. b.), er- fassen, ergreifen; doch nicht von dessen Part. Prät. (mhd. gevangen), in welchem Falle dann das n nach g organisch wäre.

das **Gefäß**, —es, Pl. —e, st. das Gefäße, Collectiv v. Faß : hohle Umhüllung wozu; Wasserfahrzeug (auf der Weichsel).

das **Gefecht**, —es, Pl. —e, mhd. das gevëht (*Ernst* 905), ahd. ka- fêht, angelsächs. gefëoht, dessen fêht v. fëhtan fëchten, s. b.

das **Gefieder**, —s, Pl. wie Sing. : Gesammtheit der Federn des Vogels.

ie dehnend st i; denn mhd. das gevídere, während ahd. kafédari = Geflügel.

gefiebert, bei *Notker* ge-, kefideret : mit Fëbern versehen.

Part. Prät. eines ahd. kasëdarjan (?), angelsächs. (nach 2ter schwacher Conjugation) gefëderjan, b. i. gefiebern = fiebern.

das Gefilbe, —s, Pl. wie Sing. : Gesammtheit, Gebreite des Feldes.

Mhd. das gevilde, ahd. gifildi, = freies Feld, Flachland, Collectiv v. Fëld.

das Geflátter v. fláttern. das Geflitter im Ablautsverhältnisse zu Geflatter (Göthe II, 92), eig. Collectiv von Flitter (s. b.).

Mittelb. das gevlitter = heimliches, unterbrücktes Lachen (*Jeroschin* 164). Bgl. Flitterjahr.

geflissen, ahd. giflizan, das Part. Prät. v. ahd. giflîzan b. i. neub. gefleißen = unausgesetzt worauf hin thätig sein, in den Zusammens. : die Geflissenheit; geflissentlich (st. geflissenlich).

Historisch-richtig überall ß, also geflißen ꝛc.

das Geflister, unrichtig Geflüster, v. flistern.

das Geflitter, in Göthe's Werken (1828) II, 92, s. Geflatter.

das Geflügel, —s, Pl. wie Sing. : Gesammtheit von Flügelthieren.

1482 geflugel oder gefieder, *volátilis* (voc. theut. Bl. k 4ᵇ), Collectiv v. Flügel.

das Gefráß, Collectiv v. der Fráß, mhd. der vrâz, = das Fressen.

Dagegen das Gefréß (in der Volkssprache) = Maul.

der Gefreite = vom Schildwachestehen befreiter Solbat.

Part. Prät. v. mhd. gevrien = wovon frei machen, befreien.

gefreúnb, ungut gefreúnbt, = als Freunb b. h. burch Verwanbtschaft verbunden. Daher der Gefreúnbe, bie Gefreúnbin.

Nur noch alterthümlich. Gefreunb aber ist nicht, wie es vielleicht scheinen könnte, Part. Prät. eines Verbums freunben, sondern das aus der Freunb mhd. vriunt (auch = Verwanbter) gebildete mhd. Abj. gevriunt = als Freunb (Verwanbter) verbunden.

gefrieren = zusammen=, fest=, anhaltenb frieren.

Die Biegung zeigt das einfache frieren (s. b.). Mhd. gevriesen, ahd. gi-, ki-, kafriusan, = lat. *congeláscere*.

gefróren = burch vermeintliche Zauberei unverwunbbar, fest.

Part. Prät. von gefrieren. Ahd. kafroran = in Eis verwandelt.

gefúge, gefúgig, = sich leicht anpassenb, wozu schickenb.

Mhd. gevüege (auch s. v. a. höflich), ahd. kafuoki, kafôki, v. fügen.

das Gefühl, —es, Pl. —e, v. fühlen : Sinn des prüfenden Berührens; Seelenbewegung u. =stimmung.

gégen (é wie ä) mhd. gégen, ahd. gégin, gágan, kákan, Präp., ehedem u. noch im 17. Jahrh., selbst einmal bei Lessing [„gegen ihr“] mit dem Dat., später mit Acc., der schon im Mhd. spärlich auftaucht : in der Richtung auf — hin ober her; [zeitlich :] annähernd, beinahe. Das Abv. gégen lautet unzusammengesetzt im Mhd. gegen, eig. gégene, ahd. gágene, káganî b. i. kákanî. Bgl. entgegen.

Daher : gégnen, mhd. gégenen, ahd. gáganen, kákanan, in be=, entgégnen, mit der Gégner und davon weiter die-Gégnerin, gégnerisch. Zusammens. : der Gégenstand (zuerst b. Stieler Sp. 2131 verzeichnet); gegenüber; die Gégenwart, mhd. die gégenwart, ahd. kákanwertî, mit gégenwärtig, mhd. gégenwertic, ahd. géginwertig, gágenwartîg, vgl. =wärtig; der Gégenwurf, mhd. gégenwurf, = objéctum, Gegenstand.

Dem Goth. fehlt die Partikel, die offenbar eine Substantivpräposition d. h. eine aus einem Subst. hervorgegangene Präp. ist (f. Grimm's Gramm. III, 266). Das Adv. kákanî darf als Dativ Sing. von ahd. die kákant (?), mhd. die gégene, gegen, = Gegend, urspr. wol „wohin sich dehnende Richtung" (?), angesehen werden.

die Gégend (é wie ä), Pl. —en : sich ausdehnende Richtung.

Im 15.—16. Jahrh. die gégent, gégende, gegnet, mhd. gegende, mitteld. gégenöt, gégenöte, spät-ahd. gégende, mittelniederl. jéghenode. B. gegen, wie ital. die contráda, franz. contrée Gegend v. dem lat. Adv. cóntra gegen. Also urspr. f. v. a. das Entgegenliegende.

sich gehében = sich in irgend einem Zustande befinden.

Mhd. sich gehében, ahd. sich kahapên, = sich halten, benehmen, befinden; denn mhd. gehaben, ahd. kahapên, goth. gahaban, = halten. Vgl. haben.

der Gehált, —es, Pl. —e, zusammenges. mit der Halt v. halten.

gehässig = Haß hegend; dem Hasse ausgesetzt.

Urspr. gehäßig, v. mhd. gehaz = feindselig, voll Haß.

das Gehége, — s, Pl. wie Sing. : umschließender Zaun u. dgl.; das durch den umschließenden Zaun Geschützte.

Mhd. das gehége = dichtes Gebüsch, Schutzwehr, v. Hag (f. d.).

geheim = vertraulich; verborgen vor Andern. Daher mit unorganisch eingetretenem n das Geheimniß (eig. Geheimnis). Zusammen= schiebung zugleich mit Biegung des geheim : der Geheimeráth, Gen. des Geheimenráthes ꝛc.

Geheim kommt erst im 16. Jahrh. neben heimlich vor, zunächst als Adv., als welches es der Dat. Sing. des mhd. Subst. die geheime = Vertraulichkeit (familiáritas), Heimlichkeit, einer Zusammensetzung mit mhd. die heime, ahd. heimî (?), = Heimat, scheint. Die erste Bed. ist: vertraulich, traulich, familiáris, íntimus (Schmeller II, 195), d. h. zum Hause (f. heim) gehörig. Für Ge= heimerath indessen hat Luther noch der heimliche Rat; mhd. sagte man der heimlichære. Die jetzt veraltete Form der Geheimberath mit unorganisch eingetretenem d ist Zusammensetzung mit jenem mhd. u. älter-nhd. Subst. die geheime, weshalb auch der Gen. des Geheimberathes, nicht aber Geheimben= rathes lautet. Die Form der Geheimrath ist besser, aber wenig üblich.

das Gehéiß, —es, Pl. —e : mündliche Kundgebung zur Befolgung.

Mhd. der geheiz, ahd. kaheiz, deren heiz v. heißen.

géhen, Präs. ich gehe ꝛc., Prät. ich gieng (Conj. gienge), Part. ge= gángen, Imp. geh (ungut schon bei Luther schwach gehe) : sich mit= telst der Füße fortbewegen, überhaupt sich fortbewegen.

Bei Luther im Part. gangen, ſeltener gegangen. Wie aber ehe aus eh (ſ. d.) erweitert oder vielmehr zerdehnt iſt, ſo auch ſchon bei Luther gehen aus gehn, mhd. gên gân (Präſ. ich gên, gân, ſelten noch gange, du gêſt, gâſt, er gêt, gât ꝛc., Prät. ich gienc, Prät. gegangen, gangen, Imp. gê, gâ, gewöhnlich ganc), ahd. gên, gân, kân (durch Zuſammenziehung einer älteren ahd. Form kâhan? goth. gahan?), gangan, kankan (Präſ ich gên, gân, kân, gangu, kanku, Prät. ich giang, kianc, Part. kankan, kikankan), goth. gaggan (Prät. ſchwach gaggida, nicht die reduplicierende Form gáigagg, aus welcher ahd. kianc hervorgegangen ſein muß, Part. gaggans Matt. 7, 30). Was die Schreibung gieng anlangt, ſo iſt dieſelbe hochdeutſcher und richtiger als die aus dem Mitteld. (ginc, ginc) und dem Mittelniederd. (gink) ſeit der Mitte des 18. Jahrh. mit fing ſt. fieng herrſchend gewordene ging, in welcher das aus dem Wurzelvocal a entſprungene e lediglich der Ausſprache zu Liebe ausgeſtoßen wird. Vgl. fing S. 323. Luther ſchrieb gieng. — S. auch gäh, jach, Gicht 2.

geheuer = ſich ſicher fühlend, beſ. vor Unheimlichem.

Eig.: ruhig, ſelig, friedlich. Denn mhd. gehiure = ſanft, anmuthig, auch ſ. v. a. was ohne Zauberei zugeht (Iwein 1387), ahd. hiuri, goth. hiuris (?), altnord. hýr freundlich, ſanft, mild, lau. Mit altnord. die hýra = Willfährigkeit u. Wärme zu altnord. der hyr = Feuer, goth. das haúri = Kohle, gehörend und alſo urſpr. wol ſ. v. a. leuchtend, glänzend. Vgl. Grimm's Myth. 866.

der Gehilfe, —en, Pl. —en : bienender Mithelfer.

Mhd. der gehilfe, gewöhnlich gehëlfe, ahd. gehëlfo, durch Zuſammenſ. mit ge gebildet v. hëlfa Hilfe (ſ. d.). Das Femininum lautet die Gehilfin, wofür mhd. die gehëlfe, ahd. gihëlfa (?). Nach der mitteld. ü. niederd. Form die Hülfe aber bildete ſich unſere üblich gewordene Schreibung der Gehülfe und demgemäß das weibliche die Gehülfin, wofür Luther (1 Moſ. 2, 18. 20) das mit jenem mhd. die gehëlfe ſtimmende die Gehülffe hat.

das Gehirn, —es, Pl. —e : Geſammtheit des Hirnes.

Eig. Gehirne, mhd. gehirne, zuſammengeſ. mit Hirn ahd. hirni.

das Gehöfte, —es, Pl. wie Sing. : Geſammtheit der Hofgebäude.

Statt Gehöfde, wie J. H. Voß richtiger ſchreibt. Mhd. ge-hövede (?), mittelſt der Ableitung -ede, goth. -iþi, von der Hof.

gehorchen = worauf hörend folgſam ſein. S. horchen.

Mitteld. gehörchen, worin ge- Beziehung auf jemand ausdrückt.

gehören = nach dem Verhältniſſe der Abhängigkeit, mit Grund zukommen. Daher das Adj. gehörig.

Man ſagt: „es gehört mir", aber im gemeinen Leben auch „es gehört mein." So bei Göthe XXVIII, 72: „Alle Conture gehören mein." — Mhd. gehœren bed. zuerſt ſ. v. a. hören, worauf hören, beſ. mit Nachfolge (Walther 10, 22), welche Bedeutungen auch die des ahd. gi-, kihôran ſind, worin ge- ahd. ki- die Bezeichnung wie in gehorchen annimmt; goth. gaháusjan hören. Mhd. gehœrec (woraus unſer gehörig), ahd. kahôric, bed. nur folgſam, gehorſam.

gehorſam = auf den Willen des Andern hörend und zugleich folgend. Daher : der Gehorſam, —es, ohne Pl.; gehorſamen.

Oberd. u. mitteld. mit kurzem, norddeutsch aber noch, wie mhd. u. ahd., mit langem o. Denn mhd. gehôrsam, ahd. kihôrsam (als Adv. gihôrsamo), wovon dann mhd. die gehôrsam, gehôrsame, ahd. die gihôrsamî, gihôrsama, d. i. unser Subst. der Gehorsam, und das mhd Verbum gehôrsamen, ahd. gi-, kihôrsamôn, d. i. unser gehorsamen = gehorsam sein. Alle diese Wörter sind Zusammen-setzungen des Beziehung zu jemand bezeichnenden ge- ahd. ki- mit den einfacheren gleichbed. ahd. hôrsam, die hôrsamî, hôrsamôn, deren hôr auch in hôran hören.

die Gehre, Pl. —n : Zwerchfuge der Tischler. Niederdeutsch. Eins mit der **Gehren, —s, Pl. wie Sing., eig. der Gehre, mhd. der** gêre, ahd. kêro, altfries. die gâre, = keilförmiges Stück, Zwickel im Kleide oder im Hembe; der damit besetzte Kleidestheil unter den Hüften, Schoß; keilförmig zwischenliegendes Ackerbeet. V. der **Ger** (f. b.) ahd. kêr = Wurfspieß.

der Gehülfe, hochd. geläufig geworden st. des besseren **Gehilfe, f. b.**

der Geier, —s, Pl. wie Sing., ein bekannter Raubvogel.

Statt Geir, mhd. der gîr, ahd. gîr, kîr. Ob zusammenhangend mit ahd. kiri gierig, wozu das folgende geier gehört?

geier = nach Wohlgeschmack wählerisch-begierig in Speisen. Zusammens. : das **Geiermaul.** In Mitteldeutschland.

Bei Alberus geier, geyer in dieser Bed., aber zunächst f. v. a. speisebegierig, gierig, mhd. gîr gierig (in schatzgîr im *Gregorius* 3122), ahd. giri (in der hovegîri in *Notkers Boethius* S. 18, 20) u. die gîrheit = Gierigkeit (daf. S. 45, 48. 48, 51). Aus ahd. giri kiri gierig (f. Gier).

der Geifer, —s, ohne Pl. : ausfließender Speichel. Daher **geiferig, geifern mit der Geiferer.**

Im voc. von 1429 gaiffer = Speichel (Schmeller II, 17). Wie es scheint, zu-sammenhängend mit altnord. geipr = offenen Mundes, gähnend, offen.

die Geige, Pl. —n, mhd. gîge : Saiteninstrument, das gestrichen wird. Daher : **geigen, mhd.** gîgen (Prät. ich geic, wir gigen); der **Geiger, mhd.** gîgære.

Mhd. (erst gegen 1200) die gîge, mittelniederl. ghighe, aus neu- u. altfranz. gigue, provenzal. gigua, ital. giga. Im Ahd. sagte man die fidula Fiedel (f. b.).

geil = zu üppig; [erst 1469 auch :] allzuviel von Geschlechtslust in seiner Natur getrieben. Daher die **Geile; geilen.**

Mhd. geil, ahd. geil, keil, = kräftig, sich allzuviel fühlend, übermüthig, muth-willig, üppig, überaus freudig; angelsächf. gâl = voll Geschlechtsluß. Die Geile ist mhd. geile, ahd. geilî, keilî, im *Vridanc* 139, 6 f. v. a. Hode, wo-für auch das geil (f. Bibergeil); geilen aber lautet in den Bedeutungen „muth--willig sein oder werden, unverschämt bitten, betteln" im Mhd. geilen ahd. keilôn, in der Bed. „fett, üppig, geil machen" im Mhd. geilen ahd. keilan. Das land-schaftl. geilern bed. : thun wie ein Geiler (mhd. geilære) d. i. Muthwilliger, dem es zu wol ist. — S. Gilbert.

der Geisel, —s, Pl. wie Sing. (aber auch ungut —n) : Leibbürge.

Mhd. der u. das gisel, ahd. der gisal, kîsal, altnord. gisl, = wer sich im Kampfe gegen seinen Feind gefangen und in die volle Gewalt seines Besiegers hingibt, bann überhaupt wer mit seinem Leibe wofür bürgt. Also urspr. wol „Geschlagener" und so mit dem folgenden die Geisel (s. d.) aus Einer Wurzel. Vgl. Grimm's Gramm. II, 46.

die Geisel, Pl. —n, mhd. die geisel, ahd. geísila, geisilâ, k e i s a l a, = Schlag-, Züchtigungswerkzeug mit Riemen zum Schwingen; [wetterauisch, auch bei Alberus :] Deichsel. Daher : geiseln, mhd. geiseln; der Geiseler, mhd. geiselære.

    V. einem verlornen goth. Wurzelverbum geisan (Prät. ich gáis, wir gisum, Part. gisans) = stoßen, hauen, schlagen, woher auch gáisjan in goth. us-gáisjan = jemanden erschrecken, u. geisnan in goth. us-gèisnan = sich entsetzen. Vgl. auch Ger. Die Schreibung Geißel ist falsch.

der Geist, —es, Pl. —er, mhd. der geist (Pl. geiste u. im 14. Jahrh. auch geister), ahd. geist, k e i s t (Pl. keistâ) : bewegender, belebender Hauch; der Gotteshauch; die in einem Wesen wirkende Grundkraft, baß es denkt; unkörperliches Wesen; [nhd. auch :] aus Körpern entwickelte Kraftflüssigkeit. Daher : das Dim. das Geistchen, im Pl. auch Geisterchen; das aus dem Pl. Geister entsprungene Verbum geistern in begeistern; das Adj. geistig mit die Geistigkeit. Zusammens. : geistlich, mhd. geistlich (als Abv. geistlîche), ahd. keistlîh (als Abv. keistlîcho), im Gegensatz von welt- und fleischlich, urspr. s. v. a. geistig, mit die Geistlichkeit.

    Ahd. keist, altsächs. gêst, angelsächs. gâst, entsproß derselben Wurzel wie der u. die Geisel (s. d. W.). Der Gothe hatte kein gáists, sondern sagte der ahma v. ahjan denken, der Althochdeutsche auch âtum Athem (s. d.). Von ahd. jêsan gähren kann das Wort nicht abgeleitet werden.

die Geiß, Pl. —en : Ziege. Zusammens. : der Geißbart = Pflanze mit langen einem weißen Barte ähnlichen Blumenzasern; das Geißblatt, eine wolriechende Pflanze; der Geißfuß, Pflanze mit ziegenfußartigem Blatte (?).

    Mhd. die geiz (Pl. geize), ahd. geiz, keiz, altnord. geit, während goth. mit Ableitung die gáitsa (Nehem. 5, 18) u. angelsächs. der gât Bock. Das Wort stimmt lautverschoben mit dem lat. hœdus, hædus, = junger Ziegenbock, sabinisch fedus.

der Geiz, — es, Pl. — e : zu entfernende wuchernde Nebentriebe an Pflanzen.

    Mit G statt K und noch unorganischerem z, als bei dem folgenden Geiz. Denn das Wort ist hervorgegangen aus ahd. das kîdi (Otfried 4, 34, 12) Keim b. i. chîdi, goth. keiþi (? st. kei-aþ-i?), angelsächs. der cíd Gewächs, Gras, v. dem goth. Wurzelverbum keian (Prät. ich kái, wir kijum, Part. kijans) = keimen (Luc. 8, 6 us-keian), woher auch Keim. Noch schweiz. die kide = zarter Keimzweig (Stalder II, 93), ansbachisch keid Kohlpflänzling (Schmeller II, 282).

der Geiz, — es, ohne Pl. : allzu große Begierde zu haben und zu behalten. Daher : geizen, geizig. Zusammens. : der Geizhals.

Geiz ift mit feltener Fortfchiebung des mhd. t in z aus älter-nhd. der geit, mhd. gît ahd. kît = ungezügelte Gier, Habgier, Heißhunger, fowie geizig aus dem davon abgeleiteten älter-nhd. geitig, mhd. gîtec ahd. kîtac (als Adv. gîtigo) = zu gierig. Zu dem z ftatt t fcheint das von mhd. gît abgeleitete mhd. gîtesen (ahd. kît-is-ôn ?) = gierig, habgierig fein (Walther 33, 16), d. i. unfer geizen, verholfen zu haben. Die Form zeigt fich zuerft im voc. theut. v. 1482, wo Bl. k 6ᵃ geytz, geytziger, geytziglich u. geytzigkeit, = Gier, gierig u. im heutigen Sinne; dann fetzt Keifersberg geißig neben geitig : aber im 16. Jahrh. find bereits die ß, z ftatt t durchgebrungen. Das Wort ift wurzelverwandt mit goth. das gáidv Mangel, angelfächf. gád, wonach Geiz urfpr. wol f. v. a. Gier, Heißhunger aus (wirklichem oder vermeintlichem) Mangel?

das Geköfe, —s, ohne Pl. : wiederholtes Kofen.

Mhd. das gekôse (mit bewahrtem unumgelauteten ô neben) gekœse, ahd. kichôsi, = Gefpräch, Gefchwätz, zufammengef. mit dem gleichbed. einfachen das chôsi v. kofen.

das Gekröfe, —s, Pl. —e : das kleine Gebärme; Kraufe.

Mhd. das gekrœse (Buch von guter Speise 10, 25. 15, 42. 16, 42) in der erften Bedeutung. Einfach das krœse, chrôse, ahd. chrôsi. Dunkler Herkunft.

das Gelächter, —s, ohne Pl., mhd. das gelehter, zufammengef. mit mhd. das lahter ahd. hlahtar das Lachen v. lachen.

das Gelág, — es, Pl. — e : Zufammenkunft u. -liegen zu luftigem Trinken oder Speifen.

Älter-nhd. das Geläch, mit verdunkeltem a Geloch, Glôch, Gelöh (Schmeller II, 427) ft. Gelág [mhd. das gelæge Liegen], welches urfpr. f. v. a. das Zufammenliegen. Ch fcheint eigentlich mitteldeutfch (mittelnieder.), wie auch in er gelach (Genesis 58, 42. Funbgruben I, 138, 21) = gelag, lag, und in gelacht (Köpke's Passional 296, 34), gelaht (Benecke-Müller I, 990ᵃ), = gelegt.

geláhrt, das niederdeutfches a ftatt â = organifches ê bietenbe mittelb. (urfpr. mittelnieberb.) gelart ft. gelehrt mhd. gelêret, Part. Prät. v. lehren. Davon die Geláhrtheit. Veraltet.

das Geländer, —s, Pl. wie Sing. : Stangen-, Lattengerüfte zum Einfriebigen oder Daranlehnen.

Das Collectiv v. mhd. das und noch oberb. die lander Stangenzaun (Nithart 36, 3), Zaunftange, Latte (Schmeller II, 478).

gelangen = fich bis wohin erftrecken; bis wohin kommen.

Mhd. gelangen, ahd. gilangôn, = bis wohin langen, fich erftrecken, erreichen. Die Bezeichnung des Wohin theilt ge- mit.

das Gelärr, —es, Pl. —e : fchlechtes, der Ausbefferung bebürftiges Gebäude. Landfchaftlich (wetterauifch zc.).

Das ahd. das gilári = Wohnung (Otfried 4, 9, 10. 15, 7. 5, 23, 2), wie denn zu das alt gilári = „alter Wohnfitz" bei Otfried 1, 11, 11 wenigftens in der Wortverbindung unfer alt Gelärr ftimmt. Das Wort ift das Collectiv von dem an Ortsnamen vorkommenden lár = Nieberlaffung, Wohnfitz, welches aus dem Keltiſchen aufgenommen ſcheint [gäliſch lar = Grund und Boden, Bodenſtelle]. S. meine oberheſſ. Ortsnamen S. 320, 15.

der (beſſer das) Geläß, —ſſes, Pl. —ſſe : Raum zum Aufbewahren; das aus dem Nachlaſſe des verſtorbenen Eigenmannes beim Herrn Gebührende. — geläſſen = mäßig bei Gemüthsbewegung. Damit zuſammengeſ. : die Gelaſſenheit.

Hiſtoriſch richtig überall ß ſtatt ff. Geläß iſt das mitteld. das geläze, mhd. gelæze, = Zuſammen-, Niederlaſſungsort, aber auch in der 2ten Bed. — Gelaſſen iſt das als Adj. u. Adv. gebrauchte Part. Prät. des oberd. Verbums gelaſſen, mhd. gelâzen, ahd. kilâzen = zu-, er-, nachlaſſen. Mhd. die gelâzenheit [unſer Gelaſſenheit] bedeutet Ergebenheit.

gĕlb, bei Luther dem Mhd. gemäß. gĕl. Zuſammenſ. : der Gĕlb= gießer = wer Geräthe aus Meſſing gießt; gĕlblich; der Gĕlb= ſchnabel (ſ. die Anm.); die Gĕlbſucht, mhd. gĕlsuht.

Gelb neben gel, gehl, wie falb neben fahl, und gelb gleich jenem falb (ſ. b.) ſchon im voc. incip. teut. ante latinum mit b aus w (ſ. S. 89); denn mhd. gël (Gen. gëlwes), ahd. gëlo, këlo (mit o aus w, Gen. këlawes), angelſächſ. gëolo (Gen. gëolwes). Das Wort ſtimmt lautverſchoben mit bäuriſch-lat. hélvus (dann gílvus) = honig-, hellgelb. — Der Gĕlbſchnabel, im Simpliciſſimus Gehl=Schnabel, heißt zuerſt der noch nicht oder doch kaum flügge Vogel, weil dieſer zu beiden Seiten des Schnabels gelb iſt, dann bildlich ein junger unerfahrener, noch unſelbſtändiger junger Menſch. Es iſt wörtlich das franz. bec-jaune.

das Gĕlb, —es, Pl. —er : Metall als allgemeines Zahlungsmittel.

Im 17. Jahrh. noch Gelt, mhd. das u. der gëlt, ahd. das gëlt, këlt, zu- nächſt, ſeinem Wurzelworte gëlten (ſ. b.) gemäß, ſ. v. a. Zahlung die geleiſtet wird, wie denn auch die goth. Form das gild = Steuer, Zins.

das Gelée (ſpr. ſcheléh), —s, Pl. —s : Sulze, Dickſaft.

Eig. Gefrorenes, kalte geronnene Brühe. Das franz. die gelée aus lat. gelâta, dem Part. Prät. v. gelâre gefrieren.

gelëgen = der räumlichen Ausdehnung nach befindlich; zu leichterem Handeln erwünſcht. Zuſammenſ. : die Gelëgenheit; gelëgent= lich (mit unorganiſch eingetretenem t).

Das als Adj. verwandte Part. Prät. v. liegen (ſt. ligen) und gellegen (ſ. b.) mhd. geligen. Das mhd. gelëgen, ahd. gilëgan, kilëkan, bed.: in Be= ziehung worauf Lage habend, nahe angrenzend, nah verwandt; die gelëgenheit = Art und Weiſe des Liegens, Lage, Beſchaffenheit; und das ahd. Adv. gelëgenlicho = wie meine Nächſten (Notker, Pſ. 34, 14).

die Gelëhrſamkeit, zuſammengeſ. mit dem Adj. gelëhrſam v. mhd. gelêren = lehren. gelëhrt, das reine hochd. Part. Part. v. lehren, ſ. gelahrt.

das Geleiſe, —s, Pl. wie Sing. : Weg=, Radſpur.

Das Collectiv v. mhd. die leise Spur. S. Gleis.

das Geleit, —es, Pl. —e, eig. das Geleite, mhd. das geleite, spät-ahd. gileiti. V. geleiten = mit jemand auf dem Wege sein, beson-ders zu seiner Sicherheit.

Geleiten ist mhd. geleiten, ahd. kaleitan, = mit-, wohin leiten.

die Geleitswoche = die Vorwoche der Messe.

Eig. die Woche des Geleites, insofern mhd. das geleite insbesondere die Begleitung bedeutet, die der Herr des Landes dem [hier zur Messe] reisenden Kaufmanne zum Schutze gibt, wogegen er einen Zoll zu bezahlen hat (*Wolframs Willehalm* 115, 28 f.).

das Gelénk, — es, Pl. — e, eig. das Gelénke : Zusammenfügung 2er Körper, mittelst welcher diese bewegt werden können. Daher ge-lénkig = Gelenke habend.

Erst im 16. Jahrh. so. Mhd. das gelenke = der biegsame schmale Leib zwischen Hüfte und Brust, die Taille; Biegung, Falte (des Kleides); Gewandtheit (*Jero-schin* 157). Das Wort ist Collectiv v. dem unableitbaren mhd. die lanke, ahd. die lancha, lanchâ, hlanca, blanca (f. Flanke) = Lende d. i. „die Stelle über der Hüfte wo der Körper sich biegt", woneben altnord. der hleckr = Kette.

gelénk = biegsam und gewandt. — gelénkig f. Gelenk.

Mhd. gelenke; wie das Subst. das Gelenk (f. b.) v. mhd. lanke Lende.

gélfen, gélfern = zu laut u. daher widerlich laut werden.

Mittelst -ern (ahd. -ar -ôn) v. mhd. der gëlf, gölpf, ahd. gëlf, këlf, alt-nieberd. gëlp, = das Lautwerden, lautes Geschrei, übermüthiges Geschrei, Über-muth, Stolz, welches aus der Präsentialform v. mhd. gëlfen (Prät. ich galf, wir gulfen, Part. gegolfen) = laut werden, übermüthig schreien, angelsächf. gëlpan sich rühmen, wozu auch altnord. die gialp Brausen, Brandung, gehört.

das Gelichter, —s, Pl. wie Sing. : Gleichheit des Wesens; Inbegriff von Personen gleiches Wesens.

Zuerst bei Steinbach (1734) I, 1065, der das Wort unter Licht stellt und als Grundbed. Licht, Glanz, hat. Frisch (1741) aber verzeichnet es wieder nicht. Das Wort hat niederd. ch statt hochd. f (f. S. 315), denn die eigentliche hochd. Form ist, wie die Form Glifter bei Abraham a Santa Clara zeigt, das Gelifter (Schmeller II, 446). Vgl. lichten.

gelieben = lieb sein, belieben. Nur noch alterthümlich.

Mhd. gelieben, ahd. kiliupan, = lieb, beliebt, angenehm machen.

der, die Geliebte, Substantivbedeutung habendes Part. Prät. v. ge-lieben u. lieben.

geliefern = aus dem flüssigen Zustande in einen festern übergehen.

Wie in Hafer u. a., so auch hier niederd. f statt hochd. b. Denn niederd. levern = gerinnen machen, aber mhd. liberen (Fundgruben I, 381 b), im 11. Jahrh. liberôn, giliberôn (baf. II, 4, 26), = gerinnen. Desselben Stammes ist leber in spät-ahd. das lëbermeri = [sagenhaftes] geronnenes Meer (vgl. Fundgruben II, 4, 25 f.) u. das Lab (f. b.).

geliegen (f. liegen) = niederliegen, zu liegen kommen, nieder-sinken, -fallen; niederkommen, ins Kindbett kommen.

M. geligen, ahd. kalikan. Die 2te Bed. erst im Mhd.

hingibt, dann überhaupt wer mit seinem Leibe wofür bürgt. Also urspr. wol „Geschlagener" und so mit dem folgenden die Geisel (s. b.) aus Einer Wurzel. Vgl. Grimm's Gramm. II, 46.

die Geisel, Pl. —n, mhd. die geisel, ahd. geísila, geisilâ, keisala, = Schlag-, Züchtigungswerkzeug mit Riemen zum Schwingen; [wet= terauisch, auch bei Alberus :] Deichsel. Daher : geiseln, mhd. geiseln; der Geiseler, mhd. geiselære.

    V. einem verlornen goth. Wurzelverbum geisan (Prät. ich gáis, wir gisum, Part. gisans) = stoßen, hauen, schlagen, woher auch gáisjan in goth. us-gáisjan = jemanden erschrecken, u. geisnan in goth. us-geisnan = sich entsetzen. Vgl. auch Ger. Die Schreibung Geißel ist falsch.

der Geist, —es, Pl. —er, mhd. der geist (Pl. geiste u. im 14. Jahrh. auch geister), ahd. geist, keist (Pl. keistâ) : bewegender, belebender Hauch; der Gotteshauch; die in einem Wesen wirkende Grundkraft, daß es denkt; unkörperliches Wesen; [nhd. auch :] aus Körpern ent= wickelte Kraftflüssigkeit. Daher : das Dim. das Geistchen, im Pl. auch Geisterchen; das aus dem Pl. Geister entsprungene Verbum geistern in begeistern; das Adj. geistig mit die Geistigkeit. Zusammens. : geistlich, mhd. geistlich (als Adv. geistlîche), ahd. keistlîh (als Adv. keistlîcho), im Gegensatz von welt= und fleischlich, urspr. s. v. a. geistig, mit die Geistlichkeit.

    Ahd. keist, altsächs. gêst, angelsächs. gâst, entsproß derselben Wurzel wie der u. die Geisel (s. d. W.). Der Gothe hatte kein gáists, sondern sagte der ahma v. ahjan denken, der Althochdeutsche auch âtum Athem (s. d.). Von ahd. jësan gähren kann das Wort nicht abgeleitet werden.

die Geiß, Pl. —en : Ziege. Zusammens. : der Geißbart = Pflanze mit langen einem weißen Barte ähnlichen Blumenzasern; das Geiß= blatt, eine wolriechende Pflanze; der Geißfuß, Pflanze mit ziegen= fußartigem Blatte (?).

    Mhd. die geiz (Pl. geize), ahd. geiz, keiz, altnord. geit, während goth. mit Ableitung die gáitsa (Nehem. 5, 18) u. angelsächs. der gât Bock. Das Wort stimmt lautverschoben mit dem lat. hœdus, hædus, = junger Ziegenbock, sabinisch fedus.

der Geiz, — es, Pl. — e : zu entfernende wuchernde Nebentriebe an Pflanzen.

    Mit G statt K und noch unorganischerem z, als bei dem folgenden Geiz. Denn das Wort ist hervorgegangen aus ahd. das kîdi (Otfried 4, 34, 12) Keim d. i. chîdi, goth. keiþi (? st. kei-aþ-i?), angelsächs. der cîd Gewächs, Gras, v. dem goth. Wurzelverbum keian (Prät. ich kái, wir kijum, Part. kijans) = keimen (Luk. 8, 6 us-keian), woher auch Keim. Noch schweiz. die kide = zarter Keimzweig (Stalder II, 98), anspachisch keid Kohlpflänzling (Schmel= ler II, 282).

der Geiz, — es, ohne Pl. : allzu große Begierde zu haben und zu be= halten. Daher : geizen, geizig. Zusammens. : der Geizhals.

Geiz ist mit seltener Fortschiebung des mhd. t in z aus älter-nhd. der geit, mhd. gît ahd. kît = ungezügelte Gier, Habgier, Heißhunger, sowie geizig aus dem davon abgeleiteten älter-nhd. geitig, mhd. gîtec ahd. kîtac (als Abv. gîtigo) = zu gierig. Zu dem z statt t scheint das von mhd. gît abgeleitete mhd. gitesen (ahd. kît-is-ôn?) = gierig, habgierig sein (*Walther* 33, 16), d. i. unser geizen, verholfen zu haben. Die Form zeigt sich zuerst im *voc. theut.* v. 1482, wo Bl. k 6ᵃ geytz, geytziger, geytziglich u. geytzigkeit, = Gier, gierig u. im heutigen Sinne; dann setzt Keisersberg geizig neben geitig : aber im 16. Jahrh. sind bereits die ß, z statt t durchgebrungen. Das Wort ist wurzelverwandt mit goth. das gáidv Mangel, angelsächs. gâd , wonach Geiz urspr. wol f. v. a. Gier, Heißhunger aus (wirklichem oder vermeintlichem) Mangel?

das **Gelöfe**, —s, ohne Pl. : wiederholtes Kosen.
Mhd. das gekôse (mit bewahrtem unumgelauteten ô neben) gekœse, ahd. kichôsi, = Gespräch, Geschwätz, zusammengef. mit dem gleichbed. einfachen das chôsi v. kosen.

das **Gekröse**, —s, Pl. —e : das kleine Gebärme; Krause.
Mhd. das gekrœse (*Buch von guter Speise* 10, 25. 15, 42. 16, 42) in der ersten Bedeutung. Einfach das krœse, chrôse, ahd. chrôsi. Dunkler Herkunft.

das **Gelächter**, —s, ohne Pl., mhd. das gelehter, zusammengef. mit mhd. das lahter ahd. hlahtar das Lachen v. lachen.

das **Gelág**, — es , Pl. — e : Zusammenkunft u. -liegen zu lustigem Trinken oder Speisen.
Älter-nhd. das Geläch, mit verdunkeltem a Gelöch, Glöch, Gelöß (Schmeller II, 427) st. Gelág [mhd. das gelœge Liegen], welches urspr. f. v. a. das Zusammenliegen. ch scheint eigentlich mitteldeutsch (mittelnieberd.), wie auch in er gelach (*Genesis* 58, 42. Fundgruben I, 138, 21) = gelag, lag, und in gelacht (*Köpke's Passional* 296, 34), gelaht (*Benecke-Müller* I, 990 ª), = gelegt.

gelährt, das niederbeutsches a statt â = organisches ê bietende mittelb. (urspr. mittelnieberd.) gelart st. gelehrt mhd. gelêret, Part. Prät. v. lehren. Davon die Gelährtheit. Veraltet.

das **Geländer**, —s, Pl. wie Sing. : Stangen-, Lattengerüste zum Einfriedigen oder Daranlehnen.
Das Collectiv v. mhd. das und noch oberd. die lander Stangenzaun (*Nithart* 36, 3), Zaunstange, Latte (Schmeller II, 478).

gelangen = sich bis wohin erstrecken; bis wohin kommen.
Mhd. gelangen, ahd. gilangôn, = bis wohin langen, sich erstrecken, erreichen. Die Bezeichnung des Wohin theilt ge- mit.

das **Gelärr**, — es, Pl. —e : schlechtes, der Ausbesserung bedürftiges Gebäude. Landschaftlich (wetterauisch 2c.).
Das ahd. das gilâri = Wohnung (*Otfried* 4, 9, 10. 15, 7. 5, 23, 2), wie denn zu das alt gilâri = „alter Wohnsitz" bei *Otfried* 1, 11, 11 wenigstens in der Wortverbindung unser alt Gelärr stimmt. Das Wort ist das Collectiv von dem an Ortsnamen vorkommenden lâr = Niederlassung, Wohnsitz, welches aus

dem Keltiſchen aufgenommen ſcheint [gälliſch lar = Grund und Boden, Bodenſtelle].
S. meine oberheff. Ortsnamen S. 320, 15.

der (beſſer das) Geläß, — ſſes, Pl. — ſſe : Raum zum Aufbewahren;
das aus dem Nachlaſſe des verſtorbenen Eigenmannes dem Herrn
Gebührende. — gelaſſen = mäßig bei Gemüthsbewegung. Damit
zuſammengeſ. : die Gelaſſenheit.

 Hiſtoriſch richtig überall ß ſtatt ſſ. Gelaß iſt das mitteld. das geläze, mhd.
gelæze, = Zuſammen-, Niederlaſſungsort, aber auch in der 2ten Bed. —
Gelaſſen iſt das als Adj. u. Adv. gebrauchte Part. Prät. des oberd. Verbums
gelaſſen, mhd. gelâzen, ahd. kilâzen = zu-, er-, nachlaſſen. Mhd. die
gelâzenheit [unſer Gelaſſenheit] bedeutet Ergebenheit.

gëlb, bei Luther dem Mhd. gemäß. gël. Zuſammenſ. : der Gëlb=
gießer = wer Geräthe aus Meſſing gießt; gëlblich; der Gëlb=
ſchnabel (ſ. die Anm.); die Gëlbſucht, mhd. gëlsuht.

 Gelb neben gel, gehl, wie falb neben fahl, und gelb gleich jenem falb
(ſ. d.) ſchon im *voc. incip. teut. ante latinum* mit b aus w (ſ. S. 89); denn
mhd. gël (Gen. gëlwes), ahd. gëlo, këlo (mit o aus w, Gen. këlawes),
angelſächſ. gëolo (Gen. gëolwes). Das Wort ſtimmt lautverſchoben mit bäuriſch-
lat. hëlvus (dann gïlvus) = honig-, hellgelb. — Der Gëlbſchnabel, im
Simpliciſſimus Gehl-Schnabel, heißt zuerſt der noch nicht oder doch
kaum flügge Vogel, weil dieſer zu beiden Seiten des Schnabels gelb iſt, dann
bildlich ein junger unerfahrener, noch unſelbſtändiger junger Menſch. Es iſt
wörtlich das franz. bec-jaune.

das Gëlb, —es, Pl. —er : Metall als allgemeines Zahlungsmittel.

 Im 17. Jahrh. noch Gelt, mhd. das u. der gëlt, ahd. das gëlt, këlt, zunächſt, ſeinem Wurzelworte gëlten (ſ. d.) gemäß, ſ. v. a. Zahlung die geleiſtet
wird, wie denn auch die goth. Form das gild = Steuer, Zins.

das Gelée (ſpr. ſcheléh), —s, Pl. —s : Sulze, Dickſaft.

 Eig. Gefrorenes, kalte geronnene Brühe. Das franz. die gelée aus lat.
gelâta, dem Part. Prät. v. gelâre gefrieren.

gelëgen = der räumlichen Ausdehnung nach befindlich; zu leichterem
Handeln erwünſcht. Zuſammenſ. : die Gelëgenheit; gelëgent=
lich (mit unorganiſch eingetretenem t).

 Das als Adj. verwandte Part. Prät. v. liegen (ſt. ligen) und gellegen
(ſ. d.) mhd. geligen. Das mhd. gelëgen, ahd. gilëgan, kilëkan, bed.: in Beziehung worauf Lage habend, nahe angrenzend, nah verwandt; die gelëgenheit =
Art und Weiſe des Liegens, Lage, Beſchaffenheit; und das ahd. Adv. gelëgenlicho
= wie meine Nächſten (Notker, Ps. 34, 14).

die Gelëhrſamkeit, zuſammengeſ. mit dem Adj. gelëhrſam v. mhd.
gelêren = lehren. gelëhrt, das reine hochd. Part. Part. v. lehren,
ſ. gelahrt.

das Geleiſe, —s, Pl. wie Sing. : Weg=, Radſpur.

 Das Collectiv v. mhd. die leiſe Spur. S. Gleis.

das Geleit, —es, Pl. —e, eig. das Geleite, mhd. das geleite, spät-ahd. gileiti. V. geleiten = mit jemand auf dem Wege sein, beson-ders zu seiner Sicherheit.

> Geleiten ist mhd. geleiten, ahd. kaleitan, = mit-, wohin leiten.

die Geleitswoche = die Vorwoche der Messe.

> Eig. die Woche des Geleites, insofern mhd. das geleite insbesondere die Begleitung bedeutet, die der Herr des Landes dem [hier zur Messe] reisenden Kaufmanne zum Schutze gibt, wogegen er einen Zoll zu bezahlen hat (*Wolframs Willehalm* 115, 28 f.).

das Gelénk, — es, Pl. — e, eig. das Gelénke : Zusammenfügung 2er Körper, mittelst welcher diese bewegt werden können. Daher ge-lénkig = Gelenke habend.

> Erst im 16. Jahrh. so. Mhd. das gelenke = der biegsame schmale Leib zwischen Hüfte und Brust, die Taille; Biegung, Falte (des Kleides); Gewandtheil (*Jero-schin* 157). Das Wort ist Collectiv v. dem unableitbaren mhd. die lanke, ahd. die lancha, lanchâ, hlanca, hlancâ (s. Flanke) = Lende d. i. „die Stelle über der Hüfte wo der Körper sich biegt", woneben altnord. der hleckr = Kette.

gelénk = biegsam und gewandt. — gelénkig s. Gelenk.

> Mhd. gelenke; wie das Subst. das Gelenk (s. b.) v. mhd. lanke Lende.

gélfen, gélfern = zu laut u. daher widerlich laut werden.

> Mittelst -ern (ahd. -ar -ôn) v. mhd. der gëlf, gëlpf, ahd. gëlf, këlf, alt-niederd. gëlp, = das Lautwerden, lautes Geschrei, übermüthiges Geschrei, Über-muth, Stolz, welches aus der Präsentialform v. mhd. gëlfen (Prät. ich galf, wir gulfen, Part. gegolfen) = laut werden, übermüthig schreien, angelsächs. gëlpan sich rühmen, wozu auch altnord. die gialp Brausen, Brandung, gehört.

das Gelichter, —s, Pl. wie Sing. : Gleichheit des Wesens; Inbegriff von Personen gleiches Wesens.

> Zuerst bei Steinbach (1734) I, 1065, der das Wort unter Licht stellt und als Grundbed. Licht, Glanz, hat. Frisch (1741) aber verzeichnet es wieder nicht. Das Wort hat niederd. ch statt hochd. f (s. S. 315), denn die eigentliche hochd. Form ist, wie die Form Glifter bei Abraham a Santa Clara zeigt, das Gelifter (Schmeller II, 446). Vgl. lichten.

gelieben = lieb sein, belieben. Nur noch alterthümlich.

> Mhd. gelieben, ahd. kiliupan, = lieb, beliebt, angenehm machen.

der, die Geliebte, Substantivbedeutung habendes Part. Prät. v. ge-lieben u. lieben.

geliefern = aus dem flüssigen Zustande in einen festern übergehen.

> Wie in Hafer u. a., so auch hier niederd. f statt hochd. b. Denn niederd. levern = gerinnen machen, aber mhd. liberen (Fundgruben I, 381 b), im 11. Jahrh. liberôn, giliberôn (daf. II, 4, 26), = gerinnen. Desselben Stammes ist lëber in spät-ahd. das lëbermeri = [sagenhaftes] geronnenes Meer (vgl. Fundgruben II, 4, 25 f.) u. das Lab (s. b.).

geliegen (s. liegen) = niederliegen, zu liegen kommen, nieder-sinken, -fallen; niederkommen, ins Kindbett kommen.

> M. geligen, ahd. kalikan. Die 2te Bed. erst im Mhd.

gelind, eig. gelinde, mhd. gelinde, was lind, s. d.

gelingen, Prät. geláng (Conj. gelänge), Part. gelúngen, Imp. geling (gewöhnlich, aber ungut schwach gelinge) : gut von Statten gehen, gewünschten Erfolg haben. Mit »fein«; b. Luther (1 Macc. 2, 47) mit »haben.«

Mhd. gelingen, ahd. gilíngan (Prät. er gilang, fie gilungun, Conj. er gilungi, Part. gilungan). Das einfache mhd. lingen bed. vorwärts gehen, und zu dieser Wurzel, die mit sanftr. langh = überspringen zu stimmen scheint, gehört auch lang. S. Grimm's Gramm. II, 37.

gëllen = hell, scharf durchbringend schallen.

Jetzt schwach-, ehedem starkbiegend, mhd. gëllen (Prät. ich gal, wir gullen, Part. gegollen) = die Stimme laut hören laffen, klingen, ahd. gëllan, këllan.

gelóben = sich mit Worten feierlich wozu verbindlich machen. Daher das Gelöbniß (eig. Gelöbnis).

Mhd. geloben, ahd. kilopôn, stärker als das einfache mhd. loben ahd. lopôn [unser loben] : beifällig erheben, dann Beifall gebend sich wozu verbindlich machen, versprechen.

gëlt! das zur Interjection gewordene Präs. Conj. von gëlten : nicht wahr? als Aufforderung zur Bejahung, wol auch zur Mitverwunderung. Auch im Pl. gëltet!

gelt (e wie ä) = keine Milch gebend, nicht trächtig.

Bayer. (noch unumlautend) galt (ft. g'alt), spät-ahd. gialt (Schmeller II, 40. Graff I, 197) b. i. gi-alt (ge-alt) gleichsam nicht frischmelkend, die Fruchtbarkeit aufschiebend, versäumend. So auch von ahd. alt das Verbum altjan, mhd. alten, elten, = alt machen, aufschieben, verzögern, säumen.

die **Gélte** (é wie ä), Pl. —n : kleineres eimerartiges hölzernes Schöpf-, Aufbewahrungsgefäß zu Flüffigkeiten.

Mhd. die gelte, gekürzt aus älterem gëllete, gëllite, ahd. gëltâ, früher gëllitâ, këllitâ, gëllidâ, das entnommen aus mittellat. galida, gallida, churwelsch galeida, alt-franz. jalaie, = Gefäß, Kübel, welches mit mittellat. galeida Schiff (s. Galeere) zusammengehört.

gelten, Präs. ich gëlte, du giltft, er gilt, wir gëlten zc., Prät. galt (Conj. gälte, beffer gölte), Part. gegölten, Imp. gilt : Dargeliehenes oder deffen Werth zurückgeben; einen gewiffen Preis haben. Die erfte Bed. ift veraltet.

Mhd. gëlten, ahd. gëltan, këltan (Prät. ich kalt, wir kultumês, Conj. ich kulti, Part. kikoltan, Imp. kilt), goth. gildan. Die ahd. u. die goth. Form ftehen nur in der erften Bed. und in dem Sinne von „vergelten"; ursprünglich aber hängt der Ausdruck mit dem heidnisch-deutschen Gottes- und Opferdienft zusammen (f. Grimm's Mythol. 34) und bed. : dem verleihenden Gotte in Dank oder Sühnung darbringen, gleichsam als Gegenwerth geben. Vgl. Gilde. Siehe auch Geld, Gülte, gültig.

das **Gelübbe** (ü lang, richtiger kurz), —es, Pl. wie Sing., mittelb. das gelubde, mhd. gelü'bede, ahd. kilúpidi (?) : feierliches Versprechen.

Mittelſt -be, ahd. -idi, v. geloben. Mhd. die gelübede in derſelben Bed., aber ahd. die gilúbida zunächſt = Belieben.

das **Gelüng**, —es, Pl. —e, was **Geſchlinge**.

Schon bei **Alberus** (1540). Eig. Gelünge, Collectiv v. Lunge.

das **Gelüſte**, —s, Pl. wie Sing., mhd. das gelüste, Collectiv v. **Luſt** : mit angenehmer Empfindung verbundene Begierde. gelüſten, mhd. gelüsten, ahd. gilustan, zuſammengeſ. mit lüſten.

die **Gélze** (é wie ä) unüblich **Gälze**, Pl. —n : verſchnittenes Schwein. Daher **gélzen**, 1538 geelzen, = verſchneiden d. h. ein Thier durch Schneiden unfruchtbar machen. Zuſammenſ. : **Gelzenleichter**, ſ. d.

Spät-ahd. die gelze (gl. jun. 275), ahd. gelza, galza, = junges weibliches Schwein, angelſächſ. (mit i ſtatt a) gilte, altclev. (1475) gylte verſchnittenes Mutterſchwein, neben altnord. (mit in ö umgelautetem a) der göltr Eber, dän. galt = verſchnittener Eber.

der **Gélzenleichter** (é wie ä), —s, Pl. wie Sing. : Schweinſchneider.

Landſchaftlich (wetterauiſch), auch Familienname. B. Gelze (ſ. d.) und leichten [nicht, wie Adelung will, leuchten], mhd. líhten (mhd. í wird nhd. zu ei) = glätten (*Sumerlaten* 11, 7), dann verſchneiden, zur Zeugung untüchtig machen (*Benecke-Müller* I, 998ᵃ), welches, zuerſt von männlichen Thieren geſagt, von dem wol mit líhte leicht zuſammenfallenden mhd. Adj. líhte glatt. Vgl. slëht glatt vom Caſtrieren im *Parzivâl* 657, 21.

das (auch der) **Gemách**, — es, Pl. (unüblich) —e, mhd. das u. der gemach, ahd. gi-, kimáh, mittelniederd. ghemac : Ruhe, Bequem= lichkeit. das **Gemách**, —es, Pl. **Gemächer**, ſeltener **Gemache**, mhd. das gemach (im Ahd. kommt es noch nicht vor) : Bequemlichkeits= zimmer. **gemách**, mhd. gemach, ahd. ki-, kamáh, = wol ſich fügend, [urſprünglich : mit=, wozu gemacht, verbunden, zugehörig], be= quem, mit Bequemlichkeit langſam. Mit dieſem gemach iſt zuſammen= geſetzt **gemáchlich**, mhd. gemach-, gemachelich, ahd. gimahlîh, = bequem, [im Nhd. noch :] zu Bequemlichkeit geneigt, nach Bequemlich= keit langſam. Vgl. **allmählich**.

Nach Adelung in den beiden Gemach und dem Adj. gemach langes a, welches ſich aber hiſtoriſch nicht begründen läßt. Was die Abſtammung anlangt, ſo gehören die 3 Wörter zuſammen mit machen, deſſen ahd. Form mahhôn auch = verbinden, wozu fügen, iſt. S. Schmeller II, 543. Wilh. Wacker= nagel's Wtbch 229.

das **Gemácht**, —es, Pl. —e, früher das **Gemächte** : Zeugungsglied.

1469 mittelrhein. das gemechte (*voc. ex quo*), gemecht (*lib. ord. rerum v.* 1429 Bl. 16ᵇ), weiter gebildet aus dem gleichbed. mhd. gemaht, ahd. die u. das gi-, kimaht. Zuſammengeſ. mit ahd. die maht unſerm **Macht**, und alſo zunächſt das Zeugungsvermögen des Mannes, vis víri (vgl. die **Macht** = „Zeugungs= kraft" 1 Moſ. 49, 3).

das **Gemächte**, — s, Pl. wie Sing. : das Gemachte, beſ. Kunſt= oder Handwerksarbeit; letztwillige Beſtimmung, Teſtament.

In jener Bed. bei **Luther** Pf. 108, 14 das **Gemecht**; in der **letzten jetzt** veralteten Bed. aber mhd. das gemehte, ahd. kimahti (?). B. **machen**.

der **Gemähde**, —n, Pl. —n : Reihe niederge**mähten** Grases. Wetterauisch. Mhd. der måde v. **mähen**.

der **Gemáhl**, — es , Pl. —e : der ehelich Verbundene. Davon die **Gemählin**, Pl. — nnen. das **Gemáhl**, — es, Pl. —e : ehelich verbundene Person, vorzugsweise die weibliche.

Älter-nhd. **Gemahel**, **Gemachel**. Der **Gemahl** ist mhd. der gemåhel, ahd. gimáhalo = Verlobter, Bräutigam, ehelich Verbundener; als weibliche Form statt unseres nhd. **Gemahlin** im Mhd. die gemåhel oder besser schwachbiegend die gemáhele, gemåle, ahd. gimáhalå, gimålå, = Verlobte, Braut, ehelich Verbundene. Urspr. : der und die in öffentlicher Versammlung der freien Genossenschaft Zusammengesprochene. Vgl. **Grimm's** Rechtsalterth. 433. Die allgemeine Versammlung nämlich, sowie der Vertrag, der Ehebund heißen im Ahd. das mahal (nhd. **Mahl**, f b), welches Zerdehnung aus mål; dieses aber ist mittelst Ausstoßung bewirkte Zusammenziehung des älteren, nur noch in einigen Zusammensetzungen vorkommenden ahd. das madal, goth. das mahl Markt (eig. Versammlung), angelsächs. mädel, wovon goth. mahljan = öffentlich reden, angelsächs. mädlan, madelian, mælan, altnord. mæla, = reden. S. **Grimm's** Gramm. 1², 170. Das erst bei **Luther** vorkommende Neutrum das **Gemahl** scheint zunächst f. v. a. Vermählung selbst und dann auf die vermählte Person übergetragen.

ge**mähnen**, mhd. gemánen, ahd. gi-, kimanôn, = nachdrücklich erinnern. Mich, dich, ihn ꝛc. ge**mähnt** = erinnert stark.

das **Gemälbe**, —s, Pl. wie Sing. : gemaltes Bild.
Mhd. das gemælde, ahd. gimålidi. Mittelst -de, ahd. -idi, v. **malen** ahd. målôn.

das **Gemáß**, —es, Pl. —e : tiefes Maß; Maßart.
Eig. **Gemäße**, angelsächs. gemête (Matth. 7, 2), Collectiv v. **Maß**.

ge**mäß**, mhd. gemæze, ahd. gi-, kimázi, Adj. : nach Verhältniß (urspr. nach dem Maße) übereinstimmend. Dann auch Adv. — Daher die **Gemäßheit**.

-mäß aus der Form des Pl. Prät. (ahd. wir mázumês) v. **messen**, wie -nehm in genehm aus der des Pl. Prät. v. **nehmen**.

ge**mein** = mehr als einem, dann der Menge zusammen eigen oder zukommend·; allzuvertraulich; zur großen und niedern Menge gehörig, sowie derselben gemäß; rücksichtslos sich mittheilend. Daher : die **Gemeinde** oder **Gemeine**. Zusammens. : die **Gemeinheit**; **gemeiniglich**; die **Gemeinschaft**.

Gemein lautet mhd. gemeine, ahd. gi-, ki-, kameini (als Adv. kameino), goth. gamáins, welche lautverschoben zu dem gleichbed. lat. commûnis stimmen (lat. com-, con-, = **ge**, f. b.). Davon: mittelst -be ahd. -ida unser **Gemeinde**, mhd. die gemeinde, ahd. kimeinida u. kimeinid, = **Gemeinschaft** (lat. commúnio); dann die **Gemeine**, mhd. gemeine, ahd. kimeini, = **Gemeinschaft**, Mitgenossenschaft. Zusammens. : ahd. kameinlîh (als Adv. kameinlîhho), mhd. ge-

meinlich, wofür jetzt gemeiniglich; die Gemeinschaft, mhd. die gemeinschaft Bertraulichkeit, ahd. kameinscaf im heutigen Sinne; gemeinsam, ahd.
kameinsam.

† die Gémme, Pl. —n : Edelstein; geschnittener Stein, Ringstein.
    Aus dem gleichbed. lat. gémma. Schon mhd. entlehnt die gimme, ahd. gimma,
    kimma, kimmâ.

die Gémse, Pl. —n, oberb. der Gems : wilde Bergziege. Zusammens. :
der Gémsbock; (mit dem Gen. Pl.) der Gémsenjäger.
    s statt ß, denn richtiger Gemße, weil mhd. u. spät-ahd. die gamz. Das
    Wort scheint fremdher; aber ob aus dem gleichbed. ital. die camózza, span.
    camuza, gamuza, welches mit dem span. u. portug., schon 1186 vorkommenden
    gamo = Dammhirsch zusammenhangen könnte? Vgl. Diez Wtbch 83.

das Gemüll, —es, ohne Pl, mhd. das gemülle, ahd. gamulli : durch
Zerreiben, Zermalmen Entstandenes.
    V. müllen (Schmeller II, 569), mhd. müllen, ahd. mullan, muljan, =
    zerreiben, zermalmen, welches aus einer und derselben Wurzel mit mahlen
    (s. b.), Mehl u. s. w.

das Gemüse, —s, Pl. wie Sing. : aus Garten=, Feldgewächsen ge=
kochte Speise, eigentlich breiartige; dann jene Garten=, Feldgewächse
selbst. Zusammens. : der Gemüsegarten.
    Ahd. das kimuosi (?). Das Collectiv v. Mus (s. b.) ahd. muos.

gemúth, mhd. gemuot, ahd. aber mit -i gimuati (als Adv. gimuato),
gimuoti, v. Muth (s. b.) : in der Seele gestimmt. In wolgemuth.

das Gemüth, —es, Pl. —er : Gesammtheit der eigenthümlichen Seelen=
stimmungen. Daher gemüthlich mit die Gemüthlichkeit.
    Eig. das Gemüthe. Mhd. das gemüete in jener Bed., aber auch in der
    von Herz, Inneres, Stimmung, Verlangen; ahd. das gimuati Lust, Freude,
    kommt nur bei Otfried vor. Das Wort ist das Collectiv v. Muth (s. b). Die
    Zusammens. gemüthlich lautet mhd. gemuotlich, welches bed. : der angenehmen
    Seelenstimmung entsprechend, genehm.

gen (urspr. gên, aber allmählich mit kurz gesprochenem e) = gegen, Präp.
    Üblich nur noch von der Richtung nach einem Orte (wenn der Ortsname ge=
    nannt wird), nach einer Weltgegend, und in „gen Himmel." Mittelst Ausstoßung
    und Zusammenziehung aus gegen, dessen ahd. u. mhd. Form gegin im späten
    Ahd. u. mhd. zu gein und sofort mhd. auch zu gên wurde.

genaú = sich fest anschließend; selbst im Kleinsten übereinstimmend;
sehr sparsam. Daher die Genaúigkeit.
    Bei Luther genaw, 1482 genaue oder kaum (voc. theut. Bl. 1 5ª), 1469
    mittelrhein. genauwe sparsam (voc. ex quo). Einfach mittelniederd. nouwe (Adj.
    u. Adv.) genau, kaum, mittelniederl. nauwe, holländ. naauw, = eng, v. mittel-
    niederd. nouwen = beengen, bedrängen (hor. belg. VII, 31ª), mhd. (starkbiegend)
    nouwen = stampfen (Fundgruben I, 385ᵇ), klein machen.

† der Genbárme (spr. schandárm'), —n, Pl. —n : bewaffneter
Schutzmann zur öffentlichen Sicherheit des Landes. Daher die Gen=
barmerie.

Das franz. le gendarme, urſpr. gens d'armes b. i. Leute der Waffen, Waffen=
männer, wovon dann la gendarmerie.

† die Genealogie, Pl. — n (6ſylbig) : Geſchlechtskunde, =folge, =re=
giſter. Daher genealógiſch.

Aus lat.=gr. die genealógia [gr. die geneá Geburt, Geſchlecht, u. logía kundige].
Davon gr. genealogikós, woraus unſer genealógiſch.

genéhm = gern genommen; wolgefällig.

Im 15. Jahr. genêm (lib. ord. rerum v. 1429 Bl. 21°), 1469 mittelrhein.
geneyme (voc. ex quo), mitteld. genême (Jeroschin 158), mhd. genæme. Zu=
ſammengef. mit dem aus der Form des Pl. Prät. (ahd. wir nâmumês, goth.
nêmum) v. nehmen entſprungenen ahd. Abj. nâmi, mhd. næme, goth. nêms
(in andanêms, ſ. angenehm), = gern oder freundlich an=, aufgenommen.

† generál, v. lat. generâlis [eig. die Gattung (lat. génus) betreffend] :
allgemein; in Zuſammenſ. auch [nach mittellat. generâlis, franz. géné-
ral] : Ober=, Haupt=. Daher : der Generál, — es, Pl. — e (zu=
weilen die Generals, aber nicht Generäle), = Heerführer [aus franz.
der général b. i. mittellat. generâlis ſubſtantiviſch = præféctus];
der Generaliſſimus [neulat. Superl. v. generâlis] = der höchſte
Befehlshaber des Kriegsheeres; die Generalität [aus lat. gene-
rálitas] = Geſammtheit der Feldherren. Zuſammenſ. : der Generál=
baß (eig. Generálbaſs) = Haupt=, Grundbaß; der General=
félbmárſchall = Oberfeldmarſchall; der Generálparbon =
die allgemeine Begnadigung; die Generálregel = Hauptregel; der
Generálſtab (ſ. d. W.) ꝛc.

der Generálſtab, — es, Pl. Generalſtäbe : Geſammtheit der höheren
befehligenden Offiziere eines Regimentes.

Stab hat hier abſtracten Begriff, wie denn das Wort auch von allen Hand=
lungen gebraucht wird, wobei der Stab vorkommt, und noch im 17. Jahrh.
häufig die Stäbe = córpora, magistrátus. S. Grimm's Gramm. II, 525 f.

† die Generatiôn, Pl. — en, aus lat. generátio : Zeugung (vgl.
Schiller's Tell 5, 1), Menſchengeſchlecht (die Menſchen aus der Zeit
von 30 Jahren).

genêſen, Präſ. ich genêſe, du genêſeſt (nicht mehr ſtark genieſeſt) ꝛc.
Prät. ich genás (Conj. genâſe), Part. genêſen, Imp. genêſe (nicht
mehr ſtark genies) : gerettet werden, heil davon kommen, in den Zu=
ſtand des Geſundſeins übergehen. Daher die Genêſung.

Mhd. genêsen, ahd. kinêsan (Präſ. ich kinisu, du kinisis, er kinisit, wir ki-
nêsamês ꝛc., Prät. ich kinas, wir kinâsumês, Conj. ich kinâri, Part. kinêsan u.
kinêran), goth. ganisan (eig. gerettet werden). Das gleichbed. einfache ahd.
nêsan kommt nur einmal vor. S. auch nähren.

† geniál = ſtarkgeiſtig, ſchöpferiſch, geiſtig ſchwungvoll.

Aus lat. geniâlis = ſeinem génius d. i. ſeinem eingebornen Geiſte (vgl. Genie)
gütlich thuend, ergötzlich.

das **Genid**, —es, Pl. —e : die Halswirbel, worauf der Kopf sich be=
wegt. Zusammenf. : der **Genidfang** mit der **Genidfänger**.

Mhd. das genic (Grimm's Gramm. I², 143). Mit nicken aus der Form
des Pl. Prät. von ahd. hnikan, woher auch unser neigen (f. d.). Also urspr.
Reigeglied.

† das **Genie** (spr. schenî), —s, Pl. —s : Schöpfungskraft, feuriger
Schöpfergeist.

Das franz. der génie v. lat. génius Schutzgeist, Geist (vgl. genial).

† **genieren** (spr. schenîren) = Zwang anthun, beschweren, lästig fallen.

Aus franz. gêner = foltern, martern, quälen, plagen, zwingen, von dem aus
kirchenlat.-hebr. die gehénna [hebr. gê hinnôm, גֵיא הִנֹּם d. i. „Thal (der Kinder)
Hinnom" auf der Südseite von Jerusalem, dem Götzen Moloch geweiht] =
„Hölle" hervorgegangenen altfranz. die gehene, neufranz. gêne, = Folter, Qual,
Zwang.

das **Genist**, —es, Pl. —e : Abgang von Stroh, Reisig ꝛc.

Eig. : was der Vogel zum Nestbau braucht Denn mhd. das geniste = Nest
(Tristan 217, 11) ist das Collectiv v. Nest. Grimm's Gramm. II, 738 f.

† die **Geniste**, Pl. —n, aus lat. genista, was **Ginster**. S. **Ginst.**

der **Genieß**, —es, Pl. —e, mhd. geniez. Mit **genießbar** von ge=
nießen, Prät. genöß (Conj. genöſſe st. genöße), Part. genoſſen (st.
genößen), Imp. genieß (ungut schwach, aber üblich genieße) : zu guter
An=, Verwendung (zu Nutzen) haben; angenehm empfinden.

Ehedem und noch alterthümlich im Präs. du geneußeſt, er geneußt, im Imp.
geneuß! wo eu = mhd. u ahd. iu. Mhd. geniezen, ahd. kiniozan (Prät. ich
kinôz, wir kinuzumês, Part. kinozan, Imp. kiniuz), goth. ganiutan (etwas
fangen), zusammenges. aus dem Gesammtheit, Fülle anzeigenden ge= und dem
einfachen nießen (Wieland an Merck 16. Jan. 1777), mhd. niezen, ahd.
niozan, goth. niutan, welches gleichbed. mit genießen ist, und im Goth. urspr.
„fangen" bedeutet, woher auch goth. der nuta = Fänger, Fischer. S. auch
Genoß, Genuß, Rießbrauch, Nuß.

† der **Genitiv**, —es, Pl. —e, aus lat. genitivus (Angeborensein,
Zeugung anzeigender, nämlich câsus) : Fall auf die Frage **weſſen?**
Zeuge=, Beſitzfall.

† der **Génius**, Gen. ebenso, Pl. **Génien** (3ſhlbig), das lat. der génius
(f. genial u. Genie) : Schutz=, Flügelgeist.

der **Genöß** (o kurz), —ſſen, Pl. —ſſen, gewöhnlich der **Genöſſe**, —n,
Pl. —n : Mitfeiender, Theilhaber. Daher die **Genöſſenſchaft.**

Hiſtoriſch richtig durchgängig ß. Gewöhnlich mhd. ſtarkbiegend der genôz, ahd.
kanôz (Gen. kanôzes, Pl. die kanôzâ), angelſächſ. geneát, niederl. genoot, und
daneben ſehr ſelten mhd. ſchwach der genôze, ſpät=ahd. ganôzzo (Schmeller II,
709), eben unſer ſchwaches der **Genoſſe.** Aus dem Form des Sing. Prät. (ahd.
nôz) von nießen ahd. niozan (f. genießen). — Der uneigentlichen d. h. Genitiv=
Zuſammenf. Genoſſenſchaft gieng eine eigentliche voraus : die **Genößſchaft,**
mhd. die genôzschaft, ahd. kanôzscaf.

genůg, nur noch Adv. : so viel als erforbert wird. Mhb. als Adj. u. Adv.
genuoc, ahb. kinuoc, goth. (Abj.) ganôhs, nieberl. genoeg. Daher :
die Genůge, wofür ehebcm das Genůge, später das Genůgen,
mhb. das genuoge, ahb. ki-, kanuoki; genůgen, ahb. genüegen,
ki-, kanuokan, goth. ganôhjan. Zusammenf. : genůglich; genůgsam,
mhb. genuocsam, ahb. kanôcsam, unb (mit genügen) genůgsam.

> Bei Luther gnug. Ahb. kinuoc, goth. ganôhs, sind zusammenges. mit dem
> seltnen einfachen ahb. nuoc, goth. nôhs (?), angelsächs. nôh, welches durch Ab-
> laut (no, ô) aus ahb. u. goth. nah in bem einen verlornen goth. Infinitiv ga-
> nafhan vorausfetzenben ahb. Präteritopräfens ki-, kanah, goth. ganah, = es reicht
> zu, genügt.

genůng, mit eingeschobenem n unb baher kurzem u aus genůg.

> Weniger ebel, als genug, weil lanbschaftlich in Mittelbeutschlanb. Doch bei
> Göthe ꝛc., früher b. Hans Sachs, Rosenblüt u. A. Schon im voc. ex quo
> v. J. 1469 (mittelrheinisch) genung.

† das Génus, Gen. ebenso, Pl. lat. Génera : Sprachgeschlecht.

> Das lat. génus = Geschlecht, insbesondere auch bas grammatische.

bas Genůffel = an, in einanber sich schmiegenbes Lebenbes?

> In „bas umgeschlungene Schlangen-Genůffel" bei Göthe III, 263. Wol
> v. mhb. nůssen = verknüpfen, an einanber schmiegen (Ulrichs Tristan 536, 36).

ber Genůß, —ffes, Pl. Genůffe. Neunieberl. bas genot.

> ff statt ß. Aus bem Pl. Prät. (ahb. nugumês) v. nießen (f. genießen).

† Géo- = Erbe, v. gr. bie géa (γέα), zusammengez. gê (γῆ). In :
bie Geognosie [gr. gnônai (γνῶναι) kennen] = Erbschichten-, Ge-
birgskunbe, mit ber Geognóst, — en, Pl. — en, = Erbschichten-
kenner [gr. gnôstês (γνώστης) Kenner], woher geognóstisch; ber
Geográph [lat.-gr. geógraphus (gr. gráphein schreiben)], — en,
Pl. —en, = Erbbeschreiber; bie Geographie, lat.-gr. geográphia,
= Erbbeschreibung, -kunbe; geográphisch, lat.-gr. geográphicus.
ber Geológ, —en, Pl. —en; bie Geologie [gr. lógios kunbig] =
Lehre von ber Entstehung, Bilbung ber Erbe; geológisch. ber
Geométer [lat.-gr. geómeter], — s, Pl. wie Sing., = Lanbmesser;
bie Geometrie, lat.-gr. geométria, = Felbmeßkunst; geomét-
risch, lat.-gr. geométricus.

bas Gepräge, —s, Pl. wie Sing. : aufgepreßtes Zeichen ober Bilb.

> Mit unrichtigem g statt ch bas älter-nhb. bas Gepræch (Schmeller I, 342),
> 1482 geprèche (voc. theut. Bl. 19ᵃ), ahb. bas kibrâchi = erhobenes Bilbwerk (gloss.
> jun. 200), v. prägen (f. b.) st. älter-nhb. prœchen ahb. prâchan, prâhhan.

bas Gepränge, mhb. gepräng (Oswald v. Wolkenstein 5, 4, 1), v.
prangen.

ber Ger, —es, Pl. —e : Wurffspieß. Nur noch alterthůmlich.

> Mhb. ber gêr, ahb. gêr, kêr, goth. gáis (? woher entlehnt lat. gæsum), alt-
> sächs. gêr, angelsächs. gâr, altnorb. geir. Aus bem Sing. Prät. (goth. ich gáis)

des vermutheten goth. Wurzelverbums geisan = ſtoßen, ſchlagen (?). ·S. die Geiſel. Vgl. auch der Gehren. Mit ahd. kêr zuſammengeſetzte Perſonennamen ſind : Gerhard, ahd. Kêrhart, = der Speerharte oder Speerfeſte, mit dem Speere Ausdauernde, Tapfere. Gerlind, Gerlinde, ahd. Kêrlint, = Speerſchlange, die durch ihren Speer furchtbare Kämpferin. Gertraud, Gertrude, ahd. Kêr-drûd, = die Speerdrude, d. h. Speerjungfrau (ſ. Drude), die Speerkämpferin.

die Geráde, ohne Pl. : die fahrende Habe, deren Haupttheil der weib-liche Schmuck und Zierat iſt. Vgl. Heergewäte.

Im Sachſenſpiegel rade, in ſpätern niederd. Urkunden auch das gerade. Es iſt nicht das mhd. das geræte unſer Geräthe, ſondern ein unumgelautetes weibliches Subſt. v. mhd. u. ahd. der rât unſerm Rath in Haus-, Vorrath.

geráde, Adj. (geráb) u. Abv., Comp. geráber, Sup. gerábeſt : gleich-paarig, 2 oder ohne einen Bruchtheil durch 2 theilbar ; [im Mhd. dann ſchon :] in einer und derſelben Richtung fortgehend, nach keiner Seite abweichend. Abſolute Genitivformel : gerades wégs, weniger gut geraden wégs. Zuſammenſ. : die Gerábheit, geráblinig.

Mhd. (Adj.) gerad ; ahd. (erſt in *Notkers Mart. Capella* und *aristotelischen Abhandl.*) gerad, nur von Zahlen und zwar in der Beb. gleich, gleichpaarig. Schwerlich zuſammengeſ. mit goth. raþs leicht (Luc. 18, 25), ſondern eher v. goth. raþjan = zählen, rechnen, wozu auch goth. die raþjô = Rechnung, Zahl, ſo-wie unſer Rede gehören. — Das Abv. lautet im Mhd. gerade.

das Geräth, — es, Pl. — e, eig. das Geräthe : bewegliches Beſitz-thum in Werkzeugen ꝛc. Zuſammenſ. : die Geräthſchaft.

Mhd. das geræte, ahd. kiráti (?), = Zurüſtung, Hausrath, Zeug. Das Col-lectiv v. Rath in Haus-, Vorrath.

geráthen, Präſ. ich geráthe, du geráthſt, er geráth, wir geráthen ꝛc., ·Prät. ich gerieth (Conj. geriethe), Part. geráthen, Imp. geráth (auch ungut geráthe), mit ſein : von erwünſchtem Fortgange ſein; glücklicher, dann zufälliger Weiſe wohin gelangen. Mit dem Imperativ zuſam-mengeſetzt iſt : das Gerathewól (ſt. Gerathwól).

Mhd. geráten, ahd. ki-, karátan (Prät. kiriat, Part. karátan, Imp. karát), altſächſ. girádan, — worauf hin rathen, guten Rath halten und geben. Daraus dann im Mhd. ſchon die obigen Bedeutungen.

das Geraub, — es, Pl. — e, ſ. Gereb.

das Geräuch, — es, Pl. — e : Räucherwerk.

Bei Luther (2 Moſ. 30, 8. 9. Hohel. 3, 6) Gereuch ſt. Gereuche, v. oberd. räuchen, ahd. rouchan, = „räuchern‟, welches räuchen aus dem Prät. (rouch, rouh) v. ahd. riohhan (unſerm riechen, ſ. b.), = duften, rauchen.

geraúm = viel Raum enthaltend. Daher geräumig.

Im 15. Jahrh. gerawm = leer, mhd. gerûm in heutiger Beb., ahd. karûm (das Abv. karûmo = bequem, günſtig), zuſammengeſ. mit dem einfachen gleichbeb. mhd. Adj. rûm ahd. rûm [rûmi], goth. rums. Für geräumig, mhd. gerûmec, ehedem auch einfach rûmic räumig.

das Geräumte = zu Ackerland abgeholzter Waldplatz; ausgehauener Richtweg im Walde.

Beſſer Geräumbe. Mittelſt =be mhd. -de, goth. -iþi, v. räumen.

das Geräuſch, eig. Geräuſche, = wiederholtes Rauſchen.

    Mitteld. das gerüsche (*Köpke's Passional* 584,86), v. rauſchen mhd. rüschen.

das Geräuſch, —es, Pl. —e : das Eingeweide geſchlachteter Thiere, beſonders Herz, Lunge unb Leber.

    Im 15. Jahrh. das ingerewsch (*voc. theut.* v. 1482 Bl. p 6ª. Schmeller III, 140). Ob zuſammenhangenb mit niederb. ruse = „eine ganze Maſſe von Sachen ohne Unterſchieb"?

gérben (é wie ä) = burch Beizen zu Leber u. bgl. bereiten. Daher ber Gérber mit bie Gerberei.

    Mit b aus w (ſ. S. 89) unb bem älteren Umlaute e, weil bie Ableitung von gar (ſ. b.) nicht mehr recht gefühlt wirb. Gerben iſt mhd. gerwen, ahd. kárawan, = gar b. i. bereit machen, bereiten, zubereiten. Der Gérber heißt ahd. lëdergerwêre, aber auch lëdergarawo (b. i. Lebergerbe).

das Gerëb, —es, Pl. —e : bie oberen Eingeweide (Lunge, Leber, Milz, Herz) bes geſchlachtenen eßbaren Thieres.

    Oberpfälziſch, mittelrheiniſch (Schmeller III, 5). Zu Gießen bas Geráb, woraus bort unrichtig verhochbeutſcht bas Geraub. Das Wort ſcheint Collectiv v. bem lautverſchoben mit lat. *córpus* Leib ſtimmenbem mhd. bas rëf, ahd. rëf, hrëf, = Leib, Bärmutter, angelſächſ. hrif Bärmutter, unb bas auslautenbe b gieng aus bem v bes ahd. Genitives rëves hervor, wie in mitteld. ber hob Hof aus bem v bes mhd. Genitives hoves.

gerëcht = gerablinig, gerabe; ohne Schmälerung unb Beugung bes Rechtes. Daher : bie Gerëchtigkeit.

    Mhd. gerëht, ahd. karëht (nur in ber erſten Beb.); goth. garaíhts in ber zweiten Beb. Die Gerechtigkeit lautet mitteld. gerëchtekeit (*sunden widerstrit* 1674) b. i. gerëhtec-heit.

ber Gérfalke, Gierfalke, Art himmelblauer Falken.

    Altclevisch (1475) ghyervalck, aus ital. gir-, gerfáleo, provenzal. girfalc, franz. gerfaut, mittellat. girfalcus, gyrofalco, v. lat. gyrus Kreis, weil bieſer Falke im Kreiſe fliegend bie erſpähte Beute verfolgt. S. Diez Wbch 174 f.

das Gericht, —es, Pl. —e : Speiſe zum Anrichten (ſ. b.).

    Mhd. bas gerihte = Schüſſel, Gang Speiſe (*Heinrichs v. Friberg Tristan* 3372), wie bas folgende Gericht v. richten in bem Sinne von ordnen, hier zur Schüſſel ordnen (vgl. *Nibel.* 720, 1).

das Gericht, —es, Pl. —e : Hanblung, Amt, Ort, Bezirk bes Richtens b. i. Rechtſprechens. Zuſammenf. : gerichtlich, Gerichts= amt ꝛc.

    Eig. bas Gerichte, mhd. bas gerihte, ahd. girihti, v. richten.

gering = unſchwer, unwichtig; niebrig an Werth. Zuſammenf. : geringfügig, =haltig, =ſchätzig.

    Mhd. geringe, ahd. kirinki (nur bas Abv. giringo finbet ſich), beb., wie bas bis jetzt unableitbare einfache mhd. ringe, ahd. rinki : leicht, unſchwer, beweglich, aber bei *Jeroschin* 160 auch ſchon in ber heutigen Beb. Geringfügig iſt zuſammengeſetzt, wie bas mhd. kleinevüege = bünn, ſubtil.

gerinnen = zufammenrinnen zu festerem Sein oder Zustanbe.
So schon ahd. gi-, ki-, karinnan; bagegen goth. garinnan = zusammenlaufen.
Die Biegung wie bei rinnen.

das Geripp, eig. Gerippe, das Collectiv v. Rippe.

der Germane, — n, Pl. — n, nach bem lat. Plur. Germáni : ur-
beutschem Stamme Angehöriger. Daher Germánien, lat. Germánia;
germánisch, lat. Germánicus.

Nicht Zusammensetzung aus altd. gêr Wurffspieß und man Mann, wogegen schon
bie Länge bes a streitet sowie baß gêr im 1. Jahrh. vor Chr. Geb. und vorher
noch gês lautete (f. Ger); sondern aus keltisch (welsch) garmwyn Schreier, Rufer,
v. keltisch gairm (Pl. gairmeanna) = Ruf, Ausruf, welsch garm, wonach also
bie nieberrheinischen Franken ben Galliern als Schrecken einflößenbe ungestüme,
tobenbe Krieger erschienen. S. Grimm's Gesch. b. beutsch. Spr. 785—789.
Leo in Haupt's Zeitschr. V, 514.

gern, eig. gerne, Abv. : bem Wunsche gemäß, mit Freube.
Mhd. gërne (Comp. gërner, Sup. gërnest), ahd. gërno, kërno (Comp. gërnôr,
Sup. gërnôst), ist das Abv. bes mhd. Abj. gërn, ahd. kërn, goth. gaírns, = be-
gierig. Die Abstammung f. unter Begehr.

der Gerner (e wie ä), besser Kerner, —s, Pl. wie Sing. : Beinhaus
au Kirchen unb Kirchhöfen. Nur noch lanbschaftlich.
Mhd. ber gerner, karner, spät-ahd. chárnâre (Begräbnißhaus). Aus mittellat.
carnárium Leichenhof v. lat. cáro Fleisch, woher schon ahd. auch garne, carni, =
Fleisch (Schmeller II, 66).

der Gerngroß = wer gern über Anbere hinaus will.
Schon im Philander von Sittewald (1650) I, 242.

das Geröhricht = beisammen wachsenbe Rohrmenge.
Im voc. incip. teuton. ante lat. bas gerórag b. i. mhd. gerórach, zusammengef.
mit bas Röhricht, mhd. bas rórach, ahd. rórahi, welches mittelst -ahi v. Rohr
ahd. rôr goth. ráus.

bie Gerste, Pl. (unüblich) —n, eine bekannte Getraibeart.
In ben Zusammenf. bas Gerstenbier, -brot, -mehl ꝛc. ist Gersten urspr.
bas Abj. gersten, mhd. girstîn, ahd. gërstîn, girstîn, kirstîn, wie benn auch
frühe-mhd. girstîn brôt Gerstenbrot vorkommt; jetzt sieht man in Gersten
ben alten schwachen Gen. Sing., benn bie Gerste biegt urspr. schwach, mhd.
bie gërste (Gen. ber gërsten), ahd. gërstâ, kërstâ (Gen. kërstûn). Dieses
Wort, welches angelsächs. gerst, engl. girst lautet, hat, wie Brunst u. Kunst,
eingeschaltetes s unb stimmt lautverschoben mit ben gleichbeb. lat. bas hórdeum
(ober auch fórdeum) unb gr. bie krithê (κριϑή, st. χριϑή?). Der Gothe sagte
für Gerste ber baris, angelsächs. ber bere, engl. barley, v. goth. baíran tragen
(f. gebären), wie lat. far Getreibe v. fórre. S. Grimm's Gesch. ber beutsch.
Spr. 65.

bie Gerte (e wie ä), Pl. —n : bünner schwanker Holzschößling.
Mhd. bie gerte = Ruthe, Stab, ahd. gerta, gertâ, kerta, (aus) kertja, gardêa,
kartja, goth. gazdja (?), v. mhd. ber gart, ahd. gart, kart, goth. gazds, =
Stachel, bann spitzer Treibstecken, altnorb. gaddr = großer Nagel, welches Wort,

27 *

da goth. z ahd. r aus s hervorgeht (vgl. Hort), lautverschoben dem lat. hásta = Stange, Spieß, entspricht.

der Gerúch, — es, Pl Gerüche : durch die Nase empfundene Aus⸗ dünstung; der Sinn, Ausdünstung durch die Nase zu empfinden.

1482 geroch. Auch einfach, aber nur noch alterthümlich der Ruch, mitteld. der ruch (*Herbort* 9347), aus dem Pl. Prät. (ahd. wir ruhhumês) v. riechen (f. d.).

der Gerúch, —es, ohne Pl. : wovon ausgehender Ruf.

Das Wort scheint das vorige der Geruch bildlich, zumal wenn man 2 Mof. 5, 21 und schon bei *Williram* 13, 6 „doctôres, die witeno stinkent [duften] .mit dêmo stanke [Geruche] bônæ opiniônis« vergleicht. Aber es ist ursprüng⸗ lich ein ganz anderes Wort mit langem u (Geru̇ch), nämlich das im 15. Jahrh. und kurz nach 1500 in unsrer Bed. vorkommende das gerüche, gerüech, ge⸗ rụạche (Schmeller III, 18), mhd. gerüeche (?), welches, von mhd. ruochen (f. geruhen) abgeleitet, eig. Rückscht⸗, Bedachtnehmen, bedeutet haben wird.

das Gerücht, —es, Pl. —e : umlaufendes Gerede wovon.

Das Wort, welches erst im 15. Jahrh. und zwar zunächst in Mittel⸗ und Riederdeutschland vorkommt, ist nicht, wie man vielleicht denken könnte, niederd. Form statt hochd. Gerüfte, mhd. das gerüefte, ahd. kihruofti, sondern hat ur⸗ sprüngliches ch. Bei Luther lautet es das gerüchte, ebenso im (mittelrhein.) *voc. ex quo* v. J. 1469; 1482 u. altclevisch (1475) gerücht (*voc. theut.* Bl. 18ᵇ. m 1ᵃ. *Teuthonista*), mittelniederl. geruchte (lauter Ruf. *Diut.* II, 206ᵇ) neben dem einfachen mittelniederd. rochte. Zuerst wol f. v. a. wovon duft⸗, rauchartig Ausgehendes und sich Verbreitendes? Denn Gerücht kommt mit Geruch 1 (vgl. beide vorhergehende Wörter) nach J. Grimm (Gramm. II, 23. 208) aus dem Pl. Prät. v. ahd. riohhan (f. riechen) = ausdünsten, duften, rauchen.

geruhen = fürsorgend wie begehrend geneigt sein. Von hohen Per⸗ sonen und mehr im Hofstyl.

Richt von ruhen, sondern mit h statt ch. Älter-nhd. geruohen, gerůchen, geruechen, geruochen, mitteld. (1278) gerüchen, mhd. geruochen, = Rückscht nehmen, bedacht, besorgt sein, dann sich angelegen sein lassen, mit Sorgfalt, gerne wollen, für gut finden, belieben. Dieselben Bedeutungen hat auch das einfache oberd. ruechen (Schmeller III, 19), mitteld. rûchen, mhd. ruochen; ahd. ruochan, ruohhan, = sorgen, beachten, besorgt sein, altsächf. rôkian, rôkæan, angelsächf. rêcan. Dieß Verbum aber ist abgeleitet von ahd. die ruocha, ruohha, ruohhâ, = Überlegung, Berücksichtigung, Sorgfalt, Sorge, der ruah = Sorge, welche mittelst des Ablautes (uo, ua) aus dem bem Sing. Prät. des goth. Bur⸗ zelverbums rikan (Prät. ich rak, wir rêkum, Part. rikans?) — aufhäufen, sam⸗ meln (f. Rechen), entsprossenen ahd. die racha, rahha, = Rechenschaft, Rede, Sache, angelsächf. die racu = Erzählung, Sache.

gerúhig = völlig ruhig; ruhig-behaglich.

Mit h statt w. Mitteld. gerûwec (*Köpke's Pass.* 199, 61), welches ein mit ge⸗ zusammengef. mhd. die geruowe = Ruhe voraussetzt. S. Ruhe mhd. ruowe.

gerúhsam = Ruhe habend; Ruhe gewährend.

1429 gerûhsam (Schmeller III, 3) b. i. geruowesam, v. einem mhd. ge⸗ ruowen ausruhen, dessen ruowen unser ruhen ist.

das Gerüll, —es, Pl. —e : Zusammen⸗ u. Durcheinandergerolltes.

Bei Göthe V, 156 unrichtig Gerill. Eig. Gerülle, dann auch Gerölle, v. rollen, niederd. rullen.

das Gerümpel, —s, ohne Pl. : wiederholtes Rumpeln.
> Mhd. das gerumpel (*Helbling* I, 381), v. rumpeln.

das Gerümpel, — s, ohne Pl. : rumpelndes d. h. mit dumpfem Geräusche wackelndes oder zusammenbrechendes, also altes schlechtes Geräth. Der Gerümpelmarkt, falsch st. Grempelmarkt, s. d.
> Ursprünglich eins mit dem vorigen Gerumpel, aber richtiger in der Form durch seinen Umlaut.

das Gerüst, — es, Pl. — e : leicht aus Balken oder Stangen und Bretern aufgerichtetes Bauwerk zu irgend einer Verrichtung.
> Eig. Gerüste. Mhd. das gerüste, ahd. kirusti, kihrusti, = Zurüstung, Waffenrüstung, Geräth, erbaute Vorrichtung wozu. V. rüsten.

das Gesäme, —s, Pl. wie Sing., Collectiv v. Same.

gesammt = ohne Unterschied in Eins begriffen.
> Mitteld. gesamt = gesammelt, vereinigt, verbunden, durch Ausstoßung des n aus mhd. gesamnet, ahd. kisámanôt, welches das Part. Prät. v. mhd. samnen (auch schon samen), sámenen, ahd. sámanôn, = sammeln (s. d.), vereinigen.

der Gesandte, — n, Pl. —n, das männl. Part. Prät. v. senden (s. b.) als Substantiv : förmlich u. feierlich Verschickter. Zusammens. : die Gesandtschaft.

der Gesang, —es, Pl. Gesänge. Zusammens. : das Gesangbuch.
> Älter-nhd. auch noch sächlich; mhd. der (?), das gesanc, ahd. kisanc, zuerst = stimmendes Zusammenfingen. Zusammens. mit dem aus dem Sing. Prät. (ahd. ich er sanc) von fingen entsprossenen der Sang, mhd. u. ahd. das, der sanc.

das Gesäß, —es, Pl. — e : Sitztheil des Körpers (der Hintere).
> Spät-mhd. das gesæze in dieser Bed.; früher, wie ahd. das kisázi, = Sitz, Niederlassung, Wohnfitz, Wohnung. Aus dem Pl. Prät. (wir sázumês) v. sitzen.

das Geschäft, — es, Pl. — e : was man schafft (durch Thätigkeit bewirkt). Daher geschäftig. Zusammens. : der Geschäftsfreund, -mann, -träger 2c.
> Wie Gehöfte, Geräumte st. Gehöfde, Geräumde, so auch unser Geschäfte (gekürzt Geschäft), mitteld. das geschefte (*Mystiker* I, 323, 21), unorganisch st. Geschäfde, mhd. das geschéfede (*Tristan* 433, 37), welches mittelst -ede, ahd. -idi, goth. -íþi v. dem schwachbieg. schaffen (s. schaffen 2) abgeleitet ist. Vgl. Grimm's Gramm. II, 248 f.

geschehen, unpersönliches Verbum, Präf. es geschieht (älter-nhd. u. landschaftl. es geschicht), sie geschehen, Conj. es geschehe, Prät. es geschah (Conj. geschähe), Part. geschehen, Imp. gescheh : wirklich werden, insbesondere durch höhere Schickung ; zu Theil werden.
> Mhd. geschëhen, zusammenge3. geschehn, ahd. gi-, kiscëhan (Präf. es kiscîhit, sie kiscëhant, Conj. es kiscëhë, sie kiscëhên, Prät. es kiscah, sie kiscâhun, Part. kiscë'han), dessen einfaches gleichbed. scëhan (*Hildebrandsl.* 48), goth. skaíhan (?),

dunkler Herkunft ist. — Unsere Schreibung ·des· Sing. Präs. geschieht scheint aus der nach Ausfall des h die Brechung des i in ie zeigenden mitteld. Form geschiet (*Herbort* 5500) st. mhd. geschiht (geschicht) hervorgegangen zu sein.

gescheid = gesunden Menschenverstand habend, sowie diesem entsprechend, geistig scharf, schnell und gewandt. Zusammens. die Gescheidheit, gemein=üblich Gescheidigkeit [gescheydigkeyt (*Die falsch Beicht,* Münchner Hf., Bl. 215 ᵃ)].

Schon im Simplicissimus, bei Schuppius, Fischart u. A. gescheid, mhd. geschîde, ahd. kiscîdi (?). Von einem Wurzelverbum, welches goth. skeidan (Prät. ich skáid, wir skidum, Part. skidans), ahd. scîdan, scîtan, gelautet haben muß, woher dann unser starkbieg. scheiden (f. d.) ahd. sceidan, goth. skáidan, das schwachbieg. scheiden (f. d) ahd. sceidôn, dann das ahd. scidôn = unterscheiden. S. Grimm's Gramm. II, 75. 986. Die Bed. jenes skeidan würde trennen, dann [abstract :] geistig trennen, geistig sondern, und also unser gescheid urspr. f. v. a. geistig sondernd, geistig durchdringend, fein. Was endlich die Schreibung anlangt, so ist die mit d im Auslaute die historisch richtige, ungut aber gescheit (b. Campe), verwerflich gescheidt (gleichsam gescheib't als Part. Prät. jenes schwachbieg. scheiden, bei Adelung, Voß ꝛc.) oder gar gescheut (Göthe V, 16, Ramler, Gleim, selbst schon b. Schuppius S. 526. 550).

das Gescheid, —es, Pl. —e : Trockenmaß von ⅟₁₆ Malter.
    Am Rhein, in der Wetterau, in Oberhessen ꝛc. Aus ahd. das gisceid, kasceit, = Unterscheidung, Eintheilung, v. dem starkbieg. scheiden ahd. sceidan.

das Gescheid, —es, Pl. —e : Gebärm des Wildes. Weidmännisch.
    Eig. Gescheide, ahd. kisceidi (?) kisceiti (?). Urspr. wol f. v. a. das aus dem erlegten Wilde Auszuscheidende oder Auszuwerfende, v. dem starkbieg. scheiden ahd. sceidan.

das Geschénk, —es, Pl. —e, urspr. das Geschénke. V. schenken.

gescheut, 1) falsch st. gescheid (f. d.), 2) Part. Prät. v. scheuen.

die Geschichte, Pl. —n : was (von selbstthätigen Wesen) geschieht; Folge u. Inbegriff geschehener Dinge; Erzählung von Geschehenem. Zusammens. : geschichtlich (= historisch, mhd. als Adv. geschihtliche), das Geschichtsbuch, der Geschichtschreiber, die Geschichtskunde ꝛc.
    Wie die Beichte st. die Beicht, so die Geschichte st. des ursprünglichen die Geschicht, mhd. die geschiht (Gen. u. Dat. Sing. u. Nom. Pl. geschihte), ahd. [erst bei *Notker*] gesciht (Gen. u. Dat. Sing. u. Nom. Pl. gescihte d. i. kiscihti), = Schickung, Zufall, Ereigniß, Hergang einer Sache (*Reinhart Fuchs* 352, 1656), Folge der Ereignisse [aber nicht die Erzählung derselben, — diese hieß ahd. die tât-rahha That-Erzählung]. Zusammengef. mit dem gleichbed. einfachen mittelst -t von ahd. scëhan geschehen (f. d.) abgeleiteten die -sciht, mitteld. die schicht (*Jeroschin* 215). Unser nhd. die Geschichte aber gieng schon im Mitteldeutschen des 14. Jahrh. (die geschichte bei *Jeroschin* 161) aus dem Rom. Pl. des mhd. geschiht hervor, wie denn auch der lat. Pl. gésta im Mittellat. als Singular in der Bed. Geschichtsbuch steht.

das Geſchick, —es, Pl. —e, ſelten u. ungut das Geſchicke, ſt. der Geſchick (Schmeller III, 319), Schick, v. (ſich) ſchicken : Art ſich leicht worein zu finden; gute Angemeſſenheit zu geſellſchaftlichen Verhältniſſen. Zuſammenſ. : die Geſchicklichkeit.

das Geſchick, — es, Pl. — e : das nach höherer Anordnung an Begebenheiten und Veränderungen Zukommende.

Eig. das Geſchicke (Göthe XL, 279), bei Georg Agricola († 1555) im Bergbau ſ. v. a. Gang (vénula). Erſt nhd. und, wie Schickſal, Schickung, v. ſchicken (ſ. Schick).

geſchickt = paßlich beſchaffen; der guten Sitte gemäß.

Das als Adj. gebrauchte Part. Prät. v. ſchicken (ſ. Schick), und in der erſten Bed. ſchon im voc. theut. v. 1482 Bl. m 3ᵇ ſowie im *Teuthonista*.

das Geſchirr, —es, Pl. —e : Werkzeug jeder Art zum Gebrauche.

Urſpr. Geſchirre, ahd. das kiscirri. Collectiv v. einem unbekannten ahd. scër, das vielleicht mit ahd. die scra Geſchäft (Graff VI, 535) zuſammenhängt? S. Grimm's Gramm. II, 738. Wackernagel's Wtbch 238.

geſchlächt = geartet; gut geartet, gleichartig, fein.

Mhd. gesläht, ahd. gi-, kisläht, v. ahd. die slahta Geſchlecht (ſ. b.), Art.

das Geſchlecht (e wie ä), —es, Pl. —er (b. Luther in alter Weiſe —e) : natürliche Eigenſchaft; die Geſammtheit der von einem Weſen Herſtammenden. Daher der Geſchlechter, — s, Pl. wie Sing. :‍ einer vornehmeren in einer Stadt verbürgerten Familie Angehöriger (Patricier). Zuſammenſ. : geſchlechtlich, das Geſchlechtswort (der Artikel) 2c.

Eig. das Geſchlechte, denn mhd. das geslehte, ahd. gi-, kisláhti, welches das Collectiv v. dem von ahd. slahan ſchlagen in der Bed. arten (Notkers *Boethius* 122, 132), nachſchlagen (ſ. b.), abgeleiteten ahd. die slahta, mhd. slahte, = Art, Geſchlecht, Nachkommen-, Verwandtſchaft. Übrigens kommt jenes ahd. kislahti nicht frühe vor; der ältere Ausdruck war das der Lautverſchiebung gemäß mit lat. génus gr. génos ſtimmende ahd. das chunni goth. kuni (ſ. König).

das Geſchlinge, —s, Pl. wie Sing. : der Schlund des geſchlachteten Thieres mit Lunge, Leber u. Herz, welche daran hangen.

Statt Geſchlüng (Stieler 2295), eig. Geſchlünke (Steinbach II, 454), mhd. geslünde (?), ahd. kislunti (?), alſo Collectiv v. Schlund (ſ. b.), bayer. mit l ſtatt g der Schlunk (Schmeller III, 454). Die unrichtige Schreibung mit i Geſchling, Geſchlink, kommt zuerſt bei Friſch II, 200ᵃ vor.

der Geſchmack, — es, Pl. — e, mhd. gesmac, ahd. gesmah (Graff VI, 825). Zuſammenſ. : geſchmacklos; die Geſchmackſache.

Neben dem einfachen der Schmack (2 Moſ. 16, 31), mhd. u. ahd. smac, eig. smach, und, wie dieſes, auch vom ausſtrömenden Geruche gebraucht. Dieß smac, smach aber iſt aus dem Sing. Prät. eines jetzt nicht mehr nachzuweiſenden goth. Wurzelverbums smikan (Prät. ich smak, wir smêkum, Part. smukans) = mittelſt Zunge und Gaumen empfinden, wozu auch altn. das smákr Geſchmack, ahd. smôhhar reizend (delicátus), gehören. S. ſchmecken.

das Geſchmeide, —s, Pl. wie Sing.: Schmiedewerk, beſ. als Schmuck.

Mhd. das gesmide = Metall, ſowie daraus Geſchmiedetes, Metallſchmuck, Metallrüſtung, ahd. gasmîde (b. i. kasmidi) = Metall. Das Collectiv des ahd. die smida Metall, welches aus der Präſentialform eines verlornen ahd. Wurzelverbums smidan (Prät. ich smeit, wir smitumês, Part. kismitan), goth. smeiþan, = in Metall arbeiten. S. geſchmeidig, Schmied, Schmitte.

geſchmeidig, v. Geſchmeide und alſo urſpr.: geſchmeideartig d. h. leicht zu bearbeiten; nachgiebig geſtaltbar. Zuſammenſ. die Geſchmeidigkeit.

das Geſchmeiß, —es, Pl. —e: beläſtigende Inſecten; dann bildlich von Menſchen und als Schimpfwort (ſchon b. Alberus).

Urſpr. Schmetterlingseier, z. B. in Herr's überſ. Columella (1538) Bl. 187ᵃ. Denn wetterauiſch Geschmâß (â = mhd. ei), mhd. das gesmeiz (?), aus dem Prät. Sing. (mhd. u. ahd. ich er smeiz) v. mhd. smîzen = ſchmieren, auswerfen (cacâre), ahd. smîzan, goth. smeitan. S. ſchmeißen 1 u. Schmeißfliege.

das Geſchöpf, —es, Pl. —e: geſchaffenes Weſen.

Mit ö ſtatt e (Umlaut des a), wol weil ſchon 1482 im voc. theut. Bl. m 2ᵃ und im vocab. teut. ante lat. geschopff, mhd. aber geschepfe (?). Mit Schöpfer (ſ. d.) v. ſchaffen (ſ. ſchaffen 1).

das Geſchoß (o kurz), —ſſes, Pl. —ſſe: Waffe, die fortgeſchoſſen wird; Werkzeug, mit welchem man ſchießt.

Hiſtoriſch richtig iſt überall ß. Mhd. das geschoz in beiden Bed., ahd. giscoz Wurfſpieß, angelſächſ. gescot. Aus der Form des Pl. Prät. (ahd. wir scuzumês) v. ſchießen.

das Geſchreib, —es, ohne Pl., unorganiſch das Geſchreibe.

Denn ahd. das kascrîp = Schrift, Schätzung (Aufzeichnung), Styl. B. ſchreiben.

das Geſchütz, —es, Pl. —e: große ſchwere Schußwaffe.

Mhd. das geschütze, mitteld. geschuze, = Pfeil (Rudolfs Weltchronik, Gieß. Hſ., Bl. 81ᵇ) Schießzeug, Collectiv v. Schuß (ſ. d.), ſchwäb. Schuß (Schmeller III, 421).

das Geſchwäder, —s, Pl. wie Sing.: Reiter-, Flottenabtheilung.

-ſchwader (vgl. Schwadron) iſt aus ital. die squádra, ſpan. esquadra, welche urſpr. ſ. v. a. Winkelmaß, dann Viereck von Leuten, Rotte, franz. escadre Flottenabtheilung, v. dem ital. Verbum squadrâre viereckig machen, lat. gleichſam exquadrâre. S. Escadron.

geſchweige = ich ſchweige ſtill von —, lat. ne dicam.

Aus der erſten Perſon Sing. des Präſens v. älter-nhd. geſchweigen mhd. geswîgen = ſtill ſchweigen. Mhd. ſagte man vollſtändiger ich geswige, ahd. ih wile dës suîgen (ich will deß ſchweigen).

geſchwind = in kurzer, ſelbſt kürzeſter Zeit ſich fortbewegend. Zuſammenſ.: die Geſchwindigkeit.

Eig. geſchwinde (voc. incip. teut. ante lat.); mhd. geswinde kühn, ſchnell. Landſchaftl. u. älter-nhd., auch b. Luther einfach ſchwind, mhd. swinde, welches letzte zunächſt ſ. v. a. ſtark, gewaltig, heftig. Goth. svinþs = ſtark, kräftig, geſund, angelſächſ. svîd = ſtark, heftig. Aus der Präſentialform eines verlornen

goth. Wurzelverbums svinþan (Prät. ich svanþ, wir svunþum, Part. svunþans) =
leben (?), geſund, ſtark ſein (?).

das Geſchwiſter, — s, Pl. wie Sing. : Kinder von einerlei Eltern.
Zuſammenſ. : das Geſchwiſterkind, geſchwiſterlich.

    Ahd. das kisuístiri (?), Collectiv v. Schwéſter, alſo urſpr. „Geſammtheit der
Schweſtern“ und dann auch auf die Brüder ausgedehnt. Mhd. kommt in dieſem
umfaſſenden Sinne das geswistrede (*Parsivál* 477, 1), geswisteríde vor. — Ge-
swister-chind (*über ord. rerum* v. J. 1429 Bl. 5 b).

der Geſchwórne, —n, Pl. —n : eidlich wozu Verpflichteter.
    Schwache männliche Form des Part. Prät. v. ſchwören.

die Geſchwúlſt, Pl. Geſchwülſte, mhd. die geswulst, ahd. gisuulst :
kraukhaft aufgelaufene Körperſtelle.
    Mit unorganiſch zwiſchen l und t eingetretenem s aus der Form des Pl. Prät.
(ahd. wir suullumês) v. ſchwëllen ahd. suëllan.

das Geſchwúr, —es, Pl. —e : eiternde Körperſtelle.
    Entſtellt aus dem früheren geswër (*voc. theut.* v. 1482 Bl. m 4 a), mhd. das
geswër, ahd. kiswër (urſpr. Entzündungsſchmerz), noch b. Leſſing (bamb.
Dramat. II, 82) mit ä ſtatt ë Geſchwär, aus der Präſentialform v. ſchwären.

der Geſéll (é wie ä), —en, Pl. —en, eig. der Geſélle, —n, Pl. —n :
Mit= u. Gleichthätiger ; ausgelernter Handwerksgehilfe. geſéllen.
    Mhd. der geselle in der erſten Bed., ahd. gi-, kaséllo d. i. kasal-j-o = Saal-,
Hausgenoſſe. Mit geſellen, mhd. gesellen, ahd. kisellan d. i. kisal-j-an, =
zu einander (urſpr. zu Einer Wohnung) verbinden, v. ahd. das sal Haus, Saal
(ſ. b.).

geſéllig (é wie ä), mhd. gesellec (paarweiſe), v. Geſelle. die Ge=
ſéllſchaft, mhd. geselleschaft, ahd. kisélliscaft, wovon der Geſéll=
ſchafter und geſéllſchaftlich.

das Geſéz (é wie ä), —es, Pl. —e : zur Befolgung Feſtgeſetztes.
Zuſammenſ. : der Geſézgéber, geſézlich ꝛc.
    Bei Liskow das Geſetze, 1482 gesetz (*voc. theut.* Bl. m 1 b), mhd. gesetze,
woneben, auch in jenem *voc. theut.*, das gesatz. B. ſetzen.

geſézt (é wie ä) = ruhig ernſt. Part. Prät. v. ſetzen.

das Geſicht, —es : [ohne Pl.] Sehkraft; [Pl. — e] Bild der Ein=
bildungskraft ; [Pl. — er, und nur noch alterthümlich und edel — e]
Vorderſeite des menſchlichen Kopfes. Vgl. Angeſicht.
    Eig. das Geſichte. Denn mittelhd. das gesichte neben mhd. die gesiht,
ahd. die ki-, kasiht, alle in den beiden erſten Bedeutungen. Erſtere Form iſt das
Collectiv, letztere eine bedeutungsloſere Zuſammenſetzung mit dem von ſehen
ahd. sëhan abgeleiteten ahd. die siht = Sehen, Erſcheinung (Graff VI, 123).
Der Gothe hatte die siuns (v. safhvan ſehen?).

das Geſims, —es, Pl. —e, eig. Geſimſe, Collectiv v. Sims.
    s, ſ nach m ſtatt ſ, denn urſpr. Geſimß, Geſimße. S. Sims.

das Geſinde, —s, Pl. wie Sing. : (niedrige) Dienerſchaft, beſonders
des Hauſes. Dann auch in dem Sinne von Geſindel.

Mhd. das gesinde = Dienerschaft, Hofdienerschaft, ahd. gi-, kisindi = Reise-
gefolge, bes. bewaffnetes. Das Collectiv v. dem von ahd. der sind, goth. sinþs,
angelsächs. (mit Ausfall des n) sid, = Reise, Weg (s. senden), gebildeten, in
ge- Gesellschaftsbegriff enthaltenden mhd. der gesinde, ahd. kisindo, goth. ga-
sinþa, gasinþja, = Reisegefährte, Gefolgshauptmann (Graf), Gefolgsmann.

das Gesindel, —s, Pl. wie Sing. : schlechte, verachtete Leute.

Mitteld. das gesindel [in das gesindelêhs (*Herbort* 1577) = Gesinde, Gefolge,
mit den Ableitungssylben -êhe, ahd. -ahi], ahd. kisindili(?), das Dim. v. Gesinde
(s. b.). Älter-nhd. auch das Gesindlein (st. Gesindel), mhd. gesindlîn
(*Renner* 1327).

gesinnen (s. sinnen) an Einen = "ihn darum angehen."

Im Kanzleistyle. Höflicher als befehlen und vornehmer als bitten
(Schmeller IV, 255). Vgl. ansinnen. S. auch gesonnen.

gesinnt = den Sinn, die Entschließung habend.

Mhd. gesinnet = mit sin (Sinn) d. i. Weisheit und Kunst begabt (*Tristan*
125, 4). Adjectiv mit der Bildung eines schwachen Part. Prät.

die Gesinnung, Pl. —en, v. gesinnen (s. gesonnen).

gesittet = Sitte habend, bes. gute; guter Sitte gemäß.

Nach der Bildung einer Participialform erweitert aus mhd. gesit (st. gesite)
= einen site (eine Sitte) habend (*Lachmann zu den Nibel.* 1494, 1), ahd.
gesit = geartet (*Notkers Boethius* S. 207, 207), eig. kisitu, welches Adj. von
ahd. der situ Sitte (s. b.) gebildet ist.

**gesónnen, Part. Prät. v. gesinnen in der Bed. "worauf hin ent-
schiedenen Sinnes sein", [ahd. gisínnan = wonach streben, trachten].**

der Gespán, —es, Pl. —e : Gefährte; Mitgeselle, -knecht.

Urspr. schwachbiegend und f. v. a. „Milchbruder"; denn Gespan [ahd. ki-
spáno?] v. Span = „Milch" in Spanferkel (s. b.) = Milchferkel.

**der Gespán, —es, Pl. —e : ungarischer Bezirksoberster. Zusammens. :
die Gespánschaft = einem Gespan untergebener Bezirk.**

**das Gespánn, —es, Pl. —e, v. spannen : vor ein Fuhrwerk zu-
sammengespannte Thiere.**

**das Gespénst, —es, Pl. —er : Truggebilde, bes. geisterhaftes ; úm-
gehender abgeschiedener Geist. Daher gespénstisch.**

Zunächst f. v. a. Verlockung, Beredung, Täuschung, welche Bedeutungen ahd.
die gi-, kaspanst (Gen., Dat. Sing. u. Nom. Pl. gispensti) hat, ebenso mhd.
die gespanst u. gespenst (auch = Geistererscheinung, Phantom, b. *Boner* 94, 54),
deren einfaches ahd. die spanst = Verlockung, Täuschung, mit unorganisch eingetretenem s (vgl. Kunst) v. dem ahd. Wurzelverbum spanan (Prät. ich er spuon,
Part. kispanan) = locken, überreden (s. abspannen 2, spänen), betriegen, abgeleitet ist. Übrigens setzt unsere sächliche nhd. Form Gespenst ein neben jenem
mhd. die gespenst entwickeltes (vielleicht eig. mitteld.) das gespenste [ahd. ki-
spansti ?] voraus. Vgl. unter dem Worte Gesicht die mitteld. Form das
gesichte neben mhd. die gesiht.

**der Gespíele, —n, Pl. —n, mhd. der gespil, ahd. kaspílo (?) :
Spielgenosse, [im Nhd.] insbesondere der Jugend. Daher die Ge-**

ſpiele, mhd. die geſpil (= Gefährtin) u. Geſpielin, mhd. die
gespilin.

das Geſpinſt (ungut Geſpinnſt), —es, Pl. —e : Geſponnenes.
Mit unorganiſch eingetretenem s (ſ. Kunſt) von ſpinnen. Im 15. Jahrh.
das gespinß (Mone's Anzeiger VII, 162, 403) neben mhd. die gespunst.

der Geſpóns, —en, Pl. —en : der Bräutigam. die Geſpóns, Pl.
—en : die Braut. Veraltet u. nicht mehr edel.
Mhd. der gesponse, früher gespúnse, und die gespunse, deren sponse, spunse
aus lat. der spónsus Verlobter u. die spónsa Verlobte.

das Geſpött, mhd. das gespöte, Collectiv v. Spott.

das Geſpräch (ä lang), —es, Pl. wie Sing. Davon geſprächig.
Mhd. das gespræche (Unterredung), ahd. gisprâchi, Collectiv v. die Sprache.

das Geſtábe, —s, Pl. wie Sing. : Landrand eines größeren Gewässers.
Älter-mhd. das gestat (voc. incip. teut. ante lat. Bl. o 7 b), gestatt (voc. theut.
Bl. m 1 b. m 3 b), 1429 gestat (lib. ord. rerum Bl. 3 a), umlautloses (mittelb.)
Collectiv v. mhd. das stat, ahd. der u. das stad, goth. der staþs, angelſächſ. städ,
= Ufer.

geſtált, Adj. : beſchaffen, im Äußeren vor Augen ſtehend, in únge-
ſtalt. die Geſtált, Pl. — en : das Äußere, wie ein Ding ſich vor
Augen ſtellt, wahrgenommen wird. Nach Geſtalt der Sachen =
Stellung, Stand der Sachen. "(Mit) bër Geſtalt", zuſammengeſchoben bërgeſtalt (ſ. d.). geſtálten, der Dat. Pl. als Conjunction
in der Bed. "indem", jetzt veraltet und nur noch kanzleimäßig. Von
Geſtalt kommt das Verbum geſtálten mit die Geſtáltung.
Das Adj. geſtalt iſt das mhd. gestalt, ahd. gistált, = beſchaffen, äußerlich
eigenthümlich ſich zeigend, goth. gastalds = ſich gehabend, verhaltend [in der Zuſammenſ. agláitgastalds = unſchicklich (ſchmutzig gewinnſüchtig) ſich verhaltend].
Mit dem Subſt. Geſtalt, 1482 gestalt (voc. theut. m 2. 3), 1469 mittelrhein.
gestalte (voc. ex quo), mhd. die gestalt (?), = äußeres eigenthümliches Ausſehen,
v. dem mit Stall u. ſtellen verwandten reduplicierenden goth. staldan (Prät.
stáistald, Part. staldans) = „beſitzen" in dem zuſammengeſ. gastaldan. Jenes
ahd. Adj. gistált aber findet ſich auch in dem Dat. Pl. dien gestaltên = ſo,
dergeſtalt (Notker, Ps. 23, 7).

geſtändig, Adj. Das Geſtändniß (eig. Geſtändnis), —ſſes, Pl.
—ſſe. Jenes v. der alten (ahd.) Präſentialform, dieſes v. d. Part.
Prät. v. geſtehen.

der Geſtánk, —es, ohne Pl. : übler Geruch.
1469 gestang (voc. ex quo) b. i. gestanc. Zuſammengeſ. mit dem gleichbed.
einfachen älteren der Stank, welches in mhd. der stanc u. ahd. stanc, stanch,
stanh (Pl. stanchâ) = Wol- wie Übelgeruch. S. ſtinken, aus deſſen Sing.
Prät. das Subſt. hervorgieng.

geſtätten = Statt geben, geſchehen laſſen.
Mhd. gestaten, ahd. ki-, kastatôn, = Statt [ahd. stata = Standpunct,
gute Gelegenheit, Hilfe] geben, wozu verhelfen, gewähren, erlauben.

gestéhen (f. stehen), eig. gestéhn, = sich stellen, insbesondere zusam=
menrinnend fest werden (lat. constâre. *Horat.* Od. 1, 9, 4); ein Be=
kenntniß ablegen (b. i. aussagend hinstehen).

> Mhd. gestên, gestân, ahd. gi-, kistántan, = sich stellen, hinstehen, Stand hal=
> ten. ge- entspricht hier lat. con- (f. ge-).

das Gestéll (e wie ä), —es, Pl. —e: aufgestellte Vorrichtung.

> Eig. das Gestelle (b. Göthe). 1482 gestél (*voc. theut.* m 1*), mhd. das
> gestélle, ahd. gistólli, = Zusammenstellung, Stellung, Standort (Schmeller III,
> 630. *Otfried* 5, 17, 29). B. stellen.

géstern, Adv.: vorhergehenden Tages. Daher géstrig, Adj.

> Gestern (auch b. Luther) ist ahd. gëstren, gësterên (ê?), gësterôn (ô?),
> welche vielleicht starker u. schwacher Dat. Pl. eines männl. oder sächl. Adj.
> (kë star) sein könnten. Daneben ahd. gë stra, kë stre, mhd. gëster, goth. gistra
> (in gistradagis morgen), mit der Ableitung gestrig, mhd. gë steric, ahd.
> gö sterig (*Notker*). Das Wort stimmt lautverschoben mit dem lat. hestérnus
> gestrig, dem wurzelhafteren héri (ursp. hési) gestern, gr. chthés (χθές, urspr.
> χίς), sanskr. hjas.

† die Gesticulatiôn, Pl. — en, aus lat. gesticulátio. B. gesticu=
lieren, lat. gesticulâri: Geberden, Handbewegungen machen.

> Gesticulâri v. gestículus, dem Dim. v. der géstus = Handbewegung xc.

das Gestirn, —es, Pl. —e, eig. das Gestirne.

> Mhd. das gestirne, ahd. gi-, kistírni, gistírri, = Zusammenstand u. Gesammt=
> heit von Sternen (lat. constellátio u. sídus), das Collectiv v. Stern (f. d.).

gestirnt = mit Sternen besetzt (geschmückt), sternvoll.

> Ahd. kestirnet (*Notkers Boethius* 47, 51), verschieden v. ahd. kistörnôt, und
> wol Part. Prät. eines v. Stern abgeleiteten, aber nicht nachweisbaren ahd.
> Verbums stirnan, kistírnan, welches erst in mhd. stirnen (*Tristan* 430, 18) =
> „mit Sternen schmücken" auftaucht.

gestirnt = mit einer Stirne versehen. B. Stirne.

das Gestöber, = wiederholtes Stöbern (f. b.); Durcheinanderstieben.

> Mittelb. das gestóbere Verfolgung (*Köpke's Passional* 169, 10), gestúbere
> Aufwirbeln von Staub xc. (*Jeroschin* 162).

das Gesträuch, —es, Pl. —e, mittelb. gestrûche, Collectiv v. Strauch.

geströng, gestrénge, ehemaliges Ehrenprädicat des Adels (Schmel=
ler III, 687), was streng.

das Gestrick, —es, Pl. —e, eig. das Gestricke: wiederholtes Stricken;
Gestricktes. B. stricken.

géstrig, mhd. gësteric, ahd. gësterîg b. i. kë steric, f. gestern.

das Gestrüppe, —s, Pl. wie Sing.: durch einander gewachsenes rauh
hervorstehendes (starrendes) niedriges Gewächs. S. struppig.

gestúnden = Aufschub gestatten. Wie stunden, v. Stunde.

das Gestüte, —s, Pl. wie Sing.: Pflegeort für Zuchtpferde.

> Collectiv v. mhd. u. ahd. die stuot Heerde von Zuchtpferden. S. Stute.

der Gesúch, —es, Pl. —e: angelegentliche Bitte.

Gewöhnlich, aber ungut das Gefuch. Denn mitteld. der gesûch, mhd. ge-
suoch, = das angelegentliche Suchen, Auf-, Nachsuchen, dann Erwerb, Gewinn,
welche letzte Bedeutung schon ahd. der gisuoch hat. B. ahd. kasuohhan (ge-
fuchen) = an-, auffuchen, erwerben.

gefúnd, Comp, gefúnber, Sup. gefúnbeft : ungeftört am Ganzen ber
natürlichen Lebensthätigkeit.   Daher : gefúnben, mhd. gesunden,
ahd. kisuntên, = gefund werben; die Gefundheit, mhd. gesuntheit.
    Mhd. gesunt, ahd. gi-, kisunt u. ki-, kasunti.

das Getäufche, —s, ohne Pl. : fortgefetztes Täufchen, Täufchung.
    Früher Geteufche, mhd. das getiusche, mitteld. getûsche. B. täufchen.

das Getöfe, —s, Pl. wie Sing. : wieberholtes Tofen. S. tofen.

das Getraibe, —s, Pl. wie Sing. : Mehl gebenbe Körnerfrucht.
    Die Schreibung Getraibe [noch 1482 im voc. theut. 1 4ᵇ] ift urfprüng-
licher, aber Getreide, infofern das Hochb. die ai zu ei regelrecht fortbilbet
(f. ai zu 1), vorzuziehen.   Mhd. das getreide (verkürzt aus) getregede, früh ge-
tragide (Genesis 32, 38), = Nahrung, Lebensmittel, fpät-ahd. gitrágidi auch =
Einkünfte, Befitz (Notkers Boethius S. 63, 69); aber mitteld. das getreide fchon
in der heutigen Beb. (Jeroschin 163). Urfpr. f. v. a. was getragen wird.
    Mittelft -de, ahd. -idi, v. tragen.

das Getränt, —es, Pl. —e, Collectiv v. der Trant.
    Eig., wie auch noch üblich, das Getränte, mitteld. das getrenke (Jeroschin
163).

fich getraúen, Präf. ich getraue mir 2c. : fich feiner Kraft und des
Erfolges ihrer Anwendung bewußt fein.
    Mhd. getrûwen, ahd. gi-, ki-, katrûen (mit Dat. der Perfon u. Acc. ober
Gen. ber Sache) = worauf trauen, fich worauf ftützen, befonders mit Hoffnung
bes Erfolges; goth. gatráuan = trauen, vertrauen. S. trauen.

das Getreibe, —s, ohne Pl. : wieberholtes Treiben.
    Eig. Getreib. Mitteld. das getrib (Köpke's Passional 324, 64. 415, 95 u. f. w.).
B. treiben mhd. triben.

das Getreibe, regelrechter neuhochb. als Getraibe, f. b.

getreú, mhd. getriuwe, ahd. katriuwi, katriwi, mit ber Zufammenf.
getreúlich mhd. getriuwelich, ahd. getriuwelih (als Abv. gi-, ka-
triulîhho), ftärker als treu, treulich.

das Getriebe, —s, Pl. wie Sing. : zufammenhangenbes auf einanber
wirkenbes Fortbewegen; Triebwerk.
    Eig. wol das Getrieb, mhd. getrip (?), ahd. katrip (?), aus ber Form bes
Pl. Prät. (ahd. wir tripumês) v. treiben ahd. trîpan.

getröft = ruhig und zuverfichtlich vertrauenb.
    Mhd. getrôst, ahd. gi-, kitrôst neben kitrôsti. B. der Troft.

fich getröften (ö lang) = verzichten in ruhiger Zuverficht eines Erfatzes.
Präf. "ich getröfte mich" mit Gen. ber Sache.
    Mhd. sich getrœsten und bloß getrœsten, mitteld. getrôsten; ahd. gi-, kitrôstan,
= tröften. ge- entfpricht hier bem lat. con-.

das Getrümmer, —s, ohne Pl. : Masse von Trümmern.

Bei Bürger; aber ein tadelhaftes Collectiv, weil der bei Klopstock, Voß u. A. vorkommende Sing. die Trümmer unrichtig ist und aus dem Pl. Trümmer, wie überhaupt aus einem Pluralis, sich kein Collectiv bilden läßt. Richtig wäre das Getrümme von dem Sing. das Trumm (s. d.).

das Getümmel, —s, ohne Pl., b. Luther getümel, v. tummeln : verworrenes ungestümes Sich=durcheinander=bewegen.

geüben, für sich allein veraltet und nur noch in vergeuben, s. d.

der Gevatter, —n (gewöhnlich, aber ungut — s), Pl. — n : (geist= licher) Mitvater als Taufpathe. Daher die Gevatterin. Zu= sammens. : die Gevatterschaft : der Gevattermann (Gevat= tersmann).

Mhd. der gevatere, spät=ahd. gevátero d. i. kasataro, buchstäblich dem mittellat. cómpater entsprechend, ist, wie seine eigentliche weibliche ahd. Form die gifátará, mhd. die gevátere, wofür schon 1482 die gevatterin (voc. theut. Bl. m 4ᵇ), mit dem den Gesellschaftsbegriff bezeichnenden ge= von Vater (s. d.) gebildet. Die Zusammens. (mhd.) die geváterschaft steht besonders in der Bed. „gute, innige Freundschaft" (Parzival 78, 7. Wigalois 216, 24. 279, 21).

geviert (ie wie kurzes i gesprochen) = als regelmäßiges Viereck (Quadrat) erscheinend, regelmäßig viereckig. Zusammens. : die Ge= viertmeile st. des halbfremden Quadratmeile.

Ahd. gefieröt (Notkers Mart. S. 77, 95) = lat. quadrátus, das Part. Prät. von einem von vier ahd. fior abgeleiteten, aber nicht nachweisbaren ahd. Verbum fiorôn = lat. quadráre.

das Gevögel, —s, Pl. wie Sing., Collectiv v. Vogel; Geflügel.

Mhd. das gevügele, mitteld. gevugele, ahd. gifugili, v. Vogel.

das Gewächs, — es, Pl. — e, spät=mhd. das gewehse : Wachsthum, Art des Wachsens (Lessing); Gewachsenes; Pflanze.

B. wachsen goth. vahsjan. Sonst gewechst, ahd. die kiwahst, kiwahstî.

gewahr, Adj., in gewahr werden = mittelst der Sinne zum Be= wußtsein von einem Dinge ꝛc. kommen.

Mhd. gewar, ahd. gi-, kiwar, altsächs. giwar, = Aufmerksamkeit worauf wendend, beachtend, vor=, umsichtig, kundig. Aus mhd. die war, ahd. wara, = das sorg= ende Sehen worauf, Acht, Aufmerksamkeit (s. bewahren 1). — Mhd. gewar wërden, ahd. kiwar wërdan, altsächs. giwar wërthan, = ansichtig, bewußt wer= den, bemerken, mit Gen.

die Gewähr, ohne Pl. : Einstehen wofür zur Sicherheit.

Mit ä statt ë (s. S. 1), denn mhd. die gewër. S. gewähren.

das Gewähr, —es, Pl. —e : einem Bergbauer zum Lohn gegebenes Stück Feld, in bestimmtem Maße 14 Lachter lang u. 7 breit.

Wol aus mhd. die gewer, gewere (die Gewere im deutschen Rechte), ahd. giwerî, = Bekleidung, dann im Mhd. Einkleidung (mittellat. investitúra) in den Besitz eines Grundstücks, Grundstücks=, Besitzübergabe, selbst Besitz (neben Lehnbesitz Minnes. I, 209ᵃ, 17, 1, 3), welches nebst dem gleichbed. mhd. das gewerde, mitteld. gewirde

(Baur's arnsburg. Urkundenb. 649) b. i. ahd. giwéridi (?), üblicher mhd. die gewerde ahd. giwérida (Graff I, 929), v. ahd. werjan (mit r aus s, denn) goth. vasjan, = kleiden. Dieses vasjan aber trifft buchstäblich überein mit ves in lat. vestire kleiden, Fες in gr. esthein (ἐσϑεῖν, Fεσϑεῖν) bekleiden, sanskr. was. Vgl. Grimm's Rechtsalterth. 555 f. Ahd. kiwérjan = bekleiden.

gewähren, mhd. gewarn, ahd. kiwarôn (?), wie **gewahr werden** gebraucht und gleich **gewahr** (f. d.) v. ahd. wara mhd. war.

gewähren = für Geltung und zur Sicherung einstehen; zu Theil werden lassen, bewilligend zukommen lassen; [mit **lassen** :] unbehindert thun. Daher die **Gewährung**.

> Mit Acc., aber zuweilen auch noch mit Acc. der Person und Gen. der Sache. Mhd. gewärn, ahd. kiwérän, zusammenges. mit mhd. wärn, ahd. wérän, goth. vairan (?), = mit Festigkeit thun oder halten, leisten, befolgen, sichern, dann wie heute gewähren. Dieses wérän ist bis jetzt unabgeleitet, doch verschieden v. währen (f. d.) = sich hinziehen in der Zeit. Vgl. Grimm's Rechtsalterth. 602 f.

die [ungut der] **Gewährsam** = Aufsicht, Obsorge; leichtes Gefängniß; [ehedem auch :] sicherer Aufenthalt, Wohnsitz.

> Eig. die Gewährsame, ahd. die kiwarsamî (?), abgeleitet v. einem aus gewahr ahd. kiwar u. -sam ahd. -sam zusammengesetzten Adj. (ahd. kiwarsam? = worauf Acht habend?)

die **Gewährschaft** = das Einstehen wofür zur Sicherheit.

der **Gewährsmann** = wer wofür einsteht.

> Unüblich ist Gewährmann. Zusammenges. mit die Gewähr.

die **Gewalt**, Pl. —en, mhd. u. mittelb. die u. der gewalt, ahd. die u. der ki-, kawalt (der weibl. Pl. lautet kiwaltî), deren einfaches -walt v. walten : zwingende Macht; gesetzlose Macht. Daher : **gewältig**, mhd. gewältic, mhd. kiwaltic (als Adv. kiwaltîgo); die **Gewaltseligkeit** (Lessing's hamburg. Dram. I, 237), wobei zunächst ein Subst. das Gewaltsal (ahd. kiwalt-is-al?) vorauszusetzen ist. Zusammenf. : **gewaltsam** ꝛc.

> Altsächs. nur die giwald, und vornehmlich niederdeutschem Einflusse ist es zuzuschreiben, daß im Neuhochd. das weibl. Geschlecht entschieden durchdrang. Statt gewaltig sollte man gewältig erwarten, zumal da schon *Otfried* giweltîg hat; allein die Verbindung lt scheint uns den unumgelauteten Vocal bewahrt zu haben.

das **Gewänd**, —es, Pl. —e u. **Gewänder** : Tuch zu Kleidung, anzulegendes Kleid. Zusammenf. : das **Gewändhaus** = Gebäude zum Verkaufe von Tuch, Leinwand u. dgl. an Jahrmärkten; der **Gewändschneider** = Tuch- und Leinwandhändler im Kleinen.

> Mhd. das gewant (auch Kriegskleid, Rüstung), spät-ahd. giwant (nur in der Zusammenf. badegiwant), aus dem Sing. Prät. (ahd. want) v. winden, also eig. Tuch zum Umwinden des Körpers (lat. involúcrum). Völlig verschieden von mhd. u. ahd. die wät (mit dem mhd. Collectiv das gewæte, ahd. kawâti), altsächs. wâd, goth. vêds (?), = Kleidung, welches aus der Form des Pl. Prät. von ahd. (ka)wëtan (Prät. ich wat, wir wâtumês, Part. kiwêtan), goth. (ka)vidan, = binden [vgl. Sage]. S Grimm's Gramm. III, 446.

gewándt = leicht sich bewegend und helfend. die Gewándtheit.

Mhd. gewant = angewandt, bewandt, sich verhaltend, [mit Dat. der Person :] jemandes Verhältnissen angemessen. Als Adj. gebrauchtes altes rückumlautendes b. h. sein ursprüngliches a erhaltendes Part. Prät. von wenden oder vielmehr ge•wénden mhd. gewendon ahd. giwentan, = umwenden, umkehren.

die Gewánn, Pl. —en : die aus ähnlich liegenden Äckern, Wiesen oder Gärten bestehende, ein Ganzes bildende Unterabtheilung der Flur.

Zuerst und volksüblich nur von Ackerland; denn das Wort ist durch Lautangleichung des b aus die Gewand, welches noch zu Nürnberg f. v. a. Ackerbeet (Schmeller IV, 102) b. h. „Pflugland bis zu den Pflugkehren, die seine Grenze bilden", und diese heißt ahd. das giwant (Otfried 4, 20, 27). Aus dem, auch bei wenden zu Grunde liegenden Sing. Prät. (ahd. want) v. winden. Vgl. Gewende.

gewärtig (mit Genitiv) = mit Verziehen auf etwas als zukommend aufmerksam. Daher gewärtigen.

Mhd. gewertic = dienstbereit Acht habend, v. mhd. Einem oder Eines warten (unserm warten), welches auch f. v. a. auf jemand schauen, ihm zur Stelle und bereit, dienstwillig sein, gehorchen.

das Gewásch, —es, ohne Pl. : geist= u. gehaltloses Gerede.

Nicht Gewäsche. B. wäschen mhd. weschen (st. waschen), welches auch den Sinn „viel, geist= u. gehaltlos reden" (Alsfelder Passionsspiel Bl. 48ᵇ. 55ᵃ) hat.

das Gewässer (st. Gewäßer), —s, Pl. wie Sing., Collectiv v. Waſſer.

das Geweb, —es, Pl. —e : fortgesetztes Weben; Gewobenes.

Unorganisch das Gewébe, denn ahd. das kawĕp, v. wĕben ahd. wĕpan.

das Gewéhr, —es, Pl. —e : Kampfwaffe; Feuerwaffe.

Ahd. das giwer = Vertheidigung, Kampfwaffe, (Treib=)Stachel. Zusammengef. mit einem ahd. Subst. das wer Stechwaffe [z. B. in hals-wer Dolch], welches aus einem älteren neben die Wehr ahd. weri anzunehmenden das weri gekürzt scheint und v. wehren goth. varjan abgeleitet ist.

das Geweibe, —s, Pl. wie Sing., in Eingeweibe, f. b.

das Geweih, —es, Pl. —e : die Hörner des Hirsches.

Mit unorganischem, wenngleich ursprünglicheren h statt hochd. g. Denn mhd. das kewîc, gewîge (Myst. I, 233, 12) in das hirzgewîc, hirzgewîge [hirz ist unfer Hirsch]. Urspr. f. v. a. Kampfwaffe des Hirsches, v. ahd. wigan wikan [nur noch vorkommend im Part. Präs. wigant wikant dem Mannsnamen Weigand, Wiegand, Wigand], goth. (Wurzelverbum) veihan, angelsächs. vîgan, = kämpfen.

das Gewénde, —s, Pl. wie Sing. : Stelle der Pflugwende oder =kehre, Ackergrenze; Acker seiner Länge nach bis zur Pflugkehre.

Mhd. das gewénde (?), ahd. kiwanti (?), v. winden. Vgl. Gewann.

das Gewérb, —es, Pl. —e: Betrieb und Beschäftigung als Nahrungs= zweig (Erwerb). Zusammenf. : gewérblich.

Unorganisch das Gewérbe, denn mhd. das gewĕrp (= Verrichtung, Thätigkeit um etwas) u. gewĕrf (Genesis 34, 29), v. wĕrben mhd. wĕrben ahd.

huërpan [auch = um etwas thätig sein, es betreiben, zu erwerben, gewinnen suchen].

das Gewerb (é wie ä), —es, Pl. —e : Dreh-, Bewegungspunct woran.

Eig. Gewerbe, Collectiv aus ahb. der warp das Drehen, welches aus dem Pl. Prät. v. ahb. huërpan (s. wërben).

die Gewêre = förmliche Einsetzung (Einkleidung) in den Besitz eines Grundstücks. S. die Anm. zu das Gewähr.

das Gewêrk, — es, Pl. —e : Gesammtheit der einerlei Werkgeschäft Betreibenden; Gesammtheit der Meister eines Gewerbes.

Ahb. das kiwë'rch, altsächs. giwërk, = Arbeit, Leistung, durch Arbeit Hervorgebrachtes, Bildwerk. Neben ahb. das kiwirchi altsächs. giwirki aus Wërk (s. b.).

das Gewicht, —es, Pl. —e, was Geweih u. mit diesem v. wîgan.

Schon 1597 bei *Isaacus Gilhusius Marpurgensis* S. 64. 83.

das Gewicht, —es, Pl. —e und —er : Maß der Schwere ꝛc. Daher gewichtig (1475 altclevisch gewichtich).

Bei Luther das gewichte; mhb. das gewiht, mittelb. gewicht, angelsächs. gewihte. Einfach niederb. die wicht, v. mhb. wëgen wägen (s. b.) wiegen, ahb. wëkan, angelsächs. vëgan.

gewiegt = worin wolerfahren,

gleichsam von Kindesbeinen an. Denn das Wort ist Part. Prät. von wiegen = in der Wiege schaukeln, und schon bei Josua Maaler (1561) Bl. 179c ist „gewieget in gerichtshendlen = hómo fóri alúmnus."

gewillt (gewillet) sein = den Willen wozu haben.

Das ahb. kiwillôt, Part. Prät. v. willôn = zu Willen sein, willfahren.

der Gewinn, — es, Pl. — e. gewinnen, Prät. gewánn (Conj. gewänne, besser gewönne), Part. gewónnen : durch Arbeit und Mühe, dann überhaupt durch Thätigkeit oder durch Glück wozu gelangen oder es erstreben, erlangen; ein Mehr im Vergleiche zu dem Aufgewandten erlangen; ringend gegen Widerstand zum Obern werden. der Gewinner, v. gewinnen. der Gewinst (nicht Gewinnst), — es, Pl. — e : was gewonnen wird. Zusammenf. mit Gewinn : die Gewinnsucht nebst gewinnsüchtig.

Der Gewinn ist mhb. der gewin, ahb. kawin, welches zunächst s. v. a. ringende Beschwerniß, Anstrengung, Mühsal, bedeutet und sich dann in seinen Bedeutungen näher an gewinnen, mhb. gewinnen, ahb. gi-, ki-, kawinnan (Prät. ich kawán, wir kawúnnumês, Conj. ich kawunni, Part. kawúnnan), goth. gavinnan (= etwas leiden), anschließt. Dieses Verbum aber ist zusammengef. mit dem mhb. Wurzelverbum winnen, ahb. winnan, = in Leiden sein und dieß laut äußern, laut klagen, angestrengt und mühevoll arbeiten, kämpfen, erlangen, goth. vinnan = leiden, woraus auch das Subst. win in jenem ahb. der kawin (Gewinn) hervorgeht, sowie das erst bei Luther (Weish. 15, 12) vorkommende der gewinst, in welchem, wie auch in Gespenst, Gespinst, Kunst (s. b.) ꝛc., s unorganisch eingeflossen ist.

das **Gewiſſen**, —s, Pl. wie Sing. : das ſittliche Bewußtſein.

Hiſtoriſch richtig ſchreibt man **Gewiſſen**. Mhd. die gewizzen, ahd. die ge-
wizzenī (*Notker*, Ps. 68, 20) d. i. kiwizanī, in Begriff u. Bildung ganz dem
lat. consciéntia entſprechend, v. dem mhd. Adj. gewizzen, ahd. kiwizan, = bewußt,
verſtändig, welches urſprünglich das Part. Prät. eines ſtarkbieg. ahd. Verbums kawizan (Prät. ich kaweiz, wir kawizumēs, Part. Prät. kawizan) = bewußt
ſein (?) iſt. Dieß ahd. wizan [urſpr. = ſehend wahrnehmen, beachten, vgl.
verweiſen], goth. veitan (Prät. ich váit, wir vitum, Part. Prät. vitans) aber,
welches dem unregelmäßigen Verb oder Präterito-Präſens wiſſen ahd. wizan
goth. vitan zu Grunde liegt, ſtimmt lautverſchoben mit lat. vidēre, gr. idein
(*ἰδεῖν*, eig. *Fιδεῖν*), = ſehen, ſanſkr. wid (ſchon abſtract =) wiſſen.

gewiß, Adj. u. Adv. : wirklich; in Wahrheit nicht anders, als vorge=
ſtellt; irgend ein, eine, ein. Zuſammenſ. : die **Gewißheit**.

Richtiger **gewiß** u. **Gewiſsheit** oder vielmehr **gewis** u. **Gewisheit**,
denn mhd. gewís (als Adv. gewisse) u. gewisheit, ahd. gi-, ki-, kawis (als Adv.
kawisso) u. kiwisheit. Das ahd. ki-, kawis aber und das ſeltene einfache ahd.
wis, altſächſ. wiss, goth. viss(?), ſind urſprünglich ein als Adjectiv geltendes Part.
Prät. des unregelmäßig biegenden Verbums wiſſen, mhd. wizzen, ahd. wizan
(Prät. ich er wissa = wußte), goth. vitan (Prät. ich er vissa), und die es zeigen
ſich auch in goth. die miß-vissei = Mitwiſſen, Bewußtſein. S. Grimm's Gramm.
IV, 167. 255 und über wiſſen die Anmerk. zu **Gewiſſen**.

das **Gewitter**, —s, Pl. wie Sing. : Wetter mit Blitz u. Donner.

Ahd. das kiwitiri (Graff I, 630), Collectiv v. **Wetter**.

das **Gewöge**, —s, Pl. wie Sing. : das **Hin- und Herwogen**.

Von wogen und in Rückſicht auf dieſes Verbum ohne Umlaut (ö).

gewögen = einem Niederen wolwollend zugeneigt. Zuſammenſ. : die
Gewögenheit.

In dieſer Bed. bei **Stieler** (1691) Sp. 2523. **Gewogen** iſt nhd. Form
ſt. der ſchon in gleicher Bed. vorkommenden mhd. gewēgen, alſo Part. Prät. v.
mhd. wēgen unſerm nhd. wägen, hier in der Bed. „zuwägen," in welcher das
Wort mit dem Dativ gefügt iſt.

gewöhnen, mit »ſein« : in gleichförmiger Wiederholung zu einem
ohne deutliches Bewußtſein ſtattfindenden Vertrautſein womit kommen.

gewöhnen, = gewohnt (ahd. giwon) machen. die **Gewöhnheit**.

gewöhnt, als Adj. gebrauchtes Part. Prät. v. **gewohnen**.

Gewohnen, ahd. kiwonēn, altſächſ. giwonōn, iſt abgeleitet von dem ahd.,
den Begriff unſeres **gewohnt** ausdrückenden Adj. gi-, ki-, kawón [d. i. urſpr.
kawun], mhd. gewon (gewohn), altſächſ. (ſchwach u. ohne Declination) giwono,
giwuno, deren won, wun aus der Participialform eines nicht mehr aufzuweiſenden
goth. Wurzelverbums vinan (Prät. ich van, wir vēnum, Part. Prät. vunans),
ahd. wēnan (Prät. wan, wānumēs, Part. wonan), = woran ſich freuen (?),
bleibende Freude haben(?), von welchem auch die altnord. Form vanr gewohnt, die
bei unſerm umlautenden **gewöhnen** (mit ö ſtatt des Umlautes e), ahd. gi-
wénnan, giwénjan d. i. urſpr. ki-wan-j-an, zu Grunde liegt (vgl. entwöhnen),
entſproß und altnord. die venja Sitte, ahd. der wini = Geliebter (vgl. Balduin),
Freund, Gatte, goth. die vinja Weide (Joh. 10, 9), ahd. wonēn wohnen, ahd.

wunna (b. i. wun-j-a) Wonne, herkommen. Vgl. Grimm's Gramm. II, 55 f.
I ², 79. Die Brechung des u in ahb. kawón beruht auf einem hinten abgefallenen
a (vgl. Grimm's Gramm. I ², 84), welches wieder in den ahb. Zusammensetzungen 1) die ki-, kawónaheit, mhb. gewonheit, 1482 gewanheit (voc. theut.
Bl. m 5ᵃ), altsächs. gewónohêd, unserm Gewohnheit, und 2) gawónalihho
(Adv.) mhb. gewóneliche, als Adj. mhb. gewonelich (= hergebracht), unserm
gewöhnlich, zum Vorschein kommt. Auch das auslautende o in jenem altf.
giwono und dem Subst. der giwóno = Gewohnheit war ursprünglich a. Das
alte geläufige Adj. gewohn aber ist im Nhb. untergegangen und dafür das
Part. Prät. gewohnt, bei Luther gewonet, 1482 gewanet (voc. theut. Bl.
m 5ᵃ), eingetreten, welches schon im mittelb. gewont (Jeroschin 165. Voc. ex
quo v. J. 1469) b. i. ahb. kiwonêt wie ein Adj. auftaucht.

das Gewölbe, —s, Pl. wie Sing. : hohlrund gemauerte Decke, sowie
der barunter beschlossene Raum.

Mit ö statt des Umlautes e (s. A), und im Laurin (Straßb., 1509) bereits
beide Formen das gewölb und gewelb neben einander. Mittelb. das gewelbe
(Köpke's Passional 575, 59), ahb. giwelbi b. i. kiwelpi, v. wölben (s. b.) mhb.
welben (b. i. ahb. hualp-j-an) = rund, bogenförmig gestalten.

das Gewöll, —es, Pl. —e, eig. Gewölke, Collectiv v. Wolke.

das Gewölle, — s, Pl. wie Sing. : von Raubvögeln wieder ausge-
brochenes Unverbauliche, wie Haare, Federn u. dgl.

Mit ö für den Umlaut e. Denn bei Frisch II, 437ᶜ Gwell, Gewell, mhb.
das gewelle = Brechmittel [für den Falken] und Gebrochenes (Schmeller IV,
55). V. einem mhb. wellen = (im Leibe) wälzen oder wallen und sofort erbrechen machen [? Von Einem, der Ekel hat, sagt man, es gehe im Alles im
Leibe herum], einem Factitiv v. mhb. wöllen, ahb. wällan (Prät. ich wal, wir
wullumês, Part. kiwóllan), = wälzen (s. b.), woher auch mhb. wüllen = Ekel,
Erbrechen verursachen, Reiz zum Erbrechen haben, ahb. willön.

das Gewühl, eig. Gewühle, = anhaltendes Wühlen.

das Gewürm, —es, Pl. —e, Collectiv v. Wurm.

Eig. das Gewürme, mhb. das gewürme, ahb. kiwurmi (?).

das Gewürz, —es, Pl. —e, eig. das Gewürze : scharfen angenehmen
Geschmack mittheilende Speisezuthat aus Pflanzenstoffen.

Mhb. das gewurz b. i. gewürze, Collectiv v. mhb. u. ahb. die wurz (s. Wurzel)
= Kraut, dessen mhb. Pl. würze = wolriechende Kräuter, bes. als Speisezuthat.

das Gezänk, —es, Pl. —e, eig. das Gezänke, v. zanken.

Mittelb. das gezenke (Jeroschin 165).

das Gezelt, —es, Pl. —e, was Zelt (s. b.).

Mhb. das gezölt, ahb. gi-, kizëlt.

das Geziefer, —s, Pl. wie Sing. : kleines unansehnliches Gethier.

Älter-nhb. gezifer (Schmeller IV, 228). S. Ungeziefer.

geziemen, Präs. es geziemt, Prät. es geziemte, Part. geziemt, mit Dat.
der Person : nach gebildeter Ansicht zuständig sein. sich geziemen.

Wie ziemen (s. b.) jüngerer Bildung und erst neuhochdeutsch.

geziert = allzu zierlich. Zusammens. : die Geziertheit.

Part. Prät. v. ſich zieren. In der älteren Bed. „mit Auszeichnung verſchönert“ überhaupt Part. Prät. v. zieren (ſ. b.).

das Gezimmer, — s, ohne Pl. : Geſammtheit bearbeiteten Bauholzes.
> Mhd. das gezimber, ahd. gizimbri, kazimpari = Baumaterialien (vgl. *Diut.* I, 503 b), Bau, Gebäude, Collectiv v. dem gleichbed. einfachen ahd. das zimpar (ſ. Zimmer).

das Gezücht, — es, Pl. — e : aufzuziehendes, aufgezogenes Gezeugtes.
> Eig. das Gezüchte, ein erſt im 18. Jahrh. vorkommendes Collectiv von die Zucht (ſ. b.), mhd. u. ahd. zuht, = Aufzuziehendes, aufzuziehende Junge.

der Gezwerg, — es, Pl. — e, wie Zwerg, ſ. b. Nur dichteriſch.
> Mhd. der oder das getwërc, ahd. kituërc, worin ge= keinen Geſellſchaftsbegriff bezeichnet.

die Gicht, Pl. — en : die Gliederſucht, krampfhaftes Gliederreißen. S. das Gicht. Daher gichtiſch. Zuſammenſ. : gichtbrüchig (ſ. b.).

die Gicht, Pl. — en, im Hüttenbaue : auf den hohen Ofen führender Gang zum Hinaufſchaffen der Kohlen u. Eiſenſteine.
> B. gehen, insofern dem goth. gaggan eine ältere Form gahan (?) ahd. kâhan [? vgl. fahen u. fangen, hangen] voraufgieng, woher goth. die gahts Gang in die framgahts Fortgang, innagahts Eingang, ahd. gâht in bettegâht Bettegehzeit (*Notkers Mart. Cap.* S. 36, 46), neben welchem gæht im Mhd. die giht Gang in die sunne-, sungiht = Sonnengang, -wende (Johannistag), kirchgiht Kirchgang, wie neben ahd. gân, kân, gangan, kankan gehen ein gingên (b. *Otfried*), kinkên, = nachfolgen (Graff IV, 217 f.).

die Gicht, Pl. — en : Ausſage, Bekenntniß. Veraltet.
> Mit g ſtatt j. Mhd. die giht, ahd. jiht, mittelſt -t von dem ahd. Wurzelverbum jëhan (ſ. Beicht). Das Wort iſt in Beicht nicht mehr recht erkennbar, wol aber in die Urgicht, mhd. urgiht, = Ausſage [ahd. ur = aus, ſ. er»], Bekenntniß, beſ. öffentliches Bekenntniß eines Miſſethäters.

das Gicht, — es, Pl. — er : Gliederſucht. S. die Gicht 1.
> Wird jetzt für weniger edel gehalten, als die Gicht. Dieſe weibl. Form iſt die mitteld. die gicht, mittel- u. neuniederländ. die jicht; aber mhd. ſagt man das giht u. gebraucht man meiſt das Collectiv das gegihte. Die Bedeutung hat ſich aus der von „Gang“ (ſ. die Gicht 2) entwickelt, gleichſam „Gliedergang.“ Vgl. Fluß, Tropf.

gichtbrüchig, Adj. : gliederlahm mit Schmerz verbunden.
> Bei Luther, jetzt veraltet. Nach mhd. daz gegihte [das Gicht, ſ. b.] oder mitteld. diu giht brichet sie, æz, = reißt ſie oder es in lähmenden Krämpfen, daz gegihte brach ir [ihr] hend und füeze (*Rabenschlacht* 1060). S. Grimm's Mythol. 1108.

gichteriſch, gichtiſch, = gichtartig, von der Gicht befallen.
> Gichteriſch, das z. B. Wieland hat, iſt unorganiſche Bildung, weil aus dem Pl. die Gichter (ſ. das Gicht). Statt des beſſeren gichtiſch ſagte man früher gichtig, mitteld. u. ſpät-ahd. gihtic.

gickſen = feinere unarticulierte Töne aus der Kehle ausſtoßen. Zuſammenſ. : der Gickshuſten, = Keichhuſten.

Statt gickzen, 1618 gigzen, gigezen, mhd. gökzen, ahd. giccazan (= abgebrochene unverständliche Laute ausstoßen. Diut. III, 424), im voc. incip. teut. ante
lat. gikatzen = stamlen. Das Wort steht im Ablaute zu gacksen (f. b.), und
schon im Mhd. kommt bei *Gottfried von Neifen* S. 52, 13. 22 das unabgeleitete
»gigen gagen« als interjectionelles Lautspiel vor, ebenso unser landschaftl. der
Gickgack (b. i. Giggag) = Gans, und gicks gacks in „er weiß weder gicks
noch gacks" = gar nichts.

der **Giebel**, —s, Pl. wie Sing. : Wand zwischen den Dachseiten.

Mhd. der gibel, mitteld. göbel (*Marien Himmelfahrt* 814), ahd. gibil, kipil
(Pl. kipilâ u. kipilâ), = Stirn-, Vorderseite, im Ahd. auch Ende der Erd- oder
Weltachse (Pol); goth. (schwachbieg.) der gibla = Zinne, oberste Spitze. Wie
diese gothische statt gibala stehende Form bekräftigt, aus einer und derselben
Wurzel mit dem lautverschoben zu gr. kephalê (κεφαλή) Kopf stimmenden mhd.
der göbel, ahd. gëbal, këpal, = Schädel, wovon das mit diesem gleichbed. ahd.
die gibillâ, kipillâ (durch Lautangleichung aus kipil-j-â).

der **Giebel**, — s, Pl. wie Sing., auch die Giebel, Pl. — n, kleiner
karpfenartiger Fisch in stehenden Wassern.

Auch der Gieben. Franz. la gibèle.

die **Giete** = Kohlenbehältniß zum Wärmen der Füße, f. Kiete.

die **Gienmuschel**, Pl. —n, eine Art Seemuscheln.

Zusammenges. mit spät-mhd. gienen (*lib. ord. rerum* v. 1429 Bl. 28 c), mhd.
ginen, = gähnen (f. b.). Ähnlich ist die lat. Benennung die châma, gr. chêmê
(χήμη), = Gienmuschel, urspr. das Gähnen, welche gleichen Ursprungs mit gr.
chainein gähnen.

die **Gier**, ohne Pl. : starkes, heftiges sinnliches Streben wonach. Schwächer ist die Gierde. gieren. gierig, Adj.

Die Gier, mhd. die gir, ahd. girî, kirî, wovon gieren, spät-mhd. gieren,
girn, und gierig, mhd. girec, ahd. kiric, kommt entweder geradezu aus dem
unter Begehr (f. b.) aufgestellten Wurzelverbum oder vielmehr zunächst von dem
aus diesem entsprechenden abh. Adj. kíri, giri, mhd. gir, = begierig. Von diesem
Adj. kann auch mittelst -de ahd. -ida die Gierde, mhd. die girde, ahd. girida,
kirida [woneben das seltene die kiridî] abgeleitet sein, aber ebensowol von dem
Verbum gëbren, mhd. gërn, ahd. gërôn, kërôn. S. Begier und vgl.
Grimm's Gramm. II, 244.

der **Gierfalk** f. Gerfalk.

gierig, Adj., v. Gier (f. b.). Zusammenf. : die Gierigkeit.

gießen, Präs. ich gieße, Prät. goß (Conj. gösse st. göße, o und ö
kurz), Part. gegossen (st. gegößen), Imp. gieß (auch ungut schwach
gieße) : als Flüssigkeit laufen; Flüssigkeit laufen machen. Daher der
Gießer und davon die Gießerei. S. auch Gosse u. Guß.

Im Präs. ehedem und noch alterthümlich mit eu aus mhd. u. ahd. iu du
geußest, er geußet, geußt, im Imp. geuß, st. gießest, gießet, gieß. Gießen lautet
mhd. giezen, ahd. giozan, kiozan (Prät. ich köz, wir kuzumês, Part. kikozan),
goth. giutan (Prät. ich gaut, wir gutum, Part. gutans), und stimmt der Lautverschiebung gemäß in der Wurzel mit dem gleichbed. gr. chyein (χύειν), cheú-

ein (χαινν) neben der gleich wurzelhaften Form chôein (χôινν), vollständig aber mit dem ein f ſtat' des urſprünglichen h = gr. χ (ſ. S. 381) und außerdem ein eingetretenes n zeigenden lat. fándere, deſſen Perfectum rûdi buchſtäblich unſere goth. Laute giut ahd. kiug entſprechen. Vgl. J. Grimm über ſchenken und geben S. 26 f.

die Gift, Pl. —en : Gabe. In Braut-, Mitgift.

Mhd. die gift, ahd. die gift, kift (Pl. kifti), = Gabe u. verderbliches tödtliches Mittel (*Notkers Boethius* S. 194, 197. 195, 198), goth. die gifts [in fra-gifts, fra-gibts (Luc. 1, 27), = Ver-leihung, Verlobung], angelſächſ. gift Gabe (Pl. gifta Hochzeit). Mittelſt -t und Wandlung des goth. b ahd. p in f v. goth. giban (Prät. ich er gaf) ahd. këpan unſerm geben.

das Gift, — es, Pl. — e : verderbliches, tödtliches Mittel. Daher : giften (mhd. giften, ahd. kiftan, urſpr. als Gabe darreichen) in vergiften; giftig, mhd. giftic, Adj.

Eigentlich eins mit die Gift (ſ. d.) und erſt im Nhd. entſchieden ſächlich, wie auch ſchon mhd. das vergift neben die vergift (= Gift) vorkommt. Landſchaftlich (z. B. wetterauiſch) in der Bedeutung „tödtlicher Haß, Zorn" gewöhnlich der Gift. Vgl. vergeben. — Die Bedeutung „tödtliches Mittel" findet ſich nicht früher als bei *Notker*; die älteren üblichen Ausdrücke waren das eitar und das luppi.

† der Gigánt, —en, Pl. — en : ungeheurer Rieſe. Daher gigántiſch.

Schon mhd. u. ahd. der gigant (*Otfried* 4, 12, 61), angelſächſ. gigant, aus ital. der gigante, lat.-gr. Gígas (Gen. Gigántis, himmelanſtürmender Rieſe).

die Gilbe, ohne Pl. : gëlbe Farbe. Davon : gilben = gelb färben, gelb werden; gilbig, gilbicht, Adj.

b aus w, u. i wegen der Ableitungsendung -be mhd. -we ahd. -awi (durch Lautangleichung -iwi). Denn Gilbe iſt mhd. die gilwe, ahd. gëlawi, gëliwi, v. ahd. gëlo, këlo gëlb (ſ. d.). Gilben = „gelb machen" lautet mhd. gilwen v. i. ahd. gil-aw-an [kil-aw-j-an]; aber die Bed. „gelb werden" hat das Wort mit Unrecht, denn in dieſem Sinne kann nur gëlbën ahd. kël-aw-ön (?) ſtehen.

Gilbert, ahd. Gilbërt, ein Mannsname, ſcheint „kräftig glänzend, vor Freude leuchtend" zu bedeuten.

-bert ſ. Bertha. Ahd. Gil- aber ſcheint, wenn man ſpät-mhd. der giler Bettler (Altd. Blätter I, 65, 64) neben dem älteren geilære, dann gilen betteln (*Alsfelder Passionsspiel* Bl. 16ᵇ) vergleicht, aus einem und demſelben Wurzel-verbum mit geil keil geil (ſ. d.), wie denn auch die Familiennamen Giller, Gilmer ꝛc. neben den ahd. Keilheri, Keilmâr hergehen. Jenes Wurzelverbum aber würde ahd. gilan kîlan (Prät. ich keil, wir kilumês, Part. kîlan) gelautet und etwa „kräftig ſein, ſich zu viel fühlen" bedeutet haben.

die Gilde, Pl. —n : in gleichem Geſchäfte verbundene Körperſchaft.

Das ins Hochdeutſche aufgenommene niederd. die gilde, altcleviſch (1475) ghylde; neuniederl. das gild. Mitteld. die gilde hat nur die ältere Bed. : Dar-gabe, Schmaus (*Jeroschin* 166). Von altſächſ. das gëld (ahd. këlt unſer Geld) i. d. Bed. : Darbringung, Opfer; angelſächſ. das gild auch = [beim Opferſchmauſe verſammelte] Genoſſenſchaft (*Grimm's Gramm.* II, 736 f.); goth. das gild = Steuer. S. Geld u. gelten. Unſer Begriff der Gilde gieng alſo von den Opfern und Opferſchmäuſen aus. S. Grimm's Mythol. 34.

giltig, bie Giltigkeit, ungut ft. gültig (f. b.), Gültigkeit.

bie Gimpe, Pl. —n, nieberb., im Hochb. ber Gimpf, —es, Pl.—e :
vom Knopfmacher gearbeitete Runbschnur zum Besatze.

> Aus engl. gimp, guimp, = Art Seidenspitzen ober -treffen, welches über-
> kommen scheint von franz. bie guimpe (mittellat. guimpa) = Busenschleier. Vgl.
> Wimpel.

ber Gimpel, —s, Pl. wie Sing., allgemein ft. bes früheren Gümpel :
Blutfink; [bilblich :] einfältiger Mensch.

> Gümpel kommt im 16. u. 17. Jahrh. vor unb beb. ursprünglich wol, wie
> mhb. ber gampel, gempel, f. v. a. „berjenige, mit bem man Possen, seinen Spott
> treibt, ben man zum Narren hat", ober auch, ba mhb. ber gumpel = lustiges,
> muthwilliges Springen, Possen (Minnes. III, 293ᵇ, 5) ist, f. v. a. muthwilliger
> Hüpfer, Springer. Von mhb. gumpen = hüpfen, springen, tanzen, welches ent-
> sprossen ist einem mhb. Wurzelverbum gimpen (Prät. ich er gamp, wir sie
> gumpen, Part. gegumpen) = hüpfen, springen, Possen treiben (vgl. Grimm's
> Gramm. II, 59). Die Formen aber haben in mp mittel- ober nieberbeutsche
> Färbung. benn streng-hochb. müste mpf stehen, also gimpfen, gümpfel u. f. f.

† ber Gingang, —s, Pl. —s, ein feines Baumwollenzeug.

> Ursprünglich ostinbisches; benn bas Wort soll aus bem Javanischen sein, wo
> ginggang = verbleichenb.

ber Ginft, —es, Pl. —e, üblicher ber Ginster, —s, Pl. wie Sing. :
bas Pfriemenkraut (lat. genísta, hollänb. ber brem).

> Im 16. Jahrh. Genift, Ginft, Genifter (schon 1475 altclevisch gynster,
> nach ber ital. Benennung bie ginéstra); im 10. Jahrh. genest (Diut. II, 319ᵃ).
> B. bem lat. Namen genísta.

ber Gipfel, —s, Pl. wie Sing. : höchste Spitze bes Baumes, Berges
u. bgl. Daher : gipfelig; gipfeln = mit einem Gipfel versehen.

> Gipfel, welches erst im 16. Jahrh. unb zwar allgemein üblich vorkommt, ist
> aus einem unb bemselben Wurzelverbum [ahb. kêfan? kêphan? Prät. ich kaf? wir
> kâfumês? Part. kofan? = spitz sein, stechen?] mit mhb. ber gupfe = (höchste)
> Spitze, gupfen = stoßen.

ber Gips, —es, Pl. —e, eine kalkige Erbart. Daher gipfen.

> Mhb. u. später-ahb. ber gips, v. gypsum, gr. bie gypsos (γύψος).

† bie Giráffe, Pl. —n : ber Kameelparber in Africa.

> Aus ital. bie giráfa (spr. dschiráfa), franz. girafe, v. ber arab. Benennung
> surâfah, sarrâfah.

girren, selten gurren (J. H. Voß), von Tauben ꝛc. : ben Liebeston
girr! gurr! von sich geben.

> Girren bei *Dasypodius* ft. kirren = unter großer Last einen seufzenben Ton
> von sich geben (f. kirren 2); aber schon in Hanbschriften bes 14. u. 15. Jahrh.
> girren, gleichbebeutenb neben gurren, von lautem wie girr! gurr! tönenbem
> Thiergeschrei, z. B. bes Esels (f. *Vridank* S. 140, 7 u. bazu bie Lesarten S.
> 291). Beibe Wörter stehen in i unb u im Ablaute, welcher sich aus bem wet-
> terauischen gërrn b. i. gärren (Prät. ich goarr, wir goarren, Part. gegoarrn, was
> mhb. gar, gurron, gegorren lauten würbe) = „laut weinen" erklären ließe.

gifchen, was gäfchen (f. b.), aber üblicher als diefes Wort.

> Mhd. gischen, ahd. jiscôn (?) jiscên (?), v. einem aus ahd. jôsan (f. gäfchen) neben mhd. der gôst Gäfcht u. die gis (vgl. *Helbling* 3, 73) abgeleiteten, aber bis jetzt nicht nachzuweifenden gleichbed. der gisc d. i. gis-c.

der Gifcht, —es, Pl. —e, üblicher als Gäfcht. Vgl. gifchen. Erft nhd.

das Gitter, —es, Pl. wie Sing. : Werk aus verfchränkt verbundenen kleinen Stäben. Vgl. Gatter. Daher gittern (Part. gegittert).

> Erft nhd., z. B. bei Luther Richt. 5, 28. Hohel. 2, 9. Gekürzt aus dem baneben noch üblichen das Gegitter, welches mitteldeutfche Form ft. Gegätter (mhd. gegétere? vgl. mhd. gedírme, nhd. Trichter ft. Gedärme, Trächter) und alfo nichts anders als das Collectiv von Gatter mhd. gátere ift.

† das Glacis (fpr. glasi), Gen. u. Pl. ebenfo : fanfte Abbachung der äußeren Bruftwehr, die Feldbruftwehr (b. Abelung).

> Franz., v. mittellat. (1270) die glátia = Abbachung, eig. Glättung, Ebenmachung, Ebnung.

die Glánder, Pl. — n : Gleitbahn auf dem Eife, Eisfcholle. Daher glándern = auf dem Eife fchleifen.

> Ober- und niederfächfifch. Allein fchon mhd. das glander = Glanz, Schimmer, welches auch als Abj. in der Beb. „glänzend, fchimmernd" verwandt wird. Aus Einer Wurzel mit Glanz (f. b).

der Glanz, — es, Pl. (felten) — e : in hohem Grade ausftrömendes oder zurückgeworfenes Licht. Daher glänzen.

> Der Glanz ift das mhd. (und gewiß auch fchon ahd.) Subft. der glanz, welches mhd. wie ahd. auch als Abj. in der Beb. „glänzend" verwandt wird (f. Grimm's Gramm. IV, 256 f.), wovon dann das Verbum glänzen, mhd. glenzen (auch in der Beb. „glänzend machen"), ahd. in *Notkers Mart. Capella* glenzan d. i. urfpr. klanz-j-an. Jenes Subft. glanz aber erfcheint als Präteritalform des noch im 16. Jahrh. vorkommenden Verbums glinzen, mhd. glinzen (Prät. ich **glanz**, wir fie glunzen, Part. geglunzen) = leuchtend in die Augen fallen (*heil. Georg* 3455. *Konrads trojan. Krieg*, Straßburg. Pf., Bl. 8ᵉ), goth. glintan (?), welchem glin--z-en, glin-t-an jedoch, wie den Wörtern Glander (f. b.) d. i. glan-d-er und glinftern (f. b.), ein gleichbed. älteres goth. Wurzelverbum glinan (Prät. ich glan, wir glênum, Part. glunans) zu Grunde liegen muß. Die Präteritalform diefes glinan zeigt fich in altnord. das glan = Hellfein, Glanz; urverwandt aber fcheinen Glas, Glaze, gleißen, glühen.

das Glas, — es, Pl. Gläfer : aus dem mit Potafche oder Soda gefchmolzenen Kiefel entftandene harte durchfichtige Maffe; Gefäß daraus. Daher : das Verbum gläfen (in vergläfen); der Gläfer; die Abj. gläfern, gläficht und gläfig.

> Das Glas, mhd. das glas, ahd. clas (auch = Bernftein. *Diut.* I, 533ᵃ), angelfächf. gläs (woneben glære Bernftein), ins Lat. aufgenommen glesum (= Bernftein. *Tacit.* Germ. 45. *Plin.* hist. nat. 4, 27. 37, 11, 2). Aus der Präteritalform eines anzufetzenden goth. Wurzelverbums glisan (Prät. ich **glas**, wir glêsum, Part. glisans), = hell fein (?), wozu auch Glaft (f. b.) gehört. Vgl. außerdem gloften. Übrigens dürfte zu derfelben Wurzel vielleicht lat. glárea (ft.

gläsen) Kies zu stellen sein. S. auch die Anm. zu Glanz. — Das nhd. Adj.
gläsern, aus dem Pl. Gläser mit der abjectivischen Ableitungsendung -n b. i.
-en mhd. u. ahd. -în, ist an die Stelle des ursprünglicheren von dem Sing.
Glas abgeleiteten Adj. gläsen, mhd. glesîn, ahd. clêsîn, getreten.

glasieren = Glättglanz geben, eig. eisrindenartig überziehen. Daher
die Glasúr, Pl. —en.

Glasieren scheint, der Aussprache gemäß geschrieben, das franz. glacer (spr.
glasé) = gefrieren, erstarren oder hart machen, dann glänzend machen, welches
aus lat. glaciâre v. glácies Eis.

der Glaft, —es, Pl. (selten) —e, was Glanz (Göthe V, 222).
Nur noch selten. Mhd. der glast, ahd. clast (?) b. i. clas-t. S. Glas.

die Glasúr, Pl. —en, im 17. Jahrh. von glasieren (f. b.) abgeleitet.

der Glätscher, —s, Pl. wie Sing., üblicher Gletscher (f. b.).

glatt, Comp. glätter, Sup. glätteft : glänzend eben; zum Gleiten eben.
Daher : die Glätte, auch [schon 1482 die glett] = glasartige glän=
zende Bleischlacke, die sich fettig anfühlen läßt und rothgelb Góldglätte,
hellgelb Silberglätte heißt (f. auch Glette, Glötte); glätten;
der Glätter. Zusammenf. mit glätten : das Glättholz 2c.
Bei Luther der Comp. unumgelautet glater und der Superl. einmal bei
Göthe (XXXVIII, 72) glatteft; allein schon 1555 (b. Wickram) findet sich
umgelautet glätteft. — Glatt, mhd. glat, ahd. glat, clat (als Adverb. clato),
= glänzend, zum Gleiten eben, altsächf. glad u. angelsächf. glæd (abstract =)
fröhlich, altnord. gladr glänzend, fröhlich, wovon mhd. die glete (unser Glätte)
ahd. clatt (?) = Ebenheit zum Gleiten. Aus der Präteritalform eines vorauszu=
setzenden goth. Wurzelverbums glidan (Prät. ich glaþ, wir glêdum, Part. glidans),
ahd. klêtan (?), worüber die Anm. zu gleiten nachzusehen ist.

die Glätze, Pl. —n : haarlose Stelle auf dem Kopfe. Daher glätzig.
Zusammenf. : der Glätzkopf mit glätzköpfig.
Mhd. schon frühe der glaz [mit glatzeht glatzicht] neben dem gleichbed. mhd.
und noch im 16. Jahrh. vorkommenden die glitze, welches urspr. f. v. a. Glanz.
S. gleißen, aber auch glitzen u. Glanz.

glau = geistvoll, scharffichtig. S. Glaubrecht.
Im Hochd. unüblich und nur noch niederdeutsch.

der Glaube, —ns, Pl. —n, auch der Glauben, —s, Pl. wie Sing. :
Fürwahrhalten aus Hingeneigtsein; die Gott zugeneigte Gesinnung;
Inbegriff der einer Gemeinschaft eignen wesentlichen Lehren von Gott
und dem, was mit ihm in Verbindung steht. glauben, ehedem auch
gläuben. gláubig, gläubig, Adj. u. Abb., mit der Gläubiger
(créditor). Zusammenf. mit Glaube : glaubhaft, =lich.
Der Glaube (dieß die eigentlich richtige Form, denn) mhd. der gloube (b.
i. g'loube), geloube, ahd. gi-, ki-, kaloupo, altsächf. gilôbo, angelsächf. der geleáfa
(Übereinstimmung), woneben auch mhd. die gloube, geloube, ahd. gi-, ki-, kaloupa,
kommt nebst dem mhd. Verbum louben [= glauben u. erlauben], goth. láubjan,
welches in glauben, mhd. glouben (b. i. g'louben), gelouben, ahd. gilouban,

ki-, kaloupan, goth. galaubjan (b. i. ga-laub-j-an), altſächſ. gilôbian, b. Luther
aber gleuben [gleichſam mhd. glöuben, mit Umlaut wegen des ableitenben j in
goth. galaubjan], mit ge-, in erlauben (ſ. er- S. 298) mit ër- zuſammengeſetzt iſt, aus der Präteritalform eines der Lautverſchiebung gemäß mit ſanſkr.
lubh begehren, gern wollen, lat. lûbet es beliebt, poln. lubić lieb haben, litthauiſch lubiti Luſt haben, lieben; ſtimmenden nicht mehr nachzuweiſenden goth. Wurzelverbums liuban (Prät. ich läuf, wir lubum, Part. lubans), ahd. liopan (Prät.
ich loup, wir lupumês, Part. lopan), = hingeneigt, günſtig ſein (?), aus welchem
auch lieb u. Lob entſprangen. — Gläubig (der Umlaut wegen des i), ohne
Umlaut glaubig (Schiller, Räuber 2, 1), weil mhd. gloubic, geloubec, ahd.
kaloupîc, woher im 16. Jahrh. der gleubiger unſer Gläubiger. Glaubhaft.
iſt mhd. gloub-, gelouphaft; glaublich, mhd. gelouplich, ſpät-ahd. kloub-,
kelouplîh (als Abv. kloublîcho).

das Glauberſalz, ein bekanntes abführendes Salz.

So benannt, weil es der Arzt Johann Rubolf Glauber († 1668) gefunden,
dann in ſeiner Schrift de natûra sálium 1658 beſchrieben und empfohlen hat.

Glaubrëcht, Mannsname, nicht aus glaub' rëcht! ſonbern ahd.
Glaupëraht, welches „einſichts- ober geiſtvoll glänzend" bebeutet.

Ahd. glao, klao, früher klau, klou, neub. glau, = einſichts-, geiſtvoll, ſcharf-
ſichtig, aufmerkſam, goth. glaggvus = aufmerkſam, ſorgfältig. -brëcht ſ. S. 180.

glaubhaft, glaubig, gläubig, Gläubiger, glaublich, ſ. Glaube.
gleich, als Abj. mhd. glîch, gelîch, ahd. glîh, gi-, ki-, kalîh, goth.
galeiks, altſächſ. gilîc, als Abv. mhd. gelîche, ahd. gilîcho, ki-, ka-
lîhho, altſächſ. gilîco: in den Merkmalen übereinſtimmenb, insbeſonbere völlig; gerablinig. -gleichen in beines-, bër-, bës-,
euers- (eures-), ihres-, meines-, ſeines-, unſersgleichen
iſt Caſus (mhd. gelîchen) der männlichen ſchwachen Form bes
Abj. (mhd. gelîche, ahd. gelîcho), welche als Subſt. ſteht unb
beshalb ben Gen. erforbern kann (ſ. Anm.). gleicher Erbe, gleicherweiſe (aus „gleicher Weiſe"), 1469 glîcherwîse (voc. ex
quo), ſinb abſolute Genitive. — Ableitungen von gleich: gleichen,
mhd. gelîchen, ahd. kalîhhan, = gleich machen; gleichen, mhd.
glîchen, gelîchen, goth. galeikôn (womit vergleichen), = gleich
ſein; ber Gleicher = Gleichmacher, ſpäter insbeſonbere bie Linie,
ber Äquator; bas Gleichniß (eig. Gleichnis), — ſſes, Pl. — ſſe,
mhd. bas glîch-, gelîchnisse, ahd. bas ki-, kalîhnissi, = Gleichheit,
Ebenbilb (Schiller's Braut v. Meſſ.), vergleichenbe bilbliche Rebe.
S. bie Anm. — Zuſammenſ.: gleichartig; gleichfalls ſt. „gleichen
Falls" (vgl. ebenfalls), alſo Genitivverbinbung, Abv.; gleichförmig;
gleichgültig; ber Gleichlaut; ber Gleichmuth; gleichſeitig;
gleichwie, Abv. u. Conj.; gleichwôl, Abv. u. Conj. ber Entgegenſetzung, ſchon im 16. Jahrh. z. B. bei Alberus.

Gleich ſteht alſo ſt. g'leich unb noch bei Hans Sachs mitunter, bie Zuſammenſetzung bes ge- u. -leich beutlich zeigenb, geleich. Urſpr. = überein-

ſtimmender (Leibes=)Geſtalt;. denn ˙leich, ahb. -lîh, goth. -leiks, in Adverbial-
und Adjectivzuſammenſetzungen mit kurz gewordenem i ˙lich (ſ. b.), gehört zuſammen mit mhb. die lîch, ahb. die (u. einmal noch das) lîh, goth. das leik,
altſächſ. lîc, = Fleiſch, Leib, leibliche Geſtalt, Ausſehen. S. Leiche. — Das
˙gleichen Subſtantiv iſt, erhellt z. B. aus dem mhb. Acc. Sing. sînen gelîchen
(*Wigalois* 31, 11), dînin gelîchin, und dem ahb. Nom. Pl. mînê gilîchon (*Ot-*
fried 3, 7, 52), woneben mit ungebogenem Poſſeſſiv z. B. mhb. mîn, dîn, ſîn
gelîche, ahb. mîn gilîcho, sîn gilîcho, woher noch bei Luther Hiob 1, 8. 2, 3.
9, 32 ſein gleiche, mein gleiche, = ſeines=, meinesgleichen. S. Grimm's
Gramm. IV, 748. — Jn ahb. das kalihnissi Gleichnis, woneben mhb. die
gelîchnisse ahb. kalîhnissî unſer noch älter-nhb. die Gleichnis, erklärt ſich das
n aus ahb. kilîhhinôn, mhb. gelîchenen vergleichen, und das Subſt. iſt alſo als
ein verbales anzuſehen.

das **Gleis**, — es, Pl. — e : Weg=, Radſpur. Gekürzt aus das Ge=
leiſe (ſ. b.). Auch die Gleiſe (bei ˙Göthe), Pl. —n.

Das Collectiv das Geleiſe, Gleis kommt erſt im 18. Jahrh. vor. Der
urſprünglichere Ausdruck iſt der im Hochb. weniger gebrauchte die Gleiſe; mhb. die
geleis, deſſen üblicheres nicht zuſammengeſetztes mhb. die leis, leise, ahb. (in der
Zuſammenſ. wakanleisa Wagengleiſe) die leisâ, leisa, = Spur, v. einem nicht mehr
aufzuweiſenden goth. Wurzelverbum leisan (Prät. ich láis, Pl. wir lisum, Part.
lisans) = mit Füßen treten, betreten, herkommt. Von dieſem Wurzelverbum aber
iſt das goth. Präterito-Präſens láis = „ich weiß" [eig. „habe erfahren, gleichſam
betreten"] noch übrig und ſind als Ableitungen anzuführen lehren, leiſe, der
Leiſten, leiſten, Liſt. S. Grimm's Geſch. d. deutſch. Spr. 905 f.

gleißen, Prät. gleißete, gleißte, Part. gegleißet, gegleißt : ſich einen trieg-
eriſchen Schein geben. Daher der Gleisner mit die Gleisnerei,
die Gleisnerin nebſt dem Adj. gleisneriſch.

Falſch gleißen, Gleißner, Gleißnerei. Jenes Verbum (gleißen), mit
dem ſich unſer gleißen ſchon im 15. Jahrh. miſchte, iſt ein ganz anderes Wort.
Gleißen nämlich gieng hervor aus älter-nhb. gleichſen, mhb. glîhsen, ge-
lîchesen, ahb. kalîhhisôn, = dergleichen thun, ſich ſtellen, ſich verſtellen, heucheln, welches zuſammengeſ. iſt aus ge= und dem mittelſt ˙ſ-en ahb. -is-ôn von
dem nur in Zuſammenſetzungen vorkommenden ahb. Adj. lîh = ähnlich, gleich
(ſ. gleich), goth. leiks, abgeleitetem mhb. lîchesen ahb. lîhhisôn = ſich verſtellen, nur den Schein wovon geben, eig. ähnlich thun (lat. simulâre), woneben
noch ein gleichbedeutendes, mittelſt der verbalen Ableitungsſplbe ˙en (˙n), ahb.
-in, weiter gebildetes älter-nhb. Verbum gleichſnen, mhb. glîchsenen, ge-
lîchsenen (b. i. ahb. ka-lîhh-is-in-ôn?), aus u. von welchem unſer Gleisner,
im 15. Jahrh. gleichsner, geleichsner, mhb. glîch-, gelîchsensære, wofür ſonſt
mhb. glîch-, gelîchesære, ſpäter-ahb. kelîchisære b. i. neub. Gleiſer. Der
Ausfall des ch oder deſſen Lautangleichung zu s [vgl. in einem titelloſen myſtiſch-
allegoriſchen Gedichte v. J. 1486 Bl. a 7 b ryssnen b. i. risnen ſt. mhb. richsenen
herrſchen, mittelb. der osse ſt. mhb. ohse Ochſe ꝛc.] iſt niederb. Einwirkung und der
vocabularius ex quo v. 1469 hat bereits ˙eyn glißener (Gleisner) und glißnerſ
unſer Gleisnerei, der altclevriſche *Teuthonista* (1475) glyssen (gleißen),
glyssener (Gleisner), glyssery (Gleiſerei), der *voc. incipiens teuton. ante*
lat. (gegen 1500) gleisner, geüsner, u. gleisnerey.

der **Gleiß**, — es, Pl. — e, üblicher die **Gleiße**, Pl. — n : Hunds=, Glanzpeterſilie, lat. æthûsa cynápium.

Die Namen vom Glanz der unteren Seite der Blätter. Der Gleiß iſt mhd. der gliz ahd. cliz = Glanz, — die Gleiße aber mhd. die glize = Glanz (vom Blumenglanze in *Lamprechts Alexander* 5100). Von der Präſentialform des Wurzelverbums gleißen.

gleißen, Prät. gliß (Pl. wir gliſſen, Conj. ich gliſſe), Part. gegliſſen : blendendes Licht, augenblendenden Schein von ſich werfen.

Hiſtoriſch richtig durchgängig ß, und alſo völlig verſchieden von gleiſen (ſ. b.). 1469 mittelrheiniſch gliſſen (*voc. ex quo*), mhd. glizen, ahd. glizan, clizan (Prät. ich cleiz, wir clizumês, Part. clizan), goth. gleitan [? wozu goth. glit-munjan d. i. glit-m-un-j-an = „glänzen" gehört]. Aus der Form des Pl. Prät. (ahd. cliz-) aber entſprang wieder ein gleichbedeutendes neues ſtarkbieg. Verbum: clizan (Prät. ich claz, wir clâzumês, Part. clôzan), von welchem unſer die Glaße (ſ. b.) und mhd. der gliz ahd. cliz = Glanz, die glitze = blendendes Licht u. Glaße. S. glitzern und vgl. Glanz.

gleiten, Prät. glitt (Conj. glitte), Part geglitten : ausrutſchen; ſich glatt und leiſe worüber hin bewegen.

Mhd. gliten (Prät. ich er gleit, wir ſie gliten, Part. gegliten), angelſächſ. glîdan (Prät. ich glâd, wird glidon, Part. gliden), goth. gleidan (?), = ſich leicht hinbewegend fallen, im Angelſächſ. zunächſt „ſich leicht hinbewegen" und zwar vom Wandeln der Sonne im *Beowulf* 4141. Im Ahd. findet ſich das Verbum [klitan] noch nicht, wol aber das Adj. glat clat (unſer glatt), welches hell (*Diut.* I, 258ª), heiter, glänzend, leuchtend, bedeutet und nach der Stelle bei *Otfried* 2, 1, 13 êr wurti sunnâ sô glat (= „eh die Sonne ſo leuchtend wurde") zuerſt von der Sonne geſagt ſcheint, beſonders von ihrem im Volksmunde geprieſenen heiteren, goldenen Glanze beim Untergange [z. B. als die ſonne in golt gêt = freudig glänzt, untergeht. S. Grimm's Mythol. 703], dann auch von dem Leuchten der Sterne, Strahlen, Augen u. ſ. f. (Graff IV, 288). Dieſes Adj. clat entſproß der Präteritalform eines aus dem Pl. Prät. (ahd. clîtumês) jenes clitan klitan hervorgegangenen verlornen ſtarkbiegenden Verbums klôtan (Prät. ich klat, wir klâtumês, Part. klêtan), goth. glidan (?), welches vom glänzenden Niederſinken der Sonne geſagt worden ſein und dann hell, heiter ſein, glänzen, bedeutet haben mag. Der Begriff unſeres gleiten, der in ahd. clat (klat), angelſächſ. glâd, altnord. gladr, urſprünglich lag, aber vor dem des Glanzes und der Heiterkeit gänzlich geſchwunden ſchien, brach im Mittelhochd. wieder durch, als ob er eben von dem Begriffe des Glanzes ausgienge.

gleiten, gleichſam g'leiten, nur in begleiten (ſ. b.).

der **Gletſcher** (é wie ä), — s, Pl. wie Sing. : Eislager im Hoch= gebirge.

Bei Georg Agricola († 1555) Gleßſcher. Aus der welſchen Schweiz eingedrungen, wo das v. lat. glácies Eis abgeleitete franz. der glacier für ein ſolches Eislager üblich iſt. Der alte deutſche Name iſt das Kês (Schmeller II, 336), mhd. das kes, ahd. ches (= Froſt, Eiskälte).

· die **Glätte** (é wie ä), in Gold= u. Silberglette, ſ. glatt.

das **Glied**, — es, Pl. — er : mittelst eines Gelenkes verbundener beweglicher Körpertheil; einzelner für sich bestehender beweglicher Theil eines Ganzen im Zusammenhange. Von dem Pl. **Glieder** sind abgeleitet : **glieberig**, auch in **gróbglieberig** ꝛc.; **gliebern**, auch in **be-**, **ent-**, **zergliebern**.

ie ist mitteldeutsche Brechung des i, und noch bei Stieler (1691) kommen Glied und Glid neben einander vor. G aber ist aus ge- gekürzt, und bei Luther (z. B. 3 Mos. 22, 23) steht zugleich mit jener Brechung des i noch vollständig gelieb. Mhd. das glit, gelit (Pl. gelit und auch gelider), spät-ahd. gilit (Verbindung, Gelenk), zusammengef. aus der hier fast bedeutungslosen ahd. Partikel gi- ge- und ahd. der u. das lid, mhd. das (selten noch der) lit [Pl. lit u. lider], goth. der lithus, altsächs. der lith, lid, (= Glied), welches aus der Form des Pl. Prät. v. mhd. liden, ahd. lîdan (Prät. ich leid leit, wir litumês, Part. kilitan), goth. leiþan (Prät. ich lâiþ, wir liþum, Part. liþans), = gehen, sich fortbewegen, wovon auch leiten (f. d.). Jenes goth. liþus ahd. lid bed. also urspr. das Gehende, Sichbewegende, und darnach zunächst, wie noch hie und da im Mhd., f. v. a. Gelenk. Ähnlich lat. das mémbrum Glied v. lat. meâre gehen (vgl. Grimm's Gramm. II, 15).

das **Gliedmáß**, —es, Pl. —en : Glied in seiner Verbindung.

Der Pl. —en hat den ursprünglich richtigen starken Gliedmaße, bei Luther die Geliedmas, verdrängt. Das Wort ist eine umlautlose Form [gelidemáz? lidemáz?] neben der gleichbedeutenden umgelauteten mittelb. das gelidemæze (Myst. 71, 8. 76, 11. 210, 18), welche im Pl. ebenso lautet; im Mhd. findet sich das lidemæze = (gegliedertes) Maß. Zusammengef. aus gelit, lit Glied (f. b.) und das máz oder auch das mæze mêze Maß (f. b.), weshalb die ursprüngliche Bed. gewesen sein wird : Glied in seiner Länge, dann Gesammtheit zusammenhangender Glieder, und noch Josua Maaler (1561) hat demgemäß Bl. 186ᵃ „Glidmaß (die) Leybs lenge, die grösse deß leybs." Altfrief. lithmâta = Gliedmaßen, dessen Sing. die lithmâte ist, zusammengef. aus das lith Glied u. die mâte Maß.

glimm (bei Lohenstein), Adj. Von **glimmen**, Prät. glomm st. glamm (Conj. glömme), Part. geglommen : in einzelnen zündenden Funken glänzen. Neben diesem Wurzelverbum aber ist noch ein von dessen Präsens abgeleitetes gleichbedeutendes **glimmen** üblich mit dem Prät. glimmete, glimmte, und dem Part. geglimmet, geglimmt. S. auch **Glimmer**.

Jenes Wurzelverbum lautet mhd. glimmen (Prät. ich er glam, wir fie glummen, Conj. ich er glümme, Part. geglummen), ahd. klimman (?), neuniederländ. glimmen (Prät. glom — vgl. unser glomm —, Part. geglommen). Das davon abgeleitete, oben angeführte schwachbiegende glimmen (Prät. glimite) läßt sich im Annoliede 452 vermuthen. Aber jenes Wurzelverbum entsprang aus der Form des Pl. Prät. des älteren mhd. Wurzelverbums glîmen (Prät. ich er gleim, wir fie glimen, Part. geglimen), ahd. klîman (?), goth. gleiman (?), = leuchten, glänzen, woher ahd. der gleimo b. i. cleimo (neub. Gleim), = Glanz u. Glüh-, Johanniswürmchen, der glîmo (neub. ebenfalls Gleim) = Johanniswürmchen.

der **Glimmer**, — s, Pl. wie Sing. : Funkenglanz; Katzengold, -silber. Daher : **glimmern** = funkenartig, in Zitterlicht glänzen (b. **Göthe** III, 233. XII, 205); **glimmerig**.

Das Subst. bei G. **Agricola** († 1555), mhd. glimmer (?), u. das davon abgeleitete glimmern ist mhd. glimmeren, ahd. klimmarôn (?).

der **Glimpf**, — es, ohne Pl. : in Beziehung worauf kund gegebene schonende nachsichtige Zartheit. Zusammengef. : **glimpflich**. Gegensatz der **Unglimpf**.

Glimpf, gleichsam G'limpf, ist gekürzt aus mhd. der gelimpf = Angemessenheit, angemessenes Benehmen, spät-ahd. gelimpf Übereinstimmung (*Notkers Mart. Cap.* 73, 90). In der Zusammenf. mit **ge-** entsprungen aus dem ahd. Wurzelverbum limfan, limphan (Prät. ich lampf, lamf, wir lumfumês, Part. kilúmfan) = angemessen sein, welche Bedeutung hervorgegangen ist aus der ursprünglichern des angelsächs. limpan = sich ereignen, zukommen. Glimpflich lautet im Mhd. gelimpflich, im Ahd. kalimpflîh kalimfûh (als Adv. kalîmpflîhho).

glinstern = glänzen. Nicht üblich im Hochdeutschen.

Mitteld. u. neuniederländ. glinsteren, ahd. klinstarôn (? b. i. klin-st-ar-ôn). Dieß, sowie das gleichbed. einfachere mitteld. glinsten und das Subst. der glanst Glanz gehören mit Glanz (f. b.) zu einem und demselben ursprünglichen Wurzelverbum [goth. glinan (?)].

glinzen, f. die Anm. zu Glanz. Nicht mehr üblich.

glitsch (Schiller's Räuber 3, 2), Imperativinterjection. Von **glitschen** = mit größerer Geschwindigkeit gleiten. Daher auch der **Glitsch** mit **glitschig**.

Zuerst im (mittelrheinischen) *voc. ex quo* v. 1469, wo glitschen [mit sch aus s, vgl. feilschen, herrschen] neben dem ursprünglichern glitzen = ausgleitend fallen, ahd. glit-is-ôn (?) klit-is-ôn (?). Mittelst der ahd. Ableitungssylbe -is-, mhd. -f-, von der Pluralform des Präteritums von gleiten (f. b.), welche im Ahd. wir clitumês gelautet haben muß.

glitzern = kleine häufige, zitternde Lichtblitze von sich geben.

Glitzern zuerst bei **Alberus** im Wtbch (1540) und glitzeren auch bei **Josua Maaler** (1561) Bl. 186ᵃ. Von einem landschaftlichen (wetterauischen) Adj. glitzer = in Zitterlicht leuchtend, dann hell, welches auf mhd. der gliz Glanz oder vielmehr auf ahd. clizan glänzen (f. **gleißen**) zurückgeht. Im Mhd. gebrauchte man glitzenen, ahd. clizinôn, oder selbst das bloße glitzen wie unser glitzern.

die **Glöcke**, Pl. — n : hohle klingende Halbkugel; Schlaguhr, Uhr [z. B. "Glock sieben" (Voß) = genau 7 Uhr]. Davon : der **Glöckner** mit die **Glöcknerin**. Uneigentliche Zusammenf. b. h. mit dem schwachen Gen. Sing. der Glocken : die **Glöckenblume** = glockenähnlich gestaltete Blume, der **Glöckengießer** ꝛc.

Niederd. **Klocke**, hochd. aber nur mit anlautendem G. Mhd. die glogge, glocke, ahd. glogga, glocca u. gloccâ, clocca, angelsächs. die clucge, altnord. klukka, woneben einmal die seltsame Form die clica (*Hoffmanns ahd. Glossen* 57, 23). Mit russ. der kólokol" = Glocke, Schelle, v. mittellat. (8. Jahrh.) die clocca cloca Glocke [woraus auch franz. die cloche], welches zu ahd. cloccôn, clockôn, clocchôn, olocbôn, clohhôn, = klopfen, anschlagen (z. B. die Stunde. Kero 48), zu gehören scheint. — Der Glöckner lautet mhd. glockenære, gloggenære, mit unorganisch eingetretenem en.

† die Glórie (3sylbig), Pl. —n, mhd. glôrje, aus lat. glória Ruhm : Ruhm, Herrlichkeit; Strahlenschein um eine Gestalt, Heiligenschein. gloriíeren, mhd. glôrieren, aus lat. gloriâri, = sich rühmen. Zusammens. : glórreich.

† die Glósse, Pl. —n, aus gr. glôssa : beigefügtes erklärendes Wort, erklärende Bemerkung. Davon das Glossár, — es, Pl. — e, eig. das Glossárium, — s, Pl. Glossárien (4sylbig) v. lat.-gr. glossárium, = Erklärungswörterbuch; glossíeren = wozu Glossen machen.

Jenes gr. glôssa (γλῶσσα) = Zunge; Sprache; veraltetes oder fremdartiges und daher der Erklärung bedürfendes Wort. Davon schon mhd. die glôse = Auslegung. Aber auch im Mhd. bereits glôsieren u. glôsen = auslegen, sowie im 12. Jahrh. glôsâr Glossar.

glósten = glühen (Schiller's Räuber 2, 1), glimmen. Schwäbisch.
Mhd. glosten, mit ableitendem t neben glosen glühen, glänzen, v. mhd. die glose Glut, Glanz, dessen o nach dem unter Glas (s. d.) aufgestellten Wurzelverbum (goth. glisan, ahd. clôsan) unerklärlich bleibt.

die Glötte mit ö statt e in die Gólbglötte und die Silberglötte, richtiger Glätte oder Glette (1482 glett). S. glatt,

glötzen = starr sehen. Zusammens. : das Glötzauge.
Eig. : „mit vorliegenden, weit aufgesperrten Augen sehen." Erst 1493 (s. Beckmann's Gesch. d. Erfind. II, 286) und zwar fl. klotzen, also v. mhd. kliezen (Prät. ich er klôz, wir sie klazzen, Part. gekloggen), = auseinanderreißen, spalten, ahd. chliogan. Auch bän. mit dem durch Verweichlichung des k eingetretenen g glotte = starr sehend betrachten, gucken.

gluchzen neben dem landschaftlichen glucktzen, gluckezen.
Mittelst -ezen abgeleitetes Verstärkungswort von glucken (s. Glucke).

das Glück, — es, Pl. — e, mhd. das gelücke : Gunst des Schicksals, Zukommendes nach Wunsch. Daher glücken, 1482 glucken. Zusammens. : glücklich; das Glücksrab, schon mhd. gelückes rat; glückselig (s. b.), 1482 glucksêlig [= voll Glück, zusammenges. mit dem Adj. selig mhd. sælec], mit die Glückseligkeit (ungewöhnlich betont Glückseligkeit); der Glückwunsch ꝛc.
Altnord. die lukka = Glück. Zusammenhangend mit locken (s. b.).

die Glucke, Pl. — n : Bruthenne. Daher glucken vom Rufen der Bruthenne, als Verstärkungswort gluchzen (s. gluchzen).
Bei Luther (Hiob 9,9) Glucke u. bei Alberus glucksen, mit dem weichen mitteldeutschen Laute statt des urspr. hochd. in Herr's verdeutschtem Columella ꝛc. (1538) vorkommenden die kluck oder kluckhenne, und kluckfen st. kluckzen (dictionar. gemma gemmarum 1520). Im Mhd. u. Ahd. sind die Wörter noch nicht

aufgefunden. Ob Glucke im Mhd. die klucke ahd. chluochâ? ober mhd. kluoke ahd. chluochâ, cluochâ lautet? Diese letzte Form entspröße einem dem lat. glocîre (= glucken) lautverschoben entsprechenden, wie backen, wachsen ꝛc. biegenden ahd. chlachan chlahhan (? Prät. chluoh), welches in altnord. klaka (Prät. klök) = tönen (von Vogelschrei), klekja = piepen, ausbrüten (d. i. die Eier bersten u. ausschliefen machen) und in goth. niuklahs = unmündig, eig. (neu)geboren, ausgebrütet, Bestätigung findet. Vgl. J. Grimm in Haupt's Zeitschr. V, 235 ff. Jene erste Form mit u aber leitete auf eine, selbst diesem ahd. chlahhan zu Grunde liegende, wie sprechen ꝛc. biegende ahd. Urwurzel chlëhhan (? Prät. ich chlah, wir chlahumês, Part. chlohhan) = schallen, brechen [? der Begriff des Schalles geht auch sonst aus dem des Krachens, Brechens hervor], wozu mhd. der klac = Bruch, Gekrach, klecken (ahd. chlechan, chlecchan) = „zerreißen" [d. i. brechen machen, in zerklecken auch vom Bersten des Eises], dann „ausreichen" (s. klecken), klucken in zerklucken = „zerbrechen" (vom Ei, im *Helmbrecht* 129) gehören.

glücken, zusammenges. mit be= in beglücken, s. Glück.

der Glücker, —s, Pl. wie Sing. : Schnellkügelchen, Schusser.

    Falsch Klicker. Denn 1429 klucker = Kugel u. gluckern = mit Kugeln spielen (Schmeller II, 353). Mit dem ahd. Dim. das clucli = Kügelchen *gloss. florent.* 991ᵇ), glucli (so lies st. glueli in Haupt's Zeitschr. III, 473ᵃ), von einem und demselben Stammworte.

glücksélig (nicht glücksélig), bie Glückséligkeit, s. Glück.

glucksen, st. glucksezen (eig. kluckzen), s. Glucke u. gluchzen.

gluh (bei Bürger) = glühend. Von glühen = feurig glänzen; brennend heiß sein. Daher auch bie Glut (besser als Gluth mit bem unnöthigen Dehnungszeichen th), Pl. —en.

    Glühen ist mhd. glüejen, ahd. gluoan [mit eintretendem h, j gluohan, gluojan], kluon d. i. kluo-n st. kluo-an; woher mittelst der Ableitung -t ahd. -ad goth. -aþs Glut (d. i. Glu-t), mhd. die gluot (Pl. glüete), ahd. gluot, glöt (d. i. kluo-d, klô-d), angelsächf. bie glêd, goth. glöþs (d. i. glô-aþs). In einer Urwurzel (gla) scheint Verwandtschaft mit Glanz (f. b.) zu liegen.

glum (Hef. 32, 2) = trübe (von Flüssigkeit). Niederdeutsch. Engl. gloomy bunkel.

glupen = einen heimlichen schnellen Blick thun, bes. mit großen Augen seitwärts lauernd; von unten aufblicken (Bürger's Macbeth 1, 6). Daher glupsch (st. glupisch) = heimtückisch.

    Niederdeutsch. Niederl. gluipen (auch = auflauern), altfries. glûpa.

bie Glut, besser als Gluth mit dehnendem th, s. gluh.

bie Gnáde, Pl. —n : Wolwollen (Niederneigen) gegen ben Geringern, hohe Gewogenheit. Daher : gnáden; gnábig.

    Gnade ist mhd. gnâde (b. b. g'nâde), genâde ahd. g-, knâda, gi-, ki-, kanâda, welche, aus Einer Wurzel mit nieber (s. b.), bebeuten : Niedernetigung, allmähliche Senkung, Herablaffung, Ruhe [z. B. diu sunne gienc ze *gnâden*]. Das Verbum gnaben ist mhd. gnâden, genâden, ahd. kanâdôn, =

Gnabe erzeigen, unb bas Abj. gnäbig mhb. genædec, ahb. kanâdîe, wovon wieber ahb. kanâdikôn (neub. gnäbigen) = gnäbig fein.

bie Gnätze, b. Luther 3 Mof. 14, 56 Gnetz: Schorf, Hautausschlag.

Mittelb. ber gnaz = Knauserei (*Diut.* I, 456), urfpr. wol bas Schaben, Reiben.

ber Gneis, —es, Pl. —e: schieferiger Granit.

ber Gneift, —es, Pl. —e: Funke, (sprühenbes) Flämmchen.

Früher —en, Pl. —en. Denn mhb. ber gneiste, ahb. gneisto [aber auch bie eneistâ. *Diut.* I, 530 b], altnorb. ber gneisti, welches gleichen Stammes mit altnorb. gnîsta u. gnæsta = rauschen, zischenb tönen.

ber Gneift, —es, ohne Pl., 1482 gnîst (*voc. theut.* Bl. m 7 b): feft auf ber Kopfhaut sitzenber (Grinb ober) Hautschmutz. Wetterauisch.

ber Gnenn, —es, Pl. —e: Bater. Auf bem Bogelsberge x.

Im Simpliciffimus (1669) unrichtig Knän u. Knan. Denn älter-nhb. ber Genenn, bei Alberus gnenne, mhb. (schwachbieg.) ber genénne, genänne, ahb. gnánno (b. i. g'nanno, burch Lautangleichung bes m aus) ki-námno = ber Mit-, Gleichnamige, welches zusammengef. ift aus ki- (ge-, f. b.) = mit unb namno v. ahb. ber namo Name.

gniftern, üblicher kniftern, = Funken sprühen unb fo rauschen.

Erft bei Stieler (1691) Sp. 991 unb zwar kniftern [ahb. etwa knîstarôn? f. Grimm's Gramm. II, 138]. B. altnorb. gnîsta (f. Gneift 1), ahb. knîstan (?), wozu auch mhb. gneisten, ahb. gneistan, = „Funken sprühen" gehört. Dagegen ift ahb. bie gánaatra, gánistra, gáneistra, mhb. ganster, sowie mhb. ber u. bie gáneiste, ganeist, = Funke, v. bayer. bie gan Feuerfunke (Schmeller II, 50) abgeleitet, ein ganz anberes Wort.

† ber Gnom, —en, Pl. —en: Erb-, Berggeift.

Aus bem gleichbeb. franz. ber gnome, ital. gnómo. Ob bieß v. gr. gnômê (γνώμη) Seele?

gnug (schon mhb. gnuoc), gnung, bie Gnüge, gekürzt aus genúg (f. b.), genúng, Genúge.

ber Göckelhahn, b. Schuppius Gockelhan, f. Gückel.

bas Gold, —es, Pl. —e, bas ebelfte Metall. Daher bas Abj. gólben (ehebem u. noch alterthümlich gúlben, gúlben); bas Berbum gólben (ehebem u. noch alterthümlich gúlben, gúlben) in vergólben (vergúlben b. Göthe, vergúlben); gúlbifch = golbhaltig (im Bergbaue). Zusammenf.: bie (eig. ber) Gólbammer, 1469 gold-ammer, f. Ammer; gólbfarben, -farbig; gólbgélb; bie Gólb-glätte (f. glatt); gólbhaltig.

Sprichw.: Es ift nicht Alles Golb, was gleißt (schon im *Rolandslied* 71, 17). — Das Golb, mhb. bas golt, ahb. gold, colt, goth. gulþ, woher bas Abj. golben, gulben, mit Umlaut wegen bes im Altb. folgenben î gúlben, mhb. guldîn, ahb. culdîn, goth. gulþeins, unb bas Berbum golben, gulben, gúlben in vergolben x. mhb. vergulden vergülden, ftimmt lautverschoben zu flaw. zlato, ruff. bas zóloto unb in ber Wurzel zu fanftr. *hiranja*, beffen r in l übergieng.

† der **Golf**, —es, Pl. —e : Meerbusen.

Aus franz. golfe, ital. golfo, v. gr. kólpos (eig. Busen), dann kólphos.

das **Gólicht**, —es, Pl. —er : Unschlittlicht. Landschaftlich.

Nicht Gutlicht, wie man wetterauisch Gülicht falsch verhochdeutscht.

der **Gólkrabe**, —n, Pl. —n : der schwarze Rabe, córvus córax.

Ungut Kolkrabe oder entstellt Golbrabe. Von golkatzen rülpsen, gurgeln (voc. incip. teut. ante lat. Bl. k 1 ª).

das **Góller** = Halsbekleidung als Theil der Rüstung, s. Koller.

die **Gólse**, Pl. —n, mit ö statt e : Schnake.

Mhd. die gelse (Minnes. III, 57 ᵇ, 12), ahd. kal-is-â (?), v. mhd. der gal -Gesang (s. Nachtigall). Im voc. incip. teut. ante lat. aber schon mit o statt e die golsen, vielleicht im Gedanken an franz. der cousin [d. i. lat. culícínus v. cúlex] = Schnake.

† die **Góndel**, Pl. —n : venetianisches Lustschiffchen.

Aus ital. góndola, dem Dim. des gleichbed. die gónda.

gönnen = gerne sehen oder gestatten, daß jemand Gutes oder Übles zukomme, er es habe. Daher der **Gönner** [1383 gunner] mit die **Gönnerin** u. der Zusammens. die **Gönnerschaft**.

Jetzt (mit dem in den Indicativ eingedrungenen Conjunctiv) ich gönne, Prät. ich gönnte, Part. gegönnt; früher aber im Präs. ich gann, Prät. ich gönnte, Part. gegönnt. Denn mhd. gunnen d. i. g'-unnen (Präs. ich gan, du ganst, er gan, wir günnen ꝛc., Conj. ich günne, Prät. ich gonde, gunde, Conj. günde, gunde, Part. stark gegunnen, selten schwach gegunnet), ahd. (selten) giunnan, = gestatten, zugeben, welches zusammenges. ist aus gi- ge- und ahd. unnan (Präs. ich an, wir unnum, Prät. onda) = gestatten, gewähren, dessen Präs. ich an ein Präteritopräsens d. h. das zum Präsens gewordene ursprüngliche Präteritum eines verlorenen älteren wie beginnen, spinnen ꝛc. biegenden ahd. Verbums innan ist.

der **Göpel**, —s, Pl. wie Sing. : Hebezeug über der Grube.

Zuerst das Gebäude, worunter dieses Hebezeug steht. Ehedem Gepel.

die **Gósche**, Pl. —n, niedriger Ausdruck für Maul.

Niederd. goske. Ob nach franz. der gosier = Schlund, Gurgel, ital. gozzo, lombard. goss, = Kropf, gebildet?

die **Góse** = ein ursprünglich in und um Goslar aus dem Wasser der Gose gebrautes Weißbier.

die **Gósse**, Pl. —n : Gußstein der Küche; Straßenrinne.

Historisch richtig Goße. Mhd. gozze (?). Von gießen.

die **Góthe**, Pl. —n : die aus der Taufe Hebende u. Gehobene.

Mhd. die gote u. göte, ahd. gotâ, - woneben für den Pathen mhd. der gote, göte, ahd. goto (?). Wol ähnlich wie die altnordischen heidnischen Ausdrücke die gydja Priesterin und der godi Priester v. ahd. got (unserm Gott) altnord. god in der Beziehung, daß die aus der Taufe hebende Person geistlicher Vater, geistliche Mutter des Täuflings [pater, mater in Deo, schwed. gudfader, gudmoder, vom Täuflinge gudson, guddotter, engl. godfather, godmother, godson, goddaughter] ist.

góthiſch = ben Gothen eigen, angehörig; altbeutſch.

Gott u. der Gott, —es, Pl. Götter, mhb. got, ahb. got, cot, goth. guþ, alt= u. angelſächſ. god, altnorb. goð. Daher: die Göttin, mhb. die gótinne, ahb. gutin, gutën; [vom Pl. Götter] göttern in ent=, vergöttern. Zuſammenſ.: die Góttheit, mhb. u. ahb. die goteheit; göttlich, mhb. gotelich (als Abv. goteliche), ahb. kotelîh; gottlób, Interj., mittelb. gotelob (*Jeroschin* 166), aus ″(bem) Gott Lob″; gottſélig = ″ſelig (ſ. b.) in Gott″, mit die Gottſéligleit (u. auch Góttſeligleit) ꝛc.

Das Wort ſtimmt lautverſchoben mit dem gleichbeb. perf. chodá. Ableitung von gut (ſ. b.) aber iſt eine Unmöglichleit.

Góttfried, ein Mannsname, ahb. Cótafrit b. i. ″(der) Friede mit Gott (hat)″, Gottverbundener. Góttlieb, entſtellt ſt. Gottleib, benn der Name lautet im Ahb. Cotleip b. i. der von Gott Übrigge= laſſene, Verſchonte.

-leip, -leif, aus ber Präteritalform von leiben in bleiben (ſ. b.).

der Götze, —n, Pl. —n : falſcher Gott.

Das Wort [eig. Gœze?] kommt erſt im Nhb. vor bei Luther, Alberus ꝛc. Bei Luther hat es in „die Götzen frer Götter" (5 Moſ. 12, 3) die Beb.: Bild, Abbild. Von mhb. u. ſpät-ahb. der gôz = gegoſſenes Bild [nër (dîn got) ist, swie dû machest in (ihn), — ein gózu (*Barlaam* 320, 40)], welches aus dem Sing. (gôz) von gießen. Vgl. Schulze. Bei *Dasypodius* dann in erweitertem Sinne Götz auch = Tempel, wo das Bild der Verehrung (der Götze) ſteht.

das Grab, —es, Pl. Gräber : Grube zur Tobtenbeſtattung.

Mhb. das grab, ahb. grab, crap (Pl. crepir), altſächſ. graf. V. graben.

grábbeln, üblicher krabbeln, ſ. b.

1482 grappeln (*voc. theut.* Bl. m 7ᵃ), aufgenommen aus nieberb. grabbeln = oft greifen, neunieberl. grabbelen = worüber raffenb herfallen. V. grabben (ſ. grapfen).

der Gráben, —s, Pl. Gräben : in die Länge gegrabene Erbvertiefung.

Schon im *voc. incip. teut.* ber graben, eig. aber der Grabe, mhb. grabe, ahb. grabo, crapo. Der umlautenbe Pl. Gräben iſt ſtatt des richtigen ſchwachen die Graben (Göthe XXX, 134) eingetreten. Von graben.

gráben, Prät. grub (Conj. grübe), Part. gegráben : mit einem ſcharfen oder ſpitzen Werkzeuge Vertiefungen machen.

Mhb. graben, ahb. graban, crapan (Prät. cruop, Part. crapan u. cacrapan), goth. graban (Prät. gróf, Part. grabans). Das Wort ſtimmt bis auf den Anlaut (g) mit gr. gráphein (γράφειν) = eingraben, ritzen, ſchreiben.

das Grábſcheit, —es, Pl. —e : Werkzeug zum Graben der Erbe.

Mhb. das grabſchît (*liber ord. rerum* v. J. 1429 Bl. 9ᵇ), grabeſchît. Aus graben u. Scheit (ſ. b.) ahb. scit = hölzerner Stiel (*Graff* VI, 439).

die Gráchel, Pl. —n : die lange ſpröde Ährenſpitze.

Ob zuſammenhangenb mit mittelb. das grach = Ährenfelb (? *Herbort* 6926), in Schwaben ber oberſte Theil der Scheune (v. Schmib 240), wo die Garben liegen?

29*

der Grab, —es, Pl. —e : Stufe; 360ſter Theil des Kreiſes. Davon :
grabieren = zu einem höhern Grabe an Güte bringen; grabuieren.

Mhd. der grât (Pl. græte) = Stufe, ahd. (ſpät) grâd, = Schritt, Stufe. Aus
dem gleichbed. lat. der grádus.

der Graf, — en, Pl. — en : [ehedem „höherer weltlicher Richter“,
dann, wie jetzt] der Nächſte in der Würde nach dem Fürſten. Davon
die Gräfin. Zuſammenſ. : gräflich; die Gráfſchaft.

Mhd. der grâve, ahd. grâvo, crâfo, grâvêo, krâvio d. i. krâfio. Aufgenommen aus dem früh-mittellat. grávio, gráfio, gráphio, welches von gr. gráphein
ſchreiben (ſ. die Anm. zu graben). Vgl. Grimm's Gramm. I², 171. Ableitung
von grau iſt eine Unmöglichkeit. — Die Gräfin lautet im Mhd. grævin,
grævinne, ahd. (12. Jahrh.) grâvin, die Grafſchaft im Mhd. grâfſchaft, ahd.
(12. Jahrh.) grâfſchaft, welches letzte die Würde des Gerichtsvorſitzers bedeutet.

die Grálle, Pl. —n : Zwieſel; Fleck wo die Äſte ſich theilen.

Wetterauiſch. Falſch mit L; denn mhd. die grelle (Marienlegenden 24, 275),
ahd. kral-i-â (?). S. meine Erklärung des Wortes in Haupt's Zeitſchr. VI, 486.

der Gram, — es, ohne Pl. : anhaltende tief im Innern nagende Betrübniß worüber. V. gram = wogegen übelwollend geſtimmt. ſich
grämen. Zuſammenſ. mit gram : grämlich mit die Grämlichkeit.

Mhd. u. ahd. (11. Jahrh.) gram [unſer gram] = feindſelig aufgeregt wogegen, erzürnt, und mhd. gremen ahd. kremjan goth. gramjan d. i. gram-j-an [unſer
grämen] = aufreizen, in Grimm b. h. feindſelige Aufregung bringen, ſind v.
der Präteritalform des Wurzelverbums grimman (ſ. Grimm). Das aus dem
Adj. gebildete Subſt. Gram aber läßt ſich nur einmal im Mhd. nachweiſen, wo
der gram = feindſelige Stimmung wogegen (Benecke-Müller I, 575*). Grämlich iſt mhd. grem-, gremelich (als Adv. gremeliche) = grimmig, ſchrecklich.

die Grammátik, Pl. —en, ahd. (b. Notker) der (?) gramatich, aus
lat.-gr. grammática : Sprachwiſſenſchaft; Sprachlehre. Daher : der
Grammátiker, im 11. Jahrh. der gramatichâre; grammati-
kálifch, nach lat. grammaticâlis. grammátiſch, aus lat.-gr.
grammáticus.

Von dieſem v. gr. das grámma [v. gráphein, ſ. graben] = das Eingegrabene,
der Buchſtabe, abgeleiteten Adj. grammáticus, gr. grammatikós, — ſchriftkundig,
nach den Sprachregeln, iſt jenes grammática die weibliche Form, und die griechi-
ſche grammatikê (γραμματική) verlangt als Ergänzung das Subſt. téchnê
Wiſſenſchaft.

der Gran, —es, Pl. —e : ¹⁄₆₀ Quentchen Apothekergewicht.

Aus lat. gránum = Korn, Getraidekorn, Kern, dann im Mittellat. (wo auch
der gránus) kleinſtes Gewicht, gleichſam Gewicht eines Kornes.

der Grän, — es, Pl. —e : ¹⁄₁₂ Karat bei Gold-, ¹⁄₁₈ Loth bei Silbergewicht, überhaupt ¹⁄₂₈₈ Mark.

Aus franz. der grain (ſpr. græn) d. i. mittellat. gránus (ſ. Gran).

der Granát, —es, Pl. —en, ein bekannter Edelſtein.

Mhd. der granát, aus mittellat. granátus (nämlich lápis Stein), und dieser Name daher, weil der Stein meist in Körnern (lat. gránum = Korn, f. Gran) gefunden wird.

der **Granátapfel** = Frucht des **Granatbaumes** in Asien ꝛc.

1469 mittelrhein. granát appel (voc. ex quo), aber mhd. bloß der granát; v. lat. granátum (nämlich málum) d. i. eig. vielkerniger Apfel. Das lat. Adj. granátus nämlich bed : mit Kernen versehen, v. gránum = Korn, Kern, f. Gran.

die **Granáte**, Pl. —n : mit Schießpulver gefüllte Kugel.

B. ital. die granáta, franz. grénade (f. Grenadier), aus der weiblichen Form von lat granátus = mit Körnern versehen (f. Granatapfel). Hier sind Pulverkörner gemeint.

der **Grand**, —es, Pl. —e : grober Kiessand. Daher **grándig**.

Aus dem Niederd., wo grand auch = Weizenkleie. Aus dem Sing. Prät., wie Grund (f. d.) aus dem Pl. Prät. des angelsächf. grindan (Prät. ich grand, wir grundon, Part. grunden), engl. grind, = zermalmen, mahlen.

der **Granít**, —es, Pl. —e : aus Quarz, Feldspath und Glimmer zusammengesetztes Gestein von körnigem Gefüge.

Auch niederländ. der granit. Aus franz. der granit, ital. granito, welches letzte eigentlich Adj. mit der Bed. gekörnt, kernicht, ursprünglich aber Part. Prät. v. dem von lat. gránum Korn (f. Gran) abgeleiteten ital. granire körnen, narbig machen.

die **Gránne**, Pl. —n : Rückenborste des Schweines; Ährenstachel.

Das Wort ist das mhd. die gran, ahd. crana (? wofür die gran), = Barthaar an der Oberlippe, dann auch Gräte [wie noch wetterauisch die Gräne], altnord. die grön Bart.

der **Grans**, —es, Pl. —e, üblicher der **Gránsen** (Schiller's Tell 4, 1), —s, Pl. wie Sing. : Schiffsschnabel; überhaupt Schiffsspitze.

Mhd. der grans = Schnabel des Vogels u. des Schiffes, Rachen oder Rüssel des Thieres, ahd. grans = Schiffsschnabel, Vordertheil des Schiffes, woneben die gleichbed. schwache ahd. Form der granso, welche zu der Granse und sofort Gransen wurde. Das Schiff dachte sich die Sprache als schwimmendes Thier.

granulíeren = körnig machen. Daher die **Granulíerung**.

Aus franz. granuler = geschmolzenes Metall körnchenartig gießen, v. lat. gránulum Körnchen, dem Dim. v. gránum Korn (f. Gran).

die **Gránze**, herkömmlich und üblicher **Grenze**, f. d.

der **Grápen** (b. Voß), —s, Pl. wie Sing., niederd., f. **Groppen**.

der **Graphít**, —es, Pl. —e, v. gr. gráphein schreiben : Reißblei.

der **Grapp** = die Färberröthe, =wurzel. Üblicher **Krapp**, f. d.

grapsen (Göthe I, 230) = schnell fassend greifen. Niederd.

Abgeleitet v. grappen (b. Luther), altclevisch grabben (Teuthonista), = zugreifend fassen, ft g'rappen d. i. ge-rappen, dessen aus dem Niederd. aufgenommenes rappon, rapen unser hochd. raffen (f. b.) ist.

das **Gras**, — es, Pl. **Gräser** : Halmpflanze. Daher : **grásen**; der **Gráser** mit die **Gráserin** u. die **Grascret**; **grásicht**; **grásig**.

Mhd. das gras, ahd. gras, cras (= Gras u. Kraut), goth. gras (überhaupt

Kraut), angelsächf. gräs. Aus einem vermuthlichen goth. Wurzelverbum grasan (Prät. grôs, Part. grâsans) = grünen(?), wachsen(?). S. Grimm's Gramm. II, 44. Grasen ist mhd. grasen, ahd. grasôn, und grasig bleibt ohne Umlaut, weil es ahd. graseg d. i. crasæc, mhd. grasec, lautet.

das **Gräsen**, —s, ohne Pl. : Schauder. Bei Claudius im Goliath.

Niederd. gräsen = „schaudern" substantivisch angewandt. Aus Einem Wurzelverbum mit gris in niederd. grislik (wetterauisch grisselich) = abscheulich. Ob auch mit angelsächf. grislîc, engl. grisly, = schrecklich, schauderhaft?

die **Grasmücke**, —n, ein kleiner in Hecken lebender Vogel (currûca).

Mhd. die grasemücke, ahd. grasmuccâ, worin muccâ Mücke auf den Vogel seiner Kleinheit wegen angewandt ist.

† **grassieren** = im Schwange gehen, herrschen, wüten.

Aus lat. grassâri = gehen, herumgehen, hart verfahren, wüten.

graß, Comp. gräsſer, Superl. gräſseſt : wütend, schrecklich, zurückſchreckend. Daher **gräßlich** mit die **Gräßlichkeit**.

Historisch richtig überall ß, nicht ſſ. Mhd. graz wütend [mit dem Subst. der graz = Wut, welches auch in der Zusammenf. gräßlich stecken könnte]; im Ahd. aber das Adv. grazzo abstract = heftig, sehr (Otfried 2, 19, 11. 16). Von einem zu vermuthenden ahd. Wurzelverbum krëzan (Prät. ich kraz, wir krâzumês, Part. krëzan), goth. gritan (?), = stark aufgeregt in der Seele sein(?), welchem auch das reduplicierende goth. grêtan (Prät. gáigrôt) = weinen, wehklagen, anzugehören scheint.

der **Grat**, —es, —e : Spitze, oberster sich hinziehender scharfer Rand wovon. Aus dem alten starken Pl. Gräte gieng hervor der nhd. Sing. die **Gräte**, Pl. —n, = "federharter spitzer Fischknochen", mit gräten in ausgräten, entgräten, und mit dem Adj. grätig. Zusammenf. : der Gräthobel; die Grätsäge; das Grätthier = auf Felsenspitzen (Graten) lebende röthliche Gemsenart. S. auch der Rückgrat.

Grath, Gräthe ꝛc. mit dehnendem th zu schreiben, ist unnöthig u. altfränkisch. Mhd. der grât (Pl. grǣte) = Spitze, spitzer Fischknochen (unser nhd. Gräte), dann scharfer Rand.

die **Gräte** (nicht Gräthe), gräten, grätig, ſ. Grat.

grätschen (â lang) = mit auseinander gesperrten Beinen gehen. Daher : grätscheln; der Grätscher. Zusammenf. : grätschbeinig.

1689 grätschen = schreiten (Schmeller II, 125), ahd. crat-is-ôn (?). Nicht v. lat. grádus Schritt (ſ. Grad), sondern v. einem Subst. oder Adj. aus einem zu vermuthenden goth. Wurzelverbum gridan (Prät. ich graþ, wir grêdum, Part. gridans) = schreite, welches in ahd. pigrëtan = dazu schreiten (Diut. I, 153ᵃ) erhalten scheint und wober auch goth. die grids Schritt (1 Tim. 3, 13), crit in ahd. crit-, gritmâli Schritt.

† **gratulieren**, aus lat. gratulâri : Glück wünschen.

grau, Adj., Comp. grauer, Superl. graueſt, grauſt : mittelfarbig zwiſchen schwarz und weiß. Daher grauen. Zusammenf. : graulich

[ohne Umlaut zum Unterſchiebe von gräulich = "Grauen erregend",
aber richtiger umlautend gräúlich]; das Grauwerk (ſ. b.).

Grau mit au aus âw. Älter-nhd. u. 1482 graw, mhd. grâ (Gen. grâwes),
ahd. grâo, crâo, goth. graggvs (?), angelſächſ. græg. Davon mhd. grâwen ahd.
crâwên (unſer grauen) = grau ſein oder werden.

der Gräuel, eben ſo gut Greuel, mit den Zuſammenſ.: die Gräuel-
that, gräuelvoll ꝛc. Von dem unperſönlichen grauen (mir, dir,
ihm ꝛc. graut) = Widerwillen mit Schauer wovor empfinden. Sub-
ſtantiviſcher Infinitiv iſt das Grauen; aber echtes Subſt. der
Grauen (urſpr. Graue, ſ. Anm.). Mit dem Infinitiv grauen
zuſammengeſ. ſind: grauenhaft, -voll; mit dem Verbum überhaupt gräulich. S. auch Graus, grauſam.

Aus dem, wie es ſcheint, lautverſchoben mit lat. horrére = ſtarren, ſchaudern,
ſich entſetzen, ſtimmenden unperſönlichen Verbum grauen, mhd. grûwen, ahd.
(ſelten) grûên, bildete ſich erſt mhd. das Subſt. der grûwe (Renner 5044) unſer
der Grauen, ſowie mittelſt der Ableitungsſylbe -el ahd. -il und damit zugleich
Umlautung des û in iu das mhd. Subſt. der griuwel (gekürzt griul) älter-nhd.
greüwel, grewel (b. Luther), grüwel, unſer Gräuel, Greuel (ſ. b.) und
das unperſönliche Verbum gräueln (niederd. umlautlos grauen) mhd. grû-
weln, griulen, ahd. crû-il-ôn (?). Das mit grauen zuſammengeſ. gräulich
lautet im Mhd. griuwelich, gekürzt griulich, grûlich (b. i. grû-lich), als Adv.
griuweliche, griuliche. Für dieſes gräulich ſteht auch das volksmäßige, doch
bei Herder vorkommende grauerlich, obwol man dabei auch an ein Verbum
grauern denken könnte.

die Grauͤpe, Pl. —n, mit niederd. p, aus Einer Wurzel mit Griebe
(ſ. b.): gröbſter Theil gepochten Erzes; enthülſtes Getraidekorn. Daher [bayer. das Gräupel, Dim., mit] gräupeln = hageln.

der Graus, —es, ohne Pl.: haarſträubendes Grauen. grauſen
(mir, dir ꝛc. grauſet), und ſubſtantiviſch das Grauſen. grauſenhaft, -voll. grauſig, Adj.

Der Graus, mhd. der grûs [b. i. grû-s aus grû-is], und grauſen, mhd. grûsen,
(mit Umlaut) griusen, (gekürzt aus) ahd. grûisôn, grûwisôn [b. i. crâw-is-ôn],
ſind beide von grauen (ſ. Gräuel) abgeleitet, grauſig, ſpät-ahd. griusig, aber
wieder von Graus, womit auch grauslich, mhd. (mit Umlaut) griuslich, zuſammengeſetzt iſt. Zuſammenſetzungen mit dem Inf. grauſen ſind grauſenhaft,
-voll, wie ſchon mhd. grûſenlich = Grauſen erregend. Überall ohne Umlaut,
uneingedenk der alten Ableitung mit (ahd.) -is, deſſen i Umlaut erzeugt.

der Graus = Sand-, Steinkorn ꝛc., falſch ſt. Grauß (ſ. b.).

grauſam = durch Zufügen von Übel grauenerregend. Zuſammenſ.:
die Grauſamkeit.

Zuſammenſetzung des Verbums grauen (ſ. Gräuel) mit -ſam.

grauſen ꝛc., grauſig, grauslich, ſ. Graus.

der Grauß, —es, Pl. —e: Sand-, Steinkorn; Steinſchutt u. dgl.

Mhd. der grûz = Sand-, Getraidekorn. Aus einer Wurzel mit Grieß (f. d.)
und Grütze.

das **Grauwerk** = das graue Fell des sibirischen Eichhornes.

Mhd. bloß das grâ. S. die Anmerk. zu bunt.

† gravieren = mit dem Grabstichel stechen, schneiden.

Aus franz. graver = eingraben, einprägen, welches entlehnt ist von niederländ.
graven unserm graben, nicht aber v. gr. gráphein.

† gravieren, aus lat. gravâre : beschweren, zur Last fallen.

† die **Grázie** (3sylbig), —n, aus lat. grátia : Anmuth; Huldgöttin.

der **Greif**, — es und — en, Pl. — e und —en : fliegender Löwe mit
einem Vogelskopfe; größte Geierart.

Mhd. (stark) der grîf u. (schwach) der grîfe, ahd. grîf u. grîfo, crîfo, überkommen aus lat.-gr. der grypa u. grýphus in jener ersten Bed.

greifen, Prät. griff (Conj. griffe), Part. gegriffen : zum Halten zu-
langen; festhaltend nehmen. Zusammens. : greifbar ꝛc.

Mhd. grîfen, ahd. grîfan, krîfan (Prät. ich kreif, wir krifumês, Part. krîfan),
goth. greipan, welches lautverschoben mit dem gleichbed. slaw. grabiti, litthauisch
graibyti, stimmt.

greinen = den Mund verziehend weinen, bes. von Kindern.

Jetzt schwach biegend, aber stark in mhd. grinen, ahd. krînan (Prät. ich krein, wir
krinumês, kikrínan) = aus Leidenschaft, Unwillen einen Ton von sich geben. Aus dem Pl. Prät. dieses Wurzelverbums entsprang dann ein neues zweiten Ranges, das früh-mhd. grinnen (Prät. ich er gran, wir sie grunnen, Part.
gegrünnen) = (mit den Zähnen) knirschen, greinen, ahd. krinnan (? d. i. krin-
-j-an?), aus dessen Prät. das ahd. grennan (d. i. kran-j-an) = „greinen", und
grunzen (f. d.) abgeleitet wurden.

greis = weiß-, altergrau. Die schwache männliche Form substantivisch : der **Greis**, — en, Pl. — en, ungut auch —es, Pl. —e, wovon dann die **Greisin**. Von greis : greisen = grau, alt werden.

Mhd. grîs, spät-ahd. (sehr selten) crîs u. crîsi [? woher mittellat. grisíus,
grísous], altsächs. grîs (Diut II, 192ª). Der Greis ist mhd. der grîse, also
schwachbiegendes substantivisches Adj., und greisen lautet im Mhd. grîsen.

grell = Ohr oder Auge weh thuend stark.

Mhd. grël = zornig schreiend, zornig, v. mhd. grëllen (Prät. ich gral, wir
grullen, Part. gegrollen) = durchdringend, vor Zorn schreien, angelsächs. grëllan
= zum Streit herausfordern.

der **Grémpelmarkt** [falsch **Gerümpelmarkt**] = Platz zum Feilhalten alter gebrauchter Sachen. der **Grémpler**.

Grempelmarkt (schon 1429) ist zusammenges. mit der Grempel = Kleinhandel, Grempler (schon 1482) aber abgeleitet von grempeln = Kleinhandel
treiben. Wol v. mhd. grempen = trödeln, aus gemein-ital crompàre (st.
compràre) = kaufen.

† der **Grenadier** (3sylbig), — es, Pl. — e : Fußsoldat ausgesuchter
Größe.

Franz. grénadier, eig. = „Granatenwerfer", v. grénade Granate (f. d.).

der **Grénfing,** —es, Pl. —e : die Pflanze potentílla anserína.

Mhd. u. ahd. der gransinc [einmal auch = Gänsekoth], v. mhd. grans Schnabel (f. Grans), entspricht dem franz. Namen bec d'oie Gänseschnabel. S. die Anm. zu Gans.

die **Grénze,** Pl. —n : Endpunct, =linie. Daher grénzen.

Üblicher als Gränze und hergebracht. Bei Luther Grenze. Im 15. Jahrh. ist grenitz, grenicz schon geläufig, das im 14. Jahrh. in der Nähe polnischen Landes aufkommt (vgl. Hoffmann's Fundgr. I, 374 b. *Kaczynski's cod. diplom. Lithuaniæ* S. 54. 192. 229. 304), entlehnt von dem von poln. gran = Ecke, ruff. gran', böhm. die hrana = Ecke abgeleiteten poln. die granica, ruff. graniza, böhm. hranice, = Grenzstein, Grenze. Das ältere deutsche Wort für Grenze war die Mark.

der **Greúel,** greúlich, ist tadellose Schreibung, aber eben so richtig im deutlicheren Gefühle der Abstammung Gräuel (f. d.), gräulich.

die **Griebe,** Pl. —n : ausgeschmelzter Fettwürfel.

1469 mittelrhein. die griebe (*voc. ex quo*), mhd. der griebe, ahd. griebo, griupo criupo. Mittelst c', k' b. i. ki- ge= gebildet von einem ahd. Wurzelverbum riopan (Prät. ich roup, wir rupumês, Part. kiropan) = röften, woher ahd. roupan, üblicher giroupan, grouban, = röften. Doch find gr, cr ft. g'r, c'r schon frühe so innig verbunden, als wenn fie der Wurzel angehörten und diese criopan kriopan lautete.

der **Griebs,** —es, Pl. —e : Kerngehäuse des Kernobstes; Kehlkopf.

Unrichtig, aber üblich und zwar schon bei Alberus (1540), der griebes hat, ft. Grübs; denn das Wort lautet im *voc. theut.* v. 1482 Bl. n 1 b grubß, Bl. m 8 a grobiß (woher unsere seltenere, aber beffere Schreibung Gröbs), im mittelrhein. *voc. ex quo* v. 1469 grubß, aber auch bereits ungut gribß. Überall in jener erften Bed., da die zweite eine spätere übergetragene ist.

der **Gries,** ungute aber übliche Schreibung ft. Grieß (f. d.).

der **Griesgram,** — es, Pl. — e : arge Grämlichkeit; in Grämlichkeit Verfunkener. Daher : griesgramen; griesgrämisch.

Mhd. der grisgram = Zähneknirschen, u. grisgramen, ahd. criscramôn, = vor Grimm mit den Zähnen knirschen, brummen. Zusammengef. aus gris in angelsächf. der grist (b. i. gris-t) = Zerreibung, =knirschung, =Mühlwerk, und aus Gram (f. b.).

der **Grieß,** — es, Pl. — e : grobkörniger Sand; grobgemahlenes Ge= traide zu Speisen. Daher : grießeln; grießig. Zusammenf. : das Grießmëhl; der Grießwart oder Grießwärtel = [des Grießes b. h. des Kampfplatzes wartender] Herold bei Kampffpiel oder ernstem Zweikampf.

Ungut, aber üblich Gries. Mhd. der u. das griez [davon der griuzel Körn= chen, woher jenes Verbum grießeln], ahd. grioz, crioz, altfächf. der griot, grëot, = Sandkorn, Kiessand, angelsächf. der grëot Sand, altfrief. grêt Kies, alt= nord. das griot Gestein. Mit Graus u. Grütze v. dem mhd. Wurzelverbum griegen (Prät. ich er gröz, wir fie gruzzen, Part. gegrozzen) = streuen, zer= kleinen (?), ahd. criozan (?), goth. griutan (?).

ber **Griff**, — es, Pl. — e, mhb. u. ahb. grif, aus bem Pl. Prät. v. g r e i f e n.

ber **Griffel**, —s, Pl. wie Sing. : ritzenbes Schreibwerkzeug.

    Mhb. ber griffel, ahb. grifil, criphil, neben graf (*voc. Keronis* 211 ᵇ) mit ber Ableitungsſylbe -el ahb. -il v. bem gleichbeb., v. gr. gráphein (f. graben) abgeleiteten lat.-gr. bas gráphium u. mittellat. auch gráphius.

bie **Grille**, Pl. — n : zirpenbes Inſect; [bilbl.] wunberlicher Einfall. Nach ber letzten Beb. bas Abj. g r i l l i g, bann bie Zuſammenſ. : ber Grillenfang mit ber Grillenfänger unb ſofort bie Grillen= fängerei, grillenfängeriſch; grillenhaft.

    Mhb. ber grille, ahb. ber grillo, crillo. Nicht v. mhb. grëllen (f. grell), ſonbern überkommen v. lat.-gr. gryllus Heuſchrecke. Die bilbliche Beb. lag nahe (f. mein Wtbch b. beutſchen Synonymen II, 282), wie benn auch ſchon bei ben Römern grylli = „bizarre Zuſammenſetzungen von Thieren" in ber Malerei.

† bie **Grimáſſe**, Pl. —n : Zerrgeberbe; Verſtellung.

    Aus franz. bie grimace [b. i. mittellat. grimáceus, -a, -um], welches abgeleitet v. altnorb. bie gríma, ahb. crimâ (*gl. fuldens.* 15), = Larve, bann Helm.

ber **Grimm**, — es, ohne Pl. : heftige Gemühsbitterkeit wogegen. grimm, Abj. u. Abv. Das Verbum g r i m m e n, nur noch in e r g r i m = m e n; aber in ber Beb. „ein inneres Kneipen (Reißen) empfinben", wie in Bauchgrimmen, ſteht es ſt. krimmen (f. b.). g r i m m i g.

    Der Grimm, mhb. (ſelten) ber grim; grimm, mhb. grim, grimme, ahb. crim, crimmi, als Abv. mhb. grimme, ahb. crimmo; g r i m m i g, mhb. grimmec, ſpät-ahb. grimmig. Alle von bem im Mhb. vorkommenben Wurzelverbum grim= men (Prät. ch er gram, wir ſie grummen, Part. gegrummen) = wüten vor Schmerz, Zorn, Haß, brummen, brüllen, ahb. grimman (?) crimman (?), angel= ſächſ. grimman (*Beovulf* 609) = wüten, aus beſſen Sing. Prät. gram (f. b.) entſprang. Unter neuhochb. grimmen biegt ſchwach.

ber **Grimmbarm** (ſt. Krimmbarm, f. krimmen) = ber weiteſte bicke Darm (lat. côlon) als Sitz bes Bauchgrimmens (ber Kolik, f. b.).

ber **Grinb**, — es, Pl. — e, mhb. ber grint, ahb. crint : Ausſchlag; harte Rinbe auf einer Wunbe, einem Geſchwüre; ber Kopf. Daher : grinbicht, mhb. grinteht, grindeht; grinbig.

g r i n ſ e n = zähnebleckenb bas Geſicht verziehen.

    Von greinen (f. b.) abgeleitet unb alſo ahb. krin-is-ôn (?). Bgl. winſeln. Grinzen, wie manche ſchreiben, ſcheint unrichtig.

† bie **Grippe**, franz. [v. gripper ergreifen] : herrſchenbes Schnupfen= fieber.

g r i p p e n = heimlich unb raſch entwenben, mauſen.

    Gebilbet nach franz. gripper v. altcleviſch (1475) grippen, welches bas mhb. kripfen, ahb. chripphan, = raſch greifen, rauben, iſt. Schon im Mhb. ſchwankt hier k in g über, wie bie Form gripfen (*Reinhart Fuchs* 209 u. S. 319, 770) zeigt.

g r i ſ ſ e l i ch, altcleviſch (1475) grislic, f. Gräfen.

grob, Comp. gröber, Sup. gröbst (ö lang) : an Maſſe ſtark und groß; unfein. Von gröber kommt gröbern in vergröbern, von grob ſelbſt das mit gekürzter lat. Abjectivendung gebildete Subſt. : der Grobián, — es, Pl. — e, im 16. Jahrh. lat.-deutſch Grobiánus. Zuſammenſ. : die Grobheit; gröblich; der Grobſchmied ꝛc.

Mhd. grop, ahd. (erſt in *Notkers Mart. Capella*) gerób [b. i. karop?] — als Adv. gróbo — goth. garubs (?), = wolbeleibt, tief-rauh tönend; niederländ. grof = dick. Ein von einem nicht ſicher nachzuweiſenden ſtarkbiegenden Verbum ſtammendes und durch Zuſammenſetzung mit ge- gebildetes Abjectiv (vgl. Grimm's Gramm. II, 746), das auch ins Slawiſche übergieng. Die Grobheit lautet im 14. Jahrh. mitteldeutſch [niederrhein.] grofheid (Kloſter-Altenberger Pſ.).

der Gröbs (ö lang), — es, Pl. — e, üblicher (aber ungut oder viel= mehr unrichtig) Griebs, ſ. d.

das Gröbzeug = geringes Volk, Packvolk, Geſindel.

Die erſte Hälfte des Wortes wol nur an grob angelehnt und v. ital. der groppo (ſ. Gruppe) = Klump, Pack, wie denn auch oberb. der Gropper = Packer, Arbeiter beim Laden der Salzwagen (Schmeller II, 116) vorkommt.

der Groll, —es, ohne Pl. : heimlicher finſterer Zorn. grollen.

Der Groll lautet um 1500 grol, und grollen im *voc. theut.* v. 1482 Bl. k 4ᵃ grullen. Aus dem Pl. Prät. v. mhd. grëllen (ſ. grell).

der Gropp, —es, Pl. —en, eig. der Gróppe, —n, Pl. —n, mhd. der groppe, ahd. groppo : bis 7 Zoll langer dickköpfiger Fiſch.

die Gröppe, Pl. —n´ : Kreuz des Pferdes.

Aus ital. die groppa, ſpan. grupa, portug. garupa, provenzal. cropa, franz. croupe [woher manche die Kroppe ſchreiben], welche aus altnorb. die kryppa = Biegung, Buckel, gebildet ſind.

der Gröppen, —s, Pl. wie Sing. : weiter eiſerner Kochtopf. Landſchaftl.

Eig. Groppe und mit pp wegen des kurzen o. Bei Alberus (1540) der gropp, bei Luther i. ſ. Hausrechnung groppen, im 15. Jahrh. groppe (nach groppener = Häfner. Mone's Anz. VII, 300, 237), niederb. (durch J. H. Boß u. Joh. Fall in die Schriftſprache eingeführt, mit a ſtatt o wie in niederb. hapen, vagel ꝛc. ſt. hoffen, Vogel ꝛc.) der Grapen. Urſpr. = Schmelz-, Röſt= pfanne, Tiegel, mittelſt g' b. i. gi- ge- aus dem Plur. Prät., wie ahd. der griupo = „Röſtpfanne" dann „Griebe" (*Docen's Miscellaneen* 1, 217ᵃ) von dem Präſens des eben unter Griebe (ſ. b.) aufgeſtellten ahd. Wurzelverbums riopan = röſten, auslaſſen, ſchmelzen. Die Schreibung Kroppen iſt falſch

das Gros, ohne Biegung : 12 Dutzend oder 144 Stück.

Niederb. das gross eig. = Dutzend. Aus franz. le gros = Menge, auch ¼ Quentchen, v. gros (b. i. volksmäßig-lat. gróssus) = dick.

der Gróſchen, — s, Pl. wie Sing. : Silbermünze, 12 Pfennige an Werth.

Schon altcleviſch (1475) crosche. Mit sch aus ss; denn mhd. der grosse [ne= ben dem ſtarkbiegenden der gros] aus mhd. »(denárius) gróssus« = Dickpfennig. Das volksmäßig-lat. Abj. gróssus bed. dick.

das Größ = 12 Dutzend, ungut ſt. Gros (ſ. b.).

größ, Comp. größer (ö lang), Sup. größeſt, gröſt (unrichtig größt, weil nicht eſ, ſondern ße ausfällt, vgl. beſt S. 140) : beträchtlichen Raum einnehmend; [abſtract :] vor Anderm ausgezeichnet. Daher die Größe, Pl. — n. Vom Comp. größer das Verbum größern in vergrößern. Zuſammenſ. : die Großmuth mit großmüthig; die Großmutter; großthun; der Großvater ꝛc. Adverbialiſche Genitivverbindung iſt großentheils.

> Groß iſt mhd. grôz (Comp. grœzer, Sup. grœzist, grœzest, gekürzt grœst), ahd. grôz, crôz, altſächſ. u. neuniederd. grôt, als Adv. mhd. grôze. Das Wort würde lautverſchoben zu lat. grándis ſtimmen, falls hier, wie auch in andern lat. Wörtern, das n eingeſchoben wäre. Die Größe lautet mhd. grœze, ahd. grôzî. Die Großmuth iſt den Wörtern die Lang-, Demuth (ſ. b.) ꝛc. nachgebildet, und der mittelrhein. voc. ex quo v. 1469 hat bereits groyß muytig d. i. grôzmüetic.

der Grot, —es, Pl. —e, eine norddeutſche Scheidemünze.

> Etwa urſpr. ſ. v. a. Großpfennig, v. niederd. grôt mhd. grôz groß (ſ. b.).

† grotésk (é wie ä) = phantaſtiſch, wunderlich, grillenhaft.

> B. franz. grotesque, (nach) ital. grottésco, welches urſpr. ſ. v. a. nach Art der Grottengemählde (in den „die Grotten‟ genannten Trümmern von dem Palaſte des Titus zu Rom), alſo v. ital. grotta Grotte (ſ. b.).

die Grótte, Pl. —n : gewölbte Höhle, beſ. künſtliche.

> Im 17. Jahrh. aufgenommen aus franz. die grotte, ital. grotta, altfranz. noch erote Höhle, v. lat.-gr. crypta (ſ. Gruft).

der Grózen (ſt. Grôze), —s, Pl. wie Sing., was Griebs (ſ. b.).

> Landſchaftlich. — Eig. = Sproß, beſ. Wipfelſproß, Herz in Salat, Kohle ꝛc. (Schmeller II, 126). Wol aus demſelben Wurzelworte mit Gries?

die Grúbe, Pl. — n : (eingegrabene) Vertiefung. Daher : das Dim. das Grübchen; grübig; der Grübling = narbenvoller Apfel ꝛc.

> Mhd. die gruobe, ahd. gruoba (u. ſelten gruobâ), cruopa, goth. grôba, das weibl. Subſt. neben dem männl. der Graben (ſ. b.). Aus dem Prät. (ahd. ich cruop, goth. gröf ſt. grôb) v. graben.

grübeln = bohrend graben; hin u. her bewegend kratzen, ritzen; einbringend wonach forſchen oder denken. Daher : die Grübelei; der Grübler.

> Mhd. grübelen, ahd. grubilôn, crupilôn; auch unperſönlich mhd. mir grübelet = juckt fein (ſ. kriebeln). Unmöglich v. graben, ſonſt müßte das Wort mhd. grüebeln, ahd. cruopilôn, lauten; ſondern aus dem Pl. Prät. eines anzuſetzenden ahd. Wurzelverbums kriopan (Prät. ich kroup, wir krupumês, Part. kikrópan) = kratzen (?), ritzen (?).

die Gruft, Pl. Grüfte : Erbhöhle; Todtengewölbe.

> Noch älter-nhd. zuweilen kruft, mhd. die gruft, kruft, ahd. cruft, = Höhle. Nicht v. graben, ſondern aus altital. (887) grupta, lat.-gr. crypta, = Gewölbe, Gruft, gr. krýptē (κρύπτη) unterirdiſches Gewölbe, welches eigentlich die weibl. Form v. dem aus gr. krýptein = verbergen entſprungenen kryptós = verborgen.

der Grúmmel = ferner Donner. Daher grúmmeln.

> Niederdeutſch. Aus poln. grom, böhm. hrom, = Donner, Getöſe.

baß **Grummet**, —eß, ohne Pl. : Nachschur beß Graseß.

Schon b. Alberuß (1540) so, aber auch noch in einer Urkunde von Weningß i. b. Wetterau v. J. 1603 Grummath, im 15. Jahrh. grüemat. Ohne Umlaut [also mitteldeutsch] unb mit Angleichung beß n zu m auß einem mhd. grüenmât Grün-Mahb = Graß welcheß grün (unreif) gemäht wirb, nicht reif wie baß Heu.

grün, mhd. grüene, ahd. gruoni, cruoni (auch schon = frisch, neu). ber grüne **Dónnerßtag**, auch häufig verbunben **Grünbónnerßtag** (s. b.). Von grün : baß **Grün**, subftantivischeß Abj.; bie **Grüne**, mhd. bie grüene, ahd. gruonî; **grünen**, mhd. grüenen (= grün machen), ahd. gruonan (?), — in ber Beb. "grün werben" st. beß mhd. umlautlofen gruonen, ahd. cruonên, welcheß neub. grünen wäre, woher bei Góthe (V, 24 f.) gruneln unb bavon grünlicht [b. i. grünl=icht].

Ahd. cruoni, angelfächf. grêne, goth. grônis (?), find mit ableitenbem n von ahd. cruon (bann gruohan, gruojan) = grün sein, sich lebenßkräftig entfalten, mhd. grüejen, angelfächf. grôvan, altnorb. grôa.

ber **Grunb**, — eß, Pl. **Grünbe**, mhd. ber grunt, ahd. grunt, crunt, goth. grundus : Erbboben; baß Unterste wovon. Daher : bie **Grünbel**, Pl. — n, mhd. bie grundel, ahd. grundilâ, = auf bem **Grunbe** beß Wafferß sich aufhaltenbe Fischart; **grünben**, mhd. gründen [= auf ben Grunb kommen, Grunb finden, burch=, erforschen], ahd. cruntan; ber **Grünbling**, waß **Grunbel** unb von biefem Worte abgeleitet. Zusammenf. : **grünblich** (als Abv. ahd. crúntlîhho = *fúnditus*) mit bie **Grünblichkeit**; **grünblos**, mhd. gruntlôs, gründelôs, ahd. kruntlôs, mit bie **Grünblofigkeit**.

Grunb urspr. s. v. a. Staub (?), bann Erbboben, auß bem Pl. Prät. beß im Angelfächf. erhaltenen Wurzelverbumß grindan = zermalmen, mahlen (s. Granb).

ber **Grünbónnerßtag** (s. grün) = ber Donnerßtag vor Oftern.

Auch noch jetzt gern mit Biegung beß Abj. grün, z. B. beß Grünenbónnerßtageß u. s. f. — Im 15. u. 16. Jahrh. ist ber Name geläufig, im Mhd. bër grüene donerstac selten unb zuerst (um 1200) in St. Ulrichß Leben 534. Nach mittellat. dies viridium = "Tag ber Grünen" b. h. ber öffentlichen Büßer, bie nach ber während ber Faftenzeit vollbrachten Buße von ihren Vergehungen unb Kirchenstrafen loßgesprochen unb alß Sünbenlose wieder in bie Gemeinschaft ber Christen aufgenommen wurben, um zur heiligen Abenbmahlßfeier zugelaffen zu werben. Jene Loßsprechung unb bamit auch biese Zulaffung nämlich waren eine Haupthanblung in ber früheren Kirche am Donnerstage vor Oftern alß am Tage ber Einsetzung beß heil. Abenbmahleß, wie auch ber Name Antlaßtag mhd. antlâztac = "Tag beß Erlaffeß ber Kirchenstrafen unb ber Wieberaufnahme in bie Kirchengemeinbe" (s. Antlaß) zeigt. Daß aber *viridis* in ber mittellat. Kirchen= unb Kanzelsprache nach "in viridi ligno" bei Luc. 23, 31 auch bie Beb. "sünbenloß" hatte, erhellt auß *Eychmans vocabular. predicantium* (1483), wo Bl. x 5 " "viridis, ein grunender, der dâ ôn sunde ist, grun." S. mein Wtbch b. b. Synonym. III, 1198. Darmftäbter Kirchenz. 1843 Nr. 95.

der Grünitz, — es, Pl. — e : der Kreuzschnabel (lóxia curviróstra),
wegen der grünen Farbe.

der Grünspan, —es, Pl. —e : grüner Kupferrost.
> 1482 spangrun oder grunspan (voc. theut. Bl. ee 4ᵃ), 1470 grunspan
> (Diefenbach's Glossar 254), d. i. spanisch Grün, víride hispánicum, weil als
> Kunstproduct (Kupferoryd verbunden mit Essigsäure) aus Spanien zuerst zu uns
> gebracht.

grünzen, vom natürlichen Schreien des Schweines.
> Mhd. grunzen, ahd. grunzen (d. i. krun-az-an), = einen rauhen tiefen Ton aus
> der Kehle hören lassen. Mit ahd. der krunnizôd = „das Grunzen" aus dem
> Pl. Prät. des mhd. Wurzelverbums grinnen (s. greinen), ahd. krinnan (?),
> abgeleitet und in seiner Wurzel stimmend mit lat. grunnîre grunzen.

die Grúppe, Pl. —n : Zusammenstellung mehrerer, vieler Gegenstände
zu einem Ganzen. Daher : gruppieren.
> Im 18. Jahrh. aufgenommen aus franz. die groupe, grouppe, = Haufe
> Figuren, ital. der gróppo, grúppo dasselbe, aber eig. = Klump (vgl. Grobzeug).
> Aus dem davon abgeleiteten franz. Verb grouper, groupper, ist unser gruppieren.

der Grus (bei Göthe V, 156), mit mhd. û-st. Grauß (s. d.).

der Grúß, — es, Pl. Grüße : freundlicher oder feindlicher Anruf als
Zeichen der Gesinnung. grüßen.
> Gruß, mhd. der gruoz, kommt erst im Anfange des 12. Jahrh. vor und wird
> bald sehr geläufig. Grüßen ist mhd. grüezen, ahd. kruozan, = an jemand
> kommen, herausfordern, antreiben, dann anrufen, altsächs. grôtian = an-, zu-
> sprechen, angelsächs. grêtan = antreiben.

die Grütze, ohne Pl. : grob gemahlenes, ausgehülstes Getraide; Brei
daraus; [bildlich von der breiartigen Gehirnmasse u. daher] Verstand.
> Bei Luther (2 Sam. 17, 28. Sprüch. 27, 22) grütz u. grütze, 1482 u.
> 1469 grutz. Dieser weibl. Sing. aber gieng hervor aus dem Pl. des mhd.
> das (?) grütze = Grobgemahlenes (Buch von guter Speise 17, 47), Grütz-
> brei, ahd. gruzzi, kruzi, = Kleie, welches aus dem Pl. Prät. v. kriozan mhd.
> griezen (s. Grieß) entsprossen ist und der Lautverschiebung gemäß mit litthau.
> der grúdas Getraidekorn stimmt.

gúcken = nach etwas aus sehen, neugierig sehen. Daher der Gúcker.
Zusammens. : das Gúckäuglein; der Gúckkasten ꝛc.
> Bei Luther, auch noch b. Göthe I, 211 kucken. Jene Schreibung mit g
> ist ober-, die. mit k niederdeutsch. Zuerst b. Keifersberg; b. Josua Maaler
> (1561) guggen; bayer. guglen (Schmeller II, 27). Niederd. kieken.

der Gúckel, —s, Pl. wie Sing. : Männchen des Hühnerviehes.
> So bei Alberus; bei Dasypodius Guggel u. Güggelhan [woher unser
> nhd. Göckelhahn]; bei Serranus göcker. B. franz. der coq Hahn, engl. cock,
> welche nach Diez (Wtbch 599) Naturausdruck sind, von der Stimme des Vogels
> hergenommen, wie denn auch z. B. im Alsfelder Passionsspiel Bl. 40ᵇ
> der Hahn bei der Verläugnung des Petrus zum erstenmal singt: Gucze gu gu
> gu gâ! — Pêter, lug lug lug nû dâ!

der Gúckguck, nach Abelung's Schreibweise; besser Kuckuk, s. d.

der **Gúgelhopf**, — es, Pl. — e : Backwerk aus weißem mit Hefe ge=
gohrenem Mehlteig in einer mit Butter u. dgl. bestrichenen kleinen
runden Form gebacken.

Bayer. Gugelhupf, Gogelhopf, wol nach der hauben=, bundähnlichen
Gestalt. Denn die Gugel, Kugel, mhd. die gúgele, kugel, kogel, ahd. chúgelâ,
cugulâ [aus mittellat. cucúlla neben lat. cucúllus, span. cugulla] bed. die Kappe
oder Kapuze am Rock oder Mantel, und Hopf (= Hefenteig?) bildete sich wol
mit o statt e [vgl. Geschöpf, Löffel] neben bayer. die Hepfen = Hefe und bei
Isidor 31, 1 hepfan = heben. S. Schmeller II, 22. 222.

Guibo, longobardische (Gwido?) und dann italienische Form des ahd.
Mannsnamens Wito d. i. Holz=, Waldmann (= Waldbewohner).
B. ahd. das witu, goth. viþu (?), = Holz. S. Wiede.

† die **Guirlánde** (spr. Ghirlande), Pl. —n : Blumenbinde, =gehänge.
Das franz. die guirlande Kranz, ital. ghirlánda, span. guirnalda. Ob dieses
Wort v. mhd. wieren = um=, einflechten, schmücken? S. Diez Wtbch 172.

† die **Guitárre** (spr. Ghitarre), Pl. —n : die spanische Zither.
Das span. guitarra, franz. guitarre, v. lat. cíthara (s. Zither).

der **Gúlden**, —s, Pl. wie Sing. : Münze von 60 Kreuzern rheinisch,
etwa 17 Silbergroschen preuß. Beim Volke der Gúlden.
Älter=nhd. der Gulbin, Gulbein, mhd. (14. Jahrh.) der guldîn, d. i. der
guldîn pfenninc, gulden oder gülden (goldene) Pfennig, lat. aúreus
denárius, also ursprünglich das Adj. golden oder gülden mhd. guldîn (s. Gold)
mit Auslassung des Substantivs Pfennig, und das so benannte Geldstück ist ein
zuerst und lange aus Gold gemünztes, ein Goldstück. S. Floren.

gulden, **gülden**, alte und noch dichterische Formen des Adj., so wie
des Verbums gólden. S. Gold.

die **Gúlle** = künstliche Auflösung des Stallmistes in Wasser.
Schwäb. u. schweiz. die Güllen = Lache, Pfütze (Josua Maaler 197ᵃ),
in der Schweiz vorzugsweise die Mistlache (Schmeller II, 33), mhd. gülle (?),
gulle (?), ahd. gullâ (?), kullâ (?) B. i. kul-j-â (?). S. meine oberhess. Orts=
namen 249 f.

die **Gúlte**, Pl. —n, mhd. die gülte : zu leistende Zahlung, Schuld,
Zins, jährlicher Zins. gültig (unrichtig giltig), mhd. (nur in Zu=
sammensetzungen) gültic, = zur Dargabe oder Ersetzung des Werthes
geeignet; im Preise stehend. Hiervon die Gúltigkeit.
Aus dem Pl. Prät. (mhd. wir sie gulten) v. gélten, mhd. gëlten.

† das **Gúmmi**, Gen. Sing. u. Nom. Pl. unverändert, aus lat. das
gúmmi, gr. kómmi : Klebsaft aus Pflanzen. Mittelniederd. clebber.

die **Gúndelrébe**, der **Gúndermann**, die **Gúnbrébe**, = die
Pflanze glecôma hederácea.
Mhd. die gúnderëbe, ahd. gunderëba, cundrëpa. Rebe ahd. rëpa, weil die
Pflanze kriechend und sich anrankend wächst; ahd. die gund, cunt, angelsächs.
gúd, altnord. gunn, = Kampf, Krieg, aber führt auf die alte Schlachtjungfrau,

die altnord. Walkyrie Gunnr, ahd. Gundja (f. Grimm's Mythol. 1163), und die Pflanze wird besonders als Wundmittel gebraucht.

der Günfel, —s, Pl. wie Sing. : die Pflanze ájuga.

Im 16. Jahrh. Gunfel, welches, wie man annimmt, aus dem lat. Namen consólida, d. h. eig. „die sehr feste", denn die Pflanze ist heilkräftig für Wunden und Brüche, und ital. consolidáre bed. eine Wunde zusammenheilen.

die Gunst, ohne Pl. Davon : günstig; der Günstling.

Bei Luther die Gonst, mhd. gunst (Pl. günste) = das Gestatten, Wolwollen, welches, gleichsam g'unst, aus einer Zusammensetzung des ge- ahd. gi-, kimit ahd. der unst = Zugeneigtheit, Gnade, Wolwollen, gekürzt ist, wie gönnen (f. b.) aus ahd. gi-unnan. Dieses unst (un-s-t) aber ist mittelst t und unorganisch eingeschobenem s von dem ahd. Verbum unnan (f. gönnen) abgeleitet und von unst wieder das Adj. unstig = freundlich zugeneigt, woher dann mit ge- zusammengesetzt mhd. günstic (= wolwollend) unser günstig b. i. g'ünstic ge- -ünstic. Der Günstling mit eingeschobenem l von Gunst.

der Günter, —s, Pl. wie Sing. : mit Wurstfüllsel gefüllter Schweinsmagen.

Nur noch landschaftlich (wetterauisch, in Starkenburg ꝛc.). Bei Alberus i. f. dictionar. ghünter, gunter. Vielleicht vom Stoffe des Füllsels benannt und so aus polabisch guntra Leber, flaw. jatra [altflaw. jetra (jentra)], auf welche Wörter mich Schmeller brieflich aufmerksam machte.

Günther = Kampf=, Kriegsheer. Mannsname.

Mhd. Gunthêr (in e entstellt aus) Gunther, ahd. Gúntheri, Gundahari, zusammenges. aus gund = Kampf, Krieg (f. Gundelrebe), u. hari heri Heer.

die Gúrgel, Pl. —n : Speiseröhre. Daher : sich gúrgeln.

Mhd. die gurgel, ahd. gúrgulá, nach lat. gargálio Luftröhre.

die Gúrke, Pl. —en : Rankengewächs u. Frucht cúcumis.

Zuerst im 17. Jahrh. und zwar gekürzt aus einem älteren Agurke, niederländ. [Dim.] agurkje (= kleine Einmachgurke), dän. agurke. Überkommen, wie es scheint, aus poln. ogórek, ruff. der oguréz", welches mit Diminutiv-Endung und durch Vermittelung anderer Sprachen [spät-gr. das aggárion (ἀγγούριον), ágguron, = Wassermelone] aus arab., türk. chijár (mit Artikel alchijár), perf chijár, hindostanisch cahírá, cahîrah (f. Vullers, lex. pers. I, 767), = lat. cúcumis.

die Gurre, Pl. —n, mhd. gurre : schlechte Stute; schlechtes Pferd.

gúrren = den Laut gurr! oder einen ähnlichen von sich geben.

Bei Alberus gurren vom Knurren im Bauche; mhd. gurren vom Schreien des Efels (Vridanc 140, 7). Aus Einer Wurzel mit girren.

der Gurt, — es, Pl. — e, mhd. der gurt, und, wie bei Luther, die Gurt, Pl. — en. gürten, mhd. gürten, ahd. gurtan, curtan [b. i. curt-j-an], wovon mittelst der Ableitungssylbe =el, ahd. -il : der Gürtel, —s, Pl. wie Sing, mhd. der gürtel, ahd. gurtil, curtil, mit gürteln und der Gürtler.

Gurt u. gürten sind aus der Form des Pl. Prät. [goth. wir gaúrdum, ahd. curtumês] von goth. gaírdan (f. Garten) entsprossen und abgeleitet.

die Gusche, Pl. —n, wofür hochd. üblich die Gosche, s. d.

Gustav, ein Mannsname, nach dem latinisierten Gustâvus aus dem Schweb. Wol v. einem altnord. Gudstafr (?) ahd. Kundastap (?) d. i. Kriegsstab [altnord. die gud Kampf], Held. Richtiger Gustaf.

der Guß (u kurz), — sses, Pl. Güsse : [mhd. u. ahd. der guz] das Gießen; zum Gießen flüssig gemachtes Metall.

Historisch richtig überall ß.—Aus dem Pl. Prät. (ahd. wir guzumês) v. gießen.

gut, mhd. guot, ahd. guot, kuot, côt, goth. gôds (das Neutrum gôd gôþ), = freundlich verbunden, zugeneigt; den Sinnen angenehm; die nöthige Vollkommenheit habend ꝛc. Daher : das Gut, — es, Pl. Güter, mhd. das guot, ahd. guot, kuot (das Gute und) = Besitzthum, überhaupt was uns dienlich ist, bonum, Grundbesitz (Génesis 49, 22); die Güte, ohne Pl., mhd. die güete, ahd. guotî, kuotî, goth. gôdei, = lat. bónitas, mit gütig, mhd. (selten) güetec, u. die Gütigkeit; güten, mhd. güeten, ahd. guatan (Otfried 1, 3, 13), = gut machen, in vergüten. Zusammens. : die Gutheit, mhd. guotheit; gutherzig; gütlich, mhd. güet-, guotlich (als Adv. güet-, guotlîche), ahd. kuotlîh (als Adv. kuotlîcho); die Gutthat, mhd. die guottât, ahd. kuottât, mit gutthätig u. die Gutthätigkeit; gutwillig, ahd. kuotwillig, ꝛc.

Comp. ist besser (s. d.), Superl. best. In „für gut (mhd. für guot, verguot) nehmen" = damit zufrieden sein, ist gut Adj.; in „zu gute (gut, mhd. ze guote, ahd. zi guote) halten, kommen, thun" ꝛc. = zum Vortheil, in guter Absicht, ist gute Dat. Sing. von das Gut, doch hier als adverbialisch mit kleinem Anfangsbuchstaben zu schreiben. In der Redensart „wie nichts Gutes" (mhd. niht guotes) ist nichts Gutes = der Teufel (der Böse), und Gutes Gen. Sing. — Übrigens scheint gut durch Ablaut (goth. ô ahd. uo) aus dem Sing. Prät. (ich gad) v. goth. gidan = binden, verbinden (s. Gatte).

† gymnasiál in der Gymnasiállehrer ꝛc. Der Gymnasiást, —en, Pl. —en. Von : das Gymnásium, —s, Pl. Gymnásien, = Gelehrtenschule.

Lat.-gr. das gymnásium == öffentlicher Platz zu Leibesübungen, die nackt (gr. gymnós) angestellt wurden, dann auch Versammlungsort der Philosophen, woraus der heutige Begriff.

der Gyps, als eingebürgert Gips zu schreiben. S. Gips.

H.

H, h, der Hauchlaut, ein Kehllaut.

S. die Tabellen und Bemerkungen S. 381. Außer dem dort besprochenen ursprünglichen hochd. h findet sich dieser Laut statt mhd. i in blühen, glühen ꝛc., statt mhd. w in Ruhe. Abgefallen ist er dagegen als Anlaut schon großentheils althochdeutsch bei hl, hn, hr, hw. S. Lauf, laut, Leite, Leumund, Loos ꝛc.;

Nacken, neigen ꝛc.; Rabe, rein, Reue, Roß, Ruf, Ruhm ꝛc.; Weile, weiß, Weizen, wer, werben ꝛc. Erloschen erscheint ħ in scheuen. Unorganisch als Dehnungszeichen haben es überaus viele Wörter, z. B. dehnen, Ehre, Fähre, Jahr ꝛc. Vgl. auch tħ. Vorgetreten ist es in heischen. Die mħd. hs, ht sind im Neuhochdeutschen durchgängig chs, cht (dieß schon im Mitteld.), wie z. B. Achse, Flachs, wachsen ꝛc., dichten, Nacht, Schlacht ꝛc. zeigen.

ħa! Interj. der Verwunderung, Freude, des Spottes ꝛc.

Mħd. hâ! (*LiederSaal* I, 291, 36 : hâ hâ hâ), franz. ha!

der Ħaag = Hügel, Anhöhe, eine mundartliche Form, ſ. Ħaug.

das Ħaar, —es, Pl. —e, mħd. u. aħd. das hâr, goth. hês (?). Daher : das Dim. das Ħärchen; ſich ħaaren, beſſer ſich ħären, = die Ħaare gehen laſſen, verlieren; ħaaricht u. ħaarig, Abj.; ħären, mħd. hærîn, = von Ħaar, Abj. — Zuſammenſ. : der Ħaarbeutel, =zopf ꝛc.

Ħaar ſcheint lautverſchoben zu ſtimmen mit cæs in lat. die cæsáries = Haupthaar und mit ſanſkr. der kêça Ħaar.

, der Ħaarrauch, nach mundartlicher Ausſprache ſt. Ħeirauch, ſ. d.

ħaarſchlächtig, entſtellt ſt. ħartſchlechtig, ſ. ħerzſchlächtig.

das Ħaarwachs, —es, ohne Pl. : ſehniges Ende des thieriſchen Muſkels.

Urſpr. : (ħaarartig gewachſenes) Knochenband, und ſchon im 15. Jahrħ. ſt. der Ħaarwachs, denn =wachs iſt das aħd. der wahso [in wâltowahso Sehne] v. wachſen.

die Ħäbe, ohne Pl., mħd. die habe, aħd. haba, hapa, niederl. die have : was jemand (an Rechtsgegenſtänden) ħat. Ħab und Gut = beweglliches u. unbeweglliches Beſitzthum. V. ħaben, Präſ. ich ħabe, bu ħaſt (a kurz), er ħat, wir ħaben ꝛc., Conj. ich ħabe, bu ħábeſt, er ħábe, wir ħáben ꝛc., Prät. ich ħátte (Conj. ħätte), Part. gehábt. der Ħábebank, mħd. habedanc, Zuſammenſ. des Imperativs habe mit bem Acc. danc Dank; der Ħáberécht, ebenfalls Imperativzuſammenſ. aus habe Recht. Andere Zuſammenſetzungen mit haben ſind : die Ħábgier, ħábhaft; die Ħábſucht mit ħábſüchtig.

Ħaben, mħd. haben, zuſammengez. hân, aħd. habên, hapên, goth. haban, beb. eig. ſ. v. a. ħalten und kommt, wenn man Stockung der Lautverſchiebung annimmt, mit dem gleichbeb. lat. habêre überein. Das Wort biegt mittelhoch-beutſch im Präſ. ich habe (haben), bu habeſt, er habet ꝛc., (i. b. Beb. haben) gewöhnlich zuſammengez. ich hân, bu hâſt, er hât, wir hân, ihr hât, ſie hânt, im Prät. ich habete ꝛc., gewöhnlich zuſammengez. ich hâte (ſpäter mit Angleich-ung bes b zu t hatte), bu hâteſt, er hâte, wir hâten ꝛc., Conj. ich hæte, höte, ſpäter hette, bu hæteſt ꝛc., im Part. gehábet, zuſammengez. gehât. Althochdeutſch biegt es im Präſ. ich hnbên, hapêm, im Prät. habêta, hapêta, auch ſchon hapta (woraus jenes mħd. hatte unſer ħatte), im Part. kihapêt; goth. im Präſ. ich haba, im Prät. ich habáida, im Part. habáiþs; angelſächſ. habban (Präſ. ich habbe, bu hafast, er hafað, Prät. ich häfde, Part. häfd), altnyrd. hafa

der **Häber**, — s, Pl. wie Sing., üblicher, aber niederdeutsch **Häfer** : Getraibeart mit Rispen und langen spitzen Körnern.

Mhd. der haber, üblicher aber schwachbiegend hábere [woher im *voc. incip. teut. ante lat.* wie noch landschaftlich der habern], ahd. hábaro, háparo, altsächs. hávoro, neuniederländ. haver, altnord. hafri. Urspr. f. v. a. Bocksfutter, v. dem verlornen ursprünglichen ahd. Namen des Bockes der habar, hapar, im Angel-sächs. der häfer, altnord. hafr, worüber f. die Anm. zu Bock 1. Vgl. Grimm's Gesch. d. deutsch. Spr. 66.

der **Häberëcht**, die **Häbgier**, **hábhaft**, f. **Habe**.

der **Häbicht**, —es, Pl. —e, ein bekannter Raubvogel.

Bei Luther, wie bereits 1470, mit ungehörig angetretenem t Habicht; aber bei Andern selbst im 16. Jahrh. noch Habich. Mhd. der habech, ahd. habuch, habuh, hapuh, goth. habuks (?), mittelniederd. havik, angelsächs. hafoc, altnord. haukr. Ob urspr. „haltender, krimmender, fangender Vogel" [denn mhd. habech auch = Sperber u. Falke], wol weniger v. goth. haban (unferm haben) = halten, als vielmehr lautverschoben entsprechend dem mittellat. cápus Raubvogel v. lat. cápere = faffen, ergreifen ? Vgl. Grimm's Gesch. d. deutsch. Spr. 49 f.

† sich **habilitieren** = seine Geschicklichkeit zum Lehramte an einer Universität beurkunden.

Aus mittellat. habilitāre, v. lat. hábilis = fügsam, geschickt.

† der **Habit**, —es, Pl. —e : Anzug, Tracht; Kleid.

Das franz. der habit, v. lat. der hábitus = das Sichhaben, die Tracht.

die **Häbseligkeit**, Pl. —en : alles was man hat.

Urspr. f. v. a. Fülle der Habe (Stieler 1993). Zusammengef. mit dem hochdeutsch unüblichen Adj. hábselig = reich, mhd. habesælec (?), deffen sælec f. felig.

die **Häbsucht** mit **hábsüchtig**, f. **Habe**.

der **Häche**, —en, Pl. —en : Habgieriger. Daher **háchig**.

In Mitteldeutschland. Die Herkunft ist dunkel.

die **Hächse**, Pl. —n : Kniebug, bef. des Hinterfußes, mit den Sehnen.

Ungut Hächse. Denn 1482 hechße (*voc. theut.* Bl. o 1ᵇ) d. i. hechse, mhd. die hähse, hehse, hahse, ahd. hahsâ [neben der habsan (*gl. fuld.* 55ᵃ)]. Im Ahd. nur f. v. a. „Sehne." Ob darum abgeleitet von goth. haban hangen, da die Sehnen zur Verbindung (zum Zusammenhange) der Gliedmaßen dienen ?

das **Háckbrët**, — es, Pl. — er : [schon 1482] Bret zum Kleinhacken mancher Speifen; [auch 1475 altclevisch] Tonwerkzeug mit hackendem Anschlage.

die **Hacke**, Pl. —n : Ferse.

Spät-ahd. (12. Jahrh.) die hake Ferse (*Diut.* III, 148), niederd. die hacke Ferse, Absatz, altclevisch (1475) hacke Ferse, niederl. hak. Das Wort scheint ursprünglich den Begriff der Krümmung zu haben und aus Einer Wurzel mit Haken (f. d.).

die **Hacke**, Pl. — n, mhd. die hacke (nur = Axt), 1475 altclevisch hack : Werkzeug zum Behacken der Erde. Von hacken, mhd. hacken, wozu vgl. hauen.

der Häckerling, —es, ohne Pl., und das Häcksel (unüblich Häxel), —s, ohne Pl. : zu Futter klein gehacktes Stroh.

> Beide Wörter finden sich erst im 17. Jahrh. Das erste durch -ling mit unorganisch eingedrungenem l von der Häcker = Hackender abgeleitet, das zweite mittelst -sel b. i. s-el, ahd. -is-al, v. hacken.

der Hacksch, —es, Pl. —e : zahmer Eber. In Sachsen.

> Von mhd. der hage (Grimms Weisthümer I, 655), oberb. hage, hag, welches aber den Zuchtstier bedeutet, doch schwäb. der hekkel = Eber. Vgl. hecken. Keltisch (wälsch) hwch = Schwein.

die Häcsse, ungut st. Hächse (s. b.).

das Hacksel, b. i. der Wortbildung nach Häck-s-el, s. Häckerling.

der Häber, —s, ohne Pl. : ankämpfendes Entgegensein. Daher häbern mit der Häberer. Zusammens. : der Häbergeist; häberhaft; die Häbersucht mit häbersüchtig.

> Mhd. (erste Hälfte des 15. Jahrh.) der hader = Streit, bes. Liebesstreit, mit dem Verbum hadern. An ahd. Hadu (s. Hedwig) erinnernd.

der Häber, —s, früher auch —n) Pl —n : zerfetztes Zeugstück.

> Mhd. der hader (auch schwach hádere), ahd. die hádara.

der Häfen, —s, Pl. Häfen : Sicherheitsbucht für Schiffe.

> Bei Dasypodius (unter dem Worte portus) der Haff u. Hafen aufgenommen aus dem gleichbed. niederländ. die haven, welches dasselbe ist mit dem auch in den weiteren Begriff „Meer" [vgl. Haff] übergehenden, sehr üblichen mhd. die habe v. haben = halten (s. haben), wie niederl. die have mit dem hochb. die Habe (s. b.). Hiernach ist Hafen urspr. s. v. a. (sicherer) Haltort b. h. Landungsort der Schiffe.

der Häfen, —s, Pl. Häfen : tiefes Geschirr, Topf. der Häfner.

> Mhd. der haven, ahd. havan, hafan, woher mhd. der hávenære ahd. hávanari, háfanari, mittelrhein. héfener (voc. ex quo v. J. 1469), unser Häfner. Die Wurzel haf (-an ist Ableitungssylbe) stimmt lautverschoben zu lat. cap in cápere = fassen, umfassen, in sich aufnehmen.

der Häfer, hochdeutsch üblich gewordene niederb. Form für Haber, s. b.

das Haff, —es, Pl. —e : Ostseebucht als inneres Meer.

> Aus dem Niederdeutschen. Dän. das hav, schwed. u. altnord. haf, angelsächs. hëaf, = Meer, offene See. Ob mit Hafen = Sicherheitsbucht v. haben (s. b.) altnord. hafa = halten (vgl. Grimm's Gramm. III, 383)? oder vielleicht, wenn man den Ausdruck „hohe See" berücksichtigt, von goth. hafjan heben?

der Haft, — es, Pl. —e : Vorrichtung zum Festhalten, Haken. die Haft, Pl. —en : Festnahme, Fest-, Gefangenhaltung, wovon häften in be-, verhäften und womit zusammengef. der Häftbefehl, das Häftgeld ꝛc.

> Mhd. u. ahd. der haft =Vorrichtung zum Festhalten, Haken, Fessel, Knoten, Festhaltung; haften, mhd. haften, ahd. haftên, = festgehalten sein, fest hangen, befestigt sein. Daneben mhd. u. mitteld. die haft (Pl. hefte) = Fesselung, Ge-

fangenſchaft, goth. hafts [in die andahafts Erwiderung]. Beide Formen ſtimmen lautverſchoben mit lat. der **captus** = das Faſſen, Griff, Fang, die **captûra** = Fang, v. cápere = faſſen, fangen. Vgl. =haft u. heben.

das **Haft**, —es, Pl. —e : die Eintagsfliege (ephémera).
Aus niederd. u. niederländ. das haft neben das haf. Die Abſtammung dunkel.

=haft = haltend, woran haftend, habend. Ein nur noch in der Zu=ſammenſetzung mit Subſtantiven, Adjectiven und Verben als letztes Wort erſcheinendes Adj., z. B. fehler=, frevel=, glaub=, herzhaft ꝛc.; wahrhaft; leb=, ſchwatzhaft. Davon =haftig, z. B. glaubhaftig, wahrhaftig ꝛc.

In früherer Zeit auch für ſich ſtehendes Adj. : mhd. haft, ahd. haft, hapht, = haftend, feſtſitzend, gefangen, gefeſſelt, goth. hafts = behaftet; davon =haftig mhd. -haftec. Das Wort ſtimmt mit lat. **captus** = gefaßt, gefangen, gefeſſelt, dem Part. Prät. des Paſſivs v. cápere = an ſich nehmen, faſſen, fangen. Vgl. der u. die Haft u. heben.

der **Haftbefehl**, **haften**, das **Haftgeld**, ſ. **Haft 1**.
=haftig, in zuſammengeſetzten Adjectiven u. Adverbien, ſ. =haft.

der **Hag**, — es, Pl. — e, mhd. der u. das hac : umfriedigendes Ge=büſch; dichtes Gebüſch; Hain. Zuſammenſ. mit dem Begriff des Zaun=gebüſches, des Gebüſches überhaupt : der **Hagapfel**; die **Hage=buche** (mhd. hagbuoche neben hagenbuoche d. h. Hecken=, Buſch=buche, ſ. **Hainbuche**) mit dem Adj. hagebüchen (ü lang, ſ. **Buche**); die **Hagebutte** (mhd. hagebutte? u. bloß die butte, ſ. **Hambutte**); der **Hageborn** (mhd. der hag-, hage-, hagendorn, mittelniederd. hagedorn bei *Wiggert* II, 45, 25, ahd. hagadorn? angelſächſ. hägporn); die **Hageiche** (= Heckeneiche); die **Hageroſe** ꝛc.
1469 mittelrhein. der hage = abgeſchloſſener Wald, Hain, mhd. der u. das hac (Gen. hages)=Umfriedigung, Einhegung, Park (*Parzivál* 508, 9), dichtes Ge=büſch, Wald, ahd. hac = Stadt (*vocabular. Keróniſ* 218ᵃ), goth. das hag (?), nie=derl. der haag. Aus der Präſentialform des ahd. Wurzelverbums hagan hakan (Prät. huoc) = umzäunen (umbüſchen), hegen, pflegen [man denke an die Re=densart „hegen und pflegen"], unterhalten, welches nur im Part. Prät. kehágin (Graff IV, 761) d. i. kihagan kihakan = „gepflegt" erhalten iſt und lautver=ſchoben mit ſanſkr. die kakschâ (kakshâ) = Einfriedigung, Verzäunung zu ſtimmen ſcheint.` S. behagen.

der **Hägel**, — s, Pl. unüblich : als Regen niederſchlagende Eiskörner; Bleikörner zum Schießen. Daher hägeln. Zuſammenſ.: das **Hägel=korn**, der **Hägelſchlag**, das **Hägelwetter**.
Mhd. der hagel, ahd. hagal, hakal, angelſächſ. hägel, altnord. hagall, = aus den Wolken niederſchlagende Eiskörner. Das Verbum hageln lautet mit=telniederl. hagglen (*Diut.* II, 216ᵇ).

die **Hägelgans** = Schneegans, wilde Gans.
Mhd. die hagelgans, ahd. hagilgans (d. i. hakalkans), auch = Birk= u. Waſſerhuhn, zuſammengeſ. mit Hagel und wol benannt wegen des Erſcheinens

zur Schnee= und Hagelzeit. Aus der zusammengezogenen mittelrheinischen Form hâlegans (*voc. ex quo* v. 1469), mittelniederl. haelgans, ist unsere gemeine die **Hâlgans**.

der **Hägen**, —s, Pl. wie Sing., wie Hag (s. d.) = lebendiger Zaun. Niederdeutsch. Es ist das mhd. der hagen, ahd. hagan, hakan, = Dorn= strauch, =busch, wie er zur Umhegung (hac, s. Hag) dient. S. auch Hain.

hägen, unzusammengesetzt nur noch niederd., s. behägen.

hägen, üblicher mit dem alten Umlaut e hegen (s. d.).

häger = dünn an Fleisch. Zusammens.: die Hägerkeit. Mhd. hager = abgehärmt, hohlwangig (*Heinrichs Tristan* 5110. Altvätter, Hf.).

der **Häger**, das **Hägergut**, s. Heger.

der **Hägestolz**, — en, Pl. —en (besser —e): Junggesell Verbliebener. Daher die **Hägestolze** = alte Jungfer mit Willen. Mit falscher Verschiebung des t zu z (wie bei Geiz) und Verdunkelung des a zu o entstellt aus mhd. der hagestalt, ahd. haga-, hakastalt, = Junggesell Verbliebener, Diener, in Lohndienst Stehender, altsächs. hagastold hagustald = Diener, Mann überhaupt, angelsächs. hägstäald = Kriegsdienst Thuender, Krieger, unverheiratet Gebliebener. Zugleich Adj.: ahd. hagastalt, hagustalt, = unver= ehelicht, angelsächs. hägstäald = kämpfend. Urspr.: (als Diener und zwar un= verheiratet und kinderlos) auf einer Umfriedigung d. i. einem kleineren Grundstück seßhaft oder Seßhafter, zusammenges. aus Hag (s. d.) = Umfriedigung und einem goth. Adj. stalds (?) = seßhaft v. goth. staldan (Prät. stáistald, Part. staldans) = besitzen, welches s. in der Anmerk. zu gestalt.

hahá! hahâ! mhd. hâhâ (*Walther* 38, 4), verdoppeltes ha (s. d.), Interj. der Verwunderung u. Freude. ha ha! lautes Lachen.

die **Hähel**, Pl. — n, zusammengez. die Hahl, Pl. —en: in der Esse herabhängende Kette mit einem Haken, an welchen das Kochgeschirr über das Feuer gehangen wird. Mhd. die hähel, mit Ausstoßung des h zwischen den Vocalen hâel, ahd. die hâhala, zusammengez. hâhla, hâla, v. ahd. hâhan hangen, hängen.

der **Häher**, —s, Pl. wie Sing., ein häßlich schreiender Waldvogel. ä statt è (s. S. 1) und also besser, wie bei Luther, der Heher. Mhd. die hëher, ahd. hë'hera, angelsächs. higere, = Specht, Baum=, Waldvogel.

der **Hahn**, —es, Pl. Hähne, oberd. u. zwar richtiger Gen. des Hahnen, Pl. (noch von jungen Hähnen) die Hahnen: Männchen des Hühner= geschlechtes; [bildlich im Nhd.:] dem Hahnenkopfe Ähnliches, z. B. am Flintenschlosse rc. Dim. das Hähnchen. Zusammens. mit dem alten Gen. des Hähnen: der Hähnenbalken = Firstballen (worauf der Hahn sitzt u. kräht); der Hähnenfuß, mhd. (in eigentlicher Zu= sammensetzung) hanvuoz, ahd. hanefuoz, die Ranunkel, wol von der Ge= stalt der Blätter benannt; der Hähnenruf rc. Eigentliche Zusam= mens.: die Hähnkräh (b. Herder), wofür mhd. die hankrât, hanekrât.

Der rothe Hahn — wie ein Hahn vom Dach auffliegendes Feuer. „Es kräht kein Hahn danach" urspr. — so tief in dem Abgrund, daß der Ver=

funkene nicht mehr den durchdringenden Hahnenruf in nächtlicher Stille vernehmen kann. — Mhd. der han (Gen. des hanen, Pl. die hanen), ahd. hano,
goth. hana, altnord. hani. Davon : 1) durch Ableitung mit j, zur Geschlechts-
bezeichnung, goth. die hanjô (? d. i. han-j-ô), ahd. hennâ (d. i. hen-j-â, han-
j-â), mhd. henne, unser Henne, 2) durch Ablaut (ô, ahd. uo), hier zur Bildung
des Neutrums, goth. das hôn (?), ahd. u. mhd. huon, unser Huhn, dessen
Begriff auch in den der Henne überschwankt. Hahn ist urspr. s. v. a. Sänger
[vgl. z. B. bei *Otfried* 4, 13, 36 : ér (ehe) thaz huan (Huhn, es ist der Hahn
des Petrus gemeint) singê], v. einem lautverschoben mit lat. cánere singen
stimmenden verlornen goth. Wurzelverbum hanan (Prät. hôn, Part. hanans) =
singen. Auch slaw. der pjetel" Hahn v. pjeti singen, und in der Thierfabel heißt
er Chanteclers Singehell, mittelniederländ. Cantaert, mhd. Sengelîn.

der Hahnrei, —es, Pl. —e : Mann einer Ehebrecherin.
In der 2ten Hälfte des 16. Jahrh. aufgekommen. -rei ist frembher, und der
Name eines Bauern im *Reineke Vos* 727 Kuckelrei (vgl. Gückel) scheint s. v. a.
unser Hahnrei.

der Hai, —es, Pl. —e (ungut bei Ramler Ged. 29, 3 : —en), und
der Haifisch, ein großer verschlingender Seefisch.
Aufgenommen aus niederländ. die haai, schwed. der haj, dän. haa.

die Halbe, besser und regelrechter die Heide, s. d.

der Hain, —es, Pl. —e : gottgeweihte Baumgruppe; Hege-, Lustwald.
Schon im 14. Jahrh. der hain hein = Dornstrauch, -busch, später „umhegtes
Gehölz" (?), durch nicht unübliche Ausstoßung des Kehllautes [vgl. Eidechse,
gen ꝛc.] aus mittelb. hagin mhd. hagen. S. Hagen u. vgl. meine oberheff.
Ortsnamen 248. Der Begriff des einfriedigenden, hegenden Dornstrauches
oder -busches gieng später in den des gehegten, einer Gottheit geheiligten Baum-
standes über, und auch die heidnischen Deutschen hatten solche heilige gehegte
Baumstände und Wälder (*Tacit.* Germ. 9. 39. 40).

Hain in „Freund Hain" als Name des Todes, üblicher Hein, s. d.

die Hainbüche, Pl. —n : die Weißbuche (carpinus bétulus). Daher
das Abj. hainbüchen (ü lang). Auch hochb. Hagebuche u. hagebüchen (s. Hag).
Durch Ausstoßung des g aus mittelb. die haginbuoche, mhd. hagenbuoche,
ahd. haginbuocha, haganpuohha, -puohhâ, über dessen der hagin, hagen s.
Hagen u. Hain. Selbst Hanbuche (s Hag), mittelb. hânbuoche (?) mit hân
= hain, hagin, ist üblich. Die Namen [= Heckenbuche] daher, weil die jungen
Stämme sich leicht zu Hecken, Zierbuschwerk u. dgl. ziehen lassen.

die Hainbutte, üblicher Hagebutte (s. Hag) u. Hámbutte, s. d.
Aus Hagenbutte (vgl. Hain aus hagin), im *voc. theut.* v. 1482 Bl. n 3 b
(mit Verschiebung des t zu z) hagenputz, hagenputzpawm [neben puttenpawm].

die Häkelei. Von häkeln = mit einem Häkchen [mhd. das hekel,
Dim. v. Haken] fassen oder arbeiten.

häkelig = schwer zu behandeln, bedenklich. Statt häkelich d. i.
häkel-lich. An häkeln nur angelehnt und so entstellt aus dem in
seinem Ursprunge unverständlich gewordenen heiklich (s. heikel).

der Háken, — s, Pl. wie Sing. : gekrümmtes Enbe zum Einhängen; Feuergewehr mit haligem Schafte; [i. b. Oberpfalz ꝛc. :| „Pflug, beſſen 2ſchneidige Schar nebſt ben beibſeitigen Moltbretern bie Geſtalt eines Pfeilwiberhakens hat" (Schmeller II, 164), bann auch Felbmaß. Daher : bas Dim. bas Hálchen; háken; háticht u. hálig.

Schon mittelb. ber haken, eig. ber hake (Gen. bes haken), richtiger mhb. hake, hacke, hagge, ahb. haco, hacco, haccho, haggo, = Haken, Zwiefel (Gabelaſt), Stachel (Angel); altnorb. ber haki, nieberb. hake, nieberländ. ber haak. Dieſes nieberländ. aa iſt Verlängerung bes a wegen bes hinten weggefallenen Vocales, unb ſeinem Einfluſſe iſt wol jene mittelb. Form hāke zuzuſchreiben. Übrigens ſcheint bas Wort aus Einer Wurzel mit Hacke = Ferſe (ſ. Hacke 1).

haláli! weibmänniſcher Ruf bei ber Hetzjagb, wann ber Hirſch abgehetzt. nicht weiter kann.

Ob aus franz. ber habali = Jubelruf, Freubengeſchrei ber Jäger?

halb, grunbangebenbe Präp. mit Genitiv [weil ſie urſprünglich Subſtantiv iſt] neben halben (ſ. bas folgenbe Abj. halb) unb wie.bieſes hinter bem regierten Worte ſtehenb. Die Zuſammenſetzungen auſſer-, inner-, óber-, únterhalb ſinb Abverbien, aber bann auch Präpoſitionen mit bem Gen., ungern mit bem Dativ gefügt. S. bie Wörter.

Mhb. u. ahb. halp iſt hier bas um ſeine Caſusenbung gekürzte mhb. bie halbe, ahb. halba halpa, halbâ halpâ bie Halbe (ſ. bas folgenbe halb). Alleinſtehenb erſcheint es nämlich als arge Abſtumpfung bes mhb. Dat. Pl. halben ahb. halbôn unſers halben unb in jenen Accuſativ-Zuſammenſetzungen auſſerhalb ꝛc. als Abſtumpfung bes mhb. Acc. Sing. halbe ahb. halpa ober (ſchwachbiegenb) mhb. halben ahb. halpûn. S. Grimm's Gramm. III, 141 f.

halb, als Abj. mhb. u. ahb. halp, goth. halbs, angelſächſ. hëalf, als Abv. mhb. halbe : bezeichnet einen Theil bei Theilung in 2 gleiche Theile, z. „halb unb halb" = ein wenig, ziemlich. Zur Bezeichnung von $x + \frac{1}{2}$ in Worten wirb ber Sing. bes Abj. hinten an bie ber zunächſt höheren Zahl als x entſprechenbe Orbnungszahl geſetzt, z. B. britte-, vierte-, fünfte-, ſiebenthalb ꝛc., mhb. drit-, vierbe-, vünfte-, ſibenthalp ꝛc. = $2\frac{1}{2}$, $3\frac{1}{2}$, $4\frac{1}{2}$, $6\frac{1}{2}$ ꝛc.; aber ein zweitehalb = $1\frac{1}{2}$ gibt es nicht, ſonbern man ſagt anberthalb (ſ. b.). Von halb·kommt: bie Hálbe, mhb. bie halbe, ahb. halpa, halpâ, goth. halba, = Seite, Richtung, eig. Hälfte, Theil (2 Kor. 3, 10), beſſen Dat. Pl. hálben mhb. halben ahb. halbôn halpôm in ben mit unorganiſch eingeſchobenem t (ſ. allenthalben) gebilbeten Zuſammenſetzungen allent-, béſſent-, beinet-, ihret-, meinethalben ꝛc. unb im Mhb. für ſich ſtehenb präpoſitional mit Genitiv [ſchon mhb. Christes halben Chriſtus halben] üblich iſt, woneben aber, beſonbers wenn man bei bem regierten Subſt. ben Artikel ausläßt, gerne bie in ber erſten Hälfte bes 17. Jahrh. eingeriſſene ſchlechte Form hálber (ſ. Anm.) geſetzt wirb, z. B. Lohns halber, Vortheils halber ꝛc., — ſ. auch halb 1; halb-

teren (schon mhd.), Part. Prät. halbieret, halbiert (mhd. gehalbieret),
= in 2 gleiche Theile theilen; hálbig (schon b. *Serranus*), als un-
ebel angesehenes Adj. u. Adverb; die Hälfte (s. b.). Zusammens.:
der Hálbbruder; hálbbürtig; hálbgelehrt; der Hálbgott;
die Hálbheit; das Hálbjahr (= Semester) mit hálbjährig;
halbpárt = den halben Part (s. Part), zur Hälfte; die Hálb-
scheib, landschaftlich Hálbschieb; hálbtobt, mhd. halptôt; hálb-
wëg (ë lang), accusativisches Abv.; der Hálbzirkel 2c.

Die Präp. halber st. des bereits im 16. Jahrh. (b. Luther 2c.) völlig ge-
läufigen halben scheint ganz unorganisch entstanden aus einer Vermischung des
Subst. die Halbe mit dem Adj. halb (s. halb 1 u. 2), von welchem die
Form halber gerne gesetzt wurde, z. B. mhd. dër die bir (Birne) unbeschelt
halber (st. halbe, Acc. Sing.) in den munt warf, die Nacht ist halber hin 2c.
S. Grimm's Gramm. IV, 797. 495. 499. Übrigens wird auch halber gesetzt, wenn der Artikel oder ein Adj. vor dem regierten Subst. steht, z. B. „der
Gränßen halber" (Olearius i. J. 1647), des Friedens halber. Oft ist es
noch mit der Präp. um verknüpft, z. B. um des Friedens halber.

bie Hálbe, Pl. —n : der Abhang, Berghang.

Mhd. die halde, ahd. haldâ (in *Notkers Boethius* halda), b. mhd. hald, angelsächs. hëald, = niederwärts schräglinig, geneigt, abhängig. Aus dem Sing.
Prät. des verlornen ahd. Wurzelverbums hëldan, goth. hilþan (? Prät. ich halþ,
wir hulþum, Part. hulþans), = sich neigen, geneigt sein (?), woher auch holb
u. Hulb.

bie Hälfte, Pl. —n : einer von 2 gleichen Theilen.

Erst im 17. Jahrh.; früher sagte man die Halbe und das Halbteil (Luc.
19, 8). Mit -te statt -de ahd. -ida goth. -iþa und Umlaut wegen des i b.
niederd. u. altsächs. half unserm halb (s. halb 2).

bie Hálfter, Pl. —n, mhd. die halfter, ahd. halftra, hálaftra (hálaf-
tara): lebernes Kopfzeug des Pferdes zum Halten. Daher hálftern.

Ob wol das l versetzt sein und das Wort, da ahd. haleftra auch den Zügel
(*Diut.* II, 316 b, 2) bedeutet, lautverschoben mit lat. cápulum = Griff, Handhabe,
stimmen mag?

ber Hall, —es, —e, spät-mhd. hal : fortschwebender Schall. S. hell.

bie Hálle, Pl. — n : offener Bau mit einem bloß auf Säulen oder
Pfosten ruhenden Dache; von Säulen getragener Vorbau.

Ahd. die halla (*Hymn.* 24, 8) = Tempel, angelsächs. hëal wie unser Halle,
altnord. die höll = königliches Schloß. Gleichsam f. v. a. „wegen des Mangels
innerer Wände hallendes Gebäude", v. ahd. hëllan hallen (s. hell), woher
auch goth. der hallus altnord. hallr = Stein, Fels, weil man ihn sich klingend
denkt [vgl. „an dem Strome des klingenden Felsens" aus Ossian in Göthe's
Werther].

bie Hálle = die Salzkothe b. h. das Siedehaus der Salzwerke; Name
vieler Orte, an welchen Salz gewonnen wird. der Hallôr, — en,
Pl. —en : Salzwerkarbeiter zu Halle an der Saale.

Im *vocab. incip. teut. ante* lat. Bl. k 8b halle, halstat, *salina*; mhd. das hal = Salzwerk (Schmeller II, 167), ob auch = Salzquelle (*Biterolf* 135 a)? mhd. (1130) der hal-grâve = Vorsteher und Richter in Sachen des Salzwesens (? Schmeller II, 102); ahd. (11. Jahrh.) das hal-hûs = *salina* (Graff IV, 850. 1055) Das Wort hal aber ist undeutsch und von den kymrischen Kelten überkommen, bei welchen auch hallwr = Salzbereiter, woraus unser Hallôr. Übrigens entspricht das keltische (kymrische) der hal, halan, = Salz dem gleichbed. gr. hals (ἁλς). S. Salz u. vgl. Grimm's Gesch. b. deutsch. Spr. 300.

† halleluja! besser hallelûjah! = gelobt sei Gott!

Manche betonen unrichtig hallelûjah, und Andre setzen alleluja nach der kirchenlateinisch-hebräischen Schreibung allelûja. Das Wort ist das hebr. hallelu-jâh (הַלְלוּ־יָהּ) = preiset Jehova! v. hillêl (הִלֵּל) preisen, eig. = „glänzen (הָלַל halal) machen" u. jâh Jehova.

hállen = Hall (s. d.) von sich geben. Erst im Nhd.

der Hâller, üblicher und althergebracht Heller, s. d.

das Hálljahr, —es, Pl. —e : das Jubeljahr der Juden.

Der Name Halljar, zuerst bei Luther, wegen des Halles der Hörner, durch welchen es verkündigt wurde. S. 3 Mos. 25 u. Jos. 6, 4—6.

hallô! auch hallóh! Zuruf des An= und Aufregens.

Erst in der 2ten Hälfte des 18. Jahrh. im Hochdeutschen vorkommend. Urspr. Hetzruf, und ll wegen der Kürze des a, v. franz haler in der Beb.: (die Hunde) hetzen.

der Hallôr, —en, Pl. —en, s. die Halle 2.

der Hallúnke, —n, Pl. —n, besser u. üblicher Halunke, s. d.

der Halm, —es, Pl. —e (—en) : hohler Gras=, Getraidestengel.

Mhd. der halm, ahd. halm (Pl. halmâ = Halme) b. i. halam, angelsächs. héalm. Das Wort stimmt lautverschoben mit lat. cálamus, gr. kálamos, welches eig. = Rohr, wonach um so mehr auf die Wurzel hehlen (s. d.) ahd. hêlan lat. celâre gr. kal in kaly'ptein zurückzugehen wäre. — Im späten Mhd. u. landschaftlich (wetterauisch) findet sich neben jener starken Form halm noch die schwache der halme, woher der im Nhd. übliche schwache Pl. die Halmen.

der Hals, —es, Pl. Hälse : Mann, Mensch. Nur in der Geizhals.

Ist aus dem folgenden Hals in Anwendung seiner Bedeutung hervorgegangen. So auch mhd. der vrîhals (?Freihals) = freier Mann, ahd. frîhals frei, angelsächs. frêóls (aus frêóhals), altnord. frials (aus frîhâls), deren Zusammensetzung mit dem folgenden Hals aus goth. der freihals = Freiheit erhellt. Vgl. Grimm's Gramm. II, 630 f.

der Hals, —es, Pl. Hälse : zwischen Kopf und Hals befindlicher Theil des Körpers. Daher hálsen. Zusammens. : hálsstarrig mit die Hálsstarrigkeit.

Mhd., ahd., goth. der hals, welches lautverschoben col in dem gleichbeb. lat. cóllum entspricht. Das davon abgeleitete Verbum halfen lautet im Ab. halsôn, im Mhd. halsen (mit starker Biegung: Präf. ich halse, Prät. ich hiels, Part. gehalsen). — Halsstarrig, schon b. Luther, mit starrig v. starr = steif, beb. : unbeugsamen, dem Joche widerstrebenden Halses. Denselben ursprünglichen Sinn hatte mhd. hálsstarc (halsstark), ohne daß darum halsstarr aus halsstarc umgebildet sein müßte.

halt, Abv. der Bekräftigung, wie : vielmehr, allerdings, eben.

Mhd. halt, ahd. halt, welches, wie daß, ein um die Endung verkürzter Abverbialcomparativ ist, der sich in goth. haldis = „vielmehr" [mit Ausfall des i halds], vollständig zeigt. Dieser aber führt auf ein Abj., welches im Abd. halt, goth. halds gelautet haben und von halten goth. haldan abgeleitet sein wird, wonach jenes halt urspr. s. v. a. bewahrter, gehaltener Weise, dann stärker, mehr, vielmehr rc., wäre. Übrigens entspricht jenem goth. haldis, im Abb. vollständig baltir (?), insofern kein Umlaut eintritt, die [in der österreichischen Mundart übliche] Form hálter (Schiller's Turandot 4, 7). Altnord. steht mit Umlaut heldr, dän. heller.

der Halt, —es, Pl. —e. Von hálten, Präf. ich hálte, du háltst, er hält, wir hálten rc., Prät. ich hielt (Conj. hielte), Part. gehálten : in Fürsorge und Aufsicht haben; festbleiben woran rc. Daher auch : der Hálter, mhd. halter, haltære, ahd. háltari haltâri (Erlöser); besser mit Umlaut der Hälter = Aufnahme= u. Bewahrungsort, in der Fisch=, Wásserhälter; háltig, mhd. haltec (mit bewahrtem, nicht umlautenden a), ahd. haltîc, in gólb=, reichháltig; die Háltung, mhd. háltunge. Zusammenf. mit halten: háltbar mit die Háltbarkeit; der Háltfest (e wie ä) = Büttel; der Háltpunct.

Halten, mhd. halten, ist urspr. ein Verbum des Hirtenlebens : ahd. haltan (Präf. ich haltu, du heltis, er heltit, wir háltamês rc., Prät. ich hialt, alterthümlicher noch mit dem deutlicheren Kennzeichen der Reduplication bei Kero 7 heialt, Part. kiháltan) = hüten (als Hirte das Vieh bei Otfried 1, 12, 1. 5, 20, 32), be=, verwahren; goth. haldan (Prät. háihald, Part. haldans) = hüten, weiden.

hálter s. halt. Der Hálter, háltig rc. s. der Halt.
der Halúnke (a kurz), —n, Pl. —n : nichtswürdiger Mensch.

Auch bloß der Halúnk, —en, Pl. —en; aber weniger üblich Hallúnke, Hallúnk. Bei Schiller (Räuber 1, 2) Hollunke, 1611 Holunke; bei Alberus (der Barfuser Münche rc. v. J. 1542, Nr. 94) der Halluck = verwildert aussehender Mensch. Fremdher und zwar nach Abelung aus einem wendischen oder serbischen holunk = Waldbewohner, Waldmensch, wie er ehedem auf den Schlössern der Oberlausiß zum Nachtwächterdienste gebraucht wurde; richtiger aber aus böhm. der holomek = nackter Bettler, Wicht, Richtswürdiger, v. böhm. holy' = kahl, nackt, bloß, arm.

die Hámbutte (á kurz), Pl. —n : Fruchtknopf des Hagebornes.

Reiner hochdeutsch die Hage=, Hainbutte. Denn Hambutte ist mit kurz gewordenem a und dem im Mhd. üblichen Übergange des n in m vor b' aus mittelb. hánbutte [im voc. theut. v. J. 1482 Bl. n 6 ª hánpotenpawm, und noch bei Abam Lonicerus Hanbutten], welches zusammengez. aus dem mittelst Ausstoßung des g gebildeten hainbutte (s. Hain aus mittelb. hagin Dornstrauch). Mhd. hagebutte (?), oder bloß die butte = Hagebornknospe (Gottfrieds Lobgesang 23, 10), welches aufgenommen ist aus mittelniederl. botte (Renout 818) neben der bottoen. Diese aber wurden entlehnt aus dem Romanischen, wo span. u.

provenzalisch der boton, ital. bottóne, franz. bouton, mailändisch butt, = Knopf, Knospe, v. ital. buttáre = ausschlagen (von Bäumen), span. u. provenzal. botar franz. bouter = stoßen, welche aus ahd. pôzan, goth. báutan (? Prät. báibáut ?), = schlagen, stoßen (s. Amboß u. Buße), angelsächs. beátan = schlagen, entstanden sind und ihren Begriff leicht in den des Hervorstoßens, Ausschlagens der Keime und der Blatt- und Blütenknöpfe übergehen lassen konnten. Das jenem báutan (?) zu Grunde liegende Verbum biutan (?) s. S. 199.

der **Hámen**, —s, Pl. wie Sing. : sackförmiges 2c. Fangnetz.

     Eig. der Ha me. Mhd. der ham hame (Gen. des hamen), später-ahd. hamo, = Fangnetz (gloss. trevir. 17, 20), Angelruthe, Angel (Diut. II, 312ᵃ), entlehnt v. ital. der amo d. i. hamo Fischangel aus lat. der hámus = Haken, Angelhaken, Angel.

hámisch = versteckt boshaft mit Lust zu schaden.

     Im voc. incip. teuton. ante lat. hamisch = hinterlistig, mhd. hämisch hemisch = hinterlistig, boshaft (Benecke-Müller I, 661ᵃ. Helbling 13, 172). Wol urspr. s. v. a. nachstellend, listig zum Fange, v. mhd. ham hame Hamen s. d.

die **Hámme**, Pl. —n : Hinterschenkel, Hinterkeule.

     Mhd. die hamme, ahd. hamma, = Hinterschenkel, Hinterbug des Thieres. B. ahd. ham = krumm, krummgliedrig (s. Hammel), welches lautverschoben entspricht dem roman. cam in altspan. cama Kniebug, keltisch cam gebogen, gekrümmt, lat. cámurus gekrümmt, gewölbt, wie mit weiterer Ableitung durch einen Lippenlaut (f) das ahd. hamf, goth. hanfs, = krumm, contract, einhändig (an der Hand verstümmelt), dem altspan. camba (ital. gamba, franz. jambe, = Schienbein), mittellat. campa Hinterbug, gr. die kámpe (κάμπη) Biegung, litthau. kumpas krumm.

der **Hámmel**, —s, Pl. Hämmel : verschnittener Schafbock.

     Im voc. theut. v. J. 1482 Bl. n 6ᵃ u. im voc. incip. teuton. ante lat. hamel; aber auch schon im Ahd. hamal (Graff IV, 945)? Mit angelsächs. hamelan =den Kniebug durchschneiden, altnord. hamla hindern, ahd. hamalôn verstümmeln v. mhd. hamel, ahd. hamal, = verstümmelt, welches auf ahd. ham = krumm, krummgliedrig (Otfried 3, 4, 8), verstümmelt, zurückführt, worüber s. Hamme. Der frühere Ausdruck für Hammel war der fremde kastrawn, castrûn.

der **Hámmer**, —s, Pl. Hämmer : mit dem Stiele einen rechten Winkel bildendes Schlagwerkzeug. Daher hämmern.

     Mhd. der hamer, ahd. hamar (Pl. die hamarâ), wovon mhd. hemeren unser hämmern. Urspr. „Steingeräth zum Schlagen"; denn altnord. der hamar = Fels u. Hammer, wozu kommt, daß das Wort lautverschoben zu dem slaw. kam"i u. kamen' Stein, litthauisch akmû (Gen. akmens), sanskr. açman, stimmt.

der **Hámmerlein** („Meister Hämmerlein") oder Hämmerling = böser Geist, Teufel; dann (teuflischer) Klopfgeist.

     Von niederd. der hamer = Tod oder Teufel [z. B. dat di de ha mer! daß dich der Hammer!], welches Personification v. altnord. hamar Hammer (s. b.) ist, insofern darunter der durch die Luft niederschmetternde, einschlagende Hammer (Keil) des Donnergottes der nordischen Mythologie (des Thôrr ahd. Donar, s. Donnerstag), also der Donnerkeil verstanden wird. S. Grimm's Mythol. 166. 473.

ber **Hämmling, Hemmling,** —es, Pl. —e : Verschnittener.
Erst im 15. Jahrh., v. mhd. hamel verstümmelt (s. Hammel).

† bie **Hämorrhoiden** (oî 2sylbig), ein Pl. : bie golbne Aber b. i.
Blutfluß burch ben After. Davon **hämorrhoibalisch.**
Nach bem Pl. (hæmorrhóides) v. lat.-gr. bie hæmorrhóis (Gen. hæmorrhóidis),
gr. haimorrhoîs (αἱμοῤῥοΐς) v. haîma (αἷμα) Blut u. rhéein (ῥέειν) fließen.

ber **Hämpelmann** = hüpfenbes Männchen (Püppchen) im Glase;
Glieberpuppe. Landschaftl. ber **Hämpel** = Einfaltspinsel.

ber **Hämster,** —s, Pl. wie Sing., ein Nagethier mit Backentaschen.
Ahb. ber hámistro hámastro, auch burch Verwechselung s. v. a. Kornwurm.

bie **Hand,** Pl. **Hände,** mhd. u. ahb. bie hant, goth. handus : Theil
bes Armes vom Knöchel bis zu ben Fingerspitzen. Daher : bas
Händchen, Dim.; ber **Händel,** — s, Pl. **Händel,** spät-mhb.
handel (= bas Thun); **händeln,** mhd. handeln ahb. hantalôn (=
mit ber Hand begreifen, bann überhaupt worauf Kraftäußerung an-
wenben), mit ber **Händler,** 1482 handler, unb bie **Händlung,**
mhd. bie handelunge, ahb. hántalunga; **händig** in ein-, zwei-
händig ꝛc., mit bem erst um 1520 auftauchenben Verbum **händigen**
in be-, einhändigen. Zusammens. : bie **Händfeste** (e vor st wie
ä), Pl. — n, mhd. bie hantveste, ahb. hántfestî, = schriftliche Versicherung, Verbriefung ber Rechte; bas **Händgelöbniß** (eig. Händ-
gelöbnis); bie **Händhabe,** mhd. bie hanthabe, ahb. hanthaba,
hanthabâ, = woran befinblicher Griff zum Halten [ahb. habên
hapên = halten]; **händhaben** (schon gegen 1500); **händhaft,**
mhd. hanthaft, in ber alten Gerichtssprache s. v. a. handgreiflich bar-
gethan, offenkunbig; **händlangen,** mit ber **Händlanger,** um 1420
hantlanger; bie **Händreichung;** bie **Händschrift** unb **händ-
schriftlich;** ber **Händschuh,** — es, Pl. — e, mhd. hantschuoch,
ahb. hantscuoh; bas **Händwërk,** —es, Pl. —e, im 14. u. 15.
Jahrh. hantwërc, hantwërg, ahb. (bei *Notker*) hantwërch [neben
bem goth. Abj. handuvaúrhts = mit ber Hand gewirkt], mit ber
Händwërker, — s, Pl. wie Sing., u. ber **Händwërksmann,**
im 15. Jahrh. hantwërkmann; bie **Händzwehle,** Pl. — n, 1482
hantzwehel [zwehel, mhd. twehele, ahb. dwahilla, duáhila = Tuch
zum Abtrocknen, v. mhd. twahen ahb. dwahan duáhan waschen] =
Handtuch.
Hand ist noch unabgeleitet unb seine Biegung im Alt- u. Mittelhochbeutschen
bie umlautenbe (Gen. Sing. u. Nom. Pl. henti), häufiger aber bie nicht umlautenbe, besonbers im Dat. Pl., ber mhd. meist handen, ahb. hanton, hantům
lautete u. sich noch in ab-, vorhänben, zu Hänben erhielt. S. auch allerhanb.

ber **Händel, händeln,** ber **Händler** ꝛc., s. **Hand.**

handthieren, bie **Handthierung,** falsch statt **hantieren** ꝛc., s. b.

der Hanf, —es, Pl. —e (= Hánfarten), mhb. hanf, hanef, ahb. hanaf.
Davon : das Abj. hänfen, mhb. hänfin, henfin, ahb. hánafin; der
Hänfling, mhb. der hénfeling (mit unorganiſch eingetretenem l).

Ahb. hanaf, angelſächſ. hänep, altnorb. hanpr, ſtimmt lautverſchoben mit lat.
der cánnabus, gr. kánnabos, poln. konop', perſ. kunnap. Er iſt wol urſprünglich indiſches Erzeugniß und heißt im Sanſkrit das çana [ç hier = ahb. h].

der Hang, — es, ohne Pl., mhb. u. ahb. (nur in Zuſammenſetzungen)
hanc. Mit hángen [ahb. hangên] = "einen Hang wonach haben"
von hángen, Präſ. ich hánge, du hángeſt (b. Luther hángeſt),
hángſt, er hánget (b. Luther hánget), hángt, wir hángen ꝛc., Prät.
ich hieng (Conj. hienge), Part. gehángen, Imp. hang (ungut, aber
üblich ſchwach hánge) : woran feſthalten; niederwärts geneigt ſein.
Davon auch das ſchwachbiegende hángen = hangen machen u. dann
auch ſ. v. a. das ſtarkbiegende hangen ſelbſt.

Wie fangen ſt. fahen, ſo iſt auch die Form hangen (mittelniederl. hangh-
en) aus dem Niederbeutſchen ins Hochbeutſche eingebrungen; denn mhb. lautet
das Wort hähen (Prät. ich hieng hienc neben hie ſt. hiech, Part. gehángen),
ahb. háhan (Präſ. ich háhu, Prät. ich hianc, Part. kihángan, Imp. háh), goth.
hahan (Prät. rebuplicierenb háihah, Part. hahans), welches hahan aus einem älteren goth. Wurzelverbum háihan (Prät. ich hah, wir héhum, Part. haſhans) entſprungen ſein wirb. Das, wie bei fangen (ſ. b.), eintretenbe und allmählich
weiter vorbringenbe n neben dem auch ſonſt vorkommenben Übergange bes h in
g ober k (c), zeigt ſich zuerſt in dem ahb. Prät. hianc und in dem Part. hangan,
hankan, unb die aus jenem hianc gebildete, ben Formen fieng u. gieng
gleiche nhb. Form hieng iſt hochbeutſcher und überhaupt richtiger, als bie mit
fing unb ging durch bas Nieber- u. Mittelbeutſche (hînc, hinc) herrſchenb ge-
worbene hing, worüber bas Nähere ſich aus dem S. 323 bei fieng Bemerkten
ergibt. Doch tritt in dem Subſt. der hanc ſchon ein frühes Vorbringen bes n
ſelbſt in bas Präſens hervor, ebenſo in dem aus bieſem abgeleiteten ahb. hengan
(b. i. hanc-j-an) mhb. hengeh = (bie Zügel bem Pferbe, bas Banb bem Hunbe)
hángen laſſen, gehen laſſen, geſchehen laſſen, zulaſſen, geſtatten, welches hengan
hengen in ber Form unſer hängen iſt (ſ. auch henken). Was bie Bedeutung
bes Wortes anlangt, ſo haben ahb. háhan u. goth. hahan nur bie : in ber
Höhe befeſtigenb ſchweben laſſen, jemanben hängen.

der Hans, —en, Pl. —en (jetzt üblicher — e), mhb. Hans, eig. ein
aus Johanns b. i. Johannes gekürzter Mannsname, welcher bann
ſ. v. a. ſich in lächerlicher Weiſe hervorthuenbe Mannsperſon, z. B.
in : der Fábel=, Gróß=, Práhlhans.

die Hánſe = Handelsinnung, =gericht (Schmeller II, 216).

Dieſe Beb. ſchon unter Karl bem Großen; ſonſt ahb. wie goth. bie hansa,
angelſächſ. (mit ô ſt. bes kurzen a wegen Ausſtoßung bes n) hôs, = Schaar.

† ber Hanſeáte, — n, Pl. — n : Angehöriger ber großen (im 13.
Jahrh. errichteten) Hanſe, jetzt einer Hanſeſtabt (ſ. b.). Gebilbet
nach dem Abj. hanſeátiſch (ſt. hanſiſch).

Dieß nach dem mit lat. Endung v. hansa (f. Hanse) gebildeten hanseaticus.

häufeln = Einem als Neuling in einer Gesellschaft durch gewisse Ce-
remonien auflegen, daß er in ihr etwas, besonders freien Trunk zum
besten gibt; Einen aufziehen, zum besten haben.

> Urspr. : in eine Innung (Hanse, f. b.), dann überhaupt in eine Gesellschaft
> aufnehmen, wobei auf des Aufgenommenen Kosten von den neuen Genossen
> wacker gezecht wurde.

die Hánsestadt, nicht Hánseestadt, eine zu dem im 13. Jahrh. besonders zur Förderung des Handels errichteten Städtebunde (f. Hanse
= Handelsgesellschaft) gehörige Stadt, jetzt nur noch Hamburg, Bre-
men und Lübeck.

der Hanswúrst, —es, Pl. —e : gemeiner Lustigmacher.

> Urspr. Hans Wurst, und der Name daher, weil ehedem das Zeichen des bei
> Faßnachtsaufzügen durch die Straßen laufenden Narren (vgl. Hans) eine lange
> dicke lederne Wurst gewesen zu sein scheint (f. Schmeller IV, 158). Dazu ist
> Wurst-Hans bei Hans Sachs fingierter Name von Freßern. Ähnlich heißt
> der Possenreißer bei den Franzosen Jean Potage (Johann Suppe), bei den
> Engländern Jack Pudding (Hänschen Pudding).

hantieren = ein Geschäft treiben. Daher die Hantierung.

> Mitteld. hantieren = behandeln, ins Werk setzen, einrichten, Handel treiben,
> u. die hantierunge = Behandlung, Handel, Kauf und Verkauf; mittelniederl.
> hantieren = ausüben, treiben (*Reinaert* 7014). Wie handeln, von Hand
> mhd. u. ahd. hant, dessen t sich in dem mit romanischer Endung gebildeten han-
> tieren erhalten hat, während sonst handieren geschrieben werden müßte. Die
> Schreibungen handtieren, handthieren und hanthieren sind falsch. —
> Nicht v. franz. hanter = oft besuchen.

hápern = stocken, nicht vorwärts können.

> Ins Hochd. aufgenommen aus niederd. hapern, neuniederl. haperen.

háppen, aus niederd. u. niederl. happen : schnappen.

> Im Niederl. eig. : mit den Zähnen packen, beißen, woher franz. happer = er-
> schnappen, packen. Das Wort scheint mit ahd. die happa = krummes Garten-
> messer zusammenzugehören und zuerst auf das durchschneidende Erfassen zu gehen.

har! Fuhrmannsruf an das Zugthier zum Linksgehen.

> d. h. in Bayern nach dem Zuge des Leitseils bei Ochsen (Schmeller II,
> 224). Es ist nichts anders, als mhd. har, ahd. (besonders bei *Notker*) hara,
> mittelniederl. hare, st. mhd. hër ahd. hëra her und wahrscheinlich mit a statt ë
> nach der Ähnlichkeit des mhd. dar ahd. dara bar = dahin (f. bar 1), mhd. war
> ahd. wara war (f. b.) = wohin gebildet (vgl. Grimm's Gramm. I³, 130).

† haranguieren (spr. haranghíren) = durch Halten einer Rede,
durch viele Worte wozu bestimmen.

> Aus franz. haranguer (ital. aringàre) = eine öffentliche Rede halten, feierlich
> anreden, v. dem aus ahd. u. angelsächs. hring (unserm Ring) = Kreis, Schau-
> oder Kampfplatz entsprungenen ital. der aringo = Rennbahn, Tummel-, Redner-
> platz, öffentliche Rede. S. Diez Wtbch 25.

die Hárd, besser Hárt, Pl. —en : Wald, Bergwald.

Mhd. der hart, ahd. hart, hard (Graff IV, 1026), altsächs. hard, der echte
Ausdruck für „Wald" und in der Wurzel verschieden von hart. Dem Worte
entspricht altnord. der haddr Feldblume und folglich ein goth hazds (?). Jac.
Grimm i. d. Zeitschr. des Vereins für hess. Gesch. II, 145.

† der Harem, —s, Pl. —s : abgesonderte Frauenwohnung.

Bei den Türken. Das arab. hharam = das Verbotene, Heilige, Heiligthum,
Frauenwohnung, v. hharama = verbieten.

die Harfe, Pl. —n, das bekannte Saitenspiel. Daher der Harfner,
auch mit fremder (romanischer) Endung der Harfenist, —en, Pl.
—en, = Harfenspieler.

Mhd. die harpfe, ahd. harfâ, angels. hëarpe, altnord. harpa, woher mhd. der
harpfære ahd. hârfari nhd. (mit unorganisch eingetretenem n, als wenn die Ableitungssylbe - ner laute) Harfner. Die Herkunft des Wortes ist dunkel. Der
Italiener *Venantius Fortunatus* († nach 600) aber nennt die harpa ausdrücklich
ein barbarisches d. h. germanisches Tonwerkzeug.

der Häring, althergebracht und üblicher mit e Hering, s. d.

die Harke, Pl. —n : der Rechen. Daher harken. Niederd.

Mittelniederd. im *Reineke Vos* 676; altclevisch (1475) harck u. herke;
niederl. die hark, herk und das Verbum harken herken. Wol mit Übergang des e zu a aus altfranz. die herce Egge mittellat. hércia, welches aus lat.
hírpex (Gen. hírpicis) = großer Rechen mit eisernen Zinken zum Eggen.

† der Härlekin, —es, Pl. —e : der Hanswurst.

Aus früher-franz. harlequin, jetzt arlequin, altfranz. hierlekin; im Ital. der
arlecchino als Name der komischen Maske der ital. Bühne. Das Wort scheint ursprünglich in Frankreich entstanden und hervorgegangen aus altfranz. (13. Jahrh.)
hellequin = Luftgebilde rauschend kämpfender Geister, welches vielleicht aus
niederl. hellekin hallekin d. i. Höllchen (kleine Hölle), dann (wegen des Höllen-
lärmes) = wilder Jäger, wütendes Heer? S. Grimm's Mythol. 893 f.

der Harm, —s, ohne Pl. : tiefer zehrender Seelenschmerz. Daher :
sich härmen. Zusammens. : harmlos mit die Harmlosigkeit.

Mhd. (selten) u. ahd. der harm, angelsächs. hëarm, = Kränkung, angethanes
Leid, woher härmen ahd. harman = kränken. Das Wort hängt lautverschoben
zusammen mit altslaw. sramiti beschämen, litthauisch die sarmata Verdruß, sanskr.
hri = erröthen, sich schämen. S. Grimm's Gesch. d. deutsch. Spr. 172. 303.

die Härmel, die Härmelraute, = wilde Raute (péganum hármala).

Aus franz. die harmale v. gr. hármala (ἁρμαλα), welches v. der arab. Benennung hharmal, bei den Afrikanern churmâ (*Dioscórides* 3, 46).

die Harmonie (3sylbig), Pl. —n (4sylbig), aus lat.-gr. harmónia :
Übereinstimmung, Einklang. Daher : harmonieren; harmónisch,
nach lat.-gr. harmónicus, wovon auch die Harmónika.

der Harn, —es, Pl. —e : Urin. Daher (schon um 1500) härnen.

Bei Luther Harm, mhd. u. ahd. der harm. Dunkler Herkunft.

Der Harnisch, —es, Pl. —e : Metallrüstung des Leibes. Daher ge-
harnischt, Part. Prät. eines Verbums harnischen = den Harnisch
anlegen.

Mhd. das u. der harnasch, aus franz. harnois harnois, altfranz. harnas ft. harnasc, v. keltisch (kymrisch) haiarnaez Eisengeräth, einer Ableitung v. keltisch (kymrisch) haiarn, (altbretonisch) hoiarn, = Eisen.

† die **Harpúne**, Pl. — n : Wurfspieß mit Widerhaken zum Wallfisch= fange. Daher : **harpuníeren** mit der **Harpuníer**.

Aus niederl. der harpoen, welches überkommen ist aus franz. der harpon v. span. u. provenzal. arpa = Kralle, Haken, urspr. unser Harfe, die bekanntlich haken= ähnliche Gestalt hat (s. Diez Wtbch 27). Harpuníeren u. Harpuníer oder auch der Harpuníerer sind aus franz. harponner u. harponneur.

hárren = in fester Zuversicht des Erfolges bleiben.

Mhd. harren eig. = ausdauern in etwas, wovon die harre = das Harren.

harsch = hart=rauh, bes. durch Auftrocknung. Daher **hárschen.**

Mit ableitendem sch. Engl. harsh zuerst = „herben Geschmackes“, dän. harsk u. schweb. härsk — ranzig (wie altes Fett).

der **Harst**, — es, Pl. — e, u. die **Harst**, Pl. — en : Heer=, Kriegs= haufe ; Vortrab eines Schweizerheeres. Veraltet. Von ahd. hari Heer?

die **Hart** (a lang) = Wald, Bergwald. Besser als Harb, s. b.

hart (a kurz), Comp. härter, Sup. härtest : fest gegen äußere Einwirk= ung. Davon : die Härte ; härten. Zusammens. : das Hártheu (s. Anm.) ; die Härtigkeit ; härtlich ; hártnäckig = einen harten Nacken habend, widerstrebend, unbeugsam, mit die Hártnäckigkeit.

Das Adj. lautet noch im 16. Jahrh. häufig richtiger hert, mhd. herte, ahd. herti (der Umlaut e durch Einwirkung des i), harti, goth. hardus, und unsre Form hart ist die umlautlose mittelv. hart, von welcher jene hochdeutsche verdrängt wurde. Das Abv. hart dagegen lautet mhd. harte, ahd. harto, goth. hárduba. Das Adj. stimmt lautverschoben mit gr. das kártos (st. krátos) Stärke, karterós fest, stark, u. das gr. Abv. kárta = stark, sehr, entspricht jenem ahd. harto. — Die Härte ist mhd. die herte, ahd. hertî, hartî, aus dem Abj. herti harti gebildet ; härten mhd. herten, ahd. hertan, hartan, = hart machen, goth. hardjan in gahardjan = hart behandeln ; härtlich mhd. hertlich ; die Härtig= keit mhd. hertscheit ; das Hártheu mhd. das harthöuwe, spät=ahd. harthou (gl. trevir. 7, 2, woraus mit Antritt eines n entstellt das Harthun, = das Jo= hanniskraut (hypéricum), gleichsam s. v. a. [durch den Stengel] hartes Heu.

der **Hártriegel**, —s, Pl. wie Sing. : der Strauch córnus sanguínea.

Mit falschem ie statt ü aus dem 1482 vorkommenden hartrugel (voc. theut. Bl. n 8ª), mhd. hartrügele, ahd. hartrugil hartrugilboum hartdrugil hart= trugil (gekürzt aus) das harttrugili harttrugelin (Graff V, 501), welches, zusammengef. aus hart hart (wegen des sehr harten Holzes) und das trúgili trugelin trugel Tróglein = Rinne [schon ahd. trog troc (Trog) = Rinne], ursprünglich „Hart=Tröglein“ ausdrückt. Tróglein wol weil man das Holz zu Röhren braucht.

der **Hartschier**, jetzt lieber mit Ausfall des r **Hatschier**.

der **Hárz**, —es, das nördlichste Waldgebirge Deutschlands.

· Eine neuhochdeutsche Form, welche sich durch Mißverstand aus dem Gen. Sing.

v. ahd. hart (f. Harb) : hartes in dem Burgnamen Hartesburc (wofür wir neudeutsch ungut Harzburg sagen) = „Burg des Waldes (Bergwaldes)" gebildet hat.

das Harz, —es, Pl. —e : ausgeschwitzter Baumsaft. Daher : harz= icht, harzig, Adj.; harzen = Harz sammeln, mit Harz fest machen. Mhd. u. ahd. das harz. Das Adj. lautet ahd. harzig. Dunkler Herkunft.

† das Hasárdspiel, —es, Pl. —e : Wage=, Glücksspiel.

Zusammenges. mit franz. der hasard [d scheint zugesetzt] = Glücksfall, Wagniß, altfranz. hazart auch = Würfelspieler, span. u. portug. azar = Unglücks= wurf, welche wahrscheinlich, zumal da im Semitischen Wechsel zwischen j und h (ה) vorkommt, v. arab. jasara würfeln. Jenes franz. Wort ist schon ins Mhd. aufgenommen : der hashart, hasehart, = Würfelspiel, Unglück, urspr. der ge= ringere Wurf bei dem Würfelspiele.

háschen = schnell zugreifend fassen. Daher der Háscher.

Bei Luther haschen; im Mhd. u. Ahd. kommt das Wort noch nicht vor. Ob überkommen aus dem germanischen Norden, insofern schwed. haska = ver= folgen, in seine Gewalt zu bekommen suchen, mit altnord. der háski = Gefahr zusammenhienge ?

der Háse, —n, Pl. —n, mhd. der hase, ahd. haso, das bekannte Säugethier. Daher : das Háschen, Dim.; die Häsin. Zusam= mens. : der Hásenbalg, =fuß; hásenhaft ꝛc.

Stimmt lautverschoben mit sanskr. der çaça = Hase, eig. Springer, v. sanskr. çaç springen. Das anlautende ç ist hier = ahd. h (vgl. Hanf, Bieh), das zweite ç aber = goth. s (vgl. z. B. Haar).

die Hásel, Pl. —n, der bekannte einheimische Strauch, welcher eßbare Nüsse trägt. Zusammens. : der Háselbusch; das Háselhuhn (f. Anm.); die Háselmaus; die Háselnuß; die Háselstaube; die Háselwurz, die Pflanze ásarum.

Mhd. die hasel, ahd. hásala u. der hasal hasul, angelsächs. die häsl. Das Wort scheint lautverschoben dem lat. Namen die córylus zu entsprechen, in welchem dann schon das ursprüngliche s (córylus?) in r übergegangen wäre. Das Hasel= huhn, mhd. hasel-, ahd. hasilhuon, hat seinen Namen, weil es gern in Vor= hölzern, namentlich Haselgebüschen lebt und die Haselkätzchen (männlichen Ha= selblüten) frißt. Die Haselmaus aber nährt sich von Haselnüssen. Die Haselnuß, mhd. hasel-, ahd. hasalnug; die Haselstaube, mhd. haselstůde. Die Haselwurz, mhd. haselwurz, hat ihren Namen, weil sie gern unter Hasel= sträuchen wächst [mhd. ahd. wurz = Kraut].

haselieren = ungestüm lärmen (Schiller's Räuber 2, 3).

Schon im 17. Jahrh. geläufig i. b. Bed. : unsinnig thun (Stieler 781). Wol ursprünglich harselieren [vgl. Hatschier st. Hartschier] v. franz. harceler = zwacken, anpacken, welches mit Übergang des s (altfranz. herceler) in a von altfranz. herce Egge (f. Harke).

der Hásenbalg ꝛc. f. Hase. das Hásenöhrchen, = das Zeichen „ ". der Hásenpféffer = Hasenfleisch mit Pfefferbrühe. die Häsin, f. Hase.

die **Háſpe**, üblicher in der niederd. Form die **Háſpe** oder (mit dem älteren Umlaut e wie, bei Eſpe ꝛc.) die **Héſpe** (ſ. b.), Pl. — n : Thürhaken, =angel, Fenſterhaken, =angel.

> 1470 die haspe (Diefenbach's Gloſſar 282) = Thürangel mit dem ein=greifenden Loche des Bandes, die haspe, ahd. haspâ (?). Altn. die hespa = Spange, Haſpel.

der **Háſpel**, —s, Pl. wie Sing. : Garnwinde, wie ein dieſer ähnliches Werkzeug zum Aufwinden. Daher **háſpeln** mit der **Háſpeler**.

> Mhd. der haspel mit dem Verbum haspeln (ahd. háspalön?), ſpät=ahd. haspil (urſpr. haspal d. i. hasp-al), v. die **Háſpe** (ſ. b). Landſchaftl. die **Haſpel**.

die **Haſt**, ohne Pl. : gähe Eile. Davon **háſtig** mit die **Háſtigkeit**.

> Die Haſt iſt niederl. die haast, mittelniederl. die haest, altfrieſ. hast, altnord. der hastr. Davon : haſtig mhd. hastec (in dem Adv. hasteclîche), mittelniederl. hastag (Diut. II, 228ª), altfrieſ. hastig; mittelniederb. u. mittelniederl. hasten = gäh eilen (Diut. II, 198ª), altnord. hasta.

der **Haß**, —ſſes (ſt. Haßes), ohne Pl. : dauernde feindſelige Abnei=gung. Daher : **háſſen** mit der **Háſſer**. Zuſammenſ. : **häßlich** (ſ. Anm.) = haſſenswerth, abſchreckend unſchön, mit die **Häßlichkeit**.

> Hiſtoriſch richtig überall ß, nicht ſſ. Mhd. u. ahd. der haz, goth. das hatis, welches lautverſchoben mit dem gleichbed. lat. ódium ſtimmen würde, inſofern dieß ſt. códium ſtehen könnte (ſ. Grimm's Geſch. d. d. Spr. 411). Háſſen iſt mhd. hazzen, ahd. hazên, hazôn, goth. hatan, mit der **Haſſer**, mhd. házzære. **Häßlich** iſt mhd. hézzelich hazlich (als Adv. hazlîche), ſpät=ahd. hazlîh, = „voll Haß, höchſt feindſelig“, dann erſt im Mhd. „haſſenswerth, verhaßt“, end=lich ſpät im 13. Jahrh. auch „zum Haſſen unſchön.“

hátſcheln = zärtlich, allzu ſorgfältig behandeln.

> Urſpr. ſ. v. a. ſchaukeln (ſ. Schmeller II, 259). Die Herkunft iſt dunkel.

der **Hatſchier**, —es, Pl. —e : Leibtrabant, ehemals zu Pferde.

> Schon im 17. Jahrh. ſtatt des noch daneben u. früher vorkommenden Part=ſchier (Schmeller II, 243), aus ital. der arciére, arciéro = Bogenſchütze, franz. archer, von der ehemaligen Waffe, dem Bogen (ital. arco, lat. arcus).

die **Hatz**, Pl. —en : Jagd mit Hetzen (ſ. b.) der Hunde; dann bildl.

der **Hau**, —es, Pl. —e : Waldort, wo das Holz abgehauen wird.

die **Haube**, Pl. — n : rundliche Kopfbekleidung, ſowie ihr Ähnliches. Daher : **hauben** = mit einer Haube bekleiden; **häubeln**.

> Mhd. die hûbe = Kopfbedeckung für Männer und Weiber, ahd. hûbâ, hûba; altnord. hûfa Hut. Aus Einem Wurzelverbum mit Haupt, ſ. b. — Aus dem mhd. das hiubel Häubchen iſt unſer **häubeln** abgeleitet.

die **Haubenlerche** =. Lerche mit einer Haube d. h. 6—12 hervor=ſtehenden Federn oben auf dem Kopfe.

> Auch **Häubellerche**, v. mhd. das hiubel **Häubel** (= Häubchen), dem Dim. v. mhd. hûbe **Haube**.

die **Haubitze**, Pl. —n : Geſchütz zu Kartätſchen, Granaten ꝛc.

> Im 15. Jahrh. **Hawffnitz**, **Hauffnitz**, aus böhm. haufnice, welches urſpr. „Schleuder für Steine“ (Schmeller i. d. Münchner gel. Anz. 1833 I, Sp. 959).

der **Hauch**, — es, Pl. — e : aus dem Munde gehende Luft; sanftes Wehen. Von **hauchen**, mhd. hûchen.

haubern = Reisende für Lohn mit Pferd und Wagen fahren und dieß als Gewerbe treiben. Daher : der **Hauberer** = Mieth-, Lohnkutscher.

Mit eingetretenem b (f. S. 228) aus mhd. hûren [behûren = durch Kauf erwerben, verhûren = verkaufen], mittelniederl. huren = miethen. S. die **Heuer.**

die **Haue**, Pl. —n, bei **Luther hawe**, mhd. die houwe, ahd. houwa houwâ, howa, = **Haugeräth** zur Feldarbeit. V. **hauen**, Präf. ich haue, du hauest, haust ꝛc., Prät. [schon bei Luther] ich hieb (Conj. hiebe), Part. gehauen, Imp. hau (ungut schwach haue) : schneidend einschlagen; eindringlich schlagen. Daher noch : der **Hauer**. Zusammenf. : das **Hauholz**, der **Hauklotz**, das **Hauland** ꝛc.

Hauen ist mhd. houwen (Prät. ich hie u. mit dem aus der Pluralform antretenden, später in b sich verstärkenden w hiew, wir hiewen, Part. gehouwen), ahd. houwan (Prät. hiu, hio, bei Otfried hia? Part. kihouwan, Imp. hou), goth. háuan (? im Prät. mit Ablaut reduplicierend háihô? Part. háuans?), angelsächs. heávan (Prät. hëóv), altnord. (mit hervortretendem Kehllaute) höggva (Prät. hio). Dieses reduplicierende Verbum entsprang aus dem Präteritum eines älteren, welches sich noch in dem gleichbed. seltenen mhd. hiuwen (Prät. ich hou, wir huwen, Part. gehûwen u. gehouwen), goth. hivan (? Prät. hau? woneben vielleicht eine Form higgvan? mit dem Prät. haggv?) zeigt. Aus dem früher vorhanden gewesenen Kehllaute (g) aber läßt sich die Verwandtschaft von **hacken** (f. d.) mit hauen erklären. S. auch **Hau, Heu, Hieb.** Übrigens gab es auch ein abgeleitetes schwachbiegendes mhd. houwen, ahd. houwôn howôn, nhd. hauen mit dem Prät. ich haute (mhd. houte).

der **Haufe**, —ns, Pl. —n, dann der **Haufen**, —s, Pl. wie Sing. : Menge über einander liegender Dinge. Daher : **häufeln; häufen; häufig**, Adj. u. Adv. Zusammenf. : **haufenweise**, Adv.

Mhd. der hûfe, ahd. hûfo, woneben auch mhd. u. ahd. der houf (Gen. houfes), altsächs. hôp, angelsächs. heáp, neuv. der **Hauf** (bei Göthe XII, 31 ꝛc.). Lautverschoben entsprechend dem poln. kupa Haufe u. slaw. koupa, litth. die kupa u. der kaupas [neben der kápas Grabhügel]; aber, obgleich im Ahd. auch die Bed. „Grabhügel", schon wegen des p in der altsächs. u. angelsächs. Form nicht mit dem schwachbiegenden ahd. hiufan = trauern zusammenhangend und darum nicht von dem angelsächs. Wurzelverbum hëófan (Prät. ich heáf, wir hufon, — nicht hëôpan, heáp, hupon) = klagen, weinen, goth. hiufan (Prät. ich háuf, wir hufum, Part. hufans) = Klagelieder singen, wonach jene ahd. hûfo u. houf, wenn diese Ableitung richtig stünde, zuerst den Scheiterhaufen zum Leichenbrande bedeuten würden. — **Häufen** ist neudeutsch, denn nach mhd. hûfen u. houfen, ahd. hûfôn u. houfôn, mußte man im Neudeutschen b-aufen sagen. **Häufeln,** 1482 hawfeln (voc. theut. Bl. n 8ᵇ), aber ist von dem süddeutschen Dim. das **Häufel** abgeleitet. **Häufig** ist urspr. f. v. a. **haufenweise.**

der **Haug**, ungut **Hauk**, —es, Pl. —e : Hügel.

Der Volkssprache gemäß (wetterauisch â statt mhd. u. ahd. ou) auch **Haag,** ungut **Haak.** Mhd. das (u. der) houc (Gen. houges, f. meine oberheff. Ortsnamen S. 251), ahd. das houc houg (J. Grimm's Grenzalterthümer S. 10. Maßmann's kleine Sprachdenkmale S. 184 f.). Oft verbindet sich damit die Vorstellung eines Grabmals, wie denn auch altnord. der haugr = Grabhügel.

die Hauhechel (e vor ch wie ä), Pl. —n, die Hülsenpflanze onônis. Im 16. Jahrh. Hawhechel b. b. Hechel (Stachelpflanze), in welcher, da sie gern an Wiesenrainen wächst, das Hau b. i. Heu (s. b.) leicht hangen bleibt.

der Hauk, — es, Pl. —e, landschaftl. (wetterauisch) st. Haug (s. b.), wie man im Hochdeutschen sprechen und schreiben müßte.

das Haupt, —es, Pl. Häupter : der mittelst des Halses mit dem Rumpfe verbundene Theil des thierischen Körpers; das Oberste, Höchste, Vor= nehmste. Daher : haupten in be=, enthaupten; der Häupt= ling. Zusammens. : der Hauptmann, — es, Pl. Hauptmänner, aber auch gern Hauptleute; die Hauptsache mit hauptsächlich; das Hauptwort = Substantiv.

Unser Haupt hat p durch Anlehnung an t, sonst würde Haubt zu schreiben sein; denn mhd. (nicht umlautend) das houbt (doch auch schon houpt), houbet (vgl. auch Besthaupt), ahd. houbit, houpit (st. houpid), goth. háubiþ, altsächf. hôbid, altfrief. hâved (oder haved?), angelsächf. heáfod (oder heáfod?), woneben mit regelrechtem Umlaut (wegen i in -it) mhd. heubt, heubet, hôubet (Marien Himmelfahrt 1795), weshalb im 16. u. 17. Jahrh. auch Heubt (b. Luther), Heupt, mit dem bl. die Heupte, welcher noch in zun oder zu den Häup= ten = „da wo der Kopf ist" vorkommt. Das Wort entspringt mittelst der Ab= leitungssylbe -iþ ahd. -id aus dem Sing. Prät. eines verlornen goth. Wurzel= verbums hiuban (Prät. ich hâub, wir hubum, Part. hubans) = umfassen (?), einschließen (? das Hirn?), aus welchem auch Haube abzuleiten ist. Auffallend ist die altnord. Form für Haupt: höfud hafud [die im Bocale mit jenem goth. hâmbiþ ahd. houpit stimmende müßte haufud lauten], welche in ihrem kurzen a (ö ist dessen Umlaut durch folgendes u) genauer zu dem gleichbed. lat. das cáput (Gen. cápitis) stimmt, und diesem lat. Worte in cpt entspricht der Lautverschiebung gemäß unser deutsches. Vgl. Jac. Grimm in Haupt's Zeitschr. I, 136 u Grimm's Gramm. I¹, 442. Übrigens hat Haupt im Ahd. schon die bildliche Bed., und z. B. der houpitman unser Hauptmann ist der Oberste, der Erste unter Seinesgleichen. — Unser haupten ist mhd. houbeten, ahd. houbitôn, = „den Kopf abschlagen", im Mhd. auch s v. a. „wie einem Haupte anhängen." In Häuptling ist das l unorganisch eingetreten.

das Haus, —es, Pl. Häuser, mhd., ahd., goth. 2c. das hûs : erbaute Menschenwohnung. Der alte Dat. Pl. Hausen mhd. hûsen ahd. (zi dên) hûsun hûsum b. i. zu den Häusern, ist nur noch Ortsname. Zu Hause steht adverbial. Von Haus : das Häuschen, Häus= lein (mhd. hiuselîn, ahd. hûsili hûsilîn); hausen (vgl. auch haußen), mhd. hûsen, ahd. hûsôn, = wohnen, im Mhd. auch schon „in das Haus aufnehmen", — in behausen, mhd. behûsen, = mit einem Hause versehen, häuslich fest setzen; hausieren (im 16. Jahrh.) = von Haus zu Haus gehen, jetzt nur wenn es feil bieten geschieht, mit ber Hausierer; ber Häusler, v. bem mhb. Dim. bas hiusel (Häusel, Häuslein); häuslich mit bie Häuslichkeit. Zusammensf. : ber Hausähren, Hausährn, s. ber Ähren; bie Hausehre, mhb. hûsêre (= bie Ehre ober Würbe bes Hauses, insbesonbere bes Hausherrn), bei Luther (Pf. 68, 13) schon, wie er am Ranbe ausbrücklich bemerkt, bie Hausfrau; bie Hausflur, was bie Flur 2 (f. b.); ber Haushalt mit ber Haushalter, besser mit Umlaut Haushälter, unb bie Haushälterin (mhb. hûshaltærinne) sowie haushälterisch, bie Haushaltung, v. haushalten (urspr. Haus halten); ber Hauslauch [ahb. louh ist überhaupt saftiges Kraut], was Hauswurz; ber Hausrath, mhb. hûsrât (was in einer Haushaltung ist, auch bie Hausthiere); bie Hauswurz, mhb. u. ahb. bie hûswurz, bas auf ben Dächern wachsenbe bekannte saftige Kraut [mhb. u. ahb. bie wurz = Kraut].

> hûs scheint lautverschoben zu lat. curâre = „Fürsorge haben" zu stimmen, insofern bieses für cusâre steht (vgl. Hort), unb also urspr. s. v. a. bas Hegenbe, Schützenbe zu sein (f. Grimm's Mythol. 922).

ber Haufen, — s, Pl. wie Sing. : ber große Stör. Daher bie Haufenblase, ungut bie Hausblase, = Leim aus ber Leimblase bes Haufens.

> Eig. ber Haufe; aber auch schon mhb. ber hûsen neben ber hûse, ahb. hûso.

ber Hauste, — n, Pl. — n, bann auch ber Hausten, — s, Pl. wie Sing. : Haufe, [zu u. bei Gießen :] aufgestellter Fruchthaufe.

> Im 16. Jahrh. ber hauste = Haufe, b. i. mhb. hûste (vgl. Schmidt's westerwälb. Jbiot 72. Müller's aachen. Munbart 92), welches vielleicht mit Vertauschung bes f unb s statt hûfte v. mhb. hûfe Haufe (f. b.) steht. Bei Benecke-Müller I, 725ᵃ ist irrthümlich zunächst houste angesetzt; aber hauste u. bas Verbum hausten in Grimm's Weisth. II, 46. 113 sinb mhb. hûste u. hûsten, worauf schon huisten S. 254 aus einem Weisthum von ber Mosel hinweist.

hauß (b. Göthe I, 182), haußen, Abv. : hier außen.

> Mittelb. hûze (Bezeichenunge ber heil. messe in Adrians Mittheilungen S. 442, 106), zusammengez. aus hie ûze hie außen, wie mhb. hinne aus hie inne.

haußen, üblich aber ungut haufen in ber Web. : lärmen, toben.

> Aus mittelb. hûzen, mhb. biuzen, = lärmen, schreien.

bie Haut, Pl. Häute, mhb. u. ahb. hût : bie natürliche Decke bes Thier= ober Pflanzenkörpers. Daher : häuteln (von bem mhb. Dim. bas hiutel ahb. hûtili Häutel b. i. Häutlein); häuten, mhb. hiuten; häutig, mhb. hiutec, in bick=, viel=, weißhäutig ꝛc.

> Haut unb Haar,[schon mhb. hût unde hâr (Wackernagels Basler Bischofsrecht S. 37, 10). — Ahb. bie hût, angelsächs. hûd, stimmt lautverschoben zu lat. bie cûtis.

† bie Havarie (3sylbig), Pl. —n (4sylbig): Schaben am Schiffe unb bessen Labung außer bem Hafen; allerlei Schiffsunkosten, als Hafengelb ꝛc.

Aus dem franz. die avarie, ital. avaria, v. niederl. die haverij. S. Hafen.

† das **Hazárdspiel**, üblicher der Aussprache gemäß **Hafardspiel**, f. b.

he (e lang)! Interj. der Anrede, des Fragens, Lachens, Spottens.

Mhd. hê als Interj. der Anrede *Diut.* II, 37 ist das franz. zurufende hó! Als Interj. des Lachens : »hê hê hê, sulte ich dêz [lies dês] nit lachen« (*Fried-berger Passionsspiel* Bl. 30ᵃ).

die **Hébamme**, Pl. —n : Geburtshelferin.

Im 12. Jahrh. héveamme (*Wernhers Maria* 196, 3), die hevamme (*gloss. herrad.* 183ᵇ), hefamme (*Exodus* 87, 11). Mit Anlehnung an Amme aus ahd. die hevannâ (*Docen* I, 219ᵃ), hefhannâ (*Graff* IV, 957), héfihannâ (*gloss. jun.* 215), welches entweder 1) zusammenges. ist aus ahd. hefjan **heben** (f. b.) und einem anzunehmenden, vielleicht mit angetretenem h von altnord. die önn (ö ist Umlaut des a) = Arbeit entsprungenen ahd. die annâ = Dienerin (?), oder 2) bloß abgeleitet v. hefjan und also ft. hefanjâ ? steht. Die Benennung bezieht sich wahrscheinlich auf das Aufheben des Kindes nach der Geburt, eine Dienst-leistung auf Befehl des Vaters, womit dieser kraft seines ältesten väterlichen Rechtes erklärt, daß er es leben lassen will. Vgl. Grimm's Gramm. II, 680. Rechtsalterth 455.

die **Hébe**, ungut ft. **Hepe** (f. b.). Bayerisch (Schmeller II, 141).

der **Hébel** = Hebestange, f. heben. Erst im 16. Jahrh.

hében, Präs. ich hébe, Prät. ich hub (Conj. húbe), jetzt üblicher hob (Conj. höbe), Part. gehóben (mit Verdunkelung des a aus älter=nhd. geháben), Imp. hebe (gekürzt heb) : in die Höhe bewegen; wegschaffen. Daher : der **Hébel** (f. b.); der **Héber**; die **Hébung** ꝛc.

Mhd. heben (Prät. ich huop, wir huoben, Part. gehaben, Imp. hebe?), ahd. heffan d. i. hefjan (Präf. ich heffu, hevo, Prät. ich huop, wir huopumês, Part. hapan), goth. haf jan (Präf. ich hafja, Prät. ich hôf, wir hôfum, Part. hafans), neunieder. heffen. Das Wort, in dessen schwachem Präsens, Inf u. Imperativ sich allmählich f in b gesenkt hat, stimmt lautverschoben mit lat. cápere fassen, wozu auch **Hafen**, **Haff**, **haft** zu setzen sind. S. auch **Hefe**.

der **Hebráer**, —s, Pl. wie Sing. : der Jude. Daher **hebráisch**.

Aus lat. Hebræus v. hebr. ibhri (עִבְרִי) Hebräer d. h. der von jenseit des Euphrat Gekommene [hebr. der ébher = der Übergang, das Jenseitige], zunächst von Abraham gebraucht (1 Mos. 14, 13). **Hebráisch**, ahb. hebreisc, hebraisc, aus dem von Hebræus abgeleiteten lat. hebráicus.

die **Héchel** (é wie ä), Pl. —n : Stachelwerkzeug zum Durchziehen des Flachses und Hanfes. Daher **hécheln** mit der **Héchler**.

Mhd. die héchele, hachele, wovon hecheln (hecheln), hacheln. Das Wort scheint mittelst der mhd Ableitung -ele ahd. -ilâ aus Einer Wurzel mit **Haken**.

die **Héchse** (é wie ä), mit dem alten Umlaute e neben **Háchse**, f. b.

der **Hécht** (e wie ä), —es, Pl. —e, ein bekannter Raubfisch.

Mhd. der hechet, ahd. hechit, hachit (d. i. habhit), altsächf. haceth (haked?), angelsächf. häced (neben hacod). Dunkler Herkunft.

die **Hécke** (é wie ä), Pl. —n : Gebüsch; Zaun. Daher **héckig**.

Mhd. die u. das hecke, hegge, ahd. hegga (*Graff* IV, 762), v. **Hag** (f. b.).

die Hécke (é wie ä) = Fortpflanzung durch Junge oder Brüten. V.
hécken. Zusammenſ. : der Héckthaler, die Héckezeit.

1482 aushecken = ausbrüten (*voc. theut.* B. c 2ᵇ u. e 3ᵇ), hecken =
fortpflanzen (von Vögeln. *Krolewis* 4345). Wie es ſcheint, v. mhd. der hage =
Zuchtſtier (ſ. Hackſch), welches zuſammenhängt mit heg in mhd. die hégedruose
(die Hécdrüſe), ahd. hekadruasî (*gl. fuld.* 195ᵃ), hega-, hegidruosi, = Zeugungsglied, ſowie in mhd. hegetübe, ahd heki-, hegatûbâ, = Holztaube (ſich
durch häufige Brut vermehrende Taube). Alſo nicht eins mit mhd. hecken,
ahd. hecchan, = ſtechen.

der Héckerling (e wie ä), das Héckſel, ſ. Häckerling, Häckſel.

die Hêbe (b. Juſtus Möſer), Pl. —n : Werg.

Das niederd. u. altfrieſ hede. Die echte hochd. Form würde Heide lauten,
ahd. die heidâ (*gl. fuld.* 47ᵇ, wo heidûn ſt. herdûn Werg zu leſen ſein wird)

der Hêberich (é wie ä), — es, Pl. —e : Gundelrebe (hédera ter-
réſtris oder glecôma hederácea); wilder Senf (ery'simum).

Mhd. der hederich, in einem ungedruckten Pflanzengloſſar v. J. 1452 hedreich.
Mit dem Gedanken an ◦rich (ſ. b.) aus lat. hederáceus = epheuähnlich, oder
ſelbſt deſſen Stammwort hédera Epheu nachgebildet und alſo zuerſt von der an
Hecken und Wieſen ephenähnlich kriechenden Gundelrebe (ſ. oben) gebraucht.

Hêbwig, = Glückskampf, u. alſo kriegeriſche Kämpferin. Frauenname.

Mhd. Hedwig, ahd. Haduwic, zuſammengeſ. aus ahd. Hadu, goth. Haþus (?),
angelſächſ. Héado, altnord. Hödr, dem Namen des blind dargeſtellten b. b
blindlings vertheilenden Gottes des Kriegsglückes (ſ. Hader), und mhd. u. ahd
der wîc Kampf.

das Heer, — es, Pl. —e, mhd. das her, ahd. heri, hari, goth. der
harjis, altſächſ. der heri : Vielheit beiſammen ſeiender lebenden Weſen.
Daher heeren, mhd. hern, ahd. herjan u. herrôn, herjôn, = mit
einem Heere b. h. mit Krieg überziehen, dann gewaltſam berauben.
Zuſammenſ. : der Heerbann (ſ. Heribann); die Heerbiene =
Raubbiene (vgl. vorhin heeren); die Heerfahrt, mhd. hervart,
ahd. herifart; das Heergeräth; das Heergewäte, mhd. herge-
wæte, ahd. herigiwâti [? eig. Kriegsgewand, denn das giwâti iſt Collectiv v. die wât Kleidung], ſächſ. herwede, (b. i. herwêde), = die
fahrende Habe, die ſich auf Bewaffnung und Rüſtung des Mannes bezieht und nur auf den Mannsſtamm u. Verwandte männlicher Seite
forterben kann — vgl. die Gerade —; das Heerhorn, mhd. her-,
herehorn, ahd. herihorn, = Kriegstrompete; der Heermeiſter =
Vorgeſetzter eines Gebietes bei Ritterorden u. Anführer des Ordens-
heeres; der Heerrauch, ſ. Heirauch; die Heerſteuer, mhd.
herſtiure, ahd. heriſtiura, = Kriegsſteuer, von Kriegsdienſt befreiende
Lehngutsſteuer; die Heerſtraße; ahd. heriſtrâzu, = Landſtraße; der
Heerſtrom = größter Landſtrom; der Heerwagen, mhd. herwagen,
= Rüſt-, Kriegswagen bei Feldzügen, Sternbild des großen Bären.

Schon bei Luther Heer; urspr. aber kurzes e, wie noch in Herberge, Hermann, Herzog.

der Heerd (ee tief), richtiger, jedoch minder üblich Hėrb (ë lang), —es, Pl. —e : die Feuerstätte zum Kochen im Hause.

Mhd. u. ahd. ter hërt (Gen. hërdes) = Erdboden, dann Boden (bereitete Unterlage) für das Feuer, angelsächs. der hëord Feuerstätte. Das einfachere Wort scheint sich in ahd. der hëro Erdboden (Graff IV, 999) zu bieten, insofern dieß nicht st. ahd. der ëro (s. Erde) steht.

die Heerde (ee tief), richtiger, jedoch weniger üblich Hėrde (bei Luther, ė lang), Pl. —n : Menge beisammen befindlichen Viehes.

Mit falschem d statt t, welches richtig in Hirte (s. d.) bewahrt ist. Mhd. die hërt, ahd. (nur bei *Notker*) hërta, goth. haírda, welches lautverschoben stimmt mit dem gleichbed. slaw. tschrjeda [tsch = k], poln. trzoda.

heeren, die Heerfahrt, das Heergeräth ꝛc., s. Heer.

die Héfe, Pl. —n : das durch Gährung Ausgeschiedene und wieder Gährung Erzeugende (Hebende); Auswurf. Daher héfig.

So auch bei Luther. Mhd. der hefe, ahd. hefo, hepho, woneben mhd. der hefel, ahd. hevil u. hevilo landschaftlich Hefel = Sauerteig. Mit bewahrtem f [sonst würde man im Nhd. die Hebe sagen müssen, wie der mittelrhein. voc. ex quo v. 1469 hat] v. ahd. hefjan heben (s. d.). Vgl. die Bärme.

das Héft (e wie ä), —es, Pl. —e : Handhabe eines Schneide-, Stech-werkzeuges; [im Mhd. auch :] Spangennadel zum Festhalten; gehefte-tes Papier. Mit der Héftel = Heftpflock, die Héftel = Heft-haken, und héfteln v. héften.

Mhd. das hefte, ahd. hefti, = das woran etwas haft (= festsitzend) ist, Messer-, Schwertgriff. heften, mhd. heften, ahd. heftan, goth. haftjan (d. i. haft-j-an, sich anheften, anhängen), = haft (= festsitzend, festhaltend) machen, befestigen. B. haft ahd. haft goth. hafts, f. -haft.

héftig (é wie ä) : sehr streng, ungestüm. Daher die Héftigkeit.

Gegen 1500 haftig = rauh, wild, streng, starr, ernst, schwierig, lat. *rigidus*, *sevérus*, *strenuus*, *árduus*, u. die haftigkeit = *sevéritas*, *strenúitas* (voc. incip. teut. ante lat. Bl. k 6ᵇ), 1482 hefftiger geher gehmutiger, *véhemens*, u. hefftiglich hefftigkeit (voc. theut. Bl. o 1ᵇ), 1429 häftig = *árduus*, *rigidus* (liber ordinis rerum Bl. 22ᵇ), mhd. (gegen 1400) heftig (Suchenwirt 36, 33) u. mitteld. (um 1300) heftec in hefteclîche (Salomónis hus 430, 55) = beharr-lich, ahd. haftac (?), v. mhd. haft (s. -haft) = festsitzend, festbleibend, woher auch das von heftig verschiedene umlautlose (weil mittelst -ac abjeleitete) -haftig (s. d.), mhd. haftec, ahd. haftac (?). Der Begriff des Ungestümes, des gähen Gemüthes, der Strenge gieng also von dem des Beharrlichen und Festbleibenden (Haftenden) aus.

die Hége, Pl. —n, = Schutz und durch Verbot geschützte Fläche. Von hégen = umzäunen, durch Umzäunung schützen, in seinem Schutze halten. Zusammens. damit : die Hégezeit; der Hégewisch ꝛc.

Unüblich Häge, hägen, denn die Sprache wahrt hier den alten Umlaut e. Hegen, mhd. hegen, ahd. hegjan, hekjan (d. i. hak-j-an), ist abgeleitet v. dem ahd Wurzelverbum hagan, hakan (f. Hag u. behagen).

der Héger = Hüter eines Geheges; Art kleiner Lehnsleute. Zusammenf.: das Hégergut = kleines Lehngut.

     Weniger üblich, aber eben so gut Häger, Hägergut. Von Hag (f. d.) in dem Sinne von umfriedigtem Baulande.

der Hĕ̂her, richtiger als Hä̂her (f. d.), worin ä statt ĕ̂.

das Hehl, in der Redensart »kein Hehl haben« (mit Gen.). S. hehlen.

hehlen, Präf. ich hehle, du hehleſt ꝛc., ich hehlete, hehlte: tief verbergen vor jemand. der Hehler (ĕ̂ hoch wie e).

     Hehlen, mhd. hælen (mitteld. hêlen?), iſt, wie das Hehl (f. d.), abgeleitet aus dem Pl. Prät. des lautverschoben mit dem gleichbed. lat. celâre ſtimmenden, nur noch in dem Part. Prät. verhohlen erhaltenen mhd. Wurzelverbums hëln (Präf. ich hil, Prät. ich hal, wir hâlen, Part. geholn), ahd. hëlan (Präf. ich hilu, Prät. ich hal, wir hâlumês, Part. holan), goth. hilan (? Präf. hila? Prät. ich hal? wir hêlum? Part. hulans?), = tief verheimlichen. Unſer Hehler, mhd. der hêlære, iſt von dem Präfens. S. Held, Helm, hohl, Hölle, Hülle, hüllen, Hülſe.

hehr = Ehrfurcht gebietend, feierlich ſtimmend. S. auch herrſchen.

     Mhd. u. ahd. hêr, angelſächſ. heâr (nicht heâr), = leuchtend, ſtrahlend, hoch und herrlich, erhaben, vornehm, heilig. Aus Einer Wurzel mit goth. das háis (Gen. háizis) = Fackel (Joh. 18, 3).

hei! Interj. der Freude, Verwunderung, Ermunterung.

     Mhd. hei! hey! Aus dem Romaniſchen (provenzaliſch hahi! hai! hay!) oder, da auch mhd. heiâ! eiâ! und heiâ hei! ſteht, aus lat. hêia (êia)! gr. eía (eía)!

heibá! Interj. des Lebensmuthes. Aus hei ba! mhd. hei dâ (?).

der Heide, —n, Pl. —n: wer nicht Gott verehrt. Daher: die Heidin; heidniſch. Zuſammenf.: das Heidenthum.

     Wie Chriſt aus der Chriſten, Rabe aus ahd. hraban, ſo iſt Heide (ſchon mitteld. bei *Jeroschin* 171 der heide) um das auslautende n gekürzt aus älter-nhd. der Heiden, mhd der heiden, ahd. heidan, = Nichtchriſt, beſ. Muhamedaner, welches das zum Subſtantiv gewordene mhd. Adj. heiden, ahd. heidan, goth. háiþns (?), altſächſ. hêthin, niederl. heiden, angelſächſ. hæden, altnord. heidinn, urſpr. = ländlich, iſt, v. die Heide 2 (f. d.), ganz gemäß dem lat. pagânus = der Heide, eig. Land-, Dorfbewohner, v. pâgus Dorf, Gau. Die Heidin heißt mhd. die heideninne, heidenin, heidenîn, v. jenem mhd. der heiden; Ulfilas aber hat die háiþnô, die ſchwache weibliche Form des Adjectivs. Heidniſch iſt mhd. heidensch, heideniſch, ahd. heidanisc, = nichtchriſtlich, und das Heidenthum das ahd. heidantuom = Glaubensverletzung, Tempelſchändung.

die Heide, Pl. —n: auf Heideboden wachſender kleiner Strauch (erîca). Zuſammenf.: die Heideblüte, das Heidekraut.

Mhd. die heide, ahd. heida u. heidā, niederl. heide, angelsächs. die hæd (st. hæde), altnord. die heidi. Zusammengehörig mit dem folgenden die Heide.

die Heide, Pl. —n : walblose wildgrünende Ebene.

Mhd (im 12. Jahrh.) die heide, ahd. die heidi (?), goth. die háiþi (= unbestelltes Feld), niederl. heide. Mit ableitendem -d, -þ, und also zu zerlegen heid-î, hái-þ-i (st. hái-aþ-i), deffen hē̂ī, hái im Hinblicke auf den dürren Heideboden vielleicht auf ahd. hei heiß (dann ausgetrocknet, f. von Schmid's schwäb. Wtbch 254), heiēn versengen, brennend fein (f. Heirauch), führt [anders Grimm i. f. Gramm. II, 258]. Zusammengehörig mit dem vorhergehenden die Heide.

das Heidekorn, —es, Pl. —e : der Buchweizen (f. b.)

Im 16. Jahrh. das Heidenkorn, (mit Übergang des n in l) Heydelkorn, der Heydel, weil die Pflanze und ihre Frucht aus muhamedanischen Ländern [man sagt Griechenland u. Asien], also von den Heiden (mhd der heiden = Muhamedaner, f. der Heide) zu uns kam, was, wie das heidenkorn in Mone's Anzeiger VI, 438, 32 u. in Diefenbach's Gloffar 67 zeigt, schon im 15. Jahrh. geschah [nicht erst zu Anfange des 16., wie bei Buchweizen angegeben wurde]. Mit dieser Erklärung des Namens stimmt auch die Benennung das Táter- oder Tátelkorn d. h. von den Tatern, Tataren, (Tartaren) zu uns gekommenes Korn. Mit beiden Namen aber kommen die böhmischen pohanka (v. pohan Heide) u. tatarka überein.

die Heidelbeere, Pl. — n : die schwarzblaue Beere des vaccínium myrtíllus. Zusammenf. : die Heidelbeerstaube, der Heidelbeerstrauch.

Mhd. das heidelber, heitber, ahd. das heid-, heitperi, d. i. die auf der Heide (einem Lieblingsorte des Heidelbeerstrauches) wachsende Beere. Unsere nhd. weibl. Form ist aus dem Pl. der alten sächlichen (f. Beere) und das zwischen die zusammengef. Wörter eingetretene el niederdeutsch.

die Heidelerche = auf der Heide und deren Bäumen lebende Lerche.

das Heidenthum, die Heidin, heidnisch, f. der Heide.

der Heidúck, — en, Pl. — en : großer Diener in ungarischer Tracht, urspr. bewaffneter Dienstmann in nationaler Livree, leichtbewaffneter Soldat zu Fuß in Ungarn.

ck wegen des kurzen u. Im Slavonischen bed. das Wort f. v. a. Räuber. Ursprünglich ungarisch : hajdú = Infanterist, später „Gerichtsfrohn, Trabant."

heikel, heiklich, = von schwer zu befriedigendem Geschmack, wählerisch; mit Sorgfalt, Zärtlichkeit, Schwierigkeit zu behandeln, bedenklich. Oberdeutsch (Schmeller II, 165).

Nicht häklich, wie man gerne aus Mißverstand spricht. Das Wort ist schon im 17. Jahrh. üblich. Der Heikel = Ekel, Bedenklichkeit. Dunkler Abstammung.

das Heil, —es, ohne Pl., mhd. u. ahd. das heil (= Glück). V. dem Adj. heil, mhd. u. ahd. heil, goth. háils (= gesund), altsächf. hē̂l : unbeschädigt, unverletzt, von Verletzung wiederhergestellt. Davon dann noch : das Adv. heil; heilen, mhd. heilen, ahd. heilēn, = heil werden, aber heilen, mhd. heilen, ahd. heilan, goth. háiljan, altsächf. hē̂lian, = heil machen [im Altb. auch „erretten", salvâre], mit dem kirchlich in der vollen alten Form als Subſtantiv bewahrten Part. Präſ. der Heiland, —es, Pl. —e, mhd. u. ahd. der heilant, altſächſ. hêland, hêliand, = *salvâtor*, Erretter (Erlöſer) der Menſchen, des Volkes; heilig (ſ. b. W.). Zuſammenſ. mit das Heil : heilbar, mhd. heilbære (= glückbringend), doch im Nhd. mehr Zuſammenſetzung mit heilen durchblickend; heillos; heilſam, mhd. heilſam (= glückbringend), ahd. heil-, heilesam (als Adv. heilsamo); das Heilthum [veraltet, jetzt das Heiligthum, ſ. heilig], —es, Pl. Heilthümer, mhd. heiltuom, = heilkräftige Reliquie.

heilig, mhd. heilec, ahd. heilac, altſächſ. hêlag, angelſächſ. hâlig, = (göttliches) Heil [ſ. b.] bringend, ſittlich und geiſtlich rein; ausſchließlich gottgeweiht. Davon : die in ſubſtantiviſcher Bedeutung ſtehende ſchwache männl. Form der Heilige, mhd. der heilige, ahd. heilago; heiligen, mhd. heiligen, ahd. heilagôn, altſächſ. hêlagôn. Zuſammenſ. : die Heiligkeit, mhd. heilecheit (b. i. heilec-heit), ahd. heilig-, heilicheit; das Heiligthum, mhd. heilectuom, ahd. heilactuom.

heim, Adv. : nach Hauſe. die Heimat (th iſt unnöthig), ohne Pl, mit heimatlich. der Heimbürge, —n, Pl. —n, = Handhaber der Ortspolizei, Gerichtsbote. die Heime, gewöhnlich im Dim. das Heimchen, = die Hausgrille. heimeln. heimiſch. heimlich, Adj. u. Adv., mit die Heimlichkeit. der Heimfall u. heimfallen. heimſuchen mit die Heimſuchung. die Heimtücke, heimtückiſch. heimwärts. das Heimweh ꝛc.

In der früheren Sprache kam ein lautverſchoben mit gr. die kṓmê (*κώμη*), litthauiſch der kaimas, = Dorf ſtimmendes noch an Ortsnamen erhaltenes das Heim reichlich vor : goth. die háims = Dorf, Flecken, ahd. u. mhd. das heim = Haus, Wohnort, angelſächſ. der hâm = Haus, Vaterland, altnord. der heimr = Haus, Welt. Davon ſteht adverbial 1) der Dat. Sing. mhd. u. ahd. heime = zu Hauſe (*dómi*), unſer heim in daheim, mhd. dâ heime, ahd. dâr heime, und in heimſuchen, mhd. (ſchon im 12. Jahrh.) heime suochen, urſpr. = zu Hauſe, in ſeinem Hauſe aufſuchen, 2) der Acc. Sing. mhd. u. ahd. heim = nach Hauſe (*dómum*), unſer obiges Adv. heim, auch in Heimfall, heimfallen, heimgehen (mhd. heim gân), heimkommen (ahd. heim quëman) ꝛc. Ableitungen aber von jenem Subſt. das Heim = Haus ſind : (mittelſt der aus -ot mhd. -ôt, -uot, ahd. -uoti verſchwächten Ableitungsſylbe -at, vgl. Monat) die Heimat, mhd. (umlautlos) die u. das heimôt, heimôte, heimuot, heimuote, ahd. das heimôti, heimuoti, goth. heimôþi (?); die Heime = Hausgrille, mhd. der heime, ahd. heimo, angelſächſ. hâma, mif dem Dim. das Heimchen, 1475 altcleviſch heymken, u. das Heimlein, mhd. das heimelîn, ahd. heimili; die Heime (nur noch dichteriſch) = Heimat, mhd. heime, ahd. heima (?); heimeln (b. Salis), ahd. heimilôn (?), = eine Empfindung der Heimat erwecken; heimiſch, mhd. heimisch, ahd. heimisc (= zum Hauſe gehörig). Zuſammenſetzungen mit das Heim: der Heimbürge (nicht Heimburge), mhd. der heimbürge, spät-ahd. heimburgo, = Untervorsteher der Gemeine; heimlich, mhd. heim-, heimelich (als Adv. heimliche), ahd. heimilîch, = zum Hause gehörend, nicht fremd, vertraut (*familiaris*), dann fremden Augen entzogen, verborgen vor Andern, — auch in das heimliche Gemach, 1482 das heymlich gemache (*voc. theut.* Bl. o 2ᵃ); heimwärts (vgl. -wärts), ahd. heimwartes (*Tatian* 6, 7); das Heimweh. In dem im 17. Jahrh. auftauchenden heimtückisch (Stieler. 2348) mit die Heimtücke hat heim den neuen Begriff des Geheimen (vgl. geheim).

Hein in "Freund Hein", = der Tod, nach alter Ansicht als wolwollendes, freundliches Wesen aufgefaßt.

Erst in der 2ten Hälfte des 18. Jahrh., bei Claudius, Musäus, Gotter. Ob, wie Hain aus mhd. hagen Dorn, von dem aus dem Nibelungeliede bekannten berühmten Heldennamen Hagen, mhd. Hágene, ahd. Hágano, d. h. der Dornige (*spinôsus*), gekürzt? vielleicht in dem christlichen Gedanken an „Tod, wo ist dein Stachel?" (1 Kor. 15, 55. 56. Goth. hvar ïst gazds þeins, dáuþu?).

Heinrich, = Fürst, Oberster des Hauses, ein Mannsname. Die Pflanzennamen: böser, großer, guter, stolzer Heinrich gehen, wie es scheint, auf die Vorstellung von den Namen Heinrich führenden Elben und Kobolden, denen man die Heilkraft jener Kräuter zuschrieb.

Mhd. Heinrîch (mit n aus m das frühere) Heimrîch, ahd. Heimrîh. Zusammengef. aus ahd. das heim = Haus (f. heim) und rîh goth. reiks (f. -rich).

heint, Adv.: diese (vorhergegangene oder nächstkommende) Nacht.

So schon bei Alberus. Falsch wäre heunt. Denn mhd. hînt, (gekürzt aus) hînet, hîneht, hînaht, ahd. (bei *Otfried*) hînaht, welches aus hia naht d. h. dem weibl. Acc. Sing. des verlornen ahd. Demonstrativs (männl.) hir, (weibl.) hiu, (sächl.) hiz, goth. his, hija (?), hita, = dieser, diese, dieses, und dem Acc. Sing. v. Nacht mhd. u. ahd. naht zusammengezogen scheint, also lat. *hanc noctem* ausdrückt. Die mhd. geläufige Form hînte aber mag in nte den Dativ Sing. nehte enthalten. Grimm's Gramm. III, 139. S. auch her, heuer, heute, hier, hin. — Ungut ist die Form hint (f. b.) mit kurzem i.

die **Heirath**, Pl. —en: Eingehung der Ehe. Daher heirathen.

Noch bayerisch der Heirath, mhd. u. ahd. (aber erst im 11. Jahrh.) der u. die hirât, zusammengef. aus dem zu ahd. hîan, hîjan, hîwan, = eine Ehe eingehen, goth. heiv in der heiva-fráuja Haus-herr (*Marc.* 14, 14) gehörigen ahd. die hîa, hîja = Ehe, und aus ahd. u. mhd. der rât (unserm Rath) = Berathung, Verhandlung, Entschluß, Zurüstung. Die angelsächs. Form ist der hîred und bed: *conventus*, *familia*. Von jenem hîrât kommt dann das mhd. Verbum hîrâten beirathen. Aber neben hîrât findet sich wegen des w in hîwan mhd. hîwen (neben hîjen, hîen) im Mhd. die Form hiurât, woher die neuhochdeutschen: die Heurath u. heurathen, welche also nicht verwerflich, doch in Anschauung jenes reinen mhd. u. ahd. hîrât auch nicht zu empfehlen sind. Das dehnende th wäre wol zu entbehren und mit bloßem t Heirat das Richtigste; allein da wir einmal Rath zu schreiben gewohnt sind, so pflegen wir auch hier th beizubehalten.

der **Heirauch**, — es, ohne Pl.: der bläulich-weiße oder bläulich-rothe nebelartige Dunst bei trockner Luft u. heißem Wetter. Bayerisch (Schmeller II, 127). Hochd. ist der Höhen- oder Höhrauch üblich.

Auch der Heidampf, Heinebel, das Gehei (Schmeller II, 127, mhd. das gehei, geheie, ahd. gihei, die giheie, = trockener Brand, Hitze, Sommerbrand). Hei ist das lautverschoben mit gr. kaiein brennen (vgl. heiß) stimmende ahd. das (?) hei = Hitze, trockener Brand, woneben noch das ahd. Adj. hei = heiß, ferner ahd. heiân = brennen, glühen, sengen; also der Heirauch urspr. = Rauch (Dunst) mit Hitze oder Brand. Da aber das Wort Hei erlosch und nicht mehr verständlich war, überdieß am Unter- und Mittelmain, der fränkischen Saale ꝛc. ei wie æ ē gesprochen wird, so bildete man nach dem Jahre voller Heirauch 1783 die falsche Form der Heerrauch [zuerst bei Adelung und zwar in der 2ten Ausgabe seines Wtbchs (1796)], welcher der Sinn „heerartig sich ausbreitender Rauch" untergelegt wurde, und später mit dem bei dem Volke in Mitteldeutschland vorkommenden â = nhd. mhd. u. ahd. ei die Form der Haarrauch, worunter man dann gleichsam „Rauch mit haar-ähnlichen Strahlen" verstehen wollte. Früher als Heer- und Haarrauch, aber auch seit 1783, findet sich die geradezu entstellte, allein im Rhb. übliche Form der Höhenrauch [im Teutschen Merkur 1784 April S. 3 und in Gehler's physikal. Wtbch III (1790), S. 328 f.], dann Höhrauch, welche gleichsam an den Höhen (Bergen) sich haltender Rauch (Nebel) ausdrücken soll.

heißa! Interj. der Lustigkeit. Aus hei (s. b.) u. sa! v. franz. çà, provenzal. sa, = auf! wolan! lustig!

heisch, als edler gilt uns jetzt heiser, s. b.

heischen = um etwas anliegen; dringend fordern.

    Das anlautende h ist ungehörig und erst im Laufe des 13. Jahrh. vorgetreten; die noch daneben bestehende reine mhd. Form lautet eischen, ahd. eiscôn, v. ahd. die eisca Frage, welches, in eis-c-a zerlegt, zu sanskr. isch wünschen stimmt. Die starke Biegung : Prät. mhd. ich iesch, Part. geheischen (Göthe VIII, 149), ist unorganisch eingetreten.

heiser = rauhen, unreinen, benommenen Klanges. Zusammens. : die Heiserkeit. Die Form heisch scheint uns nicht mehr edel.

    Mhd. heiser, im 12. Jahrh. heisir, mittelst der Ableitungssylbe -er ahd. -ar v. der gleichbed. einfachen mhd. u. ahd. Form heis, angelsächs. u. altnord. hâs, woher auch mit ableitendem c ch das mitteld. heisch heish (Hoffmann's Fundgr. I, 376ª), mittel- u. neuniederl. heesch, unser also aus dem Mitteldeutschen aufgenommenes heisch (bei Luther Pf. 69, 4). Die Heiserkeit, im liber ordinis rerum v. 1429 Bl. 23ª haisserhait d. i. mhd. heiserheit.

der Heister, -s, Pl. (ungut) —n : junges stabartig emporgeschossenes Buchenstämmchen; stabartig aufgeschossenes Laubholzstämmchen.

    Nur noch in Flurnamen. Mhd. der heister (Reinhart Fuchs S. 338, 1284. Arnsburg. Urkundenb. S. 565, 920), niederb. hester, niederl. der beester, wovon franz. der hêtre, früher hestre Buche.

heiß, mhd. u. ahd. heiz (als Adv. mhd. heize, ahd. heizo), = empfind-lich oder brennend warm. Zusammens. : der Heißhunger = bren-nender, unwiderstehlicher Hunger, mit heißhungerig.

    heiz, goth. háits (?), angelsächs. hât, entsprang dem Sing. Prät. eines auch nach goth. die heitô [= brinnô] Fieber (hitzige Krankheit) zu erschließenden ver-lornen goth. Wurzelverbums heitan (Prät. ich háit, wir hitum, Part. hitans) =

= empfindlich warm sein (?), welches in seiner Urwurzel lautverschoben mit gr. kaiein (καίειν) = brennen stimmt und also mit ahd. hei (f. Heirauch) zusammengehört. S. auch Hitze.

heißen, Präs. ich heiße, Part. ich hieß (Conj. hieße), Part. geheißen, Imp. heiß (ungut schwach, wie schon zuweilen im Mhd., heiße) : ausdrücklich wozu antreiben; einen Namen geben oder führen.

Heißen hat den Acc. bei sich, nicht den Dat., der z. B in Schiller's Räubern 1, 1 steht: „Der Herr hat's ihm geheißen!" Bei heißen = nennen kann auch das Part. Prät. oder der Inf. gesetzt werden : das heißt gelogen, das heißt lügen ꝛc. — Mhd. heizen, ahd. heizan (Prät. ich hiaz, Part. heizan, Imp. heiz), goth. háitan (Prät. reduplicierend háiháit, Part. háitans). Im Goth. die Bed. : jemand rufen, einladen; befehlen; nennen. Das Wort entspricht in seiner Wurzel lautverschoben dem lat. cīre, ciēre, = in Bewegung setzen, herbei-, anrufen, beim Namen nennen. Siehe auch das Geheiß [goth. das gaháit = Verheißung].

-heit = die Art und Weise, der Zustand, das Wesen, die Gesammtheit, z. B. die Kind-, Blind-, Bosheit ꝛc., die Christenheit ꝛc.

Mhd. u. ahd. in der Zusammensetzung zur Bildung abstracter weiblicher Substantive die heit; dagegen für sich stehend mhd. die heit = Art und Weise, Stand, doch ahd. der heit = Art, Geschlecht, Stand, Person, angelsächs. der hád = Art, Geschlecht, altsächs. die hêd = Stand, Würde, goth. der háidus = Art, Weise (Phil. 1, 18. 2 Thess. 2, 3. 2 Tim. 3, 8). S. auch -keit.

heiter, mhd. heiter (als Adv. heitere, heiter), ahd. heitar, altsächs. hêdar (als Adv. hêdro) : rein an Licht, angenehm stimmend u. gestimmt. Daher : die Heitre, mhd. die heiter, ahd. heiterî; heitern, mhd. heitern, ahd. heitaran, in auf-, aus-, erheitern ꝛc. Zusammens.: die Heiterkeit.

Das Wort stimmt lautverschoben zu gr. katharós = rein, lauter, klar.

heizen = heiß machen. Daher : der Heizer, die Heizung.

Mhd. heizen, ahd. heizan d. i. heiz-j-an. S. die Anmerk. zu Beize.

† die Hekatómbe, Pl. —n : großes feierliches Opfer, urspr. von 100 Rindern oder Widdern, [ungut verdeutscht :] das Opferhundert.

Das lat.-gr. die hecatómbe [gr. hekatón (ἑκατόν) = 100].

† héktisch (é wie ä und kurz) = schwindsüchtig, auszehrend.

B. gr. hektikós (ἑκτικός) = eine Eigenschaft, gewohnten Zustand habend.

der Held (e wie ä), —en, Pl. —en : muthvoller, ausharrender Kämpfer. Daher die Héldin. Zusammens. : das Héldengedicht = Epos; héldenhaft; das Héldenherz; héldenmäßig; der Hélden=muth mit héldenmüthig.

Die Biegung war urspr. stark : der Held, —es, Pl —e. Mhd. der helt, im 12. Jahrh (früher kommt das Wort im Hochd. nicht vor) helit, helid, goth. halips (?), angelsächs. häled; altsächs. helid, helith, = Mann. Mittelst der ahd. Ableitungssylbe -id, goth. -iþ ꝛc. v. angelsächs. der häle, altnord. der halr, = edler Mann, welches wol urspr. s. v. a. der Deckende, Schützende, aus dem Sing. Prät. (hal) v. ahd. u. altsächs. hёlan hёhlen (s. hehlen).

hḗlfen, Präf. ich hḗlfe, du hülfeſt, hilfſt, er hülfet, hilft, wir hḗlfen ꝛc.,
Prät. ich half (Conj. hälfe, hiſtoriſch richtig hülfe), Part. gehólfen,
Imp. hilf : ſich thätig annehmen; thätig unterſtützen, förbern. Mit
Inf. z. B. arbeiten, ſingen ꝛc. helfen. Daher : der Hḗlfer, und
damit zuſammengeſ. der Hḗlfershḗlfer.

    Noch bei Luther der Pl. Prät. wir hulfen. Mhd. hḗlfen. ahd. hḗlfan (Prät.
ich half, wir hulfumês, Part. kiholfan), goth. hilpan (Prät. ich halp, wir hulpum,
Part. hulpans), altſächſ. hêlpan. Das Wort ſtimmt lautverſchoben zu litthauiſch
gelбeti = helfen, retten, und führt, da ſein p (goth. hilpan = hil-p-an, hil-ap-an)
u. f wie das litthau. b ableitend erſcheinen, auf die Urwurzel hilan ahd. hēlan =
verbergen (ſ. hehlen) zurück, woraus die Begriffe bedecken, ſchirmen und ſofort
helfen hervorgehen konnten. — Was den Caſus bei helfen anlangt, ſo hat
helfen = beiſtehen den Dativ, im Ahd. bald den Dat., bald den Acc., aber helfen
(von Sachen) = förbern, dienlich ſein, Dat. (z. B. es hilft mir) wie Acc.,
doch letzteren lieber und beſonders wenn des Verbum unperſönlich gebraucht iſt,
z. B. es hilft mich nichts. Mhd. u. ahd. ſchwankt auch hier Dat. u. Acc. — Hḗlf
Gott = Anwunſch beim Nieſen, welches man ehedem für augenblickliche Lähmung
hielt. — Der Hḗlfer iſt mhd. der hḗlfære, ahd. hḗlfâri.

das Hḗlfenbein, veraltet, jetzt Elfenbein, ſ. d.

hḗll = ſchallend, hoch klingend; lichter Farbe; [im Neub. auch :] augen-
ſcheinlich, unbeſtritten, z. B. die hellen Zähren, in hellen Haufen
kommen [vgl. Schmeller II, 172; nicht hier das nieberd. hêl (unſer
heil) =‘ ganz]. Daher : die Hḗlle; hḗllen, auch in aus-, er-
hḗllen. Zuſammenſ. : hḗllblau, -grün ꝛc.; die Hḗlligkeit.

    Mhd. hêl = tönend, laut. Von mhd. hḗllen = ertönen, dann auch ſich ſchal-
lend, ſchnell bewegen, ahd. hḗllan (Prät. ich hal, wir hullumês, Part. kihollan)
= ertönen, goth. hillan (?).

die Hḗllebarte, Pl. —n : Spieß mit Beil zum Hauen und Stechen.
Daher mit frember Bildung : der Hḗllebarbier, —es, Pl. —e.

    Aus mhd. u. ſelbſt noch im 16. Jahrh. die hḗlmbarte, hḗlmbart, dann (mit
Abſchwächung des m in n) hḗlnbarte, hḗllenbarte, (endlich mit Unterbrückung des
n auch) hḗlbarte, d. h. Barte (= breites Beil, ſ. Barte) zum Durchhauen des
Helmes (ſ. Hḗlm), woher im Franzöſ. die hallebarde, ital., ſpan. u. portug.
alabarda, mit franz. der hallebardier, ſpan. alabardero, = Hḗllebartenträger.

der Hḗller (é wie ä), — s, Pl. wie Sing. : kleinſte (Kupfer-)Münze.
    Üblicher als Hḗller. Mhd. der heller, hḗller, hallære, mit Auslaſſung des
Wortes Pfennig ſtatt (1359) »haller phenning«, lat. »(denárius) Hallénsis«
d. h. zu Schwäbiſch-Hall geprägter Pfennig.

hḗllig (é wie ä) = abgemattet, müde, abgezehrt, ganz ausgeborrt; leer
oder blöde im Magen, hungrig und burſtig. Davon : hḗlligen in
ab-, behḗlligen.

    Mhd. hellec = müde, kraftlos aus Müdigkeit, angegriffen, woher helligen (ſ.
behelligen). Abgeleitet aus dem Sing. Prät. des mhd. hḗllen i. b. Bed. : ſich
ſchnell bewegen (*Walther* S. 77, 36).

ber Hëlm, – es, Pl. —e : hohe metallene Schirmbebedung bes Kopfes.
Davon hêlmen = einen Helm auffeßen (Stieler 889), bef. in bem
Part. Prät. gehêlmt. Zufammenf. : bie Hêlmbinbe ꝛc.

Mhb. u. ahb. ber hëlm, goth. hilms, altnorb. hiălmr. Das Wort ſtimmt lautverſchoben mit ben gleichbeb. litthau. ber szalmas, flaw. ber schłem", unb iſt
abgeleitet v. bem Präf. bes ahb. Wurzelverbums hëlan, goth. hilan (?), = verbergen, bebeden (f. hehlen u. helfen).

bas Helm (e wie ä), —es, Pl. —e : Stiel eines Hauwerkzeuges.

S. Arthelm, wo übrigens bie falſche Erklärung bes Wortes Campe allein
zukommt, nicht zugleich Abelung. Das bort angegebene ſpät-ahb. halbe, welches ein älteres halpă neben halpa von ber Form halp halap (b. i. hal-ap)
vorausſeßen läßt, lautet im Mittelnieberb. bas helve (*Wiggert's 2tes Scherflein*
45, 6. 9. 19).

bas Hemb, — es, Pl. — en : unmittelbar ben Leib bebedenbes Klei-
bungsſtüd mit Ermeln. Zufammenf..: ber Hêmbknopf ꝛc.

Der ſchwache Pl. bie Hemben iſt eig. unrichtig; nach bem Altb. müßte man
bie Hembe (ahb. hemidi) ſagen, aber auch bas volksübliche bie Hember iſt
nicht falſch. — Älter-nhb. mit eingeſchobenem b bas Hembbe; mhb. bas hemde,
hémede, ahb. hémidi, goth. hamaþi (?), v. bem Sing. Prät. eines verlornen
goth. Wurzelverbums himan (Prät. ich ham, wir hêmum, Part. humans), ahb.
hêman (?), = bebeden (?), einhüllen (?), woher auch Himmel (f b.), bann ahb.
ber hamo = Hülle, Haut (f. Leichnam), altnorb. ber hams Haut, goth. (in Zu-
ſammenſeßungen) hamôn bekleiben.

† bie Hemiſphäre, Pl. —n, aus lat.-gr. hemisphærium : Halbkugel.

Das lat.-gr. Wort iſt ableitenbe Bildung aus gr. hêmi- (ἡμι-) = halb, unb
bie sphaîra (σφαιρα) = (Erb-, Himmels-) Kugel.

hêmmen = nicht weiter laſſen. Daher : bas (bie) Hêmmniß (eig.
Hêmmnis); bie Hêmmung. Zufammenf. : bie Hêmmkette; ber
Hêmmſchuh = ſchuhartige hemmenbe Vorrichtung am Wagenrabe.

Mittelb. hemmen = zurüdhalten, verhindern (*Jeroschin* 172), ſpät-mhb. hem-
men = fangen, ahb. ham-j-an (?), v. mhb. ber ham (unſer Hamen, f. b.) =
Fangneß, Fangſtrid, wie benn · auch 1482 behempter = ergryffener ober ge-
fangner, *deprehénsus* (*voc. theut.* Bl. c 7ᵇ). Nicht v mhb. ber hamme (f. Hamme)
= Kniebug, wovon ſchweiz. hammen = einem Thiere ben Fuß aufbinben
(Schmeller II, 191).

ber Hengel = Rüſtungstheil zwiſchen Bruſt u. Bauch.

Bei Luther 1 Kön. 22, 34 u. 2 Chron. 18, 33; aber in ber 1541 erſchiene-
nen Ausgabe ber Bibelüberſeßung noch nicht. Ob vielleicht f. v. a. Bogen zum
Einhängen? benn mittelb. ber hengel = Thürangel. V. hangen.

ber Hengſt, —es, Pl. —e : unverſchnittenes männliches Pferb.

Bereits im *voc. incip. teut. ante lat.* Bl. l 5ᵃ hengst im heutigen Sinne; bagegen im *voc. theut.* v. 1482 Bl. o 3ᵇ u. im *liber ordinis rerum* v. 1429 Bl.
14ᵈ hengst = großes Pferb zu gemeinem Dienſte, mhb. ber hengst, hengest,
ahb. hengist, = verſchnittenes männliches Pferb, angelſächf. hengest Pferb, altnorb. (mit ausgeſtoßenem· n) hestr. Das Wort ſtimmt in ſeiner reinen Wurzel

han lautverschoben mit flaw. der kon', poln. koń, = Pferd, und unſer g entſpricht entweder dem flaw. ' (j?) oder iſt ableitend , wie -iſt, -eſt.

bie **Hénke**, Pl. — n, im *voc. ex quo* v. 1469 bie henck (= Hakel
f. d.). der **Hénkel**, —s, Pl. wie Sing., mit hénkeln. B. hénken,
mhb. henken, henchen, ahb. (erſt bei *Notker*) henchen, = aufhängen,
wovon auch der **Hénker**, — s, Pl. wie Sing., mhb. henker, mit
hénkeriſch und der Zuſammenſ. das **Hénkermahl**, die **Hénker-
mahlzeit**, = letztes Eſſen des zum Tode Verurtheilten.

> Bei **Luther** henden. Neben hängen (ſ. Hang) ahb. hengan entſproſ
> henchen mit ch aus h in ahb. hâhan. Im Mhd. für Henker auch der hángære
> u. hâhære.

bie **Hénne**, Pl. —n : das weibliche Huhn. Von Hahn, ſ. d.

bie **Hépe**, ungut Hébe, Pl. — n : langgeſtieltes Gartenmeſſer, krummes Handbeil zum (Ab-)Hacken dünner Äſte.

> Mhb. u. mittelniederb. bie hepe, ahb. hepâ, heppâ, habbâ, happâ, b. i
> urſprünglich hap-j-â, = Sichel, Sichelmeſſer, Sichelbeil. Vgl. Hippe.

hér, mhb. hër, hëre, ahb. hëra, demonſtratives Pronominaladv. : in der
Richtung zu dem Sprechenden. Gegenſatz iſt hin (ſ. d.).

> In der Zuſammenſetzung mit Subſtantiven und Verben hat es immer den
> Haupton, z. B. die Hérfahrt (ahb. hërafart), die Hérkunft ꝛc., hérbringen, -füh-
> ren, -kommen ꝛc.; ebenſo in der Zuſammenſetzung mit Partikeln, in welcher es
> hinten ſteht, z. B. ab-, bei-, bis-, da-, dort-, einhér. Dagegen verliert es
> ihn, wenn die erſte Partikel der Zuſammenſetzung hervorgehoben werden ſoll.
> z. B. dá-, dórthër, und in der Zuſammenſetzung vor Partikeln (Adverbien und
> adverbialen Präpoſitionen), indem er auf dieſe als das zweite Wort tritt, z B
> in heráb mhb. hër abe, hérauf ahb. hëra ûf, heráus ahb. hëra ûz, herein
> mhb. hër în, in dem nur noch alterthümlichen hérfür mhb. hër für = hervor,
> in dem jetzt veralteten hérgégen (é wie ä) mit dem volksüblichen hérentgégen
> (aus mhb. hër engegene, vgl. entgegen), in hérnách mhb. hër nâch ahb. hëra nâ
> = nach dieſem, nach dieſer Zeit, hérníeder ahb. hëra nidar, hérúber ſpät-
> ahb. hara (hëra) ubere, herúm (ſ. d.), hérvór, hérzú ꝛc. — Ahb. hëra erhielt
> ſich vollſtändig, nur mit Verdunkelung des a in dem nun veralteten héro (ſ. d.)
> tönigen héro (ſ. d.) in an-, bis-, da-, bannenhéro, und kommt von dem für
> ſich ſtehend untergegangenen ahb. Demonſtrativ hir hiu hiz. S. heint.

† bie **Herálbik** = Wappenkunde. Daher : der **Herálbiker** = der
Wappenkundige; herálbiſch.

> Aus dem neulat. Adj. heráldicus v. ſpät-mittellat. der heráldus, welches aus
> unſerm Herold gebildet wurde, und die Herolde hatten bei Turnieren und
> Feſten die Wappen zu unterſuchen.

herb (e wie ä), hérbe, = rauhſcharf empfindlich, rauhſcharf zuſammen-
ziehend (von Geſchmack). Daher : bie Hérbe; Hérbling = (herber)
Herbſtling. Zuſammenſ. : bie Hérbheit; hérblich, Adj. u. Adv.

> Mit b durch Verſtärkung des w nach r (ſ. S. 89) ſchon mitteld. (14. Jahrh.)
> herbe, mhb. herwe, harwe (ſo auch als Adv.), ſpät-ahb. (erſt zu Anfange des
> 12. Jahrh.) harewe [b. i. hárawi], wovon bie Herbe, ſpät-mhb. bie herbe, herwe.

Ob abgeleitet aus dem Sing. Prät. des mhb. mit goth. der hairus altsächs. hëru
= „Schwert" zusammengehörigen Wurzelverbums hërn (Prät. ich er har, wir
sie hâren, Part. gehorn) in gehërn (Haupt's Zeitschr. VI, 487) = schmerzen,
Empfindung der Schärfe haben (vgl. schwären u. Schwert)?

die Hérbërge (é wie ä und kurz), Pl. —n : Ort und Haus zum Über-
nachtbleiben für Fremde. Daher hérbërgen. Zusammens. : der
Hérbërgsvater, die Hérbërgsmutter ꝛc.

Mhb. die herbërge, ahb. héribërga, heripërga, bei Notker in der Beb.
Heerlager, wovon hérbërgen, mhb. herbërgen, ahb. heripërgôn, héri-
bëragôn, auch in der Beb. „ein Lager schlagen" (Diut. I, 494ᵃ. 496ᵇ) Zusammengef. aus ahb. das heri Heer (s. b.), welches hier, wie in Hermann u.
Herzog, sein kurzes e wahrt, und aus ahb. (nur in Zusammensetzungen) die bërga,
përga, = was birgt, v. bërgen.

der Hérbst (gewöhnlich e wie ä), —es, Pl. — e : die Jahreszeit von
der späten Tag- und Nachtgleiche bis zum kürzesten Tage. Daher :
(mit unorganisch eingetretenem l) der Hérbstling, eine Art
später Schwämme. Zusammens. : hérbstlich, der Hérbstmonat.

Mhb. der herbest, ahb. herbist, herpist, angelsächs. häarfest, niederl. herfst
herft, urspr. wol s. v. a. Ernte, dann Erntezeit, Jahreszeit der Ernte, stimmt
in seiner Wurzel lautverschoben mit gr. der karpós die Frucht, karpizein ernten,
und der Herbstmonat, ahb. herbistmânôth, = September, ist der deutsche
Erntemonat.

der Hérb, die Hérbe, mit langem ë, s. Heerb u. Heerde.

der Héribann (Schiller's Tell 2, 2), alterthümlich, denn neuhochb.
der Heerbann, = Aufgebot sich zum Kriegsheere zu stellen.

Mhb. der herban, ahb. heribam (latinisiert heribánnus), = Aufgebot der
Freien zur Heeresfolge. Zusammengef. aus Heer ahb. das heri und Bann.

der Héring, —es, Pl. —e, der bekannte Salzfisch.

Mhb. der herinc, ahb. herinch, harinc, angelsächs. hering, niederl. haring.
Die Abstammung des Wortes ist dunkel. Der altnord. (mit lat. sal Salz verwandte?) Name des Fisches war die sild, schweb. der sill, dän. sild, welchem
böhm. sled, poln. sledz' entsprechen.

der Hérling, —es, Pl. —e : unreife Traube aus später Blüte.

Im 12. Jahrh. herlinc (Sumerl. 45, 70. gloss. trevir. 5, 22). B. herb mhb. herwe.

die Hérlitze, Pl. —n : die Hornkirsche, s. b.

Schon bei Adam Lonicerus († 1586). Richtiger Hörlitze, Horlitze, mit
der Lautverschiebung gemäßem deutschem H und Übergang des n in l aus span.
der cornizo, ital. cornizzolo v. dem lat. Namen des Baumes „córnus."

Hérmann (é wie ä und kurz) = Heer- d. h. Kriegsmann, ein Mannsname. Falsch für Armîn (s. b.) gebraucht.

Mhb. der herman, ahb. heri-, hariman, in lat. Urkunden herimánnus, ari-
mánnus ꝛc. (s. Armin) = Kriegsmann, zusammengef. aus ahb. das heri hari
Heer (s. b.), welches hier, wie in Herberge u. Herzog, sein kurzes e bewahrt,
u. der man Mann. Auch dem kämpfenden Bock als Name beigelegt und dann
landschaftlich in Herme u. (mit mittelb. i statt e) Hirme gekürzt u verschwächt.

das Hermelín (e vor r wie ä), — es, Pl. — e : das große weiße Wiesel des Nordens, sowie sein Pelzwerk.

Die bewahrte, aber fremd betonte mhd. Diminutivform das hérmelîn (im Nhd. müßte man Hérmelein sagen), spät-ahd. hármelin, von dem gleichbed. mhd. der harm, harme, ahd. der harmo, welches lautverschoben dem litthau. der *szarmonys = Wiesel entspricht.

† hermétisch in „hermetisch [= luftdicht] verschlossen.“

Aus neulat. hermética = chemisch, eig. mit geheimnißvollem Siegel versehen, v. Hermes Trismegistus, einem mythischen ägyptischen Weisen, der für den Vater der Alchymie (philosóphia hermética) gehalten wurde.

† heróisch = heldenhaft, heldenmüthig, heldenmäßig.

Aus lat.-gr. heróicus = den Heroen (f. Heros) angehörig.

der Hérold (é lang), — es, Pl. — e : Botschafter im Kriege; Aufseher bei Turnier und Festen; feierlicher Bote und Verkündiger.

1475 altclevisch der heralt, 1469 mittelrhein. hereholt (voc. ex quo), weßhalb auch in älteren Schriften der Ehrenhold = Herold vorkommt; ahd. (als Personenname) Hariolt [-olt aus -walt] u. (fränk.) Charolt; aber in ältester Zeit mit fränk. ch in römischer Auffassung (b. Tacitus) Chariovalda b. i. ahd. háriwalto = der des Heeres (ahd. hari heri Heer) waltet, Heerbeamter. Aus dem deutschen Worte ist dann das mittellat. der heróldus (voc. ex quo v. 1469), her-, haráldus und sofort ital. aráldo, franz. hérant (st. héralt). Nicht v. mhd. harn, haren, ahd. harên, = rufen.

† der Héros, Gen. ebenso, Pl. Heróen : halbgöttlicher Held.

Das lat.-gr. hêros. S. auch heroisch.

der Herr, — en (—n), Pl. — en (—n) : der Befehlende und der zu befehlen, zu verfügen Befugte, auch als Ehrentitel. Daher : die Herrin.

Mhd. der hërre (mit kurzem ë aus) hërro, ahd. der hêrro, bei Otfried hêrero, ist ursprünglich mit substantivischer Bedeutung der schwachbiegende Comparativ hêriro von hêr hehr (f. d.). Also urspr. : der Erhabnere, Vornehmere, Gewaltigere. Übrigens wird das Wort in Anreden vor Eigennamen mittelhochdeutsch gewöhnlich in hêr her gekürzt.

der Herrgott, — es, ohne Pl. In Schiller’s Kabale u. Liebe ꝛc.

herrisch = sich als Herr benehmend, bes. beleidigend.

Mhd. hêrsch, hêrisch, = nach Herrenart. Aber eben so wenig, wie herrschen, von Herr, sondern von mhd. u. ahd. hêr hehr und nur, wie hêrrisch bei Frauenlob S 65, 67, 13 zeigt, gleich einer Ableitung von Herr umgebildet.

herrlich, Adj. u. Adv. : in hohem Grade durch Ansehen-Gebendes oder Angenehmes ausgezeichnet. Zusammens. : die Herrlichkeit.

Mhd. hêrlich (als Adv. hêrlîche), ahd. hêrlîh, = erhaben, vornehm, ausgezeichnet, glanz-, prachtvoll. Zusammengef. aus hêr hehr u. -lich (Grimm’s Gramm. II, 657), aber das ê ist zu ë geworden und das r verdoppelte sich im Gedanken an Herr.

die Herrschaft, Pl. — en : erhabene und daher Herrenwürde; die diese Würde Ausübenden; Gebiet der Herrenwürde, oberherrliches Gebiet. Zusammens. : herrschaftlich.

Mhd. die hêrschaft, abd. hêrscaf, hêrscaft, zunächſt : erhabene Würde, Po-
bett, Herrlichkeit, Herrenmacht ꝛc. Urſpr. zuſammengeſ. aus hêr behr u. -ſchaft,
aber jenes hêr behr (ſ. d.) verfloß ſpäter mit Herr mhd. hêrre (gekürzt hêr)
und daher in nhd. Herrſchaft ë und Verdoppelung des r. Vgl. Grimm's
Gramm. II, 521 f.

hẻrrſchen, welches J. Grimm u. A. jetzt richtiger hẻrſchen ſchreiben :
Herrenmacht, Obergewalt haben. Daher der Hẻrrſcher mit die
Hẻrrſcherin (jenem hẻrſchen gemäß : Hẻrſcher, Hẻrſcherin).
> Mit unorganiſchem ſch (vgl. feilſchen) aus ſ ſchon im voc. ex quo v. J. 1469
> hêrschen. Mhd. hêrsen (mit verkürztem ë, wie in Herr mhd. hêrre, aus)
> hêrsen, abd. hêrresôn (Notker, Ps. 65, 7. 71, 8), üblicher und richtiger hêrisôn
> d. i. hêr-is-ôn, welches mittelſt der abd. Ableitungsſplbe is von dem Adj. hêr
> behr, nicht von Herr abgeleitet wurde. Der Herrſcher, mhd. (ſchon im
> 14. Jahrh. mit sch ſtatt s) hêrscher, abd. hêrisari.

hẻrſchen, Hẻrſcher, ſ. hẻrrſchen.

hẻrúm, mhd. hër umb, = im Kreiſe; hier- u. daher. S. hẻr.

das Hẻrz, —ens, Pl. —n : aufnehmendes und ausſtrömendes Blutge-
häuſe der Bruſt; [bildlich als Sitz der Seele :] Empfindungsvermö-
gen ꝛc. Daher : das Hẻrzchen, Dim.; hẻrzen; hẻrzig, wovon
behẻrzigen. Zuſammenſ.: das Hẻrzeleib; das Hẻrzgeſpann (ſ.
b.); hẻrzhaft, mit die Hẻrzhaftigkeit; hẻrzinnig; hẻrzlich,
mit die Hẻrzlichkeit; hẻrzlieb, hẻrzlos ꝛc., hẻrzſchlächtig (ſ. d.).
> Gekürzt aus das Hẻrze [im Gen. bei Luther richtig des Herzen], wie
> noch zuweilen Dichter haben, mhd. das hërze (Gen. —n), abd. das hërzâ, goth.
> hairtô, welche lautverſchoben ſtimmen mit lat. das cor (Gen. cordis), gr. die
> kardía [aber auch das kêr (ϰῆρ), kéar], ſanſtr. das hṛd, ſlaw. sr'd'tze, littbau. szirdis.
> Herzig, herzhaft, -lich, Herzeleib, herzlieb, -los lauten mhd. hërzec
> (nur in Zuſammenſetzungen), hërzehaft, hërzelich (als Adv. hërzeliche, auch =
> ſehr, wie wir z. B. ſagen „herzlich ſchlecht" ꝛc.), hërzeleit, hërzeliep, hërzelôs.

das Hẻrzgeſpann, —es, Pl. —e, die Pflanze leonûrus cardíaca.
> Alterthümlicher Weiſe ſelbſt mit Einem n Herzgeſpan geſchrieben. 1469
> hërtzgespan (voc. ex quo), auch gegen 1500 hërtzenspan (voc. incip. teut. ante
> lat.), mittelniederd. hertespan. Der Name daher, weil die Pflanze gegen das
> Herzgeſpann oder Herzſpannen [mhd. der hërzeswër, der swër = Krank-
> heitsſchmerz (ſ. ſchwären)] d. h. den Magenkrampf [mhd. der swërmage, lat.
> cardiálgia] angewandt wurde.

der Hẻrzog (é wie ä und kurz), —es (—s), Pl. —e : der im Range
zunächſt unter dem Kurfürſten ſtehende Fürſt. Daher : die Hẻrzogin.
Zuſammenſ. : hẻrzoglich, das Hẻrzogthum.
> Die frühere richtige Biegung war die ſchwache : der Herzog, —en, Pl.
> —en. Denn mhd. der hërzoge (Gen. —n), abd. her-, herizogo (mit Wechſel
> des g und h aus) hérizoĥo, altſächſ. heritogo. Zuſammengeſ. aus heri Heer
> (ſ. d.), welches hier, wie in Herberge u. Hermann, ſeine urſprüngliche Kürze be-
> wahrt hat, u. einem aus dem Pl. Prät. [abd. wir zugumês altſächſ. tugun goth.
> taúhum] v. ziehen (ſ. d.) abd. ziohan in Zuſammenſetzungen vorkommenden

ber zogo, zoho, goth. tauha (?); alſo urſpr. „ber mit bem Heer auszieht‟, weshalb bas Wort im Ahb. ſ. v. a. Heerführer, Vorgeſetzter bes Heeres. Die Herzogin iſt mhb. herzoginne, ahb. herzogin, herizohin; bas Herzogthum, mhb. u. ſpät-ahb. (mit bem Genitiv v. herzoge) herzogentuom

hḗrzſchlächtig, eig. = Herzklopfen habenb. Von einer mit ängſtli= chem Herzklopfen verbunbenen Krankheit ber Pferbe. Davon bie weitere Zuſammenſ. : bie Hḗrzſchlächtigkeit.

Nieberb. hartslegtig, zuſammengeſ. mit nieberb. bas hart = Herz [unb alſo nicht mit unſerm hochb. hart] unb baher ſelbſt im Hochb. bes 15. Jahrh. gerabezu hart-, hertschlechtig. Im voc. incip. teut. ante lat. „hḗrtzslechtig, reumáticus.‟ =ſchlächtig iſt abgeleitet v. ſchlagen mhb. slahen unb ſchon im Ahb. heißt ber Schrecken ber hḗrzeslagód bas Herzſchlagen ober =klopfen.

bie Hḗſpe (é wie ä), Pl. —n, = Thürhaken ꝛc. S. Haſpe.

ber Hḗſſe (é wie ä), —n, Pl. —n, mhb. Hesse, ahb. (8. Jahrh.) lati niſiert Hessus, Hassus, Hássio. Hḗſſen, mhb. Hessen (Nibel. 175, 1), bas Lanb ber Heſſen, iſt zum Nom. Sing. geworbener Dat. Pl. von Heſſe, aus ze Hessen = „zu (ben) Heſſen‟ gekürzt. hḗſſiſch, Abj. v. Heſſe.

Jenes Hessus, Hassus, Hassio geht aus Hazzo Hazzjo unb bieſes wieber aus Chattus (Tacit. Germania 29ff.), Chattio(?), ber Chatte hervor, beſſen urſprüng= liches t ſich erſt ſpäter in ein in s überſchwankenbes z z fortſchob [vgl. Chasuárii (Tacit. Germ. 84) u. (Ch)Attuárii (Ammianus 20,10,2), bann ahb. ich er wiſſa wēſſa = wußte v. wizzan wizan wiſſen (ſ. b. u. gewiß)]. Ob zu altnorb. hetja [goth. hattja?] = Helb, Kämpfer, gehörig? ober ob Chattus vielmehr bas alt= norb. Höttr = ber einen Hut (altnorb. ber hattr, angelſächſ. hät), eine Hauptbinte Tragenbe, goth. Hattus (?), ein Beiname bes Odin (Woban), unb alſo urſpr. ſ. v. a. ber Göttliche? Vgl. Grimm's Geſch. ber beutſchen Spr. 577 f.

† hétero=, aus gr. héteros (ἕτερος) = ber anbere, bann entgegen= geſetzt, entgegenſtehenb. In : heterobóx, gr. heteródoxos (ἑτερό= δοξος) = anbers=, irrgläubig, eig. entgegengeſetzter Meinung [gr. dóxa Meinung], mit bie Heteroboxíe, gr. heterodoxía (ἑτεροδοξία); heterogḗn = ungleichartig, v. gr. heterogenês (ἑτερογενής) = anberen Geſchlechtes, anberer Art [génos (γένος) Geburt, Geſchlecht].

bie Hḗtze (é wie ä), Pl.—n. Von hétzen = zu Haß, Verfolgung reizen. Daher auch ber Hḗtzer mit bie Hḗtzerei. Vgl. auch Hatz.

Hetzen iſt mhb. hetzen, ahb. hezan, in ber heutigen Beb., währenb goth. hatjan (b. i. hat-j-an) = haſſen. Urſpr. : haſſen (goth. hatan) machen. Dieſes goth. hatan aber iſt Wurzelverbum (ſ. Haß).

bas Heu, — es, (wegen bes Collectivbegriffes) ohne Pl. : gebörrtes Gras,=insbeſonbere ber erſten Schur. Zuſammenſ. : bie Heuernte; ber Heumonat (ſ. b.), bie Heuſchrecke (ſ. b.).

Bei Luther hew, mhb. bas heu, höu, höuwe, (ohne eingetretenen Umlaut) houwe, ahb. hewi, howi, houwi, hawi, goth. havi, angelſächſ. heg, hig, alt= norb. hey, v. hauen (ſ. Haue), alſo urſpr. : (mit ber Senſe) abgehauenes

Gras. Aus der Form houwe, gekürzt hou, entwickelte sich ohne Eintritt des Umlautes regelrecht älter-nhd. haw, landschaftlich neud. das Hau (wetterauisch mit â = mhd. ou : das HÂ), welches wir in Haubechel (s. d.) haben.

heucheln = sich anders, insbesondere besser stellen, als man ist. Daher : die Heuchelei, der Heuchler mit heuchlerisch.

Im 16. Jahrh., z. B. bei Luther, geläufig, aber früher nicht nachzuweisen, niederl. huichelen u. der huichelaar. Bei Sebastian Helber in seinem Sylbenbüchlein (1593) unter die Wörter gesetzt, von welchen andre ü [= mhd. iu] haben. Von hauchen mhd. hûchen und so vom Begriffe der Ohrenbläserei ausgehend.

heuer = in diesem Jahre (hoc anno). Daher das Adj. heurig.

Heuer ist das mhd. Adv. hiure, ahd. hiûrû (?), welches gekürzt und verschmolzen aus einem ahd. hiûjârû, hiû jârû, d. h. den Instrumentalen (Ablativen) des verlornen ahd. Demonstrativs hiz goth. hita (s. heint) und des Subst. das jâr Jahr. Das Adj. heurig = diesjährig findet sich schon im 12. Jahrh. : hûrec (Windberger Psalmen S. 235).

die Heuer, Pl. — n, niederl. die huur, = Miethe, Pacht. Mit der Heuerling (schon im 16. Jahrh.) = Miethling, Miethsmann, von heuern, niederd. hüren, niederl. huren, = miethen, pachten.

Mittelniederl. hure (unser Heuer) u. neuniederl. huur, = Miethe (hor. belg. VI, 251 a). Mit unorganisch eingetretenem l mittelniederd. hürlink (Heuerling), niederländ. der huurling, angelsächs. der hŷrling [ŷ = Umlaut des û] = Tagelöhner (Marc. 1, 20 Luc. 15, 17), Lohnarbeiter. Niederd. hüren, mittel- u. -neuniederl. huren, mhd. hûren (s. haubern), hiuren (?), = miethen, angelsächs. hŷrjan = dingen (Matth. 20, 7), miethen.

heulen = kläglich schreien, widerlich schallende tiefe Klagelaute ausstoßen. Daher der Heuler.

Mhd. hiulen, hiuwelen; ahd. hiuwilôn [nur hiwilôn = laut rufen (? Otfried 5, 23, 22)], mitteld. u. mittelrhein. hülen, v. ahd. die hiuwelâ (Notker, Ps. 101,6) hûwelâ = Nachteule, mittelniederl. huile, einer diminutiven Bildung v. ahd. der hûwo, hûvo, hûo, = Uhu, Eule. Also urspr. vom Rufen und Schreien der Eule und dann eulenartig schreien. Ebenso lat. ululâre heulen v. ulula Kauz

der Heumonat, ahd. hewimânôth, Monat der Heuernte, der Juli.

heunt, bei Maler Müller ꝛc. falsch st. heint, s. d.

die Heurath, heurathen, reiner hochd. Heirath (s. d.), heirathen.

die Heuschrecke, Pl. —n : die im Freien lebende Grille.

Mhd. der höuschrecke, ahd. houscrëcho, hewiscrëkko, hewiskrëkëo (hewiscrëckjo) d. h. Heuspringer, zusammenges. aus ahd. houwi hewi Heu (s. d.) und der -scrëccho v. ahd. scricchan = auf-, in die Höhe springen (s. erschrecken u. Schreck). Der goth. Name der Heuschrecke war die þramstei (Marc. 1, 6).

heut, heute, = an diesem Tage; dieser Zeit. Daher : heutig.

Mhd. hiute, mitteld. hûte, ahd. hiuto (Diut. II, 509 b), hiutu, hiutû, hiûtû, welche Formen gekürzt und verschmolzen sind aus ahd. hiûtagû, hiû tagû, d. h. den Instrumentalen (Ablativen) des verlornen ahd. Demonstrativs hir goth. his (s. heint) und des Subst. der tac Tag, und also ganz gebildet wie das gleichbed. lat.

hódie aus hoc die. Auch im Angelsächſ. inſtrumentaliſch hĕodäg; aber geht die Dattve himma dága [himma iſt Dativ jenes his]. Heutig kommt ſchon im Ahd. vor, wo hiutig, aber auch, da der Urſprung des Wortes heute verdunkelt war, mit dem pleonaſtiſchen Beiſaße von Tag, z. B. »hiutiges dësses (dieſes, tages«, wofür bei Luther (Richt. 15, 19) heutes tags.

† der Hexámeter, —s, Pl. wie Sing. : der Sechsfüßler

$$-\cup\cup\,\Big|-\cup\cup\,\Big|-\cup\cup\,\Big|-\cup\cup\,\Big|-\cup\cup\,\Big|-\bar{\cup},$$

der Vers des Heldengedichtes der alten Griechen und Römer. Daher : hexamétriſch.

Aus lat. vérsus hexámeter. Dieß lat.-gr. hexámeter = 6 Maße habend, 6füßig, v. gr. hex (ἕξ) = 6 und das métron = Maß.

die Hexe (é wie ä) = der Kniebug, üblich Hächſe (ſ. d.).

die Hexe (é wie ä), Pl. — n : böſe Zauberin. Daher : hexen; die Hexerei (mit -rei ſt. -ei). Zuſammenſ. : der Hexenmeiſter.

Bei *Dasypodius* hügs, b. Fiſchart Hechſe; mhd. die hexse, hecse, hegxse, ahd. die hazes, hazis, hazus (Pl. hazusi), auch einmal hazhus [lies hahzus ſt. hagzus?]. die házasa, hazusa (Pl. hazusá), házessa, welche Formen wol, zumal da ſich noch im Mhd. hégezisse findet (Grimm's Mythol. 992) und das Wort im Angelſächſ. hägtesse, gekürzt hägesse, mittelniederl. hagetisse, haghedisse, lautet, Kürzung aus einem frühen ahd. hágazus, hágazusa ſind, in deren Endung das alte u ſich in i ſchwächte, deſſen Einwirkung dann den Umlaut des a in e herbeiführte. Nimmt man aber Zuſammenziehung ſtatt Kürzung an, ſo wäre zu ſchreiben házes, házis, házus ꝛc.; dieſes á iſt jedoch nicht zu erweiſen. Der Name ſcheint von mhd. u. ahd. der hac (Gen. hages) = Gebüſch (ſ. Hag) abgeleitet und urſprünglich Waldweib d. h. zum Walde Fahrende zu bedeuten, wie denn die Unholdinnen ze holze varn (*Kolocsaer Codex* 262, 608) und ahd. wildaz wip (wildes Weib), ſowie die holzmuoja holzmûwa holzmûa (Waldruferin?), = Eule u. Here (Graff I, 652. II, 604) ſind. Dazu kommt, daß mittelniederl. die haghedisse auch Eidechſe bedeutet (*hor. belg.* VII, 9ᵃ. 12ᵃ), offenbar v. mittelniederl. der haghe = Dornbuſch (daſ. S. 9ᵃ), worunter das Thier lebt. Für heren ſagt man oberd. hechſen, aber auch hechſnen (Schmeller II, 148), altfrieſ. hexna, hoxna (= beheren).

† der Hiátus, das lat. hiátus : die Gähnung, das Zuſammentreffen des Endvocales eines Wortes mit einem Vocale zu Anfange des nächſten.

hie, hieher, hiemit ꝛc., ſ. das weit üblichere hier.

der Hieb, —es, Pl. —e : ſchneidender, dann überhaupt eindringlicher Schlag. Daher hiebig = haubar, im Forſtweſen.

Ein erſt im 17. Jahrh. vorkommendes Subſtantiv, welches unorganiſch erſcheint, weil dem Prät. hieb von hauen (ſ. Haue) entnommen, welchem Prät., wie allen ſtarken Präteriten mit ie = mhd. ie (z. B. blies, briet ꝛc.) d. h. allen urſprünglich reduplicierenden Präteriten (goth. baiblês ꝛc.) kein Subſtantiv entſprießen kann.

der Hief, das Hiefhorn, üblicher Hift (ſ. d.), Hifthorn.

die Hiefe, Pl. —n : Hagebutte. Zu Nürnberg, im Hennebergischen ꝛc. die Hifte, falsch Hüfte.

Mhd. die hiefe = Hagebutte u. Hagebuttenstaude, ahb. die hiufa (u. der hiufo), altsächs. die hiopa, = Dorn, Distel, angelsächs. die héope = Hageborn, wozu vielleicht russ. der schip' Dorn, altslaw. schipok' Hagerose, als urverwandt zu halten sind. — Statt Hifte mit i aus ie, wie in Dirne, Licht ꝛc., und mit zuge-tretenem t wäre besser Hiefte zu schreiben.

hier, mhd. hier, ahd. hiar, = an diesem Orte. Die schon im Mhd. gewöhnlichste, durch Abstoßung des r gekürzte Form hie, ahd. hie, hia, scheint uns jetzt etwas veraltet.

In Zusammensetzungen mit Partikeln hat hier als zweites Wort den Haupt-ton, z. B. all-, dahier, als erstes Wort nicht, z. B. hierauf, hieraus, hierhér, hierin mhd. hier inne ꝛc., jedoch mit Hervorhebung des hier betont hierauf ꝛc. Hie kann in diesen Zusammensetzungen nur gesetzt werden, wenn das zweite Wort mit einem Consonanten anlautet, z. B. hiebei mhd. hie bî, hie-hér, hiemit mhd. hie mite, hienach ꝛc. — Ahd. hiar, hêar, hier, in welchem sich ia, êa von dem gewöhnlichen Diphthonge ia, io, iu = goth. iu unterscheidet, goth. (mit seltenem ê = ahd. ia) hêr [= hier u. her], stammt, wie her (s. b.), von dem verlornen ahd. Demonstrativ hir hiu hiz goth. his hija hita (s. heint).

† die Hierogly'phe (5silbig), Pl. —n : ägyptische heilige Bilderschrift. hierogly'phisch, aus lat.-gr. hierogly'phicus.

Gr. hierós (ἱερός) = heilig, glyphein (γλύφειν) = eingraben.

hiesig, Adj. v. hie, eben so gebildet wie dasig (s. b.).

der Hift, — es, Pl. — e : Stoß ins Jagdhorn. Zusammenf. : das Hifthorn, —es, Pl. Hifthörner, = kleines Horn des hirschgerechten Jägers; der Hiftriemen; der Hiftstoß = der Hift.

Schon Stieler (1691) hat Sp. 782 hift! als Laut des Jagdhornes; aber Flemming's teutscher Jäger (1719) und nach ihm Frisch und Abelung schreiben der Hief und das Hiefhorn, welcher Schreibung übrigens Hift und Hifthorn vorgezogen wird. Wol nicht zurückgehend auf ahd. hiufan = trauern, klagen, heulen.

die Hifte, zu Nürnberg, im Hennebergischen ꝛc., st. Hiefe, s. b.

die Hilfe, Pl. — n (unüblich), das Subst. v. helfen. Zusammenf. : der Hilferuf; hilflos, mit die Hilflosigkeit; hilfreich ꝛc.; — der Hilfsprediger, das Hilfszeitwort (verbum auxiliáre) ꝛc.

Hilfe ist die dem Präs. von helfen entsprossene echte hochd. Schreibung : mhd. die hilfe, meist hëlfe, ahd. hilfa, gewöhnlich mit dem wegen des auslau-tenden a gebrochenen i hëlfa. Vornehmlich durch Luther hat sich aber die aus dem Mittel- und Niederdeutschen aufgenommene, dem Pl. Prät. von hëlfen (ahd. wir hulfumês, altsächs. wir hulpun halfen) entsprossene Form Hülfe gel-tend gemacht, die schon 1469 in mittelrhein. hulff u. hulffe (voc ex quo), im 14. Jahrh in mitteld. hulfe, in dem nur einmal ins Ahd. eingedrungenen hulfa (Diut. II, 349ᵃ) erscheint und auf mittelniederd. u. mittelniederl. die hulpe, altsächs. die hulpa [neben die hëlpa] st. hulpia (?) zurückführt. Hilflos, altsächs. hulpilôs.

die Himbeere, Pl. —n : die rothe Beere des rúbus Idæus.

Mit Ausfall des b und Übergang des n in m vor b aus dem noch im 17.
Jahrh. vorkommenden die Hindbeere; mhd. das hintber, ahd. hintperi, d. h.
Beere, welche die Hinde (f. d.) gerne frißt. Warum das Wort weiblich ist,
vgl. Beere.

der Himmel, —s, Pl. wie Sing. : die blaue Wölbung über der Erde;
Sitz der Seligen.   Daher himmeln = sterben (in den Himmel
fahren); himmlisch. Zusammenf. : himmelan, die Himmelfahrt
(mit der Himmelfahrtstag), himmelschreiend = (That) die in
den Himmel schreit [vgl. 1 Mof. 4, 10] ꝛc.; das Himmelsgewölbe.

> Mhd. der himel, ahd. himil (mit l aus n, denn) goth. himins, v. dem verlor-
> nen goth. Wurzelverbum himan bedecken (f. Hemd); also gleichsam Decke über
> der Erde. Mhd. himelen = in den Himmel aufnehmen; himmlisch, mhd.
> himelisch, ahd. himilisc.

der Himten, —s, Pl. wie Sing., ein Maß für Getraide ꝛc.

> Das niederd. der hempte (mit Ausstoßung des t) hempe, himpe, mittelniederd.
> der hemmete. Obersächf. der Heimbzen (Frisch I, 438ᵃ), denn niederd. t =
> hochd. z, ß. — Das i in Himten ist das mitteldeutsche statt e (vgl. Hippe).

hin (i kurz, von manchen aber mit Unrecht lang gesprochen), mhd. hin,
hine, ahd. hina, demonstratives Pronominaladv. : in der Richtung von
dem Sprechenden weg; zu Ende, in Verlust gekommen, verloren. hin
und her, hin und wieder.

> Mit der Betonung des Wortes verhält es sich gerade so wie bei her (f. d.).
> Z. B. die Hinfahrt ahd. hinafart, der Hinweg ꝛc.; hinbringen, hinge-
> hen ahd. hina gangan, hinnehmen (ë hoch) ahd. hina něman ꝛc.; dahin mhd.
> dâ hin, fort-, immerhin (hoch f. d.), schlecht-, umhin ꝛc.; hinab mhd.
> hin abe, hinauf ahd. hina ûf, hinaus ahd. hina ûz, hindurch [zeitlich um
> dem von durch geförderten Acc., z. B. die Nacht hindurch] mhd. hin durch, hin-
> ein [mit Acc. z. B. : die „Regenwolken zogen das Thal hinein" Göthe's
> Werther 30. Nov.] mhd. hin in ahd. hina in, hinfür ahd. hina fure, hin-
> gegen (ë wie ä) ꝛc. — Ahd. hina ist der als Partikel verwendete goth. Acc.
> Sing. des Demonstrativs his ahd. hir (?), worüber f. heint. Vgl. auch hinnen.

die Hinde, Pl. —n, ungut die Hindin (f. d.) : die Hirschkuh.

> Mhd. die hinde, hinte, ahd. hindâ, hintâ, angelsächf. hinde. Die, weil aus
> keinem männlichen Namen, falsch mit der weibl. Endung -in umgebildete Form
> Hindin hat zuerst Steinbach (1734) I, 756, dann Frisch (1741) I, 454ᵃ.

hindern = rückgängig machen, im Fortgang aufhalten. Daher : das u.
die Hinderniß (eig. Hindernis); die Hinderung. hinderlich.

> Mit bewahrtem mhd. b; denn mhd. hindern, ahd. hintaran, hintarôn. Von
> der Partikel hinter, wie äußern v. außer.

die Hindin, jetzt üblicher als Hinde (f. d.), aber ungut.

die Hindläufte, Pl. —n : die gemeine Cichorie (f. d.).

> Mhd. die hintloufte, hintloifte (d. i. hintläufte), ahd. hintlouftî (?), v. H. am
> Lauf (ahd. der hlouft u. die hlouftî) der Hinde (f. d.) oder in Waldwegen
> wachsende Pflanze.

das Hinkel, nach landschaftl. Aussprache, falsch st. Hünkel, f. d.

hinken, = mit einem kürzeren Fuße gehen.

Prät. ich hinkete, hinkte, Part. gehinket. gehinkt. Aber die frühere Biegung ist, wie noch oberd., stark : mhd. hinken (Prät. ich hanc, wir hunken, Part. gehunken), ahd. hinkan, hinchan (Prät. ich hanch, wir hunchumês, Part. hunchan).

hinnen, demonstratives Pronominaladv. : von hier weg, von diesem Orte weg. von hinnen.

Mhd. hinnen, ahd. hínana, gekürzt hinân, hinnân. Eben so gebildet von ahd. hina hin (s. d.), wie dannen (s. d.) von dann.

die Hinsicht, Pl. —en. hinsichtlich = in Hinsicht, mit Gen.

Scheinen erst mit der 2ten Hälfte des 18. Jahrh. im Gebrauche.

hint (Göthe VIII, 148), mit gekürztem i aus mhd. hînt heint, s. d.

hintán, = hinten an. Auch in hintánsetzen ꝛc. S. hinter 2.

hinten, räumliches Adv., mhd. hinden, ahd. híntana goth. híndana

d. i. hin-d-ana (d und ana sind adverbiale und präpositionale Ableitungsbildungen), v. hina hin (s. d. und hinter 2). Übrigens steht goth. hindana als Präp. mit dem Gen. in der Bed. „jenseit" (Marc. 3, 8).

hinter, das Adj.; der die das hintere. Davon : der Hintere, s. d.

Rhd. stark u. schwach; im Altd. nur schwachbiegendes Adj.: mhd. hinder, ahd. hintaro (Comp. hintaróro, Sup. hintaróst). S. auch die nachfolgende Präp. hinter.

hinter, mhd. hinder, ahd. hintar, goth. hindar, Präp. mit Dativ u. Acc. je nach den Fragen wo? und wohin? Adverbial steht es in den Zusammens. das Hinterhaus, =theil ꝛc., hinterbringen, =gehen, =lassen ꝛc. Mit einem Verbum zusammengesetzt, wird es nie von diesem, welches überall den Hauptton empfängt, getrennt und das Part. Prät. niemals mit ge= gebildet.

Hinters (in Bürger's Lenore), hinters (mhd. hinderz), hinterm (mhd. hinderm), hintern sind Kürzungen aus hinter des, das, dem, den. — Das Adv. hinterrücks ist ursprüngl. die Präp. hinter mit Dat. (1469 hinderrucke, ahd. hintar rukke), hinterwärts dagegen dieses hinter mit Acc. (hintarort = hintarwart, s. =wärts); beide Verbindungen jedoch haben zu größerem adverbialischen Ansehen genitivisches =s angenommen. — Was die Ableitung des goth. hindar d. i. hin-d-ar [das einfache hin-d tritt in hintán frisch hervor] anlangt, so ist dieses Wort ganz so von hina hin gebildet, wie hindana d. i. hin-d-ana unser hinten (s. d.), und die Bed. im Goth. „jenseit" gieng leicht in die im Rhd. feststehende des Gegensatzes von vor über. Adverbial in Zusammensetzungen schon goth. u. ahd., z. B. hinterlistig spät-ahd. hinterlistic, das Hinterrtheil spät-ahd. hinderdeil (= Steiß, gl. trevir. 3, 4) ꝛc. Das d in mhd. hinder hat sich nur in dem Verbum hindern (s. d.) erhalten, in unserm (schwerlich ursprünglicheren) Adj. und unserer Präp. hinter aber, wie in hinten u. hintán, ist wider die Regel und gegen das ältere Neuhochdeutsche, welches überall d bewahrte, das ahd. t wiederhergestellt.

der Hintere, Gen. des Hintern, Pl. die Hintern, s. Arsch.

Mhd. der hinder. Das Wort hat im Mhd. seine substantivische Bedeutung als schwachbiegendes Adj. (s. das Adj. hinter) angenommen. Im Rhd. auch starkbiegend : „mein blauer Hinterer." Ungut aber ist der aus dem Rom. Pl.

hervorgegangene, ſchon in „hindern = posterióra“ des voc. incip. teut. ante la
ſich zeigende volksübliche Nom. Sing. der Hintern, —s, Pl. wie Sing.

der **Hinterſaß**, — ſſen, Pl. — ſſen : der hinter b. h. unter einem
Andern als deſſen Zeit=, Leib= oder Erbpächter u. dgl. Anſäßige. ſſ ſtatt
ß. Im 16. Jahrh. der hinderſæße. S. Beiſaß u. Saß.

hinwg (i und ë kurz), Adv., wie das damit ſinnverwandte hinfort
gebildet. Dagegen das Subſt. der **Hinwg** (ë lang), —es, Pl. —e.

Hinze, Name des Katers in der Thierfabel.

    Zuerſt in *Reineke Vos.* Niederd. Form von Heinze Heinz [wie auch im
Froſchmäuſeler der Waldkater heißt]. einer Verkleinerungs- und Koſeform
des Mannsnamens Heinrich.

die **Hippe**, Pl. —n : zuſammengerollter oblatförmiger Kuchen.

    Schmeller II, 221. 1505 die hyp = Waffel u. das hypen yſen [v. l.
hipenîſen] = Waffeleiſen (*vocab. gemma gemmárum* Bl. l 3 b).

die **Hippe**, Pl. —n : Sichelmeſſer; Senſe.

    Offenbar. 14, 18. 19. Mit mittelb. i ſtatt e [ebenſo wie in Gegitter, Git-
ter, ſ. b.] aus mhd. u. mittelniederd. hepe ahd. hepa heppa Pepe, ſ. b.

das **Hirn**, — es, Pl. —e : das Kopfmark. Zuſammenſ. : das **Hirn-
brüten** = ſtiller Wahnſinn; das **Hirngeſpinſt**; **hirnlos**; die
Hirnſchale; der **Hirnſchädel** ꝛc.

    Mhd. das hirne, ahd. hirni. Das n iſt zugetreten und die Wurzel hir ſtimmt
lautverſchoben zu lat. cer in das cérebrum und zu ſanſkr. das çiras Kopf, wodurch
ſich zugleich Wurzelverwandtſchaft mit Horn (ſ. b.) ergibt. Hirnlos iſt mhd.
hirnelôs; die Hirnſchale mhd. die hirnschal, ahd. hirniscala; der Hirnſchädel
mhd. der hirnschedel.

der **Hirſch**, — es, Pl. —e, das bekannte edelſte Jagdthier. Daher der
Hirſchling (l unorganiſch), ein eßbarer Waldſchwamm. Zuſammenſ. :
das **Hirſchgelos** [das Gelôs v. mhd. gelösen = los ſein]; das
Hirſchgeweih (ſ. Geweih); der **Hirſchſchröter** ꝛc.

    Schon im *voc. theut.* v. J. 1482 Bl. o 5 b hirsch (in hirschenpock Bock-
hirſch) neben hirß, ebenſo in einem titelloſen Gedichte v. J. 1486 hirſſch neben
hirß, mit unorganiſchem ſch aus ſ [vgl. feilſchen, Kirſche ꝛc.] in der in Mitteldeutſchland aufgetauchten Schreibung hirs (voc. incip. teut. ante lat.) ſtatt hirß,
woneben auch hirß vorkommt. Luther ſchreibt Hirs u. Hirſs (d. i. Hirſ'),
doch bringt im 16. Jahrh. die Form Hirſch langſam vor. Mhd. mit ß der hirz,
woneben hirz aufkommt; ahd. der hiruz, ſpät-ahd. auch ſchon hirz; mittelniederd.
hert, angelſächſ. der hëorot, altnord. hiörtr. Das Wort ohne ſeine Ableitungs-
entung -uz goth. -ut ſtimmt lautverſchoben mit lat. cervus, welches offenbar mit gr.
das kéras = Horn (ſ. b.), Geweih, zuſammengehört und ſ. v. a. Geweihthier ausdrückt. Oberd. biegt man ſchwach der Hirſch (früher Hirz, Hirß), — en, Pl.
—en. Dieß ſtützt ſich auf die ſchon im Mhd. auftauchende ſchwache Form hirze
(*Parzivál* 507, 26), hirze, nhd. (16. Jahrh.) hirſe, mittelniederd. herte, und auch
oben jene Formen hirsch u hirssch von 1482 u. 1486 biegen ſchwach.

der **Hirſe**, —n, Pl. —n, auch der **Hirſen**, —s, Pl. wie Sing., mhd.
der hirse, ahd. hirsi : die Pflanze pánicum miliáceum. Zuſammenſ. :

der **Hirsebrei** (vgl. *Génesis* 24, 36), weniger gut **Hirsenbrei**; das **Hirsekorn**, ahd. hirsechorn.

Abelung hat, wol nach dem Niederd., die Hirse, und in der Volkssprache mancher Gegenden hört man der Hirsche.

der **Hirt**, —en, Pl. —en, eig. der **Hirte**, —n, Pl. —n : Viehhüter. Daher : die **Hirtin**. Zusammens. : der **Hirtenstab** (mhd. hirten-stap); das **Hirtentäschel**, Pflanze mit Hülsen wie ein Hirtentäschlein.

Schon 1469 mittelrhein. hyrt, mhd. der hirte, ahd. hirti, goth. haírdeis, v. Heerde (s. d.). Das Wort stimmt lautverschoben mit litthauisch der kerdzus Lohnhirte, lat. (mit ursprünglichem s) cústos Hüter, welches letzte auf curáre = „Fürsorge tragen" zurückgeht, insofern dieses aus einem älteren cusáre hervorgegangen wäre. Im Mhd. sagte man auch der hêrtære, niederl. herder u. harder = Hirt, welche unsere neub. Familiennamen Herder u. Harder sind.

hissen = Stengen, Rahen, Boote ꝛc. in die Höhe ziehen.

Das niederd. hissen, niederl. hijzen (d. i. hizen), altnord. hisa.

† die **Historie** (4sylbig), Pl. — n, mhd. die histôrje, aus lat.-gr. história : Geschichte, Geschichtserzählung, Geschichtsbuch. der **Historiker** u. **historisch**, nach lat.-gr. histôricus. der **Historiograph**, —en, Pl. —en, lat.-gr. historiógraphus, = Geschichtschreiber.

die **Hitze**, ohne Pl. : brennende Wärme; [schon im Mhd. bildlich :] zu große Gemüthserregung. Davon : **hitzen**; **hitzig**.

Mhd. die hitze, ahd. hiza hizéa (d. i. hiz-j-a), altnord. hita. Aus dem Pl. Prät. des Wurzelverbums von heiß (s. d.). Hitzig, mhd. hitzec. Mhd. hitzen = heiß machen würde ahd. hizan (d. i. hiz-j-an?) lauten; aber hitzen = heiß sein, heiß werden, ist ahd. hizôn.

ho (o kurz)! franz. ho! Interj. des Zurufes, der Aufforderung.

der **Hobel**, —s, Pl. wie Sing. : Unebenheiten abstoßendes Glättwerkzeug des Schreiners. Daher : **hobeln**, auch bildlich = von rauher Sitte glätten [ähnlich **ungeschliffen** = an Sitte ungeglättet].

Mhd. der hobel (mit b aus v statt des älteren) hovel, welches umlautlos neben niederd. der hövel (mit ö statt e, denn) altnord. der hefill, urspr. Werkzeug zum Wegheben (der Unebenheiten) v. h- zum Glätten, v. altnord. hefia niederd. heven ahd. heffan hevan mhd heben unserm heben. Volksmundartlich (z. B. wetterauisch) der hubel (auch in Diefenbach's Glossar 168) setzt zwar ursprüngliches u voraus, hat aber, wie es scheint, nach Ähnlichkeit anderer Wörter, z. B. Sohn mhd. sun ꝛc., fälschlich gebildetes. Hobeln, bei Luther (1 Kön. 6, 36. 2 Chron. 34, 11) aus dem Niederd. höffeln, höfeln, 1470 hubeln, urspr. hovelen (?), niederd. höveln, altnord. hefla.

hoben, Abv., gekürzt aus **hie oben**.

hoch = ausgedehnt nach oben. Als Adj. in starker Form (männl.) **hôher**, (weibl.) **hôhe**, (sächl.) **hôhes**, in schwacher der die das **hohe**; als Adv. **hoch**. Comp. **höher**, Sup. **höchst** (ö lang). Daher : die **Höhe**; **höhen**, in **erhöhen**; das **Höchst** (s. die Anm.); **höchstens**, ebenso gebildet wie **ehestens** (s. d.) ꝛc. Zusammens. : **hochdeutsch** (s.

Anm.); hochébelgeboren, als geringster Titel gebraucht; der Hóchaltar; das Hóchamt; hóchfahrend (vgl. Hóffart); bóchgeberen, als Titel der Grafen, benen nicht das höhere erlaucht zu kommt, sowie ihnen Gleichstehender; hóchgelehrt, ehedem lieber hóchgelahrt (über gelahrt f. b. W.); das Hóchgericht = Vollziehungsstätte der hohen Gerichtsbarkeit, Galgen und Rab; hóchlich; der Hóchmuth mit hóchmüthig; hochwólgeboren, als Titel Adelicher und hoher Staatsbeamten gebraucht; die Hóchzeit (o kurz) mit der Hóchzeiter und dem Abj. hóchzeitlich, f. die Anm.; die Hóheit (f. die Anm.). Durch Aneinandertreten zu scheinbarer Zusammensetzung und darum auch mit dem Hauptton auf dem Subst. und Biegung des Abj. bildeten sich: das Hohelied (aus hohe Lied), Gen. des Hohenliedes ec.; der Hohepriester, Gen. des Hohenpriesters, Pl. die Hohenpriester, in starker Biegung Hoherpriester (aus hoher Priester), Pl. Hohepriester.

Mhd. hôch [stark hôher, hôhiu, hôhez, schwach der die das hôhe], gekürzt um den Auslaut hô, ahd. hôh u. gekürzt hô, goth. hauhs; Comp. mhd. hœher hôher ahd. hôhiro goth. hâuhiza (?), Sup. mhd. hœhest hœhest (bei Luther ec. noch hôheſt) hôhst . ahd. hôhest hôhist goth. hâuhists. Als Abv. mhd. hôbe. gekürzt hô, ahd. hôho (Comp. hôhôr, Sup. hôhôst), hô, goth. hâuhaba. B. einem vermuthlichen goth. Wurzelverbum hiuhan (Prät. ich hâuh, wir hauhum. Part. hauhans) = sich nach oben erstrecken (?), wozu auch goth. der hiuhma hiuma = Haufen, Menge, gehört. Das schwache Abj. hat, wie auch bei andern Adjectiven, substantivische Bedeutung angenommen in dem Pl. die Hohen, wie die höhen (Mai 112, 3), = die Großen des Landes; ebenso der schwache Sup., wie bei der Fürſt u. der Nächſte, in dem Flurnamen das Höchſt und dem Ortsnamen Höchſt (vgl. meine oberheff. Ortsnamen S. 250 f.), — schon früh mhd. daz hôste = höchster Punct der Gegend, Anhöhe (Athis S. 94, 71). Die Höhe. mhd. die bœhe, ahd. hôhî, goth. hâuhei; höhen, mhd. hœhen, ahd. hôhan, goth. hâuhjan. Hochdeutsch, im 16. Jahrh. hôch tütsch, hôchteutisch, = deutsch wie man es in den Schriften Ober- b. h. Süddeutschlands hat, später (weil dieses Deutsch das allein herrschende wurde) überhaupt f. v. a. schriftdeutsch. Die Hochfahrt, durch Lautangleichung Hoffart (f. b.); hochgeboren, mhd. hôch geborn (Parzivâl 541, 24), hôchgeboren = edel; hôchlich, ahd. hôhlîh (= erhaben). Der Hochmuth lautet mhd. hôchmuot, welches aber zuerst erhöhte Stimmung, große Freudigkeit, wie mhd. hôher muot, und dann die Überhebung derselben bedeutet; im Ahd. steht in unserer jeßigen Bed. die hôhmuot (gekürzt aus die) hôhmuoti. welches aus dem ahd. Abj. hôhmuoti = hochmüthig gebildet ist (vgl. die De-, Groß-, Langmuth ec.). Hochmüthig, mhd. hôchmüetec, ahd. hôhmuotig (im heutigen Sinne). Die Hochzeit ist mhd. die hôchzît, im 12 Jahrh. hôhzît. welches zuerst f. v. a. Feſt, Kirchenfeſt (die hohe Zeit, baher die hoch Zeit, namentlich Weihnachten, Oſtern, Pfingſten, Allerheiligen) wie weltliche Feſtlichkeit, dann feſtliche Luſtbarkeit, endlich insbesondere Verehelichungsfeier bedeutet; im Angelsächf. heáhtîd = Feſt. Im 15. Jahrh. hôchzeitlich = feſtlich, hochfeſttäglich. Die Hoheit ſt. Hochheit (im Simpliciſſimus), mittelb. hôcheit (Myst. 1, 92, 15) b. i. hôch-heit = Erhabenheit.

Höchſt, hochwólgeboren, die Hóchzeit ꝛc., ſ. hoch.

der Hócke, —n, Pl. —n: Kleinverkäufer roher Eßwaaren ꝛc. an öffent=
lichem Platze. Daher: hócken; die Hóckin.

> So zu Frankfurt am Main ꝛc., und ſchon mittelb. der hocke (Hoffmann's
> Fundgr. I, 376ᵇ), ahd. hoccho (?), = Kleinverkäufer von Lebensmitteln ꝛc.
> Schriftdeutſch der Höcker, die Höckerin, die Höckerei, oder, wie manche
> ohne hinreichenden Grund, bloß niederdeutſcher Ausſprache zu Liebe und um von
> der Höcker = Rückenauswuchs zu unterſcheiden, ſchreiben, Höker, Hökerin.
> Hökerei. Jene Form Höcker bereits in Wirt's Rechenbuch v. J. 1618, bei
> Schuppius ꝛc., im 15. Jahrh. der hocker, mhd. hucker (Augsburger Stadtrecht
> 16. 124 ff.), niederb. häker [mit dem Verbum häkern, weshalb manche hochd.
> hökern ſt. höcken ſchreiben]. Dunkler Herkunft.

die Höcke, Pl. —n: Haufe im Felde aufgeſtellter Garben. Daher
•höcken, ſolche Haufen errichten. Niederſächſiſch.

> Schweiz. der Hock = Haufe, bei Stieler Sp. 809 die Hucke = Laſt, Trag-
> laſt, Bündel. Das Wort ſcheint lautverſchoben dem litthau. der kugis = „auf
> der Wieſe ſtehender großer Heuhaufen" zu entſprechen.

hocken = zuſammengebogenen Leibes, krumm niederſitzen; wartend ſitzen
(ſchon bei Joſua Maaler Bl. 227ᵉ); feſtſitzen ohne ſich wegzube-
geben; — auf einem Rücken ſitzen (ſ. Hucke). Daher der Höcker.

> Bayer. hocken u. hucken (Schmeller II, 149), niederb. huken, niederl.
> hukken, ſchwed. huka, altnord. hoka [mit hokinn = niedergebogen, krumm] u. hûka
> (eig. hängen, wo feſt ſein, dann kauern), welches auf ein zu vermuthendes goth.
> Wurzelverbum hukan (? Prät. ich hâuk? wir hukum? Part. Prät. hukans?)
> = ſich krümmen (?), niederbiegen (?), führen dürfte. Vgl. die Hocke u. die Hucke.

der Höcker, die Höckerin, Höckerei, ſ. der Hocke.

der Höcker, —s, Pl. wie Sing.: Rückenerhöhung. Daher das Adj.
höckericht, welches auch überhaupt von Ungleichem Jeſ. 42, 16 ſteht.

> Im 15. Jahrh. der hogker (voc. incip. teuton.), hocker (Diefenbach's Gloſſar
> 139), mhd. hoger (= Buckliter. Boner 76, 25. 35), mit dem Adj. (im 15.
> Jahrh.) hockericht, mit Ausfall des ch hokrot (lib. ord. rer. v. 1429 Bl. 22ᵈ),
> mhd. hockerëht, hokerëht, bei Boner hogrëht, im 12. Jahrh. hogeroht. Wie
> es ſcheint, mit ſpäter in ck überſchlagendem g ſtatt v aus dem gleichbed. ahd.
> der hovar hofar (ſ. Hübel) mit ſeinem Adj. hovaroht hofaroht = höckericht.
> Bei Serranus Bl. k 3ᵃ: „hoger oder hofer." Vgl. Hügel aus huvel
> Hübel (ſ. b.).

die Hóde, Pl. —n, = lat. testiculus. Zuſammenf.: der Hódenſack.

> Mhd. der hode, ahd. hodo, altfrieſ. hotha oder vielmehr mit ô (im Altfrieſ.
> hier ſtatt â) hôtha, weil auch ahd. haodo (Diut. I, 269ᵃ) vorkommt, welches
> goth. hauþa lauten würde. Der Hódenſack, 1469 mittelrhein. hodensacke
> (voc. ex quo).

der Hof, —es, Pl. Höfe: innerer abgeſchloſſener Raum bei Gebäuden;
Fürſtenſitz, ſowie die an demſelben oder überhaupt um den Fürſten
verſammelten Vornehmen; Haus und Wirthſchaftsgebäude eines Gutes;

[im 15. Jahrh. auch schon] heller Nebelring um Sonne oder Mond. Daher das Höfchen (ö lang), Dim.

    Mhd. der hof (Gen. hoves), ahd. hof, angelsächs. hof (Gebäude, Fürstenzgebäude). Das Wort stimmt lautverschoben mit gr. der kêpos (κῆπος) = Garten. und diesen Begriff hat auch unser ahd. hof, aber vorzugsweise niederl. der hof.

höfeln = hobeln, s. Hobel. Niederd., bei Luther.

die Hóffart, ohne Pl. : Hochhinauswollen über Andere; Großthun mit Gepränge. Daher hóffärtig.

    Wilhelm Wackernagel schreibt Fahrt (s. b.) gemäß : die Hoffahrt: doch meidet man das h, weil hier Fart u. -färtig lieber mit der ursprünglichen Kürze des Vocales gesprochen werden. Wie schon Jdelsamer (Gramm. Bl. D 2 ª) bemerkt, zusammenges. aus hoch hoh und die Fahrt, und noch im 16. Jahrh. Hochfart u. hochfertig neben den durch Angleichung des ch zu f und damit eingetretener Kürze des ô zuerst in Nieder- u. Mitteldeutschland entstandenen und durch die Kürzung des höch in hô (s. hoch) begünstigten Formen Hoffart u. hoffertig, 1469 mittelrhein. hoffart u. hoffertig (voc. ex quo), im 14. Jahrh. niederrhein. hofard hoffard u. hoferdig hofferdig (Kloster-Altenberger Hs.). Mhd. die höchvart hôhvart u. höchvertec hôhvertec, mit Kürzung des höch höh auch hôvart hôfertic, = durch Glück und Glanz ausgezeichnetes Leben, dann Stolz und [als Folge jenes Lebens] Übermuth, prangendes Großthun [»hôchvart, sô dër mensche hôhe vert mit gedenken, mit worten unde mit werken. wen (wann) vert dër mensche hôhe? daz tuot ër denne, sô ër über sich sëlben vert; daz tuot ër denne, sô ër sich deheines (irgend eines) dinges überhebit« (Bihtebuoch S. 30)], hochfahrendes Wesen. Troß; ahd. die hôhfart im heutigen Sinne, und hôhfertig hôhvartîc = stolz, übermüthig, troßig. Hier -färtig mit ä, weil Hoffart zu deutlich für i spricht; aber das selbständige Adj. fertig (s. b.), obgleich ebenfalls von Fahrt mhd. vart, mit e, weil jenes Stammwort in Gedanken zu ferne lag und nicht lebendig vorschwebte.

hóffen = mit Wunsch als zukommend entgegensehen. Daher : hóffentlich, Adv.; die Hóffnung.

    Mhd. hoffen mit dem Subst. die höffenunge ist, mit Wandlung des niederd. p in hochd. f, durchs Mitteld. (Lamprechts Alexander 6543) aus dem Niedert. [mittelniederd. u. mittelniederl. hopen, neuniederd. hapen, angelsächs. hopian. engl. hopeʃ allmählich ins Mittelhochdeutsche eingedrungen, wo die üblichen Ausdrücke gedingen und der die das gedinge, ahd. gidingan u. der gidingo, die gidingî, das gidingi waren. Die Abstammung ist dunkel, und einer Zusammenstellung mit lat. cúpere = wünschen widerstreitet dessen nach dem Gesetze der Lautverschiebung nicht stimmendes p. — J. H. Voß schreibt Hofnung, doch ohne Nachahmung zu finden; eben so wenig Beifall hat hoffendlich st. hoffentlich (mhd. mit üblichem Ausfall des t hoffenlich), weil sich in den Zusammensetzungen des Part. Präs. mit -lich das frühere t erhalten hat (vgl. eigent-, flehent-, leidentlich 2c.).

hofieren, mhd. hofieren, = einem Frauenzimmer schön thun (ihr als der Herrin) den Hof, die Cour (s. b.) machen; auf den Hof machen, cacáre.

Wegen der letzten Bed. wird das Wort in der erſten nicht mehr gebraucht. Beide Bedeutungen kommen ſchon im Mhd. vor und auch die Beb. aufwarten, dienen, eig. das Gefolge [ahb. hof = Gefolge eines Herrn] bilden.

höfifch, mhd. hövesch (ſ. hübſch), höflich, mhb. hovelich (als Abv. hoveliche), ahb. hofelich, = dem Hofe, Hoftone b. h. fein geſitteten und gebildeten Tone gemäß, mit die Höflichkeit. der Höfling, — es, Pl. — e, mhb. u. ahb. der hovelinc (mit unorganiſch eingetretenem l), = Hofmann b. h. Mann des Hofes u. Benehmens am Hofe. der Hofmärſchall. der Hofmeiſter, mit hofmeiſtern. bie Höfreite, Pl. — n, = der Hofraum und die Gebäulichkeiten einer Wohnung, ſ. Anmerk. die Höffchranze, ſ. Schranze. der Höfſtaat, —es, Pl. —e, = Dienſtperſonal eines Hofes. die Höfſtatt, Pl. Höfſtätte : was Hofreite; Ort, wo ein großer Herr ſeinen Hof hält. die Höfſtätte, Pl. — n : Stelle eines Bauernhofes ober einer Hofreite (mhd. hovestat, ahb. hofastat); bie Hofreite ſelbſt.

Die Hofreite, mhb. die hovereite, eig. = der Hofraum, der zu dem Hauſe und beſſen Stallungen, zu einem landwirthſchaftlichen Gebäude gehörige freie Spielraum (Schmeller II, 158), dann Bauernhof (voc. theut. v. 1482 Bl. e 4b). Die Reite ſcheint zuſammenzuhangen mit dem erſten Theile des ahb. bie reitihuoba, breitihuoba [huoba iſt Hube], = Anſiedelung, Landgut (Graff IV, 753), beſſen hreiti = Anbau (?) wegen des anlautenden h von -reit in bereit verſchieden iſt.

hoh, Höhe, Höheit, Hohelieb, höhen, ſ. hoch.

der Höhenrauch, üblicher nhb. Ausbruck ſt. Heirauch, ſ. b.

der Hoheprieſter, Gen. des Hohenprieſters ꝛc., ſ. hoch.

bie Hohl = Hachel, ſ. b. Falſch bei Moſcheroſch bie Hol.
Denn das h nach o iſt wurzelhaft und darf nicht ausfallen. Aber o iſt hier verbunkeltes â, und ſchon 1482 die höhel (voc. theut. Bl. p 1ª).

hohl (Comp. höhler, Sup. höhleſt, hohlſt), mhb. u. ahb. hol, goth. huls(?), = im Innern leer. Davon : das Hohl, veraltet, mhb. u. ahb. das hol (Pl. ahb. holir), goth. hul(?); bie Höhle, aus mittelb. bie holin (voc. theut. v. 1482 Bl. p 1ª) ſt. mhb. bie hüle [ü, weil e aus î] ahb. bie holî; höhlen ſt. mhb. hüln (mit ü wegen j in) ahb. holjan [neben holôn goth. hulôn] mit bie Höhlung.
Richtiger, jedoch völlig unüblich hol, Höle (ſo bei Luther), hölen u. Hölung. Das ahb. Abj. hol aber entſpringt aus ber Form bes Part. Prät. (ahb. holan, goth. hulans?) v. ahb. hëlan (ſ. hehlen), und entſpricht in den Conſonanten lautverſchoben bem gleichbeb. gr. kollos (κοῖλος).

hohlen, nur noch altfränkiſch ſt. holen, ſ. b.

der Hohn, — es, ohne Pl. : Äußerung ehrverletzenden herabſetzenden Übermuthes gegen jemand. höhnen, mhb. hœnen, ahb. hônan (= entehren), goth. háunjan (= jemand erniedrigen), mit der Höhner, mhb. hœner, und bie Höhnerei; höhniſch. Zuſammenſ. mit dem

Subſt. der Hohn : hóhnäffen, veraltet; hóhnecken (e vor ck wie ä), mit die Hóhneckerei, ſ. Anm.; das Hóhngelächter; die Hóhnlache und davon wieder das Verbum hóhnlachen, 1469 hoynlachen (*voc. ex quo*), mit hóhnlächeln; der Hóhnſprecher, v. Hohn ſprechen.

Der Hohn, mittelb. der hôn (= Schmach. *Jeroschin* 175), findet ſich noch bei Luther in dem Sinne von Schmach, Schande (Jer. 31, 19); mhd. ſagte man die hœne u. bœnde, ahd. hôna u. hônida (goth. háuniþa Erniedrigung). Alle dieſe, wie höhnen, ſind abgeleitet v. dem mhd. Adj. hœne, mittelb. hône, d. i. neub. höne, hohn, = verſpottet, verachtet, dann übermüthig (verachtend), hochfahrend, ahd. hôni, = ſchmachvoll, verachtet, niedrig, goth. háuns u. angelſächſ. heán = niedrig. Das mit Hohn zuſammengeſetzte Verbum höhnecken = „ſpitzfündig auffpüren, mit Sticheleien böhnen", zuerſt bei Friſch, lautet 1691 bei Stieler (Sp. 848) honeckeln (mit oberd. ck ſtatt niederb. ck nach) niederb. honeckeln, deſſen diminutives eckeln noch in bayer. „eckeln mit Einem" = ihm ſcharfe, beleidigende [verletzende], herausfordernde Worte ſagen (Schmeller I, 25), v. mhd. die ecke (ſ. Ecke) = hervorſtehende Spitze, Schneide der Waffe. Ebenſo aus eckeln (auch = verſpotten. Friſch I, 215ª) — neben aus eck eln — und durcheckeln = tadelnd durchziehen (Friſch ebenda).

hohó! Interj. des Zurufs, dann des Zweifels. Schon 1486.

der Hóhrauch, auch Hóhenrauch, üblich ſt. Heirauch, ſ. d.

die Hoike, Pl. —n : Art langen Mantels. Veraltet.

1482 mittelb. boycke (*voc. theut.* Bl. t 5ᵇ). Aufgenommen aus mittelnieberb. die hoike, mittelnieberl. huke (*hor. belg.* VI, 229), neuniederl. huik (Regenmantel).

der Hóke, hóken, der Hóker, die Hókerei, ꝛc., ſ. der Höcke.

† das (der) Hokuspókus, Gen. ebenſo, ohne Pl. : Taſchenſpielerei; Gaukelſpiel, =werk.

Mit vorgetretenem H. Denn bei Joachim Rachel (1669) 8, 144 okes boks, bei Schuppius († 1661) Ockes Bockes, von Taſchenſpiel und Gegenſprechen über Würfel und Karten beim Spiele. Niederl. bereits hokus bokus. Unverſtändliche Wörter, in welchen Ochs und Bock als Namen von Opferthieren ſtecken könnten.

holb, mhb. holt, ahb. hold, goth. hulþs, = freundlich zugeneigt; freundlich und lieb. Daher : das Hólbchen, gebildet wie Liebchen; der Hólb, —en, Pl. —en, mhb. holde u. ahb. holdo (Dienſtmann), = "der als Lehnsmann Abhängige, der Lehnstreue", die ſchwache männl. Form des Adj. in ſubſtantiviſcher Bedeutung, in der Grundholb ꝛc.; die Hólbin; holbſélig (ſ. Anm.) mit die Hólbſéligkeit.

Aus dem Pl. Prät. des bei Halbe vorausgeſetzten goth. Wurzelverbums hilþan. In dem erſt mit dem 16. Jahrh. erſcheinenden holbſelig ſcheint, zumal da Steinbach (1734) I, S. 774 das Subſt. das Hólbſal hat, ſelig bloße Ableitung (=ſ=el=ig ahb. -s-el-ic), aber mit dem Adj. ſelig (ahb. sâlic) gemiſcht. S. auch Huld.

der Hólder, gekürzt aus mhb. holentër Holunber (ſ. b.). Landſchaftlich.

hólen = woher zu ſich, zur Stelle nehmen.

Mhd. holn, zuweilen noch baln, ahd. holôn (durch Angleichung des a der Wurzel zum ô der Endung aus) halôn, welches zuerst = herzurufen, rufen (Graff IV, 850). Das Wort stimmt lautverschoben mit lat. caláre zusammenrufen, gr. kalein (καλεῖν) = berufen, rufen.

die **Hólfter**, Pl. —n : Pistolenbehältniß am Sattel.

Niederl. der holster = Holfter u. Soldatenranzen. V. mhd. die hulft, hulst, ahd. hulft, huluft, hulst, = Decke, welches aus dem gleichbed. in Stoffen vorkommenden mittellat. das húlcitum (neben die húlcia). Woher dieses Wort? Doch nicht aus cúlcita Polster?

der **Holf**, —en, Pl. —en : Art großen schweren Schiffes.

Das niederd. der holk [st. bolke], niederl. die hulk, mhd. der holche, spät-ahd. holcho. Es scheint durch das Romanische aus gr. die holkás (ὁλκάς) = Zug-, Lastschiff [v. gr. ἕλκειν = ziehen], überkommen.

hólla! bei Dichtern auch noch **hollá!** Interj. des Anrufes.

Aus franz. holà! ital. olà! span. u. portug. olá! d. i. dem franz. Zuruf ho! mit dem aus lat. illắc gekürzten franz., ital. ꝛc. là = da, dort.

die **Hölle**, Pl. — n : Ort der ewig Verdammten. Daher **höllisch**. Zusammens. die **Höllenfahrt** (f. Anmerk.) ꝛc.

ö statt e, wie in dörren, Geschöpf, Löffel, Schöffe ꝛc. Bei Luther noch Helle, mhd. die helle, ahd. bella hellia, goth. halja (d. i. hal-j-a). Der örtliche Begriff „Unterwelt", welcher von den zum Christenthume bekehrten Heiden mit dem 10. Jahrh. auf den „Ort der ewigen Verdammniß" angewandt wurde, gieng aus dem persönlichen der im deutschen Heidenthume verehrten grauenvollen Todesgöttin (altnord.) die Hel [ahd. Hella, Héllia, goth. Halja, angelsächs. Hell] hervor, welche die zu ihr niederfahrenden Seelen der an Krankheit und vor Alter Gestorbenen in Empfang nimmt und unerbittlich festhält. Die Wurzel des Namens der Göttin aber liegt in dem Sing. Prät. (ahd. u. goth. hal) v. ahd. hëlan goth. hilan (?) hehlen (f. hehlen), und so erscheint die Göttin gleichsam als die Verborgene in dem unterirdischen, mit ewiger Nacht bedeckten kalten Schattenlande Niflheimr (Nebelheim), ihrem Wohnorte. — Höllisch lautet mhd. hellisch, und Höllenfahrt ist eine nach dem späteren „niederfahren zur Hellen" entstandene fehlerhafte Bildung st. Höllefahrt, mhd. hellevart.

der **Holm**, — es, Pl. — e : Binnenwasser-, See-, Flußinsel; Halbinsel.

Niederd.; dän. holm, schwed. holme, altnord. (schwachbieg.) der hôlmi, woneben das starkbieg. der hôlmr = Kampfplatz. Angelsächs. der holm = Meer.

der **Hólper**, —s, Pl. —n oder auch wie Sing. : kleine Erderhöhung als Anstoß auf dem Wege. Daher : **hólperig**, Adj.; **hólpern**.

hólter die pólter! = über Hals und Kopf, stürmisch eilend.

Niederd. hulter de bulter, fläm. holder de bolder. Niederländ. bolderen, bulderen ist unser. poltern.

der **Holúnder**, —s, Pl. wie Sing., die Pflanze sambúcus.

Mit unrichtigem, von dem kurzen o auf das u fortgeschobenen Haupttone. Nicht mit gedehntem o Hohlúnder, auch nicht (wiewol dieß eher angienge) Hollúnder. Mhd. der hôluntër, mit abgeschwächtem u hôlentër, gekürzt durch Ausstoßung holter [mitteld. huldir holder unsre landschaftliche Form der Holder, auch in der hulder-, huldirbusch (Arnsburger Urk. S. 522. 548) der Holderbu[ch]u. 1429 holer, holre, ahd. der hóluntar, hólantar, gekürzt holder, holdir, holr. Eine Zusammensetzung, deren erster Theil (holan holun) mit ahd. hol hohl zusammenzuhangen scheint, aber goth. das hulundi Höhle (Joh. 11, 38) nicht ist. Der zweite Theil tar = größeres Holzgewächs (f. -der) erscheint hier als verschwindendes verdunkeltes Wort männlich st. weiblich.

der Holúnk (o kurz), Holúnke, bei Stieler (1691) 2c. st. Halúnk, Halúnke (f. d.).

das Holz, —es, Pl. Hölzer, mhd. u. ahd. das holz, altsächs. u. angelsächs. holt : dichtstehender Baumwuchs, Wald; der harte Stoff des Baumes unter der Rinde; Stück eines Baumes. Daher : hölzern [schon um 1500 holzern], v. die Hölzer (f. -ern S. 304), st. des richtigeren hülzen (b. Luther hültzen), mhd. hülzîn, ahd. holzîn hulzîn, Abj.; hólzig, Abj.; hólzen, Verbum, mit die Hólzung. Zusammens. : der Hólzapfel, mhd. holzapfel, u. die Hólzbirne, holzbir, = wilder (unverebelter) Apfel, wilde Birne; die Hólztaube, mhd. holztûbe, ahd. holztûbâ, = in hohle Bäume nistende Waldtaube; der Hólzwurm, mhd. holzwurm, = im Holze nagendes Insect 2c.

Ob zu lat sylva, silva, = Wald, gr. hylē (ὕλη) = Wald, Holz, zu stellen, so daß im Deutschen ausnahmsweise h verblieben wäre? S. Grimm's Gesch. d. deutschen Spr. 303 f.

† homoným, nach gr. homónymos (ὁμώνυμος), = gleichnamig. Daher die Homonýmen [nach lat.-gr. homónyma] : gleichlautende Wörter verschiedener Bedeutung.

Gr. homós (ὁμός) = gleich; ónoma (ὄνομα) = der Name.

† honétt (é tief) : ehrenhaft, ehrbar, anständig.

Manche schreiben, ohne Umformung nach der deutschen Aussprache, im engen Anschluß an das Französische honnét. Das Wort ist nämlich entlehnt aus franz. honnête, altfranz. honeste, v. lat. honéstus [lat. hónos, dann hónor, = Ehre].

der (urspr. das) Hónig, —es, ohne Pl. : süßer Bienensaft.

Bei Luther noch das Honig, mhd. das honec, ahd. das honic, honag, honac, honang, altsächs. honeg, hanig, angelsächs. hunig. Unableitbar. Das seltene Abj. hónig = honigvoll, -süß [„Kinder des honigen Frühlings" = Bienen, bei Herder] scheint gekürzt aus mhd. hönigec.

der Hónigseim, —es, ohne Pl. : Honigscheibe; ausgelassener Honig.

Mhd. der honecseim, um 1100 honichseim, altnord. hunángseimr.

† das Honorár, —es, —e : Ehrenlohn, Vergütung.

Aus lat. das honorárium = Ehrengeschenk [hónos, hónor, = Ehre].

† die Honoratióren, ein Pl. : die Geehrteren, Angesehenen.

Nach lat. honoratiôres, dem Plur. des Comparativs v. honorátus = geehrt.

† honorieren, = ehren; Ehrenlohn geben, bezahlen.

Aus lat. honorâre = ehren, womit beehren, belohnen, v. hónor Ehre.

der Hópfen, —s, Pl. wie Sing. (in der Beb. Hopfensorten), das bekannte Rankengewächs der Bierbrauer. Daher das Verbum hópfen.

Eig. der Hopfe. Mhd. der hopfe, ahd. hopfo, hopho, mittelniederd. u. niederl. hoppe. Aus dem gleichbed. mittellat. hupa?

der Hopp, —es, Pl. —e : kurzer Sprung in die Höhe; Tanz in folchen Sprüngen (Göthe I, 197). hopp! (ungut hop!). hópfen.

Altnord. der hopp = Sprung, Springetanz, unser Hopp, mit dem niederd. u. dann mitteld. pp statt hochd. pf v. altnord. u. schweb. hoppa (dän. hoppe), mitteld. hoppen (Beneckes Beiträge I, 167), angelsächf. hoppan, welche unfer hochd. hüpfen (f. d.) find. Die Interj. hopp! ist davon der Imperativ, und hopfen (mit einem unterdrückten p) ft. hóppezen, hoppzen, hopzen, angelsächf. hópetan (= tanzen), ist mittelst -ez-en goth. -at-j-an v. hoppen abgeleitet.

hórchen (o kurz) = worauf hören. Daher der Hórcher.

Mhd. hörchen, spät-ahd. hôrechôn (b. i. hôrahhôn), goth. háuskôn (?), niederb. horken, mittelst der Ableitung -ahh-ôn v. ahd. hôran unferm hören (f. d.). Das o ist durch Einwirkung des ch kurz geworden. Vgl. gehorchen.

die Hórde, Pl. —n : wandernde Stammesgenoffenschaft, umherstreifender wilder Haufen.

Erst 1775 bei Abelung verzeichnet. Aufgenommen aus franz., engl. u. niederl. die horde, = umherstreifender Haufe Tataren, ital. orda, ruff. ordà, albanefisch hordi, welche überkommen find von einem afiatischen (mongolischen?) Worte, wie denn perfisch ordu = Kriegsheer, Lager. — Falsch bei Ettmüller u. Benecke-Müller I, 717b mitteld. die horde (Frauenlob S. 228, 409, 17) = Schaar. S. das folg. Horde.

die Hórde, Pl. —n : Flechtwerk zu Wänden u. zum Dörren.

Mitteld. die horde (= Umhegung, Bezirk. Frauenlob S. 228, 409, 17), niederländ. horde, niederb. hord, mittelniederd. die hort. Umlautlose Form ft. der hochdeutschen Hürde (f. d.) und mit derselben eins.

hören. = durch das Ohr vernehmen; [abstract :] worauf achten. Daher : der Hörer mit die Hörerin; hörig in hárthörig, aber auch in der Rechtssprache f. v. a. „im Verhältniffe der Abhängigkeit stehend" (f. Anm.). Zusammenf.: hórbar mit die Hörbarkeit; das Hórensägen; das Hórrohr; die Hórsage = gehörte Nachricht; der Hórsaal = Auditorium, großes Lehrzimmer auf Univerfitäten.

Mhd. hœren, früher und mehr niederd. noch ohne Umlaut hören, auch in der Bed. von gehören, Eigenthum fein, zugehörig fein [welcher Begriff noch oben in dem hörig der Rechtssprache durchbringt], ahd. hören, hôran, eig. hôrran, mit Angleichung des ableitenden j zu r aus hôrjan, goth. háusjan. Das Wort stimmt mit gr. akúein (ἀκούειν) = hören, worauf hören, insofern eine Spur des Stammes kûs in ékûsthai [ἠκούσθαι b. i. ἠ-κ ο ύ ς-(σ)θαι fich zeigte. Der Hörer lautet mhd. der hœrære und jener hörig mhd. hœrec. Vgl. auch gehören, gehorfam.

† der Horizónt, —es, Pl. —e : Gesichtskreis, bei Alberus das Augend (d. i. Aug-Ende). Daher horizontál = wagerecht.

Aus lat.-gr. der horizon (Gen. horizóntis), welches eig. Part. Präf. v. gr. horizein (ὀρίζειν) = be-, umgränzen.

das Horn, — es, Pl. Hörner, mhd. u. ahd. das horn : harte Kopfspitze mancher Thiere; krummes Blasinstrument [ursprünglich aus

Horn gemacht]; Landspitze; Berg=, Felsenspitze. Daher : das Arz̧.
hörnen (ehedem nach dem Mittelb. hürnen) u. ohne Umlaut hór
nen, mhd. hürnîn, hurnîn, ahd. hurnîn; hörnern, Adj., v. die Hörner ;
hörnicht, ahd. hornoht, hornaht; =hörnig in ein=, zweihörnig ꝛc.
Das Part. Prät. gehörnt, um 1100 gehurnt, setzt ein ahd. Verbum
hurnan voraus, altsächf. hurnian (*Héliand* 69, 8. 89, 8).

Ahd. das horn, goth. haúrn [woher haúrnjan hürnen = das Horn blasen],
stimmt lautverschoben mit dem gleichbed. lat. das *cornu*, gr. (ohne das Ableit=
ungs -n) das *kéras*. Vgl. auch Hirsch u. Hirn.

bie Hörniß, Pl. —sse (gewöhnlich Hörnissen), eine Wespenart.

Bei Luther im Pl. die Hörnissen. Im Sing. landschaftlich auch der
Horniffel (Schillers Räuber 2, 3). Historisch richtig überall ß. Denn mhd.
der hornûz, ahd. hornaz, horniz, hornuz (Pl. hórnuzā u. also nhd. richtig im Pl.
die Hornize), angelsächf. hyrnet. Benannt nach dem Tone, den das Thier fliegend
macht und der dem Tone aus einem Horn gleicht, weshalb es altsächf. auch der
hornbëro Hornträger (*Diut.* II, 192) heißt und von ihm im *Iwein* 209 gedichtet
wird „dër hornûz sol diezen“ (= rauschend tönen).

bie Hörnkirsche, Pl. —n : der Kornelbaum, córnus máscula.

Wegen des hornharten [und hornfarbigen] Holzes benannt.

ber Hörnung, —es, Pl. —e, der Februar, f. b.

ber Horst, —es, Pl. —e : Raubvogelnest. Daher hörsten.

Auch noch die Horst, Pl. —en; denn mhd. die hurst (Pl. hürste), ahd. hurst,
horst, = Gesträuch, Gebüsch, mittelniederb. die horst = Forst (*Reineke Vos* 76. 258).

ber Hort, —es, Pl. —e : bewahrter Schatz; [dann im Mhd.] Aufbe=
wahrungsort des Schatzes; [u. so im Nhd. auch] sicherer Ort.

Mhd. der hort, ahd. das hort, goth. das huzd (z Übergang von s zu r).
Eig. das Gehütete, Bewahrte; denn das Wort stimmt lautverschoben mit dem
in lat. cústos = Bewahrer, Hüter, custódia = Bewahrung, Obhut, und gehört
also mit Heerde (f. b.) und Hirt (f. b.) zu Einem Stamme.

bie Höse, Pl. —n : anliegende Beinbekleidung.

Mhd. die hose, ahd. hosā, welches Letzte, wie angelsächf. die hose, nur die
(leberne) Fußbekleidung vom Knie abwärts bedeutet; altnord. die hosa = Strumpf.
Dunkeln Ursprunges.

† bas Hospitál, —es, Pl. Hospitáler, gerne gekürzt in bas Spitál,
—es, Pl. Spitäler : Armen=, Krankenhaus. Daher der Hospitalit,
—en, Pl. —en : ins Hospital Aufgenommener.

Älter=nhd. der Spittal, mittelb. das spittál, woher die gemeinübliche Form
Spittel; mhd. das spitál. Diese Kürzung stimmt zu ital. der spedále neben
der volleren Form der ospitále, span. hospital, franz. hôpital, früher hospital,
aus mittellat. das hospitále, welches urspr. f. v. a. dómus hospitális = Gast=,
Fremdenhaus, Herberge, v. dem lat. Adj. hospitális = was den Gast (hóspes)
betrifft. Vgl. Hotel. Im *Teuthonista* v. 1475 altclevisch das hospitail b. i.
hospitál, aber ahd. das hospitálhûs Hoßspitalhaus (Graff IV, 1055).

† bie Höstie (3sylbig), Pl. — n : die geweihten kleinen runden Brod=
stückchen im heiligen Abendmahle.

Aus dem gleichbed. mittellat. die hóstia, welches im Lat. Sühnopfer, Opfer, bedeutet, und die unblutige Darstellung des Opfers Christi unter der Gestalt des Brotes und des Weines geschieht in der in der Messe der katholischen Kirche vorkommenden Wandlung.

† das Hotél (e tief u. kurz), — s, Pl. — s : großer Gasthof; großes Herrenhaus einer Stadt.

Das franz. hôtel, aus mittellat. hospitále, hospitális, worüber s. Hospital.

hott! Ruf zum Rechtsgehen des Zugthieres. Vgl. har!

In der Fuhrmannssprache nur Anruf an Pferde und zwar urspr. antreibender zum Geschwindergehen. Die schon bei Stieler Sp. 863 verzeichnete Interj. ist das in allen diesen Bedeutungen durch Mitteldeutschland überkommene niederd. hot! und hotten (Stieler 863), niederd. hotten, bed.: vorwärts gehen, gelingen. Altnord. das hott = Ruf an Pferde zum Geschwindergehen, u. hotta = die Pferde anrufen zum Vorwärtsgehen. Die regelrechte hochd. Form für jenes hotten u. (altnord.) hotta ist das fränkische u. oberpfälzische hutzen = rennen (Schmeller II, 260), hotzen = wiegend bewegt werden (Stieler 853).

der Hóttogaul, in der Kindersprache : das Reitpferd.

Schiller's Räuber 4, 4; bei Stieler Sp. 863 der Hottgaul = Wagenpferd. Hotto! ist Imperativinterjection v. hotten (s. hott) mit o im Auslaute aus mhd. -a, wie in mhd. láza = laß! hurta = renne zustoßend los! ꝛc. Noch sagt man bayer. hott hott! um die Bewegung des unfesten Reiters beim Traben zu bezeichnen (Schmeller II, 256).

die Hótzel, hótzeln (bei Bürger), s. Hutzel.

hu! Interj. des Schreckens, Grausens. Mhd. hû! ahû!

der Hub, —es, Pl. Hübe, in Abhub (s. b.), Aushub.

die Hube, Pl. —n : Landgebiet im Allgemeinen von 30 Morgen. Daher der Hübner mit die Hübnerin. Auch, nach dem Niederd., mit f die Hufe, der Hüfner, die Hüfnerin.

Mhd. die huobe, ahd. huoba, huopa, hôba, altsächs. hôva, 1469 mittelrhein. huiff (voc. ex quo), = ein bestimmtes Maß haltendes, Ertrag lieferndes Landstück als Besitzthum. Urspr. wol f. v. a. Grundeigenthum, v. haben? woher auch die Habe (s. b.), und ahd. uo altsächs. ô ist Ablaut des a. Der Hübner mhd. huobenære = Inhaber einer Hube. — Die niederd. Formen mit f, Hufe, Hüfner ꝛc., kommen wol neben jenen echt hochd. mit b vor, sind aber keineswegs üblicher oder diesen vorgezogen.

der Hübel, —s, Pl. wie Sing. : kleine Erhöhung; Hügelchen.

Mhd. der hübel (b aus v), huvel, huovel, mitteld. hubel (im Reim auf übel übel) = Erhöhung, bes. Hügel, Berg. Aus Einer Wurzel mit älter-nhd. der Huber (Alberus, der Barfuser Münche ꝛc. Nr. 302), Hofer (ebenda Nr. 118), = Rückenauswuchs, Höcker, mhd. der hover, ahd. hovar, hofar, angelsächs. hofer, welches lautverschoben dem litthau. die kupra = Höcker entspricht.

hüben, Adv., gekürzt aus hie üben, = dießseits. Bei Göthe II, 38.

Hübert, aus ahd. Hugubért, d. i. der durch Denken (Geist) Glänzende. Ein Mannsname. Vgl. Hugo.

Ahd. der hugu, huku, goth. hugs, = Denken, Geiſt, Sinn, welches lautverſchoben dem cog in lat. cogitāre = „denken" entſprechen würde. -bert ſ. S. 136.

häbſch = in der äußeren Erſcheinung wolgefällig. Vgl. ſchön.

     Mhd. hübsch, hubes, hübesch, hubisch, hobisch, = hofmäßig, feingebil-
det, zartgeſittet, im 15. Jahrh. auch ſchon fein ausſehend, gefallend, ſchön. Mit
b aus v neben und aus mhd. höfsch, hövesch, hüfsch, mitteld. huvisch,
(Athis S. 118, 158), im 11. Jahrh. hovesc (gl. jun. 296), unſerm höfiſch, =
hofmäßig, feingebildet, zartgeſittet, welches hövesch v. hof (Gen. hoves) Hof
gebildet wurde, um das romaniſche (franz.) curtois zu erreichen.

die Hucke, Pl. —n : der Rücken. Im gemeinen Leben. Daher hucken,
auch höcken, in aúfhucken, = ſich auf die Hucke, den Rücken
ſetzen, und der Imperativzuſammenſetzung húckepack (ſ. b.)
     Bei Steinbach (1734) der Hocken u. Hucken, bei Friſch (1741) der
Hock. Urſpr. wol der ſich biegende und laſttragende Theil des menſchlichen
Körpers, v. hocken (ſ. b.).

húckepack = auf den Rücken hängend zum Tragen.
     Aus niederd. hukkebak, hukbak, b. i. „hucke (auf den) Rücken" [niederd. der
bak = Rücken, ſ. Amt]! eine Imperativzuſammenſetzung.

die Hubelei. der Hübeler, Hübler. V. hubeln = in Eile und
nur obenhin thun; [urſpr. :] jemand achtlos und zugleich empfindlich
behandeln.
     Älter-nhd. bei Keiſersberg neben hubeln = los, ſchlotterig, lumpicht ſein :
der Hubel = geringes Kleid, dann ſchlecht gehaltenes, achtlos behandeltes Zeug-
ſtück, bei Alberus der hubbel, hubel, = Lumpen, altes, zerriſſenes Zeug-
ſtück. Doch das Verbum ſcheint ſchon in ahd. hutulön = betaſten (Schmeller
II, 153) aufzutauchen.

der Huf, —es, Pl. —e, mhd. u. ahd. der huof : ungeſpaltener Horn-
fuß. Daher : húfig in fläch=, hárthufig ꝛc. Zuſammenſ. : das Huf=
eiſen, mhd. das huofiſen, ahd. huofiſin; der Húflattich [bei J. H.
Voß unrichtig Huflattig], ahd. die hûfleticha, lattichähnliche Pflanze
mit großen Blättern in Geſtalt eines Pferdehufes; der Hufſchlag,
mhd. huofslac, worin der slac = Spur (eingeſchlagener Tritt).
     Der gemeinübliche Pl. die Hüfe iſt richtiger, als der unumgelautete Hufe,
weil mhd. im Pl. die hüeve. Der huof aber, angelſächſ. hôf, altnord. hôfr, ſtimmt
lautverſchoben mit dem gleichbed. ſlaw. (ruſſ.) der kop"ito, poln. kopyto [kopać
= mit dem Fuße treten, ſtoßen, ſcharren].

die Hufe, Pl. — n, neben dem echthochd. Hube (ſ. b.), iſt in dem
niederdeutſch gebildet.

hufen = rückwärts gehen, zunächſt von Pferden. huf! Imperativinterj.
     Fehlt im Mhd. u. Ahd., findet ſich aber im Altnord., wo hopa = zurück, rück-
wärts weichen, und altnord. p = hochd. f.

húfig, der Húflattich, Hufſchlag, ſ. Huf.

die Hüfte, Pl. —n : erhabener Seitentheil über den Schenkeln. Zuſammenſ. : hüftlahm; das Hüftweh ꝛc.

Bereits bei Luther die Hüffte, welcher Sing. [schon im voc. theut. v. 1482 Bl. nn 4ᵃ die huffte neben hufft Bl. p 2ᵃ] aus dem Pl. der Form die Huft (noch in Haller's Alpen Str. 11), im 15. Jahrh. hufft, hervorgegangen ist. Dieses huft aber hat, wie das hier folgende die Hüfte oder Hiefte, Saft, -schaft ꝛc. angetretenes t; denn das Wort lautet mhd. u. ahd. die huf (Pl. mhd. hüffe), goth. der hups, angels. die hype.

bie Hüfte, Pl. —n, = Hagebutte, ungut st. Hiefte, Hiefe (f. b.).

das Hüfthorn, ungut st. Hifthorn. S. Hift.

ber Hügel, — s, Pl. wie Sing. : mäßige Erderhöhung. Daher : das Hügelchen, Dim.; hügelicht und hügelig, Abj.

Zuerst bei Luther (Pf. 114, 4. 6. Hof. 10, 8). Mit g statt v aus dem mhd. huvel, mittelniederl. hovel (hor. belg. VII, 6ᵃ), wie Höder = Rückenauswuchs aus mhd. hover (f. Höder 2), und also nicht von Haug (f. b.) = Hügel.

Hugo, Hûgo, volltönend erhaltene, durch Kürzung entstandene Koseform eines zusammenges. ahd. Mannsnamens, dessen erster Theil ahd. hugu huku (f. Hubert) ist.

das Huhn, —es, Pl. Hühner, ein bekannter Vogel. S. Hahn. Zusammenf. : das Hühnerauge = der Leichdorn, wegen der Ähnlichkeit.

hui (einsylbig)! Interj. zur Bezeichnung der Geschwindigkeit. Substantivisch : das Hui = Augenblick.

Bei Luther Interj. des Antriebes zu schnellem Handeln (2 Kön. 3, 23. Sach. 2, 6. 7), der regen, thatkräftigen Freude (Hiob 39, 25).

bie Hulb, Pl. —en : freundliches, herablassendes Zugeneigtfein. hulbigen, mit die Hulbigung. die Hulbin = Hulbgöttin (Grazie); in der Beb. »freundliches und liebes weibliches Wefen« aber lieber die Hölbin (f. holb). Zusammenf. mit Hulb : hulbreich, -voll.

Mhd. die hulde (ohne Umlaut ungeachtet des î in) ahd. huldî, goth. hulþei(?), woneben die hulda, = Zugeneigtheit des Höheren gegen den Niederen wie dieses gegen jenen, Treue, welche letzte Beb. besonders in hulbigen hervorsticht, dessen spät-ahd. Form huldigen = versöhnen v. ahd. huldig = versöhnlich. B. holb (f. b.) goth. hulþs abgeleitet; bei der Bildung des neuen Wortes Hulbin aber scheint man zunächst an Hulb gedacht zu haben.

bie Hülfe, üblich gewordene niederb. Form st. echthochb. Hilfe, f. b.

bie Hülle, Pl. —n : dem Anblicke Entziehendes. Von. hüllen.

Die Hülle und (die) Fülle = „im Überfluß", ursprünglich von der uralten deutschen Buße für ein erschlagenes Thier, dessen abgezogene Haut von dem Thäter außen über und über ihrer ganzen Länge nach mit Gold oder Getraide, besonders rothem Weizen, bedeckt und innen ausgefüllt werden mußte. S. Grimm's Rechtsalterth. 668—672. — Hülle ist mhd. die hülle ahd. hullâ (ll aus lj, urspr. hul-j-a), = Tuch der Frauen zum Bedecken des Kopfes, hüllen mhd. hüllen, ahd. u. goth. huljan, welches mittelst j aus der Participialform (ahd. holan, goth. hulans) v. hehlen ahd. hëlan (f. hehlen) abgeleitet ist.

bie Hülfe, Pl. — n : häutiges Samenbehältniß der Pflanzen. Daher hülfen; hülfig. Zusammenf. : die Hülfenfrucht ꝛc.

Mhd. die hulsche (mit sch wie in falſch ꝛc.), ahd. hulsa, eig. húlisa, mittelſt
der Ableitungsſylbe -is aus der Form des Part. Prät. von hehlen abh. helan
(ſ. hehlen) abgeleitet, woher auch Hülle (ſ. d.).

der **Hulſt**, —es, Pl. —e, die Stechpalme. Voß (Luiſe 1, 536).
Niederl. die hulst. Mit angetretenem t, wie in Habicht, -ſchaft, Saft ꝛc.;
denn niederd. die hulse (d. i. hochd. Hülſe), mittelniederd. der hulsbôm (Hulſt-
baum), mhd. der huls, ahd. hulis, woher der franz. Name der houx.

† **humân**, aus lat. humânus : menſchenfreundlich, leutſelig, huldreich,
gefällig. Daher die **Humanität**, lat. humánitas.

† der **Humôr**, —es, ohne Pl. : Scherzlaune. Daher der **Humoriſt**,
=en, Pl. —en, mit dem Adj. **humoriſtiſch**.
Nach ital. der umóre, urſpr. = Feuchtigkeit, Saft im Körper, v. lat. der
húmor Feuchtigkeit, und die Stimmung des Menſchen hielten die alten Ärzte
durch die Miſchung der feuchten und trocknen Elemente im Körper bedingt.

die **Hummel**, Pl. —n : große brummende wilde Biene.
Mhd. der humbel, ahd. humbal, humpal. mm ſchon nebenbei im Ahd. durch
Angleichung des b oder p. Dunkeln Urſprunges.

der **Hummer**, —s, Pl. —n (ſelten wie Sing.) : Art größter Seekrebſe.
Niederd. wie dän. u. ſchwed. der hummer, altnord. der humri. Das Wort
ſtimmt lautverſchoben mit lat. cámmarus, gr. kámmaros, kámaros, macedoniſch
komárai, = Seekrebs.

hümpeln = gebrechlich gehen. B. dem gleichbed. **hümpen**.
hümpeln, humpeln, = ungenau und ungeſchickt arbeiten. Daher der
Hümpler (Sprüche 26, 10), **Humpler**, = Pfuſcher.
Schon 1475 altcleviſch humpler (Teuthonista). Zuſammengehörig mit niederl.
der homp = großes Stück. Dunkler Herkunft.
der **Humpen**, —s, Pl. wie Sing. : großes weites Trinkgeſchirr.
Eig. der Humpe, —n, Pl. —n; bei Manchen, z. B. bei Stieler Sp. 866,
die Humpe.

der **Hund**, —es, Pl. —e. Daher : die **Hündin**; **hündiſch**. Die
Zuſammenſetzungen mit **Hunde-**, z. B. **Hundefell** ꝛc., ſcheinen uns
edler, als die mit **Hunds-**, z. B. **Hundsfell** ꝛc.; doch dulden dieſe in
der **Hundsfott** (ſ. b.) u. **Hundstag** (ſ. b.) keine andre neben ſich.
Mhd. u. ahd. der hunt, goth. hunds. Mittelſt -t goth. -d abgeleitet und alſo
nicht v. dem goth. Wurzelverbum hinþan fangen, welches þ ahd. d hat und wovon z. B. goth. hunþs = Gefangenſchaft. Die Stammſylbe hun aber ſtimmt lautverſchoben mit lat. cánis, gr. kyôn (κύων), Gen. kynós), ſanſkr. çvá (Gen. çunas),
litth. szů (verſtümmelt aus szunis), = Hund. — Hündin lautet im Mhd.
hündinne, ſpät-ahd. húndinne.
hundert = 100. ein-, zweihundert ꝛc. Subſtantiviſch das
Hundert, — es, Pl. — e. Davon die Ordnungszahl der die das
hundertſte. **hunderterlei** (zuſammengeſ. mit dem Gen. hunder-
ter), Adv., welches auch adjectiviſch, aber ungebogen ſteht.

Schon im ältesten Mhd. überall hundert, dagegen im Ahd. erst im 12. Jahrh. hundert (*gloss. kerrad.* in *Diut.* III, 216, 188ᵃ), etwas früher altsächs. hunderod, und noch früher angelsächs. hundred = Abtheilung von 100 (lat. **centúria**), altnord. das hundrad. Fortgebildet, mit Übergang des Begriffes von der Abtheilung von 100 auf die Zahl 100 selbst, v. ahd. der húntari húnteri = „Anführer von 100" und „Abtheilung von 100" (Graff IV, 976). Dieses húntari hunteri aber ist mittelst -ari nhd. -er abgeleitet v. dem ahd. vor jenem hundert üblichen hunt, goth. das hund (nur der Pl. hunda findet sich), welches hund als gewaltsame Kürzung des vollen goth. mit taíhun zehen (f. b.) gebildeten das taíhuntêhund (Luc. 15, 4) oder üblicher taíhuntaíhund (Luc. 8, 8. 16, 6 f.) = 10 × 10 = 100 erscheint, dessen Ausgang -nd superlativisch sein dürfte. Dieses goth. hund verblieb dann in seiner Form im Ahd., wo man das neben hunt gebrauchte jenem taíhuntêhund gemäße ältere zëhanzô d. i. zëhan-zô = 10 × 10, später zëhanzuc mhd. zëhenzic zënzic zehenzig, nicht kürzte, sondern erlöschen ließ, und entspricht lautverschoben dem aus decendecentum gekürzten gleichbed. lat. céntum, gr. hekatón (ἑκατόν) aus dekadekaton, sanskr. çatám aus daçádaçatam daçandaçatam, litthau. der szimtas aus deszimdeszimtas. Vgl. Grimm's Gesch. d. d. Spr. 250 ff.

der Hundsfott, —es, Pl. **Hundsfötter**: feiger, tief verächtlicher Mensch.

1629 die **hundtsfud** neben ähnlichen groben Schimpfwörtern in Abrian's Mittheilungen aus Handschriften S. 314; dann 1691 **Hundsfot** u. **Hundsfott** (Stieler 523. 1333) d. i. *cunnus cánis*, von der Schamlosigkeit der läufigen Hündin hergenommen.

der Hundstag, —es, Pl. —e: Tag der Zeit vom 24. Juli bis 23. August als der heißesten des Jahres. *Plinius* i. s. hist. natur. 2, 47.

Schon in Herr's Palladius (1538) Bl. 209ᵇ, aber mhd. huntlicher tac, nach lat. díes caniculáris (*Palládius* 12, 13) d. i. Tag (Zeit), wann die Sonne bei dem Hundsstern (lat. canícula, Sírius) steht (*Meinauer Naturlehre* S. 14), mit diesem zugleich aufgeht.

der Hüne, —n, Pl. —n: kämpfender Riese alter Zeit. Zusammens.: **das Hünengrab** ꝛc.

Niederd. Form; denn hochd. im 16. u. 17. Jahrh. Heune, mhd. der hiune, mitteld. hûne = Riese, urspr. Hunne, ahd. Hûnio (?), wofür starkbiegend Hûni Hûn Hunne, mittellat. Hunus Hunnus.

der Hunger, —s, ohne Pl., mhd. der hunger, ahd. hungar, hunkar [st. húnkaru], goth. huhrus : Eßbegierde. Daher: **hungerig, hungrig**, mhd. hungerc, ahd. húngarac; **hungern, ich hüngere** u. unpersönlich **mich hüngert**, mhd. hungern, ahd. hungarôn, woneben hungaran goth. huggrjan (unser landschaftliches hüngern). **das Hungertuch**, mhd. hungertuoch (auch im *voc. ex quo* v. 1469) = blaues Tuch, womit in katholischen Kirchen zur Abvent- u. Fastenzeit die Altarbilder verdeckt werden, woher „am Hungertuch nagen" = fasten müssen.

das Hünkel, —s, Pl. wie Sing., falsch **Hinkel**: Huhn, urspr. Hühnchen. **der Hünkelträger** = Hühnerträger.

Nur landschaftl. (wetterauisch ꝛc.), bei **Alberus Hünckel**; mhd. das huon‑iclîn, ahd. huonichlin, huonichli, huonicli, hônchli (*gl. cassalen.* 38), mit dop‑pelter Diminutionsbezeichnung in ch (-ich = -chen) und l (-il = -el, -lein) v. **Huhn** mhd. u. ahd. huon. Auch ahd. (8. Jahrh.) das huaninchili = Junges eines Vogels (**Haupt's** Zeitschr. III, 464ᵇ).

hunten, Adv., gekürzt aus hie unten.

hunzen, für sich und in aus-, verhunzen, s. aushunzen.

hüpfen, oberd hüpfen, = mit gleichen Füßen in die Höhe springen. Mhd. hüpfen, um 1100 hupphen. S. der Hopp.

die Hürde, Pl. —n, was die Horde 2, bann auch = Pferch. Bei **Luther** die Hurde. Diese Form des Sing. gieng hervor aus dem Pl. von mhd. u. ahd. die hurt (Pl. mhd. hürde ahd. hurdi), welches auch = Gatter, goth. die haúrds = Thür (vorgehängter geflochtener Thürverschluß). Das Wort stimmt lautverschoben bei nicht unüblicher Versetzung des r mit dem gleichbed. lat. die crátes[lat. t, weil th mangelt]. Die mittelb. Form ist Horde (s. Horde 2).

die Hure, Pl. — n. huren mit der Hurer u. Hurerei; hurisch. Die Hure, mhd. die huore, ahd. huorâ, huorrâ (mit Angleichung des j zu r, also rr aus ältestem huor-j-â), goth. hôrjô (? = Ehebrecherin), sowie das mhd. die huore ahd. huora = Ehebruch, wovon zunächst huren, mhd. huoren, ahd. huorôn·, sind abgeleitet v. mhd. u. ahd. das huor = außerehelicher Beischlaf, Ehebruch u. goth. der hôrs = Ehebrecher, welches lautverschoben dem sanskr. dschâra Ehebrecher, russ. ky'rwa poln. kurwa Hure entspricht und auf ein ver‑lornes, auch bei Harn zu Grunde liegendes goth. Wurzelverbum haran (Prät. hôr) = „Harn lassen" zurückgeht, wie gr. moichós Ehebrecher auf omichein (ὀμίχειν) harnen, lat. mingere. — Der Hurer ahd. huorari, die Hurerei 1469 horerîe.

hurrah! Interj., Ausruf voll Kampflust, Freudenruf. Entweder Imp. v. mhd. hurren (s. hurre) mit angehängtem stark auslauten‑dem -â und also zunächst Antriebsruf zur Eile, oder entstanden durch Angleichung des t aus dem ebenso gebrauchten mhd. hurtâ! dem Imperativ v. mhd. hurten = „eingelegten Speeres stoßend (in hurt) losrennen" mit angehängtem stark u. lange austönendem -â. S. hurtig.

hurre! Interj. zur Bezeichnung der Geschwindigkeit. Imperativ v. mhd. hurren = sich schnell bewegen (**Renner** 16534).

hurtig = geschwind und gewandt. Daher die Hurtigkeit. Aus einem in mhd. hurteclich = „mit Stoße losrennend" sich zeigenden mhd. Adj. hurtec v. mhd. die hurt, hurte, = stoßendes Losrennen in Kampfspiel u. Kampf, welches mit den aus Frankreich eingebrachten Ritterspielen aus franz. der heurt, ital. urto = Stoß, nebst altfranz. hurter, franz. heurter, ital. urtâre, provenzal. urtar, = stoßen wogegen. Ob diese nun aus keltisch (kymrisch) hwrdh Stoß, hyrdhu stoßen? oder mit vorgetretenem h [vgl. Horde 1] aus ahd. das ort = Spitze, Speerspitze [ort widar orte die (Wurfspieß-)Spitze gegen die Spitze. *Hildebrandslied* 37] ?

husa! (u kurz), gewöhnlich (aber ungut) hussa! Interj., Ruf des Antreibens, der Lust.

Urspr. Jagdausbruck : hu! fa! Aus franz. hou! wie die Suchknechte den Leithunden beim Jagen zurufen, u. franz. ça (f. heifa)! = wolan!

der Hufár, — en, Pl. — en : Soldat zu Pferde nach ungarischer Art.

Das ungar. huszár. Eig. f. v. a. der Zwanzigste, v. ungar. husz = 20, weil nach einem alten Recrutirungsgesetze von 20 Ausgehobenen einer ein Reiter werden mußte.

husch! Imperativinterj. Der Husch. die Hüsche = Ohrfeige. Von huschen = äußerst leicht und unbemerkt sich fortbewegen.

.　Wol mit Ausfall des r [vgl. niederd. basch ft. barsch, Ekel, Hatschier, Rienpost, Welt xc.] aus dem ahd. hurschen (*Notker* Ps. 9, 20), hurscan, = eilen, rege sein, v. ahd. horsc = hurtig, geschwind.

der Husten, — s, Pl. wie Sing., eig. der Hüfte, — ns, Pl. — n, mhd. der huoste, ahd. huosto, angelsächf. hvôsta, engl. whoost. Daher hüsten, mhd. huosten, ahd. huostôn, mit dem biminutiven hüsteln.

Das Wort ftimmt lautverschoben mit fanftr. kâs husten, litthau. kôsti.

der Hut, — es, Pl. Hüte : fteife hohle Kopfbedeckung u. ihr Ähnliches.

Mhd. u. ahd. der huot, angelfächf. hôd. Zusammengehörig mit hüten.

die Hut, Pl. — en, mhd. die huote, ahd. huota, = fichernde Auf= und Vorficht. Daher hüten, mhd. hüeten, ahd. huotan, angelfächf. hêdan, mit der Hüter, mhd. hüetære, die Hüterin, mhd. hüeterinne, die Hütung.

Stimmt lautverschoben mit lat. *cautio* = Behutsamkeit, Vorficht, v. *cavêre* = fich vorsehen, hüten. S. Grimm's Gesch. d. d. Spr. 401.

die Hütsche, Pl. — n : kleine Fußbank zum Auffstellen der Füße.

Ob urspr. = länglicher Kasten und also engl. hutch, franz. die huche, aus mittellat. hútica, welche alle jene Bedeutung haben?

hutschen = auf dem Hintern fortrutschen. Schmeller II, 259.

Im *lib. ord. rerum* v. 1429 hytsczen = kriechen.

die Hütte, Pl. — n : kleiner bedeckter Schutzort zum Aufenthalte xc.; Metallschmelze. Zusammenf. : die Hüttenkunde; der Hüttenrauch = beim Metallschmelzen als Dampf aufgestiegenes und aufgefangenes Giftpulver.

Mhd. die hütte, ahd. hutta hutta (d. i. hut-j-a, denn tt aus tj). Lautverschoben ftimmend mit gr. *keúthein* (κεύθειν) = verbergen, in fich schließen.

die Hutzel, b. Bürger (Macbeth 1, 3) gemeiner die Hotzel, Pl. — n : gebackene Birne, gedörrter Birnschnitz. Davon hutzelig und hutzeln, weniger edel hotzeln (bei Bürger), = eine Hutzel werden, zusam= menschrumpfend dörren.

.　Bei Abelung ungut Hützel, hüzelig, hüzeln. Denn im 16. Jahrh. die hutzel, mhd. die hützel (Grimm's Gramm. I², 159), und das erft spät-mhd. vorkommende Verbum lautet hützeln (*Minneburg* Bl. 56ᵇ).

† ber **Hyacinth**, —es, Pl. —e, mhd. jacinctus, mhb. u. ahd. jâchant, urfpr. ein Edelftein von Farbe, wie die **Hyacinthe**, Pl. —n, urfr. = bie violettblaue Schwertlilie, jetzt eine ftarkbuftenbe fchöne Blume mit Blütenglöckchen.

     Beibe aus lat.-gr. ber hyacínthus, gr. ber u. bie hyákinthos (*ύάκιν-θος*).

† bie **Hyäne**, Pl. —n, aus lat.-gr. hyæna : Abenbwolf, Grabthier.

     (Gr. hyaina (*ναινα*), wegen ber Ähnlichkeit in feinem borftigen Halfe unb Rücken mit bem Schweine (*ύς*) benannt.

† bie **Hy'mne**, Pl. —n : Hoch=, Lobgefang, Feftlieb.

     Das weibliche Gefchlecht nach franz. bie hymne = geiftlicher Lobgefang, wäh-renb ber hymne bloß Lobgebicht. Ahb. ber hyemno u. ímno, ímmino. Aus lat.-gr. ber hymnus.

† bie **Hyperbel** (é tief), Pl. —n, aus lat.-gr. bie hypérbole [v. gr. hyperbállein (*ύπερβάλλειν*) = über bas Ziel werfen] : Übertreibung. Daher **hyperbólifch**, nach lat.-gr. hyperbólicus = übertrieben.

† bie **Hypochonbrie** (4fylbig), ohne Pl. : Milzfucht; Grillenkrankheit Daher : **hypochónbrifch**; ber **Hypochónber**, —s, Pl. wie Sing., u. ber **Hypochonbrift**, —en, Pl. —en.

     Aus bem lat.-gr. Pl. bie hypochóndria = „was unter (gr. hypó, *ύπό*) bem Bruftnorpel (gr. chóndros) ift", ber Unterleib mit Milz ꝛc.

† bie **Hypothek**, Pl. — en : gerichtliche Schulb=, Pfanbverfchreibung. Daher **hypothekárifch**, nach lat. hypothecárius.

     Aus lat.-gr. bie hypothêka = Unterpfanb, bef. auf unbewegliche Gegenftänbe Gr. hypothêkê (*ύποθήκη*) eig. = Unterfatz, v. hypotheînai (*ύποθεῖναι*) = un-terfetzen.

† bie **Hypothéfe**, Pl. — n, aus gr. bie hypóthesis (*ύπόθεσις*) : Unterftellung, Wagefatz. Daher **hypothétifch**, nach gr. *ύποθετικός*.

     B. gr. hypotheînai = unterfetzen, -ftellen. S. Hypothek.

† bie **Hyfterie** (3fylbig), ohne Pl. : Mutterbefchwerbe. Daher **hyfté-rifch**, nach lat.-gr. hystéricus.

     B. gr. bie hystéra (*ύστέρα*) = bie Gebärmutter.

J.

J, i, ber höchfte ber 3 Urvocale.

     Echtes, organifches kurzes i erhält fich vor 2 Confonanten, z. B. Bilb, billig, girren, Hirt, fchwimmen, Sinn ꝛc., felten vor einem, z. B. bin, bis, hin (f. b.). in, im, unb wann es vor bloßem ch fteht. Gebehnte Ausfprache vor Einem Con-fonanten hat es z. B. in Biber, biber (neben bieber), bir, mir, wir, Jgel ꝛc.; außerbem wirb bie Dehnung burch ie (f. b.) bezeichnet, aber in ihn, ihr burch nachgefetztes h. Dagegen finbet fich ftatt bes Diphthonges ie kurzes i in Dirne, Hifte, Licht, nicht ꝛc. Über bie Brechung bes i zu ë (è) f. S. 269. Ein unechtes burch Einwirkung bes Nieberbeutfchen ftatt e (Umlaut bes a) eingetretenes i zeigt ſich in einigen mehrſylbigen Wörtern, z. B. Gitter, Sippe (= Senſe), Ilme, kichern, Trichter, wichſen ꝛc., ein anderes unechtes, im Grunde falſches ſtatt ü in Findling, Gimpel, Kiſſen, Kitt ꝛc. (vgl. auch giltig, ſpitzfindig ꝛc.), wogegen ü für i in Würde (ſ. d.), würdig eingedrungen iſt. Schwanken zwiſchen i und ü bieten Hilfe (ſ. b.) u. Pülfe, wirken u. würken ꝛc. Das urſprünglich lange i, nämlich mhd. u. ahd. î, iſt im Nhd. wieder zu dem Diphthong ei geworden, welcher ſchon im Gothiſchen vorausgieng (ſ. S. 273); doch hat ſich in il ꝛc. und in eingebürgerten Fremdwörtern auch jenes lange i erhalten. Vgl. z. B. Ibiſch mhd. îbesch neben Eibiſch. Unmittelbar aus dem Vocale i geht der Halbvocal j hervor, wie w aus u. Aber neben dieſem organiſchen j zeigt ſich im Nhd. noch ein ſpäter eingetretenes unorganiſches, alſo fehlerhaftes ſtatt i in je, jemand, jetzt, welche ie, iemand, ietzt lauten ſollten.

i! Interj. der Verwunderung, der Freude, wie ei!
  Iſt das plattdeutſche i! ſtatt ei! Doch auch ſchon mhd. i! (*Tristan* 257, 9).

der Ibiſch, — es, Pl. —e, dem Latein. gemäßer neben Eibiſch, ſ. b.
ich, Nom. Sing. des Pronomens der erſten Perſon. Daher die Ichheit.
  Mhd. ich, ahd. ih, goth. ik, welche lautverſchoben ſtimmen zu lat. égo, gr. egô, egôn (*ἐγώ, ἐγών*), ſanſkr. ahám (ſt. agam), litthau. asz, ſlaw. az". Die übrigen Caſus ſind : Gen. mein (ungut und darum weniger edel mit Verlängerung meiner), mhd. u. ahd. mîn, goth. meina; Dat. mir, mhd. u. ahd. mir (mit r aus s, denn) goth. mis; Acc. mich, mhd. mich, ahd. mih, goth. mik. Überall entſprechen hier, wenn auch nicht immer im Auslaute, die urverwandten Sprachen, denn im Lat. lauten die 3 Caſus méi, míhi, me, im Griech. mû (*μοῦ*), moſ, mé, im Sanſkrit mama, mahjam, mâm. Übrigens entbehren den Ausgang -am jenes ſanſkr. ahám alle jüngere Sprachen, und gr. ἐγών (ſt. ἐγόν), ἐγώ, lat. ego, enthalten in ω, ον, o Überbleibſel der zweiten Sylbe.
=ich, Ableitungsſylbe für Subſtantive.
  1) mhd. -ech, ahd. -ah u. -uh, goth. -ak u. -uk (?), z. B. Bottich, Kranich (vgl. auch Habich). 2) mhd. -ich mit Umlaut der Stammſylbe wegen i, ahd. -ib, goth. -ik, z. B. Teppich; aber für Eſſich, Rettich ſchreibt man jetzt Eſſig, Rettig. — Für das mhd. Adj. ebich mit -ich iſt jetzt äbicht (ſ. d.) gebraucht.
=icht, bloße Ableitungsſylbe 1) an Subſtantiven, z. B. Dickicht, Dornicht, Kehricht ꝛc., vgl. Habicht; 2) an Adjectiven, neben =ig, z. B. bergicht, haaricht, holpericht, nervicht, ſprenkelicht, ſteinicht ꝛc. neben bergig ꝛc.
  An Subſtantiven iſt -icht im 15. Jahrh. durch Zutritt eines t aus organiſchem -ich erwachſen, welches, mit Ausnahme von Habicht (ſ. d.), aus dem Neutra bildenden, die Bedeutung einer Menge, Fülle, Anhäufung mittheilenden mittelb. -ech, mhd. -ach, ahd. -ahi hervorgieng, wonach das Dornicht (1470 dornicht) ſt. Dornich (mhd. das dornach, ahd. dornahi) ꝛc. ſteht. — Das -icht der Adjective lautet mhd. -ëht, -oht, ahd. -oht (ſt. -aht), -ohti, weshalb trotz dem nhd. -icht die Wurzelſylbe des Adjectivs in der Regel keinen Umlaut empfängt und Luther's kötticht (= kothicht), ſchüppicht, wörmicht (= wurmicht) ꝛc. unrichtig ſind. S. dornicht neben dornig ꝛc. Doch finden ſich mit dem unbegründeten Umlaute höckericht u. thöricht. Auch an -lich tritt bei manchen Wörtern t, ſo daß -licht entſteht, z. B. grün-, ſüßlicht ꝛc. mit dem ſchon in -lich hinzutretenden Begriffe der Ähnlichkeit, bei dem man auch an eine Zuſammenſetzung mit einem grüneln,

füßeln ꝛc., alſo an eine Bildung grünel-icht, füßel-icht gedacht haben könnte, welche durch Verwechſelung mit -lich jenes -licht entſtehen ließ.

Jba, ein Frauenname. Ahd. Itâ, mehr niederdeutſch Idâ.

Ob zu dem wol mit altnord. idia = arbeiten wurzelverwandten ahd. die im. altſächſ. idis, angelſächſ. ides, = Weib, beſonders göttlicher Art, göttliche Jungfrau, gehörig?

† die Jbee (2ſylbig mit dem Tone auf der 2ten Sylbe), Pl. —n (3ſylbig), aus franz. die idée, lat.-gr. ídea [v. gr. ideîn (ἰδεῖν) ſehen]: das gedachte (nur in der geiſtigen Anſchauung befindliche) Ding, Vernunftbegriff, Vorſtellung. Daher: ideál, nach lat. ideális, = in der Jbee beſtehend, überwirklich, vorbildlich, mit das Jbeál, —es. Pl. —e, = Traum-, Ur-, Vorbild, und ideáliſch = überwirklich.

† idéntiſch = ebendaſſelbe, ein und daſſelbe. die Jbentität.

Erſteres nach franz. idéntique, ital. idéntico; letzteres aus mittellat. die idéntitas. Beide aber v. lat. idem = ebendaſſelbe.

† das Jbiôm, —es, Pl. —e: die eigenthümliche Munbart.

Das franz. idiome aus gr. das idióma (ἰδίωμα) = Eigenthümlichkeit, Beſonderheit, v. idios (ἴδιος) = eigen, eigenthümlich.

† der Jbiót, —en, Pl. —en: Nichtkenner, Pfuſcher, Dummkopf.

Schon bei Alberus. Aus lat.-gr. der idióta, v. gr. der idiótēs (ἰδιώτης) = Privatmann im Gegenſatze zum Staatsmanne, in Staatsgeſchäften Unkundiger. Unkundiger überhaupt, Unwiſſender, welches v. idios (ſ. Jbiom).

† der Jbiotísmus, Gen. ebenſo, Pl. Jbiotismen; landſchaftliches Wort, munbartliche Spracheigenheit. das Jbiótikon, —s, Pl. (griech.: Jbiótika: Wörterbuch einer Munbart, Landſchaftswörterbuch.

Gr. der idiotismós = die dem Privat- oder gemeinen Manne eigenthümliche Sprachweiſe, Spracheigenheit, v. gr. idiótizein = in die Sprache des idiótes (ἰδιώτης, ſ. Jbiot) d. h. in die gemeine Sprache verwandeln. Das gr. Adj. idiótikos (Neutrum idiótikón) b. : dem idiótes eigen.

† das Jbôl, —es, Pl. —e : Abgott.

Aus lat.-gr. das idôlum = Schatten-, Trugbild, dann Götzenbild.

ibrüchen, ibrucken, = wiederkäuen, richtiger itrücken. S. itrüchen.

† das Jbýll, — es, Pl. — e, üblicher die Jbýlle, Pl. — n : ländliches Gedicht, Hirten-, Schäfergedicht. Daher ibýlliſch.

Aus lat.-gr. das idýllium, gr. eidýllion (εἰδύλλιον), = kleineres, zierlich darſtellendes Gedicht, meiſt ländlichen Inhalts, eig. Bildchen, Dim. v. gr. das eidos (εἶδος) = Bild.

ie, 1) wie gedehntes i geſprochener Diphthong und 2) wirkliche bloße Dehnung des i.

I. Als Diphthong iſt ie : 1) der organiſche Diphthong, mhd. ie, ahd. io (bei Otfried weiter verſchwächt ia), welches io eine durch ein nachfolgendes, nicht ſelten verſtecktes oder völlig entſchwundenes a erzeugte Brechung des goth. iu iſt. S. z. B. bieten, Dieb, gießen, lieb ꝛc. Daneben aber trat durch Einfluß des Riederdeutſchen kurzes i für ie ein in Dirne, Hifte, Licht, nicht ꝛc. 2) der Diphthong der Reduplication, mhd. ie, ahd. ia [auch einigemal iu, io] ſt. eia (vgl. ahd. heialt = hielt) mit zwiſchen i und a ausgefallenem Conſonanten. So in fiel, fieng, gieng, hieb, hielt, hieng, hieß, lief, ließ, rief, rieth, ſchieb, ſchlief, ſtieß, wobei die goth. Formen zu vergleichen ſind. 3) der ahd. Diphthong ia in hier ahd. hiar. 4) Ausartung des mhd. ü und üe, uo. S. Hartriegel, Mieder, niet- und nagelfeſt. 5) Entſtellung des mhd. u. ahd. ei in Gottlieb, Dietlieb, mhd. Gotleip, Dietleip, wol im Gedanken an das Adf. lieb. 6) Nachbildung romaniſchen Lautes (ital. u. ſpan. ie, franz. ie, ié), dieſer mag ſich nun in dem ins Deutſche aufgenommenen romaniſchen Worte ſchon vorfinden oder nicht; mhd. ie, ahd. ie (ia). S. z. B. Brief, Fieber, Spiegel, Ziegel. Vgl. auch Prieſter. — II. ie als bloße Dehnung erſcheint : 1) für urſprünglich kurzes i z. B. in Gier, Friede, Glied, Rieſe, viel, Wiege, Wieſe ꝛc. Dieß ie aber iſt offenbar Brechung des i, welche, in angelſächſ. ēo u. ēa = i vorbereitet, durch Einfluß des Niederd. ſich ſchon im 11. Jahrh. [vgl. biover Bieber, iegel Jgel in den gloss. jun. 272] dem Mitteld. mittheilte und ſofort ins Hochd. vordrang, in welchem ſich ſelbſt eine Spur bei Notker († 1022) findet. 2) für ahd. u. mhd., ſelbſt noch älter-nhd. ei in den Prät. blieb, ſchien, ſchrie, ſchrieb ꝛc., bei welchen das alte kurze i ihres Pl. in den Sing. einbrang, worüber die Grammatik Auskunft geben muß. 3) ausnahmsweiſe auch wol für mhd. i, z. B. in Kiebiß ꝛc. — Vgl. Grimm's Gramm. I³, 227. 163. 110.

-ieren, Endung ſehr vieler aus dem Romaniſchen erborgter Verba, aber auch deutſchen Stämmen angehangen, z. B. in halbieren ꝛc. (ſ. Anm.).

Mhd. -ieren, nicht -iren, wie viele jetzt trotz dem langen und betonten Laute ſchreiben. Wörter dieſer Art wurden erſt mit der höfiſchen, aus romaniſcher (altfranzöſiſcher) Quelle ſchöpfenden Poeſie vor der 2ten Hälfte des 12. Jahrh. zu uns eingebracht, indem man in roher Auffaſſung der ausländiſchen Wortgeſtalt das infinitiviſche Zeichen (altfranz. ier, das eigentlich nur aus dem lat. Infinitiv -iāre oder -igāre gebildet iſt und ſich dann auch auf andere Infinitive erſtreckt) characteriſtiſch durch die ganze Biegung des Verbums beſtehen ließ. Deutſche Wörter mit -ieren, bald nach deſſen Einbürgerung und ſpäter gebildet, ſind mhd. halbieren, hofieren, ſtolzieren ꝛc.

-ig, Ableitungsſylbe für Subſtantive und Adjective. Auch ſtatt -ich, ſ. d.

Hierher gehörige Subſtantive ſind Honig, König, Pfennig. Die Adjective haben entweder 1) mhd. -ec, ahd. -ac, goth. -ag, z. B. blutig, dornig, duftig, durſtig, heilig, hungrig, laubig, leidig, muthig ꝛc., oder 2) mhd. -ec, -ic, ahd. -ig, -ic, goth. -eig, z. B. bärtig, dürftig, eilig, ewig, fähig, flüchtig ꝛc. Nur bei dieſer letzten Ableitung tritt durch Einwirkung des urſprünglichen i der Ableitungsſylbe (ahd. -ig, -ic) Umlaut ein; -ig = ahd. -ac aber kann keinen erzeugen. Vgl. auch -lich.

der Jgel, —s, Pl. wie Sing. : Mäuſe ꝛc. fangendes Stachelthier.

Das J iſt lang. — Mhd. der igel, ahd. igil (ikil), welches lautverſchoben und mit Übergang des n in l zu gr. der echînos (ἐχῖνος) = Jgel ſtimmt.

-igen, Ableitungsſylbe für Verba.

Mhd. -egen, ahd. entweder -akôn u. -akên, oder -igôn u. -igôn (-ikôn), welche letzte Ableitung durch i ī im Mhd., nicht immer im Nhd. den Umlaut wirkt. Hierher gehören beruhigen, einigen, ermuthigen, heiligen ꝛc.; beſchädigen, endigen, huldigen, kündigen, ſteinigen ꝛc. Die meiſten dieſer Verba laſſen ſich auf Adj. mit der Ableitungsſylbe -ig (ſ. d.) zurückführen; die aber, bei welchen es nicht geſchehen kann, dürfen als unorganiſche Bildungen bezeichnet werden.

ihm, Dat. Sing. v. ër u. ës, ist mhd. im, ahd. imu, goth. imma. ihn,
Acc. Sing. v. ër, ist mhd. in, ahd. in u. (unorganiſch?) inan, goth. ina.
ihnen (mit unorganiſchem =en), Dat. Pl. v. ër, ſie u. ës, ist mhd.
in, ahd. im, goth. im. ihr, Nom. Pl. des Pronomens der 2ten Perſon, ist mhd. u. ahd. ir (mit r aus s, benn) goth. jus [ſt. ius, woraus
im Gen. Pl. mit zwiſchen i und u keimendem z und üblicher Wandlung des u in v izvara euer (ſ. euer 1)]. ihr, Dat. Sing. v. ſie,
ist mhd. ir, ahd. iru, goth. (mit z, dem Übergangslaut aus s in r) izái,
woneben der Gen. Sing. ihrer (mit abjectiviſcher Biegungsendung
unorganiſch ſt. ihr), mhd. ir, ahd. irâ, irô, goth. izôs, und der gleicherweiſe unorganiſch gebildete Gen. Pl. zugleich von ër u. ës „ihrer“,
mhd. ir, ahd. irô (ſpäter iro), goth. (weibl.) izô, (männl. u. ſächl.)
izê. Aus dieſen Gen. Sing. u. Pl. ir erwuchs dann das wirklich
unorganiſche beſitzanzeigende Pronomen ihr.

Dieſes letzte lautet männl. ihr, weibl. ihre, ſächl. ihr; bezüglich alleinſtehend
männl. ihrer, weibl. ihre, ſächl. ihres, mhd. ir, iriu, irз. Es kam durch
Verkennung des zum Subſtantiv beſitzanzeigend geſetzten alten Gen. Sing. u. Pl. ir
allmählich auf, in der mittelniederd. Mundart und in den un ſie ſtreifenden
hochd. Denkmälern viel früher, als im eigentlichen Hochd., wo es der volksmäßige
Styl (z. B. Nibel. 1473, 4. Klage 189) eher geſtattete, als der höfiſche, in welchem
es zuerſt bei Wolfram (Willehalm 259, 9) auftaucht. Im Laufe des 14. u. 15.
Jahrh. wurde es vollends geläufig. — Neben jenem nhd. Gen. ihrer vgl. deiner,
eurer, meiner.

ihresgleichen, unveränderliche Form adverbialiſcher u. abjectiviſcher
Stellung [z. B. ihresgleichen Leute ꝛc.], ſ. gleich. ihret= in ihrethalben, =wegen, =willen (bei Wieland richtiger um ihrent-
willen), vgl. beinet=, euert= u. beſonders meinet=. ihrig, von
gleicher Bildung und Stellung wie beinig (ſ. b.). ihro, falſche [denn
der weibl. Gen. Sing. von ſie : ahd. irô, ober der Gen. Pl. ahd.
irô, iro, ist es nicht], in unterthäniger höfiſcher Anrede dem bero
(ſ. b.) nachgebildete Form ſt. ihre, welches der Nom. Sing. u. Pl.
des weibl. beſitzanzeigenden Pronomens ist, z. B. Ihro Hoheit, Ihre
Gnaden. ihrzen, mhd. irzen, = mit Ihr anreden, vgl. buzen.

Ihrethalben, mhd. von iret halben (Leiſer's Predigten 38, 38), von irent-
halben (Livl. Reimchron. 6383). Alſo jetzt mit ausgelaſſenem von.

† illegál, aus mittellat. illegális, = ungeſetzlich, rechtswidrig.

† die Illuminatiôn, Pl. — en, aus lat. illuminátio : (feierliche)
Erleuchtung. V. illuminieren (ſchon 1469), lat. illuminâre : er-
leuchten, bef. zum Schmuck, feierlich; mit Farben ausmalen.

die Ilme, Pl. —n, was Ulme, welche Form uns edler ſcheint.

Mhd. die ilme, ilmene (sumerlaten 50, 8), elme, elm, ahd. elm (Diut. I, 531 :,
wo elin ſtebt), altn. der Almr. Wie ſchon die Zuſammenſetzung mit Baum, der
elmboum (unſer Ilmbaum), ulmboum, im Ahd. zeigt, aus lat. die úlmus,

neben dessen u sich das deutsche a [auch span. u. portug. álamo = Pappel, Ulme. Doch vgl. Diez Wtbch 453] und sein durch ein nach dem l [vgl. russ. der ilem" Ulme] oder m entschwundenes i bewirkter Umlaut e dem goth. a ahd. e in Elle (s. d.) lat. ulna vergleichen läßt. i in mhd. (zunächst mitteld.) ilme entstand durch Einfluß des Niederdeutschen (s. S. 526 f.).

der **Iltis**, —sses, Pl. — sse : der Stänkerratz, lat. mustéla putórius. Nicht Iltis, denn älter-nhd. iltes, spät-ahd. ſtarkbiegend der élledis (Schmeller I, 44) u. schwachbiegend der ſllitiſo (gl. trevir. 4, 7). Dunkler Herkunft.

im, durch Verſchmelzung aus in dëm (der Präp. in und dem Dat. Sing. der Artikel bër u. das), und wie dieſes gebraucht. Mhd. im, ime, imme (durch Angleichung des n aus) inme, ineme. Die unverſchmolzene Verbindung iſt in dëme. Vgl. am.

der **Imbiß**, —ſſes, Pl. —ſſe : kleine Mahlzeit außer dem Mittage. Hiſtoriſch richtig überall ß. Zuſammengez. Imß, nicht Ims. Mhd. der imbiz, imbiz, ſpäter auch verſchwächt immez u. zuſammengez. imbz, ahd. imbiz (mit üblicher Wandlung des n zu m vor b aus) inbiz, inpiz. Aus dem Pl. Prät. v. ahd. imbizan, inpizan (Prät. ich inpeiz, wir inpizumês, Part. Prät. inpizan) = Speiſe oder Trank (gloss. Hrabani 953ᵇ) zwiſchen die Zähne nehmen, ſich durch Speiſe oder Trank ſtärken, ein Mahl halten, welches zuſammengeſ. aus in- ein- (ſ. b.) u. pizan beißen (ſ. b.).

immaßen (â betont) = in der Maße daß, indem, weil. Veraltete u. nur etwa noch im Kanzleiſtyle vorkommende Conj., zuſammengefügt aus der Präp. in und dem Dat. Pl. v. die Maße mhd. mâze, welches hier „Art und Weiſe" bedeutet. Mhd. in mâzen (?).

die **Imme**, Pl. —n : Bienenſchwarm; Biene, Arbeitsbiene. Mhd. der imme (mit Angleichung des b aus) imbe = Bienenſchwarm, -ſtock, Biene, ahd. das impi = Bienenſchwarm (gloss. jun. 204). Ob zuſammenhangend mit gr. die empis (ἐμπίς) Stechmücke, wozu auch lat. ápis zu gehören ſcheint?

immer, Abv. : in ununterbrochener Zeitdauer. Zuſammenſ. : **immerdár, immerhín, immerfórt,** alle 4 auch mit dem Tone auf **immer. immerméhr, immerwährend, immerzú.** Mhd. imer, immer, abgeſchwächt und gekürzt aus iemer, iemêr (auch ſchon imêr), ahd. iomêr, am Früheſten êomêr, = zu irgend einer, ſowie zu jeder gegenwärtigen oder künftigen Zeit. Zuſammengeſ. aus io, êo unferm ſe (ſ. b.) und mêr goth. máis unſerm mehr. In jener zweiten Bed. auch mit verſtärkender Häufung, aber faſt ohne Gefühl, daß ſchon mêr in immer, iemer ſteckt, ſteht mhd. immer mêre, iemer mêre, iemer mêr, iemer mê, unſer immermehr.

immittelſt, Abv. : während der Zeit. Wenig mehr üblich. Aus in (und dem Dat. Sing. der männl. oder ſächl. Form des Abi.) mittel mit ſuperlativiſchem ſt ſtatt des ebenfalls unorganiſchen, abverbiales Anſehen gebenden s. Vgl. mittelſt.

† die **Immobílien** (5ſylbig), ein Pl., aus lat. immobília bóna, = unbewegliche Güter, Liegenſchaften.

† **immorálisch**, neulat. immorâlis, = unſittlich, ſittenlos. Daher die **Immoralität,** ohne Pl. : Unſittlichkeit, Sittenloſigkeit.

† der **Imperatív**, — es, Pl. — e, aus lat. módus imperatívus :
Befehlsform, befehlende Redeweise.

† das **Imperféctum** (e vor r und c tief), — s, Pl. (lat.) Imperfécta,
das lat. „(témpus prætéritum) imperféctum“, = die unvollendete
Vergangenheit, Vorgegenwart. Auch bloß Prätéritum.

    Richtiger, aber bei uns ungewöhnlich betont Imperféctum u. Imperfécta.

† **imperfonál** (e vor r tief), aus lat. impersonális, = unperfönlich.

† **impertinént** (e vor r tief) = ungeziemend, unbescheiden, unverschämt derb. Daher : die **Impertinénz.**

    Aus franz. impertinent u. die impertinence, mittellat. impértinens [lat. perti-
äre = gehören, Beziehung haben zu —] u. die impertinéntia.

impfen = ein Pflanzenreis zum Fortwachsen in die Rinde einsetzen;
[dann seit 1750] Krankheitsstoff in die Haut einsetzen.

    Mhd. impfen (gekürzt aus) impfeten, impeten, ahd. imphôn (gl. jun. 192),
impitôn, angelsächs. impian (pflanzen). Mit dem gleichbed. franz. enter aus gr.
emphyteúein (ἐμφυτεύειν) = einpflanzen [ἐν in, φυτεύειν pflanzen], einimpfen,
-pfropfen, wie in der sex sálica (Ausg. v. Merkel S. 85, 10) inpotus Pfropf-
reis aus gr. ἔμφυτος eingepflanzt. Die Impfung, ahd. impitunga.

† **imponieren** = sich geltend machen, Achtung einflößen.

    Aus lat. impónere = auffetzen, -legen, worüber als Befehlshaber fetzen.

der **Impóft**, — es, Pl. — en : Auflage, Waarensteuer.

    Das altfranz. der impost, jetzt impôt, aus mittellat. der impóstus v. lat.
impónere auflegen.

† der **Impúls**, — es, Pl. — e : Anstoß, Antrieb.

    Aus lat. der impúlsus v. impéllere = woran stoßen, antreiben.

in, Adv., z. B. in darin, hierin ꝛc., Inbiß, Inbrunst, Inhalt ꝛc., immer
mit dem Haupttone. Vgl. auch ein 2.

    Mhd. in u. in (ein, f. ein 2), ahd. in (auch = inn), goth. In-, und Inn.

in, Präp., zunächst vom Raume, dann auch von dem Zeitverhältnisse ꝛc.,
mit Dat. auf die Frage wo?, z. B. in dem Berge; mit Acc. auf die
Frage wohin?, z. B. in den Berg. Adverbialisch stehende Verbindungen : in allem (Adj., franz. en tout), in kurzem (Adj.), in der
Kürze, in die Länge.

    Mhd. und ahd. in, goth. In (auch mit Gen. auf die Frage weshalb?), aus
einer und derfelben Wurzel mit an. Auch lat. in, gr. en (ἐν), = in.

-in, Pl. -innen, Sylbe zur Bildung weiblicher Namen aus männlichen,
z. B. Bärin, Bäckerin, Schneiderin, Wirthin ꝛc.

    Im Sing. nicht -inn, zumal da niemand -inne mehr schreibt; aber im Pl.,
woraus die Form -in verbannt ist, nn. Mhd. -in (-în), -in (weshalb älter-nhd.
auch -ein), woneben öfter -inne, ahd. -in u. daraus, wie es scheint, -unorganisch
-inna, gleichsam in-j-a, deffen nj zu nn wurde.

der **Inbegriff**, — es, Pl. — e, zusammenges. mit dem Adv. in, f. d.

die **Inbrunst**, ohne Pl. : inniges heißes Gefühl. Inbrünftig, Adj.

    Aus in (f. das Adv. in) u. Brunst. Inbrünstig, spät-mhd. inbrünstec.

† **incommodieren**, aus lat. incommodāre : unbequem, läftig fein.

indém (é hoch), 1) Adv. : während dieſer Zeit. 2) Conj. : zu der Zeit daß ; aus dem Grunde daß.

> In mit dem Dat. dem ſtatt des ausgeſtorbenen ahd. Inſtrumentalis diû (vgl. deſto) von dem demonſtrativen Pronomen das, denn ahd. ſagte man indiû = in dem, darin, darin daß, während, welches aber im 12. Jahrh. erliſcht.

indéß und mit Erweiterung des béß (ſ. b.) **indéſſen**, Adv. u. dann Conj. : in (während) der Zeit ; jedoch.

> Eig. indéſs, am richtigſten, wie auch jetzt manche ſchreiben, indés, bei Luther in des, natürlich mit ſcharfem é, denn auch mhd. (aber mit betontem in) indés (*Wernhers Maria* 199, 3. *Parzival* 703, 10), ahd. indës in jener erſten Bedeutung. Déß iſt der Gen. Sing. des demonſtrativen Pronomens das.

† der **Indicativ**, —es, Pl. —e : die beſtimmte Redeweiſe.

> Aus lat. módus indicatīvus v. indicāre = anzeigen, ausſagen.

† **indifferént** = einerlei, gleichgültig ; untheilnehmend.

> Franz. indifférent, aus lat. indifferens (Gen. indifferéntis). Vgl. Differenz.

der **Indig**, — es, Pl. — e, auch mit beibehaltener romaniſcher Endung der **Indigo**, —'s, Pl. —'s : das indiſche Blau.

> Aus franz. der indigo, altſpan. éndico, ital. índaco, v. lat. índicum. Eig. das Indiſche, weil urſprünglich aus Oſtindien kommend.

† **indirect** (e tief), aus lat. indiréctus, indirécte, Adj. u. Adv. : nicht geradezu, mittelbar.

† der **Indúlt**, —es, Pl. —e : Nachſicht, Zahlungsfriſt.

> Aus ſpät-lat. der indúltus Bewilligung v. indulgēre Nachſicht haben.

† die **Induſtrie**, ohne Pl. : Betriebſamkeit, Er- u. Gewerbsfleiß.

> Das franz. die industrie aus lat. indústria Betriebſamkeit.

† der **Infánt**, —en, Pl. —en : königlicher Prinz von Spanien. Daher die **Infántin** = königliche Prinzeſſin von Spanien.

> Span. der infante u. die infanta, v. lat. infans (Gen. infántis) = kleines Kind.

† die **Infanterie**, ohne Pl. : das Fußvolk. Daher der **Infanteriſt**, —en, Pl. —en : Soldat zu Fuß, Fußgänger.

> Im 17. Jahrh. die Infanterey. Aus franz. die infanterie, ital. infanteria u. fanteria, ſpan. infanteria, mit einem nach falſcher Ähnlichkeit anderer Wörter eingeſchobenen r, v. dem ital., aus lat. infans (Gen. infántis) = „kleines Kind" mit ſehr erweiterter Bedeutung neben der infánte gebildeten der fánte = Knabe, Knecht, Fußknecht, Soldat zu Fuß. Aber nicht v. dem aus dieſem fante gebildeten mhd. der vende ahd. fendo (ſ. Fant).

die **Infel**, Inful, Pl. —n : Biſchofshut. Daher **infulieren** = mit dem Biſchofshut ſchmücken, zum Biſchof machen.

> Mhd. die infel, imfel, = Binde, beſ. die des Prieſters, v. lat. die ínfula eig. = Stirnbinde u. Kopfſchmuck der Prieſter, der Opferthiere und der zu den Göttern flehenden Menſchen. Das Verbum infuláre, woher infulieren kommt, kommt erſt im Mittellat. vor.

† der **Infinitiv**, —es, Pl. —e : unbeſtimmte Redeweiſe, Nennform.

Aus lat. „módus infinitívus" [v. infinítus = unbeſtimmt].

† der Informátor, —s, Pl. Informatóren, lat. informâtor (Bildner) :
Hauslehrer, Hofmeiſter. V. informieren, aus lat. informâre (=
geſtalten, bilden, dann) : unterrichten.

-ing, Ableitungsſylbe an Subſtantiven.
    Mhd: u. ahd. -inc, goth. -igg (?). Z. B. in Edeling, Hering, Meſſing, Pfenn-
    ing, Schilling, Zwilling; aber in König iſt n vor g ausgefallen, wie man auch
    Pfennig (f. b.) ſagt. Vgl. -ling.

der Ingber, veraltet, jetzt Ingwer, ſ. d.

ingleichen, Adv., welches auch bindewörtlich ſteht.
    Verbindung der Präp. in mit dem ſtarken Dat. Pl. des Adj. gleich.

der Ingrimm, —es, ohne Pl. : innerer, verbiſſener Grimm.

das Ingrün, —es, Pl. —e, das Wintergrün (vinca minor) ꝛc.
    Mittelniederl. das ingroen Eppich. Aus dem mhd. Adj. ingrüene = ſehr grün,
    worin in verſtärkend ſteht.

der Ingwer, — s, ohne Pl. : magenſtärkende Wurzel einer oſtindiſchen
Pflanze. Selten noch der Ingber.
    Spät-mhd. ingewër, im 14. Jahrh. ingebër. Vornen gekürzt und nebenbei mit
    Erweichung des b in w aus mhd. gingebër, gingebäre, gegen 1200 der gingebëro,
    gingibëro (Haupt's Zeitſchr. VI, 330. X, 397, 93), holländ. die gember. Aus
    lat.-gr. zíngiber u. zingíberis, gr. die ziggíberis, überkommen aus perſ. u. arab.
    zendjebil, welches v. ſanſkr. çringa-wëra eig. = horngeſtaltet [ſanſkr. çringa Horn,
    der u. das wëra Leib].

der Inhaber, —s, Pl. wie Sing. Von inhaben = unter ſeiner Gewalt haben. Zuſammengeſ. mit dem Adv. in, ſ. b.

der Inhalt, —es, Pl. —e : was worin enthalten iſt. Zuſammenſ. :
inhaltsreich, -ſchwer. Zuſammengeſ. mit dem Adv. in.
    Verſchieden von der Einhalt = das Nichtvorwärtslaſſen.

† inhuman, = gefühllos, hart, unmilde.
    Eig. inhumán zu betonen. Aus lat. inhumánus = unmenſchlich, unhöflich.

† die Injúrie (4ſylbig), Pl. —n : Rechtskränkung, Ehrenverletzung.
    Aus lat. die injúria = widerrechtliche Handlung, Unrecht, Unbill.

die Inlage, Pl. —n, neben Einlage. Von inliegen, deſſen Part.
Präſ. inliegend neben einliegend. Zuſammengeſ. mit dem Adv. in.

das Inland, — es, ohne Pl., Gegenſatz von Ausland. Daher : der
Inländer, ſpät-mhd. inlender; inländiſch.

der Inlaut, — es, Pl. —e : Vocal oder Conſonant in der Mitte oder
vielmehr im Innern eines Wortes oder einer Sylbe.
    Ein von Jac. Grimm (Gramm I², 12) eingeführter grammatiſcher Kunſt-
    ausdruck. Schmitthenner und auch ich verſtanden früher darunter den erſten
    Vocal eines Diphthonges (z. B. i in ahd. iu (ie), e in ei ꝛc.) als den vor dem
    Wurzelvocal (u in iu, i in ei ꝛc.) geſetzten Bildungsvocal.

inmitten, mit in verbundene Adjectivpräpoſition, welche den Gen. regiert. Mhd. ënmitten, ahd. in mittêm (?),

d. i. in mit bem Dat. Pl. des abb. Abj. mitti, miti, = mitten seienb. Doch
steht bem Dativ allein keine Präpositionsbebeutung zu, sonbern biese liegt in in.

-inn, zur Bilbung weiblicher Substantive, ungut st. -in, s. b.

inne, mhb. inne, ahb. inna, goth. ïnna, Abv. in ber Verbinbung mitten inne unb in inne bleiben, behalten, haben, halten, sein,
, werben (mhb. inne wërden).

> Fortgebilbet aus bem Abv. in (s. b.), ahb. in (= inn), goth. ïn.

innen, Abv., Gegensatz von außen (s. b.) unb gleicher Bilbung.
Mit biesem außen verbunben; von innen unb außen. Zusammens. : bie Innenwëlt ꝛc.

> Mhb. innen, ahb. innana, gekürzt innân, mit Angleichung bes a (welches bann
> a wurbe) zu i auch innin, goth. innana, v. in (s. in 1) mit ben Fortbilbungs-
> enbungen -ana, wirb auch in ber Weise einer Präp. gebraucht.

inner, 1) Abv., wie innen, aber im Mhb. erloschen. Bei Göthe einmal im Superl. innerst. 2) Präp. mit Dat., z. B. inner ben Mauern,
Grenzen ꝛc., inner achtzig Jahren; bei Joh. v. Müller auch mit
Acc., z. B. inner bie Gränzen aufnehmen. Schriftbeutsch nicht mehr
geläufig.

> Mhb. inre, inner, innere, als Präp. auch mit Genitiv. Aus bem folgenben
> Abj.; benn ein ahb. innar finbet sich nicht, wie ûzar außer.

innere, im Comp. [unüblich, weil inner schon etwas Comparativisches
beizuwohnen scheint,] innerer, im Superl. innerst.

> Mhb. inner, ahb. innaro (Comp. innarôr, Sup. innarôst), welchen eine von bem
> Abv. in abgeleitete, aber fehlenbe Partikel innar zu Grunde liegen muß, beren
> -ar bloß ableitenb unb nur scheinbar comparativisch ist (vgl. äußere).

innerhalb = vor, an, auf ber inneren Seite. Präp. mit bem Gen.,
auch, z. B. bei Lessing, Wielanb, mit bem Dativ. Dann zeitlich.

> Mhb. inrehalp, innerhalp, mit Gen. u. Dat.; ahb. innerûnhalb (Notker, Ps.
> 98, 9), baneben auch innerhalben (im Tristan). Ebenso gebilbet wie außer-
> halb, s. b.

innerlich, Gegensatz v. äußerlich. Mhb. bas Abv. innerclîche, gleichsam inneriglich, = tief im Innern, herzlich. Ahb. bafür inlîh.

innern, nur noch in erinnern.

> Mhb. inren, innern, ahb. innarôn, = inne machen, zum Bewußtsein bringen,
> belehren, v. ahb. innar, welche Partikel bei bem Abj. innere vermuthet wurde.

innig, mhb. innec, = aus innerster Seele kommenb, in ihr geschehenb.
Zusammens. : bie Innigkeit, mhb. innecheit (b. i. innec-heit),
innicheit; inniglich, mhb. inneclich, als Abv. inneclîche; bas
Inniginnerste (Göthe XVI, 179).

> Mhb. innec = anbächtig, v. bem Abv. in.

bie Innung, Pl. —en : Verbinbung zu einer Körperschaft.

> Mittelb. bie innunge = Aufnahme (Passional 248, 60), Verbinbung, v. ahb.
> innôn = (in sich) aufnehmen, womit verbinben.

ins, zusammengez. aus in das (insofern das Artikel ist), in bes.

> Mhd. inz aus in daz in das und ins (?) aus in däs in des.

der Insaß, —ssen, Pl. —ssen : Seßhafter. Urspr. â; ss statt ß.

insbesóndere, Adv., wie franz. en particulier. Erst im 18. Jahrh.

> Richtige Bildung mit dem Acc. Sing. des Adj. besonder. ins aus „in das."

das Inschlicht, Inschlitt, —es, ohne Pl., im Hochd. Unschlitt (s. d.). das Inschlittlicht, hochd. Unschlittlicht, = Licht aus Unschlitt. S. auch das Ins
elt.

> Landschaftlich auch das Golicht (s. d.) = Unschlittlicht, welches in dem Ein-
> nahme- und Ausgabeverzeichniß des Klosters Marienborn bei Büdingen in der
> Wetterau v. J. 1493 gulliecht lautet.

die Inschrift, Pl. — en : woran Eingeschriebenes mit Beziehung auf den Gegenstand.

† das Inséct (é tief), —es, Pl. —en : das Kerbthier.

> Aus lat. inséctum, welches das Neutrum des Part. des Passivs (inséctus) von
> insecâre = „einschneiden" ist.

die Insel, Pl. —n : wasserumflossenes Land. Vgl. Eiland.

> Bei Luther Insul, mhd. die insel, insele, auch mit Ausstoßung des n (nach
> ital. isola, altfranz. isle) die isele, ahd. (bei *Notker*) die isila u. später auch
> isilâ, aus lat. die insula.

das Inselt, durch Schwächung u. Versetzung aus Inschlitt, s. d.

insgeheim, Adv., gebildet wie insgemein u. insgesammt.

> Roh gebildet nach franz. en secret. Richtiger ingeheim (bei Thümmel).

insgemein, Adv. : ohne Ausnahme und Unterschied.

> Es scheint dem franz. en général roh nachgebildet und sollte wegen des Artikels
> eigentlich insgemeine lauten (vgl. insbesondere, inskünftige), wie auch im
> altclev. *Teuthonista* v. 1475 intgemeyne [t = s statt ß] neben intgemeyn vor-
> kommt. Ohne den Artikel steht ganz richtig ingemein, bei Hans Sachs in
> gemein, schwed. i gemën.

insgesámmt, Adv., alle oder alles in eins begriffen.

> Es scheint dem franz. en tout roh nachgebildet und sollte wegen des Artikels
> eigentlich insgesámmte lauten. Vgl. insgemein, aber auch insbesondere, ins-
> künftige 2c. Sonst wäre ohne den Artikel ingesammt richtig.

das Insiegel, —s, Pl. wie Sing., was Siegel (s. b.),

> welchem durch in die bestimmtere Bezeichnung des Eingegrabenseins u. des
> Eindrückens hinzugefügt werden soll. Veraltet und kaum noch im Kanzleistyle, aber
> alte volle Form, welche mhd. das insigel, ahd. insigili, gleichsam. lat. insigíllum
> lautet, wofür man im Nhd. lieber kürzer Sigel, Siegel sagte.

† insinuieren = heimlich einflistern; gerichtlich zustellen oder einhän-
bigen. sich insinuieren = sich einschmeicheln, beliebt machen.

> Aus lat. insinuâre = in den Busen (lat. sinus) stecken; tief in etwas ein-
> bringen lassen; [bildlich :] in Gunst setzen, beliebt machen. se insinuâre = je-
> mandes Wolwollen gewinnen, sich in jemandes Wolwollen festsetzen.

inskünftige, = lat. in pósterum, gebildet wie insbesondere.

insofern, eig. insoferne, Abv. : in ber Hinficht. Dann als Conj. :
in ber Hinficht baß, unter ber Einschränkung baß.

Gebildet mit dem Acc. Sing. des Neutrums von fern in schwacher Biegungsform. S. Grimm's Gramm. III, 109.

† insolvént = zahlungsunfähig. Daher bie Insolvénz.

Mittellat. die insolvéntia. Lat. sólvere = lösen, bezahlen.

insónderheit, Abv. : für sich abgeschlossen; vor Anbern hervorgehoben.

1508 in funberheit b. i. in mit dem Acc. Sing. von dem durch Zusammensetzung des Abj. fonder mhb. sunder und -heit gebildeten Substantiv die
Sonderheit, älter-nhd. funderheit.

insónbers, wie insonberheit, aber nur noch in hergebrachtem steifem
Brief- ober Kanzleifthle.

Mit dem mehr abverbialisches Ansehen gebenden und also hier unorganischen
genitivischen s aus dem gleichbeb. um 1000 vorfommenden insúnder, in sunder,
b. i. in mit dem starken Acc. Sing. des Abj. sunder = abgesondert. Bgl. auch
insonberheit.

insoweit = in ber Ausbehnung. Abv. u. Conj. Gebildet wie insofern.

† bie Inspectión (e tief), Pl. —en, aus lat. inspéctio : Besichtigung;·
Ob-, Aufficht. ber Inspéctor, —s, Pl. Inspectóren, lat. inspéctor :
Aufseher. B. inspicieren, lat. inspícere : besichtigen, in Augen-
schein nehmen; beauffichtigen.

inständig, Abj. u. Abv. : fest anhaltenb in etwas.

Um 1000 als Abv. instendigo, v. einem ahd. Abj instandig, welches aus in
und einem von dem ahd. Berbum stantan stehen (s. b.) abgeleiteten Abj. standig
stantic zusammengesetzt ist.

† bie Inständ, Pl. — en : das inständige Ansuchen einer Sache; Ge-
richtsbehörbe, -stand; einem Sate entgegenstehendes Beispiel, Gegen-
fall, Gegenbeweis, Einwurf.

Von der Instanz absolvieren = den Beklagten von der Pflicht entbinden,
sich auf die gegen ihn angestellte Klage weiter einzulassen. — Lat. die instántia
= anhaltender Fleiß, inständiges Bitten, v. instáre = auf etwas stehen, es
emfig betreiben, mit Bitten brängen.

† ber Instinct. —es, Pl. —e : Naturtrieb.

Aus lat. der instínctus = Antrieb v. instínguere = anreizen, -treiben.

† bas Institút, —es, Pl. —e : Anstalt, Stiftung.

Aus lat. das institútum Einrichtung, v. institúere = hinstellen, einrichten.

† bas Instrumént, — es, Pl. — e : Werkzeug; Tonwerkzeug; Urkunde. Daher instrumentál in : ber Instrumentális = Fall
(Casus) auf die Frage moburch? womit? ber Werkzeugsfall (vgl. besto,
indem, wie 2c.); bie Instrumentálmusik = Tonspiel bloß mit
Tonwerkzeugen. ber Instruméntenmacher.

Aus lat. das instruméntum = Werkzeug, Geräth, Hilfsmittel, v. instrúere =
aufschichten, auf-, einrichten.

† ber Insuláner, —s, Pl. wie Sing. : Inselbewohner.

Aus dem gleichbed. lat. insulānus, v. insula Insel (s. d.).

† der Infúlt, —es, Pl. —e : beleidigender Anfall, Beleidigung. in-
fultieren = übermüthig beleidigend anfallen.

Aus mittellat. der insúltus und aus lat. insultáre = an etwas springen, dann
bildlich „an jemand seinen Muthwillen üben." Beide aber v. lat. insílire =
auf etwas springen, anfallen, dessen Supinum insúltum lautet.

† der Infurgént, —en, Pl. —en : Aufstänbischer, Aufrührer.
Aus lat. insúrgens (Gen. insurgéntis), dem Part. Präs. v. insúrgere = sich
erheben, aufstehen, dann sich empören.

† intelligént, aus franz. intelligent, lat. intélligens [Part. Präs.
v. intellígere einsehen] : einsichtsvoll. Daher die Intelligénz, Pl.
— en, nach lat. intelligéntia, = die Einsicht. Zusammenf. : das
Intelligénzblatt = öffentliches Anzeigeblatt, Wochenblatt.

Dieß Letzte aus engl. intelligence, nach the office of intelligence = In-
telligenzcomptoir (Nachrichtszimmer), deren erstes 1637 von John Innys zu
London errichtet wurde. S. Joh. Beckmann's Beiträge zur Gesch. der Er-
findungen II, 237.

† der Intenbánt, —en, Pl. —en : Oberaufseher.
Das franz. der intendant, urspr. Part. Präs. v. lat. inténdere = ausspannen,
seine Geisteskräfte, seine Aufmerksamkeit worauf richten, worauf achten.

† das Interbíct, —es, Pl. —e, aus lat. interdíctum : Untersagungs-
befehl, Untersagung; [kirchlich :] der große Kirchenbann.

† interessánt (e vor ss tief) = wichtig, anziehend, einnehmend.
Das franz. intéressant, eig. Part. Präs. v. intéresser (s. Interesse).

† das Interésse (é tief), — s, Pl. — n, das lat. interésse [= dazwischen (inter) sein (esse), von Wichtigkeit, Reiz sein für Einen] :
Verwebtsein in eine Sache, Theilnahme für dieselbe; Beziehung; Reiz;
Vortheil, Eigennutz. Der Pl. die Interéssen = Zinsen eines
Capitales. interessieren, aus franz. intéresser [eins mit lat.
interésse] : wofür Theilnahme erregen, einnehmen, jemand anziehen,
reizen. interessiert sein = eigennützig, selbstsüchtig sein.

† interimístisch = einstweilig. V. lat. ínterim unterdessen.

† die Interjectión (e vor c tief), Pl. —en : Empfindungswort, -laut.
Eig. Zwischenwort, Zwischenwurf. Lat. interjéctio v. interjícere = zwischen-
werfen [inter zwischen, jácere werfen].

† das Intermézzo, —'s, Pl. —'s : Zwischenvorstellung, -spiel.
Das ital. intermézzo, urspr. Abj., aus lat. intermédius = dazwischen (inter)
in der Mitte befindlich.

† die Interpretatión, Pl. — en, das lat. interprétio. Von in-
terpretieren, aus lat. interpretári : den Mittler u. Ausleger (lat.
intérpres) machen, dolmetschen, auslegen, erklären.

† die Interpunctión, Pl. — en, das lat. interpúnctio (Zwischen-
setzung eines Punctes) : Satzzeichnung. Zusammenf. : das Inter-

punctións zeichen. interpunctieren = mit Unterscheidungs=
zeichen verſehen.

Interpunctieren v. lat. interpúnctus, dem Part. Perf. Paſſ. v. interpúngere
= einen Punct zwiſchenſetzen, durch ihn abtheilen, woher auch interpunctio.

† interrogatív, aus ſpät=lat. interrogatívus [v. interrogáre fragen]:
fragend, Frage=. das Interrogatív = fragende Fürwort.

† intoleránt, aus lat. intólerans : unduldſam gegen Andersdenkende.

† intonieren, 1469 mittelrhein. intonéren, = anſtimmen, woher dann
die Intonierung. B. lat. intonáre = ertönen.

† die Intrigue (ſpr. intrighe), Pl. —n, franz. : Knotenſchürzung einer
Handlung, Liſtgewebe, Rank, geheimer Liebeshandel. B. intriguieren
= (einen Handel) verwickeln, Ränke ſchmieden.

Dieß aus franz. intriguer v. i. lat. intricáre = verwickeln, verwirren.

† inválid, das franz. invalide v. i. lat. inválidus, = untauglich,
dienſtunfähig. Als Subſt. : der Inválide, franz., = dienſtunfähig
Gewordener. Zuſammenſ. : das Inválidenhaus ꝛc.

† die Invective (e vor c tief), Pl. —n : beleidigende Äußerung gegen
jemand.

Franz. die invective, aus lat. invectívus, -a, -um, = gegen jemand losziehend,
ſchwächend, v. invehi = auf jemand los=, ihn anfahren.

† das Inventár, — es, Pl. — e, vollſtändiger das Inventárium,
— s, Pl. Inventárien (5ſylbig) : Vorrathsverzeichniß, Verzeichniß der
Habe, Vorrath.

Lat. inventárium Verzeichniß, v. inveníre = finden, geſchrieben finden.

† inveſtieren (e vor ſt tief) = mit dem Zeichen der Amtswürde be=
kleiden (ſ. d.). Daher die Inveſtitúr, Pl. — en, mittellat. in-
veſtitúra : feierliche Einſetzung in eine Würde, Belehnung mit derſelben.

Aus lat. inveſtíre = ein=, bekleiden [veſtíre v. véſtis Kleid].

† invitieren, aus lat. invitáre, = höflich auffordern, einladen.

ínwärtig, mhd. inwertig, als Adv. inwartigo, = innerlich. Nur noch
ſelten, und für das wie auswärts (ſ. b.) gebildete, dieſem entgegen=
geſetzte Adv. ínwärts ſagt man lieber einwärts (vgl. ein 2).

Adv. inwërt, inwart, Adj., von welchem ínwärts, mhd. in wërtes (?), männ=
licher und ſächlicher Genitiv Sing. iſt und inwertig mittelſt -ig -ic =ig abge=
leitet wurde.

ínwendig, Gegenſatz von auswendig (ſ. b.) und ebenſo gebildet.

Mhd. inwendig (Boner, Vorrede 72), innewendig, deſſen inne ſ. ínne.

ínwiefern, ínwieweit, ſind gebildet wie inſofern, inſoweit.

die Ínwiek, Pl. —en : kleinere Meerbucht, in welche Schiffe einfahren
können. S. Wiek. Niederb.; im 17. Jahrh. hochd. gebildet Ínwieg.

ínwohnen, eins mit dem hochd. faſt allein üblichen einwohnen, aber
richtiger. Gleiches gilt von der Ínwohner neben Einwohner (ſ. d.).

bie **J n z i ch t**, Pl. —en, mhb. u. ahb. bie inziht, beſſen ziht v. **z e i ch e n**
(vgl. bezichten, bezichtigen) : Beſchulbigung eines Verbrechens.

inzwiſchen, 1) Abv. : während ber Zeit. Dann 2) Conj. : während
ber Zeit baß.

> Mhb. ênzwiſchen, mitteld. inzwiſſin, ſpät-ahb. (bei *Williram*) in zwiſchon, in
> zwiſchen b. i. in zuiskên, iſt eine aus in in unb bem männlichen u. ſächlichen Dat.
> Pl. bes ahb. Abj. zuisc (b. i. zui-isc **zwie-iſch**), altſächſ. tuisc, = zwiefach, ie zwei.
> gebilbete Präp. mit Dativ, welche ſchon im Mhb. (bei *Hartmann von Aue* ıc.)
> mit allmäblicher Weglaſſung ber Präp. ên (in) zu z w i ſch e n (ſ. b.) gekürzt wurbe.
> während inzwiſchen als im Mhb. feſtgeſtelltes Abv. fortbauerte unb nach unb
> nach Verwendung als Conj. erfuhr. Die urſpr. Beb. iſt : „mitten in", inſofern
> zwei gemeint ſinb.

bie **J p e r**, Pl. —n : bie kleinblätterige Ulme, úlmus satîva.

> Mhb. iper (*Minnes.* II, 262ᵃ, 4, 2 : ein wîp von iper = ein wolgewachſenes
> Weib ?). Nach franz. ber ipréau, ypréau, ſpan. olmo de Ipre, b. h. Ulme von
> Jpern (franz. Ypres, mhb. Iper, niederl. Iperen), einer Stabt in Weſtflanbern.

irben, mhb. irdîn, ahb. irdîn, erdîn, goth. aírþeins, = aus Erbe
beſtehenb ober gemacht. **irbiſch,** mhb. irdisch, ahb. irdisc, = ber
Erbe angehörig, in welchem Sinne ebenfalls im Goth. jenes aírþeins.

> B. Erbe ahb. ërda, beſſen ë wegen -in u. -isc regelrecht in i zurücktehrt.

-iren, fremde Bilbungsſylbe an Verben, hiſtoriſch richtig **-ieren,** ſ. b.

irgenb, Abv. : an einem (unbeſtimmten) Orte, zu einer (unbeſtimmten)
Zeit, in einem (einzelnen nicht näher bezeichneten) Verhältniſſe. Davon genitiviſch **ir̄genbs.** Zuſammenſ. : **irgenbwie, irgenbwô.**

> Wie es ſcheint, burch niederbeutſchen Einfluß mhb. irgent mit mitteld. i ſtatt ie, —
> früher iergent mit einem bem -en angetretenen t (vgl. ießt), benn reiner-mhb. u.
> ſchon bei *Williram* iergen b. i. ahb. iewergin, io wergin (*Otfried* 4, 31, 15. **Goth.**
> áiv hvarhun ?), beſſen io unſer ie iſt, unb wergin (bei *Otfried*), früher huergin
> unb noch früher huargun (?), huarhun (?), goth. hvarhun (?), altſächſ. huergin
> huerigin, = an einem unbeſtimmten Orte. Dieſes huergin aber iſt augenſchein-
> lich bas altnorb. hvergi (mit abgeſtoßenem n) = an keinem Orte, welches von
> altnorb., goth. u. angelſächſ. hvar wo (ſ. b.) mit ber hinten antretenben, ver-
> neinenbe Kraft beſißenben altnorb. Partikel gi, wofür im Goth. hier bas ben
> Begriff eines unbeſtimmten „wer" bewirkenbe Anhängſel -hun [= lat. -cun-
> que], gebilbet wirb. Vgl. Grimm's Gramm. III, 220. 36 f.

Jrlanb (J kurz) = bie urſpr. von Kelten bewohnte große Jnſel weſt-
lich von Großbritanien. Das Abj. iſt **iriſch.**

> Mhb. Irlant; angelſächſ. Iraland iſt Schottlanb unb Jslanb. Ir- aus bem
> Keltiſchen, nämlich bem iriſchen Namen bes Lanbes : Erin Eirin, gabheliſch
> Jarinn, b. i. Weſtinſel, v. iar = Enbe, Weſt, hinter, nach. Diefenbach's
> **Celtica** III, 313. 375 f.

† bie **Jronie** (3ſylbig), Pl. — n (4ſylbig) : (abſichtlich unter bem Ge-
gentheile) verſteckter Spott, wofür im .15. Jahrh. hinderspot. Daher
iróniſch.

Aus franz. die ironie, lat. ironia, gr. eirôneía (*εἰρωνεία*) = Verstellung im
Reden, bef. zum Necken u. Beschämen, v. gr. *εἴρων* = wer sich in der Rede ver-
stellt. ironisch ist gebildet aus lat. irónice (Adv.), gr. *εἰρωνικός* (Adj.).

irre, mhd. irre, ahd. irri, goth. aírzis, = von dem rechten Wege (eigentlich wie bildlich) abgekommen; gestörten Verstandes; unsicher ob recht
oder nicht. Daher: die Irre, ohne Pl., goth. die aírzei (Verfüh-
rung), ahd. irrî (?); irren, 1) transitiv, = "irre machen", mhd.
irren, ahd. irran, goth. aírzjan, 2) intransitiv, = "irre sein oder
werden", mhd. irren, ahd. irrôn, irrëôn; irrig, mhd. irrec u. ahd.
irrîg (nur in Zusammensetzungen). Zusammens.: der Irrgang (mhd.
irreganc); Irrgarten; Irrgeist; Irrglaube; die Irrlehre
u. der Irrlehrer; das Irrlicht; der Irrthum, —es, Pl. Irr-
thümer, mhd. der irre-, ahd. irrituom; der Irrwëg; Irrwisch ꝛc.

> Das zweite r ist, wie goth. z, der Übergangslaut von s zu r zeigt, ursprüng-
> lich s, und ahd. irrôn stimmt genau mit lat. errâre, in welchem auch der Über-
> gang des s zu r schon vollendet ist.

† irreligiôs, aus lat. irreligiôsus (d. i. in-religiôsus mit in- = un-):
nicht der Religion gemäß, ungläubig, gottlos. Daher die Irreli-
giosität, lat. irreligiósitas, = Religionsverachtung, Gottlosigkeit.

-isch, Ab-, Herkunft ausdrückende Ableitungssylbe zahlreicher Adjective,
deren Wurzelbegriff sie im Nhd. mitunter, besonders neben Zusammensetzungen mit -lich, eine Wendung zum Verächtlichen, Tadelhaften
mittheilt. Vgl. z. B. kindisch, knechtisch, weibisch, linkisch ꝛc. neben
kindlich, knechtlich, weiblich.

> Mhd. -esch, -isch, ahd. -isc, goth. -isk. Auch lat. Adjective auf -icus erhal-
> ten bei Entlehnung ins Deutsche -isch.

der Isegrim, — es, Pl. — e, der Name des Wolfes in dem deutschen
Thierepos; wölfischer, grausamer Mensch.

> Mhd. Îsengrîn (mit Abschwächung dem m in n aus älterem) îsengrîm, ahd.
> Îsangrim (Îsancrîm), latinisiert Ysengrîmus, zusammenges. aus ahd. das îsan
> Eisen (s. d.) u. einer Bildung von ahd. die crîma Helm (s. Grimasse), also
> urspr. s. v. a. Eisenhelm, woraus der Begriff "grausamer Würger" leicht her-
> vorgehen konnte. Ähnlich war der Name des alten Wolfes, wie des Ahnherrn
> der Welfen, im Mhd. Îsenbart Eisenbart (s. d.). In unserm Isegrim st. des
> richtigeren neudeutschen Eisengrim [mhd. u. ahd. î = nhd. ei] ist zwar das
> alte J erhalten, aber n vor g ausgefallen.

Island (J kurz). Daher: der Isländer; isländisch.

> Mit altem Î, (nicht neub. ei), und noch dazu kurz gewordenem. Mhd. und schon
> im 11. Jahrh. Îslant. Die gegenwärtig so benannte Insel erhielt erst im 9. Jahrh.
> diesen Namen. Ob mit ahd. îs Eis zusammengesetzt und also urspr. s. v. a.
> Eisland? oder, was sprachlich schwerer geltend zu machen ist, mittelst Ausstoßung
> des t (d) aus ahd. Itislant [als Frauenname bei Graff I, 159] d. h. Frauen-
> land, Land der Schlachtjungfrau (itis, idis, vgl. Jda)? Der Walkyrie Brunhild
> Burg Îsenstein stand auf Îslant (*Nibel.* 371, 3. 373, 3. 397, 1).

† iſolieren = vereinzeln, einzeln abſondern. Daher die Iſolierung. Aus franz. isoler, ital. isolàre, v. ísola (mittellat. ísula aus ínsula) Inſel (ſ. b.).

der Iſop (o kurz), —es, Pl. —e, üblicher Yſop, eine Pflanze.

> Mhd. der ispe, ahd. ísipo (*Windberger Psalm.* 50, 8), aus mittellat. ysôpus (ital. isópo), lat. das hysôpum, gr. die hy'ssôpos (ύσσωπος), hebr. der êsôbh (אֵזוֹב), chaldäiſch êsôbâ, ſyriſch zûphô, arab. zûphâ. Nicht aus dem Aegyptiſchen.

iſt, die dritte Perſon Sing. Präſ. Ind. des Verbums ſein.

> Mhd. u. ahd. ist, goth. ïst [neben ich ïm, du ïs, = hochd. ich bin, du biſt]. Das Wort ſtimmt mit lat. est [es du biſt = goth ïs], gr. ἐστί [εἰμί ich bin = goth. ïm, εἶς du biſt = goth. ïs], ſanſkr. asti, poln. jest. Die reine Wurzel zeigt deutlich ſanſkr. as = ſein, lat. esse.

Itálien, aus lat. Itália. Früher Welſchland. Daher mit dem be-wahrten älteren Umlaute e der Italiéner, italiéniſch.

> Nicht Italiäner, italiäniſch, trotz ital. italiáno.

itrüchen, beſſer itrücken, = wiederkäuen. Von der Iſtrüch, beſſer der Iſtrück, = das Wiederkäuen. Nur noch landſchaftlich.

> Mhd. itrücken (*Servatius* 3274), iterücken, (mitteld.) idroken, 1429 yetrochen (*lib. ord. rer.* Bl. 24ᵈ) d. i. itrochen, mittelniederl. idriken, ahd. itdrukkan (bei *Williram*), iturucchan, itruchan, itaruchan (d. i. itaruchjan), angelſächſ. êdrêcan. Zuſammengeſ. aus ahd. it-, ita-, goth. ïd-, angelſächſ. êd-, = zurück, wieder [z. B. in ahd. *itporan* wiedergeboren ꝛc.], und dem alleinſtehend mangeln-ben ruchan, welches wurzelverwandt iſt mit lat. ructâre = aus dem Magen aufſtoßen. Das Subſt. lautet angelſächſ. êdrôc, ahd. itaruh (?). S. Grimm's Gramm. II, 798. 758.

itzo, itzt, richtiger als jetzo, jetzt (ſ. b.), aber verdrängt von dieſen.

J.

J, j, der aus i hervorgegangene Halbvocal jod. S. S. 527 u. 382.

> Den Namen jod (mit kurzem o) hat Schottelius S. 185; Ickelſamer u. Helber kennen ihn noch nicht. Er iſt das lat. jôta, gr. iôta (ἰῶτα), die Be-nennung des griech. i (*I ι*).

jâ, Adv. u. Interj. der Beſtätigung. Subſtantiviſch: das Jâ.

> Mhd. u. ahd. jâ, goth. ja (u. jái), und auch ſubſtantiviſch mhd. das jâ, goth. ·þata ja (2 Kor. 1, 20). Dunkelen Stammes und nicht v. ahd. jëhan = ſagen, zugeſtehen (ſ. Beicht).

iach (a kurz), Adv.: in größter Geſchwindigkeit, heftig.

> Das alte richtige unumgelautete Adverb zu gäh (ſ. b.), nur mit i ſtatt g und wegen des ch kurzes a ſtatt â. Denn mhd. gâch (*Iwein* 4873), welches adverbial ſtehender endungsloſer ſtarker Acc. Sing. der ſächlichen Form v. dem mhd. Adj. gâch ahd. gâhi gâhe iſt oder auch das von dieſem abgeleitete ahd. Adv. kâho, kâcho (*Diut.* I, 263ᵇ. *voc. Kerónis* 197ᵇ) ſein kann.

die Jacht, Pl. —en : Schnellschiff. Wie engl. yacht aufgenommen aus neuniederl. das jagt, ehedem jacht, v. jagen. S. auch Jagd.

die Jacke, Pl. —n : anliegendes Ermelkleid bis an die Hüften.

> Im 15. Jahrh. und mehr niederd. sowie mittelniederd. u. altclevisch die jacke, hochd. auch die jegke, neben älter-nhd. die schacke, schecke, schegge. Aus franz. die jaque, altfranz. jacque, span. der jaco, ital. giáco, = kurzer Oberrock der Kriegsleute.

jackern = (ohne Grund) schnell reiten oder fahren. Niederd., v. jagen.

die Jagd (a kurz), Pl. — en : Jagen zu Fang oder Töbtung; Recht dazu. Zusammenf. : jagdbar; der Jagdhund, mittelb. jaithunt ꝛc.

> Bei Abelung ohne hinreichenden Grund Jagb. Mit Rückkehr zu ahd. d im Auslaute; im 17. Jahrh noch Jagt, weil mittelb. die jaget [-et = ahd. -öd goth. -öp] u. mit üblicher Ausstoßung des Kehllautes jait, mittelniederd. die jacht (Eile), niederl.-die jagt, mhd. aber das jaget, jeit, v. jagen. Vgl. Jacht, welche niederd. Form manche, z. B. Ramler ꝛc., mit Unrecht st. hochd. Jagb schreiben. — Wie jene jait, jeit neben jaget, so die Maid neben Magd.

jagen, mhd. jagen, ahd. jagôn, jakôn, holländ. jagen, = geschwind sich vorwärts bewegen, bes. zu Fang oder Töbtung verfolgen; schnell antreiben. Daher der Jäger, mhd. jäger, jeger, jágære, ahd. jágari, mit die Jägerin u. die Jägerei (mhd. die jägerie).

> Jagen biegt im Präs. ich jáge, du jágeſt, jagſt, er jagt, nicht ich jage, du jágſt, er jägt; im Prät. ich jágete, jágte, ahd. jágôta, nicht ich jug, wie man nach dem niederd. ick jög, holländ. (neben dem richtigen ich jaagde) ich joeg, welche sich troß dem schwachen Part. Prät. niederd. jagt holländ. gejaagd (nicht gejagen) falsch nach der Ähnlichkeit der Biegung von graben, laden ꝛc. bildeten, zuweilen hört. Vgl. die gleich unrichtige Biegung von fragen S. 361.

jäh, jähe, mit j statt g neben gäh (ſ. b.), gähe, mhd. gæhe (wo-neben gâch), ahd. kâhi. Daher : die Jähe, mhd. gæhe (Ungeſtüm, Plötzlichkeit), ahd. kâhî (?); jählings, mit s wie bei blindlings ꝛc. Zusammenf. : der Jähzorn. Alle jetzt üblicher mit j, als mit g.

der Jäherr, —en, Pl. —en, mhd. jâherre : wer zu Allem jâ herre ! (*Berthold* 421) ja Herr! sagt, gesinnungsloser Schmeichler.

der Jahn, —es, Pl. —e : Reihe gemähten Grases oder Getraides.

> Mhd. der jân (? Grimm's Weisth. I, 825), eig. Gewinn (*Hätzlerin* S. 24ᵇ, 47), entlehnt aus franz. der gain Gewinn, wie mhd. jânen gewinnen (durch Feldarbeit *Minnes.* II, 236ᵃ, 2) aus franz. gagner (ſt. gaagner).

das Jahr, —es, Pl. —e, mhd. u. ahd. jâr : Umlaufszeit eines Pla-neten um die Sonne (Sonnenjahr), oder 12malige Umlaufszeit des Mondes um die Erde (Mondenjahr). Daher : jährig, mhd. jærec, ahd. jârîc; der Jährling, mit unorganisch eingetretenem l; bejahrt, mhd. bejâret, = zu Jahren gekommen, Part. Prät. v. mhd. bejâren, = die Jahre hinbringen. Zusammenf. : das Jahr-hundert; jährlich, mhd. jêr-, jærlich (üblicher jærgelich), um 1000 jârlîh; die Jahrzahl [im Ahd. die jârzala = Jahrbuch, Kalender] ꝛc.

Ahd. das jâr, goth. jêr, altſächſ. gêr, angelſächſ. gear, ſtimmt mit poln. jar, jaro, = Frühling, böhm. gar, garo, = Sommer, und nach dieſem rechneten ſüdliche Völker, wie nördliche nach Wintern. Verſchieden iſt gr. das éar (ἔαρ) Frühling, indem dieſes urſpr. Fίαρ. S. Grimm's Myth. 715.

† der Jámbe, —n, Pl. —n: eig. der Jámbus, aus lat. iámbus, gr. ίαμβος : der Versfuß ◡–. Daher jámbiſch, nach lat.-gr. iámbicus.

der Jámmer, —s, ohne Pl., mhd. der jâmer, gekürzt âmer, = elend machendes Schmerzgefühl. Daher : jámmern, mhd. jâmern, ahd. âmarôn (jâmarôn), unperſönlich „mich, ihn ꝛc. jammert", mhd. in (ihn) ꝛc. âmerôt. Zuſammenſ. : jámmerlich, mhd. jæmer-, jâmerlich, ahd. jâmar-, âmerlîch ꝛc.

Ob dem ahd. jâmar gemäß goth. jêmrs vorhanden war? Altſächſ. jâmar, giamar, = elend, angelſächſ. gëomor; altnord. jamla = ſehr klagen. Urſpr. alſo kurzes a.

der Janhágel = das gemeine Volk, der Pöbel. Niederb. u. niederl.

Eig. Jan hagel Hans (Johann) Hagel, niederl. das Janhagel, wol in Anſpielung auf Menge der Hagelkörner.

jánken, niederb. u. niederl. : winſeln, vor Gier wimmern.

Mittelniederl. janken = vor Schmerz winſeln (Reinaert 3852).

der Jänner, —s, Pl wie Sing., im 16. Jahrh. Jenner, gekürzt aus der Január, —es, Pl. —e, = der erſte Monat des Jahres.

Das lat. Januárius d. h. der dem altitaliſchen, den Reigen der uralten Götter anführenden und auf der Schwelle (jânua Thüre) des Jahres ſtehenden, mit einem Doppelgeſicht abgebildeten Gotte Jânus heilige Monat, welchen die ältere Jahresrechnung an die Spitze der Winterſonnenwende ſtellte. S. Grimm's Geſch. d. d. Spr. 78. Von Karl d. Gr. Wintarmânôth Wintermonat genannt; ſonſt heißt er auch vom Froſte Hartmonat. S. auch Februar.

jáppen = den Mund auffperren; dann ſo lechzen, mühſam athmen. das Jáppen, ſubſtantiviſcher Infinitiv. Niederbeutſch.

j ſtatt g. Das altcleviſche (1475) gapen = gähnen (Teuthonista), niederb. japen u. gapen, niederl. gapen, = den Mund auffperren, welches unſer gaffen iſt. Ebenſo niederb. janen neben hochd. gähnen.

der Jäſcht = Gährſchaum, ſt. Jéſcht, üblicher Gäſcht, ſ. gäſchen.

† der Jasmîn, —es, Pl. —e, das holländ. die jasmijn, aus franz. jasmin, ſpan. der jazmin.

Dieſes ſpan. jazmin iſt aus der arab. Benennung jásamûn, perſ. jásemîn. Aber im Arab. iſt das Wort ſelbſt Fremdwort.

† der Jáspis, —ſſes, Pl. —ſſe, bekannter Stein aus dem Kieſelgeſchlechte.

Mhd. der jaspis, lat.-gr. die iáspis, aus hebr. jáschphêh jáschpheh (יָשְׁפֵה u. יָשְׁפֶה), arab. jaschef u. jascheb, welche aus perſ. jaschm aufgenommen ſind.

jâten, üblicher gâten (ſ. d.), doch iſt jene Form die urſprüngliche.

die Jauche, Pl. —n : durch Faulen erzeugte, verdorbene Flüſſigkeit.

Mitteld. u. niederb. die jûche, altclev. (1475) die jûchen, juyche.

das Jáuchert, —es, Pl. —e : Fläche von 40000 Quadratſchuhen.

Ahd. das (?) jûchart, mit angetretenem t. Das Wort stimmt lautverschoben mit lat. das jûgerum = Morgen oder 28800 Quadratfuß Landes. Mit einem wegen des ch und wahrscheinlich zugleich im Gedanken an ahd. das juh, joh = Joch Landes (s. Joch) kurz gewordenen u sagt man im Rhb. auch das Juchart (s. d.).

jauchzen = Freudengeschrei erheben. Daher der Jauchzer.
> Bei Luther. Mit ch, früher auch g, statt eines mhd. und ahd. w; denn bei Abraham a S. Clara jaugezen, jugezen, im 12. Jahrh. aber jûwezen (in die jûwezunge das Jubeln. *Windberger Psalm.* 94, 2), mit jûwen = einen Jubelgesang singen (daf. 46, 1. 65, 1 ꝛc.), Jubelruf erheben, von das jû (Gen. jûwes), = der Ruf jûl Jubelruf (daf. 46, 5. 94, 2). S. jul juch!

jaueln = heulen. Das niederd. janeln, engl. yowl, ahd. jûwilôn (?) v. der jû (s. Jauchzen) mit Übergang der Bezeichnung in die eines mißtönigen Geschreies.

der Jauner, jetzt mit G statt J der Gauner, s. d.

das Jawort, —es, Pl. —e : feste Zusage durch ja!

je, Adv. : zu jeder Zeit; zu einer Zeit. Dann bei zutheilender Zahl, z. B. je zwei ꝛc. Endlich Conjunction des gleichmäßigen Verhältnisses, der Verhältnißgleichheit, in je — bêsto (s. d.), je — je.
> i ist hier durch Einwirkung des Niederd., in welchem sich schon 1498 im *Reineke Vos* jo (= immer) findet, unorganisch statt i eingetreten, aber noch bis tief ins 18. Jahrh. kommt nebenbei das alte richtige ie vor. Mhd. ie, ahd. io, ëo (durch Schwächung aus) ëo, welche auch = irgend [vgl. jeder, jedweder, jeglicher, jemals, jemand], goth. áiv (welches aber nur in verneinenden Sätzen steht und „irgend einmal" bedeutet). Dieses áiv aber ist der Acc. Sing. v. goth. der áivs Zeit, woher auch Ehe (s. d.). Die Verwendung als Conjunction gieng aus der Stellung des ahd. io, ieo, ëo beim Comparativ hervor, indem dieser mit unde (unb) wiederholt wurde z. B. *Notker's Ps.* 95, 2. 118, 125.

jebénnoch, Conj. des verhältnißmäßig steigernden Gegensatzes.

jeber, jebe, jebes (jéb), zählendes Adjectivpronomen ohne Pl. : der die das eine und der ꝛc. andere von zweien; der ꝛc. einzelne ohne Ausnahme.
> Entweder ohne Artikel, oder (schon im 15. Jahrh.) mit dem unbestimmten : ein jeber, eine jebe, ein jebes. — Noch bei Lohenstein († 1683) u. selbst b. Zachariä († 1777) das ältere richtige ieber st. ieberer (iebere, iebereš), denn das -er an ieber ist kein Geschlechtszeichen, sondern ableitend; mhd. ieder (gekürzt aus) iewëder, ahd. iowëdar (= einer wie der andere von beiden, mit den Geschlechtzeichen : iowëdarêr, iowëdariu, iowëdaraz), welches zusammengef. ist aus dem zählenden io ëo ie (s. d.) und dem ahd. Zahlpronomen wëdar, huëdar, = welcher von beiden (s. weder). Vollständiger ahd. ëokawëdar mit ka- ge- vor wëdar, huëdar.

jebermann, Gen. —s, Dat. u. Acc. jebermann, ohne Pl.
> Ohne Biegung des jeber, welcher Mangel unorganisch erscheint, aus mhd. ieder man jeder Mann (= Mensch) zusammengeschoben.

jeberzeit, Adv., Verbindung der Genitive Sing. jeber Zeit.
> Ähnlich der Zeit, mhd. dër zît (= damals. *Barlaam* 21, 9), gebildet.

jébeß mal, Adv. Davon das Adj. jébeßmalig.

Verbindung der Accusative Sing. jebeß Mal. Vgl. Mal.

jebóch, mhd. iedoch, mitteld. îdoch, ahd. io doh (= immer doch), ieo doh, Adv. u. im Nhd. Conj. des verhältnißmäßig hervorhebenden Gegensatzes.

jébwéber, zählendes Adjectivpronomen, nachdrückliches jeber.

Auch ein jebweber (Schiller). — Statt jebwéberer ꝛc., denn -er ist, wie bei jeber, nicht Geschlechtsendung, sondern ableitend. Erst im 12. Jahrh. auf- tauchend: ietwéder (Windberger Ps. 118, 87), mit Geschlechtsendung ietwéderer, ietwéderiu, ietwéderez. Dieses ietwéder aber ist gekürzt aus iedewéder, welches Verbindung des io éo je (f. b.) mit dem erst bei Notker vorkommenden abjec- tivischen Zahlpronomen dewéder (f. entweder). Über j statt i siehe je.

jéglicher, zählendes Adjectivpronomen, wie jebweber.

j steht, wie bei jeber, jebweber ꝛc., unorganisch statt i und noch bei Lohenstein († 1683) findet sich richtig ieglich, mhd. ieglich, ieclich, mitteld. iclich, ahd. iogelîh, iogilîh, éocalîh, welches Verbindung von io éo je (f. b.) u. ahd. gilîh calîh (gleich d. i. ge-leich), das hier, wie auch in andern Verbindungen, prono- minal in der Bed. der einzelne ohne Ausnahme, irgend ein, sich zeigt.

das Jelángerjelieber, —s, Pl. wie Sing., Name mehrerer Pflanzen.

Zuerst der Feldcypresse (teucrium chamæ'pitys), vielleicht wegen des würzigen Geruches. Zusammengef. aus je länger je lieber, mhd. io lenger io lieber.

jémals, mit unorganischem genitivischen s als Zeichen des über seine Grenze wirkenden Abverbialtriebes.

Ähnlich dem Adv. ehemals, ehmals, mhd. s mâles, wo s als Präp. den Gen. regiert.

jémand, = zählendes Pronominalsubstantiv: irgend ein Mensch.

Gen. jémandes, jémands, Dat. u. Acc. jémand, wie denn auch Luther das Wort außer dem Gen. jemands nicht biegt; ohne Pl. Vor einem substan- tivisch stehenden Adj. z. B. jemand Frembes, im Simplicissimus je- mand Fremder. — Mitteld. imande (Jeroschin 178) und so in der 2ten Hälfte des 14. Jahrh. ins Nhd. vordringend, wie denn die Gießener Pf. von Lamprecht's Tochter Syon iemant neben rein-mhd. ieman (Gen. iemannes, iemans, Dat. iemanne, ieman, Acc. ieman) hat, ahd. io-, jo-, ia-, éoman, wel- ches zusammengef. ist aus ahd. io éo je (f. b.) u. ahd. der man Mann = Mensch. Das angetretene d t scheint niederd. Einfluß (denn mittelniederd. ie- mant) zu sein und hat, worauf z. B. altnord. madr st. mannr Mann weist, zunächst das 2te n des Gen. u. Dat. ersetzt, sowie des Acc., insofern dieser im Mhd. auch, wenngleich selten, abjectivisch iemannen biegt, im Ahd. éomannan, woher sich auch der nhd. Acc. jémanden neben jemand rechtfertigen läßt.

jéner, jéne, jénes, auf Entfernteres hinweisendes Demonstrativ.

Nhd. spricht man (hohes) e vor n, nicht mehr (tiefes) e; denn mhd. jéner, jéniu, jénez, ahd. génêr, génu, génaz, sehr selten jéner, mit é neben oder aus goth. ái, goth. jáins, jáina, jáinata. Es hat, wie auch die üblichste ahd. Form éner, énu, énaz und die Formen der urverwandten Sprachen: slaw. on͞ ona, littkau. ans ana, irisch an, perf. ân, sanskr. ana, zeigen, allem Anscheine nach kein ursprüngliches j.

jénig, eine schleppende adjectivische Bildung v. jener (s. d.). Nur ver=
einigt mit dem vorstehenden Artikel der die das, s. derjenige.

jénseit, jénseitig, jénseits, von welchen dasselbe gilt, was von
ihren Gegensätzen biesseit, biesseitig, biesseits gesagt ist.
Bei Luther jenseid mit Gen. (Jos. 5, 1. Esra 7, 25) u. Dat. (Jos. 17, 5.
1 Sam. 31, 7), ebenso noch bei Lessing jenseit u. jenseits. Mhd. ist jensit
den Gen. führendes Adv. (Parziodl 342, 6, wo in der Sanct Galler Hs. jêne
site). — Über das e in jen= s. jener.

† der Jesuît (gewöhnlich Jesuít mit scharfem i), —en, Pl. —en, aus
mittellat. Jesuîta, = Mitglied des von Ignatius von Loyóla 1534
gestifteten Ordens der Gesellschaft Jesu. Daher jesuîtisch.

jétzig, Adjectiv. jétzo, alterthümlich, jétzund, alterthümlich u. im ge=
meinen Leben, üblich jetzt, = zu dieser Zeit, Adv. Richtiger, aber
im 19. Jahrh. nur noch dichterisch, itzig, itzo, itzt, itzund.
Denn i steht unorganisch statt i und es findet sich schon zu Ende des 16. Jahrh.
jetzt ueben letzt, in Mitteldeutschland, wo i statt ie (s. S. 526. 527), u. somit
bei Luther 2c. itzt, mitteld. izit (Marien Himmelfahrt 775) mit ausgestoßenem n
aus iezent, iezont, iezunt, mitteld. itzent, itzunt, unserer Form jetzund, älter-nhd.
itzund, ungut u. schleppend b. Gellert itzunder. Diese Formen aber zeigen in dem,
wie auch anderwärts, zur Hervorhebung des Adverbialischen angetretenen nt bloße
Verlängerung der älteren mhd. Form ieze (gekürzt iez, ietz), woher im 16. Jahrh.
das Adj. itzig, jetzig, und dieses ieze lautet noch früher iezno, mitteld. itzû, itzu,
woher mit Abschwächung des u oder vielmehr aus einer Form iezô (ô = uo) unsre
volltönendere Form jetzo, itzo [schon 1482]. iezuo, noch bei Alberus zuweilen
ietzzu, entsprang aus ie zuo, der Verbindung des mhd. ie je (s. d.) und des auf
eine Zeitdauer wie einen Zeitpunct gehenden zuo, zû, zô, zê zu, und dieses ie
zuo kommt zuerst in der Windberger Psalmenübersetzung des 12. Jahrh. vor.

das Joch, —es, Pl. —e (im Bergbaue Jöcher). Daher jóchen.
Mhd. das joch, ahd. joh (Pl. joh u. juhhir), auch vom Bergjoche u. dem
Joche Landes (in dieser Bed. gewöhnlich juh), goth. juk, angelsächs. geoc. Das
Wort stimmt lautverschoben mit dem lat. das jûgum, gr. das zygón ($\zeta\nu\gamma\acute{o}\nu$),
litthau. der jungas, und weist im Deutschen auf den goth. Wortstamm jiukan
(Prät. ich jáuk, wir jukum, Part. jukans), ahd. jiohhan (? ich jouh? wir juhh-
umês? johhan?), = siegen (bejochen, zwingen), — im Lat. jüngere, sanskr. judsch.

der Jóchgeier = auf Gebirchsjochen lebender Geier.

das Jóchêmeß, meist bloß das Emeß, = Jochring.
d. h. der (leberne, eiserne) Ring am Joche, welcher die Deichsel daran festhält.
Bei Lauterbach in Oberhessen, am Neckar Emez; 1644 zu Bapreuth das Emet
(Schmeller I, 54), dessen t als niederdeutsch angesehen im Hochd. ß oder z
fordert. Vielleicht slawischer Herkunft, welche Vermuthung auch Schmeller
brieflich ohne weiteres theilte und auf slaw. imati, jimati, imac', = fassen, er=
greifen, hinwies.

jóbeln = jo schreien, singen; durch accordierende Töne auf= u. ab=
wärts singen mit dem Schlußsprunge vom Grundtone in seine Octave.
Daher der Jóbeler.

35*

Eins mit jolen (f. d.), denn d ist eingeschoben (vgl. baudern, schaudern).

die Johannisbeere, Johannistraube, im 16. Jahrh. Sanct Johanns Träublin, weil sie um St. Johannistag (24. Juni) reift.

das Johanniswürmchen = um St. Johannistag (24. Juni) er-
scheinender Leuchtkäfer.

jolen = jo schreien, wildlärmend singen oder schallen.
  Schiller's Räuber 2, 3. Vgl. auch Schmeller I, 263. Mitteld. jolen =
  weithin schallend singen (*Marien Himmelfahrt* 1224), urspr. wehklagend jo rufen,
  denn mitteld. jô ist Interj. lauter Wehklage (*Diut.* I, 410), wie auch lat. iô!
  (vgl. ju!) steht.

die Jólle, Pl. — n : kleines vorn u. hinten spitzes Ruderschiff. Niederdeutsch. Das bän. jolle.

der Jóppel, — s, Pl. wie Sing. : weibliches Überkleid des Oberkörpers mit Ermeln, aber ohne Schöße.
  Im 12. Jahrh. der joppel (*Diut.* III, 150), juppel (*Sumerlaten* 33, 76), nach
  mittellat. jópula, jupéllum. B. die Joppe (Schmeller II, 270), mhd. die
  jope, joppe, juppe, aus franz. die jupe, provenzal. jupa, mittellat. jupa, juppa,
  v. span. aljuba, welches aus arab. al-djubbah (al ist der Artikel) = baumwollenes
  Unterkleid.

† das Journál (spr. Schurnál), —es, Pl. —e, das franz. journal :
  Tagebuch, -blatt. Daher : [latinisirt] der Journalismus = Zeit-
  schriften-, Tagblattwesen; der Journalist, — en, Pl. — en, nach
  franz. der journaliste.
  Franz. journal, ital. giornále, mittellat. jornále, ist eig. Adj., = täglich, v.
  dem aus lat. diúrnum = taglang (mittellat. jornus) hervorgegangenen franz.
  der jour, ital. giórno Tag.

† joviál, joviálisch, = frohsinnig ꝛc. Daher die Jovialität.
  Das franz. jovial, aus lat. Joviális = dem Jóvis (Júppiter) gehörig, dessen
  Stern nach den Sterndeutern den Menschen Frohsinn mittheilt.

ju! Interj. der lauten, ausgelassenen, stürmischen Freude.
  Mhd. jû! [»jû jû jû jûbilieren!« B. Wackernagel's altd. Leseb. 897 »],
  welches stimmt mit dem lat. Ausruf der Freude wie des Schmerzes iô! (f.
  jolen), gr. iô (*ιω*)! iu (*ιου*)! Substantivisch im 12. Jahrh. das jû, wovon
  jauchzen (f. d.).

der Júbel, —s, ohne Pl. : Freudenschall. júbeln, jubilieren.
  Jubel ist aus mittellat. der jûbilus st. bäurisch-lat. júbilum [eig. = Hirten-
  gejodel], woher ebenfalls bäurisch-lat. júbilâre, aus welchem mhd. jûbilieren und
  nhd. jubeln [ahd. jubilôn?]. Das Wort berührt sich mit ju!

das Júbeljahr, nach lat. annus jubilæus, welches letzte Wort nach
hebr. jôbêl (יובל) = Horn zum Blasen gebildet scheint. S. Halljahr.

juch! (schon b. Hans Sachs), niederd. jûch! was ju! Imperativinterj.
  v. júchen = ju schreien, lautes Freudengeschrei erheben.
  Dieß bei J. H. Voß aus niederd. juchen, eig. jûchen, niederl. juichen, mit

ch ſtatt w unb wegen des ch kurz geworbenem u neben langem (û = nhb. au) in ſauchzen, ans mhb. jûwen = jû rufen. S. iu, ſauchzen u. juchhe.

juchhê! juchhet (nieberb. jûchhei! woher bas Verbum juchheien, bas nieberb. jûchheien), juchheiſa! Jnterj., zuſammengeſ. aus nieberb. jûch u. he! hei! heiſa! S. bieſe u. juch! ju!

bas (ber) Juchart, mit erhaltener alter Enbung, was Jauchert, ſ. b. juchen = ju ſchreien, lautes Freubengeſchrei erheben, ſ. juch!

bas Jucht, —es, Pl. —e, u. ber Juchten (ſchon 1691 bei Stieler), —s, Pl. wie Sing.: rothes ruſſiſches Leber. Aus nieberl. bas jucht (jugt).

Mit nieberl. cht gt ſtatt ft aus ruſſ. ber juft".

jucken, mhb. jucken. ahb. juckan, jucchan, juchan, = zum Kratzen reizenben Nervenreiz haben; hin unb her reiben.

Auch (ba ahb. jucchan aus jucch-j-an) ſucken. Unperſönlich: mich juckt.

ber Jucks, —es, Pl. —e, bei Göthe xc. Jux: luftiger Scherz.

Mit ableitenbem -s (vgl. Luchs, Knicks xc.) v. nieberl. ber jok, altclevifch (1475) jock, = Scherz, welches v. lat. jócus, wie nieberb. u. nieberl. jokken, altclevifch jocken, = ſcherzen, v. lat. jocári, jocáre.

ber Jûbe, —n, Pl. —en, älter-nhb. u. lanbſchaftl. ber Jûbe. Daher jûbiſch. Zuſammenſ.: bie Jûbenkirſche [wol als aus bem Morgen-lanbe ſtammenb?]; bie Jûbenſchaft; bas Jûbenthum.

Mhb. ber jude, jüde, ahb. judo (aus) júdëo (Schwächung von) judæo, aus lat. Judæus, wie goth. Judáius, Iudáius aus gr. Iudaios (Ἰουδαῖος). Jenes umlau-tenbe ber jüde erklärt ſich aus ahb. judëo (= júdio). Jûbiſch, mhb. jüdisch, ahb. judisg, judiisg (b. i judi-isg, judj-isg), früher judeisc, goth. iudáivisk (als Abv. iudáivisko), aus lat. Judáicus, gr. Ἰουδαϊκός. Dieß aber v. Ἰουδαῖος, beſſen Femininum Ἰουδαία lat. Judæa = bas jûbiſche Lanb (goth. Iudáia, Iudáialand).

ber Jûften, nieberb., nach bem Ruſſ.; üblicher Jucht (ſ. b.), Juchten.

bie Jûgenb, ohne Pl.: bas Jungſein u. bie Zeit beſſelben. Daher jûgenblich mit bie Jûgenblichkeit.

Bei Luther Jugent, mhb. bie jugent, ahb. jugunt, jugund, jukund, zu-weilen auch jumgund, mit ber Ableitungsſylbe -und (vgl. Tugenb) v. goth. juhs (?), welches ſiehe in ber Anmerk. zu jung. Angelſächſ. géogud mit -ud = -und. Jugenblich, ahb. jukundlih (= lieblich).

ber Jûlepp, richtiger Jûlep (e kurz), —es, Pl. —e: Kühltrank.

Das franz. ber julep, ital. giulébbo, aus arab. djulâb v. perſ. gulâb = Ro-ſenwaſſer, einer Zuſammenſetzung v. gul Roſe u. âb Waſſer. S. Diez Wtbch 175.

† ber Jûli, —'s, ohne Pl.: ber 7te Monat im Jahre.

Aus lat. Julii, bem Gen. Sing. v. Julius, wie ber Monat von beſt Römern zu Ehren bes bie Zeitrechnung berichtigenben, vergötterten Fürſten Câjus Július Cæsar benannt wurbe (Sueton. Cæsar 76. Macrob. Sat. 1, 12). Ahb. ber hewi-mânôth Heumonat (ſ. Heu).

jung, Comp. jünger, Sup. jüngſt, mhd. u. ahd. junc (Comp. ahd. júngiro, júnkiro, Sup. júngist, júnkist), goth. juggs (Comp. juhiza), Gegenſatz von alt. Der jüngſte Tag = letzte Tag des Weltalls, ahd. der éndidag Endetag (*Otfried* 4, 7, 27). Daher: der Junge, — n, Pl. — n, mhd. der junge, ahd. jungo, = junger Menſch, Knabe, das ſchwache männl. Abj. mit ſubſtantiviſcher Bedeutung; ebenſo das ſchwache ſächl. Abj. das Junge, —n, Pl. —n, mhd. das junge, ahd. jungâ, = junges Thier im Vergleiche zu ſeinem alten; jüngen, = Junge gebären; jüngen, mhd. u. ums Jahr 1000 jungen (b. i. jung-j-an), = jung machen, in verjüngen, mhd. verjungen; der Jünger, — s, Pl. wie Sing., mhd. der junger, ahd. jungiro (woneben jungôro), = Lehrling, Schüler, der (ſchwache) Comp. in ſubſtantiviſcher Bedeutung; der Jüngling, — es, Pl. — e, mhd. u. ahd. jungelinc (Knabe ꝛc.), = junger Menſch zwiſchen der Knaben- u. Mannszeit, mit unorganiſch eingetretenem l; jüngſt, mhd. jungest (gekürzt aus) júngeste, júngiste, = zuletzt, in letzter Zeit, Abv., ſcheint der ſchwache Acc. Sing. des Neutrums vom Superlativ. Zuſammenſ.: die Jungemagd = Stubenmädchen, in Meißen; die Jungfrau, Pl. —en, mhd. die juncvrouwe, ahd. juncfrouwâ, juncfrowâ, = junges lediges Frauenzimmer, dann im Nhd. überhaupt lediges Frauenzimmer von unbefleckter Keuſchheit, auch von einer ſolchen Mannsperſon (Offenbar. 14, 4), gekürzt die Jungfer [mit jüngferlich, die Jüngferſchaft], Pl. —n, 1475 altcleviſch junffer (ſ. Anm.), niederl. juffer, joffer, urſpr. wie mhd. juncvrouwe, Edelfräulein u. Hoffräulein, weshalb Jungfer auch = Dienſtmädchen höheren Ranges. Verſchieden von die junge Magd, die junge Frau. der Junggeſell (e vor ll wie ä), —en, Pl. —en, = unverheiratete männliche Perſon, urſpr. junge.

Wie der goth. Comp. juhiza (nicht juggiza) lehrt, der Sup. juhists (?) lehren würde und das goth. Subſt. die junda (= Jugend) ſt. juhnda beſtätigt, lautete der goth. Poſitiv urſpr. juhs oder juhis, deſſen h in ahd. die jugund unſerm Jugend in g übergieng, ſowie das Wort ſich auch ferner in jugg ahd. junc angelſächſ. geŏng unſer jung erweiterte. Jenes juhs ſtimmt zu lat. júvenis, ſanſkr. juwan, perſ. dſchowân, und ahd. jugund zu lat. *juventus*; in lat. júnior jünger aber, altſlaw. junii litth. jaunas jung iſt das v geſchwunden. S. J. Grimm über Diphthonge S. 32 f. — jüngen, b. Tſcherning i. b. Bed. jung werden. — Jungfer iſt wol vom Niederrheine her eingedrungen, und älter-nhd. frawe (Frau) konnte ſich um ſo eher in -fer kürzen, als ſchon die mhd. Form vrowe als Titel vor Eigennamen zu vär gekürzt wurde, z. B. vär Lukel (aus Lûcard, Liutgart).

† der Juni, —'s, ohne Pl.: der 6te Monat im Jahre.

Aus lat. Júnii, dem Gen. Sing. v. Június, wie die Römer den Monat nach der Göttin Júno benannten. Statt Junónius? Deutſch: Brachmonat (ſ. brach).

der Junker, —s, Pl. wie Sing.: junger Adelicher. Ehrentitel.

f aus c-h, gh, benn älter-nhd. (1482) Junckher, im *voc. incip. teuton.* jung-
her, niederl. jonker, gekürzt und verschwächt aus mhd. junchërre, (zuerst um 1100)
junchërre, niederl. jonkheer, d. h. Jungherr, junger Herr, = junger Mann
von hoher Geburt. Die Verschwächung verdunkelt die Zusammensetzung und gibt
den Schein einer Ableitung auf -er, weshalb starke Biegung unseres neuhochdeutschen Junker trotz der schwachen von Herr (s. b.).

bie Juppe, Pl. —n, s. bie Anm. zu Joppel.

† ber Jurist, — en, Pl. —en, aus mittellat. jurista [v. lat. jûs, Gen.
jûris, = Recht] : Rechtsgelehrter, -kundiger, -beflissener. Daher ju-
ristisch, verschieden v. juridisch, aus lat. jurídicus gerichtlich.

just (das u kurz), Abv. : richtig; genau, gerabe.

Das niederb. just, niederl. juist, welche aufgenommen sind aus franz. juste v.
lat. jûste [v. jûs Recht, s. Jurist] = gerecht, gehörig.

† justieren (u kurz), = (Münze) ausgleichen, berichtigen; aichen.

Aus mittellat. justâre, v. lat. jûstus [v. jûs Recht, s. Jurist] = gerecht, recht.

† bie Justiz, aus lat. justítia (Gerechtigkeit) : Rechtspflege. Zusammens. : ber Justizamtmann, -beamte, -hof, -morb, -rath zc.

ber Juwêl, —es, Pl. —en, ungut bie Juwêle, Pl. —n : Kostbar-
keit ersten Ranges. Daher ber Juwelier, —es, Pl. —e.

Im 17. Jahrh. bas Juwehl u. ber Jubilierer (b. i. Juwelier), aufgenommen aus niederl. bas juweel u. ber juwelier, welche aus altfranz. ber joel
(neufranz. joyau), provenzal. joiel, span. joyel, ital. giojéllo, mittellat. unrichtig
jocâle st. gaudiâle, u. aus franz. ber joaillier, jouaillier Juwelier, mittellat.
jocalárius. Jenes joel zc. aber ist Ableitung v. franz. bie joie Freude, span.
joya Kleinob (gleichsam Sache höchster Freude), provenz. joia u. ital. giója, =
Freude,- Kleinob, welche aus lat. gaúdium Freude entstanden sind. Diez Wtbch
177.

ber Jux (u kurz), s. Jucks. Davon júxig bei J. H. Voß.

K.

K, k, ber harte Kehllaut.

Seine Stellung und sein Eintreten dem Gesetze der Lautverschiebung gemäß
sowie in der Entwickelung der Kehllaute im Mittel- und Neuhochdeutschen ist aus
den Tabellen und Bemerkungen S. 380 u. 381 zu ersehen. k in oberb. Aussprache aus g'h s. kauern. Über ck s. S. 214.

In völlig eingebürgerten, zumal deutsch geformten Fremdwörtern tritt es statt
C c, wenn dieses gleichen Laut hat, ein. Vgl. z. B. Kaffee, Kamerab, Körper zc.
Solche Fremdwörter mit dem früheren Anlaute C c sind dann hier unter K zu
suchen. Uneingebürgerte und mehr in undeutscher Form verbliebene dagegen behalten in der Regel ihr C c und finden sich, wenn sie damit anlauten, unter
diesem Buchstaben verzeichnet. — Übergang in g zeigen Goller, Sarg zc.; k statt
g findet sich z. B. in Kamasche. Verderbt aus T ist K in Kartoffel.

bie Kabel, Pl. —n : bicker Strick, Schiffsseil. bas Kabeltau.

Das niederb. bie, niederl. ber, altclevische (1475) bie kabel = **Schiffsseil**, bän.
u. schweb. ber kabel. Aus franz. ber cable, altfranz. chable, span. u. portug.
cable, = Tau, Seil, welche aus mittellat. (600) bas caplum (mittelgriech.
kaplíon), cápulum, = Seil, v. lat. cápere faſſen. **Diez Wtbch** 87.

bie **Kabel**, Pl. — n, mittelnieberb. u. nieberl. ber kavel : **Loostheil**;
Loos. Daher **kabeln**, nieberb. kaveln, nieberl. kavelen, = **loosen**,
mit bie **Kabelung**, nieberl. bie kaveling (**Loostheil**).

    Auch schweb. ber kafvel = Loostheil b. h. burch Loos anfallenber Theil, zu-
ſammenhangenb mit ber kaſſe = kleines runbes **Stück Holz**, altnorb. ber kaſſi
= Stück, Theil.

ber **Kabeljau**, auch **Kabliau**, — es, Pl. — e, ber friſche Fiſch gadus
mórhua. Vgl. **Labberban**, **Stockfiſch** (ſ. **Stock**), **Klippfiſch** (ſ.
Klippe).

    Aus niederb. ber kabeljau, nieberl. bie kabeljaauw, schweb. ber kabeljo, bage-
gen altclev. (1475) cabliauwe, bän. kabliau u. kabeljau. Dunkeln Urſprunges.

bie **Kabuſe**, Pl. — n : ſchlechte Hütte; Verſchlag.

    Mittelb. bie kabûse = Verſchlag auf bem Schiffe, aufgenommen aus bem
gleichbeb. mittelnieberb. kabbuse (kor. belg. VII, 28ª), schweb. bie kabysa. Ob
auf keltiſch (kymriſch) ber cab = Hütte, Zelt (ſ. Cabinet), zurückzugehen iſt?

bie **Kachel**, Pl. — n : irbenes tiefes Geſchirr; irbene Ofenröhre, um barin
zu kochen ꝛc. Daher bas **Kachelchen**, Dim. (erſt nhb.). ber **Kachelofen**.

    Mhb. bie kachel, káchele, = irbener Topf, irbenes Geſchirr, ahb. chắchala
[cháhhala]. Durchs Romaniſche mit Ausfall bes b [wie z. B. portug. caco **Scherbe**
aus lat. cácabus] aus lat. ber cacábulus, bem Dim. bes lat. cácabus = **Koch-**
geſchirr, welches burch kachele, chachala verbeutſcht wirb. Vgl. ahb. chárchari
Kerker aus lat. carcer.

kacken iſt, wie holländ. kakken, engl. cack, bas lat. cacâre. Daher : bie
Kacke; ber **Kacker** mit bie **Kackerei**, holländ. kakker u. kakerij.

    Der Verhüllung wegen entlehnt unb zwar, wie es ſcheint, erſt im 17. Jahrh.,
aber gleich ſehr geläufig. Urſpr. gr. kakkân, u. bie Kacke kákkē (κάκκη).

ber **Käfer**, — s, Pl. wie Sing. : nagenbes Inſect mit harten Flügelbecken.

    Mit ä ſtatt ĕ (vgl. S. 1) u. bei Luther noch Kefer; mhb. ber kĕver
(Sumerlaten 48, 4), ahb. chĕvar, woneben auch ſchwach ber kĕvero, ahb. chĕvaro
(Gen. chĕvarin). Urſpr. Schotenthier b. i. bas Nagethier in Schoten, v. ahb. bie
chĕvă = Schote, Hülſe (ſ. Kaff), weshalb es auch ber bônwibil **Bohnenwiebel**
(gl. trevir. 5, 15) heißt.

bas **Kaff**, — es, Pl. — e : Spreu (leere Getraibehülſen); Unwerthes.

    Mhb. (urſprünglich mittelb.) bas kaf, aufgenommen aus mittelnieberb. bas kaf,
mittelnieberl. caf, neunieberl. bas kaf, angelſächſ. cĕaf, welches mit ahb. bie chĕvă
= Schote, Hülſe (ſ. Käfer), aus Einer Wurzel [ahb. chĕfan? Prät. ich chaf?
wir cháfumês? Part. chofan? = einhüllen?].

ber **Kaffee**, — es, bie **Kaffee** (3ſylbig), u. bamit zuſammengeſ. bie
Kaffeebohne, Pl. — n : bie Frucht bes Kaffeebaumes (coffêa).

    Im 17. Jahrh. aus franz. ber café, caffé, engl. coffee (woher bei einigen ber
Koffee beliebt wirb), aufgenommen aus arab. kahwah, welches wahrſcheinlich

aus Africa stammt, wo in den Landschaften Enarea u. Caffa der Kaffee wild wächst.

der **Käfich**, ungut das **Käficht** (Schiller's Räuber 1, 2), besser der **Käfig**, — es, Pl. — e: enger Behälter für ein Thier, das sonst wild lebt.

Mit g aus i [vgl. nhd. Ferge und ahd. ferjo] aus mhd. die kevje, ahd. chevja, chévia u. chevia, welches mit romanischem Uebergange des e in i entlehnt ist aus lat. die cávea Käfig, eig. Höhlung (*Plin.* hist. nat. 12, 2, 1), v. lat. cávus hohl. Bei Keisersberg (Marie Himelfart Bl. 10ᵇ) die keffig. Doch auch schon frühe kefich, denn 1469 mittelrhein. im *voc. ex quo* fogelkefich.

der **Kafiller**, —s, Pl. wie Sing.: Schinder. Daher die Kafillerei. Erst im 17. Jahrh. [bei Stieler Sp. 466]. Mit i aus e, ä (s. S. 526 f.), zumal Anlehnung an niederd. der viller = Schinder (Hautabzieher) und vielleicht auch an bayer. das Gefill = Recht des Abdeckers auf das gefallene Vieh (vgl. fillen) nahe liegt. Das Wort ist nämlich aus der gaunerischen (rothwelschen) Sprache, in welcher Caveller, Kavaller, Cafäller, Kofaller, = Schinder (s. Mofcherofch, Gesichte Philanders von Sittewald II, 635. 649), v. talmudisch kefál (קפל), welches im Syrischen abdecken, abziehen bedeutet und diese Bed. in seiner Pael-Form kapél (קפל) wahrt. Nicht aber kommt es von einem ahd. kafillan = die Haut abziehen, geiseln, zumal da dieses erst im 10.—12. Jahrh. in der Form ke-, gi-, gevillen sich zeigende Wort nur im Prät. und Part. Prät. vorkommt und überhaupt das alte ka- schon im Ahd. eben zu ke-, gi-, ge- sich abschwächt.

† der **Kaftan**, —es, Pl. —e, das türk. kaftân: langes Oberkleid der Türken.

kahl, Comp. kähler, Sup. kähleft, kahlst: haar=, federlos; dann bildlich unbewachsen, leer. Daher die Kahlheit.

Mhd. kal (Gen. kalwes), ahd. chalo (Gen. chálawes). Lautverschoben stimmend zu lat. cálvus haarlos (s. fahl). Kahlheit, spät-mhd. kalbeit.

der **Kahm**, eigentlich hochd. wie oberd. Kahn, —es, Pl. —e: Schimmel auf gegohrner Flüssigkeit. Daher: kähmen, kähmig, oberd. kähnen, kähnig.

1482 der kön (*voc. theut.* Bl. r 1 u. r 2ᵃ), mhd. der kân, im 12. Jahrh. chân (*Sumerlaten* 28, 12 ?), niederl. die kaam. kahnig, im 14. Jahrh. känig, niederl. kamig. kahmen, niederl. kamen.

der **Kahn**, —es, Pl. Kähne: mulbenartiges Wasserfahrzeug. Mhd. der kan, niederl. die kaan [woraus altfranz. die cane Schiff u. neufranz. cane Ente], dän. kane, schweb. kana; altnord. (schwachbieg.) der kani eig. = Schnabel, und die Sprache dachte sich das Schiff wie ein schwimmendes Thier.

der **Kaiser**, —s, Pl. wie Sing., mhd. der keiser, ahd. keifar, cheisar: Fürst der höchsten Würde. Daher: die Kaiserin, mhd. keiserinne, ahd. cheiserin; der Kaiserling (mit unorganisch eingetretenem l), an Geruch, Geschmack u. Pracht der Farben der edelste unter den bekannten eßbaren Schwämmen, weshalb auch der Name. Zusammens. :

die Kaiſerkrone; kaiſerlich, mhd. keiserlich (als Adv. keiser-
liche), ahd. cheisarlîh; das Kaiſerreich, -thum, mhd. das keiser-
riche, das keisertuom, ahd. cheisartuom; — dann der Kaiſer-
König (= Kaiſer und zugleich König), mit kaiſerlich-königlich.
Redensart: auf den alten Kaiſer hinein leben = auf die ungewiſſe künf-
tige Veränderung aller gegenwärtigen Dinge, urſpr. auf den Sterbfall des alten
Kaiſers. — Ahd. cheisar, goth. káisar, ſind aus dem römiſchen Familiennamen
des juliſchen Geſchlechtes Caesar gr. Kaîsar (Καῖσαρ). Unſer nhd. Kaiſer geht
in ai wieder auf die goth. u. griech. Form zurück.

die Kajüte, Pl. —n : Schiffszimmer. Beſſer als Cajüte,
weil aufgenommen aus niederd. die kajüte [woher franz. die cajute], niederl.
kajuit, ſchwed. kajuta, welches neben franz. die cahute = Baracke, altfranz.
chahute und cahuette, auftritt. Fremdher.

† der Kakabú, —'s, Pl. wie Sing. : der oſtindiſche Buſchpapagei.
Niederl. die kakketoe, aus dem malayiſchen Namen káka-toewah.

der Kákerlak, —es, Pl. —en : lichtſcheue Schabe; dann auch licht-
ſcheuer Menſch. Niederl. der kakkerlak.
Mit dem Thiere aus Südamerica, wo man kakerlakki ſagt.

† der Kalamánk, —es, Pl. —e, eingebürgert Kalmank, ſ. d.

der Káland, —es, Pl. —e : Brüder-, Genoſſenſchaft andächtiger Perſonen. Daher der Kalénber oder Kálandsbruder.
Der Name daher, weil ſich die Brüderſchaft regelmäßig am erſten Tage eines
jeden Monates, welcher Tag lat. die calêndae heißt (ſ. Kalender), zu frommen
Zwecken u. gemeinſchaftlichem Mahle zu verſammeln pflegte.

der Kalánber = braune Kornwurm, ſ. Galanber 2.

das Kalb, — es, Pl. Kälber : Junges vom Rindvieh und Rothwild.
Davon : die Kälbe, Pl. —n, = Kuh; kálben = ein Kalb gebären; kálbern, v. dem Pl. Kälber, ſpringen wie die Kälber, alberne
Poſſen machen; die Kálbin. Zuſammenſ. : 1) eigentliche, mit Kalb-,
in das Kálbfell, -fleiſch, -leber; 2) uneigentliche, mit dem Gen.
Sing. Kalbs- in der Kálbsbraten, die Kálbsbruſt, der Kálbs-
fuß [mhd. kalbsfuoz (Buch von guter Speise 27, 89)], -gekröſe,
-kopf ꝛc., — mit dem Gen. Pl. Kälber- in kálberhaft, der Kál-
berkern (gleichſam Kern d. i. Getraide der Kälber, weil das Rindvieh die jungen Blätter frißt) u. Kálberkropf = wilder Kerbel.
Mhd. das kalp, ahd. chalb, chalp, goth. kalb (?), angelſächſ. das cealf,
altnord. der kálfr, wovon 1) das Femininum mhd. die kalbe = weibliches Kalb,
ahd. chalbâ, chalpâ = weibliches Kalb, (junge) Kuh, goth. kalbô = Kalb,
unſer nhd. die Kalbe, und 2) mhd. kalben, ahd. chalpôn (?), angelſächſ. cealfjan,
niederl. kalven, unſer kalben. Mit mhd. die kilbere, ahd. chilpurra (d. i.
chilp-ur-j-a), = Schaflamm, aus einem zu vermuthenden verlornen goth. Wurzelverbum kilban (Prät. ich kalf, wir kulbum, Part. kulbans). S. Grimm's
Gramm. II, 58.

der Kalch, oberb. ſt. Kalk (ſ. d.). Stehe auch Kelch 2.

die Kalbaúnen, ein Pl. : die Gedärme, bef. die eßbaren.

Der Sing. die Kalbaúne, welcher mhd. die caldûne lauten würde, ist unüblich. Aber mittellat. calduna, böhm. (wol erst aus dem Deutschen) kaldaun, kaltaun, poln. kaldun, = Darm. Jenes calduna scheint aus keltisch (welsch) coluddyn = Stück des Eingeweides, Darm, v. keltisch (welsch) coludd = Eingeweide, Kalbaunen.

der Kalénber, —s, Pl. wie Sing. : Zeitweiser durchs Jahr.

Schon im 17. Jahrh. die bildliche Redensart : Kalender machen = in tiefen Gedanken sein, worüber nachdenklich sein. — Bereits 1482 kalender (voc. theut. Bl. p 8ᵇ) aus dem gleichbed. spät-mittellat. der calendárius und lat. calendárium, welches Ableitung v. dem lat. Plural caléndæ = erster Monatstag, dann Monat. Dieß aber v. sanstr. der kála = die Zeit.

der Kalénber = Kálandsbruder, s. Kaland.

† die Kaléfche (e wie ä), Pl. —n : leichter offener Reisewagen.

Früher Kaleffe (Steinbach I, 822). Aus franz. die calèche, ital. der calésse, calésso, v. böhm. kolesa, poln. kolaska, russ. die koljäska, urspr. = Räberfuhrwerk, v. poln. kolo russ. das koleso = Rad.

† der Kalfákter u. kalfáctern, s. Calefactor.

† der Kalíf, beffer Chalíf, —en, Pl. —en : Nachfolger (u. Stellvertreter) Muhameds.

Aus arab. chaliphа, chalífa, = „Nachfolger" als Titel des unmittelbaren Nachfolgers Muhameds Abubekr, v. chalafa = nachfolgen.

kalfátern = ein Schiff ausbessern, es wasserfest machen.

Niederdeutsch. Es ist das niederl. kalfateren, kalefateren, aus franz. calafater, span. calafatear, ital. calafatáre, mittelgriech. kalaphatein (καλαφατεῖν), = die Ritzen, bef. eines Schiffes, verstopfen oder theeren, v. arab. kalafa = die Ritzen eines Schiffes verstopfen und dem hiervon abgeleiteten türk. kalfat = Verstopfung des Schiffes gegen eindringendes Wasser.

der Kalk, —es, Pl. —e, ein bekannter Stein, der gebrannt wird und mit Wasser begoffen zerfällt; die so zerfallene Masse. Kalk löschen = ihn mit Wasser begießen, daß er zerfällt. Daher : das Verbum kálken; die nhd. Adj. kálkicht, kálkig. Zusammens. : die Kálk= erbe; der Kálkofen, mhd. kalkoven, ahd. chalhovan; Kálkspath ꝛc.

Mhd. der kalc, ahd. calc, chalc, chalch, altsächs. calc (Diut. II, 194), niederl. der kalk. Aus jenem ahd. chalch chalh aber auch die dem Neuhochd. fremde oberd. Form Kalch (Schmeller II, 292). Mit regelrechter Verschiebung des lat. c in ahd. ch aus lat. die calx (Gen. cálcis), gr. der u. die chalix (χάλιξ, Gen. χάλικος) = Kalkstein. — Kalken = mit Kalk bearbeiten oder bestreichen lautet mhd. kelken, im Ahd. aber kommt nur das Part. Prät. gichalbt, gichalcht, gicalct vor.

† der Kalligráph, —en, Pl. —en, nach gr. kalligráphos (καλλιγράφος) schön schreibend : Schönschreiber. die Kalligraphíe, nach gr. kalligraphía (καλλιγραφία) : Schönschreibekunst. kalligráphisch = der Schönschreibekunst gemäß.

Die griech. Wörter aus gr. das kállos Schönheit u. gráphein schreiben.

der Kalm, — es, Pl. — e, niederl. die kalmte : Windſtille zur See.
Daher kálmen = ſtill ſein, von Meer und Luft, auch von halb
u. halb ſchlummernden Kranken.

Wie kalm = ſtill (eig. windſtill), ruhig, aus dem gleichbed. franz. Adj. calme,
ſo das ſchon bei Stieler Sp. 918 verzeichnete Subſt. der Kalm aus franz. der
calme = Windſtille, Ruhe, ital., ſpan. u. portug. die calma, mit dem Verbum
franz. calmer ſpan. calmar = ſtill werden u. ſein. Vgl. Diez Wtbch 81.

der Kalmánk, —es, Pl. —e : ein mehr geſtreiftes als geblümtes Wollenzeug. Daher das Adj. kalmánken.

Aus engl. calamanco, ſpan. (wol frembher) der calamaco, franz. die calamande.
Im Niederl. das kalmink, kalamink u. kallemink. Die Benennung ſcheint urſprünglich auf das Geblümte zu gehen, denn lat. die calamintha iſt eine Art Minze.

der Kalmäúſer, — s, Pl. wie Sing. : einſam in Nachdenken und
Grillenfang für ſich Lebender, Kopfhänger. Daher : die Kalmäúſerei;
die Kalmäúſerin; kalmäúſern.

1691 bei Stieler Kalmeuſer, kalmeuſern, wie jetzt. In Bayern dagegen der Kalmauſer = Geizhals (Schmeller II, 629, vgl. Steinbach II.
34); im Mansfeldiſchen kalmeiſern = nachforſchen. Nach Abelung aus einer
Zuſammenſetzung v. kalm (ſ. Kalm) = ſtill, ruhig, und mauſen = langſam
und leiſe gehen, worüber ſ. das ähnlich gebildete Duckmäuſer; alſo urſpr.
Kalmmäuſer, was richtig ſein mag, ſchwerlich aber, wie Steinbach u.
Friſch aus ganz verſchiedenen Gründen, jener im Gedanken an den Andere be-
ſchmauſenden und ſich ſelbſt dagegen kahl benehmenden Geizhals, wollen, Kal-
mäuſer. Die Betonung iſt die eines Frembwortes, während Duckmäuſer
ſeine deutſche bewahrte.

† der Kálmus (Hohel. 4, 14), Gen. u. Pl. ebenſo, ein gewürzhaftes
Schilfrohr (cálamus aromáticus), beſ. deſſen Wurzel.

Aus der lat.-gr. Benennung der cálamus, eig. = Rohr, Schilf, gr. kálamos.

kalt, Comp. kälter, Sup. kälteſt, mhd. kalt, ahd. chalt, goth. kalds :
empfindlich der Wärme ermangelnd. Daher : die Kälte, ohne Pl,
mhd. die kelte, kalte, ahd. chalti; kälten, mhd. kalten, ahd. chal-
tên, = kalt werden; kälten, mhd. kelten, ahd. chaltan (?), =
kalt machen. Zuſammenſ.: kaltblütig; kältlich; der Kältſchmied,
mhd. kaltsmit, ahd. chaltsmid, = Dengler u. Spengler; der Kält-
ſinn, mit kältſinnig.

Mit ableitendem -t, goth. -d, v. dem goth. Wurzelverbum kalan (?), altnord.
kala (Prät er köl, ſie kölun, Part. kalinn) = kalt wehen, von Froſt getroffen
werden, aus deſſen Prät. (ahd. chuol) unſer kühl entſprang. Das Wort ſtimmt
lautverſchoben mit lat. gelâre gefrieren, gelu Eiskälte, Froſt, und ſeine Ableitung
kalt zugleich mit ſlaw. chlad", poln. chlod, = Kühle, worin Verſetzung des l.

die Kamáſche, Pl. — n : Überſtrumpf mit Knöpfen, in der Wetterau
Streifſtrumpf genannt. Zuſammenſ. : der Kamáſchendienſt.

So als (wie es ſcheint) erſt im 18. Jahrh. eingebürgertes Wort geſchrieben.
Bei Göthe XXX, 140 Camaſche; bei Andern ſtrenger frembländiſch Ga-

masche, weil aufgenommen aus (alt)franz. die gamache Beinbekleidung d. i.
die mittellat. weibl. Adjectivbildung gambácea v. ital. u. span. gamba (franz.
jambe) = Bein vom Knie bis zum Fuße (f. Gambe).

das **Kameel** (der Ton auf der 2ten Sylbe), — es, Pl. — e, das be=
kannte afiatische Lastthier. Zusammenf. : das **Kameelgarn** = Garn
aus dem seidenartigen Haare der **Kameelziege** (der Ton auf ee),
welche nach ihrem langen Halse, dem **Kameelhalse**, benannt ist.

> Bei Luther Camel, Kamel, wol noch mit dem Tone auf dem a. Mittelb.
> der kammēl, mhd. kemmel, kembel, kémel, aus lat.-gr. der camēlus, gr. ká-
> mēlos (κάμηλος), welches aus dem Orientalischen stammt, wo der Name hebr.
> gâmâl, arab. djaml, djeml, sanskr. kramelaka lautet. — Im Ahd. hieß das Ka-
> meel die olpentâ, bei den Gothen der úlbandus, bei den Angelsachsen der olfend,
> welche aus gr. der eléphas (ἐλέφας, Gen. eléphantos) Elephant gebildet und auf
> jenes Thier übergetragen find.

der **Kamerád**, —en, Pl. —en : Stuben=, Mitgenoß, Genoß, zum Um=
gang Erkorner.   Daher : die **Kamerábin** (Göthe XVI, 11). Zu=
sammenf. : die **Kamerábschaft**, mit **kamerábschaftlich**.

> Mit dem Anlaute K und mit e, weil eingebürgert; fremdländisch mit C und
> in strengerer französischer Form selbst der Camarad. Wahrscheinlich im 30jäh=
> rigen Kriege unter den Soldaten in Übung gekommen aus franz. (dem Ital.
> entlehnt) der u. die camarade, portug. der u. die camarada, = Gefährte u. Ge=
> fährtin, span. der camarada, ital. der camerata, = Genoß, urspr. aber, wie noch
> im Ital., Span. u. Portug. und wie auch die Bildung schon zeigt, f. v. a. Ge=
> sellschaft, Stubengenossenschaft, v. lat. die cámera, cámara (f. Kammer). Die
> Collectivbedeutung gieng also hier auf die Bedeutung der einzelnen Person, die
> des Stubengenossen über.

die **Kamílle**, Pl. —n, bekannte Pflanze mit Theeblüten.

> Mhd. die camille u. gamille; also lange eingebürgert und deshalb jetzt mit K.
> Gekürzt aus mittellat. u. ital. die camamílla (voc. óptimus S. 51, 52), camomílla,
> v. lat.-gr. das chamæmēlon gr. chamaímēlon (χαμαίμηλον) d. i. Erd-apfel
> [chamaí = an der Erde, mēlon = Apfel] wegen des apfelähnlichen Geruches
> der Blüte (Plin. hist. natur. 22, 26).

der (landschaftl. auch das) **Kamín**, — es, Pl. — e : Schornstein; Ne=
benschornstein; Stubenheerd. Zusammenf. : der **Kamínfeger** (e vor
g tief).

> Schon im 16. Jahrh. eingebürgert aus lat.-gr. der camīnus = Feuerstätte,
> Zimmerheerd, gr. die káminos = Schmelz=, Brennofen. Deutsch suchte man das
> Wort im 15. Jahrh. in der kämet, kümich, kömich umzubilden.

das **Kamisôl**, —es, Pl. **Kamisôler** : Unterwams, kurzes Wams.

> Scheint erst im 18. Jahrh., in welchem Frisch I, 163ᵃ die Camisole ver=
> zeichnet, aufgenommen aus franz. die camisole (wegen c entlehnt aus) ital. ca-
> micinôla v. ital. die camicia, span., portug. u. provenzalisch camisa, franz.
> chemise, .mittellat. camísia, = leinenes Unterkleid, Hemd.

der **Kamm**, —es, Pl. **Kämme** : Zinkenwerkzeug zum Reinigen, Ordnen
und Schmuck der Haare; gezackter rother Fleischauswuchs auf dem

Kopfe des Hühnerviehes; mit Rohrstäbchen versehener Weberrahmen; Weintraubenstiel mit den Stielchen ꝛc. Daher : kämmen, mit der Kämmer. Zusammenf. : der Kämmmacher; das Kämmrab, —es, Pl. Kämmräber, 1482 kamprad, = gezahntes (also kammartiges) Rab.

Kamm, mhd. der kam (Gen. kammes, durch Lautangleichung aus) kamp, ahd. camp, champ, altsächs. u. angelsächs. camb, goth. kambs (? d. i. kam-b-s), woher kämmen, mhd. kemmen (durch Angleichung des p zu m aus) kempen, ahd. chempan (d. i. champ-j-an), mit der Kämmer mhd. kemmer, setzt ein goth. Wurzelverbum kimban (Prät. ich kamb, wir kumbum, Part. kumbans) = gezackt, zinkig sein (?), voraus, welches aber verloren ist und auf eine Urwurzel kiman (ich kam, wir kêmum, Part. kumans) zurückführen muß.

die Kämmer, Pl. —n, mhd. die kamer, kámere, ahd. cámara, chámara : wohnliche Räumlichkeit in einem Gebäude, insofern sie zum Nebengebrauche, wie zum Schlafen, Aufbewahren u. dgl. dient; bildl. z. B. in Herzkammer (schon *Tristan* 126, 34); [im Nhd. auch, zumal da ahd. chamara = Palast (*Hymn.* 22, 2) vorkommt :] Gesammtheit zu einander georbneter berathender Hofbeamten eines Fürsten. Daher : das Kämmerchen, Dim.; die Kämmerei; der Kämmerer, mhd. der kámerǽre, ahd. chámarari, mit die Kämmererin, Kämmrerin, mhd. kámererîn, ungut gekürzt (aber üblich) Kämmerin; das Kämmerlein, mhd. ka̋merlîn, ahd. chamarlî, Dim.; der Kämmerling, mhd. der kémerlinc, ahd. (bei *Notker*) chámerling. Zusammenf. : der Kämmerdiener; die Kämmerfrau, mhd. kamervrouwe, = oberste Herrenbienerin, urspr. des Schlafgemaches; das Kämmergut = Gut des Landesherrn als Landesherrn (die Domäne), mhd. bloß die kámere (*Rolandslied* 238, 18); der Kämmerherr mit die Kämmerherrin = Gattin des Kammerherrn, ꝛc.

Aus lat.-gr. die cámera = Gewölbe, Zimmerwölbung, dann im Mittellat. Zimmer ꝛc., gr. kamára = Gewölbe, gewölbtes Zimmer. — Das obige mhd. kamerǽre ahd. chámarari = Aufseher des Schlafgemaches, Schatzmeister, unser Kämmerer, ist das v. cámera abgeleitete mittellat. der camerárius.

das Kämmertuch, Art sehr feiner Leinwand.

Schon im 17. Jahrhundert. Von Cambrai in den französischen Niederlanden, ahd. Kamertha, Kamercha, niederl. Kamerijk, lat. Cameráca.

der Kämmmacher, das Kämmrab, s. Kamm.

der Kamp, — es, Pl. Kämpe : mit Zaun oder Graben eingefaßtes Feldstück. Bei J. H. Voß, Göckingk, Bürger.

Niederdeutsch. Mittelniederd. kamp = abgeschlossene Anpflanzung (*hor. belg.* VII, 28ᵃ); niederl. der kamp = Feld. Von lat. der cámpus Feld.

der Kämpe, —n, Pl. —n, niederd., st. hochd. Kämpfe (s. Kampf).

kämpeln = auszanken, ausschelten. sich kämpeln.

So schon bei Abraham a Santa Clara bildlich; ursprüngl. aber, wie
noch bayerisch: mit dem Haarkamm [bayer. der Kämpel, der Kamp, —
Kamm, f. d.] kämmen. S. Schmeller II, 301. 300. Ungut ohne Umlaut
kampeln.

der Kampf, —es, Pl. Kämpfe, mhd. der kampf, um 1100 champh:
feindlicher Gebrauch der Waffen oder Kräfte gegen einander, dann
überhaupt gegen einen Widerstand. Daher: der Kämpfe, mhd.
kempfe, ahd. chempho, chemphëo, chemphio, champhio;
kämpfen, mhd. kempfen, ahd. chemfan, chamfan (b. i. champh-
j-an), mit der Kämpfer, im 15. Jahrh. kempfer.

> Aus lat. der cámpus = Feld, dann Tummelplatz, Waffen-, Kampffläche, im
> Mittellat. auch f. v. a. Zweikampf selbst (vgl. Grimm's Rechtsalterth. 929),
> welche Bed. unser entlehntes mhd. champh, kampf, das noch der voc. theut. v.
> 1482 Bl. p 8ᵇ durch lat. duellum b. i. duórum bellum erklärt, zunächst hatte.
> Ahd. champhio, angelsächf. cempa, altnord. kappi, unser Kämpfe, niederd.
> Kämpe, ist ebenso aus dem von campus entsprossenen gleichbed. mittellat. (600)
> der cámpio gebildet.

der Kämpfer, —s, Pl. wie Sing., ein bekanntes weißes starkriechendes
Harz.

> In strengerer fremder Schreibung der Kampher. Im 13. Jahrh. der cam-
> pher, camphir, mhd. mit Ausfall des m der gaffer, aus mittellat. die cámphora,
> cámphira, neugriech. kaphura (καφουρά), arab. u. perf. caphûr, cafûr, ursprüngl.
> indisch kanpura.

† das (bei Wieland der) Kánapee, besser, weil in fremder Form
verblieben, Canapee, f. b.

die Kánbe, ungut, st. Kante = Kanne, f. d. Bayerisch.

die Kándel, Pl. —n: Kanne; Rinne, z. B. in die Dáchkanbel.

> Jene Bed. ist oberd. (Schmeller II, 302), diese kommt in Mitteldeutschland
> vor (vgl. Kennel). Alter-nhd. u. mhd. die kandel (Erec 3495. die falsch peicht
> Bl. 221ᵇ, Münchner Hf.), welches aus mittellat. (1012) die cannatélla Kännchen,
> dem Dim. v. mittellat. cánnata (f. Kanne).

kándeln = rinnen wie aus einer Kanne oder Röhre.

> Bei Maler Müller aus der Volkssprache. Von Kandel (f. b.).

der Kándelzucker, üblicher, weil in K deutscher, als der Cándelzucker.

das Kanín, —es, Pl. —e, unüblich, dafür das Diminutiv das Ka-
nínchen, —s, Pl. wie Sing.: Erdhöhlenhase.

> 1475 altcleviſch conyn (Teuthonista), niederl. das konijn; bei Luther diminu-
> tiviſch Caninichen u. Laninichen (vgl. S. 211); bei Dasypódius im deutschen
> Register Laniche, sonst Künnlein, Kylle, Küniglin, bei Serranus külle,
> königle, bei Joſua Maaler Küngele, Künele, 1445 der künigel, aus
> franz. der conîn, altfranz. u. provenzaliſch conil, ital. coniglio, span. conejo,
> welche aus der lat., urſpr. hiſpaniſchen Benennung der cunículus geworden ſind.
> Also Kanín mit a ſtatt o, auslautendem n ſtatt l [n aus l auch in deutschen
> Wörtern, vgl. ln und n], und als eingebürgert im Anlaute mit K; -ch aber
> ſcheint zunächst aus span. j, lat. ic, hervor- und durch Anlehnung in das diminu-

tive -chen übergegangen, wie -le, -lein in Külle, Künnlein ꝛc. aus l in altfranz.
conil und lat. -ul in lat. cuniculus gebildet.

der **Känker**, —s, Pl. wie Sing. : langbeinige Spinne; Spinne.

> Mhd. (schwachbiegend) der kanker (*Myst.* 188, 8), aus lat. der cáncer Krebs,
> welche Benennung sonach auf die Spinne übergetragen wurde.

der **Känker**, —s, Pl. wie Sing. : Stengelkrankheit der Nelken.

> Eig. Krebs d. h. um sich fressende Krankheit, wie die Bedeutung schon das
> mittelb. der cancer (*Köpke's Passional* 504, 8) d. i. lat. der cáncer Krebs hat.

die **Känne**, Pl. — n : Art hohlen Gefäßes zu Flüssigkeiten.   Daher :
der **Kännengießer** (s. Anm.); das **Kännenkraut**, lat. equisétum.

> Mhd. die kanne, ahd. channa, entlehnt aus lat. die cánna = Röhre, später
> (noch vor 600) auch = Krug, (bauchiges) Trinkgeschirr.   Daneben älter-ahd.
> die Kante, ungut Kanbe, mhd. die kante, nhd. chanta (10. Jahrh. *Dint.* II,
> 344*, 867), 742 cánada, welches entlehnt ist aus dem von jenem lat. canna ab-
> geleiteten gleichbed. mittellat. die cánnata, canata, später canneta, caneta. Vgl.
> in ähnlicher Entlehnung bei Aalraupe S. 2 mhd. rupe aus lat. rubéta. Der
> Kannengießer lautet 1362 mittelb. kannengízer (Arnsburg. Urk. 555,
> 903) d. i. mhd. kannengiezer. Das Kannenkraut, im 16. Jahrh. Kanten-
> kraut, führt seinen Namen, weil es, wie die bayer. Benennung Kandelwisch
> zeigt, zum Blankmachen der Kannen gebraucht wird.

der **Kännel**, **känneln**, besser mit dem alten Umlaut e und weil der
höhere Laut gehört wird **Kennel** (s. d.), **kenneln**.

† der **Känon**, die **Kanóne**, der **Kanonier**, **kanónisch**, s. Canon
u. Canonade, Canonier, canonisch. Jene Schreibung mit K
ist jetzt die übliche.

die **Kánte**, Pl. — n : scharfer Rand; scharf zulaufende Ecke.   Daher :
das Verbum **känten** und das Abj. **kántig**.

> Im 17. Jahrh. geläufig, und ohne Übergang des nieberb. t in hochb. z, also
> geradezu aufgenommen aus nieberb. die kante = Rand, Ecke, nieberl. der kant
> = Rand, altnorb. der kantr, welche überkommen sind aus altfranz. cant
> = Ecke, ital. u. span. der canto = Seite, Ecke, v. lat. (nach *Quintilianus* unspr.
> africanisch ober hispanisch) der cánthus = Radreif, gr. der kanthós = Augen-
> winkel, Radreif, wozu auch keltisch (kymrisch) cant = Radschiene, Kreis, Umzäu-
> nung, stimmt. Vgl. auch Cantón.

die **Kánte**, Pl. —n, älter-nhd. neben Kanne, s. d.

die **Kánten**, ein Pl. : Art feiner, meist am Rande gezackter Spitzen.

> B. dem nieberb. Sing. die kante, nieberl. die kant. Aus die Kante 1.

känten, **kántig**, s. die **Kánte**.

† der **Kántschu**, — es, Pl. — e : kurze dicke aus Riemen geflochtene
Peitsche.   Westpreußisch auch **Kantschul**.

> Aus böhm. kancuch, poln. der kanczug, welches v. türk. kamtschi, eig. kám-
> schi, = leberne Geisel.

die **Kánzel**, Pl. —n : Predigtstuhl.   Daher das Verbum **känzeln**.

> Mhd. die kanzel, kanzelle, ahd. chanzella, aus dem lat. Plur. die cancélli
> (ober dem Sing. der cancéllus) = Gitter, bann umgitterter Raum, im Besondern

kirchlich-mittellat. „der vom Schiffe der Kirche durch ein Gitter getrennte Raum des Allerheiligsten, wo der Hochaltar und die Sitze für die Geistlichkeit waren", auch f. v. a. „Balcon."

die Kanzelei, gern gekürzt Kanzlei, Pl. — en, mhd. die cancellîe: Ausfertigungsstube einer Behörde.

Mit K, weil eingebürgert. Eig. der mit Schranken umgebene Ort, wo sich die Mitglieder eines Gerichtes, einer Behörde zur Ausfertigung gerichtlicher Angelegenheiten versammeln. B. lat. cancélli (s. Kanzel).

der Kanzelist, gern gekürzt Kanzlist, — en, Pl. — en: Kanzleischreiber.

der Kánzelsprung = das kirchliche Aufgebot Verlobter von der Kanzel herab. Im Scherze.

der Kánzler, —s, Pl. wie Sing.: Vorgesetzter einer Kanzlei, hoher Würdenträger zur Ausfertigung öffentlicher Urkunden,

ursprünglich des Königes oder Kaisers, wie mhd. der kánzeler, kánzelære, ahd. chanzelari, cancelari, cancellari, aus später-lat. der cancellárius = Kanzleivorsteher v. cancelli (s. Kanzelei). Bei Luther der lat. Schreibung gemäß noch Canzeler.

† der Kapaún, —es, Pl. —e (nicht —en): verschnittener Hahn.

Als alteingebürgert mit K; denn schon mhd. der kapûn, aus franz. der chapon, ital. cappóne, v. lat. der cápo (Gen. capónis), gr. kápôn (κάπων), aus dessen lat. Nebenform der cápus die im Mhd. üblichere, dem Deutschen gemäßere, schwachbiegende Form der kappe, ahd. chappho, chappo, chapo, sich bildete mit dem mhd. Verbum kappen, wofür jetzt kapaúnen, = durch Abschneiden der Mannheit benehmen. Im 15. Jahrh. auch kaphan (voc. ex quo v. 1469) d. i. Kapphahn, um das Wort durch Anlehnung an Hahn deutsch zu gestalten; jetzt aber ist diese Benennung ungebräuchlich.

·† die Kapélle, der Kapéllán, s. Capélle, Capéllan.

der Káper, —s, Pl. wie Sing.: Seeräuber, Raubschiffer; Raubschiff. Daher: die Kaperei; kápern. Zusammenf.: der Káperbrief.

Mit K, weil aufgenommen aus niederl. der kaper [woraus das gleichbed. franz. capre] v. niederl. kapen = Freibeuterei zur See treiben, die kaap = Seeraub. Dieß wol aus lat. cápere = ergreifen, fangen, gefangen nehmen?

die Kader, Pl. —n: Blütenknospe des Kapernstrauches.

Schon 1475 in dem altclevischen Plur. caperen, hochb. (1497) capperen, aus dem franz. Sing. die cápre, ital. der cáppero, v. mittellat. cápera, lat.-gr. die cápparis, gr. káppparis. Dieß kápparis aber aus arab. al-kabar (al ist der Artikel), welches urspr. persisch ist.

das Kapitel, häufig, weil als eingebürgert angesehen, st. Capitel, s. d.

† der Kaplán, die Kaplanei, üblich, weil seit alter Zeit im Gebrauche und so als eingebürgert angesehen, besonders in seiner Kürzung (die volle Form ist Kapéllan), st. Caplan (s. Capellan), Caplanei.

die Káppe, Pl. —n, eine Art der Kopfbedeckung.

Mhd. die kappe (selten in heutiger Bedeutung), ahd. chappâ, = Mantel, den

Kopf mitbedeckendes Überkleid, aus dem gleichbed. spät-lat. (um 600) die capa, capa, urspr. wol das Umfangende, v. capere = fassen, begreifen, in sich aufnehmen. Gleicherweise erscheint ahd. das gifang, kifanc, = Bekleidung, Kleid, v. ahd. fâhan fahen, fangen.

kappen = verschneiden (f. Kapaun); die Spitze abhauen; abhauen.

Aus niederd. u. niederl. kappen; mittelniederl. cappen = zerschneiden; mhd. kappen = der Mannheit benehmen (f. Kapaun).

der Käppes, —es, ohne Pl. : Kopfkohl, lat. brássica capitâta.

Im voc. incip. teut. ante lat. kabbas, mhd. der kapaz, kapez, spät-ahd. kabuz, capuz. Aus franz. der cabus, ital. capúccio, welches, wie russ. die kapusta Kohl, aus mittellat. capútium Capuze (f. d.) hervorgieng, und der geschlossene Kohl schien einer Mönchskappe ähnlich. Ursprünglich dem t in lat. capútium gemäß im Auslaute ß (z), das sich aber in der tonlosen Sylbe in s schwächte.

der Käpphahn, —es, Pl. Käpphähne, veraltet; üblich Kapaun, f. d.

der Käppzaum, —es, Pl. Käppzäume : Zaum mit Nasenband.

Im 17. Jahrh. mittelst Anlehnung an Kappe und Zaum wie poln. der bewecan Zaum aus dem gleichbed. franz. der cavesson, ital. cavezzone, v. ital. die cavézza Halfter, altfranz. chevece Kragen, welche auf lat. capítium v. caput Kopf zurückführen.

die Käpsel, als eingebürgert erscheinend mit K, f. Capsel.

die Kapúze (ú kurz), auch wol, aber ungern, Kaputze, mhd. richtiger in Geschlecht u. Umlaut u. ohne Scheu vor dem tz in Fremdwörtern die kabütze. Als geläufig mit K, eigentlich zu schreiben Capúze, f. d.

das Karât, —es, Pl. —e, ein Goldgewicht von 12 Gran ($\frac{1}{24}$ Mark): ein Diamanten- u. Perlengewicht von 4 Gran.' Daher : karâtig; z. B. in áchtzehnkarâtig ꝛc.; karatieren = versetzen mit anderem edeln oder einem unedeln Metalle.

Im 17. Jahrh. Carath, aber auch um 1522 schon Karat; 1475 altclevisch ernit Es ist das franz. der carat, ital. caráto, altportugiesisch der quirate, bei Isidor von Sevilla († 633) latinisiert ceratos, aus arab. kirât, welches wieder aus gr. das kerátion = hörnchenförmig gebogene Hülse des Johannisbrotbaumes, hier als Gewicht gebraucht. Benezianisch carato hat bloß jene erste Bedeutung.

die Karaúsche, Pl. —n, die Karpfenart cyprínus carássias.

Aus älter-nhd. die Karutze, mitteld. karaz (Hoffmann's schlef. Monatsschr. I, 70). Mit poln. der karas, russ. der karas', von franz. der carassin, corassin, ital. coracino, welche aus dem lat.-gr. der coracinus, gr. korakînos (κορακῖνος).

† die Karawâne, Pl. —n : reisende Gesellschaft im Morgenlande, bes. von Kaufleuten u. Pilgern. die Karawanserai, Pl. —en : Herberge für Reisezüge oder Karawanen.

Als geläufig und in Zurückgehen auf die morgenländische Schreibung mit K, obgleich zunächst aus franz. die caravane, ital. caravana, welches v. pers. kârwin, kerwân, = reisende Schar von Kaufleuten u. Pilgern. Dieß kârwân mit pers. serâj = Palast, Burg, Hof zusammengesetzt in kârwân serâj, woher ital. caravanserai, unser (weil an -ei gedacht wird) weibliches Karawanserai.

die Karbátsche, Pl. —n : dicke Riemenpeitsche. Daher karbätschen.

Im 17. Jahrh. geläufig. Aus böhm. der karabáč, poln. karbacz, ruff. korbatsch, v. türk. kyrbátsch = Peitsche, Farrenschwanz, woher auch entlehnt span. der corbacho = Ochsenziemer, franz. die cravache = Reitpeitsche.

die Kárbe, auch Kárve, = Feld-, Wiesenkümmel, cárum.

In Luther's Hausrechnung 1542 karbey, 1479 karve. Aus ital., span. u. franz. der carvi, v. der lat. Benennung das cáreum, gr. das káron, woher auch im Arab. al-karavia (al ist der Artikel).

der Kárcher, —s, Pl. wie Sing. : Fuhrmann; Karrenschieber.

Oberdeutsch. Von rheinisch der Karch, mhd. der karrich, karroch, = Karren, ahd. carruh (Graff IV, 466), aus mittel- u. altlat., ursprünglich lat.-keltisch die carrûca, = 4rädriger Reisewagen, v. carrus (f. Karren). In der Zusammenziehung schon älter-nhd. karch, also mit Ausstoßung von ri, re.

die Karbätsche (á lang), Pl. — n : Stallbürste; Wollkamm mit Häkchen von Draht. Daher : karbätschen mit der Karbätscher.

Aus franz. die cardasse, v. ital. cardâre, span. cardar, = aufkratzen, (Wolle) kämmen, welches v. ital. ꝛc. cardo (f. Karbe).

die Kárbe, Pl. —n : Weberdistel. Daher kárben.

Auch schleppend die Kárbendistel, im voc. incip. teuton. kartistel [aus kartistel]. Mhd. die karte, ahd. carta, carda u. cartâ, aus roman. (span., portug.) die carda = Kopf der Weberdistel (Distel zum Wollkratzen), Wollkamm, neben span., portugies. u. ital. der cardo = Distel, Weberdistel, Wollkamm, v. lat. der cárduus Distel.

der Karfreitag, -samstag, die Kárwoche, f. Charfreitag.

der Karfúnkel, —s, Pl. wie Sing., ein bekannter feuriger Edelstein.

Eingebürgert und schon mhd. der karfunkel. Aus lat. der carbúnculus eig. = Köhlchen, dem Dim. v. der carbo Kohle, wegen des feurigen Glanzes. Im Romanischen ist zwar das b beibehalten, aber im Deutschen hier der sonst im Romanischen vorkommende Übergang des lat. b in v und f.

karg, Comp. kärger, Sup. kärgest, kärgst : zähe zum Geben und Aufwenden. Daher : kárgen. Zusammens. : die Kárgheit; kärglich, mit die Kärglichkeit.

Da karg wie arg steigert, so hat Adelung Unrecht, ohne Umlaut im Compar. kárger, u. im Sup. kárgest, kargst zu fordern. Mhd. (schon um 1100) karc, im Gen. karges, = listig, klug, schlau in gutem u. bösem Sinne, aber auch bereits im Vridanc mit Übergang in üble Bedeutung f. v. a. nicht freigebig, zähe zum Geben, gleichsam schlau zu Eigennutz, und so gleichbedeutig mit arg gebraucht. Wol mit ableitendem ahd. -ac (nhd. -ig) von goth. kara Sorge (f. Charfreitag). Kárgen ist mitteld. kargen = besorgt sein. Kárglich, mhd. kärclich (als Adv. kärcliche), um 1100 charchlîch, = listig, klug; die Kargheit, im Mhd. die karcheit = List, Klug-, Schlauheit.

Karl, mhd. Karl, ahd. Karl, Charal, ein Mannsname.

Durch die Erhebung der fränkischen Hausmeier, von welchen Karl Martell der erste des Namens ist, auf den Königsthron der Franken fast über ganz Europa verbreitet. Ursprünglich Appellativ : mhd. (schon seltener) der karl, ahd.

der charal, = Mann, Ehemann, altnord. der karl = Mann, Greis. Latinisiert Carolus, woher undeutsch mit C Carl, aber richtig Carolin (s. d.) und der Frauenname Caroline (s. d.) als Frembwörter. Vgl. auch Kerl.

der Kärner = Beinhaus. Üblicher Gerner, s. d.

der Kärner = Karrenfuhrmann, s. Karren.

† das Karnies, —es, Pl. —e : die Figur eines S bildende Kranzleiste am Hauptgesimse. Als eingebürgert anzusehen. Nicht Karnieß.

Aus spanisch die cornisa, wallonisch coroniss, franz. corniche, ital. cornice, v. dem im Romanischen mit die córnix Krähe verwechselten lat.-gr. die corónis, gr. korónis (κορωνίς), = Schnörkel (verschlungener Federzug) als Schlußzeichen des Schreibenden.

karnüffeln = mit der Faust schlagen oder stoßen.

Aus dem Niederdeutschen. Urspr. wol s. v. a. einen Bruch stoßen oder schlagen, v. der Karnüffel, Karnöffel, = Hodenbruch, 1475 altclevisch carnuffel (Teuthonista), = Bruch, Hodenbruch. Dieß aber von einem einfacheren Worte, welches sich zeigt in engl. cornub = mit der Faust, den Knöcheln schlagen oder stoßen. Ob man hierbei an Ableitung v. keltisch (kymrisch, bretonisch) carn = Huf u. Haufen denken darf?

† die Karótte = Möhre. In Voß Idyll. 6, 13. Besser Carotte, s. d.

der Karpfen, —s Pl. wie Sing., ein bekannter Fluß- u. Teichfisch.

Eig. Karpfe, —n, Pl. —n, mhd. der karpfe, ahd. charpfe, charpho, carfo, altn. der karfi. Mit Verschiebung der Laute aus dem Romanischen, wo span. die carpa, franz. carpe, mittellat. (schon bei Cassiodórus, im 6. Jahrh.) carpa. Noch landschaftl. (wetterauisch) die Karpe.

die Kärre, Pl. —n, hochdeutsch üblich der Karren, s. d.

der Kárren, —s, Pl. wie Sing. : 2- u. einräberiges Fuhrwerk zu gemeinem Gebrauche. Daher : kärren, mit der Kärner.

Schon 1469 mittelrhein. der karn u. karne (voc. ex quo); aber eig. der Karre, —n, Pl. —n, mhd. der karre, ahd. der charro u. üblicher die charrâ, wie noch niederd. u. niederl., mittelniederl. die karre, unsere seltene Form die Karre. Aus mittellat. die carra und mit diesem weiter aus lat.-keltisch der carrus = Art 4räberigen Transportwagens (welsch câr, bretonisch karr, gälisch carr), wovon dann lat.-keltisch die carrûca (s. Kärcher). In Kärner ist, wie in Karch u. Kärcher, das 2te r ausgefallen.

der Karst, —es, Pl. —e : zweizinkige Hacke. Daher kärsten.

Bei Adelung, wie es scheint, ländlicher Aussprache zu Liebe, Karst. Mhd. u. im 11. Jahrh. ahd.-niederd. der karst (gl. jun. 282). Landschaftl. im Pl. Kärste.

† die Kartätsche (ä lang), Pl. —n : mit Kugeln ꝛc. gefüllte Kanonenpatrone.

Aus ital. der cartóccio = Düte, Flintenpatrone, franz. die cartouche = Patrone, Ladung, Kartätsche, v. ital. die cárta, franz. carte, aus lat. charta = Papier.

† die Kartaúne, Pl. —n : große, kurze u. dicke Kanone.

Besser als Karthaune. Im 17. Jahrh., noch nicht völlig eingebürgert : Cartaune, in Henisch Wtbch (1616) cartûna, aus mittellat. quartâna = Viertels-

büchſe d. h. Kanone, welche 25 Pfund ſchoß, im Vergleiche, wie ſich aus Fron-
ſperger's Kriegsbuch (1596) ergibt, zu dem größten 100 Pfund ſchießenden
Belagerungsgeſchüße.

† die **Kartaúſe**, Pl. —n : Schopf zum Packen u. Halten.

> Nur noch landſchaftlich (wetterauiſch ꝛc.). Urſpr. wol ſ. v. a. Kappe, Kapuze, aus
> niederd. die kardoes, ſchweb. der kardus, dän. karduus, = Papierhülſe für Schieß-
> pulver oder Tabak, welches aus franz. die cartouche = Patrone (ſ. **Kartätſche**).

die **Kárte**, mhd. karte, ahd. carta, cartâ, jetzt nur **Karbe**, ſ. d.

die **Kárte**, Pl. — n : ſteifes Papierblatt zum Spiel, zur Kenntniß der
Erde oder des Himmels in Zeichnungen, zu Beſuch, Ankündigung ꝛc.
Zuſammenſ. : das **Kártenblatt**, -ſpiel ꝛc.

> Spät-mhd. die karte in der erſten Bedeutung, weshalb 1450 auch das karten-
> spil (*Schaffsawel* in der Gießener Pf. Nr. 813). Mit den Spielkarten überkom-
> men aus franz. die carte, welches das lat. die charta, gr. der chártês (χάρτης),
> = Papierblatt, Papier, dünne Pappe, iſt. Vgl. **Kartätſche**.

die **Kárte**, ohne Pl. : Steifung des Seidenzeuges.

> In bildlicher Anwendung aus franz. die carte = dünne Pappe, ſteifes Papier
> (ſ. das vorige Karte).

† die **Karthaúne**, ungut ſt. des richtigen **Kartaúne**.

† die **Karthaúſe**, Pl. — n, Art Mönchskloſter. Daher : der **Kar-**
thaúſer, mhd. kartûsêre (*Jeroschin* 180), mit der **Karthaúſer-**
kloß, die **Karthaúſernelke** (e vor l wie ä) ꝛc.

> Üblich mit th, beſſer aber wäre bloßes t. Von mittellat. Cartûsia (Chartreuse
> bei Grenoble), wo der Cölner Geiſtliche Bruno den ſtrengen Orden 1084 ſtiftete.

die **Kartóffel**, Pl. — n : Wurzelknolle des (v. *Bauhînus* benannten)
solânum tuberôsum, ſowie dieſe Pflanze ſelbſt.

> Mit ſeltenem Kehllaute ſtatt T aus der ſchon 1664 vorkommenden Benennung
> Tartufflen (ſ. Hoffmann's ſchleſiſche Monatsſchrift S. 53), ſpäter (noch
> 1719) Tartuflen, Tartüfflen, auch in möglichſt beibehaltener fremder Form
> (1705) Tartuffult. Denn das ehedem nur im Plural ſich zeigende Wort iſt
> mit der Pflanze und ihren Wurzelknollen aus Italien überkommen, wo der
> Plural tartúfoli mit dem Sing. der tartúfolo, ſicilianiſch tirituffulu, venezianiſch
> die tartúfola, mailändiſch tartuffol, piemonteſiſch tartifla, churwelſch tartufel, fran-
> zöſ. (in der Mundart von *Berry*) tartoufle, in der Mundart von *Languedoc* tar-
> tifle (ſ. Diez Wtbch 361), welche theils die Trüffel, theils ein Knollengewächs
> bedeuten und zur einfachen Form das ſchwer abzuleitende ital. der tartúfo =
> Trüffel, dann Wurzelknollengewächs, haben. Sonach iſt der Name von der
> Trüffel (ſ. d.) auf die Kartoffel als ähnliches Erdgewächs übergetragen worden.
> Daß dieſe, von welcher 1590 Abbildungen bekannt wurden, aus America [Peru ꝛc.,
> ſ. *Bauhinus*, histor. plantar. universal. III, 623.] zuerſt nach Spanien, von da
> nach Italien und dann nach Deutſchland gekommen ſei, wies der berühmte Bo-
> taniker Link am 14. Febr. 1846 in dem wiſſenſchaftl. Vereine zu Berlin nach;
> in dem letzten Lande wurde ſie erſt gegen 1750 allgemein angebaut. Das weib-
> liche Geſchlecht unſeres deutſchen Ausdruckes ſcheint ſich an das venezianiſche die tar-
> tufola zu knüpfen, und der Kehllaut ſtatt t zeigt ſich auch in dem an der Pegnitz

u. Redniß üblichen Namen der Kartoffel die Patakken aus span. die patata, batata, = Art Erdapfel, Knolle der Knollenwinde, dann in dem bayer. u. österreich. Gurteltaub st. Turteltaube (Schmeller II, 72) 2c. Span. die eotufa = Erdapfel, sicilianisch catatuffulu, kommen, während tufa u. tuffulu mit den obigen Formen zusammenfallen, mit ihren unerklärlichen co- und cata- hier nicht in Betracht.

der **Käse**, — s, Pl. wie Sing. : dicker, fester Stoff der geronnenen Milch, sowie daraus bereitete Speise in fester Form. Daher : **käsen** = zu Käse gerinnen u. gerinnen machen; **käsicht** u. **käsig**. Zusammens. : der **Käsekorb**, **-napf** (mhd. kêsenapf) 2c.

> Mhd. der kæse, ahd. châsi, goth. kêseis (?), altsächs. kêsi, kiesi, angelsächs. cêse, cyse. Von lat. câsei, dem Gen. Sing. v. der câseus Käse, wie ahd. das oli, olei Öl v. lat. ólei, dem Gen. Sing. v. óleum, und zwar dieses ahd. olei wie jenes ahd. châsi vom Genitiv, weil Stoffname.

die **Käseluppe**, **Käsluppe**, mhd. die kæseluppe, spät-ahd. chêsiluppa Diut. II, 312ᵇ, 68), = Stoff, der die Milch gerinnen macht, Lab (f. b.). Schmeller II, 486.

die **Käffe**, Pl. —n, als eingebürgert mit **K** neben **Caffe** (f. b.).

die **Kastânie**, in gemeiner Sprache gekürzt **Käste**, Pl. — n, eine bekannte Baumfrucht. Zusammens. : der **Kastânienbaum**.

> Bei Luther (1 Mos. 30, 37) Castanee, mhd. die castâne (Parsivdl 378, 17), castenien (Sumerlaten 56, 10), deutsch geformt die késtene (unsere Form Keste, Käste) u. die chestinne, ahd. késtina, chéstinna. Aus lat. die castánea v. dem gleichbed. gr. das kástanon (κάστανον), welcher Name v. den Städten Kástana (Κάστανα) in der Landschaft Pontus am schwarzen Meere und in Thessalien [letztere bei Herodot Kasthanaía (Κασθαναία) geschrieben], die von Kastanienbäumen in Fülle umgeben waren (f. Dioscorides, Ausg. v. Curt Sprengel, II, 407, 145). Vgl. dagegen Kirsche. — Der Kastanienbaum, mhd. castânienboum, gemeinhin Kästenbaum, mhd. kesten-, chestenboum, spät-ahd. késtenne-, késtinneboum.

die **Käste**, Pl. — n : erblicher, dann überhaupt sich streng abschließender Stamm oder Stand. Zusammens. : der **Kästengeist**.

> Wie es scheint, erst im 18. Jahrh. ins Deutsche eingeführt u. eingebürgert. Aus span. u. portug. die casta = Race, Geschlecht, Gattung, eig. etwas Unvermischtes, v. lat. cástus, -a, -um, = rein.

die **Käste**, älter-nhd. Keste, f. Kastânie.

kasteien = züchtigen, beschränkend quälen, durch Fasten 2c. quälen, das Fleisch kreuzigen. Daher die **Kasteiung**.

> Im 17. Jahrh. dem Verbum benedeien nachgebildet : kastepen; denn im 16. Jahrh. kestigen, mhd. kestigen, mitteld. kastigen, ahd. chestigôn, castikôn, = strafen, züchtigen, quälen, entlehnt von lat. castigâre = zurechtweisen, strafen, züchtigen, zügeln, verbessern. Die Kasteiung ist mhd. die kestigunge, kestegunge, mitteld. kastigunge, ahd. chestigunga.

der **Kästen**, — s, Pl. wie Sing. : 4eckiges Behältniß mit oder ohne Deckel. Zusammens. : der **Kästenmeister**.

Der gemeine Plur. die Kaſten iſt falſch; denn das Wort biegt urſprünglich ſchwach: der Kaſte, —n, Pl. —n, mhd. der kaste, ahd. (7. Jahrh.) der chasto casto, welches letzte nicht bloß wie unſer Kaſten gebraucht iſt, ſondern auch (künſt- liche) Metallhöhle zur Einfaſſung des Edelſteines, Siegelkapſel, Getralde-, Korn- behälter bedeutet; niederl. das kas, kast. Ob mit ableitendem t und deshalb haftendem s von goth. das kas = Gefäß, ahd. char = Gefäß u. aus Bretern gemachter Behälter? Wenn aber fremdher, dann iſt es ſchwerlich zurückzuführen auf das aus ital. der castóne = Metallhöhle zur Einfaſſung des Edelſteines ſeiner Zuſammenziehung des von ital. die cassa (ſ. Caſſe) = Kaſten, Sarg, ab- geleiteten der cassettóne (= Kommode, Schiebbehälter)] hervorgegangene, im 14. Jahrh. vorkommende gleichbed. mittellat. casto, chasto. Vgl. Kiſte.

das **Kaſtröll**, als eingebürgert mit K, ſ. Caſtröll.

† der **Katafalk**, —es, Pl. —e: Leichen-, Trauergerüſte.

K, weil man bei Kata-fälſchlich an gr. katá = herab, nieder ꝛc., denkt. — Aus ital. der catafálco (woraus auch entlehnt franz. catafalque), einer Zuſam- menziehung aus romaniſch (altſpan.) catar ſchauen [aus lat. captáre lauern] und dem aus ital. der palco (unſerm Balke) = Gerüſt, Bühne, entſtellten falco, alſo urſpr. Schaugerüſte, Gerüſte zu öffentlicher Schau. S. Diez Wtbch 93. Aus der richtig entwickelten franz. Form échafaut kommt unſer Schafott (ſ. d.).

† die **Katakómbe**, Pl. —n: Leichengewölbe, Felſenhalle.

K aus demſelben Grunde, wie bei Katafalk (ſ. d.). — Aus ital. die cata- cómba, ſpan. catacumba, = unterirdiſche Gruft, welches wol zuſammengeſ. aus cata- d. i. romaniſch catar = ſchauen (ſ. Katafalk) u. ſpan. die comba = die Wölbung, Gewölbe, in der ſpan. Zigeunerſprache ſ. v. a. Grab, Grabhügel, wo- nach catacomba urſpr. = Schaugruft wäre, und die römiſchen Katakomben bargen die Körper von Märtyrern und Heiligen und wurden darum von andächtigen Chriſten beſucht. Oder iſt comba in catacomba wegen des c in cata entſtellt aus ital. die tómba [d. i. lat. die tumba aus gr. der týmbos (τύμβος)] = Gruft, Grabmal, ſpan. tumba Sarg, zumal da mailändiſch catatomba und ſpan. auch catatumba vorkommt. S. Diez Wtbch 92.

† der **Katalóg**, —es, Pl. —e: Verzeichniß, Bücher-, Stundenverzeich- niß. Daher: katalógiſch; katalogiſieren.

Üblicher als Catalog, weil im Deutſchen geläufig und dazu urſprünglich griechiſch. Aus lat.-gr. der catálogus, gr. katálogos, welches urſpr. = Aufzählung u. -zeichnung, v. gr. katalégein = hererzählen, ausleſen, d. i. katá = nieder, herab, er-, u. légein = leſen, rechnen, erzählen.

† der **Katárrh**, —es, Pl. —e: Schnupfen. Daher katarrháliſch.

Durch die Ärzte in der 2ten Hälfte des 17. Jahrh. in Umlauf gekommen, und mit K geſchrieben, beſonders weil das Wort urſprünglich griechiſch iſt. Aus lat.- gr. der catárrhus, gr. katárrhus (κατάῤῥους) eig. = Herabfluß, hier beſ. der Naſe, v. katarrhéein (καταῤῥέειν) herabfließen d. i. katá = nieder, herab, u. rhéein (ῥέειν) fließen. Die einheimiſchen Namen waren: ahd. der tampho, dampho (v. Dampf); mhd. die vlöze (Flöße); die Strauche (Schmeller III, 678) mhd. die strûche, welcher letzte Ausdruck namentlich durch Katarrh verdrängt wurde.

† das **Kataſter**, weil üblich, auch mit K, richtiger Cataſter (ſ. d.).

† die Kataſtróphe, Pl. —n, aus lat.-gr. catástropha, gr. katastrophê :
Wendepunct in etwas, trauriger Glückswechſel.

Gr. katastrophê (καταστροφή) eig. = Umkehr, das Umwenden, Wendung,
Ausgang, im Drama der Wendepunct der Handlung zur Auflöſung des geſchürz-
ten Knotens, zuſammengeſ. aus κατά = nieder, wider, um, und die στροφή =
das Drehen, Wenden, Umkehren.

† die Katechêſe, Pl. —n, aus kirchenlat.-gr. die catechêsis, gr. katê-
chêsis (κατήχησις Unterricht) : Unterricht in Frage und Antwort,
beſ. ein ſolcher Religionsunterricht. — der Katechêt, —en, Pl. —en,
aus gr. der katêchêtês (κατηχητής) : fragweiſe unterrichtender Lehrer,
beſ. in der Religion. Daher : die Katechêtik, katechêtiſch, beide
aus kirchenlat.-gr. catechéticus, -a, -um. — die Katechiſatiôn
[aus mittellat. die catechizátio], Pl. — en, v. katechiſieren [aus
kirchenlat.-gr. catechisâre, catechizâre, v. gr. katêchízein (κατηχίζειν)],
woher auch der Katechismus [das kirchenlat.-gr. der catechísmus
Religionsbuch zum erſten Unterricht, v. gr. katêchismós (κατηχισμός)
Unterricht], Pl. Katechismen, = Religionsbuch in Frage u. Antwort.

Die drei Gruppen gehen zurück auf gr. katêcheîn (κατηχεῖν) = entgegentönen,
dann belehren, unterrichten, welches zuſammengeſ. aus katá hier = wider, entgegen, u. êcheîn (ἠχεῖν) = ſchallen, tönen, wovon Echo (ſ. b.), und in allen
obigen Fremdwörtern wird im Hinblicke auf den griech. Urſprung K, k vorgezogen.

† die Kategorie (4ſylbig), Pl. — n (5ſylbig) : der allgemeinere Begriff, unter welchen etwas gefaßt wird, Begriffsfach. Daher : kate-
góriſch = unbedingt und entſchieden; kategoriſieren.

Kategorie iſt aus lat.-gr. die categória, gr. katêgoría (κατηγορία), = Anklage,
einer Perſon oder Sache beigelegte Eigenſchaft, Prädicat, woher 1) lat.-gr. cate-
góricus, gr. katêgorikós (κατηγορικός) = zur Anklage, zum Prädicat gehörig,
unſer kategoriſch, u. 2) mittellat. categorizâre [= predigen] unſer kategoriſieren. Jenes gr. katêgoría aber kommt von gr. katêgoreîn (κατηγορεῖν) =
gegen oder wider (κατά) jemand reden (ἀγορεύειν), anklagen.

der Káter, —s, Pl. wie Sing. : Männchen der Katze.

Mhd. der kater, mit -er (wegen Katze) und dem unverſchobenen Zungen- oder
Zahnlaute aus dem gleichbed. bäuriſch-lat. und darum ſelten in Schriften vor-
kommenden der cátus, woher auch entlehnt angelſächſ. der cat, altnord. der köttr,
= Katze.

† Katharína, Katharíne, Frauenname, lat.-gr. Catharína,
d. i. die Reinliche, Sittenreine. Von gr. katharós = rein, unbefleckt, ſittlich
rein. Dim. Kätchen. Die ſchnelle Katharine = der Durchfall. „Dieſer
letzte Ausdruck ſchon 1669 im Simpliciſſimus. Er entſtand als ein verhäl-
lender im Gedanken an das von jenem katharós abgeleitete gr. das kátharma
(κάθαρμα) = Reinigung, Auswurf.

† der Kathéder, —s, Pl. wie Sing. : erhöhter Lehrſtuhl.

Mit K, weil urſprünglich griechiſch. Aus lat.-gr. die cáthedra, gr. kathédra,
= Stuhl, Armſeſſel, dann Lehrſtuhl und im Lat. bildl. ſelbſt Lehramt.

† die **Kathedrále**, Pl. —n : bischöfliche Hauptkirche.

> V. lat. cathedrális = zum Seſſel, hier dem Biſchofsſitze gehörig, v. cáthedra (ſ. Katheder), im Mittellat. insbesondere = Biſchofsſitz.

† der **Kathéter**, —s, Pl. wie Sing. : künſtliches Harnröhrchen.

> Aus lat.=gr. der cátheter, gr. katheter (καϑετήρ), = Sonde, feines Röhrchen zum Einlaſſen in die Harnröhre, v. gr. kathiénai = herablaſſen, einsenken.

† der **Katholik**, —en, Pl. —en, und das Adj. u. Adv. **kathólisch**, v. dem lat.=gr. Adj. cathólicus (als Adv. cathólice) = allgemein, [dann kirchlich :] allgemein chriſtlich, rechtgläubig, gr. katholikós = allgemein. Daher [neulat.] der **Katholicismus** = der römiſch=katholische Glaube.

> Als eingebürgert und ursprünglich griechiſch mit K, k. — Gr. katholikós (καϑολικός) v. dem Adj. kátholos (κάϑολος) = ganz, gesammt, zusammengef. aus κατά = nieder, hier bloß zur Begriffsverſtärkung, u. ὅλος = ganz, ungetheilt.

der **Kattûn**, —es, Pl. —e : Art mit Muſtern bedruckten dünnen leichten Baumwollenzeuges. Daher **kattûnen**, Adj.

> Als eingebürgert wegen des kurzen a mit tt und mit K, k; ſonſt Cattun u. cattunen, zuerſt bei Olearius 1647. Das niederl. das katoen, kattoen, aus franz. der coton, ital. cotóne, ſpan. (noch mit dem arab. Artikel al) algodon, = Baumwolle, v. arab. koton, mit Artikel alkoton, = Baumwolle.

der **Kátzball**, —es, Pl. **Kátzbälle**, und die **Kátze**, Pl. —n : Ziel, Standpunct beim Fangball, Fangball, ſowol das Spiel, als auch der Ball ſelbſt.

> 1475 altclevisch (im *Teuthonista*) die catze = Ziel u. catzen mit den bal = Fangball ſpielen, v. ſpan. die caza = Jagd, franz. chasse (auch = Fleck, wo der Ball nach dem erſten Auffsprunge hinfällt).

das **Kätzchen**, —s, Pl. wie Sing. : walzenförmige Baumblüte.

> Zunächſt die zarte wollige Blüte an Weiden ꝛc. in bildlicher Anwendung von Kätzchen, dem Dim. von die Katze 4, wegen des zarten Felles. Auch niederd. das kättjen u. hochd. ſchon im *voc. incip. teut. ante lat.* das ketzel in palmketzel. Niederl. im Pl. die katten u. kattenſtarten (Katzenſchwänze).

die **Kátze** = Katzball, ſ. d.

die **Kátze**, Pl. —n : Geldgurt. Niederd. die katte.

> Erſt 1741 bei Friſch I, 505ᶜ. Ob v. ruff. die kota = Korb, Körbchen, wovon der kateliok' = Geldbeutel ?

die **Kátze**, Pl. —n : das hohe Werk des Bollwerkes.

> Mhd. die katze = das Gerüſt, worauf die Steinſchleuder (mhd. blide) ſteht, und ſo vornehmlich Belagerungswerkzeug, mit regelrechter Verſchiebung des tt zu tz aus dem mittelniederl. catte = überdeckendes Belagerungswerkzeug zum Untergraben der Mauern (hor. belg. V, 121), welches aus dem gleichbed. mittellat. (aber bei *Vegetius* noch nicht vorkommenden) der cátus urspr. = Kater, Katze. Das Werkzeug ſcheint nach der Geſtalt der Katze benannt und iſt dasſelbe, welches lat. die vínea heißt.

die **Kátze**, das bekannte Säugethier. Zuſammenſ. : **kátzbalgen** (ſchon im 17. Jahrh.); **kátzenäugig**, bei *Dasypodius* = graublau ; das

Katzengolb = [schon im 16. Jahrh.] golbglänzender Glimmer, u. [schon 1475 altclevisch cattengolt] ausfließendes (golbgelbes) Kirsch-harz, in Anwendung des Namens Katze auf das Falsche. der Katzen-jammer [bildlich =] Übelbefinden nach Lustbarkeit; das Katzen-kraut, mhd. katzenkrût, wegen ihres Geruches von den Katzen ge-liebte Pflanze; das Katzenfilber = filberglänzender Glimmer, vgl. vorhin Katzengolb.

Mhd. die katze, ahd. chazzâ, cazzâ, mit Verschiebung der Laute entlehnt aus dem ein mäufefangendes Thier bedeutenden lat. u. mittellat. die catta (Martial. 13, 69), während bäurisch-lat. der catus in Kater (f. d.) unverschoben blieb und die niederdeutschen u. nordischen Mundarten mit t entlehnten: niederd. die katte, niederl. die kat, angelsächf. der cat, altnord. der köttr, die ketta (weib-liche Katze).

kauchen = seinen Körper der Länge nach zusammenziehen, kauern. 1540 bei Alberus ich kauch = ich stütze mich auf die Schenkel d. i setze mich sie auf die Waden biegend. Eines Stammes mit dem gleichbeb. engl. cower, dessen ow = angelsächf., ahd. ꝛc. û, neub. au ist; aber unverwanbt mit unserm kauern (f. d.). Das neuhochb. Wort würde im Mhd. kûchen lauten, welches aber die Beb. „hauchen" hat. (vgl. keuchen).

kauberwelsch (e vor l wie ä) mit dem alten Umlaute e, auch, aber weniger üblich kauberwälsch (f. welsch): durch Frembes, Fremb-artiges unverständlich.

Schon 1379 als Eigenname Kawderwalch (Haupt's Zeitschr. IV, 578) b. i. Kûderwalch = (dem Deutschen) unbeutlich rebenber Frembling (aus romanischem Lande), v. oberb. kaubern, mhd. kûdern (?), = kollern, wie der welsche Hahn, dann unbeutlich reden, u. mhd. der walch (f. welsch) = Romane, Frembling. Das Abjectiv hiervon ist unser kauberwelsch, schweiz. kûderwelsch (Stalber II, 431).

die Kaue, Pl. —n: Hütte der Berg- ober Walbleute mit kleinen Löchern statt der Fenster, Schachthäuschen.

Im 16. Jahrh. die kawe neben kap (f. Schmeller II, 273). Wol aus mit-tellat. die caya = Haus, Häuschen, b. i. lat. câvea Käfig, (vgl. Koje).

kauen, alterthümlich (aber hochbeutsch richtiger) käuen, = mittelst der Zähne zermalmen.

Unser kauen ist aus dem Mittelbeutschen, wo û (neub. au) statt mhd. iu, und biegt schwach: Prät. kauete, kaute, Part. gekauet, gekaut. Aber die ur-sprüngliche hochb. und noch in der Zusammensetzung wieberkäuen geläufige Form ist käuen (ober besser keuen), ehebem starkbiegenb, also Wurzelverbum: mhd. kiuwen (Prät. ich kou, wir kuwen, Part. gekiuwen u. gekouwen), ahd. chiuwan (Prät. ich chou, wir chuumâs, Part. kichuwan), chiwan (vgl. der Kiefer u. die Kiefer 1, Kiefe), angelsächf. câôvan, goth. kiggvan (? Prät. ich kaggv? wir kuggvum? Part. kuggvans?), wovon im Altnord. das gleichbeb. schwache tyggja mit t statt k der Munbart gemäß unb y = û, und wozu angelsächf. [mit c (k) nach dem Bocale] die cââce = Backe, Kinnbacke, altnord. der kiammi =

Kinnbacke, Backenknochen, unfer die Kieme, sowie der Kiefer gehören. Vgl. Jac. Grimm über Diphthonge ꝛc. S. 26.

lauern = die Schenkel auf die Waden niedergelassen sitzen. Erst 1741 bei Frisch I, 503ᵇ vorkommend.

Trotz der gleichen Bedeutung nicht v. engl. cower (f. lauchen), sondern, wie auch schon Frisch a. a. O. will, der Bildung von bayer. leien aus g'heien, ge-heien = schlagen, bekümmern, plagen, und andern dergleichen Formen gemäß mit oberd. ! statt g'h aus einem mit ge- zusammengesetzten gehauern, gekürzt g'hauern, statt gehauren, deſſen einfaches hauren (Frisch I, 427ᵃ. Josua Maaler 214ᵇ), schweiz. u. spät-mhd. huren (Stalder II, 64. Josua Maaler 233ᶜ. Häuslerin S. 154ᵃ, 154), schon die Bedeutung unseres lauern hat.

der **Kauf**, —es, Pl. Käufe : Ertauschung oder Erwerbung gegen baares Geld. Daher laufen, Prät. laufete, laufte (falsch mit starker Bie-gung landschaftlich lief), Part. gekaufet, gekauft, älter-nhd. (bei Luther ꝛc.) u. noch landschaftlich (z. B. bei Gießen ꝛc.) leufen (läufen), Prät. läufte, Part. gekauft. Mit „für" und „um" vor dem Kaufpreise, z. B. einen Rock für oder um 20 Gulden laufen. Von laufen kom-men : der Käufer mit die Käuferin. Zusammenf. mit Kauf : der Kaufbrief; der Kauffahrer; die Kauffartei (mit kurzem a vor r) = Handelsschifffahrt, mit das Kauffarteischiff ꝛc.; der Kauf-herr = vornehmer Kaufmann; läuflich [v. Kauf oder laufen?], Adj. u. Adv., mit die Käuflichkeit; der Kaufmann, —es, Pl. die Kaufleute st. Kaufmänner, mit laufmännisch, die Kaufmann-schaft, die Kaufmannsfrau (st. die Kaufmännin).

Der Kauf ist mhd. der kouf, ahd. chouf, altsächf. der u. das côp; angelsächf. ceáp auch f. v. a. Vieh (Cædmon, Ausg. v. Thorpe, S. 105, 2), da in ältester Zeit aller Kauf ein Tausch und das Haupttauschmittel Vieh als das bedeutendste Vermögen war. Ob ursprünglich in sinnlicher Bedeutung f. v. a. (Zu-)Schlag, Einschlagen, wenn man goth. káupatjan (d. i. káup-at-j-an) = einen beohrfeigen, dann mhd. kouflagen (ahd. choufslagôn?) = laufen, u. der Kaufschlag = Handel vergleicht? S. Grimm's Rechtsalterth. 606. Das Verbum laufen lautet mhd. koufen, ahd. (aber selten vorkommend) choufôn, goth. káupôn (nur Luc. 19, 13, = Geldgeschäfte treiben), altsächf. côpôn, woneben mhd. koufen (= köufen) u. auch noch ohne Umlaut koufen, ahd. (sehr geläufig) choufan [d. i. chouf-j-an], unser leufen, läufen. Der Käufer, mhd. koufer, ahd. choúfari. Der Kauffahrer, niederd. köpfarer. Die Kauffartei, trotz der Schreibung Fahrt, ohne h, weil sich in diesem Theil der Zusammensetzung die ursprüngliche Kürze hochdeutsch wieder geltend machte, ist erst im 17. Jahrh. ins Hochdeutsche aufgenommen aus niederd. die köpvárdije, niederl. koopvaardij, einer Ableitung von Kauffahrt ahd. chouffart (?), und hat sich ins Hochdeutsche um-gebildet, weshalb auch t und nicht b, welches Abelung beibehalten wiſſen will und ohne Nachfolge, weil unnöthiger Weise, Kauffahrbey schreibt. Ebenso Kauf-farteischiff hochdeutsch aus niederd. köpvárdijeschip, niederl. koopvaardijschip. läuflich, mhd. kouflich (als Adv. koufliche), ahd. chouflîh. der Kaufmann, mhd. der koufman, ahd. choufman; die Kaufleute, mhd. koufliute, ahd. (im

Boethius) chonfliuto; die Kaufmannſchaft, mhd. koufmanschaft [= Handel⸗
ſchaft]. Für Kaufmannsfrau im Mhd. das koufwîp (Kaufweib).

der Kauffahrer, die Kauffartei, das Kauffarteiſchiff ꝛc., ſ.
Kauf.

der Kaulbârſch, —es, Pl. Kaulbärſche (mit langem ä), urſpr. Kaul⸗
bârs, aber auch Kaulbörs u. Kaulbörſch (beide mit langem ö),
ein dick⸗ u. kugelköpfiger Barſch (ſ. b.) oder Börs (ſ. b.), lat.
pérca cérnua.

    Kaul iſt das in Mitteldeutſchland übliche die Kaul, Kaule, auch bei Al⸗
berus kaul, mittelb. die küle (*Alkis* S. 105, 87), in Zuſammenſetzungen des
12. Jahrh. cûl (ſ. Kaulkopf), = Kugel, welches, wie mittelrhein. die küle =
Keule (lat. *clôva. Vocab. ex quo* v. J. 1469) zeigt, als die mittelb. Form von
mhd. die kiule unſerm Keule (ſ. b.) erſcheint, beſonders da dieſes mhd. Wort
in ſeiner Bedeutung ſich auch auf das obere dicke runde Ende oder den (Kugel⸗)
Knopf des Kolbens (*Parzivâl* 570, 6) beſchränkt. Vgl. hierzu Roßkolbe.

der Käuler, beſſer Keuler, oder das Kaulhuhn, = Huhn mit ku⸗
gelichtem, ſchwanzloſem Hintern.

    Kaul ſ. unter Kaulbarſch. Die Schreibung Keuler wegen Keule.

der Kaulkopf = Gropp (ſ. b.) oder Kaulquappe; Kaulbarſch.

    Kaul (ſ. Kaulbarſch) wegen des dicken kugelförmigen Kopfes. Im 12. Jahrh.
das cûlhoubit (*gloss. trevir.* 4, 29), altniederb.⸗hochb. cûlhouvet (*gloss. jun.* 278),
d. i. hochb. Kaulhaupt, der Gropp, lat. *góbio.*

die Kaulquappe, Pl. —n, der Gropp, lat. *cóttus góbio.*

    Über Kaul ſ. Kaulbarſch, und ſ. Quappe. Der Name wegen des dicken,
kugelförmigen Kopfes, worauf auch die meißniſche Benennung der Rotzkolbe
deutet.

kaum, Adv. : mit Mühe u. Noth, mit genauer Noth.

    Mhd. kûme, ahd. chûmo. Das Adv. zu dem ſeltenen mhd. Adj. kûm, ahd.
chûm (?), = ſchwach, krank, elend, eig. „beklagenswerth“, wie auch das mhd.
Verbum kûmen = krank u. elend ſein, ahd. chûman (altſächſ. cûmian) u. chûmôn
= beklagen, betrauern, beweinen, zeigt. Gleicherweiſe wie jenes kûme von kûm
iſt das lat. ægre = verdrießlich, kaum, von æger = krank, verdrießlich.

die Kaupe, Pl. —n : Federbüſchel auf dem Kopfe des Vogels.

    Bei Alberus (1540) die kaup, kaupp mit dem Adj. keupicht, und auch
nach der Volksſprache z. B. der Wetterau ꝛc. p. Niederl. die kuif in derſelben
Bedeutung; aber altnord. der kûfr = Wölbung, Kuppe.

kauſcher, nach gemeinjüdiſcher Ausſprache ſt. kôſcher, ſ. b.

die Kaute, Pl. —n : geringere Bodenvertiefung, Grube.

    Bei Alberus die kaut, mhd. (ſchwachbiegend) die kûte, ahd. chûta (?).
Auch in Leimenkaute (in mittelb. Urkunden aus dem 15. Jahrh. die leimen⸗
kûte), Sandkaute, Schneidkaute (der Zimmerleute) ꝛc.

die Kaute, Pl. —n : oben zuſammengebrehter Büſchel gehechelten Flachſes.

    Schon im 15. Jahrh. mittelb. die kawte d. i. kûte.

† das Kautſchuk (u vor k kurz) = Federharz, gummi elásticum.

    Durch franz. der cahoutchou, caoutchouc aus dem Südamericaniſchen.

der Kauz, —es, Pl. —e, Art kleiner schreiender Eulen. Gern im Dim.
das Käuzlein u. das Käuzchen.

> In starke Biegung übergegangen, denn älter-nhd. der Kauz, —en, Pl. —en,
> eig. der Kauze, —n, Pl. —n (s. das folg. Kauz), mitteld. der kûze (in steyn-
> kûtze Steinkauz im *vocab. ex quo* v. J. 1469), mit dem ebenfalls im 15. Jahrh.
> vorkommenden Dim. das kützlîn d. i. kiuzlîn, auch bei Luther (5 Mos. 14, 16.
> Ps. 102, 7) „Kützlin", unser Käuzlein. Das Wort scheint mit Verschiebung
> des t in z aus franz. die chouette = Kauz v. altfranz. choe, provenzal. cau,
> chau, = Uhu.

der Kauz, — es, Pl. Käuze (z. B. bei Göthe im Faust) : als eigenthümlich, seltsam auffallender Mensch.

> Starkbiegend, sogar mit umlautendem Plural, während ursprünglich und noch
> im Simplicissimus (1669) schwach der Kauz, Gen. des Kauzen, Pl. die Kau-
> zen. Bildliche Anwendung des vorhergehenden der Kauz.

kauzen, was kauchen, sich ducken. Bei Göthe V, 225 transitiv.

> Das niederd. kûzen, welches entlehnt scheint aus poln. kuczyc, kuczec, kucznac,
> = hocken, sich ducken.

† der Kaviar, weil üblich auch mit C, besser Caviar (s. b.).

der Kaviller, ungebräuchlich, jetzt nur Kafiller (s. b.).

das Kebskind (é tief), —es, Pl. —er : Nebenkind. das Kebsweib
(é tief), —es, Pl. —er : Nebenweib.

> Adelung will das e gedehnt wissen, aber die übliche und ursprüngliche Aus-
> sprache ist dagegen. Mhd. das kebeskint u. das kebeswîp, zusammenges. mit
> mhd. die kebes ahd. chepis = Nebenfrau, Concubine, woneben auch mhd. die
> kébese ahd. chépisa goth. kabisa (? oder kabiza?) angelsächs. (mit i für a) cifese,
> ursprünglich, wie altnord. der kêfsi oder kêfsir = verdrießlicher, unfreiwilliger
> Knecht zeigt, s. v. a. Sclavin, und die Kebsweiber und Beischläferinnen wurden
> geraubt oder aus unfreien Mädchen genommen. Ähnlich im Gr. die pállax =
> Mädchen u. Beischläferin als kriegsgefangene, geraubte Sclavin.

keck = lebensfrisch, -muthig; lebhaft; rasch; zu kühn. Zusammens. : die
Keckheit (mhd. kêcheit); kecklich (mhd. kêclichen).

> Mhd. kêc, ahd. [selten und erst bei *Notker* († 1022)] chêc (Gen. chêcches),
> chêch. Eins mit queck (s. b.) mhd. u. ahd. quêc, nur ist das u verschwunden,
> wie in Roth (s. b.).

der Kegel, — s, Pl. wie Sing. : spitzig zulaufender, einen Kreis zur
Grundfläche habender Körper. Daher kegeln.

> Mhd. der kegel, ahd. chegil (Pflock, Nagel). Das Verbum lautet mhd. kégelen
> (Grimm's Gramm. II, 115), ahd. chegilôn (?). Die Herkunft ist dunkel.

der Kegel in „Kind und Kegel" = eheliche u. uneheliche Kinder,
alle Angehörigen insgemein.

> Schon mitteld. „kint und kekel« (*Benecke-Müller* I, 794ᵃ). Mitteld. der
> kekel, spät-mhd. kegel, = uneheliches Kind. Unbekannter Entstehung.

die Kehle, Pl. —n : Luft-, Speiseröhre; Hals vor der Luftröhre; Luft-
röhrenartiges. Daher : kehlen = die Kehle abschneiden; rinnenar-

tig höhlen. Zusammens. : der Kehlkopf oder -knopf ꝛc. Vgl.
Kelch = herabhangende Fetthaut zwischen Kinn und Hals.

Mhd. die kël, ahd. cëlä, chëlä, goth. kilö (?). Das Wort, auf ein wie
höhlen, stöhlen ꝛc. biegendes Wurzelverbum (goth. kilan? Prät. ich kal? wir
këlum? Part. kulans?) zurückgehend, stimmt lautverschoben mit lat. die gula
Speiseröhre.

die Kehr, Pl. —en, mhd. die kêre, ahd. chêra. Von kehren, mhd.
kêren, ahd. kêran, chêran, goth. káisjan (?), altsächs. kêrian, =
entgegengesetzte Richtung geben oder nehmen. Dieß deutlich in : die
Kehrseite.

Bei Luther im Prät. kerete u. (nach mitteld. karte, karde) auch kart. —
Sollte der Grundbegriff erscheinen in altnord. keira = geiseln, vorwärts treiben?
Das Subst. der Kehr, mhd. der kêr, ahd. chêr, findet sich nur noch in Berkehr.

kehren s. die Kehr. Gänzlich verschieden hiervon ist kehren, mhd.
kern, ahd. cherran, = durch Streichen mit Besen, Bürste u. dgl. von
Unreinigkeit befreien. Daher : das (ungut der) Kehricht (s. Anm.),
ohne Plural. Zusammens. : der Kehraus, im 15. Jahrh. kerauß, ker-
ûz, = althergebrachter Schlußtanz, eine Imperativzusammensetzung;
der Kehrbesen, mhd. kerbëseme, spät=ahd. kerbësimo (gl. trevir.
18, 18); der Kehrwisch ꝛc.

Jenes ahd. cherran, durch Lautangleichung aus älterem cherjan, mag im Goth.
kas-j-an gelautet haben und führt dann auf ein goth. Wurzelverbum kisan (? Prät.
ich kas? wir kêsum? Part. kisans?), wozu auch altnord. kasa = häufen (gleichsam zusammenstreichen) gehört. Das Kehricht, schon im vocab. incip. treuis.
ante lat. keracht, mit angetretenem t aus mhd. das kerach (?), mitteld. kerech
(? woraus das älter=nhd. Kehrich), deren -ach, -ech im Abd. -ahi lautet nur
nur sächliche Substantive bildet. Der Kehrig in Göthe's Göz (Act 4) ist
falsche Schreibung bei auch sonst vorkommendem, aber ungutem männl. Geschlecht.

die Keiche, Pl. —n : dumpfes Gemach; Kerker.

Eig. „den Athem benehmendes, pressendes Gemach." Mhd. die kîche, ahd.
chîbhä (?), v. keichen (s. d.). Auch die Kauche, Keuche, wie keuchen (s. d.)
neben keichen.

keichen = schwer athmen. Zusammens. : der Keichhusten (u lang).

Mhd. kichen, ahd. chîbhan (?), woher mhd. der kiche = das Keichen. Vgl.
das gleichbed. keuchen u. die Keiche.

keifen, Präs. ich keife, Prät. kiff (Conj. kiffe), Part. gekiffen, Imp. keif,
— auch schwach im Prät. keifete, keifte, im Part. gekeifet, gekeift, im
Imp. keife : sich zänkisch auslassen. Daher : der Keifer, mit die
Keiferin; keifisch, Adj.

Wie Hafer st. Haber (s. S. 89), Hufe st. Hube ꝛc. aus dem Niederd. aufgenommene Form mit f : mittelniederd. kiven zanken (starkbieg. Rein. Vos 4987),
aachenisch kive (Müller u. Weiß 102), niederl. kijven (starkbieg., Prät. keef,
Part. gekeven). Die eigentlich hochd. Form müßte keiben lauten, d. i. mhd.
(sehr selten vorkommend) kîben, woneben aber schon im Mitteld., also aus dem

Niederd., kifen eindringt. Häufig dagegen ist im Mhd. der kip = leidenschaft-
licher Eifer, Gewaltthätigkeit, mittelniederd. kif, mittelniederl. kijf. Vgl. Kibbeln.

der Keil, — es, Pl. — e : spitzsäulenartiges Werkzeug zum Spalten,
Zwischeneinschieben ꝛc. Daher keilen.

Keil ist mhd. der kil = Pflock (*Wigalois* 88, 4), und keilen mhd. kilen.

der Keiler, —s, Pl. wie Sing., richtiger Keuler : wilder Eber.

Ein Jägerausdruck. Zuerst in gräflichen Küchenwochenzetteln zu Büdingen in
der Wetterau v. J. 1608, wo kepler. Dann 1691 bei Stieler, der Sp. 909
Keuler und Keiler hat. Jacob Grimm schreibt Keuler. Das Wort
scheint frembher. Litthau. kuilys, lettisch kuilis, = männliches Zuchtschwein.

der Keim, —es, Pl. —e : ausbrechende, junge Samensprosse. Daher :
keimen, Prät. keimete, keimte, Part. gekeimet, gekeimt.

Urspr. der Keime, —n, Pl. —n, mhd. der kîme, ahb. chîmo, goth. keima(?),
doch daneben auch schon im 12. Jahrh. der kîm. Von dem Subst. ist weitergebildet
unser schwaches keimen, im 12. Jahrh. chîman. Mit ableitendem m (also ahb.
chî-m-o) von dem goth. Wurzelverbum keian (Prät. ich kái, wir kijum, Part.
kijans) = ausbrechend als Anfang einer Pflanze erscheinen (Luc. 8, 8), woher
auch mit intransitiven Sinn mittheilendem n goth. keinan (ei aus ij), ahb. chînan,
früh-mhd. kînen, altsächs. kînan (*Héliand* 73, 9. 21), = sich auseinanderspalten,
keimen. Vgl. Grimm's Gramm. IV, 26.

kein, = „nicht ein", zahlwortartiges Adjectivpronomen, welches, seiner
Bildung mit ein gemäß (s. Anmerk.), unverbunden d. h. ohne beglei-
tendes Substantiv männl. keiner, weibl. keine, sächl. keines, keins
hat, aber mit dem Subst. verbunden kein, keine, kein. keinerlei,
mhd. keiner lei, keiner leie, ist gebildet wie einerlei (s. d.).

Kein mit noch einer Verneinungspartikel (kein — nicht, nie — kein, nirgends
— kein) ist von jeher stärkere Verneinung, z. B., „Wenn doch kein Grab nicht
wäre!" (Klopstock). „Kein Andrer hat es nie" (Göthe). „Nirgends
kein Richter" (Schiller, Wall. Tod 3, 15). — Mhd. kein, chein, ist gekürzt
aus dem gleichfalls mhd. nekein oder (mit üblicher Umstellung des ne) enkein,
ursprünglicher (da k aus ch) nechein, ahb. nihhein nihein (das im Mhd. auch
zu nehein ward, gekürzt bloß hein) d. i. nihh-ein, nih-ein, welches zusammenges.
aus der mit lat. nec, neque in Lautverschiebung und Sinn stimmenden goth.
Partikel nih [eig. ni-uh d. i. die Verneinungspartikel ni mit dem dem lat. -que entsprechenden goth. Anhängsel -uh] und aus dem Zahlwort ein (s. ein 1). — Bedeutet aber mhd. kein s. v. a. „irgend ein", dann ist es wol gekürzt aus dem
gleichbed. mhd. dekein, dechein, dehein, ahb. dichein, dihein d. i. dich-ein,
dih-ein.

keinesfalls, keineswegs (auch noch keineswéges), aneinandergerückte Genitive als Adverbien gebraucht.

Urspr. betont keinesfálls, -wégs. Im 16. Jahrh. *keins wégs*, bei Luther
keinswéges, = lat. *nullo modo*.

-keit = heit, z. B. Bitter-, Frömmig-, Süßigkeit ꝛc.

Ähnlich dem kein (s. d.) aus chein, nechein, ist schon mhd. -keit mit all-
mählichem üblichen Übergange des ch in k aus -ec-heit d. h. der mhd. adjecti-

vifchen Ableitungsſylbe -ec uhd. -ig (ſ. -ig 2) und -heit (ſ. d.) entſtanden, in welcher Verbindung das auslautende c mit dem anlautenden h zu ch verſchmolzen ward, z. B. mhd. ſüezecheit (d. i. ſüezec-heit) ſüezekeit Süßigkeit ꝛc. Aber dieſe ch(c-h)- oder k- Form findet dann auch unorganiſch da ſtatt, wo das erſte Wort einfach d. h. nicht mit -ec abgeleitet geweſen ſein muß, z. B. mhd. bittere-heit bitterkeit Bitterkeit ſt. bitterheit ꝛc.; ebenſo nach -lich z. B. mitteld. die geiſtlichkeit (ſt. geiſtlich-heit, geiſtlichkeit), wiewol hier k zunächſt aus dem auslautenden ch von -lich entſprang, mit welchem das h von -heit verſchmolz.

der Kelch (e wie ä), —es, Pl. —e, bekanntes Trinkgeſchirr.

Mhd. der kelch, frühe kelich, ahd. kelih, chelih, entlehnt aus dem gleich-bed. lat. der cálix (Gen. cálicis), welches vielleicht das ſanſkr. der u. das kalaça = „irdenes Gefäß“ iſt. Verſchieden von dem folgenden

der Kelch (e wie ä), —es, Pl. —e : Blütenhülle am Stengel.

Mit dem vorwärts ſchreitenden Studium der Pflanzenkunde erſt im 17. Jahrh. gegen deſſen Ende (1691) Stieler Sp. 916 Kelch vom Roſenkelche und dem offenen Roſenknopfe hat. Aufgenommen aus lat.-gr. der cályx, gr. kályx (κάλυξ). = Blütenkelch, -knoſpe, beſ. Roſenknoſpe, urſpr. Hülle, Hülſe (der Knoſpe).

der Kelch, —es, Pl. —e : herabhangende Fetthaut zwiſchen Kinn und Hals. Aus dem Hochd. leider verſchwunden.

Wetterauiſch der Kalch oder Kalk; bei Alberus (1540) das kelklin. Schon im Mhd. außer Gebrauch, aber im 10—12. Jahrh. der châlc, chêlich, chêlch. chôlh, = Kropf, abgeleitet v. ahd. chêlâ Kehle (ſ. d.).

die Kelle (e wie ä), Pl. —n : breiter, tiefer Löffel mit langem Stiele: Maurerwerkzeug zum Auffaſſen, Anwerfen und Streichen des Kalkes ꝛc.

Mhd. die kelle, ahd. chella, ſelten chellâ. Wol durch Lautangleichung aus chal-j-a, ſchwerlich gekürzt aus mittellat. die cocilla (voc. ex quo v. J. 1469. welcher durch eyn kell verdeutſcht) oder mittellat. die cócula = eiſernes Gefäß. Muſchel, das cóculum Kochgeſchirr v. cóquere, cócere kochen.

der Keller (é wie ä), —s, Pl. wie Sing. : Aufbewahrungsort für Speiſen, Getränk ꝛc. in der Erde. Zuſammenſ. : der Kelleraſſel (ſ. Aſſel), im gemeinen Leben Kellereſel, ꝛc.

Mhd. der keller, kéllære, ahd. chéllari, mit Verſchiebung des c zu ch aus lat. das cellárium = Speiſebehältniß, v. lat. die cella = Wirthſchafts-, Vor-rathskammer.

der Keller (é wie ä) = Kellerbeamter, ſ. Kellerei.

die Kellerei (e vor ll wie ä) = Amt der herrſchaftlichen Keller-aufſicht oder der Gefälle an Wein u. dgl., dann die Amtswohnung des Kellerbeamten.

Von der Keller, im 14. Jahrh. keller, kéllære, = Kellermeiſter, Beamter der die herrſchaftlichen Gefälle an Wein ꝛc. erhebt u. verrechnet, welches aus lat. der cellárius = Keller-, Küchenmeiſter v. lat. cella (ſ. Keller 1).

der Kelleresel (é wie ä), —s, Pl. wie Sing., ſ. Aſſel.

der Kellerhals (é wie ä), —es, Pl. Kellerhälſe, mhd. kellerhals : vorſpringender gewölbter Eingang eines Kellers.

der Kéllerhals (é wie ä), —es, Pl. —e, Dáphne mezerêum.

1470 der kellerhals, 1482 kelerßhals (voc. theut. Bl. e 5ᵃ), altwestphäl.-
kelderhals, deſſen keller, kelder unerklärlich iſt, aber hals Hals vielleicht des-
wegen im Namen vorkommt, weil das Holz, Kälbern um den Hals gewunden,
die Läuſe vertreibt.

der Kéllner (é wie ä), —s, Pl. wie Sing. : der den Keller d. h.
. das Getränk in einem Gaſt- oder Wirthshauſe zu beſorgen' hat. Daher die Kéllnerin, mhd. kélnerin, kélnerin.

Mhd. der kélnære, ahd. (10. Jahrh.) kélnari, dann kélnari, aus mittellat. der
cellenárius (Schmeller II, 289) v. lat. die célla (ſ. Keller).

die Kélter (é wie ä), Pl. —n : Wein=, Eſſig=, Ölpreſſe. Daher : kél-
tern mit der Kélterer. Zuſammenſ. : der Kélterbaum ꝛc.

Zuerſt = „Weinpreſſe.“ So im 15. Jahrh. die kelter, kellter (voc. theut. v.
1482 Bl. q 2ᵇ), im 14. Jahrh. caltur [und noch in Franken die Kalter (Schmeller II, 293)], im 12. Jahrh. kelter [in der kelterboum (gl. trevir. 11, 11)],
ahd. (noch mit unausgefallenem c zwiſchen l und t) die calctûre, calcatûrâ
(Tatian 124, 1), aus lat. die calcatûra = das Treten, nicht aber aus dem ebenfalls v. lat. calcâre = treten, dann auch keltern, abgeleiteten das calcatórium
= Weinkelter. Urſpr. wurde der Wein in der Kelter getreten, ſpäter gepreßt.

die Kémnate, Pl. —n : das die Wohnzimmer des Großen enthaltende
Wohngebäude innerhalb der Ringmauer der Burg, früher aber das
heizbare Wohngemach am Hofe. Veraltet.

Mhd. die kemenât, kemenâte, ahd. cheminâta, aus altromaniſch u. mittellat.
(ſchon 584) die camminâta, caminâta, = heizbares Zimmer [weshalb im Angelſächſ. fyrhûs überſetzt], im Italieniſchen ſ. v. a. „Saal“, v. lat. caminâre =
„nach Art eines Kamines (lat. camínus, ſ. Kamin) zuſammenfügen“, dann im
Mittellat. wol auch „mit einer Feuerſtätte (camínus) verſehen.“

der Kénnel, —s, Pl. wie Sing. : Rinne. Daher kénneln.

Beſſer als Kännel (ſ. d.) u. känneln und in ſeiner Herkunft verſchieden von
die Kandel (ſ. d.) u. kandeln (ſ. d.). Denn Kennel iſt mhd. die (oder der?)
kenel (auch in dachkenel), kanel, ahd. kanil, canal, chámmali, chánali, =
Rinne, Goſſe, Canal, entlehnt aus lat. der canâlis = Röhre, Rinne.

kénnen, Präſ. ich kénne, Prät. kánnte (Conj. kénnete), Part. gekánnt :
im Bewußtſein haben. Daher : der Kénner, mit die Kénnerin;
die Kénntniß (eig., in hiſtoriſcher Schreibung, Kentnis); die Kénn=
ung. Zuſammenſ. : kénnbar; kenntlich (eig. hiſtoriſch kéntlich).

Das rückumlautende d. h. im Prät. u. Part. Prät. auf den urſprünglichen
reinen Vocal (a) zurückkehrende Verbum lautet im Mhd. kennen (Prät. Ind. u.
Conj. ich kante, kande, Part. gekant, kamt u. gekennet), ahd. chennan (d. i.
chan-j-an), kommt aber außer den Zuſammenſetzungen be=, erkénnen ꝛc. im
Mhd. höchſt ſelten, im Ahd. gar nicht vor. Es iſt abgeleitet v. dem Prät. eines
vor- auszuſetzenden goth. Wurzelverbums zweiten Grades kinnan [Prät. ich kann
(ahd. cham), wir kunnum, Part. kunnans] = zeugen (lat. gignere, vgl. erkennen), welches, in ganz alter Zeit durch Lautangleichung aus kin-j-an gebildet,
auf eine gleichbed. goth. Urwurzel kinan (Prät. ich kan, wir kénum, Part.

kunans) zurückzuführen ift. Jener Wurzel zweiten Grades gehört können u.
kann) an, diefer Urwurzel Kind sowie goth. das kuni Geschlecht (f. König)
Diefelbe ftimmt der Lautverschiebung gemäß mit lat. génui = ich habe ge-
erzeugt, gr. gennân (γεννᾶν) = zeugen, fanftr. dschan = geboren werden. Zeugen
(gignere) und erkennen (abftract = geistig zeugen) aber find vielfach in einander
greifende Vorftellungen. Vgl. Grimm's Gesch. d. deutsch. Spr. 901. — Kenntniß u. kenntlich, mhd. (in Zusammensetzung) kantnisse u. kantlich, find von
dem Part. Prät. kant abgeleitet und mit ihm zusammengesetzt, weshalb hiftoriich
nur Ein n ftatthaft bleibt. Das n vor -isse in kantnisse ift, wie oft in -nisse
unorganisch eingetreten.

der **Képer**, —s, ohne Pl. : Webeart, daß sich die Fäden des Einschlags
mit benen der Kette schräg durchkreuzen. Daher **képern**.

Auch mit ö ftatt e, wie in börren, Hölle, Löffel, schwören ec., der Köper u.
löpern, welche Schreibung aber unnöthig und nicht zu empfehlen ift, eben so
wenig als z. B. ergötzen ft. ergetzen (f. b.). Das Wort ift nicht hochdeutsch, sondern das niederd. keper u. kepern; jenes aber ift urfprünglich niederländisch, wo
es die keper lautet und auch winkelhakenartig zulaufende Sparren im Wappen
bezeichnet. Ob diefes keper von niederl. die keep Kerbe?

die **Kérbe**, Pl. —n : spitzwinkeliger Ein= u. Ausschnitt. Von kérben.
Zusammens. damit : das **Kérbholz**, 1470 kërbholcz; der **Kérb-**
stock, altclevisch kervestock; das **Kérbthier** (= Infect).

Kerben lautet spät=mhd. kërben, angelfächf. cëorfan (= einschneiden).

der **Kérbel**, —s, ohne Pl., eine bekannte Suppenpflanze.
Mit b aus v (vgl. Abenteuer, aber); denn mhd. die kë́rvele, ahd. die kë́rvela,
kë́rvila, kë́rvola, chë́rvola, angelfächf. cërfille, aus dem lat. Namen das cere-
fólium, cœrefólium, gr. chairéphyllon (χαιρέφυλλον). Nicht v. kérben.

kérben, das **Kérbholz**, der **Kérbstock** ec., f. **Kérbe**.

der **Kérker** (é wie ä), —s, Pl. wie Sing. : hartes Gefängniß.
Mhd. der kérkære, kárkœre, ahd. der kárkâri, chárchari, goth. die kar-
kara, mit Verschiebung des lat. c zu deutschem ch, im Goth. u. Ahd. a ftatt e
und mit Verlängerung um eine Sylbe aus dem gleichbeb. lat. der cárcer.

der **Kérl** (e wie ä), —es, Pl. —e : berbe Mannsperson.
Das mittelb. der kerl = Mann (verächtlich. *Passional* 157ᵃ, 5), altclevisch
(1475) der kerle = Dorfmann (*Teuthonista*), ftatt mhd. der karl = Mann,
Ehemann, ahd. charal, welche fich in unferm Mannsnamen Karl (f. b.) erhalten haben. Der gemeine Nom. der Kerls, Kerles gieng aus dem Gen. hervor, und der Pl. die Kerls ift niederdeutsch.

† der **Kérmes** (é wie ä), Gen. Sing. u. Nom. Pl. ebenfo : hochrothes
Farbeninfect, Scharlach=Schildlaus.
Span. der alkérmes, alquérmes, arab. (mit dem Artikel al) alkirmis, aus der
perf. Benennung kirmis, welche (da perf. s ftatt fanftr. dsch) das fanftr. krimi-
dscha, = vom Wurm (perf. kirm, fanftr. krimi, f. Carmin) erzeugt (fanftr.
dscha v. dschan erzeugen, f. kennen), ift.

der **Kérn**, —es, Pl. —e : Fruchtkörper der Pflanze im Gegenfatz zur

Schale; [bildlich :] Innerstes u. Stoffhaltiges; Bestes, Vorzüglichstes. Daher : kernen; kernicht u. kernig. Zusammenf. : kernhaft.

Mhd. der kern (Gen. des kërnes) neben dem ursprünglichen schwachbiegenden der kërne (Gen. des kërnen), ahd. chërno, altnord. kiarni (f. auch kernen), welches bei auch sonst üblicher Versetzung des r lautverschoben stimmt zu lat. das grânum = Korn u. Kern, slaw. zr'no, litthau. der z'irnis Erbse, und Kern und Korn (f. b.) stehen im Ablaute zu einander. Oberd. mit bewahrter schwacher Form der Kërn, — en, oder der Kërnen = ausgedroschenes u. gereinigtes Getraide, bef. Spelz, wie auch schon jenes mhd. der kërne vorkommt. Das Verbum kernen stimmt der Form nach mit mhd. kërnen, welches aber = Kern erzeugen oder hervorbringen, während mhd. kirnen ahd. chirnan die Bed. unseres kernen u. dreschen hat.

der Kërnen, —s, ohne Pl. : Spelz außer den Hülfen, f. Kërn.

kërnen, auch kirnen (f. b.) = zu Butter rühren. Oberpfälzisch (Schmeller II, 331). Damit zusammengef. : die Kërnmilch = die Rührmich, Buttermilch.

Niederb. karnen, niederl. kernen, karnen, engl. churn, schottisch kirn, altnord. kirna, urspr. = Rahm bearbeiten, v. altnord. der kiarni = Nußkern u. Milchrahm, d. i. mhd. der kërne (unser Kern), insofern dieß „das Beste wovon" bedeutet, und auch noch oberpfälzisch u. nürnbergisch der Kern = Milchrahm zum Buttermachen. Die Kernmilch, niederl. die kerne-, karnemelk, schott. kirnmilk.

der Kërner (ë wie ä) = Beinhaus, besser als Gerner, f. b.

die Kërze, Pl. —n : gerades Wachs-, Talglicht 2c.

Mhd. die kërze, ahd. chërzä u. charza, charz. Aus einem von lat. die cêra Wachs abgeleiteten unbekannten altromanischen Worte.

der Këssel (ë wie ä), —s, Pl. wie Sing., ein bekanntes Koch-, Braugefäß aus dünnem Metall und ohne Füße. Daher der Kësseler, gekürzt Këßler, = Kesselschmied.

Historisch richtig schriebe man Keßel u. Keßeler; denn mhd. der keggel, ahd. chezil (mit regelrechter Verschiebung des c oder k und t in ch und z), goth. der katils, angelsächf. cetel, aus lat. der catînus = Napf, Tiegel, Kessel. Aber auch ohne Übergang des n in l aus lat. das catînum im Ahd. das cheggin, gekürzt cheggi, mhd. keggi. Die Slawen entlehnten ebendaher der kotl", die Litthauer der kátilas, = Kessel.

der Kësser (ë wie ä), —s, Pl. wie Sing. : kleines Beutelnetz.

Eigentlich Kescher. Aus holstein. der Ketscher, dän. ketse; schwed. die katsa = Fischerzaun am Flußufer, um Fische zu fangen; eng. catcher Fischhamen, v. engl. catch fangen.

die Këtte, Pl. —n : gegliedertes 2c. Bindemittel. Daher : këtten.

Bei Luther, wie noch bayerisch 2c., die Ketten, mhd. die kétene, ahd. kétina, kétinä, chétinna, aus dem gleichbed. lat. die catêna. Im Nhd. ist also, wie auch z. B. in Ferse, Rabe, das auslautende n abgestoßen.. Das Verbum ketten lautet, dem lat. catenâre gemäß, im Ahd. chetennôn (d. i. chetinnôn).

bie Kétte, Pl. —n, beffer bie Kitte : Volk (bie Jungen fammt ben Alten) jagbbarer Hühner. Bei ben Jägern.

Statt bie̯ u. bas Kütte, Kütt, wie noch bayerifch u. fchweizerifch (Schmeḻler II, 344. Stalber II, 147 f.); in Herr's überf. Columella (1538) Bl 85· kütte von einer Vogelfchar, ahb. bas cutti = Heerbe (z. B. ber Schweizer Tatian 53, 9. 10), aber altfrief. (mit e = u) kœdde, währenb bie Kette = ·gegliebertes Vinbemittel altfrief. kede lautet.

ber Kétzer (é wie ä), —s, Pl. wie Sing. : Jrrgläubiger. Daher : bie Ketzeret; kétzern in verkétzern; kétzerifch.

Mhb. (im 12. Jahrh. aufgekommen) ber ketzer, aus lat.·gr. Cátharus (gr. καϑαρός = rein) b. h. Angehöriger ber manichäifchen Secte ber Cathari, welche fich im 11. u. 12. Jahrh. im Abenblanbe verbrettete unb von ber rechtgläubigen Kirche verfolgt wurbe. Die Jtalliener fprechen biefen Namen Gázzari aus, mit über z aus th vgl. z unb Minze, Strauß ꝛc. Die Ketzerei lautet mhb. ketzerie.

bie Keuche, Pl. —n, richtiger Keiche, f. b. unb vgl. auch keuchen.

keuchen, richtiger keichen (f. b.), ift mit biefem im Urfprunge nicht eins, fonbern mhb. kûchen = hauchen woraus fich bie Bbb. „fchwer athmen" entwickelte.

bie Keule, Pl. —n : einem Stabe vergleichbares unten kugelknopfartiges Schlagewerkzeug ꝛc. Zufammenf. : keulenförmig.

Mhb. bie kiule. Vgl. Kaul unter bem Worte Kaulbarfch.

ber Keuler = wilber Eber, weniger gut Keiler, f. b.

ber Keuler = ungefchwänztes Huhn, f. Käuler.

keulich (1 Kön. 7, 41) = kugelich. Jetzt lieber käulich.

Statt keul·lich. Von bie Kaul (f. Kaulbarfch).

keufch = fittenrein, bef. in Anfehung bes Gefchlechtsverhältniffes. Daher bie Keufchheit.

Mhb. kiusche, ahb. chûsci, als Abv. mhb. kiusche, ahb. chûsco, = vernünftiger Überlegung, nicht blinbem Triebe ergeben; fittfam u. enthaltfam; enthaltfam vom Gefchlechtstriebe unb ber Ehe. Die Keufchheit mhb. kiuscheit, wofür gewöhnlich mhb. bie kiusche ahb. chûsci b. i. neub. bie Keufche.

kibbeln = fich in kleinen Zänkereien auslaffen.

Mhb. kibbeln, kibelen. ahb. chipilôn (?), altclevifch (1475 im Teuthonista) kyblen, auch nieberb. kibbeln, mittelb. kivelen, kifelen. Aus ber Pluralform bes Prät. v. mhb. kiben (Präf. ich kibe, Prät. ich keip, wir kiben, Part. gekiben?) keifen, f. b.

ber Kibitz, üblicher mit Dehnung bes erften i Kiebitz, f. b.

bie Kicher, Pl. —n, gewöhnlich bie Kichererbfe, eine Erbfenart.

Mhb. bie kicher, ahb. chícherâ, chíchirrâ, chichurrâ, (mit Angleichung bes i zu r aus) chichuriâ (b. i. chihhuriâ). Mit regelrechter Verfchiebung bes c in ch aus lat. bie cicera = Platterbfe, welches Wort mit lat. bas cicer Kichererbfe gleichbebeutenb genommen unb womit felbft noch bas ganz verfchiebene romanifche (ital.) bie cicória Cichorie vermengt wurbe.

kichern = mit feinem Tone in fich hinein lachen.

Mit bem im Mittelbeutfchen eintretenben i ftatt e, benn 1483 kechern nach

das »kecherlich lachen« in *Eychmanns vocab. predicantium* Bl. c 3 ₐ, (nach Übergang des -ar in -ir und dadurch bewirktem Umlaute wol aus) ahd. chahharôn (?),
v. dem aus (lat. der cachinnus = helles Lachen u.) cachinnâre = laut auflachen
gebildeten mhd. (der kach = lautes Lachen u.) kachen = laut lachen, welches
auch in dem gleichbed. ahd. chahazan (chahh-az-an) zu Grunde liegt.

der Kids, —es, Pl. —e : Fehlstoß im Billardspiele.
> Ähnlich Knicks gebildet, aus engl. kick = Stoß, Fußstoß.

der Kiebitz, —es, Pl. —e, auch Kibitz (f. b.), ein bekannter Vogel.
> Nach niederd. u. mittelniederd. der kyvit, niederländ. die kievit; denn oberd.
> mit G, z. B. bayer. der Geibitz, 1419 geybitz, 1445 gaw'bicz (Schmeller II,
> 13), 1482 gôbytz (*voc. theut.* Bl. k 6ₐ), in Sebastian Helbers Sylben-
> büchlein S. 37 der geiwitz unter den Wörtern mit ei = mhd. î und also
> neben gîwitz. Der Name, mit lat. die gâvia zusammengehörig, stimmt mit dem
> Rufe des Vogels.

bie Kiefe, s. die beiden nachfolgenden der u. die Kiefer.

der Kiefer, —s, Pl. wie Sing. : der Kinnbacken.
> Schon bei Stieler (1691) Sp. 937 der Kifer. Zunächst weiblich, also die
> Kiefer, mit ableitendem -er; eig. die Kiefe. Mit f aus dem Niederd., wo
> man die kiffe sagt, und dieses f ist, durch v durchgegangen, aus w; denn mhd. die
> kiwe, kêwe, kiuwe, im 12. Jahrh. chêwe (*Diut.* III, 148), v. ahd. chiwan
> käuen (kauen, s. b.), dann chiuwan, womit mhd. kifen, kiffen = nagen, kauen,
> zusammenzuhangen scheint. Eins mit dem folgenden die Kiefer (f. b.) =
> Fischohr.

bie Kiefer, Pl. —n, selten mehr die Kiefe, Pl. —n : s. g. Fischohr.
> Eins mit dem vorigen Kiefer oder Kiefe, dessen ahd. Formen die chiwâ,
> chêwâ, chiewâ, chievâ nur diese Bedeutung haben, niederd. keve. S. das
> vorige der Kiefer u. auch die Kieme.

bie Kiefer, Pl. —n, eine harzreiche Nadelholzart. Daher das Adj.
kiefern mit den Zusammensetzungen : das Kiefernholz (b. i.
kiefern Holz), der Kiefernwald.
> Erst bei Luther Jes. 41, 19 die kyfer = wilder Ölbaum und ausdrücklich
> von der Föhre unterschieden, aber 1582 bei Lonicerus das Kyfferholz =
> Föhre. Das Wort ist mit regelrechter Verschiebung des p zu f im Deutschen ge-
> bildet aus lat.-gr. die cyprus = Baum auf Cypern ıc. mit ölblattartigen Blät-
> tern und ölhaltigen Blüten, gr. κύπρος (hebr. der kopher, in Nubien chofreh),
> und also nicht beispiellos gekürzt u. verschwächt aus einem Worte die Kienföre
> b. i. Kien-Föhre (vgl. Kien u. Föhre), obgleich dieses 1771 auch Kinfir
> (Schmeller II, 305) lautet.

bie Kiefe, Pl. —n : blechernes Wärmgefäß für die Füße.
> Das niederd. kike, wofür dän. kikkert.

der Kiel, —es, Pl. —e, mhd. der kil : der untere hohle spannkräftige
Theil der Flügelfeder des Vogels. Daher kielen.

der Kiel, —es, Pl. —e : die Zwiebel des Lauches.
> Mhd. der kil; aber im 12. Jahrh. der chil (*gloss. trevir.* 7, 20), kîl.

der Kiel, —es, Pl. —e : der lange Grundbalken des Schiffes. Daher :

Kielholen = niederb. u. neuniederl. kiel-halen, das Schiff zur Seite
legend einen zur Strafe unter dem Kiele burchziehen (herumholen);
den Kiel ausbeffern 2c.

> Mhd. der kiel, ahd. chiel, chiol, chöol, nieberb. u. neuniederl. kiel, angel-
> fächf. der cëol, altn. kiöll, auch von dem ganzen Schiffe gebraucht.

der Kielkropf, — es, Pl. Kielkröpfe : bickhalfiges Kind, das man
als von Zwergen untergefchoben anfah, Wechfelbalg.

> Kiel entftellt aus Kehle hier = Hals (f. Kehle).

bie Kieme, Pl. —n : f. g. Fifchohr zu beiden Seiten des Kopfes.

> Das erft in ber 2ten Hälfte des 18. Jahrh. gebrauchte, früher in ben Wör-
> terbüchern nicht verzeichnete Wort fcheint zurückzuführen auf altnorb. ber kiama
> = Kinnbacke ober Backenknochen (f. kauen), wonach es urfprünglich ber Kieme
> gelautet haben würbe. Ähnlich kommt von kauen ahb. chiwan auch ahb. bie
> chiela, chëla, ber chiel, = Fifchohr (Graff IV, 387).

der Kien, —es, Pl. unüblich : das harzvolle Holz ber Kiefer zum fchnel-
len Feueranmachen. Daher kienig. der Kienbaum, -ruß 2c.

> Mhd. der kien, ahd. chien, nieberb. kên, angelfächf. [mit ê = ôô ahb. in k
> cên, = Harzfackel, Harzholz-, Kiefernholzfackel, Kiefernholz. Der Kienbaum
> im 12. Jahrh. ber chîn- b. i. chienboum.

der Kienpoft, —es, ohne Pl. : wilber Rosmarin, lat. lêdum palústre.

> Nieberb. ft. Kienporft, wie bafch ft. barfch 2c. Der urfprünglichere Name
> ift ber Pors, bann Porfch u. Porft, welches aber wegen Ähnlichkeit ber
> Blätter nur übergetragen, denn mhb. bie borse = Myrtenbaum.

bie Kiepe, Pl. —n, das fchon mittelnieberb. bie kype (hor. belg. VII.
28b), 1475 altclevifch kyppe (Teuthonista) : aus Ruthen geflochtener
langer Rückentragkorb.

> Wol nieberb. Form [hollänb. ber kiepekorf = großer Tagkorb] von mhb. ber
> kipf = Runge, Stemmleifte ber Wagenleiter. Schwerlich aber aus lat.-gr. ber
> cóphinus Korb.

der Kies, —es, Pl. —e : fteiniger Sand. Daher : kiesicht; kiefig.

> Mhd. ber kis, ahb. chis (? f. Kiefel), weshalb noch landfchaftl. ber Kifch.

der Kiefel, —s, Pl. wie Sing., bekannte harte Steinart.

> Mhd. ber kisel [im mittelrhein. voc. ex quo v. 1469 auch = Hagelkorn], ahb.
> chisil (u. chisili), angelfächf. cëosel. Von Kies.

Kiefen, Präf. ich kiefe, Prät. ich kor (Conj. köre), Part. gekoren, Imp.
kies (ungut fchwach kiefe) : prüfend ausfehen, auswählen.

> Nur noch alterthümlich, aber in ber Biegung mit Bewahrung bes alten Über-
> ganges bes f in r, welcher freilich auch in ben Sing. bes Prät. Inb. vorbrang;
> denn mhb. kiesen (Präf. ich kiese, Prät. ich kôs, wir kurn, Conj. ich kür, Part.
> Prät. gekorn), ahb. chiosan (Präf. ich chiusu, Prät. ich chôs, wir churumês,
> Conj. ich churi, Part. kichoran, Imp. chius), goth. kiusan (Prät. ich káus, wir
> kusum, Part. kusans). Das Wort ftimmt lautverfchoben mit gus in lat. gustare
> = koften, befchmecken, gr. geúesthai (γεύεσθαι) koften, unb das mittelft -t abge-
> leitete goth. ber kustus = Prüfung, ahb. bie chust = Auserwählung, Befund, ftimmt

mit lat. der gústus = das Beschmecken, der Geschmack. S. Kur, küren und
kosten = beschmecken.

die **Kieze**, Pl. —n : Rindengefäß zu Erdbeeren ꝛc. Mundartlich.
Mit ie statt ü (vgl. Hartriegel) aus älter-nhd. [mhd.] die kütze (s. Kötze).

der **Kilt** = Nachtbesuch des Jünglings bei dem Mädchen. Zusammens. :
der **Kiltgang** mit der **Kiltgänger**. Schweizerisch.
Besser Kilb wegen des Zusammenhanges mit goth. die kilþei = Mutterleib,
ahd. childî (?), zu welchem auch angelsächs. das cild, engl. child, gehört.

die **Kimme**, Pl. —n : vortretender scharfer Rand; Kerbe in den Dauben
zum Einsetzen des Bodens. Daher **kimmen** mit die **Kimmung**.
Unhochdeutsch. Denn das Wort ist das niederd. die kimm, welches auch den
Horizont bedeutet, niederl. die kim, schwed. der kim, engl. chimb, chime.

das **Kind**, —es, Pl. —er (landschaftl. und bei Göthe noch alterthümlich die Kind), mhd. das kint, ahd. chind, goth. kinþ (?) : der,
die Erzeugte im Verhältnisse zu den Eltern oder auch bloß im frühen,
unreifen Alter. Aus dem Pl. das Verbum **kindern** mit die **Kind-**
erei; aus dem Sing. das Adj. **kindisch**, mhd. kindisch, ahd. chind-
isc. Zusammens. : (mit dem Sing.) das **Kindbett** (e wie ä) mit
die **Kindbetterin**; (mit dem Pl.) **kinderhaft**, **kinderlos** (dagegen ahd. chindelôs), die **Kindertaufe** [= Brauch, Kinder zu
taufen]; (mit dem Sing.) die **Kindheit**, mhd. kint-, ahd. chindheit;
kindlich, mhd. kintlich, ahd. chindlîh, als Abv. kintlîche, ahd.
chindlîhho; die **Kindschaft**; die **Kindtaufe**; — mit dem Genitiv
Sing. das **Kindesbein** [ahd. vona kindes peine = von Kindesbein
b. h. frühester Jugend, jetzt lieber „von Kindesbeinen an"]; **Kindes-**
kind, **-theil** (**Kindstheil**) ꝛc.
Mittelst t abgeleitet v. einer goth. Urwurzel kinan (s. kennen) und lautverschoben stimmend (ohne Rücksicht auf den Vocal) mit gr. der gónos Kind.

das **Kinn**, —es, Pl. —e : vorstehender Kopftheil unter der Unterlippe.
Zusammens. : der **Kinnbacke(n)**, die **Kinnkette**, **-lade**.
Mhd. das kinne, ahd. chinni, goth. die kinnus (= Backe), altsächs. das kinni,
angelsächs. die cin, altnord. die kinn, neuniederl. die kin, wobei das weibl.
Geschlecht ursprünglich ist, das sächliche aber unorganisch eingetreten scheint.
Das Wort stimmt lautverschoben mit lat. die géna Wange, gr. die génys (γένυς)
= Kinnbacke, Unterkinnbacke, sanskr. der ganda Wange [wegen des doppelten n
im Deutschen aber schwerlich mit sanskr. der u. die hanu = Kinnbacke], litthau.
der ʼandas Kinnbacke und leitet auf die Wurzel kinan (s. Keim), mag man
nun Kinn ursprünglich als das Hervorsprossende (Vorstehende) oder als das
Gespaltene fassen. — Der Kinnbacke oder üblicher der Kinnbacken lautet
mhd. der kinnebacke, ahd. chinnipacho, chinnipahho. Die Kinnkette, wofür
mitteld. der kinnereif.

die **Kipfe**, bei Luther Hiob 39, 28, s. **Kippe**.

der **Kippârsch**, —es, Pl. **Kippärsche** (ä lang), mitteld. kipars : wund
geriebene Stelle am After vom Reiten oder Gehen in der Hitze.

Zunächst vom Reiten und zurückzuführen auf kippen = auf- und abschnellen, wie dieß bei unfesten und unsichern Reitern vorkommt.

die Kippe, Pl. — n : Punct des Schwankens und Umschlagens ; jähe Spitze. Von kippen.

Dieses kippen ist aufgenommen aus niederd. kippen = umschlagen; denn im Hochdeutschen müßte die Kipfe u. kipfen stehen, wie bei Luther Hiob 39, 28 die kipfe.

kippeln = kleinlich zänkisch gegen jemand sein, besser kibbeln, s. d.

kippen = die Spitze (Kippe) oder Spitzen abhauen, -schneiden.

Auskippen = ausscheiden, auswählen, niederd. ütkippen. Schon 1508 ist kippen auf die Kippe (s. d.) bezogen und kipfen (s. Frisch I, 515ᶜ) geschrieben; aber Alberus (1540) hat kippen = abhauen, und engl. chip bed. kleine Stücke abschneiden, klein schneiden. Von mhd. die kippe = Sichel, langgestieltes Hackmesser (Reinhart 1707 u. S. 112).

der Kipper, — s, ohne Pl. : wucherlichen Wechsel, Klein-, Schleich-handel Treibender. Daher : die Kipperei; kippern.

Man hat das Wort vom Kippen = Auf- u. Abschnellen der Wage beim Münzwägen ableiten wollen (s. Frisch I, 515ᵇ); aber richtiger wol ist mit einem zur Zeit des ärgsten Kipperns Lebenden, Hans Christoffel v. Grimmelshausen (dem Verf. des Simplicissimus, † 1676), in seinem teutschen Michel an das Kippen = (am Rande) „beschneiden (s. kippen) u. be-stümmeln", hier der Münzen zu denken, zumal da in Kipper und Wipper = „wucherlicher, betriegerischer Münzwechsler, Münzverfälscher" der letzte Ausdruck auf mhd. wipfen = wägen, schnellen, zurückgeht.

die Kirb, s. Kirchweihe in der Anmerk. zu Kirche.

die Kirche, Pl. — n, mhd. die kirche, ahd. chirihha : christliches Got-teshaus; Gesammtheit der u. von Christen; christlicher Gottesdienst. Daher : das Kirchelchen (vgl. -elchen), edler Kirchlein, Dim. ; der Kirchner, mhd. kirchenaere, = Küster, mit die Kirchnerin. Zusammens. : der Kirchgang, mhd. kirchganc; der Kirchhof, mhd. kirchhof, frühe chirichhof, = eingefriedigter Raum um die Kirche, zugleich als öffentliche Begräbnißstätte, dann bloß diese; kirch-lich; die Kirchmesse, s. Kirmes; das Kirchspiel (s. Anm.) = zu einer Kirche gehöriger Bezirk von Gemeinden; der Kirchsprengel, s. Sprengel; der Kirchthurm, mhd. kirchturn; die Kirchweihe, s. Anm. Zusammens. mit dem alten Gen. Sing. oder auch Pl. der Kirchen: der Kirchenfürst, -thurm (neben jenem Kirchthurm), die Kirchenversammlung, der Kirchenvorstand ꝛc.

Ahd. die chirihha (Gen. chirihhûn), im übersetzten Isidorus (8. Jahrh.) chiriihha d. i. chirihha, später mit Erweichung des r in l die chilicha, chil-châ (noch schweiz. Chilche), altsächs. kêrika, angelsächs. cyrice, altfries. kerke, tzerke, sziurke, altnord. kyrkia, auch = Gesammtheit der Christen, wie das russ. die zerkow', ist mit dem Christenthum überkommen aus dem üblichen gr. das kyriakón (κυριακόν), selten die kyriakê (κυριακή), = „Haus des Herrn", welches eig.

Adj. in der Bed. „dem Herrn gehörig", v. gr. der kyrios ($\varkappa\acute{\upsilon}\rho\iota o\varsigma$) = Herr. S.
mein Wtbch der deutsch. Synonymen II, 198. Als Fremdwort eben in jenem
Isidorus mit i chirîhha. — Das Kirchspiel ist mhd. u. mitteld. (mit unterdrücktem ch nach r) das kirspël (*Closener* S. 4. Höfers Urk. S. 13. 15. 17 ꝛc.),
im 11. Jahrh. kirspil (*gloss. jun.* 303), altfrief. kerspel, szerekspel, = „Bezirk,
so weit die Verkündigung (Rede) der Kirche reicht," zusammengef. mit ahd.
das spël, altfrief. das spel, spil, goth. spill, = Rede, Sage, Verkündigung.
S. Beispiel. — Die Kirchweihe, ahd. die chirihwîhî (*gl. jun.* 240), mhd.
kirchwîhe, (mit unterdrücktem ch) kirwîhe, gekürzt kirwe, woraus schon bei
Alberus (1540) mit Verstärkung des w zu b (s. S. 89) die kirb, und
noch landschaftl. in Süd- u. Mitteldeutschland die Kirb, = jährliches Fest mit
Musik u. Tanz, welches sich an die Einweihung einer Kirche knüpft. Vgl.
Kirmes.

† der Kireh, —es, Pl. —e, aus poln. die kiereia, = langer Manns-
Pelzmantel mit herabhangenden Ermeln. Weniger üblich Kiree.

die Kirmes, Kirms, Pl. — en, eben so oft die Kirmse, Pl. — n,
was Kirchweihe. S. die Anm. zu Kirche.

Gekürzt aus mitteld. die kirmësse (*Marienlegenden* S. 175, 40), welches mit
Unterdrückung des ch (vgl. Kirchspiel u. Kirchweihe in der Anm. zu Kirche) aus
mhd. die kirchmësse die Kirchmësse = zur Einweihung einer Kirche gelesene
Messe, mit Musik und Tanz begangenes Gedächtnißfest der Einweihung einer
Kirche, auch s. v. a. Jahrmarkt (vgl. Messe). Niederländ. die kermis.

kirnen, üblicher kernen = zu Butter rühren.

Die Ableitung s. bei kernen. Unsre Form kirnen würde mit mhd. kirnen
ahd. chirnan (s. die Anm. zu Kern) stimmen und nach der Bed. „brechen" zu
verstehen sein „Kern (d. i. hier Milchrahm) ausschlagen." Nicht zu Einer
Wurzel mit mhd. die kürn, kürne, ahd. quirn, goth. qaírnus, altnord. qvörn,
= Mühle, gehörend, wie Schmitthenner will.

kirre = aller natürlichen Furchtsamkeit benommen zutraulich. Daher
kirren. Zusammens.: die Kirrheit.

Mit i statt des nach Übergang des q in ch entstandenen ü, denn 1482 kurre
(*voc. theut.* Bl. pp 3ᵇ neben zam zahm), mhd. fehlend [kürre?], ahd. ebenfalls
fehlend [churre? quirri?], goth. qaírrus (in der Bed. sanftmüthig, mit die qaírrei
= Sanftmuth).

kirren = kirre machen, s. kirre. die Kirrung.

kirren, Präs. ich kirre, Prät. ich kirrete, kirrte, Part. gekirret, gekirrt :
einen scharfen, schneidenden, seufzenden Laut von sich geben. S. auch
girren.

Jetzt veraltet. Mhd. starkbiegend kirren (Prät. ich kar, wir kurren, Part.
gekorren), ahd. chërran, urspr. = durchdringend schreien, die Stimme lebhaft
hören lassen, schwatzen. Das Wort stimmt lautverschoben mit lat. garrîre =
schwatzen, welches lat. Wort auch durch das deutsche chërran in den ältesten
Quellen übertragen wird, z. B. *Diut.* I, 233. *gloss. jun.* 185. *gloss. fuld.* Bl.
34ᵃ, u. a. m. Vgl. girren S. 439, welches ehedem auch mit kirren vermengt wurde.

die Kirrheit f. kirre. die Kirrung v. kirren 1.

chlaf-j-an voraus, welches sich in den ahd. Formen er chlaphda = erklang und chlafanti [chlaffanti] = klappernd, rasselnd (Graff IV, 556) zeigt. Vgl. klappen u. klappern, auch klopfen.

Kläffen = sich spaltend ohne Schluß von einander stehen. Davon landschaftlich ungut kläffen = klaffen machen.

Dieses klaffen ist mit dem vorhergehenden eins und seine Bed. eine abgeleitete, wie mhd. ûf klaffen = „aus einander brechen" von Nähten (*Helbling* II. 1367) zeigen dürfte.

kläffen, s. klaffen 1. u. 2.

die Kláfter, Pl. —n : das Maß der weit ausgespannten Arme (*w. theut.* v. 1482 Bl. 95ª); 3 Ellen langer und ebenso breiter Haufen gesetzten Scheitholzes. Daher : kláfterig = eine Klafter haltend; kláftern = in Klaftermaß setzen; nach der Klafter messen. Vgl. Lachter.

Jetzt kurzes a, früher langes. Denn mhd. (stark u. schwachbiegend) die klâfter ahd.-niederd. [etwa im 9. Jahrh.] clâfdra (*Diut.* II, 172) b. i. ahd. clâftara.

die Kla'ge, Pl. —n, mhd. die klage, ahd. chlaga, chlaka : hörbarer Ausdruck des Schmerzgefühles; (gerichtliche) Beschwerde. Daher : klagen, mhd. klagen, ahd. chlagôn, chlakôn, mit der Kläger, mhd. kleger, klagære, spät-ahd. chlagare d. i. chlágari, woven wieder die Klägerin. Mit Klage zusammenges. : klágbar, mhd. klagebære; kläglich, mhd. klegelich (als Adv. klegeliche), ahd. chlagalîh.

Klagen biegt : ich klage, du klágest, klagst, er kláget, klagt, Prät. ich klágete, klágte, ahd. ich chlagôm, du chlagôst, er chlagôt, Prät. ich chlágôta; also nicht ich klage, du klagst, er klagt, Prät. ich klug. Vgl. fragen u. jagen.

der Klai, —es, Pl. —e, üblicher der Klei : der zäheste Thon.

Niederd. die klei, niederl. die klei, klai, engl. clay, angelsächs. (das?) clæg, woher auch das poln. kléy, böhm. kleg, = Leim. Auf das angelsächs. Wort geht außerdem zurück mittelniederd. klicken = mittelst Thon binden, leimen (*hor. belg.* VII, 28ᵇ), altniederd. clekvan (*Diut.* II, 190ᵇ u. Graff IV, 543).

klamm = eng zusammengedrückt, drückend eingeengt, allzu spärlich. der Klamm = Luftröhrenkrampf.

Jenes Adj. zuerst im *vocab.* v. 1429, wo chlam = gar zu gering, gar zu wenig. Das mhd. Subst. der klam = krampfhaftes Zusammenziehen, Beengung, Fessel. Beides aus dem Sing. Prät. eines ahd. Wurzelverbums chliman, f. klimmen.

die Klámmer, Pl. —n : Eisen mit Bindehaken an beiden Enden. Daher im Nhd. : klämmern.

Mhd. die klamer, klámere, gleiches Ursprunges mit der Klamm (s. klamm) und durch die Endung -er ahd. -ara (oder -arâ) abgeleitet. Vgl. klimmen.

die Klámpe, Pl. —n : an beiden Enden festhaltendes Bindeholz. Vgl. der Klempner und s. die Krampe.

Aus dem Niederd. aufgenommen, wie denn niederl. die klamp, 1475 altcleviſch clamp, mit erhaltenem, nicht durch Lautangleichung zu m gewordenen p, worüber f. bei kl immen. Die echt hochdeutſche, aber in Schrift und Rede jetzt nur als landſchaftlich geltende Form iſt bayer. die Klampfe (Schmeller II, 356). S. die Krampe. — Das Wort hat auch, wie plattdeutſch in Emden klampe = „Steg über einen Graben" zeigt, überhaupt die Bedeutung eines Bindemittels.

der Klang, — es, Pl. Klänge, mhd. der klanc, ahd. (erſt bei *Notker*) chlanch, aus dem Sing. Prät. v. klingen (ſ. b.).

der Klank, —es, Pl. Klänke : Schleife, Schlinge.

Zuſammengehörig mit ahd. chlenkan, chlenchan [d. i. urſpr. chlanh-j-an], = in einander ſchlingen (Graff IV, 563). Vgl. Klinke u. Klunker.

klapp. Interjection. der Klapp, —es, Pl. —e. die Kláppe, Pl. —n, = auf und ab ſchlagender Gegenſtand woran. Beide Subſtantive v. kláppen = hörbar (ſchallend) aufſchlagen. Daher auch mittelſt Ableitung : die Klápper, mit kláppern und die Klápperſchlange = mit Klapperſtücken (klappernden Gliederſtücken) am Schwanze verſehene giftige Schlange; klapps! Interj., und der Klapps, — es, Pl. —e, was Klapp, mit dem Verbum kláppſen.

Lauter aus dem Niederd. aufgenommene, geläufig gewordene Formen, die, wenn ſie ächt hochdeutſch wären, nicht das niederd. pp, ſondern das dieſem entſprechende hochdeutſche pf haben müßten. Das Verbum klappen iſt eins mit klaffen (ſ. klaffen 1) ahd. chlaphôn [deſſen ph = f, ff, aber auch = pf iſt], und mittelniederl. clappen bedeutet ſchwatzen, niederd. klappen klatſchend ſchlagen, gleichlautend zu einander paſſen, ſich zu einander fügen [= mhd. klaffen ſchwatzen, ſ. klaffen 1], altnord. klappa laut wider-, in die Hand ſchlagen, neuniederl. klappen ſowol dieß, als auch einen harten Schall wie einen Schlag hören laſſen. Ebenſo iſt das daraus hervorgegangene Subſt. der Klapp, niederd. klapp, niederl. der klap, neben altnord. das klapp, eins mit mhd. der klapf = Schall vom An-, Wider-, Zuſammenſchlagen, ahd. claph (in der anaclaph Anſturz) — vgl. kleppen u. Klepper —, und die Klappe, niederd. die klappe (auch = auf und nieder ſchlagender Deckel), niederl. die klap u. klep, erſcheint als Ein Wort mit mhd. die klaffe = das Klappern u. das Geſchwätz, hat alſo zunächſt die Bed. „Schall durch Anſchlagen" [bei Lohenſtein die klap = Schlag] und geht dann auf die „(ſchallend) An-, Wider-, Zuſammenſchlagendes" über. Mittelſt -er, ahd. -ara (oder -arâ), abgeleitet iſt die Klapper, wofür mhd. die (?) klepfer (*Diocletianus Leben* 8545. Ahd. chlapharâ?), und kláppern, welches letzte durch das Mitteldeutſche aus dem Niederd. [klappern, niederl. klapperen] ins Mhd. eindrang, wo klappern, klaperen, chlaperen (*lib. ord. rer.* v. 1429 Bl. 28ᵈ) gleich unſerm „klappern", aber auch, wie noch im Nhd., in der Bed. „ſchwatzen" vorkommt; echt-mhd. lautet es klepfern, welche Form in *Diocletianus Leben* 8556 ſteht. Die Interj. klapps! iſt, wie die Interj. klapp! ſchallbezeichnend, und jene wie dieſe ſcheinen imperativiſch. Der Klapps u. kláppſen aber ſind wie Klecks u. kleckſen, Knicks u. knickſen, mittelſt -s, -ſ abgeleitet. — Vgl. auch klipp!

klar, Comp. klárer, Sup. kláreſt, klarſt, aber auch, wiewol wenig üblich u. ungut, klärer, klärſt : das Licht in allen Theilen durchlaſſend. Daher : die Kläre (Göthe III, 61); klären.   Zuſammenſ. : die Klárheit; klárlich, Adj. u. Adv.

Jene klárer (Wieland. Göthe XXVI, 91), klärſt, die ſchon um 1490 zu bei Luther vorkommen, verlangt Adelung, aber mit Unrecht, zumal da klar Fremdwort iſt. Denn mhd. clár, wovon das Adv. kláre und das Verbum klärren [ahd. clár-j-an?] = klar machen, wurde aufgenommen aus lat. clárus = hell leuchtend, und bildet den Comp. clárer (der heiligen drei Könige Buch, Gieſſener Hſ. v. 1400). Statt mhd. kláren [ahd. clárôn?] = „hell werden“ ſagt man jetzt reflexiv ſich klären, und Klarheit u. klárlich lauten im Mhd. die klárheit u. klêrlich klárlich (als Adv. klêrlîche, klárliche).

klatſch! ſchallbezeichnende Interj. (vgl. klitſch!). der Klatſch, — es. Pl. — e. die Klátſche. der Klátſcher mit die Klátſcherei u. die Klátſcherin, das Geklátſche, v. klátſchen. klátſchhaft.

Niederl. klets klatſch! die klets der Klatſch u. kletſen klátſchen, mhd. die kletze (?) u. kletzen = ſchmieren, ſchmutzig machen (ſ. klitſchig), eig. ſchallend auffahren oder auftreffen, v. einem mhd. der klaz (?) = Schmutz, eig. ſchallendes Auffahren, ſchallender Schlag worauf (?). Bei Stieler (1691) die Klatſche, klatſchen, bei Luther klitſchen (ſ. klitſch!); aber bei Pater Abraham a Santa Clara ein davon verſchiedenes kleſchen (Schmeller II, 364), wie engl. clash = anſtoßend ſchallen, praſſeln, und ins Polniſche übergegangen klaskac klatſchen. Gleicher Begriffsübergang, wie bei kletzen, in Kleck (ſ. d.) u. klecken.

die Klátſchroſe, Pl. —n : Klapper=, Kornroſe, Feldmagſamen.

Der Name von dem Schalle, den die gegen die Stirne zerſprengten Blätter geben. Nicht etwa von dem ital. Namen der roſolaccio.

klauben = mit Fingern ſtückweiſe löſend woran arbeiten.   Daher der Klauber mit die Klauberin.

Mhd. klüben = ſpalten (Wolframs Willehalm 270, 22), ſtückweiſe ableſen. pflücken, ahd. (in einem der Merſeburger Zauberſprüche) clûbôn = pflücken, von klieben (ſ. d.). Der Klauber, mhd. (im 15. Jahrh.) klüber.

die Klaue, Pl. —n : Horntheil des geſpaltenen Thierfußes.   Daher : das Kläuchen, Dim.; klauen, Verbum.

Alter=nhd. u. im 15. Jahrh. die kláwe, mhd. die klâ, ahd. (mit unorganiſchem â) chláwa, ſpäter auch chláwâ, urſpr. chlawa (?), mitteld. die kláwe, mittelniederd. klouwe, angelſächſ. die clavu, altnord. die klauf u. klô. Daher dann ahd. kláwên unſer klauen (Graff IV, 541). — S. Kräuel.

die Klauſe, Pl. —n, ſ. Clauſe.   Daher der Klauſner, mhd. klûſenære, = Einſiedler, mit die Klauſnerin, im voc. ex quo v. 1469 clûſenerin.

klében, mhd. klëben, ahd. chlëbên, chlëpên, v. kleiben (ſ. d.) : durch zähen Stoff haftend anhangen. Im Mhd. auch tranſitiv. Daher der Kléber = klebender Stoff, Gummi, mit kléberig, klébrig; aber auch der Kléber = wer klében macht, mit die Kléberin.

Mittelniederd. clebber = Harz, Gummi. Im Mhd. kommt nur ein Adj. klëber = klebrig [Konrad's Trojanerkrieg »lîm (Leim) ſtarc unde clëber«, kein Subſt., wie Benecke-Müller I, 841 [b] zu vermuthen ſcheint], ahd. clëpar (d. i. chlëpar), vor.

der Kleck (e wie ä), üblicher der Klecks, — es, Pl. — e : an- oder
aufgeworfener kleiner Theil einer weichen Masse; verunreinigender
Fleck. Neben Kleck das Verbum klecken (eins mit klecken 1, s. b.),
niederd. klakken, wovon der Klecker und die Kleckerei. Von der
Klecks ist abgeleitet kleckfen mit der Kleckfer u. die Kleckferei,
dann das Adj. kleckfig.

Der Kleck, der Klecker, die Kleckerei schon 1691 bei Stieler. Die beiden ersten Wörter sind die niederd. der klak u. (mit ableitendem -s, wie bei der
Klapps, Knicks) der klaks. Die Beb. „Flecken“ bricht schon in mhd. der klac
durch, wie denn auch dän. klak = Flecken, schweb. kläck = Schimpf [neben altnord.
der kloekr Fehl], gleichsam was angeworfen ist, Vorwurf, altnord. klak u. angelsächs. cläc in altnord. klaklaus angelsächs. clácleás = klage-, vorwurfslos; aber
die ursprüngliche Beb., aus welcher die des Aus-, An-, Vorwerfens ꝛc. hervorgieng, zeigt eben jenes mhd. der klac, ahd. chlah (?), welches am geläufigsten
„lautes Bersten oder Brechen, Krach, lauter dröhnender Schall“ (Parzival 379, 11)
bedeutet, u. auch fränkisch findet sich der Kleck = Riß, Sprung in Glas, Gestein, Holz (Schmeller II, 352). Woher jenes Wort, s. Klack.

die Klecke (é wie ä), in richtiger Schreibung die Glecke (é wie ä),
Pl. —n : das Gebreite der mittelst Sichel oder Sense niedergelegten,
noch unaufgebundenen Garbe auf dem Acker. glecken = in eine
Glecke oder Glecken legen oder bringen.

Von Fulda über den Vogelsberg, die Rabenau, Gießen, die Wetterau ꝛc., selbst
bis über den Rhein verbreitet. 1582 in Adam Lonicerus Kreuterbuch Bl. 267ᵃ
heißt die Schafgarbe auch die Glecken d. i. Glecke. Wol mit g' (ge-) zusammengesetzt und von älter-mhd. lecken, ahd. leggen, lecken, leccan, = legen
(s. b.), und ahd. kileccan (ge-legen) bedeutet niederlegen, auf den Boden breiten
(lat. sternere. Graff II, 90).

klecken (é wie ä) = wozu ausreichend, förderlich sein.

S. erklecken. Mhd. klecken in dieser Beb., aber ahd. klekan (Prät. klékita),
chlecchan (Prät. chlahta) nur einmal in derselben (Otfried 5, 7, 52) und sonst
f. v. a. „bersten, reißen“, woraus die Bedeutung des Ausbrechens, Auswerfens,
dann, wie mittelb. klecken = „durch Aufwerfen von Theilen einer weichen
Masse dieselbe zureichend vermehren oder häufen“ (Jeroschin S. 67. 181) deutlich
zeigt (s. Kleck), sofort auch die des Erstreckens, des Aus-, Hin-, Zureichens sich
hervorbildete. Mit Klack u. Kleck (s. b.) aus dem Sing. Prät. eines ahd.
chlëhhan, worüber s. die Anm. zu Glucke. Vgl. auch Kleck u. Klack.

klecken (é wie ä), falsch st. glecken, s. die Klecke.

klecken (é wie ä) = weiche Masse wohin werfen oder fallen machen ꝛc.,
der Klecker, die Kleckerei, der Klecks, kleckfen, der Kleckfer ꝛc.,
s. der Kleck.

der Klee, — s, Pl. — e (Kleearten), eine bekannte Futterpflanze. Zusammenf. : das Kleeblatt, bildlich „Verbindung von 3en.“

Mhd. der klê, ahd. chlêo (Gen. chlêwes), goth. kláivs (?), woneben aus
gleicher Wurzel der neu- u. mittelniederd. Name klever, angelsächs. die (?) clæfer
[mit æ = ahd. ei, ê, goth. ái], engl. clover, schweb. das klöfver, dän. klever.

Dunkler Herkunft und keineswegs mit ahd. chliopan klieben (s. b.) zusammen-hangend, womit weder der Vocal noch das ahd. w (goth. v) stimmen. Und mit Klaue wage ich keine Zusammenstellung.

der Klei, —es, Pl. —e, wegen des Englischen auch Klai, s. b.

kleiben = aufstreichend zusammenhangen, haften machen. Daher der Kleiber. Zusammens. : die Kleibscheibe = Maurerkelle.

Mhd. kleiben, ahd. kleiban, chleipan (b. i. chleip-j-an), das Factitiv der mhd. klîben (Prät. ich kleip, wir kliben, Part. gekliben), ahd. chlîban, chlip-an (Prät. ich chleip, wir chlipumês, Part. chlipan), = fest anhangen, woran haften, aus dessen Pl. Prät. das ahd. chlêpên unser kleben abgeleitet ist, wie aus dem Sing. Prät. eben das factitive schwachbiegende ahd. chleipan kleiben.

das Kleid, —es, Pl. —er : was der Mensch zur Bedeckung des Kör-pers, insbesondere des Rumpfes anhat. Daher kleiden, die Kleidung; mit das Kleidungsstück. der Kleidermacher.

Mhd. das kleit, angelsächs. der clâd, altfries. das klâth, altnord. das klædi: in Ahd. (wo chleit geschrieben werden müßte), Goth. u. Altsächs. fehlt das Wort. Die Wurzel ist bis jetzt dunkel, und Wilh. Wackernagel's in Haupt's Zeitschr. VI. 297 versuchter Herleitung aus mittellat. die clêda = Hürde, Gatter, woher mit der glêt = einzeln stehende Hütte, einzelnes Haus, kann ich nicht beistimmen Das Verbum kleiden lautet im Mhd. kleiden und die Kleidung kleidunge.

die Kleie, Pl. —n : abgemahlene Getraidehülsen.

Mhd. die klîe, klîwe, ahd. clîâ, chlîâ, chlîwâ, chlîhâ. Nicht v. klieben.

klein = nicht viel nach Ausdehnung oder Maß. Daher : kleinen: von dem Comparativ kleiner das Verbum kleinern in verklein-ern. Zusammens. : die Kleinheit; die Kleinigkeit; kleinlich: der Kleinmuth mit kleinmüthig. das Kleinob, s. b.

Mhd. kleine (Adj. u. Adv.), ahd. chleini (als Adv. chleino), goth. klâinis ?, urspr. im Ahd. glänzend (Graff IV, 559), dann und zwar auch noch im Mhd. zierlich, fein und sofort dünn, mager, gering, nicht viel. Mit jener ursprünglichen Bed. stimmt auch, wenn angelsächs. (mit æ = ahd. ei) clæne = rein. Die Kleinheit lautet im Mitteld. die kleinheit, kleinlich mhd. kleinlich (als Adv. ahd. chleinlîhho), verkleinern mhd. einfacher verkleinen, kleinmüthig im voc. ex quo v. 1469 cleyn mutig.

das Kleinob, —es, Pl. —e, (üblicher aber ist nach dem Pl. clenódia v. mittellat. das clenódium der undeutsche Pl. die Kleinódien) : Schmuck-sache höchsten Werthes, Gegenstand ausgezeichneten Werthes.

    b im Auslaute mit Rückkehr zum Althochdeutschen, bei Luther richtiger kleinot. Mhd. das kleinôt u. mit Umlaut das kleincete, kleincede, verschwächt kleinât, kleinet, ahd. das chleinôdi (?), mittelniederd. das klenôt, mittelst der ahd. Ab-leitungsendung -ôdi goth. -ôþi (vgl. Heimat S. 492) von klein, bed. zunächst dem älteren Begriffe dieses Adjectivs gemäß : zierlich, fein gearbeitete Sache, dann zierliches Geschenk, endlich überhaupt Gegenstand ausgezeichneten Werthes (von lebendigen Thieren im *Wigalois* 106, 5).

der **Kleiſter**, —s, Pl. wie Sing. : aus feinem Mehle (Amelmehl) ge=
kochtes Klebmittel. Daher : kleiſterig; kleiſtern.

Mittelb. das (?) klīster = anhangender Gegenſtand (*Köpke's Passional* 490 ¹·, 65),
welches aufgenommen iſt aus niederb. klīster mit dem Berbum klīstern,
altnorb. das klīstr = Leim, zähes Bindemittel, mit klīstra kleiſtern. Sonſt
war der mhd. Ausdruck der klēb [noch ſchweiz. Kleb], ahb. der chlēp u. chlēbo
neben das chleip, von ahd. chlīpan (ſ. kleiben).

klemm, Abj. u. Abb., was **klamm** (= zu knapp), aber üblicher als
dieſes Wort. die **Klémme**, Pl. —n. **klémmen.**

Jenes **klemm** als geläufiges Wort erſt 1691 bei **Stieler** Sp. 965; im Mhd.
und Ahd. kommt es noch nicht vor. Daneben nhd. die **Klemme** (im 16. Jahrh.
eine Art eiſerner Zange), niederb. klemme, ahb. die chlemmā (? b. i. chlam-
-j-â), altnorb. klemma, wofür im Mhd. [unumgelautet] das ſtark biegenbe die
klamme, ahb. chlamma (?) = Beengung, Haft, Feſſel. Beide giengen mit **klemmen**, mhd. klemmen, ahb. (10. Jahrh.) chlemman (b. i. chlam-j-an), altſächſ.
chlemmian, altnorb. klemma, = zuſammenbrücken b. h. ſich zuſammen= ober feſt
brücken machen (vgl. beklemmen), hervor aus dem Prät. ich chlam eines althochdeutſch anzuſetzenden Wurzelverbums chlēman (ſ. klimmen) goth. kliman(?).

klémpern = Metall (Blech) hämmern, einen Blechton hervorbringen.
Mit niederb. p ſtatt eines hochb. pf; doch hat das Niederb., welches i ſtatt e
(Umlaut des a) eintreten ließ, die Form klimpern, von welcher aber unſer nhd.
klimpern (ſ. b.) verſchieden iſt. Die eigentliche hochb. Form für **klempern**
müßte alſo **klempfern** gelautet haben, und ein mhd. aus dem Sing. Prät. des
Wurzelverbums klimpfen (ſ. klimmen) mittelſt Ableitung [ahb. -ar-j-an] hervorgegangenes klempfern würde bedeuten : mit der Zange faſſen u. halten, dann
mit Zange und Hammer bearbeiten (vgl. **Stieler** Sp. 967). Berſchieden hiervon, wenn auch gleicher Beb., iſt mhd. klembern = (mit der Zange) zuſammen-
brückend faſſen, zwängen (*Minnes.* I, 32ª, 13, 2), v. ahb. chlimban klimmen
(ſ. b.). Bgl. auch **Klempner.**

der **Klémpner**, —s, Pl. wie Sing. : Blechſchmied.
Gekürzt aus **Klémpener** und eig. : Arbeiter mit Zange und Hammer.
Mit niederb. p ſtatt hochb. pf und unorganiſchem =ner [wie bei Bilbner, Glöckner, Kürſchner ꝛc.] v. einem mit Klampe (ſ. b.) zuſammengehörigen niederl.
klampen = feſt faſſen, mhd. klampfen (?), welches, wie klempern (ſ. b.), aus
dem Sing. Prät. des mhd. Wurzelverbums klimpfen (ſ. klimmen) hervorgegangen iſt, wofür auch das in ſeinem urſprünglichen Sinne mit Klempner
übereinſtimmende ſalzburgiſche der Klamperer u. Klampferer (**Schmeller**
II, 356) v. früh-mhd. chlampheren klammern (ſ. klimmen) ſpricht. Berſchieden
aber von klampfen iſt mhd. klamben in verklamben = einklemmen (*Titurel* 8,
2), welches aus dem Sing. Prät. von ahb. chlimban klimmen.

kléppen (é wie ä) = in kurzem Tone läuten.
Unhochdeutſch, ſonſt müßte klepfen, kläpfen geſagt werden. Es iſt das
niederl. kleppen = klappern, die Glocke anſchlagen, v. niederl. die klep Klapper
neben der klap Schlag mhd. klapf (ſ. klapp!).

der **Klépper**, —s, Pl. wie Sing. : Laufpferd (geringer Art); Reiſe-
Paßgänger.

Schon im 16. Jahrh., z. B. bei Josua Maaler Bl. 245ᵈ, aus dem Nieberb. ins Hochd. aufgenommen, denn echt-hochdeutsch müßte der Klepfer gesagt werden. B. niederd. kleppen = hurtig laufen, welches in seiner mhd. Form klepfen = laut aufschlagen (vgl. beklepfen in den *Minnes.* II, 9ᵇ, 29) v. mhd. der klapf ahd. chlaph, worüber s. die Anm. zu Klapp! Von eben diesem klapf ist auch abgeleitet mhd. klepfern = klappern. Bgl. auch Buschklepper, ebedem mit ö aus e [wie in Löffel ꝛc.] Buschklöpper, Buschklöpfer, = wegelagernder Räuber, der aus dem Busche anstürzt oder auch läuft, in welcher letzten Hinsicht Ableitung aus unserm obigen niederd. kleppen stattfindet.

Kléppern (é wie ä) = (Eier) mit dem Rührlöffel schlagen. Ebensowol, wenn man nicht den alten Umlaut e, wie in kleppen, Klepper, klempern, Klempner ꝛc., wahren will, kläppern. In Mitteldeutschland üblich, wo man das niederd. pp statt des echt-hochd. pf liebt; denn kleppern ist das mhd. klepfern = klappern (s. Klepper u. Klapp!). Bgl. auch mhd. tüfteln in der Anm. zu büfteln.

† die **Klerisei**, mit K als eingebürgert, st. Clerisei, s. b.

die **Klétte** (é wie ä), Pl. — n : Pflanze mit sich anhäkelndem Fruchtknopfe, sowie dieser selbst. Zusammens. : das Kléttenkraut ꝛc. Mhd. die klette, ahd. die chlettâ, chleddâ, nebst der chletto, chleddo, welche durch Lautangleichung aus früherem ahd. chlat-j-â, chlad-j-â, und chlat--j-o, chlad-j-o. Daneben noch, wie es scheint, eine Form die chlêtâ z. B. in ahd. die deniclêtâ = Obermennig (*gloss. wirceburg.* 980) und in die chlêdwurz = Klette (Graff I, 1051). Ins Altklevische (1475) eingedrungen : clette und sofort mit auch sonst üblichem i statt e (Umlaut des a) im Neuniederländischen die klit, zugleich wie üblicher das aus us statt des aus tj, ti entwickelten u älteren die clesse, neuniederl. klis (vgl. Grimm's Reinhart Fuchs S. 269, 224), woraus mittellat. der glis (Gen. glissis) = Klette. In der Wurzel [wol das in der Anmerk. zu Klabbe vermuthete ahd. Wurzelverbum chlëttan neben einem ebenfalls verlorenen ältern, wie treten biegenden ahd. Wurzelverbum chlëtan], mit welcher sich das in seinem Anlaute der Lautverschiebung gemäß stimmende gr. die glía Leim vergleichen läßt, muß der Begriff des Anhaftenden, Klebrigen, liegen, was auch dadurch bekräftigt scheint, daß die Klette im Abd. noch die chlipâ, neu- u. mittelniederd. klive, angelsächs. clîfe heißt von dem ahd. Wurzelverbum chlîpan niederd. kliven kleiben (s. b.). Bgl. auch klettern und s. Kröte.

Kléttern (é wie ä) = woran haftend (gleichsam klebend) auf- oder absteigen. Daher der Klétterer. Zusammens. : die Klétterstange. Erst im *voc. theut.* v. 1482 Bl. q 7ᵇ, dann bei Luther 1 Sam. 14, 13; niederd. klatteren (st. kladderen?), neuniederl. (eingedrungen und falsch verstanden) klauteren. Im Schweizerischen noch einfach kletten (Stalder II, 108). Wurzelhaft mit Klette, was auch dadurch bestätigt scheint, daß im *voc. theut.* v. 1482 u. schweiz. (Stalder II, 107) zugleich klebern = klettern v. mhd. klëber = klebrig, kleben bleibend, vorkommen. Bgl. Klette.

der **Kleúder**, Pl. — n : 21 Pfund Wolle. In Hessen. So schon in des Marburger's Wirt Rechenbuch v. J. 1618 Cleuder. Mitteld. die kliuter Gewicht [? »der selden kliuter« = des Heils oder Segens Gewicht d. h. Fülle? bei Frauenlob S. 55, 49, 4].

klicken, niederd. st. klecken = Theile einer weichen Masse an= oder aufwerfen, ausreichend, förderlich sein.

Unübliche Form im Hochdeutschen, in welchem man klecken sagt, woraus klicken mit niederd. und dann auch mitteld. i statt e (Umlaut des a) wurde.

klieben, Präf. ich kliebe, Prät. klob (Conj. klöbe), Part. geklóben, Imp. klieb (ungut schwach „kliebe") : sich gewaltsam von einander geben; [transf. :] von einander hauen. Daher kliebig, schon im *voc. theut.* v. 1482 Bl. *q* 8ᵃ in der Bedeutung spaltig.

Mhd. klieben (Prät. ich kloup, wir kluben, Part. gekloben), ahd. chliopan (Prät. ich chloup, wir chlupumês, Part. kichlopan), goth. kliuban (?), altsächs. clioban (Prät. ich clôf, wir clubun, Part. cloban), angelsächs. clêófan. Das Wort stimmt lautverschoben mit lat. glûbere = abschälen, sich abschälen, gr. glyphein (γλύφειν) = eingraben, ein=, ausschnitzen, aushöhlen. Vgl. klauben, Kloben, Kluft, Kluppe.

kliffen, ein im Ablaute zu klaffen (f. b.) entstandenes Verbum aus der 2ten Hälfte des 18. Jahrh. Der Kliffklaff = anbellender Hund.

„Laut klifft' und klafft' es, frei vom Koppel" (Bürger im wilden Jäger).

† das Klíma, —'s (auch bloß —s), Pl. die Klimate : Witterungsbe= schaffenheit einer Gegend. Daher klimátisch.

Das spät lat.=gr. das clîma (Gen. clîmatis) = die nach dem Grade der Neigung, welche die Erde vom Äquator an gegen die Pole zu hat [diese Neigung bedeutet zunächst gr. das klîma v. klínein biegen, sich neigen], sich richtende Wärme oder Witterung.

klimmen, Prät. klomm mit verdunkeltem a anstatt klamm (Conj. klömme), Part. geklómmen, Imp. klimm (gern schwach „klimme", f. Anm.) : sich fest anbrückend zur Höhe oder Tiefe steigen.

Das Wort findet sich ungut, aber nicht unüblich, im spätern Mhd. auch schwach= biegend : Prät. klimmte (b. Bürger), Part. geklimmt, Imp. klimme. Mhd. nur stark biegend und mit Lautangleichung, nämlich mb zu mm, klimmen (Prät. ich klam, wir klummen, Part. geklummen), selten noch klimben chlimben (*gesta Romanorum* 39, 28), ahd. chlimban chlimpan (Prät. ich chlamp, wir chlump= umês, Part. kichlumpan), angelsächs. climban (?), in der heutigen Bedeutung, aber urspr., wie mitteld. climmen = zwicken (clam zwickte bei *Jeroschin* 182), sowie mhd. verklimmen, wovon noch das Part. Prät. verklommen, zeigen, f. v. a. fest an=, zusammendrücken, bann einengend zusammenziehen (f. beklommen). Diese Wurzel zweiten Ranges (chlimpan), ist mittelst -p, -b abgeleitet von einer vorauszusetzenden älteren ahd. chlëman (? Prät. ich chlam? wir chlâmumês? Part. kichloman?) = sich fest an=, wider=, zusammendrücken, sich einengend zusam= menziehen, aus deren Sing. Prät. das mhd. der klam [f. klamm]=das Zusam= menbrücken, einengendes (krampfhaftes) Zusammenziehen, sowie das mhd. Factitiv klemmen ahd. chlemman (b. i. chlam-j-an) unser klemmen (f. klemm), dann mittelst Ableitungsendung das mhd. die klamere unser Klammer (f. b.) neben der aus dem Sing. Prät. jenes ahd. chlimban mit gleicher Ableitungsendung her= vorgegangenen gleichbed. mhd. Form die klammer b. i. die klamber mit dem mhd. Verbum klembern ahd. chlámbaran (? b. i. chlamb-ar-j-an) = fest fassend

38 *

an-, zusammendrücken, von welchem Verbum übrigens niederd. klempern = Klammer
oder klettern verschieden scheint. Eine andre von jener älteren Wurzel (chlêman)
fortgebildete zweiten Ranges ist das mittelst mhd. -pf, ahd. -ph, niederd. u.
altnord. -p, abgeleitete mhd. Verbum klimpfen (Prät. ich klampf, wir klumpfen,
Part. geklumpfen), ahd. chlimphan (?), = fest an-, zusammendrücken, fest in sich
zusammenziehen, aus dessen Sing. Prät. hervorgieng oberd. die Klampfe =
Klammer, altnord. der klampi = zusammenhaltender Haken u. Klammer, älter-
nhd. der klumpfe unser Klumpen (f. d.), hochd. um 1100 clampheren =
klammern u. h. mit Klammern befestigen (*Genesis* 27, 18), klempern (f. d)
und der Klempner (f. d.). Übrigens scheinen mit unsern drei Wurzelwörtern,
da l und r wechseln können (f. L), drei mit r anlautende : 1) mhd. krimmen
ahd. chrimpan (f. krumm), 2) ein ahd. chrêman (?) und 3) mhd. krimpfen
ahd. chrimphan (f. Krampe, Krampf) zusammenzugehören.

klimpern = Klang machen mit einem Tonwerkzeuge, ohne eigentlich zu
spielen. Daher b. Göthe das Klimpimpimperlied.
> Statt klümpern, denn bei *Oswald von Wolkenstein* 30, 1, 33 klumpern
> [»geigen, singen, klumpern, klingen«]. Verschieden von klempern (f. d.).
> Dunkler Herkunft.

die Klimse, Pl. —n : Riß, Ritz, Spalt. Schweizerisch (**Stalber II, 109**).
> Mit zu n abgeschwächtem m auch Klinse. Im 16. u. zu Ende des 15. Jahrh.
> die klimsen, klimse, klims. Neben dem älteren gleichbed. die Klunse mhd.
> chlumse, klumse. S. Klunse.

die Klinge, Pl. —n : langer schmaler Stahl zu Hieb (oder Stich).
> Mhd. die klinge. Von klingen, welche Ableitung durch »dër [swërt]
> klingen alsus (also) klungen« u. »dâ bî von swërten klingt klinc« (im
> *Parzival* 69, 16. 14) bekräftigt wird.

die Klinge, Pl. —n : Thalbach, schmaler Bach.
> Mhd. die klinge, ahd. die klinkâ, chlingâ, auch der chlingo, = Felsschlucht,
> Thalbach, rauschender Bach. Von klingen, und mhd. klingen sagt man von
> Plätschern und Rieseln des Brunnens, Baches ꝛc.

die Klingel, Pl. —n : kleine Schelle. Von klingeln.
> Dieß klingeln, mhd. klingeln, ahd. chlingilôn, ist mittelst des veröfternden
> und zugleich verkleinernden ahd. -ilôn von klingen abgeleitet, und im Mhd. u.
> Ahd. steht das Wort auch vom Rauschen der Luft, besonders aber vom Rauschen,
> Geplätscher, Gemurmel des Wassers (vgl. die Klinge 2 und klingen).

klingen, Prät. ich klang (Conj. klänge, ehedem und richtiger klünge),
wir klangen (ehedem und richtiger klungen), Part. geklungen : einen
Laut in stetiger Ausdehnung von sich geben.
> Mhd. klingen (Prät. ich klanc, wir klungen, Part. geklungen, Imp. klinc)
> ahd. klinkan, chlingan (Prät. ich chlanc, wir chlungumês, Part. kichlungan)
> d. i. eig. chlinkan. Vgl. Klang. Das Wort, welches allen andern germa-
> nischen Mundarten mangelt und hier nur in dem schwachbiegenden altnord. kling-
> ja klingen zum Vorschein kommt, scheint aus dem dem Griechischen [klázein, im
> Perfectum kéklagga (κέκλαγγα) entstammenden lat. clángere = ertönen, erschallen,
> wofür es auch gesetzt wird, mit Verschiebung des lat. c in ahd. ch aufgenommen
> und zum starkbiegenden Verbum ausgebildet. Vgl. auch Klinge 1 u. 2, Klingel.

der **Klingklang**, durch Verdoppelung des Wortes in Laut und Ablaut gebildetes Substantiv. **klinglingling!** Interj. zu Schallnachahmung, in Bürger's Lenore, v. **klingen**.

† die **Klinik**, ohne Pl. : die ausübende Heilkunde; der Unterricht am Krankenbette. das **Klinikum**, — s, Pl. **Kliniken** : Heilanstalt zum Unterricht in der Heilkunde, urspr. am Krankenbette. **klinisch**, Adj.

> Alle aus dem gr. Adj. klinikós, -é (-ή), -ón = bettlägerig, v. gr. die klíne (κλίνη) = Lager, Bett. Die weibl. Form die klinike (κλινική), nämlich téchne Kunst, lat.-gr. die clinice, bed. „die ausübende Heilkunde am Krankenbette" und ist unser die Klinik.

die **Klinke**, Pl. — n : Falleisen an der Thüre ꝛc. Daher **klinken** in **auf-** u. **zuklinken**.

> Mittelb. die klinke (Jeroschin 182. Benecke-Müller I, 845ᵃ), 1469 mittelrhein. die clinck (voc. ex quo). Aufgenommen aus mittelniederd. die klinke (hor. belg. VII, 28ᵇ) altclevisch (1475) die clynck, niederl. die klink, altnord. die klinka. Aus dem Präs. eines Wurzelverbums, welches im Ahd. klinkan, chlinchan (Prät. ich chlanch, wir chlunchumês, Part. kichlunchan) gelautet haben muß und aus dessen Sing. Prät. das factitive klenkan, chlenchan (d. i. chlanch-j-an), = zusammen-, in einander fügen oder schlingen, verknüpfen (Graff IV, 563. Schmeller II, 359), abgeleitet wurde. Vgl. Klunker.

klinken = anschlagend, anstoßend Klang hervorbringen.

> Schon 1691 bei Stieler. Nicht das niederd. klinken = einen feinen, hellen Klang geben [u. machen], altclevisch (1475) clyncken, engl. clink, dän. klinke, sondern mit i statt e (Umlaut des a) das hochd. **klenken**, um 1500 clenckhen (voc. incip. teut. ante lat.), = eine Glocke anschlagen, mhd. klenken v. der Klang = klingen machen, ahd. chlanch (Notker, Ps. 150, 5).

die **Klinse** = Riß, Ritz, Spalte. S. **Klimse**.

klipp! bloße Ablautsform zu **klapp!** Verbunden **klippklapp!**

die **Klippe**, Pl. — n : hervorstehender, spitz ausgehender schroffer Fels. Daher **klippig** = voll Klippen. Zusammenf. : der **Klippfisch** = auf Klippen getrockneter Kabeljau.

> Bei Luther Jud. 5, 1 in der Bed. Felsspalt, -schlucht. Ursprünglich nicht hochdeutsch, indem sonst pf statt pp stehen müßte, sondern aufgenommen aus niederl. die klip, altclevisch (1475) clyppe, dän. klippe, schwed. klippa, v. altnord. klippa schnelden, ebenso wie schwed. das skär altnord. das skör Scheere d. i. Klippe (unter dem Waffer), woher die Scheerenflotte, v. schwed. skära altnord. skéra (unserm scheeren) = schnelden. Verschieden von Klippe ist ahd. das clëp, chlëp, = Vorgebirg, d. i. ins Meer vorragender Fels, Fels (Graff IV, 546. V, 148), altsächs. das clif (Gen. clibas) = Berg, Fels, angelsächs. clif Klippe, engl. cliff, altnord. das klif = Anhöhe, Berg, welche zusammengehören mit ahd. chlëbên chlëpên (kleben, f. b) = haften, anhangen [im voc. theut. v. 1482 Bl. q 7ᵇ klëbern = klettern], altnord. klifa klettern.

der **Klippkram** = Kram mit geringen hölzernen ꝛc. Waaren, wovon der **Klippkrämer**. die **Klippschenke** = geringe Schenke, in welcher nur der Krugdeckel klappt. die **Klippschuld** = kleiner Schuld-

poften, kleines Darlehn in geringer (klappernber) Münze. das
Klippwerk = geringe hölzerne rc. Waare, Klapperwaare.

Niederdeutsch. **Klipp** kommt v. niederd. [mit i ſtatt e (Umlaut des a)] klippen
(= klappen), welches mhd. klepfen (ſ. die Anm. zu Klepper) iſt.

Klirren = einen klangloſen zitternden Ton von ſich geben.

Zuerſt 1734 bei Steinbach I, 874, aber als nicht überall übliches Wort
angeführt. Es ſcheint ſchallnachahmend.

der **Klitſch**, —es, Pl. —e : Stück weicher Maſſe, z. B. Butter, Teig rc.

Hennebergiſch, ſächſiſch rc. (Reinwald I, 80 f. II, 72). Mit **klitſchig** (
b.) v. mittelb. klitzen (mit i ſtatt e) aus mhd. kletzen = ſchmieren. Vgl. klitſch.

klitſch! Interj. Ablautsform zu **klatſch!** beſonders in der Verbindung
„**klitſch! klatſch!**" klitſchen ſchon bei Luther Heſ. 25, 6 u.
Jub. 14, 12 mit mittelb. (niederb.) i ſtatt e (Umlaut des a) aus
kletſchen (klätſchen), wofür niederl. kletsen, mhd. kletzen (ſ.
klatſch! Klitſch und klitſchig), ſpricht.

klitſchig = unausgebacken weich u. teigig. Vom Brote rc.

Wie Bretſchel (Grimm's Wtbch II, 378) aus Brezel rc., ſo **klitſchig** aus
dem in dieſem Sinne gebrauchten niederb. klitsig, klitzig, welches mit niederb. i ſtatt
e (Umlaut des a) aus mhd. kletzen ſchmieren, z. B. in bekletzen = beſchmieren,
beſudeln (ſ. *Reinhart Fuchs* S. 367, 2053). Das i ſchon 1420 in unbekletzt
bei *Scherz-Oberlin* II, 1820.

klittern = kleckſen, unſauber, nachläſſig ſchreiben, vorläufig (ungeordnet)
ein-, aufſchreiben. Zuſammenſ. : das **Klitterbuch** = Buch zu vor-
läufigem Einſchreiben, vgl. Klabbe; die **Klitterſchuld** = kleiner
Schuldpoſten zum vorläufigen Eintragen als bald tilgbar.

Statt **klüttern, Klütterbuch, Klütterſchuld.** Jene, nämlich **klüttern**
u. **Klütterbuch,** ſchon bei Joſua Maaler Bl. 246ᵃ und noch in der Schweiz
(Stalber II, 112 f. Vgl. Schmeller II, 365). Mit Klabbe (ſ. b.) u.
niederb. kladdern = kleckſen, unſauber u. unſchön ſchreiben, aus Einem Wurzelverbum, wofür auch neuniederl. die kladschuld = kleine Schuld [neben das
kladboek = Schmuß-, Conceptbuch, vorläufiges Eintragebuch] ſpricht und wonach zugleich obige Erklärung von Klitterſchuld ſich als richtig erweiſt.

die **Klitterung** = Erzählung. In : die **Geſchichtsklitterung.**

V. **klittern** = erzählen. Dieſes Verbum aber iſt ſchwerlich bildliche Anwendung des vorhergehenden **klittern,** ſondern ſcheint mit dem am Obermain üblichen **klattern** = plaudern (Schmeller II, 364), welches hierhin eingedrungen
und das niederl. klateren, niederb. klateren, = raſſeln, klappern, engl. clatter
auch = plaudern, ſein dürfte, Einem Wurzelverbum anzugehören.

der **Klöben**, — s, Pl. wie Sing. : geſpaltener Stock rc., zunächſt zum
Vogel- u. Mäuſefange; [nach der Ähnlichkeit] greifender Haken; Gebund (z. B. Gebund Flachs rc.).

Eig. der **Klobe**, —n, Pl. —n. Mhd. der klobe = „geſpaltener Stock zum
Vogelfange", dann in weiterem Sinne „Feſſel" und davon „Gebund" (von
— vielleicht zunächſt in einen geſpaltenen Stock gereihten — Würſten bei *Benecke-
Müller* I, 846ᵇ, Büſchel vom Flachſe im *voc. v.* 1429, im *voc. ex quo v.* 1469,

im *Teuthonista* v. 1475); ahd. der chlobo [chlopo] = gespaltener Stock zum Vogel- u. Mäusefange; goth. kluba (?). Aus dem Pl. Prät. (wir *chlupumês*) v. klieben.

die Klöcke, Pl. —n, im Hochd. fast nur üblich Glocke (f. b.).

der Klöpfel, —s, Pl. wie Sing. : unten dickes Werkzeug zum Klopfen, Widerschlagen. Daher klöpfeln.

1482 ‚der klupffel (*voc. theut.* Bl. q 8ᵃ), mittelb. klopfel (*Diefenbach's Wtbch* v. 1470 Sp. 47. 85) u. kloppel (ebendas. 47), mhd. (u. noch schweiz.) klüpfel, mittelst der Umlaut wirkenden Ableitungssylbe -el, ahd. -il, v. klopfen. Mit niederdeutschem pp = hochd. pf der Klöppel. Siehe dieses u. vgl. Knüppel. Ein anderes Klöppel, von dem Klöpfel der Glocke gebraucht, hat (wie Löffel 2c.) ö statt e und ist das spät-ahd. der clepfel, 1482 klephel, kleffel, (glocken)klepffel, = Klöpfel der Glocke, niederl. die klepel, v. mhd. der klapf ahd. chlaph Klapf (f. klapp).

klöpfen = mit kurzem Tone auftreffend schlagen. Daher : der Klöpfer. Zusammens. : der Klöpffechter = allzeit zum Klopfen (Schlagen) fertiger Fechter, Raufbold; der Klöpfhengst (nicht Klupphengst) = Hengst, dessen Samenstrang durch Klopfen mit einem hölzernen Hammer von außen zerquetscht ist, worauf die Hoden vertrocknen, aber das nicht mehr zeugungsfähige Thier noch ein vollkommener Hengst zu sein scheint.

Mhd. klopfen, ahd. (bei *Tatian*) chlofôn, chlophôn, mittelb. (12. Jahrh.) chloppen (*Diut.* III, 170), kloppen, niederd. u. niederl. kloppen. Ob mit Klapf, klaffen 1, klappen zu einem wie treffen (ahd. trëfan) biegenden vermuthlichen ahd. Wurzelverbum chlëphan chlëfan (Prät. ich chlaf, wir chlâfumês, Part. *chlofan*) = laut an-, widerschlagen (?), gehörig? Dann würde klopfen ins Niederd. u. Niederländ. aus dem Hochdeutschen vorgedrungen sein, denn in jenen Mundarten böte sich keine Form des Wurzelverbums mit o (urspr. u), da das gleiche Participium von treffen im Angelsächs. drëpen, im Altnord. drëpinn, nicht aber dropen, dropinn lautet, welches letzte das Part. von altnord. driupa (unserm triefen) ist. — Der Klopfer = Klopfender lautet mhd. klopfære, und Klopfhengst findet sich erst im 18. Jahrh.

die Klöppe, bei Christian Felix Weiße st. Kluppe, f. b.

der Klöppel, — s, Pl. wie Sing. : an einem Ende kugelig gedrechseltes Stäbchen zum Schlingen der Spitzen, Kanten 2c. Daher klöppeln = (Spitzen) schlingen oder wirken.

Aus niederl. der kluppel = dicker Stock zum Klopfen u. Schlagen, altclevisch (1475) cluppel, clyppel, = Steinhaue, mit dem Verbum kluppelen = mit dem kluppel schlagen. Aus diesen Stöcken in kleinerer Form giengen dann jene Stäbchen hervor. Mit Übergang des l in n, wie bei Knoblauch (f. b.) st. Kloblauch, bildete sich aber im Niederd. der knuppel (unser Knüppel, f. b.) = „schwerer Prügel" sowie „Stäbchen zum Spitzenwirken" mit knuppeln = „prügeln" u. insbesondere „Spitzen, Band wirken", und auch niederl. neben der kluppel ein knuppel. Die in ihrem pp alsbald niederländische u. niederdeutsche Form verrathenden Klöppel u. klöppeln, Knüppel u. knüppeln sind, da jenes pp = hochd. pf, eins mit den echt-hochd. Klöpfel (f. b.) mhd. klüpfel u. klöpfeln.

bas **Klöfter**, — s, Pl. **Klöfter** (ŏ lang) : abgefchloffenes Gebäube zur Wohnung für Mönche ober Nonnen. Zufammenf. : **klöfterlich.**

Mhb. bas klôster, ahb. chlôster, mit romanifchem o [ital. chióstro] aus lat. bas claustrum, altlat. clóstrum, = Riegel, Verfchluß, im Mittellat. „Kloſter,“ v. claúdere = fchließen, verfchließen, aus beffen als Subftantiv gefebtem fächlichen Participium Perfecti Paffivi im Pluralis clausa = verfchloffener Ort, im Mittellat. „Kloſter“, bie mhb. Form bie klôse = Mönchs-, Nonnenklaufe mit ber klôsenære, fpät-ahb. clôsinari, = Klausner, u. mhb. bie klôsenærinne Klausnerin gebilbet wurbe, währenb mhb. bie klûse ahb. chlûsa unfer **Klauſe** aus bem gleicherweife entfproffenen lat. u. mittellat. clûsa hervorgieng (f. **Clauſe**) **Klöfterlich** mhb. klôsterlich.

ber **Kloß**, —es, Pl. **Klöße** (ŏ lang) : fich zufammenballenbe ober zufammengeballte Maffe. Daher **klößig**, nhb. Abj.

Mhb. ber klôz, fpät-ahb. chlôz, = geballte Maffe (gloss. herrad. 192ª. Diut. III, 218. Graff IV, 567), = Ball, Spielkugel (Graff IV, 567. Athis S. 105, 88), im 9. Jahrh. f. v. a. Zapfen (Diut. I, 495ª), nieberb. klôt, mittelniiberl. clôt, neben altnorb. bas klôt = Schwertknopf. Aus bem Sing. Prät. eines nach baper. kleuzen = fpalten (Schmeller II, 365) ficherer vorauszufebenben [aber nicht in bem für sluzun falfch gelefenen Pl. Prät. fie kluzun (gl. krab. 959ª, vgl. Diut. III, 193) wirklich aufzuweifenben] ahb. Wurzelverbum chliozan (Prät. ich chlôz, wir chluzumês, Part. kichlozan), mhb. kliezen (?), gotþ. kliutan (?). = auseinanberreißen, fpalten (f. **glożen**), fpalten, aus beffen Pl. Prät. ber **Kloß** mhb. kloz. Darnach **Kloß** urfpr. f. v. a. abgefpaltenes Stück, abgeriffene u. für fich geballte Maffe. Der Plural **Klöße** ift neu, benn mhb. lautet er ohne Umlaut bie klôze, ahb. chlôzza (Diut. I, 495ª), was im Nhb. **Kloße** wäre.

ber (ungut, aber bei bewährten Schriftftellern auch bas) **Klot**, — es, Pl. **Klöte** : feft zufammenhangenbe unförmliche Maffe; abgetrenntes unförmliches Holzftück. Daher **klötig**, nhb. Abj.

Mhb. ber kloz (Gen. klotzes). S. **Kloß.**

Klötzen = ftarr fehen, jetzt **glotzen**, f. b.

Klötzig, nhb. u. baher nicht umlautenbes Abj. v. **Klot**, f. b.

bie **Klucke**, **klucken**, urfprünglicher im Hochbeutfchen unb alfo richtiger als **Glucke** (f. b.) u. **glucken**, aber unüblich geworben.

ber **Klücker**, ober gar ber **Klicker**, beffer **Glücker**, f. b.

bie **Kluft**, Pl. **Klüfte** : lange Feuerzange; klaffenber Spalt; abgefpaltenes großes Holzftück. Nach ber 2ten Beb. bas Abj. **klüftig** mit bie **Klüftigkeit.**

Mhb. bie kluft (Pl. klüfte) = klaffenber Spalt, natürliche wie künftliche Höhle, Felfenhöhle, Gruft, ahb. chluft aber = Zange, Scheere, Lichtfcheere. Ebenfo mit ableitenbem aus p (b) vor biefem Buchftaben in f aus bem Pl. Prät. v. **klieben** (f. b.), wie Schrift u. Trift aus bem Pl. Prät. v. fchreiben u. treiben. — **Klüftig**, ahb. cluftîc (= fpaltig).

klug, Comp. **klüger**, Sup. **klügeft**, **klügft** : geiftig fein, einfichts- u. umfichtsvoll. Daher : **klügeln** mit bie **Klügelei**, ber **Klügler**, ber **Klügling.** Zufammenf. bie **Klugheit**; **klüglich**, Abj. u. Abv.

Mhd. kluoc (Comp. klüeger) = fein, schmuck, nett, dann [abstract:] geistig
fein, mit dem Verstande durchbringend u. gewandt, mit die kluoheit (kluoc-heit)
= die Feinheit, das Schmucke, Artige, dann Verstandes-, Geistesfeinheit. Im
Ahd. fehlt das bis jetzt unableitbare Wort, welches auch mit nicht entsprechendem
auslautenden k in altnord. klókr = klug, listig, sowie in niederd. klôk, niederl.
kloek = tapfer, klug, begegnet.

der Klump, — es, Pl. Klümpe, und schwach biegend der Klümpen,
—s, Pl. wie Sing. : unförmliche Masse. Daher : das Klümpchen,
Dim.; [nach einem Pl. die Klümper st. Klümpe] sich klümpern mit
klümperig; klümpig, nhd. Adj.

Der Klumpen lautet eig. der Klumpe (b. Drollinger S. 18. 71) mit
niederdeutschem p; echt-hochd. 1542 bei Alberus (der Barfuser Münche ꝛc. Nr. 262)
der klumpffe. Die starkbiegende ältere Form ist der Klump aus niederd. der
klump, niederl. klomp, altnord. der klumpr, schwed. klump; denn echt-hochd.
müßte mit pf der Klumpf gesagt werden. Aus dem Pl. Prät. des Wurzelverbums, welches im Mhd. klimpfen (s. die Anm. zu klimmen), altnord.
klimpa (?), lautet, wonach Klump urspr. s. v. a. an einander gedrückte, zusammen gedrückte Masse.

das Klüngel, —s, Pl. wie Sing. : Kugel gewickelter Fäden.

Das oberd. u. schweizer. Diminutiv das Klüngle (Josua Maaler Bl. 246ᵃ),
mit mhd. das klungelín (Klünglein), im 12. Jahrh. clungelín, = Knauel,
Kugel, v. ahd. (11. Jahrh.) die clunga = Knauel (gl. jun. 292). Ob urspr.
Kugel als klingende Masse und mit altnord. das klüngr = Gestein (vgl. Halle 1)
aus dem Pl. Prät. v. klingen?

der Klunker, —s, Pl. wie Sing., üblicher die Klunker, Pl. — n :
hangende Quaste, Trobbel; hangendes, schwebendes Klümpchen. Daher :
klunkerig; klunkern. die Klunkermilch = Buttermilch wegen
der darin schwimmenden Butterklümpchen.

Aufgenommen aus niederd. klunker, welches aus dem Pl. Prät. des unter
Klinke angesetzten ahd. Wurzelverbums chlinchan, woher auch der Klank =
Schleife.

die Klunse, Pl. —n : Riß, Ritz, Spalt. Schweizerisch Klumse.

Schon mhd. (14. Jahrh.) die klunse, mit Übergang des m in n aus mhd.
die klumse, chlumse, ahd. chlumsâ (?). Wie Klinse, Klimse aus dem Präsens, so ist chlumse aus dem Pl. Prät. eines vorauszusetzenden ahd. Wurzelverbums chlimsan (Prät. ich chlams, wir chlumsumês, Part. kichlumsan) = sich
spalten (?).

die Klunter, Pl. —n : Klümpchen. Wetterauisch ꝛc.

Niederd. klunter, niederl. der klonter [mittelniederd. in klüntermelk = Dick-
milch (hor. belg. VII, 28ᵇ)], v. niederd. die klunt, niederl. klont, = Klump.

die Klüppe, Pl. —n : Zange, klemmendes gespaltenes Holz, Zwangholz,
Klemme; in 2 geklemmte Stöckchen zum Verkaufe (an den Hälsen)
aufgereihte Zahl von 4—5 (gerupften) Vögeln, und dann bildlich Verein loser Vögel, liederlicher Gesellen (Frisch I, 525ᶜ, Schmeller II,
360). Daher klüppen = zwischen einen Spalt einzwängen, kneipen.

Nicht die Kloppe, als wenn das Wort die niederd. Form von einem hoch-
die Klopfe = das Darauf-, Zuſchlagen, wäre, ſondern es iſt das öſterr.
die Kluppe = Waſchklammer, mhd. die kluppe, früh chluppe, ſpät-ahd. (12
Jahrh.) die chluppa (gl. trevir. 9, 14), = Zängelchen. Dieß durch Lautanglei-
ung aus chlup-j-a, welches, wie auch Kluft.(ſ. d.) = Zange, aus dem ſl
Prät. (ahd. wir chlumpumês) v. klieben (ſ. d.) abzuleiten iſt.

der Klúpphengſt, ungut ſtatt Klópfhengſt (ſ. klopfen).

Mit dem Gedanken an die Kluppe, weil dem Hengſte die Hoden vor der
Entmannen durch Ausſchneiden in eine hölzerne Kluppe gezwängt werden.

die Klútter, Pl. —n : Lockpfeife aus Birkenrinde beim Vogelfange.

Ob v. mittelb. kluteren, welches wol = locken [Krolewis 3763, wo der Sün
„wir, ſollen auf alles Locken des Teufels nicht hören", vgl. B. 3773. Dann: „Ih
ſal man underriben (zwiſchenein reiben b. h. fügen) — ein clutern (Lockn) =
ein triben« [(Herzutreiben), in dér sunden widerstrit 2054 f.], mhd. klüten =
verklüteren (verlocken? Tristan 292, 29), wovon mittelb. die clutterâde, elu-
terât [alſo eigentlich cluterât?] = Verlockung, argliſtiger Anſchlag (dér sun-
widerstrit 1755. 1761. Passional 351, 30), das kluterspil = Lock-, Verlockungs-
ſpiel (Köpke's Passional 322, 93, verglichen mit 323, 15), endlich mhd. das klüter-
wort = Lock-, Trugrede (Mystiker I, 318, 4).

das Klyſtier, —es, Pl. —e : Ausſpülung des Afters durch Einſpritz-
Daher : klyſtieren. Zuſammenſ. : die Klyſtierſpritze.

Schon frühe eingebürgert; denn 1475 altclevⁱſch das clystier u. clistére, mit
aber mit ſeltener Verhärtung des l zu r das kristiere nebſt dem Verbum (im 15
Jahrh.) kristieren. Aus lat.-gr. das clystêrium, gr. klystêrion (κλυστήριον), der
Diminutiv des lat.-gr. der clyster, gr. klystêr (κλυστήρ), v. gr. klyʹzein = ab-
abſpülen, mittelſt Einſpritzung in den After reinigen.

kn iſt urſprünglicher hochdeutſcher Anlaut, aber in Knauel oder Knäuel, Knicker = Schnellkügelchen, Knoblauch, Knüppel aus kl hervorgegangen. S. auch knappen.

Ebenſo kn aus kl in knocken (b. Hans Sachs) ſt. klocken mhd. klocken
ahd. chlocchôn = klopfen, u. a.

der Knábe, — n, Pl — n, gekürzt der Knab : Kind männlichen Geſchlechtes bis zum Jünglingsalter (zur Mannbarkeit); [faſt nur noch
bei Dichtern :] junger Menſch auch im Jünglingsalter, Junggeſelle,
dann Dienſtburſche. Daher das Dim. das Knäbchen, urſprünglich
echt-hochb. Knäblein. das Knábenkraut (ſ. Anm.).

Bei Luther im Gen. Sing. ungut : des Knabens. Mhd. der knabe, zu
Anfange des 12. Jahrh. und zwar als ſehr ſeltenes Wort der chnabe (Exodus
88, 13. 90, 13. Diut. III, 156), mit dem mhd. Dim. das knebelin Knäblein.
Das Wort wandelt ſich auch in Knappe, wie Rabe in Rappe, und erſcheint
bis jetzt unableitbar. Der Name Knabenkraut gründet ſich auf einen ſchon um
1500 vorkommenden Aberglauben, nach welchem der Bruch eines Kindes, dem im
Garten ein Stock dieſes Krautes zwiſchen die Beine geſetzt wird, heilt, ſowie
das Kraut angeht und wächſt.

knack! Interjection des lauten Bruches, in welcher man den Laut zu hören und nachzuahmen glaubt. der Knack, — es, Pl. — e : Laut des Bruches, Bruch, Riß, entzwei geborstene Stelle. knácken, auch knácksen [zu zerlegen knack-s-en], mit der Knácker (in Nußknácker ꝛc.) u. knáckerig, die Knáckweide (= in ihren Zweigen leicht, wie Glas, knackende d. h. brechende Weidenart), die Knáckwurst (= aus Schweinefleisch u. -fett bereitete Wurst, deren dünner Darm leicht knackt d. h. bricht).

Der Knack und knacken finden sich erst im 16. Jahrh.; neuniederl. der knak und niederd. und neuniederl. knakken. Die ursprünglicheren, aus der Wurzel [altnord. gnêka? s. knick] hervorgegangenen Formen sind altnord. das gnak = Geräusch, Knarren, und gnaka = Geräusch machen, knarren.

der Knall, — es, Pl. — e : bei heftigem Ausbruche sich entwickelnder Schall. „Knall und Fall" = Schuß und Niederfallen des Getroffenen, [bildlich :] plötzlich. Daher knállen mit das Geknálle.

Im 16. Jahrh. erscheinend und zwar zuerst der Knall [mhd. knal?], welches aus dem Sing. Prät. des noch im 16. Jahrh. üblichen mhd. Wurzelverbums knöllen (Prät. ich knal, wir knullen, Part. geknollen) = auf- (oder aus)fahrend stark hallen, auch z. B. in erknöllen (Minnes II; 78ᵇ). Vgl. Frisch I, 526ᵃ.

knapp, Adj. u. Adv. : mit Noth zureichend; genau und sorgfältig; nett und zierlich (Stieler Sp. 990 f.). Daher : knáppen (ábknappen); die Knáppheit.

Aufgenommen und zwar, wie es scheint, erst im 17. Jahrh. aus niederd. knapp, niederl. knap (nur in der letzten Bed.), altnord. knappr (in der ersten Bed.) neben hnappr (mit unorganischem und schlechterem hn statt kn). Dunkler Herkunft.

der Knáppe, — n, Pl. — n : im Dienste eines Ritters stehender junger Mann nahe der Ritterwürde; Lehrling u. Gehilfe bei Müllern, im Bergbaue ꝛc. Daher die Knáppschaft.

Mhd. der knappe = Knabe, dann dem Ritterstande sich widmender Diener eines Ritters, Lehrling überhaupt, Diener zu Leibdienst und Schutz (Salomónis hds S. 424, 29), im 12. Jahrh. der chnappe (Windberger Psalmenübersetzung Ps. 118, 9), knappo (gloss. trevir. 3, 15) b. i. chnappo, = Knabe, Jüngling. Aus Knabe (s. d.), wie Rappe aus Rabe. — Unser Knappschaft lautet mhd. die knappeschaft, welches aber die Weise eines Knappen bedeutet.

knáppen = eine plötzliche kurze Bewegung, besonders auf- oder niederwärts machen (Schmeller II, 374), auch [in der Wetterau :] „kurz zufahrend beißen"; [im Niederd.:] als unbefugter Jagdgänger heimlich (Wild) todt schießen. Daher der Knápper mit die Knapperei.

1691 bei Stieler Sp. 992 u. 1892 knappen = hinken, gleichsam mit dem Fuße aufklappen; denn das Wort scheint mit Übergang des l in n (s. kn) aus klappen, und neuniederl. knappen bed., wie klappen : einen Laut, wie den eines Wider-, An-, Auf-, Zuschlagens, Bruches, Schusses von sich geben, dann auch mit Krachen zerbeißen und essen, knacken (s. knappern).

knáppern = nagend mit Krachen beißen.

Von knappen, s. d.

der Knáppſack = Reiſeſack zu Speiſen.

> Das ins Hochdeutſche aufgenommene niederd. der knappsack, neunieberl. knap-
> zak, deſſen knap v. knappen eſſen (ſ. knappen). Hochd. der Schnappſack.

knárpeln = nagend mit wiederholtem Krachen beißen.

> Mhd. (14. Jahrh.) knarpeln = mit den Zähnen knirſchen (Hoffmann's
> Fundgr. I, 379ª). In Franken knirbeln (Schmeller II, 375). Aus Einer
> Wurzel mit knarren, knirren (ſ. d.), knurren, knirſchen, und mittelſt :
> (b) und ‑el abgeleitet.

die Knárre, Pl. —n. Von knárren = durchdringend hart u. bebend
lauten. S. auch knirren u. knurren.

> kn ſtatt gn. Mitteld. gnarren = knurren, vom böſen, grimmigen Hunde bei
> Jeroschin 166.

knárzen, gekürzt aus knárrezen (d. i. knarr=ez=en) v. knarren.

der Knáſter, —s, Pl. wie Sing. : feinſter gewürzhafteſter Tabak.

> Zuerſt bei dem Dichter Joh. Chriſtian Günther († 1723). Gekürzt aus
> der Canáſter, welches in neuniederländ. canaster eine Art indiſcher Kiſte zum
> Überführen von Tabak, Thee ꝛc. bedeutet und überkommen iſt aus ſpan. der
> canastro = Art Rohrkorb, franz. der canastre = von ſpaniſchem Rohr ge-
> flochtener Korb, Art lederner Kiſte, Knaſter, ital. der canéstro Rohrkorb, portug.
> canastra, welche gebildet ſind von lat. das canistrum gr. kánastron = den
> Rohr [gr. káns (κάνη)] geflochtener Korb. Der Tabak von Barinas nämlich,
> der als der beſte, feinſte und gewürzhafteſte geſchätzt iſt, wird gerollt in jenen
> Rohrkörben verpackt und verſandt.

der Knáſter (ſt. Knáſterer), — s, Pl. wie Sing., bei Bürger :
Brummer, mürriſcher Tadler. der Knáſterbart, dasſelbe. knáſter=
ig, Adj. u. Adverb. Von knáſtern = in harter Reibung mit Ge=
räuſch lauten.

> Bei Stieler Sp. 991; früher, kurz nach 1500, knasteln (Friſch I, 536 ᶜ),
> niederd. gnastern. Mit kn ſtatt gn, ſ. kniſtern.

knáttern = wiederholt platzend rauſchen. S. knittern.

der Knauel, beſſer Knäuel, —s, Pl. wie Sing., gekürzt der Knaul,
beſſer Knäul, — s, Pl. wie Sing. (auch — e) : kugelartig gebildete
Maſſe, z. B. aufgewickelten Zwirnes, des Brotes ꝛc.

> Jetzt männlich, aber eigentlich ſächlich; im voc. incip. teuton. ante lat. knoil
> (auch vom Zwirne) und ſchon mhd. im 14. Jahrh. das kniuel d. i. kniuwel,
> welches ſich in ſchœne brötknüels aller meiſt (Buch von guter Speise 8, 21)
> findet. Mit kn aus kl, denn urſprünglich, wie noch oberdeutſch (ſ. Schmeller
> II, 348), das Kleuel, Kleul, 1618 klâil, 1482 klewl (voc. theuton. Bl. q 7ᵇ),
> 1445 clewl, im Renner das kleule, im 12. Jahrh. chliwel (Sumerlaten 26, 78.
> Diut. III, 145), im 11. Jahrh. das cliuweli (Graff IV, 567) neben chliwelin
> clûwelin Kleulein, Diminutiv v. dem noch 1482 vorkommenden die klew (voc.
> theut. Bl. q 7ᵇ), ahd. chliwa, chliuwa, auch clûwia, — Kugel, Knäuel (Graff
> IV, 566 f.), angelſächſ. clêóv, engl. clew, woneben in weiterer Fortbildung mit-
> teld. das klûwen (Herbort 1040. 1106), clewn, mittelniederd. kluwen (hor. belg.
> VII, 28ᵇ). Jenes ahd. chliwa chliuwa aber iſt in ſeiner Wurzel mit lat. der

globus = Kugel u. das glomus = Knäuel verwandt, welche auch in den Gloſſen durch chliwa u. cliuweli, chliwel, übertragen werden. Das au in Knauel iſt aus dem mittelb. û = mhd. u. ahd. iu, und eben wegen dieſes au ſchreibt man auch mit äu Knäuel, während eigentlich Kneuel zu ſchreiben wäre.

der Knauf, —es, Pl. Knäufe : Knopf, Knoten.

Jetzt männlich, ehedem aber ſächlich. Im voc. ex quo v. 1469 ein knauffe, mhd. das knouf, im Ahd. noch unaufgefunden. S. Knopf.

knaupeln = wiederholt und in kleinen Biſſen nagen.

Statt knaubeln, mit diminutivem -el und Verhärtung des w zu b (vgl. S. 89) aus altclevisch knauwen (neben knagen nagen im Teuthonista v. 1475), mittelniederländ. (14. Jahrh.) cnauwen = nagen (hor. belg. VII, 9 a), neuniederl. knaauwen.

der Knauſer, — s, Pl. wie Sing. : der zu Gabe und Ausgabe wie bei Erwerb bis ins Kleinliche Zähe. Daher : die Knauſerei; knauſerig, Adj.; knauſern.

ſ falſch ſtatt ß, weil das Stammwort verloren gieng, welches das mhd. Adj. knûz = (muthig) zuſammengenommen, verwegen, keck, frech (LiederSaal I, 475, 6. Haupt's Zeitſchr. VIII, 552, 81), dann keck zum Behalten, zähe zum Geben (Ottacker von Horneck 85 b. Haupt's Zeitſchr. VIII, 557, 243 : »gegen den armen ist er knûz«), ahd. chnûz (?), iſt, wozu die ahd. Mannsnamen Chnûzari (Knauſer) und Hartchnûz (Hartknauß, in jetziger Schreibung Hartknaus) bei Graff IV, 584 gehören. Das Wurzelverbum ſiehe bei knütſchen.

der Knebel, —s, Pl. wie Sing. : kurzes bickes Querholz, insbeſondere als Feſſel, kurzer bicker Holzſchoß. Daher knebeln. Zuſammenſ. : der Knebelbart (ſchon 1561 bei Joſua Maaler) = (gebrehter) Querbart der Oberlippe; der Knebelſpieß (ebendaſelbſt) = Spieß mit einem Quereiſen unter der Spitze zum Saufange.

- Um 1500 ber knebel wie unſer Knebel; aber im 12. Jahrh. der knebel, ahd. (mit eingeſchobenem e, urſprünglich i, zwiſchen ch und n) chenebil, = Gebiß am Pferdeſchirre, feſſelndes Quereiſen oder Querholz (Graff IV, 576).

der Knecht, — es, Pl. —e : in Lohndienſt Stehender, beſonders zu niedriger Arbeit. Daher : knechten; knechtiſch. Zuſammenſ. : die Knechtſchaft ꝛc.

Mitteld. der knecht, mhd. kneht, ahd. chneht, cneht, angelſächſ. cniht, = Knabe, dann Diener, Edelknabe, ſich zum Ritter bildender Adlicher, Kriegsmann, ſtreitbarer Held.

der Kneif, —es, Pl. —e : kurzes gekrümmtes Meſſer.

Nicht von kneifen, welches völlig verſchieden von Kneif iſt, ſondern im 17. Jahrh. (z. B. 1691 bei Stieler) aufgenommen aus niederb. der knîf, neuniederl. das knijf, mittelniederl. cnijf, = langes ſpitzes Meſſer, angelſächſ. der cnîf = Meſſer, altnord. der knîfr (in unorganiſcher ſchlechterer Schreibung hnîfr), woher franz. der canif Federmeſſer (Diez 585). Eine andere Form iſt Kneip, ſ. b.

kneifen = zwiſchen zuſammengehende Spitzen, Schärfen ꝛc. brücken. Daher : der Kniff, ſ. b.

Präf. ich kneife, Prät. ich kniff, im Conj. kniffe, Part. gekniffen. Die starke
Biegung dieses zuerst 1669 bei Schottelius S. 588 verzeichneten und in derselben
aufgeführten Verbums ist dem Niederdeutschen gemäß; denn kneifen ist nichts
anders als die ins Hochdeutsche umgewandelte Form des aus dem Niederdeutschen
aufgenommenem kneipen (f. b.), dessen p im Hochdeutschen f entspricht.

der Kneip, —es, Pl. —e, landschaftlich statt Kneif.

In Mitteldeutschland und schon um 1500 im *voc. incip. teuton. ante lat.* mit
niederl. gn statt kn gneypp = Schusterkneif, dann aber 1691 bei Stieler Sp.
1339 neben dem richtigen Kneif, neben welchem sich Kneip mit p als niederdeutsche Form bildete ohne Berücksichtigung, daß jene Form mit f die niederdeutsche (knif) selbst ist. Zu gleichem Stamme gehört mhd. (mitteld.) die gnippe
= Dolch. S. Kneif. Also nicht von kneipen.

die Kneipe, Pl. — n : Klemme; [dann studentisch : Schenke, endlich]
gemeine Schenke. Daher [ebenfalls studentisch] kneipen = eine
Kneipe besuchen (f. kneipen 2).

Aufgenommen aus niederd. die knipe mit i = i, holländ. die knijp, welches
urspr. der Klobe d. h. gespaltenes Holz zum Vogelfange. Von

kneipen = zwischen zusammengehende Spitzen, Schärfen u. dgl. drücken:
[dann :] eine diesem Gedrücktwerden oder =sein ähnliche Empfindung
machen. Zusammenf. : die Kneipzange ꝛc.

Präf. ich kneipe, Prät. kneipete, kneipte, Part. gekneipet, gekneipt (Steinbach
I, 885), also schwach; aber auch zuweilen stark : Prät. knipp, im Conj. knippe,
Part. geknippen. Denn das Wort biegt im Niederdeutschen, woher es schon im
17. Jahrh. ins Hochdeutsche aufgenommen ist, welchem es später sogar durch
Wandlung des p zu f (f. kneifen) gerecht gemacht wurde, nur stark : knipen
(i = i, Prät. knêp, Part. knepen), neunieberl. knijpen (Prät. kneep, Part. ge-
knepen). Mit diesem knijpen aber kommt in derselben Bedeutung im Neunieberl.
zugleich nijpen vor, wie 1475 altclevisch im *Teuthonista* knyppen u. nippen.
Beide Formen führen, jene mit kn = altnord. hn [vgl. Kneif u. Grimm's
Gramm. I¹, 323], diese mit üblichem Abfall des h vor n auf ein vermuthliches
altnord. Wurzelverbum hnipa = krumm biegen, pressen, wovon altnord. hnipian
= krumm, bekümmert, das hnipr = zusammengekrümmter Leib, hnoppa = zusammenbiegen, pressen, abzuleiten sind.

kneipen = „eine Kneipe (f. b.) besuchen", biegt nur schwach :
Prät. kneipete, kneipte, Part. gekneipet, gekneipt, Imp. kneipe !

knellen, Präf. ich knelle, du knilleft, er knillet, knillt, f. Knall.

kneten = mit Flüssigkeit mengend mittelst der Hände oder der Füße durch=
u. bearbeiten. Daher : der Kneter, wovon dann die Kneterin u.
die Kneterei.

Schon im Älter-nhd. in schwache Biegung übergegangen und also im Prät. knetete
(bei Luther knettet), im Part. geknetet, woneben aber auch jetzt noch ge-
kneten gehört wird; denn das Wort bog ehedem stark, wie treten, und noch
im 16. Jahrh. erscheint neben jenem schwachen Präteritum knetete das alte
knat, welches später ausstirbt. Mhd. kneten (Prät. ich knat, wir knâten, Part.
geknëten), ahd. cnëtan, chnëtan (Prät. ich chnat, wir chnâtumês, Part. ki-

chnâtan), angelſächſ. chnädan, goth. knudan (? und dieſem entſprechend) altnord. knoda u. mit unorganiſchem u. ſchlechterem hn = kn hnoda. Das Wort ſtimmt lautverſchoben zu dem gleichbed. ſlaw. gnesti (eig. = drücken, preſſen). — Die **Kneterin**, ahd. knêtarin.

der **Knick**, — es, Pl. — e : lebendiger „Zaun, der jedes dritte oder vierte Jahr gekappt und ge knickt wird" (Müllenhoff).
    Neuniederdeutſch und ſelbſt ſchon mittelniederdeutſch (hor. belg. VII, 28ᵇ).

knick! Interjection. der **Knick**, —es, Pl. —e : lauter feiner Bruch, über‑ haupt halber Bruch, Bruch ohne völlige Ablöſung. knicken = in feinem Laute brechen; einen Knick machen; halb d. h. ohne Ablöſung brechen.
    Niederd. u. neuniederl. der knik und knikken, welche im Niederl. mit der nik und nikken vermiſcht auch ſ. v. a. Kopfnicken und nicken mit dem Kopfe bedeuten. Von der Präſentialform eines Wurzelverbums, welches im Altnord. gnêka (Prät. ich gnak, wir gnâkum, Part. gnâkinn) gelautet und wol ſ. v. a. rauſchen, knar‑ ren, bedeutet haben muß, aus deſſen Sing. Prät. die altnordiſchen der gnak und gnaka, auf welche unſer Knack (ſ. knack) und knacken zurückzuführen ſind. Jenes gnêca würde im Ahd. knêhan lauten, welches wie geſchehen ꝛc. böge und aus deſſen Präſens ſich ein knicch-j-an unſer knicken bilden könnte. Die Grundbedeutung dieſes Wortes möchte hiernach „(in ſcharfem Laute) rauſchen" ſein, woraus ſich die Bed. „laut brechen, ohne völlige Ablöſung brechen", im Niederländ. „einſtürzen, fallen" und ſofort die in knicken 2 und Knicks erſcheinende hervorbildete.

knicken = in feinem Laute brechen ꝛc., ſ. knick!
knicken = in aufrechter Körperhaltung die Knie einbiegen. Daher der **Knicks**, —es, Pl. —e.
    Wie knacken (ſ. b.), erſt im 16. Jahrh. vorkommend ; neuniederl. knikken = mit dem Kopfe nicken, aber auch einſtürzen, fallen, welcher Bedeutung die von „brechen" zu Grunde liegt, ſo daß knicken in der obigen Bedeutung [niederb. knikkebenen knickebeinen = bei jedem Tritt in die Knie ſinken, brechenden Knies gehen] nur bildliche Anwendung des oben unter knick (ſ. b.) verzeichneten knicken iſt und alſo nicht aus ge‑nicken ſich gebildet hat, welches auch neuniederl. genikken lauten würde. — Das ſchon 1691 bei Stieler Sp. 1347 verzeichnete Subſt. der Knicks iſt aus dem mit ableitendem s gebildeten niederb. der kniks. Das Dim. Knickschen ſchreibt Göthe in Hermann u. Dorothea Knirchen.

der **Knicker**, —s, Pl. wie Sing. : Schnellkügelchen, Schuſſer.
    Aufgenommen aus dem gleichbed. niederd. u. neuniederl. der knikker, welches nichts anders, als die niederl. Form für hochd. Klicker, Glicker (ſ. b.) iſt. Schon im Mittelniederl. findet ſich i = mhd. u. nhd. ü, und kn (ſ. b.) aus kl zeigen auch niederl. das knoflook Knoblauch, der knuppel Knüppel, knuiven (ſt. kluiven) klauben.

der **Knicker**, — s, Pl. wie Sing., neuniederl. knikker : geiziger Ab‑ zwacker. Daher : die **Knickerei**; knickerig, Adj.; knickern.
    Schon im 17. Jahrh. üblich. Von knicken = brechen, hier in dem Sinne von „abbrechen", am Preiſe abbrechen, karg thun, wie im Nürnbergiſchen knickeln (Schmeller II, 371) geſagt wird.

der **Knicks**, —es, Pl. —e, ſ. knicken 2.

das **Knie**, — es, Pl. — e, beſſer im Gen. **Knies** (2ſylbig, **Kni=es**), u. im Pl. **Knie** (2ſylbig, **Kni=e**) : hervorragendes Gelenk inmitten des Beines. Daher **knieen**, auch **knien** (2ſylbig). · Zuſammenſ. : das **Kniebant**; die **Kniekehle**, =ſcheibe ꝛc.

Mhd. das knie (Gen. kniewes, aber auch ſchon knies, Rom. Pl. knie, woher im Nhd. beſſer des Knies, die Knie), ahd. chniu, chnëo (Gen. chnëwes), goth. das kniu (Gen. knivis), altſächſ. cnio, cnëo, angelſächſ. cnëóv, welche der Lautverſchiebung gemäß mit den gleichbedeutenden lat. das génu, gr. góny (γόνυ, ſanſkr. dschânu ſtimmen. Das Verbum **knien** lautet mhd. knien (daher jetzt beſſer **knien** geſchrieben wird, als **knieen**), ohne Ausſtoßung eines Lautes kniewes, ahd. (ſelten, bei *Notker* Ps. 87, 9) chniuwen d. i. chniawan. Die **Kniekehle** lautet mhd. kniakôl, und die **Knieſcheibe** mhd. die knieschîbe, ſpät=ahd. chnieschîbe, mehr niederd. kniescîvâ (*gl. jun.* 263).

der **Kniff**, —es, Pl. — e : heimlicher verletzender Kunſtgriff.

Wie **kneifen**, aber erſt im 18. Jahrh. hochdeutſch gebildet, nach niederd. knîp u. neuniederl. die kneep, = Zwick, Klemme, liſtiger Kunſtgriff oder Anſchlag, welches aus der Pluralform des Präteritums von niederd. knipen, neuniederl. knijpen, unſerm **kneipen** (ſ. d.).

der **Knipp**, — es, Pl. — e, und mit ableitendem s der **Knips**, —es, Pl. — e : der Schneller mittelſt des von der Daumenſpitze wider den Handballen gleitenden Mittelfingers. **knippen** = laut .mit den Fingern ſchnellen. Daher die Zuſammenſ. die **Knippkugel** = Schnellkügelchen, Schuſſer. Von **Knips**, welches, unberührt von der Verdoppelung des p, mit Einem p geſchrieben wird, iſt dann das abgeleitete Verbum **knipſen**.

Das Verbum **knippen** iſt aufgenommen aus niederd. knippen = ſchnellen, niederl. knippen = Naſenſtüber geben, den gebogenen Mittelfinger von der Daumenſpitze auswärts ſchnellen, mit der Scheerenſpitze raſch einſchneiden, welches, worauf auch dieſe Bedeutungen hinweiſen, v. **kneipen** (ſ. d.), niederd. knipen, niederl. knijpen (= preſſen, zwicken, zwacken). Der Knipp iſt niederl. der knip = Naſenſtüber, lauter Peitſchenſchlag; das mittelniederd. Dim. das knipken (*hor. belg.* VII, 28ᵇ) aber kommt in der heutigen Bedeutung vor, und Knips mit **knipſen**, welche ſchon 1691 bei Stieler Sp. 1339 verzeichnet ſind, finden ſich in dem niederd. Diminutiv das knipsken **Knipschen**.

der **Knirps**, —es, Pl. —e : kleiner unerwachſener Menſch.

Ein jüngeres, in Mittel= und Norddeutſchland übliches Wort, welches 1691 bei Stieler Sp. 1339 mit dem im Niederd. vorkommenden Ausfall des r (vgl. bairſch niederd. basch) der Knips lautet. Bis jetzt unableitbar. Die landſchaftliche (wetterauiſche ꝛc.) Form der Knurps läßt an neuniederl. der knurf, knorf. = Knoten denken.

knirren = einen Laut, wie den eines harten Reibens, hören laſſen.

Bereits im 17. Jahrh. übliche Ablautsform zu **knarren** (ſ. d.); urſprünglicher, wie es ſcheint, in der Bedeutung : zwiſchen Hartem, zumal den Zähnen rauſchend reiben, rauſchend hart aufbeißen (Schmeller II, 375). Mit kn ſtatt gn, denn niederd. (mecklenburgiſch) gnirren.

knirſchen = rauſchen bei hartem Reiben.

Im 17. Jahrh. üblich und zwar 1618 knierſen [mit Brechung des i zu ie ſtatt knirſen] = hart rauſchend zermalmen oder zerreiben, neuniederl. (mit auch ſonſt üblichem e oder a ſtatt i) knerſen knarſen in der Beb. unſers knirſchen, niederd. (mecklenburgiſch) gnirschen. Mit ableitendem, in unorganiſches ſch (vgl. keilſchen, herſchen, Kirſche ꝛc.) übergegangenen s aus Einer Wurzel mit knirren, deſſen zweites r nicht urſprünglich iſt.

kniſtern = Funken ſprühen und ſo rauſchen, brechend rauſchen, wie z. B. brennendes Reiſig, Salz im Feuer, Flittergold ꝛc.

Schon 1691 bei Stieler Sp. 991 neben knaſtern, welches durch den Ablaut a von kniſtern gebildet iſt. Mit kn ſtatt gn, denn urſprünglich haben wir, wie auch Jacob Grimm (Gramm. II, 138) ſchreibt und das Wort im Niederdeutſchen lautet, gniſtern, unter welcher Form S. 449 die Ableitung gegeben wurde. Verſchieden davon iſt mhd. knüstern, knüsten, knisten, knüsen, ahd. chnistan, chnussan, = zuſammen-, zerdrücken, quetſchen.

der Knittel, hie und da ungut ſt. Knüttel, beſonders üblich in der Knittelbers, —es, Pl. —e: der Vers (die Verszeile) der alten mittelhochdeutſchen Reimpaare in neuhochdeutſcher Sprache gebildet, in welcher er hart, ungefüg, holperig erſcheint; ungeregelte holperige Reimzeile.

Der Name, urſpr. ſ. v. a. „Vers, hart wie ein Knüttel‟, iſt bei Steinbach (1734) und Friſch (1741) noch nicht verzeichnet und ſcheint erſt im 18. Jahrh. üblich geworden. Früher gebrauchte Schuppius († 1661) in dieſem Sinne der Knüppelharbus („ſolche ungereimte Verſe und Knüppelharbuſſe‟), welches mit neuniederl. das knuppel-, kluppelvers, kluppelvaers, ſtimmt, deſſen knuppel, kluppel unſer Knüppel iſt. Demnach iſt Adelung's Schreibweiſe Knüttelvers die richtige, und man ſcheint falſch Knittelvers geſchrieben zu haben, weil man an Bildung von dem folgenden knitten dachte.

knitten, ungut ſt. knütten, ſ. d.

der Knitter, —s, Pl. wie Sing.: fehlerhafte Falte. Daher das Abj. knitterig. Von knittern = wie mit wiederholtem Platzen in feinerem Tone rauſchen; in fehlerhafte Falten zuſammendrücken.

Beide Bedeutungen von knittern gehören wol zuſammen, und in der erſten iſt das Wort ſchon 1691 bei Stieler Sp. 996 verzeichnet. Niederd. knittern in der letzten Beb., dann knittern, knetern, gnetern vom Kniſtern der Flamme und wiederholtem Raſſeln der Donnerſchläge, neuniederl. knitteren u. knetteren = beim Brennen kniſtern, zerdrücken, zerquetſchen. Im Urſprunge wol zurückzuführen auf die Pluralform des Präteritums von dem ſchon frühe ausſterbenden mhd. gniten (Sumerlaten 8, 13), ahd. gnitan, knitan (Prät. ich kneit, wir knitumês, Part. knitan), = reiben, (den Schnabel) wetzen, feilen, angelſächſ. gnidan = zerreiben, zermalmen. Das im Ablaute zu knittern ſtehende, ebenfalls bei Stieler Sp. 996 verzeichnete knattern aber ſetzt ein ſpäteres, aus dem Plur. Prät. jenes ahd. knitan hervorgegangenes, wie treten ꝛc. biegendes Wurzelverbum gnëtan, knëtan (Prät. ich knat, wir knâtumês, Part. knëtan) voraus.

der Knöbel, —s, Pl. wie Sing.: Knöchel am Finger.

Mehr im gemeinen Leben, z. B. im Bayeriſchen (Schmeller II, 368), während hochdeutſch nur das weniger beſtimmte Knöchel (ſ. b.) üblich iſt. Mhd. der knübel, mittelb. knubel, altniederb. knovel (*gl. jun.* 262). Dunkler Herkunft aber nicht zusammenzustellen mit Knopf.

der **Knóblauch**, — es, Pl. — e : Zwiebelgewächs mit einem in sogenannte Zehen gespaltenen Wurzelknopfe.

Schon im 15. Jahrh. der knoblauch, mhd. knobolouch (zuerst im 12. Jahrh., meist aber mit noch nicht in n übergegangenem l) klobelouch, ahd. chlobalúch, clovelouch, clova- u. (mit Angleichung des Zusammensetzungs -a zu der Brechung o in der Wurzelsylbe) chlovolouch, chlofolauh; neuniederl. das knof-, knop-, knooplook. Das erste Wort der Zusammensetzung ahd. chlob(a)-, chlob(o)- scheint aus der Pluralform des Präteritums v. chliuban klieben = „spalten" abzustammen (vgl. Grimm's Gramm. III, 372) mit Überschwanken des b (p) in v und f. — Was wir einen Kopf Knoblauch nennen, hieß im 14. Jahrh. »haubt knobelauches« (*Buch von guter Speise* 16, 42).

der **Knóchel**, — s, Pl. wie Sing. : hervorstehender Knochen zu beiden Seiten des Fußgelenkes und am mittleren Fingergelenke.

Bei Luther Knöchel, 1482 knuchel (*voc. theut.* Bl. q 8 b. r 1 a), hamburgisch knückel, 1475 altclevisch knoyckel, neuniederl. der knokkel, altfries. knokele. knokle, angelsächs. cnucl; im 12. Jahrh. aber mittelb. wie noch wetterauisch und deshalb bei Alberus im *dictionar.* der knügel (vgl. Haupt's Zeitschr. VI 326). Aus einem und demselben Wurzelverbum mit Knochen (f. b.).

knócheln = würfeln, insbesondere um Geld.

B. das Knöchel d. i. Knöchlein, hier = Würfel, weil die Würfel von Knochen gemacht werden.

der **Knóchen**, — s, Pl. wie Sing. : fester harter fleisch- oder hauttragender Theil des Menschen- und Thierkörpers. Daher : die Diminutive das Knöchelchen u. Knöchlein, mit dem Verbum knócheln (f. b.); die Adjective knóchern (f. Anm.), knóchicht und knóchig. Zusammenf. : der Knóchenhauer, niederb. knakenhauer, = Fleischhauer, dann der Tod.

Eig. der Knóche, — n, Pl. — n, mittelb. zuerst bei Frauenlob († 1317 oder 1318) auftauchend der knoche (*Minnes.* II, 351 a, 5), dann, noch selten, um die Mitte des 14. Jahrh. knucke (*Buch von guter Speise* 26, 86, 87), 1482 der knoch (= Knöchel, Knote im Holz, Flachssamenknopf, im *voc. theut.* Bl. q 8 b. r 1 a), mittelniederb. u. mittelniederl. der knoke, neuniederb. knake [woher oberpfälzisch der Knacken], neuniederl. das knok, altclevisch (1475) knaicke. Das anfangs spärlich ins Hochdeutsche eindringende Wort ist für Luther's Bibelübersetzung noch nicht edel genug, weshalb sie den altüblichen und in diesem Sinne gegenwärtig nur noch dichterisch edeln Ausdruck Bein (f. b.), Gebein behält. Zu Einer Wurzel mit Knochen gehören der Knöchel u., wie schon Schmitthenner will, angelsächs. cnucian = klopfen, anklopfen (Matth. 7, 7). — Das, wie es scheint, erst in der 2ten Hälfte des 18. Jahrh. aufgekommene Adj. knóchern ist in -ern völlig unorganisch gebildet, da das schwachbiegende Knoche unmöglich einen Plural die Knócher haben kann; dagegen ist das neuniederb. Adj. knäken, welches hochd., wie 1741 bei Frisch, knóchen oder, wie 1734 bei Steinbach I, 887, knóchen lauten würde, die richtige Bildung. Das ebenfalls spät im 18. Jahrh. entstandene Verbum verknóchern scheint st. verknóchernen

zu stehn, von jenem Adj. knöchern abgeleitet, denn von Knoche müßte es ver=
knöchen lauten.

die Knöcke, Pl. —n : gleichlang zusammengebogener zusammengebrehter
Zopf gehechelten Flachses. Drehn in saubre Knocken (J. H. Voß).
Das ins Hochdeutsche aufgenommene niederd. der knokken, hamburg. knuck.

der Knöbel, — s, Pl. wie Sing. : Mehlkloß b. h. Mehlteig mit ver=
schiedenen Zuthaten in einen runden Klumpen zusammengeknetet und
gekocht. In Österreich und Bayern.

Im 16. Jahrh. knodl (1530 im Pl. knodle, Schmeller II, 372), abgeleitet
mit Bewahrung des alten d von der Knote oder Knoten (s. b.), welches auch
die Bed. „Kloß aus Mehlteig mit Zuthat" (Popowitsch Wtbch S. 263) hat.

der Knóllen, — s, Pl. wie Sing. : zusammenhangende runde Masse.
Daher : knóllen; knóllicht u. knóllig, nhd. Abj.

Eig. der Knolle, —n, Pl. — n, mhd. der knolle, ahd. chnollo (?), niederd.
knulle, aus der Pluralform des Präteritums v. mhd. knëllen (s. Knall) und
also urspr. wol s. v. a, „laut ausbrechende dicke Masse" oder „schallender
Klumpen" (von Gold, Parzivál 17; 23).

der Knopf, —es, Pl. Knöpfe : runder dichter Körper woran. Daher :
knöpfen, 1482 knopffen. Zusammens. : das Knöpfloch ꝛc.

Mhd. der knopf, ahd. chnopf, chnoph (= Knoten und dann Knotenartiges),
neuniederl. der knoop. Aus der Plural=, wie Knauf (s. b.) aus der Singular=
form des Präteritums eines Wurzelverbums, welches im Goth. kniupan (Prät.
ich knáup, wir knupum, Part. knupans) lauten und etwa „in Verschlingung fest
zusammenziehend verbinden" bedeuten würde. Mhd. swërtes knopf ist der
Schwertknauf. S. auch knüpfen. — Von den Knöpfen am Kleide kommt
mhd. knopf noch nicht vor und selbst der vocab. theut. v. J. 1482 hat es von
denselben nicht; aber die Longobarden gebrauchten sie schon (s. Weinhold, die
deutsch. Frauen 442).

die Knöpper, Pl. —n : Gallapfel am jungen Kelche der Eichel. In
Österreich u. Ungarn.

Scheint pp statt pf zu haben und eig. Knopfauswuchs, knospender Auswuchs
zu bedeuten, zumal da auch neuniederl. knoppen = knöpfen u. knospen.

der Knórpel, — s, Pl. wie Sing. : fester gallertartiger Knochenansatz.
Daher die Abj. knórpelicht u. knórpelig.

Mit p (schon 1691 bei Stieler) statt b; bei Luther (3 Mos. 8, 23 f. 14,
·14. 17. 28) der knorbel, niederd. (mit hochb. b aus v, vgl. aber ꝛc. und S.
89) knurbelknake b. i. Knorpelknochen = Knorpel. Das Wort führt zurück
auf niederl. der knorf (Pl. knorven) oder knurf = Knoten, eine Ableitung v.
niederl. der knor = Knorren (s. b.) und Knorpel. Die älteren Ausdrücke
waren der Knórpel, im Ahd. aber crospel u. die chrástula, chrustala.

der Knórren, — s, Pl. wie Sing. : harter Knotenauswuchs; knoten=
verwachsener Körper; Knöchel; Halm=, Rohrknoten oder =gelenk. Da=
· her : der Knórrich = Ackerspergel wegen der Knorren (Gelenke)
im Stengel, vgl. Knöterich; knórricht u. knórrig, Abj.

Eig. der Knórre, —n, Pl. —n, weßhalb bei Alberus (1540) der knor

und noch bei Leffing (Nathan 2, 5) Knorr; 1469 mittelrhein. der knore (voc.
ex quo), mhd. der knorre u. knurre (auch = „hervorstehender Knochenknopf"
und sofort „knorpelichte Maffe"), neuniederl. der knor (auch = Knorpel.) Nu
ahd. chniurig = knotig, feft und ftark (Notker's Mart. Capella S. 7, 10) z.
einem vermuthlichen ahd. Wurzelverbum chnioran (Prät. ich chnor, wir chnu-
rumes, Part. chnoran), = fich ausbreitende Kraftfülle haben (?). — Das Adi.
knorrig lautet im voc. incip. teuton. ante lat. knorig.

der Knorz, — es, Pl. Knorze (wetterauisch richtiger Knörze) : Aftknorz
im Holze; knotenverwachfener Körper, bef. folches Holz. Daher knörzig.
     Im Ahd. kommt nur einmal das Adj. chnorzic (d. i. chnorzic) unfer knorzig
vor, aber Knorz weder im Ahd. [chnorz?] noch im Mhd. Es ift mittelft z [ur-
fprünglich -az] aus der Pluralform des Präteritums eines verlornen ahd. Wurzelverbums chnioran abgeleitet, woher auch Knorren (f. b.).

die Knóspe, Pl. — n : unentfalteter Blätter=, Blütenknopf. Daher
knóspen = Knospen treiben; als Knospe hervorkommen.
     Knospe u. knospen wegen der Sylbenabtheilung zu fchreiben, ift unnöthig.
Das Wort, welches fich bereits gegen 1350 in dem mittelb. (dem Niederb. ent-
nommenen) Diminutiv das knospechin (Hoffmann's Fundgr. I, 379) zeigt,
fcheint erft im 17. Jahrh. in Aufnahme gekommen zu fein und, ähnlich Weife
aus mhd. wëfse, aus knob-se gebildet, welches mittelft -s-e abgeleitet wäre v. niederb. der knobbe, knubbe (f. Knuppen), mittelniederb. knubbe, neuniederl. ter
knop, die alle auch = Knospe; alfo nicht von Knopf. Der ältere Ausdruck war
Auge, im Mhd. die bolle, das brog (woher noch wetterauisch die Brospe).

der Knóten, —s, Pl. wie Sing. : durch fefte Verschlingung entftandener
Knopf; harter Auswuchs; hartes Stengel=, Halmgelenk. Daher :
knótig.
     Eig. der Knote, —n, Pl. —n, mittelb. knote (Jeroschin 182), mhd. der
knote, knode, ahd. (felten) chnodo [= Knöchel, Baumknospe], altclevi'fd
(1475) knaide. Jenes ahd. chnodo aber fcheint mit weiterer Fortfchiebung des
Lautes ftatt chnogo zu ftehen, wie altnord. der knûtr (hnûtr) = Knoten zeigt,
welches lautverschoben dem gleichbed. lat. der nôdus ft- gnôdus entfpricht (f.
Grimm, Gefch. d. deutfch. Spr. 399. 412). S. knütfchen. Das alte d
verblieb in Knöbel (f. b.). Vgl. auch die Knotte. — Ein altes Adj. ift
knóticht aus ahd. chnodoht.

der Knóterich, —es, Pl. —e : Ackerspergel (spérgula arvénsis).
     Der, wie es fcheint, erft im 18. Jahrh. übliche Name wegen der Knoten (=
Stengelgelenke) und mit -rich zufammengefetzt.

die Knótte, Pl. —n : Flachsfamenknopf.
     „Die Knotten klingen" = in der Sonne auffpringen machen. Bei Luther
2 Mof. 9, 31 die knote, 1470 mittelb. knod (ft. knot), aufgenommen und alfo
ohne Verfchiebung des t in ß oder z aus neuniederb. knutte, mittelniederb. knutte.
knotte, niederl. die knot, knut, 1475 altclevifch knote, angelfächf. cnotta. Aus
derfelben Wurzel mit Knoten (f. knütfchen).

der Knübbe, Knübben, richtiger als das üblichere Knuppe, Knuppen (f. b.).

der Knúff, —es, Pl. Knüffe : heimlicher Fauftftoß. Von knúffen.

Aus dem Niederdeutschen. Osnabrückisch knuffen, niederd. knuffeln, neuniederl. knoffelen, knuffelen, = stoßen, mit Fäusten schlagen, drücken; sonst niederd. knuffen = grunzen, mürrisch sprechen, dann auch wol „Einem eins versetzen."

knüllen = in Falten übel zusammendrücken,

eigentlich: faltig, bruchig schlagen. Mhd. knüllen = mit der Faust schlagen, erschlagen, [den Kopf] eindrücken, z. B. Tauben (*Minnes.* II, 287[b], 3), niederd. knullen im heutigen Sinne, urspr. wol s. v. a. platzend, schallend schlagen, weil mit Knollen und knallen aus einem und demselben Wurzelverbum (mhd. knëllen). S. knallen. Üblicher als knüllen ist die Zusammens. zerknüllen, mhd. zeknüllen (= zerschlagen. *Gesammtabenteuer* I, 434, 1687).

knüpfen = zum Knopfe, in einander schlingend verbinden.

Mhd. knüpfen, ahd. chnupfan, knuffan, chnuphan (d. i. chnuph-j-an). Von Knopf, s. d.

der Knüppel, — s, Pl. wie Sing.: Holzschoß, Stock zum Schlagen; armsdicker Holzschoß. Daher knüppeln.

Das schon im *vocab. theut.* v. J. 1482 Bl. r 1[a] ins Hochdeutsche roh d. h. geradezu aufgenommene niederd. u. mittelniederd. der knuppel, neuniederländ. knuppel u. kluppel. Also mit Kn aus Kl (s. Kl) und niederdeutschem pp statt des hochdeutschen pf; denn das Wort lautet im Mhd. der klüpfel (*liv-länd.* *Reimchronik* 10712), welches unser nhd. Klöpfel (s. b.) und das wetter-auische der Kleppel (d. i. Klöpfel) = „knorriges Holzstück" ist. Von klopfen = „schlagen", und also völlig unverwandt mit Knopf. — Unser knüppeln ist aus niederd. knuppeln, neuniederl. kluppelen, und dieses niederd. knuppeln bed. sowol prügeln, als auch Spitzen klöppeln (s. Klöppel).

der Knüppen, — s, Pl. wie Sing.: Knoten in dem Holze, der Haut ꝛc.; knotenverwachsenes Holz.

Eig. der Knuppe, — n, Pl. — n. Auch bei Lessing im Nathan (Berlin, 1779) 2, 5 mit pp geschrieben, richtiger aber wäre bb, denn das Wort ist das ins Hochdeutsche geradezu aufgenommene gleichbed. niederd. der knobbe, knubbe, wovon niederl. der knobbel = Knorre, Knoten, Beule, Schwiele, Warze. Schmitthenner führt aus Hagen's Cölner Reimchronik 2145 ein knuppe an, aber dieß ist der Dat. Sing. („vunffzein hundert marck an eyme knuppe") eines altniederrhein. der knup = Verknüpfung, Zusammenhang, Haufe.

knüppern = an Hartem laut nagen. Daher knüpperig, Adj.

Das ins Hochdeutsche roh aufgenommene niederd. knuppern, welches zu knappern (s. b.) im Ablaute steht.

knürren = hart rauschend durch die Zähne brummen. Daher knürrig.

Niederd. gnurren und gnurrig.

Knurren steht im Ablaute zu knirren (s. b.) u. knarren (s. b.).

knüspern = an Hartem mit Geräusch nagen.

Im Schlesischen finden sich die drei im Ablaute zu einander stehenden Formen knispern, knaspern, knuspern (Weinhold, schles. Wtbch S. 44[b]).

die Knute, Pl. —n: (russische) Riemen= u. Knotenpeitsche.

Bei Johannes von Müller: der Knut. Aus russ. der knut', welches schon die Gothen entlehnten und in die hnutô (2 Kor. 12, 7, wo Peitsche st. Stachel gesetzt ist) umbildeten.

knütſchen = anfühlend zuſammenbrücken; (Tücher ꝛc.) durch Zuſam
menbrücken aus der Glätte bringen.

> Schon im 16. Jahrh. mit ſſch aus tz, denn mitteld. knutzen = zuſammen
> brücken (*Köpke's Passional* 593, 79). Dieß ſtammt mit bayer. knausen = ze
> Glätte verderbend zuſammenbrücken (Schmeller II, 377) aus einem vermut-
> lichen Wurzelverbum, welches im Ahd. chniogan (Prät. ich chnôg, wir chnu-
> umês, Part. chnozan), goth. kniutan (Prät. ich knâut, wir knutum, Part. knutans
> gelautet und etwa „ſich feſt zuſammendrängen" (?) bedeutet haben wird. In
> dieſem giengen auch hervor mhd. knûz (ſ. Knauſer), Knoten, Knotte.

der **Knüttel**, —s, Pl. wie Sing. : Holzſchoß, Stock zum Schlagen.

> Nicht Knittel, denn mhd. der knüttel, knütel, ahd. chnuttil, chnutil
> niederl. (aus dem Hochdeutſchen) der knuttel. Nach W. Wackernagel dem zu
> den Gloſſen dabei ſtehenden, von lat.-gr. der cóntus gr. der kontós (κοντός) =
> Stange, Stecken abgeleiteten gleichbedeutenden mittellat. Diminutiv der cóntulu
> mittelſt Verſetzung des n nachgebildet.

der **Knüttel**, — s, Pl. wie Sing. : harter ausgeworfener Klumpen
Thier-, Menſchenkothes. Landſchaftlich (wetterauiſch ꝛc.).

> Roh aus dem Niederd. aufgenommen mit eingeſchobenem n, denn 1540 hat
> Alberus im *dictionar.* Pferdskübbel = Pferdekoth, niederd. kötel, neunieder
> die keutel, = Auswurf des Maſtdarmes, Koth, ſchlef. die kuttel, kottel, =
> Pferdemiſt.

der **Knüttelvërs**, beſſer als **Knittelvërs**, welches aber üblicher iſt.

knütten = knüpfend (Knoten machend) ſtricken; [bildlich :] fein ein
leiten, z. B. Pöſschen (Poſſen) knütten.

> Ungut knitten. Denn niederd. knutten = Knoten ſchlagen, ſtricken, angelſächſ.
> cnyttan. Von niederd. knutte = Knoten, insbeſondere Flachsſamenknopf.

der **Kobalt**, —es, Pl. —e : Mineral, welches das Halbmetall enthält,
deſſen Kalk zu einem blauen Glaſe ſchmilzt.

> Im 16. Jahrh. Kobolt, Kobalt, Kobelt, Kobel, v. lat.-gr. der cobalts
> (ſ. Kobold), was Matthſius i. ſ. Bergpoſtill (1562) zu beſtätigen ſcheint
> wenn er S. 501 ſagt : „Kobalt genannt als giftig und ſchädlich Metall."
> Auffallend erſcheint mitteld. kobalt = Metß (*Benecke-Müller* 855 b), gleichſam
> berauſchendes Gemiſch.

der **Kobe**, —n, Pl. —n : der Grünbling, lat. cyprinus gôbio.

> Auch Gobe. 1482 kube (*voc. theut.* Bl. r 6ª). Aus dem gleichbed. lat. der
> côbio, gôbio, gôbius, gr. der kôbiós (κωβιός).

der **Kobel**, —s, Pl. wie Sing. und die Kobel : Höhlung, Wohnbehälter
für Thiere. S. Schmeller II, 275.

> Mhd. der kobel = Aufenthaltsbehälter, Thierhütte (*Helbling* I, 626). Wol ab
> geleitet v. ital. die cova, der covo, = Wildlager, ſpan. (ſchon im 9. Jahrh.) die
> coba, welche v. ital. covâre brüten d. i. lat. cubâre in dem Sinne von incubâre.

der **Kobel**, —s, Pl. wie Sing. : geringes Wohngebäude. Schmeller
II, 275.

> Wie es ſcheint, nicht eins mit der Kobel 1, und wol v. mhd. kobe unſern
> Koben (ſ. d.) abgeleitet.

der **Köbel**, — s, Pl. wie Sing. : kleineres Gefäß zum Aufziehen des gewonnenen Berggutes, dann kleineres Maß dieseßselben.

Bei Georg Agricola († 1555). Es ist nichts anderes als Kübel, s. d.

die **Köbel**, Pl. —n : Haubenart. Im Elsaß. Zusammens. : die **Köbel-ente** = ánas clángula, wegen ihrer Kopffedern (Kaupe); die **Köbel-lerche** = Haubenlerche (s. d.); die **Köbelmeise** = Hauben-, Strauß-meise.

Mit b aus v (vgl. S. 89), denn neuniederl. die kovel, keuvel, = Haube, Mönchskappe, mittelniederl. covel (hor. belg. VII, 12b), v. franz. die coeffe, coiffe, span. cofia, ital. cúffia, mittellat. cúphia, cofea = den Kopf einhüllende Haube, mittellat. cofa Helm, welches aus lat. die cûpa = Kufe, Tonne, hervorge-bildet scheint.

der **Köben**, — s, Pl. wie Sing. : kleines schlechtes Gemach; kleines enges Gebäude; Schweinstall.

Schon 1482 im vocab. theut. Bl. r 1ª der koben, 1475 altclevisch coeven, = Schweinstall; aber eig. der Kobe, —n, Pl. —n, mhd. [selten] der kobe Schwein-stall, mittelb. der kove, niederb. der kaven, altnorb. der kofi Hütte, angelsächs. der cofa [côfa?? vgl. Grimm's Gramm. I³, 645. I³, 364] u. engl. cove Schlaf-gemach. Schwerlich in der Wurzel zusammengehörig mit ahd. die chuuisi, chúpisi, = Hütte. Vgl. der Kobel 2.

der **Köber**, — s, Pl. wie Sing. : langer u. gewöhnlich 4eckiger ge-flochtener Korb zum Tragen auf dem Rücken.

Im 17. Jahrh. bei Stieler Sp. 1014 verzeichnet; jetzt noch in Schwaben geläufig (v. Schmib 321). Aus franz. der cofre, coffre (s. Koffer), dessen f in v und sofort im Deutschen in b übergegangen wäre.

der **Kobold**, —es, Pl. —e : unheimlicher Neckegeist; die Grubenarbeiter neckender kleiner Berggeist.

Mhd. (erst im 13. Jahrh.) der kobolt = neckischer Hausgeist, wie dessen Bild, mittelniederl. coubout. Im Mhd. mehr auf den Begriff des neckischen Grubengeistes eingeschränkt. Fremdher und wol entsprungen aus lat. der cobalus, gr. kóbalos (κόβαλος) = Schalk, Possenreißer, satyrähnlicher schalkischer Neckegeist. Das t ist im Deutschen hinzugefügt, weil unsere Sprache für ungeheuere (unheimliche), geisterhafte Wesen die Form -olt liebt (Grimm's Mythol. 470). Auch 1243 als Mannsname Coboldus, z. B. Arnsburger Urk. S. 24. Im Franz. entstand durch Ableitung der gobelin oder goblin aus cobalus.

der **Koch** (o scharf), — es, Pl. Köche : Kundiger in künstlicher Zube-reitung der Speisen. Daher die Köchin, s. d.

Mhd. der koch, ahd. coch (eig. choh), angelsächs. coc, aus dem gleichbeb. lat. der cócus, cóquus v. cócere, cóquere, woraus unser kochen.

das **Koch**, —es, Pl. —e : Brei. Südbeutsch (Schmeller II, 278).

Mhd. das koch (Helmbrecht 1241), v. kochen, s. d.

kochen = in einer von Hitze wallenden Flüssigkeit erweichend zubereiten. Zusammens. : die Kochkunst ꝛc.

Mhd. kochen, ahd. chochên, cochôn, chochôn, chohhôn, mit der Koch-kunst, aber zum Theil lautverschoben überkommen aus dem gleichbeb. lat. cócere, coquere. Der eigentlich deutsche Ausdruck war sieden (s. d.), welcher nur von kochen unterschieden wurde. S. auch Koch, Küche ꝛc.

der Köcher, —s, Pl. wie Sing. : langer hohler Behälter zum Tragen der Pfeile, Bolzen, Schreibfedern u. dgl.

> Mhd. der kocher, kochære, ahd. der cohhar, chochar, u. chochari, mittelh. kochir (*Jeroschin* 182) = Tragbehälter für Pfeile. Dunkler Herkunft. Mittellat. das câcurum = Köcher.

die Kocherei, Pl. —en, mhd. die kocherîe, köcherîe (*Buch von guter Speise* 29, 96. 18, 52), v. der Kocher = Koch, welches v. kochen.

die Köchin, Pl. —nnen, das von der Koch abgeleitete Femininum.

> Bei Alberus (1539) noch die küchin, küchen.

die Kocke, Pl. —n : breites, hinten und vorn rundliches Schiff.

> Mhd. der kocke, im 11—12. Jahrh. mehr nach Niederdeutschland hin kock (*gl. trevir.* 17, 6, 7. *gl. jun.* 280), mitteld. die kogge (*Jeroschin* 182), cogg (*liber ord. rer.* v. 1429 Bl. 13ᵈ), niederd. kogge (wonach man auch in Schriften die Kogge findet), mittelniederd. kogge, koghe, altnord. der kuggi (neben der kuggr). Aus altfranz. die coque, span. coca, ital. cocca, = kleines Wasserfahrzeug, welches aus lat. die cóncha = Muschelschale, Gefäß (s. Diez Wtbch 104).

der Köber, —s, Pl. wie Sing. : in die Kappe des Schuhes oder Stiefels eingestochener schmaler abgeschärfter Sohllederstreifen, um daran den Absatz zu befestigen.

> Schon im *vocab. incip. teuton. ante lat.* (etwa 1500) u. im *vocab. theut. v. J.* 1482 Bl. r 1ᵃ das oder der koder, früher ohne Ausfall des r das korder und querder (*Benecke-Müller* I, 862ᵃ), wie denn auch der *vocab. theuton. v. J.* 1482 Bl. aa 3ᵃ „quërde[r] oder korder an schuhen, *kiripipium*“ verzeichnet. Hieraus erhellt unzweifelhaft, daß dieses Köber nichts anderes als eine Figur des folgenden ist, indem man den schmalen gebogenen Sohllederstreifen einem „Regenwurme“ verglich.

der Köber, —s, Pl. wie Sing. : Lockspeise. Daher köbern.

> Mit Ausfall des r (vgl. befördern, fordern, barsch ꝛc.) aus mhd. das chörder (*Leyser's Predigten des 13. Jahrh.* S. 15, 4), korder (*Servatius* 629), chorter (*Diemer's Ged. des 11. u. 12. Jahrh.* S. 262, 5). Dieß aber ist mit Verhärtung des qu zu ch, k und indem durch Verschmelzung und Einfluß des u in qu mit dem darauf folgenden ë dieser Vocal in o übergeht [vgl. kommen ꝛc.], aus mhd. der quërder (auch körder), ahd. quërdar, = Lockspeise, „eigentlich der Regenwurm, den die Fischer als Lockspeise an die Angel stecken“ (*Grimm's Gramm.* III, 467), wie denn im Berner Oberlande der Regenwurm noch der Kärder heißt (*Stalder* II, 88). Im 16. Jahrh. kommt auch noch in alter Form der querdern d. i. ohne Erweichung in l querbern unser „köbern.“

der Köfent, —es, Pl. —e, mit K, weil eingebürgert, st. Covent.

der Koffee, jetzt wenig mehr übliche Form st. Kaffee.

der Koffer, —s, Pl. wie Sing. : mit einem gewölbten Deckel versehener verschließ= und tragbarer kastenartiger (Reise=)Behälter.

> Im 17. Jahrh. der Koffer und Kuffer (beides bei Stieler Sp. 1015).

aufgenommen aus neu- und mittelniederl. der u. die koffer, 1475 altclevisch cofferen, welche entlehnt sind aus franz. der coffre, cofre, provenzalisch u. span. der cofre. Diese aber bildeten sich mit Übergang des n in das bequemere r aus lat.-gr. der cóphinus = Korb, gr. kóphinos (κόφινος), weßhalb auch ital. der cófano = Korb, Koffer.

der Log, — es, Pl. Löge : eingedeichtes, der See abgewonnenes Land. Ditmarsisch. Manche schreiben ohne Noth Koog.

die Kógel, Pl. — n : Kapuze an einem Rock- oder Mantel, die über den Kopf gezogen werden kann; Mantel mit einer solchen Kapuze; über den Kopf hängende hohe Frauenmütze.

> Auch Kugel, Gugel. Mhd. die kogel, kugel, gugele, seit der 2ten Hälfte des 14. Jahrh. auch von der Frauenmütze, ahd. chugelâ, cugulâ, cucalâ, wol urspr. cuculâ, entlehnt aus mittellat. die cucúlla, dem gleichbed. Femininum v. der cucúllus = Kapuze, Kopfhülle, eig. Hülle. S. auch Gugelhopf (Kugelhopf).

die Kógge, Pl. — n, niederdeutsch, statt hochdeutsch Kocke, s. b.

der Kohl, — es, Pl. — e, eine bekannte Pflanzenart, *brássica*.

> Mhd. der kol, ahd. col, chol. Älter-nhd., wie noch landschaftlich, z. B. wetterauisch, auch der Köhl, eig. Köl, mhd. der köle, ahd. coli, choli, und eben wegen des -i der spätere Umlaut. Daneben ahd. der cholo (gleich ital. der cávolo Kohl) u. die chola. Der Name ist mit der Pflanze fremdher überkommen und zwar aus lat. der cólis, caulis, gr. der kaulós (καυλός), = Stengel, bes. Kohlstengel, dann Kohl. — Studentisch der Kohl = zum Sterben langweiliges Geschwätz scheint nach dem lat. Sprichworte crámbe repetíta mors est = „wiederholter (aufgewärmter) Kohl ist Tod" entstanden.

der Kóhlapfel = (kohl)schwärzliche rothbäckige Apfelart.

die Kóhle, Pl. — n : fester Theil eines Körpers in noch dauerndem oder noch unvollkommenem Verbrennungsprocesse. Daher : kóhlen = Kohlen brennen; der Köhler = Kohlenbrenner. Zusammens. 1) mit Kohle : das Kóhlfeuer und Kóhlenfeuer (Genitivzusammensetzung); die Kóhlmeise = Schwarzmeise d. h. Meise mit kohlschwarzem Scheitel; kóhlschwarz = schwarz wie eine Kohle, Adj., verstärkt in der Zusammens. mit der Kóhlrabe (tiefschwarzer Rabe, Dohlrabe) kohlrábenschwarz; 2) mit Köhler : der Köhlerglaube = blinder Glaube (schon 1691 s. v. a. Glaube eines Einfältigen, Albernen, völlig Ungebildeten).

> Mhd. der (auch das) kol, ahd. chol (woneben auch schwachbieg. der cholo), angelsächs. col. Das Verbum kohlen lautet mhd. koln, der Köhler mhd. kólære, die Kohlmeise mhd. kolemeise.

die Kohlrábe, die Kóhlrübe, Pl. — n, = dickknolliger Kohl.

> Mit fremder Betonung, nach ital. der cávolo rapa [cavolo ist unser Kohl (s. b.) und ital. u. lat. die rapa = Rübe (s. b.)], franz. chou-rave. Zuerst (im 18. Jahrh.) und noch in fremdher bewahrter Gestalt der Kohlrábi (s. Frisch I, 531ᵇ), dessen -rabi das lat. rápi, der Genitiv des Singulars von lat. das rápum = rápa Rübe ist. Deutsche Form und deutsche Betonung hat Kóhlrübe.

der **Kohlweißling**, ein gemeiner weißer Schmetterling, der seine Eier auf den Kohl legt.

die **Köje**, Pl. —n : Schiffsverschlag zum Schlafen; enge, mit Bretern abgeschlossene Schlafstelle überhaupt.

　　Niederdeutsch. Es ist das neuniederl. die kooi = Schiffsbettstelle, eigentlich aber Käfig, mittelniederl. koye = Käfig (*hor. belg.* VII, 17ᵃ, aus lat. cavea Käfig (s. Käfich). Gleicherweise geht neuniederl. hooi Heu auf die goth. Form havi zurück (vgl. auch Stroh). S. noch die Kaue.

der **Kolben**, —s, Pl. wie Sing. : Stiel, Stab mit dickem Knopfe. Daher : kolben = einen Kolben bekommen, mit dem Kolben glätten, des Kolbens benehmen; kolbicht, kolbig, Adj.

　　Eig. der Kolbe, —n, Pl. —n. Denn mhd. der kolbe, ahd. der colbo, chobo cholpo, niederd. kulf, niederl. die kolf, neben dem starkbiegenden altnord. der kölfr (= Pfeil, Klöpfel der Glocke, keulenartige Wurzel, Wurzelknolle).

† die **Kolik**, Pl. —en : Bauchgrimmen, Darmgicht.

　　Schon 1424 niederd. die kolk (*hor. belg.* VII, 29ᵃ). Aus lat.-gr. die cólica, gr. die kōlikē (κωλική, nämlich nósos Krankheit), eigentlich Adj. von das kōlon (κῶλον) = Glied, Grimmdarm. S. Kolon.

der **Kolk**, —es, Pl. Kölke : tiefes Wasserloch von Ausdehnung.

　　Bei Luther der Plural Kolke 3 Mos. 11, 36. Niederdeutsch. Schon mitelniederd. kolk als Synonym von strudel, wervel (*hor. belg.* VII, 29ᵃ), an niederl. der kolk. Auf den Grundbegriff führt altnord. das kölk = kaltes Naß; aber die Herkunft ist dunkel.

der **Kolkrabe**, —n, Pl. —n, ungut ft. Golkrabe, s. d.

der **Koller**, —s, ohne Pl. : krankhafte Wunderlichkeit aus innerem Zorne oder innerer Wut. Daher : kollerig; kollern (1 Sam. 21, 13) = aus innerem Zorne, innerer Wut (wutschäumend) unsinnig sein, mit der Kollerer.

　　Der Koller, niederd. kuller, und kollern, niederd. kullern, sind im 16. Jahrh. aus ital. die cóllera, franz. colére = Galle, bildlich s. v. a. Zorn, Groll, und altfranz. colérer = sich erzürnen. Jenes cóllera ist lat.-gr. die chólera = Galle und Gallensucht (s. Cholera). S. kollern.

das (auch, aber ungut, der) **Koller**, —s, Pl. wie Sing. : Halsbekleidung als Theil der Rüstung; am Halse schließender Lederharnisch für Brust und Rücken; Mannsjacke; steifer krausfaltiger Halskragen.

　　Auch Goller, wie Schiller, der das Wort sächlich wie männlich setzt, neben Koller schreibt. Aus mhd. das gollier, kollier, kollir, welche entlehnt sind aus franz. collier = Halsband. Dieß aber bildete sich regelrecht aus lat. das colláre = Halsband, im Mittellat. auch = Halsrüstung [v. lat. cóllum Hals], wofür sonst mittellat. das collárium (auch collérium), welches ebenfalls in ein franz. collier übergeht. Deutsche Wörter aus dem Romanischen zeigen nicht selten Übergang des k in g und dieß rechtfertigt die Schreibung Goller oder Gollier. Vgl. Gugelhopf u. siehe S. 551.

kollern = aus innerem Zorne, innerer Wut unsinnig sein (s. der Koller); zorn-, wuterfüllte tiefe Töne ausstoßen, vom Truthahne.

Diese letzte Bed. stimmt mit der des aus töllern mittelst lb = ll, wie im Nie⸗
derländischen (wo kolderen neben kolleren = rasen), entwickelten kolbern und
sofort koltern = zanken, lärmen, ungestüm sein (Schmeller II, 293), welches
zu Anfange des 17. Jahrh. vorkommt. Vgl. poltern.

töllern = sich fortwälzen; sich fortwälzen machen; rollende Laute hören
laffen, z. B. im Bauche [vgl. rollen].

Aus niederd. kullern, schweb. kullra. Das Wort scheint in seiner Wurzel mit
chol in ahd. chols = Kräusel (Graff IV, 395) zusammenzuhangen, wozu auch
altnord. der kollr = „Schädel" (wegen der Ründe), dann „Höhenspitze" zu ge⸗
hören scheint.

† das Kollét (é wie ä und kurz), Kollétt, beffer, weil fremd, Collét,
f. d.

† das Kólon, —s, Pl. (griech.) Kóla : der Doppelpunct (:).

Das lat.⸗gr. das côlon, gr. kôlon (ϰῶλον), = Glied, dann Glied einer Pe⸗
riode (gegliederten Satzverbindung). Hiernach ist das Kolon eigentlich Zeichen
der Trennung zwischen Vorder⸗ und Nachsatz. Der älteste deutsche Grammatiker,
Ickelfamer, fagt, der Periodus hat auffs wenigst „zwey Cola, das fein zwei
glider", welche Satzglieder er ebenfowol Commata (f. Komma) nennt, und
bestimmt zur Unterscheidung die Zeichen : und / . Vgl. auch Kolit.

† der Koló ß (ó kurz), —ffes, Pl. —ffe : Riesensäule, ⸗gestalt. Daher
die Adj. koloffál u. (wenig vorkommend) koloffifch = riesenmäßig,
übergroß, ungeheuer.

Eigentlich Koloss zu schreiben. Aus lat.⸗gr. der colóssus, gr. kolossós (ϰολοσ⸗
σός), = Riesenbildsäule, insbesondere die 70 Ellen hohe, dem Sonnengott ge⸗
weihte eherne auf der Insel Rhodus. Aus dem davon abgeleiteten lat.⸗gr. Adj.
colóssicus, gr. kolossikós, ist unfer koloffifch gebildet, koloffal aber setzt
ein neulat. colossális voraus.

der Kólter, —s, Pl. wie Sing. : abgenähte (Bett⸗)Decke, Steppdecke.

Schon bei Luther 2 Kön. 8, 15. Mhd. der kolter, üblicher kulter, gulter
(noch bayer. Gulter), = Polster, Decke, worauf man fitzt oder liegt, zuweilen
auch Bettdecke. Aus ital. die coltre, coltra, welches aus dem mittelst Ausstoßung
zusammengezogenen culctra d. i. lat. die cúlcitra = Polster, Matratze. Dage⸗
gen entspringt aus der lat. Form die cúlcita, zusammengez. culcta, im Mittel⸗
niederl. die culct (kor. belg. III, 142 b), unfer niederd. die kolte und landschaft⸗
lich die Kult. Vgl. auch das Küffen.

das Kólter, —s, Pl. wie Sing. : Pflugmeffer.

Aus ital. der coltro, franz. coutre, = Sech, d. i. lat. der cúlter (Gen. cultri)
= Pflugmeffer, dann überhaupt Meffer.

† der Komêt, —en, Pl. —en : Schweif⸗, Haarstern.

1483 der komet ein stern mit einem swantz (voc. theut. Bl. r 2 a). Mit
Zurückgehen auf das ursprüngliche (griech.) K aus lat.⸗gr. der comêta, comêtes,
gr. komêtês (ϰομήτης, eigentlich „langes Haar tragender", nämlich ἀστήρ Stern),
v. gr. die komê (ϰόμη) Haar.

† der Kómiker, —s, Pl. wie Sing. : Schauspieler für lustige Rollen.
kómifch. Beides v. lat.⸗gr. cómicus (f. Komödie).

† das Kómma, —'s, Pl. (griech.) Kómmata : der Beistrich (,).

Das lat.=gr. das cómma, gr. kómma (κόμμα), = Ein=, Abschnitt, Glied einer Periode, v. kóptein (κόπτειν) = schlagen, hauen, abhauen. Das Wort ist in Griech. und demgemäß auch, wie Ickelsamer Bl. D 7ᵃ ausdrücklich bemerkt im Deutschen (nämlich des 16. Jahrh.) ohne Unterscheidung von Kolon (s. d.) gebraucht, und das eben von Ickelsamer angegebene Zeichen / ist zu seiner Zeit allgemein üblich.

kömmen, Präs. ich komme, du kommst, er kommt — richtiger du kömmst, er kömmt —, wir kömmen ꝛc., Prät. ich kam (Conj. käme), Part. g= kömmen (dichterisch auch bloß „kömmen“, z. B. die Zeit ist kommen, daß ꝛc.), Imp. komm (ungut schwach „kömme“) : sich wohin bewegen; gegenwärtig werden. S. auch kömmlich, Kunft.

Bei Luther komen [Präs. ich kome, du kompst (mit eingeschobenem p und m), er kompt u. kömpt, Prät. ich kam, Part. komen, Imp. kom]. Mhd. komen [Präs. ich kum, kom (mitteld. ich kome), du kumest, er kumet, kumt, zuweilen kümet, kümt, wir komen ꝛc., Prät. ich kam, kom, quam, wir kâmen, kômen, quâmen, Conj. ich kæme, kœme, quæme, Part. komen, auch zuweilen gekomen. ahd. chomen (um 1100), comân, kuman, (früher allgemein) quëman [Präs. ich quimu, dann cumu, chumo, du quimist, cumist, chomest, er quimit, cumit, chumet, wir quëmamês, später chomen ꝛc., Prät. ich quam, bei Notker († 1022) cham, wir quâmumês, Conj. ich quâmi, Part. quëman, aber auch schon gleich nach 800 quhoman (d. i. quoman), um und nach 1000 chomen (unser kommen = gekommen) u. kuman, Imp. quim! dann cum! chum!], goth. qiman [Präs. ich qima, Prät. ich qam, wir qêmum, Part. qumans, Imp. qim!], altfries. cuman, angelsächs. cuman (aus cviman), altfrief. kuma, altnordd. koma. In dieser Zusammenstellung ergibt sich, daß sich in dem Worte qu zu c, k, ch verhärtet [nur in dem mhd. Präteritum quam, Conj. quæme, blieb der ursprüngliche Laut qu noch länger bewahrt] und zugleich hier, durch Einfluß und Verschmelzung jenes u in qu mit dem darauffolgenden i und ë, diese beiden Vocale in u und ë übergehen (vgl. Köder, Woche, wol, fünf, ob), was zunächst in den nördlichen und den niederdeutschen Mundarten anfängt und sofort auf das Althochdeutsche einwirkt. Außerdem erklären sich die umlautenden Formen du kömmst, er kömmt mhd. kümt (Parzival 616, 8) aus den ahd. Biegungsendungen -ist, -it (s. oben quimist, quimit ꝛc.), deren i ganz regelrecht den Umlaut wirkt. — In der Weise eines Hülfszeitwortes (Auxiliars) erscheint kommen dem Participium des Präteritums eines anhaltende Bewegung ausdrückenden Verbums zugesellt, in welcher Verbindung dann dieses Participium activen Sinn hat, z. B. er kommt (kam) geflogen, gegangen, gelaufen, geritten, gesaust, getanzt ꝛc. Dies findet sich schon im Mhd. wie Mittelniederl. reichlich, dagegen im Ahd. nicht; in Altsächs. cuman gifaran = gefahren d. h. reisend kommen (Heliand 17, 1. 114, 24) bricht es bereits durch. Das Participium ersetzt hier den von kommen abhängigen Infinitiv, wie er sich z. B. in den ahd. Verbindungen quam scôwôn kam (zu) schauen, altf. cuman sôkian kommen (zu) suchen, goth. qiman saihvan kommen (zu) sehen ꝛc. zeigt. S. Grimm's Gramm. IV, 126. 8. 97 f.

kömmlich, Adj. u. Adv. : bequem. Schweizerisch (Stalber II, 121). In Schiller's Tell 4, 1. Mhd. als Adj. komlich = passend. Zusammengesetzt mit kommen.

† der Komödiánt, — en, Pl. —en : Schauspieler. die Komödie (4-sylbig), Pl. —n : Lustspiel.

Jenes nach ital. commediánte Schauspieler, dem Participium des Präsens v. ital. commediáre = Lustspiele aufführen, welches abgeleitet ist von die commédia Lustspiel, d. i. lat.-gr. comœdia [woher, doch mit Zurückgehen auf den griech. Anlaut K, unser Komödie, denn] gr. kōmōdía (κωμῳδία), welches Letzte urspr. wol f. v. a. Festgesang, insofern das Wort Zusammensetzung ist 1) aus gr. der kōmos (κῶμος) = festliches Gelag mit Musik, Gesang und Tanz, sowie auch Aufzügen, zunächst zu Ehren des Freudengebers Bacchus, und 2) aus die ōdé (ῳδή) = Gesang (s. Ode). Von jenem κῶμος in der Bed. eines Umzuges voll Muthwillen und Ausgelassenheit kommt dann das Adj. kōmikós [κωμικός, ins Latein übergegangen cómicus, woher unser komisch], dessen männliche Form als Substantiv der κωμικός = komischer Schauspieler, sowie Lustspieldichter, unser Komiker (f. d.), ist.

† der Kompán, eig. als Fremdwort Compán, f. Kumpan.

der Kómpest, gekürzt u. üblicher Komst, f. Kumpest.

† der Komthúr, — es, Pl. —e : Ordenspfründner, Vorgesetzter eines Ordenshauses, -gebietes. Daher die Komthurei.

Mit th zu unnöthiger Bezeichnung der Dehnung des u (besser schriebe man Komtur), und mit K, weil als eingebürgert angesehen; denn eigentlich Comthur, Comtur. Dieß aber ist Kürzung aus dem noch daneben vorkommenden der Commenthúr, mhd. kommentûr, commendûr, comendur, welches aus mittellat. der commendátor [das im Franz. zu commandeur wurde] = Befehls-, Inhaber eines geistlichen Ordensgebietes, Ordensgutes, v. commendáre = befehlen. Vgl. auch Commende.

der König, — es, Pl. — e : Fürst der höchsten Würde mit Ausnahme der kaiserlichen. Daher die Königin, Pl. Königinnen. Zusammens.: königisch, jetzt veraltet; königlich; das Königreich; der Königsschuß = bester Schuß beim Scheibenschießen, welcher zum Schützenkönig macht; die Königskerze, die schöne gelbe (wie Gold der Königskrone blinkende) Wollblume mit kerzengeradem hohem Stengel; — der König-Herzog (é wie ä) = König und zugleich Herzog.

Bei Luther konig u. könig, im 15. Jahrh. konig, mitteld. der kunic, mhd. künec, künic (mit Auswerfung des Nasallautes — n —, wie auch in Honig, Pfennig, vertheidigen ꝛc., aus) ahd. der kuninc, chuninc, welches selbst schon zu kunig, cunig, chunig wird, goth. kuniggs (? wofür der þiudans), altsächs. cuning, mittelniederd. konink, neuniederl. koning, angelsächs. cyning, mittelst der Ableitungssylbe -ing v. goth. das kuni, ahd. chunni, mhd. künne, altsächs. cunni, angelsächs. cyn, altnord. kyn [wofür in gewissen Fällen auch das davon verschiedene, in der konûngr = König zu Grunde liegende Wort der konr], = Geschlecht, welches lautverschoben mit dem gleichbed. lat. das génus, gr. génos (γένος) aus einer im Sanskr. dschan lautenden und „geboren werden" bedeutenden Wurzel, stimmt (f. kennen). Also König ursprünglich f. v. a. Geschlechts-, Stammesoberhaupt, gleichsam Spitze der Edeln, und nach Tacitus (Germ. 7) wählten die Germanen die Könige nach edler Geburt. Unsere Form König mit ihrem ö aber rührt, wie oben mittelniederd. konink u. niederl. koning, konink zeigen, aus

dem Niederdeutſchen. — Das Adj. königiſch iſt ahd. chuningisc; die Königin
mhd. küneginne, künegin, kunegin, ahd. chuninginna, chuningin; königlih
mhd. küneclich (als Adv. künecliche), ahd. chuninclih, als Adv. mhd. küne-
liche, ahd. chuninglicho; Königreich, mhd. künecrîche, ahd. chunincrîhhi.

können, Präſ. ich kann, wir können, Prät. ich könnte (Conj. könnte,
Part. gekonnt : geiſtig inne haben und ausüben; Fähigkeit, Möglichkeit wozu haben. S. auch kund, Kunſt.

    Können, mhd. künnen, kunnen, ahd. kunnan, chunnan (in älteſter Zeit
nur = „geiſtig inne haben“), goth. kunnan (= kennen, wiſſen), iſt ein f;
Präteritopräſens d. h. ein Verbum, deſſen Präſens (hier ahd. ich chan, vr-
chunnumês, goth. ich kann, wir kunnum) urſprünglich das Präteritum eines andern
ablautenden Verbums war, welches bei kann im Gothiſchen kinnan [ahd. chinne
b. i. nhd. kinnen] gelautet, wie ſpinnen ꝛc. gebogen und ſ. v. a. „zeugen“ bedeutet haben muß. Dieſes Wurzelverbum kinnan aber ſcheint durch Laut-
gleichung (nn aus nj) aus kin-j-an gebildet und führt ſonach auf ein gleich-
deutendes noch älteres goth. kinan (Prät. ich kan, wir kênum, Part. kunans) als
chênan, worüber ſ. die Anmerk. zu kennen. Verſchieden von können und
dieſem goth. kinan iſt lat. gnoscere (ſpäter noscere), gr. gnônai (γνῶναι), =
wiſſen, kennen, ſanſkr. dschnâ, = wiſſen (vgl. Name), welchem lautverſchoben das altnord. knâ = können, ahd. chnâhan = kennen, angelſächſ.
cnâvan = einſehen, goth. knâian (?), entſpricht. Unſer Begriff des geiſtigen
Innehabens, des Wiſſens, Bewuſtwerdens in können gieng alſo aus dem des
Zeugens hervor, welcher dann zunächſt in den des Hervorbringens übergegangen
wäre. S. auch kennen, Kind, König, Kunſt. — Das ſchwache Prät. kann
lautet ahd. chonda (Conj. er chondi könnte), goth. kunþa. Das Part. jetzt
jetzt gekonnt, fehlt im Ahd. u. Mhd.; aber im Goth. lautet es kunþs, welches
unſer Adj. kund (ſ. b.) iſt. Mittelhochdeutſch zeigt ſich ſt. gekonnt ein ſtarkes
noch zu jenem ahd. chinnan gehöriges Part. Prät. kunnen (Minnes. II, 242¹, ³
welches letzt in die infinitiviſche Form können übergegangen iſt, aber nicht für
den Infinitiv ſelbſt genommen werden darf, z. B. er hat es thun können (ſt.
gekonnt) ꝛc. Außerdem iſt noch zu bemerken, daß das Verbum können den
bloßen Infinitiv neben ſich hat, z. B. ſprechen, ſingen ꝛc. können, er kann
ſpielen ꝛc.

Konrad (o kurz), ein Mannsname, mhd. Kuonrât ahd. Chuonrât, (mit
älterem ô = uo) Chônrât, angelſächſ. Cênrêd, = kühn an Rath.

    Im Accuſativ des Sing. mitteld. Cuonrâden. Das Diminutiv iſt Konrät-
chen; als ein anderes aber, aus dem erſten Theile der Zuſammenſetzung oder
Rückſicht auf den zweiten gebildetes erſcheint Kunz (u lang) oder Kunze, mhd.
Künze, ahd. Chunzo (ſt. Chuonzo), Chônzo. Durch Ausſtoßung und Zuſammenziehung entſtand Kurt (u kurz), niederd. Kôrd.

† die Kopête, Pl. —n, ruſſiſche Scheidemünze, welche etwa 3¼ Pfennig
gilt. 100 Kopeken machen einen Rubel aus.

    Das ruſſ. die kopéika, von das kopjo, kapjo, = Lanze, weil das Gepräge
einen Lanzenreiter darſtellte.

töpeln = ſich neigen, ſchwankend kopfüber neigen.

    Statt köppeln (Weinhold's ſchleſ. Wtbch S. 46ᵃ, v. ſchleſ. töppen.

bayer. koppen = schnappen, schnappend fallen oder steigen (Schmeller II, 317), auf- und niederschnappen, mhd. koppen = zurück schlagen, zurück fallen, welches dunkler Herkunft ist.

der **Köper**, köpern, mit ö statt e (s. S. 269), daher besser Keper (s. d.), kepern.

der **Kopf**, — es, Pl. Köpfe : der mittelst des Halses mit dem Rumpfe verbundene Theil des thierischen Körpers; Oberstes in Kugelform. Daher : köpfen; köpfig. Zusammens. : der Köpfsalat (= Häupterlattich) 2c.

Ursprünglich Fremdwort. Aus romanisch (ital., mittellat.) die coppa Becher d. i. lat. cuppa [cûpa, s. Kufe, Küpe] = Kufe, Tonne, bildete sich nämlich im Althochdeutschen der copf, chopf, chopph, coph, choph, chupf, chuph in der Bedeutung „hohlrundes, kugel-, halbkugelförmiges Trinkgefäß, Becher." Diese Bedeutung ist denn auch noch die übliche in mhd. der kopf, bei welchem indessen, zumal da nach alter deutscher roher Sitte die Hirnschalen erschlagener Feinde den Siegern als Trinkbecher dienten, auch aus Schädeln Heiliger zu trinken gereicht wird, in der ersten Hälfte des 13. Jahrh. spärlich der Begriff „Hirnschale, Schädel" auftaucht [Helmbrecht 34. Etwas früher der hirnecoph = Hirnschale (Stricker's Karl S. 76ᵇ)], der im 15. Jahrh. geläufig erscheint. Im 16. Jahrh. endlich ist kopff, Kopf das gewöhnliche Wort und hat das echtdeutsche Haupt (s. d.) in die edle Sprache verdrängt. Ähnlich gieng das lat. die testa = Gefäß, Topf, Stürze 2c. in dem ital., span. 2c. die testa u. franz. tête völlig in den Begriff Kopf über. S. Köpfchen und vgl. Schröpfkopf. In Köhlkopf, im 12. Jahrh. chof (Mone's Anzeiger VII, 589, 64), hat Kopf den Begriff der Kugelgestalt, wie er sich an den des Bechers anknüpft, wofür auch z. B. mitteld. schedelkopf = „oberster rund zulaufender Theil des den Schädel deckenden Helmes" spricht. — Das Verbum köpfen, niederd. koppen, ist ganz an die Stelle des mhd. Transitivs houbeten = „enthaupten" getreten und hat ein älter-nhd. haupten in diesem Sinne früh und völlig verdrängt.

der **Kopf** in Höhen- (Berg-, Hügel-) und Ortsnamen

ist entweder 1) mit Verdunkelung des a aus ahd. der chapf, mhd. kapf (?), = Höhe zur Umschau (s. gaffen), hervorgegangen, oder 2) wirklich der Kopf (s. Kuppe).

das **Köpfchen**, — s, Pl. wie Sing., das Diminutiv v. der Kopf (s. Kopf 1), wahrt in der Bedeutung „(becherartige) Obertasse" den ursprünglichen Begriff des Wortes.

köpfen, köpfig, der Köpfsalat, s. Kopf 1. das **Köpfstück** = Münze im Werthe von 20 Kreuzern rheinisch, benannt nach dem aufgeprägten Kopfe des Landesherrn. **kopfüber, kopfunter**, Adv.

die **Köppe**, in die Schnee- oder Riesenkoppe, Sturmkoppe 2c., '

schlesisch statt und neben Kuppe (s. d.). Weinhold, schles. Wtbch. 46.

die **Köppel**, Pl. — n : Lederriemen zum An- oder Umhängen einer Hieb-, Stichwaffe, üblicher Kuppel (s. Kuppel 1); Doppelkette an welcher 2 Jagdhunde neben einander gehen müssen, dann diese Hunde selbst; Bodenfläche, worauf 2 und mehr gleiches Recht haben; [im Niederd. auch:] eingefriedigtes Stück Land, das kein Garten ist. **köppeln**,

küppeln (f. **Kuppelei**). Zusammenf. : die **Köppel=**, auch wol **Kup-
peljagd** = Jagd, zu welcher 2 und mehr berechtigt find; die **Köp-
pel=**, auch wol **Kuppelweide** = Gemeintrift, mhd. kuppelweide
(habsburg.-österreich. *Urbarbuch* S. 353).

    In den beiden erften Bedeutungen des Riemens und der Doppelkette auch fächlich.
das **Koppel**, z. B. bei **Bürger** im wilden Jäger. 1469 mittelrhein. coppel
Haftriemen (voc. ex quo), 1475 altclevifch coppel Leitriemen der Jagdhunde (Teuthonista), mhd. die kuppel. Aus franz. der couple = Leitriemen und die couple
= verbundenes Paar Jagdhunde, Land als Tagewerk für ein Joch (Paar) Ochſen.
welches das mittellat. (879) die cúpla = Jagdhundepaar am Leitriemen, d. i. lat.
die cópula = Band, Riemen, Leine, im Mittellat. Leitriemen eines Jagdhundepaars
ift. Unfer köppeln ift mhd. kopelen **kuppeln** von Hunden (*Tristan* 88, 3), 1475
altclevifch coplen (*Teuthonista*), mittelniederl. koppelen, aus lat. copuláre. S.
Kuppelei und **Koppel** 1.

köppen, von Pferden : nach Luft heftig schnappen,

    zunächſt „aus dem Magen ausſtoßen", beim Rindvieh zum Wiederkäuen (vgl.
Schmeller II, 317), welche Bedeutung aus der des mhd. koppen (f. köpfen
hervorgeht. Der **Köpper** = koppendes Pferd.

der (und auch das) **Kor,** unübliche Schreibung, nur üblich **Chor,** f. d.

    Trotz mhd. der kôr im Nhd. Eh durch Zurückgehen auf das Lat. u. Griech.

die Korálle, Pl. — **n** : steinhartes baumartiges Gebilde aus Gehäuſen
kleiner Weichthiere auf dem Meeresgrunde, sowie ein Kügelchen davon. Zusammenf. : der **Korállenfifcher.**

    Als eingebürgert mit K. Mhd. die (?) côralle, köralle. Aus romanifch (ital.)
der corállo, mittellat. der corállus u. früher das corállum, v. lat. das coral-
lium, curálium, gr. korállion, ionifch kurálion (κουράλιον), ficilianifch korálion
(κωράλιον), = die rothe Koralle. Älter-nhd. auch der **Koráll.**

† **der Korân,** — **es, Pl.** — **e,** beſſer als der **Alkorân,** weil dieſes
Wort in Al den arabifchen Artikel schon enthält.

koránzen, üblicher, als **kuránzen,** f. d.

der Korb, —**es, Pl. Körbe** : geflochtener Behälter.

    Mhd. der korp, ahd. chorp (mit einem 2ten eingeschobenen o) chorop, churp.
Entlehnt aus dem gleichbed. lat. die (selten der) córbis.

die Körbe, Pl. —**n** : Schnur, Bindfaden. Niederrheinisch.

    1475 altclevifch corde = Seilchen, Bindfaden, Saite, niederl. die koord =
Seil, Schnur, Bindfaden, aus franz. die corde = Strick, Saite, d. i. mittellat.
die córda, lat.-gr. chorda, = Darm, Darmſaite, Strick, gr. chordê (χορδή) =
Darm, Darmfaite. S. auch **Kordel.**

die Körbel, Pl. —**n** : Bindfaden. In der Wetterau ꝛc.

    Bei **Alberus** im *dictionar.* (1540) die kurbel, corbel. Völlig eingebürgert aus
altfranz. die cordelle Strick, mittellat. cordélla, dem Diminutiv von corda (f. Korde).

† **der Koriánder,** — **s, Pl.** wie Sing., eine bekannte Pflanze mit ge-
würzhaftem Samen, Wanzendill.

    Bei **Luther** Coriander; jetzt lieber, als eingebürgert, mit K. Aus lat. das
coriándrum v. dem gleichbed. gr. das koríannon, welches wahrscheinlich v. gr.

der kóris = Wanze wegen des dem Kraute eignen Wanzengeruches. Mhd.
sagte man der koliander, cholinder, ahd. chúllintar, chullantar, aus einer
(mit Erweichung des r zu l gebildeten) mittellat. Form coliándrum (*Sumerlaten*
55, 62) st. coriándrum, und das spät-ahd. der crollo (*gl. trevir.* 6, 36) scheint
Kürzung dieses lat. Namens mit Versetzung des r.

die **Korinthe**, Pl. —n : Art kleiner kernloser Rosinen.

> Aus franz. die corinthe, und dieser Name daher, weil jene Rosinen von der
> Stadt Korinth in Griechenland kommen. In Rücksicht eben auf den Namen
> der Stadt mit K.

der **Kork**, —es, Pl. —e : die elastische schwammige Rinde einer südeu-
ropäischen Eichenart, der **Korkeiche**; der Stöpsel daraus, der **Kork-
stöpsel**, **Korkpfropf**, **Korkstopfen**.

> Die Waare scheint und der Name ist zunächst aus Spanien, wo der corcho
> = Korkholz, Korkpfropf, v. lat. der córtex (Gen. córticis) = Rinde, dann ins-
> besondere des Pantoffelholzes oder der Kork.

das **Korn**, —es, Pl. **Körner** : Kernfrucht; [ohne Pl.] der Roggen als die
üblichste Brotfrucht; rundliches Fruchtkörperchen einer Pflanze, überhaupt
kleiner rundlicher harter Körper; [bildlich :] Gehalt (der Münze). Daher :
körnen, auch = (durch Korn d. h. Körnerfutter) anlocken; **körnicht**,
körnig. Zusammens. : die **Kornblume** = (die im Korn wachsende blaue) Cháne, Tremse; der **Kornbrantwein** ꝛc.

> Mhd. das korn, ahd. das chorn, = Kernfrucht, Getraide, Getraidekern, goth.
> das kaúrn Getraide [woneben schwachbiegend das kaúrnô = Fruchtkern der
> Pflanze]. Das Wort, insbesondere die goth. Form das kaúrnô, stimmt, wie
> Kern (f. b.), auf Grund eines vermuthlichen Wurzelverbums [goth. kaírnan,
> Part. ich karn, wir kaúrnum, Part. kaúrnans] mit lat. das gránum = Frucht-
> kern, Getraidekern, (Salz-)Korn. Unser **körnen** lautet mhd. körnen, mittelb.
> kurnen, welches = mit Körnern füttern, (an-)locken, und die **Kornblume** ist
> mhd. kornbluome.

der **Kornelbaum**. die **Kornelkirsche** (ê hoch), **Kornélle** (é wie ä),
Pl. —n, der Strauch oder Baum córnus máscula, sowie dessen Frucht.

> Als eingebürgert mit K; in der 2ten Hälfte des 16. Jahrh. Cornelbaum.
> Aus der älteren franz. Benennung die cornoille, jetzt cornouille, und der eng-
> lischen cornel, d. i. lat. cornícula, welches das Diminutiv v. dem lat. Namen des
> Strauches oder Baumes die córnus (f. Herlitze u. Hornkirsche).

der **Körper**, —s, Pl. wie Sing. : Menschen- oder Thierleib; Stoff-
masse, Raum Einnehmendes; zu einem Ganzen vereinigte, im Begriffe
zusammengefaßte Menge. Zusammens. : **körperlich**; die **Körperschaft** ꝛc.

> Als völlig eingebürgert mit K, während im 18. Jahrh. noch häufig Córper
> geschrieben wurde. Mhd. im 13. Jahrh. (im Auslaute mit aus r erweichtem l)
> das körpel, aber auch körper, mittelb. (um 1300) der corper, corpir, entlehnt
> aus lat. das córpus (Gen. córporis). Im 13. u. 14. Jahrh. noch spärlich und
> zwar neben mhd. der Lp Leib vorkommend.

† der **Korsár**, besser, weil undeutsch, Corsár, f. b.

löscher = nach den jüdischen religiösen Gesetzen recht; rein, echt wie es sein soll.

Jüdisch; aber verderbt in gemein-jüdischer Aussprache kauscher. Denn das köschar, köschêr (כָּשֵׁר, כְּשַׁר), = recht, gesetzmäßig, von hebr. kâschêr (כָּשֵׁר) = recht, geziemend, schicklich sein.

kosen = Liebes schwatzen; anschmiegsam zärtlich behandeln.

Mhd. kôsen = sprechen, plaudern, ahd. chôsôn = sprechen, reden, in Form auseinandersetzen. (Eig. f. v. a. „eine Rechtssache führen"; denn das Wort ist ursprünglich Fremdwort, entlehnt aus lat. causâri = eine Rechtssache oder einen Rechtshandel [lat. causa, woraus auch schon ahd. die kôsa] führen, vor Gericht sprechend vertheidigen. Lat. au wird romanisch (ital. ꝛc.) zu o, und auch im franz. causer bed. plaudern.

† kosmisch = das Weltganze betreffend, aus gr. kosmikós. Dieß zu gr. der kósmos = Welt, woher unser Kosmo= in : die Kosmogonie = Weltentstehung, Weltentstehungslehre, aus gr. kosmogonie = Welterschaffung, =entstehung [gr. der gónos Ursprung]; die Kosmographie = Weltbeschreibung, gr. kosmographía [gráphein schreiben]; die Kosmologie = Lehre von der Welt, gr. kosmología [lógios kundig], mit kosmologisch = die Lehre von der Welt betreffend, gr. kosmologikós; der Kosmopolit, — en, Pl. — en, = Weltbürger, gr. kosmopolítes [κοσμοπολίτης (der πολίτης Bürger) mit kosmopolitisch = weltbürgerlich, und der Kosmopolitismus = Weltbürgersinn.

der Kossät, —en, Pl. —en : auf Wohnhütte (Koth, f. das Koth), Gütchen [weshalb der Kossat in Schlesien ꝛc. Gärtner genannt wird] und Weideplatz beschränkter Ansäßiger.

Mitteld. kossat, kussat (Benecke-Müller I, 866ᵃ). Ursprünglich niederdeutsch: und hier ist kossate durch Lautangleichung entstanden aus der kotsate d. i. hochdeutsch Kothsasse, Kothsaß (f. Grimm's Rechtsalterth. 318), dessen Koth f. bei Koth und der Sasse f. Saß.

die Kost, Pl. — en : wofür verausgabtes oder zu verausgabendes Geld. Im Singular veraltet, nur noch im Plural.

Bei Luther Luc. 14, 28 die kost, aber 1 Maccab. 3, 10 u. 10, 45, sowie in seiner Hausrechnung v. 1542 schwachbiegend der kost; mhd. die kost, kost auch der kost, ahd. die chosta (Diut. II, 343ᵃ, 336). Ein Fremdwort, aus romanisch (span.) die costa = Preis, Werth, Geldausgabe wofür, neben dem gleichbed. span., ital. der costo, v. roman. (ital.) costâre span. costar (f. kosten 1.

die Kost, ohne Pl. : was gegessen wird; Lebensunterhalt.

Mhd. die kost, kosta, = Speise. Das Wort entspricht mit mhd. die kunst ahd. chust = Auserwählung, Befund, lautverschoben dem lat. der gústus = Genuß wovon, Imbiß, Beschmecken, und ist gleicher Ableitung wie kosten 2, also verschieden von dem vorhergehenden die Kost. Ebenso entspricht das mhd. das köstelîn dem lat. der gústulus = Gerichtchen.

köstbar, Adj. u. Adv., mit der Zusammenf. die Köstbarkeit.

Mhd. (Adj.) kostbare, kostebare, = Kosten (Kost) verursachend, viel kostend, werthvoll, zusammenges. aus dem mhd. Subst. die kost, koste (s. die Kost 1), auch (aber selten) der kost, und aus mhd. bære unserm ·bar.

die **Ko'sten**, der Plural des veralteten Sing. die **Kost** (s. die Kost 1).

ko'sten == im Preise zu stehen kommen.

Ursprünglich, wie noch bei Luther (Jos. 6, 26. 1 Kön. 16, 34 im echten Texte) und im 17. Jahrh., mit Acc. der Person (z. B. das kostet mich viel), aber in der 2ten Hälfte des 18. Jahrh. auch, z. B. bei Lessing, Göthe, Schiller, Wieland, Göckingk ꝛc., durch norddeutsche Einwirkung und dem lat. constat mihi = „es kostet mir" gemäß mit Dat. (z. B. es kostet mir viel, Mühe ꝛc.). Mhd. kosten = „(an Geld) aufwenden" und „aufwenden machen" nur mit Acc. der Person. Ein Fremdwort, aufgenommen aus romanisch (ital.) costare, span. costar, = im Preise zu stehen kommen, welche mittelst Ausstoßung des n bei ns aus lat. constāre in seiner kaufmännischen Bedeutung „(im Preise) zu stehen kommen." S. die Kost 1.

ko'sten == prüfend kennen lernen; beschmecken.

Mit Accusativ. Mhd. kosten, ahd. chostôn, = prüfend untersuchen, untersuchen, verfuchen [z. B. im *Tatian* 126 waz chostôt ir mih = was versuchet ihr mich? (Matth. 22, 18)], angelsächs. costian. Echtdeutsch, mittelst eines angetretenen t aus der Pluralform des Präteritums von ahd. chiosan unserm kiesen (s. b.) abgeleitet und lautverschoben entsprechend dem auf gemeinschaftliche Urwurzel (s. kiesen) zurückgehenden, in den Begriff des Beschmeckens bereits übergegangenen lat. gustāre, welches aber zunächst bedeutet „kennen lernen, genießen wovon." Das Subst. die Kost (s. Kost 2) entspricht lautverschoben dem lat. der gustus.

ko'stfrei, auch == reichlich Kost gebend (Sir. 31, 28).

der **Ko'stgänger** == wer wohin in die Kost zu gehen pflegt.

kö'stlich, Adj. u. Adv.: viel kostend, werthvoll; durch Annehmlichkeit hochgeschätzt. Zusammens.: die **Kö'stlichkeit.**

Mhd. kostlich, köstelich, = viel kostend; als Adv. kosteliche = mit vielem Aufwande. Zusammenges. mit die Kost 1. Die Köstlichkeit, im 15. Jahrh. die kostlichayt, köstlichkeit.

ko'stspielig == sich allzu viel in Kosten belaufend.

Erst 1775 bei Adelung verzeichnet und mithin ein junges Wort. Es ist Zusammensetzung 1) aus die Kost 1, und 2), wie Schmeller III, 563 richtig vermuthet haben wird, aus ·spillig, welches durch Lautangleichung (ll aus ld) hervorgegangen aus ·spildig, mhd. (12. Jahrh.) u. ahd. (10. Jahrh.) spildeg = verthulich, verschwenderisch (*Sumerlaten* 14ᵃ, 40. *Diut.* II, 316ᵇ, 217), zumal da in einer bayreuthischen Verordnung von 1743 Kostenspilterung = Kostspieligkeit vorkommt. Dieses spildeg aber ist abgeleitet v. dem gleichbed. ahd. spild, wozu ahd. spildan == ausgeben, verschwenden (Graff VI, 337 f.), angelsächs. spillan == verderben, zu Grunde richten, niederd. u. niederl. spillen == „vergeuden, verschwenden", gehören. Wahrscheinlich ist, daß man bei Annahme der Schreibung kostspielig an das Kostenspiel = „Menge der Kosten in ihrem Belaufe" dachte.

der **Koth**, —es, Pl. unüblich: ekelhafte Unreinigkeit. Daher **ko'thig.**

Mit o, welches durch Verdunkelung des a sich bildete, und zugleich mit t durch Verhärtung des qu bei Luther kot, mhd. der u. das kôt (Mone's Anzeiger V, 89, 36) und schon im 12. Jahrh. chôt (Graff IV, 365), woneben auch noch mit qu mitteld. quôt (Mystiker I, 13, 15). Die unverdunkelte Form ist die noch im 17. Jahrh. vorkommende der kath, kat, mhd. der und das kât, ursprünglicher quât, im 12. Jahrh. [im welchem das Wort im Hochd. zuerst vorkommt] chwât (Sumerlaten 38, 26), 1469 mittelrhein. quayt, angelsächf. cwæd. Für Jac. Grimm (Gesch. d. deutsch. Spr. 507) ein verhüllender oder Milderungsausdruck, welcher eigentlich aussagt : das Schlimme, Schlechte, v. mhd. kât (Er. 4663), ahd. chuâd (?), châd (?), goth. qêþs (?), niederd., mittelniederd. u. altfrief. quâd, neuniederl. kwaad, mittelniederl. qwaet, = böse, arg, schlimm, schlecht, im Niederländ. auch „häßlich“, welches mit welsch gwaeth = schlimm, ärger, verwandt ist und auf die Pluralform von goth. qiþan (Prät. ich quaþ, wir qêþun, Part. qiþans), ahd. chuëdan quëdan, (Prät. ich quat, wir quâdumës, Part. kiquëtan), = sprechen, sagen, zurückführt, dessen Bedeutung sich hier mit bezweiten (nämlich dem Plural-) Ablaute â verkehrt d. h. ins Ungünstige gewendet haben müßte. Das Adj. kôthig lautet im vocab. incip. teuton. ante lat. kôtig mhd. kôtec. Luther hat Hiob 7, 5 köttickt d. h. kôthicht.

das Roth, —es, Pl. —e : kleines schlechtes Haus; Wohnhütte. Daher der Röther oder (mit unorganischem -ner st. -er) der Röthener, Röthner, —s, Pl. wie Sing., der Bewohner eines Kothes, dasselbe was Koffat (f. d.).

Mhd. (aus dem Niederd.) der kote = Hütte, armselige kunstlos errichtete Wohnung (Pilatus S. 148ᵇ, 94), niederd. u. mittelniederd. (mit auch sonst vorkommendem a statt o) die kate = Taglöhnerwohnung (f. die Rothe), niederd. das kot, engl. cot = Hütte, geringe Wohnung, Stall, angelsächf. cote, altnord. das kot = Bauern-, Taglöhnerhütte. Wie es scheint, aus dem Keltischen, wo britisch der cwtt = Häuschen, Hütte, gabhelisch der coite, cot. — Der Röther älter-niederrhein. der coitter (Grimm's Weisthümer II, 686), 1455 mitteld. kode [mit in Mitteldeutschland üblichem d statt t], niederd. käter.

die Ro'the == das Roth. In : die Salzkothe == Salzsiedehütte.

Das Geschlecht nach dem Niederdeutschen. Selten das Salzkoth.

die Röthe, Pl. —n : unterstes Gelenk am Pferdefuße.

Schon im 18. Jahrh. üblich und eigentlich Köte zu schreiben. Es ist das niederd. die koot, altfrief. (mit a = ahd. ô) die kâte, = Knöchel, Gelenkknochen, und weil man aus Knochen Würfel schnitt, im Niederl. auch f. v. a. Würfel. Im vocab. theut. v. 1482 Bl. q 7ᵇ, s 1ᵃ pickelkôt = Würfel [auch bickel, pickel, = Knöchel].

die Röthe, Pl. —n : Schrank. Nach Adelung in Meißen.

Zuerst 1734 bei Steinbach I, 921 verzeichnet. Dunkler Herkunft.

der Röther, — s, Pl. wie Sing., Art kleiner gemeiner bissiger Hunde. Bauernhund.

Schon 1624 (f. Frisch I, 540ᵉ) und eigentlich Köter. Aus dem Niederdeutschen, wo das Wort der käter lautet. Dunkler Herkunft; nicht von das Roth.

der Röther (niederd. käter), **der Röthner**, f. das Roth.

ro'thig, erst im Mhd. gebildet, weshalb nicht löthig, f. der Roth.

die Ro'ße, Pl. —n : grobe zottige wollene Decke.

Mhd. der kotze, ahd. cozo, cozzo, chozzo, neben dem selteneren starkbiegenden der choz [o ist Brechung des u], zuerst = grober wollener Mantel, dann
auch grobes zottiges Wollenzeug, grobe wollene Decke. S. der Kotzen, Kutzen.
Mit regelrechter Berschiebung der Laute c und t, tt in ahd. ch und z, zz aufgenommen aus mittellat. der cottus, cotta, cota (f. Kutte).

die Kötze, Pl. **—n :** geflochtener Rückentragkorb. Eigentlich **Kütze.**
Jn Mitteldeutschland, Franken. Jm 16. Jahrh. mittelrhein. die kütz (*Grimm's
Weisthümer* II, 528), kütze. Wol entlehnt aus poln. der koss, böhm. kos (sprich
kosch), = Korb.

der Kötzen = grobes Kleid ꝛc., richtiger als Kutzen, f. d.
ko'tzen = hustend ausspeien, sich erbrechen.
1482 kotzen = speien, sich erbrechen (*voc. theut.* Bl. r 1ª). Aus Einer Wurzel mit bayer. kutzen, schlef. küzen, = husten (Schmeller II, 347. Weinhold's
schlef. Wtbch 49ᵇ).
der Ko'vent, eingebürgert **Ko'fent** geschrieben, f. **Covent.**
der Krabáte (á kurz), —n, Pl. **—n,** gekürzt **Krabát (á kurz), —en,**
Pl. **—en :** munteres, wildes Kind. Jm Scherze.
Bildlich; denn eigentlich, wie älter-nhd. und noch ober- u. niederdeutsch landschaftlich, statt Kroat. Das b ist aus w (romanischem v), vgl. Cravatte.

die Krábbe, Pl. **—n :** kleiner runder Seekrebs.
Das Wort ist, wie schon bb zeigt, das ins Hochdeutsche aufgenommene niederd.
die krabbe, niederl. die krab, angelsächf. die crabba, altnord. der krabbi. Aus
lat.-gr. der cárabus, gr. kárabos, = Meerkrebs.

krábbeln = woran viel tasten oder regsam greifen; die Füße regsam kriechen.
1482 grappeln (*voc. theut.* Bl. m 7ª.), gegen 1500 graplen (*voc. incip. teuton.
ante lat.*), aufgenommen aus dem gleichbed. niederd. krabbeln, niederl. grabbeln,
v. grabben (f. grapfen), dessen gr, wie ich jetzt einsehe, ursprünglich ist, so daß
das Wort also nicht aus g'rappen b. i. gerappen hervorgeht. Vgl. kribbeln.

krach! substantivische Jnterjection. der **Krach, —es,** Pl. **—e,** mhd. der
krach : erschütternder Schall, lauter Bruch, mit dem späten doppelten
umlautlosen Dim. das **Krächelchen** = hart gerösteter Weck- oder
Brotwürfel [wofür mittelniederl. crakelinc = Knapperkuchen]. Von
kráchen, mhd. krachen, ahd. (selten) chrahhôn.
kráchzen = heiser schreien [zuerst vom Raben], aus tiefster Brust
schmerzvoll seufzen.
1691 bei Stieler Sp. 1021 krechzen mit e (= ä) statt ô. Denn mhd.
krochzen = aus tiefster Brust aufstoßen (Mone's Anzeiger V, 89, 264), ahd.
croccizan, chrockezan, angelsächf. cracetan, aus lat. crocitâre = krächzen, vom
Raben, welches v. dem gleichbed. lat. crocire, gr. krôzein (κρώζειν) neben
krázein (κράζειν). Also nicht von krachen.
die Krácke, Pl. **—n :** schlechtes Pferd. Verächtlich.
Jn Mittel- u. Niederdeutschland. Zuerst 1691 bei Stieler verzeichnet. Wol nur
durch Begriffsübergang des z. B. 1681 im 6ten Buche des Simplicissimus
vorkommenden Ausdruckes die Kracke = Art großer Schiffe, mittelniederd. (üblich) die kracke, niederl. die kraak [u. karaak], welcher überkommen ist aus

franz. die carraque, ital. die caráeca, span. u. portug. die carraca, = Art großer
schwerfälliger Schiffe. Aus diesem eigentlichen Begriffe gieng dann im Nieder-
der abgeleitete „altes gebrechliches Haus" hervor, welcher den „unfälligen,
schlechtes Pferd" anbahnen dürfte.

die **Kraft**, Pl. **Kräfte** : was wirkt, daß etwas ist oder geschieht. Aus
dem Dativ des Singulars bildete sich die Präp. **kraft** (f. Anm.)
welche als ursprüngliches Subst. den Genitiv regiert, z. B. **kraft**
Amts, **kraft** des Befehles ꝛc. — Daher : **kräften** in **entkräften**;
kräftig, mit dem Verbum **kräftigen**.

Mhd. die kraft, ahd. kraft, chraft (Plur. chrefti), = Wirkungsfähigkeit, Wir-
kungstüchtigkeit, Herresmacht, Menge, Fülle, goth. krafts (?), krabts (?), angelsächf. cräft in jenen beiden ersten Bedeutungen und dann f. v. a. Wissenschaft, Kunst,
woneben altnord. der kraptr wie unser Kraft. Mit altnord. die krafa Forderung,
krefr stark aus einem vermuthlichen, wie geben biegenden goth. Wurzelverbum
kriban (Prät. ich kraf, wir krēbum, Part. kribans) = treibend wirken (?). Die
Präp. kraft hat, wie vermöge, laut, behufs, der Kanzleistyl eingeführt; sie ist
aber bereits im 17. Jahrh. bei guten Schriftstellern gebraucht. Eigentlich steht
sie für in Kraft, schwed. „i kraft(af)", franz. en vigueur, en vertu (f. Grimm's
Gramm. III, 268), wie statt für anstatt, und entspricht dem Sinne nach dem lat.
per [vigore]. Rennnieberl. sagt man mit kracht aus Kraft. — Das für sich nicht mehr
vorkommende kräften ist das seltene ahd. chraftan = erstarken. kräftig ist
mhd. kreftic, kreftec, ahd. chreftic (als Adv. chreftigo), und das davon abgeleitete kräftigen mhd. kreftigen, ahd. (um 1000) chreftigōn.

der **Kragen**, — s, Pl. wie Sing. : Schlund, Hals, noch in „Einen
beim Kragen nehmen" ; Kleidungsstück oder -theil um den Hals. Das
Dim. lautet das **Krägelchen**, **Kräglein**.

Eig. der Krage, — n, Pl. — n (also nicht die Kragen). Denn im Mhd.
schwachbiegend der krage (mit dem Dim. das kregelin Kräglein), um 1100 chrage
· (nur Genesis 15, 6 und zwar i. d. Bed. „Schlund"), nennnieberl. der kraag. Im
Mhd. auch Scheltwort, z. B. ein löser krage (Renner 349), wie noch in der
Geizkragen = Geizhals, der Neidkragen = neidischer Mensch.

der **Kragstein** == aus einer Mauer hervorragender Stein und dann
auch Eisenstab zur Tragung eines Balkens.

Schon 1482 „kragstein oder kapffer" (voc. theut. Bl. r 3 b) d. i. Gaffer.
Wol von der Kragen (neunieberl. kraag), vielleicht weil die aufliegenden Bal-
ken gleichsam riten den kragen (Helmbrecht 265. Nithart V, 6) = „reiten den
Kragen" (d. h. aufsitzen auf dem vorgestreckten Hals) der Mauer.

die **Krähe**, Pl. —n, Name eines Vogels vom Rabengeschlechte.

1482 die kräe, mitteld. die kreje (livländ. Reimchronik 3753), mhd. die kreie,
meist die krä, ahd. craia, chraia, chräa, dann chrâ. Altnordisch sagte man der
kráka (neben der krákr Rabe).

krähen == singen, vom Hahn oder wie dieser.

1469 mittelrhein. krehen (voc. ex quo), mhd. krejen, ahd. chrājan, chrâhan,
später auch crâan, goth. kráian [? der Gothe sagte hrukjan, womit unser ruckfen
vom Liebeslaut des Täubers zusammenhängt). Die angelsächf. Form crävan
aber bed. krächzen vom Raben.

der **Krahn**, — es, Pl. —e : Zapfröhre mit einer senkrecht durchgesteck-
ten drehbaren kleineren zu Öffnung und Verschluß; Hebezug für Waaren.

Die in diesen beiden Bedeutungen mit dem im Grunde unnöthigen Dehnungs-h
ins Hochdeutsche aufgenommene niederd. Form für Kranich (f. d.) : der krân,
altniederd. der crano (*gloss. jun.* 267), neuniederl. die kraan, angelsächs. cran.
Aber die auf der Gestalt des Kranichhalses fußende Bedeutung „Zapfröhre" (vgl.
Hahn) kommt vor der des Hebezuges vor und findet sich schon 1475 im *Teuthonista* in altclevisch craen, und beide Bedeutungen zeigen sich in dem krench des
gegen 1500 erschienenen *vocab. incip. teuton. ante lat.* Übrigens hat den Begriff
Hebezug schon gr. die géranos Kranich (f. d.) nach der Gestalt des Vogels.

der **Krakeel** (2sylbig mit dem Ton auf ee), —es, Pl. —e : der Haber,
das Händelsuchen. Daher : **krakeelen**, mit der **Krakeeler**.

Aus niederl. der krakeel, krakkeel, = Haber, Zank, Streit, krakeelen =
habern, zanken, streiten, und der krakeeler = zank-, streitsüchtiger Mensch, welche
Wörter auch in das Niederdeutsche vorgedrungen sind.

der **Kráken**, —s, Pl. wie Sing., eigentlich der **Kráke**, —n, Pl. —n,
ein fabelhaftes Seeungeheuer.

Das Wort scheint, da die Sage von diesem Ungeheuer durch norwegische Schiffer
aufkam, das altnord. der kraki = Haken, Bootshaken, ahd. der chraco, chrac-
co, chracho (chraccho), = Haken, Dreizack, und auf die Fangarme des Thieres
zu deuten.

die **Králle** = Zwiefel, falsch statt Gralle.

Daher auch falsch die **Krállenraupe** st. Grällenraupe, = der Ringel-
spinner, weil sie sich nachts in den Grallen der Bäume aufzuhalten pflegt.

die **Králle**, Pl. —n : hakenförmig gebogener scharfer Nagel der Thier-
zehe. Von **krállen** (niedersächs. **krallen**) = mit hakenförmigen
Spitzen kratzen. **krállicht**, **krállig**, Adjective von **Kralle**.

Das älteste Wort ist **krällen**, 1482 krellen = kratzen, mittellat. *ungulâre*
(*voc. theut.* Bl. r 3b), mhd. (sehr selten) krällan, um 1100 chrellan (*Genesis* 80,
12). Davon nach der unumgelauteten niederd. Form krallen unser erst im Nhd.
erscheinendes Subst. die **Kralle**, holländ. die kral. Jenes krellen d. i. ahd.
chral-j-an aber ist abgeleitet von dem Sing. Prät. eines wie schwellen ꝛc. biegenden verlornen ahd. Wurzelverbums chrëllan (Prät. ich chral, wir chrullumês,
Part. chrollan, kichrollan) = biegen (?), hakenförmig gestalten (?), oder eines
diesem zu Grunde liegenden älteren ahd. chrëlan (Prät. ich chral, wir chrâlumês,
Part. chrolan, kichrolan), goth. krilan (?), = ringartig biegen (?), krümmen (?),
zu welchen Verben das niederd. (um Emden) krill = umgebogener Saum,
Knoten, dann die Krolle und krollen ꝛc. gehören.

der **Kram**, — es, Pl. Kräme : Waarenbude zum Feilhalten; Kleinhandel; Klein-, Kurzwaaren. Daher : **krámen**, urspr. = laufen, jetzt
nur noch f. v. a. waarenartig, dann suchend hin und her legen; der
Krámer, mit die **Krámerei** und die **Krámerin**.

Mhd. der krâm, ahd. chrâm, = Kaufmannsbude, Kaufmannswaare, einzelnes
erkauftes Stück. Davon : mhd. krâmen = laufen; dann der **Krämer**, mhd. der
krêmer (*voc. ex quo* v. 1469), krâmer, krâmære, spät-ahd. krâmari (*gloss.
trevir.* 12, 38), und hiervon endlich die Krämerei mhd. kræmerîe.

† der Krambámbuli == Danziger Kirschbrantwein.

Nach franz. der crambambouli. Aber richtiger Krampampuli, denn das Wort ist aus dem Slawischen, wo z. B. pöhm. die krampampule == zugerichteter Brantwein.

krámen, der Krämer ꝛc., f. der Kram.

der Krámmel, —s, ohne Pl. : Rauhheit des Halses.

Eigentlich „das Kratzen im Halse." Von mhd. der kram == Krampf, woher auch der krammo == Krampf, welche v. krimmen (f. d.).

krámmen == mit sich zusammenziehenden Klauen empfindlich und verletzt fassen (Göthe XL, 203).

Mhd. krammen. Aus dem Sing. Prät. von mhd. krimmen krimmen (f. b.).

der Krámmetsvogel, —s, Pl. Krámmetsvögel : Wachholderdrossel.

Im 17. Jahrh. Kramatsvogel, im 16. Jahrh. kran-, kron-, kromets-vogel, kramatsvogel, im 15. Jahrh. kránbitvogel, 1482 kránwidfogel ꝛc. Die erste Hälfte der Zusammensetzung ist der Genitiv des Singulars von ahd. (bayer.) die Kranewit, Krammet-, 1455 das chramad, 1429 chrámbid, mit kránewit, ahd. das chránewito, chránawitu, == Wacholderstaube, welches wieder zusammengesetzt ist aus dem ahd., der Lautverschiebung gemäß mit lat. das grán== Korn (f. b.) und Kern (f. b.) stimmenden chrán und aus ahd. das witu == Holz, also ursprünglich f. v. a. Kern- b. i. Beerenholz sein wird. Der Kram-metsvogel frißt am liebsten Wacholderbeeren.

† der Krampámpuli, ursprünglich richtiger als Krambambuli, f. d.

die Krámpe, Pl. —n : Thürhaken, in welchen der Riegel des Schlosses einschnappt; Buchhaken, das Buch zuzuhalten.

Die ins Hochdeutsche aufgenommene niederd. Form die krampe. Echt-hochdeutsch müßte die Krampfe gesagt werden, welches das seltene ahd. die chrampha oder der chrampho == Eisenhaken. (Graff IV, 611) ist. Dieses aber entspricht mit ahd. chramph == hakenförmig gekrümmt (Docen I, 207ᵇ) dem Sing. Prät. des ahd. Wurzelverbums zweiten Grades chrimphan, chrimfan (Prät. ich chram, wir chrumfumês, Part. kichrumfan) == krumm, hakenförmig biegen, kratzen, mit krimpfan u. mittelniederl. crimpen == krankhaft zusammenziehen, welches, da l und r wechseln können, mit mhd. klimpfen, ahd. chlimphan (?), zusammenzugehören scheint (f. klimmen), wonach denn auch die Krampe und die Klampe (bayer. Klampfe) ursprünglich eins sein würden (f. K). Als Urwurzel aber von chrimfan ist ein wie nehmen biegendes ahd. chrëman (Prät. ich chram, wir chrámumês, Part. kichroman) anzusetzen, von welchem mittelst Ableitung durch (chrim-j-an) und sofort durch Lautangleichung (mm aus mj) das ahd. Wurzel-verbum zweiten Grades chrimman (Prät. ich chram, wir chrummumês, Part. kichramman), mhd. krimmen, unser nhd. krimmen (f. b.) sich bildet.

die Krámpe, Pl. —n : aufwärts gebogener (geschlagener) Hutrand ꝛc. krámpen == den Rand wovon aufwärts biegen.

Aus dem niederd. die krempe u. krempen. Rein-hochdeutsch müßte man die Krämpfe u. krämpfen sagen, was uns affectiert und lächerlich klingt; das bereits mhd. krempfen == zusammen ziehen, ahd. chramfan, chramphan, == biegen (f. Graff IV, 611 f.). Aus dem Sing. Prät. v. mhd. krimpfen ahd. chrimphan niederd. krimpen (f. Krampe).

die **Krämpel**, Pl. — n : Wollkamm. Daher : krämpeln mit der Krämpeler, Krämpler, wovon die Krämplerin.

Niederdeutsche Formen. Krämpel setzt ein ahd. die chrámphilâ (?) voraus und ist mit dem mittelb. Diminutiv das krempel = gekrümmter Zacken, Haken, Kralle, v. einem ahd. der chramph = Haken, welches mit dem ahd. Adj. chramph = hakenförmig gekrümmt (s. Krampe) gleichen Ursprung hat.

krämpen = den Rand wovon aufwärts biegen, s. Krämpe.

der **Krampf**, —es, Pl. Krämpfe : krankhaftes Zusammenziehen der Muskeln. Daher krämpfig; krampfhaft.

Mhd. der krampf, im 12. Jahrh. aber schwachbiegend der chrampho (gl. trevir. 18, 21), 1469 mittelrhein. krampffe (voc. ex quo). Aus dem Sing. Prät. des mhd. Wurzelverbums krimpfen, ahd. chrimphan chrimfan (s. Krampe). — Krämpfig ist 1482 krampfig = krampfsüchtig.

der **Kránich**, —es, Pl. —e, ein bekannter Sumpfvogel.

Häufig mit kurzem a gesprochen, wie auch ursprünglich geschah. Mhd. der kranech, ahd. chranih (mit i statt u, denn urspr.) chranuh, welches ohne die Ableitungssylbe (-uh), wie der angelsächs. Name cran, lautverschoben mit der griech. Benennung die géranos stimmt. Vgl. auch der Krahn.

krank, Comp. kränker, Sup. kränkest, kränkst : leidend schwach. Daher : die **Kränke** = die fallende Sucht, ein Fluchwort; kränkeln; kránken; kränken = geistig empfindlich wehe thun, mit die Kränkung. Zusammens. : krankhaft; die Krankheit; kränklich mit die Kränklichkeit.

Mhd. kranc bedeutet schwach (zunächst körperlich, dann auch geistig), armselig, schlecht, schlank; erst, nachdem im 13. Jahrh. bei mitteldeutsch cranc die Beb. gebrechlich, leidend (dér sunden widerstrit 1257) auftauchte, entwickelte sich im 15. Jahrh. „leidend schwach" und wird geläufig (s. vocab. theut. v. 1482 Bl. r 3ᵃ), so daß später das in dieser Beb. übliche siech (s. b.) in eine engere Bedeutung verdrängt ist. Das Wort kommt im Ahd. noch nicht vor und scheint gegen 1200 aus dem Niederb. eingedrungen, wo im 11. Jahrh. cranker = gebrechlicher, gelähmter (gl. jun. 322), später mittelniederd. krank = schwach, ohnmächtig, schlecht, gering, mittelniederl. cranc = schwach, schlecht; altfries. kronk u. altnord. kránkr sind = leidend schwach (wie nhd. krank), angelsächs. cranc = gebrechlich, hinfällig. Dunkler Herkunft. — Der Kranke ist mhd. dér kranke (die schwache Biegungsform des Adjectivs krank) = der Schwache; die Kränke mhd. die krenke = Schwachheit; kránken mhd. kranken = schwach werden, und kränken mhd. krenken (ahd. chranch-j-an ?) = schwach, gering machen, schwächen, mindern, herabsetzen; kränklich mhd. krenclich (als Abb. krenclîche) = schwächlich, armselig; Krankheit mhd. krancheit = Schwäche, aber dann im 15. Jahrh. wie heute.

der **Kranz**, —es, Pl. Kränze : reifförmiges Ziergeflecht; umfangender Kreis. Daher : das Kränzchen; kränzen.

Mhd. der kranz (mit dem Dim. das krenzelîn Kränzlein), ahd. [selten und nicht vor dem 10. Jahrh.] chranz (zunächst = schmückende Binde des Hauptes, Lockenkranz), altnord. der kranz. Das Verbum kränzen lautet ahd. chrenzan (Diut. II, 340ᵃ, 183) = als Schmuck auf das Haupt winden.

die **Kräpfel,** Pl. —n : in Fett gebackene kleine Kuchenart.

Mit mittel-, ursprünglich niederdeutschem pp statt hochd. pf in der Wetterau ꝛc. die **Kräppel,** und demnach schon 1540 bei **Alberus** im *dictionarium* die **Kreppel** neben **krepffeln.** Es ist das landschaftlich ins weibliche Geschlecht übergegangene, in gleicher Bedeutung vorkommende mhd. das krepfelin (Kräpf- lein), krophel [mit o statt e, weshalb auch zuweilen die Schreibung Kröpfel (s. d.) mit ö statt e], im *voc. incip. teut. ante lat.* krapfel, 1469 mittelrhein. kreppel (*voc. ex quo*), 1475 altclevisch creppel, das Diminutiv von

der **Kräpfen,** —s, Pl. wie Sing., eine Art Kuchen in Fett gebacken.

Nur noch oberdeutsch. Eig. der **Kräpfe,** —n, Pl. —n; denn mhd. der krapfe, ahd. chrapho. Ob die Kuchenart vielleicht ursprünglich gekrümmter (hakenför- miger) Gestalt war und das Wort also eins ist mit

der **Kräpfen,** — s, Pl. wie Sing. : Krümmung (umgebogenes Ende) zum Fassen und Einhängen. Daher das **Kräpfchen,** Dim.

Auch dieses der **Krapfen** lautet eig. der **Krapfe,** — n, Pl. — n, mhd. der krapfe, ahd. chrapfo, chrappho, chrafo, chrapho, welche ahd. Formen auch in der Bed. „gebogene Klaue, Kralle“ vorkommen, mitteld. (niederd.) der krape. Das Wort steht im Ablaute zu ahd. chripfan, chripphan, chriphan, chrifan (Graff IV, 317. 598), mhd. kripfen (*Benecke-Müller* I, 573ᵃ), = rasch zu- greifend fassen; dennoch bleibt ungewiß, ob unser **Krapfen** mit diesem Verbum Eines Stammes ist.

der **Krapp,** —es, ohne Pl., die Färberröthe, Färberwurzel.

Krapp ist übliche Schreibung, erst, wie es scheint, im 18. Jahrh., aufgenom- men aus der neuniederl. Benennung die krap, woher auch die spätere franz. Benennung die grappe, nach welcher man zuweilen ungut der **Grapp** geschrie- ben findet.

die **Kräppel,** s. Kräpfel.

der **Kräppen,** in der Wetterau ꝛc. Niederd. Form von Krapfen 2 (s. d.)

† der **Kráter,** —s, Pl. wie Sing. : Becherschlund eines Vulcans.

Im Zurückgehen aufs Griechische mit K. Lat.-gr. der cráter, gr. der krater (κρατήρ), = Mischkessel (des Weins mit Wasser), dann auch Öffnung eines feuer- speienden Berges, v. gr. kerannynai (κεραννύναι) = mischen.

die **Kràtze,** Pl. —n : Werkzeug zum Kratzen, Scharre.

die **Kràtze,** Pl. —n : geflochtener Korb, Korbgeflecht.

Mhd. die kretze, auch der kretze, um 1100 chrezze, ahd. der crezzo (Schmel- ler II, 399) neben dem gleichbed. mhd. der gratte, gretze (mit Erweichung in g das) ahd. der cratto, cretto (Schmeller II, 397), welches zunächst = Speise- korb. Ob mittelst Versetzung des r überkommen aus einem bei dem lat.-gr. der cartállus = Speise-, Tragkorb (5. Mos. 26, 2. 4. Jerem. 6, 9) vorausgesetzten cartus und zwar in jenem ahd. crezzo mit Fortschiebung des t zu z ?

die **Kràtze,** ohne Pl. : Kratzen verursachende Milbenblätterchen am Körper; schuppichter Abfall vom Metalle beim Bearbeiten.

In der ersten Bed. steht im Mhd. der krats (*vocab. optimus* S. 40ᵇ, 6).

kratzen = mit Spitzem oder Scharfem eindringend, hart fassen oder rei- ben. Daher der **Kràtzer** = im Halse kratzender Wein (Göthe V, 206).

Mhd. kratzen, ahd. chrazzôn, chrazôn, gebildet aus später-lat. caraxâre, charaxâre, = ritzen, kratzen, welches aus gr. charássein (χαράσσειν) = ein-kratzen. Ähnlich Kreuz ahd. chrûzi aus lat. crux.

der Krätzfuß, zusammengef. mit mhd. der kratz = das Kratzen.

krätzig, mhd. kretzec [v. der kratz], = die Krätze (s. b.) habend.

der Kräuel, —s, Pl. wie Sing. : Gabel mit Haken zum Fassen.

Bei Luther kreuel u. krewel, und die Schreibung Kreuel ist, wenn man Wörter wie Freude, Heu, Streu ꝛc. vergleicht, der mit äu vorzuziehen. Mhd. der krewel, kröuwel, ahd. der chrewil, chrouwil, chrowil, chrawil, goth. kravils (?), = dreizinkige Gabel, Dreizack, Hakengabel, Kralle. Mit krauen, mhd. krouwen, chrowen, ahd. chrouwôn, chrowên, aus dem Sing. Prät. eines mhd. kriuwen, ahd. chriuwan (Prät. ich chrou, wir chruumês, Part. kichruwan) = kratzen, mit welchem, bei Wechsel des r und l (s. kl und klimmen) und der daraus hervorgehenden Annahme eines chlou st. chrou (früher chrau) unser Klaue (s. b.) zusammenhangen kann.

krauen, Prät. krauete, kraute, Part. gekrauet, gekraut : kratzen; zu Wolgefühl gelinde kratzen. S. Kräuel.

kraus, mhd. krûs, = viel gekrümmt oder geringelt. Daher.: die Krause; der Kräusel = fortlaufender Ringel, krauses Kleidungsstück, mit kräuseln; kräusen = kraus werden; kräusen = kraus machen. Zusammenf. : kraushaarig; der Krauskopf; die Krauseminze (zusammengeschoben aus krause Minze), niederd. krûseminte.

Mhd. (nicht häufig) u. niederd. krûs, neuniederl. (aus dem Deutschen aufge-nommen) kroes. Als Verbum erscheint mittelniederl. crusen, altnord. krûsa, = kräuseln.

die Krause, Pl. —n, eine Art (Deckel-)Krug. Nur noch landschaftlich.

Mhd. die krûse (mit dem Dim. das crûselîn Kräuslein), altnord. die krûs, aber niederd. mit abweichendem Vocale kroos, niederl. der kroes. Fremdher, und wol weniger aus gr. der krôssós (κρωσσός) = Wasser-, Öl-, Aschenkrug, als vielmehr gekürzt aus mittellat. der crucíbolus, dann crusíbulus, = Becher (urspr. in Kreuzesform), woneben sich aus lat. das crucíbulum = „Nachtlaterne in Kreuzesform, Lampentiegel" ein gleichbedeutendes altniederd. crûsûl (gl. jun. 296) bildete. Vgl. Kreuz (niederl. kruis, altnord. kross.)

der Kräusel, —s, Pl. wie Sing. : kleines trichterförmiges Spielgeräth, welches auf dem spitzen Ende sich drehend läuft. Falsch Kreisel.

Mitteld. der krûsel (Diut. I, 389), mittelniederd. crusel (hor. belg. VII, 29 b), neuniederd. krüsel. Mit Ausfall des r im Oldenburg. küsel = Stromwirbel, Strudel. Ob zusammenhangend mit kraus; denn davon ist auch abgeleitet

der Kräusel = fortlaufender Ringel ꝛc. Siehe kraus.

kräuseln, kräusen, kräusen, kraushaarig ꝛc., s. kraus.

das Kraut, —es, Pl. Kräuter : Blattgewächs, welches keinen Holz-stengel hat; Kohl; Blättergesammtheit einer nicht über Winter bauern-den Pflanze. Daher : das Dim. das Kräutchen, Kräutlein; kräuten; (von dem Plural die Kräuter :) kräutern = Kräuter suchen; das Kräutich.

Mhd. das krût (auch schon insbesondere „Kohl)", ahd. chrût, niederd. krûd, niederl. kruid. S. auch das folgende das Kraut.

das **Kraut**, —es, ohne Pl. : Schießpulver. Veraltet.

Auch Büchsenkraut (Schmeller II, 397), Zündkraut. In „Kraut und Loth" = Pulver und Blei, einem bereits im 16. Jahrh. üblichen Ausdruck. Wol zuerst bitter scherzhafte Anwendung des vorhergehenden das Kraut niederd. krûd in der Bed. „Würze."

der **Krawáll**, — es, Pl. — e : vorübergehender Aufruhr ohne Ausdehnung. Daher : krawállen, mit der Krawáller.

Krawall ist ein aus den größtentheils rath- und thatlosen Aufständen des Herbstes 1830 herrührendes, nach einem dunkeln Sprachgefühle gebildetes Wort, welches ursprünglich nur landschaftlich und zwar im westlichen Mitteldeutschen üblich ward. Doch soll schon in den Sportelstatuten des Bischofes Hugo von Berri v. J. 1388 Charavall = Katzenmusik (?) vorkommen, welche Bedeutung auch provenzalisch caravil (Charivari, s. d.) hat.

der **Krëbs**, — es, Pl. — e, das bekannte Insect, dann [von der Ähnlichkeit der Krebsschale] blecherner Brustharnisch (schon 1482), endlich um sich fressendes Geschwür (schon im 14. Jahrh.). Daher krëbsen. Zusammens. : der Krëbsgang (Gang wie der eines Krebses); die Krëbsscheere ꝛc.

Abelung will langes ë, was aber gegen die übliche Aussprache ist, welche das kurze ë bewahrt hat. Dagegen ist historisch richtig die Schreibung Krebß u. krëbßen. Denn mhd. der krëbez, krëbz (aber auch schon im 14. Jahrh. mit s statt z krëbs), spät-ahd. crëbiz (b. i. chrëpaz), mittelniederd. krevet, niederl. kreeft, neben dem schwachbiegenden mhd. der krëbeze, ahd. chrëpazo, welches nicht aus Einer Wurzel mit die Krabbe, da dieses fremdher stammt. Das Verbum krebsen lautet mhd. krëbezen.

der **Kreen**, —es, ohne Pl. : Meerrettig.

In Bayern, Österreich, dem Hennebergischen. Mhd. krên, im 12. Jahrh. chrêne (Diut. III, 155). Aufgenommen aus dem Slawischen, wo böhm. der kren, poln. der chrzan, russ. der chrjen".

die **Kreide**, Pl. —n : weiße Kalkerde zum Schreiben. Daher : kreiden; kreidicht, Adj.; kreidig, Adj.

Mhd. die krîde, ahd. crîda, aus lat. die crêta.

der **Kreis**, — es, Pl. — e : um einen Punct laufende, überall gleich weit von diesem entfernte Linie ; Landbezirk.

Historisch richtig Kreiß geschrieben, wie man auch jetzt wieder in Schriften findet. Denn mhd. der kreiz, ahd. (aber erst im 12. Jahrh.) creiz (b. i. chreiz), mittelniederd. kreit, mittelniederl. crijt. Das heutige s im Auslaute scheint mitteldeutscher Einfluß, indem mitteld. Handschriften s statt z eintreten lassen. Die Herkunft des Wortes ist dunkel.

kreischen = kochendes Öl, Schmalz u. dgl. durch ein hineingelegtes Brotstück oder eingespritztes Wasser reinigen,

ursprünglich „kreischen (mhd. krischen) machen", denn das Wort ist das Factitiv von dem folgenden kreischen und aus dessen Sing. Prät. (mhd. ich kreisch, niederl. kreesch) abgeleitet, daher natürlich ſchwachbiegend : Präſ. ich kreiſche, Prät. ich kreiſchete, kreiſchte, Part. gekreiſcht. Mhd. kreischen (?).

kreiſchen = laut aufſchreien. Daher der Kreiſcher. Vgl. Kriſch.

In Schriften ſchwachbiegend : Präſ. ich kreiſche, Prät. ich kreiſchete, kreiſchte, Part. gekreiſcht, Imp. kreiſche! Dieſe Biegung aber iſt eine ſpäter eingetretene unrichtige, denn urſprünglich, ſowie noch in der gewöhnlichen und Volksſprache, findet nur die ſtarke Biegung ſtatt : Präſ. ich kreiſche, Prät. ich kriſch, Part. ge-kriſchen, Imp. kreiſch! Ebenſo bei mitteld. krîschen [Präſ. ich krîsche, Prät. ich kreisch, wir krischen (Jeroschin 184), Part. gekrischen], ſpät-mhd. (15. Jahrh.) krîschen [„mit wüdender gebêrde kreischendeʺ (deutsch passion, Frankfurter Pf., Bl. 61 b) d. i. krîschende]. Das in alter Zeit ſeltene Wort iſt aufgenom-men aus dem ſtarkbiegenden niederdeutſchen krîsken, mittelniederl. crîschen (hor. belg. III, 83, 2962. Prät. ich creesc S. 82, 2936), neuniederl. krijschen (Prät. ich kreesch, Part. gekreschen, aber auch ſchon in ſchwache Biegung übergehend, Prät. ich krijschte, Part. gekrijscht), und hängt zuſammen mit mhd. krîzen mit-telniederl. krîten (= ſchreien) unſerm kreißen, wie? ſiehe in der Anm. zu kreißen.

der Kreiſel, falſch ſt. Kräuſel (ſ. Kräuſel 1). Nicht v. Kreis.

kreiſen = eine Kreisbewegung machen.

Hiſtoriſch richtig kreißen geſchrieben (ſ. Kreis). Mhd. kreizen = durch einen Kreis einſchließen.

kreiſten = ſtöhnend ächzende Töne ausſtoßen.

Mitteld. crîsten (Lamprechts Alexander 4520), mhd. krîsten (Renner 11381). In der Wetterau iſt davon ein gleichbed. Verbum krêsten geläufig. Das Wort ſcheint Zuſammenhang mit kreißen (ſ. b.) zu haben.

der Kreiß, —es, Pl. —e; wofür jetzt Kreis, ſ. b.

kreißen = in Geburtswehen ſchreien (und ſtöhnen).

Präſ. ich kreiße, Prät. ich kreißete, kreißte, Part. gekreißet, gekreißt. Ungut in ſchwache Biegung übergegangen, denn dieſes aus dem Niederdeutſchen aufgenom-mene Wort, welches im Mhd. krîzen (Renner 11381, wo dieß Wort im Reime ſtehen muß) lautet, aber noch ſelten vorkommt und „rufen, ſchreienʺ bedeutet, biegt urſprünglich ſtark. Niederd. krîten, mittelniederl. crîten [der crît Schrei, crîten quîten (hor. belg. VI, 253 b)], neuniederl. krijten (Präſ. ich krijt, Prät. ich kreet, Part. gekreten), = ſchreien, iſt entlehnt aus ſpan. u. portug. gritar, ital. gridàre, — ſchreien. Im Franzöſiſchen aber lautet dieſes aus lat. quiritàre = Klaggeſchrei erheben, laut ſchreien, entwickelte romaniſche Wort crier, welche Form, wie mittelniederl. das cri u. ghecri = Feldgeſchrei (hor. belg. III, 142 b) aus franz. der cri Geſchrei zeigen, ebenfalls ins Mittelniederländiſche und ſofort ins Mittelhochdeutſche übergieng, wo ſie krîen lautet, die Bedeutung „ſchreienʺ be-hielt und, wie jenes niederl. crîten, krijten und andere entlehnte Verba, ſtarke Biegung empfing : Präſ. ich krîe, Prät. ich krei, wir krirn (Helbling XV, 353), Part. gekrirn, woneben ſich aber auch ſchwache Biegung findet, z. B. in Hein-rich's Tristan 511. Das Verbum kreiſchen (ſ. kreiſchen 2) ſcheint, inſofern sch ableitend angetreten wäre, Fortbildung dieſes entlehnten Verbums mit Wahrung der ſtarken Biegung, und kreiſten läßt Zuſammenhang mit krîen vermuthen.

† die Krepine, Pl. —n : Art Franſen mit langen Fäden.

Richtiger Crepine und nur wegen Krepp mit K. Denn das Wort ist das franz. die crêpine v. crêpe (s. Krepp).

der **Krepp** (e wie ä), — es, Pl. —e : Krausflor. Holländ. das krip. Aus dem gleichbed. franz. der crêpe, welches aus lat. crispus kraus.

die **Kresse** (é wie ä), Pl. —n, auch der **Kreßling** (é wie ä), historisch richtig **Kreseling** geschrieben : der Gründling, cyprinus gobio. Das weibliche Geschlecht bei Kresse scheint in Mitteldeutschland aufgekommen. Bayer. noch der Kressen, mhd. der kresse, ahd. der cresso, chresso, welches durch Lautangleichung (des j zu s) und Umlaut aus älterem chras-j-o [woraus im 11. Jahrh. der mittellat. Name der grácius], altniederd. grasse (gl. jun. 278), altclevisch (1475) crasse. Abgeleitet v. der Singularform des Präteritums des ahd. Wurzelverbums chrësan (Prät. ich chras, wir chrâsumês, Part. b chrêsan), mhd. krêsen, = kriechen. Der Fisch hat nämlich in seinem Bewegen auf dem Grunde des Wassers etwas Schleichendes, Kriechendes (vgl. auch das folgende Kresse). In Kreßling, Kreseling ist das l unorganisch und also -ling st. des ursprünglichen -ing eingetreten.

die **Kresse**, Pl. —n, eine bekannte Salatpflanze an und in süßen Wassern, sowie andere Pflanzen ähnlichen Geschmackes. Mhd. die u. der krësse, ahd. die crëssa u. (gewöhnlich) der crësso, chrësso, altniederd. die crasse (gl. jun. 330), neuniederl. (mit Versetzung des r) die kers, kors, angelsächs. cärse. Nach Diez Wtbch S. 116 aus franz. der cresson, ital. der cresci6ne [v. lat. créscere wachsen, wegen des schnellen Wachsthums], mittellat. cresso, nicht umgekehrt dieß aus dem Deutschen, da romanische Pflanzennamen nur selten daher stammen. Wenn aber Diez noch als nächsten Grund der romanischen Herkunft anführt, daß ahd. chrëssa u. chrësso im Deutschen keine Wurzel habe: so ließe sich dagegen bemerken, daß, da ë in chrëssa, chrësso u. mhd. krësse nicht streng erwiesen ist, ebensowol chrëssa, chrësso, krësse gesetzt und diese auf ein älteres chras-j-a, chras-j-o (goth. krasja?) zurückgeführt werden könnten, welche gleich dem vorhergehenden Kresse (s. d.) aus dem Sing. Prät. v. ahd. chrësan = kriechen abgeleitet wären und auf den kriechenden Stengel der Brunnenkresse (*nastúrtium*) hindeuteten.

der **Krétscham** (e wie ä), — es, Pl. —e, mitteld. (1340) kreczym : Dorfschenke. Daher der **Krétschmer**, mitteld. (1340) krecimer : Schenkwirth. Auch ist Kretschmar häufig Familienname. Aus poln. die karczma Schenke u. der karczmarz Schenkwirth.

das **Kreuz**, — es, Pl. —e : Balken mit Querholz als Marter- u. Todespfahl für Verbrecher, dann überhaupt eine solche Figur; [bildlich :] bitteres Leid, beschwerendes Übel. Daher : **kreuzen**. Mhd. das kriuze, kriuce, ahd. das chriuze, crûci, chrûci, neuniederl. kruis, altnord. der kross. Aus dem gleichbed. lat. die crux (Gen. crúcis, Dat. crúci), und wegen des auslautenden i im Ahd. die Umlautung des û in iu (= nhd. eu). Das Verbum kreuzen ist mhd. kriuzen = ans Kreuz schlagen, mit dem Kreuze versehen, das Zeichen des Kreuzes machen, ahd. crûz6n = kreuzigen, und scheint der Form nach dem lat. cruciâre entnommen.

der **Kreuzer**, — s, Pl. wie Sing. : die kleinste Silbermünze rheinisch, auch von Kupfer.

Das Kürzungszeichen ist kr. Das Wort ist gekürzt aus Kreuzerpfennig, lat. denárius cruciátus, denárius crucígerus, und dieser Name kommt daher, weil diese Münze im 14., vielleicht schon im 13. Jahrh. ursprünglich aus den Münzstätten von Verona und Meran in Tyrol mit einem aufgeprägten Kreuze hervorgieng.

kreuzigen = ans Kreuz schlagen. Daher die Kreuzigung.

Mhd. kriuzigen u. die kriuzigunge, ahd. chriucigôn u. die chrûcigunga. Auch einfach mhd. kriuzen, ahd. crûzôn = kreuzigen (f. die Anm. zu Kreuz).

die Kreuzspinne, Pl. —n: Spinne mit einem weiß punctierten Kreuz auf dem Rücken.

die Kreuzwoche, mhd. die kriuzewoche, = die 2te Woche vor Pfingsten, in welcher Bittgänge mit vorgetragenem Kreuz stattfinden.

kribbeln = vielfüßig, vielfingerig sich bewegen.

Zu dem Worte, bei Alberus (1540) kribeln, steht krabbeln im Ablaute. der Kribskrabs (Göthe XII, 172) = ein Durcheinander von Zügen.

Bei Schupplus († 1661) S. 502 Kribbes Krabbes, ein Gebilde mit Laut und Ablaut, nämlich i und a (vgl. Schnickschnack, Klippklapp, ripsraps, Wirrwarr ꝛc.), von neuniederl. krabben = kratzen, kritzeln, u. von einem bei neuniederl. kribbelen kritzeln zu Grunde liegenden kribben. Wegen des ableitenden -s in Kribskrabs setzt man nur ein b.

kricklich = mit Allem unzufrieden und tabelsüchtig wie zänkisch; leicht zu Zank und Streit führend.

Neuniederl. krekelig, schwed. kräcklig. Von krickeln = zanken, streiten, schwed. kräckla, = zanken, unzeitig und mürrisch tadeln, das kräckel = Hader, Zank. Vgl. Krakeel.

kriebeln = juckende Bewegung empfinden. Daher: der Kriebelkopf; die Kriebelkrankheit.

Mitteld. kribeln (Köpke's Pass. 667ᵃ, 24), niederd. kribeln, neuniederl. krevelen.

der Kriebs, noch unrichtiger als Griebs, f. d.

Auch in: „Einen am Kriebs kriegen" = am Kehlkopfe, d. h. an der Kehle.

die Krieche, Pl. —n, die Pflaumenschlehe.

Mhd. die krieche, mit ahd. der chriehpoum Kriechbaum = Kriechenbaum (lat. prûnus insititia). Aus der franz. Benennung die créque.

kriechen, Präs. ich krieche, Prät. ich kroch (Conj. kröche), Part. gekrochen, Imp. kriech (ungut, aber meist schwach „krieche"): niederliegend sich fortbewegen. Daher: der Kriecher, mit die Kriecherei.

Alterthümlich und dichterisch noch mit eu (= mhd. u. ahd. iu) du kreuchst, er kreucht, kreuch st. der heutigen kriechst, kriecht, kriech! Mhd. kriechen, ahd. chriohhan (selten, im Prät. ich chrouh, wir chruhhumês, Part. kichrohhan). Den übrigen deutschen Mundarten fehlt das Wort, denn altsächs. sagt man dafür criopan, niederd. krupen, niederl. kruipen, angelsächs. erôopan, engl. creep, altnord. kriupa. Selbst im Ahd. war das eigentlich übliche Wort chrêsan (f. Kresse 1).

die Kriechente, eine Art wilder Enten, ánas crecca.

Hochdeutsch gebildet aus dem niederd. Namen die krikke, schwed. (westerbottnisch) kräcka.

der **Kriecher** mit die **Kriecherei**, f. **kriechen**.

der **Krieg**, —es, Pl. —e : thätliche Feindseligkeit; Kampf zwischen Staaten. Daher **kriegen**, mit der **Krieger**, wovon weiter die **Kriegerin** und das Adj. **kriegerisch**.

> Der Krieg ist mitteld. der kric, mhd. der kriec [woher wetterauisch hie und da der kröic (sprich öi wie äi)], = Feindseligkeit, Widerstreit, Rechtsstreit, fortgesetzter Kampf zwischen Parteien und Staaten, und kriegen, mhd. kriegen, bedeutet : sich feindselig zeigen, kämpfen, streiten. Im Ahd. kommen die Wörter noch nicht vor; man sagte der u. das wîc, das urliugi (vgl. Orlogschiff). Die neuniederl. Form von Krieg ist der krijg, mittelniederl. crijch (hor. belg. III, 142ᵇ), wonach, da niederl. ij = mhd. î ist, im Mhd. krîc erwartet werden müßte, wie denn das Mitteldeutsche oben wirklich hat. Das Wort zeigt sich als ein ins Hochdeutsche eingedrungenes und geht auf das folgende kriegen (f. d.) mitteld. krîgen zurück. Das ie in kriec dürfte dann vielleicht ebenso stehen, wie z. B. das in mhd. Kriemhilt st. Krîmhilt.

kriegen = strebend fassen; in die Gewalt bekommen.

> Dieses Verbum, welches der edle Styl meidet, biegt bei uns schwach : Prät. ich kriegete, kriegte, Part. gekriegt. Mitteld. dagegen, wo es krîgen, bei Frauenlob mit ie statt î kriegen [woher wetterauisch kröije (öi wie äi) gesprochen wird; vgl. auch Krieg] lautet und „einholen, erreichen, erwerben" bedeutet, hat es die starke Biegung : Präf. ich krîge, Prät. ich kreic, wir krigen, Part. gekrigen. Ins Mittelhochdeutsche ist das Wort wenig vorgedrungen; es kam zu uns aus dem Niederdeutschen (krigen, Prät. ich krêg, Part. kregen) und Niederländischen (krijgen, Prät. ich kreeg, Part. gekregen), und weil es eben bei uns Hochdeutschen als Eindringling erscheint, so lautet es nicht, wie es regelrecht hochdeutsch sollte, kreigen, sondern bewahrt langes i (î), welches dann in die Dehnung ie ausweicht.

der **Krieger**, die **Kriegerin**, **kriegerisch**, f. **Krieg**.

krimmen = mit Krallen, kratzend oder kneipend fassen.

> Jetzt schwache Biegung : Prät. ich krimmete, krimmte, Part. gekrimmet, gekrimmt. Aber mhd. krimmen (auch häufig in g ausweichend grimmen), ahd. krimman, chrimman, ist starkbiegendes, also Wurzelverbum : Prät. mhd. ich kram, wir krummen, Part. gekrummen. S. krammen und Bauchgrimmen unter dem Worte Grimm.

der **Kringel**, —s, Pl. wie Sing. : Kreis, Kreisgewinde.

> Mitteld. kringel. Es ist das niederd. u. mittelniederd. die kringel, welches die Bedeutung „Bretzel" hat, v. niederd. der krink Kreis. Das Wort scheint von Norden her vorgedrungen, nämlich aus dän. kringle, schweb. die kringla, = Bretzel, altnord. die kringla = Kreis v. der kringr = Ring, Kreis, welches wol schlechte Aussprache und Schreibung für der hringr (f. Ring) ist.

der **Kringen**, — s, Pl. wie Sing. : Kreis; Ringartiges, z. B. Tragring, Kützel ꝛc.

> Bei Göthe XVI, 11 (im Werther), eig. der Kringe, — n, Pl. — n. An der Lahn, auf dem Westerwalde ꝛc. Das Wort ist schwache Form von niederd. der krink, neuniederl. der kring, altnord. kringr (f. Kringel).

kripfen, ein echt deutsches Wort, wofür jetzt grippen (f. d.).

die Krippe, Pl. — n : erhöhter Futtertrog für Pferde, Rindvieh ꝛc.; Flechtzaun an Ufern. Daher krippen = durch einen Flechtzaun festigen.

Mhd. die krippe, chrippe, auch in weiterer Verschiebung des p einmal kripfe, = erhöhter Futtertrog [ursprünglich wol aus Holz geflochten], ahd. die crippa, chrippa, bei alamannischen Schriftstellern krippha, chripha, chripphā, altsächs. die cribbia, niederd. u. altfries. kribbe, neunieverl. die krib, krub, kribbe, angelsächs. crybb, engl. crib. Der gothische Ausdruck war der uzēta d. i. hochd. Uraße [= woraus gefressen wird], und im Ahd. hatte man noch der parno Barn.

krippen = winkelrecht biegen. Bei den Schlossern.

Wol mit mitteldeutsch üblichem i statt des Umlautes e (f. S. 526 f.) und mit niederd. pp statt des hochd. pf von einem mit Krapfen = Haken zusammengehörigen Worte [krepfen? niederd. kreppen, vgl. Frisch I, 544 b].

der Krippenbeißer = Pferd, das die Vorderzähne auf die Krippe aufsetzt und so daran zu beißen, zu nagen scheint.

der Krips, völlig unrichtig, st. Griebs. S. dieses Wort u. Kriebs.

der Krisch, —es, Pl. — e : lauter Schrei. Wetterauisch ꝛc.

Aus der Pluralform des Präteritums v. kreischen (f. b.), während im Mitteldeutschen aus dem Singular der kreisch (Jeroschin 183) vorkommt.

† die Krise, Pl. — n : Entscheidungspunct in einer Sache.

Aus gr. die krísis Entscheidung v. krínein = scheiden, entscheiden.

das Krispelholz = Holz zum Krispeln. Von krispeln = (Leder) kraus, narbig machen.

Zuerst bei Suchenwirt (gegen 1400) 25, 16 krispeln = kräufeln, krispel machen, von dem mhd. Adj. krispel = kraus, welches mittelst -el abgeleitet ist von dem aus lat. crispus kraus entlehnten spät-ahd. (11. Jahrh.) crisp, mhd. krisp, mitteld. auch (mit nicht selten vorkommendem Übergange des i in u) krusp, kruisp. Mhd. findet sich auch krispen = kraus machen, kräufeln, ahd. crispôn (?), aus lat. crispâre (v. crispus).

der Krist, kristlich ꝛc., nhd. nur Christ (f. b.), christlich ꝛc.

mit Ch, ch in dem Gedanken an die fremde Herkunft von lat.-gr. Christus und christiānus. Aber richtig neuhochdeutsch wäre, der Lautentwicklung gemäß, jene nicht beliebte Schreibung mit K, k, wie denn auch schon mittelhochdeutsch nicht anders als der Krist = Christus und der kristen = der Christ geschrieben wird.

† die Kritik, Pl — en : Beurtheilung; Beurtheilungskunst. der Kritiker, — s, Pl. wie Sing. : Kunstrichter. kritisch = entscheidend, bedenklich; kunstrichterlich. kritisieren = beurtheilen; musternd durchnehmen.

Das Adj. kritisch ist aus dem lat.-gr. Adj. críticus, -a, -um, gr. kritikós, ê (ή), ón, = zum Entscheiden geschickt oder geneigt, zum Beurtheilen gehörig. Die männliche Form críticus, substantivisch genommen, ist unser Kritiker, und die weibliche griechische kritikē (κριτική), substantivisch genommen [in Gedanken mit Ergänzung von téchnē Kunst], unser die Kritik (in Norddeutschland Kritik gesprochen). Das Wurzelverbum ist gr. krínein (f. Krise). kritisieren ist neue barbarisch-lateinische Bildung.

der **Krittel**, —s, Pl. wie Sing. Im Nhd. von **kritteln** = sich verdrießlich kleinlich tadelnd äußern, wovon auch die **Krittelei**, der
Kritteler (gekürzt **Krittler**), **krittelig** [st. **krittel-lich**, **krittlich**].
Hochdeutsch nach niederb. kriddeln eig. = zanken, die kriddelije, der kriddeler
(Zänker) u. kriddelig (eig. zänkisch), mit i statt ü, ö. 1597 nämlich lautet krittlich in Mitteldeutschland kröblich und bedeutet „übel zufrieden"; kölnisch sagt
man krüddelich, aachenisch krötlich, 1475 altclevisch crödelick, = beschwerlich,
verdrießlich, zänkisch, und das Verbum cröden bed. bekümmern, betrüben, niederd.
sik krüden, mhd. sich kröten, = sich womit angelegentlichst befassen. B. dem
mitteld. Subst. das krot, altcölnisch (14. Jahrh.) krut, = Belästigung, Beschwerde, Hinderniß, Verdrießlichkeit. Vgl. Frisch I, 548ᵇ.

kritzeln = kratzend fein schreiben. Daher **kritzelicht**, **kritzelig** [st.
kritzel-lich d. i. **kritzel-lich**?].
1462 mitteldeutsch (mit öfters vorkommendem i statt des Umlautes e) critzeln
(Mone's Anzeiger VII, 299, 119) von mhd. kretzen ahd. chrezzan (? d. i. chraz-
-j-an) neben chrazzon unserm **kratzen**.

der **Kröbs**, —es, Pl. —e, falsch st. **Gröbs**, s. d.

kröchzen, wofür jetzt üblich, aber ungut **krächzen**, s. d.

das **Krokodil** (i scharf), als eingebürgert mit K, eig.: **Crocodil**, s. d.

die **Krölle**, Pl. —n, was Locke. **krollen** = (Haar) ringeln. **kröl-
licht** u. **kröllig** (niederl. krullig), Adj. von **Krolle**.
Mehr in Mittel- u. Norddeutschland. Die Krolle ist altclevisch die crolle
und (eigentlich) crulle, neuniederl. krul, niederb. krulle, mitteld. (nach das krul-
lil Löckchen, krauses Haar, bei Jeroschin 184, zu schließen) ebenfalls krulle, mhd.
krülle (Minnes. II, 390ᵇ, 3, 1), ahd. chrulla (? d. i. chrul-j-a?); krollen (bei
J. R. Götz, Bürger), niederl. u. niederd. krullen, mittelniederl. crullen, mhd.
krüllen (auch = an den Haaren reißen), ahd. chrul-j-an (?), woneben in anderer
schwacher Biegung altnord. krulla (= verwirren, kraus machen). Mit dem mittelniederl. crul = kraus (Diut. II, 209ᵇ) aus der Participialform eines ahd.
Wurzelverbums chrûlan (s. Kralle 2).

der **Kröllhecht** (e wie ä) = (beim Auftragen) ringförmig biegbarer
oder gebogener Hecht. der **Krölltabak**, = **Kraustabak**.
Jenes (Krollhecht) mit krollen, dieses (Krolltabak, holländ. krultabak)
mit mittelniederl. crul kraus zusammengesetzt. S. die **Krolle**.

die **Króne**, Pl. —n: Kranz ums Haupt; Hauptschmuck als Zeichen
des Herrschers; Baumgipfel mit seinen umgebenden Ästen. Daher:
krönen mit die **Krönung**.
Mhd. die kröne (durch Ausstoßung des o nach k gekürzt aus älterem) coróne,
ahd. coróna (mit dem Tone auf ó) u. coróná, woher krönen, mhd. krœnen,
ahd. corónan (? d. i. corón-j-an?), entlehnt aus lat. die coróna, gr. korōnē
(κορώνη) = Kranz, Schmuck des Hauptes, urspr. ringförmig Gebogenes. Ebenso
ist ahd. chrônôn, corónôn, wofür jenes mhd. krœnen vom Substantiv kröne
gebildet wurde, aus lat. coronâre = „be-, umkränzen" entlehnt.

der **Kröpelstuhl** = niedriger Armsessel. Niederdeutsch.
Zusammengef. mit niederd. der kröpel, neuniederl. krapel, kreupel, = **Krüp-**

pel (f. b.), welches in Zusammensetzungen den Begriff des Niedrigen, Geringen, Übeln mittheilt, z. B. niederd. kröpelbusk, niederl. kreupelbosch, = niedriges Gesträuche ꝛc.

der **Kropf**, —es, Pl. **Kröpfe** : häutiger Halssack körnerfressender Vögel, sowie ihm ähnliche Geschwulst der Halsdrüsen. Daher : **kröpfen**; **kröpfig**.

> Mhd. der kropf, ahd. kropf, chropf, chroph, wovon mhd. kröpfen (unser kröpfen) = den Kropf füllen.

die **Kröpfel**, schon mittelb. krophel, f. **Kräpfel**.

die **Kröppe**, Pl. —n : Kreuz des Pferdes, f. **Groppe**.

der **Kröppen** = eiserner Kochtopf, falsch st. **Groppen**, f. b.

die **Kröte**, Pl. —n, dem Frosche ähnliches Thier mit Wärzchen.

> Schon bei Luther Kröte. Mit ö wegen des ë in mhd. [mittelb.] die crête (*Herbort* 8364), ahd. crëtâ, chrëtâ (chrëta), dessen ë nämlich, wie auch in einigen anderen Wörtern im Ahd. (vgl. ob, Woche, wol), in o überschwankt, woher und zwar häufiger eben im Ahd. die Form die crotâ, chrotâ (chrota), mhd. (völlig durchgedrungen) die krote, krotte, bayer. die Krot, gebraucht ist. ö aber statt ë kommt bereits im Mhd., wenn gleich in schlechten Reimen vor, z. B. in dröschen, löschen st. dröschen, löschen (f. Grimm's Gramm. I², 155), und lag in Kröte wegen jener ahd. Form chrotâ, mhd. krote, nahe. Im Alteltvischen (1475 im *Teuthonista*) findet sich mit a statt ë die crade; dagegen mittelrhein. im *voc. ex quo* v. 1469 krëde, wie altniederd. crêda (*gl. jun.* 270). Ob von einem zu vermuthenden, wie treten ꝛc. biegenden ahd. Wurzelverbum chrëtan = anhaften, kleben, kriechen (?), welches, da r und l wechseln können (vgl. klimmen, Kräuel ꝛc.), mit dem unter Klette (f. b.) vermutheten ahd. Wurzelverbum chlëtan zusammengehören würde.

der **Krötenbalfam**, die Bachminze, lat. méntha aquática.

> Der Name entweder, weil sie an Orten wächst, wo sich auch die Kröte gerne aufhält, oder, weil man die Pflanze gegen das (früher vermeinte) Gift der Kröte heilsam hielt, wie sie gegen Wespen- und Bienenstich heilsam sein soll.

der **Krötzen**, eig. **Krötze**, unrichtig st. **Grotzen** (f. b.), **Grotze**.

krötzen = (an Rüben u. dgl.) das oberste Stück Schale mit dem Kraute abschneiden. Ebenfalls unrichtig st. grotzen.

> Landschaftlich (wetterauisch ꝛc.). Von Grotze, f. Grotzen.

die **Krücke**, Pl. —n : Stab mit Querholz zum Stützen ꝛc.

> Mhd. die krücke, auch wol unumgelautet krucke, ahd. die kruckâ, chruchâ (d. i. chruochâ). Aus romanisch (ital.) die cróccia, grúccia, welche aus einem von lat. crux Kreuz abgeleiteten Adj. (weibl. Form) crúcea hervorgegangen sind.

der **Krug**, —es, Pl. **Krüge** : irdenes, hölzernes Gefäß zum Aufbewahren und Versenden von Flüssigkeiten.

> Mhd. der kruoc (Gen. kruoges), ahd. kruag (Rom. Pl. die kruagi, unser nhd. Krüge), cruoc, chruoc, crôc, auch cruh (*Graff* IV, 590), mittelb. die kruche (*Mystiker* 305, 3), angelsächs. cróc. Wol fremdher und zwar, wie es scheint, aus keltisch (kymrisch) crwc = Eimer, eig. „ein gerundetes Gefäß", woher auch franz. die cruche, altfranz. cruye, gasconisch cruga, provenzalisch crugô (f. Diez Wtbch 604).

41*

der **Krug**, —es, Pl. **Krüge** : Bierschenke, geringe Schenke.

Das niederd. krög = Bierschenke [to krogo gån = zum Biere gehn]. Die Benennung kommt daher, weil ehedem ein wirklicher oder geschnitzter Krug als Zeichen der Bier-Schenkwirthschaft ausgehangen war (vgl. Frisch I, 551ᵇ und mein Wtbch der deutschen Synonymen III, S. 640). Von krög kommt dann niederd. krögen = Bier schenken und davon wieder der kröger **Krüger** = Bierwirth.

die **Krûke**, Pl. —n, großer Krug. Das Niederdeutsche kruke, altsächf. die cruca. Scheint, wie **Krug** (f. b.), fremdher und mit diesem aus einer und derselben Quelle.

krûllen = aus den (dürren) Schoten lösen, z. B. Erbsen, Bohnen ꝛc.

die **Krûme**, Pl. —n : weicher inwendiger Theil des Brotes ꝛc. Daher : das **Krümchen**, Dim.; **krümeln** mit dem Adj. **krümelig**.

Ins Hochdeutsche, wo die Brosame das eigentliche Wort ist (vgl. übrigens mein Wtbch d. deutsch. Synonymen II, S. 251), aufgenommen aus niederd. die kröme, neunieberl. die kruim, angelsächs. die crume, engl. crum. Krümchen ist niederd. krömken, und krümeln niederd. krömeln = in Krumen zerreiben. Das Wort ist dunkler Herkunft.

krumm, Comp. **krümmer**, Sup. **krümmeft**, **krümmft** : von einer und derselben Richtung abweichend. Daher : die **Krümme**; **krümmen** mit die **Krümmung**. Zusammenf. : die **Krümmheit**; der **Krümmstab** ꝛc.

1482 krum (mit Geschlechtsendung krummer ꝛc., durch Lautangleichung — mm aus mp, mb — aus dem daneben noch vorkommenden) krump, mhd. krump (Gen. krumbes), ahd. crump, chrump, angelsächs. crumb, welches aus der Pluralform des Präteritums eines vorauszusetzenden ahd. Wurzelverbums chrimpan (Prät. ich chramp, wir chrumpumês, Part. kichrumpan, —. f. **klimmen**). — Der Krumme lautet im Mhd. der krumbe, ahd. der chrumpo (?), und ist die schwache männliche Form des Adjectivs substantivisch gebraucht. Die Krümme ist mhd. die krümbe, krumbe, ahd. chrumpî; **krümmen** mhd. krümben, ahd. (ki)chrumpan, = krumm machen.

krümpeln = faltig machen, zerknittern. **krümpelicht**, Abj.

Krumpeln lautet richtiger im Bayer. krümpeln und kommt mit mhd. krumpeleht = krumm, gebogen (Renner 8618) d. h. eben unserm krümpelicht von mhd. krümpel = krumm, gebogen, geringelt (Wolkenstein 50, 1, 10), einem von mhd. krump krumm (f. b.) abgeleiteten Adjectiv.

der **Krûnitz**, besser **Grûnitz**, f. b.

der **Krüppel**, — s, Pl. wie Sing. : Gliedergebrechlicher; Verstümmelter; Verwachsener. Daher **krüppelig**. Zusammenf. : **krüppelhaft**.

Unhochdeutsch, weil (durch das Mitteldeutsche) aus dem Niederdeutschen eingedrungen; mitteld. der kruppel (mit unorganischer Verdoppelung des p, dem eig.) krupel, altniederd. (11. Jahrh.) crupel = an Krücken Gehender (gl. jun. 322), neunieberd. kröpel, urspr. wol f. v. a. „der nicht gehen kann, sondern kriechen muß", und so mittelst -el (ahd. -il) aus der Pluralform des Präteritums v. altsächs. criopan (Prät. ich cröp, wir crupun, Part. cropan) = kriechen (Psalm. 68, 35), mittel- u. neunieberd., mittelnieberl. krupen, neunieberl. kruipen, angelsächs. crêópan, abgeleitet. Unser in verkrüppeln vorkommendes krüppeln zeigt sich in dem altnieberd. Part. Prät. gecrupelt =lahm, contract (gl. jun. 322).

die **Krüste**, Pl. —n : harte trockene Rinde worüber.

> **Ahd.** die krustâ (*Otfried* 3, 7, 26. 31), altniederd. croste (*gloss. jun.* 285). Entlehnt aus lat. die crusta = harte Rinde oder Schale eines Körpers.

der **Kryſtáll**, — es, Pl. — e : ein von ebenen regelmäßig liegenden Flächen begrenzter, urſprünglich-gebildeter Körper; glasartige Maſſe. Daher : krystállen = von Krystall, Adj.; krystalliniſch, kryſtálliſch, = Krystallgestalt habend, krystallhell; krystalliſieren = in Krystall verwandeln. Zuſammenſ. : das Kryſtállöl = geläutertes Öl, wegen seiner Helle u. Durchsichtigkeit.

> Als alther eingebürgert und im Gedanken an den griechischen Urſprung mit K, doch mit Beibehaltung des fremden y. Mhd. die kristalle, ahd. (11. Jahrh.) christalla (*Merigarto* 78. 76), also weiblich, und das Adj. krystallen lautet mhd. kristallîn, altniederd. cristallon (*gl. jun.* 336). Jenes Substantiv iſt übertommen aus lat.-gr. der u. die crystállus, gr. der u. die krystallos (κρύσταλλος) = Eis, Bergkrystall, durchſichtiger Edelſtein, [neben krystaínein (κρυσταίνειν) = durch Kälte, Froſt (κρύος) gerinnen machen], und mhd. kristallin lehnt ſich mit deutschem -in (ahd. -en) an das von dem Substantiv abgeleitete gr. Adj. krystállinos (κρυστάλλινος), lat. crystállinus, an.

† die **Kubébe**, lieber als Fremdwort **Cubébe**, ſ. d.

> Doch im 13. Jahrh. schon, wie eingebürgert, die kubêbin (*Sumerl.* 56, 7), kubêbe.

der **Kübel**, — s, Pl. wie Sing. : kleineres hölzernes Gefäß, welches gewöhnlich oben weiter, als unten, ist.

> Spät-mhd. der kübel, aus mittellat. der cupéllus, die cubélla, lat. die cupélla, dem Diminutiv v. lat. die cûpa Kufe (ſ. d. und vgl. Kopf). Siehe auch der Kobel 3.

die **Küche**, Pl. —n : zum Kochen beſtimmter Theil des Hauſes. Daher das Dim. das Küchelchen, edler Küchlein. Zuſammenſ. : der Küchengarten ꝛc.

> Mhd. die küche (gekürzt aus) küchen, ahd. chuhhina, mit der Kochkunſt übertommen aus dem gleichbed. volksmäßig-lat. die coquina (kl. culina), der weiblichen Form des Adj. coquînus = „zum Kochen gehörig" v. lat. cóquere, cócere kochen (ſ. d.).

das **Küchelchen** (ü lang), Diminutiv von der Küchen, ſ. d.

der **Küchen**, —s, Pl. wie Sing. : feineres Gebäck aus Mehlteig.

> Eig. der Küche, —n, Pl. —n; mhd. der kuoche, ahd. chuocho d. i. chuohho, aus dem in der Mundart der Picardie üblichen couque, in der Mundart der Languedoc coco, churwelſch cocca, catalaniſch coca, = Kuchen, ital. cucca = Naſchwerk, alle eig. = Gebackenes, v. lat. cóquere = kochen (ſ. d.), dann auch backen. Von dieſem cucca, coca ꝛc. kommt durch Ableitung das ital. die cuccagna, franz. cocagne, = Schlaraffenland, weil daſelbſt die Häuſer mit Kuchen gedeckt seien. Vgl. Diez Wtbch 117.

das **Küchen**, —s, Pl. wie Sing., nur noch landſchaftlich; hochd. iſt das Diminutiv das Küchlein gebraucht, ſ. Küchlein 2.

die **Küchenschelle**, Pl. —n : die Pflanze anemône pulsatilla.

Schon bei Adam Lonicerus (†1586) Bl. 113ᵃ Luchenschell u. Küßschell. Wahrscheinlich aus der franz. Benennung die coquelourde [wol v. altfranz. coque d. i. lat. concha Gefäß], indem man diesem Worte mittelst Anlehnung an Küche und Schelle deutschen Anstrich zu geben und es so völlig einzubürgern suchte. Schelle scheint überdieß auf die Gestalt der Blume hinzudeuten.

das Küchlein (mit kurzem ü), Dim. von die Küche.

das Küchlein (mit kurzem ü) : Junges der Hühnerbrut.

So schon bei Luther. Das Wort ist das hochd. Diminutiv des aus dem Niederdeutschen eingedrungenen, nur noch landschaftlichen das Küchen, mitteld. das kuchin [= Junges der Tauben (*Mystiker* I, 81, 5)], niederd. das küken, kiken, mittelniederd. küken (*Reineke Vos* 3637), neuniederl. das kuiken, kieken, mittelniederl. kiken (*kor. belg.* VII, 6ᵃ), kieken (das. 9ᵃ), 1475 altclevisch cuyeken, angelsächs. [mit i = y, dem Umlaute des u] das cicen (*Matth.* 23, 37), engl. chicken. Ein in seiner Entstehung etwas unklares Wort, das auf angelsächs. cuc st. cvuc cvic, niederl. kwik, = lebendig, unser quick (f. d.), zurückführt, zumal da sich auch im *voc. theut.* v. 1482 Bl. g 8ᵇ erkucken = erwermen (erwärmen), außpruten (ausbrüten), außhecken, incubáre, verzeichnet findet, welches sich aus unserm erquicken hervorbildete [vgl. ked, Röder 2, kommen u. a.] und nichts anders als dieses ist, wie das einfache mhd. Verbum kücken, chuken, chuchen, = lebendig machen, beleben eins mit mhd. quicken. Vgl. auch Schmeller II, 281.

das Kuchlein (mit langem ü), Dim. von der Kuchen.

lucken, f. gucken, welches die jetzt übliche Schreibung ist.

der Kuckuk (ú kurz), —es (—s), Pl. —e, ein bekannter Vogel.

Bei Luther 5 Mof. 14, 15 der Kuckuc, natürlich weil mitteld. kuckuk, altniederd. cucuuc (*gl. jun.* 267), welche auch der üblichen Aussprache gemäß sind. Daneben aber findet man auch Kuckuck, mittelniederd. kuckuck (*kor. belg.* VII, 29ᵇ), 1475 altclevisch cuyckuyck, häufiger jedoch Kukuk (so schreibt auch Jacob Grimm), neuniederländ. kukuk, neuniederländ. koekoek, wie denn des Vogels Ruf im Mhd. kukuk! lautet. Wenig üblich ist jetzt noch Adelung's Schreibung Guckguck, welche schon in dem ghuckghuck, gugkug bei Alberus und in dem guggug des *voc. theut.* v. 1482 Bl. k 3ᵃ auftaucht. Das Wort stimmt zwar nicht lautverschoben, aber doch im Klange mit lat. der cucúlus, gr. kókkyx (κόκκυξ), sanftr. der kōkila. Im Ahd. heißt der Kuckuk der kouch mhd. gouch (f. Gauch), auch fols (*Graff* III, 517). — „Der Kuckuk und fein Küster", in welcher besonders in Niedersachsen üblichen Redensart unter des Kuckuks Küster, niederd. kukuks-koster, der Wiedehopf gemeint ist, weil er im Frühlinge mit dem Kuckuk kommt und mit ihm wieder weggeht. In: „Geh zum Kuckuk!" „des Kuckuks werden" 2c. steht der Kuckuk als altheidnischer Zaubervogel für den Teufel oder hat wenigstens teuflischen Anstrich.

die Kuckuksblume = die Pflanze lychnis flos cuculi.

Der Name von dem häufigen weißen Schaum auf den Stengeln, welcher für Speichel des Kuckuks, niederd. kukuks spijen, gehalten wurde. Aus gleichem Grunde führen auch andere Pflanzen diesen Namen.

die Küfe, Pl. — n : oben offenes tieferes Daubengefäß. Daher : der Küfer (nicht Kiefer), mit die Küferei.

Mhd. die knofe = Faß, Badewanne, ahd. die chuofa, chuopha = Faß. Mit regelrechter Verschiebung des lat. c und p in ch und f (ph) im Ahd. entlehnt aus lat. die cûpa = Faß, Tonne. Vgl. Küpe u. Kopf. Der Küfer lautet spät-mhd. der küefære.

die **Kufe**, Pl. —n : Schnabel des Schlittens,

d. h. die aufwärts gehende Krümmung vorn am Schlittengestelle. Mit seltenem f statt ch; denn bayer. die Kuefen u. (ursprünglich) Kuechen, ahd. die chôha [d. i. chuohha], welches sich aber nur aus dem Accuf. Plur. alitochôhô = Schlittenschnäbel (Schmeller II, 280. Graff IV, 361) ergibt. Unbekannter Herkunft.

die **Kugel**, Pl. —n : allseitig kreisrunder Körper. Daher kugelicht, kugelig [st. kugel=lich?], Adj.; kugeln [schon 1482]. Zusammens.: kugelfest = fest wider die abgeschoffene Kugel; kugelrund ꝛc.

Mhd. die kugel, chugel, mit kugeleht (kugelicht). Das Wort berührt sich mit dem S. 463 in der Anm. zu Gugelhopf besprochenen die Gugel (Kugel), insofern dieß *Notker* († 1022) nach seiner Weise die chugelâ schreibt. Der Gedanke an die Kopfründe als Form der Gugel läge dann vermittelnd nahe.

der **Kugelhopf**, ebenso richtig als Gugelhopf (s. d.).

die **Kuh**, Pl. Kühe : Weibchen des Rindviehes, sobald es einmal trächtig geworden. Zusammens. : der Kuhreihen, =stall ꝛc.

Das h ist bloß Dehnungszeichen. Bei Luther die kue, mhd. die kuo (Pl. küeje), ahd. chuo (Pl. chuoî, chuowî), chua, angelsächs. cû, welche lautverschoben stimmen mit lat.-kelt. die ceva (*Columella* 6, 20), sanskr. der u. die gaus (Stammform gô, = Ochs u. Kuh).

kühl = mehr kalt als warm. Daher : die Kühle, kühlen ꝛc.

Kühl, mhd. küele, ahd. chuoli. Über die Wurzel s. kalt. Die Kühle lautet mhd. die küele ahd. chuolî, kühlen mhd. küelen ahd. chuolan.

kühn = furchtlos trotz Gefahr u. Widerstand. Daher : der Kühnling. Zusammens. : die Kühnheit; kühnlich.

Kühn ist mhd. küene, ahd. chuoni, chuani, goth. kôns (?). Vielleicht von einer, aus dem Präteritum (kan) der bei kennen (s. d.) vermutheten Urwurzel (goth.) kinan entsproßnen, spätern Wurzel kanan (? Prät. ich kônn? Part. kanans?) = Kenntniß haben (?), was darin Bestätigung zu finden scheint, daß die altnordische Form unseres kühn „kœnn" nicht den Begriff hat, welchen wir mit kühn verbinden, sondern „erfahren, kundig, klug" bedeutet. Vgl. Jac. Grimm's Gesch. d. deutsch. Spr. II, 901. Die Kühnheit lautet mhd. die kuonheit ahd. chuonheit, kühnlich mhd. küenlich (als Abv. küenlîche). Mhd. küenen, erküenen erkühnen ≙ kühn machen.

der **Kukuk**, üblichere Form als Kuckuk (s. b.), Kuckuck.

die **Kukúmer**, Pl. — n, als eingebürgert mit K, aber als Fremdwort in seiner undeutschen Betonung lieber Cucumer, s. b.

Schon im *voc.* v. 1429 bei uns cucumer (Schmeller II, 27).

der **Kukuruz** = der türkische Weizen oder Mais.

In Slavonien, Dalmatien ꝛc. Auch böhmisch der kukuruc.

der **Kulm**, —es, Pl. —e (und —en) : oberste Bergkuppe. Schmeller II, 292 f.

In Schiller's Tell 4, 1. Schweizerisch, wo aber auch Gulm (Stalder I, 494) gesprochen wird. Aus ital. der colmo Gipfel, welches mit churwelsch culm Berg aus lat. das culmen = Gipfel.

die Kult, Pl. —en, was der Kolter (f. d.).

die Kumme, Pl. —n : „tiefe Schale" (J. H. Voß), tiefer Tischnapf.

     Niederd. die kumm, niederl. die kom, ahd. die chumâ (mit Ausfall des h, hh aus chuhmâ, chuhhmâ, chuchmâ, chohmâ, = Kochtopf, Groppen, Art Kessel, welches mit Fortschiebung der Kehllaute [lat. c im Anlaute zu ch (ahd. k) und im Inlaute zu ch, hh, h] aus lat. die cácuma = Kochgeschirr, Kessel. In seinem Ursprunge also verschieden von Kumpf (f. d.).

der Kümmel, — s, Pl. wie Sing., eine bekannte Pflanze, sowie ihre Frucht. Zusammens. : der Kümmelbrantwein ꝛc.

     Mhd. das kümel, ahd. chumil (mit Wechsel des n und l oder hier vielmehr Erweichung des n zu l aus älterem) chumin, welches überkommen ist aus der lat. Benennung das cumînum, gr. kyminon (κύμινον).

der Kümmer, —s, ohne Pl. : angreifende, zehrende Betrübniß worüber; [schon im 15. Jahrh.] gerichtliche Haft, Arrest. Daher : sich kümmern; die Kümmerniß. Zusammens. : kümmerlich.

     mm durch Lautangleichung aus mb, denn Kummer ist mhd. der kumber, welches im Ahd., Gothischen, Alt- u. Angelsächsischen, Altnordischen fehlt. Es kommt im Mhd. häufig vor und zwar in der Bedeutung Bedrängniß, Mühe und Noth, Beschwerniß, eig. Gemüthslast, was Entlehnung aus franz. der encombre = Hinderniß, eigentlich Schutt, Bauschutt (f. das folgende Kummer), wahrscheinlich macht (vgl. Grimm's Gramm. II, 59), dessen der combre durch den bekannten Wechsel des l und r aus dem aus lat. der cúmulus Haufen gebildeten franz. der comble = Haufe, Übermaß, entstand (vgl. Diez Wtbch 106 f.). Die Annahme einer Fortbildung des mhd. kumber aus altsächs. cûmian = beklagen, beweinen, ist unstatthaft. — Bekümmern ist mhd. bekümbern, bekumbern, = belästigen, in Noth bringen, beschäftigen; kümmerlich mhd. kumberlich (als Adv. kumberlîche) = schwer bedrängt; Kümmerniß (historisch richtig Kümmernifs, Kümmernis zu schreiben) mhd. die kümbernisse = Bedrängniß.

der Kummer, —s, ohne Pl. : Stein-, Bauschutt.

     Offenbar aus der combre in franz. der en-, décombre = Schutt, Bauschutt. S. das vorhergehende Kummer.

der Kümmerling, —es, Pl. —e : Gurke. Aus Cucu'mer.

das Kümmet, gekürzt Kummt, —es, Pl. —e : ringartig den Hals umschließendes Geschirr des Zugpferdes.

     Mhd. das komat, chomat, kommot, kummot, kummat, kumut, kunt. Aus dem Slawischen (böhmisch der chomaut, polnisch der chomat und das chomato (sprich chomonto), russ. der chomút").

der Kumpân und Kompân, —es, Pl. —e : Genoß.

     Schon alteingebürgert; mhd. der kumpân (auch, mit üblichem g statt c bei Fremdwörtern, gumpân) u. compân. Aus romanisch compagn, provenzalisch u. altfranz. compaing, ital. compágno, = Gefährte, Gesellschafter, welches mit Übergang des Collectivbegriffes auf die einzelne Person aus mittellat. das compánium (f. **Compagnie**). Ähnlich im Ahd. der kimago u. kileipo = Genoß, welche durch Zusammensetzung der ahd. Partikel ki- ge= mit ahd. das mag = Speise u. der hleip Laib = Brot hervorgegangene Bildungen sind. — Übrigens wurden auch im Mhd. die kumpânîe = Gesellschaft und der cumpânjûn = Genoß, Gefährte, aus franz. die compagnie und der compagnon entlehnt.

der **Rumpen**, —s, Pl. wie Sing., was **Rumpf**, f. d.

der **Rumpest**, üblicher **Rompest**, gekürzt **Rumst**, am üblichsten **Romst**: Eingemachtes, insbesondere eingekochte eingemachte zertheilte Kohlhäupter.

> Eingebürgert und mit deutscher Betonung, weshalb R im Ablaute. Mhd. der cum-, chum-, compost, kum-, kompost, auch mit üblichem g statt c in Fremdwörtern gumpost, im 12. Jahrh. kumbost (*gl. trevir.* 15, 27). S. **Compot**.

der **Rumpf**, —es, Pl. **Rümpfe**: tiefe Schale, tiefer Napf; Trockenmaß, früher $\frac{1}{12}$ Malter. Niederb. der **Rump** (mit p = hochd. pf), wofür lieber das aus dem Niederdeutschen auch ins Hochd. eingedrungene der **Rumpen** gebraucht wird.

> Im 16. Jahrh. der kumpff auch = Pochtrog für Erze; mhd. der kumpf nur = tiefes hölzernes Gefäßchen des Mähers zum Mitführen des Wetzsteines (*Helmbrecht* 1059), 1194 zu Mainz chunf = $\frac{1}{6}$ Malter (*Gudénus, codex diplomaticus* I, 329), spät-ahd. der chumph. Fremdher aufgenommen, nämlich aus dem bei diesem ahd. chumph in einer Straßburger Handschrift stehenden mittellat. der cimpus (Graff IV, 407), welches mit i statt y und p statt b das gr. der kymbos (κύμβος) = Schale, Becken, Becher, sanskr. der kumbha, = Wassergefäß (urna), Maß, perf. chumb = Humpen, ist und gewiß auch cumpus (f. cumbus) gelautet hat, wie lat. die cymba (gr. κύμβη) = Kahn auch in der Form cumba vorkommt. Also im Ursprunge ganz verschieden von **Rumme** (f. d.)

kund, Adj., aber nur noch in prädicativer Stellung [z. B. die Sache ist mir nicht kund, sie wurde ihm kund gethan ꝛc.] : zur Wissenschaft wovon kommend oder gekommen. Daher : der **Kunde**; **kunden**, in er**kunden**; **kundig**, mit **kundigen** (in er**kundigen**), **kundigen**. Zusammens. : die **Kundschaft**, mit **kundschaften**.

> Kund ist das mhd. Adj. kunt, ahd. kund, chund, goth. kunþs, angelsächf. (mit Ausfall des n) cûd, = bekannt. Ursprünglich das Participium des Präteritums von können (f. d.) ahd. chunnan goth. kunnan (= kennen, wissen), aber im Ahd. schon mit völlig adjectivischer Geltung. Die schwache männliche ahd. Form der chundo, mhd. der kunde, steht als Substantiv in der Bed. „der, den man kennt“, der Bekannte, und ist unser heutiges der **Kunde**. Die **Kunde** ist mhd. die künde, ahd. die kundî, = Kenntniß wovon; unsre nhd. umlautlose Form erscheint als die mitteldeutsche (*Jeroschin* 302), wie denn auch kundig im Mitteld. kundic lautet, aber mhd. kündec, ahd. [noch sehr selten und erst im 10. Jahrh.] chundig, = bekannt, klug, schlau, wovon mhd. kündigen, ahd. chundigôn (?), = listig bereden. **Kunden** ist mhd. künden, ahd. chundan, = bekannt machen, mitteld. (ohne Umlaut) kunden (noch in erkunden). Die **Kundschaft**, mitteld. die kuntschaft (= Kenntniß, Erkenntniß, das Wissen, Bekanntschaft, Nachricht).

die **Runft**, Pl. **Rünfte**: das Kommen. Daher **künftig**.

Mhd. die kunst (mit Abschwächung des m zu n vor f aus) kunst, ahd. kunst, chunst, chumft (Pl. chumfti d. i. Künfte, vgl. Einkunft), = Zu-, Ankunft. Abgeleitet aus der Form des Part. Prät. (goth. qumans) von kommen (f. d.) und zwar, wie die goth. Form unseres Wortes: die qumþs (in die gaqumþs = Zusammenkunft, Versammlung) zeigt, mittelst -d (= goth. þ), vor welches der leicht und gerne sich mit m verbindende Buchstabe f unorganisch eintrat, wodurch sich dann jenes ableitende d in t fortschob, so daß auslautendes ft entstand (vgl. Grimm's Gramm. II, 209). Künftig, mhd. künftic, ahd. chunftig, chumftic, = was kommen, sich ereignen wird.

Kunigunde, Frauenname,

ahd. Chunigund, latinisiert Chunigunda, Cunigundis, = Geschlechtskrieg d. h. Stammeskriegerin, Stammesheldin. Zusammengef. 1) aus goth. das kuni = Geschlecht (f. König), dessen altes unverdoppeltes n in den ahd. Namen bewahrt bleibt, während sonst im Ahd. chunni geschrieben wird, und 2) aus ahd. die gund, goth. gunþs (?), altnord. gud, = Kampf, Krieg (vgl. Gustav). Übrigens findet sich auch schon sehr frühe Cunegondis, woraus franz. Cunegonde, bei Schiller im Gang nach dem Eisenhammer Kunigonde.

die Kunkel, Pl. — n : Spinnrockenstock. Zusammens.: das Kunkellehen = Weiberlehen; das Kunkelweib = Spinnweib.

Mhd. die kunkel, ahd. kunchela, cuncla, chunchla, chonacla. Aus dem gleichbed. älter-mittellat. die conücula, welches mit Wechsel des n und l statt colücula, dem Diminutiv v. lat. die cölus = Spinnrocken, steht und im Italienischen zu conöcchia, im Franz. zu quenouille wurde (f. Diez Wtb. 110).

die Kunst, Pl. Künste : das Wissen worin mit ausgebildeter Geschicklichkeit. Daher : künsteln mit der Künstler (st. Künsteler), wovon weiter die Künstlerin. Zusammens.: künstlich.

Die Kunst ist mhd. die kunst, ahd. chunst (Pl. chunsti) zunächst = „das Wissen worin." Mit unorganisch (wol wegen seiner leichten Verbindung mit n) eingeflossenem s und dadurch hervorgebrachter Wandlung des d in t von ahd. chund goth. kunþs unserm kund (f. d.), welches ursprünglich Participium des Präteritums von ahd. chunnan, goth. kunnan = kennen, wissen, unserm können (f. d.), ist. Andere auf Participien des Präteritums zurückgehende Substantive sind List, Macht u. Schuld. Vgl. Grimm's Gramm. IV, 167. 255. — Künstlich ist mhd. künstlich.

kunterbunt = bunt durch einander, verworren.

Ursprünglich : seltsam in verschiedener Farbe. Denn das Wort ist zusammengef. mit mhd. das kunter, kunder, = Geschöpf, Thier, besonders ausländisches wunderbares, fremdartiges, böses Thier, Ungethüm. Im Mhd. sagte man, ganz wie unser kunterbunt, kuntrvêch st. kundervêch = „seltsam gefleckt", z. B. von einer Katze (*Reinhart Fuchs* S. 367).

Kunz, f. Konrad. Hinz [d. i. Heinrich] oder Kunz = der oder jener ꝛc.

die Küpe, Pl. — n : großer kupferner von innen überzinnter Kessel zum Indigofärben. Zusammens.: küpenblau.

Das niederd. die küpe = Kufe, niederl. die kuip = Bütte, Faß, mittelniederd. cupe [in weetcupe Waldküpe (*hor. belg.* VI, 262ᵇ)], welche entlehnt sind aus lat. die cüpa, woraus auch das hochd. Kufe (f. d.).

der **Küper**, —s, Pl. wie Sing. : Faßbinder. Im Hochd. **Küfer**.
Niederdeutsch; niederl. der kuiper.

das **Kupfer**, — s, Pl. wie Sing., ein bekanntes Metall. Daher die
Adjective **kupfericht, kupferig, kupfern**. Zusammens. : **kupfer-
haltig; kupferroth**; der **Kupferschmied** ꝛc.

Mhd. das kupfer, kopfer, ahd. kuphar, chuphar, aus spät-lat. das cúprum d. i. älter- oder classisch-lat. das Cyprium (nämlich »Cyprium æs«) = cyp-
risches Erz, Erz von der Insel Cypern, wo reiche Kupfergruben waren. Das
Abs. kupfern statt kupfern [das umlautlose kupfern ist wol aus dem Mit-
teldeutschen] lautet mhd. küpferin, chuphirin, und der Kupferschmied mhd.
kupfersmit. — Das Kupfer = rothe Finnen im Gesichte, besonders der Trinker,
läßt daran denken, daß mhd. das kupfer, kopfer, auf falsche, zu sehr mit
Kupfer versetzte Münze anspielend, auch das Unechte, Falsche bezeichnet (s.
Vridank S. 337 f.).

die **Küppe**, Pl. —n : Spitze, insbesondere Bergspitze. Daher **küppen**
= die Kuppe abhauen, z. B. die Bäume, Nägel ꝛc. **kuppen**.

Mitteld. die kuppe = [Berg-]Gipfel (*Mystiker* 207, 18), welche Bedeutung
aus der „Kopfbedeckung unter dem Helm" (*Tristan* 178, 18. 179, 11. 237, 9),
Haube, hervorgieng, denn schon ahd. die chuppâ = Haube, Kopfbedeckung (Graff
IV, 355). Aufgenommen aus lat. die cuppa [neben cûpa, — vgl. Kopf,
Kufe, Küpe] = Kufe, Tonne, Becher, und nach der Ähnlichkeit auf die rund
anschließende Kopfbedeckung übertragen. Die in Verschiebung des lat. p zu pf
(ph) mehr dem Hochdeutschen gemäße Bildung bei der Entlehnung zeigt sich in
mhd. die kupfe (oder mit üblichem g statt des lat. und romanischen c) gupfe =
Kopfbedeckung, besonders unter dem Helme, ahd. die chupphâ = Kopftracht, *mitra*
(*gloss. florent.* 985ᵃ), woneben mhd. der gupfe = hohe Spitze, Gipfel (des Thur-
mes, *Parsival* 161, 24). Übrigens findet sich für Kuppe im Schlesischen die
Koppe (s. d.), wie auch das lat. die cuppa im Romanischen (Ital.) zu coppa
= Becher (s. Kopf 1) wird und -kopf in vielen Bergnamen (vgl. Schmeller
II, 318) in der Bed. „Bergkuppe" erscheint. Dieses -kopf aber deutet gleich
altfranz. cope = Berggipfel, Gipfel, auf die Form des umgestürzten Bechers und
zeigt sich als das ahd. der chuph, choph, chopf, unser Kopf (s. Kopf 1), neben
jenem mhd. der gupfe (kupfe) = Gipfel. In andern Berg- und auch Ortsnamen
dagegen ist -kopf das ahd. chapf = Höhe zur Umschau (s. gaffen).

die **Küppel**, **küppeln**, was **Koppel** (s. d.), **koppeln**. S. auch
Kuppelei.

Kuppel ist ursprünglichere Form; denn mhd. die kuppel bed. das Band zum An-
einanderbinden von Jagdhunden (*LiederSaal* II, 295, 71), überhaupt Band (*Minnes.*
II, 139, 3), dann eine zusammengehörende Zahl lebender Wesen (*Minnes.* III,
413ᵇ, 66), zunächst von Hunden. Aus franz. der u. die couple d. i. lat. die
cópula (s. Kuppelei u. Koppel). Ebenso ist kuppeln mhd. kuppeln [zuerst =
an Einen Leitriemen legen (*Tristan* 88, 3, wo in einer Hs. kopilen, kopelen)]
aus lat. copuláre (s. Kuppelei).

die **Kuppel**, Pl. —n : halbkugelartig gewölbtes Dach.

Aus dem gleichbed. ital. die cúpola [woher span. cúpula, franz. coupole],
mittellat. cúpula, cúppula, v. lat. cûpa = Tonne, Faß, im Mittellat. s. v. a.

Becher, neben cuppa Tonne, ital. coppa Becher (f. Kopf 1). So benannt nach der Gestalt eines umgestürzten Bechers.

die Kuppelei, Pl. —en. Von kuppeln = verbinden (vgl. koppeln S. 624), insbesondere zu einem Liebesverhältnisse zuführend verbinden. Daher auch der Kuppler mit die Kupplerin. Zusammenf. : der Kuppelpëlz = Ehrenlohn für Kuppeln.

Das Verbum kuppeln ist mhd. kuppeln, ahd. chupulôn (?), = an einen Leitriemen (mhd. kuppel), ein Band legen, verbinden, zusammenbinden, vereinigen, fesseln, entlehnt aus lat. copulâre = durch ein Band (lat. cópula) zusammenbinden, verbinden, wie denn auch in der dem 12. Jahrh. angehörigen Windberger Psalmenübersetzung S. 389 das lat. copulâri (= verbunden werden) des Grundtertes durch gechupelet wërden ausgedrückt wird.

die Kur, Pl. —en : Wahl, Erwählung. Eigentlich hochd. die Kür.

Das mitteld. die kur ohne Umlaut, wogegen mhd. mit Umlaut die kür, ahd. die churî, dessen î eben die Umlautung des u bewirkt. Aus der Pluralform des Präteritums von kiesen (f. b.), welche im Ahd. wir churumês lautet. Die alte Bedeutung ist : Prüfung, prüfende Wahl. Übrigens haben wir jene mhd. und überhaupt echt-hochd. Form kür vorzugsweise noch in Willkür, und das anlautende ch in ahd. churî hat sich in der alterthümlichen, jetzt aber altfränkischen Schreibung Chur erhalten. — S. auch küren, Kurfürst, Kurhut, Kurstaat.

die Kur, Pl. —en, = Heilung, als Fremdwort lieber Cur, f. d.

kuránzen, üblicher koránzen, = durchprügeln, abgerben; [bildlich :] empfindlich plagen, quälen.

Niederd. und schlesisch karanzen, kuranzen (Weinhold's schles. Wtbch 40 a); bei dem Zittauer Christian Weise († 1708) currenzen. Ursprünglich wol f. v. a. Einem den Buckel waschen, Prügel auf einen regnen lassen, v. ital. die corrénzia Strom, mittellat. curréntia, welches Subst. v. ital. córrere, lat. cúrrere, = laufen, fließen, abgeleitet ist.

der Kuraß (historisch richtig Kuraß), —sses, Pl. —sse : Brustharnisch. Daher der Kurassier, —es, Pl. —e.

Kuraß, Kurass, urspr. = Lederpanzer, lautet im 15. Jahrh. der kürisch, (ungut) küriz, und ist, mit dem Gegenstande überkommen, aus franz. die cuirasse = (Leder-)Panzer, provenzalisch coirassa, ital. corázza, welches gleichsam lat. coriácea [= Lederwerk?] v. lat. das córium Leder, franz. cuir. S. Diez Wtbch 111. Der Kurassier, im 15. Jahrh. der kürisser, wurde ebenso aufgenommen aus franz. der cuirassier.

die Kurbe, Pl. —n, oder die Kurbel, Pl. —n : krumm gebogene Handhabe zum Drehen eines Dinges.

Mhd. die kurbe, ahd. die curbâ, churbâ, = „die Winde am Brunnen" ist entlehnt aus mittellat. u. span. die curva, franz. die courbe = gekrümmtes Holz, der weiblichen Form des lat. Adj. cúrvus, -a, -um = „gekrümmt", welches im Franz. zu courbe wurde. Kurbel hat weitere deutsche Endung angenommen.

der Kürbiß, —sses, Pl. —sse, Rankengewächs u. Frucht, *cucúrbita*. Zusammenf. : kürbißartig, der Kürbißbrei ꝛc.

Hiſtoriſch richtig überall ß und alſo nicht Kürbis, wenn auch im Mitteldeut-
ſchen s durchbringt [weshalb bei Luther körbis] und man in der Kürzung lieber
Kürbs ſt. Kürbß ſchreibt. Mhd. der kürbeẑ, churbeẑ, ahd. curbiẑ, churbiẑ,
churpiẑ. Mit Wandlung des Geſchlechtes, außerdem Kürzung und Verſchiebung der ſtummen Conſonanten (des c in ch, des b in p und des t in ẑ) aus
dem lat. Namen die cucúrbita. Der Name kam mit der Pflanze zu uns.

küren, Präſ. ich küre, Prät. ich kor (Conj. köre), Part. gekören, Imp.
(ſchwach) küre, im Sinne von kieſen.

Das Verbum küren, zuerſt 1691 bei Stieler Sp. 945 verzeichnet, iſt im
Neuhochdeutſchen durch Ableitung von dem Subſtantiv die Kür mhd. kür ahd.
churî (ſ. Kur 1) entſtanden und bog eben als abgeleitetes Verbum urſprünglich
ſchwach : Präſ. ich küre, Prät. ich kürete, kürte, Part. geküret, gekürt. Gegen
das Ende des 18. Jahrh. aber ſcheint man in ihm — wahrſcheinlich im Gedanken an frieren, verlieren ſt. mhd. vrieẑen, verlieẑen — kieren ſt.
kieſen geſehen zu haben und ſetzte küren geradezu für dieſe ſtarkbiegende Form
mit dem Prät. ich kor und dem Part. Prät. gekören.

der Kurfürſt, —en, Pl. —en : Wahlfürſt des deutſchen Reiches. Zuſammenſ. : **kurfürſtlich**; das **Kurfürſtenthum.**

1338 der kürfürſte (Höfer's Urk. S. 327), bei *Jeroschin* 185 der kurhêrre
(Kurherr = Wahlherr). Zuſammengeſ. mit die Kur (ſ. Kur 1), mhd. kür,
ahd. churî. Die Schreibung **Churfürſt** iſt jetzt altfränkiſch.

der Kurhut, — es, Pl. Kurhüte : rother mit Hermelin ausgeſchlagener
Hut als Zeichen der Kurfürſtenwürde.

Zuſammengeſ. mit die Kur (ſ. Kur 1), mhd. kür, ahd. churî.

kurrig = leicht zu kirren, zutraulich. Bei **Bürger.**

Von dem älteren, mitteld. kurre, wofür jetzt kirre (ſ. b.), welches noch 1663
bei Schottelius (HauptSprache S. 1349) kürr, körr geſchrieben iſt.

der Kürſchner, —s, Pl. wie Sing. : Handwerker in Pelzwerk.

Mit unorganiſchem ſch aus bloßem ſ (vgl. Birſch, Kirſche, Hirſch ꝛc.), denn
das Wort lautet im Mhd. der kürsenære, niederd. körsner, und iſt abgeleitet v.
mhd. die kürsen, 1382 auch ſchon mit jenem unorganiſchen ſch die kürschen
(Schmeller II, 332), ahd. chúrsina (mit Verſetzung des r, denn früher) crûsina,
= Pelzmantel, Kleidungsſtück von Rauch- oder Pelzwerk, angelſächſ. crusne, langobardiſch crosna, mittellat. die crosna, crusna, (937) crusina. Dunkler Herkunft.

der Kurſtaat, —es, Pl. —en, was Kurfürſtenthum.

Kurt, niederd. Körd, zuſammengezog. u. gekürzt aus Konrad, ſ. d.

kurz, Comp. kürzer, Sup. kürzeſt, Adj. : gering an Ausdehnung in die
Länge. Hierher die Verbindungen : in kurzem (von der Zeit), vor
kurzem, aufs kürzeſte, in welchen viele in Rückſicht auf die ſubſtantiviſche Stellung Kurzem, Kürzeſte ſchreiben; über kurz oder
lang, ſtarker Acc. Sing. als Abv.; kurzer Hand, brévi mánu, =
ohne Förmlichkeit. kurz, Abv. (ſ. Anm.). Von dem Adj. kurz kommen : die Kürze, auch in in der Kürze, in Kürze; kürzen.
Zuſammenſ. : kürzlich, als Abv. auch ſ. v. a. in kurzer (künftiger)

Zeit; kurzsichtig; kurzum, Abv.; die Kurzweile, gern gekürzt
die Kurzweil, ohne Pl., mit dem Verbum kurzweilen.

Das Adj. kurz, mhd. kurz, ahd. churz, bei *Otfried* noch kurt und bei Andern
churt, mittelniederd. kort, neuniederd. u. niederl. kort, ist aufgenommen, und
zwar im Ahd. mit regelrechter Verschiebung des c in ch (nhd. k) und meist auch
des t in z, aus dem lat. Adj. cúrtus = verstümmelt, gekürzt, kurz. Von jenen
hochd. Formen sind dann : das Adv. kurz entweder als starker Acc. Sing. der
sächlichen Form ohne Endung, mhd. kurz (*Nibel.* 2034, 1), oder als abgeleitetes
Wort fl. kurze, mhd. kurze, ahd. churzo (?); die Kürze, mhd. die kürze, ahd.
churzi, bei *Otfried* kurtî, wobei aus dem 15. Jahrh. die Verbindung in einer
kürze unser in Kürze, = „in kurzer Zeit" zu erwähnen ist; kürzen, mhd.
kürzen, ahd. churzan (aus ursprünglichem churz-j-an), bei *Otfried* kurzan, =
kurz machen, nicht aus dem gleichbed. lat. curtâre, welches im Ahd. zu churzôn
(kurzen) geworden wäre. Von kürzen kommt dann das Subst. die Kürzung
mitteld. die kurzunge. Zusammensetzungen : kürzlich, mhd. kurzlich, ahd. bei
Otfried kurzlich u. churtlich, als Adv. kurzliche (= in kurzer Zeit), ahd.
churzlîcho (= gar kurz); die Kurzweil, mhd. die kurzewîle, = vergnügliche
Unterhaltung zur Zeitverkürzung, woraus sich ungut das Kurzweil (*Göthe*
XIII, 54. *Schiller* im Tell 3, 3 und früher in den Räubern 5, 7 „ihr sata-
nisches Kurzweil mit mir zu treiben") bildete.

küschen = sich legen, von Hunden,
> zunächst dressierten Jagdhunden, also ursprünglich Jägerausdruck. Entlehnt
> aus franz. coucher = niederlegen.

das Küssen, —s, Pl. wie Sing. : Art Polster zum Auflegen. Daher
das Dim. das Küßchen (historisch richtig Küschen).
> Ungut, wie man gewöhnlich schreibt, Kissen. Denn mhd. das küssen,
> küssin, ahd. cussin, chussin, gekürzt mhd. küsse, ahd. chussi. Überkommen
> aus franz. coussin, ital. cuscino, = kleines Polster, welches aus lat. das culci-
> tnum, culcitnum, d. i. culcitînum, dem Diminutiv von die cúlcita (f. der
> Kolter), wurde.

die Küste, Pl. —n : Meeresrand. Zusammens. : der Küstenfahrer ꝛc.
> Erst im Nhd. aus altfranz. die coste, jetzt côte, = Rippe, Seite, auch Küste,
> ital., portugies. u. provenzal. costa, spanisch cuesta, d. i. lat. die costa = Rippe,
> Seite.

der Küster, —s, Pl. wie Sing. : Kirchendiener. Daher : die Küsterei
und die Küsterin.
> Der Küster, mhd. der kuster und (mit üblichem g statt des roman. u. lat.
> c) guster, ahd. kustor, custor, gustir, aus lat. der custos = Wächter, Aufseher,
> Hüter (hier der Kirchenkleinodien, heiligen Gefäße), dessen auslautendes s bei
> der Herübernahme des Wortes ins Deutsche in r übergieng. Dieser Übergang
> ist bei solchen Fällen ungewöhnlich, in der Entwicklung ursprünglich deutscher
> Wörter aber häufig. Des Kuckuks Küster ist der Wiedehopf, f. Kuckuk. Die
> Küsterei lautet 1328 custerie (*Höfer's* Urk. Nr. 125) und die Küsterin
> mhd. die custerin, gustrinne.

der Kuß, —sses, Pl. Küsse : Berührung mit zusammengedrückten Lippen

als Zeichen der Liebe oder Achtung. Daher : das Küßchen, Dim.;
küssen. Zusammens. : die Kußhand; küßlich, besser küßlich.

> Historisch richtig nur Kuß, Küschen ꝛc., also kein ß. Denn Kuß ist mhd.
> der kus, ahd. cus, chus, angelsächs. mit Umlaut cyss, und küssen lautet mhd.
> küssen, ahd. cussan, chussan, altsächs. cussian, welches wol mit dem gleichbed.
> (den Dativ erfordernden) goth. kukjan zusammengehört, aber auf eine bis jetzt
> unerklärliche Weise. Das alterthümliche Adj. kußlich (urspr. kußlich) lautet
> im Mhd. kuslich, küslich, und der Kußmonat ist der erste Monat in der Ehe.

die Kútsche, Pl. —n : bedeckter Prachtwagen. Daher : der Kútscher;
kutschieren. Zusammens. : der Kútschenschlag.

> Im 15. u. 16. Jahrh. die Kotsche, Gutschi, Kutzsche, Gutsche. Das
> Wort kam mit der Sache aus slawischem Lande (polnisch der kocz, dann böhm.
> der koč, = Staatswagen).

der Kütt, kütten, s. das unrichtige, aber allgemein übliche Kitt.

die Kütte, Pl. —n : weites verhüllendes [Mönchs=]Gewand.

> Mhd. die kutte, aus altfranz. die cote = langes Oberkleid, provenzal., span.,
> portug. cota, ital. cotta, mittellat. die cota, cotta, auch der cottus, deren Her-
> kunft noch unausgemacht ist (vgl. Diez Wtbch 115). S. auch die Kotze.

die Kütte, Pl. — n, wofür üblich Kitte, aber am üblichsten und ge=
wöhnlich Kette, s. Kette 2.

die Küttel, nur im Pl. die Ktteln = die Gedärme sammt Wanst
und Magen, besonders der eßbaren Thiere. Zusammens. : der Kü=
telflëck, s. der Flëck 1; der Küttelhof, 1340 kutelhof, =
Schlachthof; die Küttelwurst = in den Dickdarm gefüllte Wurst,
in Thüringen.

> Die Küttel ist mhd. die kutel, kutele, mitteld. kottil, = Darm zum Füllen
> oder zur Wurst, Eingeweide. Das Stammwort zeigt sich in niederd. küt (ü
> lang) = Eingeweide, welches mit Verhärtung des qu zu k und sofort mit ü, u
> statt i das goth. der qibus = Bauch, Magen, Mutterleib, ahd. der quiti = Ge-
> bärmutter (gl. jun. 231. Graff IV, 650), gewiß urspr. = „Bauch", angelsächs. der
> cvid, altnord. qviðr, = Bauch, scheint. Niederd. küten bed. ausweiden, dann
> schlachten.

der Küttel, falsch wie ungewöhnlich st. Kittel.

der Küttelfisch = Dintenfisch, lat. sêpia officinâlis.

> Gebildet nach engl. cuttle-fish. Aber man sagt im Englischen ursprünglich
> bloß cuttle, wie auch im Altniederdeutschen des 11. Jahrhunderts einfach cudele
> (gl. jun. 278) als Name jenes Thieres vorkommt.

der Küttelflëck, s. Küttel u. der Flëck 1. der Küttelhof, s. Küttel.

der Kütter, — s, Pl. wie Sing. : (Kriegs=)Boot zum Schnellsegeln,
einmastiges Fahrzeug zum Schnellsegeln.

> Wort und Bedeutung aus engl. cutter, welches wol v. cut = schneiden, [das
> Meer] durchschneiden ꝛc., herkommt.

die Kütze, ursprünglichere Form, als Kötze, s. b.

der Kützel, —s, Pl. wie Sing. : weicher Tragring.

1540 bei Alberus im *dictionarium* Kützel. Wol Ableitung von mhd. der kotze (f. Kutzen), weil der Tragring vielleicht ursprünglich von grobem, aber weichem Wollenzeuge war.

der Kützel u. kützeln, jetzt nur Kitzel (f. d.) und kitzeln.

der Kutzen, — s, Pl. wie Sing. : grobes Kleid; zottige Wollendecke, sehr grobes Tuch. Bayerisch (Schmeller II, 347).

Eigentlich der Kutze, —n, Pl. —n. Richtiger, wie auch bayerisch gesagt wird, der Kotzen, eigentlich der Kotze, — n, Pl. — n. Denn mhd. der kotze, ahd. cozo, cozzo, chozzo, worüber f. die Kotze.

der Kux, —es, Pl. —e : $\frac{1}{128}$ einer Zeche im Bergbaue.

Zusammengezogen aus dem im 16. u. 17. Jahrh. noch üblichen der Kudis, dann Kudes, Kuches, auch schon im 16. Jahrh. Gukes ꝛc. (Schmeller II, 27). Das Wort ist aus dem gleichbed. böhm. der kukus [das einfache kus bed. Biffen, Stück] überkommen.

† Kyrie eléïfon (spr. ky'-ri-e e-lé-i-son) = Herr erbarme dich!

Das gr. kyrie eléëson (κύριε ἐλέησον). Schon im Ahd. war (kirchenlat.-gr.) kyrie eleison, kyrieleison, der Anfang der Litanei, bald Kirchen- und religiöser Volksgesang, selbst Schlachtruf und Schlachtgesang geworden, später der Schlußvers (Refrain) der meisten geistlichen Lieder. Daran knüpft sich denn, daß man im Mhd. die beiden Wörter zu einem Substantiv der kyrleyse, kirleis zusammenzog und umbildete, um damit eben ein geistliches mit kyrie eleison! schließendes Lied zu bezeichnen.

Druck von Wilhelm Keller in Gießen.